JN441624

WBC 성경주석

호세아 – 요나

솔로몬

WORD
BIBLICAL
COMMENTARY

Volume 31

Hosea–Jonah

DOUGLAS STUART

THOMAS NELSON PUBLISHERS, Nashville

Word Biblical Commentary
Hosea-Jonah
Copyright ⓒ 1987 by Thomas Nelson, Inc.

Translated and used by the permission of
Thomas Nelson Inc. through the arrangement
of rMaeng2 Agency, Seoul, Korea.

Korean Copyright ⓒ 2011
by Solomon Christian Press

목 차

번역과 주석

요엘

번역과 주석

오바댜

요나

번역과 주석

편집자 서문

본 성경 주석 전집(WBC: Word Biblical Commentary)이 세상에 나오기까지는 수 년 간의 기획 과정이 필요했다. 1977년에 본 전집의 편집위원회 위원들은 발행인들과 회합한 자리에서 몇 가지 뚜렷한 특징을 지닌 새로운 성경 주석의 발간 가능성을 면밀하게 검토했다. 그러한 특징이 무엇인지는 독자들이 이 주석서들을 진지한 자세로 읽어 내려가는 과정에서 금방 알게 될 것이다. 하지만 본 성경 주석이 당초에 목표로 삼은 것이 과연 얼마나 완벽하게 성취되었는지는 오로지 시간만이 말해 줄 수 있을 것이다.

우선, 우리는 우리와 뜻을 같이하면서도 세계 도처의 대학교, 신학교 등에서 가르침의 사역에 종사하고 있는 학자들을 되도록 폭넓게 선발하여 본 성경 주석의 기고자로 삼기 위해 많은 노력을 기울여 왔다. 매우 다양한 교단적 배경을 지닌 본서 기고자들의 폭넓은 시야는 가히 "복음주의적" – 성경을 하나님의 계시로 받아들이고 기독교 복음의 진리와 능력을 자신의 생명처럼 여긴다는 적극적이고 역사적인 의미에서 – 이라 불려지는 것이 마땅하다.

다음으로, 본 전집에 포함된 주석서들은 처음부터 「WBC 성경주석」의 일환으로 쓰여진 책들이다. 오늘날 성경 주석 분야에서 상당한 호평을 받고 있는 몇몇 전집들이 영어 이외의 언어로 쓰여진 저작들을 영어로 번역한 것에 비하여, 본 성경 주석은 오로지 처음부터 영어로 쓰여진 책들만이 포함되어 있다. 또한 본 전집의 주석가들은 성경 원문을 각자 나름대로 영어로 번역한 다음, 그 번역된 성경 본문을 자신들의 주해와 주석의 바탕으로 삼는 것을 원칙으로 삼았다. 나아가서 본 전집의 대표적인 특징으로는, 그 내용이 어디까지나 성경적인 언어를 바탕으로 하면서도 각계 각층의 독자들—공부하는 학생들, 현재 목회 사역에 종사하고 있는 교역자들 그리고 이 분야를 전공하는 학자들이나 교수들—이 성경에 대한 신학적 이해를 학문적이면서도 실제적으로 쌓아 나갈 수 있고, 또 그들에게 현실적인 도움이 될 수 있도록 구성되어 있다는 점을 들 수 있다.

마지막으로, 본 성경 주석의 구성 양식에 관하여 몇 마디 말을 덧붙이고자 한다. 우리는 여러 계층의—그리고 상이한 수준의—독자들을 의식하여 확실하게 구분되는 몇 개의 단락으로 나누어 책의 내용을 구성했다. 예를 들어, 번역된 성경 본문의 바탕을 이루는 히브리어와 헬라어 원문에 관하여 좀 더 깊이 있게 공부하려는 독자들은 본 성경 본문의 "원문주해"를 살펴보고, 현대 신학자들이 어떠한 해석을 내리고 있는지에 관심이 있다면 "참고문헌" 및 "양식/구조/배경"을 참조하면 될 것이다. 또한 어떤 성경 본문의 의미 및 그 본문에 포함된 성경적 계시를 좀더 폭 넓은 관점에서 이해하려면 "주석"과 "해설"을 보면 된다. 그러므로 본 성경 주석을 펼쳐든 사람이라면 누구나 자신에게 유익한 자료들을 얻을 수 있으리라 믿어 의심치 않는다.

이상과 같은 우리의 목표가 상당히 만족스러운 수준까지 달성될 때, 우리 편집자들이 당초에 의도했던 것들이 구체적으로 실현됨과 아울러 본 전집의 기고자들이 흘린 땀방울도 충분한 보상을 받을 수 있게 될 것이다.

책임 편집자 : **데이비드 허바드**(David A. Hubbard)
글렌 바커(Glenn Barker)
구약 편집자 : **존 왓츠**(John D. W. Watts)
신약 편집자 : **랠프 마틴**(Ralph P. Martin)

저자 서문

시중에는 온갖 종류의 수많은 성서 주석들이 나와 있다. 그 많은 주석들이 보여주는 다양성은 주석은 어떤 것이 되어야만 하는지에 대해 나름대로 정말 다양한 철학들을 반영해 주고 있다. 어떤 것이 이야기될 수 있다는 다양한 가능성으로부터 어떤 것이 이야기되어야만 한다는 것을 선택해내는 것은 특별히 중요하고도 필요한 일이다.

성서 주석과 관련된 고대 세계와 성서에 대한 연구의 역사에서 얻어질 수 있는 정보의 전체 분량은 어떤 주석에 포함될 수 있는 것보다 방대하다. 정말로 중심이 되는 내용들과 곁길로 새는 주변의 내용들을 망라해서 모든 것을 포함시킨다면 독자를 위한 전반적인 그림을 왜곡시키게 될 것이다. 그러므로 주석들은 점차적으로 종합적이라기보다는 몇 가지 사안들을 정선하여 서술하는 성향을 나타내고 있다. 그렇다면 주석은 다음과 같은 것을 토대로 판단되어야만 한다. 즉 저자가 자료들을 어떻게 잘 선택하고 요약했는지, 그리고 그런 선택과 요약이 저자가 본문의 의미를 해석해내는 데 어떻게 잘 도움을 주고 있는지를 토대로 주석을 판단해야만 한다. 저자는 그 혹은 그녀가 쓰고 있는 책/본문/문장/어구/용어 등에 대해 명확하게 이해하고 있는 것인가?

이것은 완벽하다는 것이 주석의 효용성에 있어서 별반 차이를 만들어 내지 못한다는 것을 말하려는 것이 아니다. 전반적이고 종합적인 참고문헌을 가지는 것은 커다란 도움이 된다. 내용이 길다는 것은 내용이 깊다는 것과 전혀 상관성이 없다. 형식을 선택하는 것은 효과적인 설명에 중요한 일이 되는 것이 분명하다. 그리고 분명한 문체는 독자의 이해를 도와준다는 것은 명백한 사실이다. 그러나 정말로 중요한 것은 무엇인가? 그것은 바로 주석가가 본문을 설득력 있게 이해하고 있다는 사실이지 않겠는가?

궁극적으로 진정한 가치가 있는 주석은 본문의 분명한 주제들에 전적으로 주의를 기울이는 경향이 있어야만 한다. 일례로 호세아에 대한 메이스(Mays)의 해박한 주석을 생각해 보라. 그 주석은 다른 사람들의 주석의 절반 정도 분량이며 연구에 대한 명백한 증거들도 더 적음에도 불구하고 더 큰 가치가 있다. 왜 그런가? 메이스는 호세아서에서 일어나고 있는 일을 더 잘 이해하고 있고, 그것을 독자에게 더 잘 설명하고 있기 때문이다.

아마도 메이스에 의존하고 있는 설교자는 호세아서의 주제들 대부분에 대해 정확하게 설교할 수 있을 것이다. 나는 볼프(Wolff)와 프리트만(Freedman)과 앤더슨(Anderson)과 다른 많은 주석가들뿐만 아니라 메이스의 글에 큰 빚을 지고 있음을 고백한다. 이용 가능한 모든 자료들 중에서 메이스의 주석은 나의 글에 특별한 도움을 주었다. 그의 글은 호세아서에 대해 가장 잘 설명해 주고 있기 때문이다. 이와 관련된 맥락에서 나는 호세아 4장은 신명기 32장에 의존하고 있다(이런 관점으로부터 본 주석은 모세 언약의 저주와 회복과 축복에 대한 예언의 의존성 문제를 좀 더 일반적으로 상세하게 확장하고 있다)고 본 쿠닉(Kuhnigk)의 견해는 예언적 창의성(prophetic creativity)을 이해하는 데 있어서 이 문제를 연구한 현대의 그 어떤 학자의 견해보다 더 가치 있는 통찰을 주었다고 믿는다.

긴 내용을 담고 있는 적지 않은 주석들은 다른 주요 주석들에 대한 요약을 기술하는 데 많은 지면을 할애하려고 무진 애를 쓰고 있다. 저자는 그런 주요 주석들과 아마도 "대화"를 하고 있는 것일 것이다. 다른 사람들의 주장들을 어느 정도 조금이라도 바꾸지 않고는 공정하고도 일관되게 그런 대화가 지속되는 것은 정말로 어려운 일이다. 그렇기 때문에 나는 의도적으로 다른 주석가들의 견해를 요약하는 것을 제한했다. 그 대신 나는 내가 생각하고 있는 성서 본문이 무엇을 이야기하고 있는지에 대해 독자에게 직접 설명함으로써 나에게 할애된 지면을 최대한 생산적으로 사용하기 위해 노력했다.

독자들은 본 주석에서 언어, 본문, 문학 양식, 자료 비평 그리고 다른 문제들과 관련된 일들에 대한 논의에 들인 많은 관심과 노력들을 보게 될 것이다. 그러나 다른 무엇보다도 이런 문제들에 대한 논의들은 논의의 마지막 과정인 신학적 관심사들을 분석해내는 데 기여해야만 한다. 한 본문이 성서 전체의 신학과 관련된 본질적인 신학적 의미를 논의하는 데 아무리 많은 양을 할애하게 되더라도, 나는 그 본문을 상세히 서술하기 위해 노력했다. 독자는 (1) 직접적으로 관련된 자료와 (2) 그 본문의 신학을 이해하기 위한 자료들이 내포하고 있는 의미들을 설득력 있게 해명하고 있는 것을 주목해 볼 만한 가치가 있을 것이다. 다른 모든 것들은 맛을 더해주는 일종의 양념과 같은 사항들이다. 이런 것들이 핵심적인 알맹이이기 때문이다.

이와 관련해서 마땅히 물어야 할 질문들은 다음과 같은 것들이다: 주석류는 실제적으로 무엇을 위한 것인가? 즉 누가 그 주석들을 이용하는가? 그리고 주석류의 목적은 무엇인가? 주석은 단지 비평 학계에서 현재 관심 있게 논의되는 사항들만을 위해 논의하는 것이 되어서는 안 된다. 뿐만 아니라 주석은 신학적으로 유익한 면을 제외하고, 단지 주석을 쓰는 사람이 관심을 가지고 조명해 보기를 원하는 문제들에 논의의 무게를 두는, 선택적인 면을 보여서도 안 된다. 한 권의 주석이 행해야 하는, 그 주석이 존재하는 유일한 당위성은 다음과 같은 데 있다. 즉 주석은 그 독자들이 하나님이 무엇을 말씀하셨는지, 또한 그 하나님의 뜻에 대해 무엇을 해야만 하는지를 알 수 있도록 일관되고도 주의 깊게 도와주어야만 한다.

나는 설교자들이 주석류를 구매하고 사용하는 가장 큰 단일 그룹이라는 것을 염두에 두고 있다. 나는 또한 그 설교자들은 사람들의 긴급하고 실제적이며 개인적이고 단체적인 질문들에 적절한 균형을 유지하며 지속적인 신학적 관심들에 강조점을 두는 그런 주석들의 도움을 받아야 한다고 생각한다. 내 자신 스스로가 세운 이런 유용성에 대한 기준들을 본 주석에서 성공적으로 잘 이루어냈는가 하는 것은 독자가 결정해야만 하는 문제다.

나는 광범위한 영향력과 지속적인 유용성을 가진 한 편의 총서를 펴내기 위해 온갖 정성을 기울이고 있는 Word Biblical Commentary 편집자들과 출판사에 심심한 감사의 마음을 전한다. 나는 또한 원고의 초고들을 여러 번에 걸쳐서 타이핑해 준 나의 비서들인 티나 하워드(Tina Howard), 캐리 포웰(Carrie Powell), 바바라 드 닉(Barbara De Nike) 그리고 도리 스미스(Dorrie Smith)에게 고마움을 표하며, 아울러서 그 원고들을 읽어 준 나의 연구 조교들인 척 카터(Chuck Carter), 단 웹(Dan Webb), 릭키 왓츠(Rikki Watts) 그리고 마크 채프만(Mark Chapman) 등에게 깊은 감사의 말을 전한다.

1987년 11월
메사추세츠 주 사우스 해밀턴에서
더글라스 스튜어트

약어표

정기 간행물, 연속 간행물 및 참고 자료

AAS	*Acta apostolicae sedis*
AASOR	Annual of the American Schools of Oriental Research
AB	Anchor Bible
AbrN	*Abr-Nahrain*
AcOr	*Acta orientalia*
ADAJ	Annual of the Department of Antiquities of Jordan
AfO	*Archiv für Orientforschung*
AGJU	Arbeiten zur Geschichte des antiken Judentums und des Urchristentums
AHW	W. von Soden, *Akkadisches Handwörterbuch*
AJA	*American Journal of Archaeology*
AJAS	*American Journal of Arabic Studies*
AJBA	*Australian Journal of Biblical Archaeology*
AJSL	*American Journal of Semitic Languages and Literature*
AJT	*American Journal of Theology*
ALBO	Analecta lovaniensia biblica et orientalia
ALUOS	Annual of Leeds University Oriental Society
AnBib	Analecta biblica
ANEP	J. B. Pritchard(ed.), *Ancient Near East in Pictures*
ANESTP	J. B. Pritchard(ed.), *Ancient Near East Supplementary Texts and Pictures*
ANET	J. B. Pritchard(ed.), *Ancient Near Eastern Texts*
AnOr	Analecta orientalia
ANQ	*Andover Newton Quarterly*
AOAT	Alter Orient und Altes Testament
AOS	American Oriental Series
APOT	R. H. Charles(ed.), *Apocrypha and Pseudepigrapha of the Old Testament*
ARG	*Archiv für Reformationsgeschichte*
ARM	Archives royales de Mari
ArOr	*Archiv orientální*
ARW	*Archiv für Religionswissenschaft*

ASSR	*Archives des sciences sociales des religions*
ASTI	*Annual of the Swedish Theological Institute*
ATAbh	Alttestamentliche Abhandlungen
ATANT	Abhandlungen zur Theologie des Alten und Neuen Testaments
ATR	*Anglican Theological Review*
AusBR	*Australian Biblical Review*
AUSS	*Andrews University Seminary Studies*
BA	*Biblical Archaeologist*
BANE	G. E. Wright(ed.), *The Bible and the Ancient Near East*
BAR	*Biblical Archaeologist Reader*
BASOR	*Bulletin of the American Schools of Oriental Research*
BAT	Die Botschaft des Alten Testaments
BBB	*Bibliothek van Boeken bij de Bijel*
BCSR	*Bulletin of the Council on the Study of Religion*
BDB	F. Brown, S. R. Driver, and C. A. Briggs, *Hebrew and English Lexicon of the Old Testament*
BeO	*Bibbia e oriente*
BETL	Bibliotheca ephemeridum theologicarum lovaniensium
BEvT	Beiträge zur evangelischen Theologie
BFCT	Beiträge zur Förderung christlicher Theologie
BGBE	Beiträge zur Geschichte der biblischen Exegese
BHH	B. Reicke and L. Rost(eds.), *Biblisch-Historisches Handwörterbuch*
BHK	R. Kittel, *Biblia hebraica*
BHS	*Biblia hebraica stuttgartensia*
BHT	Beiträge zur historischen Theologie
Bib	*Biblica*
BibB	Biblische Beiträge
BibIll	*Biblical Illustrator*
BibLeb	*Bibel und Leben*
BibOr	Biblica et orientalia
BibS(F)	Biblische Studien(Freiburg, 1895-)
BIbS(N)	Biblische Studien(Neukirchen, 1951-)
BIES	*Bulletin of the Israel Exploration Society*
BIFAO	*Bulletin de l'institut français d'archéologie orientale*
BJRL	*Bulletin of the John Rylands University Library of Manchester*
BK	*Bibel und Kirche*
BKAT	Biblischer Kommentar: Altes Testament

BMik	*Beth Mikra*
BN	*Biblische Notizen*
BO	*Bibliotheca orientalis*
BR	*Biblical Research*
BSac	*Bibliotheca Sacra*
BSO(A)S	*Bulletin of the School of Oriental(and African) Studies*
BSS	*Bibliotheca Sanctorum*
BSt	Biblische Studien
BT	*The Bible Translator*
BTB	*Biblical Theology Bulletin*
BTS	*Bible et terre sainte*
BVC	*Bible et vie chrétienne*
BWANT	Beiträge zur Wissenschaft vom Alten und Neuen Testament
BZ	*Biblische Zeitschrift*
BZAW	Beihefte zur *ZAW*
CAD	*The Assyrian Dictionary of the Oriental Institute of the University of Chicago*
CAH	*Cambridge Ancient History*
CAT	Commentaire de l'Ancien Testament
CB	*Cultura bíblica*
CBQ	*Catholic Biblical Quarterly*
CBQMS	Catholic Biblical Quarterly—Monograph Series
CCath	Corpus Catholicorum
CJT	*Canadian Journal of Theology*
CleM	*Clergy Monthly*
ConB	Coniectanea biblica
COT	Commentaar op het OT
CQ	*Church Quarterly*
CQR	*Church Quarterly Review*
CRAIBL	*Comptes rendus de l'Académie des inscriptions et belles-lettres*
CSCO	Corpus scriptorum christianorum orientalium
CTA	A. Herdner, *Corpus des tablettes en cunéiformes alphabétiques*
CTM	*Concordia Theological Monthly*
CurTM	*Currents in Theology and Mission*
DACL	*Dictionnaire d'archéologie chrétienne et de liturgie*
DBSup	*Dictionnaire de la Bible, Supplément*
DD	*Dor le Dor*

DISO	C.-F. Jean and J. Hoftijzer, *Dictionnaire des inscriptions sémitiques de l'ouest*
Div	*Divinitas*
DJD	Discoveries in the Judaean Desert
DOTT	D. W. Thomas(ed.), *Documents from Old Testament Times*
DTT	*Dansk teologisk tidsskrift*
EBib	Etudes bibliques
ECarm	*Ephemerides Carmeliticae*
EHAT	Exegetisches Handbuch zum Alten Testament
EHO	Cross and Freedman, *Early Hebrew Orthography*
EI	*Ereṣ Israel*
EncJud	*Encyclopaedia judaica*(1971)
EnchBib	*Enchiridion biblicum*
EngSt	*English Studies*
EstBib	*Estudios bíblicos*
ETL	*Ephemerides theologicae lovanienses*
ETR	*Etudes théologiques et religieuses*
EuntDoc	*Euntes Docete*
EvK	Evangelische Kommentare
EvQ	*Evangelical Quarterly*
EvT	*Evangelische Theologie*(*EvTh*)
Exp	*The Expositor*
ExpTim	*Expository Times*
FRLANT	Forschungen zur Religion und Literatur des Alten und Neuen Testaments
GAG	W. von Soden, *Grundriss der akkadischen Grammatik*
GKB	Gesenius-Kautzsch-Bergsträsser, *Hebräische Grammatik*
GKC	*Gesenius' Hebrew Grammar*, ed. E. Kautzsch, tr. A. E. Cowley
HALAT	W. Baumgartner et al., *Hebräisches und aramäisches Lexikon zum Alten Testament*
HAT	Handbuch zum Alten Testament
HDR	Harvard Dissertations in Religion
HeyJ	*Heythrop Journal*
HibJ	*Hibbert Journal*
HKAT	Handkommentar zum Alten Testament
HS	*Hebrew Studies*
HSAT	*Die Heilige Schrift des Alten Testament*, 2 vols.: ed. E. Kautzsch and

	A. Bertholet(Tübingen: [4]1922-23)
HSM	Harvard Semitic Monographs
HTR	*Harvard Theological Review*
HTS	Harvard Theological Studies
HUCA	*Hebrew Union College Annual*
IB	*Interpreter's Bible*
ICC	International Critical Commentary
IDB	G. A. Buttrick(ed.), *Interpreter's Dictionary of the Bible*
IDBSup	Supplementary volume to *IDB*
IEJ	*Israel Exploration Journal*
Int	*Interpretation*
ISBE	G. W. Bromiley(ed.), *International Standard Bible Encyclopedia*, 4 vols.(Grand Rapids: Eerdmans, 1979-)
ITQ	*Irish Theological Quarterly*
JA	*Journal asiatique*
JAAR	*Journal of the American Academy of Religion*
JAC	Jahrbuch für Antike und Christentum
JANESCU	*Journal of the Ancient Near Eastern Society of Columbia University*
JAOS	*Journal of the American Oriental Society*
JAS	*Journal of Asian Studies*
JB	A. Jones(ed.), *Jerusalem Bible*
JBC	R. E. Brown et al.(eds.), *The Jerome Biblical Commentary*
JBL	*Journal of Biblical Literature*
JBR	*Journal of Bible and Religion*
JCS	*Journal of Cuneiform Studies*
JDS	Judean Desert Studies
JEA	*Journal of Egyptian Archaeology*
JEOL	*Jaarbericht…ex oriente lux*
JETS	*Journal of the Evangelical Theological Society*
JJS	*Journal of Jewish Studies*
JMES	*Journal of Middle Eastern Studies*
JNES	*Journal of Near Eastern Studies*
JNSL	*Journal of Northwest Semitic Languages*
JPOS	*Journal of the Palestine Oriental Society*
JPSV	*Jewish Publication Society Version*
JQR	*Jewish Quarterly Review*
JQRMS	Jewish Quarterly Review Monograph Series

JR	*Journal of Religion*
JRAS	*Journal of the Royal Asiatic Society*
JRelS	*Journals of Religious Studies*
JSOT	*Journal for the Study of the Old Testament*
JSOTSup	Supplement to *JSOT*
JSS	*Journal of Semitic Studies*
JSSR	*Journal for the Scientific Study of Religion*
JTC	*Journal for Theology and the Church*
JTS	*Journal of Theological Studies*
Judaica	*Judaica: Beiträge zum Verständnis…*
KAI	H. Donner and W. Röllig. *Kanaanäische und aramäische Inschriften*
KAT	E. Sellin(ed.), Kommentar zum A.T.
KB	L. Koehler and W. Baumgartner, *Lexicon in Veteris Testamenti libros*
KD	*Kerygma und Dogma*
KJV	*King James Version*
KIT	Kleine Texte
LCC	Library of Christian Classics
LCL	Loeb Classical Library
LD	Lectio divina
Leš	*Lešonénu*
LLAVT	E. Vogt, *Lexicon linguae aramaicae Veteris Testamenti*
LQ	*Lutheran Quarterly*
LR	*Lutherische Rundschau*
LSJ	Liddell-Scott-Jones, *Greek-English Lexicon*
LTK	*Lexikon für Theologie und Kirche*
LumVit	*Lumen Vitae*
LUÅ	Lunds universitets årsskrift
MBA	Y. Aharoni and M. Ari-Yonah, *Macmillan Bible Atlas*, rev. ed.(New York: Macmillan, 1977)
MDOG	Mitteilungen der deutschen Orient-Gesellschaft
MelT	*Melita Theologica*
MGWJ	*Monatsschrift für Geschichte und Wissenschaft des Judentums*
MScRel	*Mélanges de science religieuse*
MTZ	*Münchener theologische Zeitschrift*
MVAG	Mitteilungen der vorder-asiatisch-ägyptischen Gesellschaft
NedTTs	*Nederlands theologisch tijdschrift*
NGTT	*Nederduits Gereformeerde Theologiese Tydskrif*

NHS	Nag Hammadi Studies
NICOT	New International Commentary on the Old Testament
NKZ	*Neue kirchliche Zeitschrift*
NorTT	*Norsk Teologisk Tidsskrift*
NRT	*La nouvelle revue théologique*
NSH	Kuhnigk, *Nordwestsemitische Studien zum Hoseabuch*(Rome: Biblical Institute Press, 1974)
OIP	Oriental Institute Publications
OLP	Orientalia lovaniensia periodica
OLZ	*Orientalische Literaturzeitung*
Or	*Orientalia*
OrAnt	*Oriens antiquus*
OrChr	*Oriens christianus*
OrSyr	*L'orient syrien*
OTL	Old Testament Library
OTS	*Oudtestamentische Studiën*
OTWSA	*Die Outestamentiese Werkgemeenskap in Suid-Afrika*
PAAJR	*Proceedings of the American Academy of Jewish Research*
PCB	M. Black and H. H. Rowley(eds.), *Peake's Commentary on the Bible* (London: Thomas Nelson and Sons, 1963)
PEFQS	*Palestine Exploration Fund, Quarterly Statement*
PEQ	*Palestine Exploration Quarterly*
PJ	*Palästina-Jahrbuch*
PRU	*Le Palais royal d'Ugarit*
PSTJ	*Perkins (School of Theology) Journal*
PW	Pauly-Wissowa, *Real-Encyclopädie der classischen Altertumswissenschaft*
PWSup	Supplement to PW
QDAP	*Quarterly of the Department of Antiquities in Palestine*
RA	*Revue d'assyriologie et d'archéologie orientale*
RAC	*Reallexikon für Antike und Christentum*
RArch	*Revue archéologique*
RB	*Revue biblique*
RCB	*Revista de cultura biblica*
RE	*Realencyklopädie für protestantische Theologie und Kirche*
RechBib	Recherches bibliques
REJ	*Revue des études juives*

RelS *Religious Studies*
RelSRev *Religious Studies Review*
RES *Répertoire d'épigraphie sémitique*
ResQ *Restoration Quarterly*
RevExp *Review and Expositor*
RevistB *Revista biblica*
RevQ *Revue de Qumran*
RevScRel *Revue des sciences religieuses*
RevSém *Revue sémitique*
RGG *Religion in Geschichte und Gegenwart*
RHPR *Revue d'histoire et de philosophie religieuses*
RHR *Revue de l'histoire des religions*
RivB *Rivista biblica*
RR *Review of Religion*
RSO *Rivista degli studi orientali*
RSP I *Ras Shamra Parallels I*, ed. L. Rl. Fisher, AnOr 49(Rome: Pontifical Biblical Institute, 1972)
RSPT *Revue des sciences philosophiques et théologiques*
RSR *Recherches de science religieuse*
RTL *Revue théologique de Louvain*
RTP *Revue de théologie et de philosophie*
RUO *Revue de l'université d'Ottawa*
SANT Studien zum Alten und Neuen Testament
SAOC Studies in Ancient Oriental Civilization
SAT Die Schriften des Alten Testaments in Auswahl übersetzt und erklärt, ed. Herman Gunkel
SAYP Cross and Freedman, *Studies in Ancient Yahwistic Poetry*
SB Sources bibliques
SBB Stuttgarter biblische Monographien
SBFLA *Studii biblici franciscani liber annuus*
SBLASP Society of Biblical Literature Abstracts and Seminar Papers
SBLDS SBL Dissertation Series
SBLMasS SBL Masoretic Studies
SBLMS SBL Monograph Series
SBLSBS SBL Sources for Biblical Study
SBLSCS SBL Septuagint and Cognate Studies
SBLTT SBL Texts and Translations

SBM Stuttgarter biblische Monographien
SBS Stuttgarter Bibelstudien
SBT Studies in Biblical Theology
ScEs *Science et esprit*
Scr *Scripture*
ScrB *Scripture Bulletin*
SD Studies and Documents
SEÅ *Svensk exegetisk årsbok*
Sef *Sefarad*
SEHM Stuart, *Studies in Early Hebrew Meter*
Sem *Semitica*
SJT *Scottish Journal of Theology*
SOTP H. H. Rowley(ed.), *Studies in Old Testament Prophecy*
SOTSMS Society for Old Testament Study Monograph Series
SPAW Sitzungsberichte der preussischen Akademie der Wissenschaften
SR *Studies in Religion/Sciences religieuses*
SSS Semitic Study Series
ST *Studia theologica*
STÅ *Svensk teologisk årskrift*
STDJ Studies on the Texts of the Desert of Judah
STK *Svensk teologisk kvartalskrift*
StudOr Studia orientalia
SVTP Studia in Veteris Testamenti pseudepigrapha
TBl *Theologische Blätter*
TBü Theologische Bücherei
TBT *The Bible Today*
TD *Theology Digest*
TDOT G. Botterweck and H. Ringgren(eds.), *Theological Dictionary of the Old Testament*(Grand Rapids: Eerdmans, 1974-)
TextsS Texts and Studies
TF *Theologische Forschung*
TGl *Theologie und Glaube*
ThLife *Theology and Life*
ThSz *Theologiai Szemle*
TLZ *Theologische Literaturzeitung*
TP *Theologie und Philosophie*
TQ *Theologische Quartalschrift*

TRev	*Theologische Revue*
TRu	*Theologische Rundschau*
TS	*Theological Studies*
TSK	*Theologische Studien und Kritiken*
TT	*Teologisk Tidsskrift*
TTKi	*Tidsskrift for Teologi og Kirke*
TTZ	*Trierer theologische Zeitschrift*
TU	Texte und Untersuchungen
TV	*Theologia Viatorum*
TWAT	G. J. Botterweck and H. Ringgren(eds.), *Theologisches Wörterbuch zum Alten Testament*
TWOT	R. L. Harris, et al.(eds.), *Theological Wordbook of the Old Testament* (Chicago, Moody Press, 1980)
TynBul	*Tyndale Bulletin*
TZ	*Theologische Zeitschrift*(*ThZ*)
UF	*Ugaritische Forschungen*
USQR	*Union Seminary Quarterly Review*
UT	C. H. Gordon, *Ugaritic Textbook*
UUÅ	Uppsala universitetsårsskrift
VC	*Vigiliae christianae*
VD	*Verbum domini*
VF	*Verkündigung und Forschung*
VSpir	*Vie spirituelle*
VT	*Vetus Testamentum*
VTSup	Vetus Testamentum, Supplements
WDB	*Westminster Dictionary of the Bible*
WHAB	*Westminster Historical Atlas of the Bible*
WMANT	Wissenschaftliche Monographien zum Alten und Neuen Testament
WO	*Die Welt des Orients*
WTJ	*Westminster Theological Journal*
WuD	*Wort und Dienst*
WUNT	Wissenschaftliche Untersuchungen zum Neuen Testament
WZKM	*Wiener Zeitschrift für die Kunde des Morgenlandes*
WZKSO	*Wiener Zeitschrift für die Kunde Süd- und Ostasiens*
ZA	*Zeitschrift für Assyriologie*
ZAW	*Zeitschrift für die alttestamentliche Wissenschaft*
ZDMG	*Zeitschrift der deutschen morgenländischen Gesellschaft*

ZDPV	*Zeitschrift des deutschen Palästina-Vereins*
ZEE	*Zeitschrift für evangelische Ethik*
ZKG	*Zeitschrift für Kirchengeschichte*
ZKT	*Zeitschrift für katholische Theologie*
ZRGG	*Zeitschrift für Religions- und Geistesgeschichte*
ZTK	*Zeitschrift für Theologie und Kirche*
ZWK	*Zeitschrift für wissenschaftliche Theologie*

히브리어 문법

abs	absolute	ind	indicative
acc	accusative	inf	infinitive
act	active	juss	jussive
adv	adverb/adverbial	masc, m	masculine
aor	aorist	niph	niphal
apoc	apocopated	obj	object
c	common	pass	passive
coh	cohortative	pf	perfect
conj	conjunction	pl	plural
consec	consecutive	poss	possessive
const	construct	prep	preposition
conv	converted	pronom	pronominal
dittogr	dittography	ptcp	participle
fem, f	feminine	sg	singular
fut	future	stat	stative
gen	genitive	subj	subject/subjective
haplogr	haplography	suff	suffix
hiph	hiphil	voc	vocative
hithp	hithpael	1	first person
hoph	hophal	2	second person
impf	imperfect	3	third person
impv	imperative		

Note: Hebrew שׂ(*sin*) is differentiated by pointing from שׁ(*shin*) only when ambiguity might otherwise result.

원문과 관련된 약어들

Akk.	Akkadian
Arab.	Arabic
Aram.	Aramaic
Eg.	Egyptian
Eng.	English
Eth.	Ethiopic
G	The Septuagint
G^{A}(etc.)	Alexandrinus Codex of the Septuagint(etc.)
Gk.	Greek
Heb.	Hebrew
Hex.	Hexapla
K	Kethib(consonantal text)
L	Leningrad Codex
MT	Masoretic Text
OG	Old Greek
OL	Old Latin
Q	Qere(Masoretic suggested pronunciation)
1Q(etc.)	Manuscript from Cave 1 at Qumran(etc.)
Syr	Syriac Peshitta
Syrh	Syrohexapla
Tg	Targum
Ug.	Ugaritic
Vg	Vulgate
α'	Aquila
θ'	Theodotion
σ'	Symmachus
>	mutated/transformed to
<	from

성경과 외경

Gen	Genesis
Exod	Exodus
Lev	Leviticus
Num	Numbers
Deut	Deuteronomy
Josh	Joshua
Judg	Judges
Ruth	Ruth
1-2 Sam	1-2 Samuel
1-2 Kgs	1-2 Kings
1-2 Chr	1-2 Chronicles
Ezra	Ezra
Neh	Nehemiah
Esth	Esther
Job	Job
Ps(s)	Psalm(s)
Prov	Proverbs
Eccl	Ecclesiastes
Cant	Canticles, Song of Solomon
Isa	Isaiah
Jer	Jeremiah
Lam	Lamentations
Ezek	Ezekiel
Dan	Daniel
Hos	Hosea
Joel	Joel
Amos	Amos
Obad	Obadiah
Jonah	Jonah
Mic	Micah
Nah	Nahum
Hab	Habakkuk

Zeph	Zephaniah	Matt	Matthew
Hag	Haggai	John	John
Zech	Zechariah	Acts	Acts
Mal	Malachi	Rom	Romans
Sir	Ecclesiasticus or The Wisdom of Jesus son of Sirach	Phil	Philippians
		Heb	Hebrews
		Rev	Revelation

기타

ANE	Ancient Near East	l	*longum*(metrically long poetic line)
AV	Authorized Version	lit.	literally
b.	*breve*(metrically short poetic line)	MS(S)	manuscript(s)
B.C.	Before Christ	n.	note
chap(s).	chapter(s)	NAB	*New American Bible*
cols.	columns	NEB	*New English Bible*
diss.	dissertation	NIV	*New International Version*
E	Elohist(supposed biblical literary source)	NJV	*New Jewish Version*
		NT	New Testament
ed(s).	edition; edited by; editor(s)	obv.	obverse
		OT	Old Testament
esp.	especially	p.	page
ET	English translation	Pers.	Persian
FS	Festschrift	rev.	reverse
hap. leg.	*hapax legomenon*	RSV	*Revised Standard Version*
J	Yahwist(supposed biblical literary source)	tr.	translated; translator
		UP	University Press
JB	*Jerusalem Bible*	v(v)	verse(s)

일반적인 참고문헌

여러 가지 소선지서들에 대한 주석들

(다른 성서들에 대한 주석과 호세아-요나 소선지서들 중에서 하나 혹은 그 이상에 대한 주석의 내용들을 가지고 있는 주석들도 포함하고 있음)

Allen, L. C. *The Books of Joel, Obadiah, Jonah and Micah.* NICOT. Grand Rapids: Eerdmans, 1976. **Augé, R.** *Profetes Minores.* La Bíblia, versió dels textos originals i commentari XVI. 1957. **Bergren, R. V.** *The Prophets and the Law.* Hebrew Union College Monographs 4. Cincinnati: Hebrew Union College, 1974. **Bewer, J. A.** "The Book of the Twelve Prophets." Harper Bible. New York: Harper and Row, 1949. **Bleeker, L. H. K.** and **G. Smit.** *De Kleine Propheten.* Text en Uitleg. 3 vols. Gronigen: J. B. Wolters, 1926-34. **Brockington, L. H.** "Joel," "Obadiah," "Jonah." *PCB,* 614-16, 626-29. **Cassuto, M. D.,** ed. *Sifre Ha-Miqra.* Tel Aviv: Yavneh Publishing House, 1955. **Cohen, A.** *The Twelve Prophets.* The Socino Books of the Bible. London: Socino, 1948. **Coppens, J.** *Les douze petits prophètes: Bréviare du prophétisme.* Bruges: Desclée de Brouwer; Louvain: Publications Universitaires, 1950. **Cornill, C. H.** *The Prophets of Israel.* Tr. S. F. Corkran. Chicago: Open Court, 1895. **Craghan, J.** *Esther, Judith, Tobit, Jonah, Ruth.* The Old Testament Message 16. Wilmington: Michael Glazier, 1982. **Craigie, P.** *Twelve Prophets.* Vol 1. The Daily Bible Study Series. Philadelphia: Westminster, 1984. **Deden, D.** *De Kleine Propheten.* Die Boeken van het Oude Testament 12. Roermonden: J. J. Romen and Zonen, 1953. **Deissler, A.** *Zwölf Propheten: Hosea, Joël, Amos.* 2d ed. Die Neuer Echter Bible. Würzburg: Echter Verlag, 1981. **Driver, S. R.** *The Minor Prophets.* Edinburgh: T. & T. Clark and E. J. Jack, 1906. **Duhm, B.** *The Twelve Prophets: A Version in the Various Poetical Measures of the Original Writings.* Tr. A. Duff. London: Adam and Charles Black, 1912.(=*Die zwölf Propheten, in den Vermassen der Urschrift übersetzt.* Tübingen, 1910.) **Edgar, S. L.** *The Minor Prophets.* Epworth Preacher's Commentaries. London: Epworth, 1962. **Ehrlich, A. B.** *Randglossen zur hebräischen*

Bibel. Vol 5. Leipzig: 1912; 2d ed. Hildesheim: Georg Olms, 1968. **Eiselen, F. C.** "The Minor Prophets," *Whedon's Commentary.* New York: Eaton and Mains, 1907. **Ewald, H. G. A.** *Die Propheten des Alten Bundes.* Göttingen: Vandenhoeck & Ruprecht, 1867-68. **Gressmann, H.** *Die älteste Geschichtsschreibung und Prophetie Israels(von Samuel bis Amos und Hosea).* SAT 2,1. Göttingen: Vandenhoeck & Ruprecht, 1921. **Guthe, H.**, et al. *Die Heilige Schrift des Alten Testaments.* Vol 2. 4th ed. Tübingen: 1923. **Hailer, M.** *Das Judentum: Geschichtsschreibung, Prophetie und Gesetzgebung nach dem Exil.* SAT 2/3. Göttingen: Vandenhoeck & Ruprecht, 1925. **Hitzig, F.**, and **H. Steiner.** *Die zwölfkleinen Propheten.* Leipzig: S. Hirzel, 1881. **Hoonacker, A. van.** *Les douze petits propbètes.* Études bibliques. Paris: J. Gabalda, 1908. **Jacob, E.**, et al. *Les petits prophètes I.* CAT 11a. Neuchâtel: Delachaux et Niestlé, 1965; 12th ed., Geneva: Labor et Fides, 1982. **Jepsen, A.** *Bibelhilfe für die Gemeinde.* Stuttgart: 1937. ______. *Das Zwölfprophetenbuch.* Leipzig and Hamburg: Gustav Schloessmanns Verlagsbuchhandlung, 1937. **Keil, C. F.** *The Twelve Minor Prophets.* Biblical Commentary on the Old Testament. Tr. J. Martin. Grand Rapids: Eerdmans, 1969.(=Biblischer Commentar über die zwölf kleinen Propheten. 3d ed., Leipzig: 1888.) **Koch, K.** *The Prophets. Volume One: The Assyrian Age.* Philadelphia: Fortress, 1982.(=*Die Propheten I. Assyrische Zeit.* Stuttgart: Kohlhammer, 1978.) ______. *The Prophets. Volume Two: The Babylonian and Persian Periods.* Philadelphia: Fortress Press, 1984.(=*Die Propheten II. Babylonisch-persische Zeit.* Stuttgart, Kohlhammer, 1980.) **Kodel, J.** *Lamentations, Haggai, Zechariah, Malachi, Obadiah, Joel, Second Zechariah, Baruch.* The Old Testament Message 14. Wilmington: Michael Glazier, 1982. **Kroeker, J.** *Die Propheten oder das Reden Gottes.* Das lebendige Wort. Giessen/Basel: 1932. **Laetsch, T.** *The Minor Prophets.* St. Louis: Concordia Publishing House, 1956. **Lehrman, S.**, et al. *The Socino Books of the Bible.* Bournemouth: Socino Press, 1952. **Lippl, J.**, et al. *Die zwölf kleinen Propheten.* 2 vols. *HSAT* 8. Bonn: 1937-38. **Marti, K.** *Das Dodekapropheton.* Kurzer Hand-Commetar zum Alten Testament. Tübingen: J. C. B. Mohr, 1904. **Mauchline, J.**, et al. *The Twelve Prophets. IB* 6. New York and Nashville: Abingdon Press, 1956. **McKeating, H.** *The Books of Amos, Hosea and Micah.* The Cambridge Bible Commentary on the New English Bible. Cambridge: Cambridge UP, 1971. **Mitchell, H. G.**, et al. *Haggai, Zechariah, Malachi, Jonah.* ICC.

Edinburgh: T. & T. Clark, 1912. **Mowinckel, S.,** and **N. Messel.** *De Senere Profeter oversatt.* De Gamle Testamente. Oslo, 1944. **Nötscher, F.** *Zwölfprophetenbuch.* Echter-Bibel. Wurzburg: Echter-Verlag, 1948. **Nowack, W.** *Die kleinen Propheten.* HKAT 3d ed. Göttingen: 1922. **Orelli, C. von.** *Die zwölf kleinen Propheten.* Kurzgefasster Kommentar zu den Heiligen Schriften. Alten und Neuen Testaments, ed. H. Strack and O. Zockler. 3d ed. Munich: Beck, 1908. **Osty, E.,** et al. *La Sainte Bible.* Paris: 1957-60. **Procksch, O.** *Die kleinen prophetischen Schriften.* Erläuterungen zum Alten Testament. 2 vols. Stuttgart: Verlag der Vereinsbuchhandlung, 1929. **Ridderbos, J.** *Korte Verklaring der Heiligen Schrift.* Kampen: Kok, 1935. **Riessler, P.** *Die kleinen Propheten.* Rottenburg: W Bader, 1911. **Rinaldi, G.** *Profeti Minori II: Osea—Gioele—Abdia—Giona.* Torina: Marietti, 1960. **Robertson, E. H.** *Amos, Hosea, Micah, Isaiah 1-39.* Mowbray's Mini-Commentaries. Vol. 8. London: Mowbray, 1968. **Robinson, T. H.,** and **F. Horst.** *Die zwölf kleinen Propheten.* HAT 1/14. Tübingen: J. C. B. Mohr, 1964. **Schmidt, H.** *Die grossen Propheten.* SAT 2/2. Göttingen: Vandenhoeck & Ruprecht, 1923. **Schumpp, M.** *Dos Buch der zwölf Propheten.* Herders Bibelkommentar 10/2. Freiburg: Herder and Co., 1950. **Sellin, E.** *Das zwölf Prophetenbuch.* KAT 12/2. 2 vols. Leipzig: A. Deichert, 1930. **Smith, G. A.** *The Book of the Twelve Prophets.* 2 vols. The Expositor's Bible. New York: A. C. Armstrong, 1899. **Smith, J. M. P.,** et al. *Micah, Zephaniah, Nahum, Habakkuk, Obadiah, and Joel.* ICC. Edinburgh: T. & T. Clark, 1911. **Unattributed**(produced by the Franciscan Biblical Institute in Japan). *Joel, Amos, Obadiah, Jonah, Micah, Nahum and Habakkuk.* Tokyo: Chuo Shuppansha, 1986. **Vawter, B.** *Amos, Hosea, Micah, with an Introduction to Classical Prophecy.* The Old Testament Message 7. Wilmington: Michael Glazier, 1981. **Veilas, B. M.** *Hermeneia Palaias Diathekes.* 5 vols. Athens: 1947-50.(Gr.) **Wade, G. W.** *Micah, Obadiah, Joel and Jonah.* London: Methuen and Co., 1925. **Watts, J. D. W.** *The Books of Joel, Obadiah, Jonah, Nahum, Habakkuk and Zephaniah.* The Cambridge Bible Commentary. Cambridge: Cambridge UP, 1975. **Weiser, A.,** and **K. Elliger.** *Das Buch der zwölf kleinen Propheten.* ATD 24-25,1.6th ed. Göttingen: Vandenhoeck & Ruprecht, 1974. **Wellhausen, J.** *Die kleinen Propheten.* Berlin: de Gruyter, 1963.

하나 이상의 소선지서에 대한 혹은 관련된 책들과 논문들

Amsler, S. *Les actes des prophètes.* Essais bibliques 9. Geneva: Labor et Fides, 1985. Auge, R. *El Profetes Menors.* Montserrat: Monestir de Montserrat, 1957. Baltzer, K. *Die Biographie der Propheten.* Neukirchen-Vluyn: Neukirchener Verlag, 1975. Bergren, R. V. *The Prophets and the Law.* Monographs of the Hebrew Union College 4. Jerusalem: Hebrew Union College, 1974. Ben-Sasson, H. H., ed. *History of the Jewish People.* Vol. 1: The Ancient Times. Tel Aviv: Devir, 1971. Blenkinsopp, J. L. *A History of Prophecy in Israel from the Settlement in the Land to the Hellenistic Period.* Philadelphia: Westminster, 1983. ______. *Prophecy and Canon.* University of Notre Dame Center for the Study of Judaism and Christianity in Antiquity 3. South Bend, IN: University of Notre Dame Press, 1977. Brueggemann, W. *The Prophetic Imagination.* Philadelphia: Fortress, 1978. Buber, M. *The Prophetic Faith.* Tr. C. Wilton-Davies. New York: Harper and Row, 1960. Christensen, D. *Transformations of the War Oracle in Old Testament Prophecy.* Harvard Dissertations in Religion 3. Missoula, MT: Scholars Press, 1978. Clakins, R. *The Modern Message of the Minor Prophets.* New York, 1947. Cogan, M. *Imperialism and Religion: Assyria, Judah and Israel in the Eighth and Seventh Centuries B.C.E.* SBLMS 19. Missoula, MT: Scholars Press, 1974. Collins, T. *Line-Forms in Hebrew Poetry: A Grammatical Approach to the Stylistic Study of the Hebrew Prophets.* Studia Pohl, Series Major 7. Rome: Pontifical Biblical Institute Press, 1978. Cornfeld, G. *Archaeology of the Bible: Book by Book.* New York: Harper and Row, 1976. Cornill, C. H. *Der israelitische Prophetismus.* 13th ed. Berlin: de Gruyter, 1920. Dellagiacoma, V. *Israele spasa di Dio: Le metaphora muziale del VT.* Diss. Ateno Urbaniano de Propaganda Fide, Verona, 1961. Duhm, B. *Israels Propheten.* Tübingen: J. C. B. Mohr, [2]1922. Eaton, J. *Vision in Worship. The Relation of Prophecy and Liturgy in the Old Testament.* London: SPCK, 1981. Eissfeldt, O. *The Old Testament: An Introduction.* Tr. P. Ackroyd. New York: Harper and Row, 1965. Ellermeier, F. *Prophetie in Mari und Israel.* Herzberg am Harz: 1968. Ellison, H. L. *The Prophets of Israel: From Ahijah to Hosea.* Exeter/Grand Rapids: Paternoster/Eerdmans, 1969. Engnell, I. *Critical Essays on the Old Testament.* London: SPCK, 1970. Farrar, F. W. *The Minor Prophets: Their Lives and Times.* Men of the Bible 14. New York: A. D. F. Randolph, 1890. Fohrer, G.

Die Propheten des Alten Testaments. Vol. 6 : *Die Propheten seit dem 4. Jahrhundert.* Gütersloh : Gerd Mohn, 1976. ______. *Introduction to the Old Testament.* Tr. D. E. Green. Nashville : Abingdon, 1968. ______. *History of the Israelite Religion.* Tr. D. E. Green. Nashville : Abingdon, 1972. **Fürst, J.** *Der Kanon des Alten Testaments.* Leipzig : 1868. **Gunneweg, A. H. J.** *Mündliche und schriftliche Tradition der vorexilischen Propheten.* Göttingen : Vandenhoeck & Ruprecht, 1959. **Gutierrez, R. C.** *La justicia social en los Profetas del siglo VIII : Amos, Oseas, Isaias y Miqueas.* Lizentiatsarbeit : University of Fribourg, 1970. **Hardmeier, C.** *Texttheorie und biblische Exegese : Zur rhetorischen Funktion der Trauermetaphorik in der Prophetie.* BEvT 79. Munich : Kaiser Verlag, 1978. **Harrison, R. K.** *Introduction to the Old Testament.* Grand Rapids : Eerdmans, 1969. **Hecht, F.** *Eschatologie und Ritus bei den "Reformprophetenn" : Ein Beitrag zur Theologie des Altes Testament.* Pretoria Theological Studies 1. Leiden : Brill, 1971. **Herrmann, S.** *Die prophetischen Heilserwartungen im Alten Testament.* BWANT 85. Stuttgart : Kohlhammer, 1965. **Hillers, D.** *Treaty Curses and the Old Testament Prophets.* BibOr 16. Rome : Pontifical Biblical Institute, 1964. ______. *Covenant : The History of a Biblical Idea.* Baltimore : Johns Hopkins University Press, 1966. **Hunter, A. V.** *Seek the Lord! A Study of the Meaning and Function of the Exhortation in Amos, Hosea, Isaiah, Micah, and Zephaniah.* Baltimore : St. Mary's Seminary and University, 1982. **James, F.** *Personalities of the Old Testament.* New York : Scribners, 1947. **Jenni, E.** *Die politischen Voraussagen der Propheten.* ATANT 29. Zurich : Theologischen Verlag, 1956. **Kauffmann, Y.** *The Religion of Israel.* Tr. M. Greenberg. Chicago : University of Chicago Press, 1960. **Kilian, R.,** et al., eds. *Eschatologie : Bibeltheologische und philosophische Studien zum Verhältnis von Erlösungswelt und Wirklichkeitsbewältigung. FS E. Neuhauser.* St. Ottilien : Eos Verlag, 1981. **Kinet, D.** *Ba'al und Jahwe : ein Beitrag zur Theologie des Hoseabuches.* Bern : Europaische Hochschulschriften, 1977. **Kroeker, J.** *Die Propheten oder dos Reden Gottes.* Das Lebendige Wort. Giessen und Basel : 1932. **Lewis, R. L.** *The Persuasive Style and Appeals of the Minor Prophets Amos, Hosea and Micah.* Ann Arbor, MI : University Microfilms IV, 1959. **Lindblom, J.** *Prophecy in Ancient Israel.* Oxford : Oxford University Press, 1962. **McCarthy, D. J.** *Old Testament Covenant : A Survey of Current Opinions.* Oxford : Blackwell, 1972. **Miller, P. D., Jr.** *Sin and Judgment in the Prophets.* SBLMS 27. Chico : Scholars Press, 1982. **Monloubon, L.**

Amos et Osée, sainteté de justice, sainteté d'amour: sous la main de Dieu 8. Paris: ed. Fleurus, 1964. ______. *Les prophètes de l'Ancien Testament.* Cahiers Evangile 43. Paris: Éditions du Cerf, 1983. **Montaner, L. V.** *Biblia del Mar Muerto: Profetas Minores.* Textos y Estudios "Cardinal Cisneros" de la Biblia Poliglota Matritense 29. Madrid: Instituto "Arias Montano" CSIC, 1980. **Moraldi, L.** *I manuscritti di Qumran.* Torino: Unione Tipographicol-editrice Torinese, 1971. **Mowinckel, S.** *Prophecy and Tradition.* Oslo: 1946. ______, and **N. Messel.** *De Senere Profeter Oversatt. De Gamle Testamente.* Oslo: H. Aschehoug, 1944. **Nielsen, K.** *Yahweh as Prosecutor and Judge: An Investigation of the Prophetic Lawsuit(Rib-Pattern).* JSOTSup 9. Sheffield: UP, 1978. **Noort, E.** *Untersuchungen zum Gottesscheid in Mari: Die "Mariprophetie" in der alttestamentlichen Forschung.* Kevelaer/Neukirchen-Vluyn: Butzon & Bercker/ Neukirchener Verlag, 1977. **Noth, M.** *The History of Israel.* Tr. P. Ackroyd. New York: Harper and Row, 1960. **Oppenheimer, D.** *Status Matrimonialis Oseae ut Symb. Propheticum.* Sepher Dim Festschrift, ed. H. Bar-Deroma et al. Jerusalem: Kirjath Sepher, 1958. **Petersen, D.** *Late Israelite Prophecy: Studies in Deutero-Prophetic Literature and in Chronicles.* SBLMS 23. Missoula, MT: Scholars Press, 1977. **Rowley, H. H.** *Men of God.* London: Nelson, 1963. **Silverman, A. O.** *Behold My Messengers: The Lives and Teachings of the Prophets.* New York: Bloch, 1955. **Smith, J. M. P.** *The Prophets and Their Times.* Chicago: University of Chicago Press, 1925. **Smith, W. R.** *The Prophets of Israel.* London: 2d ed., 1895. **Smolar, L.**, and **M. Auerbach.** *Studies in Targum Jonathan to the Prophets.* Churgin, P. *Targum Jonathan to the Prophets*(combined volume). New York: KTAV, 1983. **Stuart, D.** *Favorite Old Testament Passages.* Philadelphia: Westminster, 1985. ______. *Studies in Early Hebrew Meter.* HSM 13. Missoula, MT: Scholars Press, 1976. **Thiele, E. R.** *The Mysterious Numbers of the Hebrew Kings.* Grand Rapids: Eerdmans, 1965. **Torrey, C. C.** *The Lives of the Prophets.* JBL Monographs 1. Philadelphia: Society of Biblical Literature, 1946. **Vaux, R. de.** *Ancient Israel: Its Life and Institutions.* Tr. J. McHugh. New York: McGrawHill, 1961. **Volz, P.** *Die vorexilische Jawehprophetie und der Messias.* Göttingen: Vandenhoeck & Ruprecht, 1897. **Vuilleumier, R.** *La tradition culturelle d'Israel dans la prophetie d'Amos et Osée.* Cahiers Theologique 45. Neuchâtel: Delachaux, 1960. **Ward, J. M.** *The Prophets.* Interpreting Biblical Texts. Nashville: Abingdon, 1982. **Warmuth, G.** *Das Mahnwort: Seine Bedeutung* *für die Verkundigung der vorexilixischen Propheten Amos, Hosea, Micha, Jesaja und Jeremia*. Beiträge zur biblischen Exegese und Theologie 1. Frankfurt am Main: Peter Lang, 1976. **Weippert, H.,** et al. *Beiträge zur prophetischen Bildsprache in Israel und Assyrien*. Freiburg/Göttingen: Universitätsverlag/Vandenhoeck & Ruprecht, 1985. **Winward, S.** *A Guide to the Prophets*. Atlanta: John Knox, 1976. **Wolff, H. W.** *Prophetische Alternativen: Entdeckungen des Neuen im Alten Testament*. Munich: Kaiser Verlag, 1982. ______. *Confrontations with Prophets*. Tr. Fortress Press. Philadelphia: Fortress Press, 1983. **Ziegler, J.** *Beiträge zum griechischen Dodekapropheton*. Göttingen: 1942. **Zimmerli, W.** *The Law and the Prophets*. Oxford: UP, 1965.

소선지서들에 대한 혹은 관련된 소논문들

Bee, R. E. "An Empirical Dating Procedure for Old Testament Prophecy." *JSOT* 11(1979) 23-35. **Boeker, H. J.** *Redeformen des Rechtsleben im Alten Testament*. WMANT 14. Neukirchen-Vluyn: Neukirchener Verlag, 1964. **Budde, K.** "Eine folgeschwere Redaktion des Zwölfprophetenbuchs." *ZAW* 39(1921) 218-29. **Buhl, F.** "Einige textkritische Bemerkungen zu den kleinen Propheten." *ZAW* 5(1885) 179-84. **Davies, G. H.** "The Yahwistic Tradition in the Eighth-Century Prophets." In *Studies in Old Testament Prophecy*, H. H. Rowley, ed. Edinburgh: T. & T. Clark, 1950. 37-51. **Deroche, M.** "Yahweh's *Rib* against Israel: A Reassessment of the So-Called 'Prophetic Lawsuit' in the Preexilic Prophets." *JBL* 102(1983) 563-74. **Driver, G. R.** Linguistic and Textual Problems: Minor Prophets II, III." *JTS* 39(1938) 154-66; 260-73; 393-405. ______. "Notes on Hebrew Prophets and Proverbs." *JTS* 41(1940) 162-75. **Duhm, B.** "Anmerkungen zu den zwölf kleinen Propheten." *ZAW* 31(1911) 1-4; 81-110; 161-204. **Eakin, F. E., Jr.** "Yahwism and Baalism Before the Exile." *JBL* 84(1965) 407-14. **Eissfeldt, O.** "The Prophetic Literature." In *The Old Testament and Modern Study*, H. H. Rowley, ed. Oxford and New York: Oxford UP, 1951. **Engnell, I.** "Prophets and Prophetism in the Old Testament." In *Critical Essays on the Old Testament*, tr. & ed. John T. Willis. London: SPCK, 1970. 123-79. **Fohrer, G.** "Neue Literature zur altestamentlichen Prophetie(1961-1970)." *TRu* 40(1975) 337-77; 41(1976) 1-12; 45(1980) 1-39, 109-32, 193-225; 47(1982) 105-35, 205-18.

Freehoff, S. B. "Some Text Rearrangements in the Minor Prophets." *JQR* 32(1941-42) 303-8. **Gaster, Th. H.** "Notes on the Minor Prophets." *JTS* 39(1937) 163-65. **Gemser, B.** "The *Rîb* or Controversy Pattern in Hebrew Mentality." VTSup 3(1955) 124-37. **Gerstenberger, E.** "The Woe Oracles of the Prophets." *JBL* 81(1962) 249-63. **Ginsburg, M.** "Notes on the Minor Prophets." *Eretz-Israel* 3(1954) 83-84.(Heb.). **Gordis, R.** *Poets, Prophets and Sages*. Bloomington: Indiana UP, 1971. **Gottwald, N. K.** "Tragedy and Comedy in the Latter Prophets." *Semeia* 32(1984) 83-86. **Haran, M.** "From Early Classical Prophecy: Continuity and Change." *VT* 27(1977) 385-97. **Harvey, J.** "Le *riv* pattern: Requistoire prophetique sur la rupture de l'alliance." *Bib* 43(1962) 172-96. **Helewa, J.** "Ministère doctrinal du prêtre dans la théologie ecclésiale du prophète Osée." *ECarm* 17(1966) 5-30. **Helfmeyer, F. J.** "Gotteserkenntnis—Liebe—Umkehr." *BK* 40(1985) 101-107. **Hirshberg, H. H.** "Some Additional Arabic Etymologies in OT Lexicography." *VT* 11(1967) 373-85. **Hoffman, Y.** "From Oracle to Prophecy: The Growth, Crystallization and Disintegration of a Biblical Gattung." *Journal of Northwest Semitic Languages* 10(1982) 75-81. **Huffmon, H.** "Prophecy in the Mari Letters." *BA* 31(1968) 101-124. ______. "The Covenant Lawsuit in the Prophets." *JBL* 78(1959) 285-95. **Jepsen, A.** "Kleine Beiträge zum Zwölfprophetenbuch." *ZAW* 56(1938) 85-100; 57(1939) 242-55; 61(1945-48) 95-114. **Kahle, P.** "Die im August 1952 entdeckte Lederrole mit dem grieschischen Text der kleinen Propheten und das Problem der Septuaginta." *TLZ* 79(1954) 81-94. **Kapelrud, A. S.** "The Spirit and the Word in the Prophets." *ASTI* 11(1978) 40-47. **Kipper, J. B.** "A evoluçao económico-social em Israel e a pregaçao dos profetas." *RCB* 20(1977) 309-351. **Limburg, J.** "The Prophets in Recent Study: 1967-77." *Int* 32(1982) 56-68. **Lods, A.** "Recherches récentes sur le prophétisme israélite. *RHR* 104(1931) 279-316. **Long, B.** "Reports of Visions among the Prophets." *JBL* 95(1976) 353-65. **Melugin, R.** "The Typical Versus the Unique among the Hebrew Prophets." *SBL 1972 Proceedings*, 331-41. **Meyer, R.**, et al. "Propheten II." *RGG* 5:613, 633. **Moran, W. L** "New Evidence from Mari on the History of Prophecy." *Bib* 50(1969) 15-56. **Porteous, N. W.** "The Basis of the Ethical Teaching of the Prophets." In *Studies in Old Testament Prophecy*, H. H. Rowley, ed. Edinburgh: T. & T. Clark, 1950. **Ramsey, G. W.** "Speech-Forms in Hebrew Law and Prophetic Oracles." *JBL* 96(1977) 45-58. **Rendtorff, R.** "Erwägungen zur Frühgeschichte des Prophetentums in Israel." *ZTK* 59(1962) 145-67.(="Reflections on the Early History of Prophecy in Israel." Tr. P. J. Achtemeier in *Hermeneutic, Journal for Theology and the Church*, ed. R. W. Funk and G. Ebeling[New York: Harper and Row, 1967] 4:14-34.) ______. "Prophetenspruch." *RGG* 5:635-38. **Richter, G.** "Erläuterung zu dunkeln Stellen in den kleinen Propheten." BFCT 18, 3/4(1914). **Robinson, T. H.** "Die prophetischer Bücher im Lichte neuer Entdeckungen." *ZAW* 45(1927) 3-9. **Rudolph, W.** "Präparierte Jungfrauen?" *ZAW* 75(1963) 65-73. **Schoors, A.** "De vormkritische studie van de profeten." *Bijdragen* 32(1971) 259-81. **Smalley, W. A.** "Translating 'Thus Says the Lord.'" *BT* 29(1978) 222-24. **Stuart, D.** "The Old Testament Prophets' Self-Understanding of Their Prophecy." *Themelios*(1980/81) 9-14. **Vermeylen, J.** "Les prophètes de la conversion face aux traditions sacrales de l'Israël ancien." *RTL* 9(1978) 5-32. **Vollers, K. A.** "Das Dodekapropheten der Alexandriner." *ZAW* 4(1884) 1-20. **Vriezen, T. C.** "Prophecy and Eschatology." VTSup 1(1953) 199-229. **Vuilleumier, R.** "Traditions d'Israël et liberté du prophète: Osée." *Prophètes, pontès et sages d'Israel: FS Edmond Jacob. RHPR* 59(1979) 491-98. **Watts, J. D. W.** "Elements of OT Worship." *JBR* 26(1958) 217-21. **Weinfeld, M.** "Ancient Near Eastern Patterns in Prophetic Literature." *VT* 27(1977) 178-95. **Werbeck, W.** "Zwölfprophetenbuch." RGG^3 6, cols. 1969-70. **Wilson, R. R.** "Form-Critical Investigation of the Prophetic Literature: The Present Situation." *SBL 1973 Seminar Papers*, 100-127. **Wolfe, R. E.** "The Editing of the Book of the Twelve." *ZAW* 53(1935) 90-130. **Wolff, H. W.** "Erkenntnis Gottes im Alten Testament." *EvT* 15(1955) 426-31. **Ziegler, J.** "Studien zur Verwertung der Septuaginta im Zwölfprophetenbuch." *ZAW* 60(1944) 107-31. **Zimmerli, W.** "Vom Prophetenwort zum Prophetenbuch." *TLZ* 104(1979) 481-96.

서론

오경의 축복과 저주에 대한 예언의 의존성

참고문헌

Baltzer, K. *Das Bundesformular.* WMANT 4. Neukirchen-Vluyn: Neukirchener Verlag, 1960. **Blank, S.** "The Curse, Blasphemy, the Spell and the Oath." *HUCA* 23 (1950-51) 73-95. **Bright, J.** *Covenant and Promise: The Prophetic Understanding of the Covenant in Pre-Exilic Israel.* Philadelphia: Westminster Press, 1975. **Dumbrell, W.** *Covenant and Creation.* New York: Thomas Nelson, 1985. **Ebeling, E.** "Sammlung von Beschwörungsformeln." *ArOr* 21(1953) 357-423. **Fensham, F. C.** "Covenant, Promise and Expectation in the Bible." *TZ* 23(1967) 305-22. ______. "Maledictions and Benedictions in Ancient Near Eastern Vassal-Treaties and the Old Testament." *ZAW* 74(1962) 1-9. **Gevirtz, S.** "West-Semitic Curses and the Problem of the Origins of Hebrew Law." *VT* 11(1961) 137-58. **Gressmann, H.** *Der Ursprung der israelitischen-jüdischen Eschatologie.* FRLANT 43. Göttingen: Vandenhoeck & Ruprecht, 1905. **Hillers, D.** *Covenant: The History of a Biblical Idea.* Baltimore: Johns Hopkins Press, 1969. ______. *Treaty-Curses and the Old Testament Prophets.* BibOr 16. Rome: Pontifical Biblical Institute, 1964. **Kline, M. G.** *Treaty of the Great King.* Grand Rapids: Eerdmans, 1963. **McCarthy, D. J.** *Old Testament Covenant: A Survey of Current Opinions.* Atlanta: John Knox, 1972. ______. *Treaty and Covenant: A Study in Form in the Ancient Oriental Documents and the O.T.* Rev. ed. AnBib 21. Rome: Pontifical Biblical Institute, 1978. **Mendenhall, G.** "Covenant Forms in Israelite Tradition." *BA* 17(1954) 50-76. ______. *Law and Covenant in the Ancient Near East.* Pittsburgh: Biblical Colloquium, 1955. **Mercer, S. A. B.** *The Oath in Babylonian and Assyrian Literature.* Paris: P. Guenther, 1912. **Moriarty, F.** "Prophets and Covenant." *Gregorianum* 66(1965) 817-33. **Muilenburg, J.** "The 'Office' of the Prophet in Ancient Israel." In *The Bible in Modern Scholarship,* ed. J. P. Hyatt. Nashville: Abingdon, 1965. 74-97. **Perlitt, L.** *Bundestheologie im Alten*

Testament. WMANT 36. Neukirchen-Vluyn: Neukirchener Verlag, 1969. **Vogels, W.** *La promesse royale de Yahweh préparatoire à l'alliance.* Ottawa: Editions de l'Université d'Ottawa, 1970. **Wehmeir, G.** *Der Segen im Alten Testament.* Basel: Friedrich Reinhardt Kommissionsverlag, 1970.

고대 이스라엘에서 참된 예언(true prophecy)과 참된 독창성(true originality)은 서로 간에 양립할 수 없는 것이었다. 이런 사실을 이해하는 것은 구약의 선지서들을 이해하는 데 있어서 본질적으로 중요한 일이다.

그러나 벨하우젠(Wellhausen)의 *Prolegomena to the History of Israel*(1883) 이후로 구약을 연구하는 많은 학자들은 다음과 같은 그 반대의 견해에 사로잡혀 있었다. 즉 구약의 선지자들은 창조적으로 독창적이었다. 그들은 역사에 대한 어떠한 관점을 인식하고 있었고, 일종의 지침들로서 온전히 기록되거나 입으로 전해진 법률-언약적 전승들 없이 주로 **새롭게**(*de novo*) 이스라엘의 행위에 대한 해석들을 만들어 냈다고 보았다. 이런 관점을 통해서 보면, 선지자들의 법률-언약적 개념들은 그 자신들의 창작적인 활동을 하는 동안에 혹은 그런 활동의 결과로서 자라난 것이었다. 즉 그런 개념들은 정통 야웨주의 이스라엘 그룹들에서 결정적인 위치를 점하게 되었고, 결국에는 주전 7세기의 신명기적인(D) 법률 조항들과 주전 6-5세기의 제사장적인(P) 법률 조항들의 구성 요소가 되었다. 달리 말하자면, 율법이 구성되기 전의 선포자로서 구약의 선지자들은 사실상 성서 사회 윤리들뿐만 아니라 어느 정도 개인 윤리들의 창시자들이었다. 또한 그들은 오늘날 오경이라는 것으로 나중에 조직화되어 들어간 대부분의 언약적 개념들의 창시자였던 것이다.

그러나 드러난 증거들은 이런 견해를 지지해 주지 않는다. 오히려 그 증거들은 다음과 같은 결론을 지지해 주고 있다. 즉 구약의 선지자들은 오경에 나타나 있는 고대 모세의 언약에 의식적이며 그리고 직접적으로 되돌아가고 있는 전승 안에서 자신들의 영감된 사역들을 수행했다고 보는 것이다. 그 고대 모세의 언약은 출애굽기-레위기-민수기에 먼저 언급이 되었고, 신명기에서 갱신이 된 그런 언약이다. 선지자들은 자신들이 어떤 새로운 교리를 만들어 내고 있다고 생각하지 않았고, 자신들을 야웨를 위한 대변인으로 여겼다. 그 선지자들을 통해 야웨는 아주 오랜 세기 이전에 자신의 백성들에게 주었던 언약에 대한 순종으로 자신의 백성들이 **돌아오도록** 부르셨고, 그 백성들에게 야웨가 친히 자신의 이름을 걸고 맹세했던 그 언약의 저주들과 축복들을 되새겨보도록 하셨던 것이다.

그러므로 본서에서는 호세아에서 요나에 이르는 각각의 주석 전체를 통해 모세 언약에 나타난 저주들과 축복들에 대한 전반적인 비교를 하고 있다. 선지자들이 말하고 있는 것은 이런 비교를 통해서만 그 의미를 가질 수 있게 되기 때문이다. 선지자들은 어떤 종류의 저주나 축복도 만들어 내지 않았다. 선지자들은 마치 그렇게 하도록 영감되기나 한 것처럼 문자적으로나 암시적으로 시내산 언약에 이미 섞여있는 구절들을 단순하게 참조하고 있다. 이런 사실은 너무나 중요하다. 고전적인(저술을 남긴) 선지자들의 신탁들이 가지고 있는 거의 모든 내용들은, 언약적 저주들은 가까운 시기(near-time)에 이루어질 것이라는 선포와 언약적 회복의 축복들은 마지막 시기(end-time)에 성취될 것이라는 내용을 거의 담고 있다.

선지자들은 다음과 같은 두 가지 주제 이외에는 달리 말하고 있는 것이 거의 없다. 즉 어떻게 그리고 왜 하나님의 백성들은 가까운 시기에 다양한 재난들에 의해 징벌을 받게 되는 가? 또한 어떻게 그리고 왜 그들은 결국에는 구원받고 회복되는 것을 기대할 수 있는가?

선지서들의 축복들과 저주들을 범주화하기 위해서는 우선 먼저 오경의 저주들과 축복들을 범주화하는 것이 필요하다. 선지자들의 신탁들에서 궁극적으로 다시 나타나고 있는 모든 종류의 화(禍)와 복(福)의 형태들은 오경의 저주와 축복들에 정확하게 포함되어 있기 때문이다. 범주화한다는 것은 항상 어느 정도 주관적인 일이다. 이후로 이 주석에서 일상적으로 언급되는 범주들을 우리는 아래에서 보게 될 것이다. 그룹들로 묶여질 수 있는 여러 가지 방법들 중에 단지 하나를 나타내는 방식으로 언급될 것이다. 그렇게 그룹을 나누는 것은, 어떤 진정한 선택이 이루어질 수 있는 좀 더 적은 범주들보다는 좀 더 많은 범주들로 나누는 경우에 중대한 실수를 피하도록 하는 적절한 방법이 되는 것 같다. 이런 사실은 개별적인 저주들과 축복들은 오경과 예언적인 책들 모두에서 나타나는 예기치 않은 방법(분별할 수 없는 순서나 위계적 질서로)을 통해서 뿐만 아니라, 저주들과 축복들 가운데서 제기되는 문제들이 가지고 있는 본질적으로 광범위한 범위에 의해 제기된다. 아마도 선지자들 자신들은 오경에서 세 가지에서 다섯 가지 정도에 이르는 주요 주제들의 영역으로 말할 수 있는 어떤 범주화를 보지 못했을 수도 있다. 그런 범주들을 보았다고 보기보다는, 선지자들이 이 모세 언약의 제재 규약이 포함하고 있는 것을 선택하고 병치시켜 놓고 있는 방법을 통해 판단해 볼 때, 그들은 광범위한 저주와 축복의 유형들을 염두에 두고 있었던 것으로 보인다.

어쨌든 우리는 다음과 같은 27개에 이르는 저주의 목록들과 10개에 이르는 회복의 축복에 대한 목록들을 얻게 되었다. 그 선지자들은 이스라엘에게 어떤 현재 혹은 "처음 주어진" 축복들을 선포하도록 위임 받은 것은 아니었다는 점을 주목해야만 한다. 그런 축복들은 모세를 통해 풍성하게 약속되었던 것들이다. 그러나 그 축복들이 적용되는 시기는 말씀을 기록하는 선지자들이 등장했을 때 이루어졌다. 하나님이 이스라엘에게 말씀하셨던 것은 즉각적인 축복이 아닌 다른 무엇이었다.

언약적 저주들에 대한 참고 구절 목록

본서 전체를 통해 오경적 저주 항목들은 아래와 같이 숫자화된 범주들로 언급될 것이다.

1. 야웨로부터의 진노와 거절

레 26:17 "내가 너희를 치리니…"
26:24 "나 곧 나도 너희에게 대항하여…"
26:28 "내가 진노로 너희에게 대항하되…"
26:41 "나도 그들을 대항하여…"
신 4:24 "네 하나님 여호와는 소멸하는 불이시요 질투하는 하나님이시니라"
4:25 "…그(네 하나님 여호와)의 노를 격발하면…"
신 29:20 "여호와는 이런 자를 사하지 않으실 뿐 아니라 여호와의 분노와 질투의 불로 그의 위에 붓게 하시며"
29:24 "…크고 열렬하게 노하심은…"
29:27 "이러므로 여호와께서 이 땅을 향하여 진노하사…"
29:28 "…진노와 분한과 크게 통한하심으로…"
신 31:17 "그 때에 내가 그들에게 진노하여 그들을 버리며 내 얼굴을 숨겨 그들에게 보이지 않게 할 것인즉…"
31:17 "하나님이 우리 중에 계시지 않은 까닭이 아니뇨…"
31:18 "내가 그 때에 반드시 내 얼굴을 숨기리라…"
31:29 "…그를 격노케 하므로…"
신 32:16 "…격발하였도다"
32:19 "여호와께서 미워하셨으니…그를 격노케 한 연고로다"
32:20 "내가 내 얼굴을 숨겨…"
32:21 "…진노를 격발하였으니…"
32:30 "그들의 반석이 그들을 팔지 아니하였고 여호와께서 그들을 내어주지 아니

하셨더면…"

2. 예전적인 의식이 거부됨/파멸됨

레 26:31 "너희 성소들로 황량케 할 것이요 너희의 향기로운 향을 흠향치 아니하고"

3. 전쟁과 전쟁의 참화

a. 일반적인 저주

레 26:17 "너희가 너희 대적에게 패할 것이요…"
26:25 "내가 칼을 너희에게로 가져다가…"
26:25 "너희를 대적의 손에 붙일 것이며…"
26:33 "내가 칼을 빼어 너희를 따르게 하리니…"
26:37 "너희가 대적을 당할 힘이 없을 것이요…"

신 28:25 "…네 대적 앞에 패하게 하시리니…"
28:25 "네가 한 길로 그들을 치러 나가서는 그들의 앞에서 일곱 길로 도망할 것이며…"
28:49-50 "곧 여호와께서 원방에서, 땅 끝에서 한 민족을 독수리의 날음같이 너를 치러 오게 하시리니 이는 네가 그 언어를 알지 못하는 민족이요 그 용모가 흉악한 민족이라 노인을 돌아보지 아니하며 유치를 긍휼히 여기지 아니하며"
28:52 "네가 의뢰하는 바 높고 견고한 성벽을 다 헐며…"

신 32:23 "…나의 살을 다하여 그들을 쏘리로다"
32:25 "밖으로는 칼에 멸망하리니…"
32:30 "…어찌 한 사람이 천을 쫓으며 두 사람이 만을 도망케 하였을까"
32:41 "나의 번쩍이는 칼을 갈며…"
32:42 "나의 화살로 피에 취하게 하고 나의 칼로 그 고기를 삼키게 하리니"

b. 포로로 잡힘

레 26:25 "너희가 성읍에 모일지라도 너희 중에 염병을 보내고…"
26:26 "내가 너희 의뢰하는 양식을 끊을 때에…"
26:29 "너희가 아들의 고기를 먹을 것이요 딸의 고기를 먹을 것이며"

신 28:52 "그들이 전국에서 네 모든 성읍을 에워싸고…"
28:52 "…땅의 모든 성읍에서 너를 에워싸리니…"
28:53 "네가 대적에게 에워싸이고 맹렬히 쳐서 곤란케 함을 당하므로…"
28:55 "네 대적이 네 모든 성읍을 에워싸고 맹렬히 너를 쳐서 곤란케 하므로…"
28:57 "이는 네 대적이 네 생명을 에워싸고 맹렬히 쳐서 곤란케 하므로…"

4. 두려움/공포/전율

레 26:16 "…놀라운 재앙을 내려…"

26:17 "너희는 쫓는 자가 없어도 도망하리라"

26:36 "…그 대적의 땅에서 내가 그들의 마음으로 약하게 하리니 그들은 바람에 불린 잎사귀 소리에도 놀라 도망하기를…"

26:36 "그들은 바람에 불린 잎사귀 소리에도 놀라 도망하기를 칼을 피하여 도망하듯 할 것이요 쫓는 자가 없어도 엎드러질 것이라"

26:37 "그들은 쫓는 자가 없어도 칼 앞에 있음같이 서로 천답하여 넘어지리니…"

신 28:66 "네 생명이 의심나는 곳에 달린 것 같아서 주야로 두려워하며 네 생명을 확신할 수 없을 것이라"

28:67 "네 마음의 두려움과 눈의 보는 것으로 인하여 아침에는 이르기를 아하 저녁이 되었으면 좋겠다 할 것이요 저녁에는 이르기를 아하 아침이 되었으면 좋겠다 하리라"

신 32:25 "방안에서는 놀람에 멸망하리니…"

5. 대적들과 이방인들의 점령과 압제

레 26:16 "너희의 파종은 헛되리니 너희의 대적이 그것을 먹을 것임이며…"

26:17 "너희를 미워하는 자가 너희를 다스릴 것이며…"

26:32 "거기 거하는 너희 대적들이…"

신 28:31 "네 양을 대적에게 빼앗길 것이나…"

28:33 "항상 압제와 학대를 받을 뿐이리니…"

28:43 "너의 중에 우거하는 이방인은 점점 높아져서 네 위에 뛰어나고…"

28:44 "그는 네게 꾸일지라도 너는 그에게 꿔지 못하리니 그는 머리가 되고 너는 꼬리가 될 것이라"

28:48 "여호와께서 보내사 너를 치게 하실 대적을 섬기게 될 것이니…"

28:48 "그가 철 멍에를 네 목에 메워서…"

28:68 "거기서 너희가 너희 몸을 대적에게 노비로 팔려 하나…"

신 32:21 "나도 백성이 되지 아니한 자로 그들의 시기가 나게 하며 우준한 민족으로 그들의 분노를 격발하리로다"

6. 농경적 재난과 결실치 못함

a. 가뭄

레 26:19 "내가 너희 하늘로 철과 같게 하며 너희 땅으로 놋과 같게 하리니…"

신 28:22 "…한재와…"

28:23 "네 머리 위의 하늘은 놋이 되고 네 아래의 땅은 철이 될 것이며…"
28:24 "여호와께서 비 대신에 티끌과 모래를 네 땅에 내리시리니 그것들이 하늘에서 네 위에 내려서 필경 너를 멸하리라"

b. 농작물 해충

신 28:38 "메뚜기가 먹으므로…"
28:39 "벌레가 (네 포도원을) 먹으므로 포도를 따지 못하고…"
28:42 "네 모든 나무와 토지 소산은 메뚜기가 먹을 것이며…"

c. 기타 재난

레 26:20 "땅은 그 산물을 내지 아니하고 땅의 나무는 그 열매를 맺지 아니하리라"
신 28:17 "네 광주리와 떡 반죽 그릇이 저주를 받을 것이요"
28:18 "네 토지의 소산과 네 우양의 새끼가 (저주를 받을 것이며)…"
28:22 "…열병과…풍재와 썩는 재앙으로…"
28:40 "감람나무가 있을지라도 그 열매가 떨어지므로…"
신 29:23 "…심지도 못하며 결실함도 없으며 거기 아무 풀도 나지 아니함이…"

7. 굶주림/기근

레 26:26 "내가…양식을 끊을 때에…"
26:26 "열 여인이 한 화덕에서 너희 떡을 구워 저울에 달아 주리니…"
26:26 "너희가 먹어도 배부르지 아니하리라"
26:29 "너희가 아들의 고기를 먹을 것이요 딸의 고기를 먹을 것이며"
신 28:48 "…주리고 목마르고…"
28:53 "네 하나님 여호와께서 네게 주신 자녀 곧 네 몸의 소생의 고기를 먹을 것이라"
28:54 "너희 중에 유순하고 연약한 남자라도 그 형제와 그 품의 아내와 그 남은 자녀를 질시하여"
28:55 "아무것도 그에게 남음이 없는 연고일 것이며…"
28:56 "유순하고 연약한 부녀라도 그 품의 남편과 그 자녀를 질시하여"
28:57 "그 다리 사이에서 나온 태와 자기의 낳은 어린 자식을 가만히 먹으리니…"
신 32:24 "그들이 주리므로 파리하며…"

8. 질병/악역(惡疫)/전염병

레 26:16 "폐병과 열병으로 눈이 어둡고 생명이 쇠약하게 할 것이요"
신 28:21 "여호와께서 네 몸에 염병이 들게 하사…"
28:22 "…폐병과 열병과 상한과 학질과 한재와 풍재와 썩는 재앙으로 너를 치

시리니…"

28:27 "…애굽의 종기와 치질과 괴혈병과 개창으로 너를 치시리니 네가 치료함을 얻지 못할 것이며… "

28:28 "…눈멂과…"

28:35 "여호와께서 네 무릎과 다리를 쳐서 고치지 못할 심한 종기로 발하게 하여 발바닥으로 정수리까지 이르게 하시리라"

28:59 "…너의 재앙과 네 자손의 재앙을 극렬하게 하시리니…"

28:59 "그 질병이 중하고 오랠 것이라"

28:60 "여호와께서 네가 두려워하던 애굽의 모든 질병을 네게로 가져다가 네 몸에 들어붓게 하실 것이며"

28:61 "…모든 질병과…"

신 29:22 "여호와께서 그 땅에 유행시키시는 질병을…"

신 32:24 "불 같은 더위와 독한 파멸에게 삼키울 것이라"

32:39 "내가…상하게도 하며…"

9. 황폐화

a. 성소들

레 26:31 "내가…너희 성소들로 황량케 할 것이요"

b. 성읍들과 마을들

레 26:31 "내가 너희 성읍으로 황폐케 하고…"

26:33 "너희의 성읍이 황폐하리라"

c. 토지

레 26:32 "그 땅을 황무케 하리니 거기 거하는 너희 대적들이 그것을 인하여 놀랄 것이며"

26:33 "…너희의 땅이 황무하며…"

26:34 "너희 본토가 황무할 것이므로 땅이 안식을 누릴 것이라"

26:34 "…그 때에 땅이 쉬어 안식을 누리리니"

26:35 "너희가 그 땅에 거한 동안 너희 안식 시에 쉼을 얻지 못하던 땅이 그 황무할 동안에는 쉬리라"

26:43 "그 땅을 떠나서 사람이 없을 때에 땅이 황폐하여 안식을 누릴 것이요"

신 28:51 "…네 토지의 소산을 먹어서…"

28:51 "곡식이나 포도주나 기름이나…너를 위하여 남기지 아니하고…"

신 29:23 "그 온 땅이 유황이 되며 소금이 되며…"

10. 불에 의한 파멸

신 4:24 "네 하나님 여호와는 소멸하는 불이시요"

신 32:22 "내 분노의 불이 일어나서 음부 깊은 곳까지 사르며 땅의 그 소산을 삼키며 산들의 터도 붙게 하는도다"

11. 야생 동물들로부터 해를 받음

레 26:22 "내가 들짐승을 너희 중에 보내리니…"

신 32:24 "내가 들짐승의 이와 티끌에 기는 것의 독을 그들에게 보내리로다"

12. 숫자가 줄고 다산하지 못함

a. 가족

레 26:22 "…(들짐승들이)…너희 자녀를 움키고…"

신 28:18 "네 몸의 소생과…저주를 받을 것이며"

28:59 "…너의 재앙과 네 자손의 재앙을…"

b. 가축

레 26:22 "…(들짐승들이)…너희 육축을 멸하며…"

신 28:18 "…네 우양의 새끼가 (저주를 받을 것이며)"

28:51 "네 육축의 새끼를 먹어서…"

c. 일반 백성

레 26:22 "…(들짐승들이)…너희 수효를 감소케 할지라 너희 도로가 황폐하리라"

26:36 "너희 남은 자에게는…"

신 4:27 "여호와께서 너희를 쫓아 보내실 그 열국 중에 너희의 남은 수가 많지 못할 것이며"

신 28:62 "너희가 하늘의 별같이 많았을지라도…남는 자가 얼마 되지 못할 것이라"

신 32:36 "갇힌 자나 놓인 자가 없음을…"

13. 유수(幽囚)/포로로 잡혀감

a. 백성들

레 26:33 "내가 너희를 열방 중에 흩을 것이요"

26:34 "너희가 대적의 땅에 거할 동안에…"

26:36 "…그 대적의 땅에서…"

26:38 "너희가 열방 중에서 망하리니 너희 대적의 땅이 너희를 삼킬 것이라"

26:39 "너희 남은 자가 너희 대적의 땅에서…쇠잔하며…"

26:41 "나도 그들을 대항하여 그 대적의 땅으로 끌어갔음을…"

26:44 "…대적의 땅에 거할 때에…"
신 4:27 "여호와께서 너희를 열국 중에 흩으실 것이요"
4:27 "여호와께서 너희를 쫓아 보내실 그 열국 중에…"
신 28:36 "여호와께서 너와 네가 세울 네 임금을 너와 네 열조가 알지 못하던 나라로 끌어가시리니…"
28:37 "여호와께서 너를 끌어가시는 모든 민족 중에서…"
28:41 "(자녀) 그들이 포르가 되므로…"
28:63 "너희가…땅에서 뽑힐 것이요"
28:64 "여호와께서 너를 땅 이 끝에서 저 끝까지 만민 중에 흩으시리니"
28:68 "여호와께서 너를 배에 실으시고…애굽으로 끌어가실 것이라"
28:68 "거기서 너희가 너희 몸을…노비로 팔려 하나"
신 29:28 "여호와께서…그들을 이 땅에서 뽑아 내사 다른 나라에 던져 보내심이…"
신 30:4 "너의 쫓겨 간 자들이 하늘 가에 있을지라도…"
신 32:26 "내가 그들을 흩어서…"
b. 왕
신 28:36 "여호와께서 너와 네가 세울 네 임금을 너와 네 열조가 알지 못하던 나라로 끌어가시리니…"

14. 포로로 잡혀가서 우상 숭배를 강요당함

신 4:28 "너희는 거기서 사람의 손으로 만든 바 보지도 못하며 듣지도 못하며 먹지도 못하며 냄새도 맡지 못하는 목석의 신들을 섬기리라"
신 28:36 "네가 거기서 목석으로 만든 다른 신들을 섬길 것이며"
28:64 "네가 그 곳에서 너와 네 열조의 알지 못하던 목석 우상을 섬길 것이라"

15. 무익하게 됨

레 26:16 "너희의 파종은 헛되리니 너희의 대적이 그것을 먹을 것임이며"
26:20 "너희 수고가 헛될지라"
신 28:20 "네 손으로 하는 모든 일에…저주와 공구와 견책을 내리사…"
28:29 "네 길이 형통치 못하여…"
28:30 "네가 여자와 약혼하였으나 다른 사람이 그와 같이 잘 것이요"
28:30 "집을 건축하였으나 거기 거하지 못할 것이요"
28:30 "포도원을 심었으나 네가 그 과실을 쓰지 못할 것이며"
28:31 "네 소를 네 목전에서 잡았으나 네가 먹지 못할 것이며"
28:33 "네 토지 소산과 네 수고로 얻은 것을 네가 알지 못하는 민족이 먹겠고"

28:38 "네가 많은 종자를 들에 심을지라도…거둘 것이 적을 것이며"
28:39 "네가 포도원을 심고 다스릴지라도…포도를 따지 못하고 포도주를 마시지 못할 것이며…"
28:40 "네 모든 경내에 감람나무가 있을지라도…그 기름을 네 몸에 바르지 못할 것이며"
28:41 "네가 자녀를 낳을지라도…네게 있지 못할 것이며"

16. 불명예/좌천

레 26:19 "내가 너희의…교만을 꺾고…"
신 28:20 "…견책을…"
28:25 "세계 만국 중에 흩음을 당하고…"
28:37 "모든 민족 중에서 네가 놀램과 속담과 비방거리가 될 것이라"
28:43 "…너는 점점 낮아질 것이며"
28:44 "…너는 꼬리가 될 것이라"
28:68 "너희가 너희 몸을 대적에게 노비로 팔려 하나 너희를 살 자가 없으리라"

17. 소유를 잃음/가난하게 됨

신 28:31 "네 나귀를 네 목전에서 빼앗아 감을 당하여도 도로 찾지 못할 것이며"
28:31 "네 양을 대적에게 빼앗길 것이나 너를 도와 줄 자가 없을 것이며"
28:48 "…헐벗고 모든 것이 핍절한 중에서…"

18. 가족을 잃음

신 28:30 "네가 여자와 약혼하였으나 다른 사람이 그와 같이 잘 것이요"
28:32 "네 자녀를 다른 민족에게 빼앗기고…"
28:41 "네가 자녀를 낳을지라도…네게 있지 못할 것이며"
신 32:25 "…칼에…멸망하리니…"

19. 무력하게 됨/걸려 넘어짐

레 26:36 "…엎드러질 것이라"
26:37 "그들은…서로 천답하여 넘어지리니"
신 28:29 "소경이 어두운 데서 더듬는 것과 같이 네가 백주에도 더듬고"
28:29 "항상 압제와 노략을 당할 뿐이니 너를 구원할 자가 없을 것이며"
28:32 "네 손에 능이 없을 것이며"
신 32:35 "그들의 실족할 그 때에…"

32:36 "그들의 무력함과…"
32:38 "…것들로 일어나서 너희를 돕게 하라 너희의 보장이 되게 하라"
32:39 "내 손에서 능히 건질 자 없도다"

20. 심리적 고통

신 28:20 "…공구와…"
28:28 "…미침과…경심증으로"
28:34 "네 눈에 보이는 일로 인하여 네가 미치리라"
28:65 "…너의 마음으로 떨고 눈으로 쇠하고 정신으로 산란케 하시리니"
28:66 "네 생명이 의심나는 곳에 달린 것 같아서…"
28:67 "네 마음의 두려움과 눈의 보는 것으로 인하여…"

21. 평화와 안식이 없음

신 28:65 "그 열국 중에서 네가 평안함을 얻지 못하며 네 발바닥을 쉴 곳도 얻지 못하고"

22. 매장되지 못함

신 28:26 "네 시체가 공중의 모든 새와 땅 짐승들의 밥이 될 것이나 그것들을 쫓아 줄 자가 없을 것이며"

23. 훼멸된 성읍들과 같이 됨

신 29:23 "옛적에 여호와께서 진노와 분한으로 훼멸하신 소돔과 고모라와 아드마와 스보임의 무너짐과 같음을 보고…"

24. 죽음/파멸

레 26:38 "너희가 열방 중에서 망하리니 너희 대적의 땅이 너희를 삼킬 것이라"
26:39 "너희 남은 자가… 쇠잔하며…쇠잔하리라"
신 4:26 "…얻는 땅에서 속히 망할 것이라"
4:26 "너희가 거기서 너희 날이 길지 못하고 전멸될 것이니라"
신 28:20 "…망하며 속히 파멸케 하실 것이며"
28:21 "네가 들어가 얻을 땅에서 필경 너를 멸하실 것이며"
28:22 "너를 진멸케 할 것이라"
28:45 "필경 너를 멸하리니…"
28:48 "필경 너를 멸할 것이라"
28:51 "필경은 너를 멸절시키리라"

28:61 "너의 멸망하기까지…"

신 29:20 "여호와께서 필경은 그의 이름을 천하에서 도말하시되"

신 30:15 "…사망과 화를…"

30:18 "너희가 반드시 망할 것이라 너희가…얻을 땅에서 너희의 날이 장구치 못할 것이니라"

30:19 "…사망과…"

신 31:17 "그들이 삼킴을 당하여…"

신 32:25 "…멸망하리니 청년 남자와 처녀와 젖 먹는 아이와 백발 노인까지리로다"

32:26 "인간에서 그 기억이 끊어지게 하리라"

32:35 "당할 그 일이 속히 임하리로다"

32:39 "내가 죽이기도 하며…"

32:42 "…피살자와 포로 된 자의 피요 대적의 장관의 머리로다…"

25. 일반적이고 구체화되지 않은 저주들

신 4:30 "환난을 당하다가…"

신 28:20 "네 손으로 하는 모든 일에 여호와께서 저주와 공구와 견책을 내리사 망하며 속히 파멸케 하실 것이며"

28:24 "필경 너를 멸하리라"

28:45 "이 모든 저주가 네게 임하고 너를 따르고 네게 미쳐서 필경 너를 멸하리니"

28:59 "…재앙을 극렬하게 하시리니 그 재앙이 크고 오래고…"

28:61 "이 율법 책에 기록지 아니한 모든 질병과 모든 재앙을…"

28:63 "여호와께서 너희를 망하게 하시며 멸하시기를 기뻐하시리니…"

신 29:19 "젖은 것과 마른 것을 멸할지라도…"

29:21 "여호와께서 곧 이스라엘 모든 지파 중에서 그를 구별하시고 이 율법 책에 기록된 언약의 모든 저주대로 그에게 화를 더하시리라"

29:22 "그 땅의 재앙과…"

신 31:17 "허다한 재앙과 환난이 그들에게 임할 그 때에…"

31:17 "이 재앙이 우리에게 임함은…"

31:21 "그들이 재앙과 환난을 당할 때에…"

31:29 "재앙을 당하리라"

신 32:23 "내가 재앙을 그들의 위에 쌓으며…"

32:35 "그들의 환난의 날이 가까우니 당할 그 일이 속히 임하리로다"

26. 일반적인 징벌/저주/보복

레 26:41 "그 죄악의 형벌을 순히 받으면…"
26:43 "그들은 자기 죄악으로 형벌을 순히 받으리라"
신 28:16 "네가 성읍에서도 저주를 받으며 들에서도 저주를 받을 것이요"
*신 29:20 "이 책에 기록된 모든 저주로 그에게 더하실 것이라"
29:21 "이 율법 책에 기록된 언약의 모든 저주대로…"
29:27 "이 책에 기록된 모든 저주대로…"
신 30:19 "…저주를…"
신 32:35 "보수는 내 것이라…갚으리로다"
32:41 "나의 대적에게 보수하며 나를 미워하는 자에게 보응할 것이라"
32:41 "…심판을…"
32:43 "그 대적에게 보수하시고…"

27. 여러 배(倍)를 징벌함

레 26:18 "너희 죄를 인하여 내가 너희를 칠 배나 더 징치할지라"
26:21 "내가 너희 죄대로 너희에게 칠 배나 더 재앙을 내릴 것이라"
26:24 "나 곧 나도…너희 죄를 인하여 너희를 칠 배나 더 칠지라"
26:28 "내가…너희 죄를 인하여 칠 배나 더 징책하리니"

언약적 회복의 축복에 대한 참고 구절 목록

본서 전체를 통해 오경적 회복의 축복 항목들은 아래와 같이 숫자화된 범주들로 언급될 것이다.

1. 야웨의 은혜/성실/임재의 갱신

레 26:44 "내가 싫어 버리지 아니하며 미워하지 아니하며…"
26:45 "그들의 하나님이 되기 위하여…"
신 4:29 "만일 마음을 다하고 성품을 다하여 그를 구하면 만나리라"
4:31 "네 하나님 여호와는 자비하신 하나님이심이라 그가 너를 버리지 아니하시며…"
30:3 "네 하나님 여호와께서…너를 긍휼히 여기사…"
30:9 "여호와께서 네 열조를 기뻐하신 것과 같이 너를 다시 기뻐하사…"

2. 언약의 갱신

레 26:42 "내가 야곱과 맺은 내 언약과 이삭과 맺은 내 언약을 생각하며…"
26:44 "나의 그들과 세운 언약을 폐하지 아니하리니…"
26:45 "…언약을 그들을 위하여 기억하리라"
신 4:31 "그가…네 열조에게 맹세하신 언약을 잊지 아니하시리라"
[주(註): 언약의 갱신은 원래적인 축복들의 회복과 저주들에 대한 반전(反轉)을 암시하고 있는 것이다]

3. 진정한 예배와 신실하게 되는 능력의 회복

신 4:30 "끝 날에 네가 네 하나님 여호와께로 돌아와서 그 말씀을 청종하리니"
30:6 "네 하나님 여호와께서 네 마음과 네 자손의 마음에 할례를 베푸사 너로 마음을 다하며 성품을 다하여 네 하나님 여호와를 사랑하게 하사…"
30:8 "너는 돌아와 다시 여호와의 말씀을 순종하고…네게 명한 그 모든 명령을 행할 것이라"

4. 백성들의 증가

신 30:5 "여호와께서…너로 네 열조보다 더 번성케 하실 것이며"
30:9 "여호와께서…네 몸의 소생과…많게 하시고"

5. 풍성한 농산물

레 26:42 "내가…그 땅을 권고하리라"
신 30:9 "네 육축의 새끼와 네 토지 소산을 많게 하시고…"

6. 일반적인 번영, 복지, 건강의 회복

신 30:3 "네 하나님 여호와께서 마음을 돌이키시고 너를 긍휼히 여기사 네 포로를 돌리시되"
30:5 "여호와께서 또 네게 선을 행하사 너로 네 열조보다 더 번성케 하실 것이며"
30:9 "네 하나님 여호와께서…네 손으로 하는 모든 일과…많게 하시고"
30:9 "여호와께서…너를 다시 기뻐하사 네게 복을 주시리라"
32:39 "…낫게도 하나니…"

7. 유배에서 돌아옴/땅을 되찾음

신 30:3 "여호와께서 너를 흩으신 그 모든 백성 중에서 너를 모으시리니"
30:4 "여호와께서 거기서 너를 모으실 것이며…"

30:5 "네 하나님 여호와께서 너를 네 열조가 얻은 땅으로 돌아오게 하사 너로 다시 그것을 얻게 하실 것이며…"

8. 재결합

신 30:3 "여호와께서 너를 므으시리니"
30:14 "여호와께서 거기서 너를 모으실 것이며…"

9. 대적들과 이방인들을 지배할 능력을 얻게 됨

신 30:7 "네 하나님 여호와께서 네 대적과…이 모든 저주로 임하게 하시리니"

10. 죽음과 파멸로부터의 자유와 회복

레 26:44 "내가…아주 멸하지 아니하여…"
신 30:6 "너로 생명을 얻게 하실 것이며"
32:39 "내가…살리기도 하며…

호세아, 요엘, 아모스, 오바댜, 요나의 정경적 순서

참고문헌

Audet, J.-P. "A Hebrew-Aramaic List of Books of the Old Testament in Greek Transcription." *JTS* 1(1950) 135-54. **Beckwith, R.** *The Old Testament Canon in the New Testament Church.* Grand Rapids: Eerdmans, 1986. 450-51. **Blenkinsopp, J.** *Prophecy and Canon.* Notre Dame: University of Notre Dame Press, 1977. **Budde, K.** "Eine folgenschwere Redaction des Zwölfprophetenbuchs." *ZAW* 39(1922) 218-29. **Childs, B.** *Introduction to the Old Testament as Scripture.* Philadelphia: Fortress, 1979. 46-106. ______. "The Canonical Shape of the Prophetic Literature." *Int* 32 (1978) 46-55. **Fürst, J.** *Der Kanon des Alten Testaments nach den Überlieferungen im Talmud und Midrasch.* Leipzig: Dörffling und Franke, 1868. **Goodblatt, D.** "Audet's 'Hebrew-Aramaic' List of the Books of the OT Revisited." *JBL* 101(1982) 75-84. **Harris, R. L.** "Factors Promoting the Formation of the Old Testament Canon." *Bulletin of the Evangelical Theological Society* 10/1(Winter, 1967). ______. *Inspiration and Canonicity of the Bible.* Grand Rapids: Zondervan, 1957. **Harrison,**

R. K. *Introduction to the Old Testament.* Grand Rapids: Eerdmans, 1969. 260-88. **Kline, M. G.** *The Structure of Biblical Authority.* Rev. ed. Grand Rapids: Eerdmans, 1972. **Kuhl, C.** *The Old Testament: Its Origins and Composition.* Tr. C. Herriott. Richmond: John Knox, 1961. **Ryle, H. E.** *The Canon of the Old Testament.* London: Macmillan, 1892; 2d ed., 1909. **Sanders, J.** *Torah and Canon.* Philadelphia: Fortress, 1972. **Sarna, N.** "The Order of the Books." In *Studies in Jewish Bibliography, History, and Literature in Honor of J. Edward Kiev,* ed. C. Berlin. New York: KTAV, 1971. 407-413. **Tyle, R.** *The Canon of the Old Testament.* London: 1904. **Wildeboer, G.** "De vóór-Thalmudische Joodische Kanon." *Theologische Studiën* 15(1897) 159-77; 16(1898) 194-205; 17(1899) 185-95. **Wolfe, R. E.** "The Editing of the Book of the Twelve." *ZAW* 53(1935) 90-130.

정경화(canonization)에 대한 정통적인 견해는 성서 정경의 내용들은 하나님의 영감된 작품이라는 것, 그러나 그 내용의 세부적인 순서는 대부분 인간의 손으로 이루어지도록 맡겨졌다는 것을 견지하고 있다.

인간의 관점에서 보았을 때 저작권, 저작 연대, 크기, 문체 그리고 주제의 문제(어휘와 주제들을 포함해서; 아래의 논의를 보라)와 같은 다섯 가지 요소들은 구약의 정경적 순서에 영향을 주었을 수도 있는 것들이다. 이런 요소들 중에서 크기와 저작권은 소선지서들(**"더 짧은"**이라는 의미를 가진 라틴어 minor에서 온 말임)의 내부적인 순서를 정하는 일에 그리 관련이 없었던 것으로 보인다. 반면에 요나라는 책의 경우에는 문체가 가장 커다란 역할을 했을 것이다. 외관상 보았을 때, 크기는 그룹으로 묶여지도록 한 하나의 요소**였다**. 소선지서들은 다른 네 개의 **더 긴**(major) 예언서들보다는 더 짧기 때문이다. 좀 더 긴 것에서 좀 더 짧은 것으로 정렬하는 경향성(바울 서신들에서와 같이)으로 인해, 대선지서들은 정경에서 소선지서들 앞에 하나의 그룹으로 놓이게 되었다. 저작권은 전승을 통해 이루어진 순서를 정하는 데 거의 아무런 문제가 되지 않았음에 틀림없다. 그 전승의 과정을 통해 이루어진 대부분의 일들에 대해 우리는 다만 추측할 수밖에 없다.

이렇게 보면 연대기와 주제의 문제만이 남는다. 이 두 가지 요소들은 12소선지서의 정경적 순서를 정할 때 정말로 중요한 역할을 했던 것으로 여겨진다. 저작 연대(그리고/혹은 요나의 경우에 있는 사건)는 다음과 같은 사실을 고려해 볼 정도로 중요하다. 즉 아마도 이런 책들의 저작 연대기적인 순서에 대한 생각은 백성들 사이에 두루 그리고 아마도 정확하고 넓게 인식되었을 것이다. 소선지서 그룹의 서두 가까이에서는 상대적으로 이른 시기의 책들을 보게 되고, 그 그룹의 말미 가까운 곳에서는 좀 늦은 시기의 책들을 발견할 수 있는 것이 일반적인 현상이다. 아래의 표는 히브리 성서에 있는 소선지서 각각의 순서와 관련하여 우리가 사용할 연대들을 나타내 주고 있다.

책	저작 순서		히브리 성서에서의 순서
아모스	1, 2 혹은 3	[주전 약 760년]	3
호세아	1, 2 혹은 3	[주전 약 760-722년]	1
요나	1, 2 혹은 3(?)	[주전 약 760-?년]	5
미가	4	[주전 약 740-700년]	6
나훔	5 혹은 6	[주전 약 620년]	7
스바냐	5 혹은 6	[주전 약 620년]	9
하박국	7 혹은 8	[주전 약 598-587년]	8
요엘	7 혹은 8	[주전 약 598-587년]	2
오바댜	9	[주전 약 585년]	4
학개	10 혹은 11	[주전 520년]	10
스가랴	10 혹은 11	[?- 주전 520년 -?]	11
말라기	12	[주전 약 460년]	12

이 표가 말해 주고 있듯이, 요엘과 오바댜 그리고 아마도 요나의 경우를 제외하고는 정경적 순서와 저작 연대는 대충 일치하고 있다. 많은 학자들이 이런 세 가지 책들(그리고 몇 가지 다른 책들도 마찬가지로)의 연대기적인 배치에 대해 뜨겁게 논쟁했다는 사실을 주목해야만 한다. 우리가 설정한 요엘과 요나 그리고 오바댜의 연대기들은 논쟁이 될 수도 있을 것이다. 그것은 우리가 그런 책들의 연대기들을 너무 늦은 시기로 말하고 있기 때문이 아니라, 비평적 학자들이 외견상 동의하고 있는 관점에서 보면 우리가 너무 이른 시기를 말하고 있기 때문이다. 그럼에도 불구하고 75%에 해당하는 12권의 책들 중에 최소한 9권은 대략 연대기적인 순서로 배열되어 있다. 이것은 히브리어 성서에 있는 12권의 편집자(들)는 그 책들을 의도적으로 연대기적인 순서로 배열하려고 했다는 점을 말해 주는 것이다. 물론 12는 매우 작은 통계상의 예(例)이다. 임의로 순서를 정하는 것은 몇 가지 분명하게 일치하는 것에 대한 설명이 될 수 있을 것이다. 더욱이 어떤 책들은 그 책들이 동시대의 공통적인 자료들에 대해 글로 씌어 회람되기 시작했기 때문에, 관례적으로 서로

간에 한 그룹으로 묶이게 되었다는 사실은 그 나머지에 대한 설명이 될 수 있을 것이다.

이런 그림의 윤곽이 더욱 명료하게 드러나도록 도움을 주는 것은 다음과 같은 사실이다. 즉 칠십인경(LXX)이 보여 주는 12소선지서의 첫 번째 여섯 권의 책의 순서는 현재 우리가 받아 사용하고 있는 히브리어 성서의 순서와는 다르다는 것이다. 첫 번째 여섯 권의 책에 대한 칠십인경의 이런 또 다른 순서는 그 책들이 12소선지서의 나머지 책들과 함께 그룹으로 묶여지기 전에 하나의 모음집으로서 독립적으로 회람되었다는 것을 강력하게 말해 주는 표지가 된다. 칠십인경은 처음 여섯 권을 아래와 같이 놓고 있다.

칠십인경의 순서	12소선지서에서의 저작 순서	칠십인경의 첫 여섯 권에서 보이는 저작 순서
호세아	1, 2 혹은 3	1, 2 혹은 3
아모스	1, 2 혹은 3	1, 2 혹은 3
미가	4	4
요엘	6 혹은 8	5
오바댜	9	6
요나	1, 2 혹은 3(?)	1, 2 혹은 3(?)

처음 여섯 권(독립적으로 회람되었을 것으로 여겨지는 분명한 단위로서 인식되는)의 칠십인경 순서에서 여섯 번째 있는, 그러나 첫 번째 것과 같이 이른 시기에 씌어진 것으로 인식되는 요나서만이 연대기에 눈에 띌 정도로 일치하고 있지 **않은 것 같다**. 두 가지 고려사항 중에 하나 혹은 모두가 여기서 다음과 같이 이해되어야만 한다.

(1) 요나 이야기의 저작 연대는 요나서가 기술하고 있는 사건들보다 훨씬 후대였을 것이라고 추측되었을 수도 있다. 현재 양식 속에 있는 이야기의 저작은 좁고 특별한 우월감에 빠진 유대주의의 위험성을 가진 후대의 세대에 대한 하나의 경고로서 주어진 것이라고 보기 때문이다. 이런 경우에 칠십인경의 순서는 사건보다는 저작에 따른 것으로 전적으로 연대기적인 것이라고 생각될 수 있다.

(2) 신탁들의 모음집이라기보다는 일종의 내러티브인 선지서들 중에서 특이한 요나서는, 비록 처음 여섯 권의 몇몇 선지서들보다 일찍 쓰였을지라도, 달리 특별한 이유 없이 그 선지서들의 끝에 놓였을 수 있다. 요나서는 예언서의 조금 다른 형태였음이 분명하기 때문이다. 그런 경우에는 장르/주제 문제가 순서를 정하는 일에

있어서 연대보다 좀 더 중요한 요소였음을 증명해 주는 것일 수 있다. 이것은 성서의 정경화에서 보편적으로 보이는 경향과 동일선상에 있는 것이다. 이런 경향을 통해 성서의 책들은 일차적으로 장르/주제 문제에 의해 그룹이 지어졌고, 그런 다음에 이차적으로 그런 그룹 안에서 부분적으로 혹은 대부분 연대에 의해 순서가 정해진 것이다.

처음 여섯 개의 소선지서들과 두 번째 여섯 개의 소선지서들이 원래 따로 묶여진 그룹들인 것으로 간주되는 한, 칠십인경의 순서가 연대기적인 순서라는 것을 보여주는 좋은 예로 여겨질 수 있을 것이다. 6권으로 이루어진 두 개의 그룹들(이 각각의 그룹들은 그 자체 안에 어떤 것은 상대적으로 늦고 어떤 것은 상대적으로 이른 책들을 포함함)이 결합되었을 때에만 전체 12권의 전반적인 순서가 비(非)연대기적인 것으로 보이기 시작한다.

그러나 이런 관점은 왜 12권의 히브리 성서의 순서가 좀 더 이르고 좀 더 연대기적인 형식과 의도적으로 다르게 되었는지를 설명해 주지는 못한다. 12권의 히브리어 성서 소선지서의 순서는 주전 3세기에 칠십인경의 번역이 시작되었을 때보다는 후대의 그 어떤 시기에 영향을 받았음이 분명하다. 주된 요소들은 어휘와 주제였던 것 같다. 이것은 "표제어들이나 색인어들"(catchwords)에 따라서 물건들을 나누어 그룹을 지으며 기억했던 고대의 관행들을 존중했던 것과 비슷한 것이고, 부분적으로는 그런 일들을 포함했던 행위였다. 그런 표제어들은 기록하는 것이 항상 말하고 보는 것을 통해 배우는 것에 부차적인 요소가 되었던 사회에서 자료를 보존하는 수단들을 제공하곤 했던 어휘들, 용어들 그리고 심지어 개념들이었다. 특별히 표제어가 호세아, 요엘, 아모스 그리고 오바댜의 순서와 관련될 때, 이런 현상에 대해 처리해야 할 많은 일들이 남아 있다.

예를 들어, 요엘과 오바댜의 경우에 그 신탁들을 아모스에 연결해 주고 있는 것은 최소한 부분적으로 이방 나라들을 치는 그 신탁들이다. 요엘은 그런 신탁들로 끝을 맺고, 아모스는 그런 신탁들로 시작하고 끝을 맺고 있으며, 오바댜는 하나의 그런 신탁으로 시작하고 끝을 맺고 있다. 주제가 유사한 요나는 앞서 언급한 세 권의 책들에 이어 나오는 것이 논리적으로 맞는 것이다(아모스서에 요나서가 주제적으로 연결되고 있다는 것에 대한 다른 이해를 위해서는 R. Coote, *Amos among the Prophets*, 129-34를 주의 깊게 참조하도록 하라). 작용하는 "표제어" 연결을 위해서는, 어떤 두 개의 책들은 공통적인 어휘/어떤 종류의 주제 단위를 공유해야만 한다는 사실을 기억할 필요가 있다. 만약 A와 B와 C라는 책들이 이런 원리에 의해 순서가 정해져야만 한다면, A와 B는 어떠한 것을 공유하고 있고, B는 C와 다른(else) 무엇인가와 같은 것들을 공유하고 있는 것으로 충분하다. A와 C는 기술적으로 전혀 어떤 것을 공유할 필요가 없다. 단지 B와 그 무엇인가를 공유하고 있으면 된다. 표제어 정렬은 연결 띠들(bars)을 만들어 내는 것이 아니라 연결고리들(chains)을 만들어 낸다.

표제어-주제 연결이 현재 히브리 성서의 소선지서들이 보이고 있는 정경적 순서의 토대가 된다는 우리의 논지를 증명해 내는 것은 본 서론의 범위를 넘어서는 일이며, 본 주석에서 연구하려고 하는 책들의 내용을 이해하는 데 있어 그리 긴요한 일도 못된다. 그런 순서와 내용을 이해하는 것은 별개의 일들임이 분명하다. 정경적인 순서는 그 책들의 연대기와 각 권의 해석과는 별개의 관심 사항들이다. 그러나 칠십인경은 좀 더 원래적인 순서의 내용을 가지고 있으며, 이런 순서는 6권 각각의 두 그룹 안에서는 거의 전적으로 연대기적인 면모를 보여 준다. 이런 사실은 이런 책들을 그 책들의 역사적인 목적들에 연관시켜 주는 처음의 그리고 전반적인 관점을 말해 준다.

호세아

참고문헌

주석류

Andersen, F. I. and **D. N. Freedman.** *Hosea.* AB 24. Garden City, NY: Doubleday, 1980. **Brillet, G.** *Amos et Osée.* Paris: Éditions du Cerf, 1944. **Brown, S. L.** *The Book of Hosea with Introduction and Notes.* London: Methuen, 1932. **Burroughes, J.** *An Exposition of the Prophecy of Hosea.* Edinburgh: Nichol, 1863. **Cheyne, T. K.** *Hosea with Notes and Introduction.* Cambridge: University Press, 1884. **Frey, H.** *Das Buck des Werbens Gottes um seine Kirche: Der Prophet Hosea.* Die Botschaft des Alten Testaments 23.2. Stuttgart: Calwer, 1957. **Gelderen, C. van.** and **W. H. Gispen.** *Het Boek Hosea.* COT. Kampen: Kok, 1953. **Gelin, A.** "Osee." *DBSup* Ed. L. Pirot and F. Vigouroux. Paris Letouzey et Ané, 1960. 6:926-40. **Ginsberg, H. L.** "Hosea." *Encyclopedia Judaica.* Vol. 8, cols. 1010-24. Jerusalem: Encyclopedia Judaica/Macmillan, 1971. **Harper, W. R.** *A Critical and Exegetical Commentary on Amos and Hosea.* ICC New York Scribners, 1905. **Hauret, C.** *Amos et Osée.* Verb. Sal. AT. 5. Paris: Beauchesne, 1970. **Jeremias, J.** *Der Prophet Hosea.* Göttingen: Vandenhoeck & Ruprecht, 1983. **Julianus Aeclanus: Buman, G.** *Des Julian von Aeclanum Kommentar zu den Propheten Osee, Joel und Amos.* An Bib 9. Rome: Pontifical Biblical Institute, 1958. **Kidner, D.** *Love to the Loveless. The Story and Message of Hosea.* Downers Grove, Ill: Intervarsity Press, 1981. **Knight, G. A. F.** *Hosea: Introduction and Commentary.* London: SCM Press, 1960. ______. *Hosea: God's Love.* London: SCM, 1967 **Loth, B. A.** *Osée.* Paris: 1967. **McCarthy, D. J.** "Hosea." *The Jerome Biblical Commentary,* vol. 1. Ed. R. E. Brown et al. Englewood Cliffs, NJ: Prentice Hall, 1968. 253-64. **McKeating, H.** *The Books of Amos, Hosea and Micah.* Cambridge Bible Commentary. Cambridge: UP, 1971. **MacPherson, A.** *Amos and Hosea.* Scripture Discussion Commentary. Ed. J. Bright. Chicago: ACTA Foundation, 1971. **Mays, J. L.** *Hosea.* OTL Philadelphia: Westminster Press, 1969. **Nowack, W.** *Der Prophet Hosea erklärt.* Berlin: Mayer und Muller, 1880. **Osty, E.** *Amos, Osée.* Paris: Editions du Cerf, 1960. **Peiser, F. E.** *Hosea: Philologische Studien zum Alten Testament.* Leipzig: J. C. Hinrichs, 1914. **Pfeiffer, C. F.** "Hosea." *The*

Wycliffe Bible Commentary. Ed. C. F. Pfeiffer and E. F. Harrison. Chicago: Moody Press, 1962. 801-18. **Rudolph, W.** *Hosea.* KAT 13/1. Gütersloh: G. Mohn, 1966. **Ryan, D.** "Hosea." *New Catholic Commentary on Holy Scripture.* London/New York: Nelson, 1969. 676-88. **Schnoller, O.** *The Book of Hosea.* Tr. J. McCurdy. New York: C. Scribners' Sons, 1902. **Scholz, A.** *Kommentar zum Buche des Propheten Hosea.* Würzburg: Woerl, 1882. **Scott, M.** *The Message of Hosea.* New York: Macmillan, 1921. **Snaith, N. H.** *Amos, Hosea and Micah.* London: Epworth, 1956. **Stramere, T.** "Osea." *BSS* 9(1967) 1279-81. **Valeton, J. J. P.** *Amos und Hosea: Ein Kapitel aus der Geschichte der israelitische Religion.* Giessen: J. Ricker, 1898. **Vellas, B. M.** *Osee.* Hermeneia Palaias Diathekes. Athens: Aster Publishing House, 1947. **Ward, J. M.** *Hosea: A Theological Commentary.* New York: Harper and Row, 1966. **Wolff, H. W.** *A Commentary on the Book of the Prophet Hosea.* Hermeneia. Tr. G. Stansell. Ed. P. Hanson. Philadelphia: Fortress Press, 1974.

책들과 논문들 그리고 전문 주석류들

Adames, R. "Pecado y Conversion en Oseas: Contribucion a la Telogie Biblica del Profeta." Diss. Pontifical University Gregoriana, Rome, 1958. *Amos et Osée.* Paris: Les burgers et les mages: Éditions du Cerf, 1969. **Bitter, S.** *Die Ehe des Propheten Hosea: eine auslegungsgeschichtliche Untersuchung.* Göttinger theologische Arbeiten 3. Göttingen: Vanderhoeck und Ruprecht, 1975. **Boeker, H. J.** *Redeformen des Rechtsleben im Alten Testament.* WMANT 14. Neukirchen-Vluyn: Neukirchener Verlag, 1964. **Broughton, P. E.** "The Worship of the Northern Kingdom as Seen in the Book of Hosea." Diss. University of Melbourne, 1962. **Brueggemann, W.** *Tradition for Crisis: A Study in Hosea.* Richmond, VA: Knox, 1969. **Buck, F.** "Die Liebe Gottes beim Profeten Osee." Diss. Pontifical Biblical Institute. Rome, 1953. **Coleman, S.** *Hosea Concepts in Midrash and Talmud.* Bloemfontein: Stabilis Press, 1960. **Emmerson, G. I.** *Hosea: An Israelite Prophet in Judean Perspective.* JSOTSup 28. Sheffield: JSOT Press, 1984. **Fuhs, H. F.** *Die äthiopische Übersetzung des Propheten Hosea.* Bonn: Hanstein, 1971. **Hendriks, H. J.** "Juridical Aspects of the Marriage Metaphor in Hosea and Jeremiah." Diss. University of Stellenbosch, South Africa, n.d. **Hubbard, D. A.** *With Bands of Love: Lessons from the Book of Hosea.* Grand Rapids: Eerdmans, 1969. **Kuhnigk, W.** *Nordwestsemitische Studien zum Hoseabuch.*

Rome: Biblical Institute Press, 1974. **Leeuwen, C. van.** *Hosea: Prediking van het Oude Testament.* Nijkerk: Callenbach, 1968. **Lindblom, J.** *Hosea, literarische untersucht.* Abo: Abo Akademi, 1927. **Miller, I. D.** "Other Gods and Idols in the Period of Hosea." Diss. Cambridge, 1976. **Morgan, G. C.** *Hosea: The Heart and Holiness of God.* Grand Rapids: Baker, 1964. **Ostborn, G.** *Yahweh and Baal: Studies in the Book of Hosea and Related Documents.* Lunds Universitets Arsskrift, N.F. Avd. 1. Bd. 51. 6. Lund: Gleerup, 1956. **Rand, H. B.** *Study in Hosea.* Haverhill, MA: Destiny Publishers, 1955. **Robinson, H. W.** *The Cross of Hosea.* Philadelphia: Westminster, 1949. ______. *Two Hebrew Prophets: Studies in Hosea and Ezekiel.* London: Lutterworth, 1948. **Scott, J. B.** *The Book of Hosea: A Study Manual.* SBSS. Grand Rapids: Baker, 1971. **Solari, J. K.** "Osee(Hosea)." *New Catholic Encyclopedia* 10. New York: McGraw-Hill, 1967. **Stevenson, H. I.** *Three Prophetic Voices: Studies in Joel, Amos and Hosea.* London: Marshall, Morgan and Scott, 1971. **Utzschneider, H.** *Hosea: Prophet vor dem Ende.* Orbis biblicus et orientalis 31. Fribourg, Switzerland: Universitätsverlag; Göttingen: Vandenhoeck und Ruprecht, 1980. **Vannorsdall, A. O.** "The Use of Covenant Liturgy in Hosea." Diss. Boston, 1968. **Vawter, B.** *Amos, Hosea, Micah, with an Introduction to Classical Prophecy.* OT Message 7. Dublin: Gill and MacMillan, 1981. **Vollmer, J.** *Geschichtliche Rückblicke und Motive in der Prophetie des Amos, Hosea und Jesaia.* BZAW 119. Berlin: Walter de Gruyter, 1971. **Wenham, A. E.** *Ruminations on the Book of Hosea.* Birmingham: McMichael, 1915. **White, K. O.** *Studies in the Book of Hosea: God's Incomparable Love.* Nashville: Convention Press, 1957. **Willi-Plein, I.** *Vorformen der Schriftexegese innerhalb des Alten Testaments: Untersuchungen zum literarischen Werden des auf Amos, Hosea und Micha zurükgehenden Bücher im hebräischen Zwölfprophetenbuch.* BZAW 123. Berlin: Walter de Gruyter, 1971. **Wolfe, R.** *Meet Amos and Hosea.* New York: Harper, 1945. **Wolff, H. W.** *Die Hochzeit der Hure.* Munich: Kaiser Verlag, 1979. **Wunsche, A.** *Der Prophet Hosea übersetzt und erkärt mit Benutzung der Targumim, der judischen Ausleger Raschi, aben Ezra und David Kimchi.* Leipzig: T. O. Weigel, 1868. **Ziegler, H. W.** "Das Gottesbild beim Propheten Hosea." Diss. University of Trier, 1968.

소논문들

Achtemeier, E. R. "The Content of the Book of Hosea in Its Old Testament Context." *Theology in Life* 5(1962) 125-32. **Ackroyd, P. R.** "Hosea and Jacob." *VT* 13(1963) 245-59. **Adinolfi, M.** "Appunti sul simbolismo sponsale in Osee e Geremia." *EuntDoc* 25(1972, ed. 1973) 126-38. **Ambanelli, I.** "Il significato dell'espressione *da'at 'elohim* nel Propheta Osea." *RivB* 21(1973) 119-145. **Anderson, B. W.** "The Book of Hosea." *Int* 8(1954) 290-304. **Auge, R.** "Oseas." *EnchBib* 5(1965) 125-32. **Bach, R.** "Hosea." *EKL* 2.201-3. **Badini, G.** "La lecture des livres d'Osée et de Jonas au cours secondaire: Opportunité et méthode." *LumVit* 20(1965) 674-90. **Batten, L. W.** "'Wissen um Gott' bei Hosea als Urform von Theologie?" *EvT* 15(1955) 416-25. **Baumgartner, W.** "Kennen Amos und Hosea eine Heilseschatologie?" *Schweizerische Theologische Zeitschrift* 30(1913) 30-42; 95-124; 152-70. **Beaucamp, E.** "Osee 4, 1-14, 1: Problème de la division du texte." *Div* 4(1960) 548-60. **Behler, G. M.** "Divini Amoris Suprema Revelatio in Antiquo Foedere Data(Osee c. 11)." *Ang* 20(1943) 102-16. **Bergren, R. V.** *The Prophets and the Law.* Monographs of Hebrew Union College 4. New York: Hebrew Union College, 1974. **Bierne, C. J.** "The Prophet in Hosea's and Our Time." *TBT* 40(1969) 265-72. **Birkeland, H.** "Profeten Hosea's Forkynnelse." *NorTT* 38(1937) 277-316. **Bohmer, J.** "Das Buch Hosea nach seinen Grundgedanken und Gedankengang." *Nieuwe Theologische Studien* 10(1927) 97-104. ______. "Die Grungedanken der Predigt Hoseas." *ZWT* 44(1902) 1-24. **Boling, R. G.** "Prodigal Sons on Trial: A Study in the Prophecy of Hosea." *McCQ*(1965) 13-27. **Buhl, F.** "Einige textkritische Bemerkungen zu den kleinen Propheten." *ZAW* 5(1885) 179-84. ______. "Tragedy and Comedy in Hosea." *Semeia* 32(1984) 71-82. **Buhl, M. J.** "Mari Prophecy and Hosea." *JBL* 88(1969) 338. **Canto, R. J.** "Oseas." *CB* 22 (1965) 87-97. **Caquot, A.** "Osée et la Royauté." *RHPR* 41(1961) 123-46. **Cherian, C. M.** "The Prophet of the Mystery of God's Love." *CleM* 22(1958) 237-41; 317-25. **Craghah, J. F.** "An Interpretation of Hosea." *BTB* 5(1975) 201-7. ______. "The Book of Hosea: A Survey of Recent Literature on the First of the Minor Prophets." *BTB* 1(1971) 81-100, 145-70. **Crane, W. E.** "The Prophecy of Hosea." *Biblica Sacra* 89(1932) 480-94. **Crotty, R.** "Hosea and the Knowledge of God." *AusBR* 19(1971) 1-16. **Daumeste, M. L.** "Le Message du Prophète Osée." *VSpir* 75(1946) 710-26. **Dijkema, F.** "De Profeet Hosea." *NedTTs* 14(1925) 324-43. **Driver, G. R.** "Linguistic and Textual Problems: Minor Prophets." *JTS* 39(1938) 154-66; 260-73; 393-405. **Duhm, B.** "Anmerkungen zu den zwölf kleinen Propheten." *ZAW* 31(1911) 1-4; 81-110; 161-204. **Durr, L.** "Altorientalisches Recht bei den Propheten Amos und Hosea." *BZ* 23(1935) 150-57. **Eakin, F. E., Jr.** "Yahwism and Baalism before the Exile." *JBL* 84(1965) 407-14. **Eichrodt, W.** "The Holy One in Your Midst? The Theology of Hosea." *Int* 15(1961) 259-73. **Elliger, K.** "Eine verkannte Kunstform bei Hosea." *ZAW* 69(1957) 151-60. **Ellison, H. L.** "The Message of Hosea in the Light of His Marriages." *EvQ* 41(1969) 3-9. **Engnell, I.** "Notiser till Hosea frô prof. I. Engnell's seminarium." *SEÅ* 32(1967) 21-35. **Eszenyei, M.** "Izrael eletiviszonyai Hoseas profeta koraban." *Reformatus Szemle*(1966) 9-14. **Eybers, I. H.** "Historical References in the Preaching of the Prophet Hosea." *OTWSA*.(1975) 60-69. ______. "The Matrimonial Life of Hosea." *OTWSA* 7/8(1964-65) 11-34. **Farr, G.** "The Concept of Grace in the Book of Hosea." *ZAW* 70(1958) 98-107. **Feuillet, A.** "L'universalisme et l'ralliance dans la religion d'Osée." *BVC* 18(1957) 27-35. **Fohrer, G.** "Umkehr und Erlösung beim Propheten Hosea." *TZ* 11(1955) 161-85. **Francisco, C. T.** "Evil and Suffering in the Book of Hosea." *SWJT* 5/2(1962) 33-41. **Freehoff, S. B.** "Some Text Rearrangements in the Minor Prophets." *JQR* 32(1941-42) 303-08. **Frey, H.** "Der Aufbau der Gedichte Hoseas." *WuD* n.f. 5(1957) 9-103. **Gaster, T. H.** "Notes on the Minor Prophets." *JTS* 39(1937) 163-65. **Gelston, A.** "Kingship in the Book of Hosea." *OTS* 19(1974) 71-85. **Gemser, B.** "The Rîb or Controversy Pattern in Hebrew Mentality." *Wisdom in Israel*. VTSup 3. Leiden: E. J. Brill, 1955. 120-37. **Gerstenberger, E.** "The Woe Oracles of the Prophets." *JBL* 81(1962) 249-63. **Giblet, J.** "De Revelatione Amoris Dei apud Oseam Prophetam." *Collectania Mechliniensia* 34(1949) 35-39. **Gluck, J. J.** "Some Semantic Complexities in the Book of Hosea." *OTWSA* 7(1966) 50-63. **Good, E. M.** "The Composition of Hosea." *SEÅ* 31(1966) 21-63. ______. "Hosea and the Jacob Tradition." *VT* 16(1966) 137-51. **Gordis, R.** "Hosea's Marriage and Message." *HUCA* 25(1954) 9-35. **Groussouw, W. K. M.** "Un Fragment Sahidique d'Osée 2:9-5:1." *Museon* 47(1934) 185-204. **Gunkel, H.** "Hosea." *RGG* 2:2020-23. **Halévy, J.** "Le Livre d'Osée." *RevSém* 10(1902) 1-12; 97-133; 193-212; 289-304. **Hall, T. O.** "Introduction to Hosea." *RevExp* 54(1957) 501-9. **Hamer, P. B.** "Nature and History in Hosea." *ThLife* 9(1966) 308-17. **Harvey, J.** "Le Rîb Pattern: Requistoire prophétique sur la rupture de l'alliance."

Bib 43(1962) 172-96. **Haupt, P.** "Hosea's Erring Spouse." *JBL* 34(1915) 41- 53. **Helewa, J.** "Ministère doctrinal du prêtre dans la théologie ecclésiale du prophète Osée." *ECarm* 17(1966) 5-30. **Helfmeyer, F. J.** "Gotteserkenntnis—Liebe—Umkehr." *BK* 40(1985) 101-7. **Hindley, J. B.** "Hosea." *NBC*(rev.). Ed. D. Guthrie et al. London/Grand Rapids: IVP/Erdmans, 1970. 703-15. **Hirshberg, H. H.** "Some Additional Arabic Etymologies in OT Lexicography." *VT* 11(1967) 373-85. **Holt, E. K.** "*d't 'lhym* und *ḥsd* im Buche Hosea." JSOT 1(1987) 87-103. **Houtsma, M.** "Bijdrage tot de Kritiek en Verklaring van Hosea." *TT* 9(1875) 55-75. **Huffmon, H.** "Prophecy in the Mari Letters." *BA* 31(1968) 101-24. ______. "The Covenant Lawsuit in the Prophets." *JBL* 78(1959) 285-95. **Humbert, P.** "Osee le prophète bedouin." *RHPR* 1(1921) 97-118. **Jacob, E.** "Der Prophet Hosea und die Geschichte." *EvT* 24(1964) 281-90. ______. "L'héritage cananéen dans le livre du prophète Osée." *RHPR* 43(1963) 250-59. **Jepsen, A.** "Kleine Beiträge zum Zwölfprophetenbuch." *ZAW* 56(1938) 85-100; 57(1939) 242-55; 61(1945-8) 95-114. **Johansen, J. H.** "The Prophet Hosea: His Marriage and Message." *JETS* 14(1971) 179-84. **Kahle, P.** "Die im August 1952 entdeckte Lederrole mit dem griechischen Text der kleinen Propheten und das Problem der Septuaginta." *TLZ* 79(1954) 81-94. **Kapelrud, A. S.** "The Spirit and the Word in the Prophets." *ASTI* 11(1978) 40-47. **Kelley, P. H.** "The Holy One in the Midst of Israel: Redeeming Love(Hos 11-14)." *RevExp* 72 (1975) 465-72. **Kedar-Kopfstein, B.** "Textual Gleanings from the Vulgate to Hosea." *JQR* 65(1974) 73-97. **King, P. J.** "Hosea's Message of Hope" *BT* 33(1982) 238-42. **Labuschagne, C. J.** "The Similes in the Book of Hosea." *OTWSA* 7/8(1964/65) 64-76. **Lagrange, A.** "La nouvelle histoire d'Israel et le prophète Osée." *RB* 1(1892) 203-38. **Lavani, J.** "Loci 'Clausi' in Osee." *World Congress of Jewish Studies*, vol. 1a. Jerusalem: Magnes Press, 1952. **Loewen, J. A.** "Some Figures of Speech in Hosea." *BT* 33(1982) 238-42. **Lundbom, J.** "Poetic Structure and Prophetic Rhetoric in Hosea." *VT* 29(1979) 300-308. **McDonald, J. R. B.** "The Marriage of Hosea." *Th* 67(1964) 149-56. **McKenzie, J. L.** "Divine Passion in Osee." *CBQ* 17(1955) 287-99. ______. "Knowledge of God in Hosea." *JBL* 74(1955) 22-7. **Maley, E. H.** "Messianism in Osee." *CBQ* 19(1957) 213-25. **May, H. G.** "An Interpretation of the Names of Hosea's Children." *JBL* 55(1936) 285-91. ______. "The Fertility Cult in Hosea." *AJSL* 48(1932) 73-98. **Merwe, B. J. van der.** "A Few Remarks on the

Religious Terminology in Amos and Hosea." *OTWSA* 7(1966) 143-52. ______. "Echoes from the Teaching of Hosea in Isa. 40-55." *OTWSA* 7(1966) 20-29. **Meyer, R.**, et al. "Propheten II." *RGG* 5:613, 633. **Morag, S.** "On Semantic and Lexical Features in the Language of Hosea." *Tarbiz* 53(1983/84) 489-511(Heb.). **Morgenstern, J.** "Beena Marriage(Matriarchat) in Ancient Israel and Its Historical Implications." *ZAW* 47(1929) 91-110. **Neef, H. D.** "Der Septuaginta-Text und der Masoreten-Text des Hoseabuches im Vergleich." *Bib* 67(1986) 195-220. **North, F. S.** "Solution of Hosea's Marital Problems by Critical Analysis." *JNES* 15(1957) 128-30. **Nyberg, H. S.** "Das textkritische Problem des Alten Testaments am Hoseabuch demonstriert." *ZAW* 52(1934) 214-54. **Oort, H.** "Hosea." *TT* 24(1890) 345-64; 480-505. **Owens, J. J.** "Exegetical Study of Hosea." *RevExp* 54(1957) 522-43. **Paton, L. B.** "Notes on Hosea's Marriage." *JBL* 15(1896) 9-17. **Plöger, O.** "Hosea." *RGG* 3:454. ______. "Hoseabuch." *RGG* 3:454-57. **Renaud, B.** "Fidelité humaine et fidelité de Dieu dans le livre d'Osée 1-3." *Revue de Droit Canonique* 33(1983) 184-200. ______. "Osée 1-3: analyse diachronique et lecture synchronique, problèmes de méthode." *RevScRel* 57(1983) 249-60. **Rendtorff, R.** "Erwägungen zur Fruhgeschichte des Prophetentums in Israel." *ZTK* 59(1962) 145-67.["Reflections on the Early History of Prophecy in Israel." Tr. P. J. Achtemeier, in *Hermeneutic, Journal for Theology and the Church* 4. Ed R. W. Funk and G. Ebeling. New York: Harper and Row, 1967. 14-34.] ______. "Prophetenspruch." *RGG* 5:635-38. **Roberts, J. J. M.** "Hosea and the Sacrifical Cultus." *RestQ* 15(1972) 15-26. **Robinson, T. H.** "Die Ehe des Hosea." *TSK* 106(1935) 301-13. **Rowley, H. H.** "The Marriage of Hosea." *BJRL* 39(1956) 200-33. **Rudolph, W.** "Präparierte Jungfrauen?" *ZAW* 75(1963) 65-73. **Ruppert, L.** "Hernkunft und Bedeutung der Jacob Tradition bei Hosea." *Bib* 52(1971) 488-504. **Rust, E. C.** "The Theology of Hosea." *RevExp* 54(1957) 510-21. **Schmidt, H.** "Die Ehe des Hosea." *ZAW* 42(1924) 245-72. **Schreiner, J.** "Hoseas Ehe: Ein Zeichen des Gerichts." *BZ* 21(1977) 163-83. **Schwartz, V.** "Das Gottesbild des Propheten Oseas." *BLit* 35(1961-62) 274-79. **Sellers, O.** "Hosea's Motives." *AJSL* 41(1924-25) 243-47. **Sellin, E.** "Die geschichtliche Orientierung der Prophetie des Hosea." *NKZ* 36(1925) 607-58. ______. "Hosea und das Martyrium des Mose." *ZAW* 46(1928) 26-33. **Selms, A. van.** "Hosea and Canticles." *OTWSA* 7/8(1964-65) 85-89. **Soggin, J. A.** "profezia e rivoluzione nell'Antico Testamento: L'opera di Elia di Eliseo nella volutazione di Osea." *Protestantesimo* 12(1970) 1-14. **Stinespring, W. F.** "A Problem of Theological Ethics in Hosea." *Essays in Old Testament Ethics.* Ed. J. L. Crenshaw and J. T. Willis. New York: Ktav Publishing House, 1974. ______. "Hosea, the Prophet of Doom." *Crozier Quarterly* 27(1950) 200-207. **Strange, J. O.** "The Broken Covenant: Bankrupt Religion(Hos 4-6)." *RevExp* 72(1975) 437-48. **Strauss, L.** "Hosea's Love—A Modern Interpretation." *Judaism* 19(1970) 226-33. **Szabo, A.** "Hosea's Konyvenek Problemai." *ThSz* 14(1971) 150-56. **Tadmor, H.** "The Historical Background of Hosea's Prophecies." In *The Y. Kaufmann Jubilee Volume*, ed. M. Haran. Jerusalem: Magnes Press, 1960. **Tate, M. E.** "The Whirlwind of National Disaster: A Disorganized Society(Hos 7-10)." *RevExp* 72(1975) 449-63. **Uffenheimer, B.** "Amos et Osée: deux modes de prophetie en Israel." In *Z. Shazar Jubilee Volume*, ed. B. Z. Luria. Jerusalem: Kirjath Sepher, 1973. **Vriezen, T. C.** "Prophecy and Eschatology." *Congress Volume, 1953.* VTSup 1. Leiden: E. J. Brill, 1953. 199-229. **Vuilleumier, R.** "Les traditions d'Israël et la liberté du prophète: Osée." *RHPR* 59(1979) 491-98. **Ward, J. M.** "Hosea." *IDBSup* 421-22. ______. "The Message of the Prophet Hosea." *Int* 23(1969) 387-407. **Waterman, L.** "Hosea, Chapters 1-3, in Retrospect and Prospect." *JNES* 14(1955) 100-109. ______. "The Marriage of Hosea." *JBL* 37(1918) 193-208. **Watson, W. G. E.** "Reflexes of Akkadian Incantation in Hosea." *VT* 34(1984) 242-47. **Watts, J. D. W.** "Elements of OT Worship." *JBR* 26(1958) 217-21. **Werbeck, W.** "Zwölfprophetenbuch." *RGG* 6:1969-70. **Wolfe, R. E.** "The Editing of the Book of the Twelve." *ZAW* 53(1935) 90-130. **Wolff, H. W.** "Guilt and Salvation: A Study of the Prophecy of Hosea." *Int* 15(1961) 274-85. ______. "'Wissen um Gott' bei Hosea als Urform von Theologie." *EvT* 12(1952-53) 533-54. Repr. in Wolff, *Gesammelte Studien zum Alten Testament. TBü* 22. München: 1973. 182-205. ______. "Hoseas geistige Heimat." *TLZ* 81(1956) 83-94. Repr. in Wolff, *Gesammelte Studien zum Alten Testament. TBu* 22. 232-50. ______. "Erkenntnis Gottes im Alten Testament." *EvT* 15(1955) 426-31. **Wytzen, D. B.** "The Theological Centre of the Book of Hosea." *BSac* 141(1984) 315-29. **Yaron, R.** "On Divorce in Old Testament Times." *Revue international des droits d'antiquité* 4(1957) 117-28. **Yeivin, S.** "On the Historical Background of Hosea's Prophecy and Its Linguistic Uniqueness." *BMik* 25(1979) 38-40. **Ziegler, J.** "Studien zur Verwertung der Septuaginta im Zwölfprophetenbuch." *ZAW* 60(1944) 107-31.

서론

호세아서와 언약

호세아서의 메시지를 이해하기 위해서는 시내산 언약을 이해해야만 한다. 호세아서는 하나님이 호세아를 통해 이스라엘에게 선언하신 일련의 축복과 저주를 포함하고 있다. 각각의 축복과 저주는 모세 율법에 있는 그에 상응하는 축복과 저주의 유형에 토대를 두고 있다. 비록 인용이라는 말 자체가 고대 법률 제정의 과정에서 알려져 있지는 않다고 할지라도, 몇몇 축복들과 저주들은 오경적 형식들과 너무나 구체적으로 병행을 이루고 있어서 그 자체를 "인용한 것"이라고 할 수 있다. 그런가 하면 다른 축복들과 저주들은 좀 더 일반적으로 그리고 단순하게 오경적 용어나 어법들을 나타내 주고 있다. 비록 호세아의 문체가 여러 면에서 독창적인 면들이 있기는 할지라도, 그의 메시지는 전혀 새로운 혁신적인 면을 가지고 있지는 않다. 호세아에게 주어진 임무는 단순히 야웨가 자신의 언약의 약속들을 강화하시려고 한다는 것을 경고하는 것이었다.

주전 8세기 중엽의 (북)이스라엘이 보이고 있는 특징으로 인해 하나님의 예언적인 말씀은 눈에 띄게 긍정적일 수는 없었다. 이스라엘은 계속적으로 언약을 깨뜨리는 역사를 가졌고, 그 주인은 율법에 구체적으로 명시된 징벌들을 쏟아 부음으로써 자신의 백성들을 대항해서 움직이기로 마음을 굳히셨다. 그러므로 짧은 안목으로 보았을 때 자신의 백성들을 위한 하나님의 계획은 그들에게 부정적인 것으로 보였다. 그러나 다른 한편으로, 긴 안목으로 보았을 때 자신의 택한 나라를 위한 하나님의 축복의 전반적인 계획은 여전히 유효하고 유력할 수 있었다.

따라서 호세아서는 하나님이 어느 날 다시금 이스라엘에게 번영을 가져다주리라는 것을 신실한 자들에게 되새기게 하는 내용들을 포함하고 있다. 그러나 하나님이 호세아를 통해 말씀하신 신탁들의 대부분은 복(福)이 아니라 화(禍)였다. 그리고 그 신탁들은 본질적으로 레위기와 신명기에서 발견되는 언약적 저주의 항목들에 의존하고 있는 것이었다(**전체 서론**을 보라).

호세아서의 기본 메시지

호세아서는 파멸에 대한 예언들과 회복에 대한 예언들을 모두 포함하고 있다. 많은 지면을 통해 징벌에 대한 내용이 약속에 대한 내용을 압도하고 있다. 희망에 대한 신탁들이 좀 더 많은 파멸에 대한 신탁들 가운데 흩어져 있는 방식으로 구성되어 있다. 이런 구성에서는 구분될 수 있는 어떤 특별한 형태는 없어진다. 호세아의 신탁들은 그 메시지에서 구약의 포로기 이전 예언적 작품 전체를 통해 발견되는 다음과 같은 연대기적 전제를 반영하고 있다. 즉 짧은 안목으로는 화가 임할 것이지만, 나중에는 평강의 복이 도래하는 시대가 오리라는 것이다. 그러므로 호세아서의 저주의 부분들은 임박한 성향을 가지고 있는 반면에, 축복의 부분들은 **종말론적인** 성향을 가지고 있다. 호세아서에는 이스라엘이 파멸과 추방으로 표현되고 있는 야웨의 진노로부터 실제로 벗어날 수 있다는 암시가 없다.

신명기 4:20-31에는 호세아의 신탁들이 토대를 두고 있는 이스라엘의 역사에 대한 역사적인 안목이 그대로 들어 있다. 선택된 백성들의 역사는 다음과 같이 모두 5단계로 구분될 수 있다. (1) 출애굽-광야의 단계가 있다. 이 단계에서 이스라엘 백성들은 노예 상태에서 구출되고 하나님의 은혜로 하나의 백성으로 모아진다. 예를 들어, 호세아 2:16-17은 축복의 미래적인 장면과 연관지으면서 이 시기를 언급하고 있다. (2) 축복들과 저주들을 담은 언약이 체결되며 이 언약으로 인해 이스라엘과 야웨가 결속된다. (3) 언약의 시작(참조. 신 28:2-14)과 더불어 진행된 축복의 기간은 이스라엘이 신실하지 못한 모습을 보일 때까지 이스라엘의 모든 역사를 통해 지속(예를 들어, 호 2:4-15[2-13])되었으며 무르익었다. 그러다가 이스라엘의 불순종으로 언약이 폐기(예를 들어, 호 1:9)되고 축복들은 철회된다. (4) 저주의 기간이 있다. 이 시간 동안에 이스라엘은 죽음과 질병과 파멸과 강제 이주 등으로 점철된 고통의 터널을 지나게 될 것이다(호 3:4-5; 4:6; 5:7, 14; 7:16; 8:13-14; 9:3, 17; 10:15; 11:5-6; 13:16 등등). 호세아서의 대부분의 내용은 네 번째 단계에 대한 예언들과 관련이 있다. 호세아에게 주어진 주된 과업은 그 저주의 시작을 선언하는 것이었기 때문이다. (5) 종말론적인 축복의 기간이 있다. 파멸과 추방 이후의 시간, 즉 그런 시간이 지난 뒤에만 이스라엘은 다시금 야웨께 회복되고 축복을 받게 될 것이다. 호세아서의 일곱 가지 약속의 부분들은 이 단계에 속한다(2:1-3[1:10-2:1; 2:16-25[14-23]; 3:5; 6:1-3; 10:12; 11:8-11; 14:1-8).

약속을 말해 주는 부분들은 하나님의 진노를 피하는 희망을 포함하고 있지 않으나, 약속의 저주들이 쏟아 내려진 뒤에만 축복을 기대할 수 있다고 말하는 신명기 4장(그리고 레 26장과 신 30장)의 내용을 따르고 있다. 이런 내용을 이해하는 것은 중요하다. 일단 언약이 폐기되면, 축복은 하나님이 내리시는 온전한 징벌을 받을 때까지 기다린 뒤에 내려지게 된다. 따라서 저주들은 임박하고 즉각적인 반면에, 축복들은 항상 종국적인 면이 있다.

양식, 구조 그리고 문체

호세아서의 주어진 신탁이 어떤 청중에게 구전으로 전해지도록 하기 위해 만들어진 것인지 그렇지 않은 것인지를 알아내는 것이 항상 가능한 일은 아니다. 비록 우리는 그 모든 신탁들이 기록되기 전에 이야기된 것이라는 가정을 가지고 작업을 할 수밖에 없을지라도, 이런 가정은 증명되지 않은 채로 남아 있게 된다. 개별적인 시로 이루어진 단락들의 많은 부분들이 가지고 있는 운율적인 구조는 특이하고 독특한 것이거나 아니면 혼합된 형태들로 구성된 것이다. 결과적으로 시 안에 있는 구전으로 작성된 글이 보편적으로 보이는 특징들(뜻이 다음 행 또는 연구[連句]에 계속되는 것, 형식의 용법, 주제적인 분류 배열 등등이 없음)이 빈약하게 나타난다. 그러나 호세아서는 이런 면에서 별달리 특이한 점이 없다. 동일한 이야기가 대부분의 예언적인 책들에 대해서도 주어질 수 있을 것이다. 구약의 "고전적인"(주전 8세기와 조금 더 후대의 시기) 예언은 일반적으로 대개 구전적인 작품과 관련된 분명한 특징들과 기록된 문체와 관련된 다른 특징들을 보여 주는 듯하다. 만약 해석자가 호세아서의 다양한 본문들을 분석하는 데 있어서 양식(form)보다는 내용(content)에 기꺼이 우선권을 주고자 한다면, 궁극적으로 이런 불확실성은 호세아의 신탁들에 대한 해석을 하는 데 커다란 장애가 되지 못함을 보여 준다.

이런 접근법은 본질적으로 중요하다. "호세아서는 담론 형태들의 구조를 따르지 않고 있기"(J. L. Mays, 5) 때문이다. 달리 말하면, 전형적인 예언적 형식의 작품이 보여 주는 특성들은 호세아의 신탁들에서 아주 미묘하게 결합되어 있거나 아니면 매우 예술적으로 수정되어 있다. 따라서 이 신탁들을 대하는 사람은 각각의 신탁을 **어떤 특별한 목적 토대**(ad hoc basis), 즉 그 각각의 특성들에 대해 고려해야만 한다. 그러므로 비교하는 일을 하는 것으로 정의되는 양식비평은 다른 예언적 모음집들의 경우에서보다는 호세아의 본문들을 주석하는 데 있어서 얻는 것이 더 적다.

게다가 호세아 자신에 의해 이루어진 것이든지 아니면 다른 누군가에 의해 이루어진 것이든지 간에, 호세아의 신탁들의 편집적인 배열은 매우 기술적인 면이 있거나 단락들 사이에 상대적으로 분명한 윤곽이 없는 결과로 인해 그런 배열에 무관심한 면이 있다(어느 것인지 말하는 것은 기술적으로 불가능하다). 호세아서에 있는 어느 단락이 어디에서 끝나고 또 다른 단락이 어디에서 시작하는지를 결정하는 일은 모든 주석가들과 비평가들에게 중요하게 고려해야만 하는 일이었다. 그 결과들은 결코 하나로 통일되지 않았다.

그러므로 호세아의 신탁들은 각각의 신탁들을 들여다보는 미시적인 것보다는 전체적인 조망 속에서 관찰하는 거시적인 안목이 필요하다고 보는 것이 우리의 입장이다. 즉 주어진 신탁에 있는 이행연구(二行連句)에서 이행연구에 이르는 사이, 구절에서 구절 사이에 그렇게나 자주 일어날 수 있는 인칭과 주어에 관한 일 그리고 어조에서 보이는 어느 정도 급작스럽고 예견할 수 없는 전환들을 무시해야만 한다. 이런 관점은 그런 전환들을 일관된 단락, 요지 그리고 효율성에 궁극적으로는 잘 맞아 들어가고 있는 것으로 보는 것이다. 이렇게 맞아 들어가고 있는 전환들은, 만약 신탁이 좀 더 분명하게 조직적인 형태로 되어 있는 경우와 마찬가지로 이해할 수 있는 경우들이다.

호세아서에 있는 시의 고립성

병행법이 전적으로 혹은 대부분 동의적이거나 대조적일 때, 히브리어가 있는 산문에서 시를 구별해내는 것은 더욱 용이해진다. 산문에서 소위 말하는 종합적 대구법(對句法)을 구별해내는 것은 훨씬 더 어렵다. (히브리 시의 병행법들을 나타내기 위해 쓰이는 "종합적"이라는 범주의 부당성에 대해서는 S. A. Geller, *Parallelism in Early Biblical Poetry*, HSM 20[Missoula, MT: Scholars Press, 1979]를 보라). 대부분의 호세아의 신탁들에서 동의적이거나 대조적인 병행법들은 충분하게 나타나 있으며, 충분할 정도로 명백하게 보이는 운율적인 형태들을 동반하고 있다. 그러므로 산문 신탁들에 대해 반대적인 요소로서 시적인 신탁들을 구분해내는 것은 문제가 되지 않는다. 게다가 다음과 같은 단서들이 시의 형태가 존재하고 있음을 알아내는데 사용되고 있다. (1) 관사와 다른 산문적인 요소들이 상대적으로 덜 빈번함, (2) 상대적으로 마켑(*maqqeph*)이 빈번하게 사용되고 있음, (3) 흔하지 않는 어휘가 상대적으로 빈번하게 사용되고 있음, (4) "고정된" 한 쌍의 어휘들이 나타남, (5) 구문론적인 표시들이 상대적으로 적음, (6) 간결한 의미론상의 문체가 보임, (7) 시의 반복성의 특징을 나타내 주는 그도의 수사적인 구조들이 있음.

역사적 배경

이스라엘의 번영이 최고조에 이르렀을 때 그 이스라엘이 파멸될 것과 포로로 잡혀갈 것을 예언하도록 하기 위해 호세아는 야웨로부터 부름을 받았다. 여로보암 2세(주전 793-753년)의 후반기(아마도 주전 760년보다 훨씬 더 이른 시기는 아닐 것이다)에 호세아는 자신의 사역을 시작했다. 그는 "매춘하는" 한 이스라엘 여인과 결혼하고 "매춘하는" 이스라엘인들의 한 가정을 이루기 시작하는, 눈으로 보여 주는 예언을 시작했다. 이 때는 바로 앗수르의 디글랏 빌레셀 3세(주전 745-728년)가 이스라엘의 태도를 안심에서 절망으로 바꾸기 시작한 지 불과 몇 년 전이었다.

주전 842년에 시작된 예후 왕조는 주전 753년에 여로보암 2세의 죽음으로 종말을 맞았다. 예후 왕조는 이스라엘의 가장 긴 왕조였다. 그 이후로 주전 753년에 스가랴가 사마리아에서 왕위에 오름으로써 시작된 왕조의 시도들은 보잘것없는 모습들로 드러났다. 그 후의 세월은 암살에 의한 왕위 찬탈의 역사였다. 결과적으로 호세아는 구약의 다른 어떤 선지자들보다도 많은 왕들에게 예언을 하게 되었다. 여섯 명의 왕들이 이스라엘이 몰락하기까지 남은 30년 동안을 통치했는데, 그들 중 어느 누구도 행정적인 면에서나 외교적인 수완에서 주목할 만한 업적을 남기지 못했다. 이스라엘에서의 삶은 점점 더 불안하게 되었다. 나라의 운명이 점차적으로 쇠잔해져 갔기 때문이다. 이런 양상들의 전개가 호세아서에 반영되어 있다. 그렇게 쇠잔해 가는 모양들이 어느 정도 연대기적으로 전개되고 있는 것으로 나타난다. 즉 호세아의 신탁들의 순서에 있는 주전 750년대에서 720년대 사이에 어느 정도 연대기적으로 전개된 것으로 보인다. 초기의 안정감(2:7, 10, 15[2:5, 8, 13])은 후반부의 장들에서 증거되는 이방(7:8-12; 12:1)과 국내(7:3-7; 13:10-11)의 사안들 속에서 절망감으로 변해 간다. 주전 734년에 있었던 아람-에브라임 전쟁은 호세아의 조국이 맞는 종말의 시작을 알리는 표지가 되었다. 이 전쟁은 이스라엘이 앗수르의 승리와 유다의 침략(5:8-10)으로 인해 적은 지역이 남겨진 나라가 된 뒤에 앗수르가 북쪽을 점령하는 것으로 끝을 맺게 되었다.

우리는 호세아의 예언적 사역의 배경에 대한 수많은 중요한 문제들에 대해 확신을 가지고 대답할 방법이 없다. 호세아서는 호세아가 선포하는 지역에 대해 전혀 언급하고 있지 않다. 우리는 호세아가 아모스가 선포했던 것과 같이 신탁들을 사마리아에서 그리고 벧엘(아마도 벧엘이 유다의 통치에 귀속되었을 때인 적어도 주전 734년 이전에는)에서 자주 전했을 것이라고 추측할 수 있을 것이다. 그러나 우리는 믿을 만한 증거를 가지고 있지 않다. 어느 신탁도 연대를 기록하고 있지 않다. 우리는 그 신탁들 중에 몇 가지(예를 들어, 1:2-9; 5:5-10)의 연대에 대해 그리고 그 신탁들 대부분이 대개 연대기적으로 순서가 정해져 기록되었다는 것에 대해서는 어느 정도 꽤 확신을 가지고 말할 수 있을 것이다. 그러나 주어진 경우들에 있어서 배경에 대한 우리의 분석은 궁극적으로는 추측에 의한 면이 남아 있게 된다. 호세아는 북쪽에서 활동한 자신보다 어느 정도 좀 더 나이가 들기는 했지만 자신과 동시대 선지자인 아모스와 혹은 어느 정도 좀 더 나이가 어리지만 자신과 역시 동시대인 정통 유다 선지자들 중의 어느 누군가와 접촉을 가졌겠는가? 우리는 알 길이 없다.

청중과 관련해서 보면, 호세아는 여전히 모세 언약을 지키는 것에 관심을 두고 있는 북쪽에 사는 사람들의 얼마 안 되는 사람들 가운데서 자신의 신탁들을 신실하게 받아들이는 사람들을 가지고 있었을 것이다. 그러나 호세아는 이에 대해 아무런 언급을 하고 있지 않을뿐더러, 그가 전한 말들조차 이와 관련해서 아무런 암시도 주고 있지 않다. 호세아가 전하는 말씀들은 전적으로 무시되지는 않았을 테지만, 그 말씀들을 듣는 절대 다수의 사람들에 의해 분노와 비웃음을 샀을 것이 분명하다.

역사서들과 예언서들에 기술된 정통 야웨주의의 현황에 대한 지속적인 낙담스러운 보고들로 판단해 볼 때, 호세아가 활동할 당시의 정통 야웨주의는 이스라엘에서 적은 소수 종교가 되었음을 알 수 있다. 가나안의 "성서 지대"(Bible-belt)인 유다는 아마도 북 이스라엘(1:7)보다는 어느 정도 좀 더 효과적으로 이방 종교적인 관행들의 침식에 대해 저항해 왔던 것 같다. 그러나 이스라엘에서는 호세아가 동정을 느끼는 청중을 찾을 곳이 없었다. 여로보암 2세 시대에 이루어진 북 이스라엘의 급격히 성장한 군사력과 경제력(왕하 14:25-28)과 좀 더 고립적이었던 유다보다는 좀 더 커다란 국제적 관계를 가졌던 북 왕국의 경향성은 종교적으로 세계주의적이며 관용주의적인 태도를 낳았음이 분명하다. 유일신적 야웨주의가 아니라 다신론적 혼합주의가 주도적인 신앙 체계를 형성하게 되었던 것이다.

모세 언약이 설정되고 난 뒤에(오경의 율법이 선지서들에 대해 연대기적으로 앞선다는 것에 대해서는 아래의 "연대기에 대한 추론들"을 보라) 호세아 시대에 이르기까지 많은 세기를 지나는 동안에 시내산 법전은 무시되고 잊혀진 것이 되고 말았다. 십계명과 같은 어떤 부분들은 매우 잘 알려져 있었으며(참조. 호 4:2), 대부분의 이스라엘 백성들은 아마도 그 율법에 대해 잘 알고 있었을 것이다. 이는 마치 대부분의 미국인들이 산상수훈의 내용이 무엇을 말하고 있는지 정확하게 말할 수는 없다 할지라도, 그 산상수훈에 대해 알고 있는 것과 같은 이치였던 것이다. 호세아와 같은 선지자는 비록 제한적일지라도 하나님의 언약을 강화하는 선포를 할 때 율법을 통해 깨닫게 됨이라는 공통의 토대에 의존해야만 했다. 일반 이스라엘 백성들은 오경의 율법이 우상 숭배와 다신 숭배를 금하고 있음을 인식하고 있었음이 분명하다. 그 오경의 율법은 단일 중앙 성소에서 야웨를 경배할 것과, 기본적으로 윤리적으로 의로운 삶을 살 것을 말하고 있음과, 순종에는 축복을 주며 불순종에는 저주는 내린다는 것을 알고 있었던 것이다. 부분적으로 예언적 신탁들에서 어떤 주제들이 빈번하게 반복되고 있는 것은 바로 이런 몇 가지 기본적인 내용에 대한 보편적인 지식에 의한 것이다. 자신의 선지자들을 통해 백성들에게 언약의 이렇게 잘 알려진 기본적인 조항들조차 지켜지지 않고 있다는 것을 되돌아보게 해주면서, 하나님은 다가오는 심판의 정당성에 대한 더욱더 충분한 암시를 주셨다. 달리 말하면, 하나님은 선지자들에게 그들의 청중들을 향해서 여러 가지 언약적 조항들에 대해 이스라엘 백성들이 보인 신실하지 못한 모든 경우들을 열거하도록 하지는 않으셨다. 단지 주된 위법 행위들(우상 숭배, 다신 숭배, 이방에 연루됨을 통해 기인되는 신실하지 못함, 여러 성소에서 예배를 드림, 부정직, 경제적 압제)을 예시하여 언급하는 것으로 충분했다. 이렇게 율법을 범하는 행위들이 있다는 것은 언약이 파괴되었다는 것을 증명해 주는 것이었다. 그 위법 행위들 중의 어느 하나만으로도 언약이 깨어졌음을 보여 주려고 하는 목적을 위해서는 충분했기 때문이다(참조. 약 2:10). 613개에 이르는 오경의 율법적 명령 조항들의 많은 수가 가지고 있는 다소 부담이 되는 제한들이 지켜질 것이라고 보장되지는 않았다. 그런 조항들이 호세아서와 다른 선지서들에서 발견되지 않는 것은 그리 이상스러운 것이 아니다.

호세아 선지자와 그의 가족

호세아와 그의 가족에 대해 알려질 수 있는 것들은 무가치한 것들뿐이다. 학자들은 불행하게도 책의 나머지 부분들보다는 1장과 3장에서 제기된 전기(傳記)에 대한 문제들에 더욱 주의를 기울여 왔는데, 그 결과들은 예견될 수 있는 것들로 실망스러운 것들이었다.

호세아가 우리에게 전해 주고 있는 개인적인 세부 사항들은 너무 적다. 그리고 그런 세부 사항들은 그 자체의 어떤 유용한 관심사를 가지고 있기보다는 야웨가 의도하신 메시지에 너무나 뒤엉키게 연결되어 있다. 그러므로 그런 부족한 정보를 토대로 호세아의 전기를 쓰려고 하는 어떤 노력들도 사실은 처음부터 실패하게 되어 있는 시도들이다.

1장과 3장에 나타나는 아내들 혹은 아내에 대한 신분과 직업에 대해서는 가장 많은 관심이 집중되어 왔다. 그 두 여인은 동일한 여인인가? 호세아가 고멜과 결혼했을 때, 그녀는 매춘부였는가? 아니면 고멜이 나중에 부정하게 되었고, 이로 인해 호세아는 자신이 매춘부와 결혼 생활을 시작하게 된 것이라고 되돌아보며 생각하도록 한 것인가? 자녀들 중에 어떤 아이는 사생아였는가? 호세아는 고멜과 법적인 절차를 통해 이혼한 것이며, 그런 정황이 2장에 풍유(諷喩)적으로 비쳐지고 있는 것인가? 이와 같은 문제들이 제기되었다.

이런 문제들은 호세아서의 메시지를 이해하고 평가하는 데 관련이 없는 사항들은 아니다. 그러나 그런 문제들은 호세아서의 메시지에 그다지 중요한 사항들이 아닌 것이 분명하다. 처음 장들의 구조에서 보듯이, 관련된 사람들에 대한 우리의 궁금증을 만족하게 풀어 줄 세부 사항들은 존재하지 않는다. 모든 상세한 사항들은 진노와 구속이라는 하나님의 메시지의 관점을 위해 존재하고 있으며, 그 메시지를 구성하는 요소로 뒤얽혀 짜여 있다.

1장과 3장(2장은 자전적인 자료를 포함하고 있지 않다. 심지어 암시되어 있지도 않다)과 관련해서, 알려진 전기적인 자료는 아래와 같이 간략하게 열거될 수 있다.

1장	**3장**
호세아 시대	결혼의 실상
결혼의 실상	신랑이 치르는 값
그의 아내의 이름(고멜)	완성되지 못한 결혼
자녀들의 성별	아내의 이전의 성적인 문란
자녀들의 이름들	
자녀들의 출생 순서	

한눈에 보아도 1장과 3장에서 보여 주고 있는 자료들은 두 장들이 종종 기술되고 있는 것으로 여겨지는 목적에 충분하지 않다는 것이 분명하게 드러난다. 즉 호세아가 고멜과 결혼해서 이루어지는 그의 전기를 쓰고 있는 것이라는, 그 목적을 말해 주기에는 충분하지 않다. 흔히 이야기되는 대로 고멜은 문란한 아내라는 것을 증명

해 주는 자료가 3장에는 아무 것도 없다. 실제적으로 그 어떤 내용도 고멜의 직업이나 정절에 대해 이야기하고 있지 않다. 호세아가 하나님의 명령으로 매춘부와 결혼한 것이라는 흥미로운 개념은 그 결혼이 완성되지 못한 미숙한 상태로 남았다는 사실에 의해 그 감이 둔감해진다. 고멜이 3장에 묘사된 아내와 동일한 아내라는 것은 증명될 수 없기 때문에, 고멜의 결혼 상태의 정절에 대해서는 아무것도 알 수 없다. 고멜이 1:2에서 은유(隱喩)적으로 "음란한 아내"라는 의미를 가진 에셰트 제누님(אשת זנונים)으로 불리는 것은 고멜의 직업이나 그런 행위를 한 것을 나타내는 문자적인 진술로 간주될 수는 없다. 그녀는 단지 한 이스라엘 사람이었을 뿐이다. 구절이 암시하고 있는 대로 모든 이스라엘 백성들이 "매춘부들"이다. 즉 이스라엘 백성들은 야웨의 언약을 깨뜨렸다(1:2에 대한 "주석"을 보라).

그러므로 호세아의 개인적 삶의 질 그리고/혹은 특성을 재구성하려고 하는 학자들의 빈번한 시도들은 불가피하게 실패할 수밖에 없는 것이다. 우리는 그런 세부적인 사항들은 단지 은유적/모형론적 목적들을 위해 사용된 것이라고 듣는다. 앞의 장들이 집중하고 있는 초점은 호세아와 그의 가족이 아니라 하나님과 이스라엘이다. 호세아는 하나님의 명령으로 결혼한다(우리는 두 번이라고 본다).

첫 번째 결혼에서 호세아는 하나님의 명령에 따라 자신의 자녀들에게 이스라엘을 위한 예언적인 의미를 가진 이름들을 지어 준다.

두 번째 결혼에서 호세아는 이스라엘이 앞으로 앗수르에 의해 받게 될 억류되는 상태에 대한 예언으로서 자신의 아내에게 순결을 요구한다. 이런 연기(演技)를 통한 예언들로부터 하나님과 이스라엘에 대해 많은 것을 배우게 된다. 그러나 결혼에서 보이는 호세아의 태도들이나 감정들 혹은 경험들에 대해서는 상대적으로 거의 아무것도 배우지 못한다. 호세아는 주전 760년보다 더 늦지는 않은 시기에 고멜과 결혼한 것으로 보는 것이 타당할 것이다. 그 결혼과 그 자녀들과 연관된 하나님의 메시지는 여로보암 2세의 죽음으로 주전 753년에 막을 내린 예후 왕조의 몰락(1:4)을 예언하고 있기 때문이다. 그러나 포로로 잡혀가는 임박한 재난 그리고 왕권과 예전의 부재를 말하고 있는 3장의 강조점으로 생각해 볼 때, 호세아는 주전 730년 이후에 이르기까지 자신의 두 번째 아내(3장)를 취하지 않았을 것이다. 이런 각본들에 의하면, 고멜은 두 번째의 완성되지 못한 결혼 생활 훨씬 이전에 죽었을 것이다. 이에 대한 분명한 해결책을 찾는 것은 불가능하다.

호세아서의 청중

호세아는 자신의 신탁들을 어느 곳에서 선포했는지 나타내 주고 있지 않다. 북 왕국의 마지막 수 년을 반영하고 있는 호세아의 후기 신탁들 중 일부(즉, 10-14장들에 있는 자료들)는 사마리아에서 선포되었을 것이라고 추측할 수 있다. 그러나 이런 견해는 증명될 수 없다. 이런 추측에 의한 것도 아니라면, 우리는 호세아의 사역의 장소에 대한 어떤 분명한 암시도 가지고 있지 않은 것이다.

마찬가지로, 호세아가 자신의 예언들을 실제적으로 어떤 그룹 혹은 그룹들에게 전한 것인지에 대해서도 결론지을 수 없다. 형식적인 면에서 보았을 때, 호세아는 하나님의 말씀을 여러 그룹을 향해 전한 것이 분명하다. 대부분의 경우 하나님의 말씀은 "이스라엘", "에브라임" 혹은 단순히 "너"라고 표기된 이스라엘 전체를 향해 전해졌다(2:3, 4[1, 2]; 4:1, 15; 5:1, 8; 6:1, 4; 9:1, 5, 7; 10:9, 12; 11:8; 12:10[9]; 13:4, 9-13; 14:1, 8을 보라). 비록 하나님의 말씀은 궁극적으로 그리고 더욱 중요하게는 전체 이스라엘 백성에게 영향을 끼치기 위해 주어진 것이라 할지라도, 그 말씀은 처음에는 두 번이나 호세아 자신에게 주어졌다(1:2; 3:1). 제사장들에게 두 번 직접적으로 전해졌고(4:4-5; 5:1), 왕족들에게 한 번 전해졌다(5:1). 사마리아와 벧엘에 각각 한 번씩 전해졌다(8:5와 10:15 각각). 이웃해 있는 유다에 두 번 전해졌다(6:4; 6:11). 그러나 우리는 호세아가 이런 사람들과 장소들을 앞에서 전한 것인지 아니면 단순히 수사적인 묘사인지에 대해서는 말할 수 없다. 호세아는 5:1-7에 있는 신탁의 말씀들을 이스라엘 무리들, 즉 5:1에서 나타내고 있는 것과 같이 몇몇 제사장들과 왕실 가문의 몇몇 사람들을 포함한 이스라엘 무리들에게 직접적으로 전한 것인가? 아니면 그의 예언은 제사장들과 왕족을 포함할 필요가 없는 이스라엘 사람들인 신실한 친구들이나 제자들에게만 보이고 들려진 것인가? 이스라엘의 선지자들은 이방 민족들을 향해 선포한 신탁들을 이방 사람들보다는 이스라엘 백성들로 구성된 청중들 앞에서 전했다. 이와 마찬가지로, 어떤 이스라엘 그룹을 향해 전해진 호세아의 신탁은 사실 그 그룹 앞에서 전해진 것이라고 생각할 필요는 없다.

그러므로 궁극적으로 우리는 호세아가 처음이든 그렇지 않든 신실한 이스라엘 백성들을 포함하고 있는 청중을 가졌던 것만은 확신할 수 있다. 그들은 여전히 모세의 언약을 믿었고 호세아가 전한 신탁의 말씀들을 편집하거나 바꾸지 않고 고스란히 간직하고 있었던 사람들이었다. 호세아는 북 왕국에서 매우 인기가 없었을 것이다. 그리고 남 왕국의 백성들이 북 왕국의 멸망 이후에 호세아가 전한 말씀들이 예언적으로 옳았다는 것을 인식하게 되었을 때까지는 실제적으로 신뢰를 받지 못했을 것이다. 그러나 우리는 이런 것에 대해 확실하게 알지는 못한다. 호세아가 가졌던 원래의 청중의 크기와 구성과 수용성과는 관계없이, 호세아의 부름과 권위는 오로지 하나님께로부터 온 것이었다.

호세아서의 본문

구약의 그 어떤 책도(욥기를 제외할 수 있기는 하지만) 호세아서만큼 많이 본문의 문제성을 가지고 있는 책도 없다. 본문의 보존 상태가 열악한 것에 대한 이유들은 단지 추측해 볼 수 있을 뿐이다. 호세아서가 북쪽에서 기원(起源)되었다는 점은 아마도 한 가지 요인이었을 것이다. 욥기와 몇몇 시편들 그리고 오경과 전(前)선지서들의 몇몇 시들과 같이 호세아서는 유다 방언보다는 이스라엘 방언을 반영하고 있다. 또한 호세아서의 원래의 양식에는 전형적인 이스라엘 철자법적인 관행들이 반영되어 있었을 것이 틀림없다. 호세아서 본문은 주전 722년 사마리아의 멸망 이후에 유다 필사자들의 소유로 귀속되었을 것이 분명하다. 그런데 이 유다 필사자들은 이 책의 사본들을 다루는 데 어려움을 느꼈거나, 아니면 그들이 유다 선지자의 동시대 작품들에 기울였던 관심보다 호세아서의 사본들에는 좀 덜 관심을 기울였을 것이다.

그러나 다행스럽게도 호세아서의 칠십인경은 모음점이 없는 히브리어를 매우 문자적으로 그리고 내용을 확대하지 않도록 하면서 번역했다. 비록 칠십인경의 번역은 호세아서 원문의 자음 히브리어 **원본**을 현명하게 번역하지는 못했을지라도, 칠십인경이 가지고 있는 문자적이고 확장되지 않은 번역문은 여러 면에서 원래의 자음 본문들을 재구성하는 데 유용하다. 그러므로 본 주석 전반에 걸쳐서 칠십인경이 수정한 것들에 대해 주의를 기울이는 것을 볼 수 있을 것이다. 원 히브리어 본문을 복원하는 데 있어서 Syr, 라틴 그리고 아람어 역본들이 그 놓인 순서의 중요도에 따라서 때때로 적지만 가치 있게 사용되고 있다. 쿰란 두루마리에 보존되어 있는 2장의 내용 중 몇 줄은 자서전적 내용의 재구성을 위한 중요한 모든 특성들에서 맛소라 본문을 반영해 주고 있다. 그러므로 그 몇 줄은 2장이 호세아서 본문 중에서 상대적으로 문제가 없는 얼마 되지 않는 본문 중의 하나라는 잘 인정된 관찰을 더욱 강화해 주는 데 일차적으로 도움이 되는 자료가 된다.

호세아서에서 본문적으로 가장 문제가 되는 부분은 아마도 4:18-19일 것이다. 이 부분에 기록된 히브리어는 이해하기가 정말로 어려우며 역본들은 거의 아무런 도움을 주고 있지 못하다. 본 주석에서는 본문적으로 훼손된 본문들에 대한 새로운 해결책들이 4:2; 5:7; 7:12; 8:13; 9:13 그리고 다른 구절들에서 의욕적으로 제시되고 있다. 호세아의 신탁들은 레위기 26장과 신명기 4장, 28-32장에 언급되고 있는 오경적 축복들과 저주들의 어휘들을 매우 자구적으로 종종 반영하고 있다는 것을 알아야만 한다. 이런 인식은 여러 경우들에 있어서 원본적인 독법들일 가능성이 있는 부분들을 결정하는 데 도움이 된다. 맛소라 자음 본문은 대부분 옳은 것으로 자주 드러나고 있으며, 모세 언약 어휘와 관련해서 칠십인경의 증거가 되는 부분에 대해 단순하게 재차 발음되고 있는 것이 틀림없다.

통일성과 통전성

성서의 통일성(unity) 그리고/혹은 통전성(integrity)에 대한 학자들의 결론들은 기본적인 방법론적 가정들을 반영해 주는 경향이 있다. 관찰하려고 하는 자료가 존재하거나 존재하지 않는 것은 종종 2차적인 것으로 분류되고 있다. 이런 상황은 마땅히 널리 이루어져야만 하는 일이 반대적으로 나타나고 있는 것이다. 호세아서의 경우에 호세아서의 통일성은 호세아서의 일관성을 토대로 볼 때 잘 나타난다. 마찬가지로 호세아서의 통전성은 유사한 토대들에 근거를 두고 있다. 호세아서 전반에 걸쳐서 언약에 신실치 못한 것에 대해서는 화의 예언들이 동반된다는 증거들과 더불어 복과 화에 대한 예언들이 있다. 은혜에 전적으로 의존하고 있을 것으로 이야기되는 복에 대한 예언들은 이스라엘의 행위에 대한 묘사들과 함께 섞여 기술되고 있지 않다. 기교적으로 그리고 기묘하게 구성된 예언 자체들은 알려진 언약적 저주와 회복 그리고 축복을 예외 없이 반영하고 있다. 그러므로 호세아서의 현재 사본들에 포함되어 있는 그 어느 부분에 대해서도 순전히 실험적인 토대들을 근거로 진정성이라는 관점에서 쉽게 의구심을 던질 수는 없다. 우리는 호세아서에서 주전 8세기 후반기에 활동했던 정통 북 왕국 선지자가 전한 선포의 내용을 필사(筆寫)한 것이라고 생각될 수 있는 종류의 내용들을 계속해서 일관성 있게 발견하게 된다.

그렇다면 유다에 대해 빈번하게 언급되는 구절들은 무엇인가? 많은 학자들은 그 구절들 없이 자체로 하나의 문단을 이루는 부분에 그 구절들(특별히 1:7과 6:11)

이 끼어든 것으로 간주하고 있다. 이 문제에 대해서는 다음과 같이 고려해 볼 만한 몇 가지 관련된 사항들이 있다. 첫째로, 유다에 대한 관심 자체는 심지어 관계없는 형식으로 기록된 것(예를 들어, 1:7)이라 할지라도 매우 타당한 것이라는 점을 주목해야만 한다. 호세아와 그의 청중들은 이스라엘의 운명과는 완전히 대조적이고 별개인 유다의 운명에 대해 매우 깊은 관심을 가졌을 것이라고 결론내리는 것은 이해가 되는 일이다. 다가올 심판에 대한 하나님의 계시가 비록 간략하기는 할지라도, 이스라엘 이외에 유다에 대해 어느 정도 독립된 언급을 하는 것은 실제적으로 그리고 당연히 요구되는 일이다. 주전 8세기 북쪽의 예언적 신탁들 중에서는 호세아와 아모스 단지 두 가지 기록들만이 유다에 대한 그런 독립적인 구절들을 포함하고 있다. 그러므로 엄격한 관찰적 토대들에 근거해서 볼 때, 이런 유다 자료와 같은 종류의 내용들을 전체적으로나 부분적으로 잘라내는 것은 불가능하다. 주전 8세기 북쪽의 선지자들이 무엇을 말했고 무엇을 말하지 않았는지를 알 수 있는 자료들은 오로지 아모스서와 호세아서뿐이다. 두 책 모두가 유다를 언급하고 있다. 증거에 토대를 두고 있지 않은 이론은 존재하는 유일한 증거에 대해 의문을 제기하는 데 합리적으로 사용될 수는 없다. 그러므로 호세아 1:7과 6:11에 있는 유다에 전해진 말씀들이 후기의 해석들이라고 주장하는 이론들은 전혀 근거를 가지고 있지 않은 추측에 의한 견해일 뿐이다.

이외에도 호세아서에는 유다에 대한 수많은 내용들이 있다(2:2[1:11]; 4:15; 5:5, 10, 12, 13, 14; 6:4; 8:14; 10:11; 12:1[11:12]; 12:3[2]). 이 구절들은 시적 구조라는 데 토대를 두고 너무나 견고하게 섞여 있어서 본문의 논리를 해치지 않고는 잘라낼 수 없다. 대부분의 사람들은 "유다"의 용례를 동의어적인 시(詩)적 이행연구(二行連句)에서 사용되고 있는 "이스라엘" 혹은 "에브라임"에 대한 병행적 표현으로 간주한다. 이런 구절들이 있다는 것은 호세아서 내에 있는 "유다적" 관심에 대한 합법화를 보여 주는 것으로서 다음과 같은 질문을 불러일으킨다. 즉 만약 유다에 대한 이런 구절들이 진정성이 있는 것으로 받아들여진다면, 아마도 본문의 흐름에 맞아 들어가지 않는다는 단순한 이유로 인해 유다에 대한 다른 구절들은 진정성이 없는 것으로 버려질 수 있는 것인가?

몇 가지 다른 어법들은 때때르 호세아서에 붙여진 후기의 주해적인 해설들로 추측된다(3:5; 4:5; 4:9; 6:10b; 14:4; 14:5; 14:10의 모든 혹은 부분적인 어휘들). 그러나 이런 구절들의 그 어느 것도 원본적인 자료가 아닌 것으로 확실하게 말할 수는 없다(각각의 구절들에 대한 "주석"을 보라). 그렇지만 14:10의 경우에는 원본적인 자료가 아닌 것으로 말할 수 있는 예외적인 가능성이 있기는 하다. 14:10은 호세아서의 마지막 축복 기도로서 1:1과 같이 분명히 편집적인 것으로 볼 수 있을 것이다. 그러나 이 구절의 경우에 대해서도 그 진정성을 주장하는 주의 깊고 신중한 주장이 있다(C. L. Seow, "Hosea 14:10 and the Foolish People Motif," *CBQ* 44[1982] 212-24).

어떤 본문의 어떤 부분을 잘라낼 수 있다는 것은 그 부분이 진정성이 없다는 것을 확인하기 위한 토대로 결코 고려되거나 생각될 수 없다. 이런 정황은 다음과 같은 논법과 다소간 유사한 것이다. 즉 어떤 개인이 그 혹은 그녀의 쓸개주머니를 제거하고 생존할 수 있는 것은, 그 쓸개주머니가 인간의 몸속에 단지 인위적으로 부자연스럽게 존재한다는 것을 보여 주는 증거라고 말하는 것과 다를 바 없다. 사실상 문학의 어떠한 부분은 축소될 수 있다. 또한 실질적으로 어떤 자료는 다른 부분들보다 그 자료의 핵심에 상대적으로 덜 중요하거나 상대적으로 덜 문체적인 통전성을 보이는 절들이나 문장들 혹은 단락들을 가지고 있기도 하다. 그런데도 잘라서 떼어내는 것이 보다 쉬워 보이는 부분들은 사람들이 중요하지 않다거나 어색한 부분들로 간주하는 그런 부분들이 되고 만다. 궁극적으로 관찰에 토대를 둔 것이 아닌 그런 판단들은 신뢰를 두지 말고 항상 다시금 생각해 보아야만 한다.

호세아서의 경우에 그런 판단들은 관찰적인 토대를 두고 있지 않기 때문에 전혀 유지될 수 없다. 이상적이지는 않지만 호세아서에 대한 주의 깊은 접근법은 실제적으로 전체의 본문에 대해 생각해 보는 것, 즉 호세아서가 전반적인 통전성을 가지고 있는 것인지에 대해 판단해 보아야 하는 것이다. 여러 부분들에 대해 의문을 던질 수 있다. 그러나 어떤 부분이 분명하게 진정성을 결여하고 있다는 단호한 확신을 위한 증거는 없다.

연대기에 대한 추론들

구약 학계에서 연대기의 수많은 문제들에 대해서는 의견의 일치가 이루어지지 않고 있다. 그럼에도 불구하고 주석은 사건들에 대한 변호할 수 있는 연대기들을 채택해야만 한다. 물론 이렇게 채택되는 연대기들에 대해 모든 독자들이 동의할 것이라고는 생각하지 않는다는 인식과 더불어 연대기를 말하는 것이다.

본 주석의 중요한 가정 중에 하나는 신명기를 그 기원에 있어서 모세의 작품으로 보는 것이다. 이런 견해는 신명기를 종종 제안되는 견해들과 같이 주전 8세기나 7

세기 혹은 6세기 작품이 아닌 주전 2천 년경의 산물로 본다는 것이다. 그러므로 신명기는 호세아서가 나오기 수 세기 전의 작품으로 보는 것이다. 이런 가정은 다음과 같은 내용들을 포함한 견고한 증거에 그 토대를 두고 있다. 즉 신명기는 두 번째 천년기 메소포타미아 자료들과 언어학적 병행성을 가지고 있을 뿐만 아니라, 첫 번째 천년기 조약-언약보다는 두 번째 천년기 조약-언약 양식에 더욱 근접한 유사성을 가지고 있다는 증거들에 토대를 두고 있는 것이다. 더욱이 본 주석을 통해 독자는 신명기의 호세아서에 대한 의존성은 그리 성공적일 수 없지만, 그 반대의 경우를 지지해 주는 증거를 주목해 보게 될 것이다. 이른 연대기를 위한 이런저런 증거들은 이 곳에서 상세하게 설명할 수 없다. 독자들은 이를 위해 다음의 자료들을 참조하도록 하라. P. C. Craigie, *The Book of Deuteronomy*, NICOT 5(Grand Rapids: Eerdmans, 1976) 24-29; M. Kline, *Treaty of the Great King*(Grand Rapids: Eerdmans, 1963); K. A. Kitchen, *Ancient Orient and Old Testament* (London: Tyndale, 1966) 90-102; G. Wenham, "Deuteronomy and the Central Sanctuary," *TynBul* 22(1971) 103-18; Ch. Rabin, "Discourse Analysis and the Dating of Deuteronomy," *Interpreting the Hebrew Bible: Essays in Honor of E. I. J. Rosenthal*, ed. J. Emerton and S. Reif(Cambridge: University Press, 1982).

호세아와 동시대 왕들의 통치에 대해서는 씰레가 제안한 연대기들(E. Thiele, *A Chronology of the Hebrew Kings*[Grand Rapids: Zondervan, 1977])이 그래도 가장 신빙성 있는 자료라고 보는 것이 우리의 가정이다. 주전 8세기 후반이라고 제안된 연대기들은 어쨌든 10년의 절반 정도 이상도 차이가 나지 않는 견해들이다.

몇 가지 주목할 만한 특별한 어휘들

호세아서를 특징적으로 만들어 주는 어휘의 많은 특색들 중에서 세 가지 그룹이 특별히 중요하게 언급될 수 있을 것이다. (1) "매춘", "매춘하다" 등과 같은 뜻을 가진 동사의 어근 자나(זנה)를 호세아가 사용하는 용도, (2) 다른 주요 신학적 용어들, 특별히 "돌아가다"라는 뜻의 슈브(שׁוב), "신실"이라는 뜻의 헤쎄드(חסד), "버리다"라는 뜻의 아자브(עזב), "사랑하다"라는 뜻의 아하브(אהב) 그리고 "알다/인식하다"라는 뜻의 야다(ידע), (3) 시적 병행구에서 애굽과 앗수르가 상대적으로 빈번하게 언급되는 것. 비록 특별하게 결합되어 사용되고 있는 면이 있기는 하지만, 이런 어휘들의 그 어떤 용도도 호세아서에 독특한 것은 아니라는 점을 주목해서 보아야만 한다.

단지 하나의 고발 소송(4:13-14)에서 호세아는 동사의 어근 자나(זנה)를 실제 매춘을 나타내는 용어로 문자적으로 사용한다. 다른 경우에(제누님[זנונים]과 조노트[זנות]와 같은 명사뿐만 아니라, 동사 자나[זנה]의 다양한 형태들을 통해 15번) 이 용어는 고대 근동 조약 어휘의 형태를 따라(D. Hillers, *Treaty-Curses and the Old Testament Prophets*, BibOr 16[Rome: Pontifical Biblical Institute, 1964] 58-60를 참조하라) 은유(隱喩)적으로(참조. 겔 16, 23장 등등) 사용되고 있다. 매춘은 수치스러운 부정(不貞)이다. 이스라엘의 매춘은 하나님의 언약에 대한 신실치 못함이다. 하나님은 호세아를 통해 성적인 문란을 공공연히 비난하시는 것이며, 그에 따라 마땅히 받게 될 심판을 선포하셨다.

호세아의 신학적인 어휘에서 다섯 개의 각기 다른 어휘들이 특별히 두드러지게 나타난다. 슈브(שוב, "돌아가다/뒤로 돌다")라는 어휘가 호세아서에서 여러 가지 용도로 쓰이고 있는데, 모두 23번 발견된다. 이 단어가 이렇게 빈번하게 쓰이는 것은 신명기에서, 특별히 4장과 30장에서 이 용어가 두드러지게 쓰이고 있는 것을 반영하는 것일 수 있다. 23번 중에서 12번(2:9, 11[7, 9]; 3:5; 5:4; 6:1; 7:10, 16; 11:5; 12:7[6]; 14:2, 3, 8)은 야웨께 "돌아간다", 즉 "회개하고 믿음으로 복종한다"라는 의미를 가진 칼형을 포함하고 있다. 3번(8:13; 9:3; 11:5)은 "애굽"으로 다시 되돌아가게 될 것이라는 위협을 말하고 있다(아래를 보라). 14:5에서는 이 동사가 야웨의 진노가 "떠났음"을 의미하는 용도로 쓰이고 있다. 6:11에서는 이스라엘의 명운이 회복됨을 나타내고, 5:15에서는 야웨의 은혜를 이스라엘에게서 철회함을 의미하며, 4:9; 12:3[2], 15[14]에서는(모두 히필형임) 이스라엘의 죄로 인해 야웨가 갚아 주심(징벌하심)을 나타내고 있다. 헤쎄드(חסד, "신실")라는 용어는 호세아서에서 모두 6번 나오는데(2:21[19]; 4:1; 6:4, 6; 10:12; 12:7[6]), 이스라엘이 야웨와 그의 언약에 대한 충실함이 필요함 혹은 결여됨을 강조하고 있다. 아자브(עזב, "버리다")라는 동사는 좀 두드러진 방법이기는 하지만, 호세아서에서 단지 1번만 쓰이고 있다(4:10). 이 동사는 이스라엘이 여러 종류의 이교(異教)적인 관행들을 따르기 위해 야웨를 버리는 배교적인 행위를 묘사하고 있다. 아하브(אהב, "사랑하다")는 신학적으로 분명히 중요한 어휘다(참조. 신 6:5). 호세아는 이 단어를 16번 사용하고 있다. 이 중에 11번의 경우에 아하브(אהב)는 이스라엘의 사랑을 묘사하는 몇 가지 방법으로 사용되고 있다. 이스라엘의 사랑은 항상 야웨보다는 다른 것들을 사랑하는 잘못된 사랑으로 묘사되고 있다(2:7, 9.

12, 14, 15[5, 7, 10, 12, 13]; 3:1[2번]; 4:18; 9:1, 10; 12:8[7]). 이 동사는 대개 칼 능동태로 쓰인다. 그러나 피엘 분사(2장)뿐만 아니라 칼 수동 분사(3:1)로도 쓰이고 있다. 아하브(אהב)는 4번 이스라엘을 위한 야웨의 사랑을 나타내는 데 쓰이고(3:1[2번]; 11:1, 4), 1번은 이스라엘의 초기의 서로 협력하는 긍정적인 정신을 나타내는 은유적인 용법으로 쓰였다(10:11). 야다(ידע)라는 동사와 그 동사의 명사형인 다아트(דעת)는 호세아서에 18번 나타난다. 이 어휘는 다양하게 쓰이고 있는데, 이스라엘이 야웨를 아는 지식 혹은 그 지식의 결여(2:22[20]; 4:1, 6; 5:4; 6:3, 6; 8:2; 13:4), 이스라엘의 어리석음(2:10[8]; 7:9[2번]; 11:3), 이스라엘을 아는 야웨의 지식(5:3; 13:5), 이스라엘 왕들을 거절하는 야웨(8:4) 그리고 이스라엘 혹은 개인들이 가지고 있어야만 하는 지식/지혜(5:9; 9:7; 14:10) 등과 같은 것들을 나타내는 의미로 쓰이고 있다.

호세아는 애굽을 13번 언급하고 있다. 이것은 비율적으로 볼 때 다른 예언서보다 훨씬 더 많은 것이다. 앗수르는 9번 언급되고 있는데, 이것은 비율적으로 볼 때 이사야를 제외하고 다른 어떤 예언서에서의 경우보다 더 많다. 앗수르에 대한 구절들은 단지 세 곳(5:13; 10:6; 14:4)만이 애굽과 병행적으로 쓰이고 있지 않다. 나머지는 앗수르와 애굽이 연결되어 있다(7:11; 8:9; 9:3; 11:5, 11; 12:2). 그 연결 방식은 "애굽"은 이방에 포로로 잡혀가는 것을 나타내는 것과 같이 환유(換喩)적인 방법으로 연결되고 있음이 분명하다. 마치 애굽이라는 용어가 신명기 28:68에서 사용되고 있는 용법과 같은 것이다. 호세아는 애굽을 야웨가 자신의 백성을 구원해낸 장소로서 5번 언급하고 있는데(2:17[15]; 11:1; 12:10[9], 14[13]; 13:4), 이때 야웨의 은총으로 설정된 언약적 결속을 전형적으로 암시하고 있다. 애굽은 주전 8세기 후반의 이방 정치 정략과 연관되어 2번(7:11; 12:2[1]) 언급되고 있다. 애굽은 돌아오는 포로의 상징으로 6번(7:16; 8:13; 9:3, 6; 11:5, 11) 쓰였다. 물론 이 돌아오는 포로는 애굽이 아니라 앗수르로부터 놓임을 받는 사람들을 가리킨다.

"바벨론"이 후대의 초기 기독교인들에게 로마를 의미했던 것과 같이(예를 들어, 벧전 5:13; 계 14:8), "애굽"은 퇴폐적이고 불순종적인 나라를 이제 막 집어삼킬 앗수르가 포로로 잡아가는 것을 나타냈다. 호세아는 바로 그런 퇴폐적이고 불순종적인 나라에 대해 하나님의 메시지를 전했다.

호세아서에 내재된 단락 나눔들

호세아서의 첫 번째와 마지막 구절들은 그 부분들의 저작권에도 불구하고 편집적인 부분들임이 분명하다. 이 부분들을 제외한 호세아서의 약 3분의 2 정도 되는 부분들은 대략 증거와 저주들 그리고 축복들의 세 그룹으로 나누어질 수 있다.
증거. 호세아서의 약 3분의 2가 대략 이 범주 안에 속한다. 야웨는 호세아를 통해 먼저 이스라엘과 맺은 자신의 언약이 정말로 깨졌다는 것을 보여 주신 다음에 임박한 저주들이나 궁극적인 축복들을 선언하신다. 호세아서는 기교적으로 구성된 다양한 문학적 단위들을 포함하고 있다. 이 단위들 중에 몇 가지는 유형(예를 들어, 2:4-17[2-15]과 4:1-19의 언약적 소송들)에 의해 쉽게 확인이 되는데, 나머지 많은 부분은 그렇지 못하다(예를 들어, 1:2-9 혹은 11:1-7). 그러나 회복과 축복들을 선언하는 데 전적으로 할애되고 있는 부분들을 제외하고, 모든 문학적인 단위들은 이스라엘이 언약을 깨뜨리는 죄를 범한 것, 즉 모세 언약이 이스라엘 백성들이 해서는 안 되는 것을 행한 것이라는 점을 보여 주는 어떤 양식이나 다른 주장들(증거의 부분들)을 포함하고 있다. 때때로 이런 증거의 부분들은 저주나 축복의 선언들이 계속적으로 이어짐으로 인해 길이가 확장되는 경우가 있기는 하지만(예를 들어, 6:6-7:11), 대개는 단지 몇 구절의 길이로 이루어져 있다(5장에서와 같이). 어떤 온전한 단락을 위한 좀 더 일반적인 형태는 마치 사슬에서 고리가 번갈아 연결되어 있는 것같이 증거와 저주가 교체되어 있는 모습이다. 5장에서의 형태는 다음과 같은 양식을 가지고 있다. 즉 증거를 들려주는 설교들을 포함하고 있는(1-2a절) 언약 파괴에 대한 몇 가지 증거 뒤에 저주 선언이 따라 나온다(2a절). 그런 뒤에 언약 파괴에 대한 좀 더 많은 증거가 나타나며(3-5a절), 또다시 저주 선언이 따라 나온다(5b-6절). 그러고 나서 좀 더 많은 증거(7a절)와 좀 더 많은 저주(7b절) 등이 5장에 전반적으로 나타난다.

자연적으로 호세아서의 증거 부분들은 설교들, 도전들 혹은 다른 기법(장치)들로 시작될 수 있다. 그러나 그런 기법들은 독립적인 기능을 가지고 있지 않다. 그런 기법들은 단지 증거의 진술들에 직접적으로 기여가 되는 역할을 위해서만 존재한다. 더욱이 증거 진술들 역시 독립적인 기능을 가지고 있지 못하다. 그 증거 진술들은 단지 언약이 위반되었다는 것을 보여 주기 위해서만 존재한다. 따라서 그런 진술들은 항상 저주들에 직접적으로 연결되고 있다.

저주. 호세아서 전체의 약 4분의 1 정도가 저주 자체에 전적으로 할애되어 있다. 호세아가 선포하는 저주의 종류들은 모세 언약이 그 상벌 규약을 기술하고 있는 부분(레 26장, 신 28-32장 그리고 제한적인 형식으로 신 4장)에 포함하고 있는 저주들과 정확하게 일치하는 동일한 것들이다. 호세아서는 오경에서 자구적으로 저주들을 인용하지는 않았다. 어휘가 아니라 법률의 본질적인 의미의 측면에서 이전의 법률들이 고려되었기 때문에, 법률적 본문들을 자구적으로 인용하는 것은 고대 근동에서는 알려져 있지 않았다. 저주는 두 가지의 특징적인 요소들을 제외하고는 예견할 수 없는 형태로 나타난다. 그 특징적인 요소들은 다음과 같다. 즉 저주들은 항상 증거를 따라온다는 것(따라서 어떤 단락도 저주로 시작하지 않는다)과 회복과 축복으로 전환되지 않는 단락의 끝에서는 항상 저주가 있다. 증거와 저주에 제한된 문단들은 증거와 저주 각각의 요소들이 얼마만큼 많이 나타나고 있다 할지라도 항상 증거로 시작하고 저주로 끝을 맺는다. 호세아는 오경에서 발견되는 27가지의 서로 다른 언약적 저주(**전체 서론**을 보라) 중에서 20개의 저주 항목들을 이스라엘을 향해 온전하게 선포하고 있다.

호세아가 선포하기 위해 영감을 받고 있는 저주들은 주전 8세기에 있을 이스라엘의 임박한 미래에 모두 적용될 수 있는 것들이었다. 이스라엘의 반역적인 행위들로 인해 언약이 폐기되었기 때문에, 언약의 집행자가 되시는 야웨는 명기된 언약적 징벌들(저주들)을 쏟아 부으실 수밖에 없었다. 언약적인 징벌들은 많은 범주들로 나누어지는데, 그 범주들 중에서 몇 가지는 매우 보편적인 것들이다. 더욱이 포괄적인 형식(예를 들어, 레 26:43, "그들은 자기 죄악으로 형벌을 순히 받으리라" 혹은 신 28:16, "네가 성읍에서도 저주를 받으며 들에서도 저주를 받을 것이요")은 야웨가 언약적인 저주를 나타내려고 이스라엘을 괴롭게 하기 위해 선택하실 수 있는 실제적으로 어떤 부정적이고 불쾌한 일들을 모두 허용하는 것이다. 그럼에도 불구하고 호세아는 저주들을 새롭게 만들어 내지는 않는다. 단지 그는 오경이 포함하고 있는 범주들에 다라서만 저주들을 선포하고 있다.

축복. 호세아서의 10분의 1 정도가 다가올 축복들의 선포에 할애되고 있다. 이스라엘의 현재나 가까운 미래를 위해서는 아무런 축복도 선포되고 있지 않다. 현재나 가까운 미래에 주어지게 되는 그 어떤 축복들에 대한 선포는 호세아서가 선포하고 있는 저주들과 모순이 될 것이다. 축복들은 먼 미래를 두고 선포된 그런 것들이다. 즉 언약을 깨뜨린 것에 대한 징벌들이 내려진 **이후**에 주어지게 될 모세 언약적 약속들인 회복의 시기에 주어지게 될 축복들이다(레 26:41-42; 신 4:30; 신 30:2-3).

축복들이 먼 미래에 적용되는 것이라는 점을 인식하지 못한 학자들은 다음과 같은 두 가지 만족스럽지 못한 결론들을 내리게 되었다: 축복을 기술하고 있는 부분들은 저주들과 모순되기 때문에 진정성이 없는 삽입된 부분들임에 틀림없다. 혹은 축복들은 호세아 자신이 선포한 것이라기보다는 호세아를 대적했던 자들이 말한 것을 인용한 것들임에 틀림없다(6:1-3의 경우에 Wolff, 109, 116-17도 그렇게 말한다). 호세아는 이스라엘에게 약속된 긴 회복의 축복들을 선포하는 데 있어서 단순히 야웨의 뜻을 따르고 있는 것이라는 점을 인식할 때, 이런 두 가지 접근법들이 가지고 있는 위험성들은 제거된다.

모세와 우리 시대와 같이 호세아의 시대에도 야웨는 이스라엘을 결코 아주 버리지 않으신다는 사실을 알아야만 했던 것이 바로 야웨의 뜻이었다. 일단 그들이 자신들의 곤경 속에서 야웨께 돌아서면, 야웨는 포로로부터 남은 자들을 소생시켜 주고 그들을 고국으로 돌아가도록 해주시는 시간이 도래할 것이다.

축복의 부분들은 일곱 가지다. (1:7에서 유다를 향해서 선포된 삽입구적인 축복은 축복받는 재건과 부흥의 시대가 아니라 가까운 미래에 적용되는 것으로 [북] 이스라엘에게 내려지는 저주들과 대조되게 해줌으로써 1:2-9에 있는 이스라엘에 대한 심판 신탁의 효과를 더욱 높여 주는 역할을 하고 있다). 일곱 가지 축복들 중에 세 가지는 회개로의 초대와 설교로 시작한다(6:1-3; 10:12; 14:1-8). 다른 축복들(2:1-3[1:10-2:1]; 2:16-25[14-23]; 3:5; 11:8-11)은 그렇지 않다. 한눈에 언뜻 보았을 때, 초청들은 축복들과 하나의 무리를 이루고 있지 않은 하나의 독립된 범주들로서 고려되어야 할 것처럼 보인다. 그러나 다음과 같은 두 가지 고려 사항들은 이런 생각들을 완화시켜 준다.

첫째, 언약적 회복의 약속들은 이스라엘 백성들의 남은 자들의 회개(신 4:30; 30:6, 8)를 **보장**해 주고 있다.

둘째, 호세아는 이런 회복의 말씀들을 그 자신의 세대를 향해 문자적으로 선포하고 있지 않고, 미래 세대의 백성들에게 수사(修辭)적으로 선포하고 있다. 따라서 축복들에 들어 있는 초대의 부분들은 아마도 선포 자체들을 소개하는 통전적인 서론들로 보는 것이 가장 좋을 것이다. 그 초대의 부분들을 저주들을 포함하고 있는 단락들의 증거 부분들에 대해 좀 더 일반적으로 병행되는 그 어떤 것으로 보아서는 안 된다.

요약하자면, 우리는 호세아서에 있는 단락들의 내용들이 보이고 있는 다음과 같은 세 가지 기본적인 순열적 조합 구조를 발견하게 된다. (1) 결코 증거와 저주

중의 어느 한 가지만 포함하고 있는 것이 아닌, 항상 증거로 시작해서 저주로 끝을 맺고 있는 증거와 저주로 구성된 혼합적 구조를 가지고 있는 단락들, (2) 증거와 저주와 축복의 혼합적 구조를 가지고 있는 단락들로서 축복의 부분들의 위치들은 예견할 수 없을 정도로 다양함, 그리고 (3) 축복들만을 포함하고 있는 단락들. 이루 헤아릴 수 없는 복잡성들과 다양성들이 호세아의 신탁들의 넓은 범위 안에서 발견된다고 할지라도, 거의 모든 신탁들은 위에서 열거한 세 가지 범주 중 하나에 해당된다.

표제와 시대(1:1)

참고문헌

Albright, W. F. "New Light from Egypt on the Chronology and History of Israel and Judah." *BASOR* 130(1953) 4-11. **Begrich, J.** *Die Chronologie der Könige von Israel und Juda.* Tübingen: J. C. B. Mohr, 1929. repr. Klaus, 1966. **Freedman, D. N.** "The Chronology of Israel." *The Bible and the Ancient Near East,* ed. G. E. Wright. Garden City: Doubleday, 1961. **Horn, S.** "The Chronology of King Hezekiah's Reign." *AUSS,* 2(1964) 40-52. **Lindblom, J.** *Prophecy in Ancient Israel.* Philadelphia: Muhlenberg Press, 1962. 279-91. **McHugh, J.** "The Date of Hezekiah's Birth." *VT* 14(1964) 446-53. **Noth, M.** *Die Israelitischen Personennamen im Rahmen der gemeinsemitischen Namengebung.* Stuttgart: 1928; repr. Hildesheim: G. Olms Verlagsbuchhandlung, 1966. **Thiele, E. R.** *A Chronology of the Hebrew Kings.* Grand Rapids: Zondervan, 1977. **Wolfe, R. E.** "The Editing of the Book of the Twelve." *ZAW* 53(1935) 90-130.

본 문

1:1 웃시야와 요담과 아하스와 히스기야가 이어 유다 왕이 된 시대 곧 요아스의 아들 여로보암이 이스라엘 왕이 된 시대에 브에리의 아들 호세아에게 임한 여호와의 말씀이라

1:1 Yahweh's word which came to Hosea,[a] son of Beeri, in the time of Uzziah, Jotham, Ahaz and Hezekiah, kings of Judah; and in the time of Jeroboam, son of Joash, King of Israel.

원문주해

1.a. 혹은 "호세아가 받은 것". 히브리어 하야 엘(היה אל)에 정확하게 들어맞는 영어 단어가 없다.

양식/구조/배경

표제는 다른 것이 아니라 호세아서의 제목으로서 역할을 하고 있다. 매우 동일한 어법을 포함하고 있는 동일한 표제들이 다음과 같은 다른 선지서들의 처음 부

분에서 발견된다: 예레미야 1:1-2; 에스겔 1:3; 요엘 1:1; 요나 1:1; 미가 1:1; 스바냐 1:1; 학개 1:1; 스가랴 1:1; 말라기 1:1. 표제들의 변형들은 상대적으로 중요한 문제가 아니다. 그러나 그런 표제들이 공통의 기원(起源)을 가지고 있는 것이라고 증명될 수는 없다는 점은 매우 중요하다. 호세아의 아버지의 이름 이외에는 그 어느 것도 알려지지 않았거나 혹은 최소한 그 어떤 것도 언급할 정도로 중요하게는 생각될 수 없었던 것이다.

먼저 열거된 유다의 왕들은 주전 791년(웃시야 통치의 시작)에서 686년 사이에 통치했으며, 여로보암 2세는 주전 793-753년 사이에 통치했다. 호세아 예언들의 많은 것들이 주전 753년 이후에, 즉 6명의 다른 북 왕국 왕들의 통치 시기 동안에 전해진 것이 확실하다. 그렇기 때문에 단지 한 명의 북쪽 왕이 언급되고 있는 것은 사실상 일종의 상징인 것으로 보인다. 시작 연대/내용 묘사는 다른 예언서들(사 1:1; 겔 1:1)에서도 역시 포괄적이지 않은 경향이 있다. 호세아의 신탁들을 편집한 것은 아마도 주전 722년 이후에 완성되었을 개연성이 매우 높다. 그 대상은 모든 정통 이스라엘 백성들(호세아를 포함해서)과 같은 유대인 청중들로, 그들은 다윗 계열-남-왕조의 유일한 합법성을 인식하고 있었으며, 죽은 북쪽의 왕들에 따라서 연대를 표기하는 데 별 관심이 없었던 사람들이었다. 더욱이 여로보암 2세의 죽음 이후로 북 왕국에서의 급격한 지도 체계의 변화들은 사마리아 몰락 이후 시기의 많은 남쪽 사람들에게는 혼동이 되었을 것이다. 그러므로 1:1의 저자는 그런 북 왕국의 지도 체계를 무시할 수 있었을 것이다.

남 왕국 왕들의 목록에 히스기야(주전 725-686년; 단독 통치는 주전 715-686년)가 들어가 있는 것은 호세아가 매우 잠시 동안(주전 725-722[?]년)이기는 하지만 이사야와 동시대 사람이었다는 것(참조. 사 1:1)을 말해 준다. 비록 호세아의 어떤 구체적인 신탁이 선포된 연대를 주전 722년 이후로 책정해 볼 수는 없다 할지라도, 호세아의 예언적 사역이 호세아(Hoshea) 왕이 죽고 북 왕국이 멸망한 주전 722년 직후까지 계속되었으리라는 것은 받아들여져야만 한다. 호세아서 전체를 통해 볼 때, 호세아가 유다에 관심이 많았음은 분명한 사실이다(1:7; 2:2[1:11]; 3:5; 4:15; 5:5, 10, 12, 13, 14; 6:4, 11; 8:14; 10:11; 12:1[11:12]; 12:3[12:2]). 주전 8세기에 활동했던 모든 선지자들은 유다와 이스라엘 모두에게 말씀을 전했다.

주석

표제에 들어 있는 첫 어휘들은 단순히 책의 이름을 지어 주는 것 이상의 중요성을 가지고 있다. 그것은 어떤 신학적인 진술을 만들어 주기 때문이다. **전체로서** 호세아서는 야웨의 말씀 혹은 메시지인 야웨의 다바르(דבר)를 포함하고 있다. 내러티브 부분들, 선지자의 말씀들, 하나님의 신탁들, 교훈적이고 설교적인 결론은 모두 야웨의 말씀이다. 가장 좁은 의미로 다바르 야웨(דבר יהוה)는 전적으로 신탁에 관련된 선지자의 말씀 속에서 쓰였다. 그 신탁은 선지자를 통해 백성들에게 전달된 것이다. 좀 더 광범위한 의미로 다바르 야웨(דבר יהוה)는 야웨가 자신의 백성들에게 주신 온전한 예언적 메시지인 정보다.

"호세아"(הושע)는 야샤(ישע)의 히필 완료형(혹은 명령형도 생각될 수 있음; Noth, *Personennamen*, 32를 보라)에 따라서 만들어진 이름이다. 야샤(ישע)의 의미는 "(그가) 구원했다/해방시켰다"로서, 표현되지 않은 주어는 야웨가 되며(호사야[הושעיה]라는 이름을 참조하라), 그 목적어는 그 자녀의 가족 혹은 아마도 전체로서 이스라엘이 된다. 대부분의 히브리 이름들은 암시적으로나 종종 명백하게 고대 근동의 문장 이름 형태(the sentence name pattern)를 따르고 있다. 이 이름이 토대를 두고 있는 온전한 사상은 "주께서 (우리를) 구원하셨다"는 것이다. 이 이름은 구약의 다른 곳에서 16번 발견된다: 민수기 13:8, 16; 신명기 32:44; 열왕기하 15:30; 17:1, 3, 4, 6; 18:1, 9, 10; 역대상 27:20; 느헤미야 10:24, 12:32 그리고 예레미야 42:1, 43:2 등이다. 후자의 세 경우들에서 신현적 요소를 포함하고 있는 온전한 양식이 발견된다: הושעיה – 호사야, "야웨가 구했다".

호세아의 아버지 이름인 브에리(בארי)는 대략 "나의 (마르지 않는) 원천(源泉)"이라는 의미를 가진다. 아마도 이 이름은 "야웨는 나의 (마르지 않는) 원천"이라는 것에 대한 일종의 귀염성 있는 별명일 것이다. 볼프(Wolff)는 이 이름은 "아이를 낳았을 때 부모의 기쁨을 나타내는 단순한 표현"이라고 말하면서 "나의 힘의 근원이여!" 혹은 "오! 힘의 근원이여!"라고 번역되어야만 한다고 했다. 그러나 이런 볼프의 제안은 그런 이름들 속에 암시되어 있는 문장 형식을 인식하지 못한 데서 기인된 것이다.

호세아서의 표제는 호세아가 "선지자"(נביא – 나비)라는 것을 언급하고 있지 않다. 단지 좀 더 후대의 책들(합 1:1; 학 1:1; 슥 1:1)이 표제에 나비(נביא)라는 어휘를 포함하고 있다.

유다 왕들의 목록에서 언급된 마지막 왕인 히스기야가 왕위에 오른 해(年)는 확실하지 않다. 열왕기하 18:13은 주전 715년을 암시하고 있는 듯하지만, 열왕기하 18:1은 주전 729년으로 말하고 있다. 이에 대한 해결책들은 많이 있다. 히스기야(Hezekiah)와 아하스(Ahaz) 사이에 이루어진 공동 섭정의 가능성이 있고, 숫자들은 본문 전승의 과정에서 원문이 훼손되기 정말 쉬운 것들이기 때문이다. 우리가 보기에는 1:1의 저자는 주전 725년 어간에 왕위에 오른 것으로 가장 그럴듯하게 추정하고 있는 것 같다.

해설

하나님께서 자신의 말씀을 어떤 시점과 장소에 주셨다. 그 말씀은 역사 속에 전달된 하나의 계시였으며, 그 내용은 본질적으로 역사적인 것이었다. 그러나 그 말씀은 단지 한 세대와 장소에만 국한된 것은 아니었다. 얼마 뒤에 호세아가 실제적으로 그들을 향해서 설파하지는 않았던 유다인들이 호세아가 선포한 것을 존중하고 보존했던 것처럼, 우리는 그 말씀 안에서 하나님 언약의 거룩성에 대한 그분의 시간을 초월한 메시지를 인식하게 된다. 그 메시지는 어떤 고대의 왕들의 시대에만 국한되지 않는 그런 메시지다. 교회가 진정한 이스라엘인 것처럼(갈 3:29), 이 말씀은 우리의 영적인 유산이다.

심판을 예시하는 자녀들의 이름들(1:2-9)

참고문헌

Baiz, C. H. "Gomer oder die Macht der Astarte: Versuch einer feministischen Interpretation von Hos 1-4." *EvT* 42(1982) 37-65. **Batten, L. W.** "Hosea's Message and Marriage." *JBL* 48(1929) 257-73. **Bewer, J. A.** "The Story of Hosea's Marriage." *AJSL* 22(1906) 120-30. **Beylin, Z.** "Studies in the Book of Hosea." *BMik* 27(1981/82) 164-67. **Bitter, S.** *Zur Auslegungsgeschichte von Hosea 1 und 3.* Göttinger

Theologische Arbeiten 3. Göttingen: Vandenhoeck und Ruprecht, 1975. **Budde, K.** "Hos 1 und 3." *TBl* 13(1934) 337-42. **Coppens, J.** "L'histoire matrimoniale d'Osée." *BBB* 1(1950) 38-45. **Couroyer, B.** "Corne et arc." *RB* 73(1966) 510-21. **Dijk, H. J. van.** *Ezekiel's Prophecy on Tyre(Ez 26:1-28:19): A New Approach.* BibOr 20. Rome: Pontifical Biblical Institute, 1968. 33-36. **Ehrlich, C. S.** "The Text of Hosea 1:9." *JBL* 104(1985) 13-19. **Gordis, R.** "Hosea's Marriage and Message." *HUCA* 25(1954) 9-35. **Heerman, P.** "Ehe und Kinder des Propheten Hosea, eine exegetische Studie zu Hosea 1, 2-9." *ZAW* 40(1922) 287-312. **Humbert, P.** Les trois premiers chapîtres d'Osée. *RHR.* Paris, 1918. **Isbell, C. D.** "Initial 'Alef-Yod Interchange and Selected Biblical Passages." *JNES* 37(1978) 227-36. **Klein, H.** "Natur und Recht: Israels Umgang mit dem Hochzeitsbrauchtum seiner Umwelt." *TZ* 37(1981) 3-18. **Kuhnigk, W.** *Nordwestsemitische Studien,* 1-5. **May, H. G.** "An Interpretation of the Names of Hosea's Children." *JBL* 55(1936) 285-91. **McDonald, J. R. B.** "The Marriage of Hosea." *Theology* 67(1964) 149-56. **North, F. S.** "Solution of Hosea's Marital Problems by Critical Analysis." *JNES* 16(1957) 128-30. ______. "Hosea's Introduction to His Book." *VT* 8(1958) 429-32. **Renaud, B.** "Le liveret d'Osée 1-3: Un travail complexe d'édition." *RevScRel* 56(1982) 159-78. **Robinson, T. H.** "Die Ehe des Hosea." *TSK* 106(1935) 301-13. **Rowley, H. H.** "The Marriage of Hosea." *BJRL* 39(1956) 200-233; repr. in *Men of God: Studies in OT History and Prophecy.* NY: Nelson, 1963. **Rudolph, W.** "Präparierte Jungfrauen?" *ZAW* 75(1963) 65-73. **Ruppert, L.** "Erwägungen zur Kompositionsund Redaktionsgeschichte von Hosea 1-3." *BZ* 26(1982) 208-223. **Schmidt, H.** "Die Ehe des Hosea." *ZAW* 42(1924) 245-72. **Schreiner, J.** "Hoseas Ehe, ein Zeichen des Gerichts." *BZ* 21(1977) 163-83. **Sinclair, L. A.** "A Qumran Biblical Fragment, Hosea 4Q, XII(Hosea 1:7-2:5)." *BASOR* 239(1980) 61-65. **Vogels, W.** "Osée-Gomer car et comme 'Yahweh-Israel': Os 1-3." *NRT* 103(1981) 711-27. **Volz, P.** "Die Ehegeschichte Hoseas." *ZWT*(1898) 321-35. **Waldman, N. M.** "The Breaking of the Bow." *JQR* 79(1978) 82-88. **Waterman, L.** "Hosea, Chaps. 1-3 in Retrospect and Prospect." *JNES* 14(1955) 100-09.

본 문

2 여호와께서 비로소 호세아로 말씀하시니라 여호와께서 호세아에게 이르시되 너는 가서 음란한 아내를 취하여 음란한 자식들을 낳으라 이 나라가 여호와를 떠나 크게 행음함이니라

3 이에 저가 가서 디블라임의 딸 고멜을 취하였더니 저가 잉태하여 아들을 낳으매
4 여호와께서 호세아에게 이르시되 그 이름을 이스르엘이라 하라 조금 후에 내가 이스르엘의 피를 예후의 집에 갚으며 이스라엘 족속의 나라를 폐할 것임이니라
5 그 날에 내가 이스르엘 골짜기에서 이스라엘의 활을 꺾으리라 하시니라
6 고멜이 또 잉태하여 딸을 낳으매 여호와께서 호세아에게 이르시되 그 이름을 로루하마라 하라 내가 다시는 이스라엘 족속을 긍휼히 여겨서 사하지 않을 것임이니라

7 그러나 내가 유다 족속을 긍휼히 여겨 저희 하나님 여호와로 구원하겠고 활과 칼이나 전쟁이나 말과 마병으로 구원하지 아니하리라 하시니라

8 고멜이 로루하마를 젖뗀 후에 또 잉태하여 아들을 낳으매
9 여호와께서 이르시되 그 이름을 로암미라 하라 너희는 내 백성이 아니요 나는 너희 하나님이 되지 아니할 것임이니라

2 The Beginning of Yahweh's Speaking through[a] Hosea. [b]Yahweh said to Hosea: "Marry[c] a prostituting woman[d] and (have)[e] prostituting children; because the land has gone thoroughly into prostitution, away from Yahweh."

3 He married Gomer, Diblaim's daughter.[a] She became pregnant, and bore him a son.
4 Yahweh said to him: "Name him 'Jezreel,' because it will not be long before I apply the bloodshed[a] of Jezreel to the family[b] of Jehu, and then destroy[c] the kingdom of the family of Israel.
5 At that time, I will smash Israel's bow in the valley of Jezreel."
6 When she became pregnant again, she gave birth to a daughter. He said to him: "Name her 'No Compassion,'[a] because I will no longer have compassion on the family of Israel, since I have been utterly betrayed[b] by them.

7 I will, however, have compassion on the family of Judah. I will save them by Yahweh their God, but will not save them by bow, by sword—by warfare[a]—by cavalry, by chariotry.[b]

8 After weaning No Compassion, she became pregnant and gave birth to a son.
9 He said, "Name him 'Not My People,' because you are 'Not my people'[a] and I am 'Not your Ahyeh.'"[b]

원문주해

2.a. 히브리어 전치사 엘(אֶל)은 모호하다. 이 전치사는 본 문맥에서 "…에게" 혹은 "…을 통하여"라는 의미일 수 있다. 이것은 헬라어 사본들의 다른 번역들에 의해 증명된다(B Q θ′: 엔[ἐν]; 다른 사본들: 프로스[πρός]).

2.b. 히브리어 바(וְ, 혹은 베[וּ])는 번역되지 않은 상태로 두는 것이 가장 좋다. 바(וְ)는 접속사 자체로서보다는 절을 나타내는 표시로서 역할을 하고 있다.

2.c. 문자적으로는 "가라! 네 자신에게 여자/아내를 취하라". 그러나 이런 번역은 영어다운 영어는 아니다.

2.d. "음란(매춘)"이라는 의미를 가진 제누님(זְנוּנִים)은 일종의 추상명사다. 여성 단수에 대한 대안으로 쓰이는 추상명사들을 위해 빈번하게 사용되는 복수 형태에 의거한 것이다. 에셰트 제누님(אשת זְנוּנִים)은 "매춘부"(매춘부는 히브리어로 조나[זֹנָה]임)를 의미할 수 있는 가능성이 거의 없다. 그리고 "음란한(매춘하는) 여인/아내"라는 것은 어색한 면이 있는 영어 표현이다. "매춘하는 여인"이라는 표현은 그런 개념을 확실하게 담고 있지는 않다 하더라도 구문론적으로 충분하게 경멸적인 의미를 나타내는 관용적인 어구다. 이런 견해는 야웨가 호세아에게 직업적인 매춘부와 결혼하라고 명하셨다고 보는 것과 반대가 된다.

2.e. "음란한 자식들"이라는 어구는 또한 명령어 카흐(קח)의 목적어이기도 하다. 그러나 영어적인 표현에서는 어떤 별개의 도움을 주는 동사가 요구된다.

3.a. 바트 디블라임(בת דבלים)은 또한 "디블라임의 (여성) 시민"을 의미할 수도 있다. 그러나 비록 디블라타임(דִּבְלָתַיִם, "디블라다임" 렘 48:22와 민 33:46, 47) 성읍의 이름이 비슷하기는 할지라도, 디블라임이라는 성읍은 알려져 있지 않다.

4.a. "피"를 의미하는 담(דם)은 피를 흘리는 것, 죽임, 폭력으로 인한 죽음 혹은 살인과 같은 개념을 나타낼 수 있는 것으로, 그 어휘의 신약 헬라어 사본에 있는 하이마(*αἷμα*)와 매우 동일한 방식으로 쓰인 것이다.

4.b. 베트(בית)는 여기서 "가문"(family)으로 번역되었다. "집"(house)은 영어에서 매우 고어체이기 때문이다.

4.c. 이 곳에서 샤바트(שׁבת, II)는 샤바트(שׁבת, I)의 이형(異形)으로 나타난다. 의미상으로 "안식하다"라는 의미의 샤바트(שׁבת)보다는 "깨뜨리다"라는 의미를 가진 샤바브(שׁבב)와 샤바르(שׁבר)에 좀 더 밀접하게 연관되어 있다(Kuhnigk, *NSH*, 2-3를 보라).

6.a. **로-루하마**(לא רחם)라는 이름에서 로 루하마(לא רחם)는 수동으로 발음이 된다. 동사 어간 라함(רחם)에 가장 근접한 영어 단어 "동정(同精)"(compassion)은 활용될 수 없기 때문에, 그 이름은 여기서 명사 형태로 수정되었다.

6.b. 본문은 "내가 완전히 제거할 것이기 때문에"라는 의미를 가진 MT의 키 나소 에사(כִּי־נָשֹׂא אֶשָּׂא)보다는 "내가 완전히 배반을 당했기 때문에"라는 의미를 가진 쿠닉(Kuhnigk, *NSH*, 4)의 키 나쇼 에샤(כִּי־נָשֹׁא אֶשָּׁא)로 읽은 것이다. 마치 나사(נשׂא)로부터 온 것과 같이 모음점을 찍은 MT의 동사 원형은 실제적으로는 "속이다 혹은 기만하다"라는 의미를 가진 나샤(נשׁא) II이다. 그런 뒤에 라헴(להם)은 "그들에 **의해**"라는 행위자를 나타내는 접사(接辭)로서의 의미를 가지고 있다. G는 알 헤 안티타스소메노스 안티탁소마이 아우트로이스(*ἀλλ᾽ ἢ ἀντιτασσόμενος ἀντιτάξομαι αὐτροῖς*)라고 표현하고 있는데, 이것은 비록 부정확하기는 할지라도 나샤(נשׁא) II를 반영해 주는 것으로 보인다.

7.a. 대칭 구조의 포괄적인 중심으로서 "전쟁"(מלחמה – 밀하마)이라는 어휘는 그 어

느 한 편에 대한 무기류의 두 가지 범주로부터 활자의 표현상 가장 두드러진 표현이다.

7.b. 파라쉼(פרשים)은 "전차(戰車)를 모는 사람들"(charioteers, 이것은 "기수들" [horsemen]이라는 의미보다는 나은 것임)이라는 의미를 가지고 있는데, 이에 대한 좀 더 정확한 의미에 대해서는 F. C. Fensham, *NGTT* 19(1978) 195-99를 보라. 현재의 문맥이 나타내고 있는 의미는 본질적으로 "전차류"에 대한 내용이다.

9.a. 쿠닉은 "내 백성"이라는 의미의 암미(עַמִּי)와 "나와 함께"라는 의미의 임미(עִמִּי) 사이에 언어적 유희가 있다고 말하는데(Kuhnigk, *NSH*, 4-5), 이런 견해는 별로 고려해 볼 만한 점이 없어 보인다. 비록 자음으로 이루어진 MT가 분명히 애매모호한 면이 있기는 할지라도, 그 발음은 거의 불확실하지 않았을 것이다.

9.b. 에흐예(אהיה)는 하나님의 이름 야웨에서 온 1인칭 공성 단수 형태다. "주석"을 보라.

양식/구조/배경

1:2b-9은 하나의 문학적인 단위임이 분명하다. 이 본문은 야웨가 호세아에게 준 네 개의 각각 분리된 명령을 기록하고 있다. 그 명령들은 문체적으로 유사하다. 각각의 명령들은 명령법으로 시작하며 키(כִּי, "… 때문에")가 따라 나오기 때문이다. 후자의 세 개의 명령들의 경우에 문체는 매우 정확하게 일치하고 있다. 케라 솀(קְרָא שם, "이름을… 라고 하다")이라는 명령형 뒤에는 키(כִּי, "… 때문에")와 설명적인 절이 따라 나온다. 설명적인 절은 그 이름이 심판의 경고를 가지고 있는 것으로 이름을 짓게 된 이유를 답해 주는데, 그 이름은 상징적이다. 5절과 7절은 기본적인 형태를 확장하고 있음을 보여 준다. 유다에 대한 약속을 말해 주고 있는 7절은 비록 그 문단의 주된 사항들과 관련이 없거나 분열시키고 있는 것은 아니라 할지라도, 어느 정도 부차적인 것이기는 하다. 일반적인 청중들에게 주어지는 능숙한 설교의 한 부분으로서 이렇게 주된 내용에서 벗어나는 이야기들은 예언서 전반에 걸쳐서 발견된다.

5절과 7절은 호세아의 영감된 메시지의 다음과 같은 중요한 면을 나타내 주고 있다. 즉 유다는 야웨의 간섭하심으로 인해 군사적으로 정복당하는 것을 피하게 되는 반면에, 이스라엘은 야웨에 대한 그 반역으로 인해 정복(앗수르 군대에 의해)을 당하게 될 것이다. 따라서 야웨가 집행하시는 일련의 심판에 대한 기본적인 역사적 형태가 설정되었다. 혼합주의로 인해 좀 더 철저하게 타락한 이스라엘이 먼저 멸망할 것이다. 그러면 유다는 어떻게 되는 것인가? 비록 그럼에도 불구하고 구원을 위한 야웨의 은총에 달려 있는 것이기는 할지라도, 당분간 유다는 그런 심각한 징벌로부터 안전할 것이다. 유다의 먼 앞날에 대해서는 암시되어 있는 것이 아무것도 없다(참조. 6:11). 본문에서 유다는 분명히 야웨께 기쁨이 되지 **못한다**. 유다는 단지 잠시 야웨의 진노의 대상이 되지 않을 뿐이기 때문이다.

이 단락은 9절에서 끝난다. 다음 단락은 2:1[1:10]에서 시작되는데, 이스라엘의 회복 즉 죄로부터 깨끗하게 되고 다시 하나가 된다는 새로운 내용들을 다루고 있다.

1:2-9과 같은 본문의 양식을 정확하게 구분하는 것은 쉽지 않다. 이 본문은 은유(隱喩)적으로/풍유(諷喩)적으로 기능하고 있다. 이 본문의 궁극적인 초점은 고멜과 그녀의 자녀들에 대한 호세아의 관계가 아니라, 바로 이스라엘에 대한 야웨의 관계이기 때문이다. 그러나 이 본문은 역사적인 사실(볼프[10-11]가 그 본문에 대해 말하고 있듯이 **기억할 만한**[*memorabile*])을 말하고 있다.

이런 유형의 극적인 예언적 활동들은 구약에서 흔히 발견된다(참조. 사 8:1-4; 렘 27장). 어떤 상징적인 행위를 수행하도록 하는 하나님의 명령에는 그 행위의 상징적인 중요성에 대한 하나님의 설명이 따라 나온다. 그때 그 행위 자체는 명령에 순종해서 그리고 상징주의를 나타내는 일환으로 이루어진다. 1:2-9의 경우에 묘사되고 있는 결혼에 대한 이야기는 이런 세 가지의 모든 요소들, 즉 명령, 설명, 행위를 포함하고 있다. 다른 세 가지의 경우들, 즉 자녀들에게 이름을 지어 주는 경우들은 행위 자체의 성취에 대한 언급이 주어지지 않고 있다는 점에서 기술적으로 생략적인 면이 있다. 이것은 단순하게 추측된 것일 뿐이다. 자녀의 이름을 지어 주는 것은 너무나 쉽게 이루어지는 것이라서, 그 과정을 묘사하는 것은 어떤 효과를 더해 주지 않을뿐더러 필요치 않는 반복이 되기 때문이다.

이 구절들에서는 여러 가지 종류의 사안들이 발전해 가는 모습을 분명히 볼 수 있다. 양식적인 구조는 다음과 같은 독립적인 형태의 연속에 의거하고 있다. 즉 (a) "(야웨가) 말했다…", (b) "가서 이름을 지어라…", (c) "…때문에(כִּי – 키)", (d) 해석. 그 형태의 각각의 연속적인 사용(4, 6, 9절)은 그 이전 것과 비교해 볼 때, 점차적으로 양식화(樣式化)되고 간략하게 된다(메이스의 말[Mays, 22]로는 "표현에 있어서 경제적인" 것임)고 종종 주장되고 있다. 이런 견해는 자료에 대해 전적으로 만족하게 그리는 묘사는 아니다. 그런 묘사는 5절과 7절은 문맥에 대해 원본적인 내용이 아니라는 것을 가정하고 있기 때문이다. 우리는 이런 전제에 대해 의구심을 가진다(위를 보라). 더욱이 생략(표현되지 않은 것은 이야기된 것만큼 중요한 것일 수 있다. 특별히 반복적인 문맥에서 더욱 그렇다)의 실체성을 무시하면서 질(quality) 대신에 양(quantity)으로 대치하는 것은 실수를 저지르는 일일 것이다. 마지막으로, 두 가지(명령과 해석) 형식(pattern)들의 중심은 결혼과 "내 백성이 아니다"(로-암미)라는 이름을 짓는 경우들에 대략 동일한 길이의 분량으로 기록되고 있다는 것을 주목해야만 한다. 9절은 언뜻 보기에는 기본적인 네 가지 부분 형식이 눈에 띌 정도로 짧은 경우로 이루어진 것처럼 보이지만, 실제로는 다른 것이 아니다. 여기서 보이는 상대적인 간결성은 주로 호세아가 사용하는 구의 특별한 병행적 전환의 기능을 하고 있다. "너희는 내 것/내 백성이 아니다; 나는 너희 아헤(Ahyeh)/야웨가 아니다"라는 진술의 명료성과 효력을 증가시키기 위해 어떤 것이 더해질 수 있겠는가?

고멜과의 결혼 문제의 경우는 상징주의에 대한 세세한 설명이 필요하다. 이스르엘이라고 이름을 짓는 것도 동일한 구조를 이루고 있다. "긍휼히 여김을 받지 못함"(로루하마)이라는 의미를 가진 이름을 짓는 이치 또한 모호할 수 있다. 긍휼이 없는 것에 대한 초점이 분명해져야만 한다. 그러나 "내 백성이 아니다"라는 진술은 사실상 모호성이 없다. 해석의 방법을 통해 그 이름은 이름 자체에 있는 어법만을 요구할 뿐이다.

형태의 네 가지 경우들은 어떤 특별한 방향 혹은 특별한 문체 속에 있는 진행과정을 구성하고 있는 것이라기보다는 어떤 단일한 방향과 문체가 반복적인 것임을 보여 주고 있다. 각각의 경우에 말하고자 하는 논점은 깨어진 관계다. 야웨와 그의 백성들은 멀리 소원해졌다.

단락 전체는 산문이다. 비록 "시적"이라고 부를 수 있는 몇 가지 요소들이 있기는 할지라도, 이 구절들에는 온전한 시(詩)는 없다. 몇 가지 시적인 요소들은 때때로 보이는 병행구절들, 동음이의(同音異義)의 익살스러운 표현과 **동일한 어원적 파생어들**(*figura etymologica*), 대칭 구조(7절) 등에서 보인다. 그 외의 경우에는 어휘가 산문적임이 분명하다. *BHK*와 *BHS* 모두의 경우에서 구절들을 의미의 단위들과 어구적인 리듬들에 따라 배별(stichometrically)하는 데 어려움이 있는데, 이런 경우가 보여 주는 것과 같은 것이다. 뜻이 다음 행 또는 연구(連句)에 계속되는 일, 병행 행(行)들이라고 생각되는 부분들 사이에 동일하지 않은 선(線)의 길이, 표현이 거의 경제적이지 않음, 구문론적인 반전이 없는 것 그리고 전체 행들(cola 혹은 hemistichs[시의 반행(半行)들]) 사이에 대구법(對句法)이 없는 경우들이 있다. 일반적으로 선지자들과 같이 호세아는 우아한 산문 혹은 시에 능하다.

이 부분은 우아한 산문이다.

비록 궁극적으로 증명할 수는 없다 할지라도, 1:2-9은 호세아의 예언적 사역 초기에 일어났던 사건들을 묘사하는 것일 수 있다. 호세아가 고멜과 결혼하는 것은 호세아가 야웨의 선지자로서 처음 등장하는 것과 일치하는 것일 수 있다. 이런 사건들은 주전 753년에 죽은 여로보암 2세의 통치 마지막 시기에 발생했을 것이 거의 분명하다. 여로보암 2세의 아들이자 후계자, 즉 예후 왕조의 마지막 자손인 스가랴(주전 752년에 죽음)의 6개월 간의 통치 기간은 첫 번째 아이를 이스르엘(Jezreel)이라고 이름 짓는 **마지막 시점**(*terminus ad quem*)을 나타내 주는 것일 것이다. 그 이후의 어떤 시기는 그 왕조가 이미 존재하지 않는 시기이며 "이스르엘"에서 그 왕조가 멸망할 것이라는 예언은 의미가 없을 것이기 때문이다.

1:2-9에 묘사된 모든 사건들을 위해서는 적어도 5-6년의 시간이 필요했을 것이다. 결혼과 세 번의 임신은 그 정도의 시간적인 간격을 필요로 했을 것이다. 그 세 번의 임신 사이에는 적어도 한 번은 고대에 2-3세에 이루어졌던 젖을 떼는 시간이 있었을 것이다(8절에 대한 "주석"을 보라). 그러므로 우리는 결혼이 대략 주전 760년경에 이루어졌을 것이라고 생각한다. 자녀들은 매우 연속적으로 태어난 것이라고 가정할지라도, 로암미(내 백성이 아님)는 주전 약 754년경에 태어났을 것이다. 그러나 이스르엘과 로루하마(긍휼히 여김을 받지 못함) 사이에 시간적인 간격에 대해 언급하는 구절이 전혀 없다는 것은 우리가 산정하는 연대가 여전히 추측일 뿐이라는 것을 의미한다.

호세아 자신이 1:2-9에 있는 내러티브의 저자인지(에스라, 느헤미야, 사도행전 등에 나타나는 전형적인 3인칭 자서전적 글과 비교하라. Allwohn, *Die Ehe des propheten Hosea in psychoanalytischen Beleuchteung*[Giessen: Topelmann, 1926]을 보라), 아니면 어떤 제자 혹은 다른 편집자에 의해 기록된 전기적인 글인지를 결정하는 것은 어려운 일이다. 마찬가지로 저작 연대는 확실하게 확인할 수 있는 문제가 아니다. 1:2-9은 로암미(내 백성이 아님)가 태어난 직후에 만들어진 것이라고 결론을 내리는 것에 이의를 제기할 것은 아무것도 없다. 그러나 그런 견해 역시 "지난 해들을 의식적으로 잘 회고한 것"일 수 있다(Wolff, 11).

주석

2 "여호와께서 비로소 호세아로 말씀하시니라"(תחלת דבר יהוה בהושע – 테힐

라트 디베르 야웨 베호셰아)라는 어절은 2절에 대한 단순한 도입어구가 아니라, 아마도 1:2-9 전체 문단의 표제일 것이다. 이 히브리어 표제를 "야웨가 처음으로 호세아(그가 말했다)를 통해 말했을 때…"라는 의미로 이해하는 것은 옳은 것이 아닐 것이다. 이렇게 보는 것은 "음란한" 아내와 결혼하라는 첫 번째 명령이 "시작하는" 말이라는 것을 암시하는 것일 수 있기 때문이다. 오히려 결혼, 출생 그리고 세 명의 자녀들에게 이름을 지어 주는 것은 하나의 단위로서 1:2-9이 말하고 있는 신실하지 못함과 거절됨을 나타내는 단일한 상징적 이야기의 모든 측면들이다.

테힐라트(תחלת)는 연계형으로 동사절을 구성하고 있다("여호와께서 호세아로 말씀하시니라"). 이 절은 연계형 연결에 있어서 동일한 위치에 있는 명사의 역할과 매우 동일한 기능을 하고 있다. 명사가 구문의 두 번째 "주도적인" 위치에서 좀 더 일반적이기 때문에, G 번역가들은 모음점이 없는 דבר를 MT의 거의 확실히 원본적인 디베르(דִּבֶּר)보다는 "…의 말씀"(헬라어는 로구[*λόγου*])이라는 의미를 가진 데바르(דְּבַר)로 읽는다. 부정사 연계형의 다른 모음점에 대해서는 GKC § 52*o*를 참조하라.

호세아(הושע) 앞에 있는 전치사 베(ב)는 중요하다. 이 전치사 베는 "…에게"라는 뜻도 아니고 "…와 함께"라는 뜻도 아니며, "…로(…을 통해)"라는 뜻이다. 호세아는 주어진 말씀의 교훈을 받는 일차적인 청중이 아니다. 그렇게 보는 것보다는 결혼과 결혼을 통해 낳게 되는 아이들의 이름들은 야웨가 호세아의 상황을 사용해서, 즉 그런 정황들을 **통해** 이스라엘의 타락이 보여 주는 끔찍한 진실과 다가오는 멸망을 모든 사람들에게 드러내려고 하신 하나의 방편이었다.

영감된 저자가 나중에 드러난 하나의 상징을 결혼과 관련된 사건들 속으로 되돌려 읽고 있는 것이라는 사실을 나타내 주는 그 어떤 내용도 없다. 하나님의 명령이 하나의 교훈으로서 기능을 한 것은 나중에 호세아가 깨닫고 나서라기보다는 바로 그 명령이 주어진 처음 시작부터였다. 서언적 어구는 결혼과 자녀들의 이름을 짓는 것은 하나님이 호세아에게 요구하신 첫 번째의 공적인 예언적 행위들이었다는 것을 단순하게 언급하고 있다.

에셰트 제누님(אשת זנונים)이라는 용어가 "매춘녀" 혹은 "매춘을 하는 아내"를 의미할 수는 없다. "매춘"은 히브리어로 조나(זונה) 혹은 이샤 조나(אשה זונה)로 나타나는 것 같다(참조. 수 2:1; 삿 11:1 등등). 그러나 복수 추상명사로서 제누님(זנונים)은 일종의 직업이라기보다는 어떤 특성을 말하고 있다. 1-3장에 기술된 사건들의 전체적인 연속성은 고멜의 결혼 생활이 보여 주는 신실성에 대해서는 아무것도 보여 주고 있지 않다. 고멜이 간음죄를 저질렀다거나 매춘 행위를 했다는 그 어떠한 증거도 없다.

호세아는 뒤에 제누님(זנונים)이라는 용어를 사용하고 있다. 이런 예들은 이 용어의 정의를 내리는 데 도움을 준다. 특별히 이 어휘가 4:12과 5:4에서 "음란의 마음(영)" 혹은 "음란한 마음(영)"의 의미를 가진 루아흐 제누님(רוח זנונים)이라는 어구에 쓰일 때 도움이 된다. 이런 구절들에서 분명하게 지시하고 있는 것은 바로 이스라엘의 경향성들이다. 즉 이스라엘은 모든 종류의 혼합주의적이고 이교적인 교리들과 관행들을 받아들여 그런 것들과 "하나 되어 살고 있는데", 이런 상태가 일반적으로 이루어지는 매춘 행위의 난잡한 성행위를 나타내는 비유로서 상징적으로 묘사되고 있는 것이다. 이스라엘의 고집스럽고 제멋대로 하는 행위와 배신의 행위는 국가적인 매춘이 되었다. 고멜은 그렇게나 철저하게 제멋대로인 나라의 한 국민으로서 묘사되고 있다. 마찬가지로 그 어떤 이스라엘 여자도 바로 에셰트 제누님(אשת זנונים)이 될 수 있다. 고멜은 **전형적인** 이스라엘 사람이기 때문이다. 이것은 그 자체가 하나의 고발이다. 하나님은 호세아에게 한 여인과 결혼하라고 명하셨다. 그 여인은 특정 민족인 이스라엘의 국가적 불신앙의 상태에 함께 가담하고 있다는 점에서 "음란한(간음하는)" 것으로 묘사된 그런 사람이었다. 그 어떤 이스라엘 여인과 결혼한다는 것은 바로 "음란한(간음하는) 여인과 결혼하는 것이었다. 그러므로 호세아 시대의 종교적 난잡성은 무르익었다.

"취하여(너 자신을 위해 취하라)"("결혼하라, 가지라")라는 의미의 카흐 레카(קח לך)는 이중 목적어, 즉 아내**와** 자녀들을 목적어로 하고 있다. 구상되는 일반적인 가족이 증가됨을 꾀하는 축첩(蓄妾)보다는 결혼이 이야기의 초점이다.

호세아의 자녀들이 "음란한 자식들"(ילדי זנונים – 얄데 제누님)이라고 불리는 것은 그들의 어머니와 같이 그들도 부패하고 부정(不貞)한 나라의 한 부분을 이루고 있다는 데서 기인된 것일 것이다. 그 자녀들이 다음과 같은 자들이었다는 것을 나타내는 아무런 암시도 없다. 즉 1) 그들은 고멜이 호세아와 결혼하기 이전에 간음 중에 고멜에게서 태어난 자들이다. 2) 그들은 자동적으로 그들 어머니의 성적으로 문란한 경향성을 물려받았다. 3) 그들은 호세아 자신의 친 자식들이 아니다. 그렇게 보기보다는 바로 "이 (전체) 나라가 여호와를 떠나 크게 행음했기 때문에" 그 자녀들은 여기서 "매춘, 간음"(זנה – 자나)과 연결되고 있는 것이다. 이뿐만 아니라 이 단락의 이 부분에 기술된 주된 은유(隱喩)에 따르면, 야웨가 호세아조차도 "음란한 남편(매춘하는 사람)"이라는 의미를 가진 이쉬 제누님(איש זנונים)으로 묘사하고 있거나, 아니면 호세아가 이사야 6:5의 말씀과 유사하게 "화로다! 나여! 나는 음란한 백성 중에 거하는 음란한 사람이다"라고 대답하고 있는 것으로 생각해 볼 수 있다. 음란(매춘)이라는 어휘는 야웨가 이스라엘을 대항해서 진노를 발하시도록 만드는 언약에 대해 신실치 못함을 묘사하는 은유로 호세아가 가장 일반적으로 많이 쓰고 있는 단어다. 이 어휘는 이런 의미로 호세아서 전반에 걸쳐서 쓰이고 있다.

호세아가 나중에 결혼했던 여자(3장)에 대해서는 제누님(זנונים)이라는 말이 언급되고 있지 않으며, 1:2-9에 있는 어떤 내용도 그 여자를 포함하고 있지 않다. 그러므로 1장은 3장과 독립적인 것으로 보는 것이 가장 좋다.

나라 전체의 언약적 불신실을 나타내는 은유(隱喩)적인 표시로서 자나(זנה)를 사용하면서 호세아는 다른 선지자들(가장 주목할 선지자는 에스겔)과 같이 오랜 시간에 걸쳐 설정된 문학적인 형태를 따르고 있다. 또한 언약에 신실하지 못함을 "음란(매춘)"으로 빗대어 나타내는 표현들은 주전 첫 번째 천년기 조약 문서들에서도 발견된다(Hillers, *Treaty-Curses*, 58-60를 보라). 이스라엘 자체의 문학사에서는 출애굽기 34:15, 16과 신명기 31:16에 나타나는 초기의 언약적 은유(隱喩)를 표현하고 있는 어휘를 주목해 보아야 한다. 그런 구절들에서 "다른 신들을 따라 음란(매춘)하게 행하는 것"은 십계명 중에 첫 번째 계명을 범하는 것으로 야웨와 더불어 맺은 국가적인 언약을 범하는 것으로 말하고 있다.

3 디블라임의 딸 고멜은 호세아서 이외에는 달리 알려져 있지 않은 사람이다. 그 여자의 이름이나 디블라임이라는 이름이 가지고 있는 어떤 상징적인 가치를 찾아보려고 전개된 다양한 노력들은 정말로 아무런 소득을 거두지 못했다. 상징은 그 고멜의 이름보다는 "음란한 여인"이라는 그녀의 칭호에 있다. 전문적으로 분석해 보면 고멜(גמר)은 아마도 신의 이름을 부여받은 귀염성 있는 별명으로 볼 수 있을 것이다. 즉 "야웨가 우리의 가정을 완전케 한다"와 같은 의미의 온전한 형태를 가진 문장 이름의 단축형(별명일 수도 있음)일 것이다. 루돌프(Rudolph, 50)는 증명할 수 없는 추측이기는 하지만 *o-e* 모음 결합은 "수치, 부끄러움"이라는 의미를 가진 어휘 보셰트(בשת)의 도음들을 필사(筆寫)자가 채택한 결과일 수 있다고 제안한다.

"저가 잉태하여 아들을 낳으매(고멜이 잉태하여 그에게 한 아들을 낳아 주었다)"(ותלד לו בן – 봐텔레드 로 벤). 전치사적 어구인 "그에게"라는 의미를 가진 로(לו)는 6절과 8절에 있는 다른 자녀들의 출생을 언급하는 병행 진술들에는 나타나지 않는다. 그러나 이런 문법적인 차이점을 이스르엘은 합법적으로 호세아에게 태어난 반면에("그에게" 태어남), 로루하마(긍휼히 여김을 받지 못함)나 로암미(내 백성이 아님)는 그렇지 못한 것이라고 결론을 내리는 데 사용할 수는 없다. 히브리어에는 합법적인 자녀들과 비합법적인 자녀들 사이를 구별하는 그렇게 정해진 구문론적인 형태들이 없다. 표현의 간결성을 향해서 이루어지는 내러티브의 일반적인 진행은 이어지는 자녀들의 출생 시에 드러나 보인다. 심지어 야웨는 6절과 9절에서 말을 전하는 자로서 동일시되어 나타나지 못하는 면들조차 있다. 이런 표현의 간결성은 위에서 말한 구절들에서 로(לו)가 나타나는 것이나 나타나지 않는 것에 대해 그 어떤 것도 확신적으로 말해질 수 없는 것임을 의미하는 것이다. 사실상 다른 몇 가지 사본들은 그런 모든 구절들에서 로(לו)를 생략하고 있다.

3절에 대한 모든 사항들이 얼마나 중요한 것이지 주목하라. 관계가 없거나 너무나 격조가 높거나 극적인 그 어떤 것도 포함되어 있지 않다. 처음 두 동사들(봐엘레크 봐이카흐[וילך ויקח])은 2절에 있는 명령의 동사들(카흐[קח], 레크[לך], "결혼하다")에서 단순하게 뽑은 것이다. 고멜은, 호세아가 결혼한 사람으로 확인되기 때문에 그 명령을 지킨 것이다. 그런 뒤에 자녀들을 가지라는 명령의 두 번째 부분은 첫 번째 자녀의 임신과 출생으로 초반부에서 먼저 성취된다.

4 새로 태어난 자녀는 그 이름을 통해 야웨로부터 온 예언적 메시지와 연결되었다. 여기에 사용된 "(그에게) 이름을 지어라"라는 뜻의 케라 솀(קרא שם)이라는 명령은 로루하마(긍휼히 여김을 받지 못함)와 로암미(내 백성이 아님)의 경우에 적용되는 것과 꼭 같다. 그 이름들은 메시지를 가지고 있는 이름들이다. 이런 이름들은 이사야의 자녀들이나(7:3; 8:3-4) 이사야의 예언에 나오는 메시아나(7:14과 9:5[9:4]) 수많은 다른 사람들의 이름들(예를 들어, 겔 23장에 나오는 오홀라와 오홀리바)의 경우와 같다. 이런 특별한 메시지를 포함하고 있는 이름인 이스르엘은 지금 당장 표면상으로는 애매모호한 면이 있다. 그러므로 그 메시지는 이스르엘이 자라나는 시기에 야웨의 메시지를 전달하는 효과가 있게 될 것임에 틀림없다. 즉 그의 이름은 호세아를 통해 전해진 야웨의 메시지를 지속적으로 생각나게 해주는 역할을 담당했던 것이다. 자녀가 가진 모호한 이름의 의미에 대해 친구들과 친척들이 던지는 일상적인 질문들은 결국에는 그 이름이 암시하고 있었던 심판의 소리를 "듣게" 해주었을 것이기 때문이다. "씨를 뿌리다"라는 의미를 가진 자라(זרע)의 미완료형과 "하나님"이라는 뜻을 가진 엘(אל)의 신적인 요소로 이루어진 이름은 "하나님이 뿌린다/뿌렸다/심었다"를 의미할 것이다. 그러나 그 이름은 또

한 지역을 나타내는 명사 이스르엘이기도 하다. 후자의 의미에서 그 이름은 하나님의 계획의 관점에서 보는 한 장소인 이스르엘에 대한 어떤 것을 가리키는 것일 수도 있다. 더욱이 이스르엘를 가리키는 최소한 두 가지의 가능한 장소들이 있다: 사마리아 고지대와 갈릴리 고지대 사이에 뻗어 있는 계곡 평야, 그리고 궁극적으로 요단에 이르는 **나르 얄루드**(*Nahr Jalud*) 계곡 가까이에 있는 고지대의 동쪽 끝에 있는 길보아 산 근처의 성읍(오늘날 제린[Zer'in])이다. 그 성읍은 오므리 왕조의 왕들(왕상 18:45-46; 21:1, 23; 왕하 8:29)을 위한 것으로 사마리아에 이은 두 번째의 왕실 거처이기도 했었다. 이스르엘에 대한 참고문헌들은 확실하게 말해 주지 않는 애매한 면이 있다. "하나님이 뿌린다/뿌릴 것이다"라는 말은 희망의 말씀으로 긍정적인 면이 있을 수 있다. 반대로 그 이름은 과거를 언급하는 것일 수 있다. 즉 심판을 상기시켜 주는 것이다. 특별히 여로보암 2세가 자녀였던 왕조의 처음 왕이었던 예후에게 권력을 가져다준(왕하 9-10장) 이스르엘에서의 끔찍한 살인을 회상시켜 주는 것이다.

이 구절의 나머지 부분은 각각의 경우에 어느 선택권들이 중요한 것인지를 보여 주고 있다. 호세아는 처음부터 그 이름이 가지고 있는 메시지가 정확하게 무엇에 관한 것인지 들었다. 그것은 바로 예후의 피의 대학살을 상기시켜 주면서 관련된 역사적 진원(震源)을 말해 주는 그 **성읍**을 말하는 것이었다. 2:2과는 대조적으로 이 곳에는 그 이름을 위한 여호와의 설명에서 약속에 대한 암시가 없다. "하나님이 뿌린다"라는 어구에 대한 상징적이고 희망적인 의의(意義)가 없다. 오히려 이스르엘에서 예후의 행위들이 오므리 왕조를 깨끗이 제거했던 것과 같이, 이제 야웨는 예후 왕조를 제거하여 도말하실 것이다. 그리고 맘레쿠트(ממלכות)라는 단어를 어떻게 사용하고 있는지에 따른 것이기는 하지만, 아마도 궁극적으로는 북쪽의 전(全) 왕권을 말하고 있는 것일 것이다. "또 다른 이스르엘", 즉 또 따른 대학살이 있게 될 것이다. 이번의 대학살은 "이스르엘의 피를 예후의 집에 갚게 되는 것이다." 5절에서 계속되는 이런 징벌의 선포는 언약적 저주들인 전쟁(유형 3; 레 26:17; 신 28:25 등등), 왕이 포로로 잡혀감(신 28:36과 31:4) 그리고 죽음과 파괴(유형 24; 레 26:38 등등) 등을 반영하여 나타내고 있다.

"조금 후에(길지 않을 것이다)"라는 의미를 가진 오드 메아트(עוד מעט)라는 어구는 심판의 판결을 실행하는 대략적인 시간 틀을 설정해 주고 있다. 이 곳에서 심판의 판결이 선언된다. 그러나 심판의 실행은 야웨가 정하신 시간에 따라서만 이루어질 것이다. (심판의 판결을 실행하는 것이 지연되는 것에 대해서는 창

2:17; 4:15; 신 30:17-18; 요 16:11; 계 20장 등등을 참조하라). 예후 왕조는 스가랴가 주전 752년에 죽은 것으로 종말을 고했다. 예후 왕조의 왕들과 관련된 오드 메아트(עוד מעט)의 문자적인 성취는 신속하게 이루어졌다. 북 왕국이 종말을 고하는 데 걸린 시간은 채 40년이 걸리지 못했던 것이다. 주전 753년에 여로보암 2세가 죽은 뒤에 그의 뒤를 이은 여섯 명의 후계자들 중에서 단지 한 명만이 변고가 아닌 자연사로 죽었다. 이것은 주전 722년에 북 왕국의 멸망 이전의 정치적 음모와 불안정의 정도를 말해 주는 것이었다. 이런 의미에서 시간은 정말 "곧, 속히" 지났다.

"내가 이스르엘의 피를 예후의 집에 갚으며"라는 진술에 있는 데메(דמי)는 살인자와 관련된 "살해" 혹은 "살인죄"를 의미할 수 있다(출 22:1; 삼하 16:7 등등). 이 곳에 기록된 어휘는 신명기 32:43에 의해 영향을 받은 것일 수 있다. 어쨌든 폭력적인 죽음이 암시되어 있다. 비록 한 성읍으로서 이스르엘의 역사는 오므리 왕조의 아합(그리고 이세벨)에 의한 나봇의 살인(왕상 21장)을 포함해서 어느 정도 피로 얼룩진 것이었을지라도, 이 곳에서 일차적으로 관련된 내용은 오므리 사람들(Omrides)과 유다 다윗의 사람들(Judean Davidides)을 죽인 예후의 살인을 말하는 것임이 분명하다.

현재의 신탁은 엘리사가 이루어질 것이라고 한 이스르엘에서의 예후의 쿠데타(왕하 9:1-10)를 비난하고 정죄하는 것만이 아니라는 것을 주목해야만 한다. 데메 이즈레엘(דמי יזרעאל)이라는 어구는 잘못된 필요에 의해 이루어진 보복이라는 의미에서 "이스르엘의 살인죄"를 의미**할 수 있다**. 그러나 그 어구는 크고 분명하게 이루어진 살인이라는 의미에서 "이스르엘에서 이루어진 대학살"만을 더욱더 의미하고 있는 것 같다. 전자가 함축하고 있는 "살인죄"는 레위기 20:9; 신명기 19:10; 사무엘하 21:1 등에서 보이는 다밈(דמים)에서 발견된다. 그러나 "살인" 혹은 "살해"라는 함의 또한 "전쟁의 피"라는 의미의 데메 밀하마(דמי מלחמה, 왕상 2:5) 혹은 "까닭 없는 피(불필요한 살해)"라는 의미의 데메 히남(דמי חנם, 왕상 2:31) 등과 같은 구절들에서 잘 입증되고 있다. 파카드(פקד)는 종종 구약에서 의로운 복수와 관련되어 사용되는데, 본 문맥에서 사용되고 있다. 이런 용법이 있다고 해서 본 문맥이 호세아는 하나님의 명령을 이루기 위해 예후를 정죄하고 있는 것이라는 결론을 내려서는 안 된다. 그것보다는 야웨는 이제 진정한 문제, 즉 **그 동안 일어난 일**로 인해 예후 가문에 대한 형세를 역전시키실 것이라는 사실이다. 주전 842년에 예후가 압제와 배교의 오랜 역사로 악명이 높은 한 왕조를 완전히 진멸했던 것과 같은 방식으로, 예후 왕조가 나아질 희망이 없이 부패한 것으로 인해 이제 야웨는 친히 종말을 고하게 만드실 것이라는 사실이다.

맘레쿠트(ממלכות)라는 용어는 4절의 문맥에서는 "왕권" 혹은 "왕국"을 의미할 수 있다. 만약 "왕권"을 의미하는 것이라면, 호세아는 여기서 예후 왕조만이 멸망될 것을 듣고 있는 것이지, 그 이후에 나타나게 될 후계자들에 대해서는 아무것도 듣지 못하고 있는 것이다. 반면에 "왕국"을 의미하는 것이라면, 이 구절은 북 왕국 자체의 멸망에 대한 예언을 포함하고 있는 것으로 보아야만 한다. 모음 부호의 사용조차도 확실하지 않다. 주전 8세기에는 자음으로 이루어진 본문은 "…의 왕국"이라는 의미의 맘레카트(ממלכות)와 "…의 왕권"이라는 뜻의 맘레쿠트(ממלכות) 사이를 구분하지 않았을 것이다. 더욱이 맘레카트(ממלכות)와 맘레쿠트(ממלכות) 사이에 진정한 의미론상의 차이가 있도록 할 수 있는지에 대해서도 의구심이 든다. 이 두 가지 어휘들은 어떤 문맥들에서는 실제적으로 동의어로서 기능했을 것이다.

5 이 구절은 "이스르엘"을 더 이상 그 성읍으로서 언급하고 있지 않고, 이제 골짜기로 언급한다(참조. 2:2, 24). 이스르엘 골짜기(עמק יזרעאל – 에메크 이스레엘)는 앗수르의 수중에서 독립할 때 북쪽의 잃어버린 지역이었다. 주전 733년에 디글랏-빌레셀의 군대는 아람-팔레스타인 반란을 진압하기 위해 보내진 앗수르 군대 출정에서 그 골짜기를 점령했다. 디글랏-빌레셀은 에브라임과 다른 역사적 지파 경계들의 몇몇 부분들을 제외하고 북쪽의 대부분의 지역을 앗수르 행정 구역들로 합병했다. 넓은 골짜기 지역은 호세아 시대에 이미 큰 역사적 전장, 즉 이스라엘의 과거사에서 몇 가지 결정적으로 중요한 전투를 치른 곳으로 유명했다(드보라와 바락이 가나안 사람들을 패배시킴, 삿 4-5장; 기드온이 미디안 족속을 패배시킴, 삿 6-8장; 블레셋이 사울 통치하의 이스라엘을 패배시킴, 삼상 29-31장; 애굽 군대가 요시야 통치하의 유다를 패배시킴, 왕하 23:29-30). 골짜기의 남쪽 끝이 므깃도의 커다란 관문 도시에 근접해 있기 때문에, 사람들은 후대에 그 곳을 이런 싸움들의 장소라고 생각했다. 그러므로 이스르엘 골짜기는 또한 스가랴 12:11에 있는 대로 므깃도 골짜기(בקעת מגדון – 비크아트 므기돈)로 불리기도 한다. 계시록 16:16에 있는 아마겟돈(Ἀρμαγεδών – 아르마게돈)은 "므깃도의 언덕"이라는 의미를 가진 히브리어 하르 무기돈(הר מגדון) 혹은 "므깃도의 땅"이라는 뜻을 가진 아람어 에레츠 므기돈(ארץ מגדון)의 헬라어 음역이다. 스가랴 12:11에 있는 시온의 운명에 관련된 전장으로서의 그 역사적인 역할로 인해 연결된 것

이다.

따라서 "이스르엘"은 이스라엘에서 이사야 9:3[4]과 10:26 그리고 시편 83:10 [9]에 있는 "미디안"과 함께 "결정적인 전투"를 나타내는 일종의 격언이 되었다. 기드온이 미디안을 크게 패퇴시킨 일이 이즈르엘(그 골짜기)에서 발생한 것이라는 사실은 그 두 어휘의 용법에 있어서 유사성을 더욱 강화시켜 준다.

"그 날에"라는 의미를 가진 바욤 하후(ביום ההוא)를 명백하게 지시하는 내용은 없다. 이런 어휘들은 상투적으로 쓰이는 서론적 어구를 구성하고 있다. 그런 상투적인 어구는 아래에 따라 나오는 신탁이 미래에 연관된 것이라는 사실을 청자/독자가 조심하도록 그들에게 알려 준다. 그 의미는 "장래에, 미래에"라는 어구로 매우 잘 의역될 수 있다. 바욤 하후(ביום ההוא)는 여러 가지 용어들 중에 하나이다(예를 들어, "나중에"라는 의미의 하야밈 베아하리트[הימים באחרית]; "시간이 다 가온다"라는 의미의 바임 하야밈[באים הימים]). 이런 모든 용어들은 미래의 정해져 있지 않은 어떤 시간을 말하는 것으로, 그 정확한 시기는 오로지 하나님만이 아신다.

때때로 다음과 같은 견해가 제안되었다. 즉 이 구절에 "이스라엘의 집/가문"이라는 뜻의 베트 이스라엘(בית ישראל) 대신에 "이스라엘"이 사용되고 있는 것은, 비록 이 구절이 진정한 호세아적인 자료임에도 불구하고, 삽입된 것이라고 보는 것이다. 그러나 "이스라엘의 가문"이라는 어구는 단지 5번 나오는 데 반해서, 호세아서에는 "이스라엘"이라는 단어가 31번이나 쓰이고 있다. 이런 사실은 이 구절을 삽입된 것이라고 보는 견해에 의구심을 가지게 해준다.

군사적인 힘을 나타내는 은유(隱喩)로서 쓰인 케셰트(קשת)에 대해서는 창세기 49:24; 사무엘상 2:4; 사무엘하 1:18; 열왕기하 13:15-16; 시편 7:13[12]; 에스겔 39:3 등등을 보라. 이 구절이 나타내는 평범한 내용은 주전 733년에 디글랏-빌레셀이 이스라엘을 패퇴시키는 것과 그 결과로 이어지는 갈릴리 지역의 복속을 말하고 있다. "활을 꺾으리라"는 것은 전형적인 언약적 저주를 나타내는 어휘로 완전한 패배를 상징하는 것이다(참조. 삼상 2:4). 힐러스는 아람-팔레스타인과 메소포타미아에서 몇 가지 유사한 경우들의 내용을 인용하고 있다(Hillers, *Treaty-Courses*, 60).

6 두 번째 자녀의 이름을 짓는 것과 그 이름에 대한 설명을 하는 형식이 반복되고 있다. 이것은 이 구절의 관심의 초점이 상징적 메시지를 담은 이름과 그 의미에 있는 것이 틀림없다는 것을 보여 준다. 이스르엘이라는 이름의 해설에서는

왕조를 위한 관심에서 북 왕국 전체를 위한 관심으로 전이(轉移)되고 있는 것이 분명하다. 이제 그런 전이 과정은 완결되어서 관심은 북 왕국의 운명에 전적으로 돌려지고 있다. 하나님은 자신의 긍휼을 이스라엘에게서 거두기로 결정하셨다. 이름을 짓는 형식에서 "그에게"라는 의미의 로(לוֹ)를 생략하는 것에 대해서는 위의 3절을 보라.

"긍휼히 여김을 받지 못함"(לֹא רחמה – 로루하마)이라는 의미를 가진 딸의 이름은 형식상으로 볼 때 "이스르엘"과는 다른 메시지-이름이다. MT에 있는 로(לֹא)는 때때로 "정말" 혹은 "분명히"라는 의미를 가진 동족어가 아닌 동음이자(同音異字; the non-homologous homophone)인 *lō*(가나안어 **lū*)를 나타내는 경우가 있다. 그러나 이 곳에서는 실제적으로 혼동이 일어나지 않을 것 같다. 우리는 어떤 요소로서 **lū*와 결합되어 이루어진 비교할 만한 고유명사로 쓰인 이름의 예를 가지고 있지 않기 때문이다. *lō'*는 부정적인 이름임을 분명하게 표시해 주고 있는데, 이런 부정적인 이름은 고대 이스라엘에서 자녀들에게 긍정적인 이름을 지어 주는 일반적인 관행에 대치되는 것이다. 이런 고대 이스라엘의 관행에서 벗어나는 경우들은 매우 적은데, 그런 예외적인 경우들 중에 가장 두드러진 것은 "영광이 떠났다"라는 의미를 가진 이카보드(אִי־כָבוֹד, 삼상 4:21)이다. 자녀를 위해 "긍휼히 여김을 받지 못함" 혹은 "동정을 받지 못함"이라 불리도록 이름을 지어 주는 것은 매우 놀랄 만한 일임에 틀림없다. 딸아이를 위해 그런 이름을 지어 주었다는 것은 정말로 터무니없는 일이다. 이런 일들에 대해 의문을 가졌음이 분명하고, 호세아의 설명을 들었던 사람들은 하나님의 버리심과 진노하심을 나타내는 전통적인 언약적 저주들(유형 1; 신 31:17; 32:19, 20 등등)을 가리키는 것이라는 사실을 즉시 인식할 수 있었을 것이다.

이름에 들어 있는 동사 라함(רחם)은 원래 "자궁"을 의미하는 어근에서 온 것으로 부드러운 (어머니와 같은) 사랑과 연민을 말한다. 이런 경우에 가장 잘 이해하는 것은 이름의 형식을 분사가 아니라 복수 완료형으로 보는 것이다. 그 온전한 이름은 문자적으로 "그녀에게 긍휼이 비추어지지 않았다"라는 의미일 것이다.

이런 이름의 선포는 이스라엘을 위한 상황이 바뀌었음을 의미한다. 하나님의 긍휼이 제멋대로 행하는 백성들에게 이제까지 반복적으로 더욱 크게 베풀어져 왔다. 그들은 자신들의 충실하지 못함에도 불구하고 그 긍휼의 은혜를 누려 왔다. 그러나 이제 그런 은혜가 중단될 것이다. 불충실로 인해 거절당함이라는 진정한 보상을 받게 된다. 이런 어휘의 어근은 2:6[4]에서 다시 사용되고 있다("내가…긍휼히 여기지 아니하리니"). 그 반대의 의미로는 2:25[23]에서 야웨가 미래에 대한 은혜로운 약속을 주시는 곳에서 다음과 같이 사용되고 있다: "내가 긍휼히 여김을 받지 못하였던 자를 긍휼히 여기며." 호세아에 의해 모두 5번 사용된 "이스라엘 족속"(בית ישראל – 베트 이스라엘)이라는 어구는 1:4에 있는 "예후의 집"(בית יהוא – 베트 예후)과 대조적으로 쓰이고 있는 것이 분명하다. 이것은 한 왕조에서 나라 전체로 강조점이 전환되고 있는 것을 더욱 강조해 주는 것이다.

MT는 본 절의 마지막 어절에 있는 동사를 나사(נָשָׂא)로 읽는 것으로 모음점을 찍고 있다("내가 그들에 의해 철저하게 배신을 당했기 때문이다"). 그러나 쿠닉은 그 동사는 수동태에 쓰인 "거절하다"라는 의미를 가진 나샤(נִשָּׂא)가 되어야만 한다고 제안하고 있는데(Kuhnigk, *NSH*, 4), 이 나샤(נשׂא)는 원본의 모음점이 찍히지 않는 본문에 있는 나사(נשׂא)와 매우 동일하게 보이는 것일 것이다. 배반/거절의 개념은 우리가 이 문맥에서 기대하는 바로 그런 것이다.

7 많은 주석가들은 7절을 삽입된 것으로 간주하고 있다. 일반적으로 인용되고 있는 이유들은 다음과 같은 것들이다. (1) 7절은 이 곳에서 관심 사항이 아닌 유다의 운명에 관한 문제를 거론함으로써 이 단락의 흐름을 방해하고 있다. (2) 4절과 9절과 병행되고 있지 않은 7절은 내용이 확장된 면이 있다. (3) "저희 하나님 여호와로"라는 뜻의 베야웨 엘로헤헴(ביהוה אלהיהם)은 분열적인 면이 있다. 야웨가 친히 말하는 자로 등장하는 문맥에서 3인칭으로 기술되고 있기 때문이다. 그러나 이 구절의 진정성을 옹호하는 측면에서는 다음과 같은 사항들이 주목되어야만 한다. (1) 이 구절은 사실상은 어색하지도 않으며, 문체적으로 다른 호세아의 자료들과 다르지도 않다. (2) 본 절의 끝부분에서 보이는 정확한 대칭 구조는 1:2-9 자체에서 이미 증명된 동일한 종류의 저작 내용물임을 말해 준다. (3) 이 구절은 6절에서 사용된 어휘를 직접적으로 선택해서(…לא…ארחם את־בית… – 로…아라헴 에트-베트, "내가 다시는…족속을 긍휼히 여겨서 사하지 않을 것임이니라") 6절에서 처음으로 제기된 문제들을 직접적으로 다루고 있다. 그리고 (4) 예언을 읽거나 듣는 사람들, 즉 북쪽 사람들과 후대의 남쪽 사람들 모두는 자연스럽게 유다의 운명에 관심을 가졌을 것이다. 그런 관심을 구분하여 나누는 것은 몇몇 오늘날의 학자들에게서와 마찬가지로 구약 선지자들이 받아들일 수 없는 일이었다.

하나님은 유다에 대해 분명한 약속들을 주셨다. 그들은 앗수르의 맹습을 궁극적으로는 피하게 될 것이다. 하나님이 그들을 긍휼히 여기셨기(아라헴[ארחם]) 때문이며, 하나님이 그들을 구원하실 것(אוֹשִׁיעֵם[오쉬엠] 그리고 호샤팀[הוֹשַׁעְתִּים])이기 때문이다. 그러나 유다를 위해 이런 배열을 한 연대기는 구체적으로 무엇이란 말인가? 북 왕국이 고통스러운 죽음의 종말을 고하는 주전 733-722년경에 유다는 앗수르의 간섭으로부터 면제될 것을 말하는 것인가? 아니면 앗수르에 의한 실제적인 **멸망**으로부터의 구원이 유다에게 약속으로 주어지고 있는 것인가? 특별히 구원의 기적적인 특성을 말하고 있는 약속에 비추어 보았을 때, 후자의 경우가 가장 현실적인 견해다. 사실상 유다에게 다음과 같은 약속이 주어진 것이다: "비록 앗수르 군대가 정녕 이스라엘 족속을 멸할지라도, 내가 앗수르로 하여금 너를 파멸하지 못하게 할 것이다."

신-앗수르 전(全) 기간을 통해 야웨가 유다를 구원하시려고 간섭한 가장 극적인 경우는 산헤립의 군대가 예루살렘을 침입했던 주전 701년이었다. 아람-팔레스타인에 있었던 커다란 성읍들 가운데서 예루살렘만이 멸망하지 않았다. 하나님이 앗수르 군대를 패주케 함으로써 구원하셨다(왕하 19:32-37). 그러나 그 약속은 주전 587년에 유다가 바벨론 군사들에게 함락된 사건이 보여 준 바와 같이 모든 세대에 적용되는 보증으로 준 그런 약속은 아니었다.

이 구절의 마지막 다섯 개의 어휘 그룹은 대칭 구조를 가지고 있다. "전쟁이나(전쟁에 의해)"라는 세 번째 요소인 베밀하마(במלחמה)가 그 대칭 구조의 중심을 이루고 있다. 처음에 나오는 두 가지 요소들인 "활과(활로)"라는 뜻의 베케셰트(בקשת)와 "칼이나(칼로)"라는 뜻의 베헤레브(בחרב)는 보병들이 가지고 다니는 일반적인 병기들로 서로 병행되고 있다. 네 번째와 다섯 번째 요소들인 "말과(문자적으로는 말들로)"라는 뜻의 베수심(בסוסים)과 "마병으로(문자적으로는 전차를 모든 전사들)"라는 뜻의 베파라쉼(בפרשים)은 일반적으로 올라타는 전투요원들을 나타내는 것으로서 다시금 동의어적으로 병행을 이루고 있다. 이런 문학적인 장치를 통해 야웨는 보병이나 기병 없이, 즉 어떤 **전쟁**도 없는 유다의 구원을 보증하고 계신다. 비록 유다가 상대적으로 좀 더 정통 노선에 서 있다는 것이 가능한 이유가 되기는 하겠지만, 신탁에는 구체적으로 언급되지 않은 연유들로 인해 당분간 보존될 것이다.

야웨가 자신의 백성들을 위해 정치적이며 군사적인 위기의 순간들에 개입하신다는 것은 실제적으로 성서 전반에 걸쳐 두루 나오는 주제이다(참조. 출 15:1-18; 신 33:2-5; 삿 5:2-5; 겔 39:1-10; 욜 2:30-32; 슥 14:1-5). 그런 개념은 연대기적으로 볼 때 "매우 늦은" 시기의 것이라고 보는 해묵은 견해(Harper, 213)는 타당성이 없다.

8 이 구절은 가장 적나라한 사실들을 보고하는 이미 설정된 간결한 형태를 따르고 있다. "젖뗀 후에(그녀가 젖을 떼다)"(ותגמל – 봐티그몰)라는 동사를 통해 우리는 첫째와 셋째 자녀의 출생 사이에 시간적인 간격이 있음을 알 수 있다. 아마도 고대(古代)에는 자녀들이 대략 세 살이 될 때까지 젖을 먹였을 것이기 때문이다(마카비 2서 7:27; the Egyptian "Instructions of Ani", *ANET*, 420; 삼상 1:23). 아마도 이스르엘의 출생에서 로루하마(긍휼히 여김을 받지 못함)의 출생에 이르기까지 실제적인 시간적 간격은 5년 혹은 6년이라고 생각하는 것이 합리적인 추측이 될 것이다.

왜 호세아 혹은 화자(話者)는 이런 연대기적인 세부 사항을 첨가하는 수고를 하고 있는 것인가? 그것은 아마도 선지자의 메시지가 가지고 있는 **계속되고 있는**(*durative*) 가치를 강조할 것이다. 즉 야웨가 자신의 긍휼을 이스라엘에게서 거두셨다는 계시가 주어진 지 몇 년 뒤에, 이제 야웨는 자신의 백성들에게 하나님이 됨에서 자신이 실제적으로 **결별했다는** 것을 말하는 계시가 주어지고 있는 것이다. 3-4년이 흐르는 동안에도 상황은 해결되거나 나아지지 않았다. 어떤 것은 더욱 악화되기도 했다. 시간이 지났지만 이런 상처는 치료되지 않고 더욱 깊어졌다.

9 이 구절에 쓰인 어휘는 "내 백성…너희 하나님"이라는 용어로 형식을 이룬 모세 언약에 나타나는 어휘로서(출 6:7; 레 26:12; 신 27:9), 이런 어휘는 선지자들의 글에 종종 나타난다(참조. 렘 7:23; 11:4). 하나님은 이런 가족적인 용어를 통해 다음과 같은 사실을 호세아에게 상기시켜 주고 있다. 즉 이스라엘 백성들이 하나님과의 인격적인 관계가 깨지고 취소된 것은 바로 자신들의 배신에 따른 필연적인 결과라는 것이다. 순종은 가족 관계를 가져왔지만, 불순종은 의절과 이혼을 가져오고 만 것이다. 따라서 내 백성이 아니라는 메시지가 들어 있는 이름과 이 구절의 나머지 부분에서 주어지고 있는 하나님의 설명은 이제 언약이 깨진 것이라는 사실을 이스라엘 백성들이 분명하게 알 수 있도록 해주고 있다. 이스라엘의 정체성은 바로 언약 백성들이라는 것이기 때문에, 이제 그들은 언약에서 공식적으로 단절된 표류하는 자들이 된 것이다.

그러나 이것은 야웨가 자신의 백성들을 영원히 버리신 것을 의미하는 것은 아니다. 포기하고 버리는 것이 결국에는 반전(反轉)되리라는 것은 2:1-3[1:10-2:1]에서 분명하게 드러난다. 그 내용은 신명기 4:25-31 등에 기술된 개요와 일치한다.

본 절의 메시지는 매우 극적(劇的)이다. 야웨가 자신의 백성들과 맺은 연합은 이제 해체되었다. "내 백성이 아니다"라는 첫 번째 메시지-이름은 그 말을 듣는 청중들에게 결코 모호하지 않았을 것이다. 야웨가 말하는 자였기 때문에, 이스라엘은 그 대상이 되었음이 분명하다.

두 번째 이름인 로 에흐예 라켐(לא־אהיה לכם)은 로(לא)와 에흐예(אהיה) 사이에 **마켑**(*maqqeph*)을 가지고 있다. 이것은 적어도 맛소라 학자들(Masoretes)은 그 두 단어가 한 단위, 즉 그 단어들 사이에 어떠한 문장 관계가 없이 연결된 것으로 생각했음을 보여 준다. 제기된 병행 대구법은 이런 해석을 지지해 주며, 그 단위는 이 구절의 마지막 단어인 라켐(לכם)을 포함하는 것으로 확장해 준다.

히브리어 단어 순서를 따르면서 우리는 9절의 이 부분을 아래와 같이 도식화하여 배열할 수 있다.

…때문에(For) (연결사)	너희(You) (대명사)	아니요(Not) (부정 부사)	백성(People) (명사)	나의(My) (소유격)
그리고(And) (연결사)	나는(I) (대명사)	아니할(Not) (부정 부사)	아흐예(*Ahyeh*) (명사)	너의(Your) (소유격)

각 문장의 요소들은 완전히 병행적이다. 에흐예(אהיה, 아흐예) 뒤에 쓰인 "너희(너희를 위한)"라는 라켐(לכם)의 용법은 접미사가 붙은 소유격 대명사의 용법에 대한 일반적인 문법적 대안일 뿐이다.

우리가 아흐예(אהיה)로 번역한 단어를 맛소라 학자들은 에흐예(אֶהְיֶה)로 발음했다. 이것은 출애굽기 3:14에서 하나님의 이름을 칼 현재/미래의 형태로 소리 나도록 한 맛소라의 결정과 일치하는 것이다. 맛소라 학자들도 이 구절에 있는 אהיה는 "내가 존재할 것이다"(I will be)라는 의미의 단순한 동사가 아니라, "야웨"라는 하나님의 이름의 반복이라는 것을 이 부분에서 인식하고 있었음이 분명하다. 그 "야웨"라는 이름은 바로 출애굽기 3장에서 יהוה보다는 אהיה로서 야웨의 1인칭 화법으로 모세에게 계시된 이름이다. 헬라어 또한 אהיה에 해당하는 처음 철자를 대문자로 나타내어 에이미('Eιμι)라고 읽음으로써 אהיה가 이름이라는 것을 표기해 주고 있다. 비록 אהיה라는 자음들은 하나님의 이름을 나타내는 히브리어의 위대한 철자 네 개(יהוה)에 대한 다른 대안적인 형태로서 인식하는 것이 바르고 틀림없는 것이라 할지라도, 맛소라 학자들이 그 철자들을 읽는 방식은 의구심이 드는 발음이다.

출애굽기 3:14과 호세아 1:9에 있는 하나님의 이름은 아흐예(אַהְיֶה)로 발음하는 것이 더 좋다. 이 아흐예(אֶהְיֶה)는 "있음, 있는 것"이라는 뜻의 가나안/히브리어 동사 היה(*hyh*)/ הוה(*hwh*)의 사역형이다. 달리 말하면, 아흐예(אֶהְיֶה)는 3인칭 이름 **야웨**(*yahweh*)의 단순한 1인칭 형태다. y/w의 상호교환성(아흐예[ah*y*eh]/야웨[yah*w*eh])은 북서 셈어에서는 매우 잘 알려져 있다. 그렇다면 야웨라는 이름은 "존재하게 하는 자/만들어지게 하는 자"라는 의미다.

야웨는 친히 이 부분에서 그 이름의 1인칭 형태로 되돌아간다. 출애굽기 3:14에 나오는 1인칭 형태로 쓰인 고대의 원래적 용법으로 되돌아간 것이다. 왜 그렇게 한 것인가? 1인칭 형태는 언약의 처음 전승과 관련된 형태였기 때문이었다. 야웨는 친히 자신의 이름을 계시함으로써 극적으로 시작된 바로 그 언약을 철회하고 계신 것이고, 모세에게 사용했던 동일한 이름의 형태를 사용하고 계신 것이다. 따라서 이 본문은 모두 네 가지의 상징적인 이름들을 포함하고 있다. 즉 호세아의 세 자녀들의 이름들과 야웨가 이스라엘을 거절하심을 나타내고 있는 표현으로 너희의 아흐예/야웨가 아니라는 야웨의 새 이름이 포함되어 있다.

이스라엘의 역사에서 바로 이 시점까지 이스라엘의 정체성은 어떤 특별한 관계성, 즉 한 백성(עם – 암)과 한 하나님(יהוה/אהיה – 야웨/아흐예)의 관계성의 관점에서 이해되어 왔다. 이제 이런 두 가지 요소들이 부정되고 무효화되고 있다. 암(עם)은 로 암(לא עם)이 되었고, 아흐예(אהיה)는 로 아흐예(לא אהיה)가 되었다. 저주 유형은 1번으로 신명기 31:17, 18; 32:30 등에서 보이는 거절이다.

해설

1:2-9의 중심을 이루고 있는 초점은 상징적인 중요성, 즉 메시지를 담고 있는 이름들에 있다. 행위들(결혼을 하고, 자녀들을 갖는 것)은 그 자체로는 야웨가 전해 주시는 계시에 직접적으로 중요한 의미성을 가지는 것은 아니지만, 일종의 전조(前兆)들로서 기능하고 있다. 호세아는 결혼을 해야만 하고, 자녀들을 가져야만 한다. 태어날 자녀들에게 주어진 이름들에 의해 중재되는 계시를 위해서다.

호세아의 아내와 자녀들은 이스라엘 사람들일 것이다. 그렇기 때문에 그들은 자동적으로 "음란함"(זנונים – 제누님), 혼합주의에 노출되고 빠져들어 야웨에게 불충하게 될 것이다. 이 본문이 가지고 있는 전제는, 호세아가 결혼한 이스라엘 여인과 호세아가 가지게 된 자녀들은 자동적으로 이런 "음란함"으로 인해 타락하게 될 것이고, 그로 인해 그 당시에 이스라엘의 타락과 종교적으로 신실치 못한 상태가 매우 컸다는 것이다.

자녀들의 이름은 이야기가 이스라엘의 운명에 관한 것임을 말하고 있다. 고대 성서 세계에서의 이름들은 오늘날 대부분의 서구인들에게 중요한 그 어떠한 것보다 더 중요한 의미를 가지고 있었다. 자녀들의 이름이 출생 전에 선택될 필요는 없었다. 자녀의 이름을 짓는 것은 비록 동음이의(同音異義)의 원리를 따르고는 있었지만, 대부분의 경우는 아닐지라도 어느 정도는 그 출생과 관련된 사건들이나 상황들에 토대를 두고 있었다. 즉 이름은 종종 출생 시에 발생했던 혹은 가족의 마음에 있었던 사건들이나 문제들을 반영하곤 했다(창 21:3-7; 25:26; 29:32 등등; Stuart, *ISBE* 3:483-88를 참조하라).

긍정적인 이름들을 짓는 것이 일종의 규칙이었다. 긍정적인 것을 향한 이런 바람을 반영해 주는 수메르/바벨론의 여신 닌-투(Nin-tu)는 어떤 고대의 본문에 다음과 같이 기록되어 있다. 이 본문은 닌-투 자신을 "신들의 선한 산파…나는 출생 시에 오로지 좋은 것들만을 말한다"라고 묘사하고 있다. 그렇지만 호세아 1:4-9에는 세 가지의 부정적인 이름들이 나오고 있다(이스르엘은 용어적인 면으로 보았을 때 좀 애매모호한 이름이지만, 곧 이어서 부정적인 의미의 해석이 주어진다): 긍휼히 여김을 받지 못함(로-루하마), 내 백성이 아님(로-암미) 그리고 너희 아흐예(אהיה)가 아님(로-아흐예-라켐)은 모두가 솔직하게 드러나는 부정적인 의미들이다.

이 네 가지 이름들이 주는 집단적인 영향력은 1:2-9의 메시지를 나타내 주고 있다. 즉 이스라엘의 배교(背敎)가 너무나 커서 야웨는 더 이상 이스라엘 백성들을 인내함으로 대하실 수 없었다. 야웨는 그들을 버리고 결별하셔야만 했다.

1:2-9에 나오는 호세아의 역할은 무엇인가? 그의 역할은 중심적이지 않은 것이 분명하다. 호세아는 1:1에서 처음으로 이름이 불려 언급되고, 1:2에서 마지막으로 언급된다. 그러나 그는 이 구절들이 집중하고 있는 그런 인물이 아니다. 초점은 야웨에게 놓여 있으며, 야웨가 이스라엘에서(부가적으로 유다에게) 행할 일에 놓여 있다. 또한 호세아 1:2-9은 호세아의 가정 생활에도 관심이 없다. 호세아는 하나님과 병행되어 있지 **않다**. 단지 그의 결혼과 가족의 측면들에 신학적인 의미들이 함축되어 있다는 피상적인 의미 외에는 달리 중요성이 없다. 호세아는 이 본문에서 야웨가 괴로워하셨던 것만큼 괴로움을 받고 있지는 않다. 1:2-9에는 야웨가 자신의 "가족"에 의해 받으셨던 것만큼, 호세아가 자신의 가족에 의해 거절되거나 속임을 당했다는 어떤 암시도 없다. 호세아의 자녀들의 신분이나 행위가 아니라,

그들의 **이름들**이 예언적으로 말하고 있는 것이다. 호세아의 자녀들은 야웨의 자녀들이 행한 것처럼 호세아를 배반하지는 않았다. 따라서 호세아와 그의 가족을 심리학적으로 야웨와 이스라엘에게 연결시키는 해석들은 본문에서 그 증거를 찾을 수 없게 된다.

호세아 1:2-9은 호세아서 전체에 대한 요약적인 서문 역할을 하고 있다. 이 본문은 엄격하고 감동적인 어조로 하나님은 자신의 백성들을 포기하셨다는 선지자의 주요 메시지에 대한 개관을 잘 제시해 주고 있다. 그런 뒤에 이런 심판이 이루어진 **후에** 있을 회복의 주제가 2:1-3[1:10-2:1]에서 곧 따라 나오고 있다.

이스르엘의 큰 날에 있을 이스라엘의 회복(2:1-3[1:10-2:1])

참고문헌

Albright, W. F. "The Refrain 'And God Saw Ki Tob.'" *Mélanges…A. Robert.* Paris: Bloud et Gay, 1957. **Gorgulho, L.** "A Perspectiva Ecumenica de Oseias 2, 1-3." *Revista Ecclesiastica Brasilieira* 22(1962) 607-15. **Kugel, J. L.** "The Adverbial Use of KÎ ṬÔB." *JBL* 99(1980) 433-35. **Renaud, B.** "Genèse et unité rédactionelle de Os 2." *RevScRel* 54(1980) 1-20. ______. "Osée ii:2: *ʿlh mn hʾrṣ:* essai d'interprétation." *VT* 33(1983) 495-500. **Stuart, D. K.** "The Sovereign's Day of Conquest." *BASOR* 221(1976) 159-64. **Wolff, H. W.** "Der grosse Jesreeltag(Hosea 2, 1-3)" *EvT* 12(1952-53) 78-104; repr. in *Gesammelte Studien zum Alten Testament,* 151-181.

본 문

2:1[1:10]* 그러나 이스라엘 자손의 수가 바닷가의 모래같이 되어서 측량할 수도 없고 셀 수도 없을 것이며 전에 저희에게 이르기를 너희는 내 백성이 아니라 한 그 곳에서 저희에게 이르기를 너희는 사신 하나님의 자녀라 할 것이라

2:1[1:10]* The children of Israel will become[a] in number like the sand of the sea, which can neither be measured nor counted. Where[b] they were called[c] "You are 'Not My People,'" they will be called "Children of the Living God."

2[1:11] 이에 유다 자손과 이스라엘 자손이 함께 모여 한 두목을 세우고 그 땅에서부터 올라오리니 이스르엘의 날이 클 것임이로다

2[1:11] The Judahites and the Israelites will unite.[a] They will appoint themselvesa single leader, and will come up from the land/be resurrected.[b] How great[c] the day of Jezreel will be!

3[1] 너희 형제에게는 암미라 하고 너희 자매에게는 루하마라 하라

3[1] Call your brothers[a] "My People," and your sisters[a] "Shown Compassion."

원문주해

(히브리어 구절 숫자 2:1은 영어 번역본의 1:10이다. 히브리어 2:3에서 영역본 2장이 시작된다. 이 주석서의 모든 "원문주해"에서 구절들을 표기한 바와 같이, 아래에서 숫자들은 히브리어 구절 숫자 표기를 따르고 있다).

1.a. "…이 될 것이다"라는 의미의 베하야(והיה)를 G는 "(이스라엘 자손의 수가)…이었다"라는 뜻의 카이 엔(και ἦν)으로 읽는다. 이것은 원래의 히브리어 봐예히(ויהי)를 반영하는 것일 수 있거나, 그렇지 않으면 2:1은 과거의 의미를 요구하는 1:9에 매우 근접하게 연결되어 있는 것이라는 G 번역자들의 견해에 대한 어떤 가정을 반영하는 것일 수 있다(베하야[והיה]는 1.b.와 그 이후로는 예견되는 바와 같이 카이 에스타이[καί ἔσται]로 번역된다). 1절의 원래 어법은 미완료형인 이흐예(יהיה)였을 것이다. 그 후에 전승 과정에서 원문이 훼손되어 베하야(והיה)로 되었을 것이다. 문맥은 확실하게 동사의 미래 형태를 필요로 하고 있는 것으로 보인다. 호세아에서 예견되는 대로, ά, σ는 MT의 베하야(והיה)를 지지해 주고 있다.

1.b. 비므콤 아셰르(במקום אשר)는 "…한 장소에서" 혹은 단지 "…에서"라는 의미임이 분명하다. 이 어구는 "…대신에"라는 뜻의 타하트 아셰르(תחת אשר)와 동의어가 아니다. 이 어구는 하나님의 백성들이 호세아 당대에는 미치지 못했던 장소들과 상황들에 있는 새로운 백성들을 가리킨다.

1.c. 혹은 "그들에게…라고 말한 곳". 인용된 전체 문장이 아니라, "내 백성이 아님"이라고 한 부분만이 그 이름에 해당하는 부분이다.

2.a. 혹은 "…이 함께 모아질 것이다"라거나 그와 같은 의미다.

2.b. 다후드(Dahood)의 견해를 따라서, 쿠닉은 문자적으로 "그리고…이 그 땅으로부터 올라올 것이다"라는 뜻의 베알루 민 하아레츠(ועלו מן־הארץ)는 부활의 어법이라고 말하고 있는데(Kuhnigk, *NSH*, 8-10), 이것은 흥미를 끄는 견해다. 그러나 포로의 땅(ארץ – 에레츠)으로부터 약속의 땅으로 돌아오는 것은 오경에 나타나는 회복의 본문들을 너무나 분명하게 생각나게 해준다. 그러므로 우리는 히브리어의 애매모호한 의미를 잘 전달하기 위해 종종 이중 어법을 선택한다.

2.c. 키 가돌(…כי גדול)이라는 어구는 문법적으로 애매모호한 면이 있다. 키(כי)는

1:4-9에 있는 용법과 유사한 것일 수 있거나, 아니면 "설명들"이 더 이상 구조를 이루는 부분이 되지 않는 여기서 의미를 강화하는 요소로서 쓰이고 있는 것일 수 있다. 강화하는 키(כִּי)에 대해서는 Albright, *Mēlanges*···A. Robert and Kugel, *JBL* 99(1980) 433-35를 보라.

3.a. G는 단수들로 읽는다(אחיך – 아히카, "너의 형제"; אחותך – 아호트카, "너의 자매"). 그러나 이런 독법은 히브리어 원본이 단수들로 표기하고 있지 않거나, 2:2의 이즈레엘(יזרעאל, "이스르엘")이 호격으로 해석되지 않으면 그렇게 읽을 수 없는 것 같다. 이런 경우들로 인해 내부 히브리 본문의 수정이나 "형제"와 "자매"의 단수 형태들을 택하는 G의 번역 결정이 이루어졌다. 문맥과 논리는 히브리어에 복수 접미어를 요청하고 있다.

양식/구조/배경

이 신탁은 1:2-9에 나타난 북 왕국을 향해 예언된 중벌을 언급하는 어조와 극명한 대조를 보이고 있다. 이 본문에서 우리는 근본적으로 새로운 시대인 "이스르엘의 날"에 대해 읽게 된다. 이 날에 다시 통일된 이스라엘이 단일한 지도자 아래서 하나님과의 가족적인 관계를 회복하게 될 것이다. 아브라함에게 주신 하나님의 약속들 속에서 원래적으로 계획된 상태로 다시 태어나게 될 것이다.

어조가 대조적이고 본문은 분명히 먼 장래의 시대를 묘사하고 있다는 사실을 제외하고는 1:2-9과 매우 강하게 연결되어 있다. 호세아서의 전반적인 구조에 있어서 본문의 신탁을 위한 가장 적절한 위치는 1:2-9의 바로 뒤인 것이 분명하다. 구조와 어휘와 역사-신학적인 개관에 있어서 1:2-9과 매우 많은 유사점들을 공유하고 있기 때문이다.

이런 유사성들은 적어도 아래와 같은 일곱 가지에 이른다.

1. 이스라엘의 운명과 유다의 운명을 비교하는 것에 대한 관심이 1절과 2절에 표명되어 있다. 3절에서조차 그런 관심이 나타나 있는 것으로 보는 것이 가능하다. 본문의 내용은 "이스라엘"(ישׂראל)이 이제 1절에서는 통일된 백성을 나타내는 것으로 사용되고 있음을 암시적으로 말하고 있다. 통일된 백성임이 2절에서는 명백하게 나타나고 있으며, 3절에서는 복수 접미사적인 형태들에 반영되어 있을 수 있다("주석"을 보라).

2. 1:2-9에서 이름이 지어진 네 사람, 즉 이스르엘, 로루하마(긍휼히 여김을 받지 못함), 로암미(내 백성이 아님), 로아흐예(너희들의 아흐예가 아님) 각각의 이

름이 이 본문에서 새로운 방식으로 암시되어 있다.

3. 하나님의 언약 백성들의 운명을 위한 동일하게 궁극적인 관심이 나타나 있다. 시간의 틀은 종말론적으로 전환되어 있다. 주전 8세기 이스라엘의 임박한 운명과 반대되는 것으로서의 이스라엘의 운명, 즉 역사에서 (북) 이스라엘의 궁극적인 운명에 대답하면서 종말론적으로 전환된 것이다.

4. 범위는 다시 크게 전개되고 있다. 나라 자체를 포함하고 있으며, 일종의 협력적인 실체로서 이스라엘과의 관계에 있어서 야웨의 극적이고 결정적인 행위를 묘사하고 있다.

5. 본문의 문체는 다시 산문이다. 산문이면서 병행적인 3절은 이전 산문체 본문의 내용에 대한 결말을 짓고 있으며, 2:4에서 시작하는 시(詩)로의 전환 부분으로서의 역할을 하고 있다.

6. 가족적인 어휘와 자신의 백성들에 대한 하나님의 소유를 나타내는 어휘("사신 하나님의 자녀")는 1:2-9에 있는 유사한 은유(隱喩)들을 생각나게 해준다.

7. 본문의 길고 복합적인 문장들에서 짧고 함축성 있으며 "적나라하게 본질적인" 표현들로 옮겨가는 구조적인 전개 과정이 있다. 이런 것은 1:4-9(만약 1:2-9이 아니라면)에서 두드러지게 나타나는 점증하는 간결한 어법과 병행을 이루고 있다.

본문은 한때 그럴 것이라고 생각되었던 것처럼 "후대의 비(非)호세아적인 것"이라고 보기보다는 문체상으로 보았을 때 호세아적인 것으로 볼 수 있을 것이다. 본문에 나오는 핵심 어휘들 중에 어떤 것들은 호세아서의 다음과 같은 다른 부분들에도 나타난다: "이스라엘 자손이(이스라엘의 자손들이)"(בני ישראל – 베네 이스라엘, 3:1, 4, 5); "합하다, 모으다"(קבץ – 카바츠, 8:10, 9:6); 비교를 시작하는 것으로서 카프(כ, 2:5, 2:17, 3:1, 4:9, 4:16, 5:10, 5:12, 5:14, 6:4). (볼프는 "두목[지도자]"라는 의미의 로쉬[ראש]와 "사신 하나님의 자녀"라는 의미의 베네 엘-하이[בני אל־חי]라는 어휘들의 저작권을 후대 포로기로 보는 것보다는 호세아 시대로 보는 것이 더 자연스럽다고 주장했다[Wolff, *Hosea*, 25]). 수동 동사 형태들이 나오고 야웨 측에 대한 1인칭 어법이 부족한 것과 같은 다른 언어학적인 특징들은 그 본문의 진정성을 평가하기 위한 충분한 범주들을 구성하지 못한다. 2절에 나오는 "그 땅에서부터 올라오리니(그들이 그 땅에서부터 올라올 것이다)"라는 의미를 가진 베알루 민-하아레츠(ועלו מן־הארץ)라는 어구를 포로기에서 돌아오는 것으로 바르게 해석하고 있는 사람들 중에 일부는 이 본문의 저작 연대를 포로기로 간주하고 있다. 그러나 이런 견해는 예언적 예언의 진정성에 반(反)하는 기준을 토대로 내리는 결론이다.

호세아가 사역을 감당했던 기간 속에서 정확한 연대를 제안하는 것은 불가능한 일이다. 호세아서에 나오는 일곱 가지의 회복을 말하고 있는 본문들 중에서 그 어떤 것도 그 연대가 산정될 수 없다. 그것은 다른 것이 아니라, 바로 그 모든 본문들이 가지고 있는 종말론적인 내용 때문이다.

1:2-9이 심판의 신탁인 반면에 2:1-3은 종말론적 구원의 신탁이라는 사실은 무엇을 말하고 있는 것인가? 이런 대조는 포로기 이전의 저주들과 포로기 이후의 회복에 대한 약속들의 언약적 병치 문맥이 말하고 있는 바로 그런 대조다(참조. 레 26:33-45; 신 4:25-31 등등). 이스라엘의 역사는 바로 다음의 임박한 방향(파멸과 포로로 잡혀감)과 궁극적인 방향(구원과 회복)을 가지고 있었던 것이다. 1:2-9과 2:1-3이 나란히 직렬적인 형식으로 놓여 있는 것은 언약적 상벌 규약들의 예언들에 들어맞는 형식이다. 더욱이 호세아서 전체의 경향성은 예측할 수 없게 그리고 편집적인 전환 부분이 없이 구원의 신탁들과 심판의 신탁들이 번갈아 나타나도록 하고 있다.

훈계가 주된 관점을 이루고 있는 반(半)병행적 이행연구(二行連句)인 2:3과 일종의 산문적 구원 신탁인 2:1-2은 조화를 이루고 있는 것인가? 이에 대한 대답은 다른 것이 아니라 바로 훈계 자체의 의미론적인 내용 때문에 긍정적이다. 종말론적으로 회복된 이스라엘은 큰 무리를 이루는데, 이것은 바로 복수형에서 논리적으로 해석된다("너희 형제", "너희 자매"). 이 큰 무리는 이제 기쁨을 누리는 남은 자들에게 참여한다. 그들은 자신들에게 새로운 이름을 지어 준다. 이 이름들은 1:4-9에서 나왔던 전체 나라를 가리키고 있는 두 가지 이름들(부정적인 용어들로)이 미치게 되는 영향들을 뒤바꾸는 그런 의미를 가지는 이름들이다. 이제는 새로운 언약적 관계가 이전에 깨어진 관계를 대신하는 것을 선포하고 있다. 그러므로 2:3은 2:1-2에 적절하게 어울리는 절정이다. 그 새로운 이름들은 구원의 신탁에 대한 초석이 된다. 이 초석은 1:4-9에서 주어진 모든 이름들을 위한 보충적인 의미를 전반적으로 말해 주고 있다.

주석

2:1[1:10] 이스라엘 백성들이 헤아릴 수 없이 증가될 날이 오고 있다. 이런

백성의 증가는 부분적으로 원래는 이스라엘 백성이 아닌 사람들이 참여하게 됨으로써 이루어질 것이다.

열왕기하 15:19-20에서 주어진 숫자로 미루어 볼 때, 호세아 시대에는 북 이스라엘에 약 6만여 명의 자유 지주들이 있었던 것으로 보인다. 그러므로 땅을 소유하지 못한 사람들과 그들의 가족들을 포함하면 약 40만 명 아니면 40만 명보다 조금 더 많았을 것으로 보인다. 아마도 유다는 숫자적으로 보았을 때 이스라엘의 절반 정도(참조. 대하 13:3) 혹은 약 20만 명 정도였을 것으로 생각된다. 그렇다면 이스라엘의 전체 인구는 100만 명의 3분의 2를 넘어섰을 것 같지는 않다. 주전 722년에 사마리아로부터 포로 27,290명을 잡아왔다고 말하는 사르곤 2세(Sargon II)의 주장과 같은 부분적인 인구를 말하고 있는 다른 자료들은 위에서 언급한 대략적인 인구와 일치하는 것이다. 이스라엘은 작은 국가였다. 수도 니느웨(Nineveh)만 해도 12만여 명이 넘는 인구(욘 4:11)를 가지고 있었던 앗수르는 이스라엘과 유다보다도 훨씬 더 많은 인구를 가지고 있었다.

그러나 이 구절의 강조점은 수적인 성장 자체에 있는 것이 아니다. 그 강조점은 족장들에게 주어진 번성함의 약속이 성취되는 것에 있으며, 이스라엘과 유다의 재결합에 있다. 이스라엘과 유다의 발전은 1:4-9에 예언된 패배와 수치 그리고 실제적으로 주전 722년에 있었던, 앗수르로 인해 많은 사람들이 죽임을 당하는 경험 때문에 이루어진 패배와 수치를 역전시키는 그런 것일 것이다.

결국에는 이루어질 수많은 자손들에 대한 개념은 창세기에 나오는 족장들에 대한 약속 이야기들(13:16; 15:5; 22:17; 26:24; 28:14; 32:12)의 중심이며, 상벌규약을 말하는 본문들(레 26:9, 45; 신 30:5, 즉 우리가 말한 범주에서 4번에 해당되는 본문들)에 나오는 많은 자손들을 말하고 있는 약속들에 대한 언약적인 회복의 중심이 된다. 따라서 야웨가 호세아를 통해 선포한 새로운 세대는 가장 오래된 고대 전승들과 관련되어 있는 것이다. 이런 전승들 자체는 나누어진 나라를 전제로 말하고 있는 것이 아니다. 이어지는 구절에서 재결합의 분명한 약속을 말하고 있는 것을 염두에 두고 볼 때, 비록 "이스라엘 자손(들)"이라는 뜻의 베네 이스라엘(בני ישראל)은 호세아 4:1에서 북 왕국만을 지칭하는 것으로 볼 수 있을지라도, 이 문맥에서 베네 이스라엘(בני ישראל)은 북과 남이 결합된 온전한 이스라엘을 가리키는 것으로 의도된 것으로 보인다. 어쨌든 전체적인 본문에서 볼 때, 북 왕국은 남 왕국과의 재결합과 다른 민족들을 포함하는 일 없이는 회복될 수 없을 것이고 숫자적으로 확장되지도 않을 것이 분명하다. 여기에 포함되는 다른 민족들은 통합된 이스라엘 백성들과 동일한 이점들과 종말론적인 축복을 공유하게 될 것이다(참조. 3:5; 출 12:38).

"바닷가의 모래같이 되어서"라는 뜻의 케홀 하얌(כחול הים)이라는 어구를 포함해서 수적인 증가를 약속하는 어법은 창세기 32:12에 나오는 어법과 거의 동일하다. 그러나 이런 용어들로 표현된 이스라엘 인구에 대한 묘사는 족장과 관련된 상황에 전혀 제한되지 않는다. 그 어구 자체는 셀 수 없이 대단히 많은 것을 나타내는 상투어로 구약에서 다음과 같은 셀 수 없이 많은 상태를 나타내는 경우에 적용되었다. 즉 가나안 사람들(수 11:4), 아말렉 사람들/미디안 사람들(삿 7:12), 블레셋 사람들(삼상 13:15), 광야의 메추라기들(시 78:27), 곡식을 공급함(창 41:49), 하나님의 생각들(시 139:18), 욥의 고난들(욥 6:3), 정복당한 이스라엘의 과부들(렘 15:8) 등의 내용들이 수없이 많음을 나타낼 때 쓰였다. 역사적인 이스라엘이 **이미** 바다의 모래와 같이 수없이 많은 것으로 묘사된 다음과 같은 경우들도 있다. 즉 사무엘하 17:11(이스라엘이 전쟁을 위해 소집되었다); 열왕기상 4:20(솔로몬 시대의 유다와 이스라엘; 또한 사 10:22과 48:19을 보라). 다른 한편 예레미야 33:22은 호세아서에 있는 그 용어의 종말론적 강조와 매우 밀접하게 병행을 이루고 있다.

"사신 하나님의 자녀(들)"라는 의미를 가진 베네 엘-하이(בני אל־חי)라는 어구는 호세아서에서만 알려진 복합어이다. "사신 하나님"(אל־חי – 엘-하이)이라는 표현은 여호수아 3:10; 시편 42:3[2] 그리고 시편 84:3[2]에서만 나타난다. 비록 엘-하이(אל־חי)라는 표현 자체는 이사야서에 나타나지 않는다 할지라도, 말을 하지 못하고 움직이지 못하는 우상들과 사신 하나님 사이를 대조적으로 강조하고 있는 이사야서에 나오는 소위 "우상을 언급하는 본문들"(주로 사 40:18-20; 41:5-7; 44:9-20; 그리고 46:5-11)과 비교해 보도록 하라.

2 **[1:11]** 세 가지 극적인 반전(反轉)들이 이스르엘의 새로운 큰 날에 있게 될 것이다. 즉 한 지도자(두목) 아래 이스라엘과 유다가 통합될 것이고, 그들이 포로의 장소에서 돌아오게 될 것이며, 그들이 부흥하게 될 것이다(회복과 축복의 유형들 7, 8, 10).

쿠닉은 이 곳에서 아래와 같은 균형을 이루고 있는 시(詩)적인 이행연구(二行連句)를 말하고 있다(Kuhnigk, *NSH*, 5-6).

베니크베추 베네-예후다(וְנִקְבְּצוּ בְּנֵי־יְהוּדָה) 9

우브네 이스라엘 야흐다브(וּבְנֵי־יִשְׂרָאֵל יַחְדָּו) 9

만약 MT의 야흐다브(יחדו)가 동사로서 분석된다면, 아래와 같은 분명한 대칭 구조가 드러난다.

그리고 유다 자손들이 모이게 될 것이다
그리고 이스라엘 자손들이 결합될 것이다

그러나 이 구절은 오히려 산문인 것 같고, 음절을 세는 것"조차" 일정하지 않고 우발적인 것처럼 보인다. "함께"라는 뜻의 부사 야흐다브(*yḥdw*)는 절의 끝이나 시행(예를 들어, 암 1:15)의 끝에서 빈번하게 발견되는 어휘다. 이 부사가 놓인 위치는 아무런 문제가 되지 않는다.

"지정하다, 지명하다"라는 뜻의 심 라(שים ל)의 용도는 이스라엘 백성들이 사무엘에게 왕을 요청하는 사무엘상 8:5(שימה לנו מלך - 심마 라누 멜레크, "우리에게 왕을 세워")에서 이 어구의 언어학적인 병행어구가 발견된다. 여기서 호세아는 그들 스스로가 한 단일 **두목(지도자)**을 지명할 것이라고 예언하고 있다. 문맥에서 왕이라는 의미의 멜렉(מלך)의 사용을 피하고 있는데, 이것은 아마도 신탁들이 가지고 있는 종말론적인 성격으로 인한 것일 것이다(겔 40-48장 이곳 저곳을 참조하라). "머리"라는 어휘 로쉬(ראש)는 왕정 제도 이전 시대와 주로 관련되어 나타나며(참조. 민 14:4; 삿 11:8), 호세아서에서는 회복의 세대를 위한 하나의 예를 부분적으로 구성하는 시간과 관련되어 나타나고 있다. 이스라엘과 유다가 왕들을 선택한 시기는 투쟁과 전쟁과 불순종과 배교의 역사로 얼룩졌다. 주전 8세기의 이스라엘의 배교적인 왕들과 같지 않은 "두목"(지도자)은 새로운 세대에 통치하도록 지명될 것이다.

"그 땅에서부터 올라오리니(그리고 그 땅으로부터 올라올 것이다/회복될 것이다)"라는 히브리어 어구 베알루 민-하아레츠(ועלו מן־הארץ)는 이 구절의 가장 극적인 어법을 말해 주는 것으로서 다음과 같은 이중의 함의를 가진 어법이다. 즉 포로로 잡혀간 것으로부터 돌아오는 것과 "죽음"에서 부활됨을 말해 주고 있다. 이 용어는 상황에 매우 적절한 것이다. 이스라엘은 버려졌고, 이제 더 이상 야웨의 언약 백성이 아니며, 상관이 없는 백성으로서 멸망될 것이다(비록 유다의 멸망이 1:2-9의 그 어느 곳에도 언급되어 있지 않다 할지라도, 궁극적으로는 유다도 함께 멸망할 것이다). 이렇게 멸망당할 그들이 2:1-3에 나타나 있는 것과 같은 큰 백성이 되어 돌아오도록 하기 위해서는 커다란 반전(反轉)이 요구된다. 이런 커다란 반전을 묘사하기 위해 사용되는 용어로서 포로로 잡혀간 곳에서 돌아온다는 것과 더불어 회복-부활을 나타내는 용어들보다 더 적절한 용어가 있겠는가?

여기서 에레츠(ארץ)는 아마도 포로로 잡혀간 곳의 의미(참조. 신 4:27-30 등등)와 무덤을 둘러싸고 있는 땅 모두를 나타내는 의미로 사용되었을 것이다. 쿠닉은 에레츠(ארץ)를 "지하 세계"로 번역하고 있다(Kuhnigk, *NSH*, 8-10). 이 지하 세계라는 용어는 구약에 나오는 시적인 문맥에서 가지고 있는 의미(예를 들어, 시 71:20, 95:4; 사 43:6; 렘 15:7)다. 그리고 쿠닉은 다른 주석가들과 같이 아래와 같은 에스겔 37:12-14에서 발견되는 부활의 언어에 대한 밀접한 연관성을 주목하고 있다.

> 그러므로 너는 대언하여 그들에게 이르기를 주 여호와의 말씀에 내 백성들아 내가 너희 무덤을 열고 너희로 거기서 나오게 하고 이스라엘 땅으로 들어가게 하리라 내 백성들아 내가 너희 무덤을 열고 너희로 거기서 나오게 한즉 너희가 나를 여호와인 줄 알리라 내가 또 내 신을 너희 속에 두어 너희로 살게 하고 내가 또 너희를 너희 고토에 거하게 하리니 나 여호와가 이 일을 말하고 이룬 줄을 너희가 알리라 나 여호와의 말이니라 하셨다 하라

이스르엘의 큰 날이 의미를 가지게 되는 것은 바로 이런 문맥에서이다. 그 날은 단순하게 증가된 농업적 풍요를 누리는 날을 말하는 것이나 이스르엘 성읍이 이스라엘에서 부정적인 기억보다는 긍정적인 기억으로 남게 되는 날을 의미하는 것이 아니다. 오히려 그 날은 바로 국가적인 죽음과 추방을 말하는 언약적인 저주들로부터 이루어질 종말론적인 구원의 날이다. 이스르엘은 미국 역사에서 "게티스버그"(Gettysburg)나 "진주 만"(Pearl Harbor)과 같이 고대 이스라엘에서 감동적인 연상(聯想)으로 가득 찬 이름이었다. 이제 새롭고 중요한 날이 가까이 왔다. 이스르엘은 전체 이스라엘을 위한 하나의 본보기이며 상징이 된 것이다. "X의 날"이라는 구성은 문자적으로나 상징적으로 중요한 전쟁을 가리킬 수 있다. 이사야 9:4[3]의 "미디안의 날"과 선지서들의 여러 곳에 나오는 "야웨의 날"을 참조하라.

3 [1] 비록 다시 결합된 이스라엘과 유다의 미래 백성들이 서로 간에 이런 말들을 하게 될 사람들이라는 것이 분명하다 할지라도, "말하다"라는 복수 명령형 이므루(אמרו)는 구체적인 주어를 가지고 있지 않다. 또한 명령은 위안을 주는 현재의 어법으로서 역할을 하고 있다. 그 명령이 하나님의 백성들의 궁극적인 통일에 대해 예견적인 보장을 포함하고 있기 때문이다. 2:1-2을 잘 관찰해 보면 "형

제"와 "자매"는 유다 사람들을 포함한 동료 이스라엘 백성들을 나타내는 것임을 알 수 있다. 징벌이 완전히 이루어진 다음에 이스라엘 백성들이 자신들의 동료 성읍민들인 형제들과 자매들을 "내 백성"(암미)과 "긍휼히 여김을 받음"(루하마)이라고 부르게 될 날이 올 것이다. 야웨가 그들을 한 두목(지도자) 아래 모으시게 될 그 날이 반드시 온다.

그 날에 대한 다른 대안들 중에서 2:1-3이 주전 733년에 있었던 아람-에브라임 전쟁 바로 뒤에 이어지는 시간들을 반영하는 것이라고 보는 것은 가능한 견해다. 이 전쟁에서 이스라엘과 유다는 각각 아람과 앗수르와 동맹군을 이루었는데, 이들은 서로 호적수들이었다.

이제 호세아는 그런 대적들이 궁극적으로 서로 화해하며 **그리고** 그들의 하나님 야웨와 화목하게 되는 것을 확실하게 보증할 수 있다. 그리고 호세아는 그들이 그들의 말로 이 커다란 미래의 날을 기대하도록 초대할 수 있다.

해설

본문의 주된 요점이 되는 내용은 격려함이다. 미래는 영광스럽고 안전할 것이라는 사실이다. 호세아 시대의 이스라엘은 예언된 재통일과 수적인 확장을 이루게 하거나 방해할 그 어떤 일도 감행할 수 없었다. 이스라엘과 유다 그리고 지금은 알 수 없는 호세아 시대를 넘어서 종달론적인 상황에서 이루어질 한 "백성"을 위해 하나님은 친히 이런 변화들을 이루실 것이다.

구원의 날이 다가오고 있다. 그날에는 다음과 같은 일들이 이루어질 것이다. (1) 하나님 백성의 숫자가 광대하게 증가될 것이다. (2) 한 두목(지도자) 아래 재통일될 것이다. (3) 포로로 잡혀간 곳으로부터 돌아와서 회복/부활될 것이다. 이런 약속들은 현재 호세아 시대의 다음과 같은 상황들을 말해 주고 있다: 인구는 전쟁으로 인해 극심하게 줄어들었고, 나라는 나누어져 있으며, 분열되고 불안정한 왕조기를 지나고 있고, 앗수르로 포로로 잡혀가는 임박한 사태가 기다리고 있으며, 영적/언약적으로 무감각하며 생명이 없는 상황을 말해 주고 있는 것이다.

본문에서 예기되고 있는 것은 사사들의 시대에서 사울 왕권에 이르기까지 존속했던 고대 지파 동맹 제도의 단순한 회복을 말하는 것임을 나타내 주는 표시가 본문의 어디에도 없다. 그런 시대는 수적인 광대한 증가나 진정한 통합의 시대는 아니었기 때문이다(참조. 삿 18-21장). 의로운 이스라엘 무리가 희망했던 모든 것은 오로지 완전히 다른 미래의 세대에서만 이루어질 것이다.

그러나 1:2-9이 2:1-3 앞에 있듯이, 이런 축복의 시대는 진노의 시대 다음에 와야만 한다. 수적인 증가에 대한 약속은 이스라엘의 죄로 인해 이루어진 야웨의 심판이 이스라엘의 수적인 증가를 멈추게 한 뒤에야 이루어질 수 있다(참조. 4:9-10; 9:11-14, 16; 14:1[13:16]). 재통일에 대한 약속은 좀 더 있게 될 싸움과 나누어짐의 심판이 이루어지기까지 기다려야만 한다. 그의 통치 아래에서 통합된 백성들이 번성함을 누릴 수 있는 한 두목(지도자)에 대한 약속은 하나님이 부패한 왕들을 심판하시기까지는 실현되지 않는다(7:7; 8:4; 10:7; 10:15; 13:10-11). 부활은 죽음과 파멸 이후에 이루어진다. 죽음과 파멸을 먼저 참고 견디어야만 한다(4:3, 6; 5:9-10; 8:8; 9:6; 11:6; 13:1-3; 14:1[13:16]; 참조. 신 30:1-3). 따라서 본문은 호세아의 현재 시대와 가까운 미래의 정황과 전적으로 반대되는 내용을 말하고 있다.

새 언약의 관점에서 보았을 때, 이런 모든 것의 최종적인 성취는 그리스도의 사역을 통해 실현되는 것이 분명하다. 어떻게 그리스도의 사역이 이런 구원의 신탁과 연관되는 것으로 나타나고 있는가? 첫째, 그리스도의 몸인 교회다. 교회는 살아계신 하나님이 자신의 자녀들로 삼은(롬 9:24-26) 수많은 사람들로 이루어진다. 그리스도 안에 있는 사람들은 아브라함의 자녀들이 된다. 수적인 커다란 증가의 예언은 바로 아브라함의 자녀들을 바라보고 이루어진 것이었다. 교회는 하나님이 아브라함의 자손들을 위해 예비하셨던 것을 물려받게 되는 것이다. 이 아브라함의 자녀들을 통해 하나님의 약속이 성취된다(갈 3:29).

예수는 하나님 백성들의 특권적인 범위를 풀고 잠재적인 회원 자격을 이스라엘로부터 전(全) 민족으로 전환시킴으로써 이스르엘의 큰 날을 시작하셨다. 그리스도의 사역 안에서 2:1[1:10]의 의미에 특별한 가치가 더해진 것이다. 이것은 이스라엘 백성들만이 하나님에게 회복되는 것을 말하는 것이 아니고, 결코 하나님의 자녀라고 주장할 수 없었던 백성들이 온 세상을 위해 그리스도가 희생된 공로에 힘입어 하나님의 백성에 들어갈 수 있는 가능성을 가지게 된 것을 의미하는 것이 분명하다. 호세아는 하나님이 얼마나 극적으로 그리고 얼마나 광대하게 이런 구원의 말씀을 궁극적으로 성취하실 것인지를 정확하게 볼 수는 없었을 것이다. 우리도 전적으로 정확하게 볼 수는 없다. 볼프가 지적하듯이 "이것은 이스라엘과 관련해서도 아직 성취되지 않았으며(롬 10:1; 11:26), 또한 민족들과 관련해서도 아직 성취되지 않은 것이다(계 7:9 이하)."

놀라운 종말과 함께 진행될 이혼 절차(2:4-17[2-15])

참고문헌

Allegro, J. M. "A Recently Discovered Fragment of a Commentary on Hoses from Qumran's Fourth Cave." *JBL* 78(1959) 142-48. **Barth, C.** "Zur Bedeutung der Wustentradition." *Congress Volume*. VTSup 15. Leiden: E. J. Brill, 1966. 14-23. **Baumgärtel, F.** "Die Formel *ne'um-jahweh*." *ZAW* 73(1961) 277-90. **Brongers, H. A.** "Bemerkungen zum Gebrauch der adverbialen *we'attāh* im Alten Testament." *VT* 15(1965) 289-99. **Cassuto, U.** "The Second Chapter of the Book of Hosea." *Biblical and Oriental Studies*. Vol. 1. Tr. I. Abrahams. Jerusalem: Magnes Press, 1973. 101-40. **Clines, D. J.** "Hosea 2: Structure and Interpretation." *Studia Biblica 1978. I. Papers on Old Testament and Related Themes*, ed. E. A. Livingstone. JSOTSup 11. Sheffield: JSOT Press, 1979. 83-103. ______. "Story and Poem: The Old Testament as Literature and as Scripture." *Int* 34(1980) 115-27. **Deem, A.** "The Goddess Anath and Some Biblical Hebrew Cruces." *JSS* 23(1978) 25-30. **Freedman, D. N.** "*Pšty* in Hos 2:7." *JBL* 74(1955) 275. **Friedman, M. A.** "Israel's Response in Hosea 2:17b: 'You are my Husband.'" *JBL* 99(1980) 199-204. **Galbiati, E.** "La struttura sintetica di Osea 2." *Studi sull'Oriente e la Bibbia offerti a Giovanni Rinaldi*, ed. G. Buccellati et al.. Genoa: Editrice Studio e Vita, 1967. **Geller, M. J.** "The Elephantine Papyri and Hosea 2, 3: Evidence for the Form of the Early Jewish Divorce Writ." *JSJ* 8(1977) 139-48. **Holladay, W. L.** "EREṢ—Underworld: Two More Suggestions." *VT* 19(1969) 123-24. **Humbert, P.** "La formule hebraïque en *hineni* suivi d'un participe." *REJ* 97(1934) 58-64. repr. in *Opuscules d'un hebraïsant*. Memoires de l'Universite de Neuchatel 26. Neuchatel: Sécretariat de l'Université, 1958. 54-59. **Jongeling, B.** "Lākēn dans l'Ancien Testament." *Remembering All The Way*. Oudtestamentische Studien 21. Leiden: E. J. Brill, 1981. **Krszyna, H.** "Literarische Struktur von Os 2, 4-17." *BZ* 13(1969) 41-59. **Kruger, P. A.** "Israel, the Harlot(Hos 2:4-9)." *JNSL* 11(1983) 107-116. **Limburg, J.** "The Root ריב and the Prophetic Lawsuit Speeches." *JBL* 88(1969) 291-304. **Lys, D.** "J'ai deux amours, ou l'amant jugé: Exercise sur Osée 2, 4-25." *ETR* 51(1976) 59-77. **Nielsen, K.** *Yahweh as*

Prosecutor and Judge: An Investigation of the Prophetic Lawsuit. Tr. F. Cryer. JSOTSup 9. Sheffield: JSOT Press, 1978. **North, F. S.** "The Expression 'The Oracle of Yahweh' as an Aid to Critical Analysis." *JBL* 71(1952) x. **Riemann, P. A.** "Desert and Return to Desert in the Pre-exilic Prophets." Unpublished Ph.D. Dissertation, Harvard University, 1964. **Tangberg, K. A.** "A Note on *pištî* in Hosea II 7, 11." *VT* 27(1977) 222-24. **Thompson, J. A.** "Israel's 'Lovers.'" *VT* 27(1977) 475-81. **Tsimaryon, Ts.** "I Will Go and Return to My First Husband(Hos. 2:9)." *BMik* 31(1985/86) 293-97.[Heb.] **Turner, P. D. M.** "'Anoikodomein and IntraSeptuagintal Borrowing." *VT* 27(1977) 492-93. **Würthwein, E.** "Der Ursprung der prophetischen Gerichtsrede." *ZTK* 49(1952) 1-16. **Yeivin, I.** "Assimilation of *Nûn* at the End of a Word." *Leshonenu* 42(1977) 73-4(Hebrew). **Young, D. W.** "Notes on the Root *ntn* in Biblical Hebrew." *VT* 10(1960) 457-59.

본 문

야웨가 이스라엘을 대항해서 증거를 말하다

2:4[2] 너희 어미와 쟁론하고 쟁론하라 저는 내 아내가 아니요 나는 저의 남편이 아니라 저로 그 얼굴에서 음란을 제하게 하고 그 유방 사이에서 음행을 제하게 하라

심판을 예시함

5[3] 그렇지 아니하면 내가 저를 벌거벗겨서 그 나던 날과 같게 할 것이요 저로 광야같이 되게 하며 마른 땅같이 되게 하여 목말라 죽게 할 것이며

부가적인 증거

6[4] 내가 그 자녀를 긍휼히 여기지 아니하리니 이는 저희가 음란한 자식들임이니라

7[5] 저희의 어미는 행음하였고 저희를 배었던 자가 부끄러운 일을 행하였나니 대저 저가 이르기를 나는 나를 연애하는 자들을 따르리니 저희가 내 떡과 내 물과 내 양털과 내 삼과 내 기름과 내 술들을 내게 준다 하였느니라

첫 번째 심판 선언

8[6] 그러므로 내가 가시로 그 길을 막으며 담을

Yahweh introduces the evidence against Israel

2:4[2] Make an accusation against your mother. Make the accusation that[a] she is not my wife, and I am not her husband And that she must remove her signs of prostitution from her face, And her signs of adultery from between her breasts.

Adumbration of judgment

5[3] Or else I will strip her naked And leave her like she was the day she was born. I will make[a] her like the wilderness, I will make[a] her like the parched land, I will cause her to die of thirst.

Additional evidence

6[4] I can have no compassion on her children Because they are prostituting[a] children:

7[5] Because their mother has practiced prostitution: She who conceived them has been a disgrace. Because she said: 'I will follow my lovers, Those who gave me food and water, Wool and flax, oil[a] and drink.'[b]

The first judgment sentence

8[6] Therefore: I am going to block her[a] way

쌓아 저로 그 길을 찾지 못하게 하리니

9[7] 저가 그 연애하는 자를 따라갈지라도 미치지 못하며 저희를 찾을지라도 만나지 못할 것이라 그제야 저가 이르기를 내가 본 남편에게로 돌아가리니 그 때의 내 형편이 지금보다 나았음이라 하리라

부가적인 증거

10[8] 곡식과 새 포도주와 기름은 내가 저에게 준 것이요 저희가 바알을 위하여 쓴 은과 금도 내가 저에게 더하여 준 것이어늘 저가 알지 못하도다

두 번째 심판 선언

11[9] 그러므로 그 시절에 내가 내 곡식을 도로 찾으며 그 시기에 내가 내 새 포도주를 도로 찾으며 또 저희 벌거벗은 몸을 가리울 내 양털과 내 삼을 빼앗으리라

12[10] 이제 내가 그 수치를 그 연애하는 자의 눈앞에 드러내리니 저를 내 손에서 건져낼 사람이 없으리라

13[11] 내가 그 모든 희락과 절기와 월삭과 안식일과 모든 명절을 폐하겠고

14[12] 저가 전에 이르기를 이것은 나를 연애하는 자들이 내게 준 값이라 하던 그 포도나무와 무화과나무를 거칠게 하여 수풀이 되게 하며 들짐승들로 먹게 하리라

15[13] 향을 살라 바알들을 섬긴 시일을 따라 내가 저에게 벌을 주리라

부가적인 증거

저가 귀고리와 패물로 장식하고 그 연애하는 자를 따라가서 나를 잊어버리고 - 나 여호와의 말이니라

세 번째 심판 선언 - 놀라운 판결

16[14] 그러므로 내가 저를 개유하여 거친 들로 데리고 가서 말로 위로하고

17[15] 거기서 비로소 저의 포도원을 저에게 주고

with thorns, And I will put up a wall for her[b] So that she cannot find her paths;

9[7] So that when she pursues her lovers, She will not catch up with them And when she seeks them, she will not find them.[a] She will say: 'Let me go back to my first husband, because things were better for me then than they are now.'

Additional evidence

10[8] She does not know that it was I who gave her the grain, fruit-of-the vine,[a] and olive oil: and supplied her in abundance with silver, and provided[b] her with gold – not Baal![c]

The second judgment sentence

11[9] Therefore: I will take back my grain at its time, And my fruit-of-the-vine at its season. And I will snatch away my wool and flax, Used to cover[a] her nakedness.

12[10] Now I will expose her shamefulness[a] in front of her lovers, And no one can rescue her from me.

13[11] I will put an end to all her rejoicing – Her feats,[a] her new moon celebrations, her sabbaths – all her special days.

14[12] I will turn them into a forest,[a] I will demolish her vines and fig trees, of which she said, 'They are the payment my lovers gave me.' Or wild animals[b] will eat them up.

15[13] I will take her to task for the days devoted to the Baals, On which she has been burning offerings[a] to them.

Additional evidence

She dressed up with her rings and her jewelry And followed her lovers, but forgot me. – Oracle of Yahweh.[b]

The third judgment sentence – a surprise verdict

16[14] Therefore: I am going to seduce her. I will bring[a] her into the wilderness And I will romance her.

17[15] I will give her the vineyards[a] from there

아골 골짜기로 소망의 문을 삼아 주리니 저가 거기서 응대하기를 어렸을 때와 애굽 땅에서 올라 오던 날과 같이 하리라

And the Achor Valley as a gateway of hope. She will respond there as she did when she was young. As when she went up from the land of Egypt.

원문주해

4.a. 키(כי)를 "…것"(that)이라는 관계사로 본다면, 이 소송의 내용은 본 구절에서 일차적으로 다음과 같은 것이다. 즉 그 소송의 내용은 어떤 이혼 절차 속에 있는 부정한 것에 대한 소송을 말한다.

5.a. 쉬트(שׁית)라는 동사는 심(שׂים)이라는 동사와 동의어다. 시(詩)적인 이행연구(二行連句)들에서 심(שׂים)에 대해 가장 일반적으로 쓰이는 병행 동사다. 따라서 여기서 "만들다, 되게 하다"라는 위의 두 가지 히브리어 어휘들을 위해 쓰이고 있다.

6.a. "원문주해" 1:2을 참조하라.

7.a. 여기에 쓰인 쉐멘(שמן)이라는 용어는 가공 처리된 기름을 말한다. 이것은 10절에 나타나는 이츠하르(יצהר)와는 반대되는 것이다(이츠하르는 가공 처리되지 않은 생감람유를 나타냄).

7.b. "(내) 떡"이라는 의미의 라흐미(לחמי)와 "(내) 물"이라는 의미의 메마이(מימי) 등과 같은 단어들에 붙어 있는 접미어들은 단순한 소유격 접미어들이라기보다는 실제적으로는 여격을 나타내는 접미어들이다. Kuhnigk, *NSH*, 10-13를 보라.

8.a. 문맥은 MT가 가지고 있는 "너의(여성 단수) 길을"이라는 어구보다는 "**그녀의** 길"이라는 어구를 필요로 하고 있다. 쿠닉은 MT의 다르케크(דרכך)에 있는 자음들을 키(כי)를 강조하는 다르크-키(דַּרְךְּ־כִי, "[그녀의] 바로 그 길")로 발음해야 한다고 제안하고 있다(Kuhnigh, *NSH*, 14-15). 이런 쿠닉의 견해는 가능한 것이다. G와 Syr은 "그녀의 길"이라는 3인칭 여성 단수 접미어를 가지고 있다. G는 어려운 사크(שׂך, 여기서 "막다"로 번역된 주도적인 동사임)라는 단어를 "내가 벽을 쌓을 것이다"라는 뜻의 하노이코도메소(*ἀνοικοδομήσω*)로 수정하고 있다. 이것은 애가 3:9에 대한 2차적인 자료일 가능성이 있다(Turner, "Anoikodomein," *VT* 27[1977] 492-93).

8.b. 여격 속에 있는 접미어를 소유격의 의미에 반대되는 것으로 읽은 것. 위의 7.b.를 보라.

9.a. G는 실제적으로 "그들을"이라는 뜻의 아우투스(*αὐτούς*)를 첨가하고 있다. 이것은 동사들을 위해 대명사 목적어를 사용하는 G의 일반적인 용법을 반영해 주고 있는 것이다. 그러나 Vg에서는 일반적으로 대명사가 쓰여야 할 것으로 생각되는 곳에서 어떤 대명사도 나타나지 않는다.

10.a. 히브리어 티로쉬(תירוש)는 "새 포도주"를 의미하지는 않는다. 이 어휘는 "포도주"를 위한 일종의 고어체의 시적인 어휘다. 따라서 우리는 고어체의 시적인 영어인 "포

도나무의 열매"를 사용하고 있다.

10.b. MT의 아수(עָשׂוּ)를 부정사 절대형으로 읽는 것은 "그들이 만들었다"라는 의미를 가진 3인칭 남성 칼 완료 직설법을 어형론(語形論)적으로 표시하려는 것을 보여 주려는 것이다. 그러나 구문론적으로 볼 때 이 단어는 매우 어렵다. **카툴**(*qātul*) 형태에서나(예들을 위해서는 Kuhnigk, *NSH*, 20를 보라) 혹은 다른 대안적인 동사 아사(עָשָׂה)의 모음점을 다시 찍은 형태인 아소(עָשׂוֹ)에서 아수(עָשׂוּ)를 부정사 절대형으로 보는 것은 매우 선호되는 견해다.

10.c. MT의 라바알(לבעל)은 "바알이 아니다"라는 뜻의 로바알(*lōba'al*)로 읽는 것이 가장 좋다. 알렙(*'aleph*)의 생략으로 인해 어느 정도 변칙적인 철자를 포함하고 있기 때문이다. Van Dijk, *Ezekiel's Prophecy on Tyre*(Rome: Pont. Bib. Inst., 1968), 105와 Kuhnigk, *NSH*, 19-20를 보라.

11.a. G는 레카쏘트(לכסות)를 목적절로 간주해서 마치 라메드(ל)가 로(*lō'*)를 나타낸 것처럼 부정되고 있다(*μὴ καλύπτειν* – 메 칼륍테오, "가리우지 않기 위해"). 그러나 우리는 이 어구를 "가렸던"이라는 관계절로 본다. 다른 가능한 견해는 피엘 **인칭**(*privatum*)이 있는 것으로 가정하는 것이며, "…을 드러내기 위해"라고 번역하는 것이다.

12.a. "그(그녀의) 수치를"이라는 뜻의 나브루타흐(נבלתה)는 종종 "그녀의 외음부를"이라고 번역된다. 그러나 그런 의미에 대한 실제적인 사전적 증거는 없다. 그렇지만 완곡어법의 용례는 성서 히브리어에서 너무나 일반적이다. 그러므로 이 용어는 예절에서 벗어나게 가려진 여성 신체의 부분들을 암시하기 위해 의도된 것일 수 있다.

13.a. G와 몇몇 현대 역본들과 마찬가지로 여기에 쓰인 단수들은 집합적인 의미로서 이해되어야만 하며, 복수로 번역되는 것이 가장 좋다.

14.a. G의 "증거"라는 의미의 마르튀리온(*μαρτύριον*)은 원문 훼손을 반영해 주고 있는 어휘다. 즉 "수풀"이라는 뜻의 야아르(יער)보다는 아야드(עיד)로 본 것이다.

14.b. G는 "하늘의 새들과 땅의 파충류들이"라는 어구를 첨가하고 있다. 이것은 단순한 확대가 아니라 MT에서 보이는 가운데 글자를 빠뜨리고 쓴 오류(haplography)를 반영해 주는 것일 수 있다.

15.a. 카타르(קטר)의 정확한 의미가 무엇인지에 대해서는 아직도 논란이 되고 있다. 다른 대안적인 번역은 "향을 사르는 것"이다.

15.b. 네움 야웨(נאם יהוה)라는 표현을 번역하는 데 있어서 취할 수 있는 선택적 대안들에 대해서는 Baumgärtel, *ZAW* 73(1961) 277-90를 보라.

16.a. G는 "그리고 내가 만들 것이고 정할 것이다"라는 뜻의 카이 탁소(*καὶ τάξω*)를 쓰고 있는데, 이것은 "그리고 나가 이끌 것이다"라는 뜻의 카이 카탁소(*καὶ κατάξω*)의 내적인 헬라어 원문 훼손임에 거의 틀림이 없다.

17.a. G는 다른 히브리어 원문을 반영하고 있는 것으로 생각되는 "그녀의 소유들"이라는 의미의 타 크테마타 아우테스(τὰ κτήματα αὐτῆς)를 쓰고 있다. 그러나 σ́ 역본은 MT의 내용을 반영하고 있는 "저(그녀)의 포도원(들)"이라는 뜻의 투스 암펠로나스 아우테스(τοὺς ἀμπελῶνας αὐτῆς)라는 어구를 가지고 있다.

양식/구조/배경

2:4-17에 나오는 이야기들의 일반적인 형태는 소송 혹은 법률적인 고발(ריב - 리브)의 형태다. 선지자들이 자주 애용하고 효과적으로 사용하는 기법은 야웨를 자신의 율법을 어긴 백성인 이스라엘에 대해 법정의 소송을 다루는 검사로 묘사하는 것이었다. 이 본문에서 이스라엘을 나타내고 있는 주도적인 은유(隱喩)는 야웨의 아내라는 것이다. 그 아내의 신실하지 못함은 야웨로 하여금 그녀의 간음을 고발하며 이혼 소송을 제기하게 만들었다(처음에는 그렇게 보인다). 그녀는 피고(被告)인이다. 그러나 그(야웨)는 여전히 그녀(이스라엘)를 사랑하고 있음이 점점 더 분명해진다. 야웨는 그녀의 부당한 취급을 받은 남편으로 원고(原告)다. 그러나 그는 또한 고소하는 검사이며 심판관이고 배심원이며, 심지어 법정의 판결을 수행할 경찰 관료가 되기도 한다. 현대 이혼 용어를 사용할 때, 소송에 "관련된 자들"은 그녀가 사랑하는 자들인 바알들이다. 그 바알들과 더불어 지내면서 그녀는 그녀의 남편인 야웨에 대해 신실하지 못했다. "그러므로"라는 의미의 라켄(לכן, 8, 11, 16절)으로 시작되는 세 가지 종류의 징벌들이 있을 것이다.

이 법정 소송의 처음과 끝 모두는 놀랍도록 뒤틀린 구조를 가지고 있다. 서두에서(4절) 이스라엘의 자녀들은 야웨가 자신의 아내를 고발하는 자신의 증거를 지지해 달라는 요청을 받는다. 그 고발의 일부분으로서 이스라엘의 자녀들이 그들의 증언을 해줄 것을 요청 받고 있는데, 이것은 그 소송의 특이하고 놀라운 개막을 보여 주고 있다. 끝에서(16-17절) 야웨는 그 범죄에는 맞지 않는, 그러나 그 자신이 가진 사랑의 은총에는 맞는 세 번째 "징벌"을 선포한다. 야웨는 이스라엘의 신실하지 못함에 대해 엄중히 징벌하고, 그 징벌로 인해 이스라엘이 속국이 되게 한 뒤에, 이스라엘과 사랑의 관계를 회복하려고 이스라엘과 다시 애정을 나눌 것이다. 비록 비법률적인 은유이기는 할지라도, 에스겔 16장에 나오는 이야기와 유사한 병행적인 내용들이 본문 전체에 매우 두드러지게 보인다. 이런 병행적인 묘사들은 각 구절의 주석에서 언급될 것이다.

4-17절은 일종의 독립적인 단위를 구성하고 있다. 2:1-3에는 법정 은유(隱喩)

적 표현이 보이지 않는다. 이어서 나오는 단락은 더 이상 법정 은유와 관련을 보이지 않지만, “그 날에”라는 의미를 가진 베하야 바욤 하후(והיה ביום ההוא)라는 새로운 도입 어구 형식을 사용하면서, 이스라엘을 야웨의 아내로 분명하게 언급하고 있다. 이런 특성은 2:1-3을 2:4-17로부터 형식적으로 분리되도록 해준다. 2:4-17에서는 부정한 아내가 항상 3인칭으로 지칭되고 있으며 법률적인 문제들이 주로 다루어지고 있다.

기본적 구조는 호세아서 전반에 걸쳐 발견되는 것과 같이 징벌에 대한 증거와 예언들이 교대로 나오는 것을 반영해 주고 있다. 본문의 구체적인 특성들은 아래와 같이 요약될 수 있다.

4a절	야웨가 법정에 소송을 제기하심(고발과 증거)
4b절	이스라엘을 위해 야웨가 바라고 요망하시는 것(이스라엘의 문란한 행위를 중단하는 것)
5절	징벌에 대한 첫 번째 언급(이스라엘은 중죄를 지었다)
6-7절	이스라엘을 소송하는 증거
8-9절	야웨의 첫 번째 심판 선고(사로잡힘과 억류)와 그 심판 선고로 인해 기대하는 결과: 회개
10절	이스라엘을 소송하는 증거
11-15a절	야웨의 두 번째 심판 선고(황폐화되는 다양한 양상들)
15b절	이스라엘을 소송하는 증거
16-17절	야웨의 최종적이며 놀라운 “심판” 선고

본문의 대부분은 자유로운 구절로 이루어져 있다. 불규칙적이고 종합적인 병행구절들과 균형을 이루지 못하고 있는 운율의 비율이 매우 높은 자유로운 구절들이다. 어떤 부분은 전통적인 운율을 이루고 있고(4-7a절), 어떤 부분은 아마도 운율적인 것으로 보인다(6-7a절). 만약 그 부분들이 생략된 산문체의 첨가 부분과 더불어 종결부의 다양성을 위해 조정된다면, 그리고 주전 8세기 화법에 따라 음성화된다면, 병행 부분들과 음절 운율(Stuart, *Studies in Early Hebrew Meter*를 보라)은 아래와 같이 요약될 수 있을 것이다.

4-7절:

4a절	삼행연구(三行聯句)	종합적인	6:7:7	1:1:1
4b절	이행연구(二行連句)	동의어의	10:10	1:1
5a절	이행연구(二行連句)	동의어의	8:9	1:1

5b절 삼행연구(三行聯句) 동의어의 7:7:7 1:1:1
6절 이행연구(二行連句) 종합적인 8:8 1:1:1
7a절 이행연구(二行連句) 동의어의 6:6 1:1

16-17절:

16절 삼행연구(三行聯句) 종합적인 7:7:7 1:1:1
17a절 이행연구(二行連句) 종합적인 10:8 1:1
17b절 이행연구(二行連句) 동의어의 11:11 1:1

(16a절에서는 라켄 히네[לכן הנה]라는 어구가 시 부분에 대한 서론적인 역할을 하고 있으므로, 시행[詩行]의 첫머리에 파격으로 덧붙인 하나 또는 두 개의 약한 음절인 행수여잉음[行首餘剩音]인 것으로 추측된다. 이 행수여잉음을 운율적으로 계산해서는 안 된다)

이 구절들에서 삼행연구 뒤에 두 개의 이행연구가 따라 나오는 것이 세 번이나 된다는 사실에 특별히 달리 의미가 있는 것은 아니다. 삼행연구들과 이행연구들은 히브리 시에서 자유로우며 예견할 수 없을 정도로 다양하다. 이 곳에서 분별할 수 있는 특별한 형태는 우연적인 것이다.

본문은 이스라엘의 경제적인 번영의 상태를 반영해 주고 있다. 미래의 상실과 빈곤(5, 7, 10, 11, 15절)이 현재의 풍요와 대조적으로 나타나고 있다. 또한 본문은 거룩한 날들을 가지고 있는 공식적인 야웨 제전이 널리 지켜지고 있었을 뿐만 아니라(13, 15절), 왕성하게 성장해 가는 바알주의의 풍요로운 제전이 존재하고 있었음(7, 10, 15절)을 전제하고 있다. 본문은 안으로 내전으로 인해서나 밖으로 앗수르나 다른 이방의 강대국들로 인해서 초래되는 평화와 번영을 위협하는 일을 언급하고 있지 않다.

아마도 이런 여건들은 호세아 사역의 초반 시기와 일치할 것이다. 즉 여로보암 2세 통치의 마지막 "황금기"(즉, 주전 약 760-755년경)로서 디글랏-빌레셀 3세의 인도 아래 앗수르 군대의 첫 서방 원정으로 인해 야기되는 경제적이며 정치적인 반전(反轉)들 바로 이전의 상황이었을 것이다. 이혼이라는 관점에서 언약이 깨졌음을 말하고 있는 이 본문의 비유적인 표현과 언약이 다양한 명칭들로 깨졌음을 묘사하고 있는 1:2-9의 비유적인 표현 사이에는 유사한 면들이 있다. 또한 이 유사한 면들은 상대적으로 이른 시기를 말해 주는 증거로서 고려될 수 있을 것이다.

본문은 더 작은 단위들로 쉽사리 나누어질 수 없다. 그런 작은 단위들은 조각들에 불과할 것이며, 그 의미를 위해서는 전반적인 문맥에 의존하고 있는 것들이기 때문이다. 개별적인 신탁들이었던 어떤 자료들을 호세아가 결합된 비유적 단일 본문으로 만들었을 것이라고 보는 것은 전혀 불가능한 일은 아니다. 그러나 본문이 호세아적인 것이 아닐 수 있다고 생각하기는 어렵다. 어떤 편집자가 호세아서의 다른 부분들에 수많은 미세한 연결 부분들이 있는, 그렇게나 복잡하고 뒤섞여 짜인 풍유(諷喩)적인 이야기를 만들었을 것 같지는 않다.

주석

4 [2] 감정이 상한 남편이면서 아버지인 인물(야웨)의 등장으로 법정 장면이 열리고 있다. 그는 법정에서 원고(原告)로서 말을 하고 있는데, 먼저 자신의 자녀들에게 이야기를 하고 있다. 그의 말은 고발에서 훈계로 이동하고 있다. 그는 그녀에 대한 자신의 소송을 지지하도록 하기 위해 자신의 자녀들에게 그들의 어머니를 대항해서 고발할 것을 요청하고 있다. 풍유(諷喩)에 쓰인 이런 예술적인 파격(破格, license)의 장치를 통해 독자/청자는 간음하는 아내로 묘사되는 전체 이스라엘과 이스라엘의 자녀들 혹은 시민들을 최소한 몇몇 무리로 나누게 되는 구분을 이해해야만 한다.

퉁명스럽고 반복되는 명령법(ריבו – 리부, "쟁론하라, 고발하라")은 그 자녀들이 "적개심에 불타는 증인들"이라는 것을 말해 준다. 이 알레고리(풍유) 자체는 전반적인 사악함에 대한 예외적인 경우들을 염두에 두고 있는 것은 아니다. 묘사된 장면은 그들의 신실치 못한 어머니를 대항하는, 부당한 대접을 받고 있는 그들의 아버지 편을 자발적으로 두둔하는 착한 자녀들을 그리고 있는 장면이 아니다. 자녀들과 어머니는 한 무리, 한 통속이기 때문이다. 만족한 상태(10절)로부터 우상 숭배(15절)에 이르기까지 그들 각각의 행동들과 태도들은 그들이 말하는 대로 유죄를 증명하는 증언을 이루게 될 것이다.

뷰르트봐인은 리브(ריב)의 기본적인 의미는 고발하는 것임을 보여 주고 있다(Würthwein, *ZTK* 49[1952] 4). "…에 대항해서"라는 의미를 가진 전치사 베(ב)가 이 곳에 쓰이고 있다는 것은 리브 동사의 이런 기본적인 의미를 분명히 보여 주고 있는 것이다. 자녀들을 통해 이루어지고 있는 법률적인 고발의 구체적인 내용은 원고인 야웨와 그의 아내인 이스라엘 사이의 결혼은 무효화되었다는 것이다. 많은 주석가들은 "저는 내 아내가 아니요 나는 저의 남편이 아니라"고 하는 어구를 이스라엘의 법률적 이혼 형식문의 종류를 대변하는 것이라고 본다. 그러나 이런 견해를 지지해 주는 분명한 증거는 없다. 다만 그렇다고 볼 수 있는 적절한 추론에 불과한 것이다. 이혼 문제는 이 알레고리의 주된 요점에 대한 부차적인 내용일 뿐이다. 이 이야기는 이혼보다는 간음에 대한 소송이다. 본문이 진행됨에 따라서 이혼은 신실하지 못한 이스라엘이 견뎌내야만 하는 징벌들 중 단지 하나에 불과한 것이며, 이혼은 그 소송의 유일한 목적이 아니라는 것이 명백해질 것이다. 이런 법률적 행위의 목적은 교정을 위한 것이며 회복을 위한 것이다. 궁극적으로 원고는 이혼을 구하고 있는 것이라기보다는 정화된 아내를 원하고 있다. 자녀들의 증언이 의미를 가지게 되는 것은 바로 이런 좀 더 일반적인 의미 속에서이다. 자녀들의 고발은 **이루어진 행위**(**사실**; *fait accompli*)와 관련이 있다. 즉 이스라엘의 신실치 못함은 언약을 파괴해 버린 것이다. 이 법률 사건의 본질은 4[2]절에서 이미 제시된 증거인 이스라엘이 저지른 불의한 "음행"이다.

4b[2b]절의 훈계에서 원고(原告)는 자신의 아내가 해야 할 개선의 가장 기본적인 단계로 그녀의 외모를 바꿀 것을 원하고 있다. 추상명사 복수형들인 제누네이아(זנוניה)와 나아푸페이아(נאפופיה)는 애매모호한 면이 있는 어휘들이다. 이 어휘들은 각각 "그녀의 음란(매춘)"과 "그녀의 음행(간음)"으로 간략하게 번역될 수 있다. 그러나 문맥은 이 어휘들이 또한 매춘부의 얼굴에 바른 화장품이나 몸에 걸친 보석들을 가리키는 것을 말하고 있다. 비록 우리가 바알 숭배 복장에 대한 실제적인 확증을 가지고 있지는 못할지라도, 이런 용어들은 바알 숭배 시에 여성들이 몸에 지녔던 부적들과 관련된 것들이라고 보는 가능성 있는 견해가 있는데, 이는 매우 흥미로운 생각이다.

남편은 자신의 아내를 3인칭으로만 말하고 있다. 이것은 증오 자체를 반영하고 있는 것이라고 볼 필요는 없다. 아마도 피고에게가 아니라 법정과 증인들에게 이야기되는 법률적인 문체의 한 측면을 나타내 주는 것일 것이다.

5[3] 이제 담론은 고발과 훈계로부터 위협, 즉 최후통첩으로 곧바로 이동해 간다. 야웨의 역할은 이제 이전의 "유죄" 판결을 실행할 능력을 가진 심판관의 역할이다. 만약 이스라엘이 그녀 자신의 부정한 외부의 표지들을 제거하지 않는다면, 야웨는 그녀의 옷과 음식과 물을 제거하실 것이고, 이로 인해 그녀는 위험에 노출되어 죽게 될 것이다. 본 절의 전반부에서 이스라엘은 아내였다. 이제 그녀는 토지다(광야로 되돌려질 백성이 아니다. Freedman and Andersen, 226과 **반대**되는 견해임).

자신의 아내에게 옷과 음식과 물을 제공해 주는 것은 남편의 법률적인 책임이었다(출 21:10). 이스라엘의 부정함은 결혼으로 얻은 권리들을 보장해 주는 책임을 깨뜨렸다. 이제 음식과 옷조차 빼앗기게 될 것이다. 이 곳에는 에스겔 16장과 병행되는 면들이 강하게 드러난다. 출생 시에 이스라엘은 무기력하게 버려진 유아였었는데, 야웨는 그녀에게 자신의 사랑어린 보호를 베풀어 주셨다. 이제 장성해서 그녀는 야웨의 사랑을 잊어버렸고, 공공연하게 야웨를 속이고 있다. 비록 그녀가 그런 것을 깨닫지 못한다 할지라도, 그녀는 처음부터 내내 그에게 전적으로 의존하고 있었던 것이다. 야웨는 그녀를 버림으로써 그녀를 이내 무기력하게 만드실 수 있다(참조. 6[4], 8[6], 10-14[8-12]절).

이스라엘을 벌거벗긴다고 위협하는 어구(5a[3a]절, 갈라[גלה]; 참조. 12[10]절)는 수많은 고대 근동 조약들에 들어 있는 저주의 말을 떠올리게 해준다. 고대 근동 조약들에서 매춘부와 같이 벌거벗긴다는 것은 조약의 언약을 깨뜨린 것에 대한 징벌을 나타내 주는 일종의 은유(隱喩)적인 표현이다(Hillers, *Treaty Curses*, 58-59를 참조하라). 또한 이외에도 이 저주의 말은 바알 예전의 요소들 중에 어떤 것들을 의도적으로 아이러니컬하게 사용하는 데서 파생된 것일 수 있다. 가나안 족속들과 그들 가운데 있는 많은 이스라엘 개종자들은 토지를 여성으로 간주했다. 즉 바알의 비(정자)로 비옥하게 되는 토지로 보았다. 기후와 날씨의 신으로서 바알은 **가장 뛰어난**(*par excellence*) 풍요의 신이었다. 호세아는 이런 비유적인 표현을 이스라엘의 바알주의자들을 대항해서 묘사하고 있는 것이다. 사실 토지는 그 비옥함이 오직 야웨에게만 달려 있다. 바알은 헛된 불모의 우상이다!

고대 이스라엘에서 간음에 대한 일반적인 징벌은 불태워 죽이는 것(창 38:24; 레 21:9)이나 돌로 쳐 죽이는 것(신 22:23-24)이었다. 이런 징벌은 본문에 전혀 언급되고 있지 않다. 묘사된 여러 가지 징벌, 즉 추방(저주 유형 13), 황폐화(유형 9c), 가뭄(유형 6a) 그리고 죽음(유형 24)이 토지로서의 이스라엘에 주로 관련되고 있기 때문이다.

6 [4] 재판관인 야웨는 이스라엘 백성들인 그 자녀들이 무죄하다고 판결하실 수가 없다. 그들 역시 간음을 하고 있다. "음란한 자녀들"이라는 의미의 베네 제누님(בני זנונים)이라는 어구는 1:2의 얄데 제누님(ילדי זנונים)을 회상시켜 주는 병행적인 어구다. 이 어구는 그들이 "매춘부의 자손들"이라는 것을 의미하는 것이 아니고, 그들이 매춘부가 행하는 성적으로 문란한 부정함에 동참하고 있다는 것이다.

어미와 마찬가지로 그 자녀들도 이제는 3인칭으로 언급되고 있다. 따라서 그들도 이 고발에 포함되어 있다. 그들은 자신들이 제공할 더 이상의 증언을 가지고 있지 못하다. 그 증언 혹은 증거는 이제 그들을 고발하기 위해 그들에게 향하고 있다.

야웨의 심판은 "긍휼히 여기다"라는 동일한 미완료 동사 형태인 아라헴(ארחם)을 사용하고 있는 1:6에 묘사된 위협을 생각나게 해준다. 이것은 1장과 2장이 얼마나 가깝게 서로 의존적인지에 대한 또 다른 증거다. 긍휼히 여김을 거두는 것은 저주 유형 1에 토대를 둔 징벌이다(진노/거절; 참조. 레 26:24; 신 32:19).

7 [5] 이제 어미는 다시금 나라를 나타내고 있으며, 증언으로서 인용된 그녀 자신의 말들은 바로 그녀를 정죄하고 있다. 그녀는 매춘부들이 의례히 하듯이 연애하는 자들이 그녀에게 다가오도록 기다리고 있기보다는(창 38:14-18; 렘 3:2) 마음을 단단히 먹고 그녀의 연애하는 자들을 "따라갔다"(אלכה – 엘카, 권고법).

물론 그녀의 "연애하는 자들"(מאהבי – 메아하바이)은 바알들이다. 아마도 여로보암 2세의 통치 기간, 바알 숭배가 공식적으로 제제를 받지 않았을 동안에 바알 숭배는 자유롭게 묵인되었을 것이다. 그러므로 바알 숭배는 야웨주의와 뒤섞인 혼합주의 속에서 군중들 사이에 번창했을 것이다. 이스라엘이 바알들을 "연애하는 자들"로 부르는 것은 호세아서에 처음으로 증언된 은유다. 다른 곳에서는 예레미야서와 에스겔서에서만 나오는데, 이 곳에서도 이스라엘이 충절을 바치는 야웨의 대적자들을 지칭하는 것으로 나타난다. 피엘 분사형인 메아하바임(מאהבים)은 아마도 특별히 열정적인 의미의 서술법은 아닐 것이다(Wolff, 35와는 **반대다**). 그러나 칼형에 대한 어떤 동의어적인 대안을 나타내는 것일 뿐이다. "연애하는 자들"(다른 신들)에게 끌린다는 것은 다른 강대국들에 정치적/군사적으로 끌린다는 개념과 직접적으로 병행을 이루는 의미다(Thompson, *VT* 27[1977] 475 -81과 견해를 같이함).

은유는 다시금 나라의 백성들인 아내/어미를 나타내는 것으로 전환된다. 그 아내/어미가 가진 농산물의 풍성함은 매춘 행위의 대가로 받은 것이다. 여기에 사용되고 있는 병행적인 어구들은 삶을 영위하기 위한 주된 내용물들을 포함하고 있다. 즉 떡과 물, 털과 아마(亞麻), 기름과 술 등을 말한다. 우가릿 시에서는 유사하게 "떡"(*lḥm*)은 종종 "술"(*šqy*)과 한 쌍을 이루어 표현되며, "물"(*mym*)은 "기름"(*šmn*)과 한 쌍을 이루어 표현되고 있다(Kuhningk, *NSH* 11-13를 참조하라). 호세아서에서 보이는 짝을 이루고 있는 표현들을 전통적으로 정해진 짝들을 깨뜨리고 다시 짝을 형성한 것(Kuhningk은 그렇게 본다)이라고 볼 필요는 없다. 호세아서의 표현은 오히려 짝을 표현하는 다른 전통을 반영하는 것일 수 있다.

이스라엘의 언약을 저버린 행음(זנתה – 잔타)은 부끄러운(הבישה – 호비샤) 것이다. 따라서 7[5]절은 8[6]절에서 선언되는 징벌을 위한 길을 예비한다.

8 [6] "그러므로"라는 의미의 라켄(לכן)은 선지자들이 종종 임박한 하나님의 행위들을 알려 주기 위한 어구로 사용했다. 이 곳에서는 재판관인 야웨가 이스라엘의 매춘하는 간음죄에 대해 이스라엘에게 언도하는 세 가지 공식적인 판결들의 첫 번째를 나타내고 있다.

다음 어휘인 히느니(הנני)는 분사와 짝을 이루고 있는데, 여기서와 같이 구약에서 124번 나타난다. 이런 결합의 117번에서 말하는 자, 즉 위협 혹은 약속을 선포하는 자는 하나님이시다. 따라서 호세아의 청중은 아마도 다가올 일, 즉 이스라엘의 죄에 대한 하나님의 응징을 예견할 수 있었을 것이다.

은유(隱喩)의 또 다른 전환을 통해 그 징벌은 자신의 주인에게서 떠나 방황하는 경향이 있는 말 못하는 짐승에게 주어지는 벌(참조. 4:16; 8:9; 렘 2:23-25)이 될 것이라는 사실을 묘사하고 있다. 이스라엘은 울타리와 담으로 둘러싸인 소와 양과 당나귀와 같이 속박을 받게 될 것이다. 그러므로 이스라엘은 익숙히 알고 있는 길들을 찾을 수 없게 될 것이다. 반역적인 행위를 저지르는 동물들에 대한 그림들은 신명기 32:15과 호세아 4:16과도 병행을 이루고 있다(그리고 3:3-4에 나오는 행위를 속박하는 개념을 참조하라). 주전 748년에 있었던 디글랏-빌레셀의 첫 번째 서방 원정에 이은 이스라엘 북방에 대한 점증하는 앗수르의 지배, 주전 722년에 있었던 사마리아의 멸망, 포로로 잡혀감, 그 이후에 다른 열방들에게 연이은 복속을 당하게 되는 것 등의 사건들은 모두가 부분적으로 이런 속박에 대한 예언을 성취시키고 있다.

제한하고 감금하는 것은 일종의 자비로운 징벌일 수 있다. 그러나 이 비유적인 표현의 진정한 요지는 사로잡힘과 유배지로 끌려감(저주 유형 13; 참조. 레 26:33-34 등등), 멸망과 수많은 사람들이 죽게 될 나라의 운명(신 28:62-68)에 대한 예언이다.

9 [7] 비록 다부지게 마음을 먹고 바알들을 찾고 찾을지라도(רדף – 라다프), 음란한 아내인 이스라엘은 계속적으로 좌절을 맛볼 것이다. 그 때가 되어서야 그녀는 자신의 유일한 희망은 야웨뿐이라는 것을 알게 될 것이다. 본 절에서 "돌아가다"라는 의미의 동사 슈브(שוב)는 회개를 나타내는 것이므로 야웨에게 귀의(歸

依)하는 것을 말한다(참조. 암 4:6 이하; 사 21:12; 슥 1:3 등등). 슈브(שוב)는 또한 바벨론 포로에서 돌아오는 것을 나타내는 표준적인 어휘이며(렘 30:3, 10; 암 9:14; 사 10:21, 22 등등), 그런 의미 또한 본 절에 나타나 있다. 이것은 라다프(רדף)와 슈브(שוב)가 유사하게 함께 쓰이고 있는 신명기 4:29-30에서와 같은 것이다.

그녀(이스라엘) 자신의 말들 속에서(참조. 7[5]절) 이스라엘은 자신의 미래의 행위들을 예언하고 있다. 그녀는 "본 남편/첫 번째 남자"(אישי הראשון – 이쉬 하리숀)에게 돌아가기로 결정할 것이다. 이런 상황은 그녀가 실제적으로 자신의 남편과 이혼을 하고 다른 누군가와 결혼한 것을 암시하는 것이라고 볼 필요는 없다. 그녀의 첫 번째 남편과 다시 결혼하는 것은 언약을 범하는 일이었을 것이다(신 24:1-4). 오히려 그녀는 그녀가 관계를 가졌던 사람들에게 거부된 다음에 그녀의 "본래의 남편"과 화해해야만 했다. "그 때(אז – 아즈)의 내 형편이 나았음이라"는 어구는 출애굽에 이은 광야에서 생활한 기간을 포함하는 이스라엘의 초기, 즉 이스라엘이 형성되었던 이른 시기를 말하는 것일 수 있다(참조. 11:1-3). 야웨와 그의 백성들이 알고 있었던 그 친밀함이 이전 가나안에 도착했을 때의 것으로 회복될 수 있다.

이스라엘 백성들은 야웨가 자신들을 풍성하게 축복해 주시는 동안에는 그에게 돌아가야만 하는 아무런 긴박성을 느끼지 못했다. 그러므로 야웨는 그들에게서 모든 것을 철저하게 박탈해 버리셔야만 했다. 그들은 자신들의 외로움과 비참함으로 인해 야웨께로 돌아갈 것이다(신 4:30). 이스라엘이 취할 미래의 태도를 말함으로써 9[7]절은 본문에서 다음과 같은 사실들이 이루어졌음을 말하는 첫 번째의 분명한 증거를 말하고 있다. 즉 야웨의 언약적 법률 소송은 징벌로 인한 소기의 목표를 달성할 뿐만 아니라 화해라는 궁극적인 목표를 성공적으로 이룰 것임을 말하고 있다.

10 **[8]** 부정(不貞)한 아내에 대한 더 많은 증거가 드러나고 있다. 그녀는 어리석고 사려 깊지 못하고 쉽게 잊어버리는 사람이다. 그녀는 자신의 남편인 하나님이 어떤 것들을 자신에게 주셨는지를 잊어버리고, 왜곡되고 잘못된 이유를 가지고 자신의 재산을 바알에게 바치려고 한다.

해마다 주어진 수확물들이 야웨의 선물이었음(신 26:5-10에 있는 고백을 참조하라)을 부인하는 것은 야웨가 여전히 이스라엘의 하나님임을 부인하는 것이었다. 즉 야웨의 주권을 부인하는 것으로서 십계명의 첫 번째 계명을 분명히 범하는 것이다.

본 절에서 나타내 보이고 있는 언약적 암시들은 "곡식과 새 포도주와 기름"을 말하고 있는 다간(דגן), 티로쉬(תירוש), 이츠하르(יצהר)라는 세 가지 어휘들의 용법 속에서 분명하게 증거되고 있다. 이런 세 가지 어휘들은 신명기 7:13; 11:14; 12:17; 14:23; 18:4 그리고 28:51에서(우가릿 텍스트 케렛[Keret] C, iii을 참조하라) 야웨에 의해 주어지는 농경적인 축복들의 모든 것을 망라하는 일종의 제유법(提喩法)으로 나타난다. 잘 잊어버리는 아내인 이스라엘은 여로보암 2세 통치기 마지막 몇 해 동안의 풍성한 수확물들은 곧 풍요의 신인 바알의 권능에 의한 것으로 그 공을 돌리고 있다.

그녀는 그런 행태에만 만족하지 않았으며, 그 당시의 전반적으로 풍성한 번영을 모두 바알의 은덕으로 여겼다. 그 당시의 풍성한 번영은 귀족, 왕실, 도시의 유산계급들인 이스라엘 사회 상위 계층들의 금고에 쏟아져 들어온 "은과 금"으로 상징적으로 묘사되고 있다. 이들 이스라엘의 상위 계층들은 솔로몬 시대 이후로 가나안의 바알 종교를 신봉해 온 자들이었다(Bright, *History of Israel*, 241-48를 참조하라). 바알주의는 야웨주의가 했던 것과 같이 사회적 정의를 잘 지켜내지 못했다. 따라서 일단 탐욕스러운 자들이 바알 숭배를 신봉했다면 부를 얻기는 더욱 쉬웠다.

보석들은 광산업 자체를 통해서보다는 무역과 관세(關稅)를 통해서 주로 유입(流入)되었다. 그렇게 얻어진 보석들은 이스라엘 백성들의 이웃들이 가지고 있었던 좋은 집들과 넓은 땅을 소유하는 것과 같은 사치품들을 사들이는 데 이기적으로 사용되었다(עשר – 아수). 야웨는 받을 자격이 없는 민족에게 참된 부를 자신의 은혜의 증거로서 부어 주셨다(신 28:1-12). 그런데 야웨보다 연애하는 자들에게 훨씬 더 끌렸던 그 부정한 나라는 그 참된 부가 야웨의 것이라기보다는 그 연애하는 자들로부터 기인된 것이라고 여겼다.

11 **[9]** 모든 것이 반전(反轉)되는 상황으로 특징되는 두 번째 심판 선언이 여기서 시작되며, 15a[13a]절에 이르기까지 계속된다. 이 두 번째 심판 선언은 재판관의 결정들을 표현하는 1인칭 동사들로 이루어져 있다. 이스라엘이 풍성하게 가지고 있었던 것이 강탈당할 것이다. 그녀가 자신의 연애하는 자들과 가졌던 관계들은 기쁨에서 부끄러운 것으로 바뀔 것이다. 그녀가 누리는 축제들은 끝날 것이다. 그녀의 경작이 가능한 땅들은 황폐해질 것이다. 11[9]절은 구체적으로 곡식과 포도주와 양털과 삼(아마)을 언급하고 있는데, 이전 절들에서 언급되었던 것과 반

대의 순서로 언급되고 있다(10[8]절에서는 곡식과 포도주가 언급되었고, 7[5]절에서는 양털과 삼[아마]이 언급되었음). 야웨는 그런 것들을 주셨고, 이스라엘은 더욱더 죄를 지었다. 이제 야웨는 저주 유형 6과 7(농경적 재난과 기근)을 이루면서 그런 모든 축복들을 거두실 것이다. 이로 인해 바알의 풍요를 기원하는 제전은 암시적으로 통렬한 비난을 받는다. 사실상 바알의 풍요 제전은 풍요를 가져올 수도 없는 것이고 불모를 방지할 수도 없는 것이기 때문이다. “시절(때, time)”과 “시기(계절, season)”는 무르익는 시점을 말하는 것으로, 모든 사람들이 다가오는 수확기를 염려스럽게 기다리는 때이다. 그러나 그 추수는 재난이 될 것이다. 북 왕국의 명운은 주전 748년 이후의 혼돈스러운 시기에 급속도로 쇠퇴해 갔다. 특별히 주전 722년 앗수르의 정복 이후에 이스라엘은 경제적으로 완전한 곤경에 처하게 되었다. 이방 군대와 경제적인 정복은 농경적 경제를 뿌리째 뽑아놓았기 때문에 오랫동안 풍요로운 추수기를 맞이할 수가 없었다(참조. 레 26:34).

고대 근동의 결혼 법률들은 부정한 아내는 그녀의 남편에 의해 아무런 지원을 받지 못하고 집밖으로 쫓겨날 수 있었다고 말한다(참조. Code of Hammurabi, 141). 바로 이런 형벌이 이스라엘에게 내릴 자신의 은혜의 증거로서 야웨가 행하시려고 하는 의도였다. 야웨는 더 이상 자신의 아내를 먹이고 입힐(“그녀의 벌거벗음을 가릴”) 의무에 속박되지 않으셨다. 그 아내는 자신이 그와 같은 정중한 대접을 받을 만한 가치가 있음을 더 이상 보여 주기 못했기 때문이다.

12 **[10]** 은유(隱喩)는 토지에서 아내로 전환된다: 벌거벗겨지는 땅은 벌거벗겨지는 아내다. 야웨가 모든 것을 완전히 관할하고 계신다: 벌거벗겨진 아내는 이전에 연애하는 자들로부터 아무런 보호도 받지 못할 것이다. 그들은 그녀를 도울 능력이 없기 때문이다. 그녀는 이제 그런 것을 알게 될 것이다. 그녀가 연애했던 자들은 그저 서서 멍하니 넋을 잃고 그녀를 바라볼 뿐이다. 야웨가 행하시는 일을 대항해서 간섭하는 것은 불가능하다. “저를 내 손에서 건져낼 사람이 없으리라”(איש לא יצילנה מידי – 이쉬 로 야칠레나 미야디)라는 선언은 “내 손에서 능히 건질 자 없도다”(אין מידי מציל – 에인 미야디 마칠)라고 말하고 있는 신명기 32:39의 언약적 저주들에 있는 심판의 어휘들을 반영하고 있다.

그녀의 “외설스러움(그 수치)”이라는 뜻의 나브루타흐(נבלותה)는 그녀의 벌거벗음, 그리고 아마도 심지어 그녀의 성기를 나타내는 환유(換喩)적인 표현이다. 이스라엘은 공개적으로 부끄러움을 당하고 치욕을 당하게 될 것이다. “드러내다”와 “포로로 잡혀가다”라는 이중적인 의미를 가진 갈라(גלה)라는 동사가 쓰인 것은 야웨에 의해 버려진 이스라엘이 당할 다가올 심판의 때를 말해 주고 있다. 그 때에 그녀는 포로로 잡혀가게 될 것인데, 그녀의 백성들이 포로자의 신세가 되어 잡혀가는 것을 넋을 잃고 바라보기만 할 것이다. 이 모든 심판은 야웨의 언약에 신실하지 못함으로 인해 기인되는 것이다(레 26:33; 신 4:27; 28:36 등등에 나오는 포로로 잡혀감/추방을 말하는 저주들을 참조하라).

13[11] 은유(隱喩)는 이제 축제일들로 전환된다. 이런 축제일들은 이스라엘의 기쁨의 근원이 되는 것들로 예후 왕조의 마지막 번성기의 국가적 정체성에 기본이 되는 축제일들이었다. 축제일들을 나타내는 각각의 명사들에 붙은 여성 단수 소유격 접미사들의 용법은 이런 축제일들은 **이스라엘의 축제일**들이었다는 것을 강조하는 의미가 있다. 그러나 야웨는 그런 축제일들과는 아무런 관계가 없었다.

축제일들은 빈도수로 보아서 오름차순으로, 그러나 중요도로 보아서는 내림차순으로 기록되고 있다. 이런 순서로 기록되어 있는 축제일들은 특별하게 혐오스러운 것들이었다. 그런 날들에 대부분의 바알 숭배의 축제가 이루어지고 있었기 때문이었다. "축제"(חג – 하그)는 매년 있는 세 가지 농업적/역사적 축제일들 중의 어떤 것으로서 예배를 위해 국가적으로 성소를 찾는 것으로 특징지어질 수 있는 날들이었다(출 23:14-17; 34:18-23). 비록 직접적인 증거는 없을지라도, "월삭"(חדש – 호데쉬; 민 28:11-15)은 아마도 풍요를 비는 관행적인 축제였을 것이다. 월삭에는 적어도 예배가 드려지고 예언적인 견해를 묻는 자문 행위가 이루어졌을 것이다(H. H. Rowley, *Worship in Ancient Israel*[London: SPCK, 1967] 90-91를 참조하라). 원래적으로 안식일(שבת – 샤바트)은 단순하게 휴식을 취하는 날이었다(출 23:12; 34:21). 그러나 우리는 아모스 8:5로부터 여로보암 2세의 통치 시기에 안식일은 월삭과 같이(참조 사 1:13; 왕하 4:23) 일종의 축제일에 포함되었음이 분명하다는 것을 알 수 있다.

비록 이런 축제일들이 그 기원상 합법적인 것들이었을지라도, 이스라엘에 의해 그 축제일들은 본질상 혼합적인 "바알의 날들"(15[13]절)로 바뀌었다. 따라서 야웨는 자신이 친히 알려 주었던 언약적 월력을 자신이 폐할 것이라고 선언하신 것이다. 무엇이 그런 전통들을 중단시킬 수 있었는가? 주권 국가로서 그 나라의 종말은 결국 그 땅을 잃어버리고 속국이 되는 것이었다. 예전 거부를 예고하는 언약적인 저주(레 26:31)는 이제 더욱 강화되어야만 했다.

14[12] 축제일들에 사용되는 음식으로 두드러지게 묘사되고 있기 때문에, 14[12]절은 논리적으로 13[11]절을 따라 나오고 있다. 이런 농작물들은 종종 함

께 자라며(참조. 눅 13:6) 초막절 이전인 이른 가을 같은 시기(미 7:1)에 추수되었다. "땅은 그 산물을 내지 아니하고 땅의 나무는 그 열매를 맺지 아니하리라"(레 26:20; 참조. 신 28:39, 40)는 농경적인 저주는 호세아가 본 절에서 시적으로 나타내고 있는 운명을 가장 근접하게 묘사해 주는 내용이다. 포도주와 무화과가 없이는 축제일들(특별히 초막절)도 있을 수 없는 것이고, 여로보암 2세의 통치 기간 동안에 누렸던 그런 번영도 있을 수 없는 것이다.

매춘의 대가로 받은 것은 에트난(אתנן)이었다. 호세아는 에트나(אתנה)를 사용하고 있는데, 이것은 "무화과나무"라는 의미의 테에나(תאנה)의 철자 바꾸기로 의도되어 고안된 용어일 가능성이 있다. 매춘의 대가로 얻은 돈은 혐오스러운 일들을 통해 얻은 돈이었기 때문에 성전에 서원하여 드릴 수 없었다(신 23:19[18]). 따라서 본 절은 포도나무들과 무화과나무들에서 얻은 산물이 부(富)로 더럽혀졌다는 것을 암시해 주는 것이다. 그 산물은 이스라엘이 본 대로 바알의 보살핌을 통해 얻어진 것이었기 때문이다. 즉 "매춘"의 결과물이었던 것이다.

이스라엘이 자신이 연애하는 자들의 선물들로 믿었던 것은 이제 황폐해질 것이고 들짐승들에게 먹힐 것이다. 이것은 바알의 무능함을 다시금 보여 주는 것이고, 시내산 언약이 말해 주는 황폐화의 저주들(유형 9c)과 들짐승의 저주들(유형 11)이 성취됨을 말해 주는 것이다.

15a[13a] 두 번째 심판 선언은 이스라엘의 징벌에 대한 요약으로 결론을 맺고 있다. 쓸어 버리는 "전반적인" 저주들(유형 26; 참조. 레 26:41 등등)과 그에 대한 원인이 되는 바알 숭배에 대해 언급하고 있다.

여기서 "바알들을 섬긴 시일을(바알의 날들)"이라는 목적어를 가지고 있으면서 "수고로운 일을 맡기리라(벌을 주리라)"라는 뜻의 파카드(פקד)의 용법은 1:4에서 "이스르엘의 피"를 목적어로 가지고 있는 파카드(פקד) 동사의 용법을 생각나게 해준다. 그렇게 가증스러운 일들은 중벌을 받아 마땅하다.

가장 기본적인 의미로서 바알(בעל)은 단순히 "주"(lord)를 의미하는 말이었다. 즉 구약에서 증언되는 다음과 같은 수많은 지역 이교(異敎) 종파의 주 혹은 신이었다: 바알/브올의 주(민 25:3), 바알/헤르몬의 주(삿 3:3), 바알/브릿의 주 혹은 언약의 주(삿 8:33), 바알/사마리아의 주(왕상 16:32), 바알/갈멜의 주(왕상 18:19-40), 바알/에그론의 주(왕하 1:2-4) 등등. 그러나 본 절에서 호세아는 "바알들"이라는 복수형 베알림(בעלים)을 사용하고 있다(참조. 2:18[16]; 11:2).

여기서 바알주의를 묘사한 그림은 우가릿 신화들을 그린 묘사와 일치한다. 우가릿 신화들은 한 신 안에서 때때로 갈등을 일으키기도 하는 다양한 성격들을 묘사하고 있다. 가나안 사람들과 많은 이스라엘 개종자들은 가지각색의 다양한 신학들을 가지고 있었을 것이다. 그렇지만 그들은 모두 다음과 같은 바알의 두 가지 본질적인 기능, 즉 바알의 신적인 주권과 풍요를 낳는 능력을 인식하고 있었다. 여러 산당들에서 다양한 "연애하는 자들"이 그려질 때 "바알들"(the Baals)이라는 어휘가 언급되었다. 그렇지 않으면 "바알"(Baal)이라는 단수 어휘가 일반적으로 사용되었을 것이다.

"바알들을 섬긴 시일(바알들의 날들)"이라는 어구는 13[11]절에 묘사된 동일한 축제의 날들이다. 비록 이교적인 번제들을 가리키는 내용에는 카타르(קטר)의 피엘형이 더 자주 쓰인다고 할지라도, 호세아는 이 곳에서 카타르 동사의 히필형을 쓰고 있다. 그럼에도 불구하고 호세아가 나타내려고 하는 의미는 전적으로 분명하게 드러나고 있다. 즉 이스라엘은 **이교** 숭배에 빠져들었다는 것이다.

15b[13b] 음란한 매춘부의 은유(隱喩)가 이제 다시 시작된다. 그 매춘부는 유혹하기 위해 장식을 했고, 연애하는 자들을 따라간다(4[2]절과 7-8[5-6]절을 보라). 그녀의 고집스러운 태도는 또 다른 그녀의 행태를 이루고 있다.

귀고리와 패물을 말하는 내용은 아마도 예전적인 관행을 가리키는 것일 것이다. 출애굽기 32:2 이하는 특별히 황금 송아지 숭배와 관련된 "귀고리"인 네젬(נזם)을 언급하고 있다. 그리고 "패물"을 말하는 헬야(חליה)는 또한 바알 숭배의 어떤 면을 생각나게 해주는 것일 수 있다.

이스라엘은 야웨를 잊어버렸다. 바로 이것이 고발의 본질적인 내용이다. 만약 그녀가 야웨와 결혼한 사람이라는 것조차 기억하지 못한다면, 어떻게 그의 아내로 남아 있을 수 있겠는가? 4:6과 13:4-6에서 "잊어버리다"라는 뜻의 동사 샤카흐(שכח)는 언약적으로 중요한 "알다"라는 의미의 동사 야다(ידע)와 정확하게 반의어로서 기능을 하고 있다. 따라서 이스라엘의 잊어버리는 행위는 그녀 자신을 언약 밖에 놓아두는 것이었다.

"여호와의 말(야웨의 신탁)"(נאם יהוה – 네움 야웨)은 본문이 야웨의 말을 인용하고 있다는 것을 말해 준다. 그러나 이 어구가 한 단락의 끝을 표시해 주는 것이라고 볼 필요는 없다. 사실상 이 어구는 어떤 신탁을 소개하는 데 쓰일 수 있거나(2:18[16]), 혹은 신탁의 중간(2:23[21])에 어떤 일이 예견할 수 없이 발생할 때 사용하는 어구다(North, *JBL* 71[1952] x와 Baumgärtel, *ZAW* 73[1961] 277-90를 참조하라).

16 [14] 세 번째이면서 마지막으로 "그러므로"라는 의미의 라켄(לכן)이 심판의 선언을 시작하고 있다. 놀랍게도 이것은 회복의 말씀이었다!

야웨는 제멋대로 하는 자신의 신부에게 다시금 호소하기로 결정하셨다. 그녀의 돌아오려고 하는 마음에 화답하면서 그녀와 새로운 시작을 하시려는 것이다(9[7]절; 참조. 신 30:2, 3). 거친 들(광야)은 그녀와 야웨가 시내산 언약으로 새로이 "결혼한" 뒤(참조. 13:4-6)에 그녀가 야웨를 의지하고 상대적으로 야웨에게 신실했던 바로 그런 곳이었다. 그러므로 그들은 상징적으로 그 거친 들(광야)로 돌아갈 것이다.

어법은 매우 강렬하다. "꾀다, 유혹하다"라는 의미의 메파테이아(מפתיה)는 사랑에 호소하는 것이고, 유혹하는 것이며, 꾀이는 것이다(참조. 출 22:5[16]; 호 7:11). "위로하는 것(그녀를 위로하고 사랑을 호소하는 것)"(דבר על לבה – 디바르 알 리바흐)이란 애정이 깃든 표현이다. 이 표현에는 구애(창 34:3)와 사랑을 되찾아오는 것(삿 19:3)과 같은 의미가 사용되었고, 또한 연애하는 감정(룻 2:13)을 포함할 필요는 없지만, 친절하고 사려 깊은 호의의 마음을 나타내는 표현이다.

논리적으로 보았을 때, 16-17절에 나타나 있는 야웨에 의해 주도된 이런 새로운 관계는 이전 구절들에서 언급되었던 실질적인 징벌들이 온전히 내려진 **이후**의 시간에 이루어지고 있는 것임을 반영해 준다. 내용의 초점은 종말론적이다. 멸망과 포로로 잡혀간 이후에 남겨진 북 이스라엘의 백성들은 여전히 기대할 미래를 가질 것이다. 부당한 대접을 받은 남편은 자신의 아내를 버리려고 하는 마음을 영원히 전혀 가지지 않았다. 그녀가 자신의 과오를 통해 교훈을 배운 뒤에, 야웨는 언약의 약속들과 같이 그녀를 다시금 사랑하실 것이다(신 4:31).

17 [15] 이 본문에 있는 다른 담화의 형태를 보면서, 우리는 그녀 자신의 말들로 주어질 그 아내의 반응(참조. 7[5], 9[7], 13[11]절)을 기대하고 있을지도 모른다. 그러나 이에 대한 아내의 반응 대신에 본문은 이스라엘의 반응을 말하는 야웨 자신의 예견으로 끝을 맺고 있다. 회복 시에 야웨는 그녀가 과거에는 아내의 바람직한 모습이 되는 것을 실패했던, 그런 아내의 바람직한 모습(참조. 신 30:6)으로 그녀를 변화시킬 것이다.

마지막 절은 이스라엘의 기본적이며 토대가 되는 경험을 구성하고 있는 원래의 광야와 정복의 경험을 세부적으로 회상하게 만들어 준다. 그 날들에 대한 회상을 위해 이스라엘의 광야 경험에서 두 가지 주제가 선택되고 기술되었다. (1)

땅을 선물로 주는 것이 이스라엘에게 "거기서 비로소 저의 포도원을"(참조. 수 24:13) 주리라는 약속에 암시되어 있다. (2) 성전(聖戰)에 대한 불순종(수 7장, 특별히 24절)으로 악명 높은 지역인 "고통의 골짜기"(아골 골짜기)는 아마도 여리고 남서쪽인 요단 저지대로부터 중앙 언덕에까지 이르는 평야였을 것이다(F. M. Cross and J. T. Milik, "Explorations in the Judean Buqe'ah," *BASOR* 142 [1956] 5-17를 보라. 그 정확한 위치는 여전히 논쟁 중이다; Wolff, 42-43를 보라). 초기 정복 시에 실망과 낙담의 근원이 되었던 이 골짜기가 이제 소망의 문이 될 것이다.

이스라엘은 이제 그녀가 처음에 했던 것과 같이 "응대"(ענה – 아나)할 것이다. 아나(ענה)는 하나님의 구원에 따라서 이루어지는 긍정적인 관계들과 행위들(23-24[21-22]절을 보라)을 모두 포함해서 나타내는 것이다. 따라서 모든 일들은 그녀가 출애굽 할 때와 같이 될 것이다. 이런 원래의 상황은 종말론적인 상황에서도 반복되어 회복될 것이다. 이스라엘은 어리석게 바알들을 의지하는 것을 선택했다. 그러나 이제 그녀는 오로지 야웨만을 의지해야 하는 것과, 바알들은 그녀가 그들을 알기 전과 마찬가지로 그녀에게 아무런 의미를 주지 못하다는 것을 배우게 될 것이다. 종말론적인 이스라엘이 야웨의 소유권("나는 그들의 하나님이 될 것이다")을 포함하는 원래의 시내산 언약에서 첫 세대에게 주어진 축복들이 주는 은혜(레 26:45)를 다시금 받게 될 것이라고 말하고 있는 오경적 회복의 약속은 성취될 것이다.

해설

배신을 당한 남편은 자신의 아내가 연애하는 자들과 가진 부정한 행위로 인해 그녀를 벌할 것이다. 그 연애하는 자들이 가졌다고 생각하는 풍요의 능력은 하나의 허상에 불과하다. 그녀를 징벌한 뒤에 그 남편은 그녀를 다시금 자신에게로 회복시킬 것이다. 그는 그녀를 사랑하는 것을 결코 멈추지 않았기 때문이다. 따라서 경고와 호소, 율법과 복음이 역사에서 계속된 것과 같이 이스라엘 민족에 대한 초대에 함께 섞여 있다. 야웨는 제멋대로 하는 자신의 백성들을 수 세기 전의 원래의 상황으로 결국에는 돌아오도록 부르고 있다.

비록 본문이 알레고리적인 면을 보이고 있다 할지라도, 본문이 하나님을 냉담하고 감정이 없는 존재가 아닌 것으로 묘사하는 것은 하나의 성서적 주제인 것이 분명하다. 신·구약에서 자신의 백성들과 세계를 향한 하나님의 모습은 사랑이다. 비록 이 사랑은 행위와 관계적인 무엇을 말하고 있는 것이 분명할지라도, 그 사랑은 여전히 어떤 본질적인 감정(emotion)을 포함하고 있다. 성서는 하나님이 인간적인 감정주의나 일종의 격정(激情)과 같은 속성을 가지고 있다고는 결코 말하지 않는다. 그러나 이 잃어버린 세계를 향한 하나님의 자비로운 **아가페**적 사랑(요 3:16)에는 적어도 인간적인 용어와 인간적인 유비로 보았을 때 감정에 호소하는 열정적인 면이 있는 것이다.

만약 하나님이 인간이 되셨다면, 그는 엄격하고 냉정하고 감정이 없고 냉담하고 쌀쌀하기조차 한 그런 사람이셨겠는가? 이 질문에 대한 대답은 이미 주어졌다. 따라서 호세아는 그리스도 자신이 가지고 있는 그 어떤 면을 보여 주는 은유(隱喩)적인 그림을 그려 나타내 주고 있는 것이다.

이 책의 후반부에서 하나님은 "에브라임아 내가 네게 어떻게 하랴"(6:4)고 물으시고 있다. 호세아 2:4-17[2-15]은 어떤 의미에서 이런 질문에 대한 어떤 대답을 주고 있는 것이라고 생각될 수 있을 것이다. 그 대답은 두 가지 형태로 주어질 수 있는데, 하나는 가까운 시기이고 다른 하나는 궁극적인 최후의 시기에 주어지는 형태다.

이스라엘의 성적인 문란함에 대해 가까운 시기에 주어질 결과는 그 범죄에 걸맞는 거절됨과 약탈당함과 포로로 잡혀가는 것과 같은 징벌이 될 것이다. 다른 한편으로 궁극적인 결과는 화해가 주어지는 것이다. 이런 두 가지 결과의 관계를 잘 이해하는 결정적인 열쇠는 그 두 가지 결과의 논리적 혹은 시간적인 순서를 아는 것이다. 이스라엘이 자신의 주의 매혹적인 사랑에 대해 바르게 응답할 수 있게 될 때는 바로 그녀에게 주어진 과제의 의미를 깨달아 알게 되었을 때다. 그녀가 그녀의 두 가지 죄(10:10; 참조. 사 40:2)로 인해 고통을 당하기 전까지는 용서와 친밀함과 원래의 관계는 회복될 수 없다.

이 알레고리에서 야웨는 두 가지 의미에서 이스라엘을 "고소하신다". 야웨는 이스라엘의 간음죄를 고발함으로써 그녀를 법정으로 데리고 가신다. 그러나 본문이 전개됨에 따라 처음부터(5[3]절) 실제적인 목적은 그녀가 자신이 지은 죄를 회개한 뒤에 신실함을 회복하는 것으로 초대하기 위해 이스라엘을 "고발한" 것이라는 사실이 매우 분명하게 나타난다. 야웨는 자신이 사랑하는 민족을 결코 잃지 않으실 것이다. 그는 그 민족을 새롭게 하실 것이다. 야웨는 재판관, 배심원, 검사, 경찰과 같은 모든 중요한 역할들을 감당하면서 이스라엘의 부정한 행위를 중단시키실 수 있다. 집단적으로 그리고 개인적으로 이스라엘을 그 연애하는 자들로부터 찾아 다시금 정숙하고 순결하게 만듦으로써 그 부정을 중단시키실 수 있다. 따라서 법률적인 은유(隱喩)는 사랑의 예화와 나란히 서 있다. 야웨는 증거 사항들에 따라서 고발하실 것이고 유죄를 선언하실 것이다. 그러나 자신의 형벌을 받은 뒤에 이스라엘은 오래 전 과거보다 더 영광스러운 황홀한 미래에 대한 소망을 가지게 된다. 그 미래는 포로로 잡혀가는 것과 낮아지는 형벌을 받을 때까지는 성취되지 않을 것이다. 그런 미래는 새로운 시대에 비로소 온전하게 성취될 것이다. 그 새로운 시대는 우리가 그리스도에 의해 이루어진 것(롬 11:28-32)으로 알고 있는 바로 그 때다.

회복의 모습(2:18-25[16-23])

참고문헌

Albright, W. F. *Yahweh and the Gods of Canaan*. Garden City, NY: Doubleday, 1968. **Baumgartner, W.** "Kennen Amos und Hosea eine Heilseschatologie?" *Schweizerische Theologische Zeitschrift* 30(1913) 40-42, 95-124, 152-70. **Bright, J.** "The Future in the Theology of Eighth-Century Prophets: The Beginnings of Eschatology." Chap. 3 in *Covenant and Promise*. Philadelphia: Westminster Press, 1976. **Childs, B. S.** *Memory and Tradition in Israel*. SBT 37. Naperville, IL: Allenson, 1962. **Devescovi, U.** "La nuova alleanza in Osea." BibOr 1(1959) 172-78. **Driver, G. R.** "Problems and Solulions." *VT* 4(1954) 225-45. **Huffmon, H.** "The Treaty Background of Hebrew *YĀDAʿ*." *BASOR* 181(1966) 131-77.

본 문

18[16] 여호와께서 이르시되 그 날에 네가 나를 내 남편이라 일컫고 다시는 내 바알이라 일컫지 아니하리라

18[16] In that day[a] (oracle of Yahweh), You will call me[b] "my husband." You will no longer call me[a] "my Baal."[b]

19[17] 내가 바알들의 이름을 저의 입에서 제하여 다시는 그 이름을 기억하여 일컬음이 없게 하리라

19[17] I will remove the names of the Baals from her mouth. They will no longer be mentioned by name.[a]

20[18] 그 날에는 내가 저희를 위하여 들짐승과 공중의 새와 땅의 곤충으로 더불어 언약을 세우며 또 이 땅에서 활과 칼을 꺾어 전쟁을 없이 하고 저희로 평안히 눕게 하리라

20[18] I will make a covenant for them in that day, With the animals of the field, with the birds of the sky, and the creeping things on the ground. Bow, sword—warfare[a]—I will destroy from the earth, And I will settle them securely.

21[19] 내가 네게 장가들어 영원히 살되 의와 공변됨과 은총과 긍휼히 여김으로 네게 장가들며

21[19] I will betroth you to me forever. I will betroth you to me with rightness, with justice, with loyalty, and with compassion.

22[20] 진실함으로 네게 장가들리니 네가 여호와를 알리라

22[20] I will betroth you to me with faithfulness, and you will know[a] Yahweh.

23[21] 여호와께서 가라사대 그 날에 내가 응하리라 나는 하늘에 응하고 하늘은 땅에 응하고

23[21] In that day, I will respond[a] (oracle of Yahweh). I will respond to the sky, and it will respond to the earth.

24[22] 땅은 곡식과 포도주와 기름에 응하고 또 이것들은 이스르엘에 응하리라

24[22] The earth will respond to the grain, the fruit-of-the-vine, and the olive oil; And they will respond to Jezreel.

25[23] 내가 나를 위하여 저를 이 땅에 심고 긍휼히 여김을 받지 못하였던 자를 긍휼히 여기며 내 백성 아니었던 자에게 향하여 이르기를 너는 내 백성이라 하리니 저희는 이르기를 주는 내 하나님이시라 하리라

25[23] I will sow her[a] for me in the land, I will have compassion on No Compassion, I will say to Not My People, "You are my people," And he will say "My God.[b]"

원문주해

18.a. 혹은 "장차(미래에)"라는 뜻의 바욤 하후(ביום ההוא)라는 어구는 일반적으로 "오늘/이제"라는 뜻의 바/하욤 하제(ב/היום הזה)라는 어구와 대조되고 있다. 호세아가 바욤 하후(ביום ההוא)라는 표현을 사용할 때, 이 어구는 가까운 미래(1:5) 혹은 종말론적인 미래(2:18, 20, 23)를 가리키는 것일 수 있다.

18.b. G는 Syr과 Vg와 같이 "그녀는 부를 것이다"라는 의미의 3인칭 단수형인 칼레세이(*καλέσει*)를 쓰고 있다. ά, σ́, θ΄와 같은 역본들은 MT와 조화시키려고 하는 모습을 보여 주고 있다. 2인칭 여성 단수가 원본인지, 아니면 3인칭 여성 단수가 원본인지 결정하는 것은 불가능하다. MT의 접미어는 원래의 목적 접미어를 반영하는 것일 수 있다: "그녀는 나를 부를 것이다." 원래의 목적 접미어는 시에서 소유격 접미어 형태를 취할 수 있다(매우 드물게). 어쨌든 "나를"이라는 어휘의 의미는 분명하든 그렇지 않든 간에 알 수 있다.

18.b. 혹은 "내 남편/주". 바알(בעלי)은 삼중적으로 애매모호한 면이 있는 어휘다. 이런 애매한 면이 여기서 작용하고 있다. G는 복수형으로 음역(音譯)한 어구(*βααλιμ* – 바알림)를 가지고 있다. 이것은 아마도 2:15과 2:19과 조화를 이루게 하기 위한 것으로 여겨지는데, 오히려 병행어구를 깨뜨리고 있다.

19.a. 문자적으로는 "그들의 이름". G는 "그들의 이름들"(*τὰ ὀνόματα αὐτῶν* – 타 오노마타 아우톤)이라는 어구를 가지고 있는데, 이것은 단순히 번역적으로 조화시킨 것에 불과하다.

20.a. 전쟁(מלחמה – 밀하마)이라는 어휘는 앞에 나온 두 단어를 포함하고 요약하는 일반적인 용어다. 여기서는 대구적인 요소들 중에서 처음 세 가지만 1:7에 남아 있다. 이것은 "전쟁의 무기들"을 나타내는 환유(換喩)적인 표현이 아니다(Wolff, Mays 등등과 **반대**되는 견해임).

22.a. Vg와 많은 MT의 사본들 그리고 알렉산드리아의 시릴(Cyril of Alexandria) 등은 "내가 여호와인 것을 (네가 알리라)"라는 의미를 가진 키 아니 야웨(כי אני יהוה)로 읽는다. 이것은 최소한 문맥에서는 개연성이 있는 견해다. MT는 가운데 글자를 빠뜨리고 쓴 오류(haplography)를 범하고 있을 수도 있기 때문이다. 그러나 "내가 여호와인 것을 (네가 알리라)"라고 보는 견해는 의도된 개연성이 있는 은유(隱喩)에 충돌되고 일치하지 않는다. "주석"을 보라.

23.a. 혹은 "노래하다/대답하다/소리 높여 말하다". **해설**을 보라. G는 여기에 있는 아나(ענה)의 의미를 위해 "듣다/응답하다/복종하다"라는 뜻의 에파쿠오(*ἐπακούω*)를 사용하고 있다. 이 헬라어는 다른 경우에는 아나(ענה)를 번역하기 위해 사용되지 않는 어휘다. 그러나 이 예외적인 번역은 전적으로 문맥에 의해 정당화된다. 그 문맥에서 아나(ענה)는 단순히 "대답하다"라는 것 이외의 의미를 가지고 있다.

25.a. "저(그녀를)"가 무엇을 가리키는지는 분명하지 않다. 만약 그것이 좁은 의미로 바로 앞에 나온 이스르엘을 가리키는 것이라면, 정확한 문법을 위해서는 바로 앞에 있는 후(הו-, "그를")라는 접미어로의 수정이 요청될 수도 있다.

25.b. G는 "당신은 나의 하나님 야웨이십니다"라는 의미의 퀴리오스 호 데오스 에이수(*κύριος ὁ θεός μου εἶ σύ*)라고 읽는다. 아마도 이것은 내용을 확장시킨 것일 것이다. 그러나 MT 또한 가운데 글자를 빠뜨리고 쓴 오류(haplography)적인 면을 보이고 있을 수 있다.

양식/구조/배경

2:4-25은 비교적 하나로 통일되고 조합된 복합 신탁으로 구성되어 있지만, 18-25절은 자유로운 구절 속에 일련의 담론들을 가지고 있는 하나의 독립된 단락

으로 취급될 수 있다. 그 담론들은 회복된 이스라엘과 야웨 사이의 신실한 관계가 어떤 것인지 상세히 설명하고 있다. 이런 회복과 동일한 시기는 2:17에도 묘사되어 있다. 그리고 "응답하다"라는 의미의 아나(ענה)는 다시금 야웨와 이스라엘과 땅 사이의 관계를 표현해 주고 있는 것(23-24절)으로 17절에 있는 신부의 응답(ועְנתה – 베안타)을 매우 분명하게 생각나게 해주는 동사다.

4-17절에서 18-25절을 분리하는 견해의 기본적인 토대는 법정 법률 소송 양식이 더 이상 증거로 보이지 않는다는 것이다. 그럼에도 불구하고 본문은 호세아서에 있는 이전 단락의 어휘들과 주제들을 매우 비슷하게 반영해 주고 있다. 특별히 18-25절은 이전 본문에서 표현된 "궁극적인 심판"에 대한 확장으로 생각될 수 있다. 정통 신앙, 안전, 신실치 못함에 의해 손상되지 않은 영원한 관계, 농경적인 풍요, 전반적인 조화 그리고 하나님의 직접적인 돌봄 등이 회복의 조건들을 구성할 것이다.

비록 장면들은 급속하게 전환되고 있다 할지라도, 회복의 이미지들이라는 주제 자체는 동일하게 남아 있다. 이스라엘을 지칭하는 대명사들 또한 비교적 빠르게 바뀌고 있다(너[여성 단수], 18절; 그녀, 19절; 그들[남성/여성 복수], 20절; 너[여성 단수], 21-22절; 그녀, 23절). 그러나 야웨가 항상 말하는 자이다. 4-17절에서와 같이 야웨는 이교적인 요소를 제거하고, 자신의 새로운 언약을 세우며, 이스라엘을 자신과 약혼시키고, 비옥함을 보장하며, 탕자를 집으로 환영하는 등의 모든 행위들을 주도하시고 있다. 이런 야웨의 모든 행위들은 바로 모세 언약 규약에 있는 새로운 시대에 대한 예언의 말씀에 따른 것이다. 말하는 자로서 야웨의 일관성과 "그 날에"(ביום ההוא – 바욤 하후)라는 어구의 반복은 본문의 구조적인 통일성을 제공해 주고 있다.

호세아의 자녀들의 이름들은 본문의 절정을 형성하기 위해 본문의 끝부분에 매우 기술적으로 짜여서 등장한다. 이름들이 등장하는 것은 이번이 세 번째다. 다양한 반응들 중에서 중요한 역할을 하고 있는 것은 "이스르엘"이다. "심는 것"을 통해("이스르엘"과 "내가 심을 것이다"라는 어구는 모두 동사 원형 자라[זרע]에 토대를 두고 있다) 야웨는 로루하마(긍휼히 여김을 받지 못함)에 대해 긍휼을 회복하실 것이고, 로암미(내백성이 아님)를 백성으로 삼으실 것이다.

1:2-3의 첫 번째 결혼을 따라가는 산문 내러티브인 3장은 관련되지 않기 때문에, 단락의 끝은 25절로 보아야만 한다.

구속 신탁인 이 본문을 위한 배경을 구체적으로 말하는 것은 어렵다. 그런 신탁들은 구체적인 사건들 혹은 정황들에 거의 연결될 수 없기 때문이다. 본문이 새로운 의미로 호세아 자녀들의 이름들을 포함하고 있다는 점에서 본다면, 본문이 형성된 시기는 원래의 이름이 지어진 다음에 이루어진 것이 분명하다. 만약 우리가 주장해 온 대로 1장에 기록된 출생들이 최소한 5년의 기간에 걸쳐서 이루어진 것이라고 한다면, 이 예언은 최소한 호세아의 공적 사역 초기에 이루어진 것임에 틀림없다. 상당히 늦은 연대기는, 2:4-17과의 밀접한 연관성에 비추어 보았을 때 타당하지 못한 것으로 보인다. 죄-징벌-회복이라는 언약적인 형태는 이미 시내산에서 설정되었으므로(신 4:25-31) 어느 정도 "초(超)시간적"이다. 그러나 만약 이 신탁이 호세아의 청중들 중에 있는 정통 신앙을 가진 자들에 대한 위로로서 만들어진 것이라고 한다면, 그 작성 시기는 주전 약 733년경으로 생각할 수 있을 것이다. 그 때는 바로 디글랏-빌레셀 3세가 아람-에브라임 동맹 전쟁을 평정하는 데 있어서 북 왕국을 패퇴시키고 에브라임 언덕 지역을 제외한 대부분의 북 왕국을 병합한 때였다. 18-25절에 영광스럽게 묘사되어 있는 농경적 번성과 같은 묘사는 단지 회상에 불과한 것이다.

그러나 이런 모든 것은 단지 추측일 뿐이다. 하나님은 이스라엘의 가까운 미래와 궁극적인 미래에 대해 알고 계셨다. 하나님이 호세아를 통해 2:4-25에 있는 진실들을 드러내기 위해 선택하신 정확한 때는 분명하게 알 수 없다. 그러나 어휘의 밀접한 연관성들과 보편적으로 이 구절들에 나타나는 주제적인 부분들이 이 책의 다른 많은 부분들과 같다는 점은 이 본문들이 호세아가 쓴 바로 그런 자료라는 사실을 부인하는 그 어떤 시도도 허락하지 않는다.

주석

18 **[16]** 바욤 하후(ביום ההוא, 문자적으로 "그 날에"; 참조. 1:5; 2:20[18]; 23[21]) 형식은 종말론적인 것으로 아모스, 요엘, 스가랴 그리고 다른 선지서들에서 말하고 있는 "여호와의 날"(יום יהוה – 욤 야웨)과 동의어적인 어휘는 아니다. 호세아가 바욤 하후를 사용하고 있는 것에 따르면, 이 용어는 "장차(미래에)"(1:5) 혹은 "다가오는 새로운 세대에"(여기서와 2:20[18]; 23[21])와 동의어다. 이 용어가 호세아의 청중들이 생존했던 시기에 기대될 수 있는 변화의 시기를 묘사하는 것이라는 사실을 말해 주는 어떤 암시도 없다.

"여호와께서 이르시되(야웨의 신탁)"라는 뜻의 네움 야웨(נאם יהוה)라는 어구가 본 절에 쓰이고 있다. 다른 곳에서와 마찬가지로 본 절에서도 네움 야웨(נאם יהוה)라는 어구는 하나님의 말씀이 직접적으로 인용되고 있다는 것을 독자/청자에게 알려 주기 위해 부가적으로 쓰이고 있는 것이다(참조. 2:15[13]; 11:11). 따라서 이 어구는 선지자가 전하는 말씀들 뒤에 있는 권위를 강조하고 있다.

본 절은 야웨의 신부인 이스라엘이 야웨만을 이쉬(איש)라고 부르며 결코 다시는 바알(בעל)을 부르지 않는 미래의 때를 묘사하고 있다. 이 두 가지 어휘들은 모두 "남편"을 의미할 수 있다. 즉 이쉬(איש)는 결혼 상대자의 의미에서 쓰이는 "남자"로서 남편을 지칭하는 것이며, 바알(בעל)은 주권, 소유권 그리고 아내에 대한 관계("주인")에서 남편의 법률적인 권리의 의미를 더욱더 함축하고 있는 어휘다. 그러나 본 신탁의 요점은 그런 구분에 있는 것이 아니고, 바알(בעל)은 "남편, 주, 주인"뿐만 아니라 신인 "바알"(Baal)을 의미한다는 사실에 있다. 회복된 새로운 세대에 사는 이스라엘 백성들은 바알(בעל)이라는 어휘를 이들 중 **그 어떤 의미**로도 결코 사용하지 않을 것이다. **더욱이**(*a fortiore*) 바알 숭배는 존재하지 않을 것이다. 바알(בעל)이라는 어휘조차 알려지지 않을 것이기 때문이다(19[17]절).

야웨가 바알(Baal)로서 경배되었으므로 "바알"(Baal)이라고 불린 것이라는 점에서 이런 어휘들은 혼합주의를 나타내는 것이라고 전제할 필요는 없다. 그런 야웨-바알 혼합주의(a Yahweh-Baal syncretism)는 존재할 수도 있고 혹은 존재하지 않을 수도 있다(Wolff, 49-50를 참조하라). 바알(בעל)과 야웨(יהוה)는 구약의 이름들 중에서 나란히 병렬적으로 놓여 있는 모습으로 매우 빈번하게 발견되는 것이 사실이다. 사마리아 도편(the Samaria Ostraca)은 "주"로서 바알(בעל)의 오래된 중립적인 의미를 반영할 수 있다. 그러므로 브알랴(בעליה – 베알랴, 대상 12:6)와 같은 이름은 "바알-야웨" 혹은 "야웨는 바알이다"라는 의미보다는 단순히 "야웨는 주이다"라는 의미일 수 있을 것이다. 그러나 본문이 묘사하고 있는 대로 새로운 세대에는 바알-야웨라는 혼합주의적 사고는 불가능할 것이다. 민족의 혼에 종교적인 순수성을 하나님이 세우시는 것은 시내산 언약을 갱신하는 축복들(신 4:30; 30:6, 8; 유형 3)의 성취를 나타내는 것이 될 것이다. 이것은 선지서들의 여러 곳에 널리 반영되어 있는 바와 같다(예를 들어, 렘 31:33-34; 습 3:9).

19 **[17]** 비록 이스라엘이 이제 3인칭으로 이야기되고 있다 할지라도, 말하는 자는 여전히 야웨이며 동일한 주제를 언급하고 있다. 그들(대명사는 무명의 이스라엘 백성들을 지칭하는 것이 아니라 바알들을 지칭하고 있다)은 더 이상 언급되지 않을 것이다. 두 번째 문장은 또한 다음과 같이 번역될 수 있다: "그들의 이름

들은 더 이상 기억되지 않을 것이다." 칼/니팔 형태로 "기억하다, 언급하다"라는 뜻의 자카르(זכר)는 호세아가 즐겨 사용하는 다의적이고 모호한 의미를 가지고 있는 동사다. 또한 이 예언은 바알들을 부르는 것을 제거해 버리겠다는 것과 바알들에 대한 모든 것을 잊어버리는 행위를 묘사하고 있다. 어떤 신을 부르는 것을 나타내는 좀 더 일반적인 용어인 카라 베샴(קרא בשם, "…의 이름을 부르다")은 현재의 은유(隱喩)에서 그렇게나 유용한 풍부한 모호성을 결여하고 있다.

따라서 타협하지 않으며 오로지 야웨만을 경배하는 예배가 실현될 것이다. 이 예배에서는 **그의** 이름만이 언급되고/불릴 것이다. 사실 이것은 출애굽기 23:13b에 구체적으로 나타나 있는 대로 이스라엘에게 항상 요청되었던 그런 예배다: "다른 신들의 이름은 부르지도 말며 네 입에서 들리게도 말지니라"(זכר – 자카르, 히필). 어떤 신의 이름을 "언급하다"(칼) 혹은 "부르다"(히필)라는 것은 어떤 종교적인 목적을 위해 그 신을 경배하거나 부르는 것을 의미했다. 바알 예전이 이스라엘에서 제거되고(2:8-9[6-7], 13-15[11-13]) 잊혀졌을 때, 야웨의 이름만이 예배에서 불릴 것이고 진정한 언약적 관계의 회복이 일어날 것이다.

20 **[18]** 신탁은 다음과 같은 두 가지 병행적인 회복의 축복들을 예언한다: 야웨가 동물군과 맺는 언약으로 인해 동물 왕국의 해(害)로부터 자유롭게 됨 그리고 어떤 전쟁의 위협도 없는 안전한 삶을 통해 주어지는 인간의 해로부터 자유롭게 됨을 언급하고 있다. 이런 두 가지 축복들은 저주들(각각의 유형 11과 3)에 대해 반대되는 것들이며, 언약 갱신의 일반적인 회복 축복(유형 2, 레 26:45과 신 4:31에 있는 것과 같은)을 분명하게 보여 주는 축복들이다. 바욤 하후(ביום ההוא, "그 날에")라는 어구는 묘사된 사건들이 종말론적인 것들임을 다시금 강조해 주고 있다.

"언약을 세우다"라는 뜻의 카라트 베리트(כרת ברית)는 일반적으로 국제적인 조약-규약들의 관점에서 이해된다. 이런 용법은 10:4과 12:2[1]에서 나타난다. 그러나 여기서 언약(규약)은 다른 나라들과 맺어지는 것이 아니라, 창조의 다른 국면들과 맺어지는 것이다. 2:4-17[2-15]에서 주어진 위협들은 더 이상 새로운 세대에 적용되지 않을 것이다. 들짐승들과 새들과 곤충들은 포도나무들과 곡물들(2:14[12])을 먹지 않을 것이다. 그리고 포로로 잡혀가는 것과 약탈과 같은 일들(예를 들어, 전쟁을 통해)이 서민들을 위협하지 못할 것이다(참조. 2:5[3], 15[13]). 따라서 언약은 하나님의 백성들**과**(*with*) 맺어지는 것이 아니라, 하나님의 백성들을 **위해**(*on behalf of*) 모든 생명이 있는 피조물들과 평화롭게 부과되는 것이다. 라헴(להם, "저희를 위하여")이라는 어휘의 문맥적으로 다의적이고 모호한 표현이 보여 주는 대로, 아마도 십중팔구는 인종적 이스라엘 자체보다 더 수적으로 많은 백성들이 이 언약의 수혜자로서 그려지고 있는 것 같다. 호세아는 이미 자신이 알고 있는 주전 8세기의 이스라엘과 매우 다른 새로운 이스라엘의 존재에 대해 예언을 해 왔다(2:1-3[1:10-2:1]).

생명이 있는 피조물들의 세 가지 그룹들이 창세기 1장의 이야기에 나오는 순서(창 1:30)와 정확하게 일치하는 순으로 기록되고 있다. 에스겔(38:20) 역시 모든 피조물에게 주어지는 위협을 묘사하는 문맥(38:17-23)에서 창세기 이야기에 나오는 이 어휘를 사용하고 있다(또한 렘 15:3을 참조하라). 여기서는 예언된 그런 위협이 **없다**는 것을 말하고 있다.

고대 근동 조약들에서는 들짐승들로부터의 공격과 전쟁으로 인한 파멸을 조약 규정들에 부가된 저주-위협들의 항목을 위한 가장 두드러진 개념들로 사용했다(D. R. Hillers, *Treaty-Curses*, 54-56를 보라). 그런 저주-위협들이 이제는 제거되는 것이다.

21-22[**19-20**] 이 두 구절은 하나의 단위를 형성한다. 눈에 두드러지게 보이는 구절 구분(the verse division)을 이루고 있다. 야웨가 자신이 사랑하는 자에게 직접적으로 말을 하고 있기 때문에, 2:4에서 시작된 알레고리적인 주제가 온전히 한 원을 이루도록 만들어 주면서 은유는 결혼 약혼으로 전환된다. 강조점은 이제 단순한 화해에 있는 것이 아니라 회복에 있다. 이전에 이루어진 결혼은 무효화되었다. 새로이 이루어지는 결혼은 이전 결혼이 가지지 못했던 다음과 같은 특성들을 가지게 될 것이다. 즉 의, 공변됨, 은총, 긍휼히 여김, 진실함 그리고 무엇보다도 영원함(לעולם – 레올람, "영원히") 등과 같은 특성들을 가지게 될 것이다.

약혼 은유는 "약혼하다"라는 동사 아라스(ארשׂ)의 1인칭 공성 단수 형태가 결정적으로 세 번 반복되는 형식을 통해 매우 극적으로 표현되고 있다. 이 반복의 형식은 이런 자유로운 구절 문맥에서조차 고대 왕정 이전의 시적인 문체를 상기시켜 준다(W. F. Albright, *Yahweh and the Gods of Canaan*, 1-52를 보라).

피엘 형태인 아라스 동사는 계약적으로 이루어진 고대 이스라엘의 결혼 관행을 말해 주고 있다. 즉 신랑이 신부의 값을 신부의 아버지에게 지불함으로써 이루어지는 관행을 말한다. 이것은 구혼 과정의 마지막 단계로 법률적인 상태로 보았을 때 실제적으로 결혼 예식과 동일한 것이었다. 약혼식이 이루어진 뒤에는 정해진 시기에 동거할 수 있었을 것이다.

몇몇 구약 법률적인 본문들은 율법의 시각으로 보았을 때 약혼한 여인은 결혼한 것과 같은 것이라는 사실을 암시하고 있다(예를 들어, 신 20:7; 22:23-29; 출 22:16-17). 다윗이 미갈과 약혼한 것은 다윗의 말에서는 결혼과 동등하게 언급되고 있다(삼하 3:14; 참조. 삼상 18 25).

그 결혼이 가지게 될 특성들을 묘사하는 어휘에 사용된 5번의 전치사에는 풍성한 다의(多義)성이 있다. 야웨의 말씀들은 야웨 자신이 이스라엘로 하여금 자신에게 의와 공변됨 등을 **가지고** 혹은 **통해** 약혼하도록 하시겠다는 것을 의미할 수 있다. 이런 특성들은 이 결혼에 필요한 신부의 값을 나타내는 것일 수 있다. 다윗은 축복의 약속들을 **가지고**(ב – 베) 미갈과 약혼했다. 이중의 역할을 감당하면서 야웨는 **자기 자신**을 이스라엘의 남편과 아버지로서 신부 값으로 지불하시고 있다.

다른 한편으로 베(ב)는 또한 다음과 같은 부수적인 사항들을 나타낼 수 있다. 즉 이런 축복들은 이스라엘과 야웨의 반응 모두의 특성을 묘사하면서 결혼에 부가될 것이다. 계속되는 결혼 관계의 관점에서 보았을 때, 비록 이 구절들에서 베(ב)가 가지는 두 가지 의미 모두 성립될 수 있기는 할지라도, 베(ב)의 후자의 의미가 더욱 두드러지게 나타나는 것이 분명하다. 새로운 결혼 언약을 특징적으로 묘사하고 있는 여섯 가지 용어들은 정통 이스라엘을 고대 세계에 있었던 사회적으로 관심이 덜한 이웃 나라들과는 달리 돋보이게 해주는 사회 정의의 깊은 의미를 반영해 주고 있다.

그 결혼은 영원할 것이다. 레올람(לעולם, "영원히")은 원래의 전문 용어적인 면으로 보았을 때 무한하고 영속성이 있는 것은 아니라 할지라도, 실제적인 의미로 보았을 때 무한히 계속되는 시간을 암시해 주고 있다. 원래의 언약이 가지고 있었던 소망은 야웨와 그의 백성들 사이가 항상 신실한 관계를 유지하는 것이었다(신 4:40). 바로 이런 소망이 진정한 언약의 회복이라는 용어로 여기에 반영되어 있다. "의(義)"(צדק – 체데크)는 구원/구속 그리고 공평함/정당함을 모두 포함하고 있다. "공변됨"(משפט – 미쉬파트)은 공평함과 정당함이 세워지는 행위와 관계를 말한다. "은총(충실)"(חסד – 헤세드)은 언약적 관계가 살아 있고 잘 유지되도록 해주는 헌신됨을 다함이 없이 묶어 주는 것을 의미한다. 한때 징벌로서 이스라엘에게 거절되었던(1:6) "긍휼히 여김"(רחמים – 라하밈)은 도움이 필요한 사람에 대한 관심뿐만 아니라 보호하는 사랑과 용서를 포함하는 부모님이 가지는 돌봄을 말한다. "진실함"(אמונה – 에무나)은 "충실"로서의 진실을 말하는 것으로 신뢰성, 정직, 믿을 만한 것, 신뢰할 만한 것 등의 의미를 포함한다. 야웨와 이스라엘은 모두 이런 여섯 가지 특성들을 보여 주게 될 것이다. 야웨의 주도(主導)적인 솔선함에 이스라엘은 반응을 하기만 하면 된다.

결과적으로 신부는 야웨를 "알게 될"(ידע – 야다) 것이다. "내가 야웨인 것을 안다"라는 어법으로 확장한 본문상의 이문들은 원본적이지는 않은 것 같다. 오히려 히브리어 야다(ידע)는 동거, 즉 이 경우에는 결혼의 완성(예를 들어, 창 4:1; 민 31:18; 왕상 1:4)을 나타내는 구약에서 보이는 가장 일반적인 완곡어법이다. 그렇기 때문에 야웨와 새로운 이스라엘은 이번에는 남편과 아내로서 함께 살 것이다. 이 용어는 성적인 함의들을 가질 수 있지만, 이 곳에서는 성적인 면을 말하는 것이 아니라, 언약적 의미에서 은유적인 "친밀함"을 말하고 있다. 종말론적인 이스라엘은 영원한 신실성으로 이루어진 절정에 이른 결혼이 주는 친밀한 관계 속에서 다른 연애하는 자들이 아닌 바로 야웨를 알게 될 것이다. 이스라엘은 야웨를 자신의 동맹국으로 알게 될 것이며(Huffmon, *BASOR* 181[1966] 31-37를 보라), 자신을 그의 충실한 봉신(封臣)국으로 알게 될 것이다(참조. 출 1:8; 신 13:3; 암 3:2). 야웨는 이 결혼 동맹이 지속되는 것을 보시게 될 것이다. 야웨는 그 결혼 동맹을 주도하실 것이고, 자신의 새로운 언약 규례들을 통해 그 동맹을 유지하실 것이다.

23-24[21-22] 임의적인 구절 나눔이 다시금 하나의 통합된 담론을 구별지어 나누고 있다. 새로운 결혼의 결과로서 야웨는 자비가 넘치는 태도로 이스라엘의 유익을 위해 응하실 것이다(ענה – 아나). 이스라엘은 처음에(17[15]절) 응했던 것처럼 야웨에게 응하는(ענה – 아나) 것을 알고 있었다.

"그 날에"라는 뜻의 바욤 하후(ביום ההוא)라는 어구의 사용을 통해 우리는 다시 한 번 배경이 종말론적이라는 것을 상기하게 된다. 마지막의 부가적 기법인 네움 야웨(נאם יהוה, "여호와께서 가라사대[야웨의 신탁]")라는 어구가 독자/청자를 위해 다시 강조하고 있듯이 야웨는 여전히 말하는 자이다. G와 Syr은 이 구절들의 첫 번째 동사인 에에네(אענה, "내가 응하리라[내가 응답할/노래할 것이다]")를 생략하고 있다. 비록 MT가 옳다는 것이 불확실한 가정이기는 할지라도, 이 동사의 반복은 문체적인 강조를 만들어 주고 있다. "내가 응하리라(내가 응답할/노래할 것이다)"라는 첫 번째 동사는 이 약속의 본질이다(참조. 17[15]절). 이 어구에 대한 해석학적 의역은 "내가 요구된 것을 행할 것이다"라는 말이 될 것이다.

아나(ענה)의 두 번째 언급은 응하는 것에 대한 실제적인 방법들, 즉 "나는 하늘에 응하고…"라는 내용을 소개해 준다. 야웨는 바로 자신이 바알의 주권에 해당하는 것들로 알고 있는 날씨/큰 비의 신이라고 주장하는 것이며, 풍요 순환 고리의 중요한 요소가 되는 땅에 비가 내리는 것들을 통제하는 신이라고 말하고 있다.

아나(ענה, "응하다")에는 "응답하다, 대답하다"라는 의미가 있을 수 있다. 야웨가 땅을 비옥하게 해주시는 것은 바로 기도에 대한 응답이라고 생각될 수 있기 때문이다. 그러나 이 동사는 또한 "큰소리로 외치다"와 "노래하다"라는 의미를 가질 수도 있다. 하나님의 명령과 우주적으로 조화를 이루는 "하늘의 음악"을 만들어 내는 행위의 의미를 담고 있기 때문이다.

본 절에는 하나의 온전한 농경적 주기(週期)가 묘사되어 있다. 하늘은 땅에 물을 주고, 땅은 곡식과 포도주와 기름으로 응하게 한다. 이런 곡식과 포도주와 기름은 한때 야웨가 이스라엘에게 혹독한 가르침을 주기 위해 멈추게 했던 그런 산물들이다(10[8]절). 회복된 이스르엘에 있는 백성들에 의해 수확된 이런 산물들, 즉 전통적으로 북쪽의 "떡 광주리"는 민족을 먹여 살릴 소산물의 부활을 말해 주는 것이다.

이스르엘은 이제 더 이상 파멸의 상징적인 말, 특별히 예후 왕조의 파멸을 상징하는 말이 되지 않는다. 이스르엘은 이제 영광스러운, "하나님이 뿌리신다/심으신다"라는 가장 기본적인 의미를 온전히 이루는 이름이 된 것이다. 야웨는 새로운 세대에 모든 풍요를 지휘하고 관리하실 것이다. 야웨의 심판은 거두어질 것이고, 농경적인 풍요를 말하는 언약적 회복의 축복은 온전히 성취될 것이다(유형 5; 레 26:42과 신 30:9).

25 **[23]** 24[22]절의 마지막 어휘인 이즈레엘(יזרעאל, "이스르엘")과 25[23]절의 첫 번째 어휘인 우즈라티하(וזרעתיה, "내가…저를…심고[내가 그녀를 뿌릴 것이다]")는 "뿌리다/심다"라는 의미의 어근 자라(זרע)를 공유하고 있다. 또한 이 두 구절은 호세아의 자녀들의 이름의 계속되는 주제를 언급하고 있다는 점에서 연결되고 있다. 긍휼히 여김을 받지 못함(로-루하마)과 내 백성이 아님(로-암미)은 이 이름들을 통해 전달되었던 메시지들을 전환하는 수단들로 쓰이고 있다. 따라서 "농경적인 축복", "긍휼히 여김" 그리고 "백성됨"과 같은 은총들이 그런 은혜들이 철회되었던 나라에 다시금 되돌려진다. 야웨는 새로운 이스라엘에게 새롭게 "나의 하나님"이 되는 것이다. 거절(유형 1)이라는 이전의 저주는 거두어진다. "나는 그

들의 하나님이 될 것이다"라는 야웨 은총의 새로운 축복(유형 1; 참조. 레 26:45)이 그 거절의 저주를 대신한다.

구원의 전체적인 신탁이 이 지점에서 적절하게 끝을 맺고 있다. 1:4-9과 2:4-15[2-13]에서 확언된 불운과 파멸은 이제 그런 가혹한 심판을 결코 다시는 두려워할 필요가 없는 미래의 시간에 길을 내주며 지나갈 것이다.

언뜻 보았을 때 이 구절의 명료성은 구문적인 모호성으로 인해 타격을 받고 있는 것처럼 보인다. 그 구문론적인 모호성은 3인칭 여성 단수 목적격 접미어(우즈라티하[וזרעתיה, "내가 …저를…심고〈내가 그녀를 뿌릴 것이다〉"]의 하[ה])를 지칭하는 분명한 지시 대상을 가지고 있지 않다는 점이다. 볼프와 다른 학자들은 25a[23a]절은 "아마도 이스르엘의 어머니를 언급했던"(Wolff, 54) 문장의 귀결절(歸結節)임이 분명하다고 추측한다. 그러나 볼프는 "'이스르엘의 어머니'를 심는다는 의미는 무엇이겠는가?"라고 묻는다. 이런 질문은 볼프 자신의 제안을 회피하는 것이다.

그 지시 대상은 이스라엘 땅을 말하는 것이 분명하다. 만약 남성이 아니라면, 이스르엘은 제유(提喩)적인 표현으로서 여성으로 분석된다. 즉 농경적으로 **모든** 이스라엘을 나타내는 북쪽의 곡창 지대를 말하는 이스라엘을 강조하는 의미다. 따라서 3인칭 여성 단수 목적 접미사는 24[22]절의 끝에 있는 이스르엘과 관련된 내용을 통해 간접적으로 생각되는 "이스라엘 땅"인 에레츠 이스라엘(ארץ ישראל)을 암시적으로 지칭하고 있는 것이다.

해설

본문은 두 가지 보충적인 초점, 즉 정통을 다시 세우는 것과 부수적인 농경적 풍성함이라는 내용을 가지고 있다. 이 두 가지 내용은 선지서들에 들어 있는 종말론적인 주제들이며, 또한 새로운 언약 세대에 이루어질 회복의 오경적 약속들을 특징적으로 말해 주는 내용들이다. 포로로 잡혀감과 약탈당하는 것을 포함하는 북 왕국에 대한 징벌이 전제되어 있다. 2:1-3[1:10-2:1]에 나오는 구원 신탁과 마찬가지로, 본문에 묘사된 사건들은 호세아 당대의 청중들 자체에 의해 기대될 수 있는 것들이 아니라, 먼 미래에 이루어질 일들로 여겨진다. 아직 보이지 않는 먼 훗날의 상황에서 이루어질 일들을 묘사하기 위해서는 인간 세상의 유비적인 언어가 필요하다. 예를 들어, 성서에 있는 하늘에 대한 묘사들은 인간 사회의 유비에 그 토대를 두고 있다. 그러므로 우리는 새로운 언약 세대가 보여 주는 본질적으로 비유적인 성격을 이해하면서, 그 세대를 묘사하기 위해 호세아와 다른 예언적 저작들에 사용된 언어의 종류를 인식해야만 한다. 언약에 따르면, 본문에서 예견되고 있는 물질적인 축복들과 종교적인 정화는 하나님에 의해서만 성취되는 구원/구속의 국면들을 이루는 요소들이다. 하나님은 자신의 새로운 "아내"를 위해 그런 것들을 이루신다. 묘사된 세대는 교회 세대만을 의미할 수 있다. 그리스도의 공동 상속자들은 이 약속의 상속자들이다(갈 3:29).

신명기 32장의 시를 소개하는 신명기 31:21에서 야웨는 모세에게 "그들이 재앙과 환난을 당할 때에 그들의 자손이 부르기를 잊지 아니한 이 노래(즉, 32장)가 그들 앞에 증인(대답/증언/노래/응답/증거; 아나[ענה])처럼 되리라"고 말한다. 신명기의 이 구절은 바로 호세아 2:23-24[21-22](그리고 아마 17b[15b]절에서도)에서 보이는 아나(ענה)의 원형이며 전신일 수 있다. 아나(ענה)는 "노래하다"(특별히 "번갈아 가며 노래하는 것")라는 의미를 가질 수 있다. 또한 아나(ענה)는 저주의 유명한 국가적인 노래(신 32장)를 나타내는 데 쓰이는 동사이기도 했다. 그렇기 때문에 아나(ענה)라는 어휘는 저주보다는 종말론적인 축복을 묘사할 때 호세아의 청중에 의해 본문에 적절하게 사용될 수 있었던 것이다. 따라서 호세아는 23-25[21-23]절에 아나(ענה)라는 동사를 사용함으로써 회복의 시기에 이루어지는 언약적 저주들과 정반대되는 국면들을 강조하고 있다. 야웨는 모세를 통해 신명기 32장에 있는 저주의 노래를 이스라엘에게 가르치셔야만 했었다. 이제 호세아에 따르면 야웨는 장차 이스라엘에게 새로운 노래인 축복의 노래를 가지고 이스라엘에게 응하실/노래하실 수 있을 것이다.

사랑 받음으로 인해 순결하게 정화된 이스라엘(3:1-5)

참고문헌

Atten, L. W. "Hosea's Message and Marriage." *JBL* 48(1929) 257-73. **Borbone, P.**

G. "Il capitolo terzo di osea." *Henoch* 2(1980) 257-66. ______. "Il terro incomodo: L'interpretatione del testo masoretico di Osea 3, 1." *Henoch* 7(1985) 151-60. **Eybers, I. H.** "The Matrimonial Life of Hosea." *Die Oud Testamentiese Werkgemeenskap in Suid-Afrika* 7/8(1964-65) 11-34. **Fox, M.** "ṬÔB as Covenant Terminology." *BASOR* 209(1973) 41-42. **Fück, J.** "Hosea Kapitel 3." *ZAW* 39(1929) 283-90. **Ginsberg, H. L.** "Studies in Hosea 1-3." *Yehezkel Kaufman Jubilee Volume.* Ed. M. Haran. Jerusalem: Magnes, 1960. **Gordis, R.** "Hosea's Marriage and Message: A new Approach." *HUCA* 25(1954) 9-40. ______. "Some Hitherto Unrecognized Meanings of the Verb שׁוּב." *JBL* 52(1933) 153-62. **Gordon, C. H.** *Homer and the Bible.* Ventnor, NJ: Ventnor Publishers, 1967. **Haupt, P.** "Hosea's Erring Spouse." *JBL* 34(1915) 41-53. **Hillers, D.** "A Note on Some Treaty Terminology in the Old Testament." *BASOR* 176(1964) 46-47. **Malamat, A.** "Origins of Statecraft in the Israelite Monarchy." *BA* 28(1965) 34-65. **Moran, W. L.** "The Ancient Near Eastern Background of the Love of God in Deuteronomy." *CBQ* 25(1963) 77-87. ______. "A Note on the Treaty Terminology of the Sefire Stelas." *JNES* 22(1963) 173-76. **Mutingh, L. M.** "Married Life in Israel According to the Book of Hosea." *Die Oud Testamentiese Werkgemeenskap in Suid-Afrika* 7/8(1964-65) 77-84. **Tushingham, A. D.** "A Reconsideration of Hosea, chapters 1-3." *JNES* 12(1953) 150-59. **Yaron, R.** "Aramaic Marriage Contracts from Elephantine." *JSS* 3(1958) 1-39.

본 문

1 여호와께서 내게 이르시되 이스라엘 자손이 다른 신을 섬기고 건포도 떡을 즐길지라도 여호와가 저희를 사랑하나니 너는 또 가서 타인에게 연애를 받아 음부 된 그 여인을 사랑하라 하시기로
2 내가 은 열다섯 개와 보리 한 호멜 반으로 나를 위하여 저를 사고
3 저에게 이르기를 너는 많은 날 동안 나와 함께 지내고 행음하지 말며 다른 남자를 좇지 말라 나도 네게 그리하리라 하였노라

4 이스라엘 자손들이 많은 날 동안 왕도 없고 군도 없고 제사도 없고 주상도 없고 에봇도 없고 드라빔도 없이 지내다가

1 Yahweh said to me again:[a] "Show love[b] to a woman who loves evil[c] and commits adultery, just as Yahweh shows love to the Israelites though they turn to other gods and love raisin cakes."
2 I bought her for myself with fifteen shekels[a] of silver, a homer of barley,[b] and a jug of wine.[c]
3 I said to her: "For a long time you will remain mine. You will not engage in prostitution, and no one will have you. I myself 〈will have no sex〉[a] with you.

4 Because for a long time the Israelites will remain without king, without official, without sacrifice, without pillar, without ephod or teraphim.

5 그 후에 저희가 돌아와서 그 하나님 여호와와 그 왕 다윗을 구하고 말일에는 경외하므로 여호와께로 와 그 은총으로 나아가리라

5 Afterwards the Israelites will return to seek Yahweh their God and David their king. They will turn in fear[a] to Yahweh and his goodness in the end times."

원문주해

1.a. 비록 "또, 다시"라는 뜻의 오드(עוֹד)는 "…을 다시 사랑하라"라는 뜻의 레크 에하브(לֵךְ אֱהַב)와 더불어 해석될 수 있을 것 같지 않아 보일지라도, 그렇게 해석될 수 있다.

1.b. 영어의 숙어를 고려해서 "가라"라는 뜻의 히브리어 레크(לֵךְ)는 번역에서 생략되었다.

1.c. G와 같이 능동 분사로 읽은 것이고, 레아(רֵעַ)보다는 라(רַע)로 발음한 것이다. 다른 대안으로는 "반려자에 의해 사랑을 받는 자" 혹은 "반려자를 사랑하는 자"라는 의미다.

2.a. 비록 "세켈"이라는 의미가 분명하다 할지라도, 원문에는 그런 어휘가 없다.

2.b. MT는 "보리 한 호멜 반"으로 읽는다. 비록 어떤 분량이라고 말은 하고 있지만(즉, 본문이 훼손되지 않은 것이라면), 한 레테크(lethech[לֶתֶךְ])가 어떤 것이었는지 확실히 알려져 있지는 않다. 레테크의 분량이 반 호멜과 동일한 양이었을 것이라고 보는 제안들은 단지 추측에 의한 것일 뿐이다.

2.c. G는 "보리 한 레테크"라는 뜻의 레테크 세오림(לֶתֶךְ שְׂעֹרִים)이라고 보는 대신에 "포도주 한 병"이라는 뜻의 네벨 오이누(*νέβελ οἴνου*)로 읽는다. 아마도 이렇게 읽는 것이 원문이 훼손된 결과를 담고 있는 듯한 MT의 독법보다 더 원문적일 것이다. 레테크(לֶתֶךְ)라는 어휘는 구약 전체에서 오직 이 곳에서만 나타난다.

3.a. 동사(아마도 "내가 갈 것이다"라는 뜻의 엘레크[אֵלֵךְ])와 부정 부사가 없어진 듯이 보인다. 그렇지 않으면 본문은 분별할 수 있는 의미를 가지지 못하게 된다. "…로 들어가다"라는 뜻의 할라크 엘(הלך אל)은 "…와 성적인 관계를 갖다"라는 의미를 가진다.

5.a. "경외하므로 돌아와"라는 뜻의 파하드 엘(פחד אל)의 의미를 위해서는 렘 36:16을 참조하라.

양식/구조/배경

본문의 양식은 1:2-9의 양식과 유사하다. 본문은 아마도 **기억할 만한 사건**으로 불리는 것이 가장 적절한 선지자의 자전적 회상의 글일 것이다. 선지자의 삶에서

몇 가지 구체적인 사건들이 적나라하고 간결한 어법으로 회상되고 있다. 야웨의 말씀은 선지자가 예표(豫表)적으로 행동하고 있음을 분명히 나타내 준다. 더욱이 1:2-9과는 대조적으로 하나님의 말씀보다는 호세아 자신의 말들이 그 몇 가지 행위들(특별히 3-5절)의 예표적인 의미들을 설정해 주고 있다. 여기서 진짜 결혼이 다시금 야웨와 이스라엘 사이의 은유(隱喩)적인 결혼 속에서 주도적으로 이루어지는 상황을 보여 주고 있다.

2:25[23]은 2:18-25[16-23]의 구원 신탁을 분명하게 끝맺음 하고 있으며, 4:1은 언약 법률 소송 양식을 시작하고 있음이 분명하기 때문에, 3:1-5은 그 자체의 단위로 따로 구분된다. 3:1-5은 전체적으로 산문이다.

이 다섯 절은 명령, 행위, 해석의 형태를 따르는 하나의 단위를 이루고 있다. 그러나 그 형태의 순서는 다음과 같이 약간 조정된다: 2절에 있는 호세아의 행위 이전에, 1절에서 야웨는 자신의 명령을 해석하고 있다. 또한 3절에서 호세아 자신은 명령을 하고, 그 명령으로부터 기인되는 행위를 예언하고 있다. 예견되듯이 그런 뒤에 해석이 따라 나오고 있다. 사실상 하나인 두 명령 사이에는 강한 연관성이 있다. 야웨가 호세아에게 주는 명령은 "사랑하라(사랑을 보여 주라)"는 것이다(1절). 야웨의 해석은 그런 사랑은 이스라엘에 대한 야웨 자신의 사랑(1절)과 병행될 것이라는 사실이다. 호세아가 "저(그녀)를" 사는 것은 명령을 성취하는 행위다. 그런 뒤에 호세아는 자신이 "산" 그 여인은 순결하게 남아 있어야만 한다(3절)는 조건을 준다. 이와 유사하게 야웨는 이스라엘 백성들을 순결하게 함으로써 이스라엘의 악한 행위를 중단하도록 하실 것이다(4-5절). 비록 아이러니하게 보일지라도, 이것이 바로 "사랑하라(사랑을 보여 주라)"고 하는 첫 번째 명령에 대한 해석이다. 본문의 구조는 아래와 같이 제시될 수 있을 것이다.

1절 명령: 악한 여인에게 사랑을 보여 주라.
1절 해석: 비록 이스라엘 백성들이 악할지라도,
나는 이스라엘에게 사랑을 보여 주었다.
2절 행위: 호세아가 여인을 취하다.
3절 명령: 호세아가 자신의 아내를 정결케 하다(미래).
4절 행위: 이스라엘이 정결케 되다(미래).
5절 해석: 정결케 하는 것은 순종을 낳을 것이다.
} 1절에 있는 "사랑하라"고 하는 명령에 대한 두 번째 해석 (3-5절)

그러므로 야웨의 사랑은 순종을 낳는 정결케 하는 것을 포함한다. 이것은 언약의 기본적인 주제다(참조. 신 30:1-10).

1장 이후에 우리는 고멜에 대해 더 이상의 어떤 것도 듣지 못했다. 그녀는 2:4에서 언급되지 않았다. 그 "여인"은 단지 알레고리적으로 언급된 "아내"이며 "어머니"였기 때문이다. 아마도 현재의 본문은 다른 여인을 말하고 있는 것 같다. 이번에도 역시 호세아는 하나님의 명령에 따라 그녀와 결혼했다. 그녀는 음란한 여인이었는데, 심지어 매춘부로 생각되기조차 한다(Gordon, *Homer*, 21; Ginsberg, "Studies"를 참조하라). 이와는 대조적으로 고멜의 매춘은 은유(隱喩)적인 것이었다. 이 여인은 매춘의 실제적인 행위에 대해 경고를 받고(3:3), 그런 행위를 하지 못하도록 강제적인 제제를 받고 있다(4절).

본문의 목적은 호세아 개인의 삶에 대한 연대기적인 순서를 말하는 것이 아니기 때문에, 우리는 호세아가 자신의 두 번째 아내와 결혼한 때를 단지 추측만 할 수 있을 뿐이다. 그런 세부적인 사항들은 어떤 선포적인 중요성을 가지지 못할 것이며, 호세아서가 전해 주고 있는 메시지에서 벗어나는 것일 것이다. 그러나 우리는 다음과 같은 근거들을 토대로 이 결혼은 상대적으로 늦은 시기에 이루어진 것으로 본다.

첫째로, 2장 뒤에 3장이 놓인 것은 결코 우연적인 것이라고 볼 수 없다. 3장은 그 내포하는 의미의 확실성을 놓고 볼 때 일반적으로 2장에 의존하고 있기 때문이다. 예를 들어, 2:4-17[2-15]은 야웨의 신부인 이스라엘이 야웨의 사랑을 받는 새로운 존재로 준비되기 전에 이스라엘에게 닥칠 수밖에 없는 불가피한 박탈을 묘사하고 있다. 이와 유사하게 3:1-5은 이스라엘 백성들이 야웨에게 경외함으로 돌아오기 전에 받아야만 하는 경험인 박탈을 묘사하고 있다. 두 개의 본문은 모두 야웨의 공의는 야웨의 사랑과 공존한다는 것과 야웨의 사랑에 대한 중요한 일면이라는 것을 보여 주고 있다. 두 개의 본문은 모두 이스라엘의 신실하지 못함으로 시작하고 신실함이 기준이 되는 미래의 시간에 대한 예언으로 끝을 맺고 있다. 두 개의 본문은 모두 종말론적인 미래에 이루어질 회복을 묘사하고 있다. 두 개의 본문은 모두 호세아 당대를 넘어선 시기에 이루어질 회복을 암시적으로 설정하고 있다. 3장은 "오랫동안"(문자적으로는 "많은 날 동안")이라는 뜻의 야밈 라빔(ימים רבים)이라는 어구와 "말일에는(끝 날에는)"이라는 뜻의 베아하리트 하야밈(באחרית הימים)이라는 종결 부사적 어구의 반복을 통해 매우 분명하게 회복을 암시하고 있다. 따라서 간략한 3장의 온전한 의미는 좀 더 길고 상세한 내용을 담고 있는 2장 뒤에 놓일 때만 얻어진다. 이것은 마치 고멜과 호세아의 세 자녀들이 자라는 내용을 담고 있는 2장(2:24-25[22-23])은 1장을 전제로 하고 있는 것과 같은 것이다. 따라서 **언뜻 보아서**(*prima facie*) 3장은 첫 번째 결혼 이후 많은 해가 지난 뒤에 이루어진 두 번째 결혼을 묘사하고 있는 것으로 생각될 수 있다. 3장에는 호세아가 자신의 첫 번째 아내를 돈을 주고 되사는 것이라는 사실을 말하는 아무런 암시도 없다.

둘째로, 이스라엘 역사에서 **다음으로** 다가오는 주요한 사건은 나라의 독립을 빼앗기는 것이라는 함축적인 의미가 호세아서 전역에 암시되어 있다. 2장의 대부분의 내용은 여전히 재난 이전에 누리게 되는 번영을 전제로 하고 있다(2:7[5], 10[8], 11[9] 등등을 보라). 3장에서는 다가오는 번영에 대한 증거가 없을 뿐만 아니라, 4-5절은 북 왕국이 이미 몰락했다는 것을 암시하는 것으로 이해될 수 있다. 4절과 5절은 이스라엘이 이전의 제도들이 없이 지낼 긴 시간을 강조해 주고 있기 때문이다.

그러므로 우리는 본 장에 기술된 결혼은 적어도 호세아(Hoshea) 통치 기간(주전 732-722년)이거나 가능한 한 최대한 늦은 시기로는 북 왕국이 앗수르에게 멸망한 주전 722년에 이루어진 것으로 본다. 호세아는 자신이 매우 나이가 든 시기에 이 결혼을 했으며, 그 당시는 결혼하기에는 매우 불안정한 시기였다는 견해에 대해서는 전적으로 동의한다. 이것은 일반적인 결혼이 아니라 상징적인 결혼이었다. 그 결혼은 완성되지 못한 채로 남아 있었기 때문에, 호세아는 이 두 번째 아내와 성적인 관계를 가지지 않았을 것이다(3절). 물론 다른 경우들에 있어서도 선지자들은 적절하지 못한 때로 여겨지는 때의 일들을 다루도록 부름을 받곤 했다(예를 들어, 예레미야, 렘 32:6-15).

본 장이 보여 주는 철저하게 자서전적인 장의 특징으로 볼 때, 호세아 이외에 다른 누군가가 호세아서의 저자일 것이라고 주장할 이유는 없다. (이와 반대되는 견해를 위해서는 Atten, *JBL* 48[1929] 257-73를 보라).

주석

1 "사랑하다/사랑을 보여 주다"라는 의미의 아하브(אהב)라는 동사는 이 구절에서 네 번 등장하는 어휘로서 이 구절의 주도적인 어휘다. 히브리어 아하브(אהב)는 영어의 "사랑하다"라는 동사보다 더 넓은 의미를 가지고 있다. 아하브(אהב)는 "낭만적으로 사랑하다", "…을 더 선호하다/좋아하다"라는 영어적인 의미뿐만 아니라 "…을 위한 사랑의 행위들을 하다", "…에 대해 신실한/긍휼히 여기는", 심지어는 "…와 연합된"이라는 의미들도 포함하고 있다. 아하브(אהב)는 하나님의

사랑(헬. ἀγάπη – 아가페), 부모의 사랑(στοργή – 스토르게), 일반적인 인간 사회의 사랑(φίλος – 필로스) 그리고 낭만적인 사랑(ἔρος – 에로스) 등을 모두 포함한다. 호세아는 새로운 아내를 돌보고 보호하는 의미에서 그녀에 대한 "사랑을 보여 주고 있는 것"이다. 이와는 대조적으로 음행은 "즐기다/…을 더 좋아하다/좋아한다"라는 의미에서 악을 "사랑한다"는 것이다. 야웨는 한 나라로서 이스라엘에 신실함으로써 이스라엘을 사랑하신다(참조. 신 4:37; 23:5 등등). 이 "사랑하다"라는 어휘는 신실한 관계를 위한 전문적이고 언약적인 용어다. 이스라엘은 건포도 떡을 "즐기고/더 선호하며/좋아한 것"이다.

이스라엘에 대한 야웨의 사랑은 고귀하고, 이기적이지 않으며, 관대하고, 보호적이다. 이스라엘이 건포도 떡을 즐기는 것 그리고 간부(姦婦)가 악을 사랑하는 것은 이기적이고, 제멋대로 하는 것이며, 쾌락을 추구하는 것이다. 동사의 어근이 각각의 경우에 동일하기 때문에, 사랑에 대한 이런 두 가지 유형 사이의 대조는 항상 암시되어 있으나 두드러진다. 호세아의 새로운 아내는 호세아의 사랑을 받을 자격이 없지만, 그 사랑을 받게 될 것이다. 이스라엘은 야웨의 사랑을 받을 자격이 없지만, 야웨는 그 이스라엘에 대해 줄곧 그런 사랑을 보여 주어 오셨다. 그리고 야웨는 친히 이스라엘 위에 쏟아 부을 멸망의 그 긴 시간 동안에도 계속적으로 이스라엘을 사랑하실 것이다.

호세아가 결혼한 여인은 실제로 간부(姦婦)다(אהבת רע ומנאפת – 아후바트 레아 우므나아페트, "타인에게 연애를 받아 음부 된[악을 사랑하고 음행을 저지른]"). 호세아가 "행음"에 대해 그녀에게 명령했다는 것(3절)은 그녀가 정말 전문 직업적인 매춘부였다는 것을 말해 준다. 호세아는 1장과 2장에서와 같이 이제 더 이상 자나(זנה)를 은유(隱喩)적으로 사용하고 있지 않다.

이스라엘 백성들의 행위는 간부의 행위와 직접적으로 비교되고 있다. 그녀는 간음을 한다. 이스라엘 백성들은 다른 신들에게 돌아선다(영적인 간음). 그녀는 악을 사랑한다. 이교에 빠지는 것을 제유(提喩)적으로 표현한 것으로 이스라엘 백성들은 건포도 떡을 사랑한다. 포도를 짜고 말려서 만든 사탕 과자인 건포도 떡(אשישי ענבים – 아쉬셰 아나빔)은 맛있는 음식으로 상으로 주어졌었다(참조. 아 2:5; 삼하 6:19). 호세아 당대에 이런 음식들은 아마도 예전적인 경배에 일상적으로 함께 사용되었을 것이다. 이런 음식들은 야웨 이외의 다른 신들에게서 영적이고 물질적인 만족을 추구하는 종교적으로 음란한 여인이 취하는 음식을 은유적으로 적절하게 나타내 주는 것들이었다.

2 호세아는 자신의 두 번째 아내를 위해 신부-값을 지불했다. 이것은 야웨가 자신의 "새로운" 아내를 위해 지불한 비유적인 신부-값(2:21-22[19-20])과 유사한 것이다. 2장에서 야웨의 새로운 아내인 이스라엘은 이제 정화되고 참회를 한 **이전의** 이스라엘이었기 때문에, 몇몇 학자들은 호세아는 지금 고멜을 되사오는 것이라고 했다. 그러나 2:21-22[19-20]에서 야웨는 이전과 동일한 이스라엘을 되사신 것이 아니라, 새로운 이스라엘 즉 종말론적으로 변환된 남은 무리였던 이스라엘, 말하자면 아직 결혼하지 않은 이스라엘을 야웨가 되사신 것이었다. 고멜이 떠났고, 그런 뒤에 호세아가 그녀의 아버지 혹은 그녀가 결혼한 누군가로부터 혹은 매춘업소에서 여전히 반항적이고 음란한 상태에 있는(3:1) 고멜을 되사왔다고 가정하는 것은 2:18-25[16-23]에서 주어지고 있는 그림과 전혀 어울리지 않는다.

신부의 값을 언급하는 것은 이 본문의 요점들 중에 하나를 분명하게 해주고 있다. 즉 아내는 바로 호세아의 재산이라는 것이다. 그녀는 값을 치르고 산 바가 되었다. 이스라엘의 율법 아래에서 호세아는 그녀를 소유하게 된 것이고, 그녀를 자신이 원하는 대로 취급할 수 있게 된 것이다. 호세아는 이제 그녀를 집에 머무르게 함으로써, 그녀가 다른 사람과 정을 통하지 못하도록 함으로써 그리고 심지어는 자기 자신도 사사로이 애정을 나누지 않겠다고 함으로써 그녀를 정숙하게 **할 수 있다**.

신부-값은 돈이나 곡물이나 포도주와 같은 것들이었다. 보리는 한 호멜, 즉 다섯 부셸(약 36리터, 약 2말)로 계산되고 있다. 값싼 곡물인 보리는 비싼 것이 아니었고, 포도주 한 병도 비싼 것이 아니었다. 은 15세겔(Shekel)은 1온스의 약 10분의 4 정도에 해당되는 무게였을 것이다. 따라서 총 값은 과도히 비싼 것은 아니었다. 30세겔이었던 여성 노예의 값이 더 비쌌다(출 21:32; 레 27:4에서 보이는 성소에서의 서원으로 드려졌던 여인의 값과 동일한 가격이다).

호세아는 부분적으로는 현금으로 또 부분적으로는 물품으로 아내를 샀다. 호세아는 분명히 값을 치르고 그녀를 샀기 때문에 그녀를 확실히 소유하게 되었다. 이것이 2절에 있는 "명세 계산서"가 말하려고 하는 요지다.

3 호세아는 자신의 새 아내에게 네 가지 지침을 주었는데, 이들 각각의 지침들은 이전의 것보다 더 구속적이고 제한적이다. 첫째, 그녀는 많은 날 동안(ימים רבים – 야밈 라빔) 그와 함께 살아야만/머물러야만/남아 있어야만 한다(ישב – 야샤브). 이런 합리적인 제한은 직업적인 매춘부에게는 기대하지 못할 것이었음에 틀림없다. 매춘부는 종국에는 다시 팔리든지, 아니면 다른 남자들과 함께 노리개

로 삼게 되든지, 아니면 곧 버려지게 될 것이라고 생각되었을 것이다. 그러나 호세아는 그녀에게 자신과 함께 오랫동안 지낼 것이라고 말하고 있다.

두 번째 지침은 그녀의 습관적인 행음(그녀의 이전 직업?)을 하지 못하도록 한다. 그녀는 돈을 주고 산 바 되었다. 그녀의 죄악된 삶은 이제 끝난 것이다. 세 번째 지침은 이제 그녀는 다른 사람과는 관계를 가져서는 안 된다는 것을 분명히 한다. 호세아는 그녀를 샀고, 그녀는 그 일에 아무런 권한이 없다. 네 번째 지침은 완전히 놀라운 것이었을 것이다. 그녀는 자신의 남편조차도 그녀와 성적인 관계를 가지지 않을 것이라는 말을 듣는다. 본문에 문제가 있음에도 불구하고, 이런 해석은 그 지침의 의미임이 분명하다. 그녀는 간음과 매춘의 삶에서부터 성적인 관계가 없는 결혼에서 이루어지는 성결함으로 인도되고 있다. 한쪽 극단의 삶에서 취해져서 다른 극단의 삶을 따라 살도록 하고 있다. 독자/청자는 이스라엘을 위해 준비되어 있는 것을 이미 보기 시작한다. 다른 종류의 삶이 앞에 놓여 있는 것이다.

우리는 이런 제한들이 "사랑하라(사랑을 보여 주라)"는 명령을 온전히 성취시켜 주는 것이라는 사실을 마음에 간직하고 있어야만 한다. 그런 제한들은 해를 주려고 하는 것이라기보다는 오히려 보호하려고 하는 것이다. 야웨가 "질투하는" 하나님이시고, 야웨는 이스라엘 자신의 유익을 위해 이스라엘이 더 이상 죄를 짓지 못하도록 하기를 원하시는 것과 같이, 호세아는 그 새로운 아내를 향해서 그 행위들을 제한하며 한정짓도록 하고 있다. 호세아는 그녀를 단지 자신의 만족과 쾌락을 위해 산 것이 아니라, 그녀를 새롭게 바꾸기 위해 샀던 것이다.

4 호세아는 자신의 아내에게 많은 날 동안 자기와 함께 머물라고(ישב – 야샤브) 명령한다. 이 명령과 병행적인 맥락에서 호세아는 이제 "이스라엘 자손들이 많은 날 동안… 지내다가(ישב – 야샤브)"라고 말하고 있다. 호세아는 더 이상 자신의 아내에게 말하고 있는 것이 아니다. 하나님의 담론을 예언하는 데 전형적으로 사용되는 도입부 키(כי)가 말하고 있는 대로, 이제 호세아는 이스라엘을 위한 야웨의 엄위한 말씀을 가지고 청자/독자에게 말하고 있다.

일련의 다섯 가지가 존재하지 않는다고 언급하고 있는 것은, 이스라엘의 국가적인 주권과 사회적인 기반이 제거될 것이라는 사실을 암시해 주면서, 이스라엘의 기본적인 제도들이 제거될 것이라는 사실을 분명히 말하고 있다. 이스라엘은 왕을 가지지 못할 것이다(저주 유형 13b; 참조. 신 28:36; 31:4). 왕권은 나라의 정체성에 필수적인 것이기 때문에, 그런 왕정이 종말을 고한다는 것은 다른 종류의 존재 양식이 있으리라는 사실을 의미하는 것이다. 이스라엘은 또한 통치자(שׂר – 사르)도 없게 될 것이다. 이것은 조금 더 느슨한 통치 형태의 정부를 말하고 있는 것이 아니라, 이스라엘 자체 통치의 최후 종말을 예견하는 것이다. 호세아 시대에 이것이 암시하는 바는 다음과 같이 매우 분명했다: 다른 나라(강력한 앗수르임이 분명함)가 이스라엘을 통치할 것이다.

북 왕국의 공적인 야웨 예배 의식을 나타내는 두드러진 표지들인 제사(זבח – 제바흐)와 주상(מצבה – 마체바)도 역시 제거될 것(저주 유형 2; 레 26:31)이다. 주상에 대한 언급은 중요하다. 주상은 성소에 세워진 커다란 돌로 아마도 신, 특별히 우상 숭배에서 사용되는 신을 나타내는 상징이었을 것이다. 그런 주상들을 세운 것은 모세 언약 아래 있는 이스라엘에서 율법을 범하는 것들이었다(신 16:22). 이제 북 왕국에서는 그 모세의 율법을 무시했다.

에봇은 하나님의 말씀을 받아 예언을 할 때 제사장이 입었던 의복이었다(하나님의 뜻을 분별하는 장치). 이 에봇에는 **우림**(*Urim*)과 **둠밈**(*Thummim*)을 넣어두는 주머니가 있었다(우림과 둠밈은 번갈아 밝고 어두운 면을 가지고 있는 주사위와 같은 것으로서 던져진 면의 조합을 통해 "그렇다"와 "아니다"라는 대답을 나타내곤 했음; 출 28:30). 이교에서 행한 예전적인 점(占)을 치는 의식에서는 집안에서 소유하고 있던 우상들인 드라빔(Teraphim)에게 물어볼 수도 있었다(겔 21:26[21]; 슥 10:2).

희생 제사 제도와 에봇은 정통적인 것들이었다. 주상과 드라빔은 혐오스러운 이교적인 것들이었다. 거룩한 것과 금지된 것을 섞는 혼합주의에 빠져 있던 이스라엘은 그 종교를 이교의 요소들과 섞어 불순하게 만들었다. 그러므로 정통적인 면들과 이교적인 면들은 이제 **모두 동일하게** 제거될 것이다. 통치권도 예배도 계시도 이제는 더 이상 이스라엘 백성들에게 허용되지 않을 것이다.

5 궁극적으로 얻게 될 결과는 해로운 박탈이 아니라 긍정적인 결과를 가져다 줄 박탈이다. 본 절의 처음과 끝에 있는 "그 후에(뒤따르다,… 뒤에 오다)"라는 의미의 어근 아하르(אחר)는 이스라엘이 회복 이전에 겪게 되는 박탈의 긴 시간을 강조하고 있다(2:4-25[2-23]과 레 26장 그리고 신 4장과 30장에 있는 박탈/회복의 연속되는 순환 고리를 참조하라).

같은 음의 말로 나타내는 익살스러운 표현이 이전에 나온 "지낼 것이다"라는 의미의 에셰부(יֵשְׁבוּ, 4절)와 병행을 이루는 표현으로 쓰인 "돌아올 것이다"라는 의미의 야슈부(יָשֻׁבוּ) 동사에 나타나 있다. 이스라엘 백성들은 지형학적으로 포로로 잡혀간 곳에서 분명히 돌아올 것이다(회복 축복 유형 7; 신 30:3-5). 그러나 이외에도 "돌아가다"라는 뜻의 슈브(שוב)는 "다른 신들에게 돌아가는" 것과는 대조적으로 진정한 믿음 가운데 야웨께 돌아오는 것(예를 들어, 신 4:30)을 나타낼 수 있다. 이렇게 진정한 믿음 가운데 야웨께 돌아오는 것은 포로로 잡혀간 곳에서 돌아오는 일에 앞서 일어나야 하는 일이다.

이 신탁은 또한 이스라엘은 야웨를 구할 것(בקש - 바카쉬)이라고 예언한 것, 즉 야웨를 알기 위해 그리고 야웨의 뜻을 행하기 위해 하나님께 돌아온다는 것이다(참조. 습 2:3; 슥 8:22; 말 3:1 등등). 본문은 언약 회복 약속들 중에 있는 첫 번째 어휘를 사용해서(레 26:44-45) 야웨는 다시 한 번 "그들의 하나님"이 될 것이라고 말하고 있다.

그리고 다윗이 그들의 왕이 될 것이다. 2:1-3[1:10-2:1]은 이런 주제와 밀접하게 연결되어 있다. 선지자들은 북과 남으로 나누어진 이스라엘이 다시 통일되어 하나가 되는 날을 고대했다(예를 들어, 렘 31장; 겔 37장; 참조. 신 30:3-4; 종말론적 축복 유형 8). 북 왕국에 있었던 여러 가지 왕조들 중에 이상적인 왕조는 거의 없었다. 오로지 다윗 왕조만이 선택받은 왕조로 남아 있었다(왕상 11:13). 그러므로 다윗을 언급하고 있는 부분을 삽입된 것으로 간주해서는 안 된다. 이것은 바로 2:2[1:11]에서 예언된 "한 드목(한 지도자)", 즉 다윗 계열의 한 구성원을 말하고 있는 다른 표현법이다. 그러나 이것은 후기 선지자들에게서 더욱 강하게 드러나는(참조. 렘 30:9) 메시아적 종말론과 같은 것에 대한 암시다.

야웨께 돌아오는 모습을 "경외하므로 돌아오다(두려운 가운데 돌아오다)"(אל־פחד - 파하드 엘)라고 묘사하고 있는 이 신탁 속에서, 이스라엘 백성들은 자신들이 돌아오기 전에 어떤 교훈을 받게 되리라는(참조. 신 4:30; 그리고 신 28장에서 파하드[פחד]를 빈번하게 사용하고 있음) 것을 분명하게 알 수 있다. 그러나 그들의 하나님은 잔인하거나 앙갚음하지는 않으실 것이다. 이스라엘 백성들이 야웨께 다가갈 때, 그들은 "그의 은총"(טובו - 투보)을 발견하게 될 것이다. 2:18-25[16-23]과 병행을 이루는 내용으로, 돌아오는 날들은 좋은 시간들로 선포되고 있다.

신탁은 "말일에는(끝 날들에는)"(באחרית הימים - 베아하리트 하야밈)이라는 부사적인 어구로 결론을 맺고 있다. 호세아서에서 보이는 유대 관련 구절들을 잘라낼 수 있는 곳에서 제거해내는 사람들에 의해 때때로 이 어구는 원문에 부가된 것으로 여겨진다. 이 어구는 남쪽의 선지자들의 신탁들과 연관되어 있기 때문이다

(사 2:2; 미 4:1 등등). 그러나 창세기 49:1; 민수기 24:14 그리고 신명기 4:30에 이 어구가 나타나는 것은 그런 생각이 불필요한 것임을 말해 준다. 이 용어는 단지 호세아서가 언약의 규약들(특별히 신 4:30)과 밀접하게 연관되어 있음을 보여 주는 또 다른 증거일 뿐이다. "말일에는"이라는 어구는 종말론적인 세대를 말해 준다(참조. 사 2:2; 렘 49:39; 겔 38:8, 16; 단 10:14; 미 4: 1). 따라서 본 장은 이스라엘에 오랫동안 계시된 종말론(레 26장; 신 4장과 30장)과 일치하는 회복의 시기에 이루어질 사건들을 예견하고 있는 것이다. 아마도 호세아 당대의 이스라엘 백성들은 그때 이루어질 주된 요소들(박탈 뒤에 돌아오고 축복을 받는 것; 다윗 통치의 회복; 남과 북의 재통일 등등)을 알고 있었을 것이다. 그들이 그런 요소들이 포함되어 있는 언약을 존중했든 그렇지 못했든 그들은 그런 내용들을 알고 있었을 것이다.

해설

1장에서 호세아는 **상징적으로** 매춘부였던 고멜과 결혼했다. 3장에서는 호세아가 말씀에 순종하여 적어도 성적으로 문란한, 아마도 직업적으로 매춘부였던 아내를 선택한다. 알레고리적인 병행기법은 두 경우에 모두 동일하다: 이스라엘이 야웨께 신실하지 못한 것은 방종한 여인의 신실하지 못함과 같은 것이다.

그러나 다름과 같은 점에 있어서 두 장의 강조점은 다르다. 3장에서 호세아는 이전에 음란했던 연인과 성적인 관계를 가지지 않는다. 호세아는 그녀의 이전 습관들을 단호하게 제한하면서 하나님과 이스라엘을 비추어 주고 있다. 하나님은 극적인 방법으로 이스라엘의 문란함을 제한하실 것이다. 즉 나라로서의 이스라엘을 해체하고, 정부와 예배와 계시 등의 나라의 기본적인 제도들을 이스라엘에게서 빼앗아 버림으로써 제한하실 것이다. 이와는 대조적으로 1장의 메시지는 고멜에 대한 호세아의 그 어떤 행위들을 통해서가 아니라 바로 자녀들의 이름들과 야웨가 바꾸신 이름들을 통해서 드러나고 있다.

윤리적인 문제들이 본 장의 의도를 가리게 해서는 안 된다. 본 장은 어떻게 하나님이 율법에 의해 금지된 것(음란한 여인 혹은 매춘부와 결혼하는 것)을 명령하실 수 있는가(혹은 명령하시는 것으로 보이는가)라는 물음에 대해 말하고 있지 않다. 본 장은 또한 어떤 목적을 가지고서 윤리 중지를 말하고 있는 이야기도 아니다. 즉 하나님의 이전 명령으로 볼 때, 호세아는 잘못된 일을 한 것이나, 그가 하나님의 명령에 의해 행했기 때문에 지금은 옳은 것이라고 말하고 있는 것도 아니다. 내용은 상세한 설명이 주어지고 있지 않으며, 호세아에 의해 이루어진 어떤 법률적이며 도덕적인 위반을 묘사하고 있지도 않다.

호세아의 새로운 아내는 잘못을 저질러 왔다. 그러나 결혼은 실제적으로 그녀의 잘못된 행위를 중단시키고 있다. 모세의 율법은 단지 제사장들만이 이전에 비도덕적이었던 사람과 결혼하는 것을 금했다(레 21:7). 그녀가 이혼을 했건 혹은 결혼을 전혀 하지 않았건 간에 호세아는 이 여인과 합법적으로 결혼을 할 수 있었다. 더욱이 호세아는 신방에 들어가서 결혼을 완성하는 것을 거부했다. 이런 호세아의 행위는 그 행위의 도덕성에 대해 가질 수 있는 그 어떤 의구심도 제거해 버리는 것이며, 도덕적인 적당한 타협의 여지를 제거해 버리는 것이다. 호세아는 율법을 지키면서 야웨의 명령을 해석했던 것이다.

하나님의 사랑은 징벌적이면서 회복적일 수 있다. 이것이 본 장이 전하는 메시지의 본질이다. 징벌을 내리는 것이 마땅할 때, 징벌이 주어질 것이다. 다음과 같은 사랑을 말하고 있다. 즉 예전적인 건포도 떡을 위한 음란한 매춘부 이스라엘의 탐닉적인 사랑이 아니라, 하나님 자신의 제멋대로 하는 백성을 위한 하나님의 견고하고 자비로운 사랑이다. 이스라엘 백성들은 야웨를 떠난 그 어떤 "선한 것"도 찾을 수 없을 것이기 때문에, 하나님은 그들에게 그런 교훈을 가르치셔야만 할 필요가 있는 것이다.

그런 약속은 여전히 야웨께 순종하려고 했던 그리고 야웨의 말씀에 따라 그들의 역사를 이해하려고 했던 북 왕국의 사람들(그리고 후에는 남 왕국의 사람들)에게 본질적인 위안을 주었을 것임에 틀림없다. 그들이 유배되고 복속을 당하고 수치를 당하게 된 데는 하나의 목적이 있었던 것이다. 하나님의 원래의 약속들은 잊혀지지 않았을 것이다. 이스라엘을 위한 언약적 예언들은 정확하게 이행되었을 것이다. 그러므로 호세아의 두 번째 결혼의 정결성은 상실과 박탈로 이어진 여러 세기 동안에 기억되어야만 할 하나의 표지였던 것이다. 하나님은 비록 그들이 다른 것들을 사랑했을 때조차도 그들을 항상 사랑하셨다. 어느 날 하나님은 좋은 여건 속에서 그들을 위해 친히 지명한, 하나님이 택하신 지도자를 통해 그들을 다시금 자신에게로 회복하실 것이다.

따라서 묘사된 "말일"이라는 어휘는 그리스도 안에 있는 새로운 언약 안에서 그 궁극적인 성취를 이루게 된다. 그리스도는 다윗의 아들이다. 이 다윗의 아들은 자신의 백성들의 머리로서 자신의 백성들을 다스리는 자다. 그의 선함은 성령의 열매(갈 5:22-23)를 포함한다. 이 성령의 열매는 불필요한 옛 율법을 수정한다. 그리스도 안에서 금지된 종류의 사랑인 육체의 정욕들이 십자가에 못 박힌다(갈 5:24). 그리스도의 사랑은 그 궁극적인 목적으로서 하나님의 참된 선하심을 가지고 있는 것이다.

이스라엘을 상대로 한 야웨의 소송(4:1-19)

참고문헌

Aartun, K. "Textüberlieferung und vermeintliche Belege der Konjunktion *P* in Alter Testament." *UF* 10(1978) 1-13. **Albright, W. F.** "The High Place in Ancient Palestine." *Congress Volume.* VTSup 4. Leiden: E. J. Brill, 1957. 242-58. **Ambanelli, I.** "Il significato dell'espressione *da'at'elōhîm* nel profeta Osea." *RevistB* 21(1973) 119-45. **Andre, G.** *Determining the Destiny, PQD in the Old Testament.* ConB, OT Series 19. Lund: Gleerup, 1980. **Balz-Cochois, H.** *Gomer, der Hoehenkult Israels im Selbstferstaendnis der Volksfroemmigkeit: Untersuchungen zu Hosea 4, 1-5, 7.* Europäische Hochschulschriften 23/191. Bern: Universitaires Européenes, 1982. **Brueggemann, W.** "On Land-losing and Land receiving." *Crux* 19(1980) 166-73. **Budde, K.** "Zu Text und Auslegung des Buches Hosea." *JBL* 45(1926) 280-97. **Cardinelli, I.** "Hosea 4, 1-3, eine Strukturanalyse." *Festschrift G. J. Botterweck.* Ed. H. J. Fabry. Köln/Bonn: Hanstein, 1977. **DeRoche, M.** "The Reversal of Creation in Hosea." *VT* 31(1981) 400-409. ______. "Structure, Rhetoric and Meaning in Hosea iv:4-10." *VT* 33(1983) 185-98. **Dion, P. E.** "Did Cultic Prostitution Fall into Oblivion During the Postexilic Era?" *CBQ* 43(1981) 41-48. **Gemser, B.** "The *Rîb* or Controversy Pattern in Hebrew Mentality." *Wisdom in Israel: FS H. H. Rowley.* VTSup 3. Leiden: E. J. Brill, 1955. 124-37. **Harrelson, W.** "Knowledge of God in the Church." *Int* 30 (1976) 12-17. **Holladay, W. L.** "On Every High Hill and under Every Green Tree." *VT* 11(1961) 170-76. **Huffmon, H. B.** "The Treaty Background of Hebrew *YADA'*."

BASOR 181(1966) 131-77. **Junker, H.** "Textkritische-, formkritische-, und traditionsgeschichtliche Untersuchung zu Os 4:1-10." *BZ* N.F. 4(1960) 165-73. **Klein, H.** "Natur und Recht: Israels Umgang mit dem Hochzeitsbrauchtum seiner Welt." *TZ* 37 (1981) 3-18. **Knauf, E. A.** "Beth Aven." *Bib* 65(1984) 251-53. **Laney, J. C.** "The Role of the Prophets in God's Case against Israel." *BSac* 138(1981) 313-25. **Leskow, T.** "Die dreistufige Tora: Beobachtungen zu einer Form." *ZAW* 82(1970) 362-79. **Lohfink, N.** "Zu Text und Form von Os 4:4-6," *Bib* 42(1961) 303-32. **Lundbom, J. R.** "The Contentious Priests and Contentious People in Hosea iv: 1-10." *VT* 36(1986) 52-70. **Malamat, A.** "UMMATUM in Old Babylonian Texts and Its Ugaritic and Biblical Counterparts." *UF* 11(1979) 527-36. **McMillion, P.** "An Exegesis of Hos 4:1-5:7." *RestQ* 17(1974) 236-481. **Nielsen, K.** *Yahweh as Prosecutor and Judge: An Investigation of the Prophetic Lawsuit(Rîb-pattern)*. JSOTSup 9. Winnona Lake, IN: Eisenbrauns, 1978. **Price, B. F.** "Questions and Answers." *BT* 16(1965) 123-27. **Rabin, C.** "Etymological Miscellanea." *Scripta Heirosolumitana* 8(1961) 384-400. **Rost, L.** "Erwägungen zu Hos 4:13f." In *FS Alfred Bertholet*, ed. W. Baumgartner et al. Tübingen: Mohr, 1950. 451-60. **Rudolph, W.** "Hosea 4, 15-19." In *Gottes Wort und Gottes Land: FS H. Witterzberg*, ed. H. G. Reventlow. Göttingen: Vandenhoeck und Ruprecht, 1965. ______. "Präparierte Jungfrauen?" *ZAW* 75(1963) 65-73. **Wieder, A. A.** "Ugaritic-Hebrew Lexicographical Notes." *JBL* 84(1965) 160-64. **Zolli, J.** "Hosea 4:17-18.' *ZAW* 56(1938) 175.

본 문

땅을 상대로 한 고발

1 이스라엘 자손들아 여호와의 말씀을 들으라 여호와께서 이 땅 거민과 쟁변하시나니 이 땅에는 진실도 없고 인애도 없고 하나님을 아는 지식도 없고

2 오직 저주와 사위와 살인과 투절과 간음뿐이요 강포하여 피가 피를 뒤대임이라

3 그러므로 이 땅이 슬퍼하며 무릇 거기 거하는 자와 들짐승과 공중에 나는 새가 다 쇠잔할 것이요 바다의 고기도 없어지리라

The accusation against the land

1 Listen to the word of Yahweh, Israelites! For Yahweh has an accusation against the whole land, because there is no faithfulness, no loyalty and no knowledge of God in the land.

2 Cursing, lying, murder, stealing, and adultery break forth[a] ⟨in the land⟩,[b] and the idols[c] crowd against[d] one another!

3 Therefore the land will dry up[a] and all who live in it will become barren, along with the wild animals[b] and the birds of the sky. Even the fish of the sea will be taken away!

제사장직을 상대로 한 고발

4 그러나 아무 사람이든지 다투지도 말며 책망하지도 말라 네 백성들이 제사장과 다투는 자같이 되었음이니라

5 너는 낮에 거치겠고 너와 함께 있는 선지자는 밤에 거치리라 내가 네 어미를 멸하리라

6 내 백성이 지식이 없으므로 망하는도다 네가 지식을 버렸으니 나도 너를 버려 내 제사장이 되지 못하게 할 것이요 네가 네 하나님의 율법을 잊었으니 나도 네 자녀들을 잊어버리리라

7 저희는 번성할수록 내게 범죄하니 내가 저희의 영화를 변하여 욕이 되게 하리라

8 저희가 내 백성의 속죄 제물을 먹고 그 마음을 저희의 죄악에 두는도다

9 장차는 백성이나 제사장이나 일반이라 내가 그 소행대로 벌하며 그 소위대로 갚으리라

10 저희가 먹어도 배부르지 아니하며 행음하여도 수효가 더하지 못하니 이는 여호와 좇기를 그쳤음이니라

거짓 예전을 상대로 한 고발

11 음행과 묵은 포도주와 새 포도주가 마음을 빼앗느니라

12 내 백성이 나무를 향하여 묻고 그 막대기는 저희에게 고하나니 이는 저희가 음란한 마음에 미혹되어 그 하나님의 수하를 음란하듯 떠났음이니라

13 저희가 산 꼭대기에서 제사를 드리며 작은 산 위에서 분향하되 참나무와 버드나무와 상수리나무 아래서 하니 이는 그 나무 그늘이 아름다움이라 이러므로 너희 딸들이 행음하며 너희 며느리들이 간음을 행하는도다

14 너희 딸들이 행음하며 너희 며느리들이 간음하여도 내가 벌하지 아니하리니 이는 남자들도 창기와 함께 나가며 음부와 함께 희생을 드림이니라 깨닫지 못하는 백성은 패망하리라

The accusation against the priesthood

4 Surely God[a] has an accusation against a particular person. God[a] intends to reprove an individual— And it is you—yes, you[b]—priest, against whom I make the accusation!

5 You will stumble by day and the prophet will stumble with you at night. You will perish in terror

6 when[a] my people perish from lack of knowledge. Because you have rejected knowledge, I will also reject you as my priest. You have forgotten the law of your God, so I in turn will forget your children.

7 The richer[a] they became, the more they sinned against me: their Glory they traded for[b] disgrace.

8 They feed on the sin of my people: they live off their iniquity.

9 So it will be like people like priest. I will punish him for his ways, I will repay him for his deeds.

10 They will eat but not be satisfied: they will practice prostitution but not break forth, because they have abandoned Yahweh, to revere prostitution.[a]

The accusation against the false cult

11 Wine and the fruit-of-the-vine[a] dulls the mind of my people![b]

12 He consults his wood! His staff advises him! For a prostituting spirit has led them astray, And they are prostituting themselves away from their God.

13 On the mountain tops they make sacrifices: On the hills they burn offerings Under oak and poplar And under terebinth, for their[a] shade is nice. Therefore your daughters turn to prostitution, And your daughters-in-law commit adultery.

14 Shall I not punish your daughters, since they turn to prostitution? And your daughters-in-law, since they commit adultery? Indeed, the men[a] make offerings[b] with the prostitutes, And sacrifice with the cult prostitutes! A people that lacks understanding must be ruined because it turns to prostitution.[c]

거짓 예전의 몰락

15 이스라엘아 너는 행음하여도 유다는 죄를 범치 말아야 할 것이라 너희는 길갈로 가지 말며 벧아웬으로 올라가지 말며 여호와의 사심을 가리켜 맹세하지 말지어다

16 이스라엘은 완강한 암소처럼 완강하니 이제 여호와께서 어린 양을 넓은 들에서 먹임같이 저희를 먹이시겠느냐

17 에브라임이 우상과 연합하였으니 버려 두라

18 저희가 마시기를 다 하고는 행음하기를 마지 아니하며 그 방백들은 수치를 기뻐하느니라

19 바람이 그 날개로 저를 쌌나니 저희가 그 제물로 인하여 수치를 당하리라

The fall of the false cult

15 As for you, Israel, do not incur guilt 〈from Yahweh.〉[a] Do not enter Gilgal: Do not go up to Beth-Awen: Do not swear "As Yahweh lives.…"

16 Since like a stubborn cow, Israel is stubborn, Then Yahweh will pasture them Like a lamb in the Expanse.[a]

17 Ephraim is in league with idols. Leave him to himself![a]

18 When their drinking is finished, They take their fill of prostitution. They really love the shame of insolence![ab]

19 A wind has wrapped them[a] in its wings, And they will come to shame because of their sacrifices.[b]

원문주해

2.a. 동사 파라츠(פרץ)는 10절에서 의도된 동음이의(同音異義)어의 익살스러운 표현과 일치되도록 여기서 번역되고 있다.

2.b. G의 에피 테스 게스(*ἐπι τῆς γῆς*, "그 땅에")를 따라서 베아레츠(בארץ)를 복원한 것. 베아레츠(בארץ)라는 어구가 소실된 것은 아마도 인접해 있는 단어들이나 구들 혹은 절들의 끝이 비슷해서 발생하게 되는 필사상의 오류(homoioteleuton)를 통해 이루어진 한 번 빼먹기 혹은 가운데 글자를 빠뜨리고 쓴 오류(haplography)로 인한 결과일 것이다.

2.c. "유혈(피)"이라는 뜻의 다밈(דמים)과 "우상들"이라는 뜻의 다밈(דמים)은 비(非)동족어적인 동형이의어(同形異義語)이다. 우리가 "우상들"이라고 번역한 이유를 위해서는 2절에 대한 "주석"을 보라.

2.d. 문자적으로는 "만지다, 닿다" 혹은 "붙다, 취하다".

3.a. "슬퍼하다"라는 의미의 아발(אבל) I보다는 "마르다"라는 뜻의 아발(אבל) II로 읽은 것.

3.b. G는 2:20[18]에 "그리고 땅의 기는 것들과"(= וברמשׂ האדמה)라는 의미의 카이 쉰 토이스 헤르페토이스 테스 게스(*καὶ σὺν τοῖς ἑρπετοῖς τῆς γῆς*)라는 어구를 첨가해서 내용을 확장하고 있는 것으로 보인다.

4.a. MT의 알(אַל, "…아니다")을 "하나님"이라는 뜻의 엘(אֵל)로 다시 발음한 것.

4.b. 베이메카 키마 리비 코헨(וְעִמְּךָ כִּימַה רִיבִי כֹהֵן)의 발음을 따라서 MT의 자음들을 읽은 것이다(키마[כִּימַה]는 부가된 전접어[前接語] 멤[מ]과 함께 쓰인 강조적인 키

[כִּי]다). Kuhnigk, *NSH*, 30-31를 보라.

6.a. 키 니드무(כִּי נִדְמוּ) 혹은 베다미타 에마 케(וְדָמִיתָ אִמְּךָ כִּ)의 발음을 따라서 MT의 자음들을 읽은 것. Kuhnigk, *NSH*, 30-32를 참조하라. 따라서 "어머니"에 대한 적절하지 못한 내용은 제거된 것이다.

7.a. 히브리어 라바(רבה)는 "부자가 되다"(M. Dahood, *Psalms I*, AB 16[Garden City, NY: Doubleday, 1966] 99, 299와 *Psalms II*, AB 17[1968] 293를 보라) 혹은 "증가하다"라는 의미일 수 있다.

7.b. 3인칭 남성 복수로 읽는 것이 문맥에 훨씬 더 잘 들어맞게 해준다. "내가…변하여(내가 바꾸었다)"라는 뜻의 MT의 아미르(אָמִיר, BDB 558)는 "그들이 바꾸었다(교역했다)"라는 뜻의 아미루(אָמִירוּ)로(Kuhnigk, *NSH*, 39-45도 그렇게 본다) 혹은 "그들이 바꾸었다"라는 뜻의 헤미루(הֵמִירוּ)로 교정되어야만 한다(이것은 맛소라 서기관 교정본인 *tiqqun sōphērîm*, Syr, Tg와 견해를 같이 하는 것이다).

10.a. 11절의 첫 어휘인 "음행"이라는 뜻의 제누트(זנות)는 10절과 어울린다.

11.a. "묵은 포도주(포도주)"라는 뜻의 야인(יין)과 "새 포도주(포도나무 열매)"라는 뜻의 티로쉬(תירוש)는 모두 집합적인 것으로 간주된다(비록 이카흐[יקח]를 복수로 발음할 수 있을지라도). "묵은 포도주(포도주)"와 "새 포도주(포도나무 열매)"의 병행법에 대해서는 Kuhnigk, *NSH*, 45-46를 보라(Wolff, 72, "원문주해" o/p와 **반대되는** 견해). "주석"을 참조하라.

11.b. 12절의 첫 어휘인 암미(עמי, "내 백성")는 11절의 내용과 어울린다.

13.a. 문자적으로는 "그것의".

14.a. 본문은 3인칭 남성 복수 직설법 대명사 헴(הם)을 가지고 있다. 영어 표현의 모호성을 피하기 위해 여기서 "그들"이 "남자들"로 번역되고 있다.

14.b. 히브리어 파라드(פרד) 피엘은 파라드(פרד, "…와 나누어지다/분리하다")의 니팔의 동의어라기보다는 우가릿어 *brd*("제물을 바치다")에 더욱 근접한 동족어인 것 같다. 다음 줄에 나오는 자바흐(זבח)와 병행적인 어법은 이런 번역을 확증해 준다. Wieder, *JBL* 84(1965) 163-64를 참조하라. "제물을 바치다"라는 뜻의 히브리어 파라드(פרד)는 פרד/*brd*에 원래적으로 내재하고 있는 "나누다, 분할하다"라는 의미로부터 파생된 것일 수 있다.

14.c. 우리는 G를 따르고 있다. G는 "만약 한 창기가…"라는 뜻의 임 자나(אם זנה)를 14절(즉 아마도 "창기들과 함께"라는 뜻의 임 제노님[עם זנונים]일 것이다)과 같이 메타 포르네스(*μυτὰ πόρνης*)로 해석하고 있으며, "그러나 너 이스라엘은 몰라서는 안 된다"라는 의미를 가진 ואתה ישראל אל תאשם를 수 데 이스라엘 메 아그노에이(*Σὺ δὲ Ἰσραὴλ μὴ ἀγνόει*)로 읽는다. 15-19절 본문은 매우 문제가 많은 구절들이다. 이러한 "해법"은 단지 시험적으로 시도해 보는 것일 뿐이다.

15.a. MT와 역본들은 "유다"(יהודה – 예후다)로 읽는다. 비록 이것은 문맥에서 논리적으로 가능한 것이기는 할지라도, 둔법적으로는 어색한 면이 있는 표현이다. 우리는 다음과 같이 제안한다. 즉 MT의 독법은 미야웨(מיהוה, "야웨로부터")에 유사한 그 어떤 것의 원문이 훼손된 것으로부터 기인한 것이다. 그러므로 바로 앞에 나오는 에샴(יאשם)의 멤(מ)에 이루어지는 동화 작용으로 인해 생략된 멤(מ)을 다시 회복시킨다.

16.a. "넓은 들(광활한 공간)"(מרחב – 메르하브)이라는 어휘는 아마도 스올과 같은 지하 세계를 표현하는 시(詩)적인 완곡어법일 것이다. Kuhnigk, *NSH*, 50-52를 보라.

17-18.a-a. 17b-18절의 본문은 매우 문제가 많은 구절들이다. 어떤 번역이라도 추측을 내포하고 있다. 예를 들어, Wolff, 72-73, notes y-dd를 보라.

18.b. MT의 "그 방백들(그녀의 보호자들)"이라는 뜻의 마기네이하(מָגִנֶּיהָ)보다는 "오만, 무례"라는 뜻의 메기나(מְגִנָּה)로 읽은 것.

19.a. 많은 주석가들과 함께 אתם("그들")으로 읽은 것.

19.b. MT의 제바하(זבחה, ?)의 형태(단수 형태로부터 온 것)는 특이하다. 지방 사투리적인 것일 수 있다. 다른 대안적인 것으로는 "제단"을 의미하는 미즈바(מזבח)의 복수형 미지베호탐(מזבחותם)으로 읽는 것이다. 따라서 "그들의 제단들은 (부끄럽게 될 것이다)" 혹은 "(그들은 부끄럽게 될 것이다.) 그들의 제단들로 인해[잃어버린 멤(מ)을 첨가해서]"라는 의미일 수 있다.

양식/구조/배경

4장은 네 개의 부분으로 이루어져 있다. 각각의 부분들은 상당한 통일성과 개별성을 가지고 있다. 이 모든 부분들은 예언적 법률 소송의 일반적인 형태와 그 예언적 법률 소송에 속한 "법정 담론"이라는 하위 범주 아래에서 기능하고 있다(C. Westermann, *Basic Forms of Prophetic Speech*[Philadelphia: Westminster, 1967] 199 이하를 참조하라).

1-3절은 일반적인 용어들로 법률 소송을 소개하고 있다. 사건 소송은 "법정 담론"의 어법으로 제기되고 있다. 고소가 제기되고, 증거(혹은 "고소나 항고")가 제시되며, 아래와 같이 심판이 선언된다: 완전히 황폐화된 땅은 말라 버릴 것이고, 그 땅에 거주하는 사람과 동물과 심지어는 물고기까지도 죽게 될 것이다. 심판에 대해 이렇게 모든 것을 망라한 신탁은 이어서 나오는 신탁들에 대한 산문적인 서론 역할을 하고 있다. 야웨는 다시금(2:4-18[2-16]을 참조하라) 검사(1a-2절)와 재판관(3절)으로 등장한다.

4-10절은 어떤 고소와 증거와 심판의 세부 사항들을 포함하고 있다. 여기서 이

스라엘의 제사장들은 교만하고, 부당한 이득을 취하며, 이교적이고, 백성들을 잘못 인도하고 있는 사람들을 나타내는 대표적인 자들로 뽑혀 묘사되고 있다. 그들에 대한 심판은 1-3절에서 설정된 일반적인 유형과 일치하는 것으로, 기근과 약탈 그리고 전형적인 언약적 저주 징벌들이 될 것이다.

다음 부분인 11-14절은 북쪽의 예전 자체를 공격한다. 그 북쪽의 예전은 방탕의 예전이었다. 즉 다수의 성소들과 실제적인 예전 매춘으로 특징지어지는(증거) 참된 종교가 저지르게 된 "매춘"이다(고발). 이런 종류의 혐오스러운 행위들은 파괴되고 소멸되어야만 한다(심판 선언).

마지막 부분인 15-19절의 어떤 부분들은 본문의 상태로 인해(특별히 17b-19절) 번역하는 것이 거의 불가능하다. 그럼에도 불구하고 이 부분은 경고와 증거와 심판의 어법을 분명하게 포함하고 있다.

만약 이런 네 개의 부분들이 각각 독립적으로 존재했던 것이라면, 호세아가 나중에 그 부분들을 단일하고 통일된 신탁으로 엮었을 것이다. 그런 결과로 나오게 된 단위는 전반적으로 일관성(책임성의 주제)이 있고 분명한 논리적 전개성을 가지게 되었다. 전환적인 요소들이 그 네 개의 부분들을 엮어 주고 있다. 그 전환적인 요소들이 비록 나머지 모든 부분들을 다 연결시켜 주고 있지는 않다 할지라도, 바로 앞 혹은 이어지는 부분들을 연결해 주고 있는 것이 분명하다.

첫 번째 부분은 가장 일반적인 내용을 담고 있고 산문으로 되어 있기 때문에, 많은 사람들은 그 첫 번째 부분은 나머지 부분들과는 구별되어야만 한다고 말한다. 그러나 다음과 같은 세 가지 사항들은 이런 주장에 대해 반박한다: 동사원형 리브(רִיב, 4절)의 반복으로 형성된 강한 연결성, "확실히, 분명히"라는 뜻의 연결 불변화사(不變化詞) 아크(אַךְ) 그리고 일반적인 것(1-3절과 같이)으로부터 구체적인 것(4-19절)으로 이루어지는 어떤 소송에 대한 예견되는 진행 등이다.

그 구조는 아래와 같이 도식화될 수 있을 것이다.

1-3절	땅을 상대로 한 고발	
	1a	예언적 호출/"선언 양식"
	1b, c	고발
	2	증거
	3	심판 선언(저주)
4-10절	제사장직을 상대로 한 고발	
	4	고발

	5-10	증거에 대한 인용들이 번갈아 나오는 심판 선언(저주들)
11-14절	거짓 예언을 상대로 한 고발	
	11-12a	증거
	12b	고발
	13	증거
	14	심판 선언(저주)
15-19절	거짓 예전의 몰락	
	15	경고
	16-17	심판 선언들이 번갈아 나오는 증거(각각 두 개의 증거)
	18	증거
	19	심판 선언(저주)

수많은 전환들이 본문에 있는 인물들 사이에서 일어나고 있다. 예를 들어, 4-6절에서 부패한 제사장직에 대한 통렬한 비난이 제사장(단수)을 상대로 직접적으로 주어지고 있다. 그러나 우리는 또한 3인칭 단수의 형태(12, 14, 16절)로 쓰인 어떤 개인들과 3인칭 복수의 형태(7, 10, 12, 13, 14, 18절)로 쓰인 그룹들의 죄들에 대해 듣는다. 야웨 자신은 1인칭으로 직접적으로 말을 하고 있거나(4-9, 12, 14절) 혹은 3인칭으로 이야기되고 있다(10, 12, 15, 16절).

신탁의 전반에 걸쳐 청중/말하는 자에게서 일어나는 변화들이나 전환들을 수사학적으로 분석해 보면, 우리가 제안한 네 개의 단위보다 본문이 더 작은 단위들로 나뉘어야만 한다는 것을 지지해 주는 아무런 증거가 없다는 것을 알 수 있다. 네 부분의 그 어떤 곳도 그 부분들이 독립적이라는 것을 나타내 주는 참된 표시들이라고 여겨지는 사람들이나 문제들 혹은 문체들과 같은 그룹을 포함하고 있지 않다. 오히려 법률 소송 형식 자체가 많은 전환들을 허용하고 있다. 야웨는 검사이면서 재판관이므로 다른 방식으로 이야기를 하고 있다. 더욱이 이 법률 소송은 다양한 "소인(訴因)들"과 피고들과 증거들을 가지고 있다. 따라서 이 소송은 혼합된 복합 형식을 따르고 있는 것이다. 그럼에도 불구하고 이 소송은 하나의 통일된 목적을 위해 기능한다. 즉 이스라엘 예전과 제사장직의 부패한 제도들로 인해 이스라엘을 꾸짖는 것과 야웨는 자신의 율법을 남용한 것에 대해 책임을 물을 것을 강조하고 있다.

본 장에는 본 장의 출처, 즉 기원(起源)에 대한 몇 가지 유용한 단서들이 있다.

호세아 저작권은 그 어떤 근거에 의해서도 의문시될 수 없다. 다만 호세아 저작권에 대해 의문을 던지는 가정된 근거들만이 있을 뿐이다. 우리는 저작 연대기를 여로보암 2세 통치기의 그 어느 시점으로 본다. 정치적인 불안정을 나타내는 그 어떤 표지들도 없다. 적어도 예전적 행위에서 제공되는 방탕한 도락을 즐기는 계층들은 일반적으로 번성함을 누릴 수 있었던 것 같다(7, 8, 11, 18절). 그리고 그 시대는 주전 745년 이전의 시간들과 연관된 자기만족의 자아도취와 같은 현저한 특색을 드러내 주고 있다. 더욱이 호세아의 후기 예언들이 "음란"이라는 어휘를 포함하고 있는 것보다 호세아의 초기 예언들은 그 어휘를 더 많이 포함하고 있는 경우가 빈번하다(동사의 원형 자나[זנה]는 2-6장에서 빈번하게 나타나는 반면에, 9:1 이후에는 전혀 쓰이고 있지 않다).

제사장들과 예전에 의해 하나님의 말씀이 무시된다는 것에 대한 강조는 다음과 같은 것들을 암시하는 것일 수 있다. 즉 1) 거론되고 있는 제사장들은 야웨의 율법을 알고는 있었지만, 고의적으로 그 율법을 잊어버렸다(6절). 그리고 2) 거론되는 예전은 한때는 야웨주의적이었지만 이제는 혼합주의적으로 되었고, 성소의 창기들을 가지고 있다(12-14절). 이런 점들은 본 장의 배경으로 사마리아나 **본래적으로** 다른 이교적인 장소를 말하는 것이라기보다는 베델을 말하는 것일 것이다. 특별히 이 백성들을 수치로 이끌게 될 것은 바로 베델의 제단들 혹은 희생 제물들이다(19절).

본 장의 대부분은 자유 구절로 구성되어 있다. 어떤 부분들은 운율적인 시들일 수 있는 약간의 가능성이 있다(특별히 4-10절과 13-16절). 그 구절들은 음절 계산에 있어서 대략적인 일치를 보이고 동의적인 병행구절들을 포함하고 있기 때문이다.

주석

1 "이스라엘 자손들아 여호와의 말씀을 들으라"라는 명령은 호세아서에서 두 번째로 중요한 부분(4:1-9:9)을 시작하는 어구다. 이 어구는 청자/독자에게 그 말씀은 바로 야웨로부터 온 것이라는 사실(참조. 1:1-2)과 호세아는 하나님의 권위를 가지고 대언하는 합법적인 선지자라는 것을 상기시켜 준다. "이 땅 거민"이라는 말과 3절에 있는 모든 생물의 생명을 멸할 것이라는 과장법적인 예언을 통해서 볼 때, 메시지는 청중의 범위로 나라 전체를 대상으로 하고 있는 것이 분명하다. 야웨는

자신의 백성들이 지은 죄들을 해명하도록 하기 위해 그들을 법정으로 이끌어 가시고 있다. 이스라엘의 죄목들은 언약적인 용어들에서 어떤 것들이 없다는 세 가지 일반적인 죄들로 요약되며(1절), 이어서 여섯 가지의 좀 더 구체적인 죄목들이 언급된다(2절).

무엇이 없다는 죄목들 가운데 첫 번째 것은 진실(אמת – 에메트, "신의", "성실" 등등)이 없다는 것이다. 비록 에메트(אמת)는 에무나(אמונה, 2:22[20])와 동의어일지라도, 에메트는 호세아서에서 오직 여기서만 쓰이고 있다. 에메트는 한 사람과 다른 사람 사이에 이루어지는 예의 바르고 책임성 있는 관계를 뜻한다(참조. 창 24:49; 47:29; 출 18:21; 수 2:12, 14; 삼상 12:24 등등). 따라서 한 사회의 시민들 사이에서 이루어지는 예의 바르고 책임성 있는 관계를 말한다. "인애"(חסד – 헤세드, 또한 "헌신", "언약적 신실" 등등)는 참되고 지속적인 개인적 관계를 특징으로 하는 상호관계를 맺는 것을 말한다(헤세드[חסד]에 대해서는 N. Glueck, *Hesed in the Bible*, tr. A. Gottschalk[Cincinnati: Hebrew Union College, 1967]과 K. D. Sackenfeld, *The Meaning of Hesed in the Hebrew Bible*, 1977을 보라). 즉 야웨의 언약이 이스라엘에게 자비롭게 제공하고 있는 신실한 은총과 같은 것을 말하는 것이다(출 34:6; 삼하 15:20; 시 36:8; 렘 9:23). 호세아서의 중요한 개념 중의 하나인 "하나님을 아는 지식"(דעת אלהים – 다아트 엘로힘)이라는 어구는 여기서 특별히 중요한 의미를 가지고 있다. 이 어구는 바로 앞에 나온, 없다는 두 가지 죄목들과 병행을 이루며 놓여 있고, 그 두 가지 죄목들에 대한 요약을 하고 있다. 이 어구는 또한 이어서 나오는 범죄의 여섯 가지 죄목들을 가리켜 준다. 동사의 원형 야다(ידע)에 토대를 둔 하나님을 아는 것이라는 다른 표현(2:22[20]; 4:6; 5:4; 8:2; 13:4 등등)과 더불어 호세아서의 다른 곳(6:6)에서 쓰인 다아트 엘로힘(דעת אלהים)의 용법은 호세아서에서 하나님과 그의 백성들 사이의 언약 관계의 본질을 어떻게 나타내 주고 있는지를 잘 보여 준다(Ambanelli, *RevistB* 21[1973] 119-45; Harrelson, *Int* 30[1976] 12-17를 참조하라). 그러므로 그 땅에 하나님을 아는 지식이 **없을** 때, 언약은 파기된 것이 분명하다. 하나님을 아는 이런 지식은 제사보다 더 중요한 것이며(6:6), 출애굽에서 야웨가 이스라엘을 구원하신 일의 토대가 되는 것이었고(13:4), 종말론적인 축복들의 본질을 이루는 것이다(2:22[20]). 그리고 하나님을 아는 지식이 없다는 것은 나라의 파멸을 의미할 것이다(6절). 이런 용어는 부분적으로는 고대 근동 조약들에 사용된 어법으로부터 파생된 것이다. 고대 근동 조약들에서 야다(ידע)는 조약을 맺는 당사자들 사이의 결합 관계, 특별히 봉신(封臣)이 종주(宗主)에게 드리는 충성을 아는 것을 나타낸다(Huffmon, *BASOR* 181[1966] 131-77). 따라서 호세아는 이스라엘 백성들이 하나님을 경멸하는 것을 고발하고 있는 것이다. 이것이 바로 이스라엘 백성들을 상대로 한 증언의 핵심이다.

2 이스라엘이 언약을 깨뜨렸다는 고발을 지지하면서, 호세아는 이제 언약 규례들의 중심인 정언적(定言的; apodictic) 십계명 항목(출 20:1-17; 신 5:6-21)으로부터 여섯 가지의 범죄들을 인용하고 있다.

여섯 가지의 율법들은 십계명의 순서에 따른 것이 아닌 요약 형식으로 인용되고 있다. 처음 다섯 가지는 각각 부정사 절대형(저주하는 것, 거짓말하는 것 등등)의 한 단어를 통해 인용되고, 마지막 여섯 번째는 그 자체의 절 형식("강포하여 피가 피를 뒤대임이라[우상들의 군집이 서로를 대항해서 뒤섞여]")으로 인용되고 있다. 구조적으로 본 절은 마지막 어절이 세 번째 줄을 이루고 있는 시적 삼행연구(三行聯句)의 형태를 취하고 있다. 이것은 아마도 우상 숭배가 계명들 중에서 첫 번째이고 가장 두드러진 표제(標題)적 성격을 가진 계명("너는 나 외에는 다른 신들을 네게 있게 말지니라")이 깨뜨려졌음을 보여 주는 가장 눈에 띄고 명백한 증거이기 때문일 것이다.

여섯 가지 언약적인 범죄들이 아래와 같이 십계명과 비교되고 있다.

알로(אלה, "저주"): 3계명, "너는 너의 하나님 여호와의 이름을 망령되이 일컫지 말라"(출 20:7; 신 5:11)

카헤쉬(כחש, "사위[거짓]"): 9계명, "네 이웃에 대하여 거짓 증거하지 말지니라"(출 20:16; 신 5:20)

라초하(רצח, "살인"): 6계명, "살인하지 말지니라"(출 20:13; 신 5:17)

가노브(גנב, "투절[도적질]"): 8계명, "도적질하지 말지니라"(출 20:15; 신 5:19)

나오프(נאף, "간음"): 7계명, "간음하지 말지니라"(출 20:14; 신 5:18)

다밈(דמים, "피[우상들]"): 2계명, "너를 위하여 새긴 우상을 만들지 말고…"(출 20:4-6; 신 5:8-10)

여섯 가지 계명을 범한 것 중에 세 가지는 하나의 단일 동사 형태와 "…이 아니다"라는 부정사 로(לא)를 포함하는 십계명과 정확하게 일치하는 원형의 어휘 형태로 묘사되고 있다(라초하[רצח, "살인"]; 가노브[גנב, "투절〈도적질〉"]; 나오프[נאף, "간음"]). 다른 세 가지의 인용들은 요약이다. 그 요약들은 그 인용들이 언급하고 있는 어법들을 정확하게 반복하고 있지는 않은 어휘들을 사용하고 있다.

"저주"(אלה – 알로)는 누군가를 향해서 비난하는 것 혹은 그에게 나쁜 일이 일어나기를 바라는 것이다. 그렇지 않으면 야웨의 이름을 부름으로써 개인적인 언약을 보증하는 것으로(예를 들어, 삿 17:2) 일반적으로 "맹세하는 것"을 말하는 것은 아니다. "사위(거짓)"(כחש – 카헤쉬)는 사람 간의 관계에서 부정직한 것을 말하는 것인데, 가장 극악한 예는 부정직한 법률적 증언(출 23:1)과 부정직한 사업 거래(신 25:13-16)의 경우들이다.

다수의 우상들을 말하고 있는 브분(문자적으로는 "우상들이 우상들에게 닿는다"라는 의미임)은 동사의 원형 다마(דמה)에서 파생된 명사 다밈(דָּמִים, 혹은 도밈[דֹּמִים]; 원래의 발음이 무엇이었는지는 확실하지 않음)을 쓰고 있다. 다마(דמה)는 호세아에 의해 여러 번 사용된 어휘다(12:11[10]에 있는 דמה I; 그리고 4:5, 6; 10:7, 15에 있는 "멸망하다"라는 의미의 דמה II). 다마(דמה) I은 "…와 같다" 혹은 "…와 닮다"라는 의미다(Dahood, *Psalms I*, 31-32, 163; *Psalms II*, 39; *Psalms III*, 297; 그리고 J. Holman, "Analysis of the Text of Ps 139," *BZ* 14[1970] 216-17를 보라). 연관된 어휘 데무트(דְּמוּת)가 텔 페크헤리예(Tell Fekheriyeh)에서 발굴된 시리아 아람어 비문(the Syrian Aramaic inscription)에서 "상(像), 모습" 혹은 "닮음"(참조 첼렘[צלם], "상(像), 모습")과 같은 의미로 네 번 발견된다(A. Millard and P. Bordreuil, "A Statue from Syria with Assyrian and Aramaic Inscriptions", *BA* 45[1982] 135-42; A. Abou-Assaf, A. Bordreuil, A. Millard, *La Statue de Tell Fekherye et son inscription bilingue assyro-araméenne*, Paris, 1982). 이 어휘는 제2계명에서 동의어로 사용된 용어들인 "상(像)"을 나타내는 페셀(פסל)과 "형상, 닮음"을 의미하는 테무나(תמונה) 두 어휘를 모두 요약하고 있는 어휘다. 이스라엘의 우상 숭배는 바알과 아세라 숭배를 포함했음이 분명하다. 그러나 또한 고대에 예배를 돕는 방편으로 우상 숭배에 대한 호소에 사용된 우상들을 통해 야웨를 경배하는 것으로 확대되었을 수도 있다.

3 이스라엘(모든 것을 포함하는 용어인 "땅"의 의미 아래)에 의해 저질러진 극악무도한 언약의 파괴는 극심한 가뭄의 형태(레 26:19; 신 28:22-24에 나오는 것과 같은 저주 유형 6a)로 신속한 보응을 받게 된다. 그 보응은 단지 어떤 문자적인 가뭄이라기보다는 좀 과장되게 저주의 모든 범위를 뜻한다(참조. 신 28: 15-19; 신 32:23-27).

그런 뒤에 본 절은 땅에 생경체가 없는 저주를 초래한 재난을 묘사하고 있다. 이런 심판은 전형적으로 알-켄(על־כן)이라는 어구로 그 도입이 서술되고 있다. 이 알-켄은 "그러므로"라는 의미를 가진 라켄(לכן, 2:8, 11, 16)과 동의어이다. 첫 번째 동사(אבל – 아발)는 식물이 생기를 잃어 말라 가는 것을 묘사한다(암 1:2; 렘 4:28; 12:4; 욜 1:10에 있는 아발 동사의 용법을 참조하라). 푸알 형태의 두 번째 동사(אמל – 아말)는 아이를 낳지 못하는 것이나(예를 들어, 렘 15:9) 농작물을 결실치 못하는 것(사 16:8; 33:9; 욜 1:10, 12; 나 1:4)을 말할 수 있다. 그 "가뭄"은 너무나 심해서 바다조차 마르게 될 것이고, 그 곳에 있는 고기도 "없어지게 될 것"이다. 이 경우에 사용되고 있는 동사(אסף – 아사프, 니팔)는 "죽는 것"과 "묻히는 것"(예를 들어, 창 25:8; 35:29; 49:33 등등)에 대한 일반적인 표현으로서 "죽다"라는 것에 대한 완곡어법이다(레 26:25에 나오는 이 용어의 저주 문맥을 참조하라).

4 하나님은 이제 고발 사항들을 구체적으로 지적하는 검사로서 등장하신다. 첫 번째 이행연구(二行連句)는 법률 소송의 주제를 요약해서 말하고 있다.

"그러나(확실히)"라는 의미의 아크(אך)는 상세하게 서술되는 내용을 시작하는 어구다. 어법은 여전히 3인칭이며 하나님은 엘(אֵל, 이것은 "…이 아니다"라는 뜻의 MT의 알[-אַל]을 수정한 것임; 2:1; 11:9 그리고 12:1을 참조하라)로 지칭되고 있다. 이행연구의 동의어적인 병행법에서 이쉬(איש)는 소송의 세부 사항을 강조하기 위해 처음과 끝에 대칭적으로 놓여 있다. 법률 소송은 모든 제사장들(그리고 선지자들; 아래를 보라)을 한 범주로 나타내고 있는 개인인 제사장에게 적용되기 위해 좁혀진다.

하나님이 직접적으로 말씀하시는 것이 시작된다. 검사로서 하나님은 재판에서 백성들과 장로들 가운데서 말하는 자로서 그려질 수 있는데(룻 4:11을 참조하라), 이 검사는 갑자기 현재 다음과 같이 선언하고 있는 제사장들을 향해서 가리키는 것일 수 있다: "네 백성들이 제사장과 다투는 자같이 되었음이니라(그것은 바로 너다. 그렇다. 내가 고발하고 있는 것은 바로 너 제사장이다)." 달리 말하면, 어법에서 "너"를 강조함으로써 암시될 수 있는 어떤 놀라운 요소가 있다. 이 문장에 있는 자음들은 쿠닉의 견해에 따라 아래와 같이 다시 발음되어야만 한다(Kuhnigk, *NSH*, 31-32): 베이메카 키마 리비 코헨(וְעַמְּךָ כִּמַה רִיבֵי כֹהֵן). 두 번째 단어 키마(כִּמַה)는 "너"라는 접미어 카(ךָ)를 강조하고 있다.

비록 4-10절이 어떤 특별한 제사장(암 7:10-17과 비교하라)을 향해 공격하는 내용을 가지고 있다고 생각할 수는 있을지라도, "제사장"이라는 의미의 단수 코헨(כהן)은 일반적으로 제사장직, 제사장 제도에 적용된다고 보는 것이 더욱 그럴듯한 견해다. 이 제사장 제도는 하나님과 그 백성들 사이를 신실하게 중재하기 위한 것이라고 생각되었다.

5 대개 성직자들은 정말로 이스라엘로 하여금 길을 잃고 헤매게 만들었고 예전을 왜곡해 왔다. 제사장과 선지자는 본 절에서 병행되고 있기 때문이다.

"거치다(넘어지다)"라는 의미의 동사 카솰(כשל)은 전환된 완료 시제 형태로 주어지고 있다. 이런 완료 시제는 어떤 미래의 심판을 암시하고 있는 듯하다. 파멸의 의미로서 "거치는(넘어지는)" 심판은 신명기 28:28-29(눈멂, 더듬음, 무력하여 형통치 못함)뿐만 아니라 신명기 32:35("그들의 실족할 그 때에…")도 상기시켜 준다. 그러나 언약적 저주들과 가장 직접적으로 연결된 것은 레위기 26:37에서 발견된다: "그들은 쫓는 자가 없어도 칼 앞에 있음같이 서로 천답하여 넘어지리니…"(베카셰루 이쉬 베아히브[וכשלו איש באחיו]; 저주 유형 19; 참조. 호 5:5; 14:2[1]).

제사장(그리고 선지자)은 거치는 것이 좀 더 빈번하게 예견되는 밤뿐만 아니라 거치는 것이 비정상적인 행위가 되는 낮 시간 동안(MT의 카샬타 하욤[כָּשַׁלְתָּ הַיּוֹם]과는 대조적으로 카샬타 요맘[כָּשַׁלְתָּה יוֹמָם]으로 읽은 것)에도 거치는 것으로 인해 징벌을 받게 될 것이다. 이런 징벌은 밤중에 계시를 구하는 거짓 선지자들에 의해 이루어지는 관행에 효과적으로 영향을 끼치는 것이다(H. W. Wolff, *TLZ* 81[1956] 83-90).

여기에 있는 "선지자"에 대한 언급은 몇몇 주석가들을 난처하게 만들어 왔다. 선지자라고 추정되는 다른 곳에서 호세아는 선지자들에 대한 선명한 용어들로서만 말하고 있기 때문이다(6:5; 9:7-9; 12:10, 14). 그러나 이런 견해는 아마도 9:7-9을 잘못 이해한 것이고("주석"을 보라), 예루살렘 성전에서는 선지자들이 제사장들과 함께 예전을 섬겼다는 사실(사 28:7; 렘 2:8; 4:9; 5:31; 6:13; 8:10; 14:18; 18:18; 23:11; 미 3:11)을 무시한 것이다. 제사장-선지자 협력에 대해 잘 증언된 남쪽의 관행이 북쪽에 알려지지 않았다는 것은 있을 법하지 않은 일이다.

본 절의 마지막 두 어휘와 6절의 첫 어휘에 들어 있는 자음들은 다음과 같이 발음되는 것이 가장 좋다(이것은 Kuhnigh, *NSH*, 30-31의 견해에 동의하는 것임): 베다미타 에마 케니드무(וְדָמִיתָ אֵמָה כְּנִדְמוּ, "[내 백성이] 멸망할 때, 너는 공포 가운데 멸망할 것이다"). "공포"라는 뜻의 에마(אמה)가 부사적으로 쓰이는 것이다. 이런 독법은 신명기 32:25("방안에서는 놀람[אמה – 에마]에 멸망하리니…")와 주야로 두려움(פחד – 파하드)이 언약을 깨뜨린 자들을 괴롭힐 것(저주 유형 4)이라는 신명기 28:65-67에 묘사되어 있는 저주 어법과 일치하는 것이다. 더욱이 파멸("너는 멸망할 것이다": 저주 유형 24)은 언약 파괴의 궁극적인 결과인데, 이것은 저주의 대부분이 지향하고 있는 종말이기도 하다(예를 들어, 신 28:45).

6 5절과 6절 사이를 전통적으로 나누는 방법은 5절의 마지막 두 어휘를 포함하고 있는 문장 중간을 나누어 다음과 같이 읽는 것이다: "내 백성이 지식이 없음으로 망할 때 너는 공포 가운데 멸망할 것이다." 이 선언은 4-10절이 얼마나 1-3절과 밀접하게 연결되어 있는지를 보여 준다. 이것은 나라 전체(עמי – 암미, "내 백성")의 멸망에 대한 그림을 그려 주는 것으로 제사장들의 멸망은 단지 멸망의 한 국면일 뿐이다. "…로부터 망하다"라는 의미의 다마(דמה)는 종종 음식이나 물이 부족하여 죽는 것을 내포하고 있다는 점에서 3절의 가뭄/기근을 묘사하는 어법이 상기된다. 그러나 여기서 진정한 "가뭄"은 지식(דעת – 다아트)이 없는 것을 말하는 것이라는 사실을 우리는 알게 된다. 이것은 1절에 묘사된 언약의 본질적인 파괴를 만들어 내는 동일한 내용의 부족함이다.

거의 비통한 소리를 내는 용어를 사용해서 하나님은 "내 백성"이 경험한 언약적 지식의 비극적인 상실을 묘사하고 있다. 이 "내 백성"이라는 용어는 호세아서에서 언약적인 관계를 나타내는 용어로 쓰이고 있다(참조. 2:3, 25; 4:8, 12; 6:11; 11:7). 이스라엘은 시내산에서 맺은 관계를 통해 하나님에게 묶여져 있었기 때문에, 자신의 하나님에 대한 온전한 언약적 지식을 소유하고 있었다. 이스라엘은 이제 그 "지식"으로 맺어진 관계를 의도적으로 거부한 것이다. 제사장이 그 지식을 거절한 것과 같이, 하나님은 그 제사장이 제사장 되는 것(כהן – 카한, 피엘)을 거부하실 것이다. 제사장이 (의도적으로) 그 하나님의 율법을 잊어버린 것과 같이, 하나님은 그 제사장의 자녀들을 잊어버리실 것이다.

언약은 충성과 지식에 대한 보상으로 보호해 주는 것을 포함하고 있었다. 이제 그 반대의 결과가 도래할 것이다: 보호 대신에 멸망(유형 24), 충성 대신에 거절(유형 1), 지식 대신에 잊어버림(유형 1) 등의 결과를 낳게 될 것이다. 제사장들이 언약적 규례들을 남용한 것으로 인해, 하나님은 이런 정반대의 결과로 제사장들을 대항해서 형세를 역전시키신다.

하나님의 "율법"인 토라(תורה)를 잊어버린다는 것은 하나님의 언약적 지식을 거절한다는 개념을 상세히 설명하는 것이다. 호세아서에서 "잊어버림"은 "안다는 것"에 대한 반대의 개념으로서 기능하는 것이며 "불순종"을 의미할 수 있다. 지식

(דעת – 다아트)은 언약적 관계를 지속적으로 알고 있는 것과 그 언약적 관계에 대한 순종을 포함한다. 이런 관계 안에서 토라(תורה)는 언약적 "계약"이 실질적으로 요구하는 내용이 된다. 성직자들은 그들 자신들이 토라(תורה)를 준수함으로써 뿐만 아니라 그 토라의 요구들 안에서 백성들을 가르침으로써(신 31:9-13) 이 토라를 유지하고 지지하고 있는 것으로 생각되었다. 만약 제사장들이 그와 같은 일들을 했다면, 호세아와 같은 선지자들은 백성들을 언약으로 되부를 필요가 없었을 것이다.

제사장직은 전해져 내려가는 것이기 때문에, 하나님은 그 제사장들의 자녀들을 "잊어버릴 것"이라고 선언하신다. 이런 선언은 단순히 제사장직이 끊어질 것이라고 말하는 것이 아니다. 그것은 오히려 자녀가 없을 것이라는 사실 그리고/혹은 사별(死別)을 선포하는 저주의 어법이다(신 32:25; 28:18, 32, 41, 53-54; 유형 12a). 이런 선언이 여기서는 특별히 제사장들에게 적용되었다.

7 본 절은 북쪽의 제사장직이 가지고 있는 세 가지 정황을 드러내 주고 있다. 즉 번성하며(כרבם – 케루밤, "그들은 더욱 부해졌다"), 범죄하며(이단적이며, חטאו – 하테우, "그들은 죄를 지었다"), 타락적이다("그들은 자신들의 영화[כבודם – 케보담]를 거래했다"). 제사장들의 자녀들이 아니라, 바로 제사장들이 이제는 3인칭 복수로 지칭되고 있다.

여로보암 2세의 긴 통치 기간을 특징적으로 나타내 주는 번영과 번성은 성직자들에게도 이익을 주는 여건이 되었다. 상류 계층들에 대한 성직자들의 무비판적인 지지와 혼합주의와 물질주의에 대한 탐닉을 통해 성직자들(그리고 아마도 예전을 수행하는 선지자들도)은 부와 명성을 얻었다. 감사를 표하는 대중들의 십일조와 기부금을 통해 그런 부와 명성을 얻게 되었던 것이다. 비록 참된 믿음을 손상시키고 있기는 할지라도(13절), 종교적인 축제들에는 많은 사람들이 잘 참석하고 있었고 나라의 정체성 확립의 중심적인 역할을 하고 있었다(2:13). 성직자들은 그들 자신의 "성공"을 하나님이 주시는 일반적인 축복의 한 부분으로 간주하고 있었음이 분명하다(2:4-18). 따라서 그들은 영광을 부끄러운 것과 바꾸면서 계속해서 하나님을 대항하여 자신들의 죄를 확장해 나갔다.

본 절의 어휘들은 신명기 32:15-16을 매우 유사하게 반영해 주고 있다. 풍요는 자연적으로 부의 증가를 낳았고, 이런 부는 거짓된 안전과 하나님과 경합하는 신을 위해 하나님을 포기하도록 하는 유혹을 낳는다. 이런 과정을 통해 빚어지는 종교는 변질되고 타락한 것이다.

그들의 "영광"(כבודם – 케보담)은 지당하고 마땅한 이름인 야웨다(Dahood, *Psalms I*, 99, 299; *Psalms II*, 293; van Dijk, *Tyre*, 23, 99를 보라. 그리고 유사한 형태는 렘 2:11에 있는 것을 보라. "…나의 백성은 그 영광을 무익한 것과 바꾸었도다"). 따라서 "욕(불명예)"(קלון – 칼론)은 "우상 숭배", "거짓 신들" 혹은 그와 같은 것들을 나타내는 환유(換喩)적인 표현으로 볼 수 있을 것이다. 이스라엘 자신의 제사장들은 사실상 이스라엘이 야웨주의에서 떠나 이교적인 다신주의로 흘러가도록 부추겼다.

8 제사장들은 백성들에게 의로움의 본질이 무엇인지 가르치고 그 의로움을 추구하도록 동기를 부여하는 대신에, 관대함을 허용하는 구약의 상응하는 내용을 등에 업고 번성을 구가하고 있었다. 희생 제사를 공식적으로 주도한 제사장은 희생 제물로 드리는 동물의 한 부분을 차지할 권리를 가지고 있었다(레 7: 28-38). 그러나 북쪽의 제사장들은 아마도 백성들에게 사죄를 선포해 주는 대가로 그들에게서 속죄 제물(레 4장)들을 착취하고 있었던 것으로 여겨진다. "속죄 제물"을 나타내는 히브리어는 하타트(חטאת)가 쓰이고 있는데, 이것은 "죄"를 나타내는 데 쓰이는 히브리어와 동일한 것이다(예를 들어, 레 4:25; 16:27 등등). 따라서 8절의 첫 번째 어휘는 다음과 같은 어휘 유희의 토대가 된다: 제사장들이 "속죄 제물"을 먹을 때, 그들은 곧 백성들의 "죄"를 통해 배불려지고 있는 것이다. 동의어적인 이행연구(二行連句)의 두 번째 절반 부분은 다음과 같은 점을 분명히 해주고 있다: 그들(제사장들)은 백성들의 죄악을 의존해서 먹고 살고 있다.

하나님은 이런 예전을 거절하신다. 그 예전은 어떤 면에서는 하나님이 원하시는 모습을 유지하고 있기는 하지만, 그 위선성으로 인해 매우 역겨운 것이다(참조. 암 4:4-5). 수익은 하나님을 섬기는 데 쓰이기보다는 제사장직의 이득이 되어 버렸다. 예배와 행위에 있어서 순결함보다는 방종이 나라 전체가 취하는 태도가 되어 버렸다. 제사장들의 진정한 의무는 하나님을 아는 지식과 하나님께 순종하는 것을 장려하는 것이어야만 했다(6-7절). 그런 일을 하는 대신에, 제사장들은 죄악을 장려하고 다양한 속죄 제물로부터 얻어지는 이득을 취했던 것이다.

9 본 절과 다음 절 초반부에서 제사장들에 대한 심판이 선포되고 있다. 제사장들은 나라의 나머지 사람들과 동일한 운명을 겪게 될 것이다(5-6절에서 선지자, 제사장 그리고 백성들이 모두 함께 멸망한다는 것을 참조하라).

제사장들의 죄가 백성들의 죄와 밀접하게 연관되어 있다는 개념은 새로운 것이 아니다(레 4:3). "백성이나 제사장이나(백성처럼 제사장처럼)"라고 말하고 있는 것은 일종의 경구와 같은 내용을 담고 있다. 이 경구와 같은 어구는 원래는 긍정적인 의미를 지닌 채로 그 당시에 제사장들 사이에서 회자되는 말이었을 것이다. 그렇다면, 이 경구에 쓰이고 있는 어휘들은 심판의 신탁에 의해 새로운 의미가 부여되고 있는 것이다.

하나님은 친히 "그 소위"와 "그 행위"를 벌할 것이라고 선언하신다. 9a절에 있는 "제사장"이라는 의미의 단수 코헨(כהן)으로 다시 전환되고 있는 것에 비추어 볼 때, 우리는 "그의"를 백성(עם – 암)을 말하는 것이 아니라, 집합적으로 쓰이고 있는 "성직자들"을 말하는 것이라고 보아야만 한다. 그 징벌은 저지른 죄악들에 적절한 것이 될 것이다. 비록 구체적인 징벌들이 일일이 열거되고 있지는 않다 할지라도(저주 유형 26; 신 5:9; 렘 26:16에 쓰인 "되갚다"라는 의미의 파카드[פקד]를 참조하라), 행악자들은 그들이 마땅히 받아야만 할 징벌들을 받게 될 것이다.

10 8절에 있는 제사장의 죄를 묘사하는 중심적 은유(隱喩)인 "먹는 것"(אכל – 아칼)은 그들을 징벌하는 구실이 될 것이다. 1:2과 2:4-6[2-4]의 내용을 가리키고 있는 "행음"도 이와 마찬가지다. 제사장들은 이제 다시금 3인칭 복수로 지칭되고 있다.

동의적인 이행연구(二行連句)는 심판 선언을 시작한다. 배부르지 못하고 수효가 더하지 못한다(참조. 유형 7과 12c)는 징벌들은 언약적 저주들(신 28:17-18; 32:24-28)을 이루는 한 부분이다. 저주 유형은 이루어지지 않는 기대 혹은 "무익함을 선언하는 저주"의 형태다(Hillers, *Treaty Curses*, 28 이하를 보라). 즉 이것은 유형 15에 해당하는 것으로서 죄를 범한 자들이 세우는 계획들은 하나님이 축복을 철회하심으로써 꺾이게 된다(참조. 신 28:30-33, 38-41; 호 8:7; 9:12, 16; 암 5:11; 미 6:14-15 등등). 이와는 반대의 상황인 다른 사람들의 계획들로부터 기인되는 혜택을 통해 주어지는 축복에 대해서는 예를 들어 여호수아 24:13을 보라.

본 절의 이행연구는 문자적이며 은유적인 차원을 모두 가지고 있다. 문자적으로 보면 그들이 먹기 위해 발견하는 것은 무엇이든지 만족함(שבע – 사바)을 주기에는 충분하지 않을 것이며, 예전 의식적 성행위인 "행음"(הזנו – 히즈누)은 그들의 불임증으로 인해 "수효가 늘어나지"(יפרצו – 이프로추) 못하도록 할 것이다. 유아 출산을 표시하기 위해 사용된 파라츠(פרץ)는 수태(受胎)하지 못하는 것 혹은 치명적인 죽음을 암시한다(예를 들어, 창 38:29; 여기서는 부정적인 의미로 쓰임).

그들의 세대는 죽어 소멸될 운명에 처한 것이다.

은유(隱喩)적으로는 제사장들이 백성들을 "먹는 것"은 성공하지 못할 것이다. 하나님이 그 제사장들을 징벌하고 그들의 번성을 제해 버리실 것이기 때문이다. 그들의 "행음", 우상 숭배와 바알의 풍요 제전에 참여하는 행위들은 숫자적으로 증가되지 못할 것이며, 영예와 특권과 부의 관점에서도 증가되지 못할 것이다.

본 절은 제사장들에 대한 단락(4-10절)을 그들의 죄악된 행위를 행음으로 요약하면서 결론을 맺고 있다. "…때문에"라는 의미의 키(כי)는 그들에 대한 징벌의 이유를 말해 주고 있다: 그들은 "행음"(זנות – 제누트), 즉 바알 숭배를 위해 야웨를 버렸다(עזב – 아자브). 아자브(עזב)와 자나(זנה)라는 동사들은 신명기 31:16에서 유사한 의미로 함께 쓰이고 있다. 동사와 명사 형태로 쓰이고 있는 자나(זנה)이외에, 호세아는 4:7에서는 "수치, 불명예"라는 뜻의 칼론(קלון), 8:3에서는 "대적, 원수"라는 뜻의 오예브(אויב), 그리고 2:12-15[10-13]에서는 바알들을 나타내는 환유(換喩)적 표현으로서 "연애하는 자들"이라는 뜻의 메아하베임(מאהבים)이라는 어휘들을 사용하고 있다.

샤마르(שמר, "존중하다", "지키다", "유의하다" 등등)라는 동사는 모세의 율법에 나타난 계명들을 존중하고 지킨다는 의미로 구약에서 매우 널리 사용되고 있다. 그러나 이 단어는 이 곳에서 시편 31:7[6](그리고 요 2:9)에서와 같이 우상들을 존중하는(즉, 경배하는) 것과 관련되어 사용될 수 있다. 혹은 좀 더 중립적으로는 어떤 신에 대한 경배를 나타낼 때 사용될 수 있다(잠 27:18).

11 청자/독자는 이제 이스라엘을 대항해서 좀 더 증거가 주어지고 있는 법률소송의 새로운 부분을 대하게 된다. 부패한 예전과 그 예전에 대한 시민들의 관계가 11-14절의 주제가 된다. 부패한 예전은 방탕하고 탐닉적인 예전이다. 이것은 예전이 만취한 바보와 연관된 것에 대해 하나님이 다음과 같이 특징적으로 말씀하시고 있는 것으로 보아서 분명하다: "음행과 묵은 포도주와 새 포도주가 마음을 빼앗느니라." 여기서 "묵은 포도주(포도주)"(יין – 야인)와 "새 포도주(포도나무 열매)" (תירוש – 티로쉬)는 중언법(重言法, 두 개의 명사나 형용사를 and로 이어 '형용사+명사' 또는 '부사+형용사'의 뜻을 나타내는 법)에 쓰인 복합 주어로서 밀접하게 연관되어 있다. 따라서 이 두 가지 주어와 함께 쓰인 동사(יקח – 이카흐)는 단수로 쓰였다. 포도주를 말하는 이 두 가지 용어들은 모두 발효가 진행 중인 포도주를 말한다. 야인(יין)은 호세아 당시에 쓰인 현재의 히브리 용어이며, 티로쉬(תירוש)는 거의 시적인 병행법에서만 쓰인 고어체적인 용어다(Wolff, 83과 같은

견해임). 예를 들어, 이 두 가지 용어들은 우가릿의 시적인 본문 2 Aqhat VI(7-8)에서 동의어적인 병행법에 함께 사용되고 있다. 티로쉬(תירוש)는 신명기에서 28:51과 33:28을 포함해서 6번 나타난다. 호세아서가 신명기의 이런 장들과 밀접한 관계가 있다는 것은 호세아가 야인(יין)과 함께 혹은 야인(יין) 대신에 이런 좀 고어체적인 어휘를 빈번하게 사용하고 있는 것에 대한 부분적인 설명이 될 수 있을 것이다.

호세아서에서 "마음"(לב – 레브)이라는 어휘는 분석적이고 사려 깊은 생각의 중심을 이루는 단어다(7:2; 참조. 7:11; 13:6, 8). 술에 취하는 것은 백성들의 지적인 능력들을 방해하는 것으로, 문자적으로는 그들의 마음을 "빼앗아 가는 것"이다. 지혜를 어둡게 하는 것을 나타내는 이런 관용어구는 구약의 다른 곳에서는 한 번 더 쓰이고 있는데, 바로 욥기 15:12에서 볼 수 있다. 이런 관용어구는 4:1, 6에서 지식이 없음을 말하는 주제를 상기시켜 주기는 하지만, 그 강조점이 다르다. 예전적인 환락에 의해 술에 취하는 것이 허용되고 술 취하는 것이 예전적인 환락에 합류된다는 것은 그들의 어리석음의 전반적인 유형을 나타내 준다. 우둔하게 된 백성들의 마음으로 인해 야웨가 그들을 합리적이며 지성적으로 다루시는 것이 불가능하도록 만들었다.

본 절은 좀 달리 나누어져야만 한다. 10절에 첨가되어야만 하는 "음행"이라는 뜻의 제누트(זנות)는 제외되어야 하고, 전통적으로 12절의 부분으로 나누어지고 있는 "내 백성"이라는 뜻의 암미(עמי)는 본 절에 포함되는 것으로 해석되어야만 한다.

12 북방의 예전이 보이고 있는 철저한 어리석음을 생생하게 묘사하기 위해 하나님의 말씀이 계속되고 있다. 우상 숭배는 조롱을 받고 있고, 예전은 "음행"으로서 다시금 비난을 받고 있다.

제정신이 아닌 백성들! 이스라엘 백성들은 자신의 (동의적 용어들인) 나무(עץ – 에츠)와 막대기(מקל – 마켈)에게 묻고 조언을 듣고 있다. 여러 가지 계시의 종류들 중에 여기서 어떤 것을 말하고 있는지는 확실하지 않다. "나무"는 나무로 만든 우상을 말할 수 있다(신 4:28; 28:36; 29:16에 있는 에츠[עץ]를 참조하라). 우상들이 보통 나무로 조각되었기 때문에(렘 10:3; 사 44:9-20; 합 2:18-19을 참조하라), 수메르 신화에서는 나무가 "신들의 육체(몸)"라고 불렸다. 여신 아세라를 나타내는 데 사용되곤 했던 아세라 기둥(신 16:21; 삿 6:25f)은 본 절의 에츠(עץ)를 말하는 또 다른 내용이다. 예전들 혹은 선지자들과 관련되어 언급되는 "큰 나무들"(창 12:6; 신 11:30; 삿 4:5 등등)은 하나님 신탁들의 출처들이었을 것이다. 그러나 "나무"와 "막대기"에게 묻는 것은 아마도 막대기점을 치는 것을 말할 것이다. 신의 뜻을 막대기(혹은 막대기들)가 넘어지는 모양을 보고서 결정하는 것이다(겔 21:21을 보라).

야웨 율법을 통한 참된 지식보다 이런 타락한 예전 의식들이 더 낫다고 말하는 것으로 묘사되고 있는데, 이것은 비극적일 정도로 아무런 유익함이 없다는 것을 나타내는 것이다. 이렇게 의도적으로 언약을 저버리는 것은 하나님의 진노를 살 뿐이다(참조. 신 32:21, 28). 따라서 백성들은 그들의 "음란의 마음(행음의 영)"(רוח זנונים – 루아흐 제누님) 혹은 "음란한 마음(행음하는 영)"에 의해 "미혹되고 있는 것이다." 이런 마음(영)은 그들 자신의 배반적인 태도이거나 그들을 불순종과 잘못으로 몰아가는 부정직한 힘이다(사 19:14에 있는 "사특한 마음"[עועים רוח – 루아흐 이브임]을 참조하라). 음란한 마음은 어떤 독립적인 영적 존재가 아니라, 이교에 대한 강력하고 습관적인 헌신을 하는 것을 말한다.

"그 하나님의 수하를 음란하듯 떠났음이니라"라는 마지막 구절은 "이 나라가 여호와를 떠나(מאחרי – 메아하레) 크게 행음함이니라"라고 말하고 있는 1:2을 상기시켜 준다. 여기에 쓰인 "…로부터 떠나"(מתחת – 미타하트)라는 어구는 "…의 아래로부터 떠나"라는 의미를 가지고 있다(출 6:7, "애굽 사람의 무거운 짐 밑에서 너희를 빼어낸"; 왕하 8:20, 22, "…의 수하에서 벗어났더니"를 참조하라). 하나님은 이스라엘이 그 엄격하고 도덕적인 유일신주의를 압제적인 것으로 보며, 탐욕적인 바알 예전을 자유를 주는 것으로 보고 있음을 고발하고 계신다. 이것이 바로 "음란한 마음"이 주고 있는 힘이다. 이것은 이기적인 자유의 마음이다. 이스라엘 백성들이 "그들의 하나님"(אלהיהם – 엘로헤이헴)이라고 알고 있든 그렇지 못하든, 그 야웨가 요구하시는 "바르고 좁은 길을 걷는" 삶에 충실하지 못한 이기적인 자유의 마음이다.

13 11-12절에서 방탕하고 어리석은 측면에서 묘사된 거짓 예전의 "행음"은 궁극적으로 다수의 성소들과 제단들에서 나타나고 있다(13a, b). "산 꼭대기(들)"(ראשי ההרים – 라쉐이 헤하림)와 "작은 산(들)"(הגבעות – 하게바오트)은 동의어로서 불법적인 성소(들) 혹은 "산당(들)"(במות – 바모트; 참조. 10:8)을 나타내는 어휘다. 구약 이곳 저곳에서 말하고 있는 것과 고고학적인 자료들에 의하면, 그런 제단-성소들은 기껏해야 하나의 작은 제단과 나무로 이루어진 작은 숲과 어떤 종류의 우상 하나 그리고 야웨나 바알을 상징하는 "석주"(מצבה – 마체바)를 간단

히 배열해 놓은 곳들인 것이 분명하다. 세우기 쉽고 지면 곳곳에 점과 같이 흩어져 있는 제단-성소들은 "높은 산이든지 작은 산이든지 푸른 나무 아래든지 무론하고 그 모든 곳을"이라는 전형적인 표현으로 언급되고 있다(신 12:2; 왕상 14:23; 왕하 17:10; 렘 2:20 등등; Holladay, *VT* 11[1961] 170-76를 참조하라). 그런 산당 성소들은 이스라엘 백성들이 약속의 땅을 정복했을 때 번성해 나갔던 가나안 종교를 지방으로 분산시키는 데 도움을 주었다. 그리고 아마도 그 오래된 역사성은 그 산당들에게 권위의 신비를 더해 주는 데 도움을 주었을 것이다. 벧엘과 단(왕상 12:26-33)에 있는 공식적인 성소들에서 중앙 집권화된 예배를 드리는 것이 원래적인 관행이었다. 그러나 그런 관행은 점차적으로 이와 같은 많은 산당들 가운데서 예배를 드리는 것으로 대치되었다. 산당은 유일한 선택적 대안이었다.

이런 "산당들"에서 드려진 많은 희생 제물들은 아마도 혼합적으로, 즉 다른 바알-아세라를 연상하게 하는 요소들이 예배에 포함되어 있는 가운데 야웨께 드려졌을 것이다. 아모스와 같이 호세아는 드려지는 희생 제물들이 가지고 있는 개념들 자체를 공격하지는 않았다. 오히려 경배 장소와 절차의 이교성(異敎性)이 받아들여질 수 없는 것이었다.

백성들은 지금까지 해 오던 관행에 따라서(따라서 미완료 형태들이 쓰였음) "희생 제물을 드렸고"(יזבחו – 예짜베후) 또한 "분향했다"(יקטרו – 예카테루). 세 가지 종류의 커다란 나무들의 이름이 열거된 것은 그런 관행들이 얼마나 일반화되어 있었는지를 말해 준다. 경배자들은 희생 제물의 음식을 만들고 먹기 위해 그 나무들의 "아름다운(좋은)" 그늘로 안락하게 모여들었을 것이다. 모세 율법은 경배자들이 어떤 종류의 희생 제물로 드린 희생 제물을 먹는 것을 제한했다(레 7:12-35). 제사장들은 온전하게 야웨께 바쳐진 것(레 6:23)을 제외하고 대부분의 희생 제물의 한 부분을 먹을 수 있었다(레 7:28-35; 10:12-15; 민 18:8- 19). 더욱이 예루살렘 이외의 다른 어느 곳에서 희생 제물을 먹는 것은 분명하게 금지되었다(신 12:5-7, 15-27).

본 절의 결론을 맺고 있는 동의어적인 이행연구(二行連句)는 언뜻 보았을 때 "그러므로"라는 뜻의 알-켄(על־כן)에 의해 소개되고 있는 심판 선언으로 보인다. 알-켄(על־כן)이라는 어구는 *rîb*(법률 소송) 형태 속에 있는 심판 어절의 전형적인 표지다(참조. 2:4-17[2-15]). 그러나 13b-14절은 징벌의 예언이라기보다는 "증거"의 요소들을 포함하고 있다. 따라서 모호한 것이 분명한 히브리어 미완료 동사들은 아마도 하나님이 이스라엘 여인들에게 행하실 것(징벌)에 대한 진술이 아니라, 이스라엘 여인들이 하나님을 대항해서 행하고 있는 것에 대한 묘사들(증거)일 것이다. 알-켄(על־כן) 이후에는 병행법이 분명하게 나타나 있다: 딸들은 행음(תזנינה – 티즈네이나)하며, 며느리들은 간음(תנאפנה – 테나아프나)을 하고 있다. 나아프(נאף)가 자나(זנה)와 정해진 짝의 한 부분을 이루는 동의어로서 기능하고 있듯이, "딸들"(בנות)과 "며느리들"(כלות)은 인구들 중의 여성들을 일반적으로 지칭하고 있는 한 쌍의 어휘들이지(Kuhnigk, *NSH*, 49-50를 보라) 어떤 특별한 하위 그룹의 사람들을 말하는 것은 아니다. 13b절과 14a절은 여자들이 지은 죄들에 대한 생생한 묘사를 보여 주고 있다. 여자들이 지은 죄는 남자들이 지은 죄에 대한 통렬한 비난을 통해 14b절에서 보충되고 있다.

이런 고발들에는 여자들이 성소에서 자신들의 시아버지들과 성교를 함으로써 혹은 남신과 여신의 이름으로 낯선 사람들과 성교를 함으로써 처녀성을 빼앗기는 의식과 같은 풍요 제전 의식들에 참여하고 있는 것이라는 증거는 없다(Wolff, 86-87; L. Rost, *FS Alfred Bertholet*, 451-60; W. Rudolph, *ZAW* 75[1963] 65-73; H. Klein, *TZ* 37[1981] 3-18 등등을 보라). 상황에 대한 이런 재구성은 두 가지 면에서 문제점을 가지고 있다. 첫째로, 구약에는 그런 관행에 대한 실제적인 내용이 없다. 만약 처녀성을 예전적인 의식에 의해 상실하는 그런 혐오스러운 무엇인가가 정말 북 이스라엘에서 일상적으로 일어났다면, 성서 기자들이 다른 다양한 죄목들에 대해 정죄를 한 것처럼 적어도 그런 의식에 대해 분명하게 비난한 사람이 하나라도 있었을 것이라고 생각할 수 있다.

둘째로, 그런 재구성은 하나의 조약/언약 용어로서 쓰이고 있는 "행음"인 자나(זנה)의 법률적인 정황을 무시하는 것이다. 예를 들어, 출애굽기 34:15-16에서 다른 신들을 숭배하는 여자들은 "그들의 신들과 행음하는 것"이며, "네 아들로 그들의 신들을 음란하게 섬기도록 하는 것"이다. 이 어법은 호세아 4:13b-14a과 밀접하게 병행을 이루는 것이며, 그 병행을 설명해 주고 있다. 그들의 "행음"의 내용은 바로 여자들의 신학적인 이교성이다.

14 많은 번역들은 14a절을 직설법적인 진술로 해석한다. 마치 하나님은 이스라엘 여자들의 죄는 전적으로 자발적인 것이 아니기 때문에 그들의 죄를 사해 주시는 것처럼 말하고 있다. 그러나 14a절은 의문문으로 보는 것이 더 낫다(H. Nyberg, *Studien zum Hoseabuch*, ad loc.[Uppsala: Lundequistska, 1935]을 참조하라). 비록 덜 확실한 것이기는 할지라도, 14절 끝에까지 확대될 수 있는 의문문으로 보는 것이다(즉… 한 남자들까지도 내가 벌하지 않겠느냐?). 여자들의 죄는

분명히 벌을 받아 마땅한 것이다. 그러나 그 여자들을 제외하고 하나님이 어떻게 "땅"과 "백성들"을 벌하실 수 있겠는가?

14절은 13절에 묘사된 상황을 반복함으로써 강화하고, 심판 선언으로서의 징벌에 대한 약속을 첨가하고 있다. 그 증거는 분명하다. 따라서 "내가 벌하지 않겠는가?"라고 하나님은 물으시는 것이다.

그러나 하나님의 관심은 이스라엘의 여자들에게만 한정되고 있는 것이 아니다. 어떻게 하나님이 남자들인 그들(הם – 헴)이 관여된 문자적이고 육체적인 행음에 대한 증거를 무시하시겠는가? 하나님의 심판/고발은 이제 남자들에게로 향하고 있다. 그들에 대한 심판을 선언하기 전에 **그들의** 죄목들을 상술하기 위한 것이다. 호세아서에서 쓰이고 있는 자나(זנה)의 드문 비은유(非隱喩)적 용법을 볼 수 있는 곳이 바로 여기 14b절이다. "창기들"(הזנות – 하조노트)은 성을 파는 여자를 문자적으로 말하는 "창기"를 가리키는 일반적인 히브리어 단수 조나(זֹנָה)에서 파생된 어휘다.

여기서 하조노트(הזנות)는 "예전 창기들"이라는 뜻의 하케데쇼트(הקדשות)와 병행되기 때문에, "나가며(분리되며)"라는 뜻의 예파레두(יפרדו)는 남자들이 그런 창기들과 함께 희생 제물을 드리는 것(יזבחו – 예자베후)과 관련된 것이거나 그런 것에 관한 것일 것이다. 예전 창기들은 제단-성소 희생 제사를 드릴 때 공식적인 참여자로서 역할을 담당했다. 이스라엘 남자들은 자신들의 희생 제물을 성소에 끌고 와서 준비하여 예전 창기들과 함께 그 희생 제물의 부분들을 드렸을 것이다(파라드[פרד], 피엘, 아마도 "나가다"라는 의미보다는 "드리다"라는 의미를 가졌을 것이다). 그런 뒤에 그 남자들은 예전 창기들과 함께 성적인 교합을 가졌을 것이다. 이런 성적인 결합은 땅을 풍요롭게 하는 풍요의 신(신들)을 자극하기 위한 것으로서 "교감(交感)적인 마술"의 예전적인 행위였다. 동성애자들을 위해서는 동성 창기들이 주어졌다(왕상 14:24; 15:12; 22:46; 왕하 23:7).

그런 관행은 고대 근동에 널리 퍼져 있었으며, 구약에 기록되어 있고(창 38:21, 22; 신 23:17), 아람, 페니키아, 애굽 그리고 메소포타미아의 문헌에 자료로 기록되어 남아 있다(함무라비 법전 110, 127, 178-82 조항; Harper, 261-62에 인용된 본문; Middle Assyrian Laws No. 40[T. Meek, *ANET*, 183]; W. F. Albright, *Archaeology and the Religion of Israel*[Baltimore: Johns Hopkins, 1956] 75f., 158f.; E. A. Speiser, *Genesis*, AB 1[Garden City, NY: Doubleday, 1964] 299 n. 21; M. Pope, *Song of Songs*, AB 7c[Garden City, NY: Doubleday, 1977] 214-29

등을 보라).

남자들과 여자들의 행음이 유죄의 증거로서 제시되었기 때문에, 이제 청자/독자는 다음의 수수께끼와 같은 심판 선언(저주) 속에 나타나는 나라의 결과적인 운명을 알게 된다: "깨닫지 못하는 백성은 패망하리라. 그 백성이 행음으로 돌아섬이라(זֹנָה - 조네, 남성 단수 칼 능동 분사)."

행음은 파멸로 이끈다!("패망하리라"라는 뜻의 일라베트[ילבט]를 위해서는 잠 10:8, 10을 참조하라). 따라서 전체적인 신탁 부분(11-14절)은 다음과 같은 논리적인 결론에 이르게 된다: "음란한 마음"에 미혹된(12절) 무디어진 마음을 가진 백성들(11절)은 그들을 패망케 할(14b절) 행음의 여러 가지 죄악된 예전 행위들에 가담하게 된다(13-14b절). 이것은 저주 유형 24를 반영해 준다(신 28:20 등등을 참조하라).

"깨닫지 못하는 백성은"이라는 어구에서 우리는 "그 땅에 하나님을 아는 지식이 없기"(1절) 때문에 "지식이 없어 망하는"(6절) 백성들이 있다는 말씀을 되새기게 된다. 따라서 "지식이 없음"과 "행음"이라는 주제들은 북 왕국의 만연해 있는 죄악을 묘사하는 것으로서 본문을 종횡으로 짜고 있다.

15 법률 소송의 마지막 단락(15-19절)은 두 개의 주요 북방 성소 중심지들인 길갈과 벧아웬(벧엘)에서의 경배를 통해 더욱 죄를 짓는 이스라엘을 향한 네 가지의 명령적인 경고로 시작하고 있다. 본 절은 그 권고적인 문체에 있어서 특이한 면을 가지고 있다. 유다에 대한 분명한 내용을 가지고 있고(아래를 보라), 아모스 5:5과 밀접한 연관성이 있기 때문이다. 이 구절에 대한 우리의 재구성은 14절과 같이 MT의 임 조네(אם זנה)를 "행음하여"라고 읽었으며 유다에 대한 내용이 빠져 있다(**번역**과 **"원문주해"**를 보라).

본 절은 정확한 것은 아니지만 대칭 구조로 이루어져 있다. 첫 번째와 네 번째 요소들은 상대적으로 동의어적이며("유다는 죄를 범치 말아야 할 것이라"; "여호와의 사심을 가리켜 맹세하지 말지어다"), 마찬가지로 두 번째와 세 번째 요소들은 서로 비교적인 면이 있다("너희는 길갈로 가지 말며"; "벧아웬으로 올라가지 말며"). 이런 금지들은 영원한 것(영원한 금지는 미완료형 동사에 로[לא]를 붙여서 표현함)이 아니라, 그런 특별한 장소들(아마도 다른 여러 가지 장소들 가운데서)에서 이루어지고 있었던 거짓 종교에 대한 일시적인 경고들이다.

호세아 4:15과 아모스 5:5의 어휘 사이에 보이는 제한적인 일치는 아마도 우연적인 것일 것이다. 즉 사역이 너무나 상보적인 두 선지자가 사용하는, 어휘적인 면에서 약간 겹치는 현상이 일어날 수 있는 동일한 주제의 일이기 때문에 일어난 우연의 일치일 뿐이다.

호세아 4:15의 독법:	베알 타보우 하길갈 베알 타알루 베트 아벤
	(ואל־תבאו הגלגל ואל־תעלה בית־און)
	"너희는 길갈로 가지 말며 벧아웬으로 올라가지 말며"
아모스 5:5의 독법:	베알 티드레슈 베트엘 베하길갈 로 타보우
	(ואל־תדרשו בית־אל והגלגל לא תבאו)
	"벧엘을 찾지 말며 길갈로 들어가지 말며"

두 선지자는 모두 벧엘(아모스서에서는 벧엘[בית־אל]; 호세아서에서는 벧아웬[בית־און])과 길갈에서 경배를 금하고 있다는 사실 외에 신탁들은 다른 내용을 가지고 있다.

본 절이 전하고 있는 메시지의 핵심은 "죄를 범치 말아야 할 것이라"(참조. 10:2; 13:1; 14:1[13:16])고 하는 첫 번째 명령인 알 예샴(אל־יאשם)과 죄를 낳는 관행들인 길갈과 벧엘을 순례하는 것을 연속해서 금하는 것에 나타나 있다. 길갈은 이스라엘 백성들이 요단강을 건넌 뒤에 진을 쳤던 장소(수 4:19)로서 이교적 숭배의 중심지로 타락해 들어가는 주요 성소가 되었다(9:15; 12:11). "하나님의 집"(5:8; 10:5)이라는 뜻의 벧엘에 대한 풍자적인 환유(換喩)법이며 "벧엘은 허무하게 될(לאון – 레아벤) 것임이라"고 하는 아모스 5:5을 생각나게 하는 "벧아웬"("허무의 집")은 북쪽의 주요 성소였다(왕상 12:28-30; 암 7:13). 이런 거짓 성소들에서 "여호와의 사심을 가리켜" 맹세하는 것은 참된 믿음을 모욕하는 것이며, 세 번째 계명을 범하는 것이었다(출 20:7; 신 5:11; 참조. 호 4:2).

이 맹세는 언약들과 서원들에서 전통적으로 사용된 것으로(신 6:13; 10:20; 삿 8:19; 룻 3:13; 삼상 14:39; 렘 23:7; 암 8:14 등등; "용맹한 바알의 사심을 가리켜…"라는 뜻의 우가릿어 *ḥy ʾaliyn bʿl*을 참조하라) 전적으로 정통적인 표현이었다. 예레미야 4:2; 5:2에서 맹세는 우상 숭배를 거절하는 것에 따라 나오는 것으로 실제적으로 요구되었으며 "진실과 공평과 정의로" 서약되었다. 그러면 왜 호세아는 이 맹세를 금하고 있는 것인가? 야웨의 이름이 벧엘 혹은 길갈에서 불렸을 때, 우상 숭배가 거부되지 **않았기** 때문에, 맹세는 의로운 것이 **아니었고** "헛된"(לשוא – 라샤브, 출 20:7) 것이었다. 만약 맹세가 이루어지는 상황이 죄악된 것이라면, 야웨는 그런 맹세의 양식을 존중하지 않으실 것이다.

16 신실하지 못한 이스라엘에 대한 심판은 죽는 것이다(저주 유형 24). 호세아는 이스라엘의 신실하지 못함을 묘사하기 위해 목이 곧은 소의 은유(隱喩)를 사용하면서 유죄를 증명하는 증거들을 요약적으로 제시하고 있다. 그런 뒤에 호세아는 지상에 있는 양을 돌보는 은유를 사용하여 이스라엘의 운명을 묘사하면서 심판을 선언하고 있다. "…하므로"라는 뜻의 키(כי)는 조건 문장의 조건절을 시작하는 어휘다. 본 절에서 사용되고 있는 조건절은 *k*, *r*, *s*가 다음과 같이 반복되는 매우 높은 소리가 상응되고 있는 것이다: *kî k*[e]*parāh sorērāh sārar yiśra'ēl*, "이스라엘은 완강한 암소처럼 완강하니."

이스라엘은 야웨께 순종하기를 거절한다. 이스라엘 백성들은 야웨가 그들에게 행하기를 원하시는 바를 준행하는 것을 주저하고 있다. 이 은유는 방황하는 경향이 있어서 울타리가 있어야만 하는 이미 묘사된 동물의 모습을 생각나게 해준다(2:8[6]). 그러나 이번에는 그 정황이 야웨의 자애로운 인내심과 은총 중에 하나를 말하고 있는 것이 아니다.

심판 선언은 "이 때"라는 의미의 아타(עתה)로 시작되는 귀결절을 가지고 있다: "이제 여호와께서 어린 양을 넓은 들에서 먹임같이 저희를 먹이시겠느냐." 은유가 전환되어 이스라엘은 소보다는 좀 더 작고 다루기 용이한 양(כבש – 케베스)으로 바뀐다. 이스라엘은 야웨가 다루실 때 다른 종류의 동물이 될 것이다. 야웨가 "저희를 먹이시겠다"(ירעם – 이르엠)고 하는 약속은 시편 23편의 시에 나타나는 이미지와 전혀 다른 것이다. 이 양을 위한 그 어떤 "푸른 초장"도 "잔잔한 물"도 없다! 그 양의 거주 공간은 "사후의 세계"인 스올(Sheol; "양같이 저희를 음부에 두기로 작정되었으니 사망이 저희 목자일 것이라"고 말하는 시 49:15[14]을 참조하라)을 환유(換喩)적으로 나타내고 있는 "넓은 장소"인 메르하바(מרחב)일 것이다. 메르하바(מרחב)라는 어휘는 지하 세계의 광대한 장소를 지칭할 수 있다(시 18:20[19][=삼하 22:20] 그리고 31:9[8]). 그리고 욥기 38:17, 18에서는 동일 어근 라하브(רחב)에서 파생된 다른 명사 형태가 "땅의 넓이(지하 세계의 광대함)"를 말하는 라하베-아레츠(רחבי־ארץ)라는 표현으로 사용되고 있다. "땅의 넓이(지하 세계의 광대함)"는 "사망의 문"이라는 뜻의 샤아레 마베트(שערי־מות)와 "사망의 그늘진 문"이라는 뜻의 샤아레 찰마베트(שערי־צלמות)와 병행을 이루어 표현되고 있다. 좀 더 자세한 연구를 위해서는 Kuhnigk, *NSH*, 50-52를 보라.

17 에브라임이 우상과 연합했다는 진술은 이스라엘이 이제 더 이상 야웨와 언약을 맺은 당사자가 아니라는 증거를 보여 주는 방식이다. 에브라임이 이스라엘을

나타내는 환유적인 표현으로 쓰이는 것(이스라엘과 에브라임이 병행적으로 쓰이는 것을 위해서는 5:3-4과 11:8을 보라)은 36번 나타나는데, 바로 그 첫 번째 예가 이 곳에서 나타나고 있다. 이사야, 에스겔, 예레미야, 오바댜 그리고 스가랴에서도 역시 이런 표현법이 쓰이고 있다. 에브라임은 주전 733년에 있었던 앗수르의 군사 원정 이후로 축소된 북 왕국을 형성하고 있었다. 에브라임에 대해 언급하고 있는 다른 본문들 중에서 아마도 이 본문은 연대기로 볼 때 주전 733년보다 이른 시기일 것이므로, 이 용어의 용례는 단순하게 역사적인 정황에서 기인된 것일 수는 없다고 본다. 아모스는 이런 용어를 사용하고 있지 않다. 호세아는 에브라임 지역 경계 안에서 거의 전적으로 말씀을 선포했기 때문에 이 용어를 만들어 사용하도록 영감되었을 것이다. 물론 이런 정황에 맞는 시기는 주전 733년 이후가 더욱 적절하다.

"연합하였으니"라는 뜻의 하부르(חבור)는 언약을 맺는다는 의미를 나타내는 어법을 반영해 주지만, 지금은 우상들 즉 소 우상들(참조. 8:4-5; 13:2; 14:9[8]) 그리고 아세라 주상들(4:12)과 드라빔(3:4; 4:2의 "우상들"을 말하는 다밈[דמים]을 참조하라)과 연합되는 것을 나타내 주는 것일 수 있다. 우상 숭배는 언약 파괴를 나타내는 매우 두드러진 증거다.

우상들과 이런 동맹을 맺는 자들을 위해 어떤 희망이 있겠는가? 없다! "버려 두라!"라는 의미의 하나흐 로(הנח־לו)는 우상 숭배자에 대한 심판 선언, 즉 버림/거절(유형 1; 참조. 신 31:18; 32:20)이다. 우상들의 무능력과 그 우상들에게 구원을 의뢰하는 자들의 어리석음을 비웃는 것은 선지서들에서 잘 증거된다(사 45:20; 46:7; 렘 2:28; 참조. 호 14:4[3]). 야웨에 의해 버림을 받은 이스라엘/에브라임은 이제 그가 의지해 왔던 아무것도 아닌 것들에게 맡겨진다.

18 본 절은 수많은 본문상의 문제점들을 노정하고 있어서 그 어떤 재구성도 매우 추측적일 수밖에 없다. G는 MT를 본질적으로 변화시키고 있는데, 이 두 본문 사이에 선택을 위한 토대가 되는 근거는 거의 없다. 주제는 피할 수 없는 파멸로 치닫는 이스라엘의 지속적인 타락이라는 것을 문맥으로부터 확실하게 알 수 있다. 음료(סבא – 쏘베)를 말하고 있는 내용은 문맥과 일치하는 것처럼 보인다. 그리고 만약 본 절이 14절에서 언급된 풍요 제전의 숭배-성적 교합의 의미를 포함하는 언약 파괴 관행들에 대한 내용을 포함하고 있는 것이라면, "행음"이라는 호세아의 일반적인 주제 어휘인 자나(זנה)가 예견된다. 마시는 것과 예전적인 성적 행위가 결합되는 것은 증거 문헌에서 찾아볼 수 있다(M. Pope, *Song of Songs*, 214-29;

374).

"행음"(זנה – 자나)은 부정사 절대형에 정동사를 더한 형태로 표현되고 있다. 따라서 우리는 "행음하기를 마지 아니하며(그들의 가득한 행음을 취하다)"라고 번역한다. 그런 뒤에 "그 방백들은 수치를(오만의 수치)"(קלון מגניה – 칼론 마기네이하)이라는 어구가 이스라엘 백성들이 "정말로 좋아하는" 무엇인가로 묘사되고 있다. 만약 우리가 이 본문을 믿을 만한 것으로 여긴다면, 여기서도 다시금 절대형 부정사 구문이 쓰이고 있는 것이다.

이스라엘의 예전은 부패되고 타락했으며 방탕하게 되었다. 이런 증거를 토대로 야웨는 심판을 가져올 수밖에 없다.

19 이스라엘을 휩싸고 몰아간 "바람"(רוח – 루아흐)은 아마도 12절에 나오는 음란한 "마음(영)"과 더불어 이루어지는 유희일 것이다. 또한 바람은 이 곳에서 이중적인 의미를 가지고 기능하는 것일 수 있다. 이 바람/마음의 날개는 좌지우지하는 그 힘을 말해 주는 것으로서 이스라엘을 휘감아 쌀 수 있다(צרר – 차라르). 그렇지만 19a절은 또 다른 증거를 말해 주는 단순한 진술이 아니라 심판 선언의 한 부분이다. 바람으로 인한 파괴는 심판 문맥에서 잘 증거되고(욥 1:19; 시 1:4; 35:5; 잠 11:29; 사 11:15; 57:13; 렘 22:22; 겔 27:26 등등), 죽음/파멸 저주의 변형된 형태다(유형 24). 번영이 아니라 수치가 이스라엘이 그 희생 제사에서 얻게 될 분깃이다.

해설

하나님의 언약 백성들은 하나님의 언약 규례들을 범한 것이 발견되어 법정으로 부름을 받고 파멸의 심판 선언을 받는다.

본문은 하나님의 법에 대한 일련의 긴 범죄 목록을 세세히 나열하고 있다. 그 죄목들은 모두 신명기 28-33장에서 발견되는 축복과 저주의 항목들과 관련된 것들이다. 본 장 전체를 통해 가혹하리만큼 철저하게 그려진 소홀히 하고 죄를 저지른 죄목들은 이스라엘의 배교(背敎)의 깊이가 얼마나 깊었는지를 놀라울 정도로 철저하게 보여 주고 있다.

제사장직과 예전은 이스라엘에 있는 많은 제도들 중 두 가지에 해당되는 것이 아니라, 이스라엘 사회를 구성하고 있는 바로 본질적인 구조라는 것을 아는 것이 정말로 중요하다. 백성들의 종교는 국가 통치 체제인 정부가 하는 행위들보다 나라의 국운에 더더욱 결정적인 역할을 감당했다. 이스라엘이 야웨께 결합되어 있는 것은 종교적인 준수와 관련된 문제였다. 일반 사회와 국제적인 일들은 결정적인 요소들이 아니라, 단지 그런 결합 여부를 보여 주는 일종의 거울이 될 수 있는 정황들이었다.

이스라엘 백성들은 자신들이 가지고 있었던 야웨주의의 종교적 기반에 그들의 가나안 이웃 민족들과 자신들을 둘러싸고 있는 나라들에 분명하게 영향을 미치고 있는 다른 예배의 형태들을 첨가해 넣었다(2, 12, 13, 17, 18절). 이렇게 함으로써 이스라엘 백성들은 자신들이 일종의 풍요를 낳는 종교 형태를 가지게 되었다고 생각했다. 혼합적인 종교는 그 종교가 허용하거나 규정하고 있는 관행들의 측면에서 보았을 때(14, 18절) 좀 더 즐길 만한 흥미가 있었을 뿐만 아니라 좀 더 나은 결과들을 얻게 해주는 것같이 보였다. 여로보암의 마지막 통치 기간 동안에는 번영을 구가했다. 이런 "축복"은 그들의 행위가 옳다는 것에 대한 증거가 되었던 것이 분명하다. 원칙적이고 근본적인 야웨주의의 좁은 기준들은 이제 필요 없는 것과 강압적인 엄격한 사안들로 비쳐지게 되었다.

그러나 법정 소송 전반에 걸쳐서 반복적으로 인용된 여러 측면의 언약 파괴 행위들은 백성들과 그들의 예전이 너무나 잘못된 방향으로 흐르고 있어서 그들이 하나님을 전혀 알지 못한 것이라는 사실에 대한 증거였다! 그들의 "성공적인 종교"는 참 종교의 모조품으로 파멸의 징벌을 받아야만 하는 것이었다(3, 5, 9, 16, 19절). 그 종교는 "참되거나"(2절) "영화로운"(7절) 것이 아니라 "음란한 것"(10, 11, 12, 14, 15, 18절)이었다. 이스라엘 백성들은 자신들의 어리석은 계시(11절) 혹은 우상들(2, 17절)로부터 인도함을 받지 못하고 있었으며, 음란한 마음(12절)은 그들로 하여금 어리석은 것을 따르도록 가혹하게 몰아갔다. 이런 모든 것의 종말은 그 땅 자체의 파멸을 낳을 수밖에 없었다(3절). 이스라엘은 포로로 잡혀갈 것이고, 그 땅은 황폐화될 것이다.

제사장직은 그 자체가 제도로서 본질적으로 잘못된 무언가가 있기 때문에 고발되고 있는 것이 아니라, 제사장직이 야웨가 행하시도록 만들어진 그 무엇을 행하고 있지 않기 때문에 고발을 당하고 있는 것이다. 백성들이 율법을 알고 지키도록 하는(신 31:9-13) 엄숙한 책임을 제사장들이 감당하지 못할 때, 선지자는 그들을 본연의 임무로 돌아오도록 해야만 한다. 제사장들은 다수의 반(反) 성소들을 포용해 주고(15절), 방탕함으로 특징지어지는 이교적인 종교 관행들을 승인해 주며(11, 14, 18절), 언약 아래에 있는 그들의 기본적인 의무를 무시했다(6-7절). 이렇게 함으로써 제사장직은 백성들과 동일한 운명을 겪게 되었던 것이다(9절).

언약은 이스라엘에 "매일의 삶"이 되어야만 했다(신 32:47). 이스라엘 백성들은 "제사장 나라"였다(출 19:6). 이제 그 제사장 나라도 그리고 그 제사장 나라 안에 있는 공식적인 제사장들(혹은 선지자들)도 언약을 지키고 있지 않았다.

하나님은 모세를 통해 초기의 이스라엘 백성들에게 이렇게 예언하셨다: "그 때에 사람이 대답하기를 그 무리가 자기 조상의 하나님 여호와께서 그 조상을 애굽에서 인도하여 내실 때에 더불어 세우신 언약을 버리고 가서 자기들이 알지도 못하고 여호와께서 그들에게 주시지도 아니한 다른 신들을 섬겨 그에게 절한 까닭이라 이러므로 여호와께서 이 땅을 향하여 진노하사 이 책에 기록된 모든 저주대로 재앙을 내리시고"(신 29:25-27). 마찬가지로 호세아도 다음과 같이 확언해서 말하고 있다. "그러므로 이 땅이 슬퍼하며 무릇 거기 거하는 자와 들짐승과 공중에 나는 새가 다 쇠잔할 것이요 바다의 고기도 없어지리라"(3절). 그리고 "저희가 수치를 당하리라"(19절).

심판을 선고 받는 부정한 사람들(5:1-7)

참고문헌

Budde, K. "Zu Text und Auslegung des Buches Hosea(5:1-6:6)." *JPOS* 14(1934) 1-41. **Elliger, K.** "Eine verkannte Kunstform bei Hosea." *ZAW* 69(1957) 151-60. **Held, M.** "The Action-Result(Factitive-Passive) Sequence of Identical Verbs in Biblical Hebrew and Ugaritic." *JBL* 84(1965) 272-82. **Muilenburg, J.** "Mizpah." *IDB* 3:407-9. **Muraoka, T.** "Hosea V in the Septuagint Version." *Abr-Nahrain* 24(1986) 120-38. **Noth, M.** "Beiträge zur Geschichte des Ostjordanlandes III." *ZDPV* 68(1951) 49-50. **Weiss, R.** "A Note on אַתָּה in Exodus 10, 11." *ZAW* 76(1964) 188.

본 문

이스라엘 지도자층에 대한 말씀

1 제사장들아 이를 들으라 이스라엘 족속들아 깨달으라 왕족들아 귀를 기울이라 너희에게 심판이 있나니

포로로 잡혀갈 것에 대한 예언

너희가 미스바에서 올무가 되며 다볼 위에서 친 그물이 됨이라

2 패역자가 살륙죄에 깊이 빠졌으매 내가 저희를 다 징책하노라

이스라엘을 치는 증거

3 에브라임은 내가 알고 이스라엘은 내게 숨기지 못하나니 에브라임아 이제 네가 행음하였고 이스라엘이 이미 더러웠느니라

4 저희의 행위가 저희로 자기 하나님에게 돌아가지 못하게 하나니 이는 음란한 마음이 그 속에 있어 여호와를 알지 못하는 까닭이라

5 이스라엘의 교만이 그 얼굴에 증거가 되나니

이스라엘과 유다에 대한 심판

그 죄악을 인하여 이스라엘과 에브라임이 넘어지고 유다도 저희와 한가지로 넘어지리라

6 저희가 양 떼와 소 떼를 끌고 여호와를 찾으러 갈지라도 만나지 못할 것은 이미 저희에게서 떠나셨음이라

7 저희가 여호와께 정조를 지키지 아니하고 사생자를 낳았으니 그러므로 새 달이 저희와 그 기업을 함께 삼키리로다

Summons to Israel's leadership

1 Hear this, priests! Pay attention, family of Israel! Listen, family of the king! Because the judgment is yours.[a]

Prediction of captivity

Since you have been a trap for Mizpah, A net spread over Tabor,

2 A ⟨pit⟩[a] dug[b] at Shittim,[c] Then I will be shackles[d] for all of you.[e]

Evidence against Israel

3 I know Ephraim: Israel is not hidden from me: Now that Ephraim practices prostitution,[a] Israel is unclean.

4 They will not give up[a] their deeds to return to their God. For a prostituting spirit is in their midst,[b] so that they do not know Yahweh.

5 Israel's pride testifies against him.

Judgment against them

As for Israel—that is, Ephraim—they will stumble because of their guilt: Judah, too, will stumble with them.

6 With their flocks and herds they will go to seek Yahweh, But they will not find him. He will have withdrawn from them.

7 They have betrayed Yahweh: Indeed, they are children born[a] illegitimate,[b] So now a new people[c] will eat their portions!

원문주해

1.a. 히브리어는 의도적인 이중의 의미를 가진 어구를 사용하고 있다. 이것은 문법적으로 "이 심판은 너희를 치는 것이다" 혹은 "너희에게 공의가 의탁되었다"라는 의미일 수 있다.

2.a. MT의 "타락, 퇴폐"라는 의미의 샤하트(שחט) 대신에 "웅덩이"라는 의미의 샤하트(שחת)로 읽은 것. 헤(ה)는 "싯딤"(Shittim)에 붙는 것(첨가되는 것)으로 본다.

2.b. 문자적으로는 "그들이 판 (것)".

2.c. "싯딤"(민 25:1)이라는 장소의 이름을 말하는 세팀(שטים)은 미스바와 다볼(1절)

과 병행이 되는 문맥에 속한다. MT 본문에 나타나는 발음은 있을 법하지 않은 것이다.

2.d. MT의 무싸르(מוּסָר)는 애매모호한 어휘다. 이 어휘는 여기에 번역되어 있는 것과 같이 아싸르(אסר)로부터 "속박하다"라는 의미일 수 있다. 더 일반적인 발음은 모싸르(מוֹסָר)다. 그러나 욥 12:18은 현재의 발음을 가지고 있다. 이 어휘는 또한 이싸르(יסר)로부터 "교훈" 혹은 "교정"이라는 의미를 가질 수도 있다. G(Vg)는 메야쎄르(מְיַסֵּר) 혹은 그와 같은 어휘를 가정하여 "선생"이라는 의미의 파이호유테스(*παιδευτής*)라는 어휘를 쓰고 있다.

2.e. "저희를 다"라는 의미의 쿨람(כלם)을 쓰고 있는 MT 대신에 G를 따른 것.

3.a. 동사의 3인칭 형태를 가진 G, Syr, Tg를 따른 것.

4.a. 히브리어는 "그들이 주어 버릴 것이다"라는 의미의 이테누(יתנו)의 주어가 "이스라엘"(표현되지 않음)인지 아니면 "그들의 행위들"인지 모호한 면이 있다. 그들의 행위들을 말하는 경우라면, "그들의 행위들은 〈그들을〉 허용하지 않는다"라고 번역한다. 이것은 그 멤(מ)의 가운데 글자를 빠뜨리고 쓴 오류(haplography)이거나 "그들의 행위들"이라는 의미의 마알레헴(מעלליהם)과 "공유된" 멤(מ)을 가정하고 있는 것이다(Kuhnigk, *NSH*, 59-66를 보라).

4.b. 혹은 "그들 안에서". NIV가 "그들의 마음 안에"라고 번역한 것은 단지 해석적인 것이다.

7.a. 율라두(יֻלָּדוּ, 칼 수동) 혹은 G와 같이 율레두(יֻלְּדוּ, 푸알)로 읽은 것.

7.b. 히브리어 자림(זָרִים)은 또한 "싫은, 역겨운"(주루[זור] II로부터)이라는 의미일 수 있다.

7.c. MT 그대로는 거의 의미가 없다("새 달이 저희와 그 기업을 함께 삼키리로다"). G는 "새 달"이라는 의미의 호데쉬(חדש) 대신에 "메뚜기"라는 의미의 헤 에류시베(*ἡ ἐρυσίβη*, החסיל)를 쓰고 있다. 이것은 아마도 G가 사용한 히브리어 본문 전승의 이른 시기 어느 시점에 이루어진 서기관이 바꾼 내용을 반영할 것이다. 우리가 사용하고 있는 수정안은 지금까지 제안된 다른 어떤 수정안보다 더 단순한 것이다(Harper, 268; Wolff, 95, n. m을 보라). 이 수정안은 가운데 글자를 빠뜨리고 쓴 오류(haplography)가 단지 아인(ע) 한 가지 철자에 대해 적용된 것으로 생각하고 있다. 따라서 "새로운 백성이 먹을 것이다"라는 뜻의 히브리어 구문인 이칼 암 호데쉬(יאכל עם חדש)가 된다("주석"을 보라).

양식/구조/배경

1절에 나오는 삼중 명령법은 이스라엘 지도층에 대한 호출을 선언하고 있다. 그런 뒤에 곧이어서 이스라엘의 반역에 대한 고발과 심판 예언(7절)이 나온다.

4:1-19의 *rîb*(법률 소송)와 나누어지는 것은 본문의 첫 부분에 분명히 나타나고 있다. 4:4-10에 있는 제사장직(כהן – 코헨, 단수)에 대한 법률 소송을 생각나게 하는 면이 있는 제사장들(복수 형태)에 대한 말은 4장에서 형태상 연속되는 것을 나타내 주는 것이라고 볼 수가 없다. 그럼에도 불구하고 이런 연관성을 생각하는 것은 왜 두 본문이 편집적으로 병행되게 놓이게 되었는지에 대한 설명이 될 수는 있다. 8절은 다른 역사적인 정황과 관련된 전쟁 선언인 다른 명령법으로 시작한다.

본문은 두 단위로 구분되는데, 각각의 단위는 다른 단위와 어느 정도 독립적이다. 1-2절은 유죄 피고인에 대한 증거를 요약하는 재판관의 말과 같이 주의를 요하는 하나님의 호출과 "내가 저희를 다 징책하노라(내가 너희 모두를 착고에 채울 것이다)"라는 심판 선언을 포함하고 있다. 1인칭으로 된 하나님의 말씀이 3절에서도 계속되고 있는데, 이것은 야웨가 3인칭으로 이야기되고 있는 결론 부분으로 이끈다. 두 번째 단위인 3-7절은 다음과 같은 점에서 1-2절과 유사하다. 즉 두 번째 단위 역시 이스라엘에 대한 증거를 요약하고 있으며, "새 달이 저희와 그 기업을 함께 삼키리로다(새 백성이 그들의 분깃을 먹을 것이다)"라는 심판 문장으로 끝을 맺고 있다.

rîb 형태의 온전히 특징적인 면들(참조. 2:4-17[2-15]; 4:1-19)이 없다 할지라도, 우리는 1-7절에 있는 일종의 논쟁을 구분해 낼 수 있다. 볼프는 이 본문을 논쟁과 결부되어 있는 사자(使者) 담론으로 본다(Wolff, 95). 본문의 양식상의 명칭이 무엇이라 할지라도, 이 본문은 이스라엘의 죄를 정죄하고 그에 대한 야웨의 심판을 선언하고 있는 것이 분명하다.

말하는 자, 수신자, 시적인 병행법 혹은 다른 양식적인 특징들과 같은 것들에 통일성이 있거나 없다는 것은 호세아서에서 상대적으로 중요한 사항들이 아니다(참조. 2:4-7[2-5]). 본문의 통일성은 본질상 양으로 측정될 수 없는 주제에 관한 것과 신학적인 범주들과 어조 그리고 일반적인 논리 등에서 훨씬 더 분명하게 나타난다. 본문은 시적이다. 두 개의 동의어적인 삼행연구(三行聯句)들이 1-2절의 내용을 구성하고 있다. 1-2절은 또한 세련된 구조 속에 외적인 병행법과 매우 균형 잡힌 운율을 보여 주고 있다. 3절은 또한 1-2절에 밀접하게 연결되어 있는 것을 보여 주면서(위를 보라) 병행법에서 동의어적인 면을 보여 주고 있다. 4-7절은 병행법에서 통합적이다. 그러므로 운율적으로는 상대적으로 균형을 이루고 있지 못하나, 그 문체와 구문 그리고 어휘에 있어서 분명하게 증거되는 대로 시적인 것이 분명하다.

1-2절에서 언급되고 있는 세 가지 지명들(미스바, 다볼, 싯딤)은 모두 주전 733년 아람-에브라임 전쟁이 종결된 이후에 디글랏-빌레셀에 의해 병합되었을 것이라는 사실에 대한 몇몇 증거들이 있다(A. Alt, "Hosea 5:8-6:6", *Kleine Schriften* [Munich: C. H. Beck'sche, 1953] 2:187, n. 1). 그런 뒤에 이 날짜는 예언의 **마지막 시점**(*terminus ad quem*)이 되었을 것이다. 본문이 어느 정도 더 이른 시기에 들어맞을 수 있는지 평가하는 것은 더욱 어려운 문제다.

5:1-7에 전제되어 있는 메시지를 받는 수신인들의 범위는 4:1-19에 있는 사람들과 궁극적으로 다르지 않다. 모든 이스라엘 백성들은 어떻든지 각 본문의 일에 부름을 받고 있기 때문이다. 왕실 가문이 직접적으로 언급되고 있는 것은 이 신탁이 사마리아에서 전해졌을 수 있다는 사실을 말해 준다. 언급된 성읍들과 관련해서 우리는 다음과 같은 것을 주목하게 된다. 4:15에서 벧엘과 길갈은 단지 15마일 떨어져 있는 북쪽의 주요 예전 중심지들이었으므로 호세아의 청중들의 관점에서 보았을 때 언급된 성읍들은 "지방" 성소들이었을 것이다. 그러나 다볼, 미스바, 싯딤(5:1-2)은 상대적으로 좀 멀리 떨어져 있었으므로 "예전의 중심지들"일 필요는 없다. 이는 5:1-7에서 이야기되고 있는 지리학적인 범위는 4:1-19의 범위와 같은 넓이라는 것을 말해 준다.

그렇지 않으면 4:1-19과 5:1-7 사이에 보이는 여러 가지 연속성들은 5:1-7을 위한 유사한 배경, 즉 아마도 여로보암 2세 통치의 늦은 시기나 바로 그 직후를 말해 주는 것일 수 있다. 적어도 다음과 같이 공유되고 있는 어휘들의 관점에서 보았을 때 유사성들이 매우 강하게 드러나 보인다: 4:10, 18과 5:3의 자나(זנה); 4:12과 5:4의 루아흐 제누님(רוח זנונים); 4:1(또한 4:6을 참조하라)의 에인 다아트 엘로힘(אין דעת אלהים)과 5:4의 야웨 로 야다우(יהוה לא ידעו); 4:5과 5:5의 카샬(כשל).

주석

1-**2** 양식적 구조는 아래와 같은 도표로 나타낼 수 있을 것이다.

1절 명령법: 들으라(שמעו – 쉐메우) 수신인: 제사장들
명령법: 깨달으라(הקשיבו – 하크쉬브) 수신인: 이스라엘 족속들
수신인: 왕족들 명령법: 귀를 기울이라(האזינו – 하아지누)
부르는 이유: 그 심판은 너희들의 것이기 때문임

증거: 너희가 미스바(Mizpha[pḥ//ph])에서 올무(paḥ – 파흐)가 되었기 때문임

증거: 다볼(tpr//tbr) 위에 친(rešet pᵉrûšāh) 그물

2절 증거: 싯딤(šḥṭ//šṭṭ)에 파인 웅덩이

심판 선언: 내가 저희를 다 징책하노라(그 때에 내가 너희 모두를 위한 착고가 될 것임)

각 단위는 네 개의 주된 요소들을 가지고 있다. 첫 번째 단위에는 세 개의 명령법과 한 개의 심판 선언이 있다. 두 번째 단위에는 세 개의 흩어져 있는 장소들과 연관된 세 개의 고발과 한 개의 심판 선언이 따라 나오고 있다.

첫 번째 단위는 어느 정도 대칭 구조적 이야기인 일련의 세 개의 요소를 포함하고 있다. 이스라엘 지도층에 대한 두 개의 특별한 용어들(제사장들, 왕족들)은 지도층을 좀 더 일반적으로 포함하고 있는 용어(이스라엘 족속들; 참조. 1:7)를 둘러싸고 있다. 둘째로, 세 번째 행은 명령법-수신인의 순서에서 수신인-명령법이라는 것으로 그 순서가 뒤바뀌고 있다. 따라서 어휘 순서의 대칭 구조를 형성하고 있다. 그런 뒤에 네 번째 행은 의도적인 애매모호성을 포함하고 있다. 즉 이스라엘의 지도층은 "공의"에 대한 책임을 가지고 있다고 말하는 것인지, 아니면 그들은 이제 곧 "심판"을 받게 될 것이라고 말하는 것인지 그 의미가 명확하지 않다. 이 두 가지 의미가 모두 가능하다.

두 번째 단위에서는 동음이의(同音異義)의 익살스러운 표현이 사용되고 있다. 처음 세 개의 행에 있는 사냥하는 올무의 세 가지 종류는 이스라엘의 세 개 지역의 이름들 속에 있는 어떤 자음의 소리들(위를 보라)을 회상시켜 준다. 아마도 이스라엘의 세 개의 지역들은 일차적으로 그 소리로 인해 선택이 된 것이지 그 지역들이 벧엘과 길갈에 병행되기 때문은 아닐 것이다. 네 번째 행은 또다시 의도적인 애매모호한 면을 포함하고 있다. 무싸르(מוסר)는 "교훈/질책/징책" 혹은 "속박/족쇄"를 의미할 수 있기 때문이다. 총체적인 순서를 구성하고 있는 것은 그 자체로 하나의 단위를 가지고 이루어지는 하나님의 말씀이다. 그러나 그 총체적인 순서는 1-7절의 좀 더 커다란 단위의 한 부분으로서 1-7절에 대한 서론으로 보는 것이 더 적절하다.

본문을 시작하는 삼중의 호출은 창세기 49:1-2에서 야곱이 자신의 자녀들을 삼중으로 부르는 것을 생각나게 해준다. 야곱이 창세기에서 삼중 호출에 쓰고 있는 명령법들은 각각 "모이라"는 의미의 헤아쓰푸(האספו), "모여(가까이 오라)"라는

의미의 히카브추(הקבצו), "들으라"는 의미의 쉬므우(שמעו)로 이들 중에 쉬므우는 가장 주된 명령법이다(D. Stuart, *Studies in Early Hebrew Meter*, 139를 보라). 현재 본문 속에 있는 세 개의 명령법 중에서 "들으라"는 의미의 쉬므우(שמעו)가 역시 가장 주된 명령법이다. "깨달으라(주의를 기울여라)"라는 의미의 하크쉬부(הקשיבו)와 "귀를 기울이라(들어라)"라는 의미의 하아지누(האזינו)는 종종 샤마(שמע)와 동의어적으로 정해진 짝을 이루면서 쓰이는 원형들로부터 기인되는 어휘들이기 때문이다(하크시부[הקשיבו//שמע] 욥 13:6; 33:31; 잠 4:1; 7:24; 사 28:23; 49:1; 미 1:2; האזין//שמע 창 4:23; 신 32:1; 삿 5:3; 욥 34:2; 시 49:2; 사 1:2, 10; 28:23; 32:9; 렘 13:15; 욜 1:2). 이런 본문들의 대부분은 언약 법률 소송들이 아니라 하나님의 말씀을 듣도록 하는 "호출장들"이기 때문에, 현재 본문의 호출문들을 법정에서 이루어지는 이야기로 이해할 필요는 없다. 볼프가 지적하고 있듯이(Wolff, 97), 선지자가 한 율법 선생으로서 말할 때 "그와 원고(原告) 사이를 구분하는 것이 항상 가능한 것은 아니다." 그러나 여기서 법률적인 선생/고발자는 야웨일 가능성이 있다.

이야기되고 있는 그룹들 중에 그 어느 그룹도 심판을 피할 수 없다. "이스라엘 족속들"(בית ישראל – 베트 이스라엘), 즉 집단적으로 이스라엘의 지도층은 정녕 심판을 받아 마땅하다. "이스라엘 족속"이라는 어구를 "이스라엘 족속의 장로들"로 수정할 것을 제안하는 견해들(예를 들어, Rudolph)은 대칭 구조(제사장들: 백성들: 왕족들)를 보지 못했을 때만 가능하다. 왕족들에 대한 공격은 이미 1:4에서 나타났다. 제사장들은 4:4-10에서 심판 아래 들어왔다. 전체로서의 백성/나라는 지도층에 부여된 책임과 관련되어 지금까지 각 장들에서 예언된 저주를 들었다. 그런 뒤에 본 절은 어떤 새로운 내용을 소개하는 것이 아니라, 다음과 같은 사실에 대해 다시 강조하고 있다. 즉 이스라엘 사회의 모든 분파들은 심판 아래 들어갈 텐데(3-7절), 특별히 지도층은 야웨에 대한 그 거룩한 책임들을 다하지 못했다는 사실을 다시 강조하고 있는 것이다.

신탁은 세 지역(2a절에 있는 싯딤[Shittim]을 포함해서)과 관련된 세 가지 종류의 사냥 덫을 병치시켜 놓음으로써 지도층과 왕족들 그리고 제사장들에 대한 하나님의 통렬한 비난을 이어가고 있다. 언급된 세 지역들은 그 지역들이 공통적으로 가지고 있는 어떤 특성들 때문이라기보다는 그 지역들을 거론한 임의성으로 인해 더욱 중요한 것이다. 그 고발이 내포하고 있는 어감은 "…와 같은 곳에, 너희는…와 같이 되었다"라는 것이다. 이스라엘 전역에 걸친 정치적·종교적인 압제는 백성들이 야웨에 대한 참된 지식(4절)을 통해 가질 수 있는 자유를 가지지 못하도록 했다. 나라의 정부와 종교는 하나님이 자신의 백성들을 보호하고 유익을 주기 위해 세웠다. 그런데 그런 정부와 종교는 백성들을 부양하고 보호해 주는 대신에, 올무에 빠뜨리고 감금하는 덫들과 같이 백성들을 먹이로 삼켜 버렸다.

고대 이스라엘에는 미스바라고 불리는 여러 개의 성읍들이 있었다(Muilenburg, *IDB* 3:407-9를 참조하라). 가장 잘 알려진 성읍은 사무엘이 사사로 섬겼던 곳(삼상 7:6, 16)이며 사울이 왕으로 기름부음을 받은 곳(삼상 10:17)인 베냐민의 미스바다. 그렇지만 어느 도시라도 이 신탁의 목적에 부합할 것이다. 이 신탁에는 어떤 구체적인 지명보다는 무작위로 어느 한 성읍을 언급하고 있는 것이 바로 핵심이기 때문이다. 바알브올의 이야기(민 25:1-2; 참조. 호 9:10)에서 알려진 싯딤(2a절)은 원래는 모압의 도시였지만, 여로보암 2세의 통치 기간 동안에는 이스라엘 영토의 한 부분이 되었음이 분명하며, 그 이후에도 잠시 동안은 이스라엘의 영토에 포함되었다(M. Noth, *ZDPV* 68[1951] 49-50). 오늘날 예벨 에트-토르(*jebel et-tor*)라고 불리는 산지인 다볼(Tabor)은 이스르엘 계곡 북쪽에 위치한 1,500피트의 고지로서 잇사갈(Issachar)과 납달리(Naphtali)와 스불론(Zebulun)의 공동 경계 지역들이 만나는 지점이었다(수 19:12, 22, 34). 따라서 성읍과 지방이 동일하게 취급되는 예들을 통해 "네가 성읍에서도 저주를 받으며 들에서도 저주를 받을 것이요"라고 말하고 있는 신명기 28:18을 상기하게 된다.

미스바와 다볼 그리고 싯딤은 예전이 이루어지는 중심 지역들이었다(증거를 위해서는 Wolff, 98-99를 보라)는 사실이 증명될 수 있다는 것은 본 절이 말하고 있는 요지가 아니다. 예전은 너무나 다양화되어 있어서 아마도 **그 어떤** 지방의 지역도 실행되는 성소를 가지고 있었을 것이다(참조. 4:13). 오히려 본 절의 요지는 지도층들이 전역에 흩어져 살고 있는 백성들을 타락하고 부패하게 만들고 있다는 데 있다.

2 언약에 신실하지 못한 것에 대해 내려지는 저주들 중에 하나는 대적들에 의해서 압제를 당하는 것이다(유형 5). 2절의 마지막 문장은 이런 저주를 말해 주고 있다. 하나님은 친히 그들 모두를 징책하실 것이라고 선언한다(문자적으로는 "너희 모두를 착고에 채울 것이다"라는 의미다). 이런 예언은 신명기에 있는 두 개의 어구와 매우 동일한 의미를 가지고 있다. 즉 "철 멍에"를 말하고 있는 신명기 28:48과 "노비"를 말하고 있는 신명기 28:68이다. 에스겔 20:37은 심판을 언급하고 있는 문맥에서 동일하게 매우 유사한 또 다른 밀접한 병행어구를 포함하고 있

다. 에스겔 20:37은 무싸르(מוסר)의 동족어를 사용해서 "내가 너희를… 언약의 줄(מסרת – 마쏘레트)로 매려니와"라고 말하고 있다. 지도자들이 무고한 이스라엘 백성들을 구속하여 묶어두게 만든 덫들은 야웨가 그들을 이방 나라들로 추방하여 그곳에서 노예가 되게 하는 끈들과 족쇠들과는 결코 비견되지 못할 것이다. "저희를 다"라는 의미의 쿨람(כלם)이라는 어휘가 주는 어감의 힘은 그 포로됨이 이스라엘의 지도자들만이 아니라 모든 이스라엘 백성들을 포함할 것이라는 사실을 나타내 준다.

3 3-7절은 신실하지 못한 결과로 인해 빚어진 심판의 주제를 계속해서 말하고 있다. 이제 강조점은 지도층에서 전체 백성들에게로 옮겨지고 있다. 3절에서 야웨는 에브라임/이스라엘에서 이루어지고 있었던 일들을 모두 알고 계셨다는 사실이 외부적으로 이루어지고 있는 두 개의 병행적 동의어구인 이행연구(二行連句)에 의해 거듭 역설되고 있다.

계속되는 야웨의 1인칭 담론은 2절의 끝과 연결되는 것을 보여 준다. 본 절은 어떤 새로운 개념, 즉 하나님의 전지성을 말하는 것이 아니라, 백성들 자신들이 스스로 기만에 빠져 들어가고 있었던 것(1-2절)과는 **대조적으로** 하나님은 이스라엘의 죄를 모두 인식하고 계셨음을 강조하고 있는 것이다. 이스라엘은 언약에 대해 신실하지 못한 것인 "행음"(הזנה – 히즈네)과 관련되어 있었기 때문에 "더러워진"(נטמא – 니트마) 것이다. 타메(טמא)라는 동사는 6:10과 9:4에서 다시 나타나는데, 본 절에서와 마찬가지로 이 동사는 죄를 묘사하는 데 사용되고 있다. "정하게 되는 것"과 "부정하게 되는 것"(טמא – 타메)은 이스라엘에서 중요한 구분이었다. 그래서 선지자들이 더럽힘과 언약을 대조해서 묘사하는 보편적인 은유(隱喩)로 사용되었다(특별히 에스겔과 학개 그리고 암 7:17을 보라). 어떤 종류의 부정함은 너무 더러운 것이라서 추방되고 버림받는 근거가 되기도 했다(레 7:19-21).

정한 것과 부정한 것을 구분하여 예배와 예전 생활이 바르게 실행되도록 하는 것은 제사장들이 감당해야 하는 역할이었다(레 10:10). 제사장들은 실족했고(1절), 이스라엘은 야웨께 혐오스러운 대상이 된 것이 분명하다. 이것은 마치 실제적인 행음이 성소를 더럽힌 것과 같은 것이다.

4 이스라엘이 제멋대로 하는 것에 대한 묘사가 계속되고 있다. 국가적인 비행은 심사숙고할 일이다. "그들은 자신들의 행위들을 그만두지 않을 것이다"라고 번역하든 혹은 "그들의 행위들은 그들을 용인하지 않을 것이다"라고 번역하든, 그 어떤 번역도 전달되는 메시지는 동일하다. 야웨의 언약 백성들은 자신들을 야웨로

부터 멀어지게 하고 있다.

3인칭 복수로 문체적인 전환이 일어나고 있는 것은 아마도 부분적으로는 논리적인 이유에서 기인되는 것일 것이다. **백성**들(복수)의 행위들에 대한 묘사는 거짓 예전에 자발적으로 참여하는 것이 그 강조점이 놓이고 있는 여기서 더욱 적절하게 이루어지고 있다. 1-2절에서 성읍민의 역할은 (암시적으로) 수동적이었다. 그러나 이 곳에서 이스라엘 성읍민들은 그들 자신들의 행위에 의해 야웨로부터 멀어진다. 호세아서에서 "행위들"(מעללים – 마알림)은 사실상 예전적으로 사회적으로 **악한** 행위들(참조. 4:9; 7:2; 9 15; 12:3[2])을 의미하는 것으로 보인다("네가 악을 행하여[너의 악한 행위들]"라는 의미의 로아 마알랄레이카[רע מעלליך]가 언약적인 저주들의 토대를 이루고 있는 신 28:20을 참조하라). 그런 악한 행위들은 결국 야웨를 "버리게"(עזב – 아자브) 되는 것이다(신 28:20; 또한 신 29:24; 31:16, 17; 호 4:10).

그들 가운데 있는 "음란한 마음"(רוח זנונים – 루아흐 제누님)은 그들 각자를 사로잡고 있는 어떤 것이라기보다는 백성들 가운데 널리 퍼져 있는 어떤 경향성을 말한다(참조. 1:2; 4:12). 이런 경향성으로 인해 그들은 야웨를 알 수 없는 것이다.

4b절은 4장이 가지고 있는 어감을 많이 반영하고 있는데, 특별히 "알다"라는 동사 야다(ידע)와 "지식의 부족"이라는 주제를 많이 반영하고 있다.

5 증인의 견지에서 볼 때, 이스라엘은 그 자체의 교만으로 인해 스스로를 정죄하는 것에서 피할 수 없다. 비록 G는 아나(ענה, II)를 "비천하게 될 것이다"라는 의미의 타페이노데세타이(*ταπεινωθήσεται*)로 번역하고 있어서 본 절을 일종의 심판 선언으로 추측하고 있다 할지라도(참조. 7:10), 아나 베(ענה ב)는 신명기 31:21에서처럼 "…에 대해 증언하다"라는 그 어구의 일반적 숙어의 의미로 취급된다고 보는 것이 더욱 적절한 것으로 여겨진다(참조. 출 20:16; 민 35:30; 삼상 12:3; 삼하 1:16; 욥 32:12; 미 6:3). 비록 전체 본문의 법률적인 성격이 전반적으로 암시되어 있기는 할지라도, 법률적 증언은 이 곳과 1절에서만 사용되고 있다.

"이스라엘의 교만"(גאון־ישראל – 게온 이스라엘)은 백성들의 거짓된 예전과 사회적 부정의를 통해 야웨의 율법을 거스르는 백성들의 교만한 반역 행위를 말한다. 거짓된 예전과 사회적인 부정의는 모세 율법이 말하고 있는 비난을 멸시하는 것으로, 율법의 비난을 아주 하찮은 것으로 여기는 것을 보여 준다. 야웨를 향한 단심을 버리는 것은 자기 방종의 삶을 허용하는 것이었다.

"그들이 넘어지다"라는 의미의 복수 동사 이카쉘루(יכשלו)의 주어로 "이스라엘"(ישראל)과 "에브라임"(אפרים)을 병치해 놓고 있다. 아마도 이것은 에브라임"(אפרים) 앞에 있는 베(ו)가 "조차", "정말", "즉" 등과 같은 의미를 나타내는(참조. 삼하 1:23; 암 4:10; 대상 21:12) 중언법(重言法)이나 병치(竝置)법을 반영해 주는 것일 수 있다. 어쨌든 복수 동사의 형태는 놀라운 것이 아니다(7:10에서 복수로 유사하게 전환되는 것을 참조하라. 7:10에서 "이스라엘"은 처음에는 단수로 해석되고, 나중에는 복수로 해석된다).

5bβ절에 나오는 "유다"라는 어휘는 유다 편집자의 관점을 드러내고 있는 것이라는 가정을 전제로 종종 일종의 덧붙여진 주해적 어구로 간주된다. "유다도 저희와 한가지로 넘어지리라"라는 의미의 카샬 감 예후다 이맘(כשל גם יהודה עמם)은 앞서 나온 자료와 시적인 조화가 잘 이루어지지 않는 것으로 근거 없이 주장되고 있다. 그러나 쿠닉이 지적하고 있듯이(Kuhnigk, *NSH*, 66-67), "주해적 어구"인 유다를 5절의 나머지 부분에 연결해 주고 있는 "넘어지다"라는 의미의 카샬(כשל)의 두 가지 형태(5bα의 니팔과 5bβ의 칼)는 히브리어와 우가릿어에 있는 광범위하게 논증된 병행법 형태를 반영해 주고 있다(M. Held, *JBL* 84[1965] 272-82와 8:11을 보라). 그렇다면 가정된 주해적 어구는 5절의 나머지 부분과 잘 조화를 이루는 것으로 보일 수 있으며 원문으로 남을 수 있을 것이다. 유다에 대한 내용은 호세아의 청중들에게 이스라엘이 쉽게 넘어질 수 있는 것과 같이 유다도 교만으로 인해 넘어질 수 있다는 것을 알려 주고 있다. 호세아는 카샬(כשל)을 모두 6번 사용하고 있는데(4:5; 5:5; 14:2[1]; 14:10[9]), 각각의 경우는 모두 죄에 대한 심판을 표시하고 있다. 넘어지는 것에 대한 은유(隱喩)는 불순종의 결과(참조. 4:5)로서 점차적으로 곤경에 처하게 되는 것을 말하는 언약적인 저주를 나타내 주는 어구다(유형 19; 예를 들어, 신 32:35).

6 북쪽에서 번성했던 희생 제사 제도는 불법적인 것이었다. 그 제사 제도는 단일한 성소(예루살렘)에 국한되지도 않았고, 가나안 예전에서 유래된 절차들과 신념들(신 12:1-14; 31a)을 포함하고 있었기 때문이다. 이웃해 있는 이방 족속들의 방법을 따르고 있으면서, 이스라엘 백성들은 자신들이 준비해 드리는 희생 제물이 야웨의 마음을 달래어 부드럽게 해줄 것이라고 생각했다(4:13; 참조. 왕하 3:27). 그렇지만 그들은 이제 그들이 드리는 희생 제물들이 더 이상 효력이 없을 것이며 너무 늦은 것(참조. 암 8:11-12)이라는 말을 듣게 된 것이다. 야웨는 그들이 야웨를 "찾기 위해"(בקש – 바카쉬; 참조. 3:5; 5:15) 희생 제물들을 가지고

성소에 이를 때에 그들로부터 "떠나실 것이다"(חלץ – 할라츠). 백성들은 자신들이 "넘어진 것"(5절)을 깨닫고 난 뒤에 자신들의 실수를 깨달을 것이고, 그들 자신들의 희생 제물을 가지고 그들의 하나님께 돌아가려고 할 것이다. 이런 상황은 사울이 성전(聖戰)의 금기 규약들을 어기고 나서 뒤늦게 시도하는 회개를 그리고 있는 비극적 이야기를 담고 있는 사무엘상 15:7-35을 생각나게 해준다. 사울에게 주는 사무엘의 대답(여호와께서 번제와 다른 제사를 그 목소리 순종하는 것을 좋아하심 같이 좋아하시겠나이까 순종이 제사보다 낫고 듣는 것이 숫양의 기름보다 나으니…)은 본 절이 보여 주는 유사한 주제를 진전시켜 나타내 주고 있다. 희생 제사 자체는 잘못된 것이 아니다. 온당한 믿음과 행위가 동반되지 않는 희생 제사가 소용이 없다는 것이다. 상황은 비슷하다: 사울이 야웨의 은혜를 다시 얻으려고 하는 시도가 너무 늦은 것이다(삼상 15:24-29). 야웨는 "사람이 아니시므로 결코 변개치 않는 것"이다(29절).

야웨의 "떠남"은 변덕스러운 행위가 아니다. 백성들 자신들은 야웨로부터 오랜 동안 떠나 있었다(4절). 야웨의 거절(저주 유형 1)은 신명기 31:18과 32:20(내가 반드시 내 얼굴을 숨기리라) 그리고 "우리 하나님이 우리 중에 계시지 않은 까닭이라"고 말하고 있는 신명기 31:17에 나오는 저주받은 이스라엘 백성들의 비극적인 애가를 상기시켜 준다.

7 "저희가 여호와께 정조를 지키지 아니하고(בגדו ב – 바가두 베)." 여기서 바가드(בגד)는 누군가를 속여 사취한다는 의미(출 21:8을 참조하라)로 신실하지 못함을 나타내는 어휘다.

얄라드(ילד)를 능동 타동사라고 보기보다는 수동형이라고 생각한다면, 바님 자림(בנים זרים)의 적절한 의미는 "사생자"이다. 그 사생자는 많은 성소들에서 이루어지는 예전적인 성행위 이후에 태어나는 사생자를 의미하는 것이 아니라, **모든**(*in toto*) 국민에 의해 태어나는 사생자를 의미한다. 그 사생자들은 그 땅을 상속할 권리가 없다. 오직 정당한 자녀들만이 상속권을 가지고 있다. 자르(זר, "불법의", "비합법적인")의 의미에 대해서는 출애굽기 30:33; 레위기 10:1; 22:10; 민수기 1:51; 시편 44:21; 이사야 17:10을 보라. 자림(זרים)은 "역겨운 것이 되다"라는 의미의 주르(זור) II에서 파생된 것이라고 보는 다후드(Dahood)의 견해는 문법적으로 선택할 수 있는 대안이 되는 견해다. 그러나 그런 견해로부터 기인되는 "그들은 역겨운 자녀들로 태어났기 때문에 야웨께 신실하지 못했다"라는 해석(M. Dahood, *Psalms II*, 59)은 본 절의 의미를 잘 드러내 주지 못한다.

MT에 있는 7b절은 좀 의문시되는 점이 있어서 추측을 바탕으로 한 다양한 수정안들이 제안되었다. 그 수정안들이 없으면 그 의미를 파악하기가 어렵다("그러므로 새 달이 저희와 그 기업을 함께[?] 삼키리로다"). 호데쉬(חדש)를 위해 가장 일반적으로 제안된 수정안들은 "메뚜기"라는 의미의 하씰(חסיל)과 "파괴자"라는 의미의 마쉬히트(משחית)이지만, 이 두 가지 수정안 중 그 어느 것도 매우 설득적이지 못하다.

7b절은 어떤 종류의 법률적인 위협이나 심판 선언을 나타내는 것이 분명하다. 본 주석에서는 자음 아인(ע)을 회복해 첨가할 것을 제안하고 있다(יאכל עם חדש – 요칼 암 호데쉬, "어떤 새로운 민족이 먹을 것이다"). 이것은 신명기 28장에 나오는 저주에 대한 경고들을 토대로 한 수정안이다: "(네 토지 소산과 네 수고로 얻은 것을) **네가 알지 못하는 민족이 먹겠고**…(…요칼 암 아셰르 로 야다타[…יאכל עם אשר לא ידעת])"; "네 육축의 새끼와 네 토지의 소산을 **먹어서**(베아칼[ואכל])…"(신 28:33, 51).

두 가지의 저주들은 무익, 무용 개념을 사용하고 있다(유형 15). 이 개념에서는 아무리 진지한 의도라고 하더라도 결실을 맺지 못하는데, 그것은 저주로 인해 그 노력들의 성취가 방해를 받기 때문이다(참조. 호 5:6). 이 두 가지의 저주들은 호세아 5:7에서와 같이 동사 아칼(אכל)을 사용하고 있다. 본 주석의 수정안은 5:7이 원래는 현재의 MT와 다른 역본들이 요클렘(יאכלם)이라고 읽는 것과는 달리 신명기 28:33에 있는 대로 요칼 암(יאכל עם)이라고 읽는 것을 가정하고 있다. חדש는 MT에서 보이는 의문시되는 "새 달"이라는 의미의 호데쉬(חֹדֶשׁ)보다는 "새로운"이라는 뜻의 하다쉬(חָדָשׁ)로 발음되어야만 한다. 그렇게 되면 "어떤 새로운 민족"이라는 뜻의 암 하다쉬(עם חדש)는 신명기 28:33에 있는 "네가 알지 못하는 민족"이라는 뜻의 암 아셰르 로 야다타(עם אשר לא ידעת…)라는 예언적 구절이 말하고 있는 것과 매우 잘 상응하게 된다.

이스라엘은 자신의 땅을 잃어버리게 될 것이다. 이스라엘은 사로잡혀 가게 될 것이다(암시적으로 저주 유형 13; 참조. 신 28:36, 41, 49-52, 64-68). 나라가 파멸되고 그 백성들이 추방되는 것은 그들과 맺은 야웨의 언약을 저버린 사생자들에 대한 야웨의 심판이다. 주전 722년에 있었던 앗수르의 이스라엘 정복과 포로로 잡아간 사건은 이 예언의 궁극적인 실현을 말해 준다.

해설

이스라엘에게 있어서 종교와 국가는 동전의 양면과 같은 것이었다. 왕실 가족과 제사장 가족은 모두 그들의 권위를 상속받았으며, 비록 구분이 되기는 하지만 서로 상보적인 영역에서 그들의 지도력의 의무를 수행했다. 제사장직은 왕권의 물질적이고 국가적인 이익들에 부합되도록 백성들에게 부여되는 종교적인 요구들을 채택함으로써 왕실의 이익을 옹호했다. 다산과 풍요의 예전은 번영을 도모하는 왕권의 관심, 특별히 상류 계층들의 관심에 동원되는 중요한 수단이었다. 더 많은 풍요는 더 많은 수확을 말하는 것이고, 더 많은 수확은 더 많은 십일조와 세금을 의미하는 것이었다. 그러므로 왕실은 나라 전역에 거짓 예전을 세우도록 공식적인 지원과 보조금을 줄 수 있었다(참조. 왕상 18:19). 결국 북쪽의 예전은 왕실을 통해 세워진 벧엘과 단 그리고 다수의 산당에서 시작되었다(왕상 12:26-33). 그러므로 제사장직과 왕실이 함께 일하는 것은 유익이 되었다.

이 본문(5:1-7)이 제사장들과 왕족(이스라엘의 지도층)을 언급함으로써 이스라엘에 대한 호출의 말을 시작하는 것은 적절한 것이다. 제사장들은 율법 선생들이며 백성들의 종교적 관례들을 인도하는 자들이기 때문에 책임을 져야만 한다. 왕실은 제사장직을 통제하고 바꿀 수 있는 궁극적인 권위를 가지고 있었기 때문에(참조. 왕상 2:26-27, 35; 12:31; 왕하 10:11; 12:7-8; 16:15-16; 23:8) 책임을 져야만 한다. 그리고 왕실은 성읍민들이 보았을 때 왕권을 합법화하는 자들인 제사장들을 지지함으로써 유익을 얻고 있기 때문에(참조. 삼하 19:11-12) 책임을 져야만 한다. 이제 이 사악한 공생관계는 포로로 잡혀감으로써 징벌을 받아야만 한다.

포로로 잡혀가는 것(2b절)의 당연한 결과는 추방되는 것을 포함해서 이방의 통치를 받는 것이다(7b절). 나라의 지도층(1-2절)의 범위를 보충해 주고 있는 것은 그 전체의 인구다(3-7절). 이것은 이미 1a절에 있는 "이스라엘 족속들"이라는 의미의 베트 이스라엘(בית ישראל)과 2b절에 있는 "저희를 다(너희 모두)"라는 의미의 쿨람(כלם)에서 이야기되었다. 야웨가 알아차리는 것을 어느 정도 피할 수 있다(4절)고 생각하는 그 나라는 얼마나 어리석은가! 백성들은 음란한 마음(영)에 의해 너무나 영향을 받았기 때문에 야웨를 더 이상 모르는 것이다(4b절). 야웨가 이미 그들로부터 떠나셨기 때문이다. 야웨를 배반한 사생자들이기 때문에, 그들은 다가오는 재앙들을 받아 마땅하다.

우리는 언약의 형식들(예를 들어, 신 4:25-31)과 호세아 1-3장에 있는 희망을 말하는 본문들을 토대로 해서 하나님의 궁극적인 계획은 새로운 언약 속에서 그에게 회복된 새 백성을 만드는 것이라는 사실을 이미 알고 있다. 그런 새 언약에도 사생자에 대한 경고들이 있다(히 12:8).

우리는 본문을 통해 사람들은 너무나 습관적으로 죄를 지을 수 있으며, 하나님과 다시금 화평을 회복하는 것이 너무나 어려운 구체적인 죄악된 관행들(4a절)을 저지르기 쉽다는 것을 깨닫게 된다. 이스라엘은 일종의 마비 상태에 빠져 있었던 것이다. 그들은 야웨를 더 이상 알지 못하고 있다는 것조차 잊어버리고 있었다. 그들의 악행은 야웨로 하여금 그들로부터 떠나시도록 만들었다. 노예처럼 죄에 습관적으로 익숙해지는 것에 대한 바울의 묘사(롬 6:15-23)는 여기에 있는 이스라엘의 상황에 대한 묘사와 크게 다르지 않다. 희생 제물을 가지고 너무 늦게 하나님께 오려고 시도하는 백성들에 대한 묘사는 천국을 얻기 위해 너무 늦게 시도한 자들을 거절하는 예수의 두려운 예언(마 7:21-23)에 대한 유비다.

진노, 돌이킴, 회복(5:8-7:1αγ)

참고문헌

Alt, A. "Hosea 5:8-6:6. Ein Krieg und seine Folgen in prophetischer Beleuchtung." *Kleine Schriften zur Geschichte des Volkes Israel.* 2:163-87. **Ambanelli, I.** "Il significato dell'espressione *da'at 'elohim* nel profeta Osea." *RivB* 21(1973) 119-45. **Barré, M. L.** "Bullutsa-rabi's Hymn to Bula and Hosea 6:1-2." *Or* 50(1981) 241-45. ______. "New Light on the Interpretation of Hos 6:2." *VT* 28(1978) 129-41. **Bauer, J. B.** "Bundestreue will ich, nicht Opfer(Hos 6:6)." *BK* 23(1968) 131-32. **Baumgartner, W.** "Der Auferstehungsglaube im Alten Orient." *ZMR* 48(1933) 193-214. **Begrich, J.** "Das Priestliche Hielsorakel." *ZAW* 52(1934) 81-92; also in *Gesammelte Studien zum Alten Testament,* ed. W. Zimmerli. TBü 21. München: Chr. Kaiser Verlag, 1964. 217-31. **Behrens, E.** "…Like Those Who Remove the Landmark(Hosea

5:10a)." *Studia Biblica et Theologica* 1(1971) 1-5. **Ben-Yehudah, B.** "The Logical Precision of Biblical Language." *BMik* 24(1979) 149-60(Heb.). **Berghe, P. van den.** "Repentir et fidélité(OS 6)." *Assemblées du Seigneur* 41(1971) 4-81. **Borbone, P. G.** "L'uccisione dei profeti(Osea 6,5)." *Hen* 6(1984) 271-92. **Brawer, A. J.** "The Root of the Word שַׁעֲרוּרִיָּה" *BMik* 13(1968) 114-15(Heb.). **Budde, K.** "Zu Text und Auslegung des Buches Hosea(6:7-7:2)." *JBL* 53(1934) 118-32. **Caquot, A.** "Osée et la Royauté." *RHPR* 41(1961) 123-46. **Dahood, M.** "Some Northwest Semitic Words in Job." *Bib* 38(1957) 306-20. **Day, J.** "טַל אוֹרֹת in Isaiah 26:19." *ZAW* 90(1978) 265-69. ______. "Pre-Deuteronomic Allusions to the Covenant in Hosea and Psalm LXXVII." *VT* 36(1986) 1-12. **Driver, G. R.** "Hosea 6:5." *VT* 1(1951) 246. **Farr, G.** "The Concept of Grace in the Book of Hosea." *ZAW* 70(1958) 98-107. **Fitzmyer, J. A.** *The Aramaic Inscriptions of Sefire.* BibOr 19. Rome: Pontifical Biblical Institute, 1967. **Foresti, F.** "'Morte'e Risurrezione' in contesto di Alleanza: Interpretazione di Os 6,2." *ECarm* 27(1976) 3-51. **Gevirtz, S.** *Patterns in the Early Poetry of Israel.* SAOC 32. Chicago: University of Chicago Press, 1963. **Good, E. M.** "Hosea 5^{8}-6^{6}: An Alternative to Alt." *JBL* 85(1966) 273-86. **Hill, D.** "On the Use and Meanings of Hosea 6:1 in Mt's Gospel." *NTS* 24(1977-78) 107-19. **König, F.** "Die Auferstehungshoffnung bei Osee 6:1-3." *ZTK* 70(1948) 94-100. **Lind, M. C.** "Hosea 5:8-6:6." *Int* 38(1984) 398-403. **Loretz, O.** "Neues Verständnis einiger Schriftstellen mit Hilfe des Ugaritischen." *BZ* 2(1958) 287-91. ______. "Tod und Leben nach altorientalischer und kanaanäischbiblischer Anschauung in Hos 6, 1-3." *BN* 17(1982) 37-42. **Mansoor, M.** "The Thanksgiving Hymns and the Massoretic Text." *RevQ* 3(1961) 259-66, 387-94. **McArthur, H. K.** "On the Third Day." *NTS* 18(1971-72) 81-86. **McCasland, S.** "The Scripture Basis of 'On the Third Day.'" *JBL* 48(1929) 124-37. **Moor, J. C. de.** "Ugaritic *hm*—Never 'Behold.'" *UF* 1(1969) 201-2. **Nötscher, F.** "Zur Auferstehung nach drei Tagen." *Bib* 35(1954) 313-19. **Schildenberger, J.** "'Dass wit leben vor seinem Antlitz'(Os 5, 15-6, 6)." *Am Tische des Wortes* 2(1965) 28-36. **Schmidt, H.** "Hosea 6:1-6." In *FS E. Sellin*, ed. A. Jirku. Leipzig: 1927. 111-26. **Spiegel, S.** "A Prophetic Attestation on the Decalogue: Hosea 6:5 with Some Observations on Psalms 15 and 24." *HTR* 27(1934) 105-44. **Stamm, J. J.** "Eine Erwägung zu Hosea 6:1-2." *ZAW* 57(1939) 266-68. **Stuart, D.** "The Sovereign's Day of Conquest." *BASOR* 221(1976) 159-64. **Torczyner, H.**

"Gilead, a City of Them That Work Iniquity." *Bulletin of the Jewish Palestine Exploration Society* 11(1944) 9-16. ______. (Tur-Sinai) "After You, Benjamin." *BMik* 1(1956) 19-20(Heb.). **Whitley, C. F.** "Has the Particle שָׁם an Asseverative Force?" *Bib* 55(1974) 304-08. ______. "The Semantic Range of *Ḥesed.*" *Bib* 62(1981) 519-26. **Wijngaards, J.** "Death and Resurrection in Covenant Context(Hos 6:2)." *VT* 17(1967) 226-39. **Wright, G. E.** *Shechem.* New York: McGraw-Hill, 1965. **Zolli, J.** "Hosea 6:5." *ZAW* 57(1939) 288. ______. "Note on Hosea 6:5." *JQR* 31(1940-41) 79-82.

본 문

파수꾼이 나팔을 불다

8 너희가 기브아에서 나팔을 불며 라마에서 호각을 불며 벧아웬에서 깨우쳐 소리하기를 베냐민아 네 뒤를 쫓는다 할지어다

9 견책하는 날에 에브라임이 황무할 것이라 내가 이스라엘 지파 중에 필연 있을 일을 보였노라

10 유다 방백들은 지계표를 옮기는 자 같으니 내가 나의 진노를 저희에게 물같이 부으리라

11 에브라임은 사람의 명령 좇기를 좋아하므로 학대를 받고 재판의 압제를 당하는도다

에브라임과 유다에게 주는 하나님의 해(害)

12 그러므로 내가 에브라임에게는 좀 같으며 유다 족속에게는 썩이는 것 같도다

13 에브라임이 자기의 병을 깨달으며 유다가 자기의 상처를 깨달았고 에브라임은 앗수르로 가서 야렙 왕에게 사람을 보내었으나 저가 능히 너희를 고치지 못하겠고 너희 상처를 낫게 하지 못하리라

14 내가 에브라임에게는 사자 같고 유다 족속에게는 젊은 사자 같으니 나 곧 내가 움켜 갈지라 내가 탈취하여 갈지라도 건져낼 자가 없으리라

15 내가 내 곳으로 돌아가서 저희가 그 죄를 뉘우치고 내 얼굴을 구하기까지 기다리리라 저희가 고난을 받을 때에 나를 간절히 구하여 이르기를

The watchman sounds the alarm

8 Blow the horn in Gibeah, the trumpet in Ramah! Shout the alarm in Beth-Awen, descendants[a] of Benjamin!

9 Ephraim will be destroyed on the day of punishment. Among the tribes of Israel I proclaim what is certain.

10 The officials of Judah have become like those who shift boundary markers.[a] I will pour out my wrath on them like water.

11 Ephraim is oppressed, crushed in judgment, Because he decided[a] to follow a blah.[b]

God's harm to Ephraim and Judah

12 I am like pus to Ephraim, and like infection to the family of Judah.

13 When Ephraim saw his illness, and Judah his sores, Ephraim went to Assyria, and sent to the great king.[a] But he cannot heal you or cure your sores.

14 It is I who am like a lion to Ephraim and like a young lion to the family of Judah. I—yes I—will tear apart and withdraw, I will carry away so that no one can rescue.

15 I will go back to my place until they suffer for their guilt[a] and seek me. When in trouble, they will search me out.

약속된 회복

6:1 오라 우리가 여호와께로 돌아가자 여호와께서 우리를 찢으셨으나 도로 낫게 하실 것이요 우리를 치셨으나 싸매어 주실 것임이라

2 여호와께서 이틀 후에 우리를 살리시며 제삼일에 우리를 일으키시리니 우리가 그 앞에서 살리라

3 그러므로 우리가 여호와를 알자 힘써 여호와를 알자 그의 나오심은 새벽 빛같이 일정하니 비와 같이 땅을 적시는 늦은 비와 같이 우리에게 임하시리라 하리라

에브라임과 유다의 신실하지 못함

4 에브라임아 내가 네게 어떻게 하랴 유다야 내가 네게 어떻게 하랴 너희의 인애가 아침 구름이나 쉬 없어지는 이슬 같도다

5 그러므로 내가 선지자들로 저희를 치고 내 입의 말로 저희를 죽였노니 내 심판은 발하는 빛과 같으니라

6 나는 인애를 원하고 제사를 원치 아니하며 번제보다 하나님을 아는 것을 원하노라

7 저희는 아담처럼 언약을 어기고 거기서 내게 패역을 행하였느니라

8 길르앗은 행악자의 고을이라 피 발자취가 편만하도다

9 강도 떼가 사람을 기다림같이 제사장의 무리가 세겜 길에서 살인하니 저희가 사악을 행하였느니라

10 내가 이스라엘 집에서 가증한 일을 보았나니 거기서 에브라임은 행음하였고 이스라엘은 더럽혔느니라

유다와 이스라엘에 대한 회복의 약속

11 유다여 내가 내 백성의 사로잡힘을 돌이킬 때에 네게도 추수할 일을 정하였느니라

7:1a 내가 이스라엘을 치료하려 할 때에 에브라임의 죄와 사마리아의 악이 드러나도다

Restoration promised

6:1 Let us return to Yahweh. For he has torn us[a] apart, yet he will heal us: he has attacked us,[a] yet he will bandage us.

2 He will bring us to life after two days, on the third day resurrect us, that we may live in his presence

3 and know him.[a] Let us strive to know Yahweh. As sure as the sunrise is his coming forth. He will come to us like rain, like spring showers renewing[b] the land.

The disloyalty of Ephraim and Judah

4 What should I do with you, Ephraim? What should I do with you, Judah? Your loyalty is like morning mist, like the dew which goes away early in the day.

5 Therefore I have cut them[a] up[b] in accordance with my fearsome speech.[c] I have killed them in accordance with the words of my mouth. And my justice comes forth like light.[d]

6 For I am pleased by loyalty—not sacrifice, and knowing God rather than burnt offerings.

7 But look[a]—they have walked on[b] my covenant like it was dirt,[c] see,[d] they have betrayed me!

8 Gilead is a city of evildoers, whose footprints are bloody.[a]

9 Like a waiting bandit is the guild of the priests. They murder on the road to Shechem, what premeditated evil[a] they do!

10 Within the family of Israel I have seen terrible things. See[a] Ephraim's prostitution—Israel is unclean.

A restoration promise to Judah and Israel

11 Also, Judah: I am setting[a] a harvest for you, When I restore[b] my people,

7:1a When I heal Israel, And Ephraim's iniquity will disappear,[a] As will Samaria's evil.[b]

원문주해

8.a. MT의 "네 뒤를 쫓는다(네 뒤에)"라는 의미의 아하레이카(אחריך)를 아하리 키(אחרי כי)로 읽은 것임. "후손들"이라는 뜻의 아하레임(אחרים)은 아마도 삿 5:14a에서도 쓰이고 있는 강의(强意)적 어절인 키(כי)와 함께 쓰인 단축 형태에서 발견되는 것일 수 있다. 우리는 삿 5:14a에서 아하르(אחר)와 "뿌리/계보"라는 뜻의 셰레쉬(שרש) 사이의 병행법을 발견하게 된다. Kuhnigk, *NSH*, 72-73를 보라; Tur-Sinai, *BMik* 1(1956) 19-20를 참조하라. 연계형 연결에 쓰이고 있는 강의적 어절인 키(כי)는 또한 2:8과 8:5에서 나타난다.

10.a. 게불(גבול)은 단순히 "경계(境界)"라는 의미 이외에도 경계석 혹은 경계표지와 같은 의미를 가지고 있다.

11.a. 야알(יאל)의 히필형은 "결심하다", "주장하다" 등과 같이 어감의 다른 미묘한 차이들이 있을 수 있다. 호일(הואיל)과 "가다, 따르다"라는 의미의 할라크(הלך)의 앞뒤 연관성이 없는 병치법은 9:9; 신 1:5; 삼상 2:3 등과 같은 곳에서도 병행적인 표현을 가지고 있다.

11.b. 차브(צו)의 의미는 확실하지 않다. 사 28:10, 13에서 이 어휘는 "무엇, 무엇, 무엇…"과 같은 것을 나타내기 위해 반복적으로 쓰이고 있다. 이 어휘는 종종 "대적"을 말하는 차르(צר)나 "그의 대적"이라는 뜻의 차로(צרו)로 수정된다. 아마도 좀 더 중립적인 번역은 "그는 다음과 같은 **아무것도 아닌 것**을 주장했다"와 같은 것이 될 것이다.

13.a. 말키-라브(מַלְכִּי־רָב)로 읽는 것은 아마도 "위대한 왕"이라는 뜻의 앗수르어 **사루 라부**(*šarru rabû*)를 따라서 만들어진 어구의 구성일 것이다. *mlk rb*라는 칭호는 세파이어 1세(Sefire I)로부터 알려진 것이다(Fitzmyer, *Sefire*, 61를 참조하라). 아마도 그 칭호는 $malk^{e}$ *rab*를 나타내는 것일 것이다. 히브리어에 있는 모음 이(*i*)는 어휘 구성의 자음들 군(群)의 발음을 용이하게 해주는 매개적인 모음이다. 이것은 앗수르어, 페니키아어, 카르타고어 등과 같은 언어에서도 보이는 현상이다.

15.a. "그들은 아무것도 아닌 것으로 축소될 것이다"라는 의미의 헬라어 아파니스도신(*ἀφανισθῶσιν*)은 아샴(אשם)보다는 샤맘(שמם)에서 파생된 예샤무(יֵשַׁמּוּ) 혹은 야쉬무(יָשְׁמוּ)로 읽은 것이다(참조. 10:2; 14:1). 그러나 *ά, ό, θ'* 는 아샴(אשם)을 전제로 하고 있다. 호세아서에서 아샴(אשם)은 "징벌을 받을 수 있는/징벌을 받는"과 같은 의미를 가질 수 있다(Wolff, 105, n. i).

6:1.a. 절의 각각 절반에 들어 있는 접미어들은 이중의 역할을 하고 있다.

3.a. "그를"은 "그 앞에서"라는 의미의 레파나이오(לפניו)의 이중 역할 접미어 속에 반영되어 있다. 이와는 다른 대안으로는 네다에후(נֵדָעֵהוּ)로 발음하는 것이다.

3.b. MT의 "이른 비"라는 의미의 요레(יוֹרֶה)는 중복되는 어휘다. 따라서 "새롭게 하

다"라는 의미의 야르베(ירוה에서 파생된 יַרְוֶה)가 더 적절할 것 같다.

5.a. "저희를"은 문장의 두 번째 중간에 있는 3인칭 남성 복수 접미사로부터 나온 것이다.

5.b. MT의 하체브(חצב, 대개 "자르다"라는 의미로 쓰임)는 "치다/싸우다"라는 의미의 우가릿어 ḥṣb를 실제적으로 반영하는 것일 수 있다. "죽이다"라는 의미의 병행어(הרג – 하라그)는 이들 중 어느 것과도 쉽게 짝을 이룬다.

5.c. "나의 두려운 말로"라는 뜻의 베니비 아이옴(בְנִבִי אָיֹם)으로 읽은 것으로 M. Dahood, "Hebrew-Ugaritic Lexicography VI", *Bib* 49(1968) 362와 견해를 같이 하는 것이다. Kuhnigk, *NSH*, 81를 참조하라. "내 입의 말(들)"이라는 어구와 동의어적인 병행법은 여기서 "선지자들"이라고 번역된 것에 대해 의구심을 가지도록 해준다.

5.d. G, Syr, Tg과 같이 "빛과 같은 나의 정의"라는 의미의 미쉬파티 카오르(מִשְׁפָּטִי כָּאוֹר)로 읽은 것. 카오르(כָּאוֹר)는 또한 "해같이"라고 번역될 수도 있을 것이다(Kuhnigk, *NSH*, 81).

7.a. 헴(הֵם)이나 헤마(הֵמָּה) 어느 것이나 "보아라", "보라"의 의미를 가질 수 있다. Kuhnigk, *NSH*, 82-85를 보라. M. Dahood, *Psalms I*, 288, 291를 참조하라. 반대되는 견해를 위해서는 de Moor, *UF* 1(1969) 201-2를 참조하라.

7.b. 아바르(עבר)를 "건너다, 밟고 지나가다"라는 의미로 읽은 것. 이와 같은 의미는 예를 들어 사 51:23에서 나타난다(Kuhnigk, *NSH*, 83).

7.c. 모호한 이스라엘의 성읍인 아담이 본문에 매우 분명하게 나타나고 있다고 보는 견해는 아담(אדם)이 "진흙, 흙"을 의미할 수 있다는 단순한 생각을 볼 때 받아들여질 수 없다(Kuhnigk, *NSH*, 82-85를 참조하라).

7.d. 샴(שם)을 "보아라, 보라"로 보는 것에 대해서는 Kuhnigk, *NSH*, 82-85를 보라.

8.a. MT의 발음("피로 얼룩진")과 반대로 "그들의 발자국은 피로 물들었다"라는 이케베헴 담(עִקְּבֵיהֶם דָּם)으로 읽은 것.

9.a. 여기서 키(כי)는 "뭐라고/어떻게!"와 같은 감탄적인 의미를 가지고 있다. 지바(זִבָּה)는 용의주도하게 계획된 악행을 의미한다.

10.a. "원문주해" 7.d.를 보라.

11.a. 아마도 이 곳에서는 수동 분사형(שית – 쉬트)으로 읽혀져야만 할 것이다. 그렇지 않으면 "그가 정했다"로 읽을 수 있다. "내가 정하고 있다"라는 것은 동사를 능동 분사로 보는 것이고, 문맥의 1인칭 대명사들이 여기서 주어를 명확하게 나타내는 데 충분한 것이라고 생각하는 것이다.

11.b. 비록 셰부트(שבות, 샤바[שבה]에서 파생됨)는 일반적으로 "포로로 잡힘" 혹은 "감옥에 갇힘"과 같은 의미를 가지고 있을지라도, 슈브(שוב)와 결합된 셰부트(שבות)를 "…의 운명을 바꾸다" 혹은 "회복을 가져오다"로서 번역하는 것은 여기서 권장할 만한

견해다. 그런 표현에 대해서는 S. Mowinckel, *The Psalms in Israel's Worship II*(New York: Abingdon, 1962) 249-50, n. xxvii.를 보라.

7:1.a. 동사 갈라(גלה)는 니팔(사 38:12)과 칼(사 24:11; 잠 27:25)형 **모두**에서 "사라지다", "자취를 감추다", "떠나 버리다"와 같은 의미를 가질 수 있다.

1.b. "악"이라는 의미의 단수 라아트(רעת)로 읽은 것인데, 이것은 G, Syr, Tg과 같이 그리고 "사악함, 악"이라는 의미의 아본(עון)과 더불어 보이는 분명한 동의어적 병행법 속에서 읽은 것이다.

양식/구조/배경

세 개의 명령법(…나팔을 불며…호각을 불며…소리하기를)으로 베냐민 사람들을 전쟁으로 부르는 경고의 외침은 예언적 계시의 새로운 단락을 시작하고 있다. 이 단락의 초점은 전쟁이다. 쓰인 어휘들은 야웨의 날과 관련되어 있다.

다음에 이어지는 분명한 단락의 나눔은 7:16에서 이루어진다. 5:8과 7:16 사이에 놓여 있는 자료는 너무나 밀접하게 관련되어 있어서 단일한 "전승 단위"로 간주할 수 있다(Wolff, 108-10를 참조하라).

그렇지만 우리는 7:1aδ의 마지막 어휘가 새로운 시작을 나타내고 있는 것이라고 보며(그들이 얼마나 기만적으로 행동하고 있는가!), 7:1b-16의 주어의 문제와 특별한 어휘는 새로운 단락의 시작을 나타내는 또 다른 증거라고 판단한다. 6:10 이후에 단락이 나누어지는 것에 대한 가능성은 희박하다. 6:11b을 희망이나 회복에 대한 언급이 발견되지 않는 7장의 내용과 연결하는 것은 어색하기 때문이다. 베슈비 셰부트 암미(בשובי שבות עמי, 6:11b)를 "내가 내 백성의 사로잡힘을 돌이킬 때에(내가 내 백성의 운명을 회복시켜 주고자 할 때마다)"라고 번역하는 것은 문법적인 면에서 볼 때 기술적으로 가능한 견해일 뿐이다. 따라서 6:11b은 6:11a과 훨씬 더 용이하게 연결된다. 편견적인 경향이 있는 근거들에 토대를 두고 유다와 관련된 내용을 잘라내는 주석가들은 더욱 어색한 연결을 고집하기 위해 자연스러운 연결을 거부하고 있는 것이다. 그들은 회복에 대한 예언은 6:10에 바로 이어서 나올 수 없는 것이라고 보기 때문에, 그들이 선택할 수 있는 유일한 대안은 6:11을 사실과는 다르게 조건부적인 표현으로 다시 고쳐서 이어 나오는 내용에 연결하는 것이다.

현재 본문은 다섯 개로 나누어질 수 있는 다음과 같은 하위 단위들로 구성되어 있다: 전쟁으로 부름(5:8-11); 에브라임과 유다에게 주는 하나님의 해(害)에 대한 묘사로 그 묘사 속에는 하나님이 전염병과 사자(獅子)로 상징적으로 나타남(5:12-15); 회복에로의 초대와 참회의 노래를 통한 야웨께 돌아감(6:1-3); 하나님의 공의와 대조적인 에브라임과 유다의 불신실에 대한 묘사(6:4-10); 먼 장래에 희망을 선포하는 유다와 이스라엘에 대한 회복의 약속(6:11-7:1a). 이런 다섯 개의 하위 단위들은 문체보다는 논리적으로 더욱 함께 연결되어 있다. 드러나 보이는 하나의 문체적인 연결은 5:12, 13 등과 6:11-7:1a 사이에서 보이는 에브라임 : 유다 :: 유다 : 에브라임 병행법이다. 이 다섯 개의 하위 단위들은 모두 주전 735-732년에 있었던 아람-에브라임 전쟁의 정황과 직·간접적으로 연결되어 있다.

본문은 호세아서의 전반적인 구조를 소규모로 반영해 주는 희망과 불운의 두 요소 모두를 포함하고 있다. 현재의 본문에 나타나고 있는 희망과 불운의 교차는 주전 735-732년에 있었던 실존적인 상황을 잘 나타내 주는 것일 수 있다: 재난이 나라에 닥치고 있는 것으로 보이는 듯하지만, 그런 위기는 새로운 세대를 열어 주는 것을 나타낼 수 있다.

희망에 대한 세 가지 표현이 있다. 첫 번째는 전환적 어절인 5:15에서 나타난다. 지금까지 파괴적인 사자로서 묘사되었던 하나님은 이제 자신을 이스라엘 백성들에게 숨기는 하나님의 모습으로 바꾼다. 자신의 모습을 숨기는 것은 백성들을 놀라게 해서 자신에게로 돌아오게 하려는 목적을 가지고 있다. 희망에 대해 가장 본질적인 어휘를 쓰고 있는 두 번째 희망은 6:1-3에 곧바로 따라 나온다. 참회의 노래를 통해 선지자는 백성들을 회개하도록 한다. 마지막으로 이스라엘과 유다가 언약을 파괴한 죄들로 인해 정죄를 당한 뒤에, 하나님은 번영과 고침의 회복으로 특징지어지는 "추수"(6:11-7:1a)를 약속하면서 이스라엘과 유다에게 간략한 위로의 말씀을 전하신다.

전체적인 본문은 6:1-3의 내용 이외에는 일련의 하나님 말씀의 형식을 가지고 있다. 운율(韻律)적 구조에서 보았을 때, 종합적인 병행법은 예상되는 만큼 그렇게 주도적으로 쓰이고 있지 않다. 오히려 동의어적인 병행법이 놀라울 정도로 집중적으로 쓰이고 있다(5:8; 5:12-15; 6:1-3; 6:4-7). 동의어적인 병행법이 6:7에서 끝나고 종합적인 병행법이 계속되고 있기 때문에(8-10절), 6:4-10은 구조적으로 둘로 나누어질 수 있을 것이다. 그러나 그런 변화는 두 나라의 죄악에 대한 일반적인 묘사로부터 북 이스라엘 제사장들의 신실하지 못함을 구체적으로 예를 들어 거론하는 것으로 논리적인 전환이 일어나고 있음을 나타내는 것이라고 보는 것이 더욱 그럴듯하다. 비록 많은 주석가들은 "노래"가 4절에서 끝나고 있는 것으로 가정하고 있을지라도(특별히 7절에 있는 아담[אדם]을 지명으로 여길 때), 6:7이 6:4-6과 조화되고 있다고 보는 것은 구조적으로 분명한 사실이다.

본문상의 어떤 훼손이 있는 것이 분명하기는 하지만("원문주해"들을 보라), 본문의 의도와 구성적인 특징들은 파악될 수 있다. 특별히 초기의 히브리 시들에서 일반적으로 보이고 있는 것과 마찬가지로, 이행연구(二行連句)들과 삼행연구(三行聯句)들은 예측할 수 없을 정도로 다양하게 나타나고 있다. 6:1-3a에 있는 우아할 정도로 단순한 구조는 참회의 노래에서 관찰된다. 첫 번째 권고적인 행("우리가 여호와께로 돌아가자")과 두 번째 권고적인 행("우리가 여호와를 알자 힘써 여호와를 알자")은 사실상 나누어진 이행연구의 서로 상응하는 요소들이다. 그러나 각각은 야웨의 변함없는 일관성을 토대로 해(害)를 받은 뒤에 치료를 받을 것에 대한 묘사를 말해 주고 있다. 따라서 6:1-3은 두 개의 이행연구(나누어진 하나)와 삼행연구를 포함하고 있는 기술적으로 다듬어진 노래이다.

에브라임은 북쪽을 나타내는 이름으로 본문에서 주도적으로 등장한다(8번). 이스라엘은 세 번 언급되는데, 단 한 번(6:10) 에브라임을 보충하는 병행법에서 독립적으로 쓰이고 있다. 유다는 여섯 번 나타나는데, 대개 에브라임과 병행적으로 쓰이고 있어서 북쪽과 남쪽 모두가 이 신탁의 주체가 된다. 단지 본문의 끝에 있는 회복을 약속하는 부분에서만 유다는 그 병행법에서 처음으로 "주도적인" 위치를 차지하고 있다. 그리고 아마도 그 곳에서 5:12, 13 등과 병행을 이루는 대칭적 반전(反轉)이 있을 것이다.

본문에서 에브라임과 유다가 함께 중심적으로 나타나는 것은 어떤 새로운 상황을 나타내 주고 있는 것이다. 1:2에서 5:7에 이르기까지 대부분 혹은 모든 신탁들의 시대적인 배경은 여로보암 통치의 후반기(즉 주전 753년까지)에서 보이는 번영과 만족과 탐닉의 시기다. 이제 우리는 전쟁을 준비하라는 경고의 외침을 듣게 된다(5:8). 야웨는 자신의 백성을 찢어 버리고 계시며(5:12-14), 남과 북 모두 고통을 당하고 있다(5:13, 14; 6:1-2). 앗수르에게 긴급한 구조가 요청된다(5:13). 5:8-14에 묘사된 사건들과 6:1-2의 과거 시제로 언급된 사건들은 아람-에브라임 전쟁 시기에 해당되는 것이어야만 한다(A. Alt, *Kleine Schriften* 2:163-87). 이런 갈등은 두 나라에 엄청난 폐해를 끼쳤다. 서로 간에 싸움을 일으켰고, 그 틈을 타 앗수르의 잠식을 허용하게 되었으며, 베가(Pekah)와 르신(Rezin)에 의해 시작된 전쟁이 막아 보려고 했던 것은 바로 이런 현실이었다.

아람-에브라임 전쟁은 열왕기하 16:5-9과 역대하 28:5-23에 간략하게 묘사되어 있다(A. L. Oppenheim, "Tiglath-Pileser III: Campaigns against Syria and Palestine," *ANET* 283-84; J. Bright, *A History of Israel*[Philadelphia: Westminster, 1960] 256-57; M. Noth, *The History of Israel*, tr. S. Godman[London: Black, 1960] 257-61를 참조하라). 디글랏-빌레셀 3세의 통치 아래 확장 정책을 펴고 있었던 앗수르 제국의 정복 위협을 받으면서, 이스라엘 왕 베가(왕하 15:17-31; 주전 740[?]-732년)와 아람 왕 르신은 반(反)앗수르 동맹을 형성했다. 그들은 유다의 요담(Jotham; 주전 750-735년) 왕에게 자신들의 동맹에 가담할 것을 제안했다. 그러나 요담이 그 제안을 거절했을 때, 그들은 유다가 비록 수동적일지라도 앗수르 편에 가담할 것을 두려워해서 유다를 공격했다. 요담은 주전 735년에 죽었고, 그 후계자인 아하스(Ahaz, 주전 735-715년)는 앗수르에 직접적으로 도움을 요청했다(왕하 16:7-8). 디글랏-빌레셀은 아람의 수도인 다메섹(다마스커스)을 공격함으로써 그 요청에 응락했다. 이로 인해 즉각적으로 유다에게서 압력을 제거하게 되었다. 다메섹(그리고 그 지역에 있는 다른 성읍들)을 정복한 뒤에 디글랏-빌레셀은 길르앗, 갈릴리, 므깃도를 포함하는 이스르엘 평야를 조직적으로 점령했다. 이스라엘의 많은 인구가 강제로 이송을 당했다(6:11b). 그리고 북 이스라엘의 대부분의 영토는 앗수르 제국 영토의 일부분이 되었다. 단지 에브라임과 베냐민(따라서 5:8에서 베냐민을 강조하고 있음)의 지역만이 독립적으로 남아 있게 되었다.

이런 파괴적인 침략을 받은 뒤에(5:11), 베가는 호세아(Hoshea, 주전 732-723년)에 의해 암살당했다. 호세아는 이스라엘이 앗수르의 속국임을 말하면서 재빨리 화친을 요청했다(5:13). 디글랏-벨레셀의 침략이 그 전쟁을 끝낸 직후에 베가는 죽었고, 호세아가 앗수르에 도움을 요청한 이 시점으로 미루어 볼 때, 우리가 다루고 있는 본문의 연대기는 주전 732년임이 분명하게 드러난다. 비록 본문의 모든 부분이 이 시기에 쓰인 것이라고 증명될 수는 없을지라도(예를 들어, 6:8-10), 전반적인 통일성을 미루어 볼 때 이런 결론에 이를 수밖에 없다. 볼프(Wolff)가 (사실상 5:8-7:16의 모든 부분에 대해) 다음과 같이 말한 바와 같은 것이다. "…어떤 편집적인 형식들도 보이지 않는다. 이런 담론들은 어떤 갈라진 틈들도 없이 결합되어 있다." 비록 우리가 7:1b-16을 나눈다 할지라도, 그 주장은 현재의 본문에는 **이루어진 필요한 변화들**(*mutatis mutandis*)을 적용하는 것이다.

만약 침략이 끝난 것이라고 한다면, 하나님은 왜 이스라엘에 대한 미래의 심판(5:9)을 말하고 계신 것인가? 그것은 북쪽에 대한 심판이 이제 시작되었다는 단순한 이유 때문이다. 언약은 깨어진 채로 있고(6:4, 7, 10), 그 규율들은 계속해서 위반되고 있다(유다에 대한 내용은 5:10; 이스라엘에 대한 내용은 6:8-10). 백성들이 지금 목도하고 있는 참화는 단지 시작일 뿐이다. 하나님은 에브라임을 더욱 더 벌하실 것이다(5:9, 12-15; 6:11). 상대적으로 화를 입지 않고 피했던 유다는 임박한 징벌보다는(5:10, 12-15) 미래의 회복(6:11)에 집중하도록 인도를 받고 있다.

따라서 본문은 주전 732년에 일어났던 많은 일들과 앞으로 다가올 많은 일들을 반영하고 있는 것이다. 주전 722년 살만에셀 5세(주전 726-722년)와 그의 후계자 사르곤 2세(주전 722-705년) 때 이루어진 더 커다란 참화는 아마도 5:15과 관련된 일일 것이다. 주전 701년에 산헤립(Sennacherib, 주전 705-681년)에 의한 예루살렘 침공은 유다에게 정해진 "추수"(6:11)의 성취에 대한 한 국면을 나타내 주는 것일 수 있다.

주석

8 고대 이스라엘에서 잘 이해되는 장면을 상상할 수 있게 하는 호세아의 말씀들을 통해 청자/독자는 초대를 받고 있다. 언덕이나 망대 꼭대기의 유리한 위치에서서 파수꾼은 멀리서 다가오는 적들을 본다. 즉시로 양각 나팔이나 호각 혹은 전령의 외침에 의해 전쟁을 알리는 경보가 울린다. 전쟁과 그로 인한 참해(慘害)는 주요 언약적 저주 유형 중 하나다(3; 참조. 신 28:25 등등).

이 구절은 남쪽, 즉 유다로부터 베냐민 영토를 침략하는 것을 묘사하고 있다. 대적은 예루살렘으로부터 벧엘을 통과해 에브라임 중심지로 들어오는 주요 산길을 따라 다가오는 것으로 묘사되고 있다. 예루살렘에서 북쪽으로 단지 3마일 거리에 있는 기브아가 첫 번째로 공격을 받는다. 그런 뒤에 예루살렘에서 북쪽으로 5마일 거리에 있는 라마가 공격을 받고, 마지막으로 예루살렘에서 북쪽으로 11마일 떨어져 있으며 베냐민의 북쪽 경계인 벧엘이 공격을 받는다(벧아웬은 벧엘을 저속하게 부르는 이름임; 4:15을 보라). 이 길의 반대 방향을 따라서 사사 시대에 이스라엘 군대는 그 성읍에서 자행된 극악한 범죄를 응징하기 위해 기브아를 공격한 적이 있었다(삿 19-20장).

언급된 세 개의 성읍들은 원래는 북쪽의 영토였다(수 18:21-23). 주전 9세기 초엽에 아비야가 그 세 성읍을 유다에 복속시켰다(대하 13:19). 그 후로 그 성읍들에 대한 소유권은 엎치락뒤치락 변동이 있었다(왕상 15:16-22). 그러나 요아스(Jehoash) 통치기(주전 798-782년; 참조. 왕하 14:11-14)나 아람-에브라임 전쟁 당시(왕하 16:5; 참조. 사 7:6)에 그 성읍들은 이스라엘의 통제 속으로 복귀된 것이 분명하다.

앗수르가 아하스(Ahaz)의 요청에 응락해서 북 이스라엘을 공격한 뒤에, 베가는 아마도 자신의 축소되고 있는 왕국의 남쪽 지역에서 대부분의 군대를 철수했을 것이다. 상대적으로 방어를 하지 못하는 상태로 남겨졌기 때문에, 베냐민은 아하스의 군사적 보복의 첫 번째 표적이 되었던 것이다. 우리는 아하스가 실제로 어떤 군사적 행동을 취했는지에 대한 기록을 가지고 있지 않다. 10절에 비추어 볼 때, 아하스는 적어도 북쪽의 경계선을 더욱 밀어 올려서 유다가 다시금 베냐민의 많은 부분 혹은 대부분의 영토를 차지하도록 했을 것이다. 본 경고는 단지 세 성읍에 임할 예언 이상의 의미가 있다. 그 경고는 세 성읍에만 주어지는 것이 아니라 침범을 목전에 두고 있는 전체 지역에 대한 일반적인 외침이다. "베냐민 자손들"(**전체적으로**)에게 주어지고 있다. 이것은 "후손들"이라는 뜻의 아하레이(אחרי)와 "베냐민"이라는 뜻의 비느야민(בנימין) 사이에 삽입되어 있는 강조적인 키(כי)에 의해 강조되고 있다(강조적인 키[כי]의 가장 일반적인 중간 구문[mid-construct] 용도는 본 절에서와 같이 고유명사들 앞에서 쓰이는 경우다).

9 "에브라임"은 베냐민을 포함해서 북쪽 전체를 나타내는 것일 것이다(참조. 4:17). 유다의 반격은 아마도 여기에는 나타나 있지 않은 것 같다. 오히려 앗수르의 파괴적인 확장에 대한 기술이 좀 더 나타나 보이는 것 같다. 같은 시대에 활동했던 이사야는, 앗수르 군대는 북 왕국의 일부분만을 가지고 만족해하지 않을 것이고 결국에는 북 왕국 전체를 점령하고 남 왕국 또한 공격할 것이라고 예언했다(사 7:1-8:8). 이사야는 앗수르가 동맹국으로 남아 있기보다는 결국에는 압제자가 될 것을 알고 있었기 때문에, 유다 백성들에게 구원을 위해 하나님을 의지할 것을 촉구했다(사 8:9-15). 9절에 나오는 호세아의 말은 바로 그런 점을 말해 준다. 호세아는 앞으로 일어날 일(תהיה – 티흐예, 미완료)을 "선포한다"(현재). 비록 크기가 줄어들기는 했을지라도, 북 왕국은 여전히 존재하고 있다. 호세아는 베가를 이미 버렸거나 아니면 곧 버릴 것이다. 에브라임은 이제 최악의 상황이 끝나고 평안을 찾으며 재건될 것이라고 생각할 수 있겠는가? 그렇지 못하다. 에브라임은 단지 자신의 운명을 기다릴 수밖에 없다. "이스라엘 지파" 전체, 즉 지금 앗수르에게 복속되어 있는 지파 지역들(참조. 사 9:1) 그리고 유다에게도 전달된 호세아의

메시지에 따라 "파괴될 것이다"(לְשַׁמָּה תִהְיֶה – 레샤마 티흐예; 저주 유형 24; 레 26:22, 31-34에 있는 샤맘[שָׁמֵם]을 참조하라). 파수꾼의 외침은 은유(隱喩)적으로 선지자에 의해 모든 이스라엘에게 선포된 하나님의 말씀으로 전환되고 있다. (9b절의 "내가"라는 말은 애매모호하다. 야웨나 호세아 혹은 파수꾼 모두가 말하는 자가 될 수 있다).

베가(Pekah)와 호세아(Hoshea) 같은 왕들 아래서 이루어지는 동맹국들의 광란적인 음모와 그 동맹의 전환은 무용지물이 되었다. 그들이 시작한 전쟁은 결국에는 주전 722년에 이루어진 북 왕국의 필연적인 멸망을 재촉할 뿐이었다. 그들(그리고 유다)이 지금까지 목도한 것은 단지 시작일 뿐이었다. "견책하는 날(징벌의 날, יום תוכחה – 욤 토케하)"은 "여호와의 날(יום יהוה – 욤 야웨)"에 대한 환유(換喩)적인 표현일 수 있다(L. Koehler, *Old Testament Theology*[London: Lutterworth, 1957] 221-25를 참조하라). 이것은 시편 149:7이 야웨가 내리시는 재난의 역사적인 심판과 관련해서 토케하(תוכחה)라는 어휘를 사용하고 있는 것과 매우 흡사하다. "징벌"(죄에 대한 처벌)은 하나의 언약적인 저주다(유형 26: 참조. 레 26:41, 43; 신 32:35 등등).

파멸에 대한 선포는 "확실하며, 분명하고, 정해진 것이며, 틀림없는"(נאמנה – 네에마나) 것이다. 에브라임이 저지른 죄악들 때문에 그들에 대한 하나님의 진노가 폭발했으며, 제국을 확장하고 있는 앗수르는 필연적으로 에브라임을 "폐허로 혹은 파괴된 무엇인가"로 축소시킬 것이다. 야웨에 의해 치료될 것이라는 초대(6:1-3)조차도 다가오는 파멸이 분명히 이루어질 것임을 전제로 한 것이었다.

10 베냐민(8절)에서 에브라임(9절)으로, 유다(10절)로, 에브라임(11절)으로 교대로 전이되는 ABAB 형태가 현재의 하위 단락에서 분명하게 보인다.

본 절에서 유다는 호세아서에서 지금까지 발견되지 않은 커다란 공격 아래 놓인다. 말하고 있는 온전한 심판은 고발(지계표를 옮긴 것)과 형벌 선언(진노)을 모두 포함하고 있다. "유다의 방백들"이라는 의미의 사레 예후다(שָׂרֵי יהודה)는 아마도 왕실과 정부 고위 지도층뿐만 아니라 군대의 장군들을 포함하는 말이었을 것이다.

지파와 개인에게 분배된 땅의 거룩성 때문에(신 19:14), 잘 알려진 언약적 저주는 지계표 옮기는 것을 금했다(신 27:17). 유다가 베냐민 영역을 다시 합병한 것은 지파에 분배된 땅에 대한 언약의 규정을 범한 것이었다. 비록 북 왕국의 정치적인 연맹이 가져다준 불신 이후에 그런 영토의 잠식이 유다 백성들에게는 매우 정당한 것으로 여겨졌을지라도, 그런 영토의 잠식은 하나님 백성의 한 부분에 대한 압제를 나타내는 것이었다(잠 23:10-11; 참조. 욥 24:2-4). 각 지파나 가족이 경제적 융성이나 쇠락으로부터 보호되도록 하기 위해 하나님이 설정해 놓으신 지계표들은 옮길 수 없는 영원한 것으로 여겨졌다. 만약 베냐민의 영역이 유다에게 복속된다면, 지파적인 차원에서 보았을 때 베냐민은 지파들 사이에 하나님이 분배해 주신 곳을 거의 차지할 수 없었을 것이다. 따라서 유다의 행위는 에브라임과 아람이 감행한 불법적인 공격에 대항한 것이었다는 단순한 이유만으로는 용서될 수 없는 일이었다. 야웨는 이런 정치적인 갈등 속에서 이스라엘에 호의적이지 않으셨지만, 유다에 대해서 역시 호의적이지 않으셨다.

호세아의 권위는 결코 이스라엘의 일들에만 국한되지 않았다. 야웨의 언약적 주권은 모든 민족들에게 미치는 것이었기 때문에(참조. 암 1:3-2:16; 렘 1:5; 사 2:4; 욘 3:4 등등), 선지자들은 야웨를 다양한 민족들에게 나타냈다. 그러므로 유다에 대한 심판 선언은 호세아의 메시지에 적절한 내용이었다.

하나님은 자신의 "진노를 물같이" 부으실 것이다. "진노"(עברה – 에브라, 참조. 13:11)는 노여움의 결과로 주어지는 징벌이며 노여움과 동의어이다. 이 어휘는 행동 그리고/혹은 태도를 나타내는 것일 수 있다. 에브라(עברה)와 샤파크(שפך, "붓다")는 모두 하나님이 행하시는 파멸의 정황을 나타내는 문맥에서 나타나는 용어들이다(예를 들어, 습 1:14-18). 이런 어휘들이 나타내고자 하는 의도는 분명하다. 즉 이스라엘과 같이 유다는 하나님의 진노에 직면하고 있으며(저주 유형 1; 신 29:24, 27, 28 등등), 언약의 제재 구약들로부터 피할 수 있는 어떤 특별한 섭리를 기대할 수 없다는 것이다.

11 본 절이 나타내는 초점은 디글랏-빌레셀의 정복 직후 이스라엘이 직면하고 있는 상황으로 돌아간다. 이제까지의 유다와는 달리 에브라임은 언약을 강화하는 하나님의 진노를 **이미** 경험했다. "학대를 받다"라는 뜻의 아슈크(עשוק)는 "압제를 당하다(산산이 부서지다)"라는 뜻의 레추츠(רצוץ)와 같이(신 28:33; 참조. 암 4:1) 언약적인 저주를 표현하는 어법의 일부분이다(신 28:29, 33; 참조. 레 19:13; 신 24:14; 호 12:8). 이런 용어들은 이스라엘의 운명이 저주 유형 19(무력하게 됨)와 저주 유형 5(대적들에 의해 압제를 받음)와 관련되어 있음을 나타내 준다. "심판"이라는 의미의 미쉬파트(משפט)를 언급하고 있는 것은 북 왕국에 대한 소송들은 언약을 범한 것에 대한 징벌임을 말하는 것이다(신 32:41을 보라). 10절과 같이 11절에도 고발과 "심판 선언"이 포함되어 있다. 여기서는 모두가 과거 시제

다. 고발은 키(כי; 참조. 1:3, 6, 9 등등)로 시작되는 11b절에서 다음과 같이 언급되고 있다. "에브라임은 사람의 명령 좇기를 좋아하므로(그는 명령[צו – 차브]을 계속해서 좇는다)." 만약 차브(צו)에 대한 우리의 번역이 옳은 것이라면, 그리고 그 어휘가 차로(צרו, "그의 대적")와 같은 어떤 다른 어휘의 단순히 남겨져 있는 것이 아니라면, 적어도 고발을 위한 두 가지 가능한 의미가 있다. 하나는 "우상 숭배를 좇는 것"이라는 의미다. 선지자들은 우상들이 아무것도 아니고 아무런 가치도 없는 것이라고 자주 강조해서 말하고 있기 때문이다. 동일한 표현 "좇다"(אחרי הלך – 할라크 아하레)라는 어구는 이스라엘이 야웨보다는 다른 신들을 좇는 것과 연관되어 있는 언약-강조 구문에서 쓰인다(신 28:14; 참조. 신 6:14; 8:19; 11:28; 13:3; 삿 2:12 등등). 또 다른 가능한 의미는 "아람을 따르는 것"(르신 왕의 통치 아래 있는 다메섹[다마스커스]의 아람 왕국)이다. 일반적으로 분명하게 언급되고 있는 앗수르(13절) 혹은 애굽(7:11, 16)과 같은 나라들과의 동맹은 아마도 보이지 않는 것 같다. 그러나 아람/시리아는 호세아서에서도 결코 분명하게 언급되지 않는다. 이런 경멸적인 표현은 이름을 불러 분명하게 욕을 표현하는 인용과 동일한 것일 것이다. MT에 있는 본문인 아하레-차브(אחרי־צו)가 "르신을 좇아"라는 의미의 아하르 레촌(אחר ⟨ר⟩צו⟨ן⟩) 혹은 아하르 레친(אחר ⟨ר⟩צ⟨י⟩ן⟩)으로 회복되는 것은 이론적으로 정말 가능하다.

어쨌든 에브라임은 신실하지 못해서 징벌을 받고 있다. 앗수르를 대항해서 다메섹(다마스커스)과 무모한 동맹을 맺음으로써, 이스라엘 백성들은 스스로가 다음과 같은 언약의 약속을 신뢰하지 못함을 보여 주었다. "네 대적들이 일어나 너를 치려 하면 여호와께서 그들을 네 앞에서 패하게 하시리니 그들이 한 길로 너를 치러 들어왔으나 네 앞에서 일곱 길로 도망하리라"(신 28:7).

12 하나를 직접 다른 것에 비유하는 직유(直喩)적인 방법으로 하나님은 자신이 북 왕국과 남 왕국에 내릴 언약적 징벌의 과정에 대해 말씀하신다. 하나님은 자신의 백성들을 약하게 만드신다. 본 절은 단순한 동의어적 병행법을 통해 다음과 같은 내용을 표현하고 있다. 즉 하나님이 그 땅에 대해 선포하시는 싸움은 "좀"(עש – 아쓰) 혹은 "썩이는 것"(רקב – 라카브)과 같은 역할을 했다. 또한 이 어휘는 일반적으로 썩고 부패하게 하는 어떤 것을 가리킬 수 있다; 참조. 욥 13:28). 백성들이 비참한 신세가 되는 것은 디글랏-빌레셀에 의한 것이 아니었고, 앞으로도 그렇지 않을 것이며, 또한 단지 일시적이며 우연적으로 발생한 불운한 일도 아니었다. 그것은 바로 하나님이 그렇게 되도록 하시고 있는 것이며, 앞으로도 그렇

게 되도록 하실 것이다.

하나님은 언약을 깨뜨리는 것에 따르는 비참한 신세(참조. 신 28:53-57; 겔 16장)를 표현하는 데 있어서 그림 언어나 비유적인 표현을 사용하고 계신다. 질병은 언약적 저주들 중에서 가장 두드러진 것이다(유형 8; 신 28:21-22, 27, 35, 59-61; 32:24). 그리고 13-14절에 나오는 질병에 대한 직유들과 은유들은 깨어진 언약에 대한 암시적인 내용을 포함하고 있다.

13 아픈 사람으로 나타나는 인물은 계속해서 은유적으로 이스라엘과 유다를 묘사하고 있다. "병"(חלי – 홀리; 신 28:59, 61)과 병행어인 "상처"(מזור – 마조르)는 언약적인 저주들을 나타내는 것으로(12절을 보라), 이것은 단순한 인간적인 질병이라기보다는 군대에 의해 받게 되는 비참한 신세를 함축적으로 의미할 수 있다(참조. 사 1:5-6; 렘 30:12-13).

이스라엘과 유다는 자신들이 처한 비참한 신세가 야웨의 은혜를 입지 못한 결과일 수 있다는 가능성을 무시했기 때문에, 그들은 그에 대한 참된 치유책을 찾는 대신에 자신들의 징후들을 완화시킬 방도를 찾고 있었다. 주전 734년에 아람-에브라임 동맹군이 공격해 온 이후에, 유다는 앗수르에게 도움을 요청했다. 한편 나이 어린 왕 호세아(Hoshea)는 이미 앗수르에게 해안 평야와 갈릴리 그리고 트렌스 요르단 지역을 상실해 버린 나라를 통치했다. 호세아 왕은 주전 738년에 있었던 므나헴(Mehahem)의 선례를 따라서(*ANET*, 283a) 주전 732년에 디글랏-빌레셀 3세에게 화친을 간청했다. 13b절에 나오는 직접적인 말은 이스라엘과 유다를 모두 포함하는 것 같다. 사마리아와 유다 모두 앗수르에게 요청한 도움을 받지 못하게 될 것이다. 이스라엘, 즉 북 왕국이나 남 왕국에 대한 앗수르의 궁극적인 정책은 예측할 수 없는 것이었다. 그러므로 그 앗수르에 대해 신뢰를 가지는 것은 어리석은 일이었다(참조. 대하 28:16-21).

13b절에 나오는 복수형 접미사(כם־ – 켐, "너희들")는 아마도 이스라엘과 유다 모두를 가리키는 것일 것이다. 결국 이스라엘과 유다는 모두 14-15절이 명백히 보여 주는 대로 앗수르 군대에 의해 고통을 당하게 될 것이다.

14 에브라임/유다의 동의어적인 병행법의 형태를 계속 사용하면서, 하나님은 그들을 더욱더 해롭게 할 사자(獅子)의 직유(直喩)와 은유(隱喩)를 통해 자기 스스로를 이제 그들의 진정한 적으로 동일시하고 계신다. 질병이 남겨놓은 것을 이제 짐승으로 인한 상해가 멸해 버리고 말 것이다. 문맥은 하나님이 바로 그 사자라는 것을 강조하고 있다. **"내가**…(그것은 **나**이다)"(כי אנכי – 키 아노키)와

"나 곧 내가"(אני אני – 아니 아니)라는 어구가 본 절의 전·후반부 각각을 시작하고 있다. 백성들은 왜 그리고 누구로부터 그들의 계속되는 고통이 오는지를 이해해야만 했다. 그래서 그들은 자신들의 고통을 치유받기 위해 회개하고 하나님에게로 돌아가야만 할 것이다(5:15-6:3).

"사자"(שחל – 샤할)와 "젊은 사자"(כפיר – 케피르)는 시(詩)에서 쌍으로 고정된 일종의 표준적인 어휘다. 들짐승으로부터 피해를 입는 것을 말하는 언약적 저주들(유형 11; 신 32:24; 28:26)은 이렇게 신(神)이 짐승 모습을 한 것으로 나타내는 표현(참조. 13:7)에서 다시금 상기된다. 심판은 이제 다가오고 있는데, 그들이 지금까지 경험했던 것보다 훨씬 더 심각한 심판이 다가오고 있다. 앗수르가 아니라 바로 이스라엘 자신의 하나님인 야웨가 그들에게 정말로 위협적인 존재다. 두 번째 이행연구(二行連句)에서 직유는 은유로 전환되고 있으며, 이루어질 세 가지 "일들(약속들)"이 서술되고 있다: 움켜 가고, 탈취하고, 건져낼 자가 없을 것임(이것들은 각각 저주 유형 24, 1, 5에 해당함). 이것은 12-15절이 전해 주는 메시지에 대한 간결한 요약이다. 2:12b에 나오는 동일한 어법과 같은 "건져낼 자가 없으리라"(ואין מציל – 베에인 마칠)는 마지막 어구는 신명기 32:39에 나오는 핵심 내용을 반영하며 강조해 주고 있다: 이스라엘은 징벌받기 위한 야웨의 전적인 소유물이며 다른 어떤 신으로부터도 도움을 받을 수 없다.

15 사자로 표현되는 은유를 간략하게 계속 나타내면서("내가 갈 것이다"라는 뜻의 엘레크[אלך]는 14절의 엘레크[אלך]를 반영해 주는 것임), 하나님은 사자가 "자기가 있었던 곳"으로 돌아가는 것과 같이 하나님 자신도 자신의 백성을 찢긴 상태로 놓아둔 채(참조. 왕하 17:23) 그들로부터 떠나가실 것을 확언적으로 말씀하신다. 그러나 하나님이 그렇게 떠나가시는 것은 자신의 백성들에게 유익한 의도가 있다. 하나님이 떠나가시는 것은 백성들이 자신들의 죄를 생각하게 만들어 주어서 그들이 하나님께로 돌아오도록 해주는 것이 될 것이기 때문이다.

본 절은 5:8-14의 심판으로부터 6:1-3의 회개로의 초대로 매우 사려 깊게 조성된 전환을 만들어 주고 있다. 먼저 12-14절의 은유적인 형식을 따르고 일반적으로는 5:8-14의 심판 형식을 따르면서, 본 절은 6:1-3의 초대의 노래에서 이루어지는 회복을 희미하게나마 바라보도록 해주고 있다. 야웨를 자신의 백성들의 회개를 기꺼이 기다리시는 하나님으로 묘사함으로써, 6:1-3에 나오는 회개 노래의 주제는 어렴풋이 그 윤곽을 드러내고 있다. 이 회개의 노래가 5:10-14에 묘사된 심판에 대한 반응을 나타내고 있기 때문에, 15절은 심판으로부터 회개와 회복으로 연결되는 다리 역할을 하고 있다.

하나님이 함께 하시지 않을 것이라는 위협은 언약 저주 개념의 기본적인 내용이다(유형 1). 자신들의 주권자들을 버린 자들은 그 주권자에 의해 버림받는 것이 무엇인지 알게 될 것이다. 야웨가 "떠나 버리시는 것"은 "저희(백성들이)가 그 죄를 뉘우치기(יאשמו – 에셰무)까지(עד אשר – 아드 아셰르)" 계속될 것이다. 동사 아셈(אשם)은 호세아서에 5번 나타난다. 이 동사는 "죄를 범하다"(4:15; 13:1)나 여기서와 같이 "죄를 뉘우치다", 즉 잘못한 행동의 결과로 고통을 받는 것(10:2; 14:1[13:16])을 의미할 수 있다. 이스라엘과 유다는 모두 언약을 깨뜨린 것에 대한 파멸적인 재앙들을 경험해야만 한다. 그럴 때에만 그들은 자신들의 하나님께로 돌아갈 수 있는 기회를 얻게 될 것이다(참조. 2:4-17; 3:1-5).

하나님은 그들이 징벌을 받은 뒤에, 즉 국가적인 멸망과 포로로 잡혀가는 일을 겪은 뒤에 "나를 찾을 것"이라고 축복으로 부르는 언약적인 용어를 사용해서 말씀하시고 있다. 신명기 4:25-31은 이와 동일한 주제를 선포하고 있다: 언약적 불신실(25절)은 파멸과 수치를 겪는 포로 됨을 낳을 것이다(26-28절). 그러나 그런 비참한 상황들은 만약 이스라엘이 다시 야웨를 찾게(בקש – 바카쉬) 된다면(29-31절) 야웨와의 관계를 새롭게 하는 문이 될 것이다.

"저희가 고난을 받을 때에 나를 간절히 구하여"라는 15절 마지막 절의 바차르 라헴 예샤하루느니(בצר להם ישחרנני)는 이스라엘이 하나님을 찾는 상황을 묘사하고 있는 이전의 신명기 4:30(בצר ל – 바차르 레)의 어휘를 반영하고 있다. 여기서 바카쉬(בקש)와 병행을 이루고 있는 샤하르(שחר)는 어떤 것을 하는 것에 "집중하는 것"과 어떤 것을 찾는 데 "매우 열심히 둘러보는 것" 이외에도 커다란 고통 가운데 있는 사람이 야웨를 강렬하게 찾는다(시 63:2[1]; 78:34; 사 26:9)는 의미를 내포할 수 있다. 하나님의 자비로 인해 그렇게 열심히 찾는 것은 마침내 그 뜻을 이루게 될 것이라는 의미가 강하게 내포되어 있다(참조. 신 4:29).

6:1-3 이 세 구절은 전체 본문에서 분명하게 나누어지는 하나의 부분을 형성하고 있다. 호세아는 이스라엘을 대신해서 "참회"라고 일컬어지는 노래를 부르고 있다(예를 들어, 시 6; 32; 38; 51; 102; 130; H. Gunkel, J. Begrich, *Einleitung in die Psalmen*[Göttingen: Vandenhoeck & Ruprecht, 1937], and S. Mowinckel, *The Psalms in Israel's Worship I*, tr. D. R. Ap-Thomas[Oxford: B. Blackwell, 1962] 193-246를 참조하라). 어떤 학자들은 이 노래가 독립적으로 만들어진 것으로 생각한다. 아마도 주전 733년에 있었던 앗수르의 침공 이후에 성전 예배를 위

해서 북쪽(벧엘)의 제사장들에 의해 독립적으로 만들어진 것인데, 어떤 편집자에 의해 현재의 문맥에 삽입된 것으로 생각하고 있는 것이다. 이런 이론에 의하면, 이 노래는 본문이나 호세아서의 어느 곳엔가 표현되어 있는 호세아가 말하는 재앙의 예견을 반영해 주지 못한다. 그렇다면 호세아는 왜 이스라엘에게 (그리고 아마도 유다에게) 야웨가 그들로부터 오랫동안 떠나 계실 것이며(5:15), 그들을 역겨워하실 것(5:8-14; 6:4-10)이라고 말한 이 때에, 야웨는 "이틀이나 삼일"에 자신의 백성들을 치료하실 것이라고 다시금 확신적으로 말하고 있는 것인가? 이와는 달리 어떤 사람들은 호세아가 만든 나라의 운명을 풍자(諷刺)적으로 부른 이 노래를 파멸의 운명을 전하는 진정한 말씀의 선포를 돋보이게 만들어 주는 것으로 생각한다. 또 다른 사람들은 이 노래를 호세아의 파멸을 전하는 말에 대한 답변으로 정확하게 만들어진 어떤 제사장적인 작품으로 간주한다.

그러나 이런 견해들은 불필요한 것들이다. 이 노래는 호세아의 문체로 씌어졌으며 문맥을 깨뜨리지 않고 있다. 이 노래의 위치는 호세아서 전체의 특징을 이루고 있는 파멸과 희망이 교체적으로 나타나는 형태를 따라 배치되어 있다. 이 노래는 언약적 가르침을 충실하게 나타내고 있다. 이 노래가 지향하는 것은 임박한 것이 아닌 종말론적인 것이기 때문이다.

이 노래는 구조적으로 이루어져 있다. 그러므로 백성들을 두 번에 걸쳐서 권고적으로 초대하는 내용("우리가 여호와께로 돌아가자", 1절; "우리가 여호와를 알자 힘써 여호와를 알자", 3a절) 뒤에 야웨는 신실하게 고치고 회복하신다는 것에 대한 확신이 이어 나오고 있다. 백성들이 야웨께 "돌아가고" 야웨를 "안다"는 이 노래의 주된 내용들은 호세아가 전한 영감된 메시지의 주된 주제들이다("돌아가다"라는 의미의 슈브[שוב]를 위해서는 2:9[7], 11[9]; 3:5; 7:10; 14:2[1]을 참조하라; "알다"라는 의미의 야다[ידע]를 위해서는 2:22[20]; 4:6; 5:4; 6:6; 8:2; 13:4를 참조하라).

시간 구조는 언약의 중립적인 시간-연속 형태적 특징을 따르면서 미래로 의도되어 있다. 과거나 현재, 미래를 막론하고 모든 세대는 "너희"로 표현되고 있다(참조. 신 4:25-31; 30:1-10; 레 26:14-39; 수 24, 이외의 여러 곳). 나라는 하나로 되어 있는 연속체로 나타난다. 특별한 개인들과 그룹들이 그 연속체로 표현된 나라 속에 등장했다가 사라질 수 있다. 그러나 그들은 "나라" 자체인 집합적 정체성의 모든 부분을 구성하는 요소들이다. 그러므로 6:1-3의 노래는 전(全) 역사를 통해 이루어지는 연속체인 나라와 관련된 것으로서 종말론적인 것이다. 모세의 동시대인들이 신명기 4장에 “너희”로서 표현된 그들을 위해 예언된 유배 생활을 보지 못했듯이, 호세아의 동시대인들인 그들 자신들도 이스라엘의 치료됨을 볼 수 없었을 것이다.

1 “오라”라는 뜻의 보조 동사 레쿠(לכו)는, “우리가 돌아가자”라는 의미의 나슈바(נשובה) 동사와 함께 쓰인 중언법(重言法)에서 관용적으로 쓰이는 것으로 번역할 때 번역하지 않는 것이 좋다. 이 어휘는 미완료적인 측면을 강조해 줌으로써 동사의 권고적인 형태를 더욱 명확하게 해주고 있다. 선지자는 자신의 나라(아마도 유다를 포함해서)를 향해서 야웨께 돌아가자고 호소하고 있다.

아마도 키 후(כי הוא)라는 어구는 “… 한 사람은 바로 그이기 때문에”라는 강조적인 표현일 것이다. 문법적으로 이런 표현은 5:14a에 나오는 강조적인 구조와 동일한 것이다. 이 표현은 현재의 곤경은 야웨가 단순하게 허용하신 어떤 상황에서 기인된 것이 아니라, 바로 야웨로부터 직접적으로 기인된 징벌이라는 것을 강조해 주고 있다. 비록 야웨가 “우리를 찢고 치셨을지라도”(타라프[טרף]와 야크[יך]에 암시되어 있는 1인칭 공성 단수 접미어들; “원문주해”를 보라), “우리를 낫게 하고 싸매어 주실 것”이다.

그러나 이 노래는 희망을 표현하고 있다는 사실을 기억해야만 한다. 이스라엘은 야웨를 좌지우지하지 못한다. 노래는 야웨의 일관성과 의지할 만한 대상임을 찬양한다. 그러나 **언제** 그리고 **어떻게** 야웨가 궁극적으로 낫게 하고 싸매어 주실 것인지에 대해 구체적으로 언급하고 있지는 않다.

이스라엘의 희망은 언약적 약속에 토대를 두고 있다. 호세아는 야웨가 결코 자신의 백성들을 거절하지 않으실 것이라는 사실을 알고 있다. 야웨는 아주 먼 시간 뒤에 현재 나라의 “남아 있는 자들”인 자신의 백성들을 낫게 하고 싸매어 주실 것이다. 그런 돌이킴은 분명히 **일어날 것이다**. 따라서 이 노래의 성취는 호세아가 이 노래를 부르는 것을 들은 세대가 아닌 다른 세대를 위해 암시적으로 유보되고 있는 것이다. 이런 신뢰의 확신은 신명기 32:39에 나타나 있는 다음과 같은 야웨의 엄위한 선언에 부분적으로 그 토대를 두고 있다. “내가 죽이기도 하며 살리기도 하며 상하게도 하며 낫게도 하나니”(즉 회복 축복 유형 6).

2-3**aα** 2-3aα절에 있는 삼행연구(三行聯句)의 처음 두 행은 하나의 대칭 구조를 형성하고 있다(살리시며 : 이틀 :: 삼일 : 살리라). 대칭 구조가 거의 전적으로 동의어적인 병행법에서 이루어지고 있기 때문에, “이틀”과 “삼일”은 n : n+1 종류의 시에서 표현되는 수적인 형태를 구성하고 있는 것이 분명하다(S.

Gervirtz, *Patterns in the Early Poetry of Israel*,[Chicago: U. of Chicago Press, 1963] 18-22; W. F. Albright, "Some Canaanite-Phoenician Sources of Hebrew Wisdom", *Wisdom in Israel: FS H. H. Rowley*, VTSup 3[Leiden: E. J. Brill, 1955] 1-15를 보라). 시적인 숫자는 문자적으로(이틀 혹은 삼일 안에 모든 것이 낫게 될 것이다) 혹은 "곧"(관련된 의미로조차도; Loretz, *BZ* 2[1958] 290를 참조하라)을 의미하는 것으로 이해해서는 안 된다. 이런 어구가 의미하는 바는 야웨가 자비 가운데 자신의 백성들을 다시금 찾아가실 "어떤 정해진 시간" 뒤로 보는 것이 더욱 그럴듯하다. 따라서 야웨는 사실상 그들을 잊지 않으신 것이다(참조. 3:4, 5).

대칭 구조적인 병행법의 이 곳에 쓰인 처음 나오는 두 개의 동사(피엘형인 하야[חיה]와 히필형인 쿰[קום])는 죽음에서 생명으로 되돌아오는 것을 분명하게 나타내고 있다. 이런 주제는 2:2에서 이미 표현된 것이며, 이와 비슷한 유비(2:1-3에서와 같이)는 에스겔 37:6, 10, 12-14에 언급되어 있다. 본 절에서 부활의 개념을 제거하려고 하는 볼프(Wolff, 117-18)와 다른 학자들의 노력은 성공적이지 못하다.

"제 삼일에"라는 예수의 부활에 대한 신약의 두 가지 중요한 구절(고전 15:4; 눅 24:7)은 2b절에 대한 G의 어법을 공유하고 있다: …엔 테 헤메라 테 트리테 아나스테소메다 카이 제소메다 에노피온 아우투(…*ἐν τῇ ἡμέρᾳ τῇ τρίτῃ ἀναστησόμεθα καὶ ζησόμεθα ἐνώπιον αὐτοῦ*…, "…**제삼일에** 우리를 일으키시리니 우리가 그 앞에서 살리라")(McArthur, *NTS* 18[1971-72] 81-86를 참조하라). 호세아 6:2이 예수의 부활에 대한 실제적인 예언으로 고려될 수 있는 것인지는 위에서 언급한 신약의 두 가지 본문 중 그 어떤 것으로부터도 분명히 말할 수 없다(바울이 "성경대로"라고 말한 것은 유비적인 의미다).

본 절의 기본적인 약속은, 이스라엘은 야웨가 자신의 백성들을 새롭게 하실 것을 분명하게 기대할 수 있다는 것이다. 그러나 이것은 무조건적인 약속은 아니다. 오히려 이 약속은 "그 앞에서 사는 것"과 "그를 아는 것"을 요구할 것이다. 이런 두 가지 조건들은 하나이며 동일한 것이다. 낫게 하고 싸매어 주는 일이 있을 때, 이스라엘은 다시금 야웨에게 온전한 충성을 바치며 그의 권위의 통치를 받는 야웨의 특별한 소유가 되어야만 하고, 그렇게 될 것이다(그러므로 언약의 어휘로 그를 "아는 것"이라고 표현됨; 축복 유형 3).

3 "우리가 여호와께로 돌아가자"라는 1절의 처음 초대의 내용을 보충해 주는

것은 "우리가 여호와를 알자 힘써 여호와를 알자"라는 노래의 두 번째 초대다. "돌아가자"라는 첫 번째 초청에 이어서 그 돌아가는 것이 어느 날 가능하게 될 것이라는 확신에 찬 표현이 기술되고 있다. "알자"라는 두 번째 초청 뒤에는 야웨는 정말로 알 수 있는 분이라는 것을 확신하면서 야웨의 믿을 만한 신실성에 대한 표현이 이어서 기록되고 있다. 야웨를 아는 것은 그의 언약적 주 되심을 받아들이는 것을 의미한다(4:1을 보라). 아침에 해가 뜨는 것과 같은 일상의 일과 봄에 비가 오는 것과 같은 년(年) 중의 일은 예견할 수 있는 확실한 일들이다. 이런 일들에 야웨의 "나오심"(מוצא – 모차)과 "임하심"(יבוא – 야보, 문자적으로는 "그가 올 것이다")이 직유(直喩)적인 표현을 통해 비유되고 있다. 이런 표현들이 내포하고 있는 의미는 야웨가 과거에도 그랬듯이, 야웨는 미래에도 자신을 계속해서 알려지도록 해주실 것이라는 사실이다(회복 축복 유형 1; 참조. 신 4:29).

야웨의 "나오심"은 5:15에 묘사된 야웨가 이스라엘로부터 떠나는 행위를 그만두시는 것을 의미한다. 따라서 이스라엘이 야웨를 인식하게 될 것이라는 사실이 암시적으로 따라 나올 것이다. 호세아의 메시지는 분명하지 않은 기간 동안 이루어질 나라의 위기 속에서 신실한 정통주의자들에게 전해진 설교다. 회복된 언약관계 속에서 야웨를 아는 것은 비가 마른 땅을 새롭게 해주듯이 이스라엘을 새롭게 하고 갱신시켜 줄 것이다. 비록 야웨의 축복과 비를 비교하는 것은 신들의 역할이 기후와 매우 밀접하게 연관되어 있는 가나안 종교의 사고와 근접해 있는 생각으로 종종 인식되어 왔을지라도, 본 절에 쓰이고 있는 직유는 그런 의미를 포함하고 있는 것은 아니다. 정통 야웨주의자들은 바알주의로 개종하지 않고도 일기(日氣)에 대해 논할 수 있었다. 야웨 역시 그런 요소들을 통제하셨다(참조. 왕상 17:1; 18:1, 45). 비록 직접적인 연관성을 증명할 수는 없을지라도, 삼행연구(三行聯句)의 어법은 신명기 32:2에 의해 영향을 받은 것이라고 볼 수 있다.

4 자녀를 사랑하는 부모의 마음은 불순종하는 자녀를 징벌하는데, 그런 사랑의 마음을 가진 부모와 같이 하나님은 스스로 갈등하고 계신다(참조. 11:8-9). 하나님이 애처로운 마음으로 질문하시는 것은 희망의 여지가 없는 현재의 상황을 반영해 주고 있다. 자신의 백성을 개심시키고 교정(矯正)하려고 했던 지금까지 사용된 모든 방책들이 실패했다. 융성했을 때는 백성들이 하나님을 무시했다(4:10b). 재난의 시기에 그 백성들은 도움을 구하기 위해 다른 곳으로 향했다(5:11). 하나님이 희망을 약속하든(참조. 2:23-25[21-23]) 진노로 위협하든(참조. 5:1-7), 그 결과는 모두 동일했다. 하나님이 묻고 계신 것은 진심에서 우러난 것이기

는 하지만, 결국에는 수사적인 것이다.

이스라엘과 유다 모두의 언약적 신실성은 이미 지난 일이 되었다. 그런 신실성이 있기는 했었지만, 그렇게 지속적으로 안정적이지는 못했다. 이제 하나님은 행동을 하셔야만 하기에 어떻게 해야 할지 자신에게 묻고 계신 것이다. 동일한 어휘들이 반복되고 있다(מה אעשה לך – 마 에에세 레카, "내가 네게 어떻게 하랴"). 이것은 더 오래된 구약의 시에서 특별하게 알려진 반복적인 병행법의 문체를 따르고 있는 것이다(W. F. Albright, *Yahweh and the Gods of Canaan*, 1-28를 참조하라). 반복 속에 들어 있는 원래적인 강조는 슬픈 상황이 심각한 정도인 것을 묘사하는 데 도움을 주고 있다. 하나님은 자신이 사랑했고 선택했던 자들을 해롭게 징벌하셔야만 한다. 에브라임과 유다는 크게 죄를 지었다. 그리고 다가오는 앗수르의 정복은 둘 다에게 큰 해악을 끼칠 것이다.

근간을 이루고 있는 문제는 신실하지 못함이다. 이스라엘은 정통이 아닌 이교를 따르고 (암시적으로) 사회적인 불의를 자행함으로써 언약의 규율들을 범했다. 그렇게 함으로써 이스라엘은 자신의 헤쎄드(חסד), 즉 언약적인 관계에 대한 충성 혹은 신실함이 얇아지고 일시적인 것이 된 것을 보여 주었다. 진정한 헤쎄드(חסד)는 한때 존재했었으나, 충성 혹은 신실성의 **긴요한 요소**(혹은 **조건**, *sine qua non*)는 그 헤쎄드(חסד)가 **계속되어야만** 하는 것이다(Glueck, *Hesed*; Sackenfeld, *Hesed*; 그리고 Whitley, *Bib* 62[1981] 519-26를 참조하라). 일시적인 신실함 혹은 땅의 안개나 이슬과 같이 증발해 버린 신실함은 전혀 신실한 것이라고 할 수 없다. 이스라엘의 믿음직스럽지 못한 것에 대한 이런 직유적인 표현들은 1-3절에 묘사된 야웨의 절대적인 믿음직스러운 모습과는 매우 대조적으로 비교되고 있다.

5 삼행연구(三行聯句) 형식으로 이루어진 본 절은 야웨가 이미 에브라임과 유다에게 행한 것에 대해 말해 주며, 사실상 4절에 주어진 질문에 대한 답변을 하고 있는 것으로 왜 그런 일을 행했는지 말해 준다. "선지자들로"라는 MT의 잘못된 발음은 아마도 베니비 아이옴(בְּנִבֵי אָיֹם) 혹은 그와 같은 것("나의 두려운 말로"; "원문주해" 5.c.)으로 재구성되어야 할 것이다. 그럴 때에 "선지자들로 치고"라는 어색한 표현의 문제가 사라질 것이다.

비록 자신의 백성들을 해롭게 하는 것이 하나님에게는 전혀 기쁜 일이 되지 못할지라도, 하나님은 그들에게 공의롭게 **행하셨다**. 백성들은 침(חצב – 하차브)을 당할 것이라고 듣고 있다. 즉 하나님이 그들에게 말씀하신 것(אמרי־פי – 이므레 피, "내 입의 말")에 "따라서" 죽임을 당하는 것이다(הרג – 하라그). 이런 어휘들은 신명기 32장, 33장과 연관된 표제어를 통해 모세 언약의 저주를 반영하고 있다. 신명기 33:9에서는 "언약"이라는 의미의 베리트(ברית)와 병행어로 "말씀"이라는 의미의 이므라(אמרה)가 쓰이고 있다. 신명기 32장에 시의 형식으로 모세가 기술하고 있는 언약적 축복들과 저주들은 32:1에서는 "내 입의 말"이라는 뜻의 이므레피(אמרי־פי)로, 32:2에서는 "나의 말/말들"이라는 뜻의 이므라티(אמרתי)로 불리고 있다. 비록 "죽인다"라는 개념이 신명기 28장과 32장에서는 다른 어휘로 표현되고 있다 할지라도(저주 유형 24), 죽임(הרג – 하라그)을 당하는 징벌은 언약적인 심판이다(암 4:10; 9:1, 4).

이스라엘이 경험한 파멸은 야웨의 "심판(판결)"(משפט – 미쉬파트; 참조. 신 32:4)이며, 불가피한 것이고, 모든 의미를 포함하는 것이다. 그 심판은 매일 떠오르며 숨겨져 있는 것을 드러내는 (햇)빛과 같다. 따라서 야웨는 이스라엘의 비참한 모습은 피할 수 없는 것이라고 선포하고 계신다. 이스라엘은 하나님의 언약을 깨뜨렸다. 그리고 하나님의 심판은 주전 735-732년의 전쟁을 통해 수많은 사람들을 죽이며 "임할 것이다"(참조, 3절).

6 하나님이 종종 언약적 요구 사항들을 우선적인 것으로 인용하시는 것이 실제적으로 희생 제사 제도를 거부하시는 것은 아니다. 백성들은 예배를 자신들의 가나안 이웃 족속들이 이해하는 대로 이해하고 있었다. 즉 희생 제사의 예전적인 행위들(공동 식사와 제사에 참석하는 자들의 방종적인 행위들을 포함해서)에 국한되게 이해하고 있었던 것이다. 어떤 사람은 신들에게 정규적으로 희생 제사를 드림으로써 그 신들에 대한 헌신을 보였다. 이런 제사를 통해 그 신들은 자신들에게 탄원하는 자들에게 은전(恩典)을 베풀어 줌으로써 자신들의 역할을 감당했던 것이다.

그러나 야웨가 이스라엘과 맺고 있는 관계는 그런 종교와 같은 것이 아니었다. 가나안 사람들은 아마도 자신들의 이웃 족속들을 압제하는 데 자유로웠거나, 그 당시의 크게 성행하는 혼합주의를 통해 다른 신들과 내통했거나, 개인의 욕망이 가장 높은 우선순위를 차지하는 그런 자기 중심적인 삶을 살았을 것이다. 그러나 야웨와 맺은 이스라엘의 언약은 예전적인 규례들을 훨씬 넘어서는 규율들을 가지고 있었다. 그런 것들이 "인애(언약적 신실함)"라는 뜻의 헤쎄드(חסד)와 "하나님을 아는 것"이라는 뜻의 다아트 엘로힘(דעת־אלהים)이라는 어휘로 요약되어 있는 것이다.

4:1에서 언약 성취를 말하는 이런 두 가지 기본적인 범주에 세 번째 항목인

"진실(정직)"이라는 뜻의 에메트(אמת)가 보충되고 있다. 그러나 "제사"라는 뜻의 자바흐(זבח)와 "번제"라는 뜻의 올로트(עולות)가 두 가지 더 일반적인 용어들과 대조적으로 병치되고 있는 6절의 시적인 구조는 에메트(אמת)가 삽입되는 것을 허용하고 있지 않다.

여기서 야웨의 말씀들은 예전 자체를 거부하고 있다(저주 유형 2; 참조. 레 26:31). 그 예전이 너무 균형을 이루고 있지 못하기 때문이다. 경건한 행위들보다는 "몸의 움직임들"에 중점을 둔 기계적이고 의식에 의존하는 종교에 만족하는 경향은 거듭해서 공격을 받아야만 한다: 아모스 5:21-24; 이사야 1:12-17; 미가 6:6-8; 시편 51:16-17; 마태복음 9:13; 12:7을 비교해 보라(참조. 호 4:8, 13; 8:13). 제사 제도가 "율법의 좀 더 중요한 문제"와 관련이 되지 **않는다면** 아무런 의미가 없다고 선언하는 것은, 사실상 종주국 군주가 자신의 봉신(封臣)에게 어떻게 언약이 지켜져야 하며 그 언약의 본질(별로 중요하지 않은 사항들과 반대의 내용들로서)이 무엇을 요구하는지를 선언하는 것이었다. 이스라엘은 전쟁에서 혹독한 피해와 상처를 입었다. 그들은 구원이 절실했다. 이제 그들은 자신들의 수고와 우선순위들이 얼마나 잘못되었는가를 들을 필요가 있었다. 야웨는 무엇을 원하는지 구체적으로 제시하면서 미래를 위한 한 계획을 자신의 백성들 앞에 제시하신다. 만약 그들이 앞으로의 세대에 야웨를 기쁘게 하려고 한다면, 그들은 "인애(충성)"와 "하나님을 아는 것"을 구해야만 할 것이다. 그렇지 않으면 지금의 비참한 상태 이상의 것, 아마도 더 어려운 상황이 그들에게 닥치게 되리라는 것이 암시되어 있다. 따라서 본 절은 앞으로 다가올 더 큰 진노를 막기 위해 필요한 것이 무엇인지를 말해 줄 뿐만 아니라 지난날에 있었던 야웨의 진노의 정당성을 말해 준다.

7 학자들은 종종 본 절에서 본문의 새로운 단락이 시작되는 것이라고 본다(Mays, 99도 그렇게 본다). 길르앗(8절)과 세겜(9절)과 병행을 이루도록 "아담에서"라고 본문 수정을 통해 보는 가정된 지형학적 내용 때문에 새로운 단락이 시작되는 것이라고 보는 것이다. 그러나 7절은 4-6절에 표현된 생각에 밀접하게 연관되어 있다. 즉 4-6절에 바로 이어서 나오는 내용이며, 이스라엘의 신실하지 못함을 일반적으로 진술하는 내용으로서 특별히 4b절에 연관되어 있는 내용이다. 곧이어서 나오는 구절들은 이스라엘의 그런 신실하지 못함을 가리키는 구체적이고 선별적인 증거들을 말해 준다. 따라서 7절은 4-6절에서 8-10절로 전환을 만들어 주고 있다. 하나님이 그들에게가 아니라 이스라엘에 대해 이야기하고 계신다는 사실

은 내용이 바뀌지 않은 것을 나타내 준다. 3인칭 내용은 이미 5절에서 시작되었다.

네 개의 어휘들은 그 어휘들의 가장 분명하게 여겨지는 수정안들과는 다른 의미들을 가지고 있다: 여기서 헤마(המה)는 "보다"를 의미한다(de Moor, *UF* 1 [1969] 201-2과 견해를 같이함). 아담(אדם)은 아담의 동부 요단 성읍(수 3:16)이라기보다는 "진흙(오물)"이라는 뜻의 아다마(אדמה)의 변형일 가능성이 훨씬 더 많다. 아바르(עבר)는 좀 더 추상적 내용인 "범하다, 어기다"라는 의미보다는 아마도 "걷다"라는 의미일 것이다. 그리고 샴(שם)은 10b절에서와 같이 "보다"라는 의미를 가지고 있다("원문주해" 7.a-c.).

이 진술이 말하고자 하는 것은 어떻게 언약이 "그 곳 아담에서" 깨어졌는가가 아니라, 언약을 진흙(오물)과 같이 취급함으로써 나라가 바로 야웨를 배반했다(בגד – 바가드)고 하는 것이다. 호세아서에서 본 절에 있는 "언약"이라는 의미의 베리트(ברית)는 단지 두 번 나온다. 2:20[18]에서 그 용어는 미래의 전(全) 우주적인 언약을 나타낸다. 본문에서 도세 언약은 쟁점이 되고 있는 것이 분명하다. 모세 언약의 규례들은 이스라엘의 율법이었다. 율법이 전적으로 깨어졌을 때, 언약은 무효화되었고 이스라엘은 그 율법의 저주 아래 놓이게 되었다(참조. 4:1-2; 4:6; 8:12). 백성들은 반역의 죄를 지었다.

8 강한 자들은 약한 자들을 합법적으로 압제할 수 없었으며(레 19:9-18), 폭력적으로는 더더욱 압제할 수 없었다(출 20:13; 21:12-35; 민 35:16-21, 31-33; 신 19:11-13). "피는 땅을 더럽히나니"(민 35:33). "길르앗"은 대개 어떤 성읍이라기보다는 북쪽 트렌스 요르단 지역을 가리키는 것일지라도, 본 절에서는 아마도 라못-길르앗(*Khirbet jeʿad*) 성읍을 가리키는 것일 것이다. 우가릿 텍스트에서 다른 성읍들과 병행적으로 "갓-길르앗의 백성들"("길르앗의 포도즙 짜기")이라는 *bnš gt gʿd*를 언급하고 있는 것은 MT의 독법을 지지해 준다. 이 어구에 대한 다른 어떤 수정도 정당화되지 못한다.

길르앗은 포알레 아벤(פעלי־און, "행악자[들]의")의 성읍이다. 이 어휘는 의인과 야웨의 대적들을 나타내기 의해 시편에서 널리 사용되고 있다. 그들은 여기서 살인자들로 고발을 받고 있지만, 더 이상의 구체적인 내용은 주어지지 않고 있다(참조. 12:12[11]). 아마도 주전 740년에 있었던 베가(Pekah)와 "길르앗 사람 오십 명"이 브가히야(Pekahiah)를 암살한 것(왕하 15:25)을 말하는 것일 수 있다. 평화 시에 피를 흘린 것은 처리하기 곤란한 일이었다(예를 들어, 왕상 2:5). 몇 가지 잔혹한 도발이 길르앗을 고발하는 배경 뒤에 놓여 있음에 틀림없다.

9 장면이 "세겜 길에서"로 전환된다. (동사에 의해 구조 연결이 방해를 받고 있다는 것에 대해서는 Freedman, "The Broken Construct Chain", *Bib* 53[1972] 536를 보라). 세겜은 족장 시대 이후로(창 33:18-20) 중요한 종교적(신 27:4, 12-14; 수 8:30; 24:1, 25), 정치적(수 20:7; 삿 9:1; 왕상 12:1, 25) 중심지였다. 여기서 제사장의 무리는 세겜에서 미리 계획된 살인을 감행하는 자들로 통렬하게 비난을 받고 있다. 이 고발은 정통주의를 죽인 "살인자"라는 의미를 가지고 있는 은유(隱喩)적인 말일 수 있다. 혹은 호세아 시대에 행해지던 다양하고 비열한 행위들에 초점이 맞추어진 것일 수 있다. 아마도 이런 말들은 제사장직 계열 간의 다툼으로 인해 기인된 것일 수 있다. "세겜 길에서 살인하니"라는 어구는 정부에서 인정한 예전을 담당한 불법적으로 세워진 제사장들에 의해 순례자들이나 피난민들 혹은 세겜 족속의 제사장들이 습격당하는 것을 가리키는 것일 수도 있다. 궁극적으로 우리는 이 "살인"이 무엇을 말하는지 확실히 알 수가 없다.

"무리"를 말하는 MT의 헤베르(חבר)가 원문적인 것인지는 확실하지 않다. G는 에크륍산(*ἔκρυψαν*)으로 읽는데, 이것은 "감추어진"과 같은 의미를 가진 후베우(חבאו)를 반영할 것이다. 만약 헤베르(חבר)가 맞는다면, 이 어휘의 또 다른 의미에 대한 동음이의(同音異義)의 익살스런 표현(축사, 주문[呪文])이 의도되어 있는 것일 수 있다. 헤베르 코하님(חבר כהנים)은 "제사장들의 마술적인 주문(呪文)"을 의미하는 것일 수 있다.

10 장면은 다시 어떤 특별한 지역보다는 전체적인 "이스라엘 집"으로 전환되고 있다. 때때로 베트-이스라엘(בית ישראל)을 벧-엘(בית־אל)로 수정해야만 한다고 제안되는데, 그 근거가 정당하지 못하다. 8-9절에 묘사된 잔인무도한 죄악들에 대한 두 개의 인용은 아마도 호세아의 청중들에게는 잘 알려진 죄목들로서 일반화된 부패상들에 대한 예들이다(참조. 7절). 하나님은 에브라임의 "행음"(זנות – 제누트)과 이스라엘이 "더럽혀진"(נטמא – 니트마) 것과 같은 가증한 일(שערוריה – 샤아루리야, 케레)을 본다. 이 모든 어휘들은 언약적으로 신실하지 못한 것과 관련되어 있다. (언약을 깨뜨리는 상황에서 쓰이는 샤아루리야[שערוריה]를 위해서는 렘 18:13-17을 참조하라). 10b절은 사실상 에브라임의 "행음"과 이스라엘의 더러움이 동의어적인 병행법으로 동일하게 설정되어 있는 5:3b과 상응하는 것이다. 이스라엘의 언약 파괴가 드러나게 보인다는 생각은 7:1-2에 나오는 "드러나는" 죄악을 묘사하는 것을 위한 준비라고 볼 수 있다. 그러나 그런 묘사는 또한 4-9절에 제시되어 있는 고발하는 증거를 토대로 한 결론이다.

6:11-7:1a 회복의 시기에 있을 유다와 이스라엘의 상태에 대한 추론적인 내용이 이제 주된 관심 사항이 되었다(참조. 1:7; 3:5; 4:15; 5:5). 8-9절에 나타나는 특별한 인용은 별개로 하더라도, 앞에서 기술한 에브라임에 대한 고발은 유다에게도 또한 적용되는 것으로 이해되어야만 한다. 그러나 호세아의 메시지는 징벌 뒤에 회복을 예언하는 언약적인 규례들을 따르고 있다. 그래서 본문에서 세 번째(참조. 5:5; 6:1-3)로 독자/청자는 하나님이 결코 자신의 백성들을 버리지 않으실 것이라는 말(참조. 레 26:44)을 듣게 된다.

다가오는 회복은 "추수"(קָצִיר – 카치르)로서 묘사되고 있다. 이 용어는 구약에서 때때로 상급이나 징벌을 나타내는 상징으로 쓰이고 있으며, 하나님의 결정적인 간섭을 묘사하기 위해 은유(隱喩)적으로 기능할 수 있다(욜 4:12[3:12], 열국; 렘 51:33, 바벨론). 풍성한 추수는 하나님이 베푸시는 은혜의 표시라고 말하는 오경의 축복의 관점에서 본다면(신 30:9; 참조. 28:4-5, 11), 본 절에서 쓰이고 있는 카치르(קָצִיר)는 부정적인 의미보다는 긍정적인 의미(즉 회복 축복 유형 5)를 가지고 있는 것일 것이다.

약속의 두 번째 이행연구(二行連句)는 번영의 회복(שׁוב שׁבות – 슈브 셰부트; 참조. 신 30:3)과 "치료"(רפא – 라파; 참조. 신 32:9)를 강조하고 있다. 북쪽과 남쪽 나라는 모두 강해지고 잘될 것이다(축복 유형 6). 회복은 유다의 징벌 이후에 있게 될 것이라는 사실을 포함해서 이런 종류의 축복은 호세아서에 이미 본질적으로 나타나 있다(2:1-3[1:10-2:1]; 2:16-25[14-23]; 3:5; 6:1-3).

세 번째 이행연구는 하나님이 수행하신 의로움을 약속한다(축복 유형 3; 참조. 신 30:6 등등). 이 이행연구는 에브라임과 사마리아를 동의어적인 한 쌍으로 말하고 있다: 나라 전체와 수도 성읍과 지방이 치료될 것이다. 신실하게 될 미래의 가능성에 대한 예언은 호세아의 회복 예언의 중심을 이루고 있다(2:17-19[15-17], 21-22[19-20]; 10:12; 11:11; 14:1-4[13:16-14:3], 8[7]; 참조. 습 3:9-13). 북쪽 왕국이 그렇게나 죄스러워했던 그 많은 죄들은 간단하게 사라질 것이다(גלה – 갈라, 니팔; "원문주해" 7.c.를 보라). 야웨가 이스라엘을 광야 생활 40년 동안 정결케 하셨던 것과 같이(민 14:27-35), 야웨는 파멸과 포로로 잡혀가는 과정을 통해(참조. 신 4:27; 암 9:8-10) 결국 이스라엘을 정결케 하실 것이다(호 6:10). 그런 뒤에 강제적이기는 하지만, 다행히도 언약에 동의한 순종하는 남은 자들이(참조. 신 30:6-8) 회복의 시대의 축복을 수확하게 될 것이다.

해설

마태복음 9:13은 "나는 인애를 원하고 제사를 원치 아니하며"라고 기록하고 있는 호세아 6:6의 참된 의미를 바리새인들이 알아야만 한다는 예수의 도전을 기록하고 있다. 예수는 만약 바리새인들이 호세아의 말씀을 이해할 수 있었다면, 그들은 예수 자신이 행하고 있는 인애의 사역을 지지해야 했을 뿐만 아니라 그와 같은 인애의 사역을 그들도 해야만 한다는 것을 말씀하면서, 이 예언의 말씀과 자신의 사역을 연결시키셨다. 바리새인들은 자신들의 삶의 양식과 마음의 상태와는 관계없이 형식적이고 예전적인 종교가 하나님을 기쁘시게 해드릴 것이라는 생각(하나님의 백성들을 여전히 병들게 하는 마음)을 가지고, 750년 전에 이스라엘 백성들이 지었던 동일한 잘못을 저질렀다. 그러나 하나님을 기쁘시게 하는 그런 접근법은 사람의 눈을 속이는 잘못된 것이다(6:4).

전체 메시지의 핵심은 6:6-7에서 하나님이 징벌을 가하며 해를 입히시는 진노의 선포다. 하나님은 이스라엘이 언약을 부분적으로 지키는 것을 전혀 지키지 않는 것으로 여겨 거절하셨다. 백성들은 단지 예전적인 면에만 치중하면서 언약을 "진흙(오물)"으로 여겼다(6:7). 그렇게 하는 것은 정치적으로(5:13) 그리고 윤리적으로(6:8-9) 하나님께 신실하지 못하도록 하는 언약적인 배반의 행위였다. 율법의 일부분은 그 나머지를 제외한 것을 통해 복종될 수 없었다.

이 경우에 전쟁은 죄지은 나라에 대해 그에 상응하는 징벌을 주는 수단이었다. 전체 본문은 이런저런 방법으로 아람-에브라임 전쟁의 "나쁜 영향"과 "상처"를 반영하고 있다. 요단 양편에 위치하고 있는 성읍들에서 저질러진 잔인무도한 범죄들(6:4-10)은 모두가 그 전쟁과 그 전쟁의 결과들과 직·간접적으로 연관되어 있을 수 있다. 그러나 이런 혹독한 시기는 다른 한편으로 회복의 날을 언급하기 위한 무대를 설정하고 있다. 그 회복의 날은 그 시기를 가늠할 수는 없지만, 자신의 백성들을 향한 야웨의 끊임없는 사랑으로 인해 분명히 도래할 것이다(6:1-3; 6:11-7:1a).

따라서 본문은 비록 희망이 포함되어 다소 그 강도가 완화되기는 했지만, 하나님이 이스라엘을 거절하심을 나타내는 강력한 진술이다. 이스라엘의 신실하지 못함은 호세아서에서 종종 "행음"(6:10)이라는 저주 용어 자나(זנה)로 요약되고 있는데, 그 신실하지 못함은 나라가 더럽혀졌다는 것을 나타낸다. 하나님은 더 이상 이스라엘을 보호하지 않고 그들로부터 떠나실 것이다. 다른 어떤 희망이 없는 곤경의 때에 이스라엘 백성들은 결국 깨닫고 하나님께로 돌아간다(참조. 2:9[7]; 3:5).

다른 어떤 본문도 이스라엘과 유다를 이렇게 철저하게 나란히 놓고 언급하고 있지 않다. 전쟁에서의 그들의 상호관계가 이런 밀접한 연관성을 나타내는 원인이 되기는 하지만, 그것이 꼭 그에 대한 유일한 설명이 되지는 못한다. 여기서는 특별히 유다의 죄악성이 문제의 쟁점이 되고 있다. 유다의 상대적인 의로움이 이스라엘의 부패성과 비교되거나(예를 들어, 4:15), 아니면 유다의 구원은 이스라엘의 멸망에 대한 것으로서 허용되고 있다(1:7). 그러나 이런 본문들과는 달리 이제 유다와 이스라엘 모두에 대해 동일하게 내리는 파멸의 증거가 강조되고 있다. 이런 내용은 여기서 기술되고 있는 새로운 주제가 아니지만(참조. 5:5), 그 미치는 영향을 고려할 때 어느 정도 독특한 것이다.

아람-에브라임 전쟁은 이스라엘과 유다 모두에게 가장 최악의 결과를 가져다주었다. 그 어느 편도 야웨의 진노로부터 피할 수 없었다. 그러나 그 어느 편도 앞으로 부어 주시는 야웨의 축복을 놓치지 않을 것이다. 결국에는 북 왕국과 남 왕국 모두 야웨를 "구할 것이고"(בקשׁ – 바카쉬, 5:15; 참조. 신 4:29) 야웨가 그들에게서 숨기신(신 32:30) 야웨의 "얼굴"(פני – 파니, 5:5)을 찾을 것이다. 그때 그들의 아픔과 상처(5:13)가 치유될 것이다(7:1). 그렇게 되면 그들의 죄가 사라질 수 있을 것이다(7:1).

열방에 뒤섞인 에브라임(7:1aδ-16)

참고문헌

Budde, K. "Hosea 7:12." *ZAW* 26(1912) 30-32. ______. "Zu Text und Auslegung des Buches Hosea(6:7-7:2)." *JBL* 53(1934) 118-33. **Dahood, M.** "The Conjunction *pa* in Hosea 7:1." *Bib* 57(1976) 247-48. ______. "Ugaritic and the Old Testament." *ETL* 44(1968) 35-54. ______. "Ugaritic-Hebrew Lexicography XI." *Bib* 54(1973)

351-66. **Driver, G. R.** "Problems of the Hebrew Text and Language." In *Alttestamentliche Studien: FS F. Nötscher*, ed. H. Junker and J. Botterweck. Bonn: P. Hanstein, 1950. 46-61. **Gaster, T. H.** "Zu Hosea 7:3-6, 8-9." *VT* 4(1954) 78-79. **Halevi, B.** "Sexual and Fire Metaphors in Hosea." *BMik* 22(1977) 473-76(Heb.). **Hvidberg, F. F.** *Weeping and Laughter in the Old Testament: A Study of Canaanite-Israelite Religion.* Leiden: E. J. Brill, 1962. **Paul, S. M.** "The Image of the Oven and the Cake in Hosea VII 4-10." *VT* 18(1968) 114-20. **Rubin, P.** "Hos 7:1-7." *AJSL* 52(1936) 34-40.

본 문

범죄가 이스라엘에 만연하다(일반적인 사악함)

7:1ad 저희는 궤사를 행하며 안으로 들어가 도적질하고 밖으로 떼 지어 노략질하며

2 내가 그 여러 악을 기억하였음을 저희가 마음에 생각지 아니하거니와 이제 그 행위가 저희를 에워싸고 내 목전에 있도다

정부의 부패함(국내의 정치 역학 관계들)

3 저희가 그 악으로 왕을 그 거짓말로 방백들을 기쁘게 하도다

4 저희는 다 간음하는 자라 빵 만드는 자에게 달궈진 화덕과 같도다 저가 반죽을 뭉침으로 발교되기까지만 불 일으키기를 그칠 뿐이니라

5 우리 왕의 날에 방백들이 술의 뜨거움을 인하여 병이 나며 왕은 오만한 자들로 더불어 악수하는도다

6 저희는 엎드리어 기다릴 때에 그 마음을 화덕같이 예비하니 마치 빵 만드는 자가 밤새도록 자고 아침에 피우는 불의 일어나는 것 같도다

7 저희가 다 화덕같이 뜨거워져서 그 재판장들을 삼키며 그 왕들을 다 엎드러지게 하며 저희 중에는 내게 부르짖는 자가 하나도 없도다

이스라엘의 신실하지 못한 외교(국제적인 정치 역학 관계들) 그리고 그 결과

8 에브라임이 열방에 혼잡되니 저는 곧 뒤집지 않은 전병이로다

Crime is widespread in Israel (general wickedness)

7:1aδ How deceitfully they act! The thief breaks in[a] the bandits roam[b] outside!

2 They do not think that I take note of all their evil. Now their transgressions surround them: they are right in front of me.

The corruption of the government (domestic politics)

3 The kings rejoice[a] in their evil, the officials in their lies.

4 They are all adulterers: they are like a burning oven whose baker[a] can stop stirring the fire from the kneading of the dough until it is leavened.

5 Daily the kings are sick,[a] the officials feverish[b] from wine, extending the hand even[c] to infidels.

6 Indeed, they are inflamed[a] like an oven, their heart burns within them.[b] All night their fury[c] slumbers: in the morning it blazes up like a roaring fire.

7 All of them are as hot as an oven: they devour their rulers,[a] all their kings fall. Not one of them calls on me.

Israel's unfaithful diplomacy (international politics) and its result

8 Ephraim is among the nations: he is mixed up.[a] Ephraim has been a flat loaf that has not been turned over.

9 저는 이방인에게 그 힘이 삼키웠으나 알지 못하고 백발이 얼룩 얼룩할지라도 깨닫지 못하는도다
10 이스라엘의 교만은 그 얼굴에 증거가 되나니 저희가 이 모든 일을 당하여도 그 하나님 여호와께로 돌아오지 아니하며 구하지 아니하도다
11 에브라임은 어리석은 비둘기같이 지혜가 없어서 애굽을 향하여 부르짖으며 앗수르로 가는도다
12 저희가 갈 때에 내가 나의 그물을 그 위에 쳐서 공중의 새처럼 떨어뜨리고 전에 그 공회에 들려준 대로 저희를 징계하리라

피할 수 없는 징벌(정부와 나라의 파멸)

13 화 있을진저 저희가 나를 떠나 그릇 갔음이니라 패망할진저 저희가 내게 범죄하였음이니라 내가 저희를 구속하려 하나 저희가 나를 거스려 거짓을 말하고
14 성심으로 나를 부르지 아니하였으며 오직 침상에서 슬피 부르짖으며 곡식과 새 포도주를 인하여 모이며 나를 거역하는도다

15 내가 저희 팔을 연습시켜 강건케 하였으나 저희는 내게 대하여 악을 꾀하는도다
16 저희가 돌아오나 높으신 자에게로 돌아오지 아니하니 속이는 활과 같으며 그 방백들은 그 혀의 거친 말로 인하여 칼에 엎드러지리니 이것이 애굽 땅에서 조롱거리가 되리라

9 Foreigners have devoured his strength, but he does not know it. Even mold[a] has crept in[b] upon him, but he does not know it.
10 Israel's pride testifies against him. They will not return to Yahweh their God; they will not seek him m spite of all this.
11 Israel has become like a pigeon—gullible and brainless. They call to Egypt, they send to Assyria.
12 As they go, I will throw my net over them. I will bring them down like the birds of the sky, I will punish[a] them sevenfold[b] for their evil.[c]

Punishment is inevitable (governmental and national destruction)

13 Woe to them, because they have fled from me! Destruction to them, because they have rebelled against me! How can I redeem them when they speak lies about me?
14 But they do not cry to me from their heart when they wail on their beds (and) for the sake of grain and fruit-of-the-vine[a] slash themselves.[b] They are stubborn[c] against me
15 though I trained[a] them. I strengthened their arms, but they plot evil against me.
16 They shall return to[a] the yoke; they shall become like a slack bow.[b] Their officials will fall by the sword because of their denouncing tongues. This will be mockery on them in[c] the land of Egypt.

원문주해

1.a. G는 아마도 알라이오(עָלָיו) 혹은 알라이오(?, אליו)라는 어휘를 반영하면서 "그것 안으로"라는 뜻의 프로스 아우톤(*πρὸς αὐτόν*)을 첨가하고 있다. "안으로 들어가"라는 용어는 어떤 도둑이 집을 향해 행하는 것을 말하는 것으로서 영어에서는 숙어적으로 표현된다.

1.b. MT의 자음 텍스트는 파샤트(פָּשַׁט) 혹은 페샤트(פְּשָׁט)로 읽을 수 있다. 후자는 "그리고"라는 접속사 페(פְּ) + 수트(שׁוּט)의 분사형이다. 번역은 영향을 받을 필요가 없다.

3.a. G와 본 절에 있는 다른 복수형들을 토대로 해서 복수형 멜라킴(מְלָכִים)으로 읽

은 것. "왕들"과 "방백들"은 동사들의 목적어들이 아니라 주어들이다. 그러므로 동사들은 MT의 피엘형보다는 칼형으로 발음되어야만 한다.

4.a. MT의 뜻이 모호한 보에라 메(בֹּעֵרָה מֵ) 대신에 보에르 헴(בֹּעֵר הֵם)으로 읽은 것이며, MT의 오페(אֹפֶה)를 오페후(אֹפֵהוּ)로 발음한 것임.

5.a. 우리는 "매일 왕들이 병이 난다"라는 뜻의 욤/요맘 멜라킨 헤헬루(יום/יומם מלכין החלו)로 읽는다(Kuhnigk, *NSH*, 90-92를 참조하라). 텍스트의 보존 상태가 좋지 못하기 때문에 역본들 간의 차이가 매우 크다. 단수들로 수정한 것들(멜렉[מלך, "왕"]과 헤헬라[החלה, "그가 병이 나다"])은 보증을 받지 못한다("원문주해" 3.a.를 참조하라). 헤헬루(החלו)는 "병들다"라는 뜻의 할라(חלה)의 히필 자동사다.

5.b. MT의 하마트(חֲמַת) 대신에 하마트(חֵמַת)로 읽은 것. Kuhnigk, *NSH*, 90-92를 참조하라.

5.c. MT의 자음들을 가장 잘 읽은 것은 마쇼크 야드 봐에트(מָשֹׁךְ יָד וְאֵת־)인 것으로 여겨진다. 즉 부정사 절대형에 단수형 "손"을 더한 것+와우(ו) 강조("…조차, 더욱"). Kuhnigk, *NSH*, 90-92를 보라.

6.a. G(ἀνεκαύθησαν – 아네카우데산, "그들이 불 붙여졌다")는 카데후(קדחו)나 그와 같은 동사를 반영하고 있다. 쿠닉은 MT의 케르부(קֵרְבוּ)를 "마음"이라는 뜻의 케레브(קֶרֶב) 명사에서 파생된 피엘로 보면서 MT의 어휘를 그대로 유지하고 있다(Kuhnigk, *NSH*). MT는 문자적으로 "그들이 다가올 때 (그는 자신의 손을 이교도들에게 뻗쳤다)"와 같은 것을 의미할 수 있다.

6.b. "그들의 음모"라는 뜻의 베아르밤(בארבם) 대신에 바아르 밤(בער בם)으로 읽은 것.

6.c. MT의 오페헴(אֹפֵהֶם)은 "그들의 빵 만드는 자"(?)라는 의미다. 우리의 독법 아페헴(אַפֵּהֶם)은 Syr, Tg를 따른 것이다.

7.a. 샤파트(שפט)가 "왕"이라는 의미의 멜레크(מלך)와 더불어 시적인 병행법에서 쓰이는 경우에는 사사기에서 가지는 "지도자, 통치자"와 같은 의미를 나타낸다. 우가릿 텍스트에서도 동일한 의미를 가진다. M. Dahood, "Ugaritic-Hebrew Parallel Pairs", *RSP I*, 267-68를 참조하라.

8.a. "혼잡되다"는 여기에 있는 이트볼랄(יתבולל)의 정확한 의미다. 동사의 원형 발랄(בלל)은 "섞다" 혹은 "혼란하다"라는 의미를 가진다.

9a. 혹은 "백발". Freedman and Andersen, 467를 참조하라.

9.b. 여기에 있는 자라크(זרק)의 바른 의미에 대해서는 의견이 분분하다. "몰래 다가가다"라는 의미의 구어체 아랍어 *zrq*에 대한 동족어가 "빛나다/번쩍번쩍 빛나다"라는 의미의 자라크 II(זרק II)보다는 문맥에 더 잘 어울리는 것으로 보인다.

12.a. MT를 아야쎄렘(אֲיַסְּרֵם)으로 발음한 것. 그렇지 않으면 텍스트는 "나는 그들을

눈 멀게/감옥에 가게 할 것이다"라는 의미의 에에쓰렘(אֶאֶסְרֵם)의 원문 훼손을 나타내는 것일 수 있다. 문맥은 함정에 빠뜨리는 것을 의미하고 있기 때문이다.

12.b. "들려주다, 보고하다"라는 의미의 샤마(שמע)를 "칠 배"라는 의미의 샤바(שבע)로 수정하는 것은 레 26:28에 있는 병행구에 토대를 둔 것이다: "내가…너희 죄를 인하여 칠 배나 더 징책하리니"(ויסרתי אתכם אף־אני שבע על־חטאתיכם – 베이싸르티 에트켐 아프 아니 셰바 알 하토테켐). 레 26:18, 21, 24을 참조하라. 이 언약적 저주는 MT와 역본들에서 원문이 훼손되었다. 먼저 샤바(שבע)를 샤마(שמע)로 잘못 읽었으며, 또한 키(כ)의 첨가로 인해(그러나 키는 운율적인 요구를 반영하는 것일 수 있다) 원문이 훼손되었을 가능성이 있다.

12.c. MT의 "그들의 공회에"라는 뜻의 라아다탐(לעדתם)은 "그들의 죄악으로 인해"라는 뜻의 לרעתם 혹은 על־רעתם을 잘못 읽은 것이며 철자를 뒤섞어 놓은 것이다. G의 테스 들립세오스(τῆς θλίψεως)를 참조하라. 문장의 이 부분은 또한 레 26:28과 병행을 이루고 있다.

14.a. 히브리어 티로쉬(תירוש)라는 용어는 고어(古語)체이다. 따라서 고어체적인 번역이다. 참조. 2:10.

14.b. G와 같이 이트가다두(יתגדדו)로 읽은 것. 왕상 18:28을 참조하라.

14.c. G(ἐπαιδεύθησαν – 에파이듀데산, "그들이 가르침을 받았다")는 유쎄루(יְסֻרוּ) 혹은 그와 같은 어휘를 반영하고 있다. 우리는 MT를 "연습시키다, 훈련하다"라는 뜻의 싸라르(סרר)에서 파생된 야쏘루(יָסֹרוּ)로 발음한다.

15.a. 혹은 "벌하다". 동사는 "벌하다"와 "가르치다"라는 뜻 모두를 가지고 있다. "주석"을 보라.

16.a. MT의 "아니다"라는 뜻의 로(לא)는 레(ל) 혹은 "…에게"라는 뜻의 엘(אל־)의 원문 훼손이다. "멍에를 지우는 것"은 언약적인 저주다(신 28:48; 레 26:13에서는 멍에로부터 자유로워지는 것은 언약적인 축복으로 말하고 있음을 참조하라).

16.b. 레미야(רמיה)가 "태만하고, 느린"이라는 의미를 가지고 있는 것에 대해서는 Driver, *Alttestamentliche Studien*, 53-54를 보라.

16.c. 쿠닉은 베(ב)를 "…로부터/…한 이래로"를 의미하는 것으로 볼 것을 제안한다. 그러므로 전체 구절은 다음과 같이 읽을 수 있다: "그것은 애굽 땅에서부터 그들의 조롱거리가 되었다." "주석"을 보라.

양식/구조/배경

7:1에서 새로운 단락이 시작된다. 다음에 분명하게 나누어지는 부분은 8:1에서 경고를 외치는 곳이다. 본 장은 다음과 같은 하나의 공통된 주제에 가깝게 통합되

어 있다: 사마리아에 중심을 두고 있는 에브라임의 필사적이기는 하지만 희망이 없는 정치적인 밀모(密謀). 이 곳에는 이스라엘의 신실하지 못한 전반적인 상태, 그들의 개인적인 방탕, 정치적인 모의를 이루고자 하는 열정, 국제적인 사안들에서 상처받기 쉬운 취약성(脆弱性) 그리고 궁극적으로 도래할 파멸 등이 기술되어 있다. 나열된 고발의 전부는 아닐지라도, 그 대부분은 사마리아 성읍에서 시작된 결정들과 관행들에 대한 것들이다. 본 장은 북 왕국 수도의 죄악상들을 나열하고 있다. 따라서 이전 단락의 끝에 기술된 사마리아에 대한 언급에 자연스럽게 따라 나온다.

그 구조는 다음과 같이 요약될 수 있다.

a. 나라의 전반적인 사악함에 대한 애가	1-2절
b. 사마리아 내부의 정치 역학 관계들에 대한 애가	3-7절
c. 외교 사안들을 다루는 데서 보여 주는 이스라엘의 어리석음에 대한 애가 그리고 심판 선언(12절)	8-12절
d. 이스라엘의 반역이 낳은 재앙에 대한 애가	13-16절

애가의 형태는 어느 정도 대칭 구조를 이루고 있다. 즉 일반적인 죄악들 : 내부적인 죄악들 :: 국제적인 관계에서 이루어진 죄악들 : 전반적인 파멸.

몇 가지의 표제어들이 전체 본문의 하위 단락들을 연결해 주고 있다: 2, 3, 12절(또한 7:1a에 있는 것을 참조하라)에 있는 "악/사악함"이라는 의미의 라아(רעה); 1절("떼[약탈자들]"라는 의미의 게두드[גדוד])과 14절에 있는 "내리치다"라는 의미의 가다드(גדד); 3, 5, 16절에 있는 "방백"이라는 의미의 사르(שׂר); 12, 15절에 있는 "징벌하다/교훈하다"라는 의미의 야싸르(יסר) 등이다. 다른 어휘들은 이전 단락에 연관되어 있다: 예를 들어, 7:1과 6:9에 있는 게두드(גדוד) 그리고 7:10a의 전체 구절(5a절과 연관됨).

본문은 (고발적인) "개인적 애가"의 형식으로 기술되는 하나님의 말씀으로 구성되어 있다. 10b절은 그 하나님의 말씀의 부분으로 간주되어야만 한다. (야웨는 호세아서의 많은 부분에서 자신을 3인칭으로 표현하고 있다). 이스라엘은 지속적으로 3인칭으로 나타나고 있다. 이것은 마치 야웨를 언약 법률 소송의 증인으로서 그들과 관련된 누군가에게 말하고 계신 것처럼 나타내고 있는 것이다.

두드러지게 나타나는 운율적인 형태는 동의어적인 병행법이다(1-3, 5-11, 13, 15절의 모든 부분들 혹은 일부분). 반대적인 병행법(14a, 15절)의 매우 적은 부분이 나머지 부분에서 보인다. 그 적은 부분이 아니라고 한다면, 종합적인 병행법이다. 운율적인 형태들은 다른 곳에서 전형적으로 보이는 대로 매우 다양하다.

본문의 배경은 주전 733년 이후 사마리아의 정치적인 불안정의 상황과 가장 밀접하게 연관을 맺고 있다(이와 반대되는 견해를 위해서는 H. Tadmor, "The Historical Background of Hosea's Prophecies", *Yehezkel Kaufman Jubilee Volume*, ed. M. Haran[Jerusalem, 1960] 84-88를 보라). 특별히 3-7절은 매우 뜨겁게 달구어진 빵 만드는 자의 화덕의 은유(隱喩)를 통해 베가의 암살과 관련된 어떤 열망을 표현하고 있다. 그러나 그 구절들은 또한 북 왕국의 지난날들에 있었던 대단히 커다란 정치적 변혁들을 생각나게 하는 것일 수도 있다. 스가랴의 암살과 더불어 주전 752년에 이루어진 예후 왕조의 몰락 이후로 세 명의 왕들(살룸, 브가히야 그리고 베가)이 더 죽임을 당한다(왕하 15:8-26). 주전 740년 이후로 통치한 베가는 아람-에브라임 전쟁(왕하 15:27-30) 직후에 호세아(Heseah, 주전 732-723년)에 의해 암살당했다. 북 왕국의 정치적인 토대에 생긴 단층은 회복할 수 없을 정도로 넓게 벌어지고 말았다.

8-12절은 이방 나라들과 동맹을 맺는 데 있어서 보여 주는 호세아의 절박하고 간단없는 시도들을 말해 주는 것일 수 있다. 그는 조공을 바치며 앗수르의 지배에 자신의 권력을 복종시켰다. 그렇게 함으로써 아직 앗수르의 통제를 받지 않는 나라의 중앙과 남쪽 부분을 보존할 수 있었다. 그러다가 몇 년 뒤에(즉·주전 720년대 중반기 어느 시점에) 그는 앗수르에 조공을 바치는 것을 중단하고 일시적으로 재기하는 애굽에 도움을 호소했다(왕상 17:2-4). 이것이 바로 죽어 가는 백성들(9절)에 대한 "열방 중에"(8절) 혼잡된 외교 정책이었다.

그때 야웨는 이스라엘에 화(禍)를 선포하신다(13-16절). 주전 733년 이후로 추구된 그런 어리석은 비둘기 같은(참조. 11절) 정책들은 불순종의 증거를 더더욱 보여 주는 것일 뿐이었다. 애굽 사람들이 이스라엘을 조롱하는 동안 앗수르 사람들은 그들을 포로로 잡아갈 것이다(16절). 바로 그런 일이 일어났다. 주전 723년에 살만에셀(주전 727-722년)은 호세아를 죄인으로 잡아갔다. 그런 뒤에 "속이는 활"과 같은 사마리아는 주전 722년에 새로운 왕인 사르곤 2세(주전 722-705년)가 이끄는 앗수르 군대에 멸망을 당했다. 사르곤은 27,290명의 이스라엘 포로를 잡아갔다고 주장된다(Pritchard, *ANET*, 284-85; H. Tadmor, *JCS* 12[1958] 22-41, 77-101를 참조하라). 이스라엘의 "방백들이 칼에 엎드러지리라"고 한 하나님의 말씀은 성취되었다.

주석

1aδ 이전 본문을 끝내고 있는 "사마리아"라는 의미의 쇼므론(שמרן) 이후 첫 절의 나머지 부분은 삼행연구(三行聯句)를 구성하고 있다. 이 구절의 처음 행("저희는 궤사를 행하며[그들이 얼마나 가증스럽게 행하고 있는가!]")은 이스라엘의 사악함의 일반적인 상황을 말하고 있으며, 이어지는 두 개의 행은 그 속임성 즉 외적인 종교적 관행들을 통해 야웨를 공경한다고 생각하면서 언약에 불신실한 이스라엘의 모습을 그려 주고 있다. 범죄 행위들의 명백한 특성을 강조하면서, 안으로 들어가 도적질하는 이중의 범죄들이 증거 속에서 인용되고 있다. (셰케르[שקר]를 "거짓, 허위"라는 의미보다는 "우상"으로 보는 견해[Freedman and Andersen, 432]는 본문에 적합하지 않다). 이 두 가지 범죄들은 일반적으로 성읍민들이 저지르는 죄와 사회적인 부정의를 나타내는 제유(提喩)적인 표현이다. 하나님은 거리에 좀 더 많은 경관들을 배치하지 않는 정부의 실책을 슬퍼하시는 것이 아니다. 오히려 하나님은 사회의 종교적인 예전을 위선적으로 유지하면서 그런 모든 종류의 악들을 용인하는 사회를 슬퍼하고 계시는 것이다.

2 강조점은 나라의 죄악들을 파헤치는 데 계속 집중되고 있다. 에브라임의 죄는 숨겨지지 않는다. 하나님은 그 모든 죄악을 지켜보셨다. 첫 이행연구(二行連句)의 처음 전반부(ובל־יאמרו ללבבם – 우발 요므루 릴레바밤)는 단순히 "그들은 생각하지 않는다"라는 의미다. 어떤 강조점도 자기 반성이나 우유부단성에 놓여 있지 않다. 자카르티(זכרתי)는 대개 "…의 행적을 놓치지 않고 따라가면서", "내가 기억한다" 혹은 "내가 인지하고 있다" 혹은 심지어 "내가 안다"라는 의미일 수 있다. 이 어휘는 일반적으로 언약을 기억하는 것과 관련되어서 사용된다(참조. 레 26:42; 시 105:8; 암 1:9). 이스라엘이 자신의 행위를 깨끗하게 잊어버렸다는 것은 이스라엘의 사고 유형에 가나안 종교의 영향이 있음을 반영해 주는 것이다. 가나안적인 사고법은 순환적인 신화와 예전적 재제정을 강조하는 것이었다(G. E. Wright, *The Old Testament Against Its Environment*[London: SCM, 1950]; W. F. Albright, *Yahweh and the Gods of Canaan*[Garden City: Doubleday, 1968]을 보라). 가나안적 사고법은 역사를 하나님이 다스린다는 것을 인정하지 않는 경향이 있었다. 따라서 개인적으로 방종한 윤리적인 체제를 허용했다.

그러나 비록 이스라엘이 하나님의 계시를 기억하지 못했다고 할지라도, 하나님은 그들의 죄를 기억하셨다. "이제"라는 의미의 아타(עתה)는 1-2절(참조. 5:3)의 결론을 시작한다. 그들의 "행위(죄악들)"(מעלליהם – 마알레헴)는 정치적인 음모 자체를 말하는 것이라기보다는 일반적인 언약적 불신실의 의미를 내포하고 있다. 마알(מעל)은 기대되는 책임감들에 부응하지 못한 것, 즉 특별히 하나님에 대해 "충실하지 못한 것"을 일관되게 나타내는 어휘다. 이런 악한 방법들이 이제는 이스라엘 주변에 편만해져서 백성들의 악이 "내 목전에"(נגד פני – 네게드 파나이) 있게 되었다. 야웨는 이스라엘을 보실 때 백성들을 보시는 것이 아니라 죄악들, 말하자면 자신의 비전의 땅을 가득 채우고 있는 죄악들을 보시는 것이다. "내가 그들을 볼 때 내가 보는 모든 것은 그들의 죄악들이다"라는 것이 두 번째 이행연구(二行連句)의 의미다.

3 이제는 정치적인 지도층에 관심이 집중되고 있다: 왕실, 지명된 방백들 그리고 아마도 영향력 있는 귀족 계급. 비록 2절과 3절 사이에 공식적인 나누어짐이 없을지라도, 그 주어는 더욱 구체적으로 언급되고 있다. 즉 왕들과 왕실의 일들에 영향력을 가지고 있는 사람들이다. "그들의 악"은 그들이 즐거워하는 상황과 그 동기를 모두 말한다. 동사의 주어들은 "왕들"과 "방백들"이기 때문에, "그들이 기뻐하다"라는 의미의 예사메후(ישמחו)를 "그들이 기름부었다"라는 의미의 예마쉬후(ימשחו)로 수정해야 한다고 종종 주장되고 있기는 하지만, 그럴 필요는 없다. MT가 "왕"이라는 뜻의 어색한 단수 멜레크(מלך)를 쓰고 있기 때문에, 예사메후(ישמחו)를 위한 "그들"이라는 표현되지 않은 주어가 요청될 수 있다. 이 동사는 또한 "방백들"이라는 의미의 사림(שׂרים)에게도 적용되어야만 한다. 방백들을 "기름붓는 것"은 역사적으로 있을 법하지 않은 일이기 때문에, 더 선호되는 어휘는 G와 같이 "왕들"이라는 복수형 멜라킴/킨(מלכים/ן)이다.

본 절이 말하고 있는 "악"과 "거짓말"의 종류는 정치적인 음모자들이 하는 것들로, 그들의 음모가 왕들에게 그리고 그들이 선택한 방백들에게 권력을 가져다주는 것을 말한다. 이 묘사는 주전 742년 이후 정권 찬탈을 통해 권력을 잡은 모든 왕들을 포함할 수 있는 것인데, 호세아 벤 엘라(Hoshea ben Elah)는 분명히 이들 가운데 드는 왕이다. 호세아와 그의 총애를 받는 자들은 "기뻐하다"라는 동사에 반영되어 있는 바와 같이 폭력적인 권력 쟁탈을 염두에 두면서 야웨의 주권을 무시하며 경시했다. "기뻐하다"는 구약에서 두 번 사용된 어휘(삼상 11:15; 왕하 11:14)로서 왕실 대관식의 기쁨과 종종 의식적인 축하(예를 들어, 스 3:12, 13)를 표현하기 위해 사용된 어휘였다. 그러나 문맥은 호세아(Hoshea, 주전 732년) 혹은 다른 왕들의 취임 자체를 말하고 있는 것 같지는 않다.

4 표제어 "간음하는 자들"(מנאפים – 메나아핌)은 이전에는 언약에 대한 불신실함을 표현하기 위해 쓰인 어휘였는데, 이제 이 곳에서는 또한 4절의 "빵을 만들다"라는 뜻의 아파(אפה)와 6절의 "분노"라는 뜻의 아나프(אנף)에 대한 동음이의(同音異義)의 익살스런 표현으로 쓰이고 있다. 이런 어휘들은 발음이 매우 유사하다. 왕과 그의 왕실 방백들과 유력한 귀족층의 정욕이 빵 굽는 자가 빵을 굽는 전(全)과정 동안 더 이상 불을 지피지 않아도 되는 뜨거운 화덕에 비유되고 있다. 그들의 반역과 배반의 열기가 너무 높아서 그들로 하여금 일들을 자신들의 손으로 처리하도록 몰아간다. 즉 그들의 책략 가운데서 일을 그들 스스로 처리하며 야웨를 무시하고 있는 것이다.

화덕(תנור – 타누르)은 7절까지 계속되는 직유(直喩)의 토대로서 역할을 감당하고, 8b절에 있는 뒤집지 않는 전병의 직유에 연결되고 있다. 그 화덕은 지면에 구멍들과 꼭대기에 커다란 문이 있는 불에 구운 진흙으로 만들어진 둥글며 반구형인 벌집 모양의 구조를 가지고 있었다. 그 화덕은 대개 돌 바침 위에 놓여졌다. 타오르는 불꽃이 내부로 치솟아 안쪽이 훨훨 타오를 때까지 태우도록 했다. 그 화덕은 좀 더 현대적인 벽돌 화덕들과 같이 타고 남은 목탄이 제거되지 않고 그 안에 남겨져 있었다. 그런 뒤에 빵들이 화덕 벽쪽에 붙여졌거나 목탄 위에 놓여졌다. 화덕 꼭대기에 있는 문은 봉해졌다. 빵은 남아 있는 열기로 구워지도록 그 곳에 남겨졌다. 화덕이 충분하게 불로 달구어졌다면, 화덕의 남은 열기는 수 시간 동안 사라지지 않았을 것이다. 바아르(בער, "빵 굽는 자")라는 남성 용어가 쓰였기 때문에, 여기에 묘사된 화덕은 아마도 왕실의 빵 굽는 자나 그와 같은 사람이 사용하는 대용량 화덕이었을 것이다. 고대의 이스라엘 여인들은 대부분 빵 굽는 일을 했을 것이라고 생각된다. 실제적으로 모든 가정들이 하나의 화덕을 가지고 있었기 때문이다(참조. 레 26:26). 그러나 전문적으로 빵을 굽는 자들은 여인들(삼상 8:13) 혹은 남자들(렘 37:21)도 될 수 있었다. 그들은 성읍에 있는 빵 굽는 자의 구역을 관할했다(렘 37:21; 느 3:11). 그 전문가들이 사용하는 크기의 화덕들은 불이 꼭대기에 있는 문에서 치솟아 올랐기 때문에, 처음 불을 붙였을 때 불이 작은 화산과 같이 치솟았을 것이다. 그런 화덕은 사마리아 성읍민들에게 잘 알려졌음이 분명하다. 4절의 모습은 매우 강하게 달구어진 화덕을 묘사하고 있다. 그 화덕은 밀가루를 누룩을 넣고 반죽해서 부풀어 오를 때까지(준비하는 가루 반죽의 양에 따라서 한 시간 혹은 두 시간 동안) 계속해서 거센 불로 달구어진 것이었다. 목탄이 붉고 뜨거우며 화덕의 벽이 이글이글 열이 올랐을 때 그 부풀어 오른 가루 반죽을 화덕에 넣었다.

사마리아의 지도자들도 그랬다. 그들은 반역(6절)과 폭력적인 찬탈(7절)의 열기를 가지고 권력을 쟁탈했다. 그러나 야웨의 뜻에 의한 것이 아님이 분명했다.

5 왕들과 방백들은 이제 술취함으로 인해 병이 나도록 뜨거운 것으로 묘사되고 있다. 따라서 그들은 심지어 종교적으로 신실한 사람들을 비웃는 자들(לצצים – 로츠침, "이교도들, 믿음이 없는 자들")과도 기꺼이 우호적(?)으로 지내기조차 한다. 술이 공급되면 두뇌는 양심을 더 잘 억누를 수 있고 사악함과 악행 그리고 조롱하는 자들과 음모를 꾀하는 것들을 즐길 수 있다. MT의 자음 마샤크 야드(משך יד)가 무엇을 의미하는지는 완전히 분명하게 알 수가 없다: "손을 뻗는 것"이라는 것은 일종의 그럴듯한 번역에 불과할 뿐이다(Kuhnigk, NSH, 92를 참조하라). 아마도 술에 취한 방백들은 "으만한 자들(이교도들)"을 **환영했거나** 그들과 **술을 마셨거나** 그들과 **야합했을 것이다**. 다른 한편으로 이 용어는 폭력의 행위들을 자행하는 그 무엇을 나타내는 것일 수도 있다(Freedman and Andersen, 458를 참조하라). 그 표현법이 구약에서 득특하기 때문에 쉽게 해결되는 문제는 아니다.

6 6절을 구성하고 있는 두 개의 동의어적인 이행연구(二行連句)는 4-7절에서 서술되고 있는 다음과 같은 은유(隱喩)의 요점을 강화시켜 준다: 정부의 지도자들은 자신들의 권력욕에 완전히 사로잡혔다. 잠들어 있든지 깨어 있든지 그들은 음모를 꾸미는 불 같은 열망에서 결코 자유롭지 못하다. 이런 열망의 무시무시하고 파괴적인 힘은 그들로 하여금 야웨를 대표하는 충성스러운 자들(7절)을 암살하도록까지 내몰아쳤다(De Vaux, *Ancient Israel*, 100-113를 보라). 두 번째 이행연구(6b절, 즉 "밤새도록…불의 일어나는")는 화덕 유비를 계속해서 기술하고 있다. 물론 밤중에 화덕에 불을 지피지는 않았다. 그러나 화덕에 목탄들이 불이 붙은 채로 있어서 다음날 새롭게 불꽃을 일으킬 수 있었을 것이고, 화덕을 다시 뜨겁게 할 수 있었을 것이다. 사마리아 지도자들이 그런 불꽃에 비유되고 있다: 오로지 그들이 잠들었을 때(ישן – 야셴)만 그들의 감정적인 광포함은 누그러들었던 것이다. 그러나 그들이 깨어 있는 시간은 야웨의 뜻을 거슬러 행악을 저지르는 데 온전히 쏟아 부어졌다.

7 이 화덕의 직유(直喩)는 되적인 대칭 구조로 이루어진 구절에서 그 정점에 이른다. 첫 번째와 네 번째 행은 하나의 종합적인 병행 이행연구(二行連句)를 형성하고 있다. 두 번째와 세 번째 행은 동의어적인 병행 이행연구를 형성하고 있다.

4절과 같이 7절은 주어로서 "저희가 다"라는 의미의 쿨람(כלם)으로 시작된다. 따라서 정부와 정치적인 영향력을 가지고 있는 자들 모두가 정죄되고 있다. "뜨거워져서(뜨거워)"라는 의미의 예하무(יחמו)는 4-7절에 사용되고 있는 "달궈진"이라는 것을 다른 용어로 나타낸 단순히 문체적인 대안적 어휘다. 정부 통치자들의 격노함을 자주 언급하는 요지는 이제 분명하게 드러나고 있다: 그들은 "삼키는"(참조. 2:14[12]; 13:18) 권세, 즉 왕들을 죽여 없애는 권세를 얻게 된 것이다("통치자들"은 "왕들"에 대한 일종의 시적인 동의어이다; "원문주해" 1을 참조하라). 단 한 건의 암살 사건만 보이는 것이 아니다. 그 당시에 여로보암 2세의 죽음 이후로 단 한 사람의 왕, 즉 무나헴(Menahem)만이 암살을 당하지 **않았다**.

이스라엘의 지난 역사에서 북 왕국의 정치역학 관계가 빚어낸 음모의 특징은 몹시도 격렬하게 강한 것으로 나타난다. 이렇게 자신들 스스로를 지명하여 세운 통치자들과 그 지지자들의 말을 3인칭 형태로 표현하면서("저희가 다"; "그들" 등등) 야웨는 자신을 그들의 음모로부터 분리시키고 계신다. 이스라엘 나라의 국사는 나라를 통제하기 위한 이기적이고 경건하지 못한 탐욕의 열정에 의해 주도되고 있었다. "그 자체 이외에는 다른 어느 곳에도 믿음을 두지 못하는 변혁을 일으킨 나라와 같이, 이스라엘은 그 자신의 분노로 불타오르고 있었다"(Mays, 106-7). 나라 자체가 중심을 이루고 있다는 것은 마지막 진술이 가슴 아프게 보여 주는 분명한 모습이다. 이스라엘의 유일하고 참된 주권자의 애가는 애처롭고 쓰라린 내용이다: "저희 중에는 내게 부르짖는 자가 하나도 없도다." 만약 그들이 야웨를 찾기만 했다면, 야웨는 그들을 기꺼이 도와주셨을 것이다. 그러나 그들은 너무나도 교만하고 자기 중심적이어서 야웨께 집중하지 못했다.

8 두 가지 경구가 에브라임의 사악함과 취약성(脆弱性)을 묘사해 주고 있다. 나라가 혼잡되었고 뒤집지 않은 전병이었다. 비록 예언의 이 부분이 아이러니하게도 지파 축복 모델과 문체적인 일치를 보이고 있는 것인지 확신하기는 불가능할지라도, 이런 문장들은 지파 축복들의 문체를 생각나게 해준다(참조. 창 49:3- 22; 신 33:2-29). 발랄(בלל)의 히트폴렐 형식인 동사 형태 이트볼랄(יתבולל)은 "혼잡되다"를 의미한다. 이 어휘는 의도적인 모호성을 가지고 있다. 이 어휘는 빵에 들어가는 재료로서 혼합되는 것을 의미할 수 있거나(빵 굽는 은유[隱喩]가 계속되고 있는 것임) 혼동되는 것을 나타낼 수도 있다(참조. 발랄[בלל], 칼형, 창 11:7, 9). 문자적인 의미로 볼 때, 에브라임은 "열방" 가운데에(בעמים – 바아밈) 뒤섞였다. 증가하는 앗수르의 힘에 직면해서 지난 20년 동안 생존을 위해 이스라엘이 보

여 준 몸부림은 필사적인 외교 정책 전환의 모습을 통해 특징적으로 묘사되고 있다. 특별히 앗시리아와 이집트와의 연이은 동맹정책 사이의 전환에서 볼 수 있으며, 또한 아람-다메섹(다마스커스)과 팔레스틴 사이의 전환에서도 볼 수 있다. 이런 모든 동맹들은 야웨를 신뢰하지 못함(참조. 7절)과 야웨께 돌아가지 않으려고 하는 것(10절)을 나타낸다. 호세아의 곤경에 처하는 대외 정책이 묘사되고 있다. 베가를 죽인 뒤인 주전 732년에 호세아는 갑작스럽게 애굽, 블레셋 그리고 아람-다메섹(다마스커스)과 맺은 동맹으로부터 앗수르와 맺은 동맹으로 전환했다. 몇 년 뒤에 그는 그 동맹을 깨고 180도 전환해서 다시금 애굽과 동맹을 맺었다. 이런 혼란스러운 정책들이 "혼잡되다"라는 비유적인 의미를 가지는 말로 묘사되고 있다.

결과적으로 이스라엘은 뒤집지 않은 전병(עגה – 우가)이 되었다. 일반적인 설명에 따르면, 전병들은 뜨거운 화덕 벽에 눌러붙였거나 일정 시간 뒤에 뒤집어야 하는 목탄 가운데 놓아두었다. 만약 뒤집지 않고 놓아둔다면, 그 전병들은 반만 구워질 것이다: 한쪽은 딱딱하게 구워졌지만, 다른 한쪽은 여전히 밀가루 반죽이다. 이와 마찬가지로 에브라임은 야웨를 향해서는 완고하고 딱딱했지만, 그 부드러운 하복부는 열방에게 노출되었던 것이다. 뒤집지 않은 빵과 같이 에브라임은 생존하기 위한 힘과 일관성을 결여하고 있었다. 그러나 빵을 굽는 과정에서 뒤집는 과정을 말하는 것이 있었는지에 대해서는 아무런 증거가 없다. "뒤집는다는 것"은 밀가루가 얇아서 약하지 않도록 하는 것으로서, 강하게 하고 조밀한 구성을 위해 밀가루를 배가시키는 것을 말하는 것 같다. 어쨌든 품질이 좋지 않은 것은 어떤 경우든 빵을 뒤집지 않은 데서 기인하는 것이다. 또한 품질이 좋지 않다는 것은 현재의 에브라임을 특징적으로 묘사하는 어구다.

9 본 절의 두 개의 이행연구(二行連句)는 모두 동일하게 끝난다: "알지 못하고(그러나 그는 그것을 알지 못한다)." 이제 남성 단수로 인격화된 이스라엘은 그가 얼마나 약해지고 상처를 받기 쉽게 변했는지 알지 못한다. 9a절의 첫 번째 행에 표현된 "이방인에게 그 힘이 삼키어졌으나(이방인들이 그의 힘을 삼켰다)"라는 뜻의 아클루 자림 코호(אכלו זרים כחו)라는 어구는 결정적인 진술이다. 9b절의 첫 번째 전반부는 쇠퇴와 결합된 이미지를 사용해서 이스라엘이 곧 위험에 처한 자신의 생존 능력을 발견하게 될 것이라는 점을 강화시켜 준다.

이제 존속된 해(年) 수와 더불어 쇠약해진 이스라엘은 그 마지막 10년 어간을 보내고 있었다. 그러나 이스라엘의 생명력을 앗아간 "이방인들"은 누구였는가? 아마도 그들은 주전 745년 이후로 이스라엘이 "혼잡된" 모든 열방들임이 분명하다: 앗수르, 애굽, 아람-다메섹(다마스커스), 블레셋 그리고 유다까지도(5:8-10). 전쟁과 그 결과로 인해 나라는 백성들의 숫자와 영토 그리고 경제적인 생존력 등이 모두 줄어들었다. 많은 이스라엘 영토는 이제 앗수르의 속주(屬州)가 되었다. 아마도 앗수르에게 바치는 과중한 조공뿐만 아니라, 애굽에 바치는 선사품들 그리고 그런 것들을 조달하기 위해 부과된 세금들은 왕실과 성전 그리고 성읍민들의 부를 모두 동일하게 고갈시켰을 것이다. 주전 730년대 후반과 720년대 전반기에 북 왕국은 죽어 가고 있었지만, 그 백성들은 그런 사실을 모르고 있었다. 그 위대한 나라가 일단 못 쓰게 된 빵과 같이 되었다면, 그것은 버려질 뿐이었다.

10 본 절은 5:5a에서 사용된 말로 시작한다("이스라엘의 교만이 그 얼굴에 증거가 되나니"). 동일한 말은 아마도 두 곳 모두에서 기인했을 테지만, 정황이 유사하기 때문에 그 동일한 말이 두 곳에 쓰인 것일 수 있다. 5:4-6에서와 같이, 이제 이스라엘은 혼잡되었고, 반만 구워졌으며, 하나님께로 돌아가기(שׁוב – 슈브)를 거부하며 혹은 "그들의 하나님"(יהוה אלהיהם – 야웨 엘로헤헴, 10절)인 야웨 찾기(בקשׁ – 바카쉬)를 거부하고 있다. 야웨께 돌아가고 그를 찾는 것이 이스라엘에게는 이제 너무 늦었다. 그 백성들의 죽음이 가까이 이르렀다(9절). 이스라엘의 교만은 자신들을 야웨의 축복에서 단절하게 하는 완고함을 낳았다. 여기서 야웨는 자신을 3인칭으로 언급하고 계신다(참조. 2:22[20]; 4:7, 10; 6:6; 8:13; 11:10; 12:1 [11:12]). 이것은 야웨를 **제외한** 모든 것에 이스라엘이 믿음을 두는 것을 대조하기 위한 수단이다. 주어 이스라엘은 이제 단수가 아니라 복수로 나타난다(2:4-17 [2-15]에서 그런 전환을 참조하라). 이스라엘 백성들은 그들 자신들의 하나님보다는 다른 잠재적인 안위의 대상들을 습관적으로 신뢰했다. 그들은 곰팡이 냄새가 나는 빵과 같았다. 혹은 자신이 얼마나 늙었는지를 전혀 모르는 늙은이와 같았다. 사실 이스라엘은 "누가 야웨가 필요한 거야?" "왜 그에게 돌아가야 해? 우리의 위대한 시절이 다시 한 번 우리에게 돌아올 거야!"라고 말하고 있는 것이다. 열방 가운데서 이스라엘의 지위가 심각하게 쇠퇴해 가는(8, 9절) "이런 모든 일들" (בכל־זאת – 베콜 조트)에도 불구하고, 이스라엘은 완고하게 그 언약의 주로부터 계속해서 떨어져 나가려고 했다.

11 호세아 당시에 이스라엘의 외교 정책은 앗수르와 애굽에 급변하게 충성을 번갈아 바치는 것이었다. 하나님은 그들을 지혜가 없는 비둘기(참조. 마 10:16)에 비유하고 있다. 므나헴(주전 752-742년)은 디글랏-빌레셀 3세("불[Pul]")에

게 엄청난 조공을 바치면서 앗수르에게 복속했다(왕하 15:19-20). 베가(주전 740-732년)는 므나헴의 아들 브가히야를 암살했을 때 아람-다메섹(다마스커스)과 동맹을 맺으며 앗수르를 대적했다(왕하 16:5). 비록 열왕기와 역대기에 있는 간략한 기록들이 애굽과 가진 예비 교섭을 언급하고 있지는 않다 할지라도, 아마도 그때 애굽과 그런 예비 교섭들이 이루어졌을 것이다. 유다에 대한 아람-에브라임의 침공에 대응하여 앗수르 군대가 북 왕국의 많은 부분을 포획한 뒤에(왕하 16:5-9; 15:29), 호세아(주전 732-723년)는 처음에는 나라를 앗수르에 다시금 복속되도록 전환했으나, 후에 조공을 바치는 것을 중단하고 애굽과 동맹을 맺으려고 했다(왕하 17:3-4). 이스라엘이 얼마나 풋내기같이 행동했던 것인가! 술수를 당하고 기만당하며 속기 쉬웠고(פותה – 포타) 어리석었던(אין לב – 에인 레브) 이스라엘은 삼키려고 하는 열방의 쉬운 먹잇감이었고(9절), 야웨가 내리는 징벌을 받기에 무르익었던 것이다(12절). 언약 백성이 걸린 병의 진정한 원인이 야웨 앞에서 저지른 그들의 죄였을 때(참조. 5:13-15), 애굽과 앗수르는 그들을 도울 수가 없었다.

12 새의 은유(隱喩)는 야웨가 이스라엘 위에 내리실 심판을 묘사하고 있다. 야웨는 새를 잡는 자신의 그물을 가지고(참조. 5:1) 도움을 요청하러 이방 나라들로 날아가는 이스라엘을 잡으실 것이다. 그렇게 해서 잡히는 것(저주 유형 9)은 한 나라인 이스라엘 자체의 몰락, 즉 파멸(13절)을 나타낸다. 12b절의 텍스트는 레위기 26:28(그리고 26:18, 21, 24; "원문주해" 12.b.를 보라)에 있는 언약적 저주 형식에 토대를 두고 복구될 수 있을 것이다. 레위기 26:18, 19에서 하나님은 다음과 같이 약속하신다: "…너희 죄를 인하여 내가 너희를 칠 배나 더 징치할지라 내가 너희의 세력을 인한 교만(גאון – 게온)을 꺾고…". 호세아 7장에 있는 이스라엘의 교만(גאון – 게온)은 바로 그 칠 배(כש⟨ב⟩ע – 케세바)의 징벌(איסרם – 아예씨렘)을 받게 한 것이다. 물론 이스라엘의 악(רעתם – 라아탐; 참조. 1, 2, 3; "원문주해" 12.c.)은 그 언약의 주께 모든 방법에 있어서 신실한 것을 거부한 불법성이다. 여러 배(倍)를 징벌하는 것(유형 27)은 정말 그럴 만한 타당성이 있다.

13 하나님의 말씀은 이제 공개적으로 화(禍, אוי – 오이)를 외치는 소리가 되었다. 파멸을 선언하는 장례식적인 애가의 예언이다(참조. 9:12). 원래 고대 이스라엘에서 오이(אוי)는 사랑하는 자가 죽었을 때 혹은 죽을 수밖에 없는 상황에 처한 자(삼상 4:7; 사 6:5)에 대한 애처로운 울부짖음을 말한다. 선지자들은 이런 의미를 가지고 있는 어휘를 이스라엘(사 3:11; 렘 13:27; 애 5:16) 혹은 다

른 나라(민 21:29; 렘 48:46; 겔 24:6, 9)에 대한 재난을 나타내는 수단으로 사용했다. 이 어휘는 피할 수 없는 재난을 암시하고 있는 것이며, 어떤 사람의 운명이 확실히 정해진 상황에 적절하게 사용된다("패망"을 의미하는 쇼드[שד]를 참조하라).

이스라엘이 야웨로부터 떠났고(נדד – 나다드) 야웨를 대항해서 반역을 했기(פשע – 파샤) 때문에, 이제 이스라엘에 이런 화(禍)가 선포되었다. 후자의 어휘(פשע – 파샤)는 왕이나 제국을 대항해서 일으키는 혁명과 같은 상황에서 권위에 도전하는 것을 암시적으로 나타낸다(왕상 12:19; 왕하 3:7; 8:20; 대하 21:8). 8:1에서 파샤(פשע)는 야웨의 율법(תורה – 토라)에 대항하는 반역을 나타내는 데 쓰이고 있다. 이것은 본 절에서 쓰이고 있는 파샤(פשע)의 용례를 분명하게 보여주는 것이다. 이스라엘이 하나님의 율법을 범했기 때문에, 그 주(主)는 기록된 율법에 따라 반역한 나라를 징벌해야만 한다. 13b절에서 야웨는 조건적인 의문문으로 자신의 선택의 여지가 없음을 표현하고 계신다: "내가 저희를 구속하려 하나(ואנכי אפדם – 베아노키 에프뎀) 저희가 나를 거슬려 거짓(כזבים – 케자빔)을 말하고(그들이 나를 향해서 거짓을 말할 때 어떻게 내가 그들을 구속할 수 있겠는가?)." 파다(פדה)는 원래 단순하게 "다시 산다"를 뜻하는 금융상의 의미다. 이 파다(פדה)라는 어휘는 어떤 개인이 돈을 지불하지 않고 되사지 않으면 죽을 운명일 수밖에 없는 것(장자를 포함해서; 레 27:27-31)을 되사는 어떤 법률적인 상황에서 쓰였다. 야웨는 자신의 백성들이 구속을 받을 만한 가치가 있을 때에만 그들의 죽을 운명에서 되사실 수 있었다. 이 용어는 종종 속박으로부터 이스라엘을 구원해내는 것을 나타내는 데 사용되었다(출 13:13; 신 7:8; 9:26). 그러나 구속해주는 것이 이번의 경우에는 야웨가 계획하신 바가 아니었다. 자신의 백성들이 실제적인 파멸에 빠지고 난 뒤에만(저주 유형 24: 참조. 신 28:20 등등) 구속의 희망이 있을 수 있었다(참조. 13:14).

이스라엘이 야웨를 향해서 한 "거짓말들"은 언약을 지키는 것과 관련된 깨진 약속들과 동일시되어야만 한다. 이스라엘이 매년 축제 기간 동안에 충성과 신실을 맹세한 말들은 그들이 강대국들을 의지한다는 사실을 통해 거짓으로 드러났다. 야웨에 대한 그들의 충성은 덧없는 것으로 입증되었다(참조. 6:4).

14**a** 14절은 각 행이 10개의 어절로 이루어진 삼행연구(三行聯句)다. 그 삼행연구는 이스라엘 백성들이 제사를 드릴 때 어떻게 부르짖었는지를, 즉 마음을 다해서 부르짖지 않은 것을 나타내 주고 있다. "성심으로(그들의 마음에서)"(בלבם

– 벨리밤)라는 표현은 아마도 "전심을 다해서"라는 앗수르 조약에 사용된 표현인 *ana gamurti libbi*와 동일한 의미를 가지고 있을 것이다(W. von Soden, *AHW*, 279-80). "부르는 것"(זעק – 자아크), "울부짖는 것"(ילל – 얄랄, 히필) 그리고 "베는 것"(גדד – 가다드, 히트파엘)과 같은 어휘들은 이스라엘 백성들이 경배를 드릴 때 사용한 가나안적인 형식의 모든 국면을 나타내 주는 말들이다. 북 왕국은 이제 매우 곤경에 처하게 되었다. 경제적인 면에서 닥치는 곤경만을 의미하는 것이 아니었다. 곡식과 포도주를 위해(참조. 2:10[8]) 그들은 이스라엘에서 금지된(참조. 레 19:28; 신 14:1) 이런 이교적인 태도와 방법(참조. 왕상 18: 26-29)을 통해 야웨께(아마도 다른 경우들에는 바알에게도 호소했을지라도) 호소했던 것이다. "그들의 침상에서"라는 뜻의 미쉬케보탐(משכבותם)은 "그들의 제단에서"라는 뜻의 미즈베호탐(מזבחותם)을 잘못 베껴 쓴 것이라고 종종 주장되기도 하는데, 아마도 그렇지는 않을 것이다. 가나안적인 경배는 제단 곁에 있는 침상에 누워서 휴식을 취하며 먹는 희생 제사 음식을 포함하고 있었다(암 2:8; 사 57:7-12, 특별히 7절). 이런 "침상들" 위에서 이스라엘 백성들은 소리쳤으며 울부짖었고 자신들을 베었던 것이다. 아주 신실하게 이런 행위들을 했으나, 이런 어려운 시기에 야웨의 도움을 구하기 위해서는 언약적으로 아무런 가치가 없는 시도들이었다.

14b-15 14절의 마지막 두 개의 어휘(יסורו בי – 야쑤르 비 , "나를 거역하는도다[그들이 나를 거역하는도다]")는 15절의 처음 두 개의 어휘(ואני יסרתי – 봐아니 이싸르티, "내가 연습시켜[내가 그들을 가르쳤건만]")에 의해 완결되는 종합적인 이행연구(二行連句)를 시작한다. 15절의 나머지도 유사한 의미("강건케 하였으나[내가 그들의 손을 강하게 했으나] 저희는 내게 대하여 악을 꾀하는도다")를 가지고 있는 종합적인 이행연구를 구성하고 있다. 종합해 보면 두 개의 이행연구를 이루고 있는 네 개의 행은 대칭 구조를 보여 주고 있다: "나를 거역하는도다"는 "저희는 내게 대하여 악을 꾀하는도다"와 병행을 이루고, "내가 저희 팔을 연습시켜"는 "강건케 하였으나"와 병행을 이루고 있다. 이런 이행연구들은 동시에 슬퍼하며 정죄하고 있는 것이다.

하나님은 이스라엘을 일으키셨다(참조. 11:1). 하나님은 이스라엘 백성들을 가르치고 강건케 하셨다. 그들은 하나님의 보호하심과 인도하시는 은혜를 받고 있었으나(11:1-4; 13:4-5) 배반했다. "완강한 암소"(4:16)와 대조를 이루며, 이제 이스라엘은 사실상 완강한 자식(참조. 사 30:1, הוי בנים סוררים – 호이 바님 쏘르림, "화 있을진저 패역한 자식들이여"), 신명기 21:18-20에 있는 훈련시키기 불가능한

(בן סורר – 벤 쏘레르) 반역적이며 제멋대로인 자식에 비유되고 있다. 그런 자식에 대한 징벌은 죽음이었다. 이스라엘의 완고함은 야웨를 대항해서 음모를 꾸민다는 데서 더욱 확대되어 나타났다. 즉 이스라엘 백성들이 자신들 스스로를 애굽과 앗수르에 붙게 함으로써 야웨께 불순종한 것이다. 야웨께 대해 이스라엘 백성들이 악을 꾀하는 것(אלי יחשבו־רע – 엘라이 예하셰브 라아)을 나타내는 이런 일반적인 내용은 북 왕국의 종교를 특징적으로 나타내는 불법적인 벧엘과 바알 예전들에 바치는 불충함을 포함할 것이다.

16 애가는 이스라엘이 야웨를 대항한 반역으로 인해 받게 될 징벌에 대한 묘사로 결론을 맺고 있다: 포로로 잡혀감, 도움을 받지 못함 그리고 전쟁에서 죽음(저주 유형 13, 19, 3). 전적이라고 할 수는 없어도 특별히 사마리아 지도자들이 다시금 문제의 초점에 놓이고 있다. 멍에("원문주해" 16.a.를 보라)로 돌아간다는 예언은 이방 민족에게 복속될 것에 대한 예언이다. 즉 포로로 잡혀가는 것인데, 이로 인해 나라는 종말을 맞이하게 된다. 신명기 28:47-48은 다음과 같이 예언하고 있다: "네가…네 하나님 여호와를 섬기지 아니함을 인하여…여호와께서 보내사 너를 치게 하실 대적을 섬기게 될 것이니 그가 철 멍에(על ברזל – 올 바르젤)를 네 목에 메워서 필경 너를 멸할 것이라." 이스라엘은 야웨께 돌아오지 않을 것이다. 그러므로 그들은 그들이 이전에 애굽에서 겪어서 알고 있는 속박을 받는 상태와 같은 종류인 멍에로 돌아가야만 한다. "속이는 활"(קשת רמיה – 케셰트 레미야)이라는 어휘는 약함과 무능함을 나타내는 유비다(참조. 시 78:56-57). 활은 느슨하거나 장력이 없어서 어떤 화살도 쏠 수 없다(G. R. Driver, "Problems", 53를 참조하라). 군사적으로, 정치적으로 버티어 보려고 하는 필사적인 노력에도 불구하고, 이스라엘은 극도로 약해졌고 열방 가운데 무력하게 노출되고 말았다(8, 9, 11절). 앗수르에게 송두리째 뽑힐 지경에 이르게 되었다. 앗수르에게 복속되고 포로로 잡혀가고 추방된다는 것은 호세아의 남 왕국 지도층뿐만 아니라 북 왕국 청중들에게도 매우 잘 알려진 내용들이었다. 청자나 독자 모두 이런 말들이 전하고자 하는 중요한 내용을 파악하지 못할 수는 없었다.

방백들(שריהם – 사레헴)은 빈번하게 나오는 언약적 저주 개념(참조. 레 26장; 신 28:32; 이곳 저곳에)인 칼에 의해, 즉 군사적인 행위들에 의해 죽임을 당하게 될 것이다(주전 722년에 앗수르 군사들에 의해). 그들의 혀가 거친 말(זעם – 자암)을 했기 때문이다. 여기서 자암(זעם)은 라차츠(לצץ, 폴렐, "비웃다", "경멸하다", "이교도와 같이 행동하다"; 5절에 있는 분사를 참조하라)와 동의어로서 기능하고 있다. 다음과 같이 목적어가 동일하기 때문이다: 야웨의 말씀. 이 어휘가 모세 언약 자체가 되었든(그럴 가능성이 가장 많다), 아니면 선지자(들)의 경고가 되었든지 간에(그럴 가능성이 가장 적다), 그 어휘는 야웨 바로 그 자신을 무시하는 것을 나타낸다. "이것"(זו – 조)은 단순히 방백들의 죽음을 가리키는 것이 아니라, 전체 구절에서 예언된 사건들을 가리킨다. 따라서 이스라엘의 전반적인 파멸과 종속은 이스라엘에 대해 애굽인들이 말하는 조롱(לעג – 라아그)의 원천이 될 것이다. 애굽인들은 변덕이 많고 믿을 수 없는 동맹국이 당하는 일을 보는 것을 즐거워할 것이다. 그 동맹국은 애굽보다는 도움을 청했던 바로 그 나라에 의해 파멸을 당할 것이기 때문이다. 특별히 이런 예언은 이스라엘이 다시 한 번 애굽에게로 돌아서려고 생각했던 때, 즉 주전 720년대 초기에 더욱더 적절했을 것이다(왕하 17:3-4). 애굽인들은 이스라엘을 도와줄 능력이 없을 뿐만 아니라, 결국에는 이스라엘 백성들을 비웃게 될 것이다. 이를 통해 신명기 28:37의 저주가 성취되는 것이다: "여호와께서 너를 끌어가시는 모든 민족 중에서 네가 놀램과 속담과 비방거리가 될 것이라."

해설

야웨는 이스라엘에 대한 자신의 비통한 실망감을 네 개의 애가들을 통해 표현하고 있다. 그 네 개의 애가들은 이스라엘에 대한 고발을 표현하는 것으로 하나의 긴 개인적 애가를 형성하고 있다. 특별히 시편에서 알려진 대로, 개인적인 애가들은 일반적으로 다음과 같은 여섯 가지의 요소들 대부분 혹은 모두를 포함하고 있다. (1) 하나님께 드리는 말씀, (2) 불평, (3) 하나님에 대한 신뢰의 표현, (4) 구원을 위한 간구, (5) 하나님의 신실하심을 확신하는 표현 그리고 (6) 하나님을 찬양하는 말씀. 물론 이 곳에서는 야웨 자신이 말하는 자이기 때문에, 3, 5, 6의 요소들은 부적절한 것들이다. 전하는 말씀인 요소 1은 듣게 될 모든 사람들에게 주어진다. 불평인 요소 2는 본 장의 대부분을 구성하고 있다. 구원을 호소하는 요소 4는 본 장에서 파멸에 대한 예언으로 전환된다.

애가 뒤에는 마지막 몇 해(年) 동안에 있게 되는 이스라엘이 저지른 행위에 대한 비극적인 사실이 놓여 있다. 국내 정치(7:3-7)와 국외 정치(8-11절) 모두에서 이어지는 이스라엘의 지도자들은 권력을 잡기 위해 싸웠다. 권력을 쟁취하려는 탐욕에 이끌려, 그들은 평화와 축복 그리고 희망을 정말로 보장해 주는 다음과 같은 한 가지 사실을 무시했다: 야웨께 돌아감과 그와 맺은 언약에 순종함. 그들은 거듭해서 야웨께 돌아갈 수 있는 기회들을 무시했다(7, 10, 14절). 그 대신에 그들 스스로는 철저하게 비난했고(1-2절), 성미가 급했으며(4-7절), 약했고(8-9절), 교만했으며(10절), 속기 쉬웠고(11절), 반역적이었으며(13, 15절), 잘못 행했다(14절). 따라서 그들은 레위기 26장과 신명기 28-32장에 있는 언약적 저주에 따라 파멸되고(12, 13절), 포로로 잡혀가는 것(16절)이 마땅하다.

하나님이 토로하고 있는 불평의 본질은 자신의 백성들이 저지른 반역에 대한 것이다. "저희 중에는 내게 부르짖는 자가 하나도 없도다"(7절); "저희가…돌아오지 아니하며…구하지 아니하도다"(10절); "저희가 나를 떠나 그릇 갔음이니라…저희가 내게 범죄하였음이니라"(13절); "내가…강건케 하였으나 저희는 내게 대하여 악을 꾀하는도다"(15절).

범죄를 통해 이스라엘은 공공연하고 극악무도한 언약의 범법자들로서 알려지게 되었다(1-2절). 그들의 죄악들은 그들의 하나님 야웨와 온전한 관계를 맺지 못하도록 방해했다. 그런 막힌 관계는 회개의 마음으로 돌아서는 것으로써만 회복될 수 있다. 그러나 이스라엘 백성들의 행위는 그들로 하여금 자신들의 하나님에게로 향하도록 하기보다는 그 외의 다른 모든 곳으로 향하도록 했다(예를 들어, 12절). 따라서 죄는 그대로 남아 있고, 반역은 야웨가 주는 이상(理想)의 대부분의 내용을 차지하면서 백성들 주변에 쌓였다(2절).

이스라엘의 신실하지 못함은 두 가지 방법에서 국제적으로 분명하게 드러났다. 첫째로, 그들은 애굽과 앗수르 사이를 극심하게 오가며 각각의 편에 기울어졌는데(11절), 결국에는 둘 다에게 신실하지 못했고 가증한 것이 되어, 하나는 그들을 포획하는 자가 되었고 다른 하나는 야유하는 자가 되었다(16절). 둘째로, 그들의 신실하지 못한 배신 행위는 특별히 야웨를 향해 더욱 심했다. 아마도 야웨의 언약은 그들의 지속적인 타락(8-9절)과 마지막 멸망(12절)으로부터 그의 손으로 그들을 보호해 주었을 수도 있었을 것이다. 그들은 야웨가 그들의 행위를 알지 못하고 계신 것처럼(2절) 줄곧 행했다. 야웨의 뜻에 반(反)하는 그들의 습관적인 행위들과 태도들은 그들로 하여금 야웨의 축복에서 단절되도록 했다. 죄 가운데 계속해서 머무는 것은 새 언약 아래서도 역시 중대한 결과들을 초래하게 된다(갈 5:17).

이스라엘이 스스로 지은 죄로 인하여 광풍을 거두다(8:1-14)

참고문헌

Ahlström, G. W. "Oral and Written Transmission: Some Considerations." *HTR* 59(1966) 69-81. **Cazelles, H.** "The Problem of the Kings in Os 8:4." *CBQ* 11(1949) 14-25. **Dahood, M.** "שִׁיר עַל 'to sing before.'" *Bib* 54(1973) 354. ______. "Ugaritic Lexicography." *Mélanges Eugène Tisserant I*, itta del Vaticano, 1964. 81-104. ______ "Ugaritic and the Old Testament." *ETL* 44(1968) 35-54. **Emmerson, G. I.** "The Structure and Meaning of Hos 8, 1-3." *VT* 25(1975) 200-210. **Freedman, D. N.** "The Broken Construct Chain." *Bib* 53(1972) 534-36. **Gnuse, R.** "Calf, Cult and King: The Unity of Hosea 8:1-13." *BZ* 26(1982) 83-92. **Lundbom, J. R.** "Double-duty Subject in Hos 8, 5." *VT* 25(1975) 228-30. **Nicholson, E. W.** "Problems in Hos 8, 13." *VT* 16(1966) 355-58. **Thompson, J. A.** "Israel's 'Lovers.'" *VT* 27(1977) 475-81. **Torczyner, H.** "Dunkle Bibelstellen." In *Vom Alten Testament: FS K. Marti*. *BZAW* 41. Giessen: Töpelmann, 1925. 277-78.

본 문

반역과 거역함에 대한 징벌

8:1 나팔을 네 입에 댈지어다 대적이 독수리처럼 여호와의 집에 덮치리니 이는 무리가 내 언약을 어기며 내 율법을 범함이로다

2 저희가 장차 내게 부르짖기를 나의 하나님이여 우리 이스라엘이 주를 아나이다 하리라

3 이스라엘이 이미 선을 싫어 버렸으니 대적이 저를 따를 것이라

정치적 그리고 종교적 불순종

4 저희가 왕들을 세웠으나 내게서 말미암지 아니하였고 저희가 방백들을 세웠으나 나의 모르는 바며 저희가 또 그 은, 금으로 자기를 위하여 우상을 만들었나니 파멸을 이루리라

5 사마리아여 네 송아지는 버리웠느니라 내 노가 무리를 향하여 타오르나니 저희가 어느 때에야

Punishment for transgression and rejection

8:1 God[a] waits[b] like a young lion[c] Yahweh, like an eagle over the house,[d] Because they have transgressed my covenant, And rebelled against my law.

2 Let them call out to me: "O God of Israel,[a] we know you."

3 Israel has rejected the Good One.[a] The enemy will pursue him.

Political and religious disobedience

4 They[a] have made kings, But not by my will. They have deposed[b] them But I have not acknowledged[c] it. With their silver and gold, they made idols for themselves: as a result, they will be destroyed.[d]

5 I reject[a] the bull[b] of Samaria: I am furious at them. How long will

능히 무죄하겠느냐
6 이것은 이스라엘에서 나고 공장이 만든 것이라 참 신이 아니니 사마리아의 송아지가 부숴뜨리우리라

6 the Israelites[a] be incapable of innocence? As for it,[b] a craftsman made it: it is not God! So, the bull of Samaria will go up in flames.[c]

다가오는 농경적인 재앙

Coming agricultural disaster

7 저희가 바람을 심고 광풍을 거둘 것이라 심은 것이 줄기가 없으며 이삭은 열매를 맺히지 못할 것이요 설혹 맺힐지라도 이방 사람이 삼키리라

7 Though they sow with a wind, they will reap in a storm.[a] Grain without a head will produce no flour.[b] Even if it does produce, foreigners will devour it.

8 이스라엘은 이미 삼키웠은즉 이제 열국 가운데 있는 것이 기뻐하지 아니하는 그릇 같도다

8 Israel is devoured: now they are among the nations like something[a] nobody wants.

앗수르와 애굽에 있는 이스라엘(9-13절)

Israel in Assyria and Egypt (vv 9-13)

9 저희가 홀로 처한 들 나귀처럼 앗수르로 갔고 에브라임이 값 주고 연애하는 자들을 얻었도다

9 For behold they have gone up to Assyria—A wild donkey off by itself is Ephraim: lovers[a] have hired[b] it.

10 저희가 열방 사람에게 값을 주었을지라도 이제 내가 저희를 모으리니 저희가 모든 방백의 임금의 지워 준 짐을 인하여 쇠하기 시작하리라

10 Even though they have been hired[a] by the nations, now I will gather them. And they will cease for a while from anointing[b] king or officials.

예전의 부패

The corruption of the cult

11 에브라임이 죄를 위하여 제단을 많이 만들더니 그 제단이 저로 범죄케 하는 것이 되었도다

11 Though Ephraim has made many altars to take away sin[a] they have become for him altars for committing sin!

12 내가 저를 위하여 내 율법을 만 가지로 기록하였으나 저희가 관계없는 것으로 여기도다

12 I wrote for him my many laws:[a] they are considered as something foreign.

13 내게 드리는 제물로 말할지라도 저희가 고기로 제사를 드리고 먹거니와 여호와는 그것을 기뻐하지 아니하고 이제 저희의 죄악을 기억하여 그 죄를 벌하리니 저희가 애굽으로 다시 가리라

13 They offer sacrifices as my gifts, and they eat the meat, (but) Yahweh is not pleased with them. Now he will remember their guiltiness, and he will punish their sins. Behold they will return to Egypt.[a]

불로 파멸됨

Destruction by fire

14 이스라엘은 자기를 지은 자를 잊어버리고 전각들을 세웠으며 유다는 견고한 성읍을 많이 쌓았으나 내가 그 고을들에 불을 보내어 그 성들을 삼키게 하리라

14 Israel forgot his maker, Judah built temples/palaces,[a] He fortified many cities. But I will send fire into his cities, and it will consume his fortresses.

원문주해

1.a. 히브리어 텍스트는 MT에 있는 대로는 이해하기가 어려운 내용이다("나팔을 네 입에 댈지어다 대적이 독수리처럼 여호와의 집에 덮치리니"). 역본들은 텍스트가 전승 초기에 훼손되었음을 분명하게 보여 준다. 이행연구(二行連句)의 처음 상반절에서, G는 "땅과 같은 그들의 가슴에"라는 뜻의 에이스 콜폰 아우톤 호스 게(*εἰς κόλπον αὐτῶν* ὡς γῆ)로 읽는다. 이런 G의 독법은 כעפר חק אל로 읽는 원본을 반영하고 있는 것이다. G는 단순히 문맥으로부터 "그들의"라는 뜻의 아우톤(αὐτῶν)을 쓰고 있음이 분명하다. 앤더슨과 프리트만은 본 절에서 알 베트 야웨(על בית יהוה) : 카네셰르(כנשר) :: 카샤파르(כשפר) : 엘 히카(אל חך)와 같은 대칭 구조를 발견할 수 있다고 말한다(Andersen and Freedman, 485-86). 비록 그 결과는 "입에 있는 나팔처럼!/야웨의 집 위에 있는 독수리와 같이"라는 여전히 만족스럽지 못한 번역이라 할지라도, 이들의 견해는 해결을 향해 가는 어떤 제안이다. 그러나 만약 본 절이 야생 동물들로부터 받는 피해를 말하는 언약적 저주들(유형 11)을 반영하고 있는 것으로 보이며, 야웨(יהוה): 카네셰르 알 베트(כנשר על בית) :: 히카 카코파르(חכה 〈כ〉פר) : 엘(אל)이라는 다른 종류의 대칭 구조를 포함하고 있는 것으로 본다면, 본 절은 좀 더 설득력 있게 읽게 된다. 그 때에 MT의 "…에"라는 의미의 엘(אֶל)은 "하나님"이라는 의미의 엘(אֵל)로 발음되어야만 한다.

1.b. MT의 히크카(חכך, "네 입에")의 카프(ך)는 "독수리처럼"이라는 뜻의 카네셰르(כנשר)와 병행을 이루는 것으로, 이어서 나오는 어휘에 포함된다. 남아 있는 자음인 חך는 "기다리다"(칼, 사 30:18; 피엘, 호 6:9)라는 뜻의 하카(חכה)의 능동 분사형으로 발음하는 것이 가장 잘 읽는 것이다. 그 חך는 불완전하게 쓰인 것이거나 원문의 어미음소실(語尾音消失)에 의해 말이 단축된 형태다.

1.c. MT의 쇼파르(שפר)는 어떤 종류의 동물을 말하는 것일 수 있다("야생 염소"인 아카디아어 *šapparu*라고 보는 견해도 있다; 또는 "수사슴" 혹은 "가지진 뿔 모양의 수사슴"[참조. 창 49:21]이라고 보기도 한다). 게(γῆ, "땅, 흙"[아파르=עפר])라고 읽는 G의 독법은 MT 쇼파르(שפר)의 첫 자음을 매우 확신하지 못하는 의심스러운 철자로 만들게 된다. 비록 G의 독법은 동물을 말하는 것으로서 "새끼 사슴"이라는 뜻의 오페르(עֹפֶר)로 볼 수 있기는 하지만, 새끼 사슴은 위협적인 동물인 것 같지는 않다. 그러므로 나는 호세아가 5:14의 유사한 문맥에서 이미 사용한 "사자(獅子)"라는 뜻의 케피르(〈כ〉פר)로 읽을 것을 제안한다. 이것은 본 절에 의도되어 있는 위협에 매우 적절한 것이다.

1.d. MT의 연계형 베트(בֵּית)를 바이트(בַּיִת)로 읽은 것.

2.a. "이스라엘의 하나님"이라는 뜻의 연계형 엘로헤 이스라엘(אלהֵי ישראל, MT는 엘로하이[אלהַי])은 운율적인 연유(7:8 음절 계산)로 "우리가 아나이다"라는 뜻의 예다아누카(ידענוך)에 의해 나누어져 있다. 구약에 있는 이런 나눔은 특별히 복합적인 이름들과 다른 전형적인 어구들에 적용되어 표현되고 있다. Kuhnigk, *NSH*, 102-4; Dahood, *Psalms III*, 480; 그리고 Freedman, *Bib* 53(1972) 534-36를 참조하라. 여기서 몇 가지 색다른 번역들은 위에서 언급한 현상들을 인식하지 못한 데서 기인한 결과들이다.

3.a. "좋은 것(선[善])"이라는 의미의 토브(טוב)에 대해서는 Dahood, *ETL* 44(1968) 52를 보라.

4.a. 쿠닉은 헴(הם)을 3절과 함께 놓고 다음과 같이 발음한다(Kuhnigk, *NSH*, 105): 오예브 이르데포 헴(אויב ירדפו הֵם, "그들이 그 대적[즉 바알]을 좇았다"). 운율 분석을 이런 방식으로 접근하거나, 헴(הם)을 "저희가 왕들을 세웠으나"라는 뜻의 히믈리쿠(המליכו)의 처음 두 자음에서 기인된 같은 철자를 중복하여 필사하는 오류(dittography)로 보는 것은 가능하다. 그러나 그 이행연구는 헴(הם)을 포함함으로써만 균형이 잡힌다(8:8 음절)는 것을 인식하는 것이 더 좋은 접근법이다.

4.b. 동사는 "다스리다"라는 뜻의 사라르(שׂרר)일 것 같지는 않다. 오히려 "해고하다/제거하다/해임하다"라는 뜻의 쏘르(סור)의 단순한 두 형태인 소르(שׂור)의 히필형일 가능성이 더 크다. 쿠닉은 두 동사로부터 다음과 같은 이중의 의미를 가지고 있는 어휘나 어구를 제안한다(Kuhnigk, *NSH*, 105): "그들은 그들을 해임했다/그들은 관리들을 세웠다." 그러나 사라르(שׂרר)의 히필형이 "관리들을 세우다"라는 의미를 가지고 있는 것인지는 확실하지 않다.

4.c. 야다(ידע)의 이런 의미에 대해서는 창 18:19; 39:6; 삼하 7:20 등등을 보라.

4.d. G, Syr, Tg과 같이 복수형 이카레투(יכרתו)로 읽은 것.

5.a. MT의 "버리웠느니라(그가 버렸다)"라는 뜻의 자나흐(זָנַח) 대신에 "내가 버렸다/내가 버리고 있다"라는 뜻의 자노아흐(זָנֹחַ, 정동사 대신에 쓰인 부정사 절대형)나 "내가 버리고 있다"라는 뜻의 조네아흐(זֹנֵחַ, 현재 능동 분사)로 읽은 것이다. H. J. van Dijk, *Ezekiel's Prophecy on Tyre*, 70도 그렇게 본다. 대명사 "나"를 가진 형태는 6:5에 있는 이행연구에서는 **운율을 위해**(*metri causa*) 회피되고 있다.

5.b. MT의 "네 송아지"라는 뜻의 에글레크(עֶגְלֵךְ) 대신에 강의(強意)적인 에글레-키(עֶגְלֶ־כִי)로 읽은 것. Kuhnigk, *NSH*, 106도 그렇게 본다. 참조. 호 2:8, *dark*[e]*-kī*. 에겔(עגל)을 "송아지" 대신에 "수소(거세하지 않은 황소)"를 의미하는 것으로 보는 것에 대해서는 W. F. Albright, *From the Stone Age to Christianity*(Garden City, NY: Doubleday, 1957) 300-301를 보라.

6.a. MT의 "이스라엘에서 나고(정말 이스라엘로부터)"라는 뜻의 키 미이스라엘(כי מישׂראל)은 비(非)논리적이다. 비록 추측에 의한 것이기는 하지만, "이스라엘 자손들"이라는 뜻의 베네 이스라엘(בני ישׂראל)로 수정하는 것은 적어도 그 행을 명료하게 만들어 준다.

6.b. MT의 "이것은"이라는 뜻의 베후(והוא)는 "사마리아의 황소"라는 뜻의 에겔 쇼므론(עגל שׁמרון)을 논리적으로 다시 말하는 것이다.

6.c. 셰바빔(שׁבבים)이라는 어휘는 구약에서 오로지 여기서만 쓰이고 있다. 이것은 "불꽃"을 의미하거나(שׁבב – 샤바브; 아람어와 욥 18:5 등등) "작은 조각들/부서진 조각들"(우가릿어, *tbb*)을 의미할 것이다. 그렇지 않으면 원문상의 훼손으로 인한 결과일 수도 있다.

7.a. 쑤파(סופה)가 "광풍"을 의미한다는 증거는 없다.

7.b. 볼프(Wolff)와 메이스(Mays)는 "빵"으로 번역하고 있다. 이것은 MT의 체마(צֶמַח, "이삭[머리]")와 케마(קֶמַח, "옅매[밀가루]")의 가정된 운율에 적절한 것이라고 때때로 생각되는 비(非)문자적인 번역이다. 그러나 그런 운율은 호세아 당대가 아니라 중기 히브리어에서만 가능한 것이다. "주석"을 보라.

8.a. 켈리(כלי)에 대한 일반적인 번역("그릇/기구")은 영어에서는 숙어적인 것이 아니다. 13:15에 있는 "보배의 그릇"이라는 뜻의 켈리 헤므다(כלי חמדה)를 참조하라.

9.a. MT의 아하빔(אֲהָבִים, "사랑의 선물들")을 오하빔(אֹהֲבִים, "연애하는 자들")으로 발음한 것.

9.b. "고용하다/매춘부에게 돈을 주다"라는 의미의 동사 타나(תנה)는 추측에 의한 것이다. 그러나 문맥에 의미가 맞는 것 같다.

10.a. 이 곳에서 수동적인 의미로 쓰인 타나(תנה)는 유타누(יֻתְּנוּ) 혹은 그와 같은 것으로 발음되어야만 한다.

10.b. G와 같이 "그들이 그칠 것이다"라는 뜻의 봐야헤달루(ויחדלו)와 "기름부어 세우는 것으로부터"라는 뜻의 미맛사흐(ממשח)로 읽은 것.

11.a. MT의 라하토(לַחֲטֹא, "죄를 짓기 위해")보다는 피엘 **인칭**(*privatum*) 레하테(לְחַטֵּא, "죄를 없애기 위하여")가 더 맞을 것 같다. Kuhnigk, *NSH*, 107-8를 참조하라.

12.a. K의 리보(רבו)는 로브(רֹב, "많은, 다수의")로 끝나는 고어체의 경우를 반영하고 있는 것 같다. G, Syr를 따라서 "나의 율법들"이라는 뜻의 토라티(תורתי)로 읽은 것이다.

13.a. G는 "그리고 앗수르 사람들 가운데서 그들은 부정한 것들을 먹게 될 것이다"라는 뜻의 카이 엔 앗수리오이스 아카다르타 파곤타이(*καὶ ἐν Ἀσσυρίοις ἀκάθαρτα φάγονται*)를 첨가한다. 아마도 이 어구는 G 원본에 있는 9:3b에서 확장된 것일 것이다. G판본은 그 이행연구를 끝내기 위한 어떤 보충적인 행을 모색한 것이다. 사실상 13b절은 그 자체가 9a절에 보충적인 행이 되고 있다.

14.a. 헤칼(היכל)은 "궁궐"과 "성전"을 모두 의미할 수 있기 때문에, 번역에서 그들 사이에 구별을 하는 것은 불가능하다. 그 두 가지 의미가 모두 의도된 것일 수 있다. 예후다(יהודה) 앞에 있는 베(ו)를 이차적인 것으로 보면서(혹은 헤칼로트[היכלות]와 더불어 쓰이고 있는 소유격 접미어로 보는 것도 가능하다. 즉 "그의 전각들[그의 성전들]"), 우리는 "유다"를 "전각들을 세웠으며(성전들을 건축하다)"의 주어로 본다. 삼행연구(三行聯句)의 동의어적인 병행법에서 그 의미는 "이스라엘과 유다는 모두 그들의 조성자를 잊어버렸고…을 세웠으며…을 견고하게 했다"라는 의미로 쓰였을 것이다.

양식/구조/배경

신탁의 새로운 단락이 거절과 반역의 주제와 더불어 8:1에서 시작된다. 이 단락은 증거와 저주의 연속에 대한 도입으로서 이스라엘의 죄에 대한 일반적인 묘사(1b-3절; 참조. 7:1-2)를 포함하고 있다. 본문은 이스라엘(그리고 유다)에 떨어질 불의 심판에 대한 묘사와 더불어 14절에서 끝난다.

세 가지 유형의 이야기가 주도하고 있다. 그 대부분은 오경의 언약적 저주들에 토대를 둔 이스라엘에 대한 징벌의 예언들이다. 그 담론들 사이에 이스라엘의 반역에 대한 애가들(3-4절의 부분들; 8-9절; 11-13절), 즉 언약이 깨진 증거들이 산재해 있다. 볼프는 7절에 있는 이야기들을 지혜적인 것으로 본다(Wolff, 135, 142). 사실 그 이야기들은 아마도 더욱 직접적으로 표현된 무익해질 것이라는 저주들일 것이다(유형 15).

일반적인 구조는 다음과 같이 요약될 수 있다.

이스라엘이 언약을 어기고 야웨를 거절한 것에 대한 징벌의 예언	1-3절
정치적인 음모와 종교적인 우상 숭배에 대한 정죄	4-6절
농경적으로 소산이 없을 것을 예고하는 저주와 이스라엘에 대한 그 의미	7-8절
이스라엘이 국제적으로 처한 어려운 상황에 대한 묘사	9-10절
부패한 예전에 대한 정죄	11-13절
불로 인한 파멸을 막을 수 없는 무용함	14절

두 개의 "나누어진" 구조가 분명하게 나타난다. "이스라엘의 하나님"이 나누어져 있는 것("원문주해" 2.a.를 보라)은 9-13절이 삽입구로서 이행연구(二行連句)가 나누어진 것으로 이루어진 훨씬 더 커다란 범위와 병행을 이루고 있다.

보라(המה – 헤마) 저희가 앗수르로 갔고
보라(המה – 헤마) 저희가 애굽으로 다시 가리라

따라서 9-13절이 나누어진 이행연구에 의해 형성되었다는 것을 처음 말한 사람은 프리트만이었고(D. N. Freedman, [Prolegomenon to G. B. Gray, *The Forms of Hebrew Poetry*〈New York: Ktav, 1972〉 xxxvi-xxxvii]), 룬트봄이 그에 대해 길게 서술했다(J. Lundbom, "Poetic Structure and Prophetic Rhetoric in Hosea", *VT* 29[1979] 300-308). 그 이행연구는 다음과 같이 완전히 병행적이다: 한 어휘를 반복하고 있으며(히마[הֵמָּה], MT의 헤마[הֵמָּה, "보라"]), 전형적인 시적 문체에서

완료와 미완료가 짝을 이루고(올루[עלו, "갔고〈그들이 갔다〉"]와 야슈브[ישובו, "다시 가리라〈그들이 돌아갈 것이다〉"]), "앗수르"(앗수르[אשור])와 "애굽"(미츠라임[מצרים])이 하나의 고정된 쌍으로 쓰이고 있다(참조. 7:11; 9:3; 11:5, 11; 12:2[1]). 유사한 예들이 호세아 4:11-13(다른 부분)과 예레미야 51:20-23에서 나타난다. 이행연구 결론을 늦춤으로써 선지자는 긴장감을 조성할 수 있다. 여기에 국제 정치적으로 불신실한 죄들과 이교도적인 종교 관행의 죄들이 상세히 묘사되고 있다. 이 묘사는 그 긴장이 이스라엘을 다시 포로 상태로 돌아가게 하는 야웨의 유일한 선택을 조성하게 될 때까지 계속된다. 다른 선지서들에서와 같이 "애굽"은 신명기 28:68의 전승에 있는 포로됨과 추방됨과 동일한 의미를 가질 수 있다. 따라서 만들어진 본 단락(9-13절)을 두 번째로 묶어 주는 요소는 본 장의 다른 곳에 있는 "이스라엘"과 대조되는 "에브라임"(9, 11절)이라는 주어다.

병행법들의 대부분은 종합적이다. 동의어적인 병행법들은 4, 13b, 9aα절과 13bγ절, 그리고 14절에서 발견된다. 반대적인 병행법들은 7절과 11절에서 볼 수 있다. 이야기들 가운데 여기저기 흩어져 있는 여러 가지 삼행연구(三行聯句)들이 있다. 병행법들의 다양성과 이행연구와 삼행연구의 변조들은 예측할 수 없게 다양하게 나타나고 있다. 사실상 이런 다양성은 히브리 시에서 항상 일어나는 경우다.

배경과 관련해서, 8:1-14과 5:8-7:16에 나오는 주전 733년 이후의 신탁들을 병치시키고 있는 것은 전혀 우연한 일이 아니다. 대적이 따를 것을 언급하고 있는 것(3절)은 5:8을 생각나게 해준다. 아람-에브라임 전쟁의 결과와 그 직후의 시기는 이 신탁들을 위해 가장 가능성이 큰 시대적 배경이다. 이스라엘의 쇠락해 가는 국제적 지위는 8-10절(참조. 7:8-9)에 묘사되어 있으며, 이스라엘의 정치적인 불안전성은 4절(참조. 7:3-7)에 묘사되어 있다. 비록 호세아(Hoshea)가 앗수르에 대한 갑작스런 반역을 하고 애굽에 구조 요청을 했을지라도, 호세아가 먼저 앗수르에게 절박하게 구조를 요청한 일(9절; 참조. 7:11-12)은 이미 일어났다. "사마리아의 황소(송아지)"는 단수다(5-6절). 아마도 단(Dan)에 있었던 황소는 주전 733년에 앗수르가 침략했을 때 파괴되었던지 아니면 약탈당했을 것이다(왕상 12:29과 호 7:1-16, "양식/구조/배경"을 참조하라). "벧엘의 황소"라는 표현이 불가능했기 때문에, "사마리아의 황소(송아지)"라는 용어가 쓰였을 가능성이 있다. 벧엘은 주전 732년에 다시 유다 족속의 관할 아래 들어갔기 때문이다(5:8-10 "주석"을 보라). 이런 정황은 이 본문을 주전 732년 이후의 시기로 놓고 있는 것이 분명하다. 그러나 "사마리아"라는 용어는 하나의 성읍 이름을 나타내는 것이기도

하지만, 북 왕국 전체를 나타내는 제유(提喩)적인 용어로 쓰였을 것이다. 사마리아를 언급하고 있다는 것이, 이 말씀들이 그 성읍에서 선포되었다는 사실을 의미하는 것은 아니다. 그런 생각은 "사마리아여! 네 송아지는(오 사마리아여! 네 황소는)"이라는 5절에 대한 MT의 어색하며 의구심이 가는 수정안에 토대를 두고 있는 것이다. 우리가 수정한 발음은 어색하며 의구심이 가는 MT의 수정안을 제거해 준다("원문주해" 5.b.를 보라).

우리는 본문의 연대기를 시험적으로 호세아 통치기, 즉 아마도 주전 731년과 725년 사이의 어느 시기로 상정해 볼 수 있다.

주석

1 호세아의 이스라엘은 파멸을 향해 가고 있다. 잡아먹는 포식자들인 "젊은 사자"("원문주해" 1.c.를 보라)와 독수리가 먹이를 기다리고 있다. 야웨는 전쟁에서 만나는 대적(3절)을 통해 이스라엘을 죽이실 것이다. 신명기 28:49은 본 절에서 묘사되고 있는 이미지의 부분적인 배경을 말해 준다("여호와께서 원방에서, 땅 끝에서 한 민족을 독수리의 날음같이 너를 치러 오게 하시리니…"). 야웨가 야생동물처럼 이스라엘을 공격하신다는 개념(저주 유형 11)은 5:11과 밀접한 병행적 표현임은 물론이다. 5:11에는 "젊은 사자"가 또한 야웨를 나타내는 직유(直喩)적인 표현으로 나타나고 있다.

다가오는 공격에 대한 이유는 두 번째 이행연구(二行連句)의 분명하게 표현된 언약적 어휘에서 언급된다. 이스라엘은 언약을 어겼고, 모세 율법에 불순종했다. 전쟁의 경고에서 등장하고 있는 대적은 앗수르이지만, 이스라엘의 궁극적인 대적은 야웨이시다(참조. 5:13-16; 6:1; 7:3-16). 야웨의 싫어함을 꾸밈없이 나타내고 있는 정치적·경제적 어려움의 문제들은 야웨에 대한 불신실함으로부터 기인한 것이다. 언약에 대한 그들의 불순종함으로 인해 이스라엘은 정말로 그런 냉대를 받아 마땅하다.

호세아서에는 "율법"이라는 의미의 토라(תורה)와 "언약"이라는 의미의 베리트(ברית)가 각각 3번과 5번씩 나타나고 있는데, 오직 이 곳에서만 동의어적으로 한 쌍을 이루어 쓰이고 있다. 비록 자음들이 복수로서 혹은 단수로서 발음될 수 있다 할지라도, MT는 토라(תורה, 연계형 단수 혹은 복수)가 쓰이고 있는 각각의 용도에서 단수로 해석하여 사용하고 있다. 4:6에서와 같이, 율법은 레위인들(신

31:26)과 전체 백성들(신 32:46-47) 모두에게 전해진 언약적 규례들의 온전한 틀이다. 그 **율법**을 구성하고 있는 이런 개별적인 **율법들**은 기록되어 있으므로(8:12) 모두 앞에 열려 있는 것이다. 그러므로 율법에 불순종하는 것은 그 율법을 "**내** 율법"이라고 그리고 그 언약을 "**내** 언약"이라고 부르는 야웨를 거역하는, 알면서도 저지르는 강팍한 행위였던 것이다.

2 이스라엘은 강화된 예배로 자신들의 불순종을 상쇄시키려고 했다. "부르짖다"라는 의미의 동사 자아크(זעק)는 도움을 요청하는 의미를 내포하고 있다(삿 12:2; 삼하 19:29). 주전 733년에 있었던 재난의 사건들 이후에 먹을 것과 안전이 요청되는 고통 속에서 이스라엘은 공식적으로 그 나라의 신에게 도움을 요청했다. 그러나 여전히 이스라엘은 다른 신들과 애정을 나누며(3, 4-6절) 이교적인 관행들을 따라 행했다(11절). 이것은 7:14게 묘사된 울부짖으며 야웨께 도움을 요청하는 모습을 상기시켜 준다.

현재 긴급한 도움의 요청을 나타내는 표현은 언약적으로 연관된 어법을 사용하고 있다: "이스라엘의 하나님이여! 우리가 당신을 아나이다(ידענוך – 예다아누카)." "이스라엘의 하나님이여!"라는 뜻의 엘로하이… 이스라엘(אלהי… ישראל)의 나누어진 구조에 대해서는 "원문주해" 2.a.를 보라. 도움을 호소하는 두 부분(이름과 알고 있음을 주장하는 것)은 야웨에게 자신의 백성들과 야웨 자신이 연결되어 있음을 상기시키려고 하는 시도다. 종종 "야웨" 혹은 "만군의 야웨"가 앞에 나오는 "이스라엘의 하나님"이라는 어구는 구약 전반에 걸쳐서 나오는 보편적인 어구다. 이스라엘 백성들은 야웨와 이스라엘 사이의 이런 연결은 변경되거나 취소될 수 없는 것이라고 생각했다: 그러므로 야웨는, 이스라엘 백성들의 여아한 행동에도 불구하고 그들 자신들의 하나님으로 남아 있었고 앞으로도 그럴 것이라고 생각했다. 더욱이 그들은 "그를" 안다고 생각하고 있었다. 즉 그들은 그의 편이고 그 동맹(그러나 4:1을 참조하라)으로 간주되고 있다고 생각했다. 하나님은 진노 가운데 그들의 도움 요청을 인용하고 계신다. 의역하자면 다음과 같은 내용일 것이다. "그들은 뻔뻔스럽게도 나를 부르고 있구나!" 그들의 주장은 그들의 신실하지 못한 행위들에 의해 거짓으로 꾸며진 위선적인 것이다(3절 등등).

3 이스라엘은 의도적으로 "선(좋은 것)"(טוב – 토브), 즉 야웨를 "싫어 버렸으므로(거절했다)"(זנח – 자나흐) 언약을 범한 것이다. 그들에 대한 징벌은 잘 알려진 저주로부터 임할 것이다. "대적"(אויב – 오예브)이 "저를 따를 것이다"(ירדפו – 이르데포). 이 어법은 신명기 28:22, 45과 매우 밀접하게 병행되는 것이지만,

레위기 26장과 신명기 28-32장에 거듭 언급되는 주제(저주 유형 3)를 반영하고 있다. 언약적 저주 용어에서 추격을 당하는 것은 전쟁에서 패배할 자를 나타내는 표현 방법이다(신 28:7과 28:25을 비교하라; 참조. 레 26:7). 이스라엘이 앗수르에 의해 정복되는 것을 나타내는 것일 수도 있다(참조. 4절).

4 4절은 "선(좋은 것)"을 거부한 이스라엘의 구체적인 죄목들로 시작된다. 묘사되고 있는 첫 번째 죄목은 나라의 통치와 예전의 영역에서 저질러진 언약에 대한 죄목들이다. 이스라엘 백성들은 자신들이 왕들을 세우고 폐하는 권한을 가진 것처럼 오만했다(참조. 7:3-7). **오직** 야웨**만이** 카리스마적인 은사들 혹은 선지자를 통한 직접적인 계시를 통해 누가 왕이 될 수 있는지를 결정하신다. 야웨가 왕들에게 나라들을 **주신다**(예를 들어, 왕상 19:15-16). 이스라엘 백성들은 누가 자신들의 왕이 될 것인지를 결정하지 못한다. "내게서 말미암지(내 뜻에 의해)"(ממני – 미메니)라고 번역된 어구는 문자적으로는 "나에 의해" 혹은 "내게로부터"라는 의미다. 왕은 야웨를 대신하는 자 혹은 야웨의 통치자로 백성들이 선택한 자가 아니다. 7:3-7에 있는 바와 같이, 대부분 암살에 의해 권력을 잡은(왕하 15:8-30) 북 왕국의 왕들의 연이은 왕위 승계를 낳은 주전 748년 이후의 격변하는 국내 정책은 이런 어휘들과 관련되어 있다. 이런 어휘들의 그 어느 것도 북 왕권 자체가 비합법적인 것이라고 말하는 것은 아니다(참조. 왕상 11:11; 왕하 9:1-3). 하나님이 거부하셨던 것은 바로 왕이 세워지고 폐위되는 방식이었다.

본 절의 두 번째 부분은 우상 숭배의 거짓 예전적 관행들을 공격하고 있다. 5절이 분명히 하고 있듯이 황금으로 된 황소는 이런 "우상들"(עצבים – 아차빔)을 가장 분명하게 (그리고 공식적으로) 보여 주는 현시(顯示)였다. 그러나 다른 우상들도 있었다. 이스라엘 백성들은 자신들의 혼합주의 속에서 야웨주의를 다른 종교의 많은 특성들과 섞었기 때문에, 우상 숭배는 자연스럽게 번성해 나갔다(왕상 11:4-10; 호 4:17; 13:2 등등).

"…했으니 파멸을 이루리라"(למען יכרת〈ו〉 – 레마안 이카레트)라는 마지막 절은 언약에 따라서 우상 숭배를 한 결과를 간결하게 언급하고 있다. "파멸되다"라는 뜻의 동사 카라트(כרת)의 니팔형은 선지자들이 선포한 심판 신탁에서 주로 사용된다(참조. 레 26:22, 30 히필). 더욱 유사한 것은 죄에 의해 더럽혀진 사람의 운명에 대해 묘사하고 있는 레위기 17-26장(또한 종종 다른 곳에서도)의 "성결법전"에 있는 형식이다: "그 백성 중에서 끊쳐지리라"(예를 들어, 레 17:4; 18:29). 여기서 "…의 결과로서"라고 번역되는 레마안(למען)이라는 어휘는 목적("…하기 위해") 혹은 결과("그래서")를 나타내는 것일 수 있다. 따라서 4b절을 구성하는 전체 문장을 다음과 같이 추론해 볼 수 있다: "그들이 자신들의 은과 금으로 자기 자신들의 우상들을 만들었으므로, 그들은 파멸될 것이다!" 그 의미는 이스라엘 백성들은 자신들의 터무니없이 어리석은 불순종으로 인해 그들 자신의 운명을 초래했다는 것일 수 있다.

5 이스라엘이 야웨를 "싫어 버렸으므로"(זנח – 자나흐, 3절), 이제는 야웨가 사마리아의 황소(송아지)를 "버리셨다"(זנח – 자나흐). 문맥은 MT에 나타나는 과거형이나 G에서 보이는 명령형보다는 1인칭 형식("내가 거절하다")의 독법을 암시해 주고 있다("원문주해" 5.c.를 보라). "사마리아의 황소(송아지)"("원문주해" 5.b.)는 여로보암 2세가 아론이 금으로 만든 황소(송아지, 출 32장) 모양을 본떠서 공적으로 세운 것(왕상 12:26-30)이기 때문에, 북 왕국이 보이는 반(反) 예전의 가장 중요한 중심적 상징물이었다.

황금 소는 신을 나타내는 우상으로 만들려고 한 것이 아니라, 단순히 법궤와 유사한 것으로서 야웨가 서 있는 제단으로 만들어진 것이라는 주장이 종종 제기되었다. 올브라이트도 다음과 같이 그런 결론을 내린다(W. F. Albright, *From the Stone Age to Christianity*[2nd ed., Baltimore: Johns Hopkins, 1957] 299). "가나안 족속(Canaanites)과 아람 족속(Aramaeans) 그리고 헷 족속(Hittites) 중에서 우리는 거의 항상 어떤 동물의 등 위에 서 있는 혹은 동물들로 된 보좌 위에 앉혀져 있는 신(神)들을 발견하게 된다. 하지만 그 신들 자체는 결코 동물의 형태로 되어 있지는 않다." 그러나 사실상 성서의 이야기는 이런 견해를 지지해 주고 있지 않다. 황소에 대한 가장 이른 시기에 이루어진 적나라한 묘사(출 32:4; 왕상 12:28)를 볼 때, 그것은 일종의 신으로 간주되었음이 분명하다. 비록 야웨를 위한 대좌(臺座)였을지라도, 그것은 단순히 경건한 작품의 의미를 훨씬 넘어서는 그 무엇이었다. 올브라이트가 인정하듯이, "호리족(Hurrians)은 폭풍의 신인 테숩(Teshub)의 보좌를 떠받치고 있는 두 마리의 황소인 셰리(Sheri)와 쿠리(Khurri)를 작은 신들로 여겼음이 분명하다. 그러나 그 두 마리의 황소들은 위대한 폭풍의 신으로 여겨지지는 않았다." 포프가 보여 주었듯이, 우가릿 도상학(圖像學)은 엘(El) 신을 정확하게 황소로 표현하고 있다(M. Pope, *El in the Ugaritic Texts*, VTSup 2[Leiden: E. J. Brill, 1955).

이스라엘 백성들은 "황소(송아지)"인 에겔(עגל)을 일종의 신을 나타내는 우상으로 생각했다. 원래 대부분의 이스라엘 백성들은 그 신을 야웨로 생각했다. 다른 사람들은 자신들의 마음에 그 황소를 이도저도 아닌 중립적인 것으로 간직했을 수도 있다. 그러나 예배에 대한 가나안적인 방식들이 도입됨에 따라서 그런 구분도 희미해졌음이 분명하다. 6절에 나타나는 그 황소에 대한 부정(否定)의 진술이 분명하게 말해 주듯이, 그 황소 자체는 일종의 신으로 간주되었다. 그러므로 황소-우상을 사용하는 것은 언약의 본질을 배반한 것으로서 선지자들에 의해 공격을 받았던 우상 숭배였다(참조. 출 20:3-4). 이것으로 인해 야웨는 이스라엘에 "진노"를 발하셨다. 야웨는 우상 숭배에 반대해서 "질투하시는 하나님"(출 20:5)이 될 수 있다. 그 이후로 이스라엘이 우상 숭배로 돌아설 때마다 야웨의 진노가 일어났다(민 25:3; 참조. 신 11:16, 17; 29:25-28; 수 23:16 등등).

그때 야웨는 신랄한 질문을 하신다: "저희가("원문주해" 6.a.) 어느 때에야 능히 무죄하겠느냐?" 의문사 "얼마나"(עד־מתי – 아드-마타이)는 이루어지지 못한 희망에 대한 탄식을 나타내는 수사적인 방식이다(참조. 시 6:4; 74:10; 90:13; 렘 12:4; 슥 1:12). 그러나 이 어구는 여기서처럼 괴로움을 당하는 상황에 대한 참을 수 없음을 나타낼 수도 있다(렘 4:14; 합 2:6). 이스라엘은 유죄 판결을 피할 수 없었던 것 같다. "무죄"(נקין – 니카욘)는 이스라엘 백성들의 능력을 넘어서는(לא יוכלו – 로 유클루, 참조. 5:13) 일이었다. 지속적으로 황소-우상에 대한 경배를 드림으로써, 이스라엘 백성들은 야웨가 그들의 도와달라는 호소를 받아들이실 수 없도록 하는 일(13절)을 확고히 하고 있었던 것이다.

6 장인(匠人)이 만든 것은 신(神)이 될 수 없다. 그러나 이스라엘 백성들은 장인이 만든 것을 신이라고 믿고 있었다. "참 신이 아니니(신이 아니니)"라는 뜻의 로 엘로힘(לא אלהים)이라는 어구에 대한 배경을 위해서는 신명기 32:21 (לא אל – 로 엘)을 보라. 숭배되고 있는 우상은 아마도 송아지(עגל – 에겔)의 작은 상(像)이었을 것이다. 꼭대기에 작은 수소의 형상을 가진 막대기(O. Eissfeldt, "Lade and Stierbild", *ZAW* 58[1940/41] 190-215도 그렇게 본다) 혹은 소의 머리를 가진 사람의 형상(K. Galling, "Das Stierbild von tell-el-asch'ari", *ZDPV* 69[1953] 186-87를 참조하라)과 같은 다른 형상들도 가능할 것이다. 그러나 일종의 수소와 같은 상(像)이었을 것이라고 보는 것이 가장 그럴듯하다. 그 우상은 나무로 깎아 만든 것이 거의 확실하다. 그 우상은 "불타오를 수 있기"(שבבים – 셰바빔, 참조. 출 32:20) 때문이며, 금박의 얇은 막으로 덮여 있기 때문이다. 마찬가지로 많은 고대의 우상들은 나무로 만들어졌다. 우상을 만드는 데 주로 나무가 사용되었기 때문에, 수메르족(Sumerians)은 나무를 "신들의 살"이라고 부르기조

차 했다.

인간의 손으로 만든 어떤 것을 섬기는 것이 어리석은 짓이라는 사실은 선지서에 나타나는 전형적인 주제다(예를 들어, 사 2:8, 20; 40:18-20; 44:9-20; 렘 10:1-16 등등). 그러나 어떤 상(像)을 숭배하는 것은 부적합한 것인데, 이런 부적합성은 다른 모든 나라들에 의해 사용되는 표준적인 제도에 편승해서 묵인되었다. 이스라엘은 야웨와 맺은 언약의 가장 기본적 특색인 오로지 보이지 않는 하나님만을 경배해야 한다는 것을 지킬 수 없었다.

사마리아 송아지는 불에 던져질 것이다. 이것은 특별히 우상들에 대해 적절한(신 7:5, 25) 언약적 징벌의 기준이 되는 형태다(레 20:14; 21:9; 민 11:1; 신 32:22; 유형 10). 이스라엘은 율법이 요구하는 대로 그들의 우상들을 파멸하지 않았기 때문에, 이제 야웨는 그들을 위해 우상들을 부수어 버리실 것이다.

7 야웨는 송아지 우상을 벌하는 것으로 그치지 않으실 것이다. 백성들 자신들은 징벌을 받아야만 한다. 7절은 무익하게 되고 결실치 못하게 될 것이라는 세 가지 저주들을 포함하고 있다. 이런 저주 속에서 기대감은 그들이 깨닫기 전에 좌절되어 버린다(유형 15; 참조. 신 28:30-42). 이 저주들 중에 처음 두 개는 때때로 "지혜 격언"으로 분류된다. 아마도 그 두 개의 저주들은 일종의 경구(警句) 어투의 지혜 유형을 보여 주기 때문일 것이다. 그렇지만 이에 대한 증거는 없다. 첫 번째 격언은 신명기 28:38에 나오는 결실치 못하게 되는 저주를 반영하고 있는 것이 분명하다: "네가 많은 종자를 들에 심을지라도… 거둘 것이 적을 것이며." 고대에 씨를 뿌리는 자들은 부드러운 바람과 더불어 밭에 씨를 뿌렸다. 부드러운 바람이 경작하려고 하는 밭에 씨를 골고루 흩어 주는 데 도움이 되기 때문이었다. 따라서 루아흐(רוח)는 부사적인 의미를 가지고 있는 것이다. 즉 상징적으로 함축된 의미가 없이 "바람과 더불어"라는 의미다. 씨 뿌리는 자의 계획과 노력을 무위로 돌리는 재앙은 수확되기 전에 곡식알들을 떨어뜨리고 흩어 버리는 광풍 가운데 내리는 것으로 보인다. 위치를 나타내는 처격(處格)을 볼 때 "광풍"(סופתה – 쑤파타)은 부사적으로 쓰였다. 농부들에게 재해가 되는 나쁜 기후는 이스라엘에 대한 야웨의 심판을 수행하는 주된 원인자로서 역할을 감당하게 될 것이다(저주 유형 6c).

더욱이 전체의 격언은 두 가지의 의미를 가진 어휘나 어구다. "광풍"이라는 의미의 루아흐(רוח)가 종종 어리석고 가치 없는 행위나 목표들을 나타내는 환유(換喩)로 쓰이고(전 1:14, 17; 잠 11:29; 욥 7:7), 호세아서에서는 "음란한 마음"(4:12, 19; 5:4)이 이끌어 가는 힘과 연관되어 쓰이고 있기 때문이다. 이 격언은 다른 면으로 잘 알려진 씨를 뿌리고 거두는 형식(잠 11:18; 22:8; 욥 4:8; 참조. 갈 6:7)을 따르고 있다. 즉 "네가 뿌린 것을 네가 거둘 것이다" 혹은 "네가 뿌린 것을 여러 배를 거둘 것이다." 후자의 의미가 이 곳에 적용될 수 있을 것이다. 이스라엘은 심은 것(רוח – 루아흐, "바람", 직접 목적어)에서 광풍(סופתה – 쑤파타, 부사)을 거둘 것이다.

두 번째 격언 또한 결실치 못할 저주 형식을 포함하고 있으며, 첫 번째 격언에 토대를 두고 이루어지고 있다. "심은 것이 줄기가 없으며 이삭은 열매를 맺히지 못할 것이요(머리가 없는 곡식은 밀가루를 만들어 내지 못할 것이요)"라는 어구는 새로운 계시가 아니다. 그러나 이 어구는 중요한 점을 말해 준다. 만약 야웨가 줄기가 곡식을 맺지 못하게 하신다면 혹은 만약 결실이 파괴된다면 기근(저주 유형 7)이 닥쳐올 것이다. 볼프(Wolff, 132, n. 1)는 "이삭", "머리"라는 의미의 체마흐(צֶמַח)는 "열매(밀가루)"라는 의미의 케마흐(קֶמַח)와 운율이 맞추어져 있는 것이라고 추정한다. 그러나 이런 운율 맞춤은 오래된 히브리어에서만 있을 수 있다. 주전 8세기에 צמח는 *ṣimḥ*로 발음되었고, קמח는 *qamḥ*로 발음되었다. 이행연구(二行連句)는 운율적으로 균형을 이루고 있는 것이지(5:5), 동운어(同韻語)로 맞추어져 있는 것은 아니다. 세 번째로 결실치 못할 저주는 이스라엘 백성들이 심은 것을 어떻게 이방 사람들이 삼킬 것인지에 대해 묘사하고 있다(저주 유형 5). 이런 개념은 모세 언약에 나타나는 저주들(레 26:16; 신 28:33, 51; 참조. 신 32:21b)을 거의 정확하게 따르고 있다. 대적(3절)은 이스라엘이 수고한 것을 취할 것이고, 이스라엘이 풍요의 예전을 의존했던 것은 비극적인 실수였던 것으로 드러날 것이다.

8 이 구절은 1절에 나오는 먹이를 삼키는 맹금인 독수리의 개념을 잘 떠올리게 해준다. 이스라엘 백성들이 국제적으로 올가미에 걸려들게 되는 것은, 그들의 신실하지 못함으로 인해 열방 가운데 흩어질 때(저주 유형 13) 앞으로 그들이 가지게 될 비참한 실존의 상태와 연관되어 있다. 다음의 구절들과 비교해 보라: "너희가 열방 중에서 망하리니 너희 대적의 땅이 너희를 삼킬 것이라(אכל – 아칼)"(레 26:38); "주께서 원수같이 되어 이스라엘을 삼키셨음이여(בלע – 발라)"(애 2:5). 열방 가운데 이스라엘 백성들이 흩어지는 것은 은유(隱喩)적으로 이스라엘이 삼켜지는 것이다(참조. 레 26:33; 신 28:64-65; 32:26). 따라서 이스라엘은 이미 이런 저주들이 시행되는 것을 경험하기 시작하고 있었다. 8절에 따르면 그들은 "열국 가운데 있었고"(בגוים – 바고임), 기뻐하지 않음을 받는(꺼려함을 받는)

자들이었다. 이스라엘 백성들 자신이 행한 변절적인 외교 정책(7:3-4에 대한 "주석"을 참조하라)은 그들이 현재 겪고 있는 고충에 이르도록 한 주된 요인이었다. 한때 이스라엘은 위대했었다. 그러나 이제(עתה – 아타) 이스라엘은 열국 가운데 무기력하게 무너지고 있었다. 이스라엘은 열국으로부터 절박하게 도움을 구했지만 아무런 유익을 얻지 못했다. "기뻐하지 아니하는 그릇 같도다(어느 누구도 원하지 않는 어떤 것)"라는 의미의 키클리 에인 헤페츠 보(כלי אין חפץ בו)는 예레미야 22:28에서 포로로 잡혀가 폐위된 여호야긴 왕을 묘사하는 어구로 쓰이고, 예레미야 48:38에서는 패배한 멸망 받을 모압을 묘사하는 어구로 쓰이고 있다. 이들 병행어구들은 교훈적인 면이 있다. 이스라엘은 패배하고 멸망되었다. 더욱이 고난이 따라올 것이다(10, 13, 14절). 이 어려움이 야웨에게 이스라엘이 버려진 것을 나타낸다는 사실은 이어지는 구절에서 분명하게 볼 수 있다.

9 이스라엘의 국가적인 불충함은 이스라엘이 앗수르에게 도움을 요청하는 데서 가장 극적으로 극명하게 드러났다. 본 절은 나누어진 이행연구(二行連句)의 절반("저희가 앗수르로 갔고")으로 시작하고 있다. 이 나누어진 이행연구는 13절의 마지막 문장("저희가 애굽으로 다시 가리라")에서 완성된다. 그 사이에는 이스라엘의 죄와 그 결과, 즉 열방의 거부와 다가오는 야웨의 징벌에 대한 묘사들이 틀을 이루고 있다. 앗수르에 대한 도움 요청은 아마도 주전 732년에 참람(僭濫)한 세력에게 제기된 호세아(Hoshea) 왕에 의해 이루어진 일일 것이다. 디글랏-빌레셀 3세(참조. 7:8-12)에 의한 이스라엘의 완전한 정복을 막기 위한 것이었다.

곧이어 나오는 이행연구의 첫 번째 절반은 열방 가운데서 이스라엘의 타락한 상태에 대한 은유적인 징벌을 담고 있다. 에브라임은 "홀로 처한" 들 나귀(פרא – 페레)로 불린다. 페레는 들 당나귀이거나 야생 당나귀이거나 얼룩말이었을 것이다. 이런 동물들은 떼를 지어 다닐지라도 사람이나 다른 동물들과는 거의 접촉을 가지지 않는다(참조. 욥 24:5; 시 104:11). 비록 동음이의(同音異義)어적인 익살스러운 표현이 청각적으로도 구분될 수 있는지에 대해서는 의문스러운 면이 있을지라도, 어휘 페레(פרא)는 "에브라임"(אפרים – 에프라임)과 시각적으로 동음이의어적인 익살스러운 표현을 나타내고 있다. 페레(פרא)는 창세기 16:12에 나타나는 이스마엘에 대한 하나님의 약속, 즉 시적으로 표현된 하나님의 약속을 되새기게 할 수도 있다. 창세기 16:12에서 페레(פרא)는 고립되고 다른 사람들과 적의를 품고 사는 사람의 감정을 전하고 있다.

이행연구의 두 번째 절반("값 주고 연애하는 자들을 얻었도다[연애하는 자들이 그것을 값 주고 얻었다]")은 예레미야 2:23-25에서 놀라울 정도로 일치하는 병행 어구를 보게 된다. 예레미야 2:23-25은 이스라엘의 신실치 못함을 묘사하는 일련의 은유들 가운데 있는 구절이다: "…너는 광야에 익숙한 들 암나귀가…같았도다. 그 성욕의 때에 누가 그것을 막으리요 그것을 찾는 자들이 수고치 아니하고 그것의 달에 만나리라…오직 너는 말하기를…'내가 이방 신을 사랑하였은즉 그를 따라가겠노라' 하도다." 호세아 8:9에서 나라는 그 대적들의 위험에 놓여 있다. 그 사랑을 돈을 주고 살(요구할) 자원들을 가지고 있는 자들, 즉 애굽 혹은 이 예언이 전달된 이 시점에서는 앗수르에게 쉬운 먹잇감이었다.

10 본 절의 첫 번째 이행연구는 이스라엘 백성들이 이방 동맹국들로부터 도움을 요청하기 위해 뿔뿔이 흩어진 것(최소한 은유적으로 보았을 때)으로 묘사하고 있다. "모으다"(קָבַץ – 카바츠, 피엘)는 포로민들을 축복받은 약속의 땅으로 다시 모으는 것을 묘사하는 것이거나(신 30:3; 겔 20:41), 아니면 저주받은 자들에 대한 심판을 모으는 것일 수 있다(욜 4:2[3:2]; 습 3:8; 참조. 호 9:6). 여기서는 후자의 의미가 의도되고 있는 것이 분명하다. 즉 "그들이 어디에 있든지, 그들이 스스로를 어디에 팔든지, 나는 징벌하기 위해 그들을 모을 것이다"라는 의미다.

두 번째 이행연구는 3:4의 주제를 반영하고, 다가오는 포로로 잡혀가는 상황을 암시적으로 말해 주고 있다. 수정되었을 때("원문주해" 10.a, b.) 부분적으로 원문이 훼손된 본문은 이스라엘이 그 하나님의 손에 의해 받게 될 심판의 특징들 중 한 면을 예언한다. 나라의 독립성은 빼앗겨질 것이고, 그 통치자들은 폐위될 것이며, 나라는 언약적 저주에 구체적으로 명시된 대로 그 대적들의 통치 아래 복속될 것이다(유형 5와 아마도 유형 13b; 참조. 신 28:36). 이런 징벌이 잠깐 동안(מעט – 메아트) 보류될 것이다. 즉 무한히 보류되는 것이 아니며 영원히 보류되는 것이 아님이 분명하다(참조. 2:1-3; 레 26:40-45; 신 4:29-31; 30:1-9).

11 야웨는 북방 정통 예전의 탈선들과 왜곡들을 기뻐하지 않으셨다. 율법을 무시한(12절) 다수의 제단들(11절)과 희생 제물들을 사랑하는 것(13절)이 꾸짖음을 받았다. 다수의 제단을 세우는 제도는 가나안 제도에서 유래된 것이었으며(4:13을 보라), 단일 성소를 말하고 있는 언약의 규례(신 12장)를 어기는 것이었다. 에브라임 자손들은 속죄함을 받기 위해(לְחַטֵּא – 레하테, 피엘 **인칭**[*privatum*]) 자신들의 지역 전역에 제단들을 지었고 다시 세웠다. 그러나 사실상 그들의 제단은 죄를 짓는(לַחֲטֹא – 라하토) 수단이 되었다.

구약의 언약 아래서는 제단 이외에는 예배의 수단이 거의 없었다. 이것을 온전히 잘 알고 있었기 때문에, 여로보암 1세는 왕권을 잡자마다 곧바로 북쪽에 다수의 제단 제도를 제정하여 시행했던 것이다(왕상 12:26-33, 특별히 31절). 예배에 대해 이렇게 접근하는 태도는 이스라엘 백성들의 의식 깊숙이 스며들어서 예후의 철저한 개혁(왕하 9-10장)에서조차 다수의 성소들은 실제적으로 영향을 받지 않은 채로 남아 있었다(왕하 10:29). 북쪽의 제사장들은 족장 시대를 되돌아보았을 수도 있다. 그 족장 시대에는 족장들 자신들의 의를 위해 다수의 제단들이 있는 것은 일상적인 일이었고 정당하기까지 했다(창 12:7; 13:8; 22:9; 26:25; 33:20 등등). 마치 어떤 모세의 율법(참조. 12절)도 간섭하지 않는 것처럼 여겨졌던 그런 시대였다. 그러나 북쪽의 제단들은 거짓 예배의 장소들이었다. 폭식과 술취함을 포함해서 제단을 토대로 이루어진 관행들은 제단 제도의 일부분을 이루고 있었는데, 그런 제도에서는 희생 제사와 축제가 교제의 상징이 되기보다는 오히려 행위의 초점이 되어 버리고 말았다. 제사장들은 언약적 순종(4:7-9)이 다른 것으로 대치된 허례적인 형식주의의 일환으로 그 수가 급격히 늘어났다. 그때 이런 제단들은 용서를 받는 장소보다는 죄를 짓는 장소가 되었다.

12 야웨는 이스라엘 백성들이 자신의 율법을 무시하고 있다고 선포하신다. 역사적인 관점의 측면에서 본 절은 시내산 율법에 대해 다음과 같은 몇 가지 주장을 하고 있는 것이다. (1) 수많은 세세한 율법들이 주어졌다. "만 가지(많은)"(MT 리보[רִבּוֹ], 로부[רֻבּוֹ] 혹은 로브[רֹב]라고 발음한다)라는 어휘는 11절의 북쪽에 있는 수많은 성소들을 묘사해 주는 히르바(הִרְבָּה, [많이] 만들더니)를 반영하며, 그와 병행을 이루고 있다. (2) 시내산 계명들은 토라(תּוֹרָה)가 의미하는 대로 생명을 주는 안내 지침과 명령으로 간주되었다. (3) 비록 대다수가 문맹인 백성들은 율법을 읽는 것보다는 들었을 것이라는 가능성을 거의 배제할 수 없을지라도, 율법들은 기록된 양식으로 존재했다. (4) 야웨 자신이 그 율법들의 저자였다. 모세의 중재가 언급될 필요가 없으리만큼 그 계시는 직접적이었다. (5) 그 율법은 널리 무시되었고 냉대를 받았다("관계없는 것으로 여겨졌다"). "관계없는 것(낯선 이방의 것)"(זָר – 자르)이라는 어휘는 종종 "제한이 없는", "부적당한, 부도덕한", "불법의" 등과 같은 의미로 쓰인다(레 10:1; 민 3:4; 잠 2:16).

언급된 "율법"은 모세의 율법을 말하는 것이 분명하다. 이스라엘의 문제는 그들이 시내산 법전을 가진 것이 부족해서 일어나는 일이 아니었고, 그들이 극악무도하게도 그 법전을 무시했다는 데 있었다(참조. 4:2). 요시야는 오경 혹은 신명기와 같은 그 책 중 한 권의 사본, 즉 고대 솔로몬 시기에 만들었던 사본의 내용을 읽어 주는 것을 듣고 충격을 받았다(왕하 22:11-13). 백성들은 주의 깊은 노력을 기울인 학습에 의해서보다는 서서히 몸에 배어 가는 과정을 통해 사회의 법을 배워 가는 경향이 있다. 대부분의 백성들은 글자로 씌어진 내용을 자신들이 실제로는 전혀 본 적이 없는 율법 아래서 산다. 그러나 호세아 시대의 이스라엘에서는 제사장과 선지자가 율법을 백성들 가운데 선포하는 데 태만했기 때문에(참조. 4:5, 6), 사실상 율법은 성읍민들에게 "관계없는(다른, 이방)" 것이 되어 버리고 말았다. 신명기 32:16에서 "관계없는(다른, 이방)" 것으로 정의되는 것은 거짓 신들과 우상들이었다. 그러나 이제 야웨 자신의 기록된 율법이 이스라엘에게 "관계없는(다른, 이방)" 것이 되어 버렸다. 이스라엘 백성들은 거짓 신들과 우상들에게만 너무 익숙해져 있었다(4-6절).

13 본 절은 예전을 고발하는 하위 단락에 대한 결론을 내리고 있다. 이 구절은 하나님이 이스라엘의 희생 제사 제도를 기뻐하지 않으신다는 것을 말하고 있다. 그 희생 제사 제도는 야웨와의 교제를 갱신하는 것이라기보다는 사실상 그 기능이 끝난 것이다. 만약 MT 본문이 정확하거나 거의 정확한 것이라고 한다면, 이 구절은 삼행연구(三行聯句)의 양식을 가지고 있다. 유음(類音)의 일반적인 시(詩)적 장치의 관점에서 본다면, 이 구절의 첫 번째 행은 문법적으로 특이한 면이 있다: 지브헤 하브하바이 이즈베후(זִבְחֵי הַבְהָבַי יִזְבְּחוּ, 문자적으로 "그들이 나의 선물인 희생 제물들로 희생 제사를 드렸다[내게 드리는 제물로 말할지라도 저희가…드리고]"). 연계형 지브헤 하브하바이(זבחי הבהבי)는 형태상 바트 치욘(בת ציון, "시온의 딸"이 아니고 "딸 시온"; 참조. 사 37:22 등등)이라는 표현과 유사한 것으로, 단순히 "나의 선물**로서의** 희생 제물들"을 의미한다. 동사 형태인 이즈베후(יזבחו)가 첨가되었을 때, *b, h, y, z* 소리들의 음이 유사한 유음(類音) 현상은 분명하게 나타난다.

비록 이스라엘은 헌신적으로 적절한 동작들을 취했을지라도, 야웨는 여전히 기뻐하지 않으셨다. 이스라엘 백성들의 확신은 야웨께 있었던 것이 아니고 제사 제도에 있었던 것이다. 그들은 자신들이 열심히 참여하기만 한다면 효력이 있을 것이라고 믿었다. 이스라엘 백성들은 다수의 희생 제사가 물질적인 풍요와 축복을 가져다주는 것 같았던(참조. 2:8) 주전 745년 이전의 번영의 기간 동안에 배웠던 교만한 마음을 가지고 있었다. 그런 마음을 가지고 그들은 원하는 결과들을 얻기 위해 "적절한" 절차를 밟았다. 그러나 그들의 희생 제사들은 결코 열납될 수 없었다. 그 희생 제사들은 "그들의 죄악"(עונם – 아오남)과 "그들의 죄"(חטאותם – 하토탐)로 인해 타락한 회개하지 않은 백성들이 드린 것들이었기 때문이다. 호세아의 이스라엘은 아마도 이런 개념을 이해하지 못하고 있었던 것 같다. 만약 한 이스라엘 백성이 예전적으로 부정했다면, 그 혹은 그녀는 희생을 드리는 야웨의 제단 앞에 바르게 설 수 없었다. 호세아 5:3과 6:10에서와 같이 여기서도 이스라엘은 죽은 어떤 것이나 질병이 있는 어떤 것에 접촉되어서가 아니라(예를 들어, 민 19:14-16), 죄로 인해 부정한 것이라는 사실이 암시적으로 나타나 있다. 그들은 아마도 자신들의 희생 제물을 가져와서 그 고기를 먹었을 것이다. 그러나 그런 행위는 효력이 없었을 것이다.

그러므로 야웨는 이제 그들의 죄악을 생각나게 하고, 그들의 죄를 징벌하신다. "이제"(עתה – 아타)라는 어휘는 심판 선언을 말해 준다(참조. 2:12[10]; 4:16; 5:7). 그 주장은 완전한 동의어적 병행어구로 언급된다: 야웨는 이스라엘의 죄악을 "기억하실"(יזכר – 이즈코르) 것이고, 그들의 죄를 "벌하실"(יפקד – 이프코드) 것이다(저주 유형 26). 이 두 가지 동사는 모두 "…에 주의하다" 혹은 "…에 작용하다", "…에 영향을 미치다"와 같은 의미를 가질 수 있으며, 또한 두 동사는 구약에서 법률적인 일들을 다루는 문맥에서 발견된다(자카르[זכר] 창 40:14; 레 26:45; 암 1:9; 파카드[פקד] 출 32:34; 레 18:25; 사 13:11; 참조. 호 1:4; 9:9b).

야웨가 내리시는 징벌의 성격은 "저희가 애굽으로 다시 가리라"는 예언 가운데 분명하게 나타나 있다. 이 어구는 9a절에서 시작된 나누어진 이행연구(二行連句)의 결론을 맺는 행이다. 왜 이 심판은 다시 애굽으로 돌아간다는 어구로 표현되고 있는가? 증거로서 이루어진 일이 분명히 일어났다고 볼 수도 있다. 즉 주전 726년경에 호세아 왕이 도움을 요청하러 애굽에 보낸 뒤에(왕하 17:4) 몇몇 북 이스라엘의 사람들은 앗수르에 포로로 잡혀가는 것보다는 애굽으로 망명하려고 했기 때문이다(참조. 렘 43장). 그러나 이런 어법의 근거는 비유적이고 과장적인 표현이 분명한 신명기 28:68에서 보이는 저주 어휘다: 이스라엘은 "슬픔을 가지고"("배로"라고 표기하고 있는 MT는 틀린 것이다) "애굽으로" 돌아가서 자신들을 노비로 팔려고 하나 "살 자가 없을 것이다". 애굽은 단순히 "포로로 잡혀가는 것과 망명"(저주 유형 13)을 나타내는 환유(換喩)적으로 쓰인 용어다. 이런 저주는 자신들의 하나님이 주신 "많은 율법들"을 무정하게 무시한 이스라엘이 당할 운명이었다.

14 본 절은 간략한 언약적 심판이다. 본 절은 고발(14a절을 구성하고 있는 삼행연구[三行聯句])과 징벌의 심판 선언(14b절을 구성하고 있는 이행연구[二行

聯句])을 담고 있다. "이스라엘은 자기를 지은 자(עשהו – 오세후)를 잊어버리고(שכח – 샤카흐)"라는 삼행연구의 첫 행은 신명기 32장에 포함되어 있는 언약적 저주를 말하는 시의 15-18절을 매우 면밀하게 반영하고 있다. 신명기 32장을 보면 이스라엘은 "너를 낳은 하나님을 잊어버렸고(שכח – 샤카흐)"(18절) "자기를 지으신(עשהו – 아사후) 하나님을"(15절) 버렸다. 언약적으로 신실치 못함을 나타내기 위해 2:15[13]; 4:6; 13:6에서 호세아가 사용하고 있는 샤카흐(שכח)의 용법을 참조하라. 14a절의 남은 어구들은 수많은 전각들(그리고 아마도 왕실의 집들)과 남과 북 전역에 걸쳐서 쌓은 성읍들의 요새화를 말하고 있다. 이스라엘(그리고 유다)은 영적 그리고 정치·군사적인 안전을 위해 이런 것들을 믿고 있었다. 이것은 신명기 32:15-18이 본질적으로 예언한 내용을 요약적으로 제시하는 방식으로 언급되고 있다. 즉 이스라엘 백성들은 그들 자신이 이룬 업적들에 자신감을 가지면서 야웨로부터 떠나 그들 자신이 만들어 놓은 여러 가지 방책들을 의지할 것이다. 그런 행위들은 언약을 무시하면서 손을 맞잡고 이루어졌으므로 비난을 받게 된다. 또한 견고한 성읍들과 전각들은 불순종한 나라를 구원할 수 없으며, 파괴되고 말 것이다.

불로 파멸시키는 것(참조. 신 32:22)은 하나님의 진노를 상징적으로 나타낸다(이미 호 8:6에서와 같이). 성읍들과 요새들을 삼키는 불의 이미지는 아모스 1:4-2:5에서 또한 반복적으로 나타나고 있다. 호세아와 아모스 선지자는 모두 오경의 언약적 저주(유형 10)로부터 그 개념을 섞어서 사용하고 있다. 이 불이 나타내는 가장 가능성 있는 원인자는 대적들, 즉 불타서 없어질 성읍들에 있는 모든 것을 태워 버릴 대적의 군대들일 것이다. 그러나 궁극적인 원인자는 모든 다른 수단들 중에서 불로 심판하실 야웨다(참조. 레 20:14; 21:9; 민 11:1; 전쟁에서 마지막 정복의 수단으로 불을 사용하는 것에 대해서는 수 6:24; 7:15; 11:11; 삿 20:48 등등을 보라). 14a절에 있는 유다에 대한 내용은 나중에 고려해서 "삽입된" 것이 아니라, 남쪽 유다 역시 죄를 지었다는 것을 생각나게 해주는 전형적인 예언적 어구로서 들어간 것이다. 유다를 성전과 궁궐(왕상 6:1-7:12)을 짓는 자로 말하고 있는 것은 찬사가 아니라 정죄다.

해설

비록 이스라엘 백성들은 점차적으로 증가하는 위협적인 앗수르의 변경 잠식으로부터 절박하게 구원을 바라고 있었을지라도, 그들은 구원 대신에 징벌을 받을 것이다. 이스라엘 백성들은 언약을 깨뜨렸기 때문에(1, 12, 14절 이곳 저곳에), 그에 대한 죽음을 포함하는 처벌을 받아야 한다. 독수리와 같은 대적들이 그들을 삼키려고 기다렸다. 열방의 차원에서 멸시되었고(8절) 다른 나라들의 본모가 되었음에도 불구하고(9절), 그들은 돌이킬 수 없는 포로로 잡혀가는 운명을 향해 가고 있었다.

호세아서 전체를 통해서 볼 수 있듯이 8장에 있는 징벌에 대한 예언들은 모세 언약의 범주들을 따르고 있다. 즉 대적에게 쫓기고(3절), 파멸되며(4절), 불로 심판을 받고(5, 14절), 농경적인 재난을 당하며(7a절), 수고해서 가꾼 열매를 다른 사람에게 빼앗기고(7b절), 독립국의 지위를 잃어버리며(10절), "애굽"으로 돌아가는 것 등 모든 것이 레위기 26장과 신명기 28-32장의 내용들을 반영하고 있다.

실제적으로 이스라엘이 행한 것은 무엇인가? 다섯 가지 죄목이 구체적으로 열거되고 있다. (1) 왕을 임명하는 야웨의 신적인 권한을 인정하지 않았음(4절), (2) 우상 숭배(4b-6절), (3) 야웨를 의지하기보다는 국제적인 동맹을 의지함(9-10절), (4) 부패한 예전(5, 6, 11, 13절) 그리고 (5) 그들의 하나님이 준 율법을 교만하게 무시함(1, 2-3a, 5b, 12, 14절). 주권자와 봉신(封臣)은 언약의 조건 아래 엮여 있는 것이기 때문에, 야웨는 이스라엘 백성들이 명백하게 보이고 있는 불순종을 징벌하셔야만 한다.

본문은 임박한 파멸을 생생하게 묘사하고 있다. 사자와 독수리(1절)의 이미지로부터 나라의 성읍들과 요새들 전역을 휩쓰는 불의 이미지에 이르기까지 임박한 전쟁이 북 이스라엘을 뒤덮고 있다. 이런 상황과는 달리 이스라엘은 그 신뢰를 어리석게도 잘못된 곳에 두고 있었다. 이스라엘 백성들이 자신들의 방어적인 준비들(14절)과 열정적인 종교적 예식(13절)과 그들이 맺고 있는 다양한 동맹들(9-10절)에 두고 있었던 희망은 보상될 수 없었다. 대적이 그들을 삼키고 소멸해 버릴 것이다.

축제의 날에서 형벌의 날로(9:1-9)

참고문헌

Auerbach, E. "Die Feste in Alten Israel." *VT* 8(1958) 1-18. **Dahood, M.** "Hebrew-Ugaritic Lexicography IX." *Bib* 52(1971) 337-56. **Dobbie, R.** "The Text of Hosea 9:8." *VT* 5(1955) 199-203. **Driver, G. R.** "Difficult Words in the Hebrew Prophets." *Studies in Old Testament Prophecy*, ed. H. H. Rowley. Edinburgh: T. and T. Clark, 1950. **Harvey, D. W.** "Rejoice Not, O Israel." In *Israel's Prophetic Heritage: Essays in Honor of J. Muilenberg*. New York: Harper and Row, 1962. 116-27. **Humbert, P.** "Laetari et exultare dans le vocabulaire religieux de l'Ancien Testament." *RHPR* 22(1942) 185-214. **Kutsch, E.** "Erwägungen zur Geschichte der Passafeier und des Massotfestes." *ZTK* 55(1958) 31-32. **Kraus, H.-J.** "Zur Geschichte des Passah-MassotFestes." *EvT* 18(1958) 47-67. **Vaux, R. de.** "Death and Funeral Rites." *Ancient Israel*, pt 1, chap. 6. New York: McGraw-Hill, 1961. **Weiden, W. A. van der.** "Radix hebraica עיב." *Verbum Domini* 44(1966) 97-104.

본 문

축제에서 이루어지는 "음행"은 기근과 포로됨을 낳을 것이다

9:1 이스라엘아 너는 이방 사람처럼 기뻐 뛰놀지 말라 네가 행음하여 네 하나님을 떠나고 각 타작 마당에서 음행의 값을 좋아하였느니라

2 타작마당이나 술틀이 저희를 기르지 못할 것이며 새 포도주도 떨어질 것이요

3 저희가 여호와의 땅에 거하지 못하며 에브라임이 애굽으로 다시 가고 앗수르에서 더러운 것을 먹을 것이니라

4 저희가 여호와께 전제를 드리지 못하며 여호와의 기뻐하시는 바도 되지 못할 것이라 저희의 제물은 거상 입은 자의 식물과 같아서 무릇 그것을 먹는 자는 더러워지나니 저희의 식물은 자기 먹기에만 소용될 뿐이라 여호와의 집에 드릴 것이

"Prostitution" at the festivals will produce famine and captivity

9:1 Do not rejoice, Israel! Do not shout for joy, my people![a] For you have prostituted yourself away from your God. You love the prostitute's fee at every grain[b] threshing floor.

2 The threshing floor and press[a] will not feed them;[b] the fruit-of-the-vine[c] will fail[d] them.[e]

3 They will not stay in Yahweh's land, but Ephraim will return to Egypt, and in Assyria they will eat unclean food.

4 They will not pour out wine to Yahweh, nor will they offer[a] their sacrifices to him. (That will be) like mourners' bread[b] for them. All who eat it will be defiled. Indeed, their bread[b] will be for their own throats;[c] it[d] will not enter Yahweh's house.

아님이니라

포로로 잡혀가고 황폐화된 곳에는 축제도 없음

5 너희가 명절일과 여호와의 절일에 무엇을 하겠느냐

6 보라 저희가 멸망을 피하여 갈지라도 애굽은 저희를 모으고 놉은 저희를 장사하리니 저희의 은 보물은 찔레가 덮을 것이요 저희의 장막 안에는 가시 덩굴이 퍼지리라

깊은 타락에 대한 징벌

7 형벌의 날이 이르렀고 보응의 날이 임한 것을 이스라엘이 알지라 선지자가 어리석었고 신에 감동하는 자가 미쳤나니 이는 네 죄악이 많고 네 원한이 큼이니라

8 에브라임은 내 하나님의 파수꾼이어늘 선지자는 그 모든 행위에 새 잡는 자의 그물 같고 또 그 하나님의 전에서 원한을 품었도다

9 저희는 기브아의 시대와 같이 심히 패괴한지라 여호와께서 그 악을 기억하시고 그 죄를 벌하시리라

No feasting in captivity and desolation

5 What will you do on the assembly day, on the day of Yahweh's feast?

6 Even if[a] they walk away from destruction, Egypt will gather them, Memphis will bury them. The weed will covet[b] their wealth; the thorn will dispossess[c] them from their tents,[d]

Punishment for deep corruption

7 The days of punishment have come; the days of retribution have come.[a] Israel ⟨cries out⟩[b]: "Stupid is the prophet! Crazy is the man of the spirit!", because your sins are so many, your hostility so great.[c]

8 Is Ephraim a watchman?[a] Is God's people[b] a prophet?[a] A fowler's snare is on all of his paths, hostility in the house of his God.

9 They have deeply corrupted[a] themselves, as in the days of Gibeah. He will remember their guilt, he will punish their sins.

원문주해

1.a. MT의 자음 본문은 다음과 같이 나누어지는 것이 가장 잘 나누어지는 것이며 가장 잘 발음되는 것이다: 알-길카 아미-임(אַל־גִּילְךָ עַמִּי־ם, "내 백성아! 기뻐 소리치지 말라!"). 이 수정안에서 완전한 병행법이 분명하게 드러난다. 그리고 제안된 다양한 수정안들은 제거된다. Kuhnigh, *NSH*, 109-111를 보라.

1.b. Syr은 "곡식"이라는 뜻의 다간(דגן)을 생략하고 있는데, 이것은 아마도 가운데 글자를 빠뜨리고 쓴 단순한 오류(haplography)에서 기인한 것일 것이다.

2.a. "포도주 틀"은 술과 기름 모두를 위해 사용될 수 있다.

2.b. "그들을 몰랐다"라는 G의 우크 에그노 아우투스(οὐκ ἔγνω αὐτούς)는 "알다"라는 뜻의 야다(ידע)를 반영해 주고 있다. 야라(ירע)/야다(ידע)에서 레쉬(ר)/달렛(ד)의 자음이 잘못 쓰이는 것은 잠 13:20(G)에서 또한 발생한다. 다른 역본들은 MT를 지지해 주고 있다.

2.c. 우리는 다시금 고어체의 시적 히브리어 용어를 고어체의 시적 영어 용어로 나타내고 있다.

2.d. 카하쉬(כחש)의 이런 의미에 대해서는 합 3:17; 슥 13:4을 참조하라.

2.e. 역본들과 몇몇 사본들과 같이 여기서는 밤(בָּם)으로 읽혀져야만 한다.

4.a. 아라브(ערב)의 이런 의미에 대해서는 G. R. Driver, *Studies*, 64-66를 보라. 발음은 MT의 예에르부(יֶעֶרְבוּ)보다는 야아리부(יַעֲרִבוּ)로 읽을 수 있다.

4.b. 혹은 "음식".

4.c. 네페쉬(נפשׁ)는 일반적으로 "자아"를 의미할 수 있다. 그것은 또한 종종 욘 2:6[5]; 합 2:5 등에서와 같이 "목구멍"이라는 가장 기본적인 의미를 가지고 있기도 하다.

4.d. 동사는 원래 "그들이 들어갈(들어가지 못할) 것이다"라는 의미의 복수형 야부(יבאו)였을 가능성이 있다. 전승의 과정에서 자음이 바뀌어 "그것이 들어갈(들어가지 못할) 것이다"라는 의미의 야보(יבוא)로 된 것일 수 있다. "주석"을 보라.

6.a. 조건절임을 나타내는 히네(הנה)의 용법에 대해서는 삼상 9:7을 참조하고, Lambdin, 168-71를 보라.

6.b. 피엘 분사형인 메하메드(מְחַמֵּד)로 발음한 것. 이것의 주어는 "찔레(잡초)"라는 뜻의 키모쉬(קמושׂ)이다. 이 경우에 직접 목적어(כספם – 카쓰팜, "저희의 은")는 창 1:5; 렘 40:2; 대상 16:37 등과 같이 레(ל)에 의해 소개되고 있다.

6.c. 야라쉬(ירשׁ)의 일반적인 의미는 "빼앗다, 박탈하다"이다. 이 구절의 주어는 "가시덩굴"인 호아흐(חוח)이다.

6.d. 베아할레헴(באהליהם)은 "저희의 장막 안에는(그들의 장막**으로부터**)"이라는 의미를 가지고 있다. 베트(ב)는 일반적으로 "…로부터"라는 의미를 가지고 있다(참조. 신 1:44 등등).

7.a. 일반적으로 시적인 관점에서 두 번째 바우(באו)에 대한 수정이 이루어지고 있는데, 그럴 필요는 없다. Kuhnigh, *NSH*, 115-116를 보라.

7.b. G의 카코데세타이(*κακωθήσεται*)는 "타락되다, 부패되다"(참조. 잠 11:15; 13:20)라는 의미의 라아(רעע)로부터 파생된 예라우(יֵרֹעוּ, 니팔형)를 전제로 하고 있다. 그러나 원래의 발음은 "외치다"라는 의미의 라봐(רוע)의 히필형인 야리우(יָרִיעוּ)였을 가능성이 더 크다.

7.c. 로브 하마스테마(רֹב הַמַּשְׂטֵמָה)로 발음하는 것이 아마도 MT보다 오히려 더 나을 것이다.

8.a. 문맥은 8절의 첫 번째 이행연구(二行連句)의 각 행이 풍자(諷刺)이거나 아이러니한 질문임을 말해 주고 있다.

8.b. 병행법은 에브라임//하나님의 백성들 사이에 이루어지고 있는 것이 분명하다. 그러므로 우리는 MT의 임(עִם, "…와 함께") 대신에 암(עַם, "백성들")으로, 그리고 MT의 엘로하이(אֱלֹהָי) 대신에 엘로힘(אֱלֹהִים, G와 같이)으로 읽는다.

9.a. 혹은 "그들 스스로를 심히 타락하게 만들었다"라는 의미다. 두 개의 동사인 샤하트(שחת)와 아마크(עמק)는 접속사를 생략한 중언법(重言法)으로 쓰이고 있다.

양식/구조/배경

8장은 이스라엘의 죄악들에 대한 서술을 토대로 이루어지는 심판의 예언으로 끝을 맺는다. 9장은 새로운 장면을 그리고 있다. 1절(그리고 또한 5절)에서 직접적으로 이스라엘에게 말하는 것과 축제일들을 긍정적으로 경축하는 나라를 강조하는 것 등으로 보아서 새로운 장면을 열고 있음을 알 수 있다. 본문은 징벌에 대한 예언들로 시작하고 끝을 맺고 있다: 10절은 새로운 본문을 시작한다. 전반적으로 회고적인 문체를 사용하고, 1인칭으로 된 하나님의 말씀이 기록되고 있으며, 9:1-9과 밀접하게 연관을 맺고 있지 못하다.

8장의 주도적인 양식과는 대조적으로, 9:1-9은 하나님이 전하시는 말씀이 아니다(비록 선지자의 말씀들이 암시적으로는 항상 야웨의 말씀들이기는 할지라도). 1절에 있는 "내 백성"은 호세아의 사람들을 의미할 수 있다. 야웨는 자신을 호세아서에서 종종 3인칭으로 말한다. 그러나 이 곳에서 야웨에 대해 말하는 것은 통일된 일정한 형태를 보이고 있다(즉 '네 하나님", 1절; "여호와[야웨]의 땅", 3절; "여호와[야웨]께", 4절 등등). 그 양식은 언약의 강조적인 경고 형태다(**위협 문구, 협박의 말**). 다양한 징벌들에 대한 예언들이 본문의 주 내용을 구성하고 있다.

1-4절은 이스라엘이 그 (거짓) 축제들에서 가지고 있는 자신감을 구체적으로 공격하고 있으며, 5-9절은 현재의 타락상과 나라에 닥칠 미래의 고난을 좀 더 광범위하게 묘사하고 있다. 두 부분 모두 숙곳(초막절, 장막절) 추수 축제 기간에 백성들에게 직접적으로 말하는 것으로 시작하고 있다. 본문의 전반적인 구조는 다음과 같이 나타낼 수 있다.

1-4절	이스라엘을 해야 할 일로 부르면서 절기 가운데 있는 자들에게 직접적으로 말씀하심, 그리고 종교적인 예전들의 끝과 포로로 잡혀가는 정황을 강조하면서 앞으로 다가올 고난에 대해 묘사함.
5-6절	이스라엘을 해야 할 일로 부르면서 절기 가운데 있는 자들에게 직접적으로 말씀하심, 그리고 포로로 잡혀감과 황폐화됨을 예견함.
7-9절	이스라엘의 교만한 타락과 야웨의 징벌.

이 말씀의 원래의 배경은 주전 720년경 어느 어간에 있었던 가을 추수 축제였을 것이다. 메이스(Mays, 125)는 이 어간을 "주전 733년의 위기 이후 몇 년 동안 가졌던 숨 쉴 공간(틈)"이라고 말하고 있다. 그런 종류의 절기 축제는 야웨께 드려진 종교적인 것이었을 것이고, 농경의 한 해를 마무리하는 절기를 위한 언약의

명령을 성취하는 것이었을 것이다(출 23:16; 신 16:13-17). 그러나 이 절기와 출애굽을 밀접하게 연결시키라는 명령(레 23:33-43)은 이스라엘과 유다 모두에서 회복의 시기에 이르기까지 대부분 무시되었다(느 8:17; 참조. 삿 21:19-21). 절기들은 기쁜 예식들과 희생 제사들 그리고 야웨께 호소하는 것 등이 그 특징을 이루고 있었다. 바알주의가 야웨주의와 공존하는 곳에서는, 아마도 그 절기들은 혼합적이었을 것이다. 야웨만이 경배되었던 곳에서(예를 들어, 벧엘?), 그 의식들은 가나안 종교의 전형적인 특징을 담은 생각들을 가지고 시행되었다(즉 개인적인 행위와는 상관없이 적절한 예배는 자동적으로 축복을 낳는다; 참조. 4:13; 5:6-7; 7:14; 8:11-13).

본문은 추방(3, 6절), 궁핍(2, 6b-7절) 그리고 그 나라가 믿고 의지했던 것(1-2, 4, 6b, 7-8절)이 파멸될 것을 예언한다. 이런 징벌들은 피할 수 없는 것이며 임박한 것으로 보인다: "형벌의 날이 이르렀고"(7절). 이스라엘의 날들은 단지 계수되지 못했을 뿐이다. 그 날들은 종말을 맞이했다. 지금 추수의 열매를 누리고 있으며, 그 중에 얼마를 그들의 하나님께 바치는 백성들은 이제 곧 그런 농경적 축복을 가지지 못하게 되며(2절), 절기들을 경축하지 못하는(4-5절) 자신들 스스로를 발견하게 될 것이다. 그들은 다른 나라의 압제 아래 떨어졌기 때문이다. 현재 본문의 내용은 북 왕국이 주전 722년 멸망하기 전에 호세아가 전한 마지막 신탁 가운데 있는 내용일 수 있다.

동의어적인 병행법이 본문에서 어느 정도 주도적이기 때문에, 운율은 대부분의 경우에 균형을 이루고 있거나 음절적으로 거의 균형을 이루고 있다. 종합적 병행법이 산재해 있는 것(1, 4, 6-9절의 부분들)과 하나의 대조적인 병행법(3절)이 그림을 온전히 이루고 있다. 세 개의 삼행연구(三行聯句; 3, 6, 7절)들이 좀 더 일반적인 이행연구(二行連句)들을 보충해 주고 있다.

주석

1 선지자는 하나님을 대신해 이스라엘을 "나의 백성들"(עמי – 암미)이라고 말하면서 축연의 중지를 요청하고 있다. 이스라엘 백성들은 그들이 "기뻐하는 것"(שמח – 사마흐)과 "기뻐 소리치는 것"(גיל – 길)을 중지해야만 한다. 이 두 가지 동작은 춤추며 노래하며 소리치는 것과 같은 행위들로 가을 추수 절기의 유희를 나타내는 전형적인 한 쌍의 정해진 어휘들이다. 두 가지 행위는 백성들의 유익과

즐거움을 위한 것이며, 야웨께 드려지는 행위로서 쓰이고 있다(출 23:16; 신 16:13-17; 레 23:33-43). 이 말씀들이 처음 전해진 때인 주전 720년경 어간에 북 왕국의 많은 부분이 앗수르의 수중에 들어갔다. 그러나 여전히 독립적으로 남아 있는 지역("에브라임")에서는 농경적인 일들이 경제에서 가장 중요한 것으로 남아 있었다. 백성들은 추수를 할 때 야웨의 축복해 주심을 그들이 경축하는 것을 헌신과 드림의 적절한 행위로 생각했음이 분명하다. 그러나 호세아는 그 백성들을 언약을 파괴한 자들로 고발하고 있다. 그들의 경축 행위는 바로 그들이 야웨께 신실하지 못했음을 증거하는 것이었다. 호세아는 마지막 때를 나타내기 위해 매춘의 은유(隱喩)를 사용하면서, 이스라엘이 그 하나님으로부터 멀리 떠나(מעל – 메알) 매춘을 저지른 것으로 고발하고 있다(참조. 1:2의 메아하레[מאחרי, "떠나"]와 4:12의 메타아트[מתחת, "수하를〈… 아래에서 떠나〉"]).

1b절에 따르면 이스라엘(매춘부)은 에트난(אתנן)을 받는 것을 좋아했다(매춘부에게 주어진 화대로 아마도 여기서는 곡물이었을 것임; 또한 신 23:18; 미 1:7을 참조하라). 어떻게 이스라엘은 자기 스스로 매춘을 했는가? 이스라엘은 추수를 풍요의 예전에서 사용하는 기재들을 성공적으로 적용해서 얻어진 결과로 보며 경축했다. 최소한 세 가지 죄가 포함되었다. (1) 이스라엘은 야웨를 마치 바알과 같이 취급했다. 이스라엘 백성들은 예전 의식에 충실히 참여하는 것은 야웨로 하여금 추수를 축복하는 것으로 응답하시도록 만드는 것이라고 생각했던 것이다. (2) 바알을 직접적으로 경배하는 것이 야웨주의와 나란히 번성하도록 용인되었다. (3) 이스라엘 백성들은 다수의 성소에서 그들의 경배를 드렸는데, 이 모든 것이 불법이었다(참조. 4:13). 따라서 언약의 규례들은 깨졌다. 이스라엘은 그 남편에게 신실하지 못했고 "매춘부"가 되었던 것이다.

음행의 값(매춘료)은 타작마당에서 얻게 되었다고 말하고 있다. 이 타작마당(גרנות דגן – 가르노트 다간)은 넓고 평평하며 열린 공간으로서 밀과 보리를 타작하기 위해서 뿐만 아니라 종교적 혹은 성읍민의 예식 행사들을 위한 모임 공간(예를 들어, 왕상 22:10)으로서 혹은 좀 더 일반적인 추수 절기들(룻 3:2-14)을 위해 사용되었다. 이스라엘은 타작마당에서 일어난 일을 좋아했다. 그리고 이스라엘 백성들이 생각한 것은, 그들이 야웨를 사랑한 것보다는 그 곳에서 돈을 얻을 수 있다는 것이었다.

2 이스라엘 백성들이 저지른 음행의 결과로 언약의 주(主)는 언약의 제재 조항을 강화해야만 한다. 물론 이 제재 조항들은 곡물, 기름 그리고 포도주의 결핍을

포함하므로(신 28:51; 참조. 호 2:11[9] 등등) 기근이 분명히 임하게 된다. 호세아는 그런 세 가지 주요 산물들의 상실을 예술적으로 묘사하고 있다. 즉 일종의 제유법(提喩法)적인 표현으로서 "곡물"을 위해 "타작마당"이라는 의미의 고렌(גרן)을, 그리고 "기름"을 위해서는 "술틀"이라는 의미의 예케브(יקב)를 사용하고 있다. 예케브(יקב)는 돌을 깎아 만든 이중으로 된 분비액의 저장기(器)로서 그 안에서 짜내진 즙이 아래 저장기로 모이게 되어 있다. 이 예케브(יקב)는 술이나 기름을 만들 때 사용되었다(참조. 욜 2:24). 선지자는 두 가지 실제적인 산물 대신에 그 산물들이 만들어지는 장소를 인용하고 있으며, 이런 것들이 "저희를 기르지 못할 것(그들을 먹이지 못할 것)"(לא ירעם – 으 이르엠)이라고 말하고 있다. 이행연구(二行連句)의 두 번째 행에서 "포도주"를 위한 고어체의 시적인 용어가 사용되고 있다. 이 포도주는 "그들을 실망시킬"(יכחש בם – 이카헤쉬 밤) 것이라고 간단하게 언급되고 있다. 비록 카하쉬(כחש, 피엘)가 "거짓말하다, 가장하다, 속이다"와 같은 의미를 가지고 있을 수 있다 할지라도, 동음이의(同音異義)의 익살을 떠는 말이나 두 가지 의미를 가진 어휘로 의도된 것 같지는 않다. 곡물 "흉작"은 카하쉬(כחש)의 보편적이고 일반적인 의미이기 때문이다(합 3:17에 있는 카하쉬[כחש]를 참조하라). 가을 절기에서 저장된 기본적인 농경적 산물들은 곡물과 술과 기름이었다는 것을 주목하라(보리 추수는 좀 더 이른 시기에 이루어졌다. 즉 여름 "칠칠절" 혹은 "오순절"을 바로 이어서 보리 추수가 이루어졌다). 백성들이 곧 추방되어야만 했기 때문에(3절), 이 세 가지 곡식 산물들은 이스라엘에서 매우 오랫동안 즐겨 애용될 수 없었다. 2절의 위협은 일반적인 용어로 표현되어 있기 때문에, 그것은 전적으로 추수의 흉작에 대한 위협도 아니고, 무익하게 되는 것(즉 다른 사람들이 이스라엘 백성들이 힘들여 생산한 것을 먹게 될 것이거나, 자연 재해에 의해 파괴될 것이라는 사실[참조. 신 28:30, 38, 42])에 대한 위협도 아니다. 그 두 가지 의미 중 하나 혹은 그 두 가지 의미 모두일 수 있다(Wolff[154]와 같은 견해임), 즉 저주 유형 6(농경적 재난), 7(기근), 15(무익하게 됨) 모두가 포함될 수 있다. 말하고자 하는 요점은, 이스라엘은 곧 심각한 궁핍과 빈궁을 경험하게 될 것이라는 사실이다.

3 추방에 대한 예언이 상상할 수 없을 정도로 매우 명백하게 표현되고 있다. 이스라엘 백성들은 이방의 통치를 받으며 살기 위해 자신의 땅을 떠나게 될 것이라는 말을 듣고 있다. 그들은 "야웨의 집"(8:1)과 병행어구인 "야웨의 땅"(ארץ יהוה – 에레츠 야웨)에 더 이상 남아 있을 수 없다. 첫째, 선지자의 말은 땅이 이스

라엘의 것이 아니며 바알의 것도 아닌 것이 분명하다는 것이었다. 바알은 이스라엘을 징벌하시는 야웨를 제지할 그 어떤 일도 할 수 없다(참조. 신 32:37-39). 백성들은 일단 자신들이 그 땅을 소유했으면 그 땅은 영원히 그들의 것이며, 그 땅에서 자신들이 어느 신들을 섬길 것인지 선택할 수 있는 것으로 잘못 생각하고 있었다. 그러나 땅에 대한 권리는 결코 야웨에게서 이스라엘로 넘어가지 않았다. 둘째로, 재산의 지속적인 소유자로서(참조. 레 25:23) 야웨는 그 땅의 산물을 끊어버림으로써 원하지 않는 소작인들을 자신의 땅에서 제거할 권리를 가지고 계셨다. 이스라엘이 약속의 땅에 더 이상 접근하는 것이 허락되지 않았을 때 언약의 축복들도 폐기되었다.

고대의 저주들은 몇 가지 다양한 형태로 추방의 위협을 표현하고 있다(유형 13; 레 26:33, 38; 신 4:26-27; 28:21, 36, 64 등등). 3절의 남은 부분의 내용에서 호세아의 말들은 이런 추방 저주들에 대한 구체적인 국면들을 생각나게 해준다: "애굽"으로 돌아감(추방에 대한 환유[換喩]적인 표현; 신 28:68; 참조. 호 7:16; 8:13; 11:5, 11) 그리고 앗수르에서 더러운 것을 먹을 것임(이스라엘 백성은 더 이상 독립적인 백성이 아니며 다른 나라의 통치를 받으며 그 관습을 따르는 백성이 될 것이라는 사실을 말하는 방법임; 참조. 신 4:28: "너희는 거기서 사람의 손으로 만든 바……목석의 신들을 섬기리라"; 또한 신 28:36, 64; 겔 4:13; 암 7:17을 참조하라).

그러므로 야웨께 돌아오지 않는 자들(참조. 2:9[7]; 3:5; 6:1; 7:10; 14:2[1])은 "애굽"으로 돌아가야만 한다. 따라서 애굽으로부터의 구원의 선물과 약속의 땅에 대한 선물은 취소되었다(무효화됨). 에브라임은 그들의 원래 기원이 그랬던 것처럼 이방 땅에서 노예가 될 것이다. "애굽"과 "앗수르"는 호세아서에서 종종 동의어적인 병행법으로 언급된다(7:11; 8:9-13; 11:5, 11; 12:2[1]).

4 4절은 부정한 땅에서 이루어지는 삶의 주제에 토대를 두고 있다. 유배지에서 이스라엘은 더 이상 음식에 토대를 두고 구성된(고대 세계에서는 예배와 먹는 것이 함께 이루어졌다) 희생 제사의 예전과 관련된 언약적 의무들을 수행할 수 없게 될 것이다. 따라서 음식과 관련된 어휘가 본 절에서 주로 쓰이고 있다. 첫 번째 이행연구(二行連句)에서 전제와 다른 제물을 드리는 것이 중단될 것이라고 예언되고 있다. 전제는 포도주를 드리는 것인데, 이 포도주는 상징적으로 제단 위에서 야웨께 쏟아 부어진 것이다(민 15:5-12; 출 29:38-41; 레 23:12-13). 그러나 포로로 잡혀간 곳에는 야웨께 예배를 드리는 중심이 되는 장소가 없을 것이다. 그런

전제들과 다른 희생 제사들(זבחיהם – 지브헤헴)이 드려질 수 있는 합법적이든(즉 예루살렘) 비합법적이든(다양한 북쪽의 성소들) 예배 장소가 없을 것이다.

본 절의 두 번째와 세 번째 이행연구는 어떻게 추방된 이스라엘 백성들의 식물(빵)이 상(喪)을 당한 자의 식물(빵)과 같이 부정하게 될 것인지에 대해 묘사하고 있다. 식물(빵)을 언급하는 것은 해방에 대해 이야기하는 법률적인 본문들에서 보이는 식물(빵)과 포도주를 연결하는 것에 따른 경우일 것이다(출 29:40; 레 23:14; 민 15:4, 6, 9을 보라). 부정함을 말하고 있는 오경의 율법에 따르면(예를 들어, 민 19:11-22), 애곡하는 자들은 그들이 죽은 자의 몸과 접촉되었기 때문에 성소로부터 "예전적으로 제외되었으며", 그들이 만지는 것은 무엇이나 부정하게 되었다. "거상 입은 식물(빵)"(לחם אונים – 레헴 오님; 참조. 겔 24:17, G)은 자기 먹기에만(לנפשם – 레나프샴) 적절한 식물(빵)이지 성전(비록 베트 야웨[בית יהוה]가 좀 더 일반적으로는 이스라엘을 가리킬 수 있을지라도; 참조. 8:1)으로 가져올 수 없다. 유다의 추방과 포로로 잡혀감을 예언함에 있어서(렘 16:1 -13) 예레미야도 하나님의 심판의 증거로서 상(喪) 당한 자의 장례 음식의 관행을 언급하고 있다(5-7절). 아마도 이런 개념은 또한 호세아 9:4에서도 이해될 수 있을 것이다. 즉 백성들은 희생 제사의 빵보다는 상 당한 자의 빵을 먹게 될 것이다. 호세아의 영감된 말씀이 성취될 때, 예전적인 축제는 질병과 죽음으로 바뀔 것이기 때문이다(즉 저주 유형 24; 레 26:16 등등). 게다가 백성들이 "더러워진다는 것"(טמא – 타메, 니팔)은 유배지에서 더욱 심해진 우상 숭배에 대한 언약적 저주의 성취를 암시하는 것일 수 있다(유형 14; 신 4:28 등등).

5 선지자는 본문에서 선포된 심판의 나머지 내용들에 대한 서언으로서 자신의 청중들에게 직접적으로 다시금 질문하고 있다(참조. 1절). 그의 수사학적인 질문은 이제 곧 "명절 일(모이는 날)"(יום מועד – 욤 모에드), 즉 "야웨의 절기 날"(יום חג־יהוה – 욤 하그-야웨)이 없게 될 것임을 암시하고 있다. 이 두 가지 용어는 동의어적이다. 앗수르로 추방되었을 때 백성들은 자신들의 추수 절기들도 즐기지 못할 것이며, 야웨를 경배하지도 못할 것이다. "(너희가) 무엇을 하겠느냐?"라는 질문의 형태는 이스라엘 백성들이 그때 하고 있었던 일, 즉 즐거워하는 것과 대조하려는 의도를 가지고 있다. 이것은 1절의 주제를 말하는 것으로, 그와 마찬가지로 이스라엘로 하여금 마음으로 만족해하며 즐거워하는 축제를 멈추라는 것이다. "여호와의 절기"(חג־יהוה – 하그 야웨; 레 23:39; 삿 21:19)는 구체적으로 가을 장막절 또한 "초막절/장막절"(סכות – 쑤코트) 혹은 "수확/추수"(אסיף – 아씨프)를

가리키는 것으로 보인다. 호세아가 이런 말들을 하고 있는 절기는 주전 930년경에 여로보암 1세가 세웠다. 즉 여로보암 1세가 유다에서 경축되고 있는 절기에 대항하는 북쪽의 절기로 세운 것이다. 그러나 7월이 아니라 8월에 절기를 지켰다(왕상 12:32). 북쪽의 절기는 **사실상**(*ipso facto*) 부적절한 것이었고, 이스라엘의 "행음" 행위들이 범하고 있는 다수의 언약적 범죄를 공격하는 적절한 대상이었음이 분명하다. 수확기에 이루어진 축하와 경축은 아이러니하게도 궁핍 속에서 슬퍼할 것이라는 위협을 위한 배경으로서 역할을 하고 있다.

6 6절은 부분적으로는 무익하게 되는 저주의 형태를 취하고 있다(유형 15). 야웨의 징벌이 내려졌을 때, 용의주도하게 세워진 계획들과 지성을 다한 노력들은 아무런 쓸모가 없게 된다. 이스라엘 백성들은 포로로 잡혀가게 될 것이고(저주 유형 13), 죽게 될 것이며(저주 유형 24), 그들의 귀중한 소유물들은 잡초와 엉겅퀴로 뒤덮이게 될 것이다(황폐화의 저주, 유형 9). 재앙의 논리적인 순서는 레위기 26장과 신명기 28-32장의 언약적 저주를 매우 밀접하게 따르고 있다. 레위기 26장과 신명기 28-32장에 나타나는 다양한 황폐화와 파멸은 포로로 잡힘과 강제 이송 앞에 나오기도 하며 뒤에 나오기도 한다. 질병, 기근, 전쟁 등으로부터 죽음을 면한 자들은 포로로 잡혀갈 것이다. 포로로 잡혀간 곳에서는 이와 동일한 비참한 것들과 종교적인 핍박과 같은 다른 그난들이 그들을 기다리고 있다. 두 가지 종류의 무익하게 되는 경우가 표현되어 있다: 멸망(שד – 쇼드)으로부터 도피하려고 하는 시도가 헛될 것, 그리고 소유주들이 어디론가 포로로 잡혀가 있는 동안 썩어질 모아 놓은 개인 재산의 헛됨.

본 절의 전반부는 "애굽"으로 돌아감을 말하는 3절의 주제를 반영하고 있다. "애굽"을 말하는 미츠라임(מצרים)과 "놉(멤피스)"을 말하는 모프(מף)는 유사한 음(音)의 배열을 고려한 어느 정도의 유운(類韻)뿐만 아니라(*mṣrym tqbṣm* // *mp tqbrm*) 전통적으로 동의어적인 시적 관행으로 인해 기인된 것으로 보인다. 비록 야웨의 심판을 받기로 예정된 백성들이 그들의 땅이 정복되는 것으로부터 생존해 보려고 할지라도(הלכו – 홀레쿠, "피하여 갈지라도"), 그 대적은 그들을 "모으고"(קבץ – 카바츠) "장사지낼"(קבר – 카바르) 것이다. "모으다"라는 뜻의 동사 아싸프(אסף)는 카바츠(קבץ)와 매우 가까운 동의어로서 장사지내는 것을 나타내는 용어일 수 있다(왕하 22:20; 시 26:9). 카바츠(קבץ)는 여기서 유사한 의미를 가진 것으로 이해되어야만 하는 것일 수 있다(참조. 겔 22:30-31). 다른 무엇보다도 특별히 카바츠(קבץ)는 카바르(קבר)에 의해 병행되고 있기 때문이다(참조. 렘

8:2; 25:33). 어쨌든 수많은 사람들을 장사지내기 위해 모으고 거두어들인다는 개념은 분명하다. 한때 하나님은 자신의 백성들을 애굽**에서** 구원하기 위해 모으셨다. 이제 그들은 "애굽"을 **통해** 멸망당하기 위해 모아질 것이다. 놉(멤피스)의 거대한 공동묘지와 고대 피라미드 무덤들은 이 말씀을 듣는 자들의 마음에 더 강력한 암시를 주었을 것이다.

찔레(잡초)는 백성들의 부귀를 "덮을"(חמד – 하마드) 것이고, 가시덩굴은 그들의 장막을 빼앗을(ירש – 야라쉬) 것이다. 이런 이미지는 종종 대적의 땅에 임하는 심판을 묘사하기도 하지만(예를 들어, 사 34:13), 또 한편으로는 이스라엘의 운명을 묘사하는 데 사용되기도 한다(사 5:6; 7:23-25). "저희의 은(그들의 부귀)" (כספם – 카쓰팜)은 우상 숭배를 위해 사용된 돈/은을 가리키려고 사용된 것이며, "저희의 장막"(אהליהם – 아홀레헴)은 "절기에 참여하는 순례자들의" 장막으로 해석되어야만 한다는 견해가 있다(Wolff, 156). 그러나 여기에는 그런 면을 말하는 그 어떤 표시도 없다. 이런 어휘들이 가리키는 것은 부귀와 개인적 소유물의 단순하고 일반적인 의미일 가능성이 더욱 크다.

7 7절의 첫 번째 부분은 6절에서 시작된 일련의 징벌들에 대해 결론을 내리는 요약적인 진술이다. 형벌(פקדה – 페쿠다)과 보응(שלם – 쉴룸)의 임박성을 말하고 있는데, 아마도 이 두 가지 용어는 일반적인 징벌/원수 갚음의 언약적 저주(유형 26)를 반영하는 것일 것이다. 이런 징벌/원수 갚음의 언약적인 저주는 "이르렀다, 임했다"라는 의미의 완료 동사(באו – 바우)의 반복적인 사용으로 강조되고 있다. 이 동사는 미래를 예언하는 예언적 완료 시제보다는 실제 역사적 완료일 것 같다. 그 실제 역사적 완료는 주전 748년 이후에 시작되고 주전 733년 이후에 심화된 곤경들은 이스라엘의 종말의 시작을 나타낸 것이라는 사실을 강조하고 있는 것이다. 선지자들은 분명한 하나님의 심판에 대한 정해지고 고정된 날짜가 다가오고 있음을 나타내기 위해 "날"(יום – 욤; 참조. 암 3:14), "시기/때"(עת – 에트; 참조. 렘 8:12) 혹은 "해(年)"(שנה – 샤나; 참조 렘 11:23)를 사용할 수도 있다. 그러나 여기서 사용된 "날(들)"(ימי – 예메)은 하나님의 강화된 언약적 징벌은 무한정으로 오랜 시간 동안 지속될 것이라는 사실을 암시해 주는 것일 수도 있다(참조. 레 26:34, 35; 신 28:29, 33). 신명기 31:29은 다음과 같이 말하고 있다: "너희가… 여호와의 목전에 악을 행하여 너희의 손으로 하는 일로 그를 격노케 하므로 너희가 말세(ימים – 야밈)에 재앙을 당하리라." 호세아는 백성들이 정말로 그런 "날들"에 이르게 될 것이라는 사실을 그들에게 경고하도록 영감을 받은 것이다.

"이스라엘이 울부짖다"(יריעו ישראל – 야리우 이스라엘; "원문주해" 7.b.를 보라)와 9a절에 이르기까지 계속해서 쓰인 어휘들을 가지고, 선지자는 이스라엘의 교만과 타락을 통렬하게 비난하고 있다. 첫 번째 죄과는 이스라엘 백성들이 너무 죄가 많아 심지어 선지자들의 말이 가짜라고 생각하며 하나님의 선지자들을 조롱한 것이다. 아마도 "선지자"와 "신에 감동하는 자(영의 사람)"라는 말들은 어떤 선지자 한 사람을 말하는 것이기보다는 그 계층을 나타내기 위해 사용된 어휘들일 것이다. 비록 호세아가 그런 말들을 듣고 자신에게 적용했음이 분명할지라도, 개인보다는 계층을 말하는 어휘들일 것이다. 선지자는 "어리석으며 바보"라는 의미의 에빌(אויל)로 언급되고 있다. 그런 선지자의 말은 진지하게 받아들여질 수 없다(참조. 잠 10:8, 10). 동일한 이행연구(二行連句)의 병행되는 행에서 선지자는 "신에 감동하는 자(영의 사람)"(איש הרוח – 이쉬 하루아흐)라고 불린다. 이 용어는 구약에서 달리는 알려져 있지 않은 용어이며, 아마도 "하나님의 사람" (איש אלהים – 이쉬 엘로힘)의 형태에 토대를 두고 만들어진 백성들의 경멸적인 신조어일 수 있다. 사무엘상 10:6; 열왕기상 18:12; 22:21-22; 열왕기하 2:9, 16을 참조하라. "미친"이라는 의미의 메슈가(משגע)는 특히 무의미하게 지껄이는 것을 의미한다(참조. 렘 29:26). 백성들의 말 속에 암시되어 있는 것은 호세아 자신을 믿을 수 없다는 것이며, 그가 전하는 메시지는 아무런 가치도 없고, 그가 예언하는 재앙은 제정신이 아닌 터무니없는 것이라는 사실이다. 백성들은 호세아의 예언이 추수절기를 누리는 그들의 즐거움을 방해하는 것을 원치 않았던 것이다. 백성들의 냉담한 조소는 그들의 커다란 죄/죄악과 그들의 "원한(증오)"(משטמה – 마스테마)에 그 뿌리를 두고 있다. 후자의 용어는 구약에서 오로지 여기와 다음 구절에서만 나타난다. 아마도 이 용어는 "원한을 품다/적의를 품다"라는 의미의 사탐(שטם)으로부터 파생된 것으로 보이며, 어떤 사람 혹은 원리에 대한 완고한 적대감을 의미하는 것 같다(L. Koehler, W. Baumgartner, *Supplement ad Lexicon in Veteris Testament: Libros*[Leiden: E. J. Brill, 1958] 169를 참조하라). 그러나 백성들의 적대가 단순히 호세아를 향하고 있는 것은 아니다. 그들이 거부하는 것은 궁극적으로 하나님과 그의 율법이기 때문에 "죄/죄악"을 유발하고 있는 것이다. 9절에서 하나님이 기억하겠다고 약속하신 것은 바로 이 악(עון – 아온)이다.

8 MT에서 발음된 대로, 8절은 의미가 명확하지 않은 이행연구(二行連句)로 시작된다. MT의 "…와 함께"라는 뜻의 임(עִם)을 "백성들"이라는 뜻의 암(עַם)으로 발음하고, "…의 하나님"이라는 뜻의 엘로하이(אלהי)를 "하나님"이라는 뜻의

엘로힘(אלהים, G를 따라서)으로 수정하며, 그리고 이 이행연구는 의문문일 수 있다는 생각을 가지게 되면, 문맥에 적절한 의미가 도출된다. 호세아는 선지자들에 대한 백성들의 냉소적인 조소를 반격하고 있다. 그들의 조롱은 그들이 영감된 선지자보다 더 많이 알고 있다는 것을 말하는 것이다. 그래서 호세아는 다음과 같이 아이러니하게 묻는다: 에브라임이 파수꾼이냐? 하나님의 백성이 선지자냐? 그 대답은 명백하게 "아니다!"이다. 일찍이 앞서서 경고하는 전초(前硝) 부대에서 관망하는 파수꾼(צפה – 초페)은 구약에서 여러 번 선지자들에 대해 은유(隱喩)적으로 적용되고 있다(사 56:10; 렘 6:17; 겔 3:17; 33:2, 6, 7). 이것은 다가오는 위험을 경고하는 선지자들의 역할을 강조한 표현이다(참조. 겔 33:7-20). 따라서 이 용어는 8절의 첫 번째 이행연구의 동의어적인 병행법에서 "선지자"라는 의미의 나비(נביא)와 짝을 이루고 있다. 그러므로 사실상 호세아는 자신을 조롱하는 백성들을 조롱하고 있는 것이다. 만약 에브라임이 정말로 선지자인 파수꾼이라고 한다면, 에브라임은 자신이 처한 곤경의 심각성을 볼 수 있어야만 한다: 사방에 놓인 덫과 그 자신의 나라에 있는 적대감을 볼 수 있어야만 한다.

"그물, 덫"(פח – 파흐)은 문제를 일으키는 사람이나 대적을 나타내는 것으로서 구약에서 거의 전적으로 사용되고 있다. 과거/현재(시 91:3; 124:7; 렘 18:22) 혹은 미래의 위험을 경고하는 일(수 23:13; 시 11:6; 사 24:17, 18)에서 그런 사람이나 대적으로 쓰인다. 본 절에서는 "원한(증오)"이라는 의미의 마스테마(משטמה)와 가지는 병행법에서 사용되고 있다. 그러면서 이스라엘이 그 자신의 나라에서 받게 될 원한(증오)을 암시적으로 나타내는 것이거나(베트 엘로하이오 [בית אלהיו, "그 하나님의 전에서"]에 대해서는 8:1; 9:3; 9:15을 참조하라), 아니면 하나님의 백성들이 하나님께 대해 지속적으로 증오감을 가지고 있기 **때문에** 백성들의 원한(증오)을 묘사하는 것일 수 있다. 이 두 가지 견해 중에 전자의 견해가 더욱 그럴듯하다. 교만한 자이며 선지자들을 득의에 차서 거절한 자인 에브라임은 선지자들이 보는 것, 즉 위험과 하나님의 원한(증오)을 볼 수 없다(저주 유형 19와 1). 그들의 땅은 야웨의 "집"이다. 그리고 야웨는 그 땅에서 그들을 추방하려고 준비하고 계신다.

9 이스라엘의 죄는 너무나 광범위해서 징벌이 요구된다. 호세아의 말은, 만약 이스라엘이 결국 바뀌지 않는다면 일어날 수도 있는 일에 대한 단순한 경고가 아니다. 언약의 파괴는 이미 의심할 여지가 없이 확실하다: 이스라엘은 "매춘부"였다(1절). 그리고 그에 대한 징벌의 시간은 이미 도래했다(7절). 사실상 이스라엘

은 사사 시대의 기브아와 같이 패괴했다. 기브아의 엄청난 죄악상은 신명기사가적 역사(삿 19-21장)에서 타락의 제일 가는 예로서 묘사되고 있다. 연사(連辭; 주어와 술어를 이어주는 be 동사와 같은 것) 없이 두 개의 상대적인 동의어적 동사들(העמיקו שחתו – 헤미쿠 쉬헤투)을 병치시켜 놓음으로써, 호세아는 이스라엘의 악행에 한층 가중된 강조를 하고 있다("저희는 심히 패괴한지라[그들은 자신들 스스로를 심히 부패케 했다]"). 또한 호세아는 동사 샤하트(שחת)를 11:9과 13:9에서 다른 의미("파괴하다")로 쓰고 있다. 이 때의 샤하트(שחת)는 신명기 4:25; 31:29; 32:5을 생각나게 해주는데, 이런 구절들은 모두 언약을 무효화시키는 부패와 타락의 종류를 예언하는 내용들이다. 운율적인 구조를 보았을 때, 이 두 가지 동사들은 이행연구(二行連句)를 위한 다양한 어법을 나타내는 것(Stuart, *SEHM*, 89 n. 15; Cross and Freedman, *SAYP*, 17, n. h를 참조하라)이라기보다는 진정한 중언법(重言法)을 구성하고 있다.

야웨가 기브아를 엄하게 심판하셨던 것과 같은 방식으로, 야웨는 "(이스라엘의) 악을 기억하시고" "그 죄를 벌하실 것이다"(저주 유형 26). 사사기의 이야기에서 지파들은 야웨의 명령으로 벤야민을 징벌하기 위해 연합했다. 이제는 야웨 자신이 그 징벌을 하실 것이다. 호세아는 포로로 잡혀가는 추방이 징벌의 주요 형태로 분명하게 언급되는 8:13에서 이미 사용된 평결을 자구적으로 포함하고 있다. 이런 사실은 추방이 야웨가 "기억하시고"(יזכור – 이즈코르) "벌하시는"(יפקוד – 이프코드) 실제적인 방법이라는 것을 말해 준다. 따라서 9절은 3-6절에 나타나 있는 포로로 잡혀가 추방되는 것에 대한 분명한 예언의 결론으로서 역할을 감당한다. "죄(들)"와 "악(들)"은 호세아서의 다른 곳에서 언급되거나 암시된 다양한 언약적 위반들을 가리킨다. 이스라엘 백성들에게 다가올 "징벌"은 앗수르로의 추방이다.

해설

모든 징후들이 점차적으로 위험을 가리키고 있는 때에조차도, 사람들은 그들 자신들의 미래에 최악의 일이 일어날 것이라는 사실을 믿기 힘들어 하는 것을 종종 발견하게 된다. 주전 732년에 북 이스라엘에서 대부분의 앗수르 군대가 잠정적으로 철군한 뒤에, 대부분의 백성들은 자신들의 새로운 상황에 순응했고 그들 삶의 옛 방식을 따라 살기 시작했음이 분명하다. 하나님은 그의 일반적인 은총 가운데 풍성한 가을 추수를 허락하셨다. 몇몇 이스라엘 백성들은 이 선물을 야웨가 새롭게 허락하신 승인으로 여겼고, 어떤 자들은 바알의 축복된 허락으로 여겼으며, 또 어떤 자들은 하나님과 바알 모두의 은총으로 여겼고, 또 어떤 자들은 땅의 윤택하고 기름짐을 보장한다고 생각하는 종교적 예전에 그들 자신이 충실하게 참여한 덕이라고 여기기도 했다. 종교적인 축제의 좋은 시간을 즐길 때, 누가 편협하고 부정적인 선지자의 파멸 선포의 말을 들었겠는가?

호세아는 자신의 호의적이지 않은 청중들에게 하나님의 임박한 진노를 선포했으며(7, 9절), 정신 이상자 취급을 받았다(7절). 호세아는 그 청중들에게 임박한 파멸에 직면해서(6절) 냉정을 찾을 것(1절)과 "애굽"(앗수르)으로 추방될 것(3, 6절)과 포로로 잡혀가서 당하게 될 여러 가지 비참한 상태들(2-6절)을 말했다. 그들은 알면서도 신성한 언약을 욕되게 하여(1절) 기브아의 역사적 무도함에 필적할 정도로 뻔뻔스러웠다(9절). 그렇기 때문에 다가오는 시간들은 그들에게 더 이상 기쁨을 가져다주지 않을 것이며(5절), 적개심과 덫에 걸림(8절)과 그들의 악행에 버금가는 징벌을 가져다줄 것(9절)이라는 점을 배워야만 한다.

본문은 대조되는 것들로 구성되어 있다: 이스라엘의 현재의 기쁨은 그들이 앞으로 치러야 할 궁핍 그리고 빈곤과 대조되고 있다. 그들이 지금 풍부한 가운데 기쁨으로 취하고 있는 음식은 그들이 앞으로 곧 지겨울 정도로 먹게 될 슬픔의 빵과 대조를 이루고 있다. 그들의 종교적인 희생 제사들은 그들의 다가올 포로기에 이루어질 종교적 속박과 대조를 이루고 있다. 그들이 선지자의 권위를 교만하게 거부하는 것은 그들이 시대를 잘못 읽는 것 그리고 분별력이 부족함과 대조를 이루고 있다. 그들의 자기만족은 하나님이 "그들의 악을 기억하고 그들의 죄를 벌하실 것"이라는 약속과 대조를 이루고 있다.

호세아서에서 마지막으로, 호세아는 이스라엘이 언약을 깨뜨린 것을 묘사하는 데 있어서 고대 조약-언약적 저주 용어인 "행음하다"라는 뜻의 자나(זנה)를 인용하고 있다. 호세아서의 다른 부분만큼이나 본문도 그런 은유(隱喩)적인 용어에 대한 정의를 내려 준다. 이스라엘은 야웨보다는 다른 신들을 그리고 야웨의 명령보다는 다른 것들을 사랑한다. 변변치 못한 그들의 신실함은 개인적인 이익을 이기적으로 기대하는 절차와 예전들에 제한되어 있다. 그들은 문란한 죄악들과 태도들로 인해 자신들 스스로를 야웨로부터 분리시켰다.

호세아의 메시지가 대부분 귀머거리의 귀에 떨어졌다는 것은 그리 놀랄 일이 아니다. 하나님으로부터 나온 어려운 말씀이 초대받지 않은 곳에 선포되었을 때 그런 반응이 일어나는 것은 예견할 만한 일이다. 그리스도는 기독교인들에게 호전적인 상황을 만났을 때 특별한 도움을 약속해 주셨다. 그런 기독교인들일지라도, 하나님의 메시지를 전하는 것은 조롱을 받는 것보다 훨씬 더 곤경에 처하는 일이 일어나게 할 수도 있다(참조. 눅 21:12-17). 만연한 불의와 타락을 대항해서 호세아 편에 선 이스라엘 백성들은 거의 없었다. 호세아는 온전한 정신 가운데 있는 것인지 의문시되었을 때조차 굳건하게 서 있었다. 마찬가지로 그리스도와 함께 굳건하게 서 있음으로써만 기독교인들은 새 언약의 저주가 명기하고 있는 징벌로부터 하나님을 통해 구원받는 것을 기대할 수 있다(눅 21:18-19).

버린 바 되고 쫓겨나고 미움을 받는 에브라임(9:10-17)

참고문헌

Braun, H. "'Der Fahrende.'" *ZTK* 48(1951) 32-38. **Bright, J.** "The Future in the Theology of the Eighth-Century Prophets: The Beginnings of Eschatology." Chap. 3 in *Covenant and Promise*. Philadelphia: Westminster Press, 1976. **Dahood, M.** "HebrewUgaritic Lexicography I." *Bib* 44(1963) 289-303. ______. "Hebrew-Ugaritic Lexicography XI." *Bib* 54(1973) 351-66. **Henke, O.** "Zur Lage yon Beth Peor." *ZDPV* 75(1959) 155-63. **Kraus, H.-J.** "Gilgal: Ein Beitrag zur Kultusgeschichte Israels." *VT* 1(1951) 191-99. **Lohfink, N.** "Hate and Love in Osee 9:15." *CBQ* 25(1963) 417. **Muilenburg, J.** "The Site of Ancient Gilgal." *BASOR* 140(1955) 11-27.

본 문

바알브올에서의 죄

10 옛적에 내가 이스라엘 만나기를 광야에서 포
도를 만남같이 하였으며 너희 열조 보기를 무화
과나무에서 처음 맺힌 첫 열매를 봄같이 하였거
늘 저희가 바알브올에 가서 부끄러운 우상에게

Sin at Baal-Peor

10 Like grapes in the wilderness I found Israel.
Like the first fruit on the fig tree, at its beginning,[a]
I took notice of their[b] ancestors. But[c] they came to
Baal-Peor, consecrated themselves to "Shame,"[d] and

몸을 드림으로 저희의 사랑하는 우상같이 가증하여졌도다

became detestable[e] like their lover.[f]

다가오는 징벌들

Coming punishments

11 에브라임의 영광이 새같이 날아가리니 해산함이나 아이 뱀이나 잉태함이 없으리라

11 "Ephraim![a] Their honor will fly away like a bird –without bird without pregnancy, and without conception.

12 혹 저희가 자식을 기를지라도 내가 그 자식을 없이 하여 한 사람도 남기지 아니할 것이라 내가 저희를 떠나는 때에는 저희에게 화가 미치리로다

12 Even if they should raise their children, I will make them bereft, without a person left.[a] And woe also to them[b], when I depart from them!

13 내가 보건대 에브라임은 아름다운 곳에 심긴 두로와 같으나 그 자식들을 살인하는 자에게로 끌어내리로다

13 Ephraim will be like a man who ⟨sees⟩[a] a siege[b] set[c] for him[d] and his children, and[e] brings out[f] his children to slaughter.[g]

불의에 대해 외치는 예언적 탄성

Prophetic interjection

14 여호와여 저희에게 주소서 무엇을 주시려나이까 청컨대 배지 못하는 태와 젖 없는 유방을 주시옵소서

14 Give them, Yahweh. –What should you give them? –Give them a miscarrying womb and shriveled breastst

길갈에서의 죄

Sin at Gilgal

15 저희의 모든 악이 길갈에 있으므로 내가 거기서 저희를 미워하였노라

15 Their every evil is at Gilgal Indeed, I have hated them there.

다가오는 징벌들

Coming punishments

그 행위가 악하므로 내 집에서 쫓아내고 다시는 사랑하지 아니하리라 그 방백들은 다 패역한 자니라

Because of their evil deeds I will drive them from my house I will no longer love them (since) all their officials are rebellious.[a]

16 에브라임이 침을 입고 그 뿌리가 말라 과실을 맺지 못하나니 비록 아이를 낳을지라도 내가 그 사랑하는 태의 열매를 죽이리라

16 Ephraim is beaten down, their root is dried up, they cannot produce fruit. Even if they bear children, I will kill their precious offspring.[a]

불의에 대해 외치는 예언적 탄성

Prophetic interjection

17 저희가 듣지 아니하므로 내 하나님이 저희를 버리시리니 저희가 열국 가운데 유리하는 자가 되리라

17 Let God[a] reject them for they have not listened[b] to him: let them become wanderers among the nations.

원문주해

10.a. MT의 베레쉬타흐(בראשיתה, "처음 맺힌[그 처음에]")는 테에나(תאנה, "무화과나무")를 수정 변경한 것으로 보인다. 이것은 무화과나무가 처음 열매를 맺히는 계절 혹은 그 과일이 나오기 시작하는 바로 그 처음을 말하는 것일 수 있다. 만약 좀 더 중립적으로 베레쉬트(בראשית)로 번역되거나 수정된다면, 이것은 단순히 "처음에"라는 의미일 수 있다. Syr은 이 어구를 생략한다. 이 어구는 종종 일종의 첨가된 주해로서 의심을 받고 있다. 이런 의심에 반대해서, 어떤 사람은 실제적으로 이 어구의 모든 자음과 모음의 소

리는 이 이행연구(二行連句)의 두운(頭韻)과 완벽하게 조화를 이룬다는 것을 주목하여 지적한다.

10.b. G(αὐτῶν – 아우톤, "그들의")는 MT의 "**너희** 열조/조상"보다는 아보테헴(אבותיהם)을 전제로 하고 있다.

10.c. "그들"보다는 "보라"는 의미의 헴(הם)에 잠재적으로 나타나 있는 대조는 "그러나"라고 숙어적으로 수정하는 것이 가장 좋다.

10.d. MT의 보셰트(בֹּשֶׁת, "부끄러운")는 그 기원이 호세아에서 시작되었든 아니면 후대에 경건한 목적으로 대체된 결과이든 "바알"을 나타내는 환유(換喩)적인 표현이다.

10.e. 문자적으로는 "혐오스러운 것들".

10.f. MT의 자음들을 오하밤(אֹהֲבָם)으로 발음한 것.

11.a. 11절의 첫 번째 이행연구는 문자적으로 "에브라임은 새와 같다. 그들의 영광이 날아간다"라는 의미다. 이 의미는 영어 문맥으로 보면 어색하지만 히브리어에서는 받아들일 수 있다.

12.a. 문자적으로는 "인간/사람 없이".

12.b. 즉 단지 백성들의 후손들이라기보다는 그 백성들 자신이다.

13.a. MT를 "내가 보는 대로"라는 의미의 카아셰르 라이티(כַּאֲשֶׁר רָאִיתִי) 대신에 "보는 사람과 같이"라는 의미의 케이쉬 로에(כְּאִישׁ רֹאֶה)로 다시 발음한 것이며 수정한 것이다. 카아셰르 라이티(כַּאֲשֶׁר רָאִיתִי)는 문맥에서 무의미한 것으로 여겨진다. 13절에 나오는 이것과 다른 독법들은 포위 공격 기간 동안에 있는, 특별히 신 28장에 묘사된 비참함들이 이 예언을 위한 상징적인 목록을 구성하고 있다는 인식에 토대를 두고 있다. 세부적인 내용을 위해서는 "주석"을 보라.

13.b. צור를 차봐르(צור, "포위 공격하다")의 부정사로 본 것이다. "바위"(צוּר – 추르), "두로"(צֹר – 초르), "먹이"(צַיִד – 차이드) 등과 같은 것들은 문맥에 적절하지 않다.

13.c. 셰투(שתו)로 읽은 것. 문자적으로는 "그들이 (무한히) 놓이다."

13.d. 라(לה)를 "그를 위해"로 읽은 것. MT의 셰투라(שתולה, "심었다")는 문맥에서 비논리적이다.

13.e. 두 번째 "에브라임"은 같은 철자를 중복하여 필사하는 오류(dittography)로 인해 나타난 것으로 보인다. 또한 "원문주해" 13.f.를 보라.

13.f. 어떤 종류의 도움을 주는 동사, 아마도 "서두를 것이다. 재촉할 것이다"(ימהר 혹은 יחוש)나 혹은 그와 같은 의미를 가진 동사가 레호치(להוציא) 앞에서 상실된 것 같다.

13.g. MT의 호레그(הֹרֵג, "살인자/도살업자") 대신에 헤레그(הֶרֶג, "도살자, 살육자")로 읽은 것. 그러나 겔 21:16을 참조하라.

15.a. 혹은 "완고한, 목이 곧은".

16.a. 문자적으로는 "그들의 자궁이 갈망하는 것들".
17.a. G의 호 데오스(ὁ θεός, "하나님")를 따라 읽은 것. 참조. 9:8.
17.b. 혹은 "복종했다, 따랐다".

양식/구조/배경

이 본문과 더불어 호세아서의 새로운 단락이 시작된다. 두 가지의 새로운 특징들로 인해 9:10-17(그리고 이어지는 많은 본문들)이 이전의 자료와 구별되고 있다. 첫 번째 차이점은 특별히 은유(隱喩)적인 의미로 역사적 회고에 대한 강조를 하고 있다는 데 있다(예를 들어, 10, 15a절). 이 본문 이전에는 그런 역사적 회고는 단 한 번 쓰였다(9:9에서 역사적 회고는 사실상 현재의 단락으로의 전이[轉移]로서 기능하고 있다). 그러나 이제는 그런 역사적 회고가 훨씬 더 자주 쓰이고 주도적인 역할을 하고 있는 것이 분명하다. 두 번째 차이점은 이제 회고적인 태도 혹은 분위기가 4:1-9:9에 나타나는 경우보다 훨씬 더 분명하게 드러난다. 단지 2:4-17[2-15]에서만 이야기의 그런 회고적인 태도가 병행되어 나타날 뿐이다. 현재의 본문은 17절에서 결론을 맺는다. 10장은 새로운 주제에 대한 새로운 단락을 시작하고 있는데, 다시금 은유적인 유형으로 기술된 역사적 회고로 시작하고 있다.

본문에는 언약적 저주의 목록에 따른 파멸과 비참함의 예언들을 포함하는 하나님의 말씀이 주도적으로 나타나고 있다. 두 개의 예언적 이야기의 삽입(14, 17절)은 주요하게 나누어지는 신탁의 끝 부분을 형성하고 있다. 구조는 다음과 같이 요약될 수 있다.

10절	먼 과거에 대한 시적인 회고(한때 야웨의 기쁨이 되었던 이스라엘이 어떻게 바알브올에서 야웨께 혐오스러운 존재가 되었는지)
11-14절	예언적 삽입(14절)으로 끝나는 산문으로 이루어진 일련의 저주들
15a절	현재에 이르는 바로 얼마 전의 과거에 대한 시적 회고(바알브올의 대형[對型]인 길갈에서 어떻게 이스라엘이 여전히 야웨께 혐오스러운 존재가 되었는지)
15b-17절	예언적 삽입(17절)으로 끝나는 시로 이루어진 일련의 저주들

운율은 음절적으로 균형을 이루는 이행연구(二行連句)들과 주도적으로 쓰이는 삼행연구(三行聯句)들로 이루어져 있어서 놀라울 정도로 규칙적이다. 11-14절의 십중팔구는 산문으로 이루어져 있다. 예견할 수 없는 순서에서 보편적으로 보이듯

이 세 개의 삼행연구가 발견된다(10b, 16a, 17절). 비록 16b-17절은 종합적이라 할지라도, 병행법은 주로 동의어적이다.

비록 본문에 있는 어떤 것도 명백하게 그 연대를 말해 주는 것이 없을지라도, 이 본문은 북 왕국의 멸망 바로 직전이나 그 멸망 시초의 어느 시점인 주전 720년 중반기를 반영해 주는 듯하다. 그 멸망은 호세아가 예견하고 있으며 이끌어 들이고 있는 것이기도 한 것으로(14, 17절) 이미 내려진 결론이다. "저희가 듣지 아니하므로"라는 호세아의 말은 선지자가 마치 이스라엘을 권면하는 것을 헛된 일로 여겨 체념한 때에 적절한 말인 것처럼 보인다. 12-14절에 있는 포위 공격 기간에 기인되는 비참함들에 대한 강조, 특별히 부모와 자식 간의 일반적인 관계를 일그러뜨리는 것은 포위 공격, 즉 주전 725-722년에 있었던 앗수르의 공격이 임박한 때에 대한 적절한 묘사인 것으로 여겨진다. 또한 하나님의 역사적 회고와 회고적 분위기는 이스라엘 역사에서 그런 상황에 맞을 것이다. 즉 좀 더 상세하게 말하자면, 야웨가 이스라엘 백성들을 파멸시키시는 것 외에는 달리 다른 선택의 여지가 없음을 확정적으로 생각하며 자신의 백성들과의 관계를 다시금 재고해 보는 바로 그런 때에 적절한 묘사인 것이다. 그러므로 야웨는 곧바로 "(그들을) 내 집에서 쫓아내고" "다시는 사랑하지 아니하실 것이다"(15절).

주석

10 알려지지 않은 제삼자에게 말하는 것처럼 이스라엘에 대해 이야기하면서, 야웨는 이스라엘을 처음 자신에게로 취하신 때를 묘사하고 있다. 뜻밖에 우연히 발견한 것을 강조하고 있는 것이 아니라 진기성과 희소성을 강조하고 있다(참조. 신 7:7-8; 9:1-6). 신명기 32:10의 어휘에 의해 많은 영향을 받았을 것으로 보이는 눈에 띄는 은유(隱喩)를 사용해서(Kuhnigk, *NSH*, 35-39를 보라), 야웨는 자신을 광야(מדבר – 미드바라)의 황무한 곳을 지나는 여행자와 연결시키고 있다. 그 광야는 갑자기 포도 열매가 자라는 곳인데, 물론 이것은 매우 드문 일일 것이다. 애굽과 시내산에서 시작된 이스라엘과 야웨의 관계는 그렇게 정말로 드문 일이었다. 이스라엘은 진지하고 특이한 존재, 즉 야웨 자신의 특별한 백성이었다. 이스라엘은 시내산 언약에 충실했을 때에만 야웨에게 사랑을 받는 매력적인 존재가 되었다. 이스라엘이 그 언약을 무시했을 때, 이스라엘은 자신을 행음하는 자로 만들고 말았다. 시내산 언약으로 돌아옴으로써만 이스라엘은 야웨께로 돌아갈 수 있었다

(2:18, 19[16, 17]; 참조. 레 26:40-45; 신 4:29-31; 30:1-10; 32:36). 호세아서에 있는 독특한 (그러나 완전하지는 않은) 어린 이스라엘에 대한 강조는 오경의 이야기에 상치되지 않는다. 오경의 이야기는 광야 시기에 충실하지 못했던 예들(출 32장)을 매우 빈번하게 기술하고 있다. 호세아서의 다른 곳에서는 애굽에서 이스라엘의 형성이 이루어졌다는 주제를 말하고 있다(2:17[15]; 11:1; 12:10[9], 14[13]; 13:4). 그런 내용은 이 은유가 광야 자체를 묘사하고 있는 것이 아니라는 점을 말해 준다. 즉 "이스라엘"이 포도에 연결되는 것이 아니고, "광야"가 시내산 경험에 연결되는 것이 아니라, 이스라엘이 "광야에 있는 포도"에 연결되고 있다. 여기서 이스라엘은 유다와 대조를 이루는 "에브라임"을 의미한다기보다는 하나님의 모든 지파들을 의미할 수 있다.

두 번째 이행연구는 첫 번째 이행연구와 외적으로 병행을 이루고 있다. 야웨는 호세아 시대의 이스라엘 조상들(문자적으로는 "너희 열조들[너희들의 조상들]")을 무화과나무에서 처음 맺힌 첫 열매를 인식한/발견한/본 것같이 했다. 비쿠라(בכורה)라는 용어는 이전 해에 싹이 나서 익은 늦은 5월/이른 6월의 무화과 열매를 말한다. 이것은 늦은 여름에 새롭게 자라난 열매를 말하는 테에나(תאנה)보다 훨씬 이른 시기에 나오는 먹기에 더 부드러운 열매였다. 한 무화과나무에 달린 이른 무화과 열매의 수(בכורות – 비쿠로트)는 얼마 되지 않았다. 따라서 그 열매는 광야의 포도와 같이 아주 드문 것이었다. 이사야 28:4에서 비쿠라(בכורה)가 자주 인용되는 용례는 첫 번째 무화과 열매의 탐스러움을 묘사하는 것이 **아니라**, 부서지기 쉬움과 취약성(脆弱性)을 나타내고 있는 것이다. 마찬가지로 10절은 이스라엘의 본질적인 뛰어남을 주장하는 것이 아니라, 야웨가 이스라엘을 자신의 백성으로 선택하신 독특성을 말하고 있다(참조. 신 7:7-8).

이스라엘이 맺은 자신의 하나님과의 관계에서 끔찍한 전환점은 바알브올에서 일어났다(민 25:1-5). 그 곳에서 많은 이스라엘의 남자들이 모압과 미디안 여자들과 함께 성적인 예식에 가담했다. 아마도 부분적으로 이런 행위는 가나안에 들어갔을 때 농경적인 풍요를 확고히 하려는 바람을 가지고 이루어졌을 것이다. 이런 행위는 바알에게 거룩하게 구별하여 드리는 것(נזר – 나자르) 중에 포함된다. 여기서 야웨는 "바알"(בעל)을 경멸적 어휘인 "부끄러운(수치)"이라는 뜻의 보셰트(בשת)로 부르고 있다. 경건한 구약 필사자들이 "바알"(בעל)을 "부끄러운(수치)"이라는 뜻의 보셰트(בשת)로 대치하는 후대의 관행이 있었다. 그런 관행은 이 구절의 전례로 이미 시작되었을 것이다. 바알브올의 사건은 우상 숭배적인 바알 경배를 위해 야웨주의를 거절한 것을 나타낸 것이었다. 바알 경배는 시내산 언약을 무시하는 불의한 결혼과 결부되어 있는 것이다. 출애굽기 32장에 나오는 황금 송아지 사건이 저질렀던 것과 같이, 이 바알브올 사건은 야웨와 맺은 언약을 자동적으로 깨뜨린 일이었다(출 23:32-33; 신 17:2 등등). 야웨의 관점에서 보았을 때, 이 사건 이후로 이스라엘은 변해 버린 백성이 되었다. 약속의 땅에 살았던 모든 시기를 포함해서 이스라엘 백성들의 전(全) 역사는 모든 것을 고려해 볼 때 반역과 죄악의 시간들이었다. 개별적인 예외의 경우들에도 불구하고, 보편적으로 가나안 정복 이후의 이스라엘은 야웨께 "가증스러운 것들"(שקוצים – 쉬쿠침)이었던 사람들로 이루어져 있었다. 구약에서 우상들을 가리키는 말로 가장 빈번하게 쓰인(예를 들어, 왕하 23:13; 겔 5:11; 단 11:31) 이 어휘는 또한 "저희의 사랑하는 자"(אהבם – 아하밤)인 바알을 묘사하고 있다. 이스라엘은 야웨께 거짓 신인 바알과 같이 되었다. 야웨는 그 자신이 선택한 백성들의 역사에 대해 회고적으로 되돌아보고 계신다. 그가 바라보시는 것은 그에게 역겨운 것이었다.

11 에브라임은 얼마 동안 영예와 국가적으로 위대한 시간을 누렸다. 그런 영예는 애굽으로부터의 출애굽과 가나안 정복에 그들이 가담했던 것과, 통일 왕국의 정치적·군사적·경제적 위대함, 그리고 비록 악한 왕이기는 할지라도 아합과 여로보암 2세 등과 같은 큰 왕들의 통치 하에서 누린 비교적 강성한 나라의 지위 등과 같은 것들을 포함할 것이다. 북 왕국 이스라엘은 그 대부분의 역사 동안 남 왕국 유다보다 더 융성하고 우월했다. 북 왕국은 거듭해서 암몬과 모압과 같은 가신(家臣)국들을 다스렸으며, 군사적으로도 남 왕국보다 우세했다(심지어 주전 853년 카르카르[Qarqar] 전투에서는 앗수르를 대항하기조차 했음). 그러나 그들의 영광이 무엇이었든지 간에 그 영광은 새와 같이 날아가 버릴 것이다(עוף – 오프, 히트파엘; 이방과 동맹을 맺는 데[7:11, 12] 있어서 어떤 변덕스러운 태도가 의도되어 있는 것은 아님). 영예의 장소에 노력한 만큼의 소득을 얻지 못하는 무익하게 되는 저주가 임한다(유형 12). "네 몸의 소생과……가 저주를 받을 것이며"(신 28:18)라는 내용을 참조하라. 죽음과 질병에 대한 일반적인 저주(예를 들어, 신 28:61-62)는 또한 자식을 낳지 못하게 될 것을 예언하는 이 말씀의 배경을 형성하고 있는 것일 수 있다. 이스라엘 백성들의 전(全) 역사를 통해 수많은 백성들을 유혹한 풍요의 예전이 얼마나 비극적인 속임수였는가가 드러나게 될 것이다! 11절은 14절에 나오는 호세아 자신의 저주로 결론을 짓는 저주의 산문 부분을 시작하고 있다. 하나로 된 본문 안에 있는 예언적 문맥에서 시와 산문이 번갈아 나오는 것

은 구약의 예언 문학에서 잘 입증되는 형태다. 그리고 이와 같은 형태는 호세아와 같은 선지자의 영감된 예술적 기교의 한 부분을 이루고 있다.

12 자손의 죽음에 초점을 맞추고 있는 출산 저주(즉 저주 유형 12 그리고/혹은 18)는 수태(受胎)와 임신으로부터(11절) 어른에 이르기까지 총체적인 죽음의 순환으로 확대되고 있다. 여기서와 같이, "사람"이라는 용어 아담(אדם)은 어린 아이로부터 어른에 이르기까지를 포함하는 것으로 그 어떤 연령층의 사람을 지칭할 수 있다. 이스라엘의 자녀들은 일반적인 생명의 연한을 누리지 못할 것이다. 하나님이 이런 사별(死別)을 가져오시는 방식은 구체적으로 언급되지 않았다. 단지 "내가 저희를 떠나는 때"(בשׂורי – 베수리)라는 시기만 언급되어 있을 뿐이다.

다양한 사별의 저주 형태들 중에, 비록 신명기 32:25이 구체적으로 "멸망하리니(자녀들이 없이 되다)"라는 동사 샤콜(שׁכל)을 사용하고 있다 할지라도, 아마도 신명기 28:41이 12절의 형태와 가장 근접할 것이다. 12절의 후반부는 언약을 어김으로써 징벌의 과정이 시작될 때, 하나님이 자신의 백성들로부터 떠나실 것을 예언하고 있다(저주 유형 1; 참조. 레 26:17a; 신 32:20; 31:17-18).

13 MT에 있는 13절의 본문은 훼손된 원문이다. 비록 시험적이기는 할지라도 G와의 비교를 통해 그리고 어법은 언약적 저주의 어법을 따라야만 한다는 인식을 통해 재구성이 가능하다. 12절에 설정되어 있는 사별(死別)의 주제는 본 절의 주된 주제가 되어야만 한다. 12절의 "**저희에게** 화가 미치리로다"라는 진술은 다음과 같은 요지의 도입을 말해 준다: 자녀를 잃은 부모들의 비참한 상태(저주 유형 18)에 대해 이제 무엇인가가 이야기될 것이다. 중요한 어휘는 초르(צור)다. 우리는 이 어휘를 "포위 공격하다"라는 의미의 동사(즉 추르[צוּר])의 부정사이거나 아니면 "포위 공격"이라는 의미의 명사 메추르(מצור)의 원문이 훼손된 형태일 것이라고 생각한다. 몇 가지 저주들은 신실하지 못한 이스라엘 백성들이 야웨와 맺은 언약을 깨뜨린 결과로 그들의 대적들에 의해 포위될 시기에 만연하게 될 비참한 상태를 주로 묘사해 주고 있다.

일반적으로 언약을 깨뜨리는 것은 한 가정에 두려운 일을 낳게 하며(신 32:35), "네 눈에 보이는 일로 인하여 네가 미치리라"(신 28:34)고 할 정도로 너무나 끔찍한 결과를 낳는다고 말한다. 좀 더 구체적으로 말하면, 포위 공격 기간 동안에는 극심한 기근이 닥쳐서 신명기 28:53-57에 묘사된 사람을 잡아먹는 사태를 낳게 된다. 이런 상태는 고대 근동의 조약 저주(저주 유형 3; Hillers, *Treaty Curses*, 62-63를 참조하라)에서 유사하게 발견되는 것보다 더 충격적인 것으로 매우 생생한 표현이다. 이런 사태가 아니었다면 사랑하는 부모였을 그들이 자신의 자녀들을 죽이고 먹게 될 것이다(참조. 레 26:29). 만약 포위 공격으로 인한 기근이 본 절이 말하고 있는 진정한 주제라고 한다면, 잡아먹기 위해 죽이려고 아이를 집에서 끌어내는 부모의 행동은 신명기 28:53-57의 범주와 잘 들어맞는다(죽이는 일은 아마도 집안에서는 일어나지 않았을 것이다).

14 신실하지 못한 이스라엘을 대항해서 돌연히 간청하는 기도로 끼어들며, 이제 호세아 자신이 부모의 비참함을 언급하는 주제를 계속 언급하면서 말하고 있다. 아버지의 시각에 초점이 맞추어져 있는 13절과 같이, 14절은 이제 어머니의 관점에서 두려움을 보고 있다. 이 기도가 하나님께 더 이상의 어린이가 태어나지 않게 되기를 구하고 있는 선지자의 중보적인 기도였을 수 있다고 생각하기는 어렵다. 다가오는 고난의 시대에 아이를 낳지 못하는 것은 상대적인 축복이 될 수 있기 때문이다(Mays, 134-35와 Wolff, 166-67도 그렇게 본다). 특별히 "마른 젖가슴들"의 비참한 상황을 언급하고 있는 이스라엘 이외의 나라들이 가지고 있는 조약문 상의 저주들과 비교해 볼 때, 본 절에 쓰인 어법은 저주의 어법이 분명함을 보여 주고 있다.

호세아 자신은 하나님이 이미 시행하려고 계획하고 계시는 것을 분명히 알고 있는데, 바로 다음과 같은 것을 위해 기도하고 있다: 이스라엘이 누리고 있는 굉장히 윤택한 축복(신 28:4, 11; 출 23:36)이 반전되는 상황. 현재 언급되고 있는 저주에서 짝을 이루고 있는 "태(자궁)"(רחם – 레헴)와 "유방"(שׁדים – 샤딤)은 아이러니하게도 "젖먹이는 복과 태의 복이리로다"라는 창세기 49:25에 나오는 복된 어법을 생각나게 해준다. 호세아는 이런 것들이 이제 더 이상 이스라엘의 것이 되어서는 안 된다고 기도하고 있다.

15 하나님의 말씀이 이제 다시 시의 형태로 시작되고 있다. 11-14절에 상응하는 15a절은 회고의 두 번째 부분을 구성하고 있다. 시간의 틀은 이제 호세아의 청중들이 처한 시간과 동일하다: 죄에 대한 과거의 장소인 바알브올에서의 증거 대신에 죄의 현재의 장소인 길갈이 언급되고 있다. 길갈에서 이루어지고 있는 일들로 인해, 야웨는 (여전히) 이스라엘을 미워하신다(שׂנא – 사네, 현재 의미를 가지고 있는 완료형). 바알브올에서의 가증스러운 불신앙적 행위를 저지른 이래로 그 어떤 것도 나아진 것이 없다. 길갈은 어디인가? 바알브올에서 요단 강을 바로 가로지른 곳에 있다. 이스라엘 백성들은 어디에 있는가? 그들이 줄곧 있었던 곳, 즉 자신들의 합법적이지 않은 연인들이었던 바알들에서 결코 멀리 떨어져 있지 않은

곳에, 그리고 고작해야 야웨와 맺은 언약에 대한 흔들리는 충성을 보이는 미지근한 상태에 머물러 있었다.

길갈을 이와 같이 공격하는 두 가지 이유가 있다. 길갈은 정복의 시초로부터 고대 예전의 중심지였다(수 4:19-5:12). 이 예전의 중심지는 북 왕국의 전(全) 역사를 통해 매우 두드러지게 탁월한 곳이었다. 따라서 그 곳은 이교 예배의 중심지가 되었다(신 12장). 아모스(4:4; 5:5)와 호세아(4:15; 12:12[11])가 길갈을 쳐서 말한 것에 비추어 볼 때, 비록 길갈은 완전히 혼합주의는 아니었을지라도, 정도를 벗어난 이교(異教)적 야웨주의의 중심지였음이 분명하다. 그렇다면 그런 일로 인해 야웨는 이스라엘을 미워하실 수밖에 없었을 것이다(저주 유형 1). "미워하다"라는 의미의 동사 사네(שׂנא)는 언약적 용어를 반영해 준다. 이 어휘는 또한 이런 문맥에서 "사랑하다"와 "…와 동맹하다"라는 의미의 아하브(אהב)와 대조되는 의미로 "거절하다" 혹은 "반대하다"라고 번역될 수도 있다. 개인적인 감정들은 요점을 비껴가는 것이다. 언약의 하나님의 진노가 주된 관건이다.

길갈에 대한 공격의 두 번째 이유는 아마도 길갈이 북 왕조와 연관이 있다는 것일 것이다. 호세아는 다른 곳에서 북 왕조를 이스라엘이 죄를 저지르도록 하는 주된 원인자로서 비난하고 있다(7:3-7; 10:7, 15). 길갈은 사울을 왕으로 삼은 장소이며(삼상 11:15), 사울의 시대에 이미 언약을 깨뜨리는 종교적인 예전들이 일어날 수 있었던 곳이다(삼상 15:21-23).

"길갈"은 또한 아마도 이스라엘 전체를 나타내는 제유(提喩)적인 어휘일 것이다. 그들의 행위는 포괄적으로 볼 때 "악"으로 묘사될 수 있을 것이다. 바로가 이스라엘을 애굽에서 쫓아낸(גרשׁ – 가라쉬) 것과 같이(참조. 출 11:1) 그리고 야웨가 가나안 족속들을 쫓아내신(גרשׁ – 가라쉬) 것과 같이(출 34:11; 수 24:12, 18), 야웨는 그들을 "내 집에서"(מביתי – 미베티) "쫓아내실 것이다"(גרשׁ – 가라쉬). 야웨의 "집"은 이스라엘의 땅이다(참조. 8:1). 만약 이스라엘 백성들이 언약을 깨뜨린다면, 언약(십계명 그 자체, 출 20:12; 신 5:16)은 그들이 그 땅에 머물지 못할 것이라고 말한다(즉 저주 유형 13; 레 26:32-35, 38; 신 28:21, 36, 63-64 등등).

따라서 야웨의 언약적 "사랑"은 중단될 것이다(לא אוסף אהבתם – 으 오쎄프 아하바탐, "다시는 사랑하지 아니하리라〈나는 더 이상 그들을 사랑하지 않을 것이다〉"). 1:6을 생각나게 하는 이 선언이 미치게 되는 영향은 나라의 모든 백성들이 느끼게 될 것이다. 패역한 방백들(שׂריהם סררים – 사레헴 쏘르림)은 특별히 포함될 것이다. 1:4-7과 같이, 거절되는 과정은 백성들이 전쟁에서 지고 포로로 잡히기 전에 정부가 몰락할 것을 논리적으로 묘사하고 있다. 더욱이 이스라엘의 지도자들은 나라가 죄를 짓는 일을 돕는 데 본질적으로 가담한 것으로 보인다. 그들의 완고함/반역성으로 인해 야웨가 그들에게 좋은 것을 주시기가 불가능했던 것이다(참조. 4:16). 주권자의 권위에 대해 그렇게 목이 곧은 저항을 하는 것은 저항하는 관료들 자신들의 종말을 가져오게 할 것이다(참조. 3:4).

16 16a절은 침(때림을 받다)을 받고 말라서 과실을 맺지 못하는 식물의 은유(隱喩)를 통해 죽어 가는 나라의 비극적인 상태를 나타내고 있다. "과실"이라는 의미의 페리(פרי)의 발음 소리가 "에브라임"(אפרים – 에프라임)이라는 어휘 속에 희미하게나마 반영되어 있기 때문에, 동음이의(同音異義)어적인 익살스러운 표현이 나타나 있는 것일 가능성이 있다. "두 배로 풍성했던"(참조. 창 41:52) 에브라임은 이제 완전히 과실을 맺지 못하는 에브라임이 되었다. 이 은유(隱喩)는 죄를 지은 백성들에게 반드시 임할 것으로 전해진 그들 땅의 황폐함(레 26:20, 32-35; 신 28:17-18, 21-24, 38-40; 32:32-33 등등. 즉 저주 유형 9c)과 그들 자신의 무기력함과 패배를 당함과 파멸당할 것(참조. 레 26:31, 36, 39; 신 28:20; 32:30 등등)에 대한 저주들이 실제로 실현되어 다가올 것을 반영해 주고 있다. 16b절에서 그 은유는 매우 분명한 저주 위협을 낳는다. 즉 11-14절의 내용으로부터 자녀들을 잃게 되는 주제를 계속 이어가고 있지만, 좀 더 구체적으로 그런 위협을 기술하고 있다: "그들의 소중한 후손을 죽이는" 분은 다름 아니라 바로 야웨시다. 이렇게 구체적으로 묘사하고 있는 내용은 14절의 예언적 탄성이 저주라고 보기보다는 중보라고 보는 것이 어려울 것 같다는 사실을 보여 준다. 사별(死別) 혹은 빼앗음의 과정에 야웨가 친히 개입하시는 것은 언약적 저주들의 주제와 일치한다: 그런 저주들은 단지 우연히 발생한 것이 아니다. 야웨가 그 저주들이 발생하도록 하셨다(예를 들어, 신 28:20-25, "여호와께서…을 내리사…여호와께서…염병이 들게 하사 …여호와께서…치시리니…여호와께서…내리시리니" 등등; 그리고 신 32:39, "내가 죽이기도 하며 살리기도 하며…내 손에서 능히 건질 자 없도다"). 이스라엘이 경험하고 있는 그 어떤 풍부함도 지속되지는 않을 것이다. 야웨가 이스라엘 자손들이 자라지 못하도록 하실 것이기 때문이다(저주 유형 12c). 그 나라는 "열매"를 맺지 못할 것이다.

17 하나님의 저주의 두 번째 부분은 이제 호세아가 전하는 영감된 두 번째 저주로 결론을 맺게 된다. 호세아는 하나님이 이스라엘에 대한 형세를 역전시켜 주시기를 요청하고 있다. 이스라엘 백성들이 야웨를 거절했기 때문에(레 26:43; 삼

상 8:7에 있는 마아쓰[מאס]를 참조하라), 이제 야웨는 당연히 그들을 거절하신다(이므아셈[ימאסם], 참조. 4:6; 삼상 15:23; 저주 유형 1). 하나님의 언약은 신실하지 못한 자들을 "열방 중에"(בגוים – 바고임, 레 26:33) 흩을 것을 분명히 말하고 있다. 그렇게 되면 그들은 "열방 중에서" 멸망을 받게 되거나(레 26:38), 아니면 "땅의 이 끝에서 저 끝에 이르는 모든 열방 중에(בכל־העמים – 베콜-하고임)" 그들은 흩어지게 될 것이다(유형 13). 이런 하나님의 언약적 약속은 호세아가 이제 자기 자신의 백성들을 대항해서 선포하는 징벌들을 포함하고 있는 것이다.

어떻게 에브라임은 하나님께 실패를 하게 되었는가? "하나님을 청종하지 않은" 그들의 불순종에 의해 실패한 것이다. 형식화된 헌신이나 예전적인 예배의 열광적인 행위들이 아니라(참조. 7:14; 8:11, 13; 9:1, 5), 언약의 율례들에 대한 순종이 바로 하나님이 이스라엘에게 요구하시는 것이다. 이스라엘 백성들은 야웨가 선택하셨고, 구원하셨으며, 원래 그들의 땅이 아닌 가나안에 기적적으로 정착하도록 하셨던 나라였다는 것이 바로 이스라엘 백성들의 정체성이다.

이제는 이런 그들의 정체성의 각각의 국면들이 무효화될 것이다. 그들은 거부될 것이며, 뿌리가 뽑힐 것이고, "땅에서 멸해서"(신 28:21) 집을 잃게 될 것이다. 그들의 운명은 가인이 받은 저주(창 4:12)의 영향을 받은 떠도는 피난민의 신세가 되는 것이다.

해설

이 본문에는 하나님의 말씀과 예언적 말씀이 함께 결합되어 있다. 모세 언약에 들어 있는 불순종에 대한 저주들의 성취를 불순종한 이스라엘 백성들에게 선포하기 위함이다. 여기서 호세아는 처음으로 자기 자신의 동포들 위에 하나님의 진노가 쏟아져 내리길 위해 구하고 있다(14, 17절). 따라서 호세아는 징벌의 선포자이면서 그 징벌이 내리도록 기원하는 자다.

이스라엘은 지속적으로 야웨의 명령에 불순종했기 때문에, 이스라엘이 받게 될 것은 자업자득이다. 바알브올에서 이루어진 이교적 신성화 과정에서 보여 준 극악한 불충성의 경우(10절)로부터 강 건너 길갈에서 이루어지고 있는 현재의 혼합주의적인 모습(15절)에 이르기까지, 이스라엘이 남긴 기록은 긍정적이라기보다는 부정적이다. 야웨의 지속적인 용서를 생각하며 기우는 그들의 죄를 향하는 성향으로 인해 그들은 야웨께 "그들이 사랑하는 자인 혐오스러운" 존재, 즉 "수치"라는 뜻의 바알과 같은 혐오스러운 존재가 되었다. 길갈은 바알브올에서 그리 멀리 떨어진 곳이 아니었던 것과 같이, 이스라엘 백성들의 행위는 그들이 바알브올에서 이방 여인들과 금지된 성적 풍요 예전에 가담했을 때 저질렀던 것과 유사한 행동을 한 것이었다. 그들은 지리적으로나 종교적으로 많이 이동하지 않았다.

특별히 본문은 이스라엘의 독특성을 다루고 있다. 본래 고유의 본질적인 면에서가 아니라(참조. 신 7:7-8) 야웨가 특별히 선택하신 자들이었다는 점(10절)에서 그 독특성을 말하고 있다. 한때는 그렇게 특별한 존재였던 이스라엘이, 이제는 아무것도 아닌 존재가 되어 버리고 말 것이다. 그 영예는 새와 같이 날아갈 것이다(11절). 기적적으로 구출되고 새로운 땅에 정착했던 백성들은 죽은 식물과 같이 무가치하며(16절) 땅 없이 열방 중에 유리하는(17절) 흩어진 백성이 될 것이다.

두 가지의 징벌이 본문을 주도하고 있다: 사별(死別)/무익하게 됨(11-14, 16-17절)과 추방/포로로 잡혀감(15, 17절). 이런 징벌들은 백성들의 "악한 행위들"(15절)에 의해 그 인내심이 소진된 하나님으로부터 기인한다. 이스라엘은 이제 더 이상 사랑받는 존재가 아니라 미움을 받는 존재가 되었다(15절). 야웨가 덜 관용적이며 심판을 내리기에 더욱 성급한 자로 바뀌신 것인가? 전혀 그렇지 않다! 이스라엘은 하나님의 인내하심으로 인해 보존되었지만, 이제 마땅히 받아야만 할 것을 결국에는 받고 있는 것이다.

앞으로 그들에게 임할 재앙들은 그들 자신의 잘못으로 인한 것이다. 만약 그들이 예배를 드리는 데에서조차 뻔뻔스러울 정도로 불신실하지 않았다면(10, 15절), 만약 그들의 행위들이 사악하지 않았다면(15절), 혹은 그들의 방백들이 패역하지 않았다면(15절), 만약 야웨가 그들을 회개함으로 부르실 때 그들이 야웨의 말 듣기를 거절하지 않았다면(17절), 아마도 상황은 달라졌을 수도 있을 것이다. 그러나 이제 그들은 거절(17절)과 떠남(12절)과 사별(死別)의 엄청난 비참함(11-14, 16절)과 무익하게 되는 것(15절)과 추방당하는 것(17절)을 알아야만 한다. 야웨의 집은 이제 더 이상 이스라엘에게 집이 되지 못한다.

예전과 왕과 수도 성읍의 종말(10:1-8)

참고문헌

Albright, W. F. "The High Place in Ancient Palestine." *Congress Volume*. VTSup 4. Leiden: E. J. Brill, 1957. 242-58. **Dahood, M.** *Psalms I*. Anchor Bible 16. Garden City, NY: Doubleday, 1966. 35-36. **Driver, G. R.** "Problems of the Hebrew Text and Language." In *Alttestamentliche Studien: FS F. Nötscher*, ed. H. Junker and J. Botterweck. Bonn: P. Hanstein Verlag, 1950. 46-61. **Fohrer, G.** "Der Vertrag zwischen König und Volk in Israel." *ZAW* 71(1959) 1-22. **Torczyner, H.** "Dunkle Bibelstellen." In *Vom Alten Testament*, ed. K. Budde. BZAW 41. Giessen: Töpelmann, 1925. 274-80. **Tromp, N. J.** *Primitive Conceptions of Death and the Nether World in the Old Testament*. BibOr 21. Rome: Pontifical Biblical Institute, 1969. 11-12, 83-84.

본 문

예전과 왕권의 거절

1 이스라엘은 열매 맺는 무성한 포도나무라 그 열매가 많을수록 제단을 많게 하며 그 땅이 아름다울수록 주상을 아름답게 하도다

2 저희가 두 마음을 품었으니 이제 죄를 받을 것이라 하나님이 그 제단을 쳐서 깨치시며 그 주상을 헐으시리라

3 저희가 이제 이르기를 우리가 여호와를 두려워 아니하므로 우리에게 왕이 없거니와 왕이 우리를 위하여 무엇을 하리요 하리로다

왕실의 죄와 종교적인 죄 그리고 그에 대한 징벌

4 저희가 헛된 말을 내며 거짓 맹세를 발하여 언약을 세우니 그 재판이 밭이랑에 돋는 독한 인진 같으리로다

5 사마리아 거민이 벧아웬의 송아지를 인하여 두려워할 것이라 그 백성이 슬퍼하며 그것을 기뻐

Rejection of the cult and kingship

1 Israel is a spreading/barren[a] vine: he yields/used to yield plenty[b] of fruit.[c] The more his fruit, the more altars he made. The finer his land, the finer sacred stones were made.[d]

2 Their heart is deceptive.[a] Now they incur guilt,[b] He himself will break the necks[c] of their altars, he will destroy their sacred stones.

3 Indeed, now they will say: "We have no king Because we did not fear Yahweh. And the king—what did he ever[a] do for us?"

Royal and religious sin and its punishment

4 Speaking[a] words, swearing emptily, making covenants—while justice has sprouted like poisonous plants along the furrows of the field.

5 At the bull of Beth-Awen, the inhabitants of Samaria tremble. Indeed, its people will mourn[a]

하던 제사장들도 슬퍼하리니 이는 그 영광이 떠
나감이며

6 그 송아지는 앗수르로 옮겨다가 예물로 야렙 왕
에게 드리리니

이스라엘의 불순종과 그에 대한 징벌

에브라임은 수치를 받을 것이요 이스라엘은 자기
들의 계의를 부끄러워할 것이며

7 사마리아 왕은 물 위에 거품같이 멸망할 것이며

8 이스라엘의 죄 된 아웬의 산당은 패괴되어 가시
와 찔레가 그 단 위에 날 것이니 그 때에 저희가
산더러 우리를 가리우라 할 것이요 작은 산더러
우리 위에 무너지라 하리라

over it, and its priests (will mourn)[b] over it, who
shout for joy about its glory, for it 'has gone into
exile' for them.[c]

6 It, too, shall be taken[a] to Asyyria, as a gift for
the great king.[b]

Israel's disobedience and its punishment

Ephraim disgraces himself, Israel is shamed by his
disobedience.[c]

7 Samaria will be destroyed; its king will be like
a twig on the water.

8 Destroyed will be the evil high places,[a] the sins[b]
of Israel. Thorns and thistles will grow up over
their altars. They will say to the mountains, "Cover
us!" and to the hills, "Fall on us!"

원문주해

1.a. MT의 보케크(בּוֹקֵק)에 대한 번역은 논쟁이 되고 있다. 빈번하게 제안되는 "풍요한, 풍부한"이라는 의미는 주로 아랍 등족어인 *baqqa*와 G의 번역에 토대를 두고 있는 것이다. 쿠닉은 보크(בוק)의 포알 완료형, 즉 "물을 뿌린, 관개(灌漑)된"이라는 뜻의 보카크(בּוֹקָק)로 읽을 것을 제안한다. 우리는 MT에 모음점이 찍혀 있는 대로 바카크(בקק)의 단순한 칼 분사형이 원초적 형태인 것으로 보며, 이 어휘는 호세아에 의해 이중의 의미를 가진 어휘나 어구(double-entendre)로서 그 모두의 의미를 가지고 쓰인 것이라고 생각한다. "열매를 맺지 못하는, 메마른"이라는 의미를 위한 것일 때조차도 능동 분사형이 적절하다. 포도나무가 "열매를 내지 못한다", 즉 포도를 맺지 못하거나 혹은 포도가 자라도록 하지 못하기 때문이다. 이 동사는 이스라엘의 성에 의해 통제를 받는 한정적인 요소로서 기능을 하고 있기 때문에, 동사의 성(性)은 남성이다. 이스라엘은 1절 전체를 통해 남성 단수로 의인화되어 있다.

1.b. 여기서 미완료 시제는 과거의 계속 혹은 현재의 행위를 말하는 의미가 있으며, 아마도 의도적인 이중의 의미를 가진 어휘나 어구일 것이다. 샤바(שוה) 피엘형은 기본적으로 어떤 것이 도달해야만 하는 표준에 이르도록 만들어 준다는 의미를 가지고 있다. G는 la절에서 여성 형태로 읽고 있다. 이것은 원문에 있는 형태가 아닌 것 같다.

1.c. 이 행은 문자적으로 다음과 같은 의미를 가진다: "그는 열매를 그의(לו) 이상적인 표준(즉 많은)에 이르기까지 맺곤 했다."

1.d. 쿠닉은 MT를 "주상들(거룩한 돌들)"이라는 의미의 마체보트(מצבות) 앞에 와우(ו) 강조 형태와 함께 3인칭 남성 단수 완료 동사 형태인 헤티브 우마체보트

(הֵיטִיב וּמַצֵּבוֹת)로 고쳐 발음할 것을 제안하고 있다(Kuhnigk, *NSH*, 117). 이 제안은 설득력이 있으며 문법적인 대칭 구조를 만들어 준다. 이런 제안의 형태가 아니면 문법적인 구조가 분명치 않았을 것이다("양식/구조/배경"을 보라). G 또한 본 절 전체를 통해 단수 동사 형태를 유지하고 있다.

2.a, b. 또한 할라크(חלק)는 "죽다"라는 의미를 가질 수 있고, 아샴(אשׁם)은 "멸망하다"라는 의미를 가질 수 있다. 이런 관점에서 쿠닉은 이 이행연구(二行連句)를 "그들의 심장은 죽었다. 이제 그들은 멸망할 것이다"라고 번역한다(Kuhnigk, *NSH*, 119- 20). 특별히 호세아서의 다른 곳에서 빈번하게 보이는 이중의 의미를 가진 어휘나 어구(double-entendre)를 고려할 때, 이런 번역은 배제될 수 없다. Dahood, *Psalms I*, 35-36과 Tromp, *Primitive Conceptions*, 11-12, 83-84를 참조하라.

2.c. 아라프(ערף)의 의미는 구체적으로 그리고 단순하게 "목을 꺾다"이다.

3.a. 과거의 지속적인 면을 고려해서 미완료를 번역한 것.

4.a. G(λαλῶν – 랄론)는 도베르(분사, דֹּבֵר)로 읽는다. 다른 부정사들과 가지는 병행법에 비추어 볼 때, 우리는 피엘 부정사 연계형인 다베르(דַּבֵּר)로 발음한다. 그러나 "그들이 말했다"라는 MT의 어형이 불가능한 것은 아니다.

5.a. "슬퍼하다"라는 의미의 동사 아발(אבל)과 "외치다(누설하다)"라는 의미의 동사 갈라(גלה)의 번역은 본 절에 있는 미완료형들에 의해 통제를 받는다.

5.b. "슬퍼하다"라는 의미의 동사 아발(אבל)은 5a절에서 이중의 역할을 하고 있음이 분명하다.

5.c. 여기서 "백성"이라는 의미의 암(עם)은 단수로 추측된다. 따라서 3인칭 남성 단수 접미어가 붙어 있다.

6.a. G, Syr, Tg을 토대로 해서 히필형인 요빌루(יובילו)로 읽은 것(그러나 Kuhnigk, *NSH*, 120-21를 보라). 수동형 번역은 주어가 불분명하다는 사실을 반영해 주고 있다.

6.b. "위대한 왕"이라는 의미의 말키-라브(מַלְכִּי־רָב)로 발음한 것(참조. 5:13). 굿(Good, *JBL* 85[1966] 273-86)과 긴스버그(Ginsburg, *EncJud* 8:1010-24)는 호세아서에서 동일한 "실수"가 두 번이나 발생하지는 않았을 것이라는 이유에 부분적인 토대를 두고 야렙(יָרֵב)이라고 읽는 것을 유지한다. 긴스버그(Ginsburg)는 멜레크 야렙(מלך ירב)을 "후원(보호)의 왕"으로 번역한다.

6.c. 비록 벨하우젠(Wellhausen) 이후로 "그의 불순종"이라는 뜻의 아차토(עצתו)를 "그의 우상"이라는 뜻의 아차보(עצבו)로 수정하는 것이 널리 이루어져 왔을지라도, 그렇게 수정하는 것은 거의 아무런 이점이 없다. 에차(עֵצָה)를 "불순종"이라고 본 것은 케니코트(Kennicott)에게서 시작되었고, 드라이버가 다시 또 다른 증거들을 가지고 더 발전시켰다(G. R. Driver, *Alttestamentliche Studien*, 54).

8.a. 혹은 바모트 아벤(במות־און)은 "벧아웬의 산당들"이라는 의미로 생각될 수도 있

다. 그러나 그런 암시의 모호한 의미들은 호세아의 청중들에게는 잃어버렸을지도 모른다. 따라서 그렇게 생각되지는 않을 것 같다.

8.b. "산당들"이라는 의미의 복수형 바모트(במות)를 따르고 있는 G와 같이 "…의 죄"(חטאתי – 하타아티)라는 복수 연계형으로 읽은 것.

양식/구조/배경

주된 주어가 "에브라임"에서 "이스라엘"로 칭호가 바뀌어 나오며 3인칭 어법이 전적으로 쓰이는 것은 10:1에서 새로운 문학 단위가 시작되고 있다는 것을 나타내주는 두 가지 양식상의 표지들이다. 이 본문에서 야웨는 1인칭으로 이야기하지 않으며, 이스라엘에게 직접적으로 이야기되고 있지도 않다. 주제는 나라의 예전적 상징물들(제단들, 우상들, 주상들, 산당들)과 그 정치적 상징인 왕의 운명에 대한 구체적인 선언으로 전환된다. 화법은 다시금 9:10 이후에 놓인 본문들이 전형적으로 보이는 반사적이며 회고적인 면을 보이고 있다. 야웨에게 주어지고 있는 3인칭 내용의 측면에서 볼 때(2절), 호세아가 말하는 자인 것 같다.

본문의 통일성은 구조적인 논리에 의해 분명하게 드러나 보인다. 그 구조적인 논리는 다음과 같이 요약될 수 있다.

1-2a절 이스라엘의 점증하는 예전적 죄
  2b-3절 징벌: 제단들과 왕권의 파멸
4-5a절 왕실과 종교적인 죄
  5b-6a절 징벌: 추방
6b절 이스라엘의 불명예스러운 불순종
  7-8절 징벌: 파멸, 황폐함, 죽음

또한 다가오는 징벌을 묘사하고 있는 각각의 부분들에서 호세아가 백성들의 말로 암시하는 것을 주목하라. 3절("우리에게 왕이 없거니와" 등등)과 8절("우리를 가리우라" 등등)에 있는 직접 인용은 인용법이다. 비록 어떤 말도 인용되어 있지 않고 단지 울부짖음과 눈물을 흘리는 것만이 언급되어 있다 할지라도(참조. 7:14), 5절에는 백성과 제사장의 슬퍼함이 묘사되어 있다.

운율은 1-2절과 8b절을 제외하고는 불확실한 면이 있다. 1-2절과 8b절은 일반적인 동의어적 병행법이 주도하고 있기 때문에 운율이 매우 균형 잡혀 있다. 1b절에 있는 이행연구(二行連句; 5 : 6 :: 5 : 6 음절 수)는 거의 경구(警句)적인 형태로 우아하고 세련된 구조를 이루고 있다. 쿠닉이 보여 준 것처럼(Kuhnigk, *NSH*, 117-19), 정확한 스타카토(단음적[斷音的]) 문체는 이중 이행연구의 네 번째 행에 있는 잘못 나누어진 MT의 자음들을 교정하는 데 도움을 준다.

케로브 레피레요(כְּרֹב לְפִרְיוֹ) “그 열매가 많을수록,	*k^{e}rōb l^{e}piryô*	5음절
히르바 라미즈베호트(הִרְבָּה לַמִּזְבְּחוֹת) 제단을 많게 하며	*hirbā lamizb^{e}ḥōt*	6음절
케토브 레아르초(כְּטוֹב לְאַרְצוֹ) 그 땅이 아름다울수록	*k^{e}ṭōb l^{e}ʾarṣō*	5음절
헤티브 우마체보트(הֵיטִיב וּמַצֵּבוֹת) 주상을 아름답게 하도다”	*hêṭîb ûmaṣṣēbōt*	6음절

6b절과 같은 때때로 병행적인 부분들(즉 반[半] 시적 혹은 수사학적으로 문체화된)과 더불어, 3-8a절은 모두 산문으로 여겨질 수 있다. 그러나 다른 대안으로, 우리는 좀 다른 시각으로 본문을 병행법적인 종합 구절로 재구성했다. 그러나 어떤 이행연구에서도 운율적 요소인 분명한 행(行) 중 휴지(休止)가 없기 때문에, 전형적인 시문(詩文)과 관련된 산문에 유사한 형태일 것이다.

본문이 기록된 연대는 일반적인 용어들에서만 분별하는 것이 가능하다. 이 이야기가 기록될 당시에는 다양한 이교적 일탈 행위들과 더불어 행해진 북 왕국의 예전이 성행했던 것으로 보인다. 신성화된 예전적 대상물들이 수없이 많았고, 왕과 백성들에게 곤경에 처하게 될 것을 전하는 예언들이 현재/미래의 시제 형식으로 놓여 있다. 이런 요소들은 9:1-9(그리고 9:10-17)에서 분명하게 보이는 정황들과 같은 종류의 상황들을 일반적으로 반영하고 있다. 따라서 아마도 그 기록 연대는 호세아 통치기(주전 732-723년)의 어느 때인 것으로 보인다.

주석

1 호세아의 말들은 아이러니하면서 지난 일들을 되돌아보는 형태를 취하고 있다. 호세아의 청중들은 바카크(בקק)의 두 가지 의미(“원문주해” 1.a, b.를 보라)를 알고 있었다는 가정 아래 이스라엘을 은유(隱喩)적으로 한 포도나무로 표현하고 있다. 이런 은유적인 표현은 다음과 같은 두 가지 고려할 사항들을 동시에 말해 준다: 야웨의 선물인 이스라엘의 번영(참조. 2:10[8])과 야웨로부터 온 축복

을 이스라엘이 잘못 사용함(참조. 2:7[5]). "무성한 포도나무"라는 의미의 게펜 보케크(גפן בוקק)에 들어 있는 이중의 의미(double-entendre) 중에서 첫 번째 의미는 아마도 호세아의 청중들에게 창서기 49장과 신명기 33장과 같은 부족 축복문(예를 들어, 창 49:21, "납달리는 놓인 암사슴이라[납달리는 번성하는 테레빈나무라]")에 나오는, 백성들을 번성하는 식물군(群)이나 동물군(群)에 비유하는 은유적 비교를 생각나게 했을 것이다. 이 첫 번째 의미는 야웨가 이스라엘을 풍성하게 번성하도록 해주셨다는 사실을 말해 준다. 이것은 이스라엘이 그 번영과 번성을 가지고 행한 것에 대해 말하고 있는 이어 나오는 말씀들(1b절)의 토대가 된다. "열매를 맺지 못하는(메마른) 포도나무"라는 뜻의 게펜 보케크(גפן בוקק)의 다른 의미는 이스라엘의 다가오는 운명을 어렴풋이 나타내 주고 있다. 열매 맺지 못하는 포도나무는 아무런 유익함이 없기 때문에 베어 버림을 당해야만 한다(참조. 마 7:19). 이 "포도나무"는 야웨의 신실한 백성으로서 그 역할을 감당해야만 하는 목적(참조. 사 5:1-7; 렘 2:21)을 이루지 못했다.

처음 이행연구의 두 번째 행은 그 포도나무의 놀라운 결실을 강조하고 있다. 그 번성함의 역사가 약속된 땅을 하나 된 백성들이 정복하는 것으로 시작하고 있기 때문에, "에브라임"보다는 "이스라엘"이 주어다. 불행하게도 이스라엘은 그 하나님의 축복을 뻔뻔스럽게 남용했다. 이스라엘의 번영은 의례적인 종교적 관행들로 인해 얻어진 결과라고 생각하면서, 백성들은 수많은 제단들을 쌓았고 풍요의 예전을 상징하는 주상들을 사치스럽게 장식했다. 좀 더 많은 농경적 풍요를 기대하면서 행하는 일들이었지만, 실상은 하나님의 율법을 범하는 일들이었다(신 12:1-14; 출 23:24). 종교에 대한 이런 "가나안" 기능론적인 접근은 제사장들(참조. 4:7-13)과 백성들 모두에게 동일한 이득이 되었다. 이스라엘 백성들은 정통 야웨주의에 의해 금지된 방탕의 쾌락을 즐길 수 있었고(4:14) 이기적으로 살 수 있었다. 물질주의적인 삶(5:4-5)은 예전에 충실하다는 것을 이유로 그들 자신이 종교적으로 모범적인 생활을 하고 있는 것이라고 생각하도록 했다. 언약적 규례들을 그렇게 범하는 것은 행음하는 것이었다(9:1-2). 제단들과 주상들은 야웨께 진정한 헌신을 드리는 것을 경쟁적으로 나타내는 표지들이 되었다. 그로 인해 그런 것들은 파괴될 것이다(2b절). 야웨는 친히 이스라엘에게 풍성함을 주셨지만, 이스라엘은 그 풍성함을 잘못 사용했다. 호세아서 전체를 통해 이런 강조는 종종 라바브(רבב)와 라바(רבה)라는 동사("크게 하다", "증가하다")와 연계되어 주도적으로 나타난다. 이스라엘은 그 농경적인 풍요(2:7-13[5-11]; 9:1), 많은 보물들(2:15[13];

8:4; 9:6), 많은 제사장들(4:7), 많은 요새들(8:14), 다수의 제단들(4:13; 8:11), 커다란 군대(10:13) 등과 같은 것들에 대한 믿음을 가지며 야웨를 무시했다. 야웨가 선택하고 축복하셨던 나라가 잘됨으로 인해 불신실한 모습을 보이게 되었던 것이다.

2 증가하는 다수의 제단들과 주상들 속에서 이스라엘 백성들은 그들 스스로가 기만적인 백성들임을 보여 주었다. 야웨의 주권에 전적으로 헌신되어 있었던 것으로 여겨졌던 그들의 마음(신 6:5)이 나누어졌다(참조. 7:14). 이스라엘 백성들은 종종 야웨의 예배와 바알과 아세라의 예배를 결합했다. 그리고 그들은 자신들의 종교에 우상 숭배와 다른 불법적인 예배 요소물들을 첨가했다. 이스라엘 백성들은 다음과 같은 경고를 받았었다: "너희 중에 남자나 여자나 가족이나 지파나 오늘날 그 마음(לב – 레브)이 우리 하나님 여호와를 떠나서 그 모든 민족의 신들에게 가서 섬길까 염려하며"(신 29:18). 그러나 이런 경고를 받았음에도 불구하고, 이스라엘의 마음(לב – 레브)은 정말로 야웨를 떠나 돌이켰다. 따라서 그들은 죄를 지은 것이다.

그렇다면 하나님은 이제 이스라엘 백성들이 가나안 족속의 제단들과 주상들에 행했던 것이라고 여겨졌던 일(신 12:3; 참조. 출 23:14; 32:13)을 이스라엘의 제단들과 주상들에 행하셔야만 한다. 하나님은 친히 그 제단들을 "쳐서 깨치실(목을 꺾다)"(ערף – 아라프) 것이다. 다른 곳에서 아라프(ערף)는 희생 동물들을 잡기 전에 그들의 목을 꺾는 것을 나타내는 것으로 주로 사용되었다. 아모스 3:14에 나오는 유사한 예언("그 단의 뿔들을 꺾어 땅에 떨어뜨리고")은 다음과 같은 논리적인 순서를 확증적으로 말해 준다: 제단을 파괴하기 위해서는 제단의 꼭대기에서 부수어 내려온다. 이 제단에 대한 예언이 동물들을 잡는 것과 유사한 것은 한 가지 분명한 은유(隱喩)를 말해 준다. 즉 제단들과 도살이 자연스럽게 밀접한 연관이 있음을 보여 주는 적절한 은유다. 야웨는 또한 주상들을 "허실[파괴하실]"(ישדד – 예쇼데드) 것이다. 동사 샤다드(שדד)는 7:13과 9:6과 10:14에 나오는 "패망/멸망/훼파"라는 의미의 쇼드(שֹׁד)의 용법을 반영해 준다. 이 동사는 특별히 전쟁이 낳는 파멸의 종류를 암시적으로 말하는 것일 수 있다. 한때 이스라엘이 자랑스럽게 생각했던 예전의 그 어떤 것도(참조. 9:4-5), 심지어 예배의 실질적인 상징조차 남지 않게 될 것이다. 야웨는 고대의 저주에 따라서(참조. 레 26:31; 유형 2) 그 모든 것을 거절하신다.

3 호세아서의 첫 번째 심판 선언은 이스라엘 왕권의 종말에 대한 선언을 담고

있었다(1:4). 3절은 다시금 이 주제로 돌아간다. 미완료 동사와 결합된 "이제"라는 어휘 아타(עתה)는 심판 선언을 시작하는 기능을 하는 것으로(참조. 2:12[10]과 8:10) 현재와 관련지을 필요는 없다. 호세아는 이스라엘 백성들이 자신들의 나라가 멸망한 뒤에 하는 말을 예견적으로 인용하고 있다: "우리에게 왕이 없거니와." 이 신탁이 전해졌을 당시에 이스라엘의 왕이었던 호세아(Hoshea; 주전 732-23년)는 아마도 마지막 왕이었을 것이다. 호세아는 왕권의 종언(종종 추방을 통해)을 매우 자주 선언하고 있다(1:4; 3:4; 10:3, 7, 15; 13:10, 11; 즉 저주 유형 13b). 이와 같이 호세아서에서 왕권은 이스라엘을 특징짓는 전반적인 언약적 불성실의 모습을 보이도록 만든 주된 요소로서 빈번하게 묘사되고 있다(1:4; 7:3-7; 8:4; 10:3; 13:10, 11). 이것은 반(反) 왕정적인 입장이 아니라, 왕정제에 대한 심판의 선언이다. 이것은 또한 그 나라 자체의 종말을 묘사하는 방법이기도 하다(신 28:36에 있는 저주를 참조하라: "여호와께서 너와 네가 세울 네 임금을 너와 네 열조가 알지 못하던 나라로 끌어가시리니"). 이런 추방에 저항하는 왕의 무능력함(참조. 10:7)은 백성들의 무능력함과 병행을 이루고 있다. 그들 상호간의 운명은 공포와 조롱과 비웃음을 당하는 것이 될 것이다(신 28:37). 그때 백성들은 야웨를 "두려워하지"(ירא – 야레) 않았기 때문에 자신들이 왕권을 잃은 것은 징벌이었다는 사실을 깨닫고 그것을 고백하게 될 것이다(10:3). 일종의 언약적인 용어로서 "두려워하다"라는 것은 사실상 주권자에게 전적이며 신실하게 영예를 돌리며 예배를 드린다는 의미에서 "복종하는 것"을 말한다.

"왕이 우리를 위하여 무엇을 하리요"라는 마지막 말은 신학적으로 백성들이나 혹은 선지자의 말일 수 있다. 그러나 그 어느 곳에서도 선지자는 자신을 이스라엘과 관련짓지는 않는다. 선지자는 야웨로부터 자신에게 주어진 말씀들을 전한다. 그러므로 이스라엘은 일반적으로 "너희" 혹은 "그들"이 된다. 이런 면을 토대로 우리는 이 말을 호세아보다는 백성들이 한 것으로 생각한다.

이스라엘 백성들의 불평은 아이러니한 면이 있다. 사무엘상 8장은 이스라엘 백성들이 자신들을 전쟁에서 이끌어 주고 대적들로부터 보호해 줄 왕을 처음 요구한 것을 묘사하고 있다. 그러나 야웨가 이스라엘 백성들의 대적들로 하여금 그들을 쳐부수게 하고, 그들이 앗수르의 "큰 왕"의 압제 아래 추방된 상태로 있는 자신들의 모습을 발견할 때, 그들의 왕은 그들에게 무용지물이 될 것이다. 정말로 왕은 무엇을 할 수 있겠는가? 이전 나타에 대해 이전 왕은 어떤 의미 있는 가치를 가지고 있는 것인가?

4 이스라엘의 왕들이 행했던 일들이 이제 일련의 부정사절들로 간결하게 요약되어 표현되고 있다(참조. 4:2). 시간 구조는 3절의 미래 인용에서 현재로 이동되고 있으며, 호세아는 말하는 자이다. 왕들과 가진 이스라엘의 경험은 모범적인 것이 되지 못했다. 왕과 왕권의 제도에 이스라엘 백성들이 둔 신뢰는 배반되었기 때문이다. 그들은 왕으로부터 지도력과 보호와 재판(공법)을 원했다. 이스라엘 백성들이 얻은 것은 속임과 위선이었다. 왕은 많은 것을 말했고("헛된 말들[말들을 말함]"), 많은 약속을 했고("거짓 맹세를 발함"), 국제적인 조약들을 체결했다("언약을 세우니"). 그러나 그 어느 것도 정말로 이스라엘에게 도움이 되지는 못했다. 왕이 해줄 것으로 생각되었던 재판(공법, 미쉬파트[משפט], "질서, 평등, 재판")은 사실상 배반적인 것으로 드러났다. 먹을 것을 생산하는 농토에서 나온 "독한 인진(독성이 있는 식물)"(ראש – 로쉬)이 되었다. 호세아는 아모스서에서 "공법"과 "인진"을 은유적으로 연계시켜 놓은 형태(참조. 암 5:7; 6:12)를 빌려왔으며, 그 형태를 재구성한 것이라는 견해가 종종 제기되고 있다. 그러나 두 선지자는 그들의 은유에서 단순히 언약적인 저주 어법을 반영하고 있는 것이라고 보는 것이 더 나을 것 같다. 신명기 29:17b은 다음과 같은 무서운 경고를 하면서 "독초(인진)"(ראש – 로쉬)와 "쑥(씀)"(לענה – 라아나)을 연결시키고 있다: "독초와 쑥의 뿌리가 너희 중에 생겨서." 신명기 32:32-33은 로쉬(ראש)를 사용하고 있는 유사한 은유(隱喩)를 포함하고 있다: "그들의 포도나무는…쓰며 그들의 포도주는 뱀의 독이요 독사의 악독이라." 이들 각각의 경우에 이스라엘 백성들이 야웨에게 보인 신실하지 못함은 먹을 수 있는 그 어떤 것 대신 뜻밖의 매우 불결한 것에 비유되고 있다. 따라서 호세아는 좋은 음식이 발견된 곳에서 독이 발견되었다는 것을 통렬하게 말해 준다. 좋은 지도력과 함께 자라났어야만 하는 공법이 질식되어 시들어 버렸다. 해로운 것이 번성했다. 그러므로 4b절은 전적으로 왕을 향하고 있는 것이 아님을 주목하라. 모든 종류의 언약적으로 신실하지 못함을 포함한 불법이 나라에 만연되어 있다. 왕 혼자서 모든 불법을 자행하는 것이 아니다. 오히려 왕의 무관심과 태만이 백성들의 죄악된 인간 본성(참조. 4:12)을 용인하고 있다. 그 죄악된 본성은 부패한 사회라는 그 자연적인 종말을 찾아간다.

5 이스라엘의 부패성은 특별히 그들의 우상 숭배에서 그대로 드러난다. 신명기 29:17은 다음과 같은 유사한 연계성을 보여 주고 있다: 야웨에게서 돌아서는 것은 "농작물"의 뿌리에서 독이 나오도록 하는 것이다. 예전의 가장 중요한 것은 벧엘에 있는, 금으로 만든 잎이 달린 송아지 상(像)이었다(참조. 8:5). 여기서 그

상은 아마도 아모스(5:5)에 의해 기원된 것으로 보이는 조롱 섞인 별칭인 벧아웬으로 불린다. 4절에 나오는 왕의 죄악들은 본 절에서 왕도인 사마리아의 죄악들과 병행되고 있다. 어떤 사람들은 이 송아지를 단순한 야웨의 단(壇)으로 이해했을 것이고, 또 다른 사람들은 야웨를 실제적으로 나타내는 것이거나 어떤 신으로 생각하기도 했을 것이다. 그러나 그 송아지는 새긴 우상들을 금하는 법령(출 20:4-5)을 어긴 반역의 상징이었다. 그 명령은 그런 우상에게 "절하거나" "경배하는 것"을 구체적으로 금하고 있다. 그러나 사마리아 거민들은 벧엘에서 두려움으로 "떨었다"(גור – 구루). ("예배, 경외"로서의 구루[גור]에 대해서는 시 22:24을 참조하라). 이 송아지 상(像)을 그들은 그렇게나 숭배했고, 그 곳으로 순례를 했으며, 이 상의 이교적인 제사장(카마르[כמר]는 구약에서 우상을 숭배하는 제사장들을 가리킨다)들은 벧엘 예전 예배 의식에서 무아지경에 빠져 소리를 치기도 했다. 그러했던 상은 슬픔을 당할 대상으로 곧 전락했다. "슬퍼하다"(אבל – 아발)는 다양한 종류의 비참함 속에서 가지게 되는 비통함을 일반적으로 나타내는 표현일 뿐만 아니라, 죽음 혹은 상실에 대한 애도의 관행을 포함하고 있다. 여기에 다시금 표현되는 슬퍼함은 미래적인 것이다(참조. 3절). 백성들은 자신들이 가지고 있는 가장 중요한 종교적 상징이 추방되어 떠나갈(גלה – 갈라) 때 그들의 비통함을 표현할 것이다. "그(의) 백성이"(עמו – 암모)라고 말하면서 호세아는 이스라엘을 야웨의 백성이라기보다는 그 황금 송아지의 백성들로 간주하고 있다. 야웨와 그가 요구하시는 사회 정의를 거절하고(4b절), 이스라엘 백성들은 자신들이 섬기기를 원하는(수 24:15) 무능한 신(신 32:37-38)인 헛되고 시시한 것을 선택했다. 야웨는 자신의 이전 언약 백성들과 함께 그 무능한 신을 추방하실 것이다(즉 저주 유형 2와 13). 이스라엘 백성들이 입을 맞추고 희생 제물들을 바쳤던 우상(13:2), 즉 그들의 "영광"(כבוד – 카보드)이 포획자들의 손에 넘어갈 때 그들은 슬퍼할 것이다. 이스라엘의 우상들을 없애 버리는 야웨의 능력은 그 자신의 주권성을 증명하는 것이며(참조. 사 10:10-11), 이스라엘이 야웨와 그의 언약적인 요구들을 버린 것은 이스라엘이 잘못된 결정을 한 것이라는 사실을 보여 주는 증거다. "이는 그 영광이 떠나감이며"라는 어구는 블레셋 사람들이 이스라엘의 원래의 종교적 상징인 하나님의 궤를 빼앗아 갔다는 소리를 비느하스의 아내가 듣고 한 말을 반영해 준다: "영광(כבוד – 카보드)이 이스라엘에서 떠났다(גלה – 갈라)"(삼상 4:21-22). 호세아가 다시 쓰고 있는 대로, 여기서 과거 시제로 번역되고 있는 동사 갈라(גלה)는 예언적 완료다. 법궤가 옛날에 사로잡혀 간 것과 같이 송아지 우상이

사로잡혀 가는 것은 그 우상의 백성들이 당하게 되는 파멸을 의미한다.

6 6a절은 송아지의 운명에 대한 예언의 결론을 말하고 있다. 그 우상은 정복하는 앗수르 군대가 그들의 왕("큰 왕", 말키-라브[מַלְכֵּי־רָב]로 발음한 것)에게로 가지고 돌아가는 전리품의 하나가 되고 말 뿐이다. 비록 "옮기다(취하다)"라는 의미의 야발(יבל)과 "예물"이라는 의미의 미느하(מנחה)는 모두 약국이 강국에게 조공을 바치는 것과 관련해서 쓰일 수 있다 할지라도, 이 경우의 송아지 우상은 전리품의 한 부분일 가능성이 더 크다. 달리 말하면, 이 예언은 이스라엘이 정복을 당하게 될 것이고, 그 소유물은 전리품으로 약탈당하게 될 것이라는 사실을 말하고 있다(저주 유형 3 그리고/혹은 6). 그렇지 않으면 이 예언은 호세아(Hoshea) 왕이 파멸을 피하기 위해 디글랏-빌레셀 3세(주전 745-728년) 혹은 살만에셀 5세(주전 727-722년)에게 바치는 조공을 말하는 것일 수도 있다. 어쨌든 이스라엘의 거짓된 안전 막은 그 정체가 드러날 것이고, 기쁨은 슬픔으로 바뀔 것이다(5절).

마치 송아지의 국외 추방은 수치를 당하게 되는 원인이었다고 말하는 것처럼, 6b절은 6a절에 직접적으로 연결되고 있지는 않다. 그렇게 보기보다는, 6b절은 오히려 이스라엘의 신실하지 못함을 말하는 본문의 세 가지 목록의 마지막 부분을 시작하고 있다. 호세아는 이스라엘의 상황을 다음과 같이 요약하고 있다: 이스라엘 백성들은 불명예와 수치를 자신들에게 가져다주는 "계의(불순종)"(עצה – 에차; "원문주해" 6.c.를 보라)로 특징지어지는 백성들이다. 국민으로서 이스라엘의 어리석음과 연결하고 있는 신명기 32:28에 나오는 에차(עצה, 동음이의어[同音異議語]의 의미인 "모략", "계획")의 용법에 비추어 볼 때, 호세아는 다음과 같은 이중의 의미를 가진 어휘나 어구(double-entendre)를 다시금 사용하고 있는 것일 수 있다: 이스라엘은 (1) 지식이 없는 백성이며, (2) 그렇기 때문에 야웨께 불순종하는 백성이다. 이스라엘은 비난 받아야만 한다. 그러나 에차(עצה)를 다음과 같은 의미를 가지고 있는 것으로 보는 사람이 있다. 즉 이 어휘들은 이스라엘은 그 자체의 허물이 아니지만 분별력이 부족하다는 사실을 말하는 것이 아니라(신 32:28-29의 문맥을 참조하라), 이스라엘과 구체적으로 그 수도인 사마리아는 고의적으로 언약을 불순종하기로 결정했다는 것을 의미한다.

7 북 왕국의 권위를 나타내는 세 가지의 중심적인 구심점들은 왕, 예전 그리고 수도 성읍이었다. 본문의 마지막 두 구절은 이들 각각에 대한 언약적 제재 규약들의 성취를 선언하고 있다. 7a절에서는 수도 성읍에 대해 언급하는 것으로 시작한다. 호세아는 그 수도 성읍이 "멸망할"(נדמה – 니드메) 것이라고 간략하게 말

하고 있다. 수도 성읍은 일반적으로는 이스라엘을 나타내며 구체적으로는 이스라엘의 남아 있는 성읍들을 말하는 제유(提喩)적인 기능을 하고 있다는 가정 아래 생각해 본다면, 이것은 북 왕국의 모든 성읍들의 멸망이 예시되고 있는 것일 것이다. 반역하는 나라의 성읍들이 포위당하고 멸망될 것을 말하는 구체적인 저주들은 오경의 저주를 말하는 부분에 매우 많이 언급되어 있다(유형 9a; 레 26:25, 31, 33; 신 28:16, 52, 55, 57; 참조. 신 32:25). 사마리아에 주어진 멸망의 운명은 주전 722년에 성취되었다(왕하 17:5-6). 이 멸망 이후 사마리아는 결코 재건되지 못했다.

본 절은 왕의 무력함에 대해 생생하게 묘사하고 있다. 왕은 물 위에 놓인 나뭇가지나 토막과 같이(저주 유형 13b) 저항할 힘이 없어 떠내려갈(멸망할) 것이다. 왕의 무능력함이라는 주제는 이미 3절에 나타나 있다. 구원을 위해 야웨보다는 왕을 바라보고 있는 백성들의 전적인 어리석음이 다시금 강조되고 있다. 국제적인 위기의 시기에 백성들은 대개 주변 국가의 지도자들과 동맹을 맺는다. 그러나 모세 언약에 따르면, 이스라엘의 참된 국가 지도자는 백성들이 선택한 왕이 아니라 야웨이시다(삼상 12:12; 참조. 시 93:1; 96:10; 97:1; 99:1 등등). 따라서 구원을 위한 그들의 희망은 잘못 놓인 것이다. 그들이 숭배했던 송아지 우상과 그들이 안전하다고 생각했던 성읍이 그들의 대적들에게 무너졌듯이, 왕 자신도 포로로 잡혀가게 될 것이다. 물론 이 언약적 저주(참조. 신 28:36)는 주전 723년에 호세아 왕이 잡혀가 감옥에 들어감으로써 성취되었다(왕하 17:4).

8 하나님의 징벌에 대한 호세아의 선언은 이스라엘의 많은 산당들과 제단들의 패괴와 그 곳에서 섬겼던 백성들의 파멸에 대한 묘사로 끝을 맺고 있다. 8절은 레위기에 나오는 저주들의 이미지와 비슷한 표현으로(예를 들어, 레 26:30; 즉 저주 유형 9a) 산당들(במות – 바모트)과 제단들(מזבחות – 미즈베호트)과 백성들에 대한 삼중 저주의 성취를 예고한다. 언약을 직접적으로 범하는 것으로(신 12:2-14), 이스라엘은 가나안 사람들로부터 "산당"(במה – 바마) 제도를 빌려왔고, 많은 경우 이전에 이교 산당들의 장소였던 곳들을 점거했다. 실제적으로 어느 성읍 혹은 마을도 대개 숲으로 이루어진(때때르 작은 숲은 풍요의 여신인 아세라를 숭배하는 장소로 명명되었다) 언덕에 세워진 성소들인 하나 혹은 그 이상의 산당들과 "주상(거룩한 돌들)"인 마체바(מצבה)를 가지고 있었다. 그리고 희생 제단을 항상 가지고 있었다. 수백 개의 산당들이 나라 전역에 점점이 흩어져 있었다(왕상 14:23; 참조. 호 4:13). 이런 산당들이 여기서 (만약 본문이 훼손되지 않았다면) "죄 된

산당들"이라고 불리고 있다. 마치 산당들은 이스라엘이 지은 죄의 바로 그(the) 혹은 한(a) 중심적인 국면인 것처럼, 이 어구는 "이스라엘의 죄"와 마주보며 놓여 있다. 산당 제도가 있다는 것은 이스라엘이 이교(異敎)적인 백성들이었다는 것(참조. 신 12:2)을 증명해 주는 것이었다. 만약 이스라엘 백성들이 야웨를 뻔뻔스럽고 조직적으로 배반하지 않았다면, 아마도 나라로서의 그들의 운명은 달라졌을 것이다. 이제 그들의 죄악된 산당들은 파괴되고 폐허가 될 것이다. "가시와 찔레"를 언급하고 있는 것은 돌보지 않고 사람이 살지 않는 불모(不毛)의 땅을 묘사하는 일반적인 시적 방법이다(예를 들어, 사 32:13; 렘 12:13). 이 경우에 이 불모의 땅인 황무지는 레위기 26장과 신명기 28-32장에 나오는 다양한 황폐화 저주(유형 9a)들의 성취를 나타낸다. 특별히 레위기 26:31("내가…너희 성소들로 황량케 할 것이요")은 본 절과 밀접하게 관련되어 있다.

본문은 이런 재앙들이 일어날 때 생존해 있을 사람들의 울부짖음을 인용함으로써 끝을 맺고 있다. 죽음을 위해 그들이 울부짖는 것은 예전이 파괴됨에 대한 단순한 반응이 아니라, 재난의 모든 상황을 통틀어 요약적으로 나타내려고 하는 것이다. 예전의 중심들이 파멸되는 것에 대한 다양한 예언들에서 암시하고자 하는 것은 나라 전체에 미칠 전반적인 재앙의 한 부분에 지나지 않을 것이라는 사실이다. 전쟁, 질병, 기근, 자연 재해 그리고 다른 종류의 비참한 상황들은 잠정적으로 그 징벌 과정의 한 부분이 될 것이다. 견디어 내야 할 비참한 상황들이 너무나 클 것이어서 백성들은 구원을 위해 절박하게 울부짖을 것이다. 그 비참한 상황은 사실상 지진 혹은 그와 같은 일들로 인해 땅의 언덕(산당들이 세워졌던 바로 그 장소들) 아래에서 당하는, 불시에 맞게 되는 죽음과 묻히게 되는 것을 말한다. 하나님이 되갚으시는 두려운 진노의 날에는 "네 눈에 보이는 일로 인하여 네가 미치게 될 것이다"(신 28:34). 그 두려움이 너무나 클 것이기 때문에, 차라리 죽는 것이 사는 것보다 나을 것이다(참조. 레 26:16; 신 28:67; 즉 저주 유형 4).

해설

호세아 10:1-8의 매우 구조적으로 구성된 신탁은 호세아서 전반에 걸쳐서 보이는 일반적인 형태를 따르고 있다. 언약을 위반한 사안들에 대한 증거를 인용한 뒤에는 곧바로 언약적 저주의 징벌에 대한 선언이 따르고 있다. 본문은 백성들과 그들의 하나님 사이의 관계를 훼손한 이스라엘의 예전적 죄를 강조하고 있다. 어떻게 야웨가 수많은 우상 숭배 처소들과 제단들과 주상들과 황금 송아지 숭배를 무시하고 지나실 수 있었겠는가? 어떻게 야웨가 자신의 택한 백성들에게 은혜로 준 언약을 계속해서 범하고, 야웨가 축복해 줄수록 더욱더 야웨 자신으로부터 돌아선 땅을 계속해서 축복하실 수 있었겠는가?

야웨는 이스라엘을 오랫동안 번성하도록 해주셨다. 이제 야웨는 이스라엘을 황폐케 하려고 하신다. 1절에 나오는 지난날 이스라엘의 농경적으로 풍요한 생산성을 묘사한 그림과, 또한 끔찍스러운 패배와 파멸의 시간이 지난 뒤에 거칠고 억제되지 않은 웃자란 잡초가 무성하게 될 것을 말하는 그림 사이가 대조되고 있다. 이런 대조는 더 이상 선명하게 이루어질 수 없을 것이다. 그 파멸은 이스라엘이 두려워하는 대적인 앗수르 군대에 의해 송아지 우상이 사로잡혀 가는 것을 포함할 것이다. 그 파멸은 또한 나라의 독립 상태가 끝난 것의 자연스러운 결과인 왕권의 종말을 포함할 것이다. 물론 그 나라 전역에서 발견되는 언덕 위의 산당들과 그 산당에서 경배를 드렸던 백성들도 멸망할 것이다.

자신감 혹은 보호의 상실이라는 주제가 본문의 전반적인 의도로 흐르고 있다. 예전과 송아지 우상과 그 땅과 강력한 왕은 이스라엘 백성들이 신뢰했던 것들이다. 이 모든 것들이 종말을 맞이할 것이다. 말하자면, 이스라엘이 눈에 보이는 그 종교적·정치적 상징들이 없는 상태로 벌거벗겨져 드러나게 될 것이다. 이런 사실은 언약적 징벌들이 본격적으로 시작될 때 백성들이 맞게 될 비참함을 더욱더 높여 주고 있다. 이스라엘 백성들은 "여호와를 두려워 않았기"(3절) 때문에, 그들은 어리석게도 부당한 왕을 존경했고, 그들 자신의 생각에 유일한 권능이라고 생각했던 우상을 숭배했다. 그런 백성들은 자신들이 원래 언약에 바쳤던 헌신에 충실하지 못했음이 분명하다. 그들의 마음은 "두 마음을 품었다(거짓되었다)." 따라서 그들은 죄를 지었고, 그에 따른 자연스러운 결과는 진노를 받는 것이었다.

이스라엘은 다른 신들을 섬겼으며, 또한 자신들이 만든 방식으로 야웨를 섬겼다. 이스라엘은 자신들의 하나님을 거절했다(참조. 신 32:15). 그래서 그들의 하나님은 그들을 거절하셨다(신 32:19).

야웨를 거절한 백성들은 산과 작은 산더러 자신들 위에 무너지라고 울부짖을 것이라고 호세아는 예언하고 있다(8b절). 예수는 이 말을 현세의 종말에 있을 파멸이 다가올 때 자신을 거절한 자들에게 이루어질 일로 새롭게 적용하고 계신다(눅 23:30). 호세아(그리고 예수)는 단순하게 하나님의 진노에서 피하는 것을 말하려고 한 것이 아니라(예를 들어, 사 2:10, 21처럼), 재난이 너무나 크기 때문에 차라리 죽는 것이 사는 것보다 더 낫다는 것을 말하려고 한 것이다(예를 들어, 렘 8:3처럼). 호세아가 예언했던 진노는 이미 임했다. 그러나 예수가 호세아의 말을 가지고 예언하셨던 진노는 아직 이르지 않았다(계 6:16; 9:6). 그 진노를 피하기 위한 처방전은 본질적으로 변하지 않았다: 하나님과 그의 언약에 충실한 것. 새 언약의 주권자가 가지고 있는 주권을 받아들이는 자들 그리고 그의 명령에 순종함으로 그들의 충성을 보이는 자들은 진노의 그 날에 지속되는 고통을 당하지 않을 것이다(계 7:9-17).

흉악한 자들을 치는 전쟁(10:9-15)

참고문헌

Astour, M. C. "841 B.C.: The First Assyrian Invasion of Israel." *JAOS* 91(1971) 383-89. **Dahood, M.** "Ugaritic *drkt* and Biblical *derek*." *TS* 15(1954) 627-31. **Farr, G.** "The Concept of Grace in the Book of Hosea." *ZAW* 70(1958) 98-107. **Goshen-Gottstein, M. H.** "'Ephraim Is a Well-Trained Heifer' and Ugaritic *mdl*." *Bib* 41(1960) 64-66. **Kölichen, J. C. von.** "Der 'Lehrer der Gerechtigkeit' und Hos 10:12 in einer rabbinischen Handschrift des Mittelalters." *ZAW* 74(1962) 324-27. **Robertson, E.** "Textual Criticism of Hos 10:11." *Transact. Glasgow U. Or. Soc.* 8(1938) 16-17. **Stuart, D.** "The Sovereign's Day of Conquest." *BASOR* 221(1976) 159-64. **Westermann, C.** "Die Begriffe für Fragen und Suchen im Alten Testament." *KD* 6(1960) 2-30. **Zirker, H.** "דרך=*potentia*?" *BZ* 2(1958) 291-94.

본 문

징벌로 임하는 전쟁	**War as a punishment**
9 이스라엘아 네가 기브아의 시대로부터 범죄하였거늘 무리가 기브아에 서서 흉악한 족속을 치는 전쟁을 거기서 면하였도다	**9** Since the days of Gibeah, Israel has sinned.[a] There they have stayed.[b] Will not[c] war overtake[d] them in Gibeah[e] because of the wicked ones?[f]

10 내가 원하는 때에 저희를 징계하리니 저희가 두 가지 죄에 걸릴 때에 만민이 모여서 저희를 치리라

이스라엘이 본래 가졌던 잠재력

11 에브라임은 마치 길들인 암소 같아서 곡식 밟기를 좋아하나 내가 그 아름다운 목에 멍에를 메우고 그의 위에 사람을 태우리니 유다가 밭을 갈고 야곱이 흙덩이를 깨뜨리리라

이스라엘의 장래의 잠재력

12 너희가 자기를 위하여 의를 심고 긍휼을 거두라 지금이 곧 여호와를 찾을 때니 너희 묵은 땅을 기경하라 마침내 여호와께서 임하사 의를 ㅂ 처럼 너희에게 내리시리라

이스라엘의 잘못 놓인 잠재력

13 너희는 악을 밭 갈아 죄를 거두고 거짓 열매를 먹었나니 이는 네가 네 길과 네 용사의 많음을 의뢰하였음이라

14 그러므로 너희 백성 중에 요란함이 일어나며 네 산성들이 다 훼파되되

전쟁을 통한 파멸

살만이 전쟁의 날에 벧아벨을 훼파한 것같이 될 것이라 그 때에 어미와 자식이 함께 부숴졌도다

15 너희의 큰 악을 인하여 벧엘이 이같이 너희에게 행하리니 이스라엘 왕이 새벽에 멸절하리로다

10 ⟨I am coming⟩[a] to punish them.[b] Nations will assemble against them when they are punished[c] for their double inquity.[d]

Israel's original potential

11 Ephraim was a young cow, trained, liking to thresh. I put on (her) yoke,[a] her good neck I harnessed.[b] Ephraim would plow,[c] Judah would harrow. O Jacob,[d]

Israel's future potential

12 Sow for yourselves righteousness, reap the ⟨fruit⟩[a] of loyalty, break up for yourselves the new ground of ⟨knowledge⟩.[b] Indeed,[c] seek Yahweh until he comes, and waters[d] you with justness.[e]

Israel's misplaced potential

13 You have plowed evil, you have reaped wickedness, you have eaten the fruit of dishonesty. Because you have trusted in your ⟨chariotry⟩,[a] in the number of your soldiers,

14 the tumult will rise against[a] your people, and all your fortifications will be destroyed.

Destruction via war

Like Shalman's destruction of Beth-Arbel on the day of battle (mothers[b] were bashed[c] to death along with[d] their children),

15 so I will do[a] to you, family of Israel,[b] because your evil is evil indeed.[c] At dawn the King of Israel shall be silenced for good.

원문주해

(9-12절의 본문은 매우 어렵다. 그리고 모음점들이 설명할 수 없을 정도로 훼손되어 있다).

9.a. G의 헤마르텐(*ἥμαρτεν*)과 Vg의 뻬까비뜨(*peccavit*)와 같이 "그가 죄를 지었다"라는 의미의 하타(חטא)로 읽은 것.

9.b. 혹은 생각하건대 "그 곳에서 그들은 (전쟁을 하기 위해) 섰다" 혹은 그와 같은 것.

9.c. 만약 문장이 의문문으로 분석되지 않는다면, MT의 로(לא)는 단순한 부정적 불변화사(不變化詞)일 수는 없다. 단언적인 불변화사인 로(לו)/루(לו)로 읽는 독법은 동일하게 가능할 수 있을 것이다.

9.d. 나사그(נשׂג)의 미완료는 과거 시제, 즉 "전쟁이 기브아에서 그들에게 밀어닥치지 않았느냐?"로 해석될 수도 있을 것이다.

9.e. 또한 여기서 바기브아(בגבעה)는 9a절에 있는 "기브아"라는 뜻의 하기브아(הגבעה)에 대한 언어 유희적인 표현일 수 있다. 만약 문장이 미래 동사를 가진 것으로 분석된다면, 기브아라는 성읍을 구체적으로 말하는 것은 이스라엘 전역에 걸쳐 있는 "구릉들에서" 벌어진 전쟁에 대한 일반적인 진술일 가능성이 더 커 보인다. "주석"을 보라.

9.f. MT의 알바(עַלְוָה)는 "사악한 자들"이라는 의미의 올라(עולה)의 소리(글자) 자리의 전환(metathesis)으로 일어난 표기법인 것으로 보인다. 이것은 아마도 히브리 어법에 있어서 어떤 역사적인 발전 과정에서 기인된 것으로 볼 수 있으나, 필사적인 오류일 가능성이 더 크다.

10.a. MT의 "내가 원할(기쁠) 때에"라는 뜻의 베아바티(באותי)를 대부분의 G 사본들의 엘돈(ἦλθον)을 따라 "내가 오고 있다"라는 뜻의 바티(באתי)로 읽은 것.

10.b. G의 "그들을 징벌하기 위해"라는 뜻의 파이듀사이 아우투스(*παιδεῦσαι αὐτούς*)를 따라 아예씨렘(איסרם)으로 읽은 것. 야싸르(יסר)의 전형적인 형태 혹은 아마도 모음 변화(mutation)일 것이다. 이 모음 변화로 인해 명료하지 못한 요드(*yodh*)가 요구된다.

10.c. G, Syr, Vg는 수동 부정사들(아마도 니팔 혹은 푸알일 것임)로 읽는다. 야싸르(יסר)의 두 가지 모양이 호세아 당시 북 왕국 방언에 존재할 수 있었겠는가? 자음의 MT는 10a절에 있는 것과 아주 동일하다("원문주해" 10.b.를 보라). 그러므로 "나는 그들을 징벌한다"는 가능한 독법이다.

10.d. "그들의 두 눈 앞에서"라는, G, Syr, Vg, K를 따르고 있는 Q와 같이 읽는 것은 바람직하지 않은 것 같다.

11.a. MT의 "메우고(내가…을 통해 지나갔다)"라는 뜻의 아바르티(עָבַרְתִּי) 대신 "내가 놓았다"라는 뜻의 이바르티(עִבַּרְתִּי)로 읽은 것. 또한 MT의 "…위에"라는 뜻의 알(עַל)은 "멍에"라는 뜻의 울(עוֹל)/올(עֹל)로 다시 발음되어야만 한다.

11.b. 문자적으로는 "그녀의 목의 아름다움에 내가 (멍에를 지고) 올라가게 하겠다". 미완료형 아르키브(ארכיב)는 완료형 아바르티(עברתי)와 병행법으로 쓰이고 있으므로 과거 행위를 나타낸다. Kuhnigk, *NSH*, 121-23를 보라.

11.c. 미완료 동사 예하로쉬(יחרוש, 이어서 나오는 예사데드[ישדד]와 같이)는 과거의 계속적인 행위를 나타내는 데 쓰이고 있다. 그 주어는 "유다"(יהודה – 예후다)가 아니라 "에브라임"(אפרים – 에프라임)이다. 아래의 "양식/구조/배경"을 보라.

11.d. Kuhnigk, *NSH*, 121-23과 견해를 같이 해서, 우리는 로 야아콥(לו יעקב) 대신에 레야아콥(ליעקב)으로 읽는다.

12.a. MT의 "입/가장자리"라는 뜻의 피(פי)를 G(에이스 카르폰 조에스[*εἰς καρπόν ζωῆς*])를 따라 "열매"라는 뜻의 페리(פרי)로 읽은 것. 비록 G는 원래 본문 자체와 거

의 관련이 없는 듯하기는 할지라도(예를 들어, MT의 "긍휼[성실]"이라는 뜻의 헤쎄드[חסד]를 "생명"이라는 뜻의 하욤[היים]으로 읽고 있음), G를 따라 읽은 것이다.

12.b. MT의 "그리고… 때니"라는 뜻의 베에트(ועת, G^L, Syr, Vg도 따르고 있다)는 "지식"이라는 뜻의 다아트(דעת)보다 문맥에 덜 어울리는 것 같다(G도 그렇게 본다: 그노세오스[γνώσεως]).

12.c. MT의 "찾을(찾기 위해)"이라는 뜻의 리드로쉬(לִדְרוֹשׁ)는 "정말…을 찾는"이라는 뜻의 루 데로쉬(לוּ דְרוֹשׁ)로 다시 발음되는 것이 더 좋다. G의 "찾아내다"라는 의미의 에크제테사테(ἐκζητήσατε)는 데로쉬(דְרוֹשׁ)를 반영할 수도 있고 반영하지 않을 수도 있다.

12.d. 야라(ירה)를 번역하거나 수정하는 다양한 견해들 중에서 "물을 주다, 마실 것을 주다"라는 뜻의 야라(ירה) II의 히필형이 문맥의 농경적인 은유(隱喩)의 관점에서 볼 때 가장 적절하다.

12.e. 혹은 공법, 옳음, 공정 등등. "마침 좋은 때에"라는 쿠닉의 다른 번역(Kuhnigk, *NSH*, 123)은 전치사의 도움이 없으면(참조. 리츠다카[לצדקה], 욜 2:23, "적당하게[마침 좋은 때에]") 확실한 것은 아니지만 가능한 것이다.

13.a. MT의 "네 길을"이라는 뜻의 베다르케카(בְדַרְכְּךָ)를 G와 같이 "네 전차(戰車)들에서"라는 뜻의 베리크베카(בְרִכְבְּךָ)로 읽은 것.

14.a. 혹은 "…가운데서". 그런 문맥에서 베(ב)의 의미는 "…에 대해서" 혹은 "…가운데서" 둘 중의 어느 의미도 가능하다.

14.b. 단수 형태들(엠[אם, "에미〈검마〉"]; 루타샤[רטשה, "부숴졌도다"])은 복수 형태를 통해 구문론적으로 그 의미가 가장 잘 전달된다.

14.c. 혹은 "박살내지다", "쓰러뜨림을 당하다" 혹은 그와 같은 종류의 의미들.

14.d. 혹은 "…위에, 게다가".

15.a. G의 "내가 행할 것이다"라는 의미의 포이에소(ποιήσω)와 같이, 우리는 에에세흐(אעשה)로 읽는다. 또한 에아세(יֵעָשֶׂה, 3인칭 남성 단수 니팔)는 다른 사본들에서 발견된다.

15.b. MT의 "벧엘" 대신에 G와 같이 "이스라엘의 족속"이라는 뜻의 베트 이스라엘(בית ישראל)로 읽은 것. 특별히 "벧엘"은 호세아서에서는 대개 벧아웬(Beth-Awen)으로 불리고 있기 때문이다(4:15; 5:8; 10:5; 12:5[4], G).

15.c. 문자적으로 "너의 악의 악으로 인하여". 만약 10절의 "이중 죄악"이 고려된다면, 이런 특이한 최상급 구성은 그대로 유지될 수 있을 것이다. 이것은 또한 같은 철자를 중복하여 필사하는 오류(dittography)일 수도 있다.

양식/구조/배경

10:1-8은 야웨가 이스라엘에 직접적으로 말씀하시는 것으로 묘사하고 있지 않

은 반면에, 10:9-15에서는 야웨 자신이 제멋대로 하는 자신의 백성들에게 고발과 심판을 행하시고 있다. 바로 앞의 본문인 10:1-8은 10:8에서 설득력 있게 결론을 맺고 있다. 11장은 현재의 본문의 주제와는 다른 역사적 회고에 토대를 둔 다른 주제를 시작한다. 9-10절과 14-15절에 나오는 전쟁에 대한 이중 산문체의 위협들은 전체 본문을 하나의 단위로 구분하면서 수미쌍관(首尾雙關)적인 형태를 만들어 주고 있다.

다시 한 번 역사적 회고를 동반한 관조적인 분위기(특별히 11-13a절에서)가 하나님의 말씀을 특징적으로 묘사해 주고 있다. 본문의 단위에 대한 또 다른 증거는 두 개의 표제어에서 나타난다. 야웨의 징벌이 있게 될 것을 말하는 구체적인 양식을 보여 주면서, "전쟁"(מלחמה – 밀하마)이라는 어휘가 9절과 14절에서 보인다. "흉악함(사악함)"(עלוה – 알봐)이라는 어휘가 이스라엘의 성품과 행위를 연결하면서 9절과 13a절에서 나타난다. 가까운 동의어들인 세 개의 다른 어휘들 또한 본문을 주제적으로 함께 연결하는 데 도움을 주는 일련의 배열에서 사용되고 있다: "죄악/유죄"(עון – 아온, 10절), "악"(רשע – 레샤, 13절) 그리고 "악"(רעה – 라아, 15절). 만약 15절의 본문이 믿을 만한 것이라면, 라아(רעה)의 이중 사용은 10절에 나오는 "그들의 두 가지 죄"라는 의미의 셰테 오노탐(שתי עונתם)과 기교적으로 직접 연결짓고 있는 것을 잘 나타내 준다. 엄격하게 말해서 이 동의어들은 표제어들이 아니다. 그렇지만 그 어휘들은 실제적으로 전체 본문의 내용을 꿰는 하나의 논리적-의미론적 실을 만들어 주면서 동일한 기능을 하고 있다.

이스라엘을 3인칭으로 묘사하는 것에서 직접적으로 말하는 것으로의 전환이 11b절에서 일어나고 있다. 그러나 9절에 있는 MT의 독법을 받아들이거나, 아니면 11b절에서 레야아콥(ליעקב, "오 야곱")으로 고쳐 발음하지 않고 MT의 로 야아콥(לו יעקב, "야곱 자신을 위해")을 받아들이는 결정은 이런 분석을 변경할 수도 있을 것이다. 3인칭으로 야웨를 유일하게 한 번 언급하고 있는 내용("여호와를 찾을 때니", 12b절)이 이스라엘에게 직접적으로 말하는 부분과 너무나 떼어낼 수 없을 정도로 얽힌 상태로 포함되어 있다. 그러므로 그 선지자 혹은 어떤 다른 사람이 말하는 감탄어법으로 보는 것에 대한 증거로 보기가 어렵다.

본문의 기본적인 구조는 아래와 같이 나타낼 수 있을 것이다.

I. 죄악에 대한 전쟁 징벌의 산문적 선포 9-10절
II. 이스라엘에 대한 시적인 고발 11-14a절
A. 이스라엘의 소명(초기 잠재력) 11절

B. 이스라엘의 도전(장래의 잠재력) 12절
C. 이스라엘이 그 소명을 잘못 사용함(잠재력에 대한 과거와 현재의 오용) 13절
D. 결과적인 징벌 14a절
III. 예전과 왕에 대한 전쟁 징벌의 산문적 선포 14b-15절

11-14a절의 시적인 구조는 쉬운 묘사를 회피하고 있다. 이 구절들의 운율적인 구조는 복잡하다. 아마도 본문 훼손으로 인한 것 같다. 여러 개의 삼행연구(三行聯句)가 보인다(11, 12, 13절). 호격(呼格)의 감탄어구인 "오 야곱"(11b절)은 주변의 운율적인 형태(혹은 병행법)들과 어울리지 않는 듯이 보인다. 그러므로 이 어구는 행수여잉음(行首餘剩音; 시행[詩行] 첫머리에 파격으로 덧붙인 하나 또는 두 개의 약한 음절)의 한 예로 고려되어야만 한다. 최소한 하나의 이행연구(二行連句)가 운율적인 균형을 보여 주고 있다. 본문의 시적인 부분의 결론을 맺고 있는 것은 14a절이다. 북 왕국의 방언에 있는 주전 8세기의 발음에 따라 소리를 낸 것으로(Start, *SEHM*, 24-28를 보라), 이행연구는 다음과 같이 나타난다.

> 봐캄 샤온 바아메카(וְקָאם שָׁאוֹן בְּעַמֶּךָ) waqāʾm šāʾōn baʿammekā 8음절
> "그러므로 너희 백성 중에 요란함이 일어나며"
> 봐콜 미브차레카 유샤드(וְכָל־מִבְצָרֶיךָ יוּשַּׁד) wakol mibṣarēkā yūššad 8음절
> "네 산성들이 다 훼파되되"

다른 곳에서는 운율적인 규칙성이 존재한다 할지라도, 그 규칙성은 발견하기가 더 어렵다.

본문의 연대와 출처를 확실하게 말하기는 어렵다. 호세아 9:9 이후에서 발견되는 대부분의 신탁들과 마찬가지로, 이스라엘은 비참한 상황이 전개되기 전에 잠깐의 집행유예 기간을 누리고 있는 듯이 보인다. 이스라엘 백성들은 현재 전쟁의 상태에 있는 것이 아님이 분명하다. 전쟁은 미래의 사건으로 묘사되고 있기 때문이다(9, 10, 14, 15절). 왕은 여전히 권세를 가지고 있다. 그를 해임하는 것이 아직 이르지 않았기 때문이다(15절). 벧엘은 여전히 북 왕국의 이교적인 예전의 중심을 차지하고 있다(만약 MT의 독법이 15절에서 유지된다면). 그리고 이스라엘의 여러 가지 죄악된 관행들은 여전히 한창 진행 중인 것으로 보인다(9, 10, 13, 15절). 이스라엘 나라는 많은 군사들과 여전히 온전한 요새 체계를 가지고 있다(13, 14a절). 아마도 호세아(Hoshea) 왕의 가장 안정적인 통치기인 주전 720년대 초기가

이 말씀들이 원래 전해진 당시의 가장 적절한 시기일 것으로 보인다. 그러나 실제적으로 호세아의 예언적 사역이 이루어진 그 어떤 시기도 위에서 예증으로 든 요소들 중 그 어떤 요소에 의해 배제될 수 없다. 호세아가 이스라엘의 어느 곳에서 이 야웨의 말씀들을 전했는지 우리에게 말해 주는 분명한 증거는 없다. 단지 만약 MT의 "벧엘"이 15절에 유지된다면 어떤 출처가 확인될 수 있을 것이다.

주석

9 "기브아의 시대"라는 어휘는 이스라엘이 9:9(참조. 사 1:10)에서와 같이 도덕적으로 그리고 종교적으로 빠져 들어갈 수 있는 나락의 깊이에 대한 한 예를 다시금 말해 주고 있다. "무리가 기브아에 서서(그 곳에 그들이 서서)"(שם עמדו – 샴 아마두)라는 어구는 본 절의 세 번째 문장과 연결해 주고 있다. 이스라엘 나라 전체는 여전히 기브아에 있다(삿 19장). 그러므로 전쟁(삿 20장)이 **기브아에서**, 즉 여전히 그들이 죄악 가운데 있는 중에 그들을 곧 삼킬 것이다. 또한 미완료 동사 타시겜(תשיגם)은 과거 시제로 해석되는 것이 가능하다(Andersen and Freedman, 50, 565도 그렇게 본다; "원문주해" 9.d.를 참조하라). 즉 "전쟁이 기브아에서 그들을 삼키지 않았는가?" 그렇다면 말하고자 하는 요점은 다음과 같은 것이다. "만약 하나님이 그 당시에 전쟁으로 이스라엘을 벌하셨다면, 그가 다시금 전쟁으로 벌하시지 않겠는가?" 어쨌든 본 절은 "사악한 자들 때문에"(על־בני עולה – 알-베네 올라), 이스라엘의 징벌은 파멸적인 전쟁을 통해 이르게 될 것이라는 사실을 분명하게 암시하고 있다. 아마도 이 어구의 의도는 기브아의 동성애적인 강간범들의 사악한 잔인성(삿 19:30)을 회상시켜 주려는 것뿐만 아니라, 호세아 시대의 이스라엘의 특성으로서 적용하기 위한 것이었을 것이다. 다가오는 전쟁(저주 유형 3)은 단지 기브아뿐만 아니라 전(全) 북 왕국을 포함하게 될 것이다. 기브아는 유다 바로 북쪽에 위치한 유대인들이 사로잡은 베냐민 국경 성읍으로 여기서는 죄악된 이스라엘을 나타내는 제유(提喩)적인 표현이다. 이와는 달리 바기브아(בגבעה)를 이중의 의미를 가진 어휘나 어구(double-entendre)로 간주하여, "도처에서" 일어나는 전쟁을 묘사하는 방법을 나타내는 것으로서 "언덕에서" 혹은 그와 같은 어구로 번역할 수도 있을 것이다.

10 본문의 여러 가지 불확실성에도 불구하고, 본 절의 요점은 다음과 같이 분명하다: 야웨는 이스라엘을 그 죄로 인해 징벌하려고 준비하고 계시는데, 야웨가 전쟁

에서 이스라엘 백성들을 대항해서 모을 나라들을 통해 징벌하실 것이다. 대적 열방들(종종 "대적들"이라고 표현됨)의 손에서 언약을 범한 것들을 징벌하실 것이라는 예언은 언약적 제재 규약들 중에서 가장 빈번하게 나타나는 저주 유형이다.

여기서 야웨는 와서(באתי – 바티; "원문주해" 10.a.를 보라) "만민(열방)"(עמים – 아밈)을 통해 징벌할 것("원문주해" 10.b.)을 약속하신다. 복수형 아밈(עמים)은 언약적 저주들의 일반적인 단수 형태(그러나 신 28:37과 64를 참조하라)와는 대조적으로, 호세아서에서는 가장 빈번하게 보이는 형태다(참조. 7:8; 9:1). 본절은 기브아에서 발생했던 원래의 사건에 대한 내용을 계속해서 언급하고 있다. 지파들이 베냐민 지파를 대항해서 모였던 것과 같이(삿 20:11, 14에 나오는 아싸프[אסף]를 참조하라), 이제 나라들(복수)은 이스라엘을 대항해서 모인다. 그때 지파들은 이스라엘의 언약 아래서 야웨의 율법을 강화하는 그들의 의무를 성취했다. 이제 야웨의 율법에 복종하는 열방들 또한 반역자들에 대한 야웨의 명령을 수행할 것이다.

9절에서와 같이, 징벌에 대한 이유는 죄를 기억나게 하는 것으로서 또다시 끝에 나온다. 전쟁은 이스라엘의 "두 가지 죄(이중의 죄)"(שתי עונתם – 셰테 오노탐)에 확실히 종말을 가져다줄 것이다. 이 어구는 기브아에서와 같이 이스라엘이 계속해서 죄를 짓는 것에 대한 "그 때와 지금"의 양상을 의미하는 것일 수 있거나, 아니면 이스라엘의 사악함이 극도로 심하다는 것을 단순히 은유(隱喩)적으로 말하는 것일 수 있다. 현재의 본문은 또한 "너희 죄를 인하여 내가 너희를 칠 배나 더 징치할지라"(즉 저주 유형 27; 레 26:18)는 언약적 저주에서 유추하여, 이스라엘은 자신의 죄로 인해 두 배의 고통을 당하게 될 것이라는 원래의 표현이 훼손된 것을 나타내 주는 것일 수도 있다.

11 본문의 시적인 부분(11-14a절)은 이스라엘의 선택받음을 묘사하곤 했던 생생한 은유들로 시작하고 있다. 9, 10절의 "이스라엘"과는 대조적으로, 북쪽 왕국을 나타내는 데 사용된 용어는 이제 "에브라임"이다. 이 에브라임은 5장에서 시작하고 있는 호세아의 시에서 즐겨 사용되는 용어다. 은유적인 시는 이스라엘 원래의 나라에 대한 역사적인 회고의 형식으로 말하고 있다. 이스라엘은 타작하기 위해 길들여진 젊은 암소 같았다. 이 타작은 아마도 타작 기계 주변을 끄는 멍에를 멘 동물이 하는 그런 타작은 아니었을 것이다. 이 타작은 추수한 곡식들이 있는 타작마당을 곡식이 빠져나올 때까지 거니는 아마도 상대적으로 기쁜 작업이었을 것이다(참조. 사 50:11). 심지어 암소는 일을 하는 동안에 먹을 수조차 있었다(신

25:4). 야웨가 이스라엘을 불렀던 초창기의 이스라엘의 상황은 바로 그런 것이었다(참조. 11:1). 그러나 야웨는 자신의 땅을 기경하는 좀 더 중요한 목적을 가지고 계셨다. "에브라임이 갈아 일구고"와 병행이 되도록 우리는 "유다가 써레질을 하다"라고 읽는다. 유다를 언급하는 것은 생각되는 바와 같이 흐름을 파열시키는 내용이 아니다. 주전 8세기의 다른 선지자들의 글에서와 같이, 호세아서 전체를 통해서도 나라의 본질적인 통일은 거의 항상 전제되어 있다. 에브라임과 유다는 야웨의 "백성들"이 아니라 야웨의 단일한 백성이다.

그들은 함께 야웨의 땅에서 야웨의 일을 해야만 했다. 이스라엘은 "아름다운 목"(טוב צוארה – 투브 차봐라흐)을 가지고 있었다. 보기에 좋은 잘생긴 목이 아니라, 강하고 튼튼한 목이었다. 충성스러운 일을 기대하는 것은 바로 그 주인의 권리였다. 이스라엘의 "밭"은 언약에 대한 순종이었다. 그것은 야웨가 이스라엘 위에 놓으셨던 "멍에"였다(자신의 백성들에 대한 주권자의 요구로서의 "멍에"인 올[על]에 대해서는 왕상 12:4-14을 참조하라).

MT에 있는 마지막 어구인 "야곱 자신을 위해"라는 의미의 로 야아콥(לו יעקב)은 호격인 "오 야곱"이라는 의미의 레야아콥(ליעקב)으로 고쳐 발음하는 것이 가장 나은 독법이다("원문주해" 11.d.를 보라). 야곱을 언급하고 있는 것은 단지 "에브라임"에서 "에브라임과 유다"로, 그리고 "야곱"으로의 전환을 완전히 이루게 한다. "야곱"은 여기서 나라 전체, 특별히 초창기의 나라 전체를 나타내기 위해 독특하게 쓰인 용어다. "야곱"은 "이스라엘"보다 앞서 쓰인 용어다. 젊은 암소는 자신들의 소명을 남용한 현재의 에브라임과 유다보다 앞선 존재였다(13절). 이스라엘 백성들에게 "야곱"이라고 말함으로써 야웨는 거의 그리워하듯 한 마음으로 자신이 그들에게 주었던 원래의 목적과 소명을 그들에게 생각나게 해주고 계신다. 마찬가지로 야곱을 12장에 있는 선택받은 족장으로서 회고적으로 묘사하고 있는 것은 그 신실했던 조상들에 대해 현재의 반역적인 나라를 대조적으로 묘사하는 장치로서 사용되고 있다(12:2-6; 12-14).

12 11절 끝에서 이스라엘에 대한 하나님의 직접적인 말씀이 이제는 2인칭 복수형으로 시작되었다. 집단적으로 그리고 개인적으로 모든 백성들에게 다음과 같은 하나의 도전이 주어졌다: 이스라엘이 선택을 받은 것은 가나안에서 이루어진 어떤 농경적 기능의 단순한 성취로서 이해될 수 있는 것이 아니라, 바로 자신의 언약에 신실하여 정직하고 사심이 없는 삶을 살아 야웨를 기쁘시게 해주는 것을 통해 이해될 수 있는 것이다.

아마도 12a절(삼행연구[三行聯句])의 간곡한 권유는 이스라엘을 위한 야웨의 역사적인 기대들(과거 그리고 특별히 미래)에 대한 재진술로 장래적이면서 회고적이다. 이스라엘 백성들의 반응은 13절에 기술되어 있다. 그들은 야웨가 요청하셨던 것과는 정반대의 일을 자행했다. 그 초청은 단순히 현재 명령법으로 인용되고 있기 때문에, 그 어휘들이 역사적인 초대를 인용하고 있는 것이라고 추정할 문법적 필요성은 없다. 그러나 전체 시의 문맥에서 과거의 선택받음(11절)에서 도전(12절)으로, 불순종(13절)으로, 징벌(14절)로 이동하는 것은 매우 분명하게 보이는 듯하다. 그리고 이런 순서는 초청을 말하고 있는 현재의 어휘들이 어떤 새로운 권면, 즉 항상 있어 왔음(참조. 신 4:31; 레 26:45)이 분명한 어떤 상태의 종말론적인 회복에의 부름보다는 **원래적인** 권면을 나타내 주는 것이다.

삼행연구(三行聯句)는 농작물 경작과 관련된 농경적 은유(隱喩)들을 통해 "야곱"에게서 나타날 다음과 같은 세 가지 특징을 말해 준다: "의"(צדקה – 체다카), "긍휼[충실]"(חסד – 헤쎄드) 그리고 "지식"(דעת – 다아트; "원문주해" 12.b.를 보라). 이 용어들의 처음 두 용어는 앞에 **라메드**(ל)가 나온다. 이것은 사실상 직접 목적어를 나타내는 표시로서 기능하는 것일 수 있다(참조. 창 1:5; 렘 40:2; 대상 16:37). 호세아서의 다른 부분에서, 언약으로부터 기대되고 있는 다른 특성들의 그룹들이 언급되고 있다(예를 들어, 2:21-22[19-20]; 4:1; 12:7[6]). "긍휼[충실]"이라는 뜻의 헤쎄드(חסד)는 모든 그룹에 공통적으로 들어 있는 특성이다. 즉 **언약적** 충실의 기본적인 의미에 걸맞는 것으로서 계시된 계약의 어휘들에 대한 순종을 말한다. 다른 용어들은 참된 헤쎄드(חסד)가 낳는 것을 구체적으로 말해 주고 있다. "의"(צדקה – 체다카)는 언약 아래에서 이루어지는 타당하고 공정한 행위다. 호세아서에서 "지식"(דעת – 다아트)은 야웨에 대한 신실한 충성을 포함하는, 야웨와 가지는 옳고 순종하는 관계를 의미한다. 만약 이스라엘이 그런 특성들을 보여 주었다면, 13절의 고발과 14-15절의 징벌들은 결코 언급될 필요가 없었을 것이다.

본 절은 야웨를 "찾을 것"(דרש – 다라쉬)을 초청하는 것을 인용하는 이행연구(二行連句)로 끝을 맺는데(특별히 12b절), 이것은 단순한 일상적인 기도라기보다는 곤경의 때에 야웨께 돌아설 것을 암시하는 것이다(C. Westermann, *KD* 6[1960] 2-30를 참조하라). 그렇다면 마지막 이행연구는 전쟁으로 인한 파멸이 임한 **이후에** 구원을 위한 어떤 계획을 나타내는 것일 수 있다(신 4:29-31에 나오는 다라쉬[דרש]를 참조하라): 만약 백성들이 야웨께 돌아선다면, 야웨는 그들을 구원하시고 그들을 자신에게로 회복시키실 준비가 되어 있다. 농경적인 은유(隱喩)는 가뭄을 끝내고 곡식을 성장하도록 하는 단비의 비유로 주어진 이 약속에 이르기까지 확대되고 있다. 야웨는 자신의 백성들에게 "의"(צדק – 체다크)로 물(혹은 "비를 내려 줄 것")을 줄 것을 약속하신다. 아마도 이것은 어떻게 야웨가 그 백성들을 새롭게 하실 것이며 (바르고 공정하게) 무엇을 그들에게 주실 것인가(바른 행위)를 말해 주는 것일 것이다. 이 용어는 "공정함"이 부당한 상황으로부터 백성들을 옮겨 줄 것이라는 점에서 말하는 "구원"을 의미하는 것일 수도 있다.

13 현재 언급되고 있는 "도전"은 어떤 초청이 아니고 고발이다. 삼행연구(三行聯句; 13a절)는 이스라엘의 소명과 비교되는 이스라엘의 실제적인 이력을 재고(再考)하고 있다. 의와 긍휼(충실)과 지식 대신에 이스라엘은 "악"(רשע – 레샤)과 "죄"(עולה – 아브라)와 "거짓"(כחש – 카하쉬)을 밭 갈았고 거두었으며 먹었다. 집단적으로, 개별적으로 이 세 가지 용어들은 12a절에 있는 세 가지 긍정적인 용어들과 반대되는 것들이다. "악"은 의와 반대다. "죄"는 반역의 태도를 내포하고 있는 것으로 충실과 반대다. 이 문맥에서 사용된 "거짓"은 어떤 사람의 사회적인 관계(4:2; 7:3)를 말하는 것이 아니라, 언약 아래서 야웨께 대한 충성과 관계된 것을 가리킨다. 따라서 원래의 도전은 완전히 성취되지 못한다. 이스라엘은 금지된 것을 지속적으로 선택했다.

이행연구(二行連句; 13b절)는 전쟁의 주제를 명백하게 소개해 주고 있다. 전쟁은 언약적 저주에 예언되어 있는 대로 징벌에 가장 가까운 수단이다. 하나님을 신뢰하는 대신에 이스라엘은 그 군사적인 장비들을 신뢰했다. "병거들"과 "군사들"은 일반적으로 군사적인 힘을 말한다(참조. 1:7b). 병거는 전쟁의 무기로서 특별히 두려운 것이었다. 이스라엘은 아합의 때에 병거가 2천 대 정도 있었는데(Oppenheim, *ANET*, 287-88), 이것은 이방의 그 어떤 나라들보다 많은 수였다. 사마리아가 패배를 당한 뒤에도 앗수르의 사르곤 2세는 포획한 50승의 이스라엘 병거를 그 자신의 군대에서 사용하도록 했다(*ANET*, 284). 그러나 슬프게도 이스라엘은 그 신뢰를 잘못된 곳에 두었던 것이다. 신명기 28:52을 회상하게 하는 용어들의 관점에서 본다면("그들이 전국에서 네 모든 성읍을 에워싸고 네가 의뢰하는(בטח – 바타흐) 바 높고 견고한 성벽을 다 헐며…땅의 모든 성읍에서 너를 에워싸리니"), 이 이행연구와 14a절에 나오는 그와 짝을 이루는 어구는 그 잘못된 방향을 향하고 있는 확신감이 전적으로 어리석은 것이었음을 드러내 준다.

14-15 첫 번째 이행연구(二行連句; 14a절)는 본문의 시적인 부분의 결론을

맺고 있다. "요란함(소동)"(שאון – 샤온)은 울리는 소리로서 일반적으로 고대 전투의 두려운 굉음을 말한다(참조. 사 13:4; 렘 51:55). 또한 전투에서 소리치는 것 자체(참조. 삿 7:18, 20; 대하 13:15)가 그 소음의 한 부분을 이루는 것일 수 있다. 어떤 도시도 파멸에서 벗어날 수 없을 것이다. 이스라엘 성읍들을 둘러싸고 있는 두껍고 높은 성벽들도 대적의 맹습(猛襲)을 막아내지 못할 것이다. 이 성벽들은 신명기 28:52에서 "견고한"(בצרות – 베추로트)이라는 용어로 묘사되고 있다. 여기서는 동족어적 용어인 "산성들"(מבצרים – 미브차림)이라는 용어가 사용되고 있다. 이 산성들은 호세아서에 나타나는 몇 가지의 파멸(שד – 쇼드)에 대한 예언(7:13; 9:6; 10:2; 12:2[1]), 즉 저주 유형 24와 궤를 같이해서 "파괴될"(יושד – 유샤드) 것이다.

그런 뒤에 본문은 전쟁에서 이스라엘이 파멸되는 주제를 계속해서 말하는 산문으로 되돌아간다(14a-15절). 14절의 두 번째 부분과 15a절은 함께 하나의 완벽한 문장을 형성하고 있는데, 그 문장은 북 왕국의 파멸을 벧아벨(Beth-Arbel)의 파멸에 비유하고 있다. 이 사건은 이스라엘에 보편적으로 잘 알려져 있었고, 그 잔혹함으로 악명 높았음이 분명하다. 그러나 그에 대한 혹은 "살만"에 대한 어떤 다른 내용도 알려져 있지 않다. 부분적으로 G를 따라서 어떤 학자들은 "살룸이 여로보암의 집을 파멸한 것처럼"(כשד שלם בית ירבעם)이라고 본문을 읽을 것을 제안한다. 그러나 어떤 격렬한 전투도 그런 강탈과 관련되어 언급되고 있지 않다(왕하 15:10). 다른 사람들, 특별히 아스투어(Astour, *JAOS* 91[1971] 383-89)는 "살만에셀" 1세로 읽을 것을 제안한다. 예후 왕조 첫 해에 있었던 살만에셀 1세의 이스라엘 침공은 심판에 대한 적절한 상징을 제공해 줄 수도 있다. 그 왕조가 멸망 이후에 가졌던 것과 같이, 이스라엘 자체가 이제 붕괴의 위험에 처해 있기 때문이다. 그러나 다른 사람들은 "살만에셀" 5세(주전 727-722년)로 읽을 것을 제안한다. 아마도 살만에셀 5세는 사마리아를 치러 가는 길에 "벧아벨"(Beth-Arbel, 대개 이곳은 길르앗[Gilead]에 있는 **이르비드**[*Irbid*]라고 생각됨)을 파멸시켰을 것이다. 이렇게 보는 것은 본문이 사마리아 멸망 바로 직전인 주전 722년에 쓰인 것일 때에만 가능하다. "살만"에 대한 다른 후보는 디글랏-빌레셀 3세의 조공 목록에 언급된 모압 왕인 살마누(Salmanu; 앗수르어로 "살라마니"[Salamani])이다(Oppenheim, *ANET*, 282; 참조. 암 1:11-2:3). 벧아벨에서 어미들과 아이들을 땅에 메어친 것은 모압 왕이 한 일로 기억되고 있기 때문이다. 어쨌든 이 진술의 요점은 분명하다: 나라의 주민을 멸종시키기 위해 싸운 전쟁의 형세 속에서(왕하 8:12; 사

13:16; 나 3:10; 시 137:9; 참조. 호 13:16), 이스라엘은 아연실색케 하는 잔혹함을 경험할 것이다. 따라서 자신의 반역적인 백성들을 징벌하기 위해 야웨가 사용하실 전쟁의 공포에 대한 언약 자체에 있는 예언들은 부분적으로 성취될 것이다(특별히 신 32:25; 28:34, 53-57; 레 26:37을 보라).

이런 종류의 재앙이 이스라엘에 임할 것이다. 레위기 26:33은 다음과 같이 예언한다: "너희의 땅이 황무하며 너희의 성읍이 황폐하리라." 이제 야웨는 다음과 같이 이스라엘 "집" 혹은 족속(בית – 베트)에게 직접적으로 선언하신다. 그들의 악이 너무나 크기 때문에, 그들은 언약이 요구한 대로 그들이 뿌린 것(참조. 12-13절)을 거두어야만 한다. 말하자면 그들은 벧아벨이 당했던 대로 받을 것이다. 이스라엘 족속의 지도자로서 왕 자신은 전멸되는 고통을 당할 것이다. 잔혹하게 처벌을 받는 것은 단지 부녀들과 아이들 혹은 어떤 특별한 계층만이 아닐 것이다. "야웨의 날"이라는 개념과 연관지으면서, 구약의 선지자들은 한 위대한 주권자의 전쟁들은 한 날에 끝날 것이라는 고대의 표현 형태를 따르고 있다(Stuart, *BASOR* 221[1976] 159-64). 여기서 야웨는 정복 전쟁에서 주된 공격의 목표가 되는 이스라엘 왕이 포로로 잡히고 그 정복되는 날 새벽(בשחר – 바샤하르)에 곧장 멸절될 것(נדמה נדמה – 니드모 니드마, "멸절하리로다[좋은 것을 위해 침묵된]")이라고 선언하신다. 그러나 역사적인 사실의 관점에서 본다면, 이 과장적인 진술로 보이는 내용은 보존되어 있다. 호세아(Hoshea) 왕은 사마리아의 포위 공격이 진행되기 바로 직전에 살만에셀(Shalmaneser) 5세의 지휘 아래 있는 앗수르 군대에 의해 사로잡혀 감옥에 갇혔다(왕하 17:4).

해설

갈라디아서 5장에서 바울은 영적인 삶의 열매(22-23절)를 죄악된 본성이 낳는 행위(19-21절)와 대조시켜 말하고 있다. 바울은 전자의 삶의 형태를 격려하고 있다. 바울은 후자의 삶의 행위에 대해 그런 행위는 하나님의 왕국에서 쫓겨나게 만들 것이라고 경고한다. 이 새로운 언약적 도전은 옛 언약 아래서의 이스라엘에게 주어졌던 도전과 놀랍게 대비되고 있다. 하나님은 어떤 기대치를 설정하셨다. 본문의 중심에 있는 시적인 부분의 비유에서, 그 기대치로 인해 젊은 암소 이스라엘에게 다음과 같은 일을 감당하는 사역이 부과되었다. 그 일은 야웨의 지도("멍에") 아래 이루어지는 것으로 순종의 열매를 낳는 일이었다. 그러나 이스라엘은 "육체(죄악된 본성)의 일"(갈 5:19)을 선택했다. 이스라엘의 행위는 언약을 깨뜨렸고, 그 언약의 저주 규정에 빠져들어 갔다. 그 저주 규정에서 가장 두드러진 것은 바로 전쟁으로 인한 파멸이었다.

전쟁은 본문이 말하고 있는 가장 주도적인 경고다: 공격하기 위해 모여든 열방들(10절), 산성들의 훼파(14a절), 잔혹한 살육(14b절), 왕의 침묵(15절) 등등. 그러나 정말 안타깝게도 주전 720년경의 호세아의 청중들은 여전히 안심하며 득의에 차 있었던 것이 분명하다. 그들은 불과 몇 년 뒤에 저항할 힘이 없을 자신들의 왕과 군대가 앗수르 군대를 대항할 수 있을 것이라고 생각하고 있었던 것이다. 아마도 주전 728년에 있었던 디글랏-빌레셀 3세의 죽음은 호세아의 청중들을 대담하게 만들어 주었던 것 같다. 그러나 하나님은 호세아를 통해 그들에게 다른 측면을 확신적으로 선포하셨다. 이스라엘이 사사 시대에 기브아에서의 사건 이후 언약 전쟁에서 고통을 당했던 것과 같이, 이제 호세아의 청중들은 "새로운" 기브아 즉 그들의 완전한 패배를 겪게 될 것이다 하나님의 행위와 잔인한 앗수르 군대의 정복은 이 경우에 하나이며 같은 것이었다.

육체(죄악된 본성)가 낳는 행위들에 대한 바울의 목록(갈 5:19-21)은 길게 나열되어 있다. 부도덕은 여러 가지 많은 형태들을 취할 수 있다. 비교를 통해 이스라엘의 죄악된 행위를 증거하는 얼마나 많은 용어들이 현재의 본문에 쓰이고 있는지 주목해 보라: "죄", "사악함"(9절); "두 가지 죄"(10절); "악", "죄", "거짓"(13절); "악…악"(15절). 히브리어 어휘들의 번역에 적절한 영어 용어들을 만족할 만큼 찾아내는 것은 쉽지 않다. 결론은 분명하다: 이스라엘은 온갖 죄를 다 저질렀다. 바른 행위를 추구하라는 원래의 도전은 지속적인 비행으로 전락되어 나타났다. 벧아벨(Beth-Arbel)의 운명은 이제 벧-이스라엘(Beth-Israel, 이스라엘 족속)의 운명이 된 것이 틀림없다.

애굽에서의 이스라엘과 애굽에서 나온 이스라엘(11:1-11)

참고문헌

Bartina, S. "Y desde Egipto lo he proclamado hijo mio." *EstBib* 22(1970) 157-60.

Bjornard, R. B. "Hosea 11:8-9. God's Word or Man's Insight?" *BR* 27(1982) 16-25.

Bruggemann, W. "A Shape for OT Theology II: Embrace of Pain." *CBQ* 47(1985) 395-415. **Bussche, H. van den.** "Ballade der miskende liefde(Os 11)." *Collationes Brugenses et Gandavenses* 4(1958) 434-66. ______. "La ballade de l'amour méconnu: Commentaire d'Osee 11:1-10." *BVC* 41(1961) 18-34. **Driver, G. R.** "Problems of the Hebrew Text and Language." In *Alttestamentliche Studien: FS F. Nötscher*, ed. H. Junker and J. Botterweck. Bonn: P. Hanstein Verlag, 1950. 46-61. **Glanzman, G. S.** "Two Notes: Amos 3,15 and Osee 11,8-9." *CBQ* 23(1961) 227-33. **Goldman, M. D.** "The Real Interpretation of Os 11,3." *AusBR* 4(1954-55) 91-92. **Gross, H.** "Das Hohelied der Liebe Gottes: Zur Theologie von Hosea 11." In *Mysterium der Gnade: FS J. Auer*, ed. H. Rossman et al. Regensburg: Pustet, 1975. 83-91. **Hirschberg, H.** "Some Additional Arabic Etymologies in Old Testament Lexicography." *VT* 11(1961) 373-85. **Israel, F.** "Una varieta di gazzella menzionata in Osea 11,8." *BeO* 18(1976) 61-64. **Janzen, J. G.** "Metaphor and Reality in Hosea 11." *SBL 1976 Seminar Papers*, ed. G. MacRae. Missoula, MT: Scholars Press, 1976. 413-45. **Kraus, H.-J.** "Hosea 11:1-9." *Göttinger Predigtmeditationen*(1952-53) 33-38. **Lindars, B.** "Rachel Weeping for Her Children—Jeremiah 31:15-22." *JSOT* 12 (1979) 47-62. **Lods, A.** "Une tablette inédite de Mari, intéressante pour l'histoire ancienne du prophétisme sémitique." In *Studies in Old Testament Prophecy*, ed. H. H. Rowley. Edinburgh: T. and T. Clark, 1950. **Lohfink, N.** "Hos xi 5 als Bezugtext von Dtn. xvii 16." *VT* 31(1981) 226-28. **Long, B. O.** "The Divine Funeral Lament." *JBL* 85(1966) 85-86. **Mays, J. L.** "Response to Janzen, 'Metaphor and Reality in Hosea 11.'" *Semeia* 24(1982) 45-51. **McKenzie, J. L.** "Divine Passion in Osee." *CBQ* 17(1955) 287-99. **Rabin, Ch.** "Hebrew *baddîm*, 'power.'" *JSS* 18(1973) 57-58. **Ritschl, D.** "God's Conversation: An Exposition of Hosea 11." *Int* 15(1961) 286-303. **Schüngel-Straumann, H.** "Gott als Mutter in Hosea 11." *TQ* 166(1986) 119-34. **Soggin, J. A.** "Hosea 11,5(cf. 10,9b?): Emphatic *Lamed?*" *Old Testament and Oriental Studies*. BibOr 29. Rome: Pontifical Biblical Institute, 1975. 223. **Sprye, T.** "*tybwt*'(Syriac)—מִשְׁבָּה." *VT* 7(1957) 408-10. **Zenger, E.** "'Dutch Menschen zog ich sie…'(Hos 11,4): Beobachtungen zum Verstandnis des prophetischen Amtes im Hoseabuch." In *Künder des Wortes: FS T. Schreiner*, ed. L. Ruppert et al. Württemberg: Echter, 1982. 183-201.

본 문

과거

1 이스라엘의 어렸을 때에 내가 사랑하여 내 아들을 애굽에서 불러내었거늘

2 선지자들이 저희를 부를수록 저희가 점점 멀리하고 바알들에게 제사하며 아로새긴 우상 앞에서 분향하였느니라

3 그러나 내가 에브라임에게 걸음을 가르치고 내 팔로 안을지라도 내가 저희를 고치는 줄을 저희가 알지 못하였도다

4 내가 사람의 줄 곧 사랑의 줄로 저희를 이끌었고 저희에게 대하여 그 목에서 멍에를 벗기는 자 같이 되었으며 저희 앞에 먹을 것을 두었었노라

가까운 미래와 현재

5 저희가 애굽 땅으로 다시 가지 못하겠거늘 내게 돌아오기를 싫어하니 앗수르 사람이 그 임금이 될 것이라

6 칼이 저희의 성읍들을 치며 빗장을 깨뜨려 없이하리니 이는 저희의 계책을 인함이니라

7 내 백성이 결심하고 내게서 물러가나니 비록 저희를 불러 위에 계신 자에게로 돌아오라 할지라도 일어나는 자가 하나도 없도다

종말론적 미래

8 에브라임이여 내가 어찌 너를 놓겠느냐 이스라엘이여 내가 어찌 너를 버리겠느냐 내가 어찌 너를 아드마같이 놓겠느냐 어찌 너를 스보임같이 두겠느냐 내 마음이 내 속에서 돌아서 나의 긍휼이 온전히 불붙듯 하도다

9 내가 나의 맹렬한 진노를 발하지 아니하며 내가 다시는 에브라임을 멸하지 아니하리니 이는 내가 사람이 아니요 하나님임이라 나는 네 가운데 거하는 거룩한 자니 진노함으로 네게 임하지 아니하리라

10 저희가 사자처럼 소리를 발하시는 여호와를 좇을 것이라 여호와께서 소리를 발하시면 자손들이 서편에서부터 떨며 오되

11 저희가 애굽에서부터 새같이 앗수르에서부터 비둘기같이 떨며 오리니 내가 저희로 각 집에 머물게 하리라 - 나 여호와의 말이니라

The Past

11:1 When Israel was a child[a] I loved him: Out of Egypt I called my son.[b]

2 When[a] I had called them, then they left me.[b] They sacrified to the Baals, they burned offerings to **the idols.**

3 I was the one who taught[a] Ephraim to walk, taking them by the arms[b]: but they were not aware that I restored them to health.

4 I used to pull them with human[a] cords, with ropes of love. I was to them like one[b] who lifted the yoke[c] from off[d] their jaws, And I reached out to him[e] and fed

5 him.[a]

The immediate future and the present

He will return[b] to the land[c] of Egypt, Assyria will be[d] his king, because they refuse to return.[e]

6 The sword will be loosed[a] in his cities, and will consume his false prophets, and devour them because of their counsels.

7 My people are stubborn[a] in turning away from me[b]: It is Baal[c] on whom they call, All together they exalt him.[d]

The eschatological future

8 How can I give you up,[a] Ephraim? hand you over, Israel? How can I give you up[a] like Admah, treat you like Zeboim? I have had a change of mind: I am altogether moved by a change of heart.

9 I will not carry out my fierce anger, I will not again destroy Ephraim. For I am God and not a man in your midst,[a] the Holy One, and I will not come in wrath.[b]

10 They will go after Yahweh. He will roar like a lion: When he will roar, the children will hurry[a] from the sea:[b]

11 They will hurry like a bird from Egypt, and like a dove from the land of Assyria, and I will return[a] them to their homes.—Oracle of Yahweh

원문주해

1.a. 혹은 "젊은이", "소년", "청년".

1.b. G(*τὰ τεκνα αὐτοῦ* – 타 테크나 아우투)는 "그의 아들들"이라는 의미의 베니오(בניו)로 읽는다. 이것은 아마도 단수 "이스라엘"을 2-7절에 있는 복수형들과 연결하는 히브리어 원문에서 이미 조화된 것일 것이다.

2.a. G(*καθὼς μετεκάλεσα* – 카도스 메테칼레사)와 Syr에 토대를 두고 "내가 불렀을 때"라는 의미의 (케)크리에(קראי[כ])로 읽은 것.

2.b. MT의 미프네헴(מפניהם, "그들로부터")은 미프니(מפני, "나로부터")와 헴(הם, "그들")으로 나누어져야만 한다.

3.a. 티르레티(תרלתי)는 특이한 형태(일종의 "티펠"[tiphel]?)이지만, 라갈(רגל)의 일반적인 히필인 히르갈티(הרגלתי)와 동등된 것임이 분명하다.

3.b. 혹은 MT의 제로오타이오(זרועתיו)는 제로오타이(זרועתי, "내 팔")와 이어서 나오는 행의 베(ו, "그러나")가 다시금 실수로 쓰여서 된 결과일 수 있다. 만약 그렇다면 "그리고 내가 그들을 나의 팔로 안았다"라는 번역을 생각할 수도 있다.

4.a. 여기서 아담(אדם)이 "가죽"(leather)을 의미할 수 있다는 가능성에 대해서는 Hirschberg, *VT* 11(1961) 373-85를 보라; 참조. P. Saydon, "The Maltese Translation of the Bible", *Melita Theologica* 16(1965) 4.

4.b. MT 대신에 키므리미(כְּמְרִימֵי, 단수)로 읽은 것. Kuhnigk, *NSH*, 126, 133를 보라.

4.c. "멍에"라는 의미의 올(עֹל)을 "유아"라는 의미의 울(עוּל)로 수정할 것을 빈번하게 제안하고 있다. 그러나 이런 견해는 타당하지 못하다. "주석"을 보라.

4.d. 올(עַל)의 이런 의미에 대해서는 충분한 증거가 있다. Kuhnigk, *NSH*, 133를 보라.

4.e. MT의 베아트(ואט)가 "그리고 내가 (그를) 옷 입혔다"라는 의미의 베아트(ואעט)의 단축형을 나타낸다고 보는 것이 불가능한 것은 아니다.

5.a. MT의 로(לא)를 "그에게"라는 의미의 로(לוֹ, G와 같이)로 다시 발음한 것.

5.b. G는 9:3에서와 같이 야샤브(יָשַׁב, 카토케센[*κατῴκησεν*])를 옳게 발음하지 못했다. G는 이 경우에 **완전한** 철자법보다는 **결함이 있는** 철자법을 가진 본문을 가지고 있는 것이 분명하다.

5.c. "…의 땅으로"라는 의미의 엘-에레츠(אל־ארץ) 대신에, G는 납득이 가지 않게 "에브라임"(אפרים – 에프라임)으로 읽고 있다.

5.d. 과도기적인 후(הוא)는 현재 혹은 과거 시제에서 뿐만 아니라, 미래 시제에서 서술적으로 기능할 수 있다.

5.e. 혹은 "회개하다".

6.a. 가장 그럴듯한 발음은 "풀어 놓다"라는 의미의 할랄(חלל)에서 파생된 베홀라(וְחֹלָה)이다(Kuhnigk, *NSH*, 134-35를 참조하라). 또한 신 29:21에서와 같이 "상처를 입다, 부상을 당하다"라는 의미의 힐라(חִלָּה, 피엘)도 가능하다.

7.a. 여기서 틸라움(תַּלְאוּם, 강하다/견고하다 등등의 의미를 가진 לאו/לאי에서 온 것)으로 발음한 것이다. Kuhnigk, *NSH*, 134-45.

7.b. G는 "나를"이라는 어구보다는 3인칭 남성 단수 접미어인 "그를"로 읽는다. 아마도 이것은 다음 어휘에 있는 베(ו)를 중복하여 필사하는 오류적인 연결에서 기인된 것일 것이다.

7.c. 2절에 있는 바알 숭배를 구체적으로 언급하는 점에 비추어서, "멍에"인 올(אל)을 "바알"이라는 바알(על[ב])로 수정한 것.

7.d. MT의 "…아니다"라는 의미의 로(לא)를 "그에게"라는 의미의 로(לוֹ)로 발음한 것.

8.a. 혹은 "내가 어찌 너를 기꺼이 버리겠느냐" 등등(Glanzman, *CBQ* 23[1961] 227-33를 참조하라).

9.a. "네 가운데"(בקרבך – 베키르베카)라는 어휘는 이 곳에 속한 것이지, 다음 행에 속한 것이 아니라는 점을 주목하라.

9.b. 혹은 동일한 어휘들이 "나는 어떤 성읍을 치러(대항해서) 임하지 않을 것이다"라고 번역될 수 있다.

10.a. 하라드(חרד)를 일반적으로 "떨며 오다"라고 번역하는데, 이것은 이런 문맥에서는 적절하지 않을 수 있다. 하라드(חרד)의 기본적인 의미는 "뛰다" 혹은 "흔들리다"이다. 이런 의미는 두려운 떨림 혹은 여기서와 같이 빠른 움직임을 나타내는 데 적용될 수 있다.

10.b. 혹은 "서쪽".

11.a. G와 같이 봐하쉬보팀(וַהֲשִׁבוֹתִים)으로 발음한 것. 그러나 MT(야샤브[ישב]로부터 "내가 그들을 살게 할 것이다)도 불가능한 것은 아니다.

양식/구조/배경

본문의 처음 부분은 부모가 패륜아에 대해 행하는 법률적인 고소의 양식과 유사한 면들을 가지고 있다(신 21:18-21; 참조. 사 1:2-20. 위의 구절들에는 아이[이스라엘]가 여전히 회개할 수 있고, 죽음보다는 긍휼을 받을 수 있다는 희망이 들어 있다). 비록 호세아 11:1-11이 이사야 신탁보다는 법률적인 고소로서 덜 분명한 구조로 짜여 있을지라도, "역사적-신학적 고발"(Wolff, 193도 그렇게 본다)은 호세아 11:1-11에 대한 가능한 명칭(타이틀)이다. 이 본문은 사랑스러운 돌봄을 받은 바로 그 앞에서 저지르는 자녀의 반역에 대한 증거의 진술, 즉 심판 선언과 그런 뒤에 놀라운 뜻밖의 일(8-11절)에 대한 내용을 포함하고 있다: 피고(被告) 이스라엘에게 말하는 원고(原告) 야웨는 자신의 마음을 바꾸고(8절), 이스라엘을 완전히 파멸하지 않으며(신 21장에서 반역한 자녀에 대한 징벌은 죽음이다) 자신에게로 회복시키기로 결정하신다. 이 놀라운 평결은 2:16-17[14-15]의 내용과 병행을 이룬다. 불평은 징벌을 낳고, 그런 뒤에 희망을 낳는다.

아마도 본문은 3인칭으로 야웨를 가리키는 10절을 포함해서 전적으로 하나님의 말씀일 것이다. 은유(隱喩)적으로 자신을 "좀(고름)"과 "썩이는 것(전염병)"으로 말씀하신 하나님(5:12)은 자신을 1인칭으로 능히 사자(獅子)에 비유하실 수 있었을 것이다. 이스라엘은 3인칭 단수(1, 4, 5, 6절), 3인칭 복수(2-5, 7, 10, 11절) 그리고 2인칭 단수(8, 9절)로 지칭되고 있다. 인칭들과 그 대명사들의 변이(變異)는 어느 정도 예측할 수 없기는 하지만, 결코 비논리적이거나 혼돈스러운 것은 아니다. 그런 경향은 호세아의 청중들에게는 일반적인 것으로 받아들여졌을 것이다. 10절이 후대의 유대의 해설적 첨가라고 보는 제안은 10절 안의 그 어떤 것도 특별히 유다의 관점들에 대해 말하고 있지 않다는 사실에 의해 받아들여지지 않는다.

11장은 구별된 독립적인 단락으로 보인다. 10:9-15과 같이, 11장은 이스라엘의 과거에 대한 역사적인 회고의 내용을 포함하고 있고, 본문의 후반부에서는 직접적으로 전하는 말로 바뀐다. 그렇지 않으면 본 장은 직접적으로 연결되어 있다는 표시가 없음을 보여 준다. 새로운 본문은 12:1[11:12]에서 시작된다. 이 새로운 본문에는 에브라임/이스라엘/유다가 주어로 나타나며, 이 새로운 주제(사기, 거짓말, 폭력 등등)는 11장의 내용을 밀접하게 따르고 있지 않다.

본문은 8절에서 어느 정도 바뀐다. 여기서 에브라임(이스라엘과 병행되고 있음)은 각각 3인칭으로 이야기되는 1절의 "이스라엘"과 3절의 "에브라임"에 반대되는 주된 주어로서 직접적으로 이야기가 전해지는 대상이 된다. 본문의 내용은 희망과 회복의 약속으로 전환된다. 이것은 모세 언약에 표현된 기본적인 형태를 따르는 것이다(파멸과 추방에 이어 시행되는 축복과 회복; 참조. 레 26:38-45 등등). 본문의 논리를 통해 우리는 자비 가운데 있는 아이에게 손을 뻗는 사랑하시는 하나님을 발견하게 된다. 자신의 "자녀들을" 유배지에서 돌아오게 함으로써 다시 한 번 자신의 자비를 보여 주시는 야웨는 새로운 축복으로 온전히 회귀하는 것이기 때문이다. 이는 마치 2:4-17[2-15], 18-25[16-23] 그리고 3장의 주제와 같은 것이다. 더욱이 만약 앞에서 언급된 법정의 분위기가 온전히 이해된다면, 8-11

절에서 표현된 것과 같은 자비를 보여 주는 결정은 일종의 모순이라기보다는 발전적인 것이다. 원고(原告)는 반역자(들)를 완전히 파멸하는 자신의 요구를 행사하는 것을 선택하지 않을 수도 있다. 그리고 재판관(물론 야웨임)은 남은 자를 위한 회복의 언약적 약속(예를 들어, 신 4:27)을 유지하면서 징벌 선언의 중대한 국면을 부분적으로 일시적으로 중지할 수도 있다.

구조적으로 본문은 과거에서 현재로, 임박한 미래로 그리고 종말론적인 미래로 아래와 같이 전이되고 있다.

A. 과거: 하나님의 소명과 이스라엘의 반역(1-4절)
B. 현재와 미래: 이스라엘 백성들의 계속적인 반역으로 인한 이스라엘에 대한 임박한 위협(5-7절). [이 구절의 각 절에 이스라엘의 현재 행태와 미래의 징벌이 묘사되어 있는 것을 주목하라.]
C. 종말론적 미래: 완전한 파괴를 철회함과 회복의 약속(8-11절).

이 본문 안에는 다른 좀 더 미묘하고 난해한 형태들이 있다. 예를 들어, 야웨의 아들로서 3인칭 단수로 이스라엘을 말하는 1절과 동일하게 말하는 4b절("[내가] 저희 앞에 먹을 것을 두었었노라"[그리고 내가 그에게 이르렀고 그를 먹였다])은 이스라엘이 "그들" 혹은 "그들을"르 표현되는 사이에 끼어 있는 내용(2-4a절)을 둘러싸고 있는 일종의 수미쌍관(首尾雙關)적 형태를 이루고 있는 것으로 생각될 수 있다. 더욱이 어떤 중요한 어휘들이 대조적인 용례들에서 다시 나타나는 경향이 있다: "부르다"(קרא – 카라: 야웨가 백성들을 부르시는 것을 나타내는 용례로 1-2절에서 2번, 백성들이 바알을 부르는 것을 나타내는 용례로 7절에서 1번); 7-8절에서 "모두 함께"와 "함께"라는 의미로서 야하드(יחד)가 반복되어 쓰임; "돌아가다"라는 의미의 동사 슈브(שוב)가 5, 7, 11절에서 각각 다른 형태와 의미로 쓰임; "먹다/삼키다"라는 의미의 아칼(אכל)이 4절에서는 야웨가 어린 이스라엘을 먹이시는 것으로, 6절에서는 거짓 선지자들을 삼키는 칼을 묘사하는 것으로 쓰임; 원래적으로 애굽에서의 구원(1절)과 종말론적인 구원(11절); 사랑받는 자녀(בן – 벤, 1절)와 용서받은 반역하는 자녀(בנים – 바님, 10절) 등등. 이런 표제어들은 적어도 그 어휘적인 차원에서 본문의 통일성을 보여 준다.

9:9 이후의 신탁들과 같이 이 신탁은 호세아(Hoshea) 통치 말기, 즉 주전 약 727-723년경에 기록된 것으로 볼 수 있다. 바알을 숭배하는 예전은 계속적으로 번창했지만(7절), 그 종말이 가까이 다가온 것 같다(6절). 호세아 왕은 앗수르에게

바치는 조공을 중단하고 애굽과 일련의 동맹을 추구한 대가로 살만에셀 5세(Shalmaneser V; 주전 727-722년)의 진노를 초래했다(왕하 17:4). 그 당시 앗수르는 이스라엘에 대한 화해할 수 없는 무자비한 대적이 되었다. 앗수르를 통해 전쟁으로 치임을 받는(5-6절) 하나님의 진노가 임하는 것은 임박한 시간상의 문제일 뿐이었다. 11절("저희가 애굽에서부터…떨며 오리니")을 통해 앗수르의 정복을 예견하고 이미 애굽에 피난민들이 있었다고 추론할 수는 없다. "애굽"에 다시금 사로잡혀 갈 것을 말하는 어법은 전형적인 언약적 용어다(예를 들어, 신 28:68; 참조. 호 7:16). 하지만 포로로 잡혀가는 진정한 장소는 앗수르가 될 것이다. 위치상으로 볼 때, 5절과 11절에 있는 병행법들의 B행에 있는 앗수르는 모형론적 용어인 "애굽"의 실제적인 해석이 된다.

주석

1 또다시 회고적인 어법으로 하나님은 자신의 백성들의 기원에 대해 묘사하고 계신다(참조. 9:10; 10:1; 10:9, 11). 여기서 이런 감정과 분위기를 전하기 위해 선택된 비유는 다음과 같이 마음에 매우 가까운 것이다: 이스라엘은 아들이다.

아버지로서의 야웨의 개념은 구약의 다른 곳들, 예를 들어 신명기(14:1; 32:6), 이사야(1:2-20; 3:9) 그리고 예레미야(3:19, 22; 4:22; 31:9, 20)에서 잘 증거되고 있다. 고대의 텍스트들에서 왕들은 종종 신들의 자녀들이라고 지칭되며(예를 들어, Azitawaddu of Karatepe: Rosenthal, *ANET* Sup., 218를 보라; 그리고 Zimrilim of Mari: A. Lods, *Studies*를 보라), 다윗 계열의 왕은 시편 2:7(본문은 의문의 여지가 있다)에서 "아들"이라고 불릴 수 있다. 그러나 이런 명칭들은 이스라엘을 아들로 보는 성경적 은유(隱喩)에 대한 의미 있는 병행적 대비(對比)를 거의 보여 주고 있는 것은 아니다. 호세아 11:1에 있는 야웨의 말들은 출애굽기 4:22-23의 빛에서 읽었을 때 가장 잘 이해된다. 출애굽기 4:22-23은 출애굽을 이끌기 위해 모세가 애굽으로 여행을 시작하는 초기에 모세에게 주어진 야웨의 명령이다: "이스라엘은 내 아들 내 장자라…내 아들을 놓아서." 호세아서와 출애굽기는 모두 이스라엘의 아들로 택함을 애굽으로부터의 해방에 연결시키고 있는데, 이것은 야웨와 그의 초기의 어린 나라와의 첫 만남에 강조점을 두고 있는 것이다. 주변의 문맥(9:10; 10:1 등등)에서 초기 이스라엘에 대해 말하는 다른 내용들은 이런 처음의 만남을 전제로 하고 있지만, 직접적으로 그 만남을 언급하고 있지는 않다. 먼 과거는 이제 다시금 현재(참조. 2:14-15[16-17])와 심지어는 미래(8-11절)와 비교하는 시점으로서 기능을 하고 있다.

이스라엘은 야웨가 "사랑했던"(ואהבהו – 봐오하베후) 나아르(נער, "어린이", "젊은이", "소년" 등등)라고 불린다. 아하브(אהב)의 용법은 신명기에 나오는 언약적 충실과 밀접하게 연결되어 있다(6:5; 7:8, 13; 10:15; 23:6[5]). 그리고 아하브(אהב)는 여기서 실제적으로 이중의 의미를 가진 어휘(double-entendre)로 사용되고 있다. 아하브(אהב)는 깊은 애정을 가지는 것을 의미할 뿐만 아니라, 아마르나 서신(Amarna letters)에서와 같이 "…에 충성적인"이라는 의미도 될 수 있다. 아마르나 서신에는 파라오의 봉신 왕들이 파라오를 위해 혹은 그 반대의 경우로 선포된 "사랑하다"라는 어휘를 포함하고 있다(예를 들어, Amenophis III에게 보낸 Tušratta의 서신들). 호세아가 보여 주는 언약적 관심들 그리고 신명기와 유사한 어법을 사용하고 있다는 것은 1절에 있는 아하브(אהב) 또한 이런 의미를 가질 수 있는 개연성을 보여 주는 것이다.

야웨는 자기가 자신의 아들을 애굽에서 불렀다고 말씀하신다. "부르다"(קרא – 카라)라는 동사는 오늘날 영어에서와 마찬가지로 구약에서도 다양한 의미로 사용되고 있다. 여기서 그 강조점은 단지 부분적으로 "선택"/"채택"이라는 의미에 놓여 있다. 문맥은 "소집하다" 혹은 "모으다"라는 의미 또한 의도되어 있으며, 이 진술은 하나님의 인도와 보호라는 관점에서 읽혀져야만 한다는 것을 보여 주고 있다. 1a절이 메시아적 예언으로서 기능하고 있다는 것은 후자의 의미에서다. 애굽으로부터 두 번째의 특별한 탈출인 헤롯이 죽은 뒤에 이루어진 어린 예수의 출애굽(마 2:15)은 호세아가 사용하도록 영감을 받은 어법과 정확하게 일치한다. 그러므로 "부르다"(קרא – 카라)라는 동사는 두 가지 기능을 하고 있는 것이다. 이 동사는 그 자체가 메시아와 관계되지 않는 문맥인 호세아 11:1에서는 그 자체의 의미를 가진다. 이 동사는 또한 선택된 특별한 어법의 이중적 가능성에서 비롯되는 **온전한 의미**(저자는 의도하지 않았지만, 하나님에 의해 의도된 더 깊은 의미[*sensus plenior*])를 가지고 있다. 따라서 예수의 생애에서 이루어진 사건들은 1b절의 어법을 **성취하는** 것이다(즉 1b절의 가능한 의미들을 완성하는 것임). 비록 그 유일한 지시 대상을 구성하고 있는 것은 아니라 할지라도, 그 어법의 의미를 성취하는 것이다.

2 이스라엘 백성들이 저지른 반역의 본질적인 내용이 본 절에 두 가지 방법으로 표현되어 있다. (a) 그들은 야웨의 부름(선택함과 인도함 모두)에 반응하기를

거부했다. (b) 그들은 율법에 그들이 해서는 안 된다고 구체적으로 명시한 바알과 다른 거짓 신들을 숭배함으로써 이런 거부를 보여 주었다. 따라서 이스라엘은 소극적이면서도 적극적인 모든 죄들을 저질렀다. 행해야만 하는 것을 행하지 않고 행하지 말아야 할 것을 행함으로써, 이스라엘 백성들은 스스로가 교정(矯正)할 수 없는 반역적인 모습을 보여 주었다(참조. 신 21:18).

따라서 2절은 1절과 극명하게 대조된다. 야웨는 자비로운 마음으로 자신의 아들 이스라엘을 사랑하셨고, 그가 애굽에서 떠나도록 도와주셨다. 이스라엘은 반역으로 그 사랑에 반응하고 있다. 이스라엘 측의 태도나 행위는 그의 사랑하는 아버지 야웨의 태도나 행위에 상응하는 것이 아무것도 없다. 말하자면 신약 이야기의 은유(隱喩)적인 표현에서, 아들은 집을 떠나 바알과 허랑방탕한 생활로 재산을 탕진하고 만다(참조. 눅 15:13). ("바알들"이 무엇인지와 바알의 다양한 나타남에 대해서는 2:15[13], 18[16]에 대한 "주석"을 보라). 이스라엘은 "새로운 신들을 선택했다"(참조. 수 24:15; 삿 5:8). 그로 인해 그들은 언약의 가장 기본적인 규율인 "너는 나 외에는 다른 신들을 네게 있게 말지니라"(출 20:3)를 범했다. 이스라엘 백성들은 이 신들의 "우상들"(פסלים – 페씰림)을 만들고(참조. 출 20:23; 34:17) 그 우상들에게 희생 제사(자바흐[זבח], 카타르[קטר])를 드림으로써(참조. 출 22:20) 언약을 깨뜨렸다. 반역을 저지른 자녀인 이스라엘에 대한 소송이 이보다 더 저주스러울 수 있겠는가?

3 결코 야웨가 잘못한 것이 아니었다. 아이에게 걸음마를 가르치는 부드럽고 인내심이 있는 부모의 이미지를 사용하면서, 야웨는 그 자신의 결백함을 선언하신다. 본 절에 사용된 어휘들에는 아이러니와 연민(憐憫)의 정을 자아내는 파토스(pathos)가 있다. 에브라임이 그의 어설픈 첫 걸음마를 할 때, 야웨는 고사리 같은 에브라임의 손을 잡아 주셨고, 에브라임이 아플 때 그를 돌보아 주셨다("내가 저희를 고치는[그들을 건강하게 회복시켰다]", 레파팀[רפאתים]; 참조. 5:13; 6:1; 7:1 그리고 특별히 출 15:26). 그러나 에브라임은 이런 애정 어린 돌봄을 알지도 못했다(לא ידעו – 으 야데우). 만약 아이가 어쩔 도리가 없는 제멋대로의 아이라고 한다면, 그 아이를 사랑으로 돌보고 양육했던 사람은 율법 앞에서 죄가 없을 수도 있다(신 21:21). 그러나 그 사람은 아이의 거절로 인해 여전히 상처를 입게 되는 것이다. 야웨가 그들의 손을 잡고 그들의 전(全) 역사를 통해 "그들에게 걸음을 가르치셨기"(תרגל – 티르갈) 때문에, 그들의 행복과 안녕에 있어서 야웨가 가장 중요한 분이라는 것을 이스라엘은 알지 못했다. 청년기에 이르렀을 때, 그들

은 자식의 신분에 대한 그들의 부름을 성취하는 데는 무관심한 채 은혜를 모르는 배은망덕한 자들이 된 것을 그들 스스로가 보여 주었다. 비록 야웨가 이스라엘 백성들의 역경을 성의를 다하여 치료하면서 출애굽과 광야의 여정을 지날 때 인도하셨을지라도(민 9:18, "이스라엘 자손이 여호와의 명을 좇아 진행하였고 여호와의 명을 좇아 진을 쳤으며"; 참조. 출 40:36-38), 그의 사랑 어린 돌봄은 헛되이 수포로 돌아간 것이었다.

4 4절의 본문은 원문이 훼손된 것이기는 하지만, 그 핵심적인 내용은 분별이 가능하다. 본 절의 대부분이 짐의 멍에를 벗은 동물의 은유(隱喩)로 전환되고 있는 듯이 보일지라도, 마지막 행(5절의 첫 번째 어휘를 포함해서)은 앞서 나온 1-3절의 아들의 신분에 대한 은유로 다시 돌아가는 것일 수 있다. 이런 인상은 에브라임을 가리키는 단수 대명사들에 대부분 의존하고 있다. 만약 그 단수 대명사들이 복수형이었다면("저희 앞에 먹을 것을 두었었노라[내가 그들에게 다가갔고 그들을 먹였다]"), 이 행 역시 일반적으로 계속되는 동물적 은유로 받아들여질 수 있었을 것이다. 호세아서 전반에 걸쳐서 이스라엘(그리고 야웨)을 묘사하고 있는 많고 다양한 은유적 표현에서 두드러지게 나타나는 인칭과 수와 성의 수많은 전환의 관점에서 본다면, 가장 그럴듯한 해석은 본 절 전체가 어떤 은유적인 전환을 나타내 주고 있다고 보는 것이다. 그 은유적인 전환에서 이스라엘에 대한 야웨의 사랑은 이제 의존적인 아이보다는 의존적인 동물에 대한 관심에 비유되고 있다. 야웨가 아이를 손잡고 그에게 걷는 법을 가르쳐 주신 것과 같이, 야웨는 그 동물을 "사람(인정)"(אדם – 아담)의 줄과 사랑(אהבה – 아하바)의 줄로 부드럽게 이끌어 주신다. 야웨는 그가 아이를 치료해 줌으로써 그 아이의 비참함을 경감시켜 주셨던 것과 같이, 은혜롭게 그 동물에게서 멍에를 제거해 줌으로써 좀 더 편안하게 해주신다.

이런 이미지는 출애굽과 광야에서 이스라엘을 향한 하나님의 은혜를 좀 더 보여 주고 있다. 멍에(עֹל – 올)는 언약적인 어휘에서 압제 그리고/혹은 노역을 나타내는 상징이다(레 26:13; 신 28:48; 참조. 왕상 12:4-14). 속박의 집에서 이스라엘을 구원했다는 것은 동물의 턱에서(혹은 알[עַל]을 어떻게 번역하느냐에 따라 "위에서") 멍에를 걷어낸 것과 같은 것이다. 그 동물에 다가가고 먹인다는 내용은 아마도 이스라엘과 늘 함께 있는 야웨를, 그리고 출애굽기 16:4-35과 민 11:4-34에 있는 대로 야웨가 그들을 심지어 기적적으로 먹이신다는 것을 상징적으로 나타내 주는 것일 것이다. 요약하면, 본 절은 하나님의 은혜와 겸손을 가장 잘 나타내 주는 구절이다.

5 갑작스럽게 지난 역사에 대한 확대된 은유(隱喩)들은 중지되고, 호세아의 청중들은 그들에게 다가오는 징벌을 듣게 된다. 유배되고 노역을 감당하는 명백한 역사적 실체가 그들에게 다가왔다. 이스라엘은 애굽으로 돌아갈 것이다(שׁוּב – 슈브). 이것은 "애굽"이 정복하는 대적의 땅(참조. 7:13; 8:16; 9:3, 6)을 나타내는 환유(換喩)적인 표현이 있는 언약적 저주를 말하는 어휘(예를 들어, 신 28: 68)를 반영하고 있다. 그 곳으로 돌아간다는 것은 유배의 시작이며 속박으로 다시 들어간다는 것(즉, 저주 유형 13)을 말하는 것이다. 5절을 구성하고 있는 삼행연구(三行聯句)의 두 번째 행에서, "앗수르"는 사로잡히고 유배를 당하는 이스라엘 백성들을 위압적으로 통치하는 나라로 구체적으로 언급된다. 따라서 애굽과 앗수르의 병행법은 두 번째 행이 첫 번째 행보다 더 "산문적으로" 정확한(신 32:15b에 비유되는 것으로서 신 32:18을 참조하라) 진정한 동의어적 병행법이다. 여기서 앗수르는 이스라엘의 (미래의) "왕"인 멜레크(מֶלֶךְ)로 불린다. 비록 간결한 말로 표현되어 있을지라도, 이것은 이스라엘의 왕권과 나라의 주권의 종말을 암시한다(참조. 3:4; 7:7; 10:3, 7, 15; 13:11). 앗수르 왕은 5:13과 10:6에서 완곡하게 "큰 왕"(מַלְכִּי־רָב – 말키 라브)으로 불렸다. 이제는 앗수르 나라 자체가 이스라엘의 다가오는 왕으로 동일시되고 있다. 이스라엘 백성들이 자신들의 아버지/주인으로부터 자애로운 돌봄을 받은 날 수와는 대조적으로, 다가오는 날들은 그 아버지/주인의 약속된 진노를 이루게 할 것이다. 그들의 극악무도한 배교(背敎)적인 행위(2절)는 그들의 완고함을 말하는 내용에 요약되어 있다: "저희가 돌아오기를 싫어하니(거절하니)"(מֵאֲנוּ לָשׁוּב – 메아누 라슈브). 그들이 선택권이 없을 "애굽"으로 돌아가는 것이 아니라, 그들이 배교를 자행했던 야웨에게로 돌아오기를 싫어하는 것이다(참조. 3:5; 5:4; 6:1; 7:10; 12:7[6]; 14:2[1], 3[2]). 이것은 본 절이 부분적으로 토대를 두고 있는 신명기 28:68에 나오는 언약적 저주의 아이러니다. 야웨는 자신이 자기 백성을 (노예 상태)에서 구원한 바로 그 상태로 그들을 돌려보내실 것이다. 야웨 자신의 언약에 대한 그들의 불성실 때문이다. 우리는 본문에서 세 번째로(참조. 2, 3b절) 어떻게 야웨의 사랑(또한 1, 3, 4절에서 각각 3번 표현되어 있음)이 경멸 받는지를 묘사한 내용을 읽게 된다. 이번에 이 사랑은 그 한계에 도달하게 되었던 것이다(참조. 1:6).

6 이스라엘 백성들은 피의 전쟁 속에서 정복되어 앗수르의 백성이 될 것이다. 삼행연구의 세 개의 행들은 세 개의 진술을 말하고 있다. 첫째, 전쟁(חֶרֶב – 헤레

브, "칼")이 여러 성읍에서 일어날 것이다. 전쟁이 일어날 때 백성들은 시골에서 요새화된 산성들이 있는 높고 두꺼운 벽으로 둘러싸인 성읍들로 몰려들 것이다(참조. 10:14). 전쟁은 성읍들 안에까지 미칠 것이라고 호세아를 통해 선언하는 야웨는 앗수르 군대가 이스라엘의 요새들을 파괴할 것이고 성읍 안으로 들어가서 그 거주민들을 죽일 것(저주 유형 3)이라고 말씀하고 있다. "칼"(חרב – 헤레브)은 언약적 불충성에 대한 파괴의 수단으로 가장 빈번하게 언급된다(레 26:25, 33, 36, 37; 신 28:22; 32:24, 41, 42). 반역에 대해 징벌을 주는 것으로서 대적의 칼은 사실상 야웨의 칼이 되고 있음(신 32:41; 참조. 33:29)을 주목하라. (저주의 문맥들에서 등장하는 주요 용어로서 "성읍"에 대해서는 레 26:25, 31, 33; 신 28:52, 55, 57을 참조하라; 참조. 32:25).

두 번째 행은 파멸될 거짓 선지자들(사 44:25과 렘 50:36에서와 같이 여기서는 바드[בד] V)을 지적하여 말하고 있다. 칼이 그들을 "없애 버릴 것이다"(כלה – 칼라, 피엘; 참조. 레 26:44; 신 28:21; 수 24:20). 세 번째 행은 부분적으로는 동의어적이고(אכל – 아칼, "삼키다"; 참조. 레 26:38; 신 31:17; 32:22; 특별히 신 32:22, "나의 칼로 그 고기를 삼키게 하리니") 부분적으로는 "종합적"이다("이는 저희의 계책을 인함이니라"). 아마도 그런 계책들(מעצות – 모아초트)은 두 가지 특성을 가지고 있었을 것이다. 거짓 선지자들은 본질적으로 사실상 임박한 파멸 대신에 이스라엘을 위해 좋은 일들이 있을 것이라고 한 점쟁이들이나 예언자들이었다(참조. 렘 6:14; 11:8; 왕상 22:1-28; J. P. Sisson, "Jeremiah and the Jerusalem Conception of Peace", *JBL* 105[1986] 429-42). 이런 상황에서 그들의 말들은 의심할 나위 없이 호세아의 말들과 극명하게 대조를 이루었다. 더욱이 살만에셀 5세(Shalmaneser V)의 분노를 일으킨 호세아 왕의 진부한 외교 정책은 부분적으로 "거짓 선지자들"이라는 뜻의 바딤(בדים)이 전하는 계시의 지지를 받고 있었을 가능성이 크다. 그러나 더욱이 중요한 것은 그들이 이스라엘의 배교(背教)적 행위에 지도력을 주었다는 점이다. 그들은 우호적인 예언들과 이교의 종교적 교리의 주입을 통해 나라가 그렇게 빠져 들어가도록 고무시켰다. 그래서 바알주의, 우상 숭배, 다수의 산당들 그리고 다른 언약적 위반들을 버리는 데 그리 긴박성을 느끼지 못했던 것이다. 그러므로 칼이 임할 때, 그들은 죽임을 당해야만 한다.

7 비록 본 절은 이스라엘의 신실치 못함에 대한 세 번째이면서 마지막(2절과 3절과 함께) 요약으로 생각되어야만 한다고 보는 견해가 가능할지라도, 우리가 재구성한 본문의 내용은 제어할 수 없이 날뛰는 자신의 백성들에 대한 야웨의 항의

이면서 단언에 대한 결론을 내리는 것으로 이해하고 있다. 본 절은 나라의 극도에 달하는 신실치 못함과 바알을 위해 야웨로부터 벗어나 모두 하나가 되어(יחד – 야하드, "하나로[모두 함께]") 배교하는 상황을 다시 언명하고 있다.

그러나 MT 본문에 대한 몇 가지 수정을 통해, 우리는 본 절의 어휘들을 다음과 같이 읽을 수 있다.

> 그 때에 내 백성들은 나에게서 떠나 돌아서는 것에 지칠 것이다.
> 그리고 그들은 가장 높은 자를 부를 것이다.
> 그들은 모두 함께 그를 분명히 높이게 될 것이다.

이와 같은 구성으로부터 나오는 의미는 다르다: 이 수정된 구절은 언약을 갱신하려고 하는 기대감 쪽으로 전환을 이루고 있다(아래의 8-11절을 보라). 그 수정된 구절은 앗수르의 통치 아래 피곤에 지친 이스라엘 백성들이 다시 한 번 야웨께 돌아가고 그의 주권을 갈망하는 미래의 시간을 묘사하고 있다. 본문의 현재 상태로는, 이런 선택 사항들 중에 어느 견해가 옳은지 결정될 수 없다.

8 갑작스럽게 전환된 내용은 이스라엘을 위한 희망을 말하고 있다. 이스라엘의 충실하지 못함에 대해 온전한 징벌(앗수르의 정복과 이스라엘의 유배를 통해)이 내려진 **이후에**, 야웨는 자신의 백성들을 회복하실 것이다. 이것은 신명기 4:25-31에 예언된 사건들의 양식을 따르는 것이다.

유배지에서 이스라엘은 야웨께 되돌아올 것이다. 야웨는 이런 회개를 토대로 그 나라를 회복하실 것이다: "네 하나님 여호와는 자비하신 하나님이심이라 그가 너를 버리지 아니하시며 너를 멸하지 아니하시며 네 열조에게 맹세하신 언약을 잊지 아니하시리라"(31절). 호세아 11:8-11은 이 약속을 시적으로 새롭게 갱신한다. 가나안 땅에 있는 나라로서의 이스라엘은 종말을 고했다. 그러나 세상을 위한 하나님의 계획이라는 면에서, 하나님 백성의 역사는 그 두 번째 단계에 막 접어든 것이다. 곧이어 나오는 이야기는 이런 관점에서 이해되어야만 한다.

쿠닉이 보여 준 대로(Kuhnigk, *NSH*, 139), 의문형 4행시인 8a절은 완전하게 균형 잡힌 7:7, 7:7 운율을 이루고 있다. 원고(原告)는 반역을 저지른 자녀가 죽음으로 징벌을 받아야만 한다고 요구하는 대신 그 징벌을 제한할 것을 결정한다. 야웨는 에브라임/이스라엘을 마지막까지 결코 "놓거나(포기하거나)"(נתן – 나탄), "버리지(넘겨주지)"(מגן – 마간) 않으신다. 야웨는 자신이 아드마(Admah)와 스보임(Zeboim)에 행했던 것을 그 자신의 백성들에게 행하지는 않으실 것이다. 이들 성읍들은 소돔과 고모라와 더불어(창 10:19; 14:2-8) 하나님의 진노로 인해 갑작스런 파멸로 말살되고 소멸되었다. 언약적 저주는, 만약 이스라엘이 언약에 순종하지 않는다면, 이스라엘에 어떤 일이 일어날 수 있는지에 대한 예로서 이 네 개의 성읍들을 언급하고 있다(신 29:23; 저주 유형 23). 이스라엘의 파멸은 하나님에게 반항한 민족들에게 어떤 일이 일어났는지를 상기시켜 주는 것으로서 그 폐허의 잔재가 쓰레기와 같이 남을 것이다.

그러나 이제 하나님은 자신이 그런 극도의 징벌을 취하지 않을 것이라고 말씀하시고 있다. 왜 그런가? 야웨의 마음(לב – 레브, "심성")이 바뀌었고, 그의 "마음의 변화(긍휼)"(נחומים – 니후마임)는 야웨로 하여금 자비로 향하도록 했다. 여기(8b절)서 다시 이행연구(二行連句)의 두 번째 행은 첫 번째 행을 자세히 설명하고 있다. 야웨가 마음을 바꾸신 것(이 숙어는 실제적으로 영어의 숙어와 동일하다)은 일시적인 생각이나 주변의 상황 때문이 아니라, 그의 영원히 지속되는 본성에서 나온 결과다. 야웨는 그 백성을 향한 기본적인 바람이 그들을 자신에게로 돌아오게 하려는 긍휼의 하나님이시다(2:3[1], 16-17[14-15]; 참조. 왕상 18:37).

9 비록 야웨가 이스라엘을 지면에서 없애 버리시는 것이 언약 아래서 볼 때 지당할지라도, "아니다"라는 네 개의 로(לא)의 용법이 가리켜 주고 있듯이 야웨는 그러지 않으실 것이다. 야웨는 자신의 "맹렬한 진노"(חרון אפי – 하론 아피)를 발하시며, 에브라임을 "멸하는"(שחת – 샤하트) 것과, 그들에게 "진노로"(בעיר – 베이르) 임하는 것을 수행하는 데 있어서 정당함을 인정받으실 것이다. 이 세 가지 어구는 이스라엘이 받을 수 있는 궁극적인 심판을 묘사해 주고 있다. 그 궁극적인 심판은 유형 1(거절)과 24(파멸)의 결합형이다. 야웨는 자신의 인격이 은총을 포함하기 때문에, 그는 이제 친히 이스라엘을 회복할 것이라고 선언하신다. 야웨는 감정이 방자한 격정적 경향을 띠며 성냄이 공정하기보다는 보복적인 경향을 가지고 있는 이스라엘 백성 중의 한 사람("네 가운데 있는 한 사람")이 아니시다. 그는 하나님, 즉 거룩하신 분이다(קדוש – 카도쉬). "거룩하게" 되는 것(קדש)은 하나님 같음을 반영하기 위해 일반적으로 인간적인 것들에서 떨어져 멀리하는 것이다. 물론 하나님 자신이 바로 하나님같이 되는 것의 본질이다. 그러나 인간의 관점에서 보았을 때, 하나님의 거룩함은 그를 인간과 다르게 만드는 모든 것을 포함한다. 특별히 그 거룩함은 인간의 사소하고 대단치 않은 기준들을 넘어서는 하나님의 생각과 도덕적 행위를 고양시켜 주는 특성들을 포함하고 있다.

역사적인 관점에서 보았을 때, 첫 번째 이행연구의 두 번째 행은 매우 중요하다. 만약 마음을 바꾼 것이 앗수르에 의해 주전 722년에 나라가 파멸된 것에 적용된다면, "내가 **다시는** 에브라임을 멸하지 아니하리니(לא אשוב – 로 아슈브)"라는 어구는 의미를 가지지 못한다(문맥이 종말론적이라는 이해 없이, 슈브[שוב]의 해석을 성공적이지 못하게 시도한 Wolff의 견해[202]를 참조하라). 게다가 "맹렬한 진노"라는 용어는 8:5에서 사마리아에 대한 야웨의 진노를 표현하기 위해 쓰였다. 그 진노는 궁극적으로는 앗수르에게 멸망당하도록 한 절정에 다다른 것이었다. 일단 하나님의 진노가 내려진 이후에, 야웨는 자신의 백성들을 새롭게 하는 과정을 시작하신다. 그 백성들은 야웨가 그 징벌을 다시 내리실 것이라고 생각하며 결코 두려워할 필요가 없다(참조. 창 8:21; 사 40:2). 그 파멸의 재난에서 살아남은 자들은 구원의 때를 바라볼 수 있을 것이다. 그런 희망은 언약 자체(신 4:29-31; 32:43; 참조. 호 6:1-3)와 포로기 이전 선지자들이 기대했던 것들의 일부분이다. 이것은 호세아 당대에 살았던 사람들을 위한 자비의 약속이 아니라, 그들의 후손들 즉 앞으로 있게 될 남은 자들을 위한 자비의 약속이었다. 그럼에도 불구하고, 그 자비의 약속은 언약을 따랐던 의로운 자들, 즉 호세아의 메시지에 마음을 두고 유념했던 자들에게는 커다란 위로와 격려의 원천이 되었을 것이다.

10 언젠가는 이스라엘이 야웨께 돌아올 것이고, 그때 유배에서 돌아올 수 있을 것이다. 모세를 통해 약속된 대로 그들에게 내린 징벌은 끝날 것이다. 10절의 메시지는 이스라엘 백성이 돌아설 때 야웨가 친히 그런 되돌림을 선언하실 것이라는 사실이다. 호세아 5:14과 13:7에서 샤할(שחל)과 케피르(כפיר)라는 용어들은 야웨를 "사자(獅子)"로 묘사하기 위해 쓰이고 있다. 여기에 쓰인 아르에(אריה)는 커다란 갈기가 있는 아프리카 사자를 말하는 것으로서, 선지서들의 다른 곳에서와 마찬가지로 훨씬 더 긍정적인 의미를 포함하고 있다. 사자와 같이 야웨가 소리를 발하시는 것(שאג – 샤아그; 암 1:2; 3:8; 욜 4:16[3:16]; 렘 25:30)은 백성들이 자신의 심판을 듣도록 부르는 것을 상징적으로 나타내는 기능을 하는 것처럼 보인다. 커다란 사자인 야웨가 소리를 발하실 때, 듣지 못하는 사람은 아무도 없을 것이며, 이스라엘의 회복이 임박할 것이다(참조. 욜 4:16[3:16]). 본 절에는 그 소리를 발하는 것이 동사(ישאג – 이스아그)의 반복으로 강조되고 있다. 아마도 호세아의 청중들은 상투적으로 표현되고 있는 이 어구를 이스라엘을 위한 새로운 시대를 나타내는 표지로 이해했을 것이다(참조. 2:18-25[16-23]; 3:5). 그러나 여기에 약속된 회복은 오로지 다시 돌아선 이스라엘 백성들에게만 적용될 것이다(참조. 신 4:29). 따라서 첫 번째 여건이 언급되었다: "저희가 여호와를 좇을 것이

라." 새로운 이스라엘은 의로운 행위와 진실한 믿음으로 특징지어질 것이다(참조. 습 3:12-13).

이 "자손들"(בנים – 바님)은 1-3절에 나타난 제멋대로 행동하는 "아들"(בן – 벤)에게는 주어질 수가 없었던 그 축복을 받게 될 것이다. 그들은 "바다" 혹은 "서편"(ים – 얌)으로부터 "급히"(חרד – 하라드, "떨며 오는 것"이 아님; "원문주해" 10.a.를 보라) 올 것이다. 이런 형식은 유배가 넓은 지역에 이를 것이며, 돌아오라는 종말론적 외침은 "바다"(사 11:11의 "바다 섬들에서[바다의 먼 해안들]"을 참조하라)를 포함하는 다양한 지역에 있는 백성들이 듣게 되리라는 것을 암시하고 있다.

11 이스라엘은 급히 집으로 돌아올 것이다. 11절에 사용된 많은 어법은 호세아서에 이미 사용된 어휘들을 반영하고 있다(위의 절에서 사용된 "급히 오다"라는 의미의 하라드[חרד]; 7:11에 나오는 "비둘기"라는 의미의 요나[יונה]; 7:11; 8:8-9; 9:3에 있는 한 쌍으로 사용된 애굽과 앗수르; **여기저기에** 쓰인 "돌아오다"라는 뜻의 동사 슈브[שוב]). 그럼에도 불구하고 본 절에 있는 약속은 충격적으로 깜짝 놀랄 만한 것이다. "새"(צפור – 치포르)와 "비둘기"(יונה – 요나)는 여기서 "떠는" 동물 혹은 "따르는" 동물들로서 사용된 것이 아니라, 날 수 있는 즉 민첩하게 움직일 수 있는 동물들이 각각 "A"와 "B"라는 어휘들로서 사용된 것이다. 돌아오는 것이 시작될 때, 그 어떤 것도 그 돌아오는 것을 멈추게 할 수 없다. 신실한 마음(의도)이 "날아" 돌아올 것이다. 잠시 머무르는 거주자들 혹은 그와 같은 자들로서 그 땅에 돌아오는 것이 아니라, 원래의 유업을 차지하는 진정한 재정착의 표시를 나타내는 그들의 "가정들"(homes)로 돌아올 것이다. 이스라엘의 전(全) 역사를 통해 그 땅에 거주하는 것은 그들이 야웨와 맺은 언약의 핵심이 되는 축복이었다(참조. 2:18[16], 20[18]). 이제 "내가 나를 위하여 저를 이 땅에 심고"라는 2:25[23]의 약속이 성취될 것이다. 유배로부터 돌아오고 땅을 다시 차지하는 언약적 회복의 축복(유형 7)이 이스라엘을 위해 실현될 것이다.

해설

11장은 호세아서에 있는 그 어떤 본문만큼 강하게 이스라엘을 향한 하나님의 심오한 사랑을 드러내 주고 있다. 야웨는 그 "자녀" 이스라엘을 향한 자신의 사랑, 자신을 대항한 그 자녀의 반역 그리고 불가피하게 따라올 수밖에 없는 징벌에 대해 말씀하신다. 그러나 징벌은 치명적이지 않을 것이다. 본 장의 두 번째 부분은 특별하게 열정적인 방법으로 하나님의 사랑을 드러내고 있다. 야웨는 인간의 법률적인 논리에 따라 이스라엘을 멸하는 일을 하시지는 않을 것이다. 오히려 야웨는 유배로부터 이스라엘 백성들이 돌아오는 것과 징벌 후에 그들이 평화롭게 재정착하는 것을 위해 준비를 하실 것이다. 반역적인 자녀로서 이스라엘을 은유(隱喩)적으로 묘사하는 것이 1-6절에서 분명하게 나타나기는 하지만, 본 장을 주도하지는 않는다. 그러나 그런 은유적인 묘사는 전체의 본문에 법률적으로 진행하는 묘미(맛)를 제공해 준다. 따라서 그 자녀에 대한 고발과 그 부모의 무죄함을 주장하는 것(1-4, 7절)에 이어 제한적인 징벌일지라도 호된 징벌이 나온다. 그런 뒤에 원고(原告) 측의 "마음이 바뀜"이 서술된다. 그 원고는 이스라엘 백성들의 제한적인 법률적 징벌에 대한 책임을 부과하는 것을 거부할 뿐만 아니라, 그 자녀를 집으로 돌아오도록 하는 것을 결정한다. 나라의 죄가 세 번 묘사되고, 아버지의 사랑스런 돌봄과 키우는 것이 세 번 이스라엘 백성과 대조되고 있다. 유배지로부터 돌아오게 될 것을 선언하기 전에 하나님의 자비의 그림이 완성된다.

동사 슈브(שוב)에 의해 표현되는 돌아옴이라는 개념은 중심이 되는 주제 요소다. 이 동사는 네 가지 방식으로 쓰이고 있다. 징벌로서 애굽으로 돌아감이 5a절에 표현되어 있다. 그런 뒤에 이스라엘이 야웨에게로 돌아오기를 거절하는 것(5b절)이 묘사되어 있다. 셋째, 배교의 행위(משובה – 메슈바)로서 이스라엘이 야웨로부터 돌아서는 것이 언급된다(7절). 넷째, 야웨가 이스라엘 백성들을 그들의 가정으로 돌아가게 하신다(11절). 애굽/앗수르에서 돌아온다는 일반적인 개념이 여기에 더해져 있다. 이 후자의 연결에서는 서두름에 대한 강조로 인해 "서두르다"라는 의미의 하라드(חרד)가 두 번 사용되고 있다.

본문 전체를 통해 야웨의 지고한 거룩함과 그 거룩함이 야웨로 하여금 은총을 시행하시도록 하는 것이 에브라임의 완고한 반역과 이기심과 대조를 이루고 있다. 야웨는 그 자신의 영원히 지속되는 긍휼과 보호를 수행하며 이스라엘 백성들을 말살하는 대신에 보존하는 "자신"으로 남는 데 있어서 전적으로 자유로우시다. 이스라엘 백성들은 아드마(Admah)와 스보임(Zeboim)과 같은 운명에 처해 마땅하다(8절). 그러나 그 대신 그들은 유배지에서 야웨에게로 돌아올 것이고, 약속의 땅에 다시 정착하기 위해 집으로 돌아오게 될 것이다(10-11절). 이것은 야웨가 사람이 아니고 하나님이시기 때문이다: 죄를 지은 이스라엘 사람이 아니고 거룩한 분. 그분의 방법들은 이스라엘 백성들의 방법들 위에 있다. 야웨는 그들의 본질에도 불구하고 그들을 구원하실 것이다.

야웨는 "언약을 잊지 아니하시리라"는 신명기 4:30(그리고 레 26장과 신 30장에 있는 병행구절들)의 약속은 양면적인 말씀이다. 언약은 회복될 수 있다. 그러나 오로지 언약을 맺은 양편의 신실성을 토대로 해서만 회복될 수 있다. 일단 이스라엘이 다시 그 의무들을 성취할 때, 언약과 그 축복들은 빠르게 갱신될 수 있다. 이스라엘의 남은 자의 연이은 돌아옴은 문자적인 의미에서 바사(페르시아)의 고레스 통치 기간 동안에 시작되었다(주전 539년). 좀 더 넓은 의미에서 이스라엘의 진정한 회복은 신약의 저자이면서 완성자인 그리스도 안에서만 시작되었다.

따라서 11:11에서 신약의 복음서 기자인 마태는 하나님의 아들 예수가 어린 시절에 애굽에서 돌아오시게 되는 예시를 깨닫는 영감을 받았던 것이다(마 2:15; "주석"을 보라). 하나님의 이스라엘을 위한 온전하고 완전하신 계획은 신명기 4:20 -31의 놀라울 정도로 포괄적인 예언에서조차 계시되지 않았다. 그 온전하고 완전하신 계획은 그 가장 완전한 의미에서는 오로지 메시아의 삶과 사역에서만 최종적으로 이해될 수 있었다. 본문은 어떻게 하나님의 실망이 한 백성을 믿음으로 회복하기로 하신 하나님의 결정에 의해 극복되는지에 대한 이야기다. 예수 그리스도가 바로 이 일을 성취하셨다.

거짓말쟁이 이스라엘(12:1[11:12]-13:1)

참고문헌

Abrahamson, S. "The Historical Dictionary." *Leš* 42(1977) 9-16[Heb.] **Ackroyd, P. R.** "Hosea and Jacob." *VT* 13(1963) 245-59. **Bentzen, A.** "The Weeping of Jacob, Hos 12:5a." *VT* 1(1951) 58-59. **Coote, R. B.** "Hosea xii." *VT* 21(1971) 389-402. **Cornill, D.** "Hosea 12:1." *ZAW* 7(1887) 285-89. **Dahood, M.** "Hebrew-Ugaritic Lexicography IX." *Bib* 52(1971) 337-56; X: *Bib* 53(1972) 386-403; XI: *Bib* 54 (1973) 351-66. ______. *Ugaritic-Hebrew Philology*. Rome: Pontifical Biblical Institute, 1965. **Deller, K.** "*šmn bll*(Hos 12, 2): Additional Evidence." *Bib* 46(1965)

349-52. **Dumbrell, W. J.** "The Role of Bethel in the Biblical Narratives from Jacob to Jeroboam I." *AJBA* 2(1974-75) 65-76. **Diedrich, F.** *Die Anspielungen auf die Jakob-Tradition in Hosea 12, 1-13, 3: Ein literaturwissenschaftlicher Beitrag zur Exegese früher Prophetentexte*. Forschung zur Bibel 27. Würzburg: Echter Verlag, 1977. **Eitam, D.** "Olive Presses of the Israelite Period." *Tel Aviv* 6(1979) 146-55. **Elliger, K.** "Der Jakobs Kampf am Jabbok: Gen. 32, 23 ff. als hermeneutishes Problem." *ZTK* 48(1951) 1-31. **Eslinger, L. M.** "Hosea 12:5a and Genesis 32:29: A Study in Inner Biblical Exegesis." *JSOT* 18(1980) 91-99. **Gertner, M.** "The Masorah and the Levites: Appendix on Hosea XII." *VT* 10(1960) 241-84. **Ginsburg, H. L.** "Hosea's Ephraim, More Fool than Knave: A New Interpretation of Hosea 12:1-14." *JBL* 80 (1961) 339-47. **Good, E.** "Hosea and the Jacob Tradition," *VT* 16(1966) 137-51. **Grimm, D.** "Erwägungen zu Hosea 12.12 'in Gilgal opfern sie Stiere.'" *ZAW* 85 (1973) 339-47. **Holladay, W. L.** "Chiasms, the Key to Hosea 12, 3-6." *VT* 16(1966) 53-64. **Jacob, E.** "La Femme et le prophète: **À** propos d'Osée 12:13-14." *Hommage à W. Vischer*. Montpellier: Causse Graille Castelman, 1960. 83-87. **McCarthy, D.** "Hosea XII 2: Covenant by Oil." *VT* 14(1964) 215-21. **McKenzie, S. L.** "The Jacob Tradition in Hosea xii:4-5." *VT* 36(1986) 311-22. **Reines, C.** "Hosea 12:1." *JJS* 2(1950-51) 156-57. **Sellin, E.** "Hosea und das Martyrium des Mose." *ZAW* 46(1928) 26-33. **Suzuki, Y.** "Eschatological Negation of the Prophet Hosea in Terms of the Traditions of Jacob in Hos 12." *Seisho-Gaku Ronshu* 18(1983) 5-52.[Japanese]. **Tournay, R.** "Quelques relectures bibliques antisamaritaines." *RB* 71(1965) 504-36. **Vriezen, Th.** "Hosea 12." *Nieuwe Theologische Studien* 25(1941) 144-49. ______. "La tradition de Jacob dans Osée 12." *OTS* 1(1942) 64-78. **Zolli, E.** "Il significato de רד e רחת in Osea 12:1 e 13:1" *RSO* 32(1957) 371-74.

본 문

거짓말쟁이 이스라엘

12:1[11:12] 에브라임은 거짓으로 이스라엘 족속은 궤휼로 나를 에워쌌고 유다는 하나님 곧 신실하시고 거룩하신 자에게 대하여 정함이 없도다

2[1] 에브라임은 바람을 먹으며 동풍을 따라가서 날마다 거짓과 포학을 더하며 앗수르와 계약을

Israel a deceiver

12:1[11:12] "Ephraim has surrounded me with deceit, and the family of Israel with fraud." And Judah[a] remains unruly[b] against God, even[c] against the faithful Holy one.[d]

2[1] Ephraim associates himself[a] with the wind, he pursues the east wind all day. He multiplies lying

맺고 기름을 애굽에 보내도다

and destruction;[b] they make a covenant with Assyria, and deliver[c] oil to Egypt.

법적인 소송의 선언

3[2] 여호와께서 유다와 쟁변하시고 야곱의 소행대로 벌 주시며 그 소위대로 보응하시리라

Announcement of the lawsuit

3[2] Yahweh has a lawsuit against Judah[a] and a plan[b] to punish Jacob according to his ways; according to his deeds he will repay him.

야웨의 신실함

4[3] 야곱은 태에서 그 형의 발뒤꿈치를 잡았고 또 장년에 하나님과 힘을 겨루되

5[4] 천사와 힘을 겨루어 이기고 울며 그에게 간구하였으며 하나님은 벧엘에서 저를 만나셨고 거기서 우리에게 말씀하셨나니

6[5] 저는 만군의 하나님 여호와시라 여호와는 그의 기념 칭호니라

7[6] 그런즉 너의 하나님께로 돌아와서 인애와 공의를 지키며 항상 너의 하나님을 바라볼지니라

Yahweh's faithfulness

4[3] In the womb he grasped his brother's heel;[a] When he was powerful,[b] he struggled with God,

5[4] He struggled with an angel and endured,[a] he wept and pleaded with him for favor. At Bethel[b] he found him, there he spoke with him.[c]

6[5] It was[a] Yahweh, God of the armies; Yahweh is his renowned name.

7[6] As for you, return to your God; maintain loyalty and justice, and wait constantly on your God.

가나안 같은 거짓말쟁이 이스라엘

8[7] 저는 상고여늘 손에 거짓 저울을 가지고 사취하기를 좋아하는도다

9[8] 에브라임이 말하기를 나는 실로 부자라 내가 재물을 얻었는데 무릇 나의 수고한 중에서 죄라 할 만한 불의를 발견할 자 없으리라 하거니와

Israel like Canaan a deceiver

8[7] Canaan[a]—in his hand are fraudulent scales; he loves to exploit.

9[8] And Ephraim said, "How rich I am! I have found power[a] for myself!" [b]All ⟨his⟩ profits will not suffice ⟨him⟩ ⟨because of⟩ the iniquity he has committed.[b]

야웨의 신실함

10[9] 네가 애굽 땅에서 나옴으로부터 나는 네 하나님 여호와니라 내가 너로 다시 장막에 거하게 하기를 명절일에 하던 것 같게 하리라

11[10] 내가 여러 선지자에게 말하였고 이상을 많이 보였으며 선지자들을 빙자하여 비유를 베풀었노라

Yahweh's faithfulness

10[9] "I am Yahweh your God[a] from the land of Egypt. I will make you dwell in tents again as on the assembly days.

11[10] I spoke through[a] the prophets, I gave them many revelations and by the prophets I gave parables."

속임의 예들: 길르앗과 길갈

12[11] 길르앗은 불의한 것이냐 저희는 과연 거짓되도다 길갈에서는 무리가 수송아지로 제사를 드리며 그 제단은 밭이랑에 쌓인 돌 무더기 같도다

Examples of deceit: Gilead and Gilgal

12[11] If Gilead is evil, what worthlessness they are![a] In Gilgal they sacrifice bulls;[b] moreover their altars are like stone-heaps along the furrows of the field.

야웨의 신실함

13[12] 옛적에 야곱이 아람 들로 도망하였으며 이스라엘이 아내 얻기 위하여 사람을 섬기며 아내 얻기 위하여 양을 쳤고

Yahweh's faithfulness

13[12] Jacob fled to the fields of Aram;[a] Israel was a servant in exchange for a wife, in exchange for a wife he kept (sheep).

14[13] 여호와께서는 선지자로 이스라엘을 애굽에서 인도하여 내시며 선지자로 저를 보호하셨거늘

다가올 심판

15[14] 에브라임이 격노케 함이 극심하였으니 그 주께서 그 피로 그 위에 머물러 있게 하시며 저의 수치를 저에게 돌리시리라

13:1 에브라임이 말을 발하면 사람이 떨었도다 저가 이스라엘 중에서 자기를 높이더니 바알로 인하여 범죄하므로 망하였거늘

14[13] By a prophet Yahweh brought up Israel from Egypt, and by a prophet he was kept.[a]

Judgment to come

15[14] Israel has provoked him[a] bitterly His Lord will leave his blood-guilt on him, and will repay him for his contempt.

13:1 Truly[a] he has spoken terror[b] against[c] Ephraim, he has raised his voice[d] against Israel: "[Because][e] he has incurred guilt with Baal,[f] he must die."[g]

원문주해

1.a. 비록 "유다"(יהודה – 예후다)를 삭제하는 견해가 종종 제안된다 할지라도, 그 삭제를 지지하는 본문상의 증거는 없다.

1.b. 1b절의 본문은 아마도 원문이 훼손된 것일 것이다. 비록 MT의 라드(רד)가 몇몇 문맥에서 "배회하다" 혹은 그와 같은 의미로 쓰이고 있다 할지라도, 현재 MT의 본문에서는 그 의미가 불확실하다. "감당할 수 없는, 제멋대로 하는"이라는 의미는 추측에 의한 것이다.

1.c. 여기서와 6a절에서 **와우**(ו)는 강조적으로 쓰였다.

1.d. MT의 자음을 קדושׁ־ם נאמן로 읽은 것.

2.a. 혹은 라아(רעה) I로부터 "…을 먹고 살다"라는 의미가 가능하다.

2.b. G의 마타이아(*μάταια*, "헛된 것들")는 쇼드(שׁד, "파멸/약탈")보다는 슈(שׁוא)로 읽은 것으로 보인다. 비록 문맥은 고쳐 발음하는 것을 지지해 주지 않는다 할지라도, 쿠닉은 "악마"라는 의미의 셰드(שֵׁד)로 읽을 것을 제안한다(Kuhnigk, *NSH*).

2.c. 병행법의 관점에서 본다면, 이 동사는 아마도 타동사 복수형 즉 요빌루(יוֹבִלוּ)일 것이다. 마지막에 있는 **와우**(ו)는 3절의 서두에서부터 온 것이어야만 한다. 3절에서 이 와우(ו)는 다소 어색해 보인다. Syr을 참조하라.

3.a. "이스라엘"이 일반적으로 여기에 대치된다. "유다"는 호세아의 관심 사항들에 부적절하기 때문에, 후기 유대적인 편집을 나타내는 것임에 틀림없다는 가정에서 "이스라엘"로 대치시키고 있는 것이다. 그러나 우리는 여기서 **모든** 이스라엘과 가장 관계되는 본문보다는 좀 더 관계되는 본문을 다루고 있는 것이다. 병행법은 더 작은 것(유다)이 더 큰 것(야곱)에 대비되는 n : n+1에 대한 유비로서 혹은 "깨진" 쌍들에 대한 한 예(2절의 에브라임은 여기에 있는 "유다"와 병행되고 있음)로서 보일 수도 있다.

3.b. 따라서 이 경우에 목적이나 의도를 보여 주는 레(ל)를 표현한 것.

4.a. 혹은 "그의 형을 속였다". 아카브(עקב)는 이중의 의미를 가진 어휘(double-entendre)다. "주석"을 보라.

4.b. 혹은 "그의 성인기에"나 "그가 부유했을 때". 베온(באון)이라는 용어는 이런 모든 의미를 잠재적으로 가지고 있다.

5.a. 또한 이 미완료는 "그래서 그가 이기었을 것이다" 혹은 그와 같은 것을 의미할 수도 있다. 그러나 야콜(יכל)이 지지 않는 뜻을 내포하는 만큼, 꼭 승리하는 의미를 내포할 필요는 없다. 야곱은 5a절에 있는 동사들의 주어가 아니라고 추정할 이유가 없다.

5.b. G는 4:15; 5:8; 10:5, 8에서와 같이 "벧아웬"이라는 의미의 베트-아벤(בית־און) 즉 오이코 온(*οἴκῳ Ὤν*)으로 읽는다. 그러나 내용은 야곱의 벧엘을 말하는 것이지, 호세아의 결정적으로 중요한 별명은 아니다. 그러므로 MT는 좀 더 원문적인 것이고, G는 조화롭게 일치시킨 것이다.

5.c. MT의 임마누(עמנו)는 일반적인 형태에 다른 3인칭 남성 접미사를 반영해 주고 있다: 임모(עמו).

6.a. **와우**(ו) 강조는 여기서 "그것은…이었다"로 수정되었다.

8.a. 케나안(כנען)은 또한 "상인"을 의미하기 때문에, 아마도 여기서는 이중의 의미를 가진 어휘(double-entendre)가 분별되어야만 할 것이다.

9.a. 혹은 "부(富)"나 그와 같은 의미.

9.b-b. G는 판테스 호이 포노이 아우투 우크 휴레데손타이 아우토 디 아디키아스 하스 에마르텐(*πάντες οἱ πόνοι αὐτοῦ οὐχ εὑρεθήσονται αὐτῷ δἰ ἀδικίας ἃς ἥμαρτεν*)으로 읽는다. 이런 G의 독법은 원문이 다음과 같았음을 말해 준다: אשר חטא כל־יגיעיו לא יִמָּצְאוּ לא על־און, "그가 지은 죄로 인해 그의 모든 재물이 그를 만족하게 하지 못할 것이다"(MT는 어느 정도 무의미하다). "충분하다, 만족하다/…을 위해 충분하다"라는 의미로서 레(ל)와 함께 쓰인 마차(מצא)의 니팔에 대해서는 수 17:16을 참조하라.

10.a. G는 아네가곤 세(*ἀνηγαγόν σε*) 즉 "내가 너를…에서 데려온 자"라는 의미의 הוצתיך 혹은 "내가 너를 기른 자"라는 의미의 העליתיך를 첨가하고 있다. 그렇지만 행위보다는 여기에 있는 **이름**을 강조하고 있는데, 이것은 그 동사가 G에서 원문적이지 않을 수 있다는 것을 말해 주는 것이다.

11.a. 여기서 다바르 알(דבר על)은 "…을 통해 말하다"의 의미로 쓰인 것으로서, 2:16[14]과 7:13에서 쓰인 용도와 다른 의미를 나타내고 있다.

12.a. 12a절의 본문은 의구심이 가는 내용이다. 현재 있는 대로의 히브리어는 매우 어색하기 때문이다.

12.b. G의 아르콘테스(*ἄρχοντες*)는 "관원들"이라는 의미의 사림(שׂרים)을 잘못 읽은 것이다.

13.a. "도망하다"라는 의미의 바라흐(ברח)와 일반적으로 함께 쓰이는 "…로부터"라

는 의미의 민(מן)이 없는 것은 시에서 특별히 장소를 나타내는 문맥에서는 그리 놀라운 일이 아니다. 야곱은 아람**에서**(창 31:22, 27)뿐만 아니라, 아내를 찾기 위해(창 28:1-29:30) 아람**으로**(창 27:43) 도망갔음(ברח – 바라흐)을 주목하라.

14.a. 혹은 "보살핌을 받다" 혹은 "돌봄을 받다". 동사의 원형 샤마르(שמר)는 여기서 13절에 있는 그 용도를 반영해 주는 것으로 쓰이고 있다.

15.a. 동사 히크이쓰(הכעיס)를 위한 주어가 표기되어 있지 않다. 그러나 화가 난 측은 야웨임이 분명하다. "이스라엘은 더 격렬한 화를 불러일으켰다"는 또 다른 대안적 번역이 될 수 있을 것이다.

13:1.a. MT의 키(כ)는 키(כִּי)로 발음되는 것이 가장 좋을 것이다(Andersen and Freedman, *Hosea*, 629를 참조하라).

1.b. G는 "율법들"(*δικαιώματα* – 디카이오마타)이라는 의미의 테로트(תר[ו]ת)로 읽는다. 그러나 그렇지 않으면 ά, σ, θ´와 Vg는 MT의 "공포, 전율"이라는 의미의 레테트(רתת)로 읽는다. 이 레테트(רתת)는 오직 1QH4, 33에서만 증거되는 매우 드문 어휘다.

1.c. 삼행구(tricolon)의 두 번째 행에 있는 "이스라엘"(ישראל) 앞의 베(ב)는 여기서 또한 이중의 역할을 하고 있다.

1.d. 1.b.를 보라.

1.e. **와우**(ו)는 조건절 문장의 도입부를 이끌고 있다.

1.f. "바알(브올)에서"로 번역하는 것이 가능하기는 하지만(참조. 9:10), "바알과 함께/의해"로 고치는 것이 문맥뿐만 아니라 베(ב)의 일반적인 문법적 의미에 더 잘 맞는다.

1.g. **와우**(ו) 전환보다는 베야무트(וְיָמוּת)로 발음한 것. 베(וְ)를 두 번 사용한 것은 조건적인 의미를 말해 준다(그가…을 가졌기 **때문에, 그런 뒤에** 그는…). 비록 이 행은 분명한 시 즉 삼행구의 세 번째 행이라 할지라도, 마치 산문처럼 MT에서 발음되고 있다.

양식/구조/배경

12:1[11:12]-13:1에서 새로운 문학적 단위는 다소 새로운 주제를 말하고 있다: 거짓말하는 나라가 야웨의 언약을 속임으로써 야웨를 기만하고 있다. 11장은 돌아오는 것과 다시 정착하게 됨에 대한 약속으로 끝을 맺는다. 이제는 약속은 없고 오로지 위협만이 있을 뿐이다. 이스라엘의 속임수로 인해 이스라엘에 대한 고발들이 많이 기술되어 있다. 본문은 이스라엘의 죄악들에 대한 징벌의 예언으로 결론을 맺는다.

본문의 통일성은 언뜻 보아서 분명하지 않은 듯이 보인다. 논제들은 자주 전환되고 상호간에 예견할 수 있도록 이어지지 않고 있다. 그러나 13:1 이전에 본문에서 나누어지는 것에 대한 그 어떤 증거도 없다. 호세아서와 다른 예언서들에서 주도적으로 나타나는 유형에 따라서, 많은 고발들은 심판의 말들 속에서 정점에 이르는 것이 논리적으로 예견될 수 있다. 비록 9-10[8-9]절에서 짧은 심판 문장들이 나타난다 할지라도, 본문을 분명하게 결론짓고 있는 것은 바로 12:5[4]-13:1의 긴 심판 문장이다. 13:2에서 이스라엘의 죄의 지속적인 면에 초점을 맞추는 다른 고발이 시작된다.

양식은 일반적으로 "법률 소송"(ריב – 리브)으로 묘사될 수 있다. 그 용어 자체는 3절에서 나타나며, 고발들과 심판 문장은 그 형태를 형성하는 데 기여하고 있다. 그러나 대개 법률 소송 형태와 관련이 없는 다음과 같은 요소들이 있다: 야곱의 삶에 대한 역사적인 여담(4-5[3-4]절; 13[12]절) 그리고 야웨보다는 선지자가 이야기하고 있는 사실(1[11:12]절과 10-11[9-10]절에서는 제외된다. 이 구절들에서는 호세아가 자신이 전하는 메시지의 토대로서 야웨의 말들을 인용하는데, 1인칭으로 야웨의 말을 인용하는 것으로 보임).

9:9 이후에 있는 각 본문이 그렇듯이, 본문은 최소한 부분적으로는 회고적이며 반성적이다. 이스라엘-유다는 부분적으로는 그들의 기원에 철저하게 그리고 부분적으로는 그들의 기원에 반대적으로 보인다. 이것은 그들에 대한 증거를 제시하는 일종의 장치로서 역할을 하고 있다. 증거로 말하는 고발들과 회상들로 꾸며진 작품은 독자/청자에게 본문을 통일적으로 묶어 주는 한 가지 다음과 같은 인상을 남겨준다: 언약의 나라가 그 하나님을 지금까지 속이고 있었다.

아래의 개요는 다음과 같은 주제를 특별히 보여 주는 본문의 두드러진 주제를 분명하게 나타내 준다. 즉 이스라엘은 역사적으로 이스라엘에게 유익을 주어 왔고 자신을 그들에게 나타내 주셨던 그 유일한 하나님에게로 돌아가야만 한다.

서론: 거짓말쟁이 이스라엘 (1-2[11:12-12:1]절)
법률적 소송의 선언 (3[2]절)
  야웨: 브니엘과 벧엘에서 야곱의 이름을 다시 지어 주신 하나님 (4-6[3-5]절)
야웨께로 돌아올 것을 초대함 (7[6]절)
"가나안"의 속임과 같은 이스라엘의 속임 (8-9[7-8]절)
  야웨: 이스라엘의 은인, 재판관 그리고 계시자 (10-11[9-10]절)
속임의 예들: 길르앗과 길갈 (12[11]절)
  야웨: 이동 시에 야곱/이스라엘의 은인 (13-14[12-13]절)

심판의 선언 (12:15[14]-13:1)

그러므로 본문의 중심적인 주제들은 다음과 같은 것들이다. (1) 이스라엘의 기만성: 나라가 하나님의 언약을 깨뜨림으로써 그 하나님을 속였다. (2) 야웨의 정체성: 그는 이스라엘의 유일하고도 고유한 하나님이다. (3) 이스라엘이 야웨께 돌아오기를 거절함: 이것은 징벌을 받아야만 한다.

본문의 이야기들은 대부분이 선지자의 말들로 구성되어 있다. 야웨는 자신이 직접적으로 인용되고 있는 1[11:12]절과 10-11[9-10]절을 제외하고는 3인칭으로 이야기되고 있다. 1a[11:12a]절에 있는 "나를"은 호세아로 이해되어야만 한다는 견해가 때때로 주장된다. 하나님이 정하신 자신의 메시지가 받아들여지지 않음을 보고 호세아가 자신의 좌절감을 표현하고 있는 것이기 때문이다.

비록 호세아서는 호세아를 가리키는 1인칭이 너무나 적기 때문에(3:1 그리고 만약 MT를 따른다면 9:17도 가능하다) 그렇게 일치시키는 것은 매우 조심스럽게 이루어져야만 할지라도, 그 "나를"을 호세아로 보는 것은 가능하다. 정말로 만약 1[11:12a]절에 있는 병행법이 문제를 가지고 있는 본문에 대한 우리의 번역을 통해 바르게 고쳐진다면, "나를"은 1b[11:12b]절에 있는 "하나님"과 대조를 이루는 것을 보게 된다. 그리고 이것은 누가 말하는 자인가에 대해 논의될 수 있는 문제를 미연에 방지해 준다.

본문에는 그 본문의 원래적인 배경을 결정할 수 있는 내용이 거의 없다. 이스라엘이 앗수르와 애굽과 동맹을 맺었다는 하나의 병행법이 보여 주는 내용은 살만에셀 5세(Shalmaneser V)의 통치가 시작된 직후인 호세아 왕권기의 어느 시기라는 것을 보여 준다. 이때 호세아(Hoshea) 왕은 애굽에 도움을 요청하러 보냈다(왕하 17:3-4). 주전 720년대 중반, 상대적으로 평화의 시기에 이스라엘이 비록 그 이전 영토의 많은 부분을 앗수르의 수중에 빼앗겼을지라도, 이스라엘의 번영은 어느 정도 회복되었던 것이라고 우리는 미루어 생각해 볼 수 있다. 본문에 나오는 국가적인 풍요에 대한 내용(8-9[7-8]절과 12[11]절)은 주전 723년 살만에셀의 공격 이전 "잠시 숨을 돌릴 틈"의 어간에 있었던 시기를 분명하게 말해 주는 듯하다.

주석

12:1[11:12] 1a[11:12a]에서 야웨는 자신이 자기 백성들의 속임수로 에워싸여 있음을 한탄한다. 에브라임/이스라엘은 그들 자신의 하나님을 마치 군대가

성읍을 에워싼 것처럼 에워쌌다(סבב – 싸바브). 그들의 무기는 "거짓"(כחש – 카하쉬; 참조. 7:3; 10:13)과 "궤휼(사기)"(מרמה – 미르마)이다. 야웨(아마도 선지자는 아닐 것이다; Wolff, 208-10과 견해를 같이함)의 고소(告訴)는 대적이 둘러싸는 것에 대해 말하는 애가적 시편들에 있는 고소들과 병행을 이룬다(예를 들어, 시 22:13, 17; 88:18; 118:10-12; 참조. 신 32:10). 카하쉬(כחש)와 미르마(מרמה)는 모두 그런 시편들에서 시편 기자들이 대적들을 압제하는 행위의 특징으로서 종종 언급된다. 이스라엘의 "거짓"과 "궤휼(사기)"은 그들이 언약에 대해 속이는 행위에서 발견된다. 2b[1b]절은 한 가지 예로 야웨의 허락 없이 외국과 맺은 계약들을 언급하고 있다. 또한 그들의 거짓과 궤휼은 2b[1b]절에 있는 다른 사람들에 대한 정직하지 못함과 학대("폭력")와 탐욕적인 물질주의(9[8]절)와 이교적인 종교적 관행들(12[11]절)과 다른 중요한 죄목들(15[14]절)을 포함한다. 비록 바알과 아세라에게 매혹되었고 하나님의 언약은 무시할지라도, 에브라임은 여전히 그 나라의 하나님인 야웨에 대한 충성을 맹세하고 있었다. 그들의 행위들은 그들이 거짓말쟁이들이라는 것을 보여 준 것이다.

고대 역본들이 가지고 있는 다양한 독법들을 통해서 볼 때, 1b절[11:12b]은 그 전승의 이른 시기에 원문이 훼손되었음이 분명하다. 만약 우리가 추측으로 생각한 재구성(참조. NIV)이 옳은 것이라고 한다면, 이행연구(二行連句)는 유다 역시 하나님(אל – 엘) 즉, "거룩하신 자"(קדוש – 카도쉬; 참조. 11:9)에게 신실하지 못했음을 고발하고 있다. 사실상 그 당시에는 야웨가 바라보시는 곳마다 야웨 자신은 거짓말쟁이들에게 둘려싸여 있었다. 합법적인 중앙 성소, 다윗 계열의 왕권 그리고 합법적인 제사장직을 가지고 있었던 유다조차(참조. 대하 13:5-11) 지속적으로 그 자체가 부패되었고, "제멋대로인 무법한"(라드[רד]에 대해 분명한 정의가 없기는 할지라도) 곳이 되었다. 에브라임과 유다는 단지 언약에 신실한 체했지만, 오직 야웨만이 그 언약에 신실/정직하셨다(נאמן – 네에만). 유다를 언급하는 내용은 여기에 삽입된 것이 아니다. 그리고 단지 호세아의 청중이 남 왕국과 그 운명에 대해 자연적으로 염려하고 있었기 때문도 아니다. 본 장은 하나님의 백성 전체에게 관심을 가지고 있는 것이다(따라서 야곱 전승들이 나누어지기 이전에 강조점이 있는 것임).

2[1] 에브라임이 야웨 이외의 다른 곳에서 안전을 찾는 것은 어리석은 것이었다. 야웨는 자신의 언약에서 이스라엘 백성들이 그 언약에 충성되게 남는다면, 그들을 모든 위험에서 보호하겠다고 약속하셨다. 그러나 그들이 다른 곳에서 동맹

을 찾는다면 위험에 빠질 것을 그 언약은 분명히 말하고 있다(참조. 사 30:1-5; 31:1-3; 렘 2:16-19; 37:7-10; 겔 17:15). 이스라엘이 그 정치적인 정황으로부터 고립될 것을 바란 것이 아니라, 다른 나라들과 계약을 맺는 것과 관련해서는 고립주의자가 될 것을 기대했던 것이다. 이스라엘 백성들의 유일하게 적실한 계약은 시내산에서 그들에게 주어졌다(참조. 14[13]절).

그러므로 동맹을 찾는 에브라임은 바람을 따라 쫓아다니며 잡으려고 노력하는 바보스러운 에브라임이었다. 에브라임은 불가능한 무언가를 시도하고 있었던 것이다. 본 절은 한 가지 은유(隱喩; 실제적으로 한 비유)와 그 해석으로 구성되어 있다. 바람은 가공적인 것이며 잡을 수 없는 것이다(참조. 8:7; 전도서 **이곳 저곳**). 동풍(קָדִים – 카딤)은 정말로 견디기 힘든(참조. 13:15) 매우 뜨거운 사막 바람으로 자살하려고 하는 어리석은 자가 찾아 따라가는 것이다(רדף – 라다프, "따라가다"). 따라서 바로 이렇게 에브라임이 묘사되고 있다.

바람은 에브라임이 앗수르에 이어 애굽에서 차례로 찾던 바로 그 안전이었다: 그것은 허상이었다. 바람을 추구하는 것은 계약을 만드는 그 자체였고, 그것과 함께 가는 예물 즉, "애굽에 기름"을 주는 것이었다. 다른 사람들은 "기름"은 고대의 거짓말 탐지자가 맹세한 양편이 정직하게 충성을 맹세하고 있는지를 확인하기 위해 시험하는 그런 종류의 물 위에 떠 있는 기름의 형태를 분별하는 관행을 암시하는 것일 수 있다고 말한다. 이런 해석 안에서 MT의 유발(יוּבַל)은 "섞다"라는 의미의 발랄(בלל)의 형태에서 온 것이라고 생각하며, 이 절을 다음과 같이 읽는다: "기름이 애굽과 섞였다." (McCarthy, *VT* 14[1964] 215-21 그리고 Deller, *Bib* 46[1965] 349-52를 참조하라).

어쨌든, 국제적으로 동맹을 맺어 함께 연류되려고 하는 전체의 과정은 실패로 끝나고 말았다. 호세아 왕은 봉신(封臣) 조약으로 앗수르에게 자신의 충성을 맹세했다(왕하 17:3). 그런 뒤에 호세아 왕은 자신의 계획을 이룰 유리한 시기가 되었다고 생각했을 때 그 조약을 깨뜨렸고, 앗수르의 통치를 벗어던지기 위해 사신들을 애굽으로 보내 도움을 요청했다(왕하 17:4). 이런 일련의 행위들을 통해 이스라엘은 "거짓"(כזב – 카자브)과 "포학(파괴)"(שד – 쇼드)을 더하는(ירבה – 야르베) 백성들이 되는 과정 중에 그들 자신들이 있다는 것을 보여 주면서, 야웨를 대항하는 그들의 반역 행위를 드러내었다. 국내적인 문제들에 있어서 이스라엘의 증가하는 부도덕성은 잘 증거되고 있다. 그러므로 외교의 외부적인 문제들에 있어서 이스라엘 백성들이 보여 주는 반역의 형태가 여전히 계속되고 있었던 것은 놀랄 일이 아니다.

3 [2] 이스라엘에 대한 법률적인 소송은 유다를 포함한다. 그 소송은 에브라임이라는 일부분 남은 땅만을 향한 것이 아니라 전체 백성들에 대한 것이기 때문이다. 따라서 "유다"와 병행을 이루는 것은 상향적인(오름차순) 병행법에 있는 "야곱"(3b[2b]절)이다. 정해진 쌍들 속에 있는 더 작은 것에서 더 커다란 것으로 옮겨가는 것은 숫자 병행법들에서 잘 알려진 기법이다(S. Gevirtz, *Patterns in the Early Poetry of Israel*, 15-24, **이곳 저곳**을 보라). 여기서 또한 아모스 1:3-2:16을 주목해 볼 수 있다. 아모스 1:3-2:16에서는 이스라엘이 "주된 특징을 이루는" 나라이지만, 순서상 유다가 먼저 나온다.

야웨가 원고일 뿐만 아니라 검사이면서 판사이기도 한 법정(참조. 4:1-19)은 이스라엘의 "소행(길들)"(דרכיו – 데라카이오)과 "소위(행위들)"(מעלליו – 마알랄라이오)에 따라서 심판 받아 마땅한 이스라엘에 대한 증거를 들을 것이다. 야곱이라는 사람 속에서(4-5[3-4], 13[12]절) 이스라엘의 기원과 과거의 행위들에 대한 재고(再考)는 호세아 당대에 이름이 같은 나라가 헤아림을 받도록 대조적으로 돋보이게 하는 역할을 하고 있다.

여기에는 하나님이 족장 야곱을 기뻐하지 않으신다는 어떤 표지도 없다. 본 절은 "야곱"을 모호하게 사용하고 있을지라도, 소송을 당하고 있는 것은 족장 야곱이 아니라 야곱에게서 나온 **나라로서의** 야곱을 말한다.

하나님과 "이스라엘" 사이의 원래 관계에 대한 예를 보여 주기 위해, 호세아는 이 곳에서만 출애굽을 넘어서서 창세기에 묘사되어 있는 대로 족장들의 시기까지 거슬러 올라간다. 이스라엘은 "오래된 받침 나무에서 잘라져 나온 조각"이 아니라, 이름이 같은 족장과는 **다른** 바로 그런 나라였다. 이스라엘은 그 나라의 유일한 하나님이 바로 야웨시라는 것을 인정하기를 거절한 점에서 족장 야곱과는 다른 나라였던 것이다. 법률적인 소송의 원래 목적이 여기서는 오로지 징벌을 주기 위한 것으로 언급되고 있다. 후에 야웨는 또한 이스라엘 백성들이 야웨의 진노로 인해(참조. 2:4-17[2-15]) 야웨 자신에게로 돌아옴을 통해 이스라엘을 축복하기 위한 계획들을 가지고 계시다는 것이 분명히 증거될 것이다(7[6], 10[9]절).

4 [3] 족장의 삶에 있어서 두 가지 중요한 사건들을 언급하는 하나의 이행연구(二行連句)는 5a절[4a절]에서 결론을 맺고 있는 4행시의 처음 절반을 구성하고 있다. 이 이행연구의 목적은 이스라엘이라는 나라에 그들의 조상은 누구였으며, 어떻게 그가 두 가지 이름을 얻게 되었는지를 상기시켜 준다. 이 이행연구는 이어

서 나오는 구절들의 도입부이며, 두 개의 이름을 짓는 이야기들을 요약해 주고 있다. 창세기에 있는 원래의 이야기와 마찬가지로, 이 이행연구는 야곱을 비방하거나 중상(中傷)하고 있지 않다. 출생시의 이름 "야곱"의 이야기는 창세기 25:21-26에서 온 것이다. 창세기 25:21-26에서 야아콥(יעקוב)은 "발꿈치를 잡다"라는 의미의 아케브(עקב)를 나타내기 위해 선택된 용어다. "야곱"이라는 이름은 그의 형의 발꿈치를 잡은 그의 손에 대한 출생의 징조를 토대로 아이에게 주어진 것이다. 진정한 어원이 그 이름에서 발견되어서이기 때문이 **아니다**(*ISBE*, rev. ed. 3:483-88를 보라). "야곱"은 고대 셈족 이름에서 증거되고 있으며, 아마도 "하나님께서 보호하소서"라는 의미의 *yahkub-'il*에서 연유된 것일 것이다(M. Noth, "Mari und Israel", in *Festschrift Alt*, ed. W. Zimmerli, Tübingen: Mohr, 1953). 고대의 이름들은 참된 어원에 토대를 두기보다는(1:6에 대한 "주석"을 참조하라) 주로 출생 사건과 연관된 생각이나 들려진 소리들에 토대를 두고 주어졌다(즉 상응하지 않는 동음이형이의어[同音異形異義語]로서). 창세기 이야기의 후반부에서 에서는 동사 아케브(עקב)를 사용하여 야곱의 사기/속임수를 비난한다(27:36). 비록 "발꿈치를 잡다"라는 의미의 아케브(עקב)보다는 다른 원래의 동사 원형에서 유래되었을 가능성이 더 많을지라도, 이 동사 아케브(עקב)는 또한 "속이다"라는 의미를 가질 수 있다. 호세아 12:4[3]에서 강조는 출생 상황에 놓여 있다(בבטן - 바베텐, "태에서"). "속이다"라는 의미의 아케브(עקב)의 두 번째 의미는 단순히 그 동사 자체의 언급에 의해 **제안될** 수 있을 것이다(3[2]절에 있는 "야곱"이 족장과 나라 **둘 다**를 말하고 있듯이). 그러나 호세아가 그 동사를 상황화시키고 있는 방법에 있어서 그 동사를 "속였다"라고 번역하는 것을 보증하지는 못한다.

마찬가지로 이행연구(二行連句)의 두 번째 행(4b[3b]절)은 야곱이 "장년(힘)" (און - 온)의 사람이었을 때 하나님과 만난 것을 말하고 있다는 점에서 본질적으로 긍정적이다. 이 행은 야곱이 브니엘에서 하나님의 천사와 씨름한 것(창 32: 22-31)을 말하고 있다. 이 이야기는 천사를 통해 말씀하시는 하나님은 야곱에게 "이스라엘"이라고 다시 이름을 지어 주신다고 기록하고 있다. 그 "이스라엘"은 "싸우다/겨루다"라는 의미의 동사 사라(שרה)의 피엘형에 느슨하게나마 토대(엄격하게 어원적으로 토대를 두고 있는 것은 아님)를 두고 있는 이름이다. 이렇게 이름을 다시 지은 것은 그 나라의 중요한 배경이 된다. 하나의 전체로서의 본 절은 이 싸움의 목적이 야곱에게 **야웨**를 계시하는 것으로 말하는 6[5]절의 절정을 향하여 5[4]절에서 계속되고 있는 과정의 한 부분이다. 야웨의 이름과 그 이름(야웨의)이 야곱과 이스라엘의 전체 역사를 위해 가지고 있는 내포된 의미들과 비교될 때, 야곱/이스라엘의 이름을 짓는 것과 그에 내포된 의미들은 그 중요성이 흐려지며 퇴색된다.

5 **[4]** 5a[4a]절은 4[3]절에서 시작된 4행시를 완성한다. 첫 번째 행("[그가]…와…을 겨루어 이기고[그가 싸워…견디었다]")은 동의어적으로 병행을 이루는 4b[3b]절에 대한 요약적인 재진술이다. 첫 번째 행은 창세기 32:22-32의 간결한 시적 요약에 다음과 같은 세부 사항들을 더해 주고 있다. 즉 야곱이 하나님과 씨름했다는 것은 실제로는 하나님의 천사와 씨름을 한 것(비록 야곱은 씨름한 상대를 단순한 사람 이상의 존재로 보고 있다 할지라도, 창세기 이야기는 "사람"으로 말하고 있음)이며, 또한 그 천사는 야곱을 이길 수가 없었다는 것을 더해 준다. 이 두 가지 첨가되는 내용은 모두 창세기 이야기를 효과적으로 요약하고 있다. 두 번째 행은 천사에 의해 그 허벅지/엉덩이가 상해를 받은 뒤에 축복을 구하는 야곱의 간청(창 32:26)을 요약하고 있다. "그가 울었다"라는 의미의 동사 바카(בכה)는 창세기 이야기에는 나타나지 않는다. 그러나 여기서는 하난(חנן)과 함께 쓰이면서 천사로부터 은총을 매우 간절하게 구하는 것을 묘사하고 있다. 아마도 이 두 개의 동사들은 일반적인 어법에서 중언법(重言法, 참조. 에 8:3)으로 함께 쓰이는 경우가 있을 것이다.

창세기 35:1-10은 어떻게 야곱이 다시 벧엘에서 하나님을 만났는지를 말하고 있다. 벧엘에서 하나님은 천사가 야곱을 "이스라엘"로 다시 이름을 지어 준 것을 승인하셨다. 이 일련의 사건들이 5a[4a]절에 요약되어 있다("하나님은 벧엘에서 저를 만나셨고"). 두 동사 "만나셨고"와 "말씀하셨다"의 주어는 야곱이 될 수 있을지라도, 아마도 이 경우에는 하나님이 그 동사들의 주어일 것이다. 창세기 35:13과 15은 모두 벧엘을 **하나님**이 야곱에게 말씀하신 장소로 언급하고 있기 때문에, 호세아가 이 사건을 시적으로 다시 인용하고 있는 것은 아마도 그것을 유사하게 진술하려고 하는 의도였을 것이라고 가정하는 것이 합리적이다.

6 **[5]** 이제 야곱이 야웨를 만난 이야기를 통해 도달하려고 의도된 지점에 이르렀다. 그의 이름을 다시 지은 것은 계시(啓示)의 결과였다. 이스라엘을 선택하는 과정을 시작하고 있었던 하나님은 야곱을 만나셨다. 이런 특별한 계시적 사건들을 통해 그의 이름이 다시 지어진 것은 그의 새로운 관계의 상징이었다. 야곱은 야웨의 종이 되었고, 야웨는 야곱에게 그가 선조가 될 특별한 "나라, 민족 공동체 그리고 왕들", 그리고 또한 야웨가 "네게 그리고 네 후손에게도 줄 것"(창 35:

11-12)을 약속한 땅을 위한 하나님의 계획을 계시해 주셨다. 따라서 예전적 형식의 인상을 가지고 있는 언어를 통해, 호세아는 그 당시의 이스라엘에게 그들의 하나님이 누구인지 깨우쳐 주고 있는 것이다. 그는 "야웨, 만군의 하나님이다: **야웨**는 그의 명성이 있는 이름이다"(זכרו – 지크로; 참조. 출 3:15; 시 102:13[12]; 135 :13). 이스라엘을 위해 내포하고 있는 의미는 분명하다. 야곱이 야웨 없이는 아무것도 아닌 것처럼, 이스라엘 백성들도 야웨 없이는 아무것도 아니라는 것이다. 그러나 하나님은 은혜롭게 그리고 반복적으로 자신을 야곱에게 특별하게 계시하셨다. 야곱이 특별히 선택된 것에 대한 증거로서 그의 이름을 바꾸면서 그렇게 계시하셨다. "이스라엘"이라는 사람이 되도록 야곱을 선택한 것은 "이스라엘"이라는 나라가 되도록 애굽에 있는 노예 집단을 선택한 것의 절정에 이르는 과정의 시작이었다. 그러므로 이름이 같은 것에 대한 이야기를 통해 그 기원을 생각나게 해줌으로써 이스라엘에게 그 정체성과 의무들을 상기시켜 주고 있다. 만약 당신의 이름이 "이스라엘"이라고 한다면, 야웨가 당신의 하나님인 것은 자명한 일이다.

7 **[6]** 따라서 호세아는 즉시 나라가 야웨께 돌아오라고 부른다. 이스라엘은 오로지 야웨 안에서만 정체성과 목적 그리고 생존을 찾을 수 있다. 암시적으로 다른 신들을 숭배하거나 야웨를 비합법적이고 비언약적으로 "경배"하거나(12-13[11-12]절) 외국과 동맹을 맺는 것(2[1]절) 등은 이스라엘 백성들에게 아무런 소용이 없게 될 것이라는 사실이다. 그들의 유일한 희망은 야웨와 야웨의 언약에 명기되어 있는 행위로 참되게 "돌아오는 것"이다(שוב – 슈브; 참조. 5:4; 6:1; 7:10; 11:5; 14:2[1], 3[2], 8[7]): 야곱이 보여 주었던 한결같은 신실함을 따라 "인애(언약적 충실)"(חסד – 헤쎄드)와 "공의(정의)"(משפט – 미쉬파트)를 실행하는 것이다("항상 너의 하나님을 바라볼지니라[항상 너의 하나님을 기다리라]"). 호세아는 여기서 이스라엘 나라에게 어떻게 파멸에서 살아남는지를 조언해 주고 있는 것이 아니다. 호세아는 야웨의 말씀을 믿는 자들에게, 비록 개개인의 백성들이 그들 자신의 명운을 타고 태어나고 죽고 고통을 당한다 할지라도, 나라는 항상 회개하는 남은 자의 형태로 살게 될 것을 재보증해 주고 있다. 만약 이스라엘 백성들이 야웨의 구원과 보호를 기다렸다면, 국가적 연속체인 "너"(ואתה – 베아타; 참조. 신 4:25-31)는 주전 8세기 이스라엘 백성들이 겪는 일반적인 운명을 피할 수 있을 것이다. 그 "너"의 일부는 포위 공격과 죽임에서 살아남아 포로로 끌려가 유배지에서 맞이하는 시간을 보내게 될 것이다(신 4:27). 그 유배지에서 그들은 개인적으로 혹은 그들의 후손들의 형태로 돌아옴과 회복을 경험하게 될 것이다.

따라서 호세아는 자신의 청중들에게 하나의 참된 희망과 참된 도전을 주고 있다. 나라**로서의** 나라의 운명의 일반적인 방향이 이미 정해졌다는 것은 야웨께 복종하는 것이 아무런 의미가 없다는 것을 암시해 주는 것이 아니다. 비록 국가적인 회복의 측면에서 그 형식적인 성취는 종말론적인 것일지라도, 야웨께 돌아가는 것은 항상 유익함이 있는 것이다.

8 **[7]** 8[7]절은 어떤 고대 종족의 "축복의 말"과 유사한 형식을 가지고 있다(예를 들어, 창 49:13, 16, 19, 20, 21, 27을 참조하라). 이름은 문장의 처음 부분에 나타나며 은유(隱喩)적인 묘사가 이어서 나온다. 다른 몇몇 "축복의 말"에서와 같이, 여기에 묘사되어 있는 내용은 전혀 기쁘게 하는 말이 아니다(참조. 창 49:5-7, 17, 27). "가나안"(Canaan)은 에브라임을 나타내는 경멸적인 이중의 의미를 지닌 어구로 보이는 것 같다. "가나안 사람"(Canaanite)은 약속된 땅의 주민뿐만 아니라("가나안"은 원래 페니키아 해안의 이름에서 유래된 것임), 마치 페니키아인들이 먼 해상 교역과 관련을 맺었던 것과 같이 "무역업자" 혹은 "상인"을 의미할 수도 있다(참조. 욥 40:30; 잠 31:24; 겔 17:4; 습 1:11). 이 은유를 통해 에브라임은 탐욕스러운 상인이 되었다는 것, 그리고 동시에 소멸 받아 마땅한 비(非)도덕적인 문화(참조. 창 15:16)를 가지고 있는 가나안 사람들보다 나은 것이 없다는 것을 호세아는 선포하고 있다. 아모스는 북 왕국을 유사하게 묘사하고 있다(암 8:4-6). 에브라임은 중요한 북-남 교역로와 그 농경적인 산물의 통제(참조. 2:10[8])를 통해 번영을 누렸으나, 그 번영은 상류 계층만 누렸던 것이었다. 가나한 사람들은 그 부를 나누어 가지지 못했다.

"거짓 저울(들)"(מאזני מרמה – 모즈네 미르마)은 정직하지 못한 상인이 주로 사용하는 기구들이었다. 그런 저울들은 구약 문헌에서 부도덕한 거래들을 나타내는 상징이 되었다(신 25:13; 잠 11:1; 20:23; 참조. 미 6:11). 따라서 "가나안"은 "사취(압제)"(עשק – 아샤크)를 좋아하는 사람이다. 호세아는 에브라임이 "압제"를 당할 것이라는 언약적 저주 예언(신 28:29, 33)에 따라 예언을 하는 5:11에서 아샤크(עשק)를 사용하고 있다. 그러나 여기서 이 동사는 언약적 법률 소송의 일부분으로 법정 앞에서 그런 운명을 받아 마땅한 나라의 비열한 특성을 묘사하는 데 도움을 주고자 쓰이고 있다. 이 용어는 특별히 그들이 있는 자리에서 계속적으로 힘에 의해 짓밟힌 자들과 가난한 자들을 나타내는 데 사용되고 있다(암 4:1; 말 3:5 등등). 이스라엘에서 법의 공의("너는 네 이웃을 압제하지 말며", 레 19:13)는 무시되고 있었던 것이다.

9 **[8]** 에브라임은 자신이 부자이며 힘 있는 자라고 자랑함으로써 불의한 상인 "가나안"임이 드러나고 있다. 따라서 자신의 드러난 행위를 확증하는 에브라임 자신의 증언은 법률 소송에서 자신을 치는 증거가 된다(의인화된 나라를 통한 이야기의 다른 예들을 위해서는 8:2과 10:3을 참조하라). 그의 말들은 단순하다. 그들은 자기-안전에 대한 자신의 태도를 말하고 있다. 에브라임은 자신이 가진 부(富) 안에서 기뻐하고 있다. 그런데 그 부는 다른 사람들을 압제한 것이며 부도덕하고 종교적으로 신실하지 못한 상태에서 이룬 것이라고 뻔뻔스럽게 이야기하며, 또한 그 부가 그에게 안전한 나라를 이루게 해줄 것이라고 말하고 있다.

그러나 그 부는 아무런 가치가 없는 무익한 것이다. 아마도 법률 소송을 하는 하나님인 검사의 말을 인용하면서, 선지자는 에브라임이 신뢰를 잘못된 곳에 둔 어리석음을 선언한다. 그의 "수고한 것들(얻은 것들)"(יגיעיו – 예기아이오)은 그에게 아무런 유익을 주지 못할 것이다. 그들이 야웨의 진노에 직면할 때, 어떻게 야웨를 피할 수 있겠는가? 에브라임은 파멸되는데, 그것을 모르고 있다(참조. 암 6:1-7; 습 1:11-13). 그는 다가오는 징벌에서 빠져나올 자신의 탈출구를 마련하지 못할 것이다. 부는 "만족시키지"(מצא – 마차, 니팔; 저주 유형 15, 무익함) 못할 것이기 때문이다. 자신의 꺼림칙하고 추잡한 이득을 얻는 데 있어서, 에브라임은 자신이 죄인이라는 것을 보여 주는 "죄를 저지른 것"(עון…חטא – 아온…헤트)이다. 비록 유운(類韻, assonance) 현상이 고의적이라기보다는 우연적으로 이루어진 것일 수 있다 할지라도, 이런 유운은 온(און)/아온(עון) 그리고 리(לי)/로(לו)/로(לא)에서 발견될 수 있다.

10 **[9]** 에브라임은 다시금 누가 자신의 진정한 하나님인지 그리고 어느 곳에 그가 자신의 진정한 믿음을 놓아야만 하는지 되새김을 받고 있다. 에브라임은 자기 독자적으로 "유력해지지" 않았다. 그가 받았던 좋은 것은 무엇이나 항상 유일하게 그에게 은혜를 주어 오셨던 야웨로부터 받은 것이다. 그 야웨는 이스라엘이 태동되었던 애굽의 노예 생활에서부터 이스라엘 나라의 역사를 일으켰던 바로 그 하나님이셨다. 이 에브라임은 야웨가 **"네(너의)"** 하나님임을 알아야만 하고 또 그것을 알게 될 것이다. 에브라임은 야웨를 마음에 두고 조심하지 않았기 때문에, 이제 심판의 말씀을 받고 있다.

화려한 집들과 특별히 상류 계층이 누렸던 사치의 상징들과 더불어 에브라임의 커다란 부는 "만족하지" 않을 뿐만 아니라(9[8]절) 빼앗겨 버리게 될 것이다. 그 부유한 나라는 다시 한 번 출애굽과 광야의 기간에 그들의 집이었던 유랑자의 장막에 거하게 될 것이다. 이것은 일부 주석가들이 생각했던 것과 같이 좋은 약속이 아니라 심판의 말씀이다. 부를 빼앗고 장막에 거하게 하는 것은 훈련을 받게 하는 것이다. 야웨는 이스라엘의 삶의 수준을 벌거벗긴 상태로 전락하게 만드실 것이다(참조. 레 26:30-35; 신 28:30, 52, 65; 호 2:4[2], 11-14[9-12]). 레위기 23:43은 매우 유사한 언어로 출애굽 시의 주거 시설들을 묘사하고 있다: "이는 내가 이스라엘 자손을 애굽 땅에서 인도하여 내던 때에 초막(סכות – 쑤코트)에 거하게 한 줄을 너희 대대로 알게 함이니라 나는 너희 하나님 여호와니라." 아마도 호세아는 여기서 이스라엘을 위해 그 어법과 의미를 거꾸로 바꾸면서 그 옛날 고대의 형식에 토대를 두고 묘사하는 것일 것이다. 자신들이 구원받은 것을 기념하면서 초막에 거하는 것이 아니라, 야웨가 그들에게 주신 것들을 잘못 사용함으로써 기인된 징벌로서 그들은 장막에 거하게 될 것이다. 달리 말하면 그들의 마을들과 성읍들은 황폐하게 될 것이다(저주 유형 9b).

"명절일들"(ימי מועד – 이메 모에드; 참조. 9:5)은 특별히 초막절(סכות – 쑤코트, "초막")을 포함했다. 비록 이 특별한 절기는 호세아 당대에 그렇게 많이 지켜지지는 않았을지라도(참조. 느 8:17), 이스라엘 백성들은 친숙해 있는 그런 절기였다. 그들은 초막 생활의 상대적으로 보잘것없고 불편했던 날들을 알고 있었다. 그렇게나 달갑지 않은 운명이 그들을 기다리고 있었다.

11 **[10]** 야웨는 이스라엘에게 그들이 자신의 언약을 거부한 것에 대해서 변명의 여지가 없음을 상기시켜 주신다. 야웨는 자신을 야곱에게 거듭해서 나타내셨던 것과 같이, 이스라엘 백성들에게 자신이 바라고 있는 바를 지속적으로 계시하셨다. 이스라엘 백성들의 시작으로부터(10[9]절), 그들의 유일하고도 참된 하나님인 야웨는 "선지자들을 통해"(על־הנביאים – 알-하네비임) 그 백성들에게 지속적으로 그들의 의무를 일깨워 주셨다.

11[10]절을 구성하고 있는 삼행연구(三行聯句)는 선지자들을 기리기 위해 설정된 것이 아니라, 이스라엘 백성들이 지속적으로 언약을 무시할 때 그들을 경고하는 야웨 자신의 수단들을 다시 일깨워 주기 위한 것이다.

모세는 구약의 **가장 뛰어난** 선지자였다. 모세는 다른 모든 참된 선지자들의 모델이었으며, 그 선지자들의 사역은 모세를 통해 중재된(참조. 14[13]절) 원래의 계시에 토대를 두고 있었다. 참된 정통 선지자들은 이어지는 세대들을 언약의 신실함으로 돌아가도록 부르는 야웨의 대변인들이었다. 물론 그들은 언약적 규례들을 자구적으로 재인용하지는 않았다. 이는 현대의 설교자들이 성경 본문을 자구적으로 단순하게 재인용하지 않는 것과 같은 것이다. 그 선지자들은 백성들의 관심을 야웨의 말씀에 집중시킬 수 있는 혁신적이고 기억에 남을 만한 다양한 기법들을 사용하도록 영감되었다. 따라서 하나님은 그들을 통해 "말씀하셨고"(דבר – 다바르), "계시"(예언적 말씀에서 드물게 "환상"을 의미하는 하존[חזון]에 대해서는 대하 32:32; 잠 29:18; 삼하 7:17을 참조하라)와 "비유(예화)"(דמה – 다마)들을 주었다. 메시지는 선지자들이 원했던 것을 행하는 것이 아니라(참조. 암 3:7, 8; 렘 20:9), 바로 야웨가 원하셨던 것이다. 그리고 그 선지자들은 그 메시지를 전하기 위해 보냄을 받은 전달자들이었다. 이스라엘 백성들이 다양한 형태를 통해 전달된 야웨로부터 나온 반복된 경고들과 초대들에 순종하는 것을 거부했기 때문에, 이스라엘은 유죄였다. 그 모든 경고들과 초대들은 이스라엘을 그 본질적인 책임들로 회복시키려고 의도되었던 것이다.

12[11] 처음 여섯 개의 어휘들(אם…היו – 임…하이우)은 본문이 훼손된 것을 말해 주기라도 하듯이 읽는 것이 어색하다. 길갈을 언급하고 있는 관점에서 볼 때, "길르앗"이 원래의 독법일 개연성이 있다. 이 두 성읍을 포함하고 있는 것은 처음에는 11[10]절에서 **그릇된 결론**(*non sequitur*)을 나타내는 것으로 보인다. 그러나 법률 소송의 전반적인 문맥에서 이 두 성읍을 포함하고 있는 것은 적절하다. 리브(*rîb*, 법률 소송) 형태는 일반적으로 고발과 증거와 심판 선언 문장들이 군데군데 흩뿌려져 있는 것을 보여 준다. 12[11]절은 "두 개"의 언약적 범죄들을 말하며 하나님의 법정에 증거를 제시하는 일종의 고발인 것으로 보인다. 만약 본문이 옳은 것이라면, 길르앗의 "불의(악)"(און – 아벤)와 "거짓(헛됨)"(שוא – 샤베)에 대한 좀 더 일반적인 언급은 성읍이 잔혹한 평판을 받으리라는 것을 호세아의 청중들에게 되새겨 주기에 충분했을 것이 분명하다(참조. 6:8). 예전적 중심인 길갈은 언약에 따르면 모든 것이 불법인 그 다수의 제단들로 인해 인용되고 있다(참조. 2:8[6], 9[7]; 4:19; 8:13; 9:6; 10:8). 길갈 또한 9:15에서는 공개적으로 비난되고, 4:15에서는 가정되어 있는 나쁜 평판을 들었다.

호세아는 예전과 연계된 혹은 예전적으로 용인된 특별한 종류의 범죄를 위해 이 두 개의 성읍을 열거하고 있는 것일 수 있다. 그런 죄목들은 호세아 당시에 대표적으로 상징되는 죄들이었다. 길르앗은 문자적이든 상징적이든 제사장이 관여된 살인과 같은 종류의 범죄로 알려져 있었음이 분명하다(6:8-9). 길갈은 아마도 정통적인 예배는 아닌, 그러나 실제적으로 사람의 선호도에 따라 드려지는 예전적 경배가 이루어지던 장소였다. 또한 두 성읍의 이름들이 동일한 소리로 시작된다는 사실은 유운(類韻, assonance)의 예언적인 감각에 맞는다(참조. 암 5:5). 이것은 마치 호세아가 자신의 청중들에게 기억이 될 만한 방법 속에서 야웨의 말씀을 구성하려고 노력했던 것과 같은 것이다. 또한 길르앗은 이미 디글랏-빌레셀 3세의 군대에 의해 파멸된 것일 수 있고(따라서 길르앗은 "헛된 것"이 되어 버린 것임), 호세아는 길갈이 동일한 운명에 놓일 것을 암시하고자 했던 것일 수 있다. 그러나 우리가 본문을 번역했듯이, 본문은 그런 후자의 해석을 지지해 주지는 않는 듯하다.

13-14 **[12-13]** "양을 돌보다", "지키다", "감시하다"와 같은 의미의 동사 샤마르(שמר)의 다양한 의미들은 율법에 대한 이스라엘의 의무들이 강조되도록 쓰인 기억에 남을 만한 언어 기법을 보여 준다. 13[12]절과 14[13]절은 샤마르(שמר)에 대한 역사적 고찰의 의미를 말해 주고 있다. 야곱에 대한 이야기를 다시 시작하면서, 선지자는 이제 자신의 청중들에게 야곱의 다른 측면의 이야기를 상기시켜 준다. 13[12]절은 부분적으로 동의어적이면서 부분적으로 종합적 병행법인 삼행연구(三行聯句)다. 이 삼행연구는 주된 요점인 야곱이 "양치기"(שמר – 샤마르), 즉 양을 "지키는 자"였다는 것을 향해 내용이 전개되고 있다. 이런 주장은 14절에 있는 이행연구(二行連句)에 의해 완결되는 비교의 첫 번째 국면을 보여 주려고 의도된 것이다. 즉 야곱이 "지키는 자"였던 것과 같이, 야웨가 자신의 백성들을 애굽에서 이끌어내도록 택하신 모세도 양치기였다.

호세아가 말하려고 하는 바는 분명하다: 양이 목자의 보호에서 벗어나 곁길로 가고 있다(참조. 사 53:6). 이스라엘이라는 사람이 양을 지켰다(שמר – 샤마르). 이스라엘이라는 나라는 자신이 중재한 언약을 통해 이스라엘 백성들을 지키는 자로 남아 있는 선지자 모세의 보호와 돌봄을 받았다(שמר – 샤마르). 이런 표제어를 토대로 해서, 호세아는 정교한 이론인 삼단 논법을 전개시키려고 하는 것이 아니라, 다음과 같은 단순한 내용을 상기시켜 주고 있다: 이스라엘은 언약을 지키지 않음으로써 그 지키는 자를 불순종했다.

13 **[12]** 밧단 아람(여기서는 "아람 들"로 표기됨)으로 도망한 야곱은 자기 아버지의 지시를 받았다(창 28:5). 야곱은 자신의 아내들(באשה – 베이샤)인 라헬과 레아를 위해 외삼촌 라반을 섬겼다(עבד – 아바드; 창 29:20, 30). 창세기 30:31에서 동사 샤마르(שמר)는 야곱의 직업인 양을 지키는 것을 나타내는 데 쓰이고 있다. 아람으로의 여정과 일과 아내들에 대한 세부적인 내용들 자체가 특별히 중요한 것은 아니다. 그것들은 표제어 샤마르(שמר)를 구성하는 데 필요한 이야기 전

개의 요소들로서 포함된 것이다.

14 [13] "선지자로"라는 용어 베나비(בנביא)는 분명히 모세를 가리키는 내용과 더불어 본 절에서 두 번 쓰였다. 이 용어는 13[12]절의 끝에서 두 번 쓰인 "아내를 얻기 위해"라는 의미의 베이샤(באשה)의 청각적인 리듬을 얻게 된다. 원래의 이스라엘이 아내를 보호했다(בְּ – 베, "…을 위해"). 집단적인 이스라엘은 애굽을 떠났고, 선지자에 의해 "보호를 받았다"(בְּ – 베, "…에 의해"). 샤마르(שמר)는 구약에서 야웨의 계명들/언약을 지키는 것과 가장 많이 관련되어 있는 동사로, 그런 의미로 여러 번 쓰이고 있다. 그러므로 야곱이 양을 위해 행했던 것과 같은 유비로 모세가 이스라엘을 위해 행했던 것으로서 샤마르(שמר)를 단순하게 언급하고 있는 것은, 이스라엘이 해야 할 중요한 일을 명민하게 되새겨 주는 것으로서 언급되어 있는 것이 틀림없다. 그들은 그 동일한 언약이 그들을 다시금 보호하도록 허용해야만 한다.

15 [14] 이 법률 소송은 야웨가 자신의 언약으로 맺은 나라로 인해 일어난 진노에 어떻게 반응하실 것인지에 대한 예언을 말하는 심판 선언문으로 결론을 맺고 있다(12:15[14]-13:1). 15[14]절의 세 가지 주요 용어들은 또한 신명기 32장에서도 발견된다. 이들 중에서 첫 번째 용어인 카아쓰(כעס; 화를 유발하는 반응에 대해 누군가를 "성나게 하는 것"; 신 32:16; 신 32:19에 있는 명사를 참조하라)는 다른 신들을 숭배하는 것으로 인해 기인된 야웨의 징벌적인 진노가 발하는 것을 나타내기 위해 구약에서 가장 빈번하게 사용되고 있다. 그러나 신명기 4:25-26은 카아쓰(כעס)가 15[14]절에서 쓰이는 방식에 있어서 **가장 표준이 되는 고전적인 구절**(*locus classicus*)이다: "…악을 행함으로 그의 노를 격발하면(참조. 호 12:7[6], 10[9]) 내가 오늘날 천지를 불러 증거를 삼노니 너희가 요단을 건너가서 얻는 땅에서 속히 망할 것이라 너희가 거기서 너희 날이 길지 못하고 전멸될 것이니라." 신명기 32:21에서 야웨는 이스라엘 백성들이 다른 신들을 섬기기 위해 야웨를 경시했기 때문에, 그에 대한 보복으로 이스라엘의 "분노가 격발하도록 할 것"이라고 다짐하신다. 야웨는 이스라엘 백성들을 정복할 대적들과 비교하여 초라하게 만듦으로써 그들을 하찮게 여기실 것이다. 이 예언은 15b[14b]절이 말하고 있는 바이다.

"머물러 있게 하다(버려두다)"(נטש – 나타샤)라는 동사가 여기서는 신명기 32:15에서의 그 용도와 좀 다른 의미로 쓰이고 있다. 그 목적어가 이스라엘의 "피(דם – 담) 흘린 죄"이기 때문이다. "피 흘린 죄"는 너무나 심한 죄라서, 그 죄의 정도가 너무나 커 사형이 요구되는 큰 죄임을 나타내는 용어다. 레위기에서 그 용도가 가장 잘 알려진 대로(예를 들어, 레 20장), 이 용어는 또한 신명기 32:43의 유사한 문맥에서 사용된다(참조. 32 14, 42). 우연히 피를 흘린 죄는 제거될 수 있었다(예를 들어, 수 20:1-9). 그러나 이스라엘이 피를 흘린 죄는 우발적인 것이 아니었다. 그 죄는 그대로 남아 있을 것이고, 이스라엘은 죽을 것이다(저주 유형 24). "돌리시리라(되갚다)"(שוב - 슈브, 히필)는 약속은 3b[2b]절에서 나오며, 동시에 "보수(보복)"라는 의미의 나캄(נקם)이 있는 신명기 32:41과 43을 상기시켜 준다. 나캄(נקם)은 야웨가 언약적 반역 행위들에 되갚으실 것을 말한다. 이스라엘의 "수치(경멸)"(חרפה - 헤르파)는 하나님의 율법을 경멸한 것이다. 호세아서에서 오로지 여기서만 쓰인 "그 주께서(그의 주께서)"라는 의미의 아도나이오(אדניו)의 용법은 아마도 언약적 주권자에 대한 범죄를 암시적으로 강조하는 것에 기인한 것일 것이다. "수치(경멸)"는 일반적인 태도보다는 개인적인 모욕의 의미를 내포하는 경향이 있다. 악한 나라는 그 시조들인 야곱, 모세, 호세아 그리고 다른 선지자들의 예를 통해 배우지 못했다. 그 악한 나라는 야웨를 멸시하고 있는데, 그런 중죄로 인해 되갚음을 받아야만 한다(저주 유형 26).

13:1 본문의 마지막 절은 이스라엘이 그렇게나 "극심하게 격노하시도록 만든"(12:15[14]) 야웨로부터 내려지는 심판 선언을 말해 주고 있다. 마지막 때(참조. 12:1[11:12], 10-11[9-10])를 직접적으로 말씀하시는 야웨는 이스라엘이 죄지은 것을 발견하시며("바알로 인하여 범죄하므로") 그에 대한 징벌을 구체적으로 내리신다("망하였거늘[그는 죽어야만 한다]"; 저주 유형 24). 삼행연구(三行聯句)의 세 번째 행에 있는 이 하나님의 말씀은 동의어적인 병행법의 두 번째 행에 의해 소개되고 있다. 그 동의어적인 병행법에서 선지자는 판결이 이스라엘에게 내려졌다고 보고한다. 종종 이스라엘의 믿음을 특징적으로 말해 왔던 바알에게 바친 종합적인 충절은 저주들이 필연적으로 임하게 하는 죄였다. 야곱(3-6[2-5]; 13[12]절)과 모세(14[13]절)를 통해 자신을 계시하셨던 하나님은 그런 피를 흘린 죄에 상응하는 적절한 징벌, 즉 죽음으로 보응하실 수밖에 없는 것이다. 나라의 죄(אשם - 아샴)를 사형에 처할 만한 징벌과 연결시키고 있는 것에 대해서는 에스겔 25:12-14을 참조하라.

주석가들은 일반적으로 13:1을 13장에 속한 것으로 놓는다. 비록 불확실한 요소들을 용인하기는 할지라도(pp 628-29), 앤더슨과 프리드만이 본 절을 번역한 것은 통찰력이 있는 것으로 13장에 속한 것으로 보는 견해를 따르고 있다(Andersen and Freedman, p. 624). 그러나 본 절은 법률 소송(참조. ריב – 리브, 3[2]절)의 결론으로 보는 것이 가장 적절하다. 본 절은 12장의 15[14]절과 분명하게 연결되어 있고, 13:2에 있는 "이제"(ועתה – 베아타)로 시작하는, 계속되는 죄의 새로운 주제에 유기적으로 분명하게 연결되고 있지 않다. 이스라엘의 죽음은 법률 소송에서 이미 내려진 결론이다: "그 소위대로 보응하시리라(그의 행위에 따라서 그가 그에게 갚을 것이다)"(3[2]절).

해설

12:1[11:12]-13:1에서 일반적으로 나타나는 법률 소송 형태에 기술된 하나님의 법정에서 이스라엘의 죄는 설득력 있게 드러나고 있다. 유다조차도 에브라임이 당한 파멸을 낳을 동일한 종류의 반역적인 태도를 범하고 있는 것으로 언급된다. 에브라임이 언약을 깨뜨린 증거는 거짓과 궤휼(12:1[11:12]), 거짓과 포학(2[1]절), 사취(8[7]절), 과도한 이윤과 죄(9[8]절), 불의와 헛됨과 이교적 종교(12-13[11-12]절), 분노와 중대한 죄목들과 수치(15[14]절) 등의 형태로 표현된다.

자신들이 누구인지를 잊어버렸기 때문에, 이스라엘 백성들은 유일하신 하나님 야웨의 백성으로서 선택을 받았다는 것과 그들의 언약적 책임들을 모두 무시해 왔다. 이런 이유로 인해 그들 앞에 다시 한 번 그들의 역사를 거론하게 되었다. 그 역사는 특별히 하나님이 이스라엘이라는 이름을 주신 야곱의 이야기에서 주어진다. 이스라엘 백성들이 알고 있는 야곱이 보여 준 하나님의 선택에 대한 신실한 반응은 이스라엘 백성들의 거부와 대조되고 있다.

대부분의 주석가들은 12장(본문에서 13:1을 제외됨)이 이스라엘 (나라) 또한 사기꾼이 되어 버린 것에 대한 하나의 예를 들기 위해 사기꾼으로서의 야곱을 묘사하고 있는 것이라고 생각했다. 그러나 그런 해석은 두 가지 점을 간과하고 있다. 첫째, 야곱은 호세아의 역사적인 회고를 위해서는 어울리지 않는 인물이다. 호세아서의 다른 진정한 회고들(예를 들어, 9:10은 그런 회고가 아니다)은 상대적으로 야웨에게 가까웠던 시기로서 가나안 정복기 이전의 이스라엘 역사를 제시하고 있다(2:17[15]; 9:10; 10:11 등등). 이 때는 이스라엘 나라가 아직은 전반적으로 그 의무에서 떠나지 않았던 시기다. 호세아는 자기 당대의 이스라엘 백성들이 저지른 행위와 대조하기 위해 백성들 앞에 출애굽-광야 기간을 설정하고 있는 것이다. 그렇다면 시내산 이전의 죄악을 묘사하는 야곱의 이야기들은 매우 적절하지 않을 것이다. 둘째, 12장에 있는 야곱에 대한 진술들은 중립적이거나 긍정적인 것이기는 하지만 부정적인 것은 아니다. 만약 호세아가 이스라엘의 죄(즉 에서와 라반을 속인 것; 창 27:31)를 반영하기 위해 야곱에 대한 이야기들을 선택하기를 원했다면, 그는 쉽게 그렇게 할 수 있었을 것이다. 그렇게 하는 대신에, 호세아가 선택한 이야기들은 이스라엘의 신실치 못함과 대조되거나, 이스라엘의 언약적 의무들에 대한 요점을 지적하면서(13[12]절, שמר – 샤마르) 언어학적으로 기억할 만한 목적을 수행하고 있다.

야곱이 양을 "지키는 자"였던 것과 같이, 모세와 모세를 통해 중재된 언약은 이스라엘이 야웨와 바른 관계를 유지하도록 지켜 주는 것이었다(13-14[12-13]절). 본문은 두 번이나 야웨의 이름을 강조하고 있다(6[5], 10[9]절). 자신을 야곱에게 드러내셨던 분은 바로 이스라엘이 무시했던 분이다. 이스라엘 백성들을 애굽에서 이끌어내셨던 분은 다시 그들을 곤궁하고 허약하게 만드실 분이다(10[9]절). 길갈과 길르앗과 같은 성읍들은 야웨가 그 나라를 멸망시키실 수밖에 없도록 하는 국가적인 반역을 반영해 준다(12:15[13:1]).

본문은 또한 9:9 이후의 대부분의 회고적인 본문들과 같이 미래를 바라보고 있다. 그 미래를 나타내는 부분은 단 하나의 예외를 제외하고는 이스라엘에 대한 심판을 말하고 있다(3[2], 9[8], 10[9], 15[14]절; 13:1). 7[6]절은 회개함으로 야웨의 가장 심한 심판의 진노를 피할 수 있는 남은 자들을 위한 희망을 남겨놓고 있다(참조. 레 26:44; 신 4:20; 30:3). 이와 같은 상황은 새로운 언약의 시대에 사는 기독교인들에게도 동일하다. 회개하고 그리스도께 돌아오며 그의 언약을 이루는 자들은, 비록 시험을 당하게 된다 할지라도(막 13:13), 다가오는 하나님의 진노로부터 구원을 받을 것이다(살전 1:10). 비록 호세아 당대의 이스라엘과 같이 우리도 우리의 거짓과 사기로 하나님을 에워싼 그 모든 죄악을 범한 것으로 인해 "본질상"(엡 2:3) 진노를 받아 마땅할지라도, 우리의 흉악한 죄는 우리를 대적하여 서 있지 못할 것이다. 그리스도의 피가 우리의 죄과를 담당했다. 그리스도가 우리를 향해서 목소리를 발하실 것이나, 그것은 우리를 보호하기 위한 것이다.

"내가 이스라엘 너를 멸할 것이다"(13:2-14:1[13:16])

참고문헌

Bailey, L. R. "The Golden Calf." *HUCA* 42(1971) 97-115. **Dahood, M.** "Hebrew Ugaritic Lexicography." I: *Bib* 44(1963) 289-303; XII: *Bib* 55(1974) 381-93. ______. "Interrogative *kî* in Psalm 90, 11; Isaiah 36, 19 and Hosea 13, 9." *Bib* 60(1979) 573-74. ______. "Ugaritic and Phoenician or Qumran and the Versions." *AOAT* 22(1973) 53-58. **Day, J.** "A Case of Inner Scriptural Interpretation." *JTS* 31(1980) 309-19. **Gray J.** "The Kingship of God in the Prophets and Psalms." *VT* 11(1961) 1-29. **Harrelson, W.** "About to Be Born." *Andover Newton Quarterly* 11(1970) 56-61. **Huffmort, H. B.** "The Treaty Background of Hebrew *YĀDA*ʿ." *BASOR* 181 (1966) 31-37. **Hvidberg, O.** "Die Vernichtung des goldenen Kalbes und der ugaritische Ernteritus." *AcOr* 33(1971) 5-46. **Manross, L. N.** "*Beth Essentiae.*" *JBL* 73 (1954) 238-39. **May, H. G.** "The Fertility Cult in Hosea." *AJSL* 48(1932) 76-98. **Vuilleumier-Bessard, R.** "Osée 13:2 et les manuscrits." *RevQ* 1(1958/59) 281-82. **Wittstruck, T.** "The Influence of Treaty Imagery on the Beast Imagery of Daniel 7." *JBL* 97(1978) 100-102.

본 문

예언적 말씀: 우상 숭배에 대한 심판

2 이제도 저희가 더욱 범죄하여 그 은으로 자기를
위하여 우상을 부어 만들되 자기의 공교함을 따
라 우상을 만들었으며 그것은 다장색이 만든 것
이어늘 저희가 그것에 대하여 말하기를 제사를
드리는 자는 송아지의 입을 맞출 것이라 하도다
3 이러므로 저희는 아침 구름 같으며 쉽게 사라지
는 이슬 같으며 타작마당에서 광풍에 날리우는
쭉정이 같으며 굴뚝에서 나가는 연기 같으리라

하나님의 말씀: 다신(多神)숭배에 대한 심판

4 그러나 네가 애굽 땅에서 나옴으로부터 나는 네
하나님 여호와라 나밖에 네가 다른 신을 알지 말
것이라 나 외에는 구원자가 없느니라

Prophetic speech: judgment for idolatry

2 Even now they continue to sin! They have made
for themselves cast images, Idols from silver
according to their own skill,[a] All of it is the work
of craftsmen. To these[b] they sacrifice[c] lambs,[d]
human beings[e] kiss bulls![f]
3 Therefore they shall be like morning mist, like
dew which goes away early, like chaff blown[a] from
a threshing floor, like smoke out a window.

Divine speech: judgment for polytheism

4 But I, Yahweh, have been your God[a] since the
land of Egypt. You were to know no god beside
me; there is no savior except me.

5 내가 광야 마른 땅에서 너를 권고하였거늘
6 저희가 먹이운 대로 배부르며 배부름으로 마음
이 교만하며 이로 인하여 나를 잊었느니라

7 그러므로 내가 저희에게 사자 같고 길 가에서
기다리는 표범 같으니라
8 내가 새끼 잃은 곰같이 저희를 만나 그 염통 꺼
풀을 찢고 거기서 암사자같이 저희를 삼키리라
들짐승이 저희를 찢으리라

9 이스라엘아 네가 패망하였나니 이는 너를 도와
주는 나를 대적함이니라
10 전에 네가 이르기를 내게 왕과 방백들을 주소
서 하였느니라 네 모든 성읍에서 너를 구원할 자
네 왕이 이제 어디 있으며 네 재판장들이 어디 있
느냐
11 내가 분노하므로 네게 왕을 주고 진노하므로
폐하였노라
12 에브라임의 불의가 봉함되었고 그 죄가 저장
되었나니
13 해산하는 여인의 어려움이 저에게 임하리라
저는 어리석은 자식이로다 때가 임하였나니 산
문에서 지체할 것이 아니니라

14 내가 저희를 음부의 권세에서 속량하며 사망
에서 구속하리니 사망아 네 재앙이 어디 있느냐
음부야 네 멸망이 어디 있느냐 뉘우침이 내 목전
에 숨으리라

예언적 말씀: 징벌로서 임하는 가뭄과 전쟁

15 저가 비록 형제 중에서 결실하나 동풍이 오리
니 곧 광야에서 일어나는 여호와의 바람이라 그
근원이 마르며 그 샘이 마르고 그 적축한 바 모든
보배의 그릇이 약탈되리로다

14:1[13:16] 사마리아가 그 하나님을 배반하였으
므로 형벌을 당하여 칼에 엎드러질 것이요 그 어
린 아이는 부숴뜨리우며 그 아이 밴 여인은 배가
갈리우리라

5 I fed[a] you in the wilderness, in a parched land.
6 When I fed them, they were satisfied; they were
satisfied, and so became arrogant. Therefore they
forgot me.

7 So I will become to them like a lion, like a
leopard by the road I will watch,[a]
8 I will attack them like a bear robbed of her
cubs,[a] I will rip open their insides,[b] Whatever
comes along[c] will devour them there, wild animals
will pull them apart.

9 I[a] will destroy you, Israel. Who[b] then will be
your helper?
10 Where[a] is your king that he may help you in all
your cities?[b] And your rulers, of whom you said,
"Give me a king and officials"?

11 I gave you a king in my anger, and I took him
away in my fury.
12 Ephraim's iniquity is wrapped up, his sin is
stored up.
13 The pangs of a woman in childbirth will come
for him, but he is an unwise child. When it is time,
he will not be present[a] at the opening of the
womb.[b]

14 From Sheol shall I ransom them?[a] From death
shall I redeem them?[a] Where[b] are your plagues,[c]
death?[a] Where[b] is your scourge, Sheol?[a] Pity is
hidden from me!

Prophetic speech: drought and war as punishments

15 Though he flourish among the marshes,[a]
Yahweh will bring up an east wind, coming up out
of the wilderness. His water source will dry up,[b] his
spring will become dry. He[c] will strip the storehouse
[a]of every desirable thing.

14:1[13:16] Samaria will be desolated[b] because
she rebelled against her God. They will fall by the
sword; their little children will be smashed down,
their[c] pregnant women will be ripped open.

원문주해

2.a. G의 카트 에이코나(*κατ' εἰκόνα*)와 Vg의 꾸봐아시 시밀리뚜디넴(*quasi similitudinem*)은 "설계에 의해"라는 의미의 케타브니트(כתבנית)로 읽은 것인데, 이것은 MT만큼 동일하게 그럴듯하다(참조. 사 44:13). MT의 철자 테부남(תבונם)은 독특한 것이며, 아마도 "그들의 재주"라는 의미의 테부나탐(תבונתם)을 잘못 쓴 것일 수 있다. 이 테부나탐(תבונתם)은 좀 더 예견되는 형태다.

2.b. MT의 헴(הם)은 또한 "보라"라는 의미의 힘무(*himmu)를 반영하고 있는 것이라고 생각할 수 있다. 9:10 등에 있는 헤마(המה)를 참조하라.

2.c. 다후드의 견해를 따르는 쿠닉은 MT의 "말하기를, 제사를 드리는"이라는 뜻의 오므림 조브헤(אֹמְרִים זֹבְחֵי)를 Ug의 *imr dbḥ*에서 유추하여 "희생 제물의 양들"이라는 뜻의 이마레임 지브히(אִמֲרֵי־ם זִבְחֵי)로 교정하고 있다. 그러나 G(*θύσατε* – 뒤사테)와 Vg(*immolate* – 임몰라떼)와 같이, "그들이 희생 제사를 드렸다"라는 의미의 지브후(זבחו, 3인칭 복수 접미사)로 교정하는 것이 요구된다.

2.d. MT는 "송아지(들)"라는 뜻의 아갈림(עגלים)과 병행으로 "양들"이라는 뜻의 이메림(אִמֵּרִים, 참조. Ug. *imr*)으로 발음되어야만 한다.

2.e. 복수형 동사와 함께 쓰이는 아담(אדם)의 용법에 대해서는 예를 들어 렘 47:2을 참조하라.

2.f. MT의 "입맞추다"라는 뜻의 나샤크(נשק)보다는 "…에게 마실 것을 주다"라는 뜻의 샤카흐(שקה, 히필)로 읽으면서, "사람들이 소들에게 마실 것(제물)을 가져오다"라고 번역하는 것 또한 가능할 것이다. "…에게 마실 것을 주다"라는 의미의 샤카흐(שקה, 히필)에 표현되어 있는 대로, 마실 것을 드리는 전제는 "희생 제사"인 자바흐(זבח)와 가지는 병행법을 완전히 이룰 수 있을 것이다. 예배에서 우상들에게 입을 맞추는 알려진 관행들의 관점에서 보면(왕상 19:18; "주석"을 보라) MT에 있는 대로 동사 나샤크(נשק)가 더 나을 것이다.

3.a. "쭉정이(왕겨)"라는 의미의 모츠(מֹץ)가 주어이기 때문에 푸알(יְסֹעַר – 예쏘아르) 형태가 요구된다.

4.a. 비록 G는 원래의 본문을 반영하고 있는 것이라고 생각되기는 할지라도, 여기서 G는 삽입된 것으로 보이는 다음과 같은 내용을 포함하고 있다: 스테레온 우라논 카이 크티존 겐, 우 하이 케이레스 에크티산 파산 텐 스트라티안 투 우라누, 카이 우 파레데익사 소이 아우타 투 포류에스다이 오피소 아우톤 . 카이 에고 아네가곤 세(*στερεῶν οὐρανὸν καὶ κτίζων γῆν, οὗ αἱ χεῖρες ἔκτισαν πᾶσαν τὴν στρατιὰν τοῦ οὐρανοῦ, καὶ οὐ παρέδειξα σοι αὐτα τοῦ πορεύεσθαι ὀπίσω αὐτῶν . καὶ ἐγώ ἀνήγαγόν σε*, "하늘을 펴시고 땅을 창조하신 분 바로 그분의 손이 하늘의 모든 만상을 조성하셨다. 그

러나 나는 네가 그것들을 따라야만 한다고 너에게 계시하지는 않았다. 그리고 나는 너를 양육했다"). MT는 가운데 글자를 빠뜨리고 쓴 오류(haplography)의 결과일 수 있을 것이다.

5.a. 문맥에서 **좀 더 어려운 독법이 좀 더 원문적일 수 있는**(*lectio difficilior*) 라이티카(רעיתיך)로 읽은 G(*ἐποίμαινόν σε* – 에포이마이논 세)와 Syr을 따른 것.

7.a. 여기서 G와 Syr은 "앗수르"(즉 아슈르[אשור])로 잘못 읽었다.

8.a. 문자적으로는 "자녀가 없는, 빼앗긴".

8.b. 문자적으로는 "그들 마음의 내면".

8.c. "암사자같이"라는 의미의 켈라비(כלביא)를 콜-바(כל־בא)로 읽은 쿠닉의 견해를 따라 읽은 것(Kuhnigk, *NSH*, 180).

9.a. MT의 자음을 쉬하티카(שִׁחַתִיךָ)로 발음하는 것은 3인칭 남성 단수보다는 훨씬 더 적절한 것이다.

9.b. "너를 도와주는 나를 대적함이니라"라는 의미의 MT는 원문이 왜곡되게 고쳐진 것이 분명하다. 곧이어 나오는 질문에 비추어 볼 때, G(Syr)의 티스(*τίς*, "누가")와 같은 의문사가 여기서는 적절하다. 그러므로 우리는 MT의 키(כי)를 미(מי)로 수정한다.

10.a. G, Vg, Tg 등등 모든 역본들이 의문사 "어디에?"로 증거하고 있다. 본문에서 3번 확실하게 사용된 용법에 비추어 볼 때, 아마도 에히(אֱהִי)는 아예(אַיֵּה)로 수정되는 것보다는 "어디에?"를 나타내는 북쪽의 방언으로 이해되어야만 할 것이다.

10.b. 아레이카(עריך)를 차레이카(צריך, "너의 모든 **대적**들로부터 너를 도와주다")로 수정할 수 있는 가능성 또한 관심을 끄는 견해다. 그러나 **"주석"을 보라**.

13.a. 문자적으로는 "서 있지 않을 것이다/머물지 않을 것이다".

13.b. 문자적으로는 "자녀들이 깨치고 나오는 곳".

14.a. 문맥은 이 구절들을 질문들로 해석하는 것을 지지해 주는 것으로 보일 수 있다.

14.b. 위의 "원문주해" 10.a.를 보라.

14.c. G는 일반적으로 "심판/징벌/형벌" 등으로 이해되는 디케(*δίκη*)로 읽는다. 어떻게 이것이 정확하게 MT의 다바르(דבר)를 반영하고 있는지 혹은 고전 15:55에 있는 "승리"(네이코스[*νεῖκος*]의 원문 훼손?)라는 의미의 니코스(*νῖκος*)로 변화될 수 있는지는 의문의 여지가 남는다. 데바레이카(דְּבָרֶיךָ)보다는 G의 원문 리베이카(רִיבֶיךָ)였는가?

15. a. 벤(בן)과 함께 쓰인 복수형 아후(אחו)는 "초지(草地) 가운데서"라는 의미를 낳는다. 참조. 창 41:2, 18; 욥 8:11 그리고 Ug *'aḥ*. MT의 "형제 중에서"라는 것은 식물상의 문맥의 관점에서 보았을 때 좀 더 적절하지 않은 것 같다.

15.b. MT의 "(그는) 부끄럽게 될 것이다"는 "마를 것이다"라는 뜻의 베야베쉬(וְיָבֵשׁ)보다는 훨씬 더 적절하지 않은 듯하다.

15.c. 주어는 야웨다. 이 야웨는 "그"라는 대명사 후(הוּא)가 지칭하는 대상이다.

14:1.a. 히브리 본문 14:1 = 영어 본문 13:16이고, 히브리어 본문 14:2 = 영어 본문 14:1이다.

1.b. 혹은 (MT와 같이) "형벌을 당하여(그녀의 죄과를 담당해야만 한다)"도 가능하다. G(*ἀφανισθήσεται* – 아파니스데세타이)는 "황폐화될 것이다"라는 뜻의 테샴(תֶּאְשַׁם)을 확증해 준다.

1.c. 문자적으로는 "그 임신한 여인들"이라는 의미로, 이것은 1a[13:16a]에 있는 사마리아와 관련된 내용이다.

양식/구조/배경

호세아의 예언들에서 종종 보이는 것처럼, 미래를 설명하기 위해 과거와 현재가 결합되어 사용되고 있다. 야웨의 계속적인 (과거의) 신실함(4-6절)과 대조되는 이스라엘의 계속되는 (현재의) 죄악된 교만함(2, 6, 15절)은 이스라엘의 죽음(미래)이 분명하다는 것(3, 7-14절)을 의미한다. 이 본문에서 호세아는 점점 거세지는 기후적인 묘사를 통해 호세아서 전체를 구성하고 있는 예언들과 경고들에 가까이 다가가고 있다. 2절에 나오는 베아타(וְעַתָּה, "이제도")는 12:1[11:12] -13:1의 법률 소송 본문으로부터 전환되고 있음을 말해 준다. 비록 12:1[11:12] -13:1과 13:2-14:1[13:16]은 분명히 유사하게 이스라엘을 고발하고 판결하는 기능을 하고 있을지라도, 그 두 본문을 연결해 주는 어떤 특별한 문체적 특징도 도출될 수 없다. 새로운 본문은 14:2[1]에서 다시 시작된다. 14:2[1]에서 이스라엘의 남은 자들이 마땅한 징벌을 받은 뒤에 야웨께 돌아오라는 초대를 받고 있다.

결속력이 있고 균형이 잡힌 본문은 하나의 문학적인 단위로 고려되어야만 한다. 선지자는 2-3절에서 말하고, 야웨는 4-14절에서 말씀하시며, 선지자가 다시 13:15-14:1[13:16]에서 말한다. 강조점은 십계명의 처음 두 계명을 범하는 우상 숭배와 다신 숭배와 같은 죄로 인해 기인되는 나라의 임박한 파멸에 있다. 2-3절은 우상 숭배-절멸을 위한 징벌을 표현하고 있다. 4절은 이스라엘 백성들에게 누가 그들의 유일한 하나님이 되었었는지를 되새겨 주고 있다. 미완료 테다(תֵדָע)는 아마도 "(네가) 알아야만 했다"라고 읽어야만 할 것이다. 즉 "…해야만 한다" 혹은 "…하는 것이 당연하다"라는 일반적인 의미를 표현하는 과거 지속의 의미로 읽어야만 한다. 본문의 나머지 내용은 이스라엘 백성들에 대한 야웨 측만의 편무적(片務的)인 언약적 자비에도 불구하고, 이스라엘이 야웨만을 섬기는 것을 교만하게 거절한 것에 대한 묘사와 그런 거부에 대한 필연적인 결과, 즉 파멸에 대해 기술하고 있다.

개괄적인 전개 과정은 아래와 같이 도식적으로 나타내질 수 있다.

우상 숭배에 대한 심판(2-3절; 선지자가 말하는 자)
　　　　우상 숭배에 대한 증거(2절)
　　　　결과적인 징벌로 내려지는 멸절(3절)
다신 숭배에 대한 심판
　　야웨가 말씀하시다(4-14절)
　　　　야웨께 대한 유일한 충성을 말하는 언약적 책임(4절)
　　　　충성하는 상태로 남아 있기를 거절하는 이스라엘(5-6절)
　　　　들짐승들에 의한 징벌(7-8절)
　　　　왕을 잃게 되는 징벌(9-11절)
　　　　피할 수 없는 징벌(12-13절)
　　　　스올을 통한 징벌(14절)
　　호세아가 말하다(13:15-14:1[13:16])
　　　　가뭄을 통한 징벌(15절)
　　　　성읍들에서 벌어지는 전쟁의 공포를 통한 징벌(14:1[13:16])

본문의 운율적인 구조는 복잡하다. 동의어적인 병행법이 아래의 모든 구절들 혹은 일부 구절들에서 발견될 수 있다: 2, 3, 4, 7, 8, 10, 11, 14, 15, 14:1[13:16]. 이런 구절들은 호세아서 전체에서 발견되는 것보다 비율적으로 더 많은 부분이다. 두 개의 4행시들이 있다. 3절은 행(行) 가운데 있는 휴지(休止)가 놓이기 어려운 단순한 네 개의 시적인 행들이라기보다는 분명하게 분리할 수 없는 하나의 4행시다. 또한 2a절은 비록 범주화하기는 어려울지라도 종합적인 병행법 속에 있는 4행시로 보인다. 만약 실질적으로 가운데 글자를 빠뜨리고 쓴 오류(haplography)가 14b절의 본문에 있는 병행법을 변경시킨 것이 아니라고 한다면, "뉘우침이 내 목전에 숨으리라(애석한 일이 나에게서 숨는다)"(נחם יסתר מעיני – 노함 이싸테르 메에나이)는 진술은 스올에 내맡겨질 것을 말하는 예언에 대한 감탄사적 결론을 이루고 있는 것이다. 그 스올은 호세아의 두 번째 아들의 이름을 생각나게 해준다(לא רחמה – 로 루하마, "긍휼이 여김을 받지 못함"). 이 단일 진술은 본문의 메시지를 요약해 주고 있다. 즉 야웨의 마음이 후회를 하거나/애석해 하거나/바꾸는 더 이상의 기회가 없으시다는 것이다(노함[נחם]의 모든 의미).

따라서 이 본문의 배경은 북 왕국 마지막 어간의 시간들로 보인다. 9-11절은 호세아 왕이 사로잡힌 때(주전 733-723년), 즉 이스라엘이 왕이 없는 상태가 되는 것으로 앗수르 군사들 앞에서 아무런 보호막이 없는 시기를 나타낼 것이다(참조. 왕하 17:4). 14절에 비추어 보았을 때, 이스라엘의 수도 성읍인 사마리아는 이제 실제적으로 앗수르 군대에 의해 포위를 당했을 가능성이 있다. 앗수르 군대는 북 왕국의 나머지 부분을 점령하기 시작했기 때문이다. 이스라엘이 종종 가졌던 영화로운 역사의 기간 동안에 이스라엘이 누렸던 번영에 대해 말하는 구절(2, 10, 15절)은 이스라엘이라는 나라가 여전히 번영을 누리고 있다는 사실을 의미하는 것이 아니다. 주전 725년 혹은 724년은 이런 징벌을 말하는 신탁에서 원래적으로 구원되는 시점일 것 같다. 이 말들이 사마리아 안에서 혹은 가까이에서 전달되었는지 말하는 것은 불가능하다. 이 당시에 호세아는 유다의 북쪽 형제 나라에 대한 멸망이 시작되는 징벌들의 심각한 상태를 전하면서 유다에 머물고 있었을 것이다.

주석

2 비록 이스라엘은 아마도 이미 그 수도가 포위되었을 작은 지역으로 축소되었을지라도, 이스라엘 백성들은 집요하게 우상 숭배에 머물러 있었다. "저희가 더욱(그들이 계속하다)"이라는 의미의 동사 요씨푸(יוספו)는 죄악의 행위를 계속하거나 반복할 뿐만 아니라 증가하고 있다는 의미(예를 들어, "저희가 더욱 범죄하여")를 내포할 수 있다. 이스라엘은 그들 이웃 나라들의 종교적인 관행들을 받아들였고, 시내산 언약은 옛날에 이루어진 역사적 사건 즉 살아 있는 관계적인 것이 아닌 것으로 보았다. "우상을 부어"를 위해 쓰인 어휘(מסכה – 마쎄카)는 출애굽기 32:4, 8과 신명기 9:16에 있는 황금 송아지를 묘사할 때 사용된 것과 같은 것이다. 아마도 8:5-6과 10:5-6뿐만 아니라 2b절에서 언급된 송아지 숭배는 호세아의 영감된 비난 섞인 독설의 특별한 초점이 되고 있는 것일 것이다. 언약은 야웨(혹은 다른 어떤 신)가 만들어진 이미지의 수단들을 통해 경배되는 것을 허락하지 않았다(신 5:8-9; 출 20:4-5; 34:17). 그러나 이스라엘 백성들은 아마도 바알과 아세라를 포함해서 여러 우상들과 송아지 우상을 본딴 작은 상(像)들을 계속해서 만들었다. 8:5에서와 같이, 백성들이 그들 자신들이 만든 것을 숭배했다는 아이러니는 그 고발 내용의 핵심이 된다. 우상들은 단지 그들 자신의 기

술로 만든 산물들에 불과한 것이었다. "그"(3인칭 남성 접미사는 "만든 것이어늘[일]"이라는 뜻의 마아세(מעשה)와 일치하는 남성으로 쓰인 것임) 모든 것은 사람이 고안해낸 것이었다. 그러나 사람들이 그것을 어떤 신적인 것으로 숭배했던 것이다! 따라서 호세아는 신들을 만들려고 하는 인간들의 부질없는 짓을 조롱하고 있는 것이다.

2b절의 본문은 의문스러운 것이고, MT는 지적된 대로 명료하게 번역될 수 없다. 우리가 작은 교정을 한 독법은 이행연구(二行連句)에 논리적인 병행법을 회복하는 데 유리한 점이 있다. 우상 숭배의 어리석음에 대한 선지자의 격분은 북왕국 예전에서 보편적인 관행들에 대한 두 가지 예화들을 통해 표현되고 있다. 첫째, 장인(匠人)이 만든 것들, 즉 황금 송아지들에게 백성들이 동물들(예를 들어, אִמְּרִים – 이메림, "양들")을 희생 제물로 드렸다. 둘째, 그 백성들은 그 우상들에게 그들이 바친 헌신의 한 증표로서 황금 송아지들에게 입을 맞추었다(참조. 왕상 19:18). 호세아는 시적인 어법이 가지고 있는 다의(多義)적인 모호한 표현을 통해 이것을 비웃고 있다. 아담 아갈림 이사쿤(אדם עגלים ישקון)의 어휘들은 "백성들이 송아지들에게 입 맞추었다"는 것을 의미할 수도 있고, 또한 "얼마나 어리석은 것인가?"라는 의미를 암시하면서 "사람들이 송아지들에게 입을 맞춘다"라는 의미일 수도 있다.

3 "이러므로"(לכן – 라켄)는 이스라엘이 계속해서 짓는 죄에 적절한 징벌의 내용(2:8[6], 11[9] 등등에서와 같이)에 대한 도입이다. 어떤 것이 본질적으로 무상하게 사라질 보편적으로 관찰할 수 있는 현상들을 묘사하고 있는(참조. 6:4) 네 가지의 각각의 직유(直喩)들이 이스라엘의 다가오는 "사라짐"을 묘사하기 위해 사용되고 있다. 본 절은 이행연구들로 쉽게 나누어지지 않는, 진정한 4행시가 있는 운율적으로 특이한 절이다. 사라지는 네 가지의 예들인 구름, 이슬, 쭉정이, 연기는 이스라엘에게 보복하는 하나님에 의해 이스라엘의 파멸이 얼마나 철저하게 이루어질 것인지를 강조하기 위해 함께 쓰이고 있다. 이스라엘 나라는 더 이상 약속의 땅을 차지하지 못하고 세상에서 사라질 것이며, 더 이상 열방 중에서 하나의 독립적인 실체로서 존재하지 않을 것이다.

2-3절에서 우상 숭배의 증거에 이어 급속한 소멸에 대한 단언이 따라 나오고 있다. 이것은 예를 들어 신명기 4:25-26에서 발견되는 모세 언약에 있는 형태를 따르는 것이다: "…만일 스스로 부패하여 무슨 형상의 우상이든지 조각하여…얻는 땅에서 속히(מהר – 마헤르) 망할 것이라…." 이런 오래 계속되는 경고가 성취

되기 시작했던 것이다. 구름, 이슬, 쭉정이, 연기가 사라질 때 아무것도 남지 않는다. 이스라엘은 그와 비슷하게 사라지고 폐허가 될 것이다(참조. 레 26:31-35; 신 28-29장). 또한 신명기 32:26과 비교해 보라: "내가 그들을 흩어서 인간에서 그 기억이 끊어지게 하리라…." 이 신명기 32:26에는 본 절과 마찬가지로 사라짐(저주 유형 13)과 죽음(유형 24)의 주제가 모두 반영되어 있다. 신명기 32장의 문맥에서는 그 위협이 실제적으로는 모든 백성들이 죽지는 않을 것이라는 약속으로 다소 약화되고 있다. 그러나 전체 실체로서의 이스라엘은 그 존재함이 끊어질 것이다. 이것이 바로 호세아의 말씀이 의미하는 것이다.

4 야웨는 1인칭으로 말씀하기 시작한다. 14:1[13:16]에 이르기까지 본문의 나머지 부분의 주제는 다신 숭배다. 야웨에 대한 이스라엘의 나누어진 충성은 더 이상 참된 충성이 아니다. 하나님의 말씀은 야웨 이외에는 다른 신이 없다는 것을 아는 이스라엘의 원래의 언약적 의무를 일깨워 주는 것으로 시작한다. 십계명의 첫 번째 계명은 가장 중요한 계율이다. 본 절이 암시하고 있듯이, 이스라엘 백성들의 생존은 그 계명을 지키는 데 달려 있다. 만약 하나님이 그들의 유일하신 신이 아니었다면, 그들은 구원을 받지 못했을 것이다. 야웨 외에는 "구원자가 없기"(אין מושיע – 모쉬아 아인) 때문이다.

사실상 시내산 언약의 서언(야웨를 주권자로서 말함), 머리말(야웨의 자신의 백성들을 향한 자비를 재인용함) 그리고 중심이 되는 규례(첫 번째 계명)는 본 절에서 다시금 언급되고 있는 모든 내용이다. 이스라엘의 하나님으로서 야웨 자신의 언약적 정체성(참조. 11:1; 12:9[8])은 나라의 우상 숭배와 다신 숭배가 암시적으로 부인하고 있는 것이었다. 야웨 이외의 그 어떤 신을 "아는 것"을 금하는 것과 연관되어 사용되고 있는 것으로서 "알다"(ידע – 야다)는 "어떤 것과 어떤 관련을 가진다"는 것(참조. 신 11:28; 32:17; 렘 9:2; 31:34)을 의미한다. 야웨가 "나 밖에 네가 다른 신을 알지 말 것이라"고 말씀하시는 것은 "너는 전적으로 나와만 관계를 맺었어야만 했다"고 말하는 것이다. 첫 번째 계명의 어법과 같이 본 절의 어법은 관용어적이며 야웨 이외에는 참 신이 있다는 것을 인정하지 **않는** 것이다(참조. 사 43:11; 45:5, 21). 마찬가지로 아모스 3:2에서 야다(ידע)는 언약적 관계라는 의미에서 사용되고 있다.

5 여기에는 되돌아보며 회고하는 분위기가 분명하게 드러나 있다. 광야에서 머문 기간은 출애굽이 보여 준 것과 같은 동일한 구원의 행위(참조. מושיע – 모쉬아, 4절)를 보여 주었다. 야웨는 그 나라를 위한 필요를 공급해 주는 자신의 언약

제재 규정들에서 일반적인 저주 개념으로 나타난다(Hillers, *Treaty Curses and the Old Testament Prophets*, 54-56). 레위기 26:22("내가 들짐승을 너희 중에 보내리니…")과 신명기 32:24("…독한 파멸에게 삼키울 것이라 내가 들짐승의 이와 티끌에 기는 것의 독을 그들에게 보내리로다")은 시내산 언약에 있는 이 개념을 나타내고 있다(참조. 애 3:10-11; 사 5:29-30; 7:18; 14:29; 15:9; 56:9; 렘 2:14-15; 4:7; 12:9; 48:40; 49:22; 50:44; 호 5:14; 합 1:8). 비록 벌로부터 늑대에 이르기까지 다양한 동물들이 하나님의 진노를 수행하는 상징적인 동물 대행군으로서 언급된다 할지라도, 이 구절들에서는 사자(獅子)가 가장 자주 그런 진노의 수행자로 묘사된다.

7 야웨의 행위는 의도적이며 정확할 것이다. 이스라엘 백성들이 예측할 수 없는 시간, 아마도 그들이 거의 어려운 상황을 예견하지 못하는 때에 야웨는 공격하실 것이다. 그는 그들을 기다리고 있다가(렘 5:26에 있는 "지키며"라는 의미의 수르[שׁוּר]는 새 사냥꾼이 기다리는 인내를 묘사하고 있음) 곧 그들에게 달려드실 것이다. 이 곳에 쓰이고 있는 어법은 저주에 들어 있는 것과 같이 은유(隱喩)적이다. 공격의 실제적인 수단은 앗수르가 될 것이다. 아마도 앗수르의 군대는 이미 사마리아를 향해서 공격할 준비가 되어 있었을 것이다.

8 "동물들"의 공격은 단지 불구로 만드는 것이 아니라 죽이는 것이다. 어떤 도움도 받을 수 없을 것이다(참조. 9b절). 새끼들을 잃은 암콤(참조. 잠 17:12; 삼하 17:8)은 파괴적인 분개를 아주 생생하게 묘사해 주고 있다. "함께 오는 것은 무엇이냐"(כל־בא – 콜-바)라는 문구에 대한 동의적 병행법에서 쓰이고 있는 "들짐승(들)"(חית השדה – 하야트 하사데)은 언약적인 제재 규정들을 쏟아 붓는 것이 심각할 것이라는 점을 강화시켜 주고 있다.

9 들짐승들이 잔인하게 파괴하는 것과 같이, 야웨는 이스라엘을 파괴하기로(שחת – 샤하트) 결정하셨다(참조. 애 2:8). 예레미야 4:7은 "사자(獅子)"를 "열방을 멸하는 자(שחת – 샤하트)", 즉 바벨론으로 묘사하고 있다. 비록 호세아의 청중들은 앗수르의 군대가 야웨의 파멸을 성취하게 될 것이라고 보고 있을지라도, 여기서 멸하는 자는 야웨 자신으로 묘사되고 있다.

이 구절과 곧이어 나오는 두 구절에서만(만약 본문에 대한 우리의 발음이 옳다면) 하나님은 이스라엘에게 직접적으로 말씀하고 계신다. 본 절은 4절에 있는 "나 외에는 구원자가 없느니라"라는 진술을 반영하고 있다. 야웨는 이스라엘이 처해 있는 정황을 만들어 오셨다. 그러므로 이스라엘 백성들은 전적으로 야웨에 의존적인 것이다. 어리석게도 그런 의존성을 버렸기 때문에, 이스라엘 백성들은 그들 자신의 하나님이 그들에게 진노로 돌이키실 때 의지할 자를 가지지 못하게 될 것이다. "그렇다면 누가 너를 도와주는 자가 되겠느냐?"라는 수사적인 질문에 대한 대답은 "아무도 없다"라는 것이 될 수밖에 없다. 이 질문은 무력하고 도움을 받지 못하는 저주를 반영하고 있다(유형 19). 이스라엘 백성들은 의심 없이 계속해서 그들은 어찌 되었든 앗수르 군대로부터 구원받을 것이라는 희망을 가지고 있었다. 그래서 그들은 망할 때까지(1절) 열심을 다해 우상들에게 희생 제사를 드렸다. 그러나 그 유일한 구세주를 버린 이 백성들에게 화가 있을진저! 신명기 32:28-42에 나오는 시 형식으로 된 언약적 저주들은 이 앙화가 토대를 두고 있는 주제를 언급하고 있다: "여호와의 말씀에 그들의 신들이 어디 있으며 / 그들의 피하던 반석이 어디 있느냐 / 그들의 희생의 고기를 먹던 것들 / 전제의 술을 마시던 것들로 / 일어나서 너희를 돕게 하라(עזר – 아자르) / 너희의 보장이 되게 하라!"(신 32:37-38).

순종하는 이스라엘에 대한 언약적 약속은 그 대적들을 치는 도움(עזר – 아자르)을 포함하고 있었다(참조. 신 33:7, 26, 29). 배교적 나라에 대한 언약적 저주는 그 도움을 진노로 대치하고 있다. 그러나 9절에 있는 파멸(שחת – 샤하트, 피엘; 즉 저주 유형 24)에 대한 하나님의 약속은 완전한 파멸을 약속하고 있는 것이 아님을 기억해야만 한다. 후자의 완전한 파멸(때때로 샤하트[שחת] 히필로 표현됨)은 일어나지 **않을 것**이라는 언약에 의해 보장되고 있다: "네 하나님 여호와는 자비하신 하나님이심이라 그가 너를 버리지 아니하시며 너를 멸하지 아니하시며(샤하트[שחת], 히필)"(신 4:31). 차이점은 역사적 연속체로서의 나라와 호세아 당시의 특별한 나라 사이에서 발견된다. 전자는 존재하는 것이 결코 중단되지 않을 것이다. 후자는 이미 파멸되고 있는 중이다.

10 이스라엘 정부의 혼란에 초점을 맞추면서, 하나님의 조롱은 계속된다. 아마도 우리는 호세아 사역의 가장 중요한 시점에 와 있는 것일 것이다(주전 725년 혹은 그 이후). 바로 살만에셀 5세(Shalmaneser V)가 이미 호세아 왕을 사로잡은 때일 것이다(왕하 17:4). 또한 아마도 앗수르 군대는 왕족과 주요 군대-행정 지도자들의 대부분을 감옥에 가두었을 것이다.

백성들은 자신들이 원래 하나님께 요청했던 것(삼상 8장), 즉 "왕들과 방백들"을 받았다. 현재 본문의 11절이 되풀이하고 있는 것과 같이, 사무엘은 그 요구를 기꺼운 마음으로 승낙해 주지는 않았다(삼상 8:6-7). 그 왕은 이스라엘에게 세 가지 이로운 점들을 나타내는 상징이 되었다. (a) 안정적이며 지속적인 정부, (b) 그 당시 국제적인 체제는 구조상 왕정이었기 때문에 다른 나라들과의 대등성 확보, (c) 전쟁에서의 지도력(참조. 삼상 8:5, 19, 20). 호세아 왕이 폐위된 이후, 이스라엘은 이런 영역에서 (종종 부적절한) 도움을 주었던 것을 잃어버렸고, 그 대적들 앞에서 벌거벗긴 채로 서게 되었다.

그 왕이 "네 모든 성읍에서" 도움을 줄 수 있었을 것이라고 언급하는 것은 군사적인 포위 공격의 저주적 묘사에서 성읍들이 감당하는 중요한 역할들을 반영해 준다. 여호수아 아래에서 이루어졌던 이스라엘의 정복은 원래 한 성읍 한 성읍씩 이루어진 군사적 작전이었다. 이스라엘이 정복당하는 과정도 역시 비슷했을 것이다. 대부분의 이스라엘 백성들은 어떤 성읍에서 혹은 어떤 성읍과 관련해서 살았기 때문이다. 따라서 성읍들이라는 점에서 언급된 비참함들(레 26:25, 31, 33; 신 28:16, 52-57; 32:25)은 곡식과 가축 등과 같은 것들에서 이루어지는 것으로 표현되는 비참함들을 보충해 주고 있다. 왕이 시골 지역을 방어하지는 못했을 것이지만, 성읍들은 방어해 줄 것으로 기대되었을 것이다. 왕, 심지어 방백도 없었다면, 어떻게 이스라엘이 야웨가 그들을 대적하도록 하신 앗수르 군대를 대항할 수 있었겠는가? 호세아서의 그 어느 곳에도 왕권이 특별하게 긍정적으로 묘사된 곳은 없다(1:4; 7:3-7; 8:4-10; 10:3-4, 7, 15). 그리고 본 절에서 왕권이 없는 것 또한 아무런 유익이 없는 것이다. 왕권(그리고 왕실 정부 구조)의 상실은 언약적 징벌이다(유형 13a절; 참조. 3:4).

11 비록 이스라엘 백성들이 왕을 요구하는 것은 족장들 시기 이후로 지속되어 온 신정정치를 거부하는 것이었을지라도, 하나님은 사무엘 당시에 이스라엘에게 왕을 허락해 주셨다. 하나님은 "그들에게 분노함으로 왕을 주셨다". 즉 부분적으로는 이스라엘에게 한 가지 가르침을 주기 위한 수단으로서 문제가 있는 사울을 주셨던 것이다. 주전 약 1031년에 사울(삼상 10-11장)과 더불어 시작된 북 왕국의 왕권은 주전 725년에 호세아 왕이 제거됨으로써 종말을 맞이했다. 23명의 왕들이 북 왕국을 다스렸지만, 오직 다윗만이 나라의 언약을 범하지 않고 지켰다. 솔로몬 이후 이스라엘의 왕 20명은 모두 "여호와가 악하다고 여기는 것을 행했다"(왕상과 왕하 **이곳 저곳**). 왕권의 전(全) 역사를 통해 하나님의 진노/격노가 임했다. 이스라엘의 왕들은 하나님의 동의 없이 선택되었고(참조. 8:4), 그 왕권 자체는 다가오는 국가적인 재앙을 나타내는 유력한 표지로서 하나님에 의해 폐기되었다(참조. 신 28:36).

12 이스라엘의 한 조각 남은 부분인 에브라임에 대한 두 가지 일들이 이 동의어적인 이행연구(二行連句)로 언급되고 있다. (1) 에브라임은 언약을 범한 죄가 있다. (2) 이 죄는 주목되었고, 징벌을 받기까지는 잊어버리거나 용서되지 않을 것이다. 본 절의 내용을 이해하기 위해서는 2-11절이 제공하고 있는 배경을 알아야만 한다. 본 절이 2절과 6절이 언급한 이스라엘의 우상 숭배와 다신주의에 대한 내용을 요약적으로 말하고 있기 때문이다. 에브라임의 불의(עון – 아온)와 죄(חטאת – 하타트)가 봉함되고(צרור – 차루르) 저장되었다(צפונה – 체푸나)는 선언은 호세아의 청중들을 위한 위로가 없다는 것을 나타낸다. 이것은 왕권의 상실, 영토의 축소 그리고 사마리아를 공격하는 것은 레위기 26장; 신명기 4장 그리고 신명기 28-32장에서 알려진 온전한 징벌들의 시작일 뿐이라는 것을 의미한다. 최악의 재앙이 여전히 다가오고 있다. 말하자면 이스라엘이 저지른 불충성의 오랜 역사의 대가가 아직 보류 상태로 "지연되고 있는" 것이다.

레위기 26장에 나오는 언약적 저주들은 불의(עון – 아온; 참조. 레 26:39-43)와 죄(חטאת – 하타트; 참조. 레 26:18, 21, 24, 28)라는 두 가지 용어에 대해 정확하게 표현된 무시무시한 징벌들을 예언하고 있다. 다른 용어들("…에 순종하지" 않은[שמע ב – 샤마 베]; 그리고 "…을 지키지" 않은[שמר ב – 샤마르 베])은 신명기적인 저주들에 대한 더욱 일반적인 표현들이다. 동사 차라르(צרר, 히필)는 "에워싸다(포위하다)"라는 의미로 신명기 28:52에 쓰이고 있다. 그렇지 않은 경우에 차라르(צרר)도 차판(צפן)도 언약적 저주 어휘와 관계되지 않는다. 달리 말하면 언약적 어법은 이스라엘이 즉각적으로 징벌을 받지 않는 죄를 지을 수 있는 은총의 기간이 있다는 것을 말해 주지 않는다. 어떤 언약도 그런 규례를 포함하고 있지 않을 것이다. 그럼에도 불구하고 이스라엘은 모든 역사를 통해 그들에게 마땅히 내려졌어야 할 진노를 야웨가 주저하고 계시는 혜택을 받고 있었던 것이다. 백성들은 정말로 야웨가 그들을 벌하지 않으실 것이라고 생각했다(참조. 5:4). 호세아의 말은 그렇게나 오랫동안 지연된 파멸적인 징벌들이 이제 다가오고 있다는 것을 선언하고 있는 것이다.

13 이스라엘 역사의 위기에서 이스라엘이 맞는 곤경은 자궁에 잘못 놓여 태어날 수 없는 태아(胎兒)의 곤경에 은유(隱喩)적으로 비유되고 있다. 고대 시대에는 만약 아이가 산 문(משבר בנים – 미쉬바르 바님)을 통과하기에 적절한 "태위(胎位)"에 놓이지 않았다면, 그 아이는 죽곤 했다. 만약 그 죽은 태아가 결국 바르게 "자궁구(子宮口)에 나오지" 않는다면, 어머니 역시 죽곤 했었다. 이 괴롭고도 비극적인 이

미지는 이스라엘을 그 장래가 심판 가운데서 멸해 없어지게 될 나라로 묘사하고 있다. 이스라엘은 "어리석은"(לא חכם – 으 하캄) 자식이기 때문이다. 여기서 은유는 기교적인 정확성에서 곁길로 나가고 있는 것이 분명하다. 구약에서 말하고 있는 대로, 그 태어나지 못한 아이는 지혜를 가질 수 없기 때문이다. 그러나 그런 면에서 정확도를 기울여 말하고 있는 것이 아니라, 여기서 이 은유(隱喩)는 이스라엘이 지혜(경건한 선택을 하는 능력)가 부족함을 집중적으로 나타내고 있는 것이다. 그런 지혜가 부족한 것은 신명기 32:28-29("그들은 지식[תבונה – 테부나]이 없는 국민이라; 그들이 지혜[חכם – 하캄]가 있어서…")를 토대로, 이스라엘로 하여금 그 생명을 잃도록 할 것이다.

본 절의 동사들(야보우[יבאו], 야아모드[יעמד])은 미완료들로서 아마도 미래 시제로 번역되어야만 할 것이다. 비록 다른 선지자들도 하나님의 심판 아래 나라가 당하는 괴로움을 묘사하는 데 있어서 자녀를 출산하는 고통의 이미지를 쓰고 있을지라도(예를 들어, 렘 6:24; 13:21; 22:23; 사 13:8; 26:17-18), 그런 경우에 그 묘사의 초점은 어머니의 몸부림치며 괴로워하는 고통에 놓여 있다. 그러나 여기서는 독특하게도 태어나지 않은 아이가 주체가 되고 있다. 태어날 수 없는 것은 아이이므로 반드시 죽어야만 한다. 이 어휘들에는 희망에 대한 어떤 암시도 없다("이 은유 이면에는 야웨가 이스라엘을 새로운 삶으로 인도하실 것이라는 분명한 의도가 있다"라고 한 Wolff, 228과는 **반대다**).

14 14절을 구성하고 있는 이행연구(二行連句)와 삼행연구(三行聯句)를 이해하는 것은 어떻게 애매모호한 히브리 구절들을 해석하는가에 달려 있다. 만약 처음 네 개가 선언적 진술들이라고 한다면(그리고 에히[אהי]가 "나는…에 있을 것이다" 혹은 그와 같은 의미로 번역된다면), 이 구절을 위협이라기보다는 부분적으로 약속으로 보게 하는 요인이 있는 것이다. 그러나 다섯 번째 절("뉘우침이 내 목전에 숨으리라")의 관점에서 본다면, 처음 네 개는 질문들로서 번역되는 것이 가장 나을 것이다("원문주해" 14.a.를 보라). 그러나 노함(נחם, 여기서는 "뉘우침")조차도 "마음을 바꾸는 것"을 의미할 수 있을 것이다(삼상 15:11, 35에 나오는 동사 노함[נחם]의 니팔형을 참조하라). 그 명사형은 구약에서 오로지 여기서만 나온다. 따라서 확실하게 정의를 내릴 수는 없다. 그럼에도 불구하고 문맥은 심판의 일종이다. 그러므로 이 어휘들이 희망적이라고 보기에는 어렵다. "재앙(역병)"(דברים – 데베림)과 "멸망(파멸)"(קטב – 코테브)은 신명기 32:24의 어법을 반영하고 있는 것이며(시 91:6에 나오는 코테브[קטב]//데베르[דבר]를 참조하라. 즉 저주 유형 8), 이스라엘

을 위한 어떤 희망도 말하고 있지 않은 듯하다.

그러나 G는 첫 번째 이행연구를 일종의 약속으로 번역하고 있는 것으로 보인다("내가 그들을 지옥의 권세에서 구원해낼 것이고, 그들을 죽음에서 속량할 것이다"). 따라서 삼행연구의 수사학적인 질문들(G에는 "너의 재앙인 죽음이 어디에 있느냐?; 음부야! 너의 쏘는 것이 어디에 있느냐?")은 희망적인 확신들로 고려될 수도 있다. 즉 사실상 죽음의 재앙과 지옥의 쏘는 것이 이제는 에브라임에게서 너무나 멀리 있어서 그것들이 발견될 수 없다는 것이다. 그럼에도 불구하고, 곧이어 나오는 구절에서와 같이 G에서 죽음과 지옥에 대한 질문들은 실제적으로 매우 중립적으로 그리고 문자적으로 나타나 있다("뉘우침이 내 목전에 숨으리라[위로/긍휼히 여김이 내 눈에서 숨겨져 있다]"). 그러므로 G에 있는 14절의 이 부분은 어떤 희망적인 약속을 나타내고 있는 것이라고 생각될 수 없다. 논리적으로 흐르는 듯한 선(線)에 대한 별 고려 없이, G는 일반적으로 호세아서를 가능하면 문자적으로 구절별로 번역하고 있다.

고린도전서 15:55에서 바울은 14b절의 처음 두 행을 완곡하게 인용하고 있는 것이거나 아니면 다음과 같은 내용을 가지고 있는 G의 본문으로부터 인용하고 있는 것이다. G 본문은 "재앙"이라는 의미의 디케(*δίκη*) 대신에 "승리"라는 의미의 니케(*νίκη*)를 담고 있고, "지옥"이라는 의미의 하데(*ἅδη*)와 병행적으로 쓰인 "죽음"이라는 의미의 다나테(*θάνατε*)가 한 번이 아니라 두 번 들어 있다. 바울 또한 이 행들을 "중립적으로" 사용하고 있어서, 고린도전서 15장의 문맥에서 이 질문들이 정말 받아 마땅한 징벌로부터 그리스도가 우리를 구원하신다는 것을 나타내는 것인지, 혹은 그 문장들이 믿는 자에게는 그런 징벌들이 없을 것이라는(떨어져 있는 거리감을 통해) 것을 말하고 있는지 판단하기가 불가능하다.

이 말씀들은 그 의미를 정확하게 했을 호세아가 전하는 억양의 관점에서 보았을 때, 호세아의 청중들에게는 아마도 모호하지는 않았을 것이다. 우리는 그 의미가 단지 징벌에 대한 부정적인 확증만을 포함하고 있는 것으로 본다. 그러므로 "네 재앙/멸망이 어디 있느냐?"는 것은 사실상 시작되는 언약적 징벌들을 하나님이 부르시고 있는 것이다. 죽음의 장소인 음부(Sheol)가 불순종자들에 대한 언약적 경고를 성취하는 것으로서 이스라엘을 덮칠 것이다(신 4:26 등등; 즉 저주 유형 24).

15 한 개의 삼행연구(三行聯句)와 두 개의 이행연구(二行連句)로 구성된 이 상대적으로 긴 구절은 다가오는 파멸을 묘사하는 두 개의 은유(隱喩)들을 사

용하고 있다. 이스라엘은 물이 부족하여 죽게 되는 식물로 그려지고 있다. 그런 뒤에 하나님의 보물 창고는 이스라엘을 위한 축복의 장소("모든 보배[탐나는 것들]")로서 묘사되고 있다. 이스라엘이 한때 가졌던 모든 것을 하나도 남김 없이 빼앗기게 될 그런 창고로 묘사되고 있다. 이 두 가지 이미지들은 모두 오경의 저주들을 반영하고 있다. 가뭄으로 인해 땅이 소출을 내지 않게 될 것이라는 경고(저주 유형 6a)는 주로 레위기 26:19-20, 32, 35 그리고 신명기 28:22-24; 29:23에서 발견된다. "보물 창고"(אוצר – 오차르)가 박탈되는 것은 아마도 신명기 28:12과 32:34에서 이 어휘가 나타나는 경우에 가장 직접적으로 연관된 이미지를 찾아볼 수 있을 것이다. 그러므로 G의 독법(*καταξηρανεῖ τὴν γῆν αὐτοῦ καί* – 카탁세라네이 텐 겐 아우투 카이, 즉 "그가 그의 땅을 말려 버릴 것이다[오차르〈אוצר〉 대신에 에레초〈ארצו〉] 그리고…")이 좀 더 원본적일 것 같지는 않다. MT가 아마도 선지자가 의도했을 것으로 여겨지는 어휘를 보존하고 있을 것이기 때문이다. "보물 창고" 혹은 "예비 비축지"는 신명기 28:12에 나오는 비를 담고 있는 하늘의 아름다운 보고를 가리킨다(신 32:34에서는 진노를 담고 있을지라도). 현재의 문맥에서 이 용어는 이스라엘을 위한 은유가 아니라, 농경적인 유익들과 축복들을 담고 있는 하늘의 보고를 말하고 있다. 그 하늘의 보고에서 하나님은 자신의 백성들에게 선물을 부어 주신다. 이제는 하늘이 놋(구리)이 되어(신 28:23), 이 창고는 그 가지고 있는 보고들이 없어지게 될 것이다. 하늘은 비를 내리지 않을 것이고, 어두움과 적절히 어울리는 햇빛도 내지 않을 것이다. 야웨가 지금까지 자신의 백성들의 땅 위에 쌓아 오셨던 모든 보고(寶庫, 콜 헤므다[כל המדה])가 이제는 제거될 것이다.

이스라엘의 이전의 번영은 이제 소멸되고 있다. 광야(מדבר – 미드바르)에서 일어나는 동풍은 은유적으로 앗수르를 나타낼 수도 있다. 지나간 자국에는 황폐만을 남기는 앗수르 군대를 통해 스올과 죽음(14절)이 임하게 될 것이다.

14:1[13:16] 초점은 포위된 수도 사마리아로 좁혀진다. 그 사마리아는 한때 융성했고 영향력이 있었던 북 왕국의 유일하게 남은 지역이었다. 반역을 저지른 호세아 왕의 본부(本部)인 사마리아는 자연스럽게 앗수르의 공격의 중요한 목표가 되었다. 언약적 저주의 내용들은 지방과 성읍 모두에 대한 동일한 파멸을 예언하고 있다. 여기서 성읍에 대한 저주들(유형 9b)이 임박하게 성취되는 것으로 묘사되고 있다. 처음의 이행연구(二行連句)는 다음과 같은 징벌에 대한 이유를 말하고 있다: 야웨에 대한 반역. 결론을 맺고 있는 삼행연구(三行聯句)는 징벌 자

체를 묘사하고 있다. 그 징벌은 군사적인 것이다("칼", 저주 유형 3). 그 징벌은 아이들과 아이 밴 여인들을 잔인하게 죽일 정도로 끔찍할 것이다.

레위기 26장의 저주들은 1a절에 있는 사마리아의 멸망(שמם – 샤맘)의 예언에 대한 배경들이다. 동사 샤맘(שמם)은 레위기 26장에 적어도 일곱 번 정도 나온다(22, 31, 32[2번], 34, 35, 43절). 레위기 26:25-31은 포위 공격을 당한 뒤에 포로로 잡혀가는 성읍의 비참한 정황들을 언약적 불충성에 대한 징벌로서 당하는 끔찍한 살육의 결과를 통해 묘사하고 있다. 1b절의 배경 또한 적어도 부분적으로는 레위기 26장일 수 있다. 레위기 26장은 칼에 의한 파멸(25절)과 자녀들의 폭력에 의한 죽음(29절; 참조. 22절; 신 28:52-57; 32:25)을 말하고 있기 때문이다. 반역에 대한 징벌로서 전쟁에서 아이 밴 여인의 배를 가르는 것은 열왕기하 15:16과 아모스 1:13에서도 증언된다.

사마리아에 대한 포위 공격(왕하 17:15)은 3년 동안이나 지속되었는데, 이것은 신명기 28:52-57에 묘사된, 굶주린 백성들이 저지르는 절박한 행위들이 일어나도록 하는 데 충분하고도 남는 시간이었다. 그 성읍은 크게 고통을 당했음이 분명하다. 성읍이 함락되었을 때 앗수르 군대들은 그 곳을 잠정적으로 황폐한 곳으로 만들면서 수도로서의 그 역사에 종지부를 찍었다. 그 포위 공격이 끝날 때 즈음에 앗수르의 권좌에 오른 사르곤 2세(Sargon II)의 연대기에 따르면, 그는 사마리아에서 27,290명의 이스라엘 백성들을 포로로 잡았다고 말하고 있다. 아마도 그 이후로 그 성읍 주변에 있었던 농경 지역의 재배는 중단되었을 것이다. 그러므로 7-8절 내용의 성취로 그 지방의 시골 지역에 사자(獅子)들과 다른 들짐승들이 말 그대로 들어왔던 것이다(왕하 17:25). 신약 시대 전체 기간 동안 그 성읍에는 제한된 지역에만 사람들이 살았는데, 그 주민들 중 소수만이 이스라엘 종족이었다. 앗수르인들이 그 지역에 정착하여 살도록 다수의 민족들을 이주시켰기 때문이다(왕하 17:29; 참조. 렘 41:5).

해설

자신의 언약을 깨뜨린 백성들에 대한 하나님의 진노가 호세아서의 다른 어떤 곳에서와도 비교할 수 없을 정도로 이 곳에 집중적으로 그려지고 있다. 이 본문은 1장에서 시작된 징벌 메시지의 정점을 이루고 있다. 비록 궁극적인 미래에 대한 희망을 언급하는 부분들에 의해 빈번하게 중단되기는 하지만, 호세아서의 주된 메시지는 북 왕국은 비참한 최후를 맞이하고 말 것이라는 사실이다. 북 왕국이 야웨와 맺은 엄위한 계약을 범했기 때문이다.

호세아는 독립 국가로서 이스라엘의 존재가 끝나 갈 무렵에 바로 이 말씀을 전했다. 여로보암 1세에 의해 세워진 북 왕국의 반(反) 예전(2절)은 북 왕국 전체의 역사를 통해 널리 유력하게 보급되었었다(왕하 17:22-23). 시작하면서 이렇게 언약의 첫 번째, 두 번째 계명들(출 20:3-4; 신 5:7-8)을 범한 것은 그 자체로 하나님의 제재 규약을 초래하기에 충분했다. 이스라엘은 이런 죄를 끝까지 지속했기 때문에, 그 어떤 단순한 징벌도 기대될 수 없었다. 이스라엘은 사라져 없어지게 될 것이고(3절), 폭력적으로 많은 사람들이 죽게 될 것이다(7-8절). 그리고 야웨가 이스라엘 백성들을 파멸하도록 정하신 대적 앞에서 무력하게 될 것이며(10-13절), 분명한 죽음도 예정되어 있었다(14절-14:1[13:16]).

이스라엘 백성들은 언약을 주신 야웨의 유일무이한 지위를 거부함으로써 언약의 본질을 범했다. 그 결과는 재앙을 의미했다. 4절은 요약적인 대의(大意)를 말해 주고 있다. 이스라엘은 야웨만을 인정해야 한다는 명령을 받았다. 그 명령이 내포하고 있는 자연스러운 결과는 만약 이스라엘이 그렇게 하지 않는다면, 그들은 오로지 야웨만이 주실 수 있는 보호를 잃어버리게 되고 만다는 것이다. 이스라엘 백성들은 자신들의 유일하고도 참된 생명으로부터 스스로 떨어져 나가면서 국가로서의 그들 자신의 죽음을 돌이킬 수 없이 초래하고 말았다.

불쌍히 여기는 것이 야웨로 하여금 자신의 백성들을 치시는 행위를 막지는 못할 것이라는 사실을 이스라엘 백성들에게 분명히 하면서(14절), 야웨는 언약 백성들을 삼킬 죽음과 스올을 부르고 계신다. 주권자는 봉신이 불충성 가운데 반역을 저지르는 동안 인내를 가지고 영원히 기다릴 수는 없다. "어리석은 자식"(13절)인 이스라엘은 하나님의 축복을 받은 위대한 나라가 되는 기회를 잃어버렸다. 그들은 야웨를 잊어버렸으므로(6절), 야웨는 자신의 언약적 축복들을 그들로부터 거두어들이실 것이다(14b절). 그들의 불의/죄(12절)에 대한 대가로 그 나라와 그 수도 성읍은 전쟁에서 망해야만 한다. 호세아가 예후 왕조 후반기에 선포하기 시작했던 말씀(1:2-9)은 그 왕과 주요 정부 지도자들이 포로로 잡혀감(10-11절)을 통해 이미 힘을 잃어버린 남아 있는 나라에서 이루어지고 있었다.

이스라엘은 그 죄의 삯으로 받아 마땅한 것을 받았다: 죽음(롬 6:23). 하나님의 값없이 주시는 선물은 일반적인 형태를 바꾸었다는 것을 믿는 자에게 깨우쳐 주기 위해, 바로 고린도전서 15:15에서 이 본문의 14절을 인용하고 있다. 호세아

13장에서 언약을 범하는 자들에게 정해진 징벌을 선언하는 어법이 그리스도를 따르는 자들에게 다음과 같은 것을 깨우쳐 주기 위해 다시 사용되고 있다. 즉 옛 언약(*νόμος* – 노모스, "율법")은 반역자에게 반드시 죽음이 임한다고 분명히 말하지만(고전 15:56), 그리스도 안에 있는 새 언약은 죽음을 넘어서는 승리를 말하고 있다. 그리스도는 언약적 저주의 모든 권능을 단번에 충족시키셨다. 율법의 형벌에 대한 값을 지불하고 그 율법을 충족시킴으로써 구약 언약이 가지고 있던 재앙의 권능을 기독교인들에 대해서는 무력하게 만드셨다. 하나님과 함께 영원히 사는 믿는 자들의 부활의 상급은 옛 언약 안에서 이스라엘에게 적용되었던 죽음과 파멸의 징벌을 새 언약 안에서 대치하게 될 것이다. 이로 인해 그리스도 안에 있는 모든 자들은 바울과 같이 "하나님께 감사하노니"(고전 15:57)라고 말할 수 있는 것이다.

돌아올 남은 자들을 위한 약속(14:2-9[1-8])

참고문헌

Coote, R. "Hos 14:8: 'They Who Are Filled with Grain Shall Live.'" *JBL* 93(1974) 161-73. **Driver, G. R.** "Difficult Words in the Hebrew Prophets." In *Studies in Old Testament Prophecy*, ed. H. H. Rowley. Edinburgh: T. and T. Clark, 1950. **Feuillet, A.** "'S'asseoir à l'ombre' de l'époux." *RB* 78(1971) 391-405. **Gordis, R.** "The Text and Meaning of Hosea 14:3." *VT* 5(1955) 88-90. **Kidner, D.** "The Way Home: An Exposition of Hosea 14." *Themelios* 1(1975-76) 34-36. **Müller, H. P.** "Imperativ und Verheissung im AT: Drei Beispiele." *EvT* 28(1968) 557-71. **Testuz, M.** "Deux fragments inédits des manuscrits de la Mer Morte." *Sem.* 5(1955) 38-39. **Wetenholz, J.** and **A.** "Help for Rejected Suitors: The Old Akkadian Love Incantation MAD V8." *Or* 46(1977) 198-219.

본 문

선지자가 이스라엘에게 미래의 회개 기도를 알려 주다

14:2[1] 이스라엘아 네 하나님 여호와께로 돌아오라 네가 불의함을 인하여 엎드러졌느니라

3[2] 너는 말씀을 가지고 여호와께로 돌아와서 아뢰기를 모든 불의를 제하시고 선한 바를 받으소서 우리가 입술로 수송아지를 대신하여 주께 드리리이다

4[3] 우리가 앗수르의 구원을 의지하지 아니하며 말을 타지 아니하며 다시는 우리의 손으로 지은 것을 향하여 너희는 우리 신이라 하지 아니하오리니 이는 고아가 주께로 말미암아 긍휼을 얻음이니이다 할지니라

백성들의 기도에 야웨가 응답할 것을 약속함

5[4] 내가 저희의 패역을 고치고 즐거이 저희를 사랑하리니 나의 진노가 저에게서 떠났음이니라

6[5] 내가 이스라엘에게 이슬과 같으리니 저가 백합화같이 피겠고 레바논 백향목같이 뿌리가 박힐 것이라

7[6] 그 가지는 퍼지며 그 아름다움은 감람나무와 같고 그 향기는 레바논 백향목 같으리니

8[7] 그 그늘 아래 거하는 자가 돌아올지라 저희는 곡식같이 소성할 것이며 포도나무같이 꽃이 필 것이며 그 향기는 레바논의 포도주같이 되리라

9[8] 에브라임의 말이 내가 다시 우상과 무슨 상관이 있으리요 할지라 내가 저를 돌아보아 대답하기를 나는 푸른 잣나무 같으니 네가 나로 말미암아 열매를 얻으리라 하리라

The prophet gives Israel its future prayer of repentance

14:2[1] Return, Israel, to Yahweh your God, for you stumbled in your iniquity.

3[2] Take words with you and return to Yahweh. Say to him: "Completely[a] forgive our[b] iniquity. We will take[c] what is good, and we willfully repay the fruit of our lips.

4[3] Assyria cannot save us. We cannot ride on horses.[a] And we cannot again say 'Our god'[b] to the product of our hands. Blessed[c] is the orphan who[d] finds compassion[e] in you."

Yahweh's promise to answer the people's prayer

5[4] I will heal their apostasy[a] I will love them voluntarily, for my anger will have turned from him.

6[5] I will be like dew to Israel, he will sprout like the crocus, he will strike his roots as if in Lebanon.[a]

7[6] His shoots will go forth, his splendor will be like the olive tree, his scent like that of Lebanon.[a]

8[7] Those who dwell in his shade will return:[a] they will revive as[b] grain and will sprout. Like the vine will be his renown, like the wine of Lebanon.

9[8] What will Ephraim[a] have to do any more with idols? I will have responded[b] and I will bless[c] him. I am like a luxuriant fir tree, On me your[d] fruit is found.

원문주해

3.a. 콜(כל)의 이 의미에 대해서는 삼하 1:9; 욥 27:3; 겔 11:15 등을 참조하라.

3.b. 우리는 1인칭 공성 복수 접미어들이 여기에 또한 암시적으로 적용된다고 생각한다.

3.c. Tg와 같이 1인칭 공성 복수로 읽은 것. G는 2인칭 남성 복수를 가지고 있다. 그

러나 MT의 단수는 전혀 불가능한 것은 아니다.

4.a. 3.b.를 보라.

4.b. G와 같이 이 어휘는 또한 "우리의 신들"이라는 복수 형태로 번역될 수 있을 것이다.

4.c. MT의 자음을 아쉬레(אַשְׁרֵי)로 발음한 것. 또한 "… 때문에"도 가능하다(참조. 창 30:18; 왕상 3:19 등등).

4.d. "복되도다"라는 뜻의 아쉬레(אַשְׁרֵי) 다음에 나오는 관계사 없는 관계절에 대해서는 잠 8:32을 참조하라.

4.e. G는 이루함(ירחם)을 푸알보다는 피엘로 읽고 있다. 그러나 ירוחם로 쓰고 있는 Q는 MT의 복수형을 확증해 주고 있다.

5.a. G는 "저희의 패역(그들의 배교[背敎])"이라는 뜻의 메수바탐(משובתם)을 "그들의 처소들"이라는 뜻의 타스 카토이키아스 아우톤(*τὰς κατοικίας αὐτῶν*)으로 읽고 있다. 비록 이런 독법이 전혀 불가능한 것은 아니라 할지라도(내가 그들의 처소를 회복시킬 것이다), 문맥상으로 보았을 때 그렇게 읽어서는 안 될 듯하다.

6.a. 문자적으로는 "레바논같이". 히브리어 어구는 개별적인 식물들보다는 환경을 비교하는 의미를 전달하고 있는 생략적인 어구다. 또한 레바논 "크로커스"(crocus; Andersen and Freedman, 646) 혹은 "숲"은 생략적인 어법에서 의도될 수도 있을 것이다. "포플러"라는 의미의 리브네(לִבְנֶה)로 일반적으로 수정하는 것은 이론적으로는 가능하다. 리브네(לבנה)가 레바논(לבנון, "레바논")으로 변하는 것은 8절에 있는 레바논(לבנון)의 영향 아래서 일어날 수 있는 것이기 때문이다.

7.a. 6.a.를 보라.

8.a. 혹은 "그들은 다시…에 거할 것이다". "주석"을 보라.

8.b. 비교적인 것이 암시되어 있다. 또한 "포도나무같이"라는 의미를 가진 카가펜(כגפן)의 카프(כ)는 본 절에서 이중의 역할을 하고 있는 것일 수 있다.

9.a. MT의 리(לי, "나에게") 대신에 로(לו, "그에게")로 읽고 있는 G를 따른 것. 쿠닉은 MT의 리(לי)를 3인칭 남성 단수 형태로 해석한다(Kuhnigk, NSH, 156). 이를 위한 여러 가지의 유비들이 존재하기 때문이다.

9.b. G의 "내가 겸비하게 했다"라는 뜻의 에타페이노사(*ἐταπείνωσα*)는 동사를 아나(ענה) II로 본 것이다. 참조. 2:17[15]; 5:5; 7:10. 그렇다면 그 의미는 "내가 그를 겸비하게 했으나, (이제) 내가 그를 축복할 것이다"일 수 있다.

9.c. MT의 아슈레누(אֲשׁוּרֶנּוּ)에 대해 여러 가지 원형들(שׁור, שׁרר, אשׁר, 등등)과 그에 상응하는 모음점들이 제안되었다. "내가 그를 지켜볼 것이다"라는 어구는 비논리적이기 때문이다. 역본들은 본질적으로 차이점이 있다. 우리는 아아스레누(אֲאַשְּׁרֶנּוּ)로 읽는다(참조. Mays, 184; KB, 957).

9.d. 역본들은 한결같이 2인칭 남성 단수 접미사를 말하고 있다. 직접 화법으로의 전환은 언뜻 보아서 문제가 있는 듯이 보인다. 그러나 4b[36]절에 있는 유사한 전환과 병행을 이루고 있다.

양식/구조/배경

14:2-9[1-8]에서 호세아는 이스라엘에 대한 자기 자신의 영감된 예언적 권고(2-4[1-3]절)를 하나님의 회복의 약속(5-9[4-8]절)과 연결시키고 있다. 그 연결 내용은 여기에 그려지고 있는 미래의 이스라엘이다. 그들은 자신들의 징벌의 상태에서 야웨께 다시 돌아오도록 초청을 받고 권함을 받으며 간절한 부탁을 받고 있다. 만약 이스라엘 백성들이 진정으로 자신들의 참회를 야웨께 표현한다면, 야웨는 그들의 불충성으로 인해 철회했던 그 풍성함을 회복해 주면서 그들에게 자비로 응답하실 것이다(13:15-14:1[13:16]).

격려와 하나님의 말씀을 결합한 것은 참회시들을 생각나게 해준다. 정말로 베스터만은 현재의 본문을 그런 시들과 동일시하고 있다(Westermann, *The Praise of God in the Psalms*[Atlanta: John Knox Press, 1965] 61-62). 백성들은 야웨가 용서해 주시는 것을 위해 기도하라고 권함을 받고 있다. 그리고 용서에 대한 하나님의 약속이 주어지고 있다. 그러나 본문은 회개의 예배를 위한 전례(典禮)는 아니다. 첫째, 호세아의 예언들이 따르고 있는 언약적 제재 규약들은 이스라엘의 신실하지 못한 행위가 온전히 징벌을 받은 뒤에만 있게 될 이스라엘을 위한 회개와 회복의 기회를 그리고 있다. 둘째, 여기에는 예배에 있어서 정통의 자발적인 부흥이 기대되고 있는 암시가 없다. 나라의 남은 자들이 참되고 본질적으로 변화된 모습을 보일 때까지, 야웨는 이스라엘에게 약속된 축복을 전혀 허락하지 않으실 것이다. 물론 이스라엘의 참회는 아직 그 어느 곳에도 분명히 나타나지 않고 있다. 그들은 계속해서 죄를 짓고 있었다(13:2).

본문의 구조는 아래와 같이 요약될 수 있을 것이다.

회개를 위한 계획	(2-4[1-3]절)
야웨께로 돌아올 것을 초청함	(2[1]절)
참회의 맹세와 신뢰의 고백을 포함하는 회개를 권하는 기도	(3-4[2-3]절)
회복에 대한 하나님의 약속	(5-9[4-8]절)
고치는 것이 하나님의 진노를 대신할 것이다	(5[4]절)
야웨 안에서 누리는 이스라엘의 미래의 번영	(6-9[5-8]절)

2-4[1-3]절에 있는 예언적 설교는 산문으로 보인다. 2-4[1-3]절은 시에서 보이는 것으로 여겨지는 병행법들과 전형적인 운율이 결여되어 있다. 완전한 시적 구조는 참회적인 예배 의식을 위한 윤곽을 반영했을 것이다. 현재의 산문체적인 자료의 모습은 그런 면을 완화시키고 있다. 그러나 5-9[4-8]절에서는 시적인 구조가 명백하게 나타나고 있으며, 동의어적인 병행법들이 주도적으로 나타나고 있다. 9a[8a]절에서만 종합적인 병행법이 분명하게 나타나고 있다. 8[7]절이 동일한 길이로 나누어지는 것(stichometry)에 대해서는 의견이 일치하지 않는다. 행들의 다른 분할에 대해서는 Wolff(232) 혹은 Andersen and Freedman(642)을 참조하라. 일련의 3개의 삼행연구(三行聯句)가 나타나는 것(5[4], 6[5], 7[6]절)을 주의해서 볼 만하다. 시의 나머지 부분은 이행연구(二行連句) 형식이다.

본문의 어떤 내용도 우리에게 그 연대를 분명하게 말해 주고 있지 않다. 그러나 이 회개 형식은 유배와 죽음으로 향하고 있는 백성들에게 희망을 나누어 주는 부분이 있다. 즉 그들이 자신들과 함께 가지고 가서 그 자손들에게 전해 줄 희망의 말씀이 있다(참조. 신 30:2, 6). 그러므로 이스라엘 나라는 그들의 하나님이 영원히 그들을 버리지는 않으실 것이다는 사실을 기억하게 될 것이다(레 26:44).

그러므로 이 구절들은 사마리아의 과거 혹은 임박한 파멸을 전제로 하고 있는 것으로 보인다(참조. 13:2-14:1[13:16]). 아마도 이 구절의 말씀들은 주전 722년 혹은 그 무렵에 있었던 포위 공격의 마지막 몇 달 어간에 선포되었을 것이다. 이 말씀들은 북 왕국의 멸망에 이어 선포되었을 수도 있다. 4[3]절에 있는 참회의 기도에 대해 제안된 어순("우리가 앗수르의 구원을 의지하지 아니하며 말을 타지 아니하며[앗수르는 우리를 구원할 수 없다. 우리는 말들을 탈 수도 없다]")은 어떤 정치적 혹은 군사적인 작전도 이제는 더 이상 유효하지 못한 어떤 상황을 생각하고 있는 것일 수 있다.

주석

2 [1] 본문은 야웨께 돌아오라(שׁוּב - 슈브)고 하는 명령법으로 시작한다. 암시적으로 이 명령법은 유배 상태에 있을 미래의 나라에 대해 선포되고 있는 것이다. 유배지에 있는 이스라엘 백성들은 자신들이 처한 여러 가지 비참한 상태를 통해 배운 바가 있기 때문에, 결국에는 그들의 하나님께 기꺼이 돌아가기를 원할 것이다(참조. 레 26:40-45; 신 4:29-31; 30:1-10). 물론 "돌아오다"라는 의미의 언약

적 동사 슈브(שׁוב)는 신명기 30:1-10에서 그 용도를 일곱 번이나 반영하고 있는 것(참조. 신 4:30)으로 호세아가 사용하는 격려적인 어휘에서 중심적으로 쓰이고 있는 단어다(참조. 2:9[7], 11[9]; 3:5; 6:1; 7:10, 16; 12:7[6]; 14:2[1]).

이스라엘의 불의함(עון – 아온; 참조. 4:8; 5:5; 7:1; 8:13; 9:7, 9; 13:12)은 이스라엘 백성들을 걸려 넘어지게 했다(כשל – 카샬; 참조. 4:5; 5:5; 14:10 그리고 레 26:37). 아온(עון)과 카샬(כשל)은 모두 언약적 저주에서 사용되는 어휘들의 한 부분이다. 본 절은 이스라엘의 넘어짐(이미 진행 중인 징벌로서, 저주 유형 19)과 이스라엘의 과거의 죄(하나님의 언약에 대한 불충성)를 연결해 주고 있다. 이스라엘의 몰락은 시작되었고 돌아오는 것이 이루어지기 전에 그 몰락의 과정이 진행될 것이다. 되돌아오는 희망은 일종의 몽상(夢想)이 아니라, 바로 의로운 남은 자들을 위한 하나님의 보장된 약속이다(신 4:29-31 등등; 참조. 호 3:1-5). 따라서 돌아오라는 초대는, 비록 호세아의 입에서 나오는 이 말씀을 처음 들은 동일한 세대를 위한 축복의 예언은 아닐지라도, 계속적으로 이어지는 나라를 위한 진정한 축복의 말씀인 것이다.

3 [2] 미래의 회개하는 남은 자들을 위해 호세아는 죄 용서를 위한 간구와 참회의 서약의 말씀을 전해 주고 있다. 우리는 여기서 백성들의 기도를 위한 어떤 정확한 형식을 보게 된다고 말할 수는 없을 것 같다. 그러나 백성들의 호소를 요약해서 말해 주는 어떤 종류의 내용을 보게 된다. 야웨 앞에 나아왔던 이스라엘 백성은 그 혹은 그녀의 서원을 보장받기 위해 제사로 드리는 희생 제물을 가져와야만 했다(출 23:15; 34:20). 그렇다면 선지자가 미래의 이스라엘 백성들에게 자신들의 언약적 하나님께 "희생 제물들"을 가져오라고 충고하고 있지 않다는 것은 주목할 만한 교훈적 내용이다. 순종이 없는 희생 제물들은 아무런 가치가 없는 것이다(참조. 4:8; 5:6; 6:6; 8:13). 이스라엘 백성들은 오히려 "말씀(들)" (דברים – 데바림)과 "선한 바(좋은 것)"(טוב – 토브), 즉 그들의 고백과 약속의 서원과 그 약속을 성취할 바른 행위들을 가져야만 한다. 여기서 토브(טוב)는 "말씀"을 의미하는 것이라는 제안(R. Gordis, *VT* 5[1955] 88-90)은 언어학적으로는 흥미를 끄는 견해이지만, 문맥에 비추어 보면 궁극적으로 그런 의미를 가질 것 같지는 않다. "우리가 입술로…드리리이다(우리 입술의 열매를 다시 드리다)"(참조. 잠 13:2)라는 것은 여기서는 언약의 요구들에 따르는 선한 행위들로 참회의 서원을 이루어 드린다는 것을 의미한다.

야웨의 용서가 이스라엘이 미래에 담대하게 요구할 수 있는 그 무엇이라는 것은 언약에 있는 약속이기 때문이다. 야웨는 "모든 불의를 제하시고"라는 간청을 기꺼이 허락해 주신다. 이것은 교만하거나 뻔뻔스러운 기대가 아니다. 그것은 하나님의 은총이 허용하는 희망이다.("불의를 제하시고"라는 의미의 나사 아온[נשׂא עון]에 대해서는 출 34:7; 미 7:18 등등을 보라).

앤더슨과 프리드만이 지적했듯이(Andersen and Freedman, 645), 백성들이 야웨께 말하는 어법은 전체적으로 일곱 개의 진술을 가지고 있다: 세 개의 긍정(3b절), 세 개의 부정(4a절) 그리고 결론(4b절). 세 개의 긍정적인 요소들, 즉 명령법(…제하시고[용서하시고]…)과 두 개의 약속들(…을 받으소서…우리가 드리리이다[우리가…을 가져갈 것이다…우리가 다시 갚을 것이다])은 참회의 말씀의 처음 전반부를 완결하고 있다.

4 [3] 참회의 말은 부정(否定)적인 어조로 묘사된 세 개의 짧은 진술들과 함께 계속되고 있다. 그 세 개의 진술들은 각각 실패와 무능력에 대한 고백이다. 따라서 야웨만이 자신의 백성들을 구원하고 은혜를 베풀 수 있는 권능을 가지고 계시다는 고백을 내포하고 있는 것이다. 백성들이 앗수르와 "말들" 혹은 우상들(정치적인 동맹들과 군사적인 힘과 이교적인 숭배 등을 각각 나타내는 제유[提喩]적인 표현)에게서는 희망이 없다는 것을 인정하고 있다. 이런 이전의 믿음의 대상들을 거부함으로써 이스라엘은 야웨와 맺은 원래의 언약을 암시적으로 새롭게 하고 있다. 비록 일관성이 없기는 하지만, 이스라엘은 당면하고 있는 국제적인 문제를 푸는 해결책으로서 호세아 시대에 앗수르의 도움을 받아 구원받는 것을 거듭해서 기대하고 있었다(5:13; 8:9). 또한 이스라엘은 이스라엘 군사력의 중심이 되는 전차를 포함해서 말들을 거듭해서 믿고 있었다. 이런 태도는 신명기 17:6a에 나오는 "말"에 대한 유명한 언약적 규례를 직접적으로 범하는 것이었다. 아마도 신명기 17:6a은 이 경우에 호세아가 사용하는 어휘를 결정하도록 하는 본문이었을 것이다(참조. 사 30:16; 31:3; 36:8). 더욱이 이스라엘은 그 말의 공급을 위해 애굽에 의존하고 있었기 때문에, 이 구절은 또한 앗수르를 의존하고 있는 것(신 17:6b)과 병행을 이루는 애굽에 대한 의존을 암시하는 것일 수 있다. 그러나 그 무엇보다도 짜증이 날 정도로 신뢰를 두었던 것은 바로 우상들에 대한 이스라엘의 견고한 신뢰였다. 우상들에 대한 신뢰는 그 나라의 종말을 고하게 만든 일이었다(참조. 13:2). "우리의 손으로 지은 것"인 황금 송아지들과 다른 우상들은 그 자신들 스스로가 하나님의 창조물이었던 사람들이 만든 것이었다. 그러므로 구원의 능력이 없는 것은 분명하다(참조. 8:6; 13:2). 미래의 이스라엘은 바로 언약에 대

한 이런 가장 기본적인 불신실함을 거부해야만 하는 것이고 또한 거부할 것이다.

3b[2b]절에 표현된 삼중의 헌신에 더해진 4a[3a]절의 삼중의 고백은 야웨에 대한 엄격한 충성과 야웨에 대한 전적인 의존을 예견하는 것이다. 원래의 국가적인 헌신을 야웨께만 드리겠다(참조. 2:9b[7b])고 하는 이스라엘의 확신에 찬 주장은 그 대가를 받게 될 것인가? 정말로 받게 될 것이다. 야웨는 자신의 백성을 용서하고 회복하는 것이 준비된 자신을 보여 주어 오신 긍휼의 하나님이시기 때문이다(레 26:42-45; 신 4:31; 30:2-9; 호 2:1-3[1:10-2:1], 18-25[16-23]; 3:5; 6: 1-3; 11:8-11). 이런 확신은 참회의 시들에서 종종 표현되는 것과 같이, 여기서도 야웨에게서 긍휼을 찾는 고아의 이미지를 통해 은유(隱喩)적으로 표현되어 있다. MT의 아셰르(אשר)를 "… 때문에"나 "은총을 입은" 중 어느 것으로 본다 하더라도, 신뢰를 표현하는 주된 요지는 동일하다: 야웨는 언제나 도움이 필요한 자들에게(참조. 1:6, 7; 2:3[1]) 기꺼이 "긍휼함을 보여 주신다"(רחם – 라함). 어떤 어른이 한 아이를 얻어 마치 자신의 아이로 사랑하는 것처럼, 하나님은 이스라엘을 다시 받아 줄 것을 약속하신다. 고대 이스라엘 사회에서 고아는 그 자신이 생존할 수 없는 외롭고 무력한 존재였다. 야웨는 언약에서 고아의 보호자가 되어 주겠다고 약속하셨다(출 22:22). 미래의 이스라엘은 바로 이 긍휼에 그 희망을 놓을 수 있을 것이다.

5 **[4]** 이제 야웨가 말씀하기 시작하신다. 시의 형태로 주어진 야웨의 말은 약속으로 가득 차 있다. 야웨는 이스라엘에게 다음과 같은 것들을 보장해 주신다. 야웨는 언젠가는 이스라엘 백성들이 징벌을 받게 만든 언약을 깨뜨린 것을 치료하실 것이다. 이스라엘 백성들은 더 이상 야웨의 진노를 두려워할 필요가 없을 것이다. 징벌이 지나갈 시간이 도래할 것이기 때문이다. 이스라엘은 "저희(그들)를"과 "저(그)를"이라는 두 가지 어휘를 통해 지칭되고 있는데, 대명사의 잦은 변화는 호세아서 전체를 통해 잘 증거되고 있다. 이 경우에 "저(그)를"로 전환되는 것은 이스라엘이 울창한 나무(단수)로 연결되는 6-9절의 주요한 은유에 연결해 주는 다리를 만들어 주는 이점을 가지고 있다.

과거에 이스라엘을 특징적으로 묘사해 주었던 배교(משובתם – 메슈바탐)적 행위(참조. 5:4; 7:2; 11:5)는 야웨가 치료(רפא – 라파)하기로 약속하신 바로 그 대상이다. 메슈바(משובה)라는 용어는, 비록 그 의미가 완전할 정도로 분명하기는 할지라도, 구약에서 호세아서(여기서와 11:7)와 잠언(1번) 그리고 예레미야서(9번)에서만 사용되고 있다. "고치다"라는 의미의 라파(רפא)와 "돌아오다"라는 의미의 슈브(שׁוב)의 형태를 연결하여 사용하는 것은 이사야 6:10에서 이 용어들이 함께 사용되는 것과 병행을 이루고 있다. 언약적 저주를 나타내는 어휘들에서 라파(רפא)는 신명기 28:27과 35에서 나타난다. 그 곳에서 불충성에 대한 징벌로서 치료될 수 없는 간지러움과 종기를 각각 나타내는 것으로 언급되고 있다. 그러나 과거에는 고치는 것이 가능하지 못했던 반면에, 이제 그 고치는 것이 미래에 회개하는 나라를 위해 약속되고 있다. 풍성한 사랑에 대한 약속을 위해 중요한 언약적 용어인 아하브(אהב, "사랑"; 참조. 신 4:37)가 사용되고 있다. 이 아하브(אהב)는 정서적인 가까움을 나타내는 좀 더 일반적인 의미뿐만 아니라 "…에 충성하라,…에 신실하라"는 의미를 표현하고 있는 조약들에서 발견되는 기교적인 의미를 가지고 있다. 이것은 얻어질 수 없는 그런 사랑이다. 이스라엘이 야웨께 열납될 만한 대가로 무엇을 드릴 수 있었겠는가? 오히려 "자원 제물" 혹은 "관대함에서 드려지는 제물"인 네다바(נדבה)의 의미에 반영되어 있는 대로, 야웨의 사랑은 다시금 자신의 백성들에게 축복을 줄 것이다. 또한 기술적인 언약적 용어인 하나님의 "진노"(אף – 아프)는 하나님의 언약적 징벌들에 앞서 이루어지는 저주다(신 29:19, 22, 23, 26, 27; 31:17; 32:22). 야웨의 진노가 돌아갈(שׁוב – 슈브) 것이라는 예언은 징벌들이 좋은 것을 위해 그칠 것이라는 사실을 예언하는 것이다. 사랑과 진노는 감정적인 변화를 나타내는 것이 아니라, 징벌과 용서의 과정에 대한 언약적으로 표현된 묘사들이다. 야웨의 진노는 오로지 야웨 자신의 은총에 의해서만(참조. 2:16, 17[14, 15]) 진정될 것이다(참조. 11:9). 이스라엘은 자신이 처음 선택받았을 때와 같이, 이런 은총의 용서를 받을 만한 자격을 가지고 있지 못한 것으로 남아 있다. 종말에 이스라엘은 신실하게 되는 축복(회복의 축복 유형 3; 참조. 신 30:6)을 받을 것이다.

6 [5] 삼행연구(三行聯句)인 6[5]절은 5-9[4-8]절에 있는 시의 은유(隱喩)적 부분들을 시작한다. 본 절은 다음과 같은 세 개의 직유(直喩)로 이루어져 있다: 야웨는 자신을 이슬에 비유하신다(혹은 식물이 번성하는 데 필요한 물인 "수분"). 이스라엘의 풍성하고 화려한 미래는 크로커스(crocus)에 비유되고 있다(좀 더 느슨하게는 "백합"). 그리고 이스라엘의 미래의 안정성은 장대한 레바논 숲의 뿌리 깊음에 비유되고 있다. 번성함은 특별히 구약의 다음과 같은 세 부분에서 풍성한 식물의 삶에 연관되거나 그런 삶을 통해 표현되었다: 언약적 회복의 축복에서(예를 들어, 신 30:9), 지혜 문학에서(예를 들어, 솔로몬의 아가) 그리고 회복된 언약적 축복에 대한 선지자적 예언의 많은 부분에서(예를 들어, 암 9:13-14;

미 7:14; 사 55:13). 야웨의 약속이 이스라엘에게 이슬(טל - 탈)과 같을 것이며, 그로 인해 이스라엘이 번성하게 될 것이라는 사실은 신명기 33:13과 28(참조. 또한 신 32:2)뿐만 아니라 솔로몬의 아가의 사랑을 이야기하는 문체들이 있는 부분들(참조. 또한 사 26:19)에서 언급되고 있는 축복의 약속들을 생각나게 해준다. 레바논의 영광과 아름다움에 대한 암시적인 언급은 아가서와 선지자적 축복 예언들(예를 들어, 사 35:2; 60:13)에 많은 병행 구절들이 있다. 이슬에 의해 거의 계속적으로 촉촉하게 젖어 있는 레바논의 경사지들은 1년 내내 싱싱하게 자라는 장소였다. 신속하게 자라고 이른 봄에 번성하는 것으로 알려진 크로커스(crocus)는 이스라엘의 다가오는 번성을 전달하는 또 다른 적절한 이미지다. 호세아가 여기서 "피다(싹이 나다)"라는 의미의 파라흐(פרח)를 사용하고 있는 것은 매우 다른 의미로 피어난 왕실의 부패한 "재판(공의)"을 말하고 있는 10:4과 대조를 이루고 있다. 꽃을 피우고 싹을 내는 개념은 새로운 시대를 대변하는 주제다(참조. 사 35:1, 2). "뿌리"를 의미하는 셰르셰(שרש)의 용도는 또한 9:16("그 뿌리가 말라"; 참조. 신 29:18)에서 이전에 사용된 용도와 다른 것이다. 이사야 37:31과 53:2에서와 같이 여기서 "뿌리"는 그 하나님에 의해 축복을 받고 번성함을 입은 종말론적 나라의 견고함과 안정성을 묘사하고 있다. 호세아는 이스라엘이 충성에서 떠나버린 것을 이전에 이슬이라는 용어를 사용해서 묘사했다(6:4; 13:3). 이제 야웨의 변함없는 신실함이 동일한 어휘를 통해 부분적으로 묘사되고 있다. 야웨의 언약이 일단 다시 지켜질 때, 야웨의 교훈은 "내리는 비요 나의 말은 맺히는 이슬이요 연한 풀 위에 가는 비요 채소 위에 단 비로다"(신 32:2)가 될 것이다.

7 **[6]** 시의 세 번째 삼행연구(三行聯句)는 6절에서 발전적으로 전개된 은유(隱喩)를 직접적으로 계속해서 전개시키고 있다. 그 삼행연구는 레바논 숲에 대한 내용으로 유사하게 끝을 맺는다. 메마름이 보편적인 세상의 지역 가운데서 레바논 숲은 그 식물들의 풍성한 삶으로 인해 유명한 곳이었다. 이것이 바로 실질적으로 야웨가 이스라엘에게 약속하신 것이다: 이스라엘이 이전에 특별하게 빼어난 것(풍성한 농경적 선물)을 얻기 위해 스스로 바알과 행음을 했던 바로 그것(참조. 2:10[8])을 야웨는 이스라엘이 이전과 동일한 땅이 되지 않을 정도로 커다란 은총 가운데 미래에 이스라엘에게 주실 것이다. 본 절에 쓰인 어법은 이전의 한 무리의 노예들이 여호수아 아래에서 가나안을 정복할 때 그들을 격려했던 약속의 말씀인 "젖과 꿀"이라는 말(수 5:6; 참조, 출 3:8; 레 20:24; 민 16:13, 14; 신 6:3; 31:20; 렘 11:5; 32:22; 겔 20:6, 15)과 같이 의도적으로 과장되게 쓰인 면이

있다. 삼행연구의 세 개의 행들은 이스라엘의 미래 상태의 국면들을 암시해 주고 있다: 안정성("그 가지"), 눈에 띄임("그 아름다움") 그리고 매력이 있음("그 향기"; Westenholz, J. and A., *Or* 46[1977] 198-219에서 제시하는 병행구들을 참조하라). "그 가지(들)"(ינקותיו – 요느코타이오)에 대한 내용에 비추어 볼 때, 이 은유는 어떤 나무(겔 17:22) 혹은 포도나무(시 80:12)를 묘사하고 있는 것이 분명하다. 이스라엘의 미래의 아름다움을 감람나무의 아름다움과 비교하는 것(참조. 렘 16:11)과 이스라엘의 향기를 레바논 숲(백향나무)의 향기와 비교하는 것(참조. 아 4:11)은 언약적 축복의 주제에 단순히 하나 더 변화를 준 표현이다. 언약적 축복의 주제는 언약 자체의 어법에 토대를 둔 선지서들에서 일반적으로 표현된 농경적 풍성함을 매개로 표현되고 있다(예를 들어, 신 33:13-16; 30:9-10; 렘 33:13; 암 9:13-14; 욜 3:17 등등).

8 **[7]** 8[7]절의 두 개의 이행연구(二行連句)는 이스라엘을 위한 세 개의 회복적 축복들을 예언하고 있다: 돌아옴(유형 7), 수적으로 부흥함(유형 4) 그리고 번성함(유형 6). 이 모든 축복들은 이스라엘의 매력이 되어 이스라엘을 유명하게 해줄 것이다. "그 그늘에" 거한다고 언급한 것은 그 내용에 대한 전적으로 분명한 표현은 아니다. 그 거주하는 자들을 보호하고 유익하게 해주는 것은 이스라엘의 그늘인가, 아니면 야웨의 그늘인가? 분명히 야웨만이 그런 그늘을 주시는 분이어야만 한다(참조. 시 17:8; 36:8; 91:1 등등)는 이론을 토대로 자주 제안되는 수정안들은, 비록 역본들로부터 지지를 받지 못한다 할지라도, "그(의) 그늘에"라는 뜻의 MT의 베칠로(בצלו)를 "나의 그늘에"라는 뜻의 베칠리(בצלי)로 바꾸곤 한다. 더욱이 9[8]절에서 야웨는 자신을 푸른 잣나무에 비유하고 있다. 그러나 이미 6[5]절과 7[6]절에서 이스라엘은 나무에 비유되고, 그 은유(隱喩)-직유(直喩)는 8[7]절에 이르기까지 또한 계속되고 있는 듯하다. 따라서 "그 그늘 아래 거하는 자(들)"은 국가적 언약의 우산 혹은 "그늘"과 관련을 맺고 그 아래에서 정체성을 유지하는 자들로 보는 것이 가장 나을 것 같다.

"돌아오다"(שוב – 슈브)라는 어휘는 야웨께 돌아오는 것이나 유배지로부터 돌아오는 것을 말할 수 있다. 후자의 의미는 전자에 의존되어 있음이 분명하므로 두 가지 의미 모두 의도되어 있는 것일 수 있다. 유배지로부터 돌아올 것에 대한 분명한 약속은 이미 호세아를 통해 주어졌다(11:11). 그러므로 선지자가 말하는 미래의 희망은 애매모호한 것이라는 사실을 토대로 이런 해석에 대한 그 어떤 반대도 제기될 수는 없다. 백성들이 돌아올 때 그들은 다시금 야웨가 풍성하게 제공해 주신 것을 누릴 것이다. 이스라엘은 다시 한 번 다방면으로 긍정적인 평판(זכר – 제케르)을 얻는 장소가 될 것이다. "피다(싹이 나다)"라는 의미의 파라흐(פרח)가 다시금 사용되고 있다. 그리고 절의 끝에 일종의 문장이나 구절의 실제적인 반복으로서 "레바논"이 세 번 나타나고 있다. 비교를 나타내기 위한 것으로서 이번에는 교훈적으로 만들어진 포도주와 연관되어 있다. 이스라엘이 찾았던 "젖과 꿀"은 결국에는 야웨의 은총으로 주어지게 될 것이다. 그것은 이전에 불순종했던 나라가 다시금 생명(יחיו – 이하아유)으로 돌아가는 것과 같은 것이 될 것이다. 이스라엘은 한때 야웨께 광야에 있는 포도나무와 같았다(10:1). 이제 이스라엘은 열방 중에서 거할 곳이 많은 포도나무와 같이 될 것이다.

9 **[8]** 호세아 시대에 에브라임은 북 왕국의 남은 영토였기 때문에, 아마도 "에브라임"이라는 이름을 언급하는 것은 초점이 5-8[4-7]절에서 놓였던 미래(만약 6[5]절에서 이스라엘과 짝을 이루는 나누어진 어휘로서 쓰인 것이 아니라고 한다면)에서 그 당시 현재의 기간으로 돌리려는 의도가 부분적으로 있었을 것이다. 이런 어휘들은 호세아 당시의 나라가 우상 숭배를 중단함으로써 징벌을 피하는 것을 기대하고 있었을 것이라는 암시를 주는 것은 아니다. 오히려 하나님은 하나님의 미래의 약속은 역사적인 나라의 다른 요소만큼이나 에브라임을 포함하고 있었다는 것을 현재의 에브라임이 알기를 원하셨다는 것을 나타내고 있는 것이다. 그렇게나 하나님을 지금 무시하고 있는 바로 그 사람들이(14:1[13:6]), 그럼에도 불구하고 하나님의 축복을 받을 수 있을 것이라는 사실이다. 이 문장에서 에브라임의 이름이 첫 번째로 언급되고 있는데, 종족 축복 문장들의 어떤 문체에 있는, 실제적으로 **미결정(未決定)의 진술**(*casus pendens*)로서 쓰이고 있다("에브라임아,…"; 창 49:3, 8; 삿 5:17; 참조. 신 33:7, 8, 13, 18 등등). 수사적인 질문을 통해 하나님은 에브라임에게 그 우상 숭배를 버릴 것을 호소하고 계신다. 우상 숭배를 그칠 때까지는 회복을 위한 희망이 없을 것이라는 암시를 담고 있다(유배지에서 우상 숭배로부터 언약적 신실함으로 돌아서는 것은 구원을 위한 전제 조건임을 말하고 있는 신 4:28-30을 참조하라). 4:17에서 호세아는 에브라임이 우상들과 결연(結緣)되어 있는 것을 통렬히 비난했다(또한 8:4; 13:2을 참조하라). 이제 에브라임은 야웨의 축복을 받지 못하게 하는 결속을 깨뜨리라고 도전을 받고 있다.

야웨는 2:23-25[21-23]의 장려한 시에 있는 대로 응답(ענה – 아나)할 것을 약속하신다. 2:23-25[21-23]에서 응답은 풍성하게 자라는 것과 농경적인 선물로 동일하게 상징되고 있다. 야웨는 에브라임조차도 잣나무(ברוש – 베로쉬)로 만들어 주면서 복을 받게 해주실 것이다. "잣나무"는 아마도 페니키아 로뎀나무를 포함하는 다양한 종류의 침엽수 가운데 어떤 것을 의미할 수 있다. 비록 잣나무는 열매가 없다 할지라도, 이 사실이 "네가 나로 말미암아 열매를 얻으리라"는 은유적인 약속에 장애가 되지는 않는다. 그 자체가 과일 나무인 생명나무(창 3:22과 계 22:2)의 개념에 대한 완곡한 유비일 가능성도 있다. 잣나무가 1년 내내 줄곧 푸르른 것은 그 잣나무가 생명나무를 위한 적절한 상징이 되도록 해준다. 즉 회복된 축복의 한 유형(10)이 되는 죽음의 어떤 위험에서 결과적으로 자유로운 생명나무의 상징으로 적절한 것이다. 그러나 그 열매는 야웨 자신의 선물이다. 야웨는 이스라엘에게 항상 열매를 맺어 주시는 과일 나무다. 과일(פרי – 페리)은 9:16에서와 같이 "에브라임"(אפרים – 에프라임)과 조화를 이루는 언어유희의 한 부분일 수 있다. 따라서 호세아를 통해 하나님의 이 말씀이 전하는 메시지는 다음과 같은 전체적인 메시지와 어울리는 일관성을 가지고 있다: 야웨, 야웨만이 이스라엘에게 은혜를 베푸시는 분이다.

해설

이스라엘 역사를 위한 언약적 예언들의 연대기에 대한 단순화된 유형은 다음과 같이 읽혀질 수 있다: 축복, 저주, 축복(1-14절에는 순종에 대한 축복들이 예견되어 있고, 15-28절에는 불순종에 대한 징벌의 저주를 통한 경고가 기술되어 있으며, 29-31절은 징벌 이후에 회복의 축복에 대한 약속을 말하는 신 4장을 참조하라. 또한 레 26장과 신 30:1-10에 있는 연대기적인 유형을 보라). 비록 중요한 예외적 사항들이 있을지라도, 호세아는 다음과 같은 유형을 암묵적으로 따르고 있다: 부패한 현재의 이스라엘에 대한 순종의 축복을 말하는 예언이 있을 수는 없다. 그런 것이 용납된 때는 지나간 긴 과거의 시간이었다. 그러므로 호세아의 영감어린 메시지는 회복의 약속이 따라 나오는 징벌에 대한 경고에 집중하고 있다. 즉 연대기적인 순서에 있어서 저주, 축복으로 이어진다. 호세아서에 있는 대부분의 신탁들은 징벌에 대한 예시에 집중되고 있다. 그러나 호세아는 하나님의 오래된 약속에 따른 미래의 회복의 희망을 되새겨 주는 내용들을 전하도록 빈번하게 요청받고 있다(2:1-3[1:10-2:1], 16-25[14-23]; 3:5; 6:1-3; 10:12b; 11:8-11). 호세아 14:2-9[1-8]은 그의 신탁 모음에 적당한 초석이 되는 그와 같은 마지막 본문이다.

그것은, 비록 호세아 당대의 사람들이 그들 당대에는 성취될 것으로 기대할 수는 없었을지라도, 그 당대의 사람들 가운데서 믿음의 사람들에게 주어진 약속의 말씀이다. 구약에서 이스라엘의 회복을 위한 시간 틀은 신약에서 그리스도의 재림을 위한 시간 틀과 마찬가지로 불명확하며 확실하지 않다. 믿음의 사람에게 이런 무제한성은 그리 중요한 문제가 아니다. 하나님의 은혜로운 계획은 궁극적으로 성취될 것이고, 그 백성들은 어느 날 하나님과 완전하게 하나가 되리라는 사실을 아는 것으로 족한 것이다. 그 회복은 곧 올 수도 있다는 희망을 가질 수는 있다. 그리고 하나님의 명령들에 순종함으로써 그 회복을 위해 준비해야만 한다. 그러나 어느 누구도 그 회복이 그 혹은 그녀 당대에 도래할 것이라고 생각할 수는 없다.

주전 8세기 말의 정통 이스라엘은 이 시점에서(만약 사마리아 존속의 말기에 있는 것이라고 보는 14:2-9[1-8]의 연대기가 맞는 것이라고 한다면) 어려운 시기가 앞에 놓여 있다거나 그 시기의 비참함은 받아 마땅한 것이었다는 점을 분명히 알고 있었을 것이다. 그러나 나라의 많은 백성들이 죽는다는 것은 정치적으로, 군사적으로, 경제적으로 그리고 사회적으로 하나님의 택하신 이스라엘의 종말을 나타내는 것은 아니었다는 사실을 알고 기뻐할 수는 있었을 것이다. 회개가 풍성한 축복을 가져올 때, 과거의 비극들은 단지 하나의 추억거리가 될 뿐인 때가 도래할 것이다.

하나님은 다시금 그분이 이스라엘을 "즐거이"(נדבה – 네다바) 사랑하실 것이며, 그의 진노는 자신의 백성들에게서 거두어질 것이라고 약속하신다(5[4]절). 이 약속이 이루어지게 하기 위해서는 미래의 이스라엘이 회개하고 자신들의 유일하고 참되신 하나님을 찾아야만 한다(2-4[1-3]절). 그러나 미래의 이스라엘 백성들은 물질주의적 우상 숭배의 풍요 예전이 추구하는 방식으로 하나님의 은총을 살 필요는 없다. 그들이 드릴 유일한 제물은 신실한 말들, 그들의 입술의 열매를 갚을 것이라는 약속, 즉 야웨께 드려진 회개의 약속을 한 서원을 지키는 것만이 필요하다. 야웨는 한때 고아 이스라엘을 자신의 백성으로 받아들이셨다. 이스라엘 백성들이 현재 거부하는 것이 지난 뒤에, 야웨는 다시 그들을 받아들이실 것이고, 그들은 다시 축복을 받을 것이다. 야웨는 다시 자신의 긍휼을 보여 주실 것이다(4b[3b]절). 야웨 자신으로 인해 나라의 배교 행위는 치료를 받을 것이고(5[4]절), 그 번성함은 회복될 것이다(6-9[5-8]절).

회개하는 백성들을 위한 미래의 세대는 이스라엘의 언약에 신실하지 못한 것에서 그리고 하나님께 그렇게나 상극인 우상 숭배(9a[8a]절)로부터 자유로워질 것이다. 선지자의 말씀들은 그 이스라엘 백성들에게 야웨께 가까워지는 것은 우상 숭배로부터 멀어지는 것이며, 언약을 지키는 데 있어서 하나님의 도움을 의미하는 것(신 30:6)임을 마지막으로 적절하게 되새겨 주고 있다. 만약 이스라엘 백성들이 그 교훈을 언약적 저주가 그들에게 내려진 뒤가 아니라 내려지기 전에 배울 수 있었더라면!

새로운 세대는 풍성한 생명의 세대가 될 것이다. 하나님 자신이 친히 이스라엘의 생명의 원천이 되어 주실 것이다. 이스라엘 백성들이 야웨께 돌아온 뒤에 생명나무는 하나님의 백성들을 위해 꽃이 필 것이며 열매를 맺히게 될 것이다. 이런 약속이 궁극적으로 성취되는 것이 시작된 것을 본 이스라엘은 그리스도의 교회다. 교회는 호세아와 구약의 나머지 부분들에 있는 회복의 약속들을 유산으로 받고 있다(갈 3:29). 우리는 영원한 생명의 원천을 고대하고 있으며, 언약적 저주가 가지고 있는 어떠한 위협도 마지막으로 폐기되는 것을 기다리고 있다(계 22:2-3).

지혜로운 독자에 대한 도전(14:10[9])

참고문헌

Budde, K. "Der Schluss des Buches Hosea." In *Studies Presented to C. H. Toy*. New York: Macmillan, 1912. 205-11. **Seow, C.** "Hosea 14:10 and the Foolish People Motif." *CBQ* 44(1982) 212-24.

본 문

14:10[9] 누가 지혜가 있어 이런 일을 깨달으며 누가 총명이 있어 이런 일을 알겠느냐 여호와의 도는 정직하니 의인이라야 그 도에 행하리라 그러나 죄인은 그 도에 거쳐 넘어지리라

14:10[9] Who is wise? Let him understand these things. Intelligent?[a] Let him know them. For the ways of Yahweh are right; so the righteous will[b] walk in them, but those who rebel[c] will stumble in them.

원문주해

10.a. "누구?"라는 뜻의 미(מי)는 "현명한"이라는 뜻의 하캄(חכם)과 "총명"이라는 뜻의 나본(נבון) 모두를 위한 이중의 역할을 하고 있다.

10.b. 혹은 "…해야만 한다" 등등. "행하다(걷다)"라는 의미의 옐쿠(ילכו)가 이중의 역할을 하고 있는 것이라는 (있을 것 같지 않은) 가능성에 대해서는 Andersen and Freedman, 648를 보라.

10.c. 혹은 "반역자들", "반란자들", "범법자들", "불순종 자들" 등등.

양식/구조/배경

10[9]절은 독립적이고 개별적으로 구성된 시로, 그 시의 초점은 전체 호세아서이다. 이 시는 두 개의 질문과 두 개의 도전을 담고 있는 한 개의 이행연구(二行連句) 그리고 언약을 지키는 자들에 대한 야웨의 도(道)(길들)와 언약을 지키지 않는 자들에 대한 야웨의 도(길들)에 대한 다른 관계를 간략하게 묘사하고 있는 삼행연구(三行聯句)로 이루어져 있다. 이행연구는 그 병행법에 있어서 동의어적이다. 삼행연구는 종합적-대조적이다. 두 개의 병행법들은 모두 "지혜"라고 완곡하게 불리는 것에 대한 전형적인 형태다. 첫 번째 행("누가 지혜가 있어 이런 일을 깨달으며 누가 총명이 있어 이런 일을 알겠느냐")은 시편 107:43과 예레미야 9:11과 유사하다. 시편 107:43은 자신의 백성들 가운데서 하나님께서 이루시는 구원 행위를 다시 이야기하는 긴 시편에 대한 종결부와 같은 것이고, 예레미야 9:11의 문맥은 10b[9b]절에 있는 삼행연구가 말하는 관심 사항과 유사한 언약적 순종/불순종을 말하고 있다. 10b[9b]절에 있는 "의인(들)"(צדקים – 차디킴)과 "죄인(들)"(פשעים – 포셰임)의 운명을 대조적으로 나타내고 있는데,. 이런 표현은 잠언의 반정립(反定立)에 있는 수많은 병행구절들에서 볼 수 있다(예를 들어, 10 :24, 29, 30; 11:3; 12:3, 5, 7 등등).

비록 이 시가 호세아 선지자 자신으로부터 나온 것이라는 사실 또한 증명할 수 없기는 할지라도, 이 시가 호세아적인 것이 아니라고 기각할 그 어떤 증거도 없다(Seow, *CBQ* 44[1982] 212-24를 참조하라). 이 시가 포함하고 있는 것과 같은 "지혜" 요소들에 대한 연대기를 말하는 것은 불가능하다. 더욱이 이 시에 있는 어떤 것이 "지혜" 계열에 엄밀하게 연결되어 있는지 혹은 그렇지 않은지에 대한 질문이 제기될 수도 있다. 어법은 속담투로서 다분히 신명기적이다. "여호와의 도(야웨의 길들)"(דרכי יהוה – 데레케 야웨)는 사실상 오경의 언약적 규례들이다. 의인들이 여호와의 도 안에서 "행한다"(הלך – 할라크)고 하는 것은 바로 그들이 그 도(길들)를 **지킨다**는 것이다(신 8:6; 10:12; 11:22, 28; 19:9; 26:17; 28:9; 30:16; 31:29; 참조. 삿 2:22). 지혜 문학 어법에서 "의인들"은 대개 "악인들"(רשעים – 라샤임)과 대조를 이루고 있다. 그러나 여기서 반정립은 "반역자들" 혹은 "불순종자들"(פשעים – 포셰임)이다. 이 포셰임(פשעים)은 특별히 언약적 위반들과 관련하여 적절하게 쓰이는 동사의 분사형이다(참조. 암 1:3, 6, 9 등등 그리고 3:14; 5:12). 호세아는 이미 7:13과 8:1에서 파샤(פשע)를 사용해 왔다. 더욱이 "거쳐 넘어지다"라는 의미의 카샬(כשל)은 호세아서의 다른 곳에서 다섯 번이나 사용된(저주 유형 19; 참조. 4:5[2번]; 5:5[2번]; 14:2) 언약적 저주 용어다(레 26:37).

주석

14:10[9] 마지막 절은 독자에게 호세아의 예언들과 관련해서 적절한 태도와 행위를 취할 것을 도전하고 있다. 독자의 태도는 제자의 태도가 되어야만 한다. 만약 누군가가 진정으로 현명하다면, 여기에 배워야만 하는 말씀이 있다는 것을 알아야만 한다. 오직 어리석은 자만이 그 말씀의 위대한 가치를 무시할 것이라는 사실이 암시되어 있다. 이 시의 메시지는 "야웨의 도(길들)는 옳다"(10b[9b]절)는 절대적인 확신에 토대를 두고 있다. 이 원리는 지식과 행위 모두를 위한 지배적인 토대가 된다. 현명한 사람들은 이 말씀들이 옳다는 것을 알 것이다. 의로운 사람들은 그 말씀들이 옳기 때문에 그 말씀들에 순종할 것이다(참조. 시 82:22, 23). 불순종을 선택한 사람들은 문제에 직면할 것이다. 언약을 범하는 것은 사람으로 하여금 걸려 넘어지게 만들 수밖에 없다. 즉 언약적 저주들에 충돌하여 당하게 된다(참조. 말 2:8).

해설

10[9]절의 말씀들은 모든 세대의 독자들에게 호세아의 메시지는 그들을 위한 메시지로서 계속되고 있음을 깨닫게 해주는 역할을 한다. 그 말씀들은 우리에게 단지 이해할 수 없는 것으로서 호세아 당대의 사람들에게만 전해진 것이 아니다. 그런 것이 아니라, "여호와의 도(야웨의 길들)"는 의로운 사람들에게 지침이 되고

모든 이어지는 세대의 총명한 자들에게 깨달음의 원천이 되는 것이다. 독자는 결정해야 할 기본적인 선택을 가지고 있다. 그/그녀는 유일하게 “옳은” 길인 야웨의 율법에 순종하기로 선택할 것인가? 그렇지 않으면 그/그녀는 그 율법에 반항할 것인가? 후자를 선택하는 것은 야웨의 은총이 깃들여 있는 언약적 축복들을 스스로 박탈하는 것이다.

이 시는 호세아의 메시지가 주전 722년에 북 왕국이 멸망된 이후까지 교훈적으로 남도록 하는 방식들로 묘사하려고 하지 않는다. 그것은 현명한 독자가 해야 할 마땅한 일이다. 그러나 이 시는 호세아가 신실하게 야웨의 말씀을 대변했으며, 그 어떤 세대라 하더라도 현명한 사람들은 호세아서의 말씀들을 야웨 자신의 말씀들로 여길 수 있으리라는 것을 명백하게 주장하고 있다. 그 말씀들은 옳은 말씀들이다. 야웨의 말씀들의 나머지 경우들과 마찬가지로, 그 지식은 삶의 옳은 방향 속에서 행하는 본질이며 순종해야 할 말씀들이다.

요 엘

참고문헌

책들과 주석류

Ahlström, G. *Joel and the Temple Cult of Jerusalem.* SVTP 21. Leiden: E. J. Brill, 1971. **Allen, L.** *The Books of Joel, Obadiah, Jonah and Micah.* NICOT. Grand Rapids: Eerdmans, 1976. **Amon, G.** *Die Abfassungszeit des Buches Joel.* Diss. Würzburg, 1942. **Bellinger, W. H.** *Psalmody and Prophecy.* JSOTSup 27. Sheffield: JSOT Press, 1984. **Besnard, A.-M.** *Le Mystère du nom: Quiconque invoquera le nora du Seigneur sera sauvé.* LD 35. Paris, 1962. **Bewer, J. A.** *A Critical and Exegetical Commentary on Obadiah and Joel.* ICC. Edinburgh: T. & T. Clark, 1911. **Bič, M.** *Das Buch Joel.* Berlin: Evangelische-Verlagsanstalt, 1960. **Birkeland, H.** *Zum hebräischen Traditionswesen: Die Komposition der prophetischen Bücher des Alten Testaments.* Avhandlinger utgitt ar Der Norske VindenskapsAkademi i Oslo 2/1, 1938. **Brockington, L. H.** "Joel." In *PCB.* London: Thomas Nelson and Sons, 1963. **Butterworth, G.** *The Date of the Book of Joel.* Diss. Nottingham, 1970/71. **Chary, T.** *Les prophètes et le culte à partir de l'exile autour du second Temple. L'idéal cultuel des prophètes exiliens et post-exiliens.* Bibliothêque de Théologie 3/3. Tournai: Desclée, 1955. **Cole, R.** "Joel." In *The New Bible Commentary Revised* ed. D. Guthrie and J. Moyter. Grand Rapids: Eerdmans, 1970. 716-25. **Condamin, A.** *Poèmes de la Bible.* Paris, 1933. 97-103. **Couve de Murville, M.** "Joel." In A *New Catholic Commentary on Holy Scripture,* ed. R. Fulter et al. London: Thomas Nelson and Sons, 1969. **Credner, K.** *Der Prophet Joel übersetzt und erklärt.* Halle, 1831. **Driver, S. R.** *The Books of Joel and Amos.* The Cambridge Bible for Schools and Colleges. Cambridge, 1897; 2d ed., 1915. **Edgar, S. L.** *The Minor Prophets(excluding Amos, Hosea, and Micah).* Epworth Preacher's Commentaries. London: Epworth, 1962. **Fohrer, G.** *Die Propheten des Alten Testaments. Band 6: Die Propheten seit dem 4 Jahrhundert.* Gütersloh: Gerd Mohn, 1976. **Frey, H.** *Das Buch der Kirche in der Weltwende: Die Kleinen nachexilischen Propheten. BAT* 24. Stuttgart: Calwer, 1957. 203-49. **Gangi, M. di.** *The Book of Joel.* Shield Bible Study Series. Grand Rapids: Baker Book House, 1970. **Grätz, H.** *Der einheitliche Charakter der Prophetie Joels* *und die künstliche Gliederung ihrer Teile.* Breslau: Skutsch, 1873. **Gressmann, H.** *Der Messias.* Göttingen, 1929. **Haldar, A.** *The Nature of the Desert in Sumero-Accadian and West-Semitic Religions.* UUÅ 1950/3. Uppsala: A. B. Lundequist, 1960. 56-59. **Haller, M.** *Das Judentum, Geschichtsschreibung Prophetie und Gesetzgebung nach dem Exil.* SAT 2/3. Göttingen, 1925. **How, J. C. H.** *Joel and Amos.* Smaller Cambridge Bible for Schools. Cambridge, 1910. **Jones, D.** *Isaiah 56-66 and Joel: Introduction and Commentary.* Torch Bible Commentaries. London: SCM, 1964. **Kapelrud, A. S.** *Joel Studies.* UUÅ 4. Uppsala: A. B. Lundequist, 1948. **Keller, C.** "Joel." In *Osée, Joël, Amos, Abadias, Jonas.* Commentaire de l'Ancien Testament 11a. Neuchaâel: Delachaux and Niestlé, 1965. 99-155. **Kennedy, J. H.** "Joel." In The Broadman Bible Commentary, vol. 7(*Hosea-Malachi*), ed. C. Allen. Nashville: Broadman, 1972. **Kessner, G.** *Das Zeitalter des Propheten Joel.* Leipzig: Grimme & Trömel, 1888. **Knieschke, W.** *Die Eschatologie des Joel in ihrer historisch-geographischen Bestimmtheit.* Naumburg, 1912. **Koch, K.** *The Prophets. Vol. 1, The Assyrian Age.* Philadelphia: Fortress, 1982. **Kritzinger, J.** *Die Profesie van Joël.* Amsterdam: Swetsen Zeitlinger, 1945. **Kutal, B.** *Liber Prophetae Joelis.* Commentarii in Prophetas Minores 2. Olmütz, 1932. **Lattimore, R.** *The Date of Joel.* Diss. Southern Baptist Theological Seminary, 1951. **Marti, K.** "Der Prophet Joel." In *Der heilige Schrift des Alten Testament,* ed. E. Kautzsch and A. Bertholet. Vol. 2. Tübingen, 1923. 23-29. **Medd, E.** *A Historical and Exegetical Study on the "Day of the Lord" in the Old Testament, with Special Reference to the Book of Joel.* Diss. St. Andrews University, 1968/69. **Merx, E. O. A.** *Die Prophetie des Joel und ihre Ausleger von den ältesten Zeiten bis zu den Reformatoren: Eine exegetisch-kritische und hermeneutisch-dogmengeschtliche Studie.* Halle, 1879. **Montet, E.** *De recentissimis disputationibus de Joelis aetate.* Diss. Genf, 1880. **Murphy, R.** "The Book of Joel." In *The Interpreter's One-Volume Commentary on the Bible,* ed. C. Layman. Nashville: Abingdon, 1971. 461-64. **Myers, J.** *Hosea, Joel, Amos, Obadiah, and Jonah.* The Layman's Bible Commentary, vol. 14. Atlanta: John Knox, 1959. **Plöger, O.** *Theocracy and Eschatology.* Tr. S. Rudman. Richmond: John Knox, 1968. 96-105. **Preuss, G.** *Die Prophetie Joels unter besonderer Berücksichtigung der Zeitfrage.* Diss. Halle, 1889. **Price, W.** *The Prophet Joel and the Day of the Lord.* Chicago: Moody Press, 1976. **Rinaldi, G. M.** *Il libro di Joele.* Rapallo, 1938. **Rudolph, W.** *Joel-Amos-Obadja-Jonah. KAT* 13/2.

Gütersloh: Gütersloher Verlagshaus, 1971. **Scheepers, J.** *Die gees van god en die gees van die mens in die OT.* Utrecht, 1960. **Schmalohr, J.** *Das Buch des Propheten Joel, übersetzt und erklärt.* ATAbh 7/4. Münster, 1922. **Scholz, A.** *Kommentar zum Buche des Propheten Joel.* Würzburg, 1885. **Theis, J.** "*Der Prophet Joel.*" In *Die Zwölf Kleinen Propheten.* vol. 1, ed. J. Lippl and J. Theis. Bonn, 1937. **Thompson, J. A.** *The Book of Joel: Introduction and Exegesis. IB* 6:729-38. **Thurre, E.** *Dieu et son peuple selon le livre de Joël.* Diss. Lic Fribonig, 1975/76. **Trinquet, J.** *Habaquq, Abadias, Joël. SBJ.* Paris: Éditions du Cerf, 1959. **Wade, G.** *The Books of the Prophets Micah, Obadiah, Joel and Jonah.* Westminster Commentaries. London, 1925. **Watts, J. D. W.** *The Books of Joel, Obadiah, Jonah, Nahum, Habakkuk and Zephaniah.* The Cambridge Bible Commentary on the New English Bible. Cambridge: Cambridge UP, 1975. **Welchbillig, H.** *Studie zur Formgeschichte des Buches Joel.* Diss. Lic Trier, 1967. **Widmer, G.** *Die Kommentare von Raschi, Ibn Esra, Radaq zu Joel.* Basel: Volksdruckerie, 1945. **Williams, A. L.** *Joel and Amos.* The Minor Prophets Unfolded. London, 1918. **Wolff, H. W.** *Die Botschaft des Buches Joel.* München: Kaiser, 1963. ______. *Joel and Amos.* Hermeneia. Philadelphia: Fortress Press, 1977. **Wood, G.** "Joel." In The Jerome Biblical Commentary, ed. R. Brown et al. Englewood Cliffs, NJ: Prentice-Hall, 1968. **Wunsche, A.** *Die Weissagung des Propheten Joel übersetzt und erklärt.* Leipzig, 1872.

소논문들

Baumgartner, W. "Joel 1 und 2." In *Karl Budde zum siebztigen Geburtstag*, ed. K. Marti. BZAW 34. Giessen: Topelmann, 1920. 10-19. **Blois, K. de.** "Metaphor in Common Language Translations of Joel." *BT* 36(1985) 208-16. **Bourke, G.** "*Le Jour de Yahvé dans Joël.*" *RB* 66(1959) 5-31, 191-212. **Cannon, W.** "The Day of the Lord in Joel." *CQR* 103(1927) 32-63. **Childs, B.** "The Enemy from the North and the Chaos Tradition" *JBL* 68(1959) 187-98. **Dahood, M.** "The Minor Prophets and Ebla." In *The Word of the Lord Shall Go Forth: Essays in Honor of David Noel Freedman in Celebration of HIS Sixtieth Birthday*, ed. C. Meyers and M. O'Connor. Winona Lake, IN: Eisenbrauns, 1983. 46-67. **Deden, D.** "Joel—de Pinksterprofeet." *Verbum* 25(1958) 197-205. **Delcor, M.** "Joel." *Catholicisme* 6(1965) 913-15. **Dennefeld, L.** "Les Problèmes du livre de Joël." *RSR* 4(1924) 555-75; 5(1925) 35-57, 591-608;

6(1926) 26-49. **Engnell, I.** "Joel's bok." In *Svenskt Bibliskt Uppslagsverk*, ed. I. Engnell et al. Vol. 1. Gävle: Skolförlaget, 1948. 1075-77. **Garrett, D. A.** "The Structure of Joel." *JETS* 28(1985) 289-97. **Good, R. M.** "The Just War in Ancient Israel." *JBL* 104(1985) 385-400. **Görg, M.** "Eine formelhalfte Metapher bei Joel und Nahum," *BN* 6(1978) 12-14. **Gray, G. B.** "The Parallel Passages in Joel in Their Bearing on the Question of Date." *Exp* 4/8(1893) 208-25. **Greenwood, D.** "On Jewish Hope for a Restored Northern Kingdom." *ZAW* 88(1976) 376-85. **Holzinger, H.** "Sprachcharakter und Abfassungszeit des Buches Joel," *ZAW* 9(1889) 89-131. **Hoop, S. De.** "Is Joël een Apocalypticus van't jaar 400 vor C?" *TT*(1885) 571-95. **Hosch, H.** "The Concept of Prophetic Time in the Book of Joel." *JETS* 15(1972) 31-38. **Janzen, W.** "War in the Old Testament." *Mennonite Quarterly Review* 46 (1962) 155-66. **Jensen, K.** "Indledningsspørgsmall i Joels Bog." *DTT* 4(1941) 98-112. **Jepsen, A. S.** "Kleine Beiträge zum Zwuölfprophetenbuch I. Joel." *ZAW* 58(1938) 85-96. **Kapelrud, A.** "Joel" and "Joelbuch." *BHH* 2:869-70. **Kutsch, E.** "Heuschreckenplage und Tag Jahwes in Joel 1 und 2." *TZ* 18(1962) 81-89. **Maries, L.** "**À** propos de récentes études sur Joöl." *RSR* 37(1950) 121-24. **Marti, K.** "Der Prophet Joel" in *HSAT* 2. **Matthes, J.** "Het book Joël." *TT*(1885) 34-66. ______. "Nieuwe Joël-Studien." *TT*(1887) 357-81. **Mikre-Selassie, G. A.** "Repetitions and Synonyms in the Translation of Joel—With Special Reference to the Amharic Language." *BT* 36(1985) 230-37. **Möller, W.** "Die Bedeutung Joels in der Schriftprophetie." In *Nach dem Gesetz und Zeugnis*. Halle, 1931. 1-104. **Müller, H.-P.** "Prophetie und Apokalyptik bei Joel." *TV* 10(1966) 231-52. **Myers, J.** "Some Considerations Bearing on the Date of Joel." *ZAW* 74(1962) 177-95. **Neil, W.** "Joel." *IDB* 2:926-29. **Nestle, E.** "Zur Kapiteleinleitung in Joel." *ZAW* 24(1904) 122-27. **Nola, A. di.** "Gioele." *Libro di* Enc *Rel* 3(1971) 254-55. **Pantrel, R.** "Joel." DBSup 4(1948) 1098-1104. **Plath, M.** "Joel, Prophet." RGG^2 3:311-13. **Prinsloo, W.** "Die boek Joöl: verleentheid of geleentheid?" *NGTT* 24(1983) 255-63. **Rad, G. von.** "The Origin of the Concept of the Day of Yahweh." *JSS* 4(1959) 97-108. **Rahmer, M.** "Der hebräischen Traditionen in den Werken des Hieronymus: Die Commentarien zu den XII kleinen Propheten, II. Joel." *MGWJ* 41(1897) 625-39, 691-92. **Redditt P. D.** "The Book of Joel and Peripheral Prophecy." *CBQ* 48(1986) 225-240. **Reicke, B.** "Joel und seine Zeit." In *Wort-Gebot-Glaube: Beiträge zur Theologie des Alten*

Testaments: FS Walther Eichrodt zum 80. Geburtstag, ed. H. Stoebe. ATANT 59. Zurich: Zwingli, 1970. 133-41. **Rimbach, J. A.** "Those Lively Prophets—Joel Ben Pethuel." *CurTM* 8(1981) 302-4. **Rinaldi, G.** "Gioele e il Salmo 65." BibOr 10(1968) 113-22. **Rudolph, W.** "Ein Beitrag zum hebräischen Lexikon aus dem Joelbuch." VTSup 16(1967) 244-50. ______. "Wann wirkte Joel?" In *Das ferne und nahe Wort: FS Leonhard Rost*, ed. F. Maass. BZAW 105. Berlin: A. Töpelmann, 1967. 193-98. **Sievers, E.** "Alttestamentliche Miscellen VI: Joel." In *Berichte über die Verhandlungen der Königlich Sächsischen Gesellschaft der Wissenschaften zu Leipzig. Philologisch-historische Klasse* 59(1907) 3-37. **Sisti, A.** "Gioele: Bibliotheca Santorum." *Lateranense* 6(1965) 486-89. **Stephenson, F. R.** "The Date of the Book of Joel." *VT* 19(1969) 224-29. **Stocks, H.** "Der 'Nordliche' und die Komposition des Buches Joel." *NKZ* 19(1908) 725-50. **Thompson, J.** "The Date of Joel." In *A Light Unto My Path: Old Testament Studies in Honor of Jacob M. Myers*, ed. H. Bream et al. Gettysburg Theological Studies 4. Philadelphia: Temple University, 1974. 453-64. ______. "The Use of Repetition in the Prophecy of Joel." In *On Language, Culture and Religion: in Honor of Eugene A. Nida*, ed. M. Black and W. Smalley. The Hague: Mouton and Co., 1974. 101-10. **Tobias, H.** "Joel: His Life and Times." *BibIll* 12(1986) 56-59. **Treves, M.** "The Date of Joel." *VT* 7(1957) 149-56. **Visser, J. Th. de.** "Nieuwe poging tot oplossing van het Joël-vraagstuk. *Theologische Studien*. Utrecht, 1887. 301-327. **Volck, W.** "Joel, der Prophet." *Realencyklopädie für protestantische Theologie und Kirche*. 3d ed. Leipzig, 1896-1913. 9:234-37. **Weise, M.** "Joelbuch." *RGG*[3] 3:800-802. **Welch, A.** "Joel and the Post-exilic Community." *Exp* 8(1920) 161-80.

서론

요엘의 시대

요엘이라는 사람에 대해서는 그 어떤 개인적인 사안도 알려진 것이 없다. 그리고 요엘이 전한 예언의 연대기에 대해서는 상당한 논란이 벌어지고 있다. 비록 요엘서가 놓인 위치에 대한 여러 가지 논의들이 거론되고 있을지라도, 유대 전통은 요엘서를 호세아서와 아모스서 사이에 놓았다. 일반적인 소선지서들의 순서와 소선지서들 속에 있는 상대적인 연대기에 대한 정경적 순서의 관계들에 대해서는 **전체 서론**, pp. 53-58를 보라.

요엘은 일상적으로 유다와 예루살렘을 언급하고 있지만 이스라엘과 사마리아는 전혀 언급하고 있지 않기 때문에, 요엘은 자신의 신탁들을 앗수르 군대가 사마리아를 멸망시키고 북쪽 지파의 영토들을 완전히 합병한 뒤인 주전 722년 이후에 선포했을 것이라고 일반적으로 추측되고 있다(물론 이것은 침묵으로부터의 주장일 뿐이다). 그리고 요엘이 1장과 2장에서 능동적인 성전 예배를 묘사하고 있기 때문에, 제1성전과 제2성전 사이의 기간(주전 586-516년) 혹은 적어도 그 기간의 대부분은 요엘서의 연대기가 될 수 없을 것이다.

이런 이유들과 곧이어 나오는 부가적인 이유들로 인해서 요엘서의 연대기는 전형적으로 포로기 이후인 제2성전기라고 본다. 요엘의 묵시적 관점은 이사야와 에스겔의 초기 묵시와는 반대가 되는, 특별히 다니엘, 스가랴 그리고 이사야의 어떤 부분들에서 보이는 후기 구약 묵시와 더 닮은 점들을 가지고 있다고 여겨진다. 4장에 나오는 베니게(페니키아)와 블레셋에 대한 내용들과 그 내용들이 그리스를 다루고 있는 것은 페르시아 시대, 즉 전형적으로 주전 4세기의 여건들을 반영해 주는 것으로 여겨진다. 또한 대부분의 다른 포로기 이전 선지서들과 비교해 보았을 때 왕에 대한 언급이 없는 것은 포로기 이전의 연대기를 피하게 만들어 주는 이유가 되는 것 같다.

그러나 이런 주장들은 그런 주장의 내용들이 그랬을 것이라고 할 만큼 설득력이 있는 것은 아니다. 묵시는 적어도 주전 7세기 초엽(사 13장)에 이르기까지 그 기원이 가능하다. 더욱이 요엘의 묵시와 같은 유형은 그렇게 쉽게 분류되지 않는다. 요엘 2장의 침입자는 먼 미래의 커다란 군대인가? 아니면 윤색된 어법(나 2장 혹은 합 1장 혹은 렘 6장에 나오는 바벨론 군대와 같이)으로 쓰인 앗수르 군대 혹은 바벨론 군대인가? 일반적으로 원본이라고 인정되는 2:1-11이 이사야 13장과 그렇게나 많이 가까운 비교점들을 가지고 있다는 사실은, 요엘의 묵시적 문체가 스가랴 1-8장의 묵시적 문체보다 훨씬 더 이른 시기일 수 있다는 것을 말해 준다. 4장에 나오는 베니게와 블레셋의 역할에 대한 것과 같이, 아모스 1:6-10은 다음과 같은 제안을 할 정도로 놀라울 만큼 유사하다. 즉 요엘의 내용들은 포로기보다 이른 시기의 것들일 뿐만 아니라 심지어 아모스 시대 이전에 존재했던 관행들에 오래 전부터 있었던 반감(反感)들을 반영하는, 그런 전통적인 종류의 것이기조차 하다.

예루살렘에 있는 왕권에 대한 내용이 없는 것은 단지 또 다른 침묵으로부터의 논증이다. 요엘서는 분량이 적은 책이다. 왕권에 대한 명확한 내용은 없으나, 상대적으로 더 커다란 자료의 부분인 아모스 1-4장(표제를 제외한) 혹은 미가서 5-7장이 있다는 것을 생각해 보라. 그러나 왕권에 대한 언급이 없다 할지라도, 우리는 이 선지자들이 이스라엘과 유다에 있었던 왕조를 알고 있었다는 것을 알고 있다. 나훔서 역시 유다가 왕조를 가지고 있다는 암시가 없지만, 분명히 포로기 이전으로 언급될 수 있다. 따라서 그렇게나 많은 사회적인 지도자들이 언급되고 있는 1장에서조차 왕에 대한 내용이 없다고 해서 그것이 곧 왕이 존재하지 않았다는 것을 의미한다고 생각하는 것은 잘못이다. 선지자들은 3장에서조차 언급되고 있지 않다. 그러나 그 선지자들은, 요엘서가 언제 쓰여졌든지 요엘의 시대에 분명히 존재하고 있었다. 물론 왕조가 이미 몰락하고 포로로 잡혀갔으나, 예루살렘은 여전히 건재했던(왕하 25:4-8) 주전 587-586년에 요엘서가 쓰여졌을 가능성은 있다.

이방의 점령과 바벨론 유수(幽囚) 이후의 유대인의 이산(離散)에 대해서는 이제 관점을 바꾸는 것이 현명하다. 쉬톨만이 긴 글에서 주장했던 것과 같이(S. Stohlmann, "The Judean Exile after 701 B.C.E.", in *Scripture in Context* 2, ed. W. Hallo et al.[Winona Lake, IN: Eisenbrauns, 1983] 147-75), 포로기, 강제 이주 등에 대해 알고 있는 것은 주전 586년의 바벨론 포로기 이후의 시기로 한정하는 그 어떤 내용들이 아니었다. 그것은 주전 8세기와 그 이후에 고대 근동의 앗수르 군대와 다른 군대에 의해 일반적으로 수행되었던 인구 이동과 자원 고갈 정책의 자연스러운 부산물이었다. 달리 말하면, 바벨론 유수 이전에 수많은 포로 유수들이 있었고, 포로기에 있는 이스라엘 백성에 대한 예언적 내용(욜 4:7과 같이)은 주전

6세기 말의 어떤 상황을 지칭할 필요가 없는 것이다. 더욱이 유수는 적어도 주전 약 1700년경의 함무라비 법전(xxvii, 22-23, 74)에까지 거슬러 올라가는 이른 시기에 그리고 그 이후에 반복적으로 증언되는 고대 근동의 전통들에 따르는 전쟁에서 흔히 예견되는 징벌들 중의 하나였다. 그러므로 요엘서에 유수가 나타난다는 것은 고대의 비참한 운명으로 일반적으로 이해된 실체를 반영하는 것으로 이해되어야만 한다.

그러나 결국 요엘서에 대한 어떤 연대기도 단지 추측과 이론적인 것일 수 있다. 누군가가 임의의 연대기를 말하는 것은 예언에 분명하게 반영되어 있는 어떤 조건들에 토대를 두고 있는 것이다. 아래에서 좀 더 상세하게 논증되는 바와 같이, 우리가 생각하는 가정적인 연대기는 요엘서가 대적 메소포타미아의 군대들인 앗수르나 바벨론 군대가 예루살렘 성읍(그리고 물론 유다)을 침입하는 상황 아래서 구성된 하나의 통일된 작품이라는 것이다. 만약 이 명백히 추측적인 가정이 맞는다면, 요엘서의 말씀들은 다음과 같은 상황들 중의 한 상황에 대해 선포된 것일 수 있다: 주전 701년의 앗수르 침공, 주전 598년의 바벨론 침공 혹은 주전 588년의 바벨론 침공.

그러므로 요엘서의 내용과 관점은 포로기 이후라기보다는 포로기 이전이라고 생각할 이유가 있다. 그러나 그런 연대기는 요엘서의 메시지를 이해하는 데 그리 본질적인 것은 아니다. 처음 절반은 현재의 곤경을 묘사하고 있으며, 나머지 절반은 미래의 구원을 묘사하고 있는 책이 여기에 있다. 재난(침략, 가뭄, 황폐함)과 구원(유수[幽囚]에서 돌아옴, 대적들을 물리침, 열방들에 대한 마지막 심판)의 두 가지에 대한 일반적 특성을 판단하는 것이 가능하기 때문에, 침략 혹은 요엘 당대에 대한 정확한 연대를 결정할 수는 없다 하더라도, 이 책의 영향력은 줄어들지 않고 그대로 남아 있게 된다.

구조

요엘서는 네 개의 단락들로 나누어진다. 그 중에 처음 두 개의 단락은 대적이 예루살렘과 유다를 침공하는 것과 그에 따른 여건들을 기술하고 있다. 그 뒤에 희망을 말하는 두 개의 단락이 나온다. 희망을 말하는 첫 번째 단락은 번영과 안정 그리고 하나님의 영을 쏟아 부어 줌에 대해 강조하고, 두 번째 단락은 모든 호전적인 세력들을 물리침과 그에 대한 심판 그리고 예루살렘과 유다의 회복에 대해 강조하고 있다.

구조는 도식적으로 다음과 같이 나타낼 수 있다.

1:1	표제		
1:2-20	단락 I		
	2-7절	메뚜기 은유(隱喩)를 포함하는 침략에 대한 묘사	
	8-20절	가뭄과 황폐함을 포함하는 애가(哀歌)로의 부름과 또 다른 묘사들	
2:1-17	단락 II		
	1-11절	경고의 부름(1절)과 대적의 정체(11절)와 더불어 침략에 대한 묘사	
	12-17절	금식을 위한 특별한 시간에 대한 요청을 포함하는(15-17절) 회개로의 부름	
2:18-3:5	단락 III		
[2:18-32]	2:18-27		대적의 제거와 농경적 풍성함에 대한 이중의 약속
	3:1-5 [2:28-32]		성령의 새로운 세대에 대한 특별한 약속
4:1-21	단락 IV		
[3:1-21]	1-16절		열방들의 궁극적인 군사적 패배와 하나님의 심판
	17-21절		예루살렘과 유다의 평화와 풍성함

재난/번영/재난/번영 등의 교차적 묘사가 발견되는 이사야서와 호세아서와는 대조적으로, 요엘서는 다른 대다수의 예언서들과 같이 재난과 그에 따른 번영(재난/번영)의 단순한 구조를 가지고 있다. 또한 요엘서는 다른 많은 선지서들보다 더 빈틈없이 구성된 형태를 가지고 있다. 즉 단락들 사이의 주제적, 어휘적 연결의 정도와 한 단락에서 다음 단락으로의 논리적인 진행의 정도가 좀 더 빈틈없이 구성되어 있다. 따라서 요엘서의 메시지는 원래 같은 시간에 혹은 상대적으로 짧은 시간대(아마도 한 주 혹은 한 달)에 구성되고 전해진 것이라는 결론을 내리는 것이 합리적이다.

문체

평균적으로 18절로 구성되어 있는 요엘서의 네 가지 신탁들은 길이에 있어서 놀라울 정도로 일관된 모습을 보이고 있다. 많은 구약의 예언적 신탁들은 더 짧고

(아모스서와 호세아서에서 전형적으로 보이는 것처럼), 또 다른 많은 구약의 예언적 신탁들은 더 길다(에스겔서과 이사야서에서 종종 보이는 것처럼). 요엘서의 중간적 크기의 신탁들은 반복적인 계속성, 즉 유사한 하위 단락들의 한 그룹을 통해 전해지는 주제를 강조하기에는 충분히 길다. 그런 반면에, 지루해지거나 어휘나 병행법들과 같은 것들을 저지하는 짧은 흐름이 없이 한 개 혹은 최대한 두 개의 주제들에 집중하기에는 충분할 정도로 짧다.

요엘서의 문체는 한 주제에 대한 다양한 변화들로 특별히 특징적인 면이 있다. 예를 들어, 1장에서 요엘은 우주적인 비탄의 필요성을 인상적으로 묘사하고 있다. 이런 비탄의 행위에 대해 심각하게 고려해야 할 것을 한편으로는 술에 취하는 자들(1:5; 비탄의 부름을 시작하는 상상력이 풍부한 방법)과 또 다른 한편으로는 성전 제사장들(1:13)을 포함하는 본질적으로 다른 일련의 유형들로부터 요구하고 있다. 혹은 야웨의 침략하는 군대를 묘사하는 요엘의 무시무시한 표현(2:1-11)에서, 예루살렘을 향해 대적하는 대적의 지속적이고 중단 없는 진행 과정은 먼 언덕의 꼭대기에 보이는 움직임의 작은 부분(2절)에서부터 방어자들 바로 위에 있는 대적의 감정과 소리(9-11절)에 이르기까지 일련의 이미지들을 통해 진행되고 있다. 마찬가지로, 성령을 누구에게나 준다는 요엘의 묘사(3:1-5[2:28-32])는 아마도 이 교리를 말하고 있는 성서의 그 어느 곳에서보다 가장 포괄적인 역작(力作)일 것이다. 그리고 판결 골짜기(심판의 계곡)에 대한 요엘의 환상(4:1-16)은 하나님의 백성들의 대적들이 궁극적으로 패배하는 것에 대한 구약의 가장 생생한 확신들 중의 하나다. 그 환상은 "열국들"에 대한 철저하고 반복적인 집중과 그들의 황량함으로 묘사되고 있다.

요엘은 묵시록적인 종말론자이지 이사야와 같은 의미에서 엄격하게 환상을 좇는 사람은 아니다. 이사야의 묵시적 문체에 요엘의 문체가 더욱 분명하게 비슷해 보이는 부분은 다른 어떤 곳보다도 바로 2:1-11이다. 2:1-11은 이사야 13장과 너무나 놀라울 정도로 비교가 된다. 2:1-11은 이사야 13장과 어휘, 주제적 강조, 침략하는 대적에 대한 일반적인 관점 그리고 야웨로부터의 징벌로서 침략의 문제 등등을 공유하고 있다. 후자의 문제는 원래 그 기원을 오경에 두고 있으며(예를 들어, 레 26:17, 25, 33, 37; 신 28:25, 49; 32:23, 24), 상대적으로 전자가 가지고 있는 요소들의 토대가 되고 있다. 그렇기 때문에 요엘서의 부분에 대해 이사야서의 내용을 모방한 것이라거나 혹은 그 반대의 경우를 상정할 필요는 없다. 그러나 그 두 본문 사이의 유사성은 요엘서의 연대기가 이른 시기가 아닐 것 같다는 사람들에게 잠시 생각할 시간을 주는 것임에 틀림없다.

요엘서의 메시지

요엘과 언약

모든 정경적 선지자들과 마찬가지로 요엘은 자신이 전하는 메시지의 기본이 되는 요점들을 위해 다음과 같은 오경의 모세 언약에 의존하고 있다: 언약의 저주들은 나라 전체의 불순종의 결과로 오고야 마는 것이다. 그러나 그 징벌의 시간이 지난 뒤에 하나님은 자신의 백성들을 회복시키실 것이며, 그 백성들이 아직 경험해 보지 못했던 방식으로 그들을 축복하실 것이다.

일치점들은 이 정도의 일반적인 수준에서 그치지 않는다. 많은 점에서 요엘 1장과 2장은 특별히 신명기 32장에서 발견되는 것을 구조적으로 그리고 주제적으로 반영해 주고 있다. 요엘서 2장에 나오는 비(非)명령적 동사들은 현재-미래가 주도적인 데 반하여, 요엘서 1장에 나오는 비(非)명령적 동사들은 과거형이 주도적이다. 흥미롭게도 신명기 32장은 그 주된 시제에 있어서 유사한 전환을 보여 주고 있다. 그 노래의 내용은 과거에 발생한 것(1-21a절)으로부터 앞으로 다가오고 있는 것(21b-43절)으로 주로 전환되고 있기 때문이다. 그 주제적인 일치점들이 더해질 때, 그 결과는 아래의 열거되는 주된 특성들의 목록이 보여 주는 대로 그 비교점이 매우 높다.

	신명기 32장	요엘 1:1-2:17
주의를 집중시킴	1-2절	1:2-3
야웨의 공정하심	3-4절	2:13-14
과거를 기억할 것을 호소함	7절	1:2
이스라엘은 야웨의 특별한 백성	8-12절	1:17
과거의 농경적 축복	13-14절	1:5-20; 2:3
야웨의 거절	19-21절	1:15; 2:11, 17
파멸하는 불	22절	2:3, 5
해로움	23절	2:13
화살들	23절	2:8
기근	24절	1:4-20
해로운 동물들	24절	1:4, 6

침략	25절	1:6; 2:1-11
대적의 조롱	27절	2:17
야웨의 거절	26-30절	1:15; 2:11, 17
심판 날	34-35절	1:15; 2:1, 2, 11
구출과 용서	36-38절	2:12-14, 17
이스라엘의 대적들로부터의 구원	39-43절	2:20-27
그 땅의 보상	43절	2:18-27

우리는 요엘서가 신명기 32장의 개정(改訂)판이라는 것을 말하려고 하는 것이 아니다. 그런 것이 아니라, 위에 열거된 목록은 요엘 1:1-2:27과 신명기 32장이 그 다양한 표현들의 많은 부분에서 저주와 회복의 기본적인 언약적 주제들을 반영하는 점에서 일치하고 있다는 것을 보여 준다. 또한 다른 많은 선지자들과 마찬가지로 요엘도 모세 시대에 이미 제정된 언약적 제재 규약에 의존하고 있는 것을 보여 준다. 따라서 요엘의 메시지는 완전히 새로운 것이거나 독특한 것은 아니었다. 오히려 그 메시지는 역사에 대한 한 관점의 변형이었으며, 정통 이스라엘 백성들에게 오랜 세월을 거쳐 알려진 역사의 주요 사건들을 묘사하는 한 방법이었다.

요엘과 야웨의 주권

이 땅의 모든 백성들을 주관하시는 야웨의 절대적인 권위에 대한 요엘의 묘사는 구약에서 가장 강한 묘사다. 이사야, 다니엘 그리고 시편에 있는 부분들은 그 우주적인 유일신론으로 잘 알려져 있다. 이 목록에 이방에 대한 신탁들을 포함하고 있는 아모스 1-2장과 여러 예언적 책들의 부분들이 첨가될 수 있을 것이다. 그런 신탁들이 존재한다는 것은 적어도 하나님의 우주적 주권에 대한 한 척도를 암시하고 있는 것이기 때문이다. 그러나 요엘서는 다음과 같은 면에서 주목할 만한 면이 있다. (1) "열방"에 대한 상투적이고 일반화된 내용(1:6; 2:17, 19; 4:2, 9, 11, 12[3:2, 9, 11, 12]). 단지 오바댜만이 비율적으로 동일하게 많은 내용을 가지고 있음. (2) 야웨가 "사면의"(3:12[4:12]) 열방을 벌하실 마지막 심판의 결정적이고 우주적인 전쟁을 위해 열방이 함께 모이도록 요청될 것을 말하고 있는 요엘의 광범위한 예언. 그리고 (3) 유다와 예루살렘을 위협하는 침략자조차 야웨의 날에 자신의 백성들에 대한 징벌을 성취하시는 야웨의 명령에 따라 움직이는(2:11, 25) 야웨 자신의 군대라는 요엘의 주장.

유다와 예루살렘

예루살렘(1:13에서 "성전"과 2:9에서 "성" 등과 같은 표현을 통해)과 유다(1:2; 2:1 등에 있는 "땅"을 통해)를 암시적으로 지칭하는 것뿐만 아니라, 요엘은 시온이라는 이름을 7번, 예루살렘을 6번(이 중에 3번은 시온과 병행으로) 그리고 유다를 6번(예루살렘과 병행으로 3번) 언급하고 있다. 현재의 재난과 미래의 구원, 즉 이런 장소들, 수도 그리고 나라의 미래적 구원은 요엘서의 중심적 초점들 중 하나를 구성하고 있다. 하나님의 영을 부어 주신다는 유명한 예언(3:1-5[2:28-32])조차 다가오는 구원의 장소를 시온/예루살렘으로 언급하는 것으로 결론을 맺고 있다.

유다와 예루살렘 사람들의 관점들에 대한 그런 주의 집중은 다음과 같은 이론에 부합되는 것이다. 즉 요엘의 예언은 예루살렘 안에 있는 침략자로부터 안전한 그리고 그 생존과 포위로부터 생존에 대해 두려움을 가지고 있던 그 성읍의 거주민들에게 전해진 것이다. 오랜 세월이 흐른 뒤의 지역 인구에 대한 확신에 있어서 요엘이 염려하고 있는 것은 다른 곳 혹은 다른 시간에 있는(참조. 4:6, 7) 하나님의 백성을 제외하는 것이 아니다. 오히려 그것은 예루살렘의 오랜 역사 속에 세워진 언약적 중심성을 강조한다(신 12장). 동시에 유다는 요엘 당시에 한때 훨씬 더 컸던 나라의 남아 있는 부분이었다는 정치적 실체를 반영해 주는 것이기도 하다.

성령을 누구에게나 부어 주심

예언에서 언급하는 하나님의 영의 존재와 권능은 구약의 전형적인 주제다. 그러나 요엘 3:1-5[2:28-32]은 이런 가르침을 한 단계 더 높여 주고 있다. 구약에서 모든 사람 위에는 아니지만 선지자들과 왕들과 같은 선택된 개인들 위에(על – 알) 있거나 임하시는 하나님의 영에 대한 내용들을 발견하게 되는 것을 기대할 수 있다. 사실 모든 사람들이 하나님의 영을 소유하는 것은 적절하지 않을 것(민 11:26-28)이라는 기본적인 생각이 이스라엘 문화에 만연되어 있었을 것이다.

요엘서에는 긍정적이든 부정적이든 선지자들(נביאים – 네비임)에 대한 언급이 없다. 오바댜, 요나 그리고 나훔과 동일하게 선지자들에 대한 언급이 없다. 그 대신에 요엘서는 예언적 기능들을 성취하는 다른 방식에 주의를 기울이도록 하고 있다. 즉 다가오는 세대에는 하나님의 백성들 모두가 성령을 소유하게 될 것이고, 성령에 힘입어 행동하게 될 것이라는 사실이다. (이런 중요한 기능, 계시적 말씀 혹은 행위는 더 이상 특별하게 부름을 받거나 훈련된 개개인들에게만 제한되지 않을 것이다).

3:1-5[2:28-32]은 요엘 측에 대한 일종의 반(反) 선지자적인 자세를 암시해 주는 것이라는 견해가 종종 제안되었다. 그러나 본문에는 그런 견해에 대해 그 어떤 지지도 하고 있지 않다. 오히려 모세가 하나님의 영이 모두에게 부어지는 것은 특별히 선택된 모든 사람들을 넘어서는 일종의 진보를 나타내는 것일 수 있다고 본 것과 같은 방식으로(민 11:29), 요엘은 하나님을 아는 데 있어서 중재자를 통한 제한이 은혜로운 하나님의 행하심에 의해 제거될 바로 그 때를 미리 본 것이었다. 그리고 모든 사람들은 요엘 자신이 있을 법하게 이해했던 것, 즉 살아 계시는 하나님과의 직접적인 만남과 교통에 대한 은혜로운 특성을 경험하게 될 것이다. 성령에 대한 요엘이 전한 말씀의 일차적인 성취는 사도행전에서 오순절 경험이 일어난 때에 있었다(행 2:1-41). 이 오순절 사건은 이제 갓 태어난 교회의 성장에 놀랍게 영향을 미쳤고, 평등성(44절)과 하나님께 영적으로 다가가는 형평성(38-39절)을 강조해 주었다.

재난의 보편적인 특성

유다와 예루살렘이 직면하게 될 세 가지의 분명한 위기들은 1:1-2:17에서 발견될 수 있다. 가장 분명한 것은, 문자적으로 메뚜기 떼의 침략이든지 아니면 메뚜기에 은유(隱喩)적으로 비유된 실제 군대의 침략이든지 침략이다. (이 문제에 대해서는 아래를 보라). 두 번째 위기는 가뭄의 위기다. 이 가뭄의 재난은 일반적으로 식물이 마르는 것과 곡물이 시드는 것과 물의 공급이 부족한 것(예를 들어, 1:10, 12, 17-18, 20) 등과 요엘서의 회복-약속 부분에서 그런 어려움에서 놓임을 받는 묘사에서 보이는 것(예를 들어, 2:22-23)이다. 세 번째는 황폐화이다. 이 황폐화는 부분적으로는 가뭄으로 인한 결과일 수 있다(아마도 1:11-12에서와 같이). 그러나 황폐화는 침략 그 자체와 더욱 밀접하게 연관되어 있다. 침략의 결과는 땅을 말리고 파괴하고 태워 버리기까지 한다(1:9, 16, 19-20; 2:3, 5). (하나님의 기름부음을 받은 군대가 감행하는 침략의 결과로 나타나는 황폐함에 대해서는 출 23:29; 사 27:10; 렘 4:27; 33:10; 겔 6:14; 26:19; 미 7:13 등등을 참조하라). 저주의 관점에서 보았을 때, 침략과 가뭄과 황폐함은 모세 언약에 충실하지 못한 것에 대한 주된 징벌들이다(호세아의 **서론**을 보라). 이런 재난들이 있다는 것은 요엘 당시에 있었을 수도 있는 그 어떤 일련의 특별한 위반들은 차치하고, 무엇보다도 야웨에 대해 나라 전반적으로 불순종이 있었다는 것을 암시해 준다.

야웨의 날

많은 구약의 선지자들이 자신들의 신탁에 야웨의 날에 대한 예언들을 포함하고 있기는 하지만, 이 개념은 요엘서에서 너무나 두드러져서 아마도 예언을 이끌어 나가는 엔진에 비유될 수 있을 것이다.

욤 야웨(יוֹם יהוה)라는 용어는 요엘서 네 개의 주요 하위 단락들의 각각을 포함하고 있는 부분에서 5번 나타난다(1:15; 2:1, 11; 3:4; 4:14). 한 신탁에서는 위치적으로 처음에(2:1), 세 신탁에서는 중앙에 그리고 한 신탁에서는 실제적으로 마지막(3:4)에 나타난다. 이런 방식으로 야웨의 날 개념은 청자/독자에게 요엘의 메시지에서 그 개념이 차지하는 중요성을 확실하게 전하면서 책 전반에 스며 있다.

야웨의 날에 대한 가장 좋은 이해는 그 기원을 이스라엘의 성전(聖戰; G. von Rad, "The Origin of the Concept of the Day of Yahweh", *JSS* 4[1959] 97-108)에, 그리고 특별히 참된 주권자가 그 자신이 현재의 전쟁에 개입하거나 아니면 **새롭게**(*de novo*) 대적을 공격하는 것을 선택해서 어느 한 날에 정복 전쟁을 완결할 수 있을 것이라는 문화적인 기대감(D. K. Stuart, *BASOR* 221[1976] 159-64)에 두고 있는 것으로 보는 것이다. 정복 전쟁은 요엘서의 중심적인 내용임이 분명하다. 다른 세대와는 비교도 안 되는(1:2) 유다와 예루살렘의 대(大) 정복은 바로 야웨의 날로 드러난다(1:15; 2:1, 11). 그 야웨의 날에 있게 될 대적의 군대들은 사실상 야웨 자신의 군대들이다(2:25). 게다가 4[3]장에 있는 열방에 대한 최후의 커다란 심판의 전쟁은 또한 야웨의 날(4:14[3:14])이다. 그 날에 야웨는 자신의 백성들을 보호하고 은혜를 베풀기 위해 그리고 그 백성들의 대적들을 막아내기 위해 간섭하실 것이다. 이런 관점에서 본다면, 요엘이 두 개의 야웨의 날을 보고 있음을 주목하는 것은 매우 정확한 관찰이다: 하나는 1:1-2:17에 묘사되어 있는 현재 진행 중인 야웨의 날이고, 다른 하나는 2:18-4:21[3:21]에 묘사된 미래에 다가올 야웨의 날이다. 두 날들은 일반적인 예언적 주제인 그 날의 임박성을 말해 주는 "가깝다"(קָרוֹב – 카로브; 1:15; 4:14[3:14])라는 말로 묘사되고 있다. 그러나 그 두 가지 사건들이 발생하게 되는 실제 시간은 분명하지는 않지만 어느 정도의 간격을 두고 나누어질 것이다.

종말론과 유다의 죄에 대한 침묵

요엘은 자신의 나라의 어떤 부분에 대한 언약적 위반 행위들을 말하고 있지 않다. 어느 곳에서도 요엘은 유다와 예루살렘이 지금 직면하고 있는 재난을 받아 마땅한, 그들이 저지른 행위를 구체적으로 지적하여 말하고 있지 않다. 이런 점은 때때로 요엘서의 후기 연대기를 지지하는 증거로 사용되었다. 즉 포로기 이전의 선지자들은 어떤 특별한 죄목에 대해 이스라엘 그리고/혹은 유다를 고발하는 경향이 있는 반면에, 포로기 이후의 선지자들은 그런 범죄들의 결과, 즉 완전한 혹은 거의 완전한 징벌을 말하며 현재의 잘못들보다는 미래의 구원을 보는 경향이 있다는 데 근거를 두고 있다.

사실상 그 형태는 혼합적이다. 나훔과 하박국과 같은 몇몇 포로기 이전의 선지자들은 유다가 앗수르 군대와 바벨론 군대의 압제를 받아 마땅한 어떤 일을 저질렀는지 말하지 않는 반면에, 학개와 스가랴 그리고 말라기 같은 포로기 이후의 선지자들은 유다 백성들의 포로기 이후의 불순종으로 인해 그들이 비난을 받고 있다는 점을 분명히 지적하고 있다(R. Pierce, "A Thematic Development of the Haggai / Zechariah / Malachi Corpus", *JETS* 27[1984] 401-11).

요엘서의 대부분이 언약적 위반 행위들 자체에 대해 침묵하고 있는 것은 아마도 요엘의 강력한 종말론적 관점일 것이다. 지금 존재하고 있는 것들에 대한 종말은 요엘서의 가장 중요한 관심 사항을 구성하고 있다. 유다와 예루살렘은 독립적인 실체로서의 그들의 존재를 종식시킬 수도 있는 대적에 의해 유린당하면서 종말을 현재 직면하고 있다. 농경적인 산물은 멈추었고, 성전 예배조차 그 땅의 황폐함으로 인해 적어도 잠정적으로 종말을 맞이하고 있다(1:9, 13, 16). 이런 일 다음에는 좀 더 먼 종말, 즉 대적의 압제가 끝나고(4[3]장), 야웨로부터 멀어지는 것이 끝나고(3[2:28-32]장), 그 땅의 황폐함 자체가 끝나고(2:18-27), 하나님의 백성의 부끄러움이 끝나게 된다(2:26-27). 이런 사안들은 유다 백성들이 야웨께 불순종함으로써 그들을 공격하게 되는 그 어떤 관심보다 더 중요한 일임에 분명하다.

침입자들의 정체

요엘이 1장과 2장에서 묘사하고 있는 침략은 단순히 메뚜기 떼의 침입이었고, 요엘은 야웨의 날에 온전히 궁극적으로 이루어질 하나님의 진노의 증거로 예루살렘과 그 주변에서 생명이 일시적으로 와해되는 것을 보고 있었던 것이라는 견해가 널리 받아들여지고 있다. 1:4과 2:25에 있는 메뚜기 용어들의 나열, 2:25에서 이 용어들과 야웨의 "큰 군대"를 분명하게 연결하고 있는 것 그리고 사람들보다는 곤충들에게 좀 더 적절하게 보이는 침략의 여러 가지 묘사들(나무를 벗기는 것, 1:7; 황무한 들[풀], 2:3; 자기 길로 행하며, 2:8; 하늘을 캄캄하게 함, 2:10)은 이 해석을 지지해 주는 것 같다.

그러나 이런 견해에 반(反)하는 단서(但書)들이 있다. 첫째, 독특함을 암시해 주는 구약에 사용된 그 어떤 어휘만큼 강한 어법으로 이루어진 요엘의 어법은 요엘이 묘사하고 있는 침략자는 이전에도 없었고 앞으로도 없으리라는 것(1:2-3)을 말해 주는 것 같다. 그러나 근동에서 메뚜기 재앙들은 남쪽 팔레스타인에서조차 몇십 년 만에 한 번씩 일어나곤 했으므로, 요엘이 묘사하고 있는 메뚜기 재앙은 이런 재앙과 병행되고 있다. 메뚜기 재앙은 일종의 파괴적인 사건일 수 있는 것이 분명하다. 어떤 메뚜기 떼는 작고 지역적이다(크기로 보았을 때 약 1평방 마일 정도). 그러나 다른 메뚜기 떼는 그 크기가 수십 평방 마일로서 한 나라를 뒤덮고 또 다른 나라를 뒤덮을 수도 있다. 1869년에 서부 아프리카에서 날아온 사막 곤충 떼의 잔여 세력이 죽어 없어지기 전에 잉글랜드르 오는 모든 노선을 따라 이주해 들어왔다. 1915년 팔레스타인의 메뚜기 재앙은 특별히 파괴적이었다. 그러나 복구 역시 신속하게 이루어질 수 있었다.

예를 들어, 예루살렘의 포도주 가격은 1915년 메뚜기 재앙 이후로 두 배가 되었다(J. Thompson, *IB* 6:738). 그러나 농경적 황폐함을 낳지는 않았다. 그리고 1968년 에티오피아 메뚜기 재앙은 최근 그 나라의 농경 역사에서 일어난 사소한 문제로 여겨질 뿐이었다. 달리 말하면, 비록 떼를 지어 엄습하는 정도가 광범위하다 할지라도, 메뚜기 피해는 영구적이라기보다는 임시적인 경향이 있다. 메뚜기 재앙으로 인한 일시적인 불편함의 특성에 대한 증거는 출애굽기 10:20과 아모스 4:9에서 암시적으로 찾아볼 수 있다. 그 본문들에서 메뚜기는 야웨의 지속적인 두려움을 만들어 내는 데 실패한 것으로, 단순히 일시적인 자연적 어려움으로 느껴졌던 것이 분명하다. 나훔 3:17조차 니느웨의 일시성을 짧고 지속되지 않는 메뚜기의 날아든 것에 비유하고 있다. 메뚜기 침입에 대해 마지막으로 생각할 것은 메뚜기 떼는 역사적으로 팔레스타인에 북쪽으로부터라기보다는 남동쪽으로부터 왔다는 점이다(참조. 2:20).

게다가 구약에서 인간 군대들은 때때로 직유(直喩)나 은유(隱喩)를 통해 메뚜기들에 비유되고 있으며(삿 6:5; 7:12; 나 3:15-16; 렘 46:23), 인간의 나약함(단지 강함뿐만 아니라) 또한 이런 곤충들과 비교되어 묘사될 수 있다(민 13:33; 시

109:23)는 사실을 무시할 수 없다. 메뚜기들은 심판을 나타내는 구약의 전형적인 이미지의 한 부분이다(신 28:38; 왕상 8:37; 암 7:1 등등). 실제적이든 아니면 잠재적이든 재난의 정황에서 요엘의 청중들에게 메뚜기들을 언급하는 것은, 현대 기독교 청중들에게 "다가오는 말발굽 소리" 혹은 "나팔 소리"와 같은 정도와 동일한 효과가 있는 표현이다.

두 번째로 고려해야만 하는 것은 언약적 제재 규정들에 대한 제유(提喩)적 비유를 나타내는 예언적 관행의 측면이다. 비록 오경에서 알려진 모든 종류의 언약적 저주나 축복이 선지서들 가운데서 주어지고 언급된다 할지라도, 그 어떤 선지자도 모든 종류의 언약적 저주들과 축복들을 언급한 적은 없다. 그렇게 하는 대신에, 선지자들은 하나 혹은 몇 가지를 언급함으로써 징벌들 혹은 상급들의 모든 범위를 넌지시 드러내고 있다.

레위기 26장, 신명기 4장 그리고 신명기 28-32장을 주의 깊게 읽어 보면, 불순종한 이스라엘 나라의 운명은 궁극적으로 전쟁에서 패배하고 포로로 잡혀가 유수(幽囚)될 것이라는 사실을 나타내고 있다. 언약적 저주의 대부분은 그런 운명 주변을 맴돌거나 그런 운명에 이를 것을 말하고 있으며, 언약적 회복의 대부분은 그런 운명으로부터의 회복을 포함하고 있다. 제재 규약들은 내재적인 한 꾸러미를 이루고 있다. 그 제재 규약들은 모두 함께 가는 것이다(신 28:15, 45). 어떤 한 제재 규약을 언급하는 것은 모든 규약을 암시하는 방법이기 때문이다. 따라서 "칼" 혹은 "기근" 혹은 "역병(疫病)"과 같이 "메뚜기"는 개별적이든 집합적이든(참조. 렘 24:10; 겔 6:11) 실제적으로 "언약적 저주들"을 위한 암호를 나타내는 어휘로서 기능할 수 있다.

요엘이 메뚜기에 대해 자신이 기술하는 내용에서 사용하고 있는 대로, 그 메뚜기들은 대적의 침입을 말하는 좀 더 넓은 그림으로 섞여 들어간다. 1장과 2장의 내용 전개가 보여 주듯이, 그 대적의 침입은 예루살렘과 유다가 직면하는 궁극적인 위협이다. 가뭄과 황폐함은 1장과 2장에서 하나님의 심판의 본보기와 모형으로 유사하게 사용되고 있다. 예루살렘과 유다의 권리를 빼앗으면서 또한 자신의 신실하지 못한 나라에 대한 하나님의 온전한 심판이 다가오고 있다는 것을 되새겨 주는 장치로서의 역할을 하면서 쓰이고 있다.

자신의 땅을 침입하는 것을 묘사하는 데 사용된 요엘의 문체와 어법과 유사한 표현들은 선지서들의 다른 곳에서도 발견된다. 그 선지서들의 문맥에서 메뚜기들이 포함되고 있지는 않지만, 대적의 군대들은 분명하게 포함되어 있다. 선지서들의 이런 부분들은 요엘 1장과 2장에 묘사된 위협이 바로 인간 군대임을 확증해 주는 경향이 있다. 예를 들어, 하박국 3:16-17의 내용은 무성치 못한 무화과나무, 열매가 없는 포도나무, 소출이 없는 감람나무, 식물이 없는 밭, 양이 없는 우리, 소가 없는 외양간 등을 묘사하고 있는데, 이 모든 것들은 대적 나라의 침략의 결과로 말하고 있다. 요엘 1:14-20과 병행되는 내용이 너무나 분명한데, 메뚜기가 아니라 바로 사람들로 인해 그 황폐함이 도래하게 된다. 예레미야서의 여러 본문들은 요엘 1:1-2:17의 침략과 병행이 되는 이미지와 용어를 담고 있는 침략들을 묘사하고 있다. 예를 들어, 예레미야 50:41-46은 북쪽으로부터 침략해 오는 군대를 묘사하고 있는데, 그들은 잘 무장되어 있고, 커다란 소리를 지르며, 항오를 벌이고, 침략을 당하는 자들이 두려움에 사로잡히게 하며, 곡양지를 파괴하고, 땅으로 진동하게 할 것이다. 예레미야 51:27-33은 전쟁을 알리는 나팔, 침략자들과 같은 메뚜기 떼, 진동하는 땅, 황폐함, 불 등을 묘사하고 있다(또한 렘 4:5-29; 6:22-24; 49:19-22을 참조하라). 이사야 13장에 나오는 분명한 병행구절들 이외에도, 선지자는 이사야 24:1-3에서 땅을 황폐화시킴, 흩어지는 거민들, 가뭄, 식물이 시듦, 포도나무를 자름, 침략당하는 성읍 등과 같은 묘사를 통해 기술하고 있다(참조. 사 63:13-14; 64:1-6 등등). 나훔 2:1-10은 맹렬한 공격, 황폐화된 땅, 성읍을 침략하는 충격적이고 멈추지 않는 군대들, 성읍의 몰락 등과 같은 묘사를 하고 있다.

이와 같은 여러 가지 본문들로부터 요엘 1:1-2:17에 사용된 어법과 이미지는 인간 군대들을 묘사하는 데 전통적으로 적절하게 쓰인 어법이지 메뚜기 떼 자체의 특성을 나타내는 것은 아니라는 점을 알 수 있다. 달리 말하면, 만약 요엘 1:4과 2:25에 나오는 메뚜기 떼에 대한 두 가지 내용이 문자적으로보다는 은유적으로 이해된다면, 그 이미지의 나머지 부분은 바벨론 혹은 앗수르의 침략을 나타내는 각본에 완전하게 잘 들어맞는다.

이런 견해에 대해 성서의 그 어느 곳에도 메뚜기 떼에 은유적으로 비유된 침입자들은 없다는 반대의 견해를 말할 수 있다. 오로지 직유적인 표현만이 있다고 말할 수 있다. 그러나 이 반대의 견해는 다음과 같은 두 가지 약점이 있다. 첫째, 이 견해는 비교의 성서적 방식들에 본래적인 것이 아닌 직유와 은유 사이를 인위적으로 구분한 것이다. 직유에 의해서든 은유에 의해서든 인간 군대들이 메뚜기 떼에 비교되고 있다는 것(삿 6:5; 7:12; 나 3:15-16; 참조. *CTA* 14:192-94)은 적절한 생각이다. 둘째, 이 견해는 애굽과 앗수르가 은유에 의해 각각 파리 떼와 벌 떼에 비교되는, 이사야 7:18에 쓰이고 있는 병행적 내용들을 무시하고 있는 것이다. 선지자들은 자신들이 일상적으로 쓰는 예술적 기법의 일환으로 그런 비유들을 사용하곤 했다(또한 겔 19장; 29:3-5; 호 10:1 등등을 참조하라).

1:1-2:17에는 전사들을 전투에 부르는 내용이 없다는 것도 인간 군대의 침입을 묘사하는 본문이라는 것에 대한 유효한 반대가 되지는 못한다. 비록 요엘 4:9-11은 심판의 마지막 하나님의 전쟁과 관련되어 있는 내용에서 그런 요소를 포함하고 있을지라도, 침략을 경고하는 모든 예언적 부름들의 묘사가 그런 요소를 포함하고 있는 것은 아니다. 예를 들어, 이사야 13장과 호세아 5:8-10에 나오는 잘 알려진 경고의 단락들은 침략에 저항하는 내용을 생략하고 있다.

마지막으로, 다음과 같은 주장이 제기될 수 있을 것이다. 즉 침략의 독특성을 언급하고 있는 1:2의 요엘의 어법은 아마도 출애굽기 10:6, 14을 반영하는 것일 것이다. 그리고 그 출애굽기 본문은 문자적인 메뚜기 재앙을 말하는 것이기 때문에, 요엘 또한 문자적인 메뚜기 재앙을 염두에 두고 있을 가능성이 큰 것이라는 반론이다. 그러나 그렇게 생각하지 않는 이유가 있다. 출애굽기에 나오는 메뚜기 재앙은 그 재앙 자체만으로는 실제적인 중요성이 없는 것으로, 그 당시 가장 강력한 나라에 대한 하나님의 승리의 이야기를 묘사하는 전체의 이야기 중에 한 부분으로서 역할을 하고 있는 것이라는 사실을 염두에 두고 있어야만 한다. 출애굽은 야웨의 날이었다.

출애굽 10:16-17에서 바로가 고백한 대로, 출애굽은 주권자가 자신에게 불순종하는 봉신(封臣)을 간섭하는 시간이었다. 그러므로 메소포타미아 군대가 유다를 침략하는 경우에 출애굽기 10장 이야기의 요소들이 다시 쓰이고 있는 것은 전적으로 적절한 것이다. 출애굽 개념들이 다시 사용되고 있는 비교할 만한 요소들은 이사야 13, 19, 40, 52장; 예레미야 43장; 호세아 2장; 미가 6장; 하박국 3장 등에서 우리에게 알려져 있다. 하나님의 심판의 군대를 메뚜기 재앙과 시적으로 비교하기 위해, 요엘은 출애굽기 10장에 있는 메뚜기 재앙보다 더 나은 어떤 비유를 들 수 있었겠는가?

요엘서의 본문

요엘서는 2:23을 제외하고는 상대적으로 주요한 본문적 어려움들이 없는 선지서이다. 요엘 2:23에는 본문 훼손에서 연유된 악명 높은 "의의 교사"라는 어법이 있는데, 이는 후에 쿰란 공동체의 지도력에 대해 그 공동체가 가지고 있는 이해 속에서 어떤 역할을 담당했던 자다. 그 밖에 1:9; 4:8과 4:21에서 본문상의 작은 문제들이 노정된다. 칠십인경은 종종 본문을 복원하는 데 신뢰할 만한 토대가 되곤 한다. 탈굼은 내용이 확장적이고 이상한 반면에, 시리악 페쉬타와 벌게이트는 전혀 유용하지 못하다.

요엘서에 대한 이전의 학적인 작업

헹스텐버그(E. W. Hengstenberg), 카일(C. F. Keil) 그리고 메륵스(A. Merx) 등과 같은 학자들의 지지로 인해, 19세기에는 대부분의 기간 동안 요엘서의 통일성과 저작권에 대한 도전이 거의 이루어지지 않았다. 그러다가 20세기 초엽에 둠(Duhm)은 요엘서에서 분할을 시도했다. 둠의 방법론은 스미스(G. A. Smith)가 부분적으로는 예견했던 것이며, 나중에는 베버(J. Bewer)와 로빈슨(T. H. Robinson)이 따랐던 것이다. 둠은 1장과 2장을 요엘 당대에 있었던 지역적인 메뚜기 재앙을 반영하는 것으로 분석했고, 3[2:28-32]장과 4[3]장은 주전 2세기의 마카비 종말론으로 생각했다. 둠은 또한 1장과 2장에서 후대에 삽입된 부분(1:15; 2:1-2, 10-11)이 있다고 말하기도 했다. 또한 둠의 일반적인 접근법을 받아들인 학자들은 요엘의 저작권을 부인하곤 했다. 그들은 요엘을 사회적 관심 혹은 신학적인 예리함이 없는 흥미 없는 페르시아 시기의 예전적 선지자로서만 간주했다. 그들은 요엘의 유일한 관심사는 신실한 예배를 장려해서 나라가 농경적으로 융성해지기를 바라는 것이었다고 보았다.

카펠루트(Kapelrud)와 루돌프(Rudolph)는 최근에 후자의 평가, 즉 예전적 관점을 견지하는 자들에게 가담했다. 카펠루트와 루돌프는 모두 요엘을 예전적 기능을 담당했던 포로기 이전의 선지자로 본다. 즉 카펠루트에 의하면, 요엘은 예전적으로 심취했던 선지자였다. 그리고 그는 이스라엘의 불순종으로 인한 심판 없이 이스라엘이 궁극적으로 완전히 구원받을 것에 대한 확신을 가지고 있었는데, 이런 확신은 다른 포로기 이전 선지자들의 균형 잡힌 관점과 대조를 이루는 생각이었다.

제프젠(Jepsen), 아이스펠트(Eissfeldt) 그리고 최근에 볼프(Wolff) 등과 같은 학자들은, 비록 요엘서가 제2성전기인 페르시아 시대의 작품이라 할지라도, 요엘서를 통일된 책으로 보는 경향이 더욱 많다. 바이저(Weiser)는 단일 저자에 의한 두 단계 작품으로 본다. 아이스펠트는 일상의 삶의 어려움에 관심을 가지는 요엘의 고귀함을 강조하면서 그를 높이 치하하려고 했다. 비록 특별히 4장이 그런 관점으로 설득력 있게 들어맞지 않는다 할지라도, 아이스펠트는 그렇게 보았다. 볼프는 주전 4세기의 야웨의 날에 대한 개념을 요엘이 이스라엘에 다가오는 심판에 대해 묵시적인 의미의 발전의 관점에서 회개할 것에 대한 효과적인 부름으로 창의력 있게 변화시킨 것과 또한 볼프가 찬사를 보내는 것으로 보이는 3장에 나오는 요엘의 반(反)예언적 견해를 지적하면서 요엘의 가치를 회복시키고 있다.

현재는 실제적으로 요엘에 대한 학적인 주장들이 일치를 보고 있지 못하다. 연대기 혹은 통일성 혹은 신학적 관점 혹은 심지어 이미지의 엄밀성에 이르기까지 어떤 일치도 이루어지고 있지 않다. 요엘에 대한 최근의 학적인 연구에서 놀랍게도 빠진 것은 언약적 개념들과 구조들, 특별히 모세 언약 제재 규례들의 개념들과 구조들에 요엘이 의지하고 있다는 것에 대한 관심이다.

간략한 표제(1:1)

본 문

1 여호와께서 브두엘의 아들 요엘에게 이르신 말씀이라

1:1 Yahweh's word, that came to Joel son of Pethuel[a]

원문주해

1.a. G(*βαθουήλ* – 바두엘), Syr, L 모두가 리브가의 아버지 브두엘(Bethuel)의 이름을 수정하고 있는 것과 꼭 같이(창 22:23 등등; 수 19:4; 왕상 4:30에 있는 이름을 참조하라) 이 이름을 수정하고 있기 때문에, MT의 프두엘(Pethuel; G^{86}, Tg, Vg 등에 의해 지지를 받음)은 2차적인 자료일 가능성이 있다.

주석

예언서들의 표제를 위한 여러 가지 형식들 중에서 이 표제는 짧고 단순한 형태다. 이것은 저자의 신분을 요나 자신과 그의 아버지 이름에 국한시키고 있는 요나 1:1과 매우 근접하게 비교되는 형태다. 다른 경우로는 호세아 1:1; 미가 1:1; 스바냐 1:1 그리고 예레미야 1:1의 G의 역본을 참조하라. 이들의 경우는 모두 비슷하기는 하지만, 좀 더 자료가 첨가된 형태로 시작하고 있다.

요엘은 이른 시기(삼상 8:2)와 늦은 시기(느 11:9)에 모두 볼 수 있는 구약의 보편적인 이름이다. 요엘은 "야웨는 하나님이시다"라는 의미를 가지고 있다. 역사적으로 볼 때, 음성학은 야흐벨(*yahw'-ēl*)로 시작해서 다음과 같이 발전했다: 야흐벨(*yahw'ēl*) → 야벨(*yaw'ēl*) → 요엘(*yō'ēl*).

애곡할 것을 말함(1:2-20)

참고문헌

Baumgartner, W. "Joel 1 und 2." In *Karl Budde zum siebzigsten Geburtstag*, ed. K. Marti. BZAW 34. Giessen: Topelmann, 1920. 10-19. **Dressier, H.** "Ugaritic *uzr* und Joel 1:13." *UF* 7(1975) 221-25. **Frankfort, T.** "Le כִּי de Joël 1:12." *VT* 10(1960) 445-48. **Kutsch, E.** "Heuschreckenplage und Tag Jahwes in Joel 1 und 2." *TZ* 18(1962) 81-94. **Mallon, E.** "A Stylistic Analysis of Joel 1:10-12." *CBQ* 45(1983) 537-48. **Plath, M.** "Joel 1:15-20." *ZAW* 47(1929) 159-60. **Sellers, O.** "Stages of Locust in Joel." *AJSL* 52(1935-36) 81-85. **Sprengling, M.** "Joel 1:17." *JBL* 38(1919) 129-41. **Stephenson, F.** "The Date of the Book of Joel." *VT* 19(1969) 224-29. **Thompson, J. A.** "Joel's Locusts in the Light of Ancient Near Eastern Parallels." *JNES* 14(1955) 52-55. **Treves, M.** "The Date of Joel." *VT* 7(1957) 149-56.

본 문

2 늙은 자들아 너희는 이것을 들을지어다 땅의 모든 거민아 너희는 귀를 기울일지어다 너희의 날에나 너희 열조의 날에 이런 일이 있었느냐

2 Listen to this, leaders;[a] Pay attention, everyone who lives in the land. Has this happened (before) in your lifetime? Or in the lifetimes of your ancestors?

3 너희는 이 일을 너희 자녀에게 고하고 너희 자녀는 자기 자녀에게 고하고 그 자녀는 후시대에 고할 것이니라

3 Tell about it to your children, And your children[a] to their children And their children[a] to yet further generation.

4 팟종이가 남긴 것을 메뚜기가 먹고 메뚜기가 남긴 것을 늣이 먹고 늣이 남긴 것을 황충이 먹었도다

4 What the nearly full-groum locust[a] left, the adult locust[b] ate. What the adult locust left, the infant locust[c] ate. What the infant locust left, the young locust[d] ate.

5 무릇 취하는 자들아 너희는 깨어 울지어다 포도주를 마시는 자들아 너희는 곡할지어다 이는 단 포도주가 너희 입에서 끊어졌음이니

5 Wake up, drunks,[a] and cry! Wail, all you wine drinkers! Because of the juice of the grape,[b] for it is cut off from your mouths.

6 한 이족이 내 땅에 올라왔음이로다 그들은 강하고 무수하며 그 이는 사자의 이 같고 그 어금니는 암사자의 어금니 같도다

6 Because a nation has invaded[a] my land, Strong and innumerable. Its teeth are lion's teeth, Its jaws those of a lioness

7 그들이 내 포도나무를 멸하며 내 무화과나무를

7 It has made my vine a waste, And my fig tree

긁어 말갛게 벗겨서 버리니 그 모든 가지기 하얗게 되었도다

a stump. It has completely stripped it and thrown it away, Its branches show a bare white.[a]

8 너희는 애곡하기를 처녀가 어렸을 때에 약혼한 남편을 인하여 굵은 베로 동이고 애곡함같이 할지어다

8 Wail like[a] a virgin with sackcloth around her (Wails) over the husband she was betrothed to.[b]

9 소제와 전제가 여호와의 전에 끊어졌고 여호와께 수종드는 제사장은 슬퍼하도다

9 The meal offerings and drink offerings are cut off from Yahweh's house. The priests, the ministers of the altar,[a] are in mourning.

10 밭이 황무하고 토지가 처량하니 곡식이 진하여 새 포도주가 말랐고 기름이 다하였도다

10 [a]The fields are desolate, The land has withered. Indeed, the grain is desolate, The fruit of the vine has wilted, The olive oil has run dry.

11 농부들아 너희는 부끄러워할지어다 포도원을 다스리는 자들아 곡할지어다 이는 밀과 보리의 연고라 밭의 소산이 다 없어졌음이로다

11 Wilt, farmers. Wail, vinedressers, Over the wheat and the barley, Because the harvest of the field has perished.

12 포도나무가 시들었고 무화과나무가 말랐으며 석류나무와 대추나무와 사과나무와 및 밭의 모든 나무가 다 시들었으니 이러므로 인간의 희락이 말랐도다

12 The grapevine has wilted, the fig tree has dried up, The pomegranate, as well as the date palm and the apple. All the trees on the landscape have wilted away. Indeed the joy has wilted from the human beings.

13 제사장들아 너희는 굵은 베로 동이고 슬피 울지어다 단에 수종드는 자들아 너희는 곡할지어다 내 하나님께 수종드는 자들아 너희는 와서 굵은 베를 입고 밤이 맟도록 누울지어다 이는 소제와 전제를 너희 하나님의 전에 드리지 못함이로다

13 Change clothing[a] and lament, priests. Wail, you who minister at the altar. Come, spend the night in sackcloth, Ministers of God.[b] For the cereal offerings and libations Have been held back from your God's house.

14 너희는 금식일을 정하고 성회를 선고하여 장로들과 이 땅 모든 거민을 너희 하나님 여호와의 전으로 몰수히 모으고 여호와께 부르짖을지어다

14 Schedule a fast! Announce a cessation of work! Gather the leaders; all those who live in the land, At the house of Yahweh Your God, And cry out to Yahweh.

15 오호라 그 날이여 여호와의 날이 가까웠나니 곧 멸망같이 전능자에게로서 이르리로다

15 [a]Woe[b] for the day! For Yahweh's Day is near. It comes as a mighty ruin from the Almighty.[c]

16 식물이 우리 목전에 끊어지지 아니하였느냐 기쁨과 즐거움이 우리 하나님의 전에 끊어지지 아니하였느냐

16 Is not the food cut off before our eyes, Joy and rejoicing from our God's house?

17 씨가 흙덩이 아래서 썩어졌고 창고가 비었고 곳간이 무너졌으니 이는 곡식이 시들었음이로다

17 The figs have dried out under their casings,[a] The storehouses are ruined, The granaries are broken down, Because the grain has shriveled.

18 생축이 탄식하고 소 떼가 민망해하니 이는 꼴이 없음이라 양 떼도 피곤하도다

18 How the animals groan,[a] The herds of cattle wander around,[b] Because they have no pasturage; The flocks also are desolate.[c]

19 여호와여 내가 주께 부르짖으오니 불이 거친 들의 풀을 살랐고 불꽃이 밭의 모든 나무를 살랐

19 I call to you, Yahweh, Because fire has devoured the wilderness pasture land, And flame

음이니이다
20 들짐승도 주를 향하여 헐떡거리오니 시내가 다 말랐고 들의 풀이 불에 탔음이니이다

has ignited all the trees on the landscape.
20 The wild animals, as well, pant after[a] you, Because the streams of water have dried up, And fire has devoured the wilderness pasture land.

원문주해

2.a. "늙은 자들아(지도자들)"라는 히브리어 제케님(זקנים)은 공동체/종교적인 지도자들을 말하는 것으로 햇수의 나이와는 관련이 없다.

3.a-a. 시 운율학의 기계론적인 이론들을 토대로 몇몇 주석가들은 "너희 자녀는 자기 자녀에게(그리고 너희들의 자녀들은 그 자신들의 자녀들에게)"라는 뜻의 우베네켐 리브네헴(ובניכם לבניהם)을 제거할 것을 제안한다. 그렇게 함으로써 삼행연구(三行聯句)에서 그 구조와 그 강조하는 어떤 것을 모두 제거하는 것이다.

4.a, b, c, d. 비록 여전히 이론적이고 추측에 의한 것이기는 하지만, 메뚜기의 다른 형태들을 위한 이런 칭호들은 일반적 칭호들인 "뛰어오르는 곤충", "기는 곤충", "뛰는 곤충" 등과 같은 것들보다는 청자/독자에게 훨씬 더 구체적이다.

5.a. 여기서 G는 "취한"이라는 뜻의 메뒤온테스(*μεθύοντες*) 뒤에 "그들의 포도나무로부터"라는 뜻의 엑스 오이누 아우톤(*ἐξ οἴνου αὐτῶν*)을 첨가하고 있다. 아마도 메뒤온테스(*μεθύοντες*) 자체는 모호한 것이라고 생각했기 때문일 것이다. 메뒤온테스(*μεθύοντες*)라는 어휘는 "취하게 하다"라는 의미 이외에도 "흠뻑 젖다", "마취되다"라는 의미를 가질 수 있기 때문이다.

5.b. "포도주를 마시는 자들아(취하기까지 포도주를 마시는 [너희들아])"라는 의미의 호이 피논테스 오이논 에이스 메텐(*οἱ πίνοντες οἶνον εἰς μέθην*)을 만들어 내는 이전 행의 끝과 더불어 G는 "단 포도주(포도주로 인해)"라는 의미의 알 아씨쓰(על עסיס)를 취한다.

5.c. 5.b에 묘사된 G의 독법은 본 절의 마지막 절로부터 명확한 주어를 제거한다(그것이 입에서…했기 때문에). 이것을 위해 G는 "기쁨과 즐거움"이라는 의미의 유프로쉬네 카이 카라(*εὐφροσύνη καὶ χαρά*)라는 어휘들을 보충해 넣고 있는데, 이 어휘들은 16절에서 빌려온 것이 분명하다.

6.a. 문자적으로는 군사적 용어인 "…을 대항해서 올라오라(עלה על – 알라 알)".

7.a. 여기서 G(*ἐλεύκανε* – 엘류카네)는 대적을 힐비누([ו]הלבינ)의 주어로 취하고 있다. 이것은 아마도 마지막 와우(ו)가 G의 원본에는 없었기 때문이거나 아니면 단지 병행적으로 놓은 것이기 때문일 것이다. "그것(대적)"은 본 절에 있는 다른 어절들의 주어이기 때문이다.

8.a. "처녀보다 더 나에게 애곡하라"는 의미의 드레네손 프로스 메 휘페르 늼펜

(*θρήνησον πρός μὲ ὑπὲρ νύμφην*)을 가지고 있는 G는 הילילי אלי מן בתולה라는 내용을 가진 G 원본을 말해 주는 것이다. 그러나 볼프가 본문에 대해 길게 논의했지만 결론을 내리지 못한 논의가 보여 주는 바(Wolff, Joel, 18)와 같이, 8.a.에 대한 어떤 확실한 재구성도 지금껏 이루어지지 못했다.

8.b. G의 번역(*τὸν ἄνδρα αὐτῆς τὸν παρθενικὸν*—톤 안드라 아우테스 톤 파르데니콘, "그녀의 처녀성의 남편")이 나타내 주는 바와 같이, 바알 네우림(בעל נעורים)은 "어떤 사람이 약혼한 남편"을 의미하는 것이지, 어떤 여인이 결혼한 시기의 나이와는 아무런 관련이 없다.

9.a. MT의 야웨(יהוה) 대신에 "제단"이라는 의미의 뒤시아스테리오(*θυσιαστηρίῳ*)를 가지고 있는 G와 같이 읽은 것.

10.a. G가 호티(*ὅτι* = 키[כי], "…때문에")를 가진 절로 시작하기 때문에, G가 영향을 미친 본문은 키(כי)를 가지고 있을 수도 있다. 그러나 본문상으로 이런 사항에 대한 결론이 나지 않은 상황에 대해서는 Gross and Freedman, *SAYP*, 161-68를 보라.

12.a. G(*ἤσχυσαν*—에스큐산)는 히브리어 형태를 "부끄러워하다"라는 뜻의 보쉬(בוש)로부터 나온 것으로 본다. 그러나 이것으로 인해 또한 MT를 확증해 주고 있다.

13.a. 문자적으로는 "네 자신을 동여매라"는 뜻으로 베옷으로 갈아입는 시점.

13.b. "나의 하나님"이 아니라 "하나님"이라는 뜻의 엘로힘(אלהים)을 반영하는 G(*θεῷ*—데오)를 따라 읽은 것.

15.a. "그 날에 화가 있을진저" 등과 같은 말은 제사장들이 외치는 소리일 가능성이 있다(14절). Syr은 15-20절을 "그리고 말하다"라는 명령법 베아므로(*w'mrw*)로 시작하는 애가의 어휘들로 보고 있다.

15.b. 역본들은 "화(禍)"에 상응하는 어휘를 2번(Syr) 혹은 3번(G, L) 반복하고 있다. 이것은 MT는 인접해 있는 단어들이나 구들 혹은 절들의 끝이 비슷해서 발생하게 되는 필사상의 오류(homoioteleuton)를 통해 가운데 글자를 빠뜨리고 쓴 오류(haplography)로 말미암아 여기의 원본보다 더 짧아진 것이라는 사실을 말하는 것이다.

15.c. 히브리어 쇼드 미샤다이(שד משדי) 두운(頭韻)은 문자적으로 "산같이 큰 자로부터 파멸됨"이라는 뜻이다.

17.a. 고대와 현대 역본들 사이에 커다란 그리고 때로는 재미있는 차이점들이 보여 주는 대로, 본 절의 이 첫 구절은 이해하기가 정말 어렵다. 예를 들어, G("어린 암소가 구유에서 뛰다") 혹은 Vg("일하는 동물들이 자신들의 오물에서 더럽혀지고 있다")는 우리가 번역한 의미만큼이나 추측적인 것 같다.

18.a. 어떤 G 사본들(*τί ἀποθήσομεν ἐν αὐτοις*—티 아포데소멘 엔 아우토이스, "우리는 그 안에 무엇을 쌓을까?")은 잘못된 해석에도 불구하고 MT를 반영하고 있는 것이 분명하다.

18.b. G(ἔκλαυσαν – 에클라우산, "부르짖었다") 또한 MT를 반영하고 있다.

18.c. MT에 있는 어휘(נאשמו – 네샤무)는 아마도 "죄가 있다, 징벌을 받다"라는 의미의 아샴(אשם)의 형태라기보다는 "황폐화되다"라는 의미의 샤맘(שמם)의 두 가지 형태를 가진 동사 유형 중 하나일 것이다.

20.a. 혹은 19a절과 병행법의 관점에서 보았을 때 "…에 부르짖다"라는 의미일 수도 있다. "울부짖다"라는 뜻의 아랍어 **아자**(*ajja*)를 참조하라.

양식/구조/배경

때때로 요엘 1:2-20은 전체적으로나 혹은 부분적으로 구약 공동의 애가들(Baumgartner, BZAW 34: *Karl Budde*, 10-19; C. Westermann, "Struktur and Geschichte der Klage im Alten Testament", *ZAW* 66[1954] 44-80를 참조하라) 혹은 좀 더 최근에는 "공동 애가로의 부름"이라는 독립적인 형태(Wolff, 21-24)로 인식되고 있다. 그러나 사실상 이 본문은 일종의 공동의 애가는 아니다. 그런 노래들은 여섯 가지 요소들에 중심을 두고 있는 구조를 특징적으로 가지고 있기 때문이다(하나님께 말함, 불평, 신뢰의 표현, 구원을 호소함, 확신의 말씀, 찬양의 표현). 이 여섯 가지 요소들은 시편의 공동 애가들에서 보이는 증거들이다(B. W. Anderson, *Out of the Depths*, 2nd ed.[Philadelphia: Westminster, 1983] 63-92를 참조하라). 더욱이 공동의 애가들은 여기서 발견되는 종류의 강조점을 결여하고 있다. 즉 백성들을 애도 혹은 반성으로 부르면서(지도자들, 1절; 농부들, 11절; 제사장들, 13절 등등) 공동체의 다양한 구성원들에게 직접적으로 말하는 것을 강조하는 점이 빠져 있다. 이 본문은 공동의 애가로의 부름으로 가장 잘 그 정체성을 드러낼 수 있다.

공동의 애가로의 부름은 비가(悲歌) 혹은 장례의 애가와의 구분이 항상 쉽지만은 않다. 양자는 모두 다음과 같은 특징들을 포함하고 있다: 즉 일상에서 이루어지는 행위들을 중지하고 신중하게 비탄으로 돌아설 것을 요구하는 명령법들(일반적으로 복수형)의 빈번한 사용; 비극에 대한 묘사들; 반성/반응에로의 촉구; "파멸"에 대한 직접적인 언급. (이런 형식에 대해서는 암 5:1-17을 보라; 욜 1:2-20에는 "파멸"에 대한 직접적인 언급은 희생자들 자체를 자연스럽게 포함하고 있다). 따라서 애가로의 부름 그리고 비가는 동일하게 본질적인 형태를 가지고 있기는 하지만 좀 다른 표현들이다.

현재의 본문은 선지자(19절)와 들짐승(20절)의 부분에서 하나님께 호소하는 요소를 첨가하고 있다. 각 절에서 계속되는 비극에 대한 묘사가 이어지고 있다. 전반적인 구조는 다음과 같이 묘사될 수 있다.

회상/반응으로의 부름	2-3절
비극에 대한 묘사	4절
애가로의 부름(술취한 자들)과 계속되는 묘사	5-7절
애가로의 부름(일반)과 계속되는 묘사	8-10절
애가로의 부름(농부들)과 계속되는 묘사	11-12절
애가로의 부름(제사장들)과 계속되는 묘사	13-18절
야웨께 호소함과 계속되는 묘사	19-20절

볼프는 2a절에서 "들으라…주의하라"는 지혜 문학적 어법을 말하고 있다(Wolff, Hosea, 20). 그러나 사실상 이런 형식은 구체적인 지혜 문학적 어조가 없이 단순하게 일반적인 시적 주의를 환기시키는 명령법이다(참조. 창 4:23; 민 23:18; 삿 5:3; 사 1:2; 1:10; 28:23; 32:9; 렘 13:15; 호 5:1 등등).

1:2-20의 저작권은 일반적으로 요엘에게 돌려지고 있다. 요엘은 말하는 자로 생각될 수 있다. 6절과 7절에서 사용된 1인칭 용법(내 땅, 내 포도나무 등등)은 야웨의 땅이나 요엘의 땅과 같은 것을 나타내기보다는 단순히 그 나라에 대한 의인화를 나타내 주는 것이다(참조. 애 1:15). 그러나 선지자의 말과 하나님의 말 사이의 빈번한 교체는 고대 이스라엘에서 너무나 일반적인 것이었다. 따라서 요엘의 청중 가운데서 어느 누구도 말하는 자에 대한 구분은 필요하지 않았을 것이다. 다른 곳에서 대명사들은 요엘이 분명히 말하고 있으며(16, 19절) 야웨는 듣는 자로 나타내고 있다(19, 20절).

본문에는 연대기를 정확하게 달해 줄 그 어떤 내용도 없다. 기능을 감당하고 있는 성전(9, 13, 14, 16절)과 그 땅에 있는 생명체(2절)에 대한 빈번한 언급은 포로기(주전 586-516년) 이외의 다른 어떤 시기를 말해 준다. 현재 사건에 대한 지식을 계속적으로 간직할 필요성을 말하고 있는 3절의 어법은 시편 78:3-8의 초기 왕조시대의 어법을 반영해 주고 있다. 그러나 그 3절의 어휘가 훨씬 후대의 연대기를 자동적으로 배제하는 것은 아니다. 재앙의 독특성에 대한 강조(2b절)는 포로기 이전의 연대기를 말해 주고 있다. 그 이후로부터 유다의 멸망과 바벨론 유수(幽囚)는 이스라엘 역사에서 중요하게 지칭되는 **그** 재앙으로서 예언적 작품들을 주도하는 메시지로 보이기 때문이다. 야웨의 날이 가까워 옴(15절)은 포로기 이전의 주제일 뿐만 아니라 포로기 이후, 심지어 신약의 주제이기도 하기 때문에 연대기 **자체**를 위해서는 그리 유용하지 못하다. 때때로 9절과 13절에서 소제와 전제를 나타내는 민하(מנחה)와 네쎅(נסך)이 결합되어 언급되는 것은 후기 연대기(포로기 이후)를 반영해 주는 것이라는 주장이 제기되곤 했다. 그러나 이런 견해는 모든 구체적인 성전 희생 제사 관련 어휘들이 늦은 시기로 간주될 때만(때때로 설득력이 없게 이루어지곤 함) 그리고 그 두 용어의 결합이 포로기/포로기 이후의 신조어(新造語)로 증명될 수 있을 때만 관심의 대상이 될 수 있는 것이다. 그러나 그렇게 볼 수가 없다.

요엘의 집은 알려져 있지 않다. 요엘이 유다의 수도를 빈번하게 언급하는 것으로 볼 때, 그는 예루살렘 사람이었을 것이라는 일반적인 주장이 있다. 그러나 이런 견해는 아모스가 벧엘과 사마리아를 빈번하게 언급하기 때문에 그를 북 왕국의 사람이라고 보는 것보다 더 나을 것이 없는 견해다.

요엘서 전체의 가장 그럴듯한 연대기와 1절의 암시로 인해 주전 701년 혹은 주전 597/588년이라는 견해에 대해서는 요엘 **서론**을 보라.

동의어적인 병행법이 본 단락을 주도하고 있다. 삼행연구(三行聯句; 3, 4, 5, 10b, 11, 19, 20절)와 두 개의 4행시(14, 18절)가 높은 비율을 차지하고 있다. 오경적 제재 규약들을 가지고 있는 본문들과의 연계성은 많이 있다. 다른 예언적 부분에서도 기대할 수 있지만, 특별히 모세의 노래와 언약적 저주의 시를 담고 있는 신명기 32:1-43에서 많은 연계성을 발견하게 된다. 이런 연계성은 아래의 "주석"에서 언급되고 있다.

주석

2 애가로의 부름은 신명기 32:1(동일한 동사들, 반대의 순서)과 많은 다른 노래들(선지서들 중에서는 사 1:10; 28:23; 호 5:1; 미 1:2; 3:1을 참조하라)에서와 마찬가지로 들으라는 명령법 동사들로 시작하고 있다(שמעו…האזינו – 쉬무우…하아지누, "들을지어다…귀를 기울일지어다"). 그 부름은 일반적인데 처음에는 지도자들(זקנים – 제케님; 참조. 1:14; 2:16; 3:1[2:28])에게 주어지고, 이어서 또한 유다의 모든 백성들에게 주어지고 있다. 나라를 향해 요엘이 부르는 일과 같은 사건은 심지어 "열조의 날"에도 없었던 일이다. 이것은 과장된 표현일 수는 있지만(그러나 2:2을 참조하라), 주전 588년 1월에 있었던 바벨론 침략과 같은 이전의 그 어떤 사건들에도 비할 수 없는 심각한 사건을 나타내는 표시일 수 있다(J. Bright, *History of Israel*, 308-09를 보라). 2a절에 나오는 제케님(זקנים; 늙은이들/

지도자들)에 대한 내용이 포로기 이후의 연대를 나타내는 것이라는 주장들은 신명기 32:7에서 바로 그 용어가 언급되고 있다는 사실로 인해 논의에서 제외된다. 요엘은 일반적으로 모세의 노래를 의도적으로 암시하고 있다.

3 다시금 신명기 32:7("옛날을… 역대의 연대를…")을 암시하며 동일한 명령법들과 병행을 이루게 하는 것으로(출 12:26; 신 4:9; 6:7; 시 78:4-6 등등), 이스라엘 백성들에게 이 사건은 국가적으로 기억해야만 할 매우 중요한 사건이라는 것을 충고해 주고 있다.

4 먹을 수 있는 모든 것을 뜯어치우는 다양한 메뚜기 떼에 침략이 비유되고 있다. 주어진 그림은 문자적이라고 하기보다는 매우 비유적인 면이 강하다. 메뚜기 떼의 모든 단계가 한 번에 동시에 함께 작용할 수 없기 때문이다. 본 절의 반복적인 형태는 문자적으로 다음과 같이 매우 양식화(樣式化)되어 있다.

a. b가 먹고 남긴(יתר – 예테르) 것;
b. c가 먹고 남긴 것;
c. d가 먹고 남긴 것.

이런 형식은 출애굽기 10:5, 15에 나오는 애굽의 메뚜기 재앙 이야기에서 거의 그대로 빌려온 것 같다.

보록: 문자적인 실제 메뚜기 떼인가? 아니면 비유적인 메뚜기 떼인가?

당돌하게도 주석가들은 때때로 메뚜기 떼의 단계들(우리는 적어도 그 떼들이 메뚜기 떼의 단계들을 나타내는 것이라고 생각한다)을 나타내기 위해 여기서 사용된 네 가지 용어들을 정확하게 구분하려고 노력했다. 볼프는 여러 가지 견해들과 그에 대한 결론들에 대해 "[메뚜기 떼의 단계들]을 나타내는 지칭들에 대한 용법은 구약에서 다양하다"라는 탁월한 논평을 매우 적절하게 밝히고 있다(Wolff, Joel, 27-28). 달리 말하자면, 우리의 번역(가잠[גזם]을 "거의 다 자란 메뚜기"; 아르베[ארבה]를 "어른 메뚜기"; 옐레크[ילק]를 "어린 메뚜기"; 하씰[חסיל]을 "청년 메뚜기" 등으로 번역한 것)은 궁극적으로는 추측에 의한 것이다. 사실상 어원학자들은 사막의 메뚜기를 4단계가 아니라 6단계로 구분하고 있다(B. P. Uvarov, *Locusts and Grasshoppers*[London: Imperial Bureau of Entomology, 1928] 250-61). 그리고 탈무드는 20개가 넘는 다른 메뚜기의 이름을 표기하고 있다(L. Lewysohn, *Die Zoologie des Talmuds*[Frankfurt: Joseph Baer, 1858] 286-97). 전문적으로 보면, 메뚜기들은 완전한 우기의 여건 아래서 부화되고 증가하는 여치(황충)일 뿐이다. 어쨌든 요엘은 자신의 청중들/독자들에게 어원상의 어떤 가르침을 주고 있는 것이 아니다. 요엘은 유다 땅이 철저하게 황폐화될 것이라는 사실을 매우 극적인 방법으로 강조하고 있는 것이다.

비록 우가릿, 애굽, 앗수르 문학에서는 인간 군대들이 그 수와 명칭에 있어서 메뚜기들에 빈번하게 비교되고 있을지라도(증거에 대한 개관[概觀]을 위해서는 J. A. Thompson, *JNES* 14[1955] 52-55를 보라), 성서와 고대 근동 문학의 어디에도 메뚜기들이 인간 침입자들을 나타내는 상징들로서 사용되지 않았다는 주장이 제기되어 왔다.

상징으로 사용되지 않았다는 이런 견해에 대한 이론(異論)을 제기하기 위해서는, 다른 구약의 선지자들과 같이 요엘도 매우 상징적이고 은유(隱喩)적인 오경의 저주 어법에 의식적으로 세심한 주의를 기울이고 있다는 점이 고려되어야만 한다. 메뚜기들 **자체**는 대적들에 의해 패하고 포로로 잡혀가는 정황을 정확하게 말하는 신명기 28:38, 42에서 언급되고 있다. (그리고 우리는 레 26장과 신 28-32장의 저주들이 심판의 동일한 시대를 가리키는 일괄적인 한 꾸러미라는 것을 염두에 두고 있어야만 한다). 더욱이 요엘이 침입해 오는 군대들을 광범위하게 메뚜기 재앙에 은유적으로 비교하고 있는 것은 그 길이에 있어서 필적할 만한 것이 없기는 하지만, 여전히 다른 많은 고대 문헌들이 묘사하고 있는 방법과 **비교**되는 면이 있다(W. E. Staples, "An Inscribed Scaraboid from Megiddo", *New Light from Armageddon*, OIP 9[Chicago: University of Chicago Press, 1931] 60-63에 있는 요약을 보라). 다른 입증된 비교들은 주로 직유적인 데 반하여 요엘의 비교는 주로 은유적이라는 점은, 하나의 해석 혹은 다른 해석을 하는 데 있어서 그리 결정적으로 고려될 사안이 될 수는 없다. 마지막으로, 비록 요엘이 사용하고 있는 용어가 과장적이기는 할지라도, 그 요엘의 극단적인 어법은 무시될 수 없다. 요엘은 1장과 2장을 주도하고 있는 이 사건을 중요한 것으로 다루고 있다. 상대적으로 빈번한 다른 메뚜기 재앙들이 중요하게 여겨져야만 하는 것보다도 이 사건을 훨씬 더 중요하게 보고 있는 것이다(특별히 1:11, 17; 2:20, 25을 보라; 참조. 4:17[3:17]).

그렇다면 1:4과 2:25(이 구절들은 요엘서에서 메뚜기 떼가 실제적으로 언급되는 유일한 부분들임)의 "메뚜기 떼"는 침략해 들어오는 바벨론 군대들을 비유적으로 상징적으로 나타내고 있는 것으로 이해해야만 한다. 많은 재앙들 가운데서 일어난 단지 한 재앙이라는 의미 이상으로 이 재앙은 가장 커다랗고, 파괴적이며, 저지할 수 없는 바로 그런 침략이었다. 마치 메뚜기 떼가 들을 삼켜 버리듯이, 이스라엘을 삼키기 위해 놓인 그런 침략이었다.

5 여기서 반응을 촉구하는 부름, 즉 4절에서 우선 결론이 내려진 비극에 대한 묘사가 시작된다. 취하는 자들(שכורים – 쉬코림)이 행동하도록, 즉 "깨어"(הקיצו – 하키추) "울지어다"(בכו – 베쿠)라는 첫 번째 명령법들에는 아마도 어느 정도

의도적인 충격 요법이 있는 것 같다. 경솔하고 부주의한 태도를 보이는 사람은 바로 취한 자들이고 "포도주를 마시는 자들"이다. 그들은 그들 주변에서 일어나고 있는 일들을 깨닫지 못하는 사람들이기 때문이다. 요엘이 공격하고 있는 것은 바로 이런 종류의 태만감이다. 침략은 예루살렘의 일상생활을 붕괴하도록 만들어서, 사람들은 일상적으로 일들을 감당할 수 없게 된다. 포도주를 위해 사용된 주된 곡물들 중에 하나인 단 포도주(עסיס – 아씨쓰; 포도 주스)가 끊어졌다. 문자적인 메뚜기 재앙의 관점에서 보면, 그 연결은 분명하다: 벗겨진 포도나무는 열매를 맺을 수 없다. (톰슨[Thompson, *IB* 6:738]은 비록 재앙은 아니었을지라도 폐가 되었던 1915년에 팔레스타인에서 발생했던 유명한 메뚜기 재앙 이후에 포도주 값이 두 배로 뛰었다는 것을 보고하고 있다). 그러나 바벨론 침략의 관점에서 본다면, 지방은 대적에게 함락되었고, 그 대적은 자신들을 위해 포도나무의 열매를 빼앗아 간 것이다(참조. 저주 유형 15, 특별히 신 28:30, 33).

6 여기서 "메뚜기 떼"는 실제적으로 사자(獅子)와 같이 삼키는 한 (이방) 민족으로 불리고 있다(각각 저주 유형 5와 11). 턱/이…사자(獅子)/암사자 병행법은 전형적인 동의어적 형태이며(참조. 욥 29:17; 시 58:6; 잠 30:14), 메뚜기 떼 **자체**에 대해서는 아무것도 말해 주는 것이 없다. 그러나 그 병행법은 대적의 강함과 황폐하게 하는 유린성(蹂躪性)을 말해 주고 있다(참조. 렘 4:6-7).

"내 땅"(ארצי – 아르치)이라는 어휘는 적어도 이 시점에서 야웨가 직접적으로 인용되고 있다는 것을 암시하는 것인가? 곡(Gog)이 "내 백성…내 땅"을 치러 올라오는 것을 묘사하고 있는 에스겔 38:16의 관점에서 본다면, 그 대답은 그렇다는 것이 될 수 있을 것 같다.

7 포도나무와 무화과나무가 야웨("내")의 땅에서 침략자들에 의해 벗겨져 버렸다. 하나는 "던져 버려졌고"(השליך – 히쉬리크) 다른 것은 그루터기까지 잘려져 버렸다(קצפה – 케차파)고 하는 것은 비유적인 어법을 나타낸다. 메뚜기 떼는 나무들을 그루터기까지 자를 수 없고, 또한 나무들을 던져 버릴 수 없기 때문이다. 메뚜기가 하는 행위는 매우 효과적인 은유(隱喩)다. 그러나 또한 이런 비유적인 표현은 좀 더 문자적인 사실을 솜씨 있게 나타내는 것일 수도 있다. 즉 침략자들은 정성들인 농경적 준비로 걸린 수 년의 시간을 의도적으로 파괴하는 인간 군대다(참조. 합 3:17; 신 28:39; 32:32 등등; 농경적인 재난을 말하는 저주 유형 6을 이 곳에서 볼 수 있다).

8 "애곡하라"(אלי – 엘리)는 어떤 여성 그룹 혹은 여성의 것(모두가 의인화된

형태인 6절의 "땅" 에레츠[ארץ]?; 10절의 "땅" 아다마[אדמה]?; 혹은 좀 더 가능성 있게는 "포도나무"인 게펜[גפן]과 "무화과나무"인 테에나[תאנה] 등등인데, 이 모든 것들은 좀 더 직접적인 여성 단수 지시 대상물들이기 때문이다)에게 말하는 것을 나타내는 것으로 여성 단수 명령이다. 고대 이스라엘에서 약혼은 결혼이 이루어지기 훨씬 전에 이루어졌다. 그 약혼은 아이가 태어나기 전에도 이루어질 수 있었다: 부모들은 앞으로 태어날 한 남자 아이조차 다른 가족으로 태어날 여자와 약혼시킬 수 있었다. 남성 복수 절대형인 네우림(נעורים)은 결혼하기 전의 나이라는 의미에서 "어린(젊은)" 것을 말한다(특별히 Wolff, *Joel*, 29-30를 보라). 따라서 여기서 애곡하라는 것은 결혼하기를 그토록 오랫동안 기다리며 학수고대했던 사람을 잃은 경험을 가진 어떤 여인이 느끼는 처절한 실망감에 비유하는 것이다. 그런 허망함은 특별히 저주 유형 15를 반영하고 있다. 베옷(שק – 사크)은 슬픔에 싸여 스스로 몸을 포기하는 행위를 나타내는 데 쓰는 굵은 동물 털로 만든 옷감이다(참조. 창 37:34; 삼하 21:10; 왕상 21:27; 욘 3:5, 6; *IDB* 4:147).

9 실망감의 초점이 성전으로 옮겨간다. 침략에 의해 기인된 농경적인 황폐함은 하루에 두 번 이루어진 소제와 전제(레 2:6; 출 29:38-41 등등)를 위한 충분한 포도주와 밀가루와 기름이 더 이상 없다는 것을 의미한다. 동물을 드리는 것은 훨씬 더 많은 시간이 지난 뒤에 문제가 될 수 있었을 것이다. 18절이 분명히 나타내고 있는 대로 목축업도 영향을 받았음은 물론이다. 한마디로 말하면, 먹을 것이 소진되는 것은 좀 더 많은 짐승을 도살하게 되는 결과를 낳았을 것이다. 그럼에도 불구하고 본 절은 그 침략이 이루어진 것은 최근의 일, 즉 몇 일 전 혹은 기껏해야 몇 주 전이어서, 포위된 성읍 안으로 모아들여진 가축들은 아직 죽임을 당하지 않았던 것임을 나타내 주는 것 같다.

제사장들은 두 가지 이유로 인해 "슬퍼하고 있다"(אבלו – 아블루): 제사장들은 희생 제사를 드리는 것이 중지됨을 슬퍼한다(참조. 13, 16절). 그리고 제사장들은 자신들 스스로가 배고픔을 겪고 있다. 희생 제사를 나누어 가지는 것은 곧 자신들의 음식을 공급해 주는 일인데 그렇게 하지 못하기 때문이다(레 2:3, 10 등등).

10 밭과 토지가 황무해지고(사데[שדה], 아다마[אדמה]; 예를 들어, 신 28:33, 42 등등), 곡물과 포도주와 기름이 대적들의 손에 넘어갈 것(예를 들어, 신 28:51의 다간[דגן], 티로쉬[תירוש], 이츠하르[יצהר])이라고 예언하는 오경적 저주들이 이제 성취되고 있다. 하나님은 자신의 나라가 지은 죄로 인해 그 나라를 벌하시고 있다. 이츠하르(יצהר)는 포도주를 나타내는 산문적 어휘가 아닌 시적인 어휘다.

따라서 "포도나무의 열매"로 번역되었다. 이 어휘는 어떤 특별한 포도주 종류를 나타내고 있는 것은 아니다(참조. 호 2:8).

11 이제 슬퍼하는 것으로 부름을 받고 있는 자들은 곡물을 생산하는 자들이다. "농부들"이라는 의미의 이카림(אכרים)과 "포도원을 다스리는 자들"이라는 의미의 코레밈(כרמים)은 모든 곡물 농부들을 말하는 용어로서 역대하 26:10과 이사야 61:5에서 병행적으로 나타난다. "부끄러워할지어다(시들다)"(הבישו – 호비슈)라는 어휘는 여기서 동음이의(同音異義)의 익살스러운 표현과 같은 것으로 쓰인 것이다. 이 어휘는 일반적으로 가뭄에 말라 버리는 것을 가리킨다(예를 들어, 창 8:14; 시 90:6; 호 9:16; 욜 1:12, 20). 그러나 또한 사람들이 절망하는 것을 나타내는 데 쓰일 수 있다(예를 들어, 삼하 19:6; 호 2:7). 가뭄 이미지는 본문의 여기서 현저히 나타나는 것 같다. 아마도 이것은 침략에 이어서 발생한 실제적인 가뭄을 나타내는 것일 수 있다. 이것은 또한 실제적으로 모든 구약 시에서 전형적으로 보이는 은유(隱喩)의 급격한 전환의 한 예를 보여 준다. 고대의 청자/독자는 침략의 영향을 묘사하는 본문의 이 모든 내용을 이해하는 데 아무런 어려움이 없었을 것이다.

12 다섯 가지 종류의 과일 나무들 뒤에 "모든 나무"를 언급함으로써(참조. 느 13:15), 요엘은 광범위하게 이루어진 곡물 밭의 황폐함을 효과적으로 전하고 있다. 그런 뒤에 기쁨(ששון – 사손)을 열매로, 사람들(בני אדם – 베네 아담)을 그 "나무"로 은유적으로 나타냄으로써 요엘은 놀랍고 개인적인 방법으로 재앙을 불러들이고 있다. (포도나무, 무화과나무, 석류 종류에 대한 일반적인 구분에 대해서는 민 20:5; 신 8:8을 참조하라; 일종의 저주로서 일반적으로 과일이 황폐하게 됨에 대해서는 레 26:20; 신 28:40을 참조하라).

13 13절은 9절에서 이미 소개된 주제를 직접적으로 말하는 형태로 표현한 일종의 과장법이다. 제사장들은 불편한 슬픔의 베옷을 입도록(참조. 8절; 삼하 12:16; 왕상 21:27) 그리고 슬픔의 행렬에 참여하도록 특별히 부름을 받고 있다. 따라서 굶주림/기근 저주들(유형 7; 참조. 레 26:26; 신 32:34)은 예배 **자체**에서도 성취된다.

14 제사장들(아직도 제사장들에게 말하고 있다)은 금식일을 정하라(קדש – 카다쉬, 문자적으로는 "분리하다")그 지시를 받고 있다. 그래서 나라의 지도자들을 포함한 모든 사람들이 함께 도움을 받기 위해 야웨께 부르짖을(זעק – 자아크) 수 있게 하라는 것이다(참조. 삿 6:7; 렘 11:11; 삼상 7:8). 아마도 일상적인 행위를

중지하고, 먹지 않으며, 특별한 기도를 드리는 전형적인 하루 금식이 그려지고 있는 것일 수 있다(삿 20:26; 삼상 14:24; 사 58:3-5; 렘 36:6-9). 금식은 자기 부인의 형태다. 베옷을 입는 것과 같이 하나님께 대한 호소의 진지함을 더욱 높이려고 하는 의도가 들어 있다.

15 이 시점에서 요엘서의 주요 주제인 여호와의 날은 지금까지 이야기되어 온 모든 것을 설명하고 정당화하는 것으로서 등장한다. 비록 "여호와의 날"(יום יהוה – 욤 야웨)과 불길한 의미를 담고 있는 두운적 표현인 쇼드 미샤다이(*šōd miššāday*; 멸망같이 전능자에게로서[전능자에게서 오는 커다란 파멸])가 나타내는 구체적인 의미는 슬퍼하라는 요엘의 부름이 다른 단순한 메뚜기 재앙이나 가뭄보다 훨씬 더 염려가 깃들여 있는 것이라는 데 의심의 여지가 있을 수 없다 할지라도, 어떤 의미에서 보면 "오호라 그 날이여!"(אהה ליום – 아하흐 라욤)라는 어구가 그 모든 것을 말해 준다. 대적의 침략은 자신의 백성들을 대항하신 하나님의 심판을 나타낸다. 즉 불순종한 봉신(封臣)의 나라에 대한 큰 나라의 왕이 결정적으로 감행하는 어느 날의 침략을 말한다(D. Stuart, *BASOR* 221[1976] 159-64를 참조하라). 요엘의 "오호라 그 날이여!"라는 어구는 아모스의 "화 있을진저 여호와의 날을 사모하는 자여!"(암 5:18)라는 어구에 비유된다. 이 두 어구는 모두 야웨의 간섭은 이스라엘을 위해 이루어지는 것이 아니라, 이스라엘을 심판하기 위해 이루어지는 것이라는 사실을 분명하게 선언하고 있다. 구약에서 16번 나타나는 야웨의 날이라는 어휘는 저주 유형 3(전쟁; 참조. 레 26:25, 33; 신 28:49; 32:23, 41)뿐만 아니라 저주 유형 1(야웨의 거절; 참조. 레 26:17, 28; 신 29:27, 28; 신 31: 17, 18 등등)의 성취를 나타내 준다.

16 이번에는 수사학적인 질문을 통해 이루어지는 음식의 고갈(저주 유형 7)에 대한 주제로 다시 돌아가고 있는데, 이것은 방금 이루어진 요점을 강조해 주고 있다. 요엘은 기근의 심판이 이미 우리를 덮쳤으므로, 예배에서 이전에 우리가 누렸던 즐거움 또한 사라졌다는 것을 우리 모두가 볼 수 있지 않느냐(נגד עינינו – 네게드 에네누, "우리 목전에")고 말하고 있다.

17 추수한 곡식들이 침략자들에 의해 탈취되었기 때문에(참조. 삿 6:3-6, 11) 곡식 창고들에 아무런 관심을 두고 있지 않다. 결과적으로 그들은 수선할 의욕이 없는 것은 말할 것도 없으며 붕괴되고 있는 것이다. 가득하게 찬 곡물 창고들 대신에 백성들은 텅 비고 무너져 내린 창고들을 보고 있다. 이것은 이미 언급된 가뭄(10-12절; 저주 유형 6a)이 앞으로 거둘 추수를 망쳐 버리는 것을 선명하게 보

여 주며 깨닫게 해준다.

18 18-20절은 주로 굶주리고 갈증에 허덕이는 가축과 큰 무리의 들짐승들에 대한 묘사를 담고 있다. 창조 시에 인간이 매우 가깝게 연관을 맺고 있었던 것은 물론 큰 무리를 이루고 있는 땅의 짐승들이다(창 1:24-26). 사람들과 가축 혹은 다른 좀 더 커다란 무리를 이루고 있는 땅의 동물들은 구약에서 함께 언급되고 있는 것이 일반적이다(예를 들어, 욘 4:11). 따라서 인간과 더불어 시작되는 농경적 재앙의 묘사들은 식물들로 이어지고, 이제는 가축과 들짐승들로 결론을 맺고 있다.

19 모든 사람들이 슬픔 가운데 야웨께 호소하라고 한 뒤에 선지자 자신도 그 대열에 가담하고 있다. 19-20절에는 파괴하는 불에 대한 은유가 주도적으로 쓰이고 있다. 이것은 신명기 28:22과 신명기 32:22에 있는 대로 저주 유형 10에 대한 암시를 나타내 준다. 신명기 28:22에서는 야웨 자신이 징벌하는 불이며, 신명기 32:22에서는 파괴하는 불은 야웨의 진노를 감행하는 도구, 즉 "땅의 그 소산을 삼키며(땅과 그 소산을 삼키며)"라고 묘사하고 있다.

그러므로 호소는 야웨께 직접적으로 이루어져야만 한다. 대적이라는 유사한 매체를 통해 그 땅이 겪고 있는 황폐함의 궁극적인 원천은 바로 야웨이기 때문이다.

20 메뚜기 재앙 **자체**가 "시내"(אפיקי מים – 아피케 마임)를 마르게 할 수는 없었다. 이것은 가뭄을 나타내는 전형적인 어휘다(저주 유형 6a). 그러나 이것은 물길을 바꾸거나 막거나 채워서 대적을 약하게 하려고 하는 고대 근동에서 이루어진 전쟁의 일반적인 전술을 반영해 주는 것일 가능성이 있다(예를 들어, 창 26:18; 왕하 3:19, 25; 대하 32:4을 참조하라). 19절에 나타나 있는 대로, "불"에 의해 가장 곧바로 영향을 받는 것으로 언급되고 있는 것은 바로 들짐승들이다. "들의 풀이 불에 탔음이니이다"라는 20절의 마지막 행은 실제적으로 19절의 가운데 행과 동일하다. 이것은 하나 혹은 그 둘 다의 삼행연구(三行聯句)의 원문이 훼손되었다는 증거인가? 결코 그렇지 않다. 오히려 그런 반복은 하나님의 진노인 재앙이 미치는 범위를 강조하기 위해 의도적으로 계획된 것이다. "하나님이 우리의 모든 나라를 불태웠다"는 것이 이 구절들이 나타내려고 하는 요지다.

해설

야웨께 대한 공동체적인 애가로의 부름을 기술하고 있는 이 긴 본문에는 유다에 떨어진 광범위한 황폐함을 주로 묘사하기 위해 사용되고 있는 세 가지 은유(隱

喩)가 있다. 그 은유들은 메뚜기 떼의 침입(4절과 5-7절의 부분에서), 가뭄이 낳고 있는 기근(9-12, 16-18절) 그리고 심판의 불(19-20절)이다.

이 세 가지 은유들은 문자적으로 메뚜기, 가뭄 그리고 불을 가리키는 것이 아니라, 침략하는 메소포타미아 군대(6a절)에 의해 유다 땅을 공격하고 예루살렘을 포위하는 것을 묘사하려고 고안된 시적인 문학 기법을 위한 수단들로서 역할을 감당하고 있다. 만약 이 군대가 앗수르 군대라고 한다면, 요엘이 이 말씀을 전한 시기는 아마도 주전 701년으로 산헤립 군대가 예루살렘을 둘러쌀 때였을 것이다. 만약 이 군대가 바벨론 군대라고 한다면, 그 시기는 첫 번째로 느부갓네살의 커다란 바벨론 군대의 침입이 있었던 주전 597년, 혹은 예루살렘이 대대적으로 파괴되기 전 예루살렘의 마지막 포위 공격이 있었던 기간인 주전 588-587년, 혹은 주전 586년 바벨론 유수(幽囚)가 일어난 때일 것이다(**서론**을 보라).

대부분의 애가와 같이, 각 행의 처음(과 끝) 글자를 맞추면 어구(語句)가 되는 이합체(離合體) 시의 형태를 통해 침략의 결과로 인한 비참함의 실례들을 하나하나 잔혹하게 기술하면서 요엘서 1장은 유사한 재난들을 다양한 각도에서 묘사하고 있다. 무슨 일이 일어났는가? 야웨는 불순종한 나라를 향해 자신의 언약을 통해 약속한 저주들을 내리셨다: 대적에 의한 침략과 그 주민들이 겪는 고통. 이와 같은 곤경을 만들 수 있는 것은 단순한 메뚜기 재앙이 아니다. 이것은 야웨의 날 그 자체의 전조(前兆)다(15절). 바로 나라의 전(全) 역사에 있어서 가장 중요한 사건이었으며(1-2절), 야웨에게 자비를 호소할 시간이었다.

시온에서 울려퍼지는 경고(2:1-17)

참고문헌

Bach, R. *Die Aufforderungen zur Flucht und zum Kampf im alttestamentlichen Prophetenspruch*. WMANT 9. Neukirchen: Neukirchener Verlag, 1962. **Bourke, J.** "Le jour de Yahvé dans Joël." *RB* 66(1959) 5-31, 191-212. **Carroll, R.** "Eschatological Delay in the Prophetic Tradition?" *ZAW* 94(1982) 47-58. **Görg, M.** "Eine formelhafte Metapher bei Joel und Nahum." *BN* 6(1978) 12-14. **Kutsch, E.** "Heuschreckenplage und Tag Jahwes in Joel 1 und 2." *TZ* 18(1962) 81-94. **Leibel, D.** "On *ye'abbeṭûn*(Joel 2:7)." *Leš* 24(1959-60) 253[Heb.]. **Loewenstamm, S.** "*y' bṭûn=ye'awwetûn*?" *Leš* 24(1959-60) 107-8[Heb.]. ______. "*ûb'ad haššelaḥ yippōlû*"(Joel 2:8b)." *Leš* 26(1961-62) 62.[Heb.]. **Whitley, C.** "*'bṭ* in Joel 2:7." *Bib* 65(1984) 101-2.

본 문

공격

1 시온에서 나팔을 불며 나의 성산에서 호각을 불
어 이 땅 거민으로 다 떨게 할지니 이는 여호와의
날이 이르게 됨이니라 이제 임박하였으니

2 곧 어둡고 캄캄한 날이요 빽빽한 구름이 끼인
날이라 새벽 빛이 산 꼭대기에 덮인 것과 같으니
이는 많고 강한 백성이 이르렀음이라 이 같은 것
이 자고 이래로 없었고 이후 세세에 없으리로다

3 불이 그들의 앞을 사르며 불꽃이 그들의 뒤를
태우니 그 전의 땅은 에덴동산 같았으나 그 후의
땅은 황무한 들 같으니 그 들을 피한 자가 없도다

4 그 모양은 말 같고 그 달리는 것은 기병 같으며

5 그들의 산 꼭대기에서 뛰는 소리가 병거 소리와
도 같고 불꽃이 초개를 사르는 소리와도 같으며
강한 군사가 항오를 벌이고 싸우는 것 같으니
6 그 앞에서 만민이 송구하여 하며 무리의 낯빛이
하얘졌도다
7 그들이 용사같이 달리며 무사같이 성을 더위잡
고 오르며 각기 자기의 길로 행하되 그 항오를 어
기지 아니하며
8 피차에 부딪히지 아니하고 각기 자기의 길로 행
하며 병기를 충돌하고 나아가나 상치 아니하며

9 성중에 뛰어 들어가며 성 위에 달리며 집에 더

The attack

1 Blow the horn in Zion, Sound the alarm on my
holy mountain. Let everyone that lives in the land
tremble, Because the Day of Yahweh is coming,
because it is near,[a]

2 The day of darkness and gloom, The day of
clouds and blackness. Like the dawn spreading
across the hills is the populous, strong nation.
Nothing like it has existed from ancient times, Nor
will it again for generation after generation.

3 In front of it fire devours: Behind it flame blazes
Like the Garden of Eden is the land in front of it,
But behind it, a desolate wilderness. There is simply
no escape from it.

4 its appearance is like that of horses. They[a] run as
cavalry do.

5 Like the sound of chariots pounding across the
mountaintops, Like the sound of a flaming fire devou-
ring stubble, Like a strong nation lined up for battle.
6 Nations writhe in agony at the sight of it.
Everyone's face becomes flushed.[a]
7 They run like soldiers, They scale a wall like
warriors. They proceed each on his course, They
don't deviate[a] from their paths.
8 They don't interfere with each other. Everyone[a]
goes on his way.[b] They dodge[c] the arrows—they
don't quit.

9 They mass against the city They run at the wall,

위잡고 오르며 도적같이 창으로 들어가니

10 그 앞에서 땅이 진동하며 하늘이 떨며 일월이 캄캄하며 별들이 빛을 거두도다

11 여호와께서 그 군대 앞에서 소리를 발하시고 그 진은 심히 크고 그 명령을 행하는 자는 강하니 여호와의 날이 크고 심히 두렵도다 당할 자가 누구이랴

회개로의 부름

12 여호와의 말씀에 너희는 이제라도 금식하며 울며 애통하고 마음을 다하여 내게로 돌아오라 하셨나니

13 너희는 옷을 찢지 말고 마음을 찢고 너희 하나님 여호와께로 돌아올지어다 그는 은혜로우시며 자비로우시며 노하기를 더디하시며 인애가 크시사 뜻을 돌이켜 재앙을 내리지 아니하시나니

14 주께서 혹시 마음과 뜻을 돌이키시고 그 뒤에 복을 끼치사 너희 하나님 여호와께 소제와 전제를 드리게 하지 아니하실는지 누가 알겠느냐

15 너희는 시온에서 나팔을 불어 거룩한 금식일을 정하고 성회를 선고하고

16 백성을 모아 그 회를 거룩케 하고 장로를 모으며 소아와 젖 먹는 자를 모으며 신랑을 그 방에서 나오게 하며 신부도 그 골방에서 나오게 하고

17 여호와께 수종드는 제사장들은 낭실과 단 사이에서 울며 이르기를 여호와여 주의 백성을 긍휼히 여기소서 주의 기업으로 욕되게 하여 열국들로 그들을 관할하지 못하게 하옵소서 어찌하여 이방인으로 그들의 하나님이 어디 있느뇨 말하게 하겠나이까 할지어다

They climb up into the houses In through the windows They enter like a thief

10 Before it the earth shakes, The sky quakes. Sun and moon darken, And the stars withhold their light.

11 Yahweh has raised his voice before his army! How very great is his encampment! How strong[a] are those who carry out his words![a] How great is the Day of Yahweh, And very fearful! Who can endure it?

The call to repentance

12 Even now (oracle of Yahweh)[a] Return to me with all your heart, With fasting, weeping, and mourning.

13 Tear your heart—not your clothes! Return to Yahweh your God, For he is gracious and compassionate, Patient and fully loyal—One who changes his mind about doing harm.

14 Who knows? He may turn and show compassion And may cause blessing to remain after this.[a] Meal offerings and drink offerings belong to Yahweh your God!

15 Blow the horn in Zion! Schedule a fast! Announce a cessation of work!

16 Assemble the people, Schedule an assembly, Gather the elders, Assemble the children, Even those nursing at the breast! Let the bridegroom come out of his bedroom, And the bride from her chamber.

17 Let the priests, the ministers of Yahweh, weep Between the porch and the altar. Let them say: Have mercy on your people, Yahweh, Don't let your possession become an object of scorn, Ruled over[a] by foreigners. Why should it be said among the nations, "Where is their God?"

원문주해

1.a. "임박하였으니"라는 의미의 키 카로브(כִּי קָרוֹב)는 운율 음절 계산에 꼭 맞는 것이다. 이 어구는 때때로 중복되는 표현이라고 주장되는데, 결코 중복적인 것이 아니다.

4.a. 대적은 "그것"(3인칭 남성 단수)으로 표현되어 오다가, 이제는 "그들"(3인칭 남성 복수)로 표현되고 있다. 대명사의 이런 갑작스러운 전환은 히브리 시에서 전형적으로 볼 수 있는 형태다.

6.a. G(*ώς πρόσκαυμα χύτρας* – 호스 프로스카우마 퀴트라스, "어떤 커다란 솥의 검음과 같이")는 아마도 "항아리의 침적토(沈積土, 모래보다 곱고 진흙보다 거친) 같은"이라는 의미의 ככבצו פרור로 생각되는 어구를 읽은 것일 것이다. 이런 독법은 카바츠(קבץ)에 붙어 있는 와우(ו)를 선행(先行) 접미사로 생각하고 있는 것이다. Vg(*ollam*, "항아리") 또한 "타오르는 열기"라는 뜻의 파루르(פארור)를 "항아리"라는 뜻의 파루르(פרור)로 혼돈하고 있는 것이다.

7.a. 라이벨(Leibel)과 로에벤쉬탐(Loewenstamm)이 쓴 소논문들이 나타내는 바와 같이, 아바트(עבט)의 정확한 의미에 대해서는 의견이 분분하다.

8.a, b. 여기서 G(*καταβαρυνόμενοι ἐν τοῖς ὅπλοις αὐτῶν* – 카타바뤼노메노이 엔 토이스 호플로이스 아우톤, "그들의 무기로 압박하다")는 아마도 "강한, 용맹한"이라는 뜻의 게베르(גבר) 대신에 "무거운"이라는 뜻의 카베드(כבד) 혹은 가베드(גבד)라는 어휘를 가지고 있는 원문으로부터 "압박하다"라는 의미를 얻었을 것이다.

8.c. 여기서 G(*πεσοῦνται* – 페순타이, "그들이 떨어지다[죽다]")는 좀 더 문자적으로 MT를 입증해 주고 있다. 반면에 Tg(ולאתר דאינון שליחין אזלין קטלין, "그들이 보내지는 곳에서 그들은 가서 죽인다")는 아마도 이폴루 로(יפלו לא)를 제외한 전체 행을 지지해 줄 것이다.

11.a-a. G(*ἔργα λόγων αυτοῦ* – 에르가 로곤 아우투, "그의 말씀의 행위들")는 עשי דבריו와 같은 원본의 어휘를 반영해 주고 있다. 이것은 복수형으로 번역하고 있는 Tg와 σ 또한 입증해 주고 있다. Syr, L, Vg는 기본적으로 일치한다. 그러므로 MT의 어법은 원본적인 것 같지는 않다.

12.a. G는 "[야웨] 너의 하나님"이라는 뜻의 호 데오스 휘몬(*ὁ θεὸς ὑμῶν*)을 첨가하고 있는데, 이것은 아마도 13, 14절을 토대로 확장한 것일 것이다.

14.a. 문자적으로는 "그것 뒤에", 즉 침략. "원문주해" 4.a.를 참조하라.

17.a. 마샬 베(משל ב)의 직접적인 의미는 "조롱하다"가 아니라 "통치하다, 지배하다"이다.

양식/구조/배경

2:1-17은 1장과 밀접하게 연속되어 있다. 2:1-17은 1장에 연관되어 있고 단지 몇몇 부분에서만 인위적으로 분리될 수 있을 것이다. 다음과 같은 이유로 인해 독립된 부분으로 인식된다. 즉 1장의 애가로의 부름보다 훨씬 더 극적인 것으로 여겨지는

거민들을 일깨우는 2:1-17의 처음 명령으로 인해, 그리고 2:18에서 회복의 약속으로의 전환이 새로운 단락의 시작임을 보여 주고 있기 때문이다.

그럼에도 불구하고 1:1-20에 대한 유사성은 명백하게 드러난다. 두 본문은 모두 침략과 그에 따르는 재난들을 묘사하고, 구원을 위해 야웨께 호소할 것을 요청하고 있다. 1:1-20에는 침략/재난에 대한 묘사들이 애가로 부르는 다양한 외침들과 함께 산재해 있다. 그러나 2:1-17에는 침략/재난에 대한 묘사들이 처음 부분에(1-11절) 모두 함께 나온다. 이 처음 부분 다음에는 야웨(애가를 포함해서)께로 돌아올 것을 초청하는 내용을 담고 있는 구절들인 12-17절이 이어지고 있다.

본문에는 세 가지의 알려진 형태가 결합되어 있다. (1) 침략에 대한 경고(1-2a절; 참조. 호 5:8-10; 8:1; 렘 4:5-6; 6:1-4), (2) 침략하는 군대에 대한 묘사(2b-11절; 참조. 렘 4:5-16; 46:3-24; 47:2-6; 49:19-22; 겔 38:4-9, 15-22; 미 1:3-4; 나 2:1-10) 그리고 (3) 회개/애가로의 부름(12-17절; 참조. 1:2-20; 사 23:1-14; 렘 4:8; 25:34-38; 겔 30:2). 예레미야 4:5-17 또한 이 세 가지 요소들을 서로 결합하고 있음을 주목하라.

본 장의 황폐함, 잎이 떨어짐 그리고 가뭄에 대한 계속적인 묘사들은 1장에 있는 그런 묘사들을 반영해 주고 있다. 특별히 놀라운 것은 야웨가 대적 군대의 지휘관이자(11절) 백성들이 돌아서서 도움을 요청할 협력자(12절)로서 역할을 하고 계시다는 아이러니한 면이다. 야웨가 없다면, 백성들은 아마도 다가오는 나라의 파멸을 겪지 않을 수도 있었을 것이다. 그러나 또한 야웨가 없다면, 백성들은 구원받을 수도 없었을 것이다.

11절은 본문의 중심이 되며 중요한 내용이다. 1-10절에서 저지할 수 없는 침략군에 대한 과장적인 묘사가 계속적으로 이루어지고 있다. 처음의 경고와 산등성위에 나타나는 대적의 먼 모습(2절)으로부터 지역을 침투해 들어가는 잔혹한 행진(3-5절)과 그 대적들의 전쟁 행오(行伍)의 형태가 가까운 곳에서 분명하게 보이는 것(6-8절)과 그들이 결국 혼란을 야기시키며 성읍으로 침입해 들어가는 모습(9-10절)에 이르기까지 상세하게 묘사되어 있다. 아직 구체적으로 확인되지 않은 이 한 무리의 떼는 누구인가? 11절은 우리에게 그것은 다른 것이 아니라 바로 야웨의 군대라고 말해 준다! 이것이 나타내고 있는 암시적인 의미는 무엇인가? 예루살렘과 그 거민들은 단순하게 전쟁을 경험하고 있는 것이 아니라, 하나님의 심판을 받고 있다는 것이다.

그런 뒤 11절 이후에 본문은 1장에 주도적으로 나타났던 회개/슬픔으로의 부름과 같은 내용으로 전환된다. 15절에 있는 나팔-경고가 회개/슬픔으로의 부름과 연결되어 있는 것이 포함되어 있다. 이것은 백성들이 해야 할 진정한 일은 야웨 군대를 대항한 전쟁을 준비하는 것이 아니라는 점을 분명히 해주고 있다. 그런 전쟁 준비는 소용이 없는 것이며, 현재 이루어지고 있는 침략은 그들로 하여금 그들 스스로가 야웨의 자비를 찾도록 몰아칠 것이기 때문이다(13-14절 등등).

따라서 전체적인 구조는 다음과 같은 도식으로 나타낼 수 있을 것이다.

경고와 진행 중인 침략	1-10절
대적의 신원 확인과 의미	11절
회개/슬픔으로의 부름	12-17절

회개/슬픔으로의 부름(12-17절)은 16절과 17절에서 백성들 속에 있는 동일한 그룹의 많은 사람들을 포함하고 있다. 그 백성들은 1장에서도 언급되었다.

2:16	백성들	1:14
	회	1:14
	장르들	1:2, 14
	어린이들	1:3
	신랑	(1:8)
	신부	(1:8)
2:17	제사장들	1:9, 13

1장에 있는 좀 더 긴 부름의 내용에서 빠진 것은 농부들과 가축(1:11, 18, 20) 그리고 술 취한 자들(1:5)에 대한 내용이다.

본문은 삼행연구(三行聯句: 12)와 이행연구(二行連句: 17)의 비율이 놀라울 정도로 높게 나타난다. 각각의 경우에 그 대부분이 "종합적" 병행법으로 이루어져 있다. 몇 개의 삼행연구(9, 15, 16절)와 이행연구(9, 10, 16절)는 짧은(*breve*) 운율로 이루어져 있다. 이것은 부분적으로 빠른 속도감을 반영해 주는데, 대적이 그런 속도로 다가오는 것을 묘사해 주고 있다.

9절은 포위 공격을 넘어서는 침략을 묘사하고 있다. 예루살렘에 뛰어 들어가며, 성 위에 달리며, 성읍의 집들에 들어가는 대적에 대한 묘사를 포함하고 있다. 이 본문의 내용을 뛰며 성읍으로 날아 들어가는 메뚜기 떼로 보는 사람들은 그런 완전한 정복을 그리 놀랄 만한 것으로 생각하지 않는다. 정말로 그런 것은 놀랄 만한 일이 아니다. 순전히 숫자에 불과한 메뚜기 떼가 단순히 백성들을 괴롭히는 것

외에 한 성읍에 어떤 폐해를 끼칠 수 있단 말인가? 그러나 만약 이 묘사가 인간 대적들(저주 유형 5) 그리고 가정(家庭)에 이른 전쟁의 공포(저주 유형 4; 참조. 신 32:25, "방안에서는 놀람에 멸망하리니…")에 의해 빚어진 것을 나타내기 위한 것이라고 한다면, 야웨의 날을 성취하는 예언(11절)으로서 그 끼치는 영향력은 이해할 만하다.

따라서 9절은 진행 중인 침략의 궁극적인 예견으로서 이해되어야만 한다. 즉 궁극적으로 예루살렘에 종말을 가져올 대적에 의한 정복이다. 물론 그런 정복이 주전 586년에 발생했다. 현 본문에 대한 가장 이른 시기를 말하는 것으로 주전 701년 정도의 이른 시기가 분명하게 예견될 것이라고 볼 수 있다. 유다가 궁극적으로 포로로 사로잡히는 것을 말하는 아모스, 호세아, 이사야, 미가 자신의 예견들에 비추어 보았을 때, 이런 견해를 부인하기는 불가능하다.

주석

1 경고에 대한 외침이 예루살렘에서 일어난다. 이것은 "시온…나의 거룩한 산"이라는 병행구절들에서도 확인되는 것이며(참조. 렘 26:18; 사 2:3; 미 3:12; 슥 8:3; *CTA* 3.3.26-28) 양의 뿔인 쇼파르(שופר)에 의해 울려 퍼졌다. 양의 뿔 소리는 이스라엘에서 경고나 다른 일반적인 소집과 같은 거의 모든 종류의 목적을 위해 사용된 일반적인 표시였다(예를 들어, 출 19:16, 19; 삿 3:27; 삼상 13:3; 삼하 2:28; 렘 6:1; 호 5:8; 습 1:16 등등; 참조. 살전 4:16). 거의 모든 고대 성읍들과 같이 예루살렘도 위험에 대한 초기 경고를 위해 성벽에 세워진 파수꾼들을 가지고 있었다(참조. 겔 33:2-4). 여기서 야웨는 그 파수꾼들의 지휘자이시다("**나의** 거룩한 산"이라는 어구는 요엘을 가리킬 수 없다). 그 지휘자는 파수꾼들에게 경고를 외치도록 해서 그 성읍의 거민들이 위험을 감지하도록 했다. 그 위험은 오랫동안 기다려 왔던 커다란 야웨의 날이다. 그 야웨의 날에 야웨는 이스라엘을 위해서가 아니라 이스라엘을 **대항해서** 간섭하실 것이다. 양의 뿔의 경고와 그 날에 대해서는 특별히 스바냐 1:16과 스가랴 9:14을 참조하라. 스가랴 9:14은 야웨를 단순히 그 뿔이 울리도록 명령하는 자가 아니라 울리는 뿔 그 자체로 묘사하고 있다.

2 어둡고 암울한 어법은 야웨의 간섭이 구원을 위해 이루어지는 것(참조. 암 5:18-20)이라고 여전히 고지식하게 생각하고 있는 백성들에게 내려질 다가오는

심판과 파멸을 묘사하려는 것이다(2:10; 3:4; 사 8:22; 13:10; 겔 34:12; 38:9; 암 5:18, 20; 습 1:15). 대적은 너무나 무시무시하고(26절; 참조. 1:2, 3) 광대한 제국의 군대라서 그와 같은 군대를 이전에도 이후에도 상상할 수 없는 그런 커다란 군대다. 주전 701년 산헤립(Sennacherib) 지휘하의 앗수르 군대 혹은 주전 590년경과 580년경의 느부갓네살(Nebuchadnezzar) 지휘 아래 있었던 바벨론 군대만이 이렇게 과장되게 표현된 묘사에 부분적으로 들어맞을 수 있을 것이다.

3 침략자들은 격렬한 불꽃이 태워 버리듯이 그 땅을 초토화한다. 이 어휘는 문자적인 실제 의미라기보다는 은유적인 표현이다. 불은 언약적 저주에서 하나님의 심판을 상징한다(유형 11; 참조. 신 32:22). 그리고 여기서도 역시 저주 항목으로서 그 땅의 황폐함을 낳고 있다(유형 10; 참조. 레 26:33; 신 29:22-23). 불은 종종 하나님의 임재 혹은 도래를 상징하기도 한다(출 24:17; 민 9:15-16; 신 4:11-12; 5:22-26; 시 97:3). 특별히 야웨의 날과 관련이 있는 스바냐 1:18에서 이런 개념을 전하고 있다.

에스겔 또한 에덴동산/황폐함의 대조적인 표현을 사용하고 있다(겔 28:13-19; 18절; 31:16-18 그리고 36:35에 나오는 불을 주목하라; 36:35에서 에덴은 약속의 신탁에 있는 황폐화에 이어 나오고 있다).

"피한 자"(פליטה – 펠레타)가 없다는 어구가 그 날의 심판을 피하지 못함을 강조하기 위해 여기에 첨가되고 있다. 그 날의 심판은 스바냐 1:2-3뿐만 아니라 아모스 5:9에도 묘사되어 있다.

4 대적의 압도적인 힘과 민첩함을 말하는 것으로서 말들과 기병들은 고대의 가장 두려운 것을 은유적으로 말해 주는 것이었다(예를 들어, 출 15:1, 19; 신 20:1; 수 11:4; 욥 39:9; 참조. 사 31:1). 거친 지경을 가지고 있는 이스라엘은 다른 나라들이 의존해 있었던 것만큼 올라타는 전쟁 장비에 의존하지 않았다. 따라서 말들은 이 곳과 예레미야서(6:23)와 에스겔서(38:4)에서 종말론적인 이방 군대의 다가옴과 특별히 연관되어 있다.

5 감각에 호소하면서 이 삼행연구(三行聯句)는 대적의 소리와 외관적인 모습 모두에 대한 인상을 전해 주고 있다. 멀리서 들려오는 커다란 굉음과 다가오는 전사들의 모습이 넓은 성벽과 같은 인상이다. 부분적으로 요엘의 내용을 암시하고 있는 계시록 9:1-11의 종말론적인 메뚜기 재앙에 대한 묘사는 "전쟁으로 달려 들어가고 있는 말들과 병거들"에 대한 메뚜기 떼의 소리를 묘사하고 있는 9절의 비교를 포함해서 유사한 요소들을 포함하고 있다. 따라서 비록 다른 은유들이 그 메

뚜기 비유와 함께 공존하고 있을지라도, 야웨 하나님의 정복 군대는 이 곳과 이어지는 구절들(6-9절)에서 다소 알고 있는 의미로 행진하고 있는 메뚜기 떼에 이제 다시금 막연하게 비유되고 있다.

6 멀리서 다가오는 극히 사나운(참조. 신 28:49) 대적의 군대를 바라보는 사람들이 보이는 행위로 강조점이 전환되고 있다. 단순한 메뚜기 떼는 진정한 주제가 아님이 분명하다. 어찌할 줄 모르는 공포 속에서 나라 전체(עמים – 아밈)가 보이는, 괴로워하며(참조. 시 96:9; 렘 5:22) 얼굴이 하얘지는 반응(참조. 사 13:8)은 야웨가 이끄시는 정복 군대의 무리를 바라보는 두려움을 전해 준다.

7 이 두 가지의 이행연구(二行連句)는 부분적으로는 메뚜기 떼에 그리고 부분적으로는 사람 군대에 적절한 방식으로 대적을 묘사하고 있는 것 같다. 그(것)들은 군인들/전사들과 **같다**(…כ…כ – …키…키). 그러나 또한 정복하려고 하는 군대를 구성하고 있는 것이 분명하다. 그 정복하려고 하는 군대는 훈련되었고, 조직화되었으며, 또한 성벽과 같은 일반적인 방어 장벽들로는 저지할 수 없는 군대다(참조. 신 28:52).

8 협력과 독자적인("각자"라는 뜻의 이쉬[איש]와 여기서 "각기"라는 뜻의 게베르[גבר]에 의해 표기됨) 행위 사이에 이루어진 잘 잡힌 균형감이 완벽하게 싸움을 위한 이 군대의 특성을 말해 주고 있다. 화살로 그들을 맞추는 것은 아무런 소용이 없다. 그들은 계속해서 다가오고 있다(참조. 레 26:17, 37; 신 28:25).

9 대적은 결국 성읍에 이르고 들어간다. 방어하려고 하는 모든 노력들이 무위로 돌아갔으며, 백성들은 모든 집에 들어가서 모든 물건을 쳐부수는 침략자들에 의해 압도당한다. 정복은 완전히 끝났다. 동시에 생각되는 다음과 같은 침략의 두 가지 단계를 생각해 볼 수 있다: 상징적으로 메뚜기 떼와 문자적으로 하나님의 군대. 집들에 대한 침략의 언급은 출애굽 시에 애굽인들 위에 임한 하나님의 심판 재앙을 암시해 주는 것으로 이해될 수 있다. 애굽인들을 위한 그 심판의 재앙에서 메뚜기 떼는 애굽인들의 집에 "가득했다"(출 10:6). 그러나 군사적인 차원에서 본다면, 집들을 포획하고 파괴하는 것은 한 성읍에 대한 정복을 완전히 마쳤다는 것을 말해 주는 것이다(참조. 신 28:30; 32:25; 왕하 25:9; 느 7:4). 전쟁과 그 황폐화를 말하는 저주들은 성취되었다.

10 야웨의 날이 부분적으로 전율과 어두움으로 특징지어지는 것은 보편적인 예언적 주제다(참조. 2:2; 3:4). 재난과 더불어 이루어지는, 땅이 흔들리는 것과 어두움의 결합은 자연스러운 것이다: 낮 시간 동안의 안정된 땅과 빛은 안전을 나타

내 준다. 땅이 안정되지 않고 빛이 없다는 것은 재난을 반영해 주는 것이다. 언약적 저주들은 이미 자연적인 안전이 이와 같이 전도(顚倒)되는 것을 예견하고 있으나(신 28:29, "소경이 어두운 데서 더듬는 것과 같이 네가 백주에도 더듬고"; 유형 19; 유형 4의 두려움/공포/전율적 저주들을 참조하라), 어두움 혹은 지진을 저주 자체로 말하고 있지는 않다. 오히려 어두움과 지진은 야웨의 날이 포함하는 신의 현현(顯現)의 표지들이다(참조. 합 3:6, 10; 왕상 19:11; 겔 32:7, 8).

11 세 개의 키(כי, "…때문에/어떻게") 절이 사용되고 있는 대로, 대적이 누구인지 그 목적이 무엇인지 모든 것이 갑자기 분명해진다. 그 대적은 공격한다. 그들은 야웨께 속했고 야웨의 명령을 수행하기 때문이다. 삼행연구(三行聯句; 11a절)는 부분적으로 대칭 구조를 이루고 있다: 2-10절에서 이미 다양하게 묘사된 대적의 힘에 대한 마지막 절정을 이르는 소리가 자신의 명령을 발하는 야웨의 외침(נתן קולו – 나탄 콜로)과 그 말에 그 군대가 순종하는 것 사이에 끼어 있다. 그리고 어떤 청자/독자도 그 연결성을 놓치지 않도록 하기 위해서 이어지는 이행연구(二行連句; 11b절)는 그 침략은 야웨의 날을 나타낸다는 것을 분명히 하고 있다. 즉 야웨의 대적들인 유다와 예루살렘 거민들에게는 크고(גדול – 가돌; 참조. 습 1:14), 두려우며(נורא – 노라; 참조. 말 3:23) 그리고 당할 수 없는(מי יכילנו – 미 이킬레루; 참조. 말 3:2) 그런 날이다.

12 여기서 회개로의 부름이 시작된다. "돌아오라"(שוב – 슈브)는 1절 이후로 처음 나타나는 명령법이다. ("돌아오라"는 의미의 슈브[שוב]의 신학적인 중요성에 대해서는 호 14:1, 2 **이곳 저곳**과 Holladay, *The Root ŠUBH*…를 참조하라). "돌아오라…(너의) 마음을 다하여"라는 부름은 신명기, 특별히 신명기 4:29, 30; 30:2을 반영하고 있다. 이 부름 다음에는 금식과 울음과 슬픔과 같은 구체적인 부름이 이어지고 있는데, 이것은 실제로는 세 가지 일이 아니고 하나다. 즉 회개의 과정에서 보일 수 있는 부분들이다(참조. 욘 3:5-9; 에 4:3; 스 10:1-6; 느 8:9, 10).

13 "너희는 옷을 찢지 말고 마음을 찢고(קרעו לבבכם – 키루 레바브켐)"라는 어구는 호세아 14:2("너는 말씀을 가지고"[음식 대신에 너의 제물로서]) 혹은 아모스 5:4-5("나를 찾으라…벧엘을 찾지 말고…") 혹은 아모스 5:21-24("내가 미워하여…너희의 절기들을…공법을…흘릴지로다")을 생각나게 해준다. 이들 각각의 구절들의 경우에, 좀 더 넓은 범위의 문맥은 희생 제사 제도 **자체**에 대한 예언적인 멸시를 보여 주고 있지 않다. 이 구절들은 **단순한** 예전 혹은 외적으로 보이

는 **단순한** 경건 그 이상을 요구한다. 형식적인 슬픔은 쉬운 것이었다. 그러나 경건한 삶으로의 진정한 전환은 쉽지 않았다. 여기에 있는 "마음"은 다시금 신실한 순종으로 빚어지는 데 필요한 본질적인 "마음" 혹은 "뜻"을 의미한다.

삼행연구(三行聯句, 13b절)는 야웨의 성품에 대해 모세에게 계시된 옛 형태를 반복하고 있다(출 34:6-7, 다양한 어법들이 본질적으로 반복됨; 욘 4:2의 "주석"에 있는 목록을 보라). 사실상 요엘은 자신의 청중들/독자들에게 그들은 단지 어떤 신과 관계를 맺고 있는 것이 아니라, 바로 야웨와 관계를 맺고 교제를 나누고 있는 것이라는 사실을 일깨워 준다. 인간의 통회(痛悔)에 대해 반응하는 데 있어서(예를 들어, 욘 4:2), 그 야웨의 이름은 항상 그의 긍휼과 기꺼이 행하는 자발성과 관련되어 있다. 인간이 통회하지 않으면 야웨가 가져오실 수도 있는 해(害)를 앞질러 통회할 때 야웨가 행하시는 긍휼과 자발성이다.

14 "…긍휼을 보이실지 누가 알겠느냐?"라는 수사의문문은 하나님의 자유와 주권성을 나타내기 위해 아마도 널리 사용되던(예를 들어, 욘 3:9) 간결한 형식(מי יודע ישוב ונחם – 미 요데아 야슈브 베니함)일 것이다(참조. 삼하 12:22). 인간의 회개는 하나님을 좌지우지하지 못한다. 백성들은 하나님으로 하여금 자신들에게 그의 용서를 보여 주시도록 강요할 수 없다. 백성들은 단지 그들이 받아 마땅한 것을 그들에게 쏟아 붓지 않도록 하나님에게 자비를 호소할 수 있을 뿐이다. 백성들은 하나님의 긍휼을 바랄 수는 있지만, 그런 긍휼을 베풀라고 명할 수는 없다(습 2:3; 애 3:29).

비록 삼행연구(三行聯句)의 두 번째 행 끝에 있는 "그 뒤에(이후에)"(אחריו – 아하라이오, 문자적으로 "그것 뒤에")라는 어구는 "야웨 뒤에" 즉 "야웨의 간섭의 결과로서"를 나타내는 것일 수 있다 할지라도, 아마도 그것은 "침략 뒤에"를 가리키는 것일 것이다.

어법상 간결한 형태인 삼행연구의 마지막 행은 제물들이 야웨의 정당한 소유(문법에 대해서는 시 3:9[8]; 욘 3:10과 비교하라)라는 것을 말하는 것으로 보이며, 암시적으로 하나의 흥미 있는 예언을 하고 있다. 현재의 결핍과는 반대가 되는 것으로(1:9, 13), 소제(מנחה – 민하)와 전제(נסך – 네쎅)를 다시금 야웨께 드리는 것을 믿음으로 바랄 수 있는 시간이 다가오고 있다는 것이다. 회복의 축복을 암시해 주는 것으로, 이것은 풍성한 농산물을 말하는 유형 5를 나타내 준다. 어쨌든, 회개는 언약의 축복을 누리기 위해 그 언약을 신실하게 지키는 것을 포함한다(참조. 호 3:5).

15 시온에서 나팔이 울려 퍼지도록 하고 금식을 선포하며 일을 중단하는 이 두 번째 부름은 2:1과 1:14로부터 **자구적으로** 인용된 명령법들의 결합으로 이루어져 있다. 고대의 청자들/독자들은 새로이 만들어지지 않고 빌려온 이런 결합을 인식하지 못했을 수도 있다. 그러나 그들은 요엘서의 처음 전반부(1:1-2:17)를 일관되게 흐르고 있는 다음과 같은 두 가의 주제를 연결하고 있는 것을 강하게 되새길 수 있었을 것이다: 침략과 회개의 필요성. 침략은 회개의 긴급성을 고조시키는 역할을 하고 있다.

16 15절의 세 개의 명령법들에 이어 여기에 네 개의 명령법들이 한 개의 간접 명령법인 "나오게 하라"는 뜻의 예체(יצא)와 함께 나오고 있다. 운율 단위들은 매우 **간결한**(*breve*) 스타카토 운율 형식으로 빠르게 흐르고 있어서, 히브리어의 15절과 16절은 귀에 빠르게 외치는 명령들이 길게 나열된 인상을 준다. 이것은 마치 "모든 것을 중단하라! 시간을 낭비하지 말라! 이것을 하라!"고 말하는 것과 같다.

17 하나님과 백성들 사이의 중간 지대가 자신들이 서 있는 특별한 구역인 제사장들은 제사장적인 중재를 위해 성전에 지정된 장소에 마련된 전통적인 지점에 서 있을 것을 명령 받는다(참조. 왕상 8:22; 겔 8:16). 그리고 요엘은 그 제사장들에게 그들 자신들의 애가를 위한 중요한 말들을 전해 주기조차 한다. 두 가지 방법에서 야웨가 수치감을 느끼실 수 있는데, 제사장들은 바로 그 점들에 대해 호소해야만 한다. 즉 야웨 자신의 개인적인 소유물(נחלה – 나할라, 참조. 신 9:26, 29; 시 74:2)인 백성들이 이방인들에게 넘겨져서는 안 된다는 것과 자신의 백성들을 도와주시는 야웨의 권능이 도전을 받지 않아야 한다는 점이다(시 42:3, 10; 44:11-14; 79:10; 115:2; 미 7:10에 있는 유사한 호소들을 참조하라).

여기에 표현되어 있는 두려움은 영원히 포로로 잡혀가는 것에 대한 두려움이다(저주 유형 13). 백성들이 부르는 애가의 소망은 돌아옴/재소유다(회복 축복 유형 7). 이 돌아옴/재소유는 백성들 자신들의 부끄러움과 호소의 "주장"에서 언급된 야웨의 부끄러움을 제거해 줄 것이다. 백성들은 야웨가 자신의 언약을 강화하지 않음으로써 침략과 관련된 모든 것을 잊어버리게 되시기를 기대할 수는 없다. 백성들의 징벌은 이미 결론이 난 것이다. 그들은 단지 야웨의 자비가 그들을 곧 회복시켜 주길 소망할 수 있을 뿐이다(신 32:36, 43; 애 3:31-32, 40-50).

해설

끊이지 않는 침략에 대한 적절한 반응은 무조건적인 회개다. 여기에는 커다란 긴박감이 있다. 그 긴박감은 경고에 대한 두 개의 외침(1, 15절)과 15-16절의 급속한 불과 같은 명령법들에서 예로 나타나고 있다. 저항할 수 없는 군대(야웨 자신의 군대!)가 무자비하게 접근할 때, 예루살렘에 희망 없이 갇혀 있는 야웨의 백성들은 멸절에서 탈출할 수 있는 그들의 유일한 희망은 전체 백성들이 전적으로 매어 달리는 호소뿐이라는 것을 깨달아야만 했다. 백성들의 죄는 컸을 수도 있지만, 야웨의 자비 역시 커다란 것이다. 정말로 야웨는 자신의 뜻(נחם – 나함, 14절)을 바꿀 수 있는 본질상 용서하는 하나님이시다.

그러나 회개는 절대적으로 순전해야만 한다. 회개는 적절한 형식을 갖춘 행위들(여기서는 금식, 공개적인 슬픔, 구체적인 기도)을 포함해야만 하며, 또한 뜻/마음(13절)의 진정한 변화와 야웨께 충성을 확고히 하기 위해 불순종에서 돌아서는 것(שוב – 슈브, 13절)을 포함해야만 한다. 그렇게 한 뒤일지라도 나라의 운명이 확실한 것은 아니다(14절). 그러나 만약 백성들이 참된 변화를 입증해 준다면, 회복은 정말로 가능성 있는 일이 된다.

물론 야웨의 성품 가운데는 죄인들에 대해 긍휼히 여기심이 있다. 용서해서는 안 되지만, 야웨는 용서하신다. 새 언약의 관점에서 본다면, 야웨는 세상의 죄를 위해 자신의 독생자를 주어서는 안 되는 것이었지만 주셨다. 우리를 위해 죄를 담당하신 분을 토대로 본다면(고후 5:21), 참된 회개는 항상 아버지의 긍휼을 보장하는 것이다(요일 1:9).

회복과 성령을 부어 주심(2:18-3:5[2:18-32])

참고문헌

Ahlström, G. "*Hammōreh liṣdāqāh* in Joël 2:23." Congress Volume. VTSup 17. Leiden: E. J. Brill, 1969. 25-36. **Besnard, A.** *Le mystère du nom: Quiconque* *invoquera le nom du seigneur sera sauvé*. LD 35. Paris: Éditions du Cerf, 1962. **Budde, K.** "Der Umschwung in Joel 2." *OLZ* 22(1919) 104-10. ______. "'Der von Norden' in Joel 2:20." *OLZ* 22(1919) 1-5. **Childs, B.** "The Enemy from the North and the Chaos Tradition." *JBL* 78(1959) 187-98. **Dahood, M.** "Four Cardinal Points in Psalm 75:7 and Joel 2:20." *Bib* 52(1975) 397. ______. "Hebrew *tamrûrîm* and *tîmărôt*." *Or* 46(1977) 385. **Gelin, A.** "L'annonce de la Penteôte(Joël 3:1-5)." *BVC* 27(1959) 15-19. **Kaiser, W.** "The Promise of God and the Outpouring of the Holy Spirit: Joel 2:28-32 and Acts 2:16-21." *The Living and Active Word of God: Essays in Honor of Samuel J. Shultz*. Ed. M. Inch and R. Youngblood. Winona Lake, IN: Eisenbrauns, 1983. 109-22. **Kerrigan, A.** "The 'sensus plenior' of Joel 3:1-5 in Acts 2:14-36." *Sacra Pagina: Miscellanea Biblica, Congressus Internationalis Catholici de Re Biblica*, vol. 2. Ed. J. Coppens et al. BETL 12-13. Paris: Librairie Lecoffre, J. Gabalda, 1959. 295-313. **Kunstmann, W.** "O Derramamente do Espíritu Santo e Sinais do Dia do Senhor Segundo o Profeta Joel 2:28-32." *Igreja Luterana* 26(1965) 128-34. **Meiden, L. van der.** "De vertaling van het woord מוֹרֶה in Joel 2:23." *GTT* 51(1951) 136-39. **O'Toole, R.** "Acts 2:30 and the Davidic Covenant of Pentecost." *JBL* 102(1982) 245-58. **Roth, C.** "The Teacher of Righteousness and the Prophecy of Joel." *VT* 13(1963) 91-95. **Sellers, O.** "A Possible Old Testament Reference to the Teacher of Righteousness(Joel 2:23)." *IEJ*(1955) 93-101. **Sheppard, G.** "Canonization: Hearing the Voice of the Same God through Historically Dissimilar Traditions." *Int* 36(1982) 21-33.

본 문

땅과 백성들에 대한 야웨의 축복

18 그 때에 여호와께서 자기 땅을 위하여 중심이
뜨거우시며 그 백성을 긍휼히 여기실 것이라
19 여호와께서 그들에게 응답하여 이르시기를 내
가 너희에게 곡식과 새 포도주와 기름을 주리니
너희가 이로 인하여 흡족하리라 내가 다시는 너
희로 열국 중에서 욕을 당하지 않게 할 것이며
20 내가 북편 군대를 너희에게서 멀리 떠나게 하
여 메마르고 적막한 땅으로 쫓아내리니 그 전군
은 동해로, 그 후군은 서해로 들어갈 것이라 상한
냄새가 일어나고 악취가 오르리니

Yahweh's blessing of land and people

2:18 But[a] Yahweh has become[b] jealous for his land
And has taken[b] pity on his people.
19 Yahweh spoke up and said to his people: I am
going to send you grain, fruit of the vine, and olive
oil, so that you will have plenty of them.[a] I will no
longer give you over to shame[b] among the nations.
20 I will drive the northerners[a] far away from you,
and will force them into a barren, desolate[b] land,
their[c] vanguard[d] into[e] the eastern sea and their rear
guard into the western sea. Their smell will rise,

Their stench will go up.[f]

야웨로부터 오는 기적적인 선물

이는 큰 일을 행하였음이니라 하시리라

21 땅이여 두려워 말고 기뻐하며 즐거워할지어다 여호와께서 큰 일을 행하셨음이로다

22 들짐승들아 두려워 말지어다 들의 풀이 싹이 나며 나무가 열매를 맺으며 무화과나무와 포도나무가 다 힘을 내는도다

23 시온의 자녀들아 너희는 너희 하나님 여호와로 인하여 기뻐하며 즐거워할지어다 그가 너희를 위하여 비를 내리시되 이른 비를 너희에게 적당하게 주시리니 이른 비와 늦은 비가 전과 같을 것이라

24 마당에는 밀이 가득하고 독에는 새 포도주와 기름이 넘치리로다

25 내가 전에 너희에게 보낸 큰 군대 곧 메뚜기와 늣과 황충과 팟종이의 먹은 햇수대로 너희에게 갚아 주리니

26 너희는 먹되 풍족히 먹고 너희를 기이히 대접한 너희 하나님 여호와의 이름을 찬송할 것이라 내 백성이 영영히 수치를 당치 아니하리로다

27 그런즉 내가 이스라엘 가운데 있어 너희 하나님 여호와가 되고 다른 이가 없는 줄을 너희가 알 것이라 내 백성이 영영히 수치를 당치 아니하리로다

야웨의 영을 부어 주심

3:1 그 후에 내가 내 신을 만민에게 부어 주리니 너희 자녀들이 장래 일을 말할 것이며 너희 늙은 이는 꿈을 꾸며 너희 젊은이는 이상을 볼 것이며

2 그 때에 내가 또 내 신으로 남종과 여종에게 부어 줄 것이며

3 내가 이적을 하늘과 땅에 베풀리니 곧 피와 불과 연기 기둥이라

4 여호와의 크고 두려운 날이 이르기 전에 해가 어두워지고 달이 핏빛같이 변하려니와

Miraculous bounty from Yahweh

[g]Surely he has done something great![g]

21 Do not be afraid, land,[a] Rejoice and be glad, Because Yahweh has done something great!

22 Do not be afraid, wild animals,[a] Because the wilderness pasturelands have become green, Because the trees have borne their fruit, The fig tree and the grapevine have given their multitude.[b]

23 Children of Zion, rejoice and be glad in Yahweh your God, Because he has given you food[a] according to (his) righteousness,[b] And has rained on you autumn rain[c] and spring rain, as before.[d]

24 The threshing floors will be full of grain. The vats will overflow with the fruit of the vine and olive oil.

25 I will restore to you twofold[a] What the adult locust,[b] the infant locust,[c] the young locust,[d] and the nearly full-grown locust[e] ate, My great army[f] which I sent among you.

26 you will eat until you are full, And you will praise the name of Yahweh your God, Who has done miraculous things[a] for you; [b]And never again will my people be put to shame.[b]

27 You will know that I am in the midst of Israel, That I, Yahweh, am your God and there is no other, And never again[a] will my people be put to shame.

The outpouring of Yahweh's spirit

3:1 Afterward I will pour out my spirit on all flesh. Your sons and daughters will prophesy, Your old men will have[a] dreams, Your young men will see visions.[b]

2 Also on the[a] male slaves and female slaves I will pour out my Spirit at that time.[b]

3 I will put signs[a] in the sky and on the earth,[a] Blood, fire, and plumes[b] of smoke.

4 The sun will be turned into darkness And the moon into blood Before[a] the coming of the Day of

Yahweh, Great [b]and fearful.[b]

5 누구든지 여호와의 이름을 부르는 자는 구원을 얻으리니 이는 나 여호와의 말대로 시온산과 예루살렘에서 피할 자가 있을 것임이요 남은 자 중에 나 여호와의 부름을 받을 자가 있을 것임이니라

5 And everyone who calls on the name of Yahweh will be saved, because there will be escape in Mount Zion, that is,[a] Jerusalem, just as Yahweh said, among the survivors,[b] whom Yahweh will call.[c]

원문주해

18.a. "그러나"는 히브리어 철자 와우(ו)에 대한 번역으로서 "그리고"의 단순한 대조에 상당하는 의미다. 종종 사용되고 있는 "그 때에"는 필요 없는 해석이다.

18.b. 영어의 과거 시제는 히브리어의 예견적 전환 미완료를 반영하고 있다. G 전승(젤로세이[ζηλώσει], 페이세타이[φείσεται])에 있는 몇몇 요소들은 히브리어의 예견적 전환 미완료를 의지적인 것(간접 명령)으로 잘못 보고 있다.

19a. 문자적으로는 집합적인 "그것의".

19.b. 여기서 Tg는 해석적으로 그리고 너무 협소하게 "굶주린 자들"[의 수치]이라는 의미의 כפנא를 첨가하고 있다.

20.a. 혹은 집합적인 "북쪽 사람".

20.b. MT의 "황폐/황량"이라는 의미의 셰마마(שממה)를 위해, G는 [그의 얼굴을] "내가 숨길 것이다/지울 것이다"라는 뜻의 아프사니오(ἀψανιῶ)라는 어휘를 가지고 있다. 이것은 아마도 아셰마마(אשממה)로 읽은 것(!)이며 그것이 권고법이라고 생각하고 있는 것일 것이다.

20.c. 문자적으로는 "그의".

20.d. 문자적으로는 "얼굴".

20.e. 혹은 단순하게 "…을 향하여"(אל – 엘).

20.f. 동사(עלה – 알라)는 "일어나다"의 어근과 동일한 어근이다. 우리의 번역은 어휘의 의도적인 변화를 통해 시제 바굼을 만든 것이다.

20.g-g. 시형(詩形)이 보여 주고 있듯이, "큰 일(정말로…큰)"이라는 어구는 G와 Tg가 생각하듯이 "북쪽 사람"에게 적용되는 것일 수 있다. Tg는 주어로서의 야웨를 배제하면서 "[정말로 그는 많은] 악한 일들을 [했다]"라는 뜻의 בישן을 첨가하기도 한다. 그러나 21bβ절의 관점에서 볼 때, 야웨와 북쪽 사람들과의 대조가 여기서 시작되고 있는 것이라고 보는 것이 더 그럴듯한 견해인 것 같다.

21.a. 이것은 "나라"가 아니라 "토지, 진흙, 땅"이라는 뜻의 아다마(אדמה)이다.

22.a. 바하모트 사데(בהמות שדה)를 위해서는 일반적인 "들짐승들"보다는 "야생 동물들"이라는 것이 좀 더 관용적인 표현이다.

22.b. 대조적으로 25b절("군대")에서 다시 사용된 동일한 용어 히브리어 헬(חיל).

23.a. MT의 "그 교사"라는 의미의 하모레(המורה)는 Tg, Vg, σ의 지지를 받고 있으며, 아마도 쿰란의 의의 교사를 위한 증거 본문일 것이다. 그러나 이 독법은 Syr과 L의 지지를 받고 있는 G(τὰ βρώματα – 타 브로마타, "그 음식")에 대한 2차적인 자료임이 분명하다. 아마도 원본은 같은 철자를 중복하여 필사하는 오류(dittography)적인 교체를 나타내는 하모레(המורה)와 더불어 쓰인 האכל 혹은 המאכל 중에 하나일 것이다.

23.b. 혹은 "의로운 길에서" 혹은 그와 같은 것.

23.c. 여기서 "가을 비"라는 뜻의 요레(יורה)를 포함하고 있는 많은 히브리 사본들은 "교사"라는 뜻의 모레(מורה)를 포함하고 있는 것들보다 선호된다.

23.d. MT의 바리숀(בראשון)은 아마도 "첫째 [달]에" 즉 봄철이라는 의미일 것이다(참조. Tg בירח ניסן, "니산월에"). 반면에 G, Syr, Vg 그리고 히브리어로 된 한 사본은 "이전과 같이"라는 의미의 카리숀(כראשון)으로 좀 더 납득이 가도록 읽고 있다.

25.a. 어떤 자음 변경 없이 샤님 에트(שנים את) 혹은 에트 샤님(את שנים)으로 때때로 제안되는 수정을 따라 읽은 것. "주석"을 보라.

25.b, c, d, e. "원문주해" 1:4.a, b, c, d.를 보라. Tg(עממיה ולישניא שלטוניא ומלכותא)는 비유적으로 해석하기 위해 문자적 독법을 무시한다: "백성들, 언어 그룹들, 권능들 그리고 왕국들."

25.f. "원문주해" 22.b.를 보라.

26.a. 혹은 부사적으로 기능하는 부정사로 "기적적으로 행한".

26.b-b. 이 행의 진정성에 대해서는 아래의 "양식/구조/배경"을 보라.

27.a. 좀 더 설명적인 엔 오드…레올람(אין עוד…לעולם; 참조. 26b절)이라는 어구는 여전히 "결코 다시는…하지 않다"라는 의미를 가지고 있다.

3:1.a. 비록 숙어적으로 정당하지는 않을지라도, 많은 영어 번역본에서는 "꿈을 꾸다"라는 번역이 지배적이다.

1.b. 혹은 "계시들". 히자이온(הזיון)은 단순하게 보는 것이 아니라 일종의 메시지다.

2.a. L이 따르고 있는 어떤 (후기) G 본문들은 "나의"[남성 노예들]라는 의미의 무(μου)를 첨가하고 있다. 비록 이것은 단순한 관용적 번역일지라도, Tg는 한정되는 명확성을 보여 주고 있지 않다(עבדין…אמהן).

2.b. 문자적으로는 "그 날들에".

3.a. "위로 하늘에서는…아래로 땅에서는 징조를"이라는 뜻의 우라노 아노 카이 세메이아 에피 테스 게스 카토(οὐρανῷ ἄνω καὶ σημεῖα ἐπὶ τῆς γῆς κάτω)라고 읽으면서, 행 2:19의 어법은 약간 확장된 후기 G 본문들을 반영하고 있다.

3.b. 티마라(תימרה)의 정확한 의미는 확실하지 않다. 또한 "큰 물결들", "기둥들" 등과 같은 의미들도 가능하다.

4.a. 혹은 "…의 면전에서".

4.b. 문법적으로 "크고" 그리고 "두려운"이라는 어휘들은 "날" 혹은 "야웨" 중 하나를 수식할 수 있다.

5.a. 혹은 시온과 (더 큰) 예루살렘이 각각 다른 실체로 생각된다면 "그리고"도 될 수 있다.

5.b. 여기서 G(*εὐαγγελιζόμενοι* – 유앙겔리조메노이)는 바세리딤(בשרידים) 대신에 그 원본에 있는 바사림(בשרים) 혹은 그와 같은 어구를 가지고 있다. 히브리어 구문의 어색함은 Syr(*lmšwzb*, "생존한 사람들")에 영향을 주었다.

5.c. 혹은 "…을 부르고 있다".

양식/구조/배경

2:18에서 요엘의 예언은 화(禍)에서 복(福)으로 전환된다. 요엘서의 나머지 부분은 하나님의 백성을 위한 은혜와 그 백성들의 대적들의 패배, 즉 회복 축복에 대한 예언을 다루고 있다. 시편(詩篇)에 있는 60개의 특이한 애가적 시들에서 (사려 깊은 목록을 위해서는 B. Anderson, *Out of the Depths*, 2nd ed.[Philadelphia: Westerminster Press, 1983] 235-36를 보라), 구원을 위한 호소에서 "확신의 신탁"으로의 갑작스러운 전환은 흔히 발견된다. 요엘서에서 2:18과 더불어 시작되는 확신 자료는 구원을 위한 호소(2:17; 참조. 1:19 등등)를 유사하게 따르고 있다. 예를 들어, 이런 면으로 인해 볼프는 2:18-3:5의 형태를 "호소에 이어 나오는 확신의 신탁"으로 보았다(Wolff, *Joel*, 57-58).

그러나 그 형태의 문맥은 이스라엘의 운명들이 바뀌는 것에 대한 옛 모세 언약적 기대에 뿌리를 두고 있는 것으로 훨씬 더 넓다. 즉 그 백성들이 귀의(歸依)할 때 화가 변하여 다가오는 위대한 시대에 누리게 될 복으로 바뀌는 것이다(레 26:40-45; 신 4:29-31; 30:1-10). 따라서 선지자들은 다가오는 회복의 축복을 선포하는 데 있어서 애가적 시편의 확신 신탁들과 관련된 문체의 요소들을 종종 사용하기도 했지만(참조. 사 41:10-16; 43:1-5; 렘 31:3-6; 미 5:2-6), 그때 복의 형식들을 결정하는 것은 그 시편들 **자체**가 아니었다.

3:1-5[2:28-32]을 이 약속의 신탁들의 나머지 부분과 통합하는 것에 대해서는 상당한 논쟁이 있다. 3:1-5[2:28-32]이 보여 주는 2:18-27에 대한 밀접한 관련성으로 인해 제롬은 벌게이트에서 그 부분을 2장에 포함시켰다. 그 이후로 G와 현대 역본들은 한 장의 형식을 가진 것으로 보고 있다. 그러나 3[2:28-32]장은 성령의

세대에 대한 집중 조명으로 인해 매우 특별한 그 무엇을 말하고 있는 장임이 분명하다. 이 주제는 3장 이외의 요엘서의 다른 곳에서는 나타나지 않는다. 그러나 회복의 축복들 열 가지 중 하나를 묘사하는 방법으로서(정통적인 회복 3번) 3[2:28-32]장은 매우 통합적인 기능을 하고 있으며, 4[3]장 안에서나 이후의 그 어떤 곳에서도 더 나은 위치를 가질 수 없다.

구조적으로 2:18-3:5[2:32]은 세 가지의 주요 단위로 나누어질 수 있다.

(1) 2:18-20. 여기에는 황폐함과 가뭄으로부터 그 땅의 회복이 하나님의 백성들이 그들의 침략자들로부터 구원되는 내용에 의해 병행되고 있다. 여기에는 두 개의 시적 이행연구(二行連句)로 둘러싸여 있는 산문적 내러티브("예언적 완료")가 주로 나타난다.

(2) 2:20βγ-27. 여기에는 농경적 풍요의 선물이 회복될 것에 대한 기쁜 예언이 나타나는데, 모두 시적인 형태로 기술되어 있다. 반복되는 병행법이 이 부분을 시작하며 결론을 맺고 있다(20, 21절의 "큰 일을 행하셨음이로다"; 26, 27절의 "영영히 수치를 당치 아니하리로다").

(3) 3:1-5[2:28-32]. 이 부분은 아마도 구약에서 구원과 성령이 가장 두드러지게 연결되어 있는 곳일 것이다. 이 부분은 비(非)내러티브적 산문 진술들로 시작하고 끝을 맺고 있으며 다른 곳은 시적이다.

시적인 부분에서는 동의어적인 병행법들이 이행연구의 절반 조금 못되는 부분들에서 분명하게 나타난다. 4개의 삼행연구들은 특별히 주목할 만한 것은 못된다. 25절의 번역은 단지 좀 긴 두 번째 행을 말해 주는 것 **같을 뿐이다**. 각각의 부분은 **수미쌍관**(首尾雙關)적 표현으로 구분이 된다. 그리고 두 번째 부분(20βγ-21)의 처음에 보이는 대칭적 4행시 또한 **수미쌍관**적 형태를 반영해 주고 있다. 이 본문에는 어떤 **짧은**(*breve*) 운율도 발견되지 않는다.

이 단락에 있는 그 어떤 것도 연대기에 대해 극미(極微)한 암시도 주고 있지 않다. 3:1-5은 널리 퍼진 은사들에 대한 강조를 하고 있기 때문에 늦은 후기 포로기의 선지자 옹호적인, 그러나 반(反) 제사장적인 생각을 보여 주는 어떤 내용을 반영해 준다는 견해가 있다. 그러나 이런 견해는 기껏해야 의구심이 드는 것일 뿐이다. 하나님의 영의 은사는 구약에 여러 면에서 두루 넓게 나타나는 사안이다(예를 들어, 출 31:3; 민 11:26-29; 삿 14:6; 삼상 10:10; 사 11:2; 겔 37:14). 그리고 그런 사안은 유일하게 연대를 추정할 수 있는 제사장직에 대한 비평을 결코 증명해 줄 수 없다. 요엘 3:5은 오바다 1:17을, 혹은 요엘 2:27은 이사야 44:8;

45:14을 부분적으로 인용하고 있을 것이라고 보는데, 이것은 일반적인 예언적 어법 목록을 반영해 주는 것이라고 보는 것이 더 나을 것이다. 이 문제를 위해, 우리는 요엘서를 다른 두 성서의 자료로 보면서 이론적으로 연대기적인 순서를 뒤바꿀 수도 있을 것이다.

주석

18 여기서 야웨로부터 이루어지는 미래의 회복에 대한 약속이 시작된다. 야웨의 땅(ארצו – 아르초)은 가뭄과 황폐함으로부터 자유롭게 될 것이다. 야웨의 백성들(עמו – 암모)은 자신들을 치는 침략자들로부터 자유로워질 것이다. 가뭄, 황폐함 그리고 침략은 지금까지 요엘서를 주도하고 있는 저주 은유(隱喩)들이다. 이런 재난들로부터의 구원이라는 것은 이후에 계속되는 중요한 주제다. 병행법에서 "중심이 뜨거우시며(질투하시며)"라는 피엘형 카네(קנא)는 소유격의 간섭을 나타내 주는 반면에(참조. 신 32:21; 내러티브의 시제들을 주목하라), 카네(קנא)의 보충적인 성격을 띠고 있는 "긍휼히 여기실 것이라"라는 뜻의 하말(חמל)은 이 간섭이 심판적인 것이 아니고 긍휼적인 것임을 보여 준다. 내러티브 시제들(완료형들과 전환된 미완료형들)은 이 곳에서 시작해서 예언적 완료 형태로 쓰인 24절에 이르기까지 주도적으로 계속되고 있다: 선지자는 미래를 보았고, 그가 본 것이 일어나는 것에 대해 보고하고 있다.

19 18절의 땅/백성들에 대한 묘사의 균형은 19절의 산문적 약속에 반영되어 있다. 그 약속에는 야웨가 곡식, 포도주 그리고 기름(다간[דגן], 티로쉬[תירוש], 이츠하르[יצהר])의 풍요를 보내 주실 것이라는 사실이 기술되어 있는데, 이 세 가지는 농경적 산물들을 나타내는 표준적인 시적 그리고 산문적 용어들이다(참조. 호 2:8 등등). 그리고 그 약속에는 야웨가 자신의 백성들을 그들의 대적에게 복속되는 수치에서 구원하실 것이라는 사실이 기술되어 있다. 따라서 굶주림/기근(유형 7) 그리고 대적들에 의해 정복당하고/압제당하는(유형 5) 저주들은 농경적인 풍요의 선물(유형 5; 참조. 레 26:42; 신 30:9)과 대적들을 능가하는 힘(유형 9; 참조. 신 30:7)을 말하는 회복의 축복에 의해 역전되고 있다.

20 동쪽으로 사막과 서쪽으로 지중해를 접하고 있기 때문에, 팔레스타인을 침략하는 대부분의 대적들은 북쪽에서 쳐들어왔다. 앗수르 군대와 바벨론 군대의 포로로 잡아가는 침략들도 북쪽으로부터 쳐들어온 것이 분명하다. 따라서 "북편 군

대(북쪽 사람들)"(צפוני – 체포니)는 요엘서의 이 곳에서 보이는 유다와 예루살렘에 그런 위협이 되었던 "침략자들"을 나타낸다. 이 예언의 장중한 어법에서 침략자들은 (a) 멀리 제거될 것이고, (b) 나누어질 것이고, (c) 물에 빠뜨려질 것이다. 달리 말하면, 신실하지 못한 이스라엘에게 내리려고 유보되었던 세 가지 유형의 저주들이 종말에 그 대적들에게 적용될 것이다(회복 축복 유형 9). 제거되는 것은 유수(幽囚)의 저주를 나타낸다(참조. 신 30:4, "쫓겨 간 자들이 하늘가에 있을지라도[가장 먼 땅으로 쫓겨 갔을지라도……]"). 나누어지는 것은 전쟁에서의 패배를 말하는 저주의 한 국면을 나타낸다(참조. 신 28:25, "네가 한 길로 그들을 치러 나가서는 그들의 앞에서 일곱 길로 도망할 것이며……"). 물에 빠지는 것은 죽음/파멸의 저주를 나타낸다(예를 들어, 신 28:20, "……망하며 속히 파멸케 하실 것이며"). 그러나 특별히 죽은 시체들의 "상한 냄새와 악취"를 말하는 결론의 내용에 비추어 볼 때 매장되지 못한 저주를 암시할 수도 있다(신 28:27).

20βγ-21 첫 번째와 네 번째 행들이 매우 반복적인 대칭적 4행시는 식물이 자라는 땅(אדמה – 아다마)에 직접적으로 이야기되는 격려의 말을 서술하고 있다. 그리고 그런 서술을 통해 현재 단락의 두 번째 부분을 시작한다. 결과는 기뻐할 수 있는 역량을 강조하고 있다. 여호와께서 "큰 일을 행하셨기"(הגדיל···לעשות – 히그딜···라아소트) 때문이다. 그 큰 일들은 현재의 어려움들이 점차적으로 사라지는 것이 아닐 것이며, 언약이 보증하고 있듯이(예를 들어, 신 4:29; 참조. 사 40:1) 운명의 극적인 반전(反轉)이 미래의 회개하는 백성들을 위해 준비되어 있다는 것이다. 따라서 레위기 26:42의 "내가 그 땅을 권고하리라"는 약속이 성취될 것이다.

비록 땅 그 자체는 1장에서 슬퍼하라고 분명하게 부름을 받고 있지는 않을지라도, 땅에 적용되고 있는 슬퍼하라/마르다(1:10 이하에 있는 호비쉬[הוביש] 등등)라는 동사들은 사실상 땅을 그와 같은 과정으로 불러들였다. 이런 상황이 4행시의 내부적으로 병행을 이루는 두 번째와 세 번째 행에 있는 명령법들에 의해 반전되고 있다.

22 이전에 가뭄(1:20은 이제 21절의 "땅"과 23절의 "시온의 자녀들"과 직접적으로 병행되고 있음)으로 인해 고통을 받고 있는 것으로 묘사된 들짐승들을 두려워하지 않을 것이다(참조. 21절). 풍성한 농경적 산물이 다시금 준비되고 있기 때문이다. 본 절은 첫 번째 이행연구(二行連句)에 있는 들짐승들(בהמות שדי – 바하모트 사다이)과 그들의 들 초장들(נאות מדבר – 네오트 미드바르)로부터 두 번째 이행연구에 있는 무화과나무와 포도나무를 포함하는 재배된 과일 나무로 이동한

다. 따라서 모든 자연이 동물들 **그리고** 사람들 모두의 유익을 위해 자라나고 있다.

23 21절의 안쪽에 있는 이행연구에서 "두려워 말라"는 어구가 22절에 다시 사용되고 있는 것과 같이, 이제 그 병행을 이루고 있는 행 "기뻐하며 즐거워할지어다"(גילו ושמחו – 길루 베시무후)라는 어구가 "시온의 자녀들"(ציון; "예루살렘의 거민들" – 베네 치온)에 대한 직접적인 말씀에서 다시 사용되고 있다. 그들은 가뭄이 끝난 것을 기뻐할 것이다: 비가 내리는 1년 주기가 다시 시작될 것이다. 따라서 야웨가 자신의 백성들에게 음식을 주실 것이다(레 26:3). 이와 같은 일은 "(그의) 의로움"에 따라서(לצדקה – 리체다카) 이루어진다. 이 의로움은 여기서 **관대함**을 제유(提喩)적으로 나타내는 용어로(호 10:12과 마 6:1에 나오는 "자비"라는 뜻의 디카이오쉬네[διχαιοσύνη]를 참조하라), 참된 의로움의 두드러진 국면이다. MT의 훼손된 본문인 모레 리체다카(מורה לצדקה)는 쿰란에서 "의의 교사"를 의미하는 것으로 어색하게 인용되고 있는데, 이것은 현재의 문맥을 거의 고려하지 않은 것이다.

24 회복의 축복을 전형적으로 나타내는, 과장적인 어법으로 쓰인 농경적 풍요를 말하는 두 가지 예가 주어지고 있다(레 26:5; 암 9:13; 말 3:10). 세 가지의 고전적인 추수 작물들(밀, 포도주 그리고 기름)이 여기에 다시금 나타나고 있다(참조. 19절). 이 그룹에서 "밀(곡식)"이라는 뜻의 바르(בר)가 그 동의어인 다간(דגן)을 대치하고 있는 것만이 다르다.

25 하나가 아니고 여러 가지 징벌이 내리는 것은 저주 유형 중의 하나다(27번; 참조. 레 26:18, 21, 24, 28). 마찬가지로 "갑절"의 회복은 야웨가 자신의 백성들에게 주실 완전한 보상을 묘사하는 한 가지 수단이다. 이사야 40:2은 일종의 관련된 개념을 포함하고 있다: 예루살렘은 그 모든 죄를 위해 두 배로 지불했기 때문에 완전하게 보상을 받을 것이다(참조. 렘 16:18; 17:18). 갑절의 보상은 이사야 61:7("배[倍]")과 스가랴 9:12("내가 배나 네게 갚을 것이라")에서도 두드러지게 나타난다.

여기서 메뚜기 떼의 침입(문자적이든 비유적이든)은 야웨가 행하신 것이며, 그 침략자들은 야웨의 군대(헬[חיל]은 22절에 있는 "힘[다수]"이 가진 문맥적으로 더욱 긍정적인 의미에 대해 대조적으로 쓰이고 있는 것임)였다는 것이 다시금 분명하게 나타난다(참조. 2:11).

26 먹을 것을 충분히 취한 것은 하나님을 찬양하는 결과를 낳게 될 것이다. 하나님이 자신의 백성들을 기적적으로 해방하고 회복하신 것(참조. 겔 37장)으로 인

해, 그 백성들은 다시는 총체적으로 내리는 징벌을 두려워할 필요가 없으며 안전하게 살 것이라는 자신감을 가지게 될 것이다(레 26:5, 6; 사 45:17; 습 3:15). 문자적인 메뚜기 재앙은 국제적인 "수치"(בוש – 부쉬)를 전혀 가져오지 않을 것이다. 그것보다는 오히려 그 대적들의 손에 당하는 패배와 포로됨이 유다의 "수치"였다(렘 12:13; 겔 16:52, 54, 61; 사 54:4; 호 4:19 등등).

두 번째 이행연구(二行連句)의 마지막 행은 27절의 마지막 행과 같이 반복되고 있다. 이런 동일한 행들은 4행시를 열고 닫는 것으로 이해되어야만 한다고 볼 수 있을 것이다. 이 4행시에는 "다른 이가 없는 줄을 너희가 알 것이라"는 이행연구가 대칭적으로 놓여 있는데, 이것은 신탁의 이 부분을 시작한 20βγ-21절에 있는 형태와 유사한 것이다.

27 야웨가 열방 가운데서 수치(유수[幽囚])를 당하고 있는 자신의 백성들을 구원하신 것은 결국 그 백성들로 하여금 자신들의 불순종으로 인해 그들이 다음과 같은 두 가지를 박탈당했다는 것을 깨닫게 해줄 것이다(참조. 3:17). (1) 야웨는 다시 그들 가운데 계셨다는 것(בקרב – 베케레브, 출 8:22; 17:7; 민 11:20-21; 신 17:20)과, (2) 야웨만이 그들의 하나님이셨다는 것이다(사 45:5-6, 18, 22; 46:9). 이 두 가지는 미래에 바르게 다시 설정될 기본적인 언약 관계의 요소들이다. 만약 그들이 언약 백성이 된다면, 그들은 다시금 그들 가운데 그리고 그들 위에 임하는 야웨의 주권을 누릴 수 있다(회복 축복 유형 1, 레 26:42, 45). 이것이 여기에 있는 "가운데 있어"라는 뜻의 베케레브(בקרב)의 요지다(출 8:22과 33:5을 보라). 또한 그 백성들은 야웨 외에 다른 신을 가지지 말라고 한 첫 번째 계명(출 20:3)에 순종해야만 한다. 이것은 결국 회복 축복의 세 번째 유형인 진정한 순종의 회복(신 4:30; 30:6, 8)으로 인한 당연한 결과가 되는 것이다.

3:1 일단 언약 관계의 이런 참된 회복이 성취되고(אחרי־כן – 아하레 켄, "그 후에") 그 백성들이 야웨께 온전히 돌아간다면, 야웨는 자신의 은총을 새롭게 함으로써 그 백성들을 축복하실 수 있는 것이다(회복 축복 유형 1). 이 은총의 새롭게 함은 야웨 자신의 영을 그들에게 풍성히 부어 주실 것이라는 사실로 특별하게 제시되고 있다.

이 약속에는 두 가지 특별한 강조가 있다: 신(영)의 충만(שפך – 샤파크, "부어 주다")과 영을 누구에게나 부어 주겠다는 것(כל־בשר – 콜-바사르, "만민"). 첫 번째는 본 절에 있는 동사들로 이야기되고 있다("장래 일을 말할 것이다", "꿈을 꾸다", "이상을 볼 것이다"). 이 모든 것은 하나님의 영의 충만함과 관련된 계시적인 기능들을 묘사하고 있다(순종과 계시의 권능을 강조하는 영의 "충만"에 대해서는 신 34:9; 행 7:55; 11:24; 엡 5:18-20을 참조하라). 두 번째는 명사 주어들로 이야기되고 있다(자녀들, 늙은이들, 젊은이들).

새 시대에는 하나님의 백성들 **모두**가 하나님의 영으로부터 그들이 필요로 하는 **모든 것**을 가지게 될 것이다. 옛 시대의 특징은 영이 선택적인 **몇몇** 개인들, 즉 어떤 선지자들이나 왕들과 같은 사람들에게 제한적으로 주어진 것이다. 그러나 요엘을 통해 백성들은 누구나 신(영)을 가질 수 있는 삶의 새로운 방식을 듣고 있다. 이런 영적인 선물에 대해서는 에스겔 36:26-29; 호세아 14:4-8; 미가 7:19; 스바냐 3:9-13; 스가랴 8:16, 22과 비교하라.

2 심지어 종들도 자유인과 동등하게 영의 부어 주심의 축복에 참여할 것이다. 어떤 사회적 제한들도 하나님 자신을 그 백성들에게 주시는 하나님의 권능을 제한할 수 없을 것이다. 문자적으로 "그 날들에"(בימים ההמה – 바야밈 하헤마)라는 뜻의 "그 때에"라는 어법은 회복의 시대의 정해지지 않은 미래의 시점을 묘사하는 일반적이고 표준적인 방식들 중의 하나다(렘 31:29, 33; 33:15, 16; 욜 4:1; 슥 8:23 등등). 가장 보편적인 것은 문자적으로 "그 날에"(ביום ההוא – 바욤 하후; 사 11:10 등등)라는 뜻의 단수 "그 때에"이다.

3, 4 대칭적인 구조(나: 하늘: 땅//땅의 징조들: 하늘의 징조들: 야웨)는 야웨가 임하실 때 모든 것이 한 순간에 깨뜨려질 것이라는 효과를 만들어 주는 데 기여하고 있다. 이 "이적들"(מופתים – 모프팀; 참조. 출 4:21; 7:3, 9; 신 4:34; 34:11; 사 8:18)은 단순히 표징들이 아니라, 야웨의 간섭과 관련된 혹은 야웨의 백성들을 위한 완전히 초자연적인 징조들이다(예를 들어, 피: 출 7:17-21; 불과 연기: 출 19:18; 어두움: 출 10:21; 신 4:11).

4절의 처음 이행연구(二行連句)의 동의어적인 병행법(해가 어두워지고, 달이 핏빛같이)은 마치 하늘에 낮 시간과 밤 시간 표징이 있는 것처럼 해와 달에 대해 개별적으로 초점을 맞추고 있는 것이 아니다. 그것은 낮 시간 동안에 어두움이 임하는 표징으로 해와 달을 한 쌍으로 표현하고 있는 것일 뿐이다(참조. 1:2; 수 10:12-14).

이런 극적이고 대격변적인 일의 모든 것은 주권자의 정복의 날에 이루어지는 의도된 행위인 의인들을 구원하고 악인들을 제거하기 위해 야웨가 임하시는 것을 선포하고 있다.

5 신탁의 산문으로 이루어진 결론은 그 침략에 대한 간단하고 직접적인 답

변을 주고 있다. 그 메시지는 구원이 예루살렘의 백성들에게 즉시 이루어질 수 있는 시간이 다가오고 있다는 것이다. 그러나 그 백성들이 야웨께 신실하게 돌아설 때에만 그 구원이 이루어질 것이다. 그 메시지의 초점은 종말론적이다. 언젠가 이스라엘에게 이루어질 것으로 일종의 연속체로서 보인 것에 대한 예언이다. 그 예언은 요엘의 청중들 가운데 믿는 자들에게 커다란 격려가 되었을 것이다.

"여호와의 이름을 부르는 것"(יקרא בשם יהוה – 이크라 베셈 야웨)은 단지 야웨께 기도하는 것만을 의미하는 것이 아니라, 지속적으로 그리고 아마도 오로지 야웨만을 경배하는 것을 의미할 것이다(창 4:26; 12:8; 13:4; 왕상 18:24; 시 116:17; 습 3:9). 또한 이 표현은 적의적인 여건 가운데 있는 어떤 사람의 믿음에 대한 공개적인 인정을 나타낼 수도 있다(시 105:1; 사 12:4; 슥 13:9).

"남은 자(들)"(שרידים – 세리딤)는 야웨의 심판인 파멸과 포로로 잡혀가는 것(앗수르 유수[幽囚]나 바벨론 유수; **서론**을 보라)에서 살아남은 자들과 야웨가 포로 생활에서의 회복으로 그의 백성들을 부르실 때 생존한 자들(레 26:40 -45; 신 4:27-31; 30:2-10; 32:36-43)을 말하는 것이 분명하다. 회복의 시기는 남은 자들에 의해 통제될 수 없다. 야웨가 회복시키고자 하는 시기를 선택하실 때, 야웨는 회복시키실 것이다. 더욱이 그 어떤 회복도 전환(轉換)에 대해 예언할 것이다. 만약 백성들이 심판을 맞이하는 그들의 운명으로부터 벗어나기를 원한다면 야웨를 불러야만 한다.

비록 베드로는 본 절에 있는 남은 자들에 대한 주된 주제를 예루살렘에서 말했을지라도, 베드로가 오순절에 이 구절을 인용할 때 처음 절(행 2:21)과 마지막 절(행 2:39)을 강조하는 것으로 기록되고 있다. 그러나 이런 강조는 그 문맥에 있는 그 구절이 주는 영향에 충실히 기여한다. 비록 거룩한 성읍이 공격을 받고 있을 때 예루살렘 거민들을 격려하기 위해 이야기되었을지라도, 본 절의 진정한 관심은 언약 백성을 위한 미래의 구원이다. "부르는 자는 모두"와 "여호와의 부름을 받을 남은 자들"은 하나의 동일한 표현이다. 전체 신탁의 신(영)과 어법을 통해서 볼 때, 어떤 단일한 지역에 국한된 것이 아닌 넓은 지역의 사람들을 가리키고 있다.

해설

대적의 침략과 회개를 촉구하는 부름에 대한 기다란 묘사 뒤에, 요엘의 영감된 메시지는 구원, 보상 그리고 축복에 대한 기쁜 약속으로 전환된다. 2:18-3:5에 묘사된 것으로서 새로운 다가오는 시대를 묘사하는 데 쓰일 수 있는 회복 축복의 열 가지 유형 가운데 여섯 가지가 여기에 증언되고 있다(하나님의 은총과 임재의 갱신, 언약의 갱신, 정통성의 회복, 농경적인 풍요의 선물, 대적을 능가하는 힘, 죽음/파멸로부터의 자유). 그 중에서 두 가지(농경적인 풍요의 선물과 하나님의 은총과 임재의 갱신)가 주도적으로 쓰이고 있다. 하나님의 백성들은 하나님이 이미 그 백성들에게 그들 혹은 짐승들이 먹을 수 있는 것보다 더 많은 먹을 산물을 주시며(사용된 내러티브의 시제들의 의미에서), 하나님이 자신의 영을 부어 주고 채워 주시는 새롭고 특별한 방식을 통하여 그들 모두와 함께 하시는 시간이 도래할 것을 기대할 수 있을 것이다.

따라서 본문은 하나님의 백성들의 육체적이고 영적인 필요가 온전히 충족되는 그런 시대를 복되게 바라보는 것으로 묘사되고 있다. 특별히 신약의 9개의 다른 문맥(마 24:29; 막 13:24-25; 눅 21:25; 행 2:17-21, 39; 21:9; 22:16; 롬 10:13; 딛 3:6; 계 6:12)에서 광범위하게 이모저모로 인용되고 있는 3:1-5[2:28-32]의 약속들은 감동적이다. 새 시대에는 참된 하나님에게 믿음으로 돌아서는 모든 사람들에게 구원이 주어질 수 있을 뿐만 아니라, 영적으로 나이, 성(性) 혹은 사회적 신분에 의한 차별이 없을 것이기 때문이다. 하나님의 영은 젊은이나 노인이나 남자나 여자, 그리고 노예나 자유인에게 모두 임할 수 있을 것이다.

분명히 이런 기대감은 기독교인들에게도 중요하다. 영의 시대에 사는 사람들은 늙었거나 젊었거나 남성이거나 여성이거나 사회적으로 높거나 낮거나 하다는 것으로 인해 하나님이 그 누군가에게 성령의 사역을 제한하시는 것을 기대할 수 없다. 이런 제한을 시도하려고 하는 교회들에서는 하나님의 축복의 충만함을 놓치게 될 위험을 감수해야 할 것이다.

이스라엘의 대적들에 대한 심판(4:1-21[3:1-21])

참고문헌

Freund, Y. "Multitudes, Multitudes in the Valley of Decision(A Study in the Book of Joel)." *BMik* 21(1975s) 271-77; 315.[Heb.] **Homerski, J.** "Sad nod Narodami w Eschatologicznej wizji Joela(Jl 4:1-21)." *Roczniki Teol.-Kanoniczne* 28(1981) 35-47. **Luria, B.** "And a Fountain Shall Come Forth from the House of the Lord." *DD* 10(1981) 45-48. ______. "ומעין מבית ה יצא···(Joel 4:18)." *BMik* 15, 1(1969-70) 3-13.[Heb.] **Milik, J.** "Notes d'epigraphie et de topographie palestiniennes." *RB* 66(1959) 553-55. **Miller, P.** "The Divine Council and the Prophetic Call to War." *VT* 18(1968) 100-107. **Myers, J.** "Some Considerations Bearing on the Date of Joel." *ZAW* 74(1962) 177-95. **Oca, E. Dell.** "El valle de Josafat: ¿nombre simbólico o topográfico?" *RB* 28(1966) 169-70. **Ogden, G.** "Joel 4 and Prophetic Responses to National Laments." *JSOT* 26(1983) 97-106. **Tournay, R.** "Relectures bibliques concernant la vie future et l'eschatologie." *RB* 69(1962) 481-505. **Treves, M.** "The Date of Joel." *VT* 7(1957) 149-56. **Weiss, M.** "In the Footsteps of One Biblical Metaphor." *Tarbiz* 34(1964-65) 107-28.[Heb.] ______. "On the Traces of a Biblical Metaphor II." *Tarbiz* 34(1964-65) 211-23, 303-18.[Heb.]

본 문

심판의 골짜기로 부름을 받는 열국

1 그날 곧 내가 유다와 예루살렘의 사로잡힌 자를 돌아오게 할 그 때에

2 내가 만국을 모아 데리고 여호사밧 골짜기에 내려가서 내 백성 곧 내 기업 된 이스라엘을 위하여 거기서 그들을 국문하리니 이는 그들이 이스라엘을 열국 중에 흩고 나의 땅을 나누었음이며

3 또 제비 뽑아 내 백성을 취하고 동남으로 기생을 바꾸며 동녀로 술을 바꾸어 마셨음이니라

4 두로와 시돈과 블레셋 사방아 너희가 나와 무슨

Nations summoned to the valley of judgment

4:1 Indeed, in those days, at that time[a] when I will restore the fortunes[b] of Judah and Jerusalem,

2 I will gather all the nations And bring them down to the valley of Jehoshaphat[a] And enter into judgment with them there On behalf[b] of my people, my possession, Israel, Whom they scattered among the nations. They divided up my land

3 And cast lots for my people. They traded boys for prostitutes[a] And sold girls for wine that they drank.

4 Also, what were your intentions toward me,[a]

상관이 있느냐 너희가 내게 보복하겠느냐 만일 내게 보복하면 너희의 보복하는 것을 내가 속속히 너희 머리에 돌리리니

5 곧 너희가 내 은과 금을 취하고 나의 진기한 보물을 너희 신궁으로 가져갔으며
6 또 유다 자손과 예루살렘 자손들을 헬라 족속에게 팔아서 본 지경에서 멀리 떠나게 하였음이니라
7 보라 내가 그들을 너희가 팔아 이르게 한 곳에서 일으켜 나오게 하고 너희의 행한 것을 너희 머리에 돌려서
8 너희 자녀를 유다 자손의 손에 팔리니 그들은 다시 먼 나라 스바 사람에게 팔리라 나 여호와가 말하였느니라
9 너희는 열국에 이렇게 광포할지어다 너희는 전쟁을 준비하고 용사를 격려하고 무사로 다 가까이 나아와서 올라오게 할지어다

10 너희는 보습을 쳐서 칼을 만들지어다 낫을 쳐서 창을 만들지어다 약한 자도 이르기를 나는 강하다 할지어다
11 사면의 열국아 너희는 속히 와서 모일지어다 여호와여 주의 용사들로 그리로 내려오게 하옵소서
12 열국은 동하여 여호사밧 골짜기로 올라올지어다 내가 거기 앉아서 사면의 열국을 다 심판하리로다
13 너희는 낫을 쓰라 곡식이 익었도다 와서 밟을지어다 포도주 틀이 가득히 차고 포도즙 독이 넘치니 그들의 악이 큼이로다
14 사람이 많음이여, 판결 골짜기에 사람이 많음이여, 판결 골짜기에 여호와의 날이 가까움이로다

15 해와 달이 캄캄하며 별들이 그 빛을 거두도다

16 나 여호와가 시온에서 부르짖고 예루살렘에서 목소리를 발하리니 하늘과 땅이 진동되리로다 그러나 나 여호와는 내 백성의 피난처, 이스라엘 자손의 산성이 되리로다

회복된 예루살렘

Tyre, Sidon, and all the districts of Philistia? Were you paying me back for something or doing something against me? Quickly, rapidly I will return on your own heads what you were doing

5 because you took my silver and gold and brought my fine treasures into your temples,
6 and sold the Judeans and Jerusalemites to the Greeks in order to get them far away from their own territory.
7 Well, I am going to rouse[a] them from the place to which you have sold them and return on your own heads what you were doing.
8 I will sell your sons and daughters by the Judeans. They will sell them into captivity,[a] to a faraway nation. For Yahweh has spoken.
9 Announce this among the nations: Prepare yourselves religiously[a] for war. Rouse the warriors, let them approach. Let all the men of war advance for attack.
10 Beat your plowshares into swords And your pruning knives into spears. The weakling must say "I am a soldier."[a]
11 Hurry![a] Come, all nations around. Gather[b] there! [c]He who is frightened must be a soldier.[c]
12 Let the nations be roused and advance for attack Into the valley of Jehoshaphat,[a] For there I will sit down to judge All the nations around.
13 Let loose the sickle, for the harvest is ripe. Come and tread, for the winepress is full. The vats overflow, for their wickedness is great.
14 Mêlée![a] Mêlée in the valley of the verdict![b] For the Day of Yahweh is near in the valley of the verdict.[b]
15 The sun and moon have darkened, The stars have stopped their shining.
16 Yahweh roars from Zion, He raises his voice[a] from Jerusalem So that[b] the sky and the earth shake. But Yahweh is a refuge for his people, A stronghold for the Israelites.

The restored Jerusalem

17 그런즉 너희가 나는 내 성산 시온에 거하는 너희 하나님 여호와인 줄 알 것이라 예루살렘이 거룩하리니 다시는 이방 사람이 그 가운데로 통행하지 못하리로다

17 You will know that [a]I, Yahweh your God, Am dwelling[a] on Zion, my holy mountain. Jerusalem will be a holy place And foreigners will not travel[b] through it again.

18 그 날에 산들이 단 포도주를 떨어뜨릴 것이며 작은 산들이 젖을 흘릴 것이며 유다 모든 시내가 물을 흘릴 것이며 여호와의 전에서 샘이 흘러 나와서 싯딤 골짜기에 대리라

18 At that time, The mountains will drip grape juice, The hills will run with milk, And all the ravines of Judah will run with water. A fountain will come out from Yahweh's house And will water the streambed of the acacias.

19 그러나 애굽은 황무지가 되겠고 에돔은 황무한 들이 되리니 이는 그들이 유다 자손에게 강포를 행하여 무죄한 피를 그 땅에서 흘렸음이니라

19 Egypt will become a desolation, Edom will become a desolate wilderness, Because of their violence to the Judeans, In whose land they shed innocent blood.

20 유다는 영원히 있겠고 예루살렘은 대대로 있으리라

20 Judah will be settled forever, And Jerusalem from generation to generation.

21 내가 전에는 그들의 피흘림 당한 것을 갚아 주지 아니하였거니와 이제는 갚아 주리니 이는 나 여호와가 시온에 거함이니라

21 [a]Will I leave their bloodshed unpunished?[a] I will not leave it unpunished! Yahweh dwells in Zion!

원문주해

1.a. 혹은 "그 때에, 바로 그 경점에."

1.b. 혹은 "포로 됨을 바꾸어". 히쉬브 셰부트(הישיב שבות)는 다소 모호한 표현이다. 고대 역본들은 이 어구 안에서 포로기의 끝을 말하고 있는 내용을 보려고 하는 경향이 있었다.

2.a. Tg(פילוג דינה, "심판의 결정": 또한 12절을 참조하라)와 θ' (크리세오스 *κρίσεως*, "심판")는 여호샤바트(יהושפט)라고 읽는 것이 아니라, "심판, 판단"이라는 의미의 미쉬파트(משפט) 혹은 샤파팀(שפטים)으로 읽는 것 같다. "심판의 골짜기"라는 뜻의 에메키 미쉬파트(עמקי משפט)와 같은 어구는 "여호사밧의 골짜기"라는 의미의 에메크 여호샤파트(עמק יהושפט)를 만들어 낼 수 있었던 것인가?

2.b. 혹은 "…때문에,…을 위해서"(על – 알).

3.a. L과 Vg가 따르는 G(*πορναίς* – 포르나이스, "…에게 몸을 팔다")는 "교환하다"라는 뜻의 마카르 베(מכר ב)를 마치 소유권이나 결혼을 위한 것처럼 "…에게 주다"라고 잘못 이해하고 있다.

4.a. 혹은 "너는 나를 대항해서 무엇을 했느냐?" 혹은 "너는 나에게 무엇이냐?" 히브리어 마…리(מה…לי)는 모호하다.

7.a. Tg는 "포로 됨으로 (되)돌아가게 하기 위해"라는 의미의 מיתי…בגלי로 납득이

가지 않게 번역하고 있다.

8.a. G(εἰς αἰχμαλωσίαν – 에이스 아이크말로시안, "포로로 잡혀가도록")와 같이 읽은 것. 리쉬바임(לשבאים)은 "포로로 잡혀감"이라는 뜻의 לשבי의 원문 훼손인 것 같다.

9.a. 혹은 "전쟁과 관련해서 (너 자신을) 거룩하게 하라" 혹은 "전쟁을 거룩하게 하라".

10.a. 그럼에도 불구하고 G의 "강한"이라는 의미의 이스퀴오(ἰσχύω)는 "용사"(참조. 사 5:22)라는 의미의 기보르(גבור)를 반영해 주고 있다.

11.a. MT는 아랍어 ǵšš를 알고 있는 것으로 가정한 것. G, Syr, Tg는 "모이다"와 상응하는 것으로 번역하고 있다. 이것은 아마도 גושו 혹은 그 역본들의 원본들에 있는 그와 같은 것들을 반영하고 있는 것일 것이다.

11.b. 오직 Tg만이 역본들 중에서 간접명령형(יתקרבון, "[그들로] 모이게 하라")을 가지고 있다. G, Vg, Syr은 명령법을 가지고 있다. 따라서 "모이다"라는 의미의 히크바추(הקבצו)는 원본적인 어법이었을 것이다.

11.c-c. 성전(聖戰) 도움(?) 요청을 위한 갑작스러운 기도인 "여호와여 주의 용사들로…내려오게 하옵소서"라는 MT의 내용은 문맥의 흐름을 방해하고 있다. "약한 사람을 용사가 되도록 하라"는 G의 호 프라우스 에스토 마케테스(ὁ πραυς ἔστω μαχητής)는 "두려움에 떠는 사람은 용사가 되어야만 한다"라는 원문적인 הנחת יהי גבור을 반영하고 있다. הנחת는 חתת의 니팔 분사형이기 때문이다. "…이 되도록 하라"는 뜻의 יהי가 "야웨"라는 뜻의 יהוה의 원문 훼손이 된 뒤에 의미를 만들기 위해 גבור에 접미어가 첨가되었다("당신의 용사들"). Tg와 Vg는 더 원문이 훼손된 후대의 MT 독법을 부분적으로 반영하고 있다.

12.a. "원문주해" 2.a.를 보라.

14.a. 혹은 "소음!" 혹은 "다수!" 혹은 그와 같은 의미다.

14.b. 여기서 Tg는 2, 12절에 있는 "여호사밧의 골짜기"라는 의미의 에메크 여호샤파트(עמק יהושפט)와 아주 동일하게 읽고 있다.

16.a. 혹은 "천둥".

16.b. 여기서 와우(ו)는 결과를 의미하는 절을 말하고 있는 것처럼 보인다.

17.a-a. 혹은 "나는…에 거하는 너의 하나님 야웨다".

17.b. 여기서 Syr(yʻmrwn)은 "통과하다" 대신에 "거하다"로 읽고 있다. 아마도 이것은 위에 있는 "거하는 것"이라는 뜻의 야샤브(ישב)에 직접적으로 대조되는 것일 것이다.

21.a-a. 의문사가 접속사 다음에 전형적으로 생략된 형태인, 첫 번째 절을 일종의 질문으로 본 것. 이 문법에 대해서는 렘 25:29을 참조하라. 다른 번역들과 수정들은 많지만, 전반적으로 말하려고 하는 것은 다음과 같이 분명한 내용이다: 19절에서 애굽과 에돔으로 나타나는 야웨의(그리고 이스라엘의) 대적들은 그 자신들이 저지른 악에 대한

벌을 받게 될 것이다.

양식/구조/배경

4장은 일련의 회복의 약속들로 구성되어 있다. 이 모든 약속들은 어찌되었든지 이스라엘의 대적들이 사라지게 될 것이고, 그로 인해 이스라엘(유다와 예루살렘)은 평화를 가지게 될 것이라는 사실을 확신적으로 말해 주고 있다. 일반적인 의미에서 볼 때, 그 양식은 선지서들에서 일반적으로 발견되는 이방 나라들에 대한 신탁의 양식이다. 그러나 이 신탁의 유형은 여기서 특별히 대적을 능가하는 힘의 회복 축복의 성취에서 그 역할을 감당하고 있으며, 전반적으로 분명한 종말론적 인상을 주고 있다.

다음과 같은 표지들을 통해서 볼 때, 본 장은 새로운 단락을 형성하고 있다. 즉 정교한 서문("그날[그날 그 때에]")이 있고, 그 주제가 영적인 채움(3:1-5[2:28-32])에서 이스라엘의 대적들을 심판하는 계속 이어지는 과정(4:2[3:2]에서 4:21[3:21]로)으로 전환되고 있다.

두 개의 하위 단락이 분명하게 보인다(1-16절: 여호사밧 골짜기에서의 심판/판결; 그리고 17-21절: 다시 사람이 살고 행복한 예루살렘). 그러나 이 두 개의 하위 단락의 구분을 넘어서는 요엘서를 하나의 전체로 특징짓고 있는 주제들과 어법들의 전반적인 통합은 더 이상의 나눔을 막고 있다. 4-8절은 산문이고 어떤 이방 지역들/백성들(두로, 시돈, 블레셋, 헬라 족속, 스바 사람[그러나 "원문주해" 8.a.를 보라])의 이름을 언급하고 있기 때문에 종종 독립적으로 떨어진 신탁으로 구분되기도 한다. 그러나 그렇게 볼 필요는 없다. 1-16절의 시-산문-시 형식은 요엘서 안에서(2:18 이하) 그리고 그 밖에서(예를 들어, 암 7장) 모두 병행되는 내용들을 가지고 있다. 더욱이 4:2-3은 그 자체가 사로잡혀 가고 노예가 된 이스라엘 백성들 안에서 이루어지는 거래와 관계가 있다. 이것은 4-8절이 부합하며 윤색하고 있는 내용 바로 그것이다.

1:1-2:17은 침략, 가뭄 그리고 황폐함에 대해 너무나 상세하게 기술하고 있기 때문에, 이 세 가지 여건들이 전도(顚倒)되는 것이 요엘서의 결론 부분에서 주의를 집중하도록 하기 위해 계속되어야만 하는 것은 전적으로 이해할 만한 것이다. 이스라엘의 대적들은 제거되고 심판 받을 뿐만 아니라, 유다와 예루살렘을 괴롭혔던 가뭄은 이제는 샘으로 인해 영원히 사라지게 되며(4:18[3:18]), 황폐함은 새

롭게 잎이 푸르른 유다(4:18-20[3:18-20])로부터 애굽과 에돔(등등)으로 옮겨진다.

비록 늘 그렇듯이 야웨에 대한 3인칭 내용으로 예기치 못한 전환이 일어나기는 할지라도, 하나님의 말씀이 4[3]장을 주도하고 있다. 시 부분의 약 3분의 1 이상(1-3, 9-21절)이 동의어적인 병행법을 포함하고 있다. 6개의 삼행연구(三行聯句)가 17개의 이행연구(二行連句) 가운데 산재되어 있는데, 이것은 예언적 자료들이 보여 주는 평균적인 비율이다.

이전 장들과의 어휘적, 주제적 연결점은 다음과 같이 매우 많이 발견된다. 4:9-14[3:9-14]은 2:1-9과 밀접하게 일치한다. 4:15-16[3:15-16]에서 2:10은 자구적으로 반복되고 있다. 4:16[3:16]에서 야웨의 "목소리"는 2:11에서와 같이 다시금 들려진다. 4:19에 나오는 "유다 자손"에 대한 언급은 2:23에 나오는 "시온의 자녀들"을 반영하고 있다. 4:1[3:1]에 나오는 "그 날"(문자적으로는 "그 날들에")이라는 의미의 봐야밈 하헤마(בימים ההמה)의 형식은 3:2의 어의(語義) 차용이다. 주목할 만한 다른 어휘의 공유점들은 다음과 같은 것들을 포함한다: 아씨쓰(עסיס, "단 포도주"; 4:18; 1:5); 아피크(אפיק, "시내"; 4:18[3:18]; 1:20); 미드바르 셰마마(מדבר שממה, "황무한 들"; 4:19[3:19]; 2:3); 도르 봐도르(דרר ודור, "대대로"; 4:20[3:20]; 2:2) 등등.

4[3]장에 나오는 그 어떤 내용도 요엘서의 연대기에 대한 뚜렷한 증거를 말해 주고 있지 않다. 두로/시돈/블레셋과의 상업적 거래를 언급하는 내용(4절)은 아모스와 동시대(1:6-10) 혹은 이른 시기 혹은 늦은 시기를 말해 줄 수도 있다. 애굽과 에돔(19절)은 모두 실제적으로 왕조기의 전(全) 기간 동안(주전 1031-586년) 이스라엘의 고질적인 대적들이었다. 북 왕국에 대한 내용이 없는 것은 요엘서 전체를 통해 한결같이 나타나는데, 이것은 요엘서가 주전 722년 이후의 것임을 말해 주는 것 같다. 그러나 얼마나 뒤의 시기인지는 단지 추측에 의한 것일 뿐이다.

주석

4:1[3:1] 1절은 산문으로 이루어진 본 장에 대한 서문이다. 이 서문은 표준적인 회복 약속 형식(בימים ההמה – 봐야밈 하헤마; 참조. 3:2)으로 시작하며, 그런 뒤에 동의어적 어절인 "그 때에"라는 뜻의 바에트 하히(בעת ההיא)를 첨가하고 있다(또한 렘 33:15; 50:4, 20을 참조하라). 이것은 2:18에서부터 시작된 연결,

즉 이전에 지나간 모든 것과 현재 존재하는 것 사이의 연결을 강조하기 위한 것이다. 구약의 모든 문맥에서 이 어구들은 하나님의 백성들을 위한 위로로서 약속된 미래의 축복들과 연관되어 있다.

침략, 가뭄 그리고 황폐함 등에 의해 현재 위협을 받고 있는 것은 바로 유다와 예루살렘이다. 그러므로 유다와 예루살렘은 "운명의 회복"(הישיב שבות – 히쉬브 셰부트; 신 30:3과 선지서들에서 빈번하게 보이는 것을 참조하라)을 위한 대상자들로서 처음에(또한 6, 20에서와 같이) 함께 언급되고 있다.

2 **a, b** 이 삼행연구(三行聯句)와 이행연구(二行連句)는 시적으로 보이지만 단순히 병행적인 산문일 수도 있다. 이 연구들은 "이스라엘의 대적들이 흩어 버렸던"(פזר – 파자르, 피엘; 참조. 렘 50:17; 에 3:8), 즉 포로로 잡아가고/강제 이송했던 하나님의 거룩한 백성을 옹호하면서 그 대적들에 대한 정당하고 합법적인 심판을 말하고 있다. 이 공격은 메소포타미아 나라들이 행한 강제 이송들 중에 하나인가(주전 722년? 701년? 598년? 586년?), 아니면 국경 분쟁에서 유다 병사들의 사로잡힘에 이은 더 작은 종류의 강제 이송과 같은 것을 말하는 것인가?(암 1:9에 반영되어 있는 대로). 그렇지 않으며 앗수르 군대들 혹은 바벨론 군대들이 그 주민들을 많이 죽인 뒤에 노예 시장 전리품을 얻기 위해 유다나 이스라엘에 이웃한 나라들을 통해 저질러진 약탈들을 포함하는 혼합적인 일인가? 적어도 여기서는 아무런 대답도 주어지고 있지 않다.

그에 대한 부분적인 이유는 함께 모으는 징벌의 일반적인 특성이 될 수 있다: "만국"(כל־הגוים – 콜 하고임)은 골짜기에서 여호와 앞에 나타나야만 한다. 사실상 이것은 커다란 마지막 심판에 대한 묘사다. 영원히 안전이 보장되고 자유로워져야만 하는 하나님의 백성들을 위해, 과거나 현재나 잠재적인 모든 대적들은 억제되어야만 한다.

여호사밧의 골짜기(עמק יהושפט – 에메크 여호샤파트)가 어디인지에 대해 말하는 것은 불가능하다. "골짜기"를 말하는 에메크(עמק)는 산 가운데 있는 넓은 지면을 말한다. 그러나 이 이름으로 불리는 에메크(עמק)는 구약의 어디에도 인용되고 있지 않다. 여호사밧이라는 용어 **자체**에 대한 그 어떤 것도 그런 골짜기가 어디에 있었는지 우리에게 말해 주지 않는다. 아마도 우리에게 주어진 유일한 해결책은 "여호사밧"을 단순한 상징으로 여기는 것일 것이다. 그 이름은 문자적으로 "야웨께서 심판하신다"라는 의미이기 때문이다. (또한 "원문주해" 2.a.를 보라).

"여호사밧"이라는 뜻의 여호샤파트(יהושפט)에 이어서 나오는 어휘는 "심판하다"라는 뜻의 샤파트(שפט)의 니팔형으로 "내가 국문(심판)하리니"라는 뜻의 봐니스파트티(ונשפטתי)이다. 여호샤파트(יהושפט)는 니팔 부정사 절대형인 히샤포트(השפט)의 원문 훼손을 보여 주는 것일 수 있는가? 운율적으로 좀 더 균형이 잡힌 행이 주어질 수도 있었을 것이다. 마지막 분석으로 다행히도 심판의 장소는 본문의 해석에 아무런 역할을 하고 있지 않다. 본문은 세상 전역에 걸쳐 마지막으로 이루어질 엄위한 심판은 야웨 백성의 유익을 위하고 야웨와 그 백성들의 대적에게 손상을 끼치기 위해 야웨의 요청으로 일어날 것이라는 사실을 확실히 말하고 있다.

2 bδ-3 이 두 개의 이행연구(二行連句)는 저주 유형 5와 13에 해당하는 것(참조. 신 28:41)으로 대적이 이스라엘 땅을 사로잡고 노예로 팔기 위해 그 백성들을 강제 이송한 것을 시적으로 기술하고 있다. 사로잡힌 땅을 놓고 "제비 뽑힌(제비를 던지는 것)"(ידו גורל – 야두 고랄) 것에 대해서는 오바댜 1:11; 나훔 3:10; 민수기 33:54 등을 참조하라. 노예로 팔기 위해 누군가를 납치하는 것은 시내산 언약에서는 사형에 해당하는 징벌을 받을 수 있었다(출 21:16). 더욱이 신명기 21:14은 전쟁 포로를 파는 것을 금하고 있다. 이스라엘의 대적들은 이런 일들을 자행했을 뿐만 아니라, 순전히 물질적인 이득 즉 돈을 얻기 위해 그와 같은 짓을 행했고, 생각 없이 낭비적으로 자기 방종을 위해 사용했다(참조. 암 1:8; 2:6). "음행과 술을 마시는 것"은 방탕을 나타내는 한 쌍의 용어들이다(호 4:11). 후에 이스라엘 백성들을 노예로부터 되사는 것은 복잡한 일이 되었다(느 5:8).

4 해안 페니키아(두로, 시돈)와 해안 팔레스타인("블레셋 사방"; 참조. 수 13:2)에 대한 수사적인 도전은 본문의 주요 산문 부분의 시작을 나타내고 있다. 이 지역의 사람들은 해상 무역을 하는 사람들로, 지중해 주변의 노예 시장은 그들의 이득에 커다란 도움이 되었다 그들은 전쟁으로 인해 사로잡힌 이스라엘 포로들을 사기도 하고, 그런 이스라엘 포로들을 그들 스스로가 포획해 팔기 위해 다른 곳, 특별히 북 지중해 연안에 있는 헬라인들에게로 잡아갔다. 아모스 시대 이전에 이 무리들은 이스라엘 포로들을 에돔에 팔았다(암 1:6, 9). 적어도 에스겔 시대에 이르러서는 헬라와 거래한 두로의 노예 무역은 잘 이루어지고 있었다(겔 27:13). 따라서 이 부분(4-8절)에 대한 늦은 연대기, 즉 바사(페르시아) 시기를 말하는 것은 묘사된 바다 노예 무역을 토대로 제기될 필요가 없다.

"너희가 내게 보복하겠느냐?"(הגמול אתם משלמים עלי – 하게물 아템 메샬레밈 알라이)라고 물어보는 요지는, 이 질문에 대한 긍정적인 대답이 있을 수 없기 때문에, 이스라엘 그리고/혹은 유다를 상대로 이런 죄악을 저지른 것에 대한 정당성이 부족하다는 것을 보여 주는 것이다. 따라서 곧이어 정당화가 ("빠르게, 신속하게") 약속되고 있다. 요엘이 말하고 있는 "침략"이 원래 앗수르였든지 아니면 바벨론이었든지(주전 598/588-586년), 페니키아와 블레셋은 앗수르와 바벨론 아래서 심한 고통을 당했다. 따라서 그들의 악은 이미 "그들의 머리에" 되돌려졌다(참조. 시 7:16; 에 9:25; 렘 23:19). 자신의 백성을 위한 야웨의 보복에 대해서는 이사야 34:8을 참조하라. 블레셋에 대한 야웨의 보복에 대해서는 에스겔 25:15-17을 참조하라. 두로에 대한 야웨의 보복에 대해서는 에스겔 26장을 참조하라.

5-6 유다의 거민들이 정말로 야웨의 소유인 것과 같이, 그 땅의 은과 금은 야웨의 소유다(참조. 학 2:8). "너희 신궁"(혹은 "궁궐들"도 가능함)이라는 뜻의 헤크레켐(היכליכם)을 위해 약탈한 야웨의 보물들을 말하고 있는 내용은 개인적인 도적질을 말하는 것이 아니라, 구체적으로 이루어진 국가적인 차원의 움직임을 나타내 준다. 이것은 아마도 첫 번째의 대대적인 바벨론 유수(幽囚) 시(주전 598년)에 있었던 예루살렘 성전 약탈(왕하 24:13-14)과 관련된, 공조적으로 개입된 일을 가리키는 것일 수 있다. 즉 몇 가지 전리품을 얻기 위한 바벨론 사람들의 침입을 말하는 것일 수 있다. 그러나 이것은 여러 차례 발생했던 국경 분쟁 시에 일어난 약탈을 가리킬 가능성이 더 크다. 포로로 잡힌 백성들을 노예로 헬라 족속에게 파는 것은 하나님의 법을 어기는 것일 뿐만 아니라(4:3[3:3]을 보라), 유다가 실제적으로 도움을 줄 수 있는 범위를 넘어서도록 팔린 사람들을 옮겨 버리는 것이라서 그들을 다시 되돌려 살 수 없게 만드는 것이었다.

7-8 학대받은 자들인 야웨와 그의 백성들의 처지가 부도덕한 대적들에게로 돌려지고 있다. 야웨는 자신의 포로 된 백성들을 일으켜(עור – 우르, "일으키다", 히필) 되돌려오게 할 것이고(신 30:3-5), 백성들을 팔았던 그 악명 높은 자들은 그들의 동료 유대인들을 통해 포로로 잡혀가도록 팔릴 것이다.

페니키아인들과 블레셋인들에 대해 포로로 잡혀갈 것을 말하는 이 저주는 이스라엘을 위한 회복의 축복으로서 신명기 30:7에 구체적으로 언급되어 있는 아이러니한 전도(顚倒)와 똑같은 종류다: "여호와께서…네 대적과 너를 미워하고 핍박하던 자에게 이 모든 저주로 임하게 하시리니…." 바벨론 유수(幽囚)기 동안이나 그 이후에 유대인들이 페니키아나 블레셋 노예들을 거래했다는 그 어떤 역사적인 기록도 없다. 몇몇 유대인들은 주전 345년 아닥사스다(Artaxerxes) 3세에 의해 노예로 팔린 시돈 사람들 가운데서, 혹은 주전 332년 알렉산더 대제에 의해 노예로 팔린 두로(Tyre)나 가사(Gaza) 거민들 중에서 노예를 샀을 수도 있다. 그러나 이것도 추측일 뿐이다. 따라서 이스라엘의 대적들에 대한 이 저주는 문자적인 상투어다("상대와 같은 수로 보복하다")

"여호와가 말하였느니라"(כי יהוה דבר – 키 야웨 디베르)라는 어구는 어떤 신탁의 말씀들이 신적인 기원을 가지고 있다는 것을 다시금 되새겨 주는 일반적인 예언적 어구다(사 1:2 등등).

9 이 두 번째 시의 부분 서두에서는 2절(또한 12절)에서 처음으로 언급된 여호사밧 골짜기에서 이루어지는 "심판"은 자비로운 시민 법정 소송이 아니라, "나라들"(בגוים – 바고임)에 대한 파멸의 전쟁임을 분명히 말해 주고 있다.

전령들은 전쟁을 위한 대열을 갖추도록(알라[עלה]는 여기서 "공격을 위해 진격"하는 의미를 가진다) 모든 사람, 즉 "전쟁을 위한 모든 사람들"을 "일깨워야만"(עור – 우르, 히필; 7절을 보라) 한다. 이것은 하나님의 국제적인 성전(聖戰)이 될 것이다. 모든 나라는 이 전쟁을 위해 "경건하게 준비해야만" 한다(קדש – 카다쉬, 피엘; 참조. 렘 6:4). 구약에서 성전(聖戰)은 하나님의 대적들을 진멸시키는 총체적인 전쟁이었다(신 20장). 암시하는 내용은 분명하다: 열국은 싸워야만 하지만, 그들은 승리할 수 없다. 그 대적이 바로 야웨이시기 때문에, 그 열국의 패배와 파멸은 자명하다. 전쟁으로 열국을 불러 모으는 유사한 표현을 위해서는 이사야 8:9-10; 예레미야 46:3-4, 9; 에스겔 38:7-8을 보라. 그리고 스바냐 2:1을 참조하라.

10 철로 된 농기구들을 무기들로 바꾸어서 전쟁을 준비하도록 도전한 뒤에(참조. 사 2:4; 미 4:3) 하나의 요구가 이어지고 있다. 그 요구는 오로지 자원자만이 싸울 것을 말하고 있는 전형적인 성전(聖戰)의 규례(신 20:5-9)를 넘어서는 말을 하고 있다. 다가오는 심판의 큰 전쟁에서는 약자들(החלש – 하할라쉬)조차 자신을 용사(גבור – 기보르)라고 선언하게 될 것이다. 이 제유(提喩)적인 형태는 모든 대적들은 심판을 받게 될 것이라는 사실을 말하는 방법이다.

11 11절은 이미 언급된 세 가지 주제들을 요약하고 있으며(열국은 와야만 하고, 모든 사람들은 싸워야만 하며, 그들은 **"그리로"**[שמה – 샤마] 즉 여호사밧의 골짜기에 모여야만 함), 다음과 같은 새로운 강조를 말하고 있다: 첫 번째 명령법인 "서둘러라!"(עושו – 우슈). 심판의 전쟁은 일어나야만 할 뿐만 아니라 지체될 수도 없다. 오랫동안 압제를 받은 사람들을 위한 그리고 압제자들을 대항한 정의의 신속함을 말하는 것은 심판과 회복의 신탁 모두에서 자연적인 것이며 중요한

점이다(참조. 신 32:35; 습 1:14; 사 49:17; 60:22; 계 22:20).

12 주제 어휘인 우르(עור; 히필, "일으키다")가 본문에서 세 번째로 나타나고 있다(또한 7, 9절). 그렇지 않다면, 대체적으로 12절은 2절에서 언급한 것에 대한 일종의 변형이다. "내가 거기 앉아서"(אשב לשפט – 아셰브 리쉬포트)라는 어구는 결코 긴장을 푼다는, 즉 야웨가 전쟁을 반대한다는 결정을 하신 것을 암시하는 것이 아니다. 이 장면은 보좌의 위엄을 말해 준다. 야웨는 전쟁에서 혹은 야웨가 선택한 방법으로 대적의 나라를 물리침으로 대적의 나라들을 흩어버리는 데 있어서 전적으로 주도적인 역할을 하실 것이다.

13 대적을 곡물에 비유하고 있는 세 가지 은유(隱喩)들은 하나님의 대적들을 온전히 결정적으로 다루기 위한 준비가 완료되었음을 묘사하고 있다. 이스라엘의 세 가지 주요 곡물들(참조. 1:10; 2:24)인 곡식, 포도 그리고 올리브 수확은 모든 것이 모아졌다는 것(קבץ – 카바츠, 11절; 참조. 창 41:35, 38), 말하자면 심판에서 "잘리거나" 혹은 "밟힐" 준비가 되었다는 것을 여기서 상징적으로 나타내 주고 있다. 추수-심판 이미지는 구약의 다른 곳에서(사 17:4-6; 63:3; 호 6:11; 미 4:13)와 신약에서(막 4:29; 마 13:39-40; 계 14:20) 또한 잘 나타나고 있다.

14 장면은 특정 장소에서 이루어지는 싸움을 그리고 있다. 여기서 "많음이여!"라고 번역되는 하모님(המונים)은 싸우는 어떤 군대의 소리에서와 같이(사 13:4; 29:5-8) 많은 사람들이 소리치는 것이나 그와 같은 소리를 말한다. 하모님(המונים)과 "판결의 골짜기"라는 뜻의 에메크 헤하루츠(עמק החרוץ)는 "그 곳에 전쟁이다!"라는 감정적인 효과를 내며 본 절에서 반복되고 있다. 1:15에서 "가까왔나니"(קרוב – 카로브)로, 2:1에서 "이르는"과 "임박한"으로, 2:11에 있는 "큰"으로, 3:4[2:31]에서 "두려운"으로 묘사된 "여호와의 날"은 이제 완전한 모양을 갖춘 묘사적 어휘인 "가까움이로다"(קרוב – 카로브)로 다시 표현되고 있다.

15 야웨의 날이 시작된 것이 분명하다. 야웨의 날과 연관된 어두움(2:2; 3:4[2:31]; 참조. 암 5:18 등등)이 하늘의 모든 빛의 원천들 위에 임했기 때문이다. 히브리 시의 용법에서 달과 별들은 해와 병행을 이룬다. 고대의 청자/화자(話者)는 이 어법을 보고 밤이 비정상적으로 어둡다고 생각하지 않았을 것이며, 그 전체 구절을 그 운명적인 날의 총체적인 어두움을 강조하는 것으로 보았을 것이다. 저주 실현으로서의 그런 어두움에 대해서는 신명기 28:29을 보라.

16 적어도 구약에서 그리고 아마도 신약에서 하나님의 음성에 대한 모든 상세한 진술들은 하나님의 음성을 듣는 사람에게 들리는 천둥으로서 묘사하고 있다

(왕상 19:12에 대해서는 J. Lust, *VT* 25[1975] 111-15를 보라). 전능한 최고의 지휘자가 그 전쟁에서 승리한 것을 확증하기 위해 그의 포효하는 소리를 언급하는 것으로 충분하다. 예레미야 25:30은 야웨를 인류를 향해 자신의 판단을 외치고 계시는 자로 유사하게 묘사하고 있다. 아모스 1:2a은 이 구절의 삼행연구(三行聯句) 첫 행의 어법을 자구적으로 동일하게 공유하고 있다. 시편 29편은 야웨의 목소리를 지중해 연안에서 내륙을 휩쓰는 태풍과 같은 것으로 묘사하고 있다. 상징적으로 야웨는 예루살렘에 거주하고 계신다(27절; 참조. 왕상 8:27-30). 그러므로 은유(隱喩)의 이런 전환에서 야웨는 그 골짜기에서라기보다는 예루살렘에서 크게 외치고 계시는 것이다. 야웨는 또한 우주적인 주권자이시다(시 2; 24; 29편 등등). 그러므로 야웨의 외치는 소리는 땅과 하늘에 있는 모든 것을 흔들고 만다.

그러나 야웨는 더 이상 이스라엘을 향해서 소리치지는 않으실 것이다. 회복의 시대에 야웨는 자신의 백성들에게 "피난처"(מחסה – 마하쎄)와 "산성"(מעוז – 마오즈)이 되실 것이다(이 병행법에 대해서는 사 25:4과 시 146:2을 참조하라. 시 146편은 욜 4[3]장과 여러 가지 주제들을 공유하고 있다). 이 회복의 축복은 레위기 26:44; 신명기 30:6에 있는 대로 파멸로부터의 자유를 말하는 유형 10과 일치한다.

17 시온, 즉 예루살렘의 모습들은 많은 회복 신탁들에서 두드러진다. 회복의 축복들은 여러 가지 영역에서 다음과 같이 계속되는 시온과 예루살렘의 존재를 상징하고 있기 때문이다. (1) 야웨의 임재를 다시금 새롭게 하는 축복 유형 1은 야웨가 거주하시는 장소로서 예루살렘을 암시적으로 포함하고 있다(위의 16절을 보라). (2) 언약의 갱신과 정통의 회복을 말하는 축복 유형 2와 3은 예배의 중심(신 12장)으로서 예루살렘을 시내산 언약이 지칭하는 것을 말하고 있다. 그리고 (3) 땅을 다시 찾아 소유함과 재연합을 말하는 축복 유형 7과 8은 정부의 통치 체제에 있어서 예루살렘의 역사적인 중심성을 암시적으로 나타내고 있다.

17절은 "다시는 이방 사람이 그 가운데로 통행하지 못하리로다", 즉 이방 침략자들이 다시는 결코 그 성읍 예루살렘을 침략하지 못할 것이라는 약속을 하면서, 파멸로부터의 자유를 약속(축복 유형 10)하는 내용을 첨가하고 있다.

18 농경적 풍요(회복 축복 유형 5)는 온전한 회복 신탁들에서 거의 나타나고 있다. 거의 모든 사람이 습기가 거의 없는 고대 이스라엘/유다의 농경적 사회에서 사는 농부들이었다. 그러므로 풍성한 곡물과 물을 약속하는 것은 희망의 원천으로서 강력한 영향력을 가졌다. 여기에 기술된 대부분의 요엘의 어법은 구약의 다른

곳에서 발견되는 것과 병행을 이루고 있으며, 1장과 2장에서 보인 농경적 재난에 대한 완전한 전도(顚倒)를 보여 주고 있다. 정말로 고대 근동의 사람들은 시적으로 그런 용어를 사용해서 일반적으로 다음과 같은 생각을 했다. "하늘은 기름을 내리고, 와디는 꿀을 낸다"(*CTA* 6.3.6-7). 주스를 내는 산에 대해서는 아모스 9:13을, 우유를 내는 땅에 대해서는 출애굽기 3:8을, 물이 흐르는 산골짜기에 대해서는 이사야 30:25을, 야웨의 집에서 나는 샘에 대해서는 에스겔 47:1-12(그리고 계시록 22:1-2)을 참조하라.

"싯딤 골짜기(아카시아 하상[河床])"(נחל השטים – 나할 하쉬팀)는 독특하다. 이것은 아마도 알려진 어떤 것, 특별히 예루살렘 근처에 있는 마른 와디를 나타내는 것으로 보인다(아카시아 나무는 놀라울 정도로 마르고 척박한 곳에서 자란다).

19 애굽과 에돔은 이제 그들이 이스라엘에게 이루어지기를 바랐던 일을 감수해야만(회복 축복 유형 9; 참조. 2:3) 하는 역사적인 대적들(예를 들어, 왕상 14:25-26; 옵 1:9-14절)로서 황폐하게 될 것이다(저주 유형 9). 4절에서 페니키아와 블레셋이 했던 것과 같이, 이 두 나라는 "열국들"(2, 9, 11, 12절)을 나타내는 한 유형들로 나타나는 것이다. 애굽과 에돔은 이방 나라들(발람의 나라를 포함해서 – 민 24:8, 18)에 대한 선지자의 신탁에서 번번이 공격을 받고 있다. 그러나 이 두 나라는 이 곳에서만 병행을 이루는 시적인 한 쌍으로 사용되고 있다.

20 결과는 영원한 자유와 안전이 될 것이다. 즉 1장과 2장에서 묘사된 침략이 요엘의 청중들에게 전해 주고 있었던 모든 것의 반대가 된다. 야웨와 함께 거한다는 것(17, 18, 21절)은 평화롭게 "있다(거주한다)"(ישב – 야샤브)는 것이다.

21 "그들의 피흘림 당한 것"(דמם – 다맘)은 "열국들" 가운데 있는 이스라엘 백성의 대적들에 의해 이스라엘 백성이 당한 상처, 압제, 유배 등의 역사를 말한다. 신명기 30:7이 약속하고 있는 대로, 이스라엘의 대적이 행한 것은 벌을 받지 않고 지나가는 것이 아니라 벌을 받게 될 것이다. 요엘의 청중들은 이스라엘이 바로 그 날에 정당함을 얻으리라는 사실을 알게 됨으로써 어느 정도 위로를 받았을 것이다. 야웨의 대적들에 대한 보복(신 32:41-42)은 비열하게 얻게 되는 것이 아니라, 아모스 1-2장에 있는 대로 언약적 정의와 관련된 일이다.

여기에 표현된 "여호와가 시온에 거함이니라"라는 결론적인 외침은 현재 고통을 받고 있는 자들에 대한 일종의 약속이다(참조. 시 9:11-12). 저지할 수 없는 대적에 의해 공격을 받고 있는 예루살렘은 지금까지나 지금 혹은 앞으로 있을 어떤 성읍에 불과한 것이 아니라, 바로 야웨가 거하셨고, 거하시는 그리고 앞으로도 거하실 장소가 되는 것이다. 바로 이 사실로부터 요엘 선지서의 모든 의로운 청자들/독자들은 위로를 얻게 된다.

해설

언약의 관점에서 보았을 때 하나님의 선지자들은 예견할 수 있는, 그러나 명확하게 설정되지 않은 막연한 미래를 선포했다. 요엘 4장은 침략의 위협, 아마도 포위 공격을 당하고 있는 예루살렘 백성들의 중요한 관심을 말해 주고 있다. 그들과 그들의 성읍과 그들의 나라가 맞이하게 될 궁극적인 운명은 무엇이었는가? 그 대적은 이스라엘 백성을 이기고, 파멸시키며, 그들의 영토를 병합하고, 그들을 영원히 포로로 유배시킬 수 있었는가? 이스라엘(유다와 예루살렘)의 남은 자들이 열국의 연합체를 구성하는 한 실체로서의 모습을 상실해 가고 있는 동안, 이스라엘 백성들의 과거와 현재의 다양한 대적들은 국제적, 무법적 상황에서 성공을 거두며 끝을 낼 수 있었는가? 야웨는 다시 시온산에서 경배를 받으실 수 있었는가? 1장과 2장에서 그렇게나 상세하게 묘사된 침략, 가뭄 그리고 황폐함은 한 성읍, 한 나라 그리고 한 백성들이 맞이하는 종말의 시작이었는가? 야웨는 어디에 있었는가? 야웨의 구원의 날은 오는 것인가?

본 장은 이런 질문들에 대해 확실한 대답을 주고 있다. 위대한 마지막 심판이 있게 될 것이다. 야웨에 대해 신실한 자들을 변호하고 야웨의 목적과 야웨의 백성들을 반대했던 자들을 징벌할 그런 심판이 있을 것이다. 야웨는 자신의 백성들이 안전하고 기쁘게 사는 데 필요한 모든 것을 가진 자신의 백성들의 수도에 영원히 자신을 세우실 것이다.

요엘 4장은 또한 기독교적인 종말론이다. 요엘 4장이 묘사하고 있는 그 날은 우리가 또한 기다리는 날이다(행 17:31; 살전 5:2). 마지막 영원한 시대는 하나님의 목적 혹은 백성들에 반대하는 것으로 인해 망쳐지지 않을 것이다. 하나님은 모든 곳에서 주권자가 되실 것이고, 그의 거룩한 도성에서 다스리실 것이다(계 21:1-3). 그 도성의 강은 생명(계 22:1-2), 즉 요엘이 예언했던 모든 것을 줄 것이다.

궁극적인 변호의 보장은 신실하게 남아서 계속적으로 신뢰하는 하나님의 백성들에게 커다란 자양분이 된다. 바로 이것이 요엘 4장의 문맥이며 실질적인 기능이다.

아모스

참고문헌

주석류

Amsler, S. "Amos." In E. Jacob, C. Keller, and S. Amsler, *Osée, Joël, Abadias, Jonas.* Commentaire de l'Ancien Testament 11a. Neuchâtel: Delachaux & Niestlé, 1965. 157-291. **Baur, G.** *Der Prophet Amos erklért.* Giessen, 1847. **Bič, M.** *Das Buch Amos.* Berlin: Evangelische-Verlagsanstalt, 1969. **Blechmann, M.** *Das Buch Amos in Talmud und Midrasch.* Leipzig, 1937. **Burrons, W.** *Amos.* 1898. **Canney, M.** "Amos." *A Commentary on the Bible,* ed. A. S. Peake. New York, 1920. 547-54. **Cohen, G.** *Amos.* Everyman's Bible Commentary. Chicago: Moody Press, 1971. **Cripps, R.** *A Critical and Exegetical Commentary on the Book of Amos.* London: SPCK,; 1929. **Deissler, A.** *Zwölf Propheten: Hosea, Joël, Amos.* Die Neue Echter Bibel. Würzburg: Echter Verlag, 1981. **Delcor, M.** "Amos." La Sainte Bible. Paris, 1961. **Driver, S. R.** *The Books of Joel and Amos.* The Cambridge Bible for Schools and Colleges. Cambridge: Cambridge University Press, 1897; 2d ed., 1915. **Edghill, E. A.,** and **G. A. Cooke.** *The Book of Amos.* Westminster Commentaries. London: Methuen, 1914; 2d ed., 1926. **Elhorst, H. J.** *De profetie van Amos.* Leiden, 1900. **Fosbroke, H. E. W.** "The Book of Amos: Introduction and Exegesis." *IB* 6:761-853. **Frey, H.** *Das Buch des Ringens Gottes um seine Kirche: Der Prophet Amos.* Die Botschaft des Alten Testaments 23/1. Stuttgart: Calwer, 1958; 2d ed., 1965. **Gelderen, C. van.** *Het boek Amos.* Commentaar op het Oude Testament. Kampen, 1933. **Gressmann, H.** *Die älteste Geschichtsschreibung und Prophetie Israels.* SAT 3/1. Göttingen, 1910; 2d ed., 1921. **Guthe, H.** "Der Prophet Amos." *HSAT* 2:30-47. **Hammershaimb, E.** *The Book of Amos: A Commentary.* Tr. J. Sturdy. Oxford: Basil Blackwell, 1970. **Harper, W. R.** *A Critical and Exegetical Commentary on Amos and Hosea.* ICC Edinburgh: T. & T. Clark, 1905. **Hauret, C.** *Amos et Osée.* Verbum Salutis. Ancien Testament 5. Paris: Beauchesne, 1970. **Hitzig, F.,** and **H. Steiner.** *Amos.* Kurzgefasstes exegetisches Handbuch zum Alten Testament. Leipzig, 1881. **Honeycutt, R. L.** *Amos and His Message: An Expository Commentary.* Nashville: Broadman Press, 1963. **Hoonacker, A. van.** *Amos.* Études bibliques. Paris, 1908. **How, J. C. H.** *Joel and Amos.* Smaller Cambridge Bible for Schools. Cambridge:

Cambridge UP, 1910. **Howard, J.** *Among the Prophets.* London: Pickering and Inglis, 1967. **Hyatt, J. P.** "Amos." *PCB.* London: Thomas Nelson and Sons, 1963. 617-25. **Keil, C. F.** "Amos." In C. F. Keil and F. Delitzsch, *Biblical Commentary.* Edinburgh, 1868. **King, P.** "Amos." *JBC* 1:245-52. **Kraft, C.** "The Book of Amos." In C. Laymon, ed., *The Interpreter's One-Volume Commentary on the Bible.* Nashville: Abingdon, 1971. 465-76. **Kutal, B.** *Libri Prophetarum Amos et Abdiae.* Commentarii in Prophetas Minores 3. Olmütz, 1933. **Lüthi, W.** *In the Time of the Earthquake: An Exposition of the Book of the Prophet Amos.* Tr. J. Haire and I. Henderson. London: Hodder and Stoughton, 1940. **Marsh, J.** *Amos and Micah: Introduction and Commentary.* Torch Bible Commentaries. London: SCM, 1959. **McKeating, H.** *The Books of Amos, Hosea and Micah.* The Cambridge Bible Commentary on the New English Bible. Cambridge: Cambridge UP, 1971. **Martin-Achard, R.**, and **S. P. Re'emi.** *Amos & Lamentations: God's People in Crisis.* International Theological Commentary. Grand Rapids: Eerdmans, 1984. **Mays, J. L.** *Amos: A Commentary.* OTL. Philadelphia: Westminster, 1969. **Motyer, J. A.** "Amos." *The New Bible Commentary Revised,* ed. D. Guthrie et al.. London: Intervarsity, 1970. 726-41. ______. *The Day of the Lion.* Downers Grove, IL: Intervarsity, 1974. **Osty, E.** *Amos, Osée.* La Sainte Bible. Paris: Éditions du Cerf, 1952. **Proksch, O.** *Die kleinen prophetischen Schriften vor dem Exil.* Erläuterungen zum Alten Testament 3. Stuttgart: Calwer, 1910. **Robinson, T. H.** "Amos." HAT. Tübingen, 1964. **Routtenberg, H.** *Amos of Tekoa: A Study in Interpretation.* New York: Vantage, 1971. **Rudolph, W.** *Joel-Amos-Obadja-Jona.* KAT 13/2. Gütersloh: Gütersloher Verlagshaus/Gerhad Mohn, 1971. **Ryan, D.** "Amos." R. Fuller et al., eds., *A New Catholic Commentary on Holy Scripture.* London: Thomas Nelson and Sons, 1969. 693-701. **Sellin, E.** *Amos.* KAT. Leipzig/Gütersloh, 1923. **Smith, G. A.** *Amos.* The Expositor's Bible. London and New York, 1896; 2d ed., 1928. **Smith, R.** "Amos." Broadman Bible Commentary. Nashville: Broadman, 1972. 7:81-141. **Snaith, N.** *Amos, Hosea and Micah.* Epworth Preachers Commentaries. London: Epworth, 1945-46. ______. *The Book of Amos.* 2 vols. London: Epworth, 1945-46. **Steinle, W.** *Amos, Prophet in der Stunde der Krise.* Stuttgart: J. F. Steinkopf, 1979. **Sutcliffe, T. H.** *The Book of Amos.* Biblical Handbooks. London, 1939. **Tatford, F.** *Prophet of Social Injustice: An Exposition of Amos.* Eastbourne: Prophetic Witness, 1974. **Vawter, B.** *Amos, Hosea, Micah: With an Introduction to Classical Prophecy.* The Old Testament

Message. Wilmington: Michael Glazier, 1981. **Ward, J. M.** *Amos, Hosea.* Knox Preaching Guides 7. Atlanta: John Knox, 1981. **Werner, H.** *Amos.* Exempla Biblica 4. Göttingen: Vandenhoeck & Ruprecht, 1969. **Williams, A. L.** *Joel and Amos.* The Minor Prophets Unfolded. London, 1918. **Wolff, H. W.** *Joel and Amos.* Hermeneia. Philadelphia: Fortress, 1977.

책과 논문들

Arieti, J. A. *A Study of the Septuagint of the Book of Amos.* Diss. Stanford, 1972. **Balls, E.** *Die Droh- und Scheltworte des Amos.* Leipzig, 1926. **Barstad, H.** *The Religious Polemics of Amos.* SVTP. Leiden: E. J. Brill, 1984. **Bartczyk, G.** *Die Visionsberichte des Amos: Literarische Analyse und Thologische Interpretation.* Diss. Münster, 1977. **Barton, J.** *Amos' Oracles Against the Nations.* Cambridge: Cambridge UP 1980. **Baumann, E.** *Der Aufbau der Amosreden.* BZAW 7. Giessen, 1907. **Baumgartner, W.** *Kennen Amos und Hosea eine Heilseschatologie?* Diss. Zürich, 1913. **Beek, M. A.** *Amos: Een inleiding tot het verstaan der profeten van het O.T.* Lochem, 1947. **Berg, W.** *Die sogenannte Hymnen fragmente im Amosbuch.* Europäische Hochschulschriften 23/45. Bern: Herbert Lang; Frankfurt: Peter Lang, 1974. **Bjørndalen, A. J.** *Untersuchungen zur allegorischen Rede der Propheten Amos und Jesaja.* Berlin: DeGruyter, 1985. **Brillet, G.** *Amos et Osée.* Paris: Éditions du Cerf, 1944. **Christensen, D.** *Transformations of the War Oracle in the Old Testament.* Missoula, MT: Scholars Press, 1975. **Cleary, F. X.** *The Interpretation of Suffering according to Amos and Hosea: The Origins of Redemptive Suffering.* Diss. Pontifical Gregorian University, 1978. **Cooper, J. S.** *The Curse of Agade.* Baltimore: Johns Hopkins Press, 1983. 239-40. **Coote, R.** *Amos among the Prophets.* Philadelphia: Fortress Press, 1981. **Copass, B. A.** *Amos.* Nashville, 1939. **Cramer, K.** *Amos: Versuch einer theologischen Interpretation.* BWANT 51. Stuttgart, 1930. **Crenshaw, J.** *Hymnic Affirmation of Divine Justice: The Doxologies of Amos and Related Texts in the Old Testament.* SBLDS 24. Missoula, MT: Scholars Press, 1975. **Csekey, S.** *Amos: Profeéta könyve forditotta és magyarázta.* Budapest, 1939. **Curtis, J. J.** *An Application of the Syntax of the Hebrew Verbs to the Writings of Amos.* Diss. Southern Baptist Seminary, 1949. **Dannell, G. A.** *Studies in the Name Israel in the Old Testament.* Uppsala: Appelbergs Boktrykeri, 1946. 110-36. **Elhorst, H. J.** *De* *profetie van Amos.* Leiden, 1900. **Eybers, I. H.**, et al.. *Studies in the Books of Hosea and Amos. OTWSA.* Potchefstroom: Rege-Pers Beperk, 1965. **Fohrer, G.** *Die Propheten des Alten Testaments.* Vol. 1: *Die Propheten des 8. Jahrhunderts.* Gütersloh: Gütersloher Verlagshaus/Gerhard Mohn, 1974. 22-55. **Gordis, R.** *Poets, Prophets and Sages.* Bloomington, IN Indiana UP, 1971. **Gressmann, H.** *Die älteste Geschichtsschreibung und Prophetie Israels.* SAT 3/1. Göttingen, 1910; 2d ed., 1921. **Grosch, H.** *Der Prophet Amos.* Handbücherei für den Religionsunterricht 6. Gütersloh: Gütersloher Verlagshaus/Gerhard Mohn, 1969. **Gunning, J. H.** *De Godspraken van Amos.* Leiden, 1885. **Harper, W. R.** *The Utterances of Amos Arranged Strophically.* Chicago, 1900[=series in *The Biblical World,* Aug.-Nov. 1898; 86-89, 179-82, 251-56, 333-38.] **Hattung, K.** *Der Prophet Amos, nach dem Grundtext erklärt.* BibS(F). Freiburg, 1898. **Herntrich, V.** *Amos, der Prophet Gottes.* Wege in die Bibel 4. Göttingen, 1941. **Holwerda, B.** …*Begonnen hebbende van Mozes*… Terneuzen: D. H. Littoij, 1953. 31-47. **Hunter, A. V.** *Seek the Lord! A Study of the Meaning and Function of the Exhortation in Amos, Hosea, Isaiah, Micah and Zephaniah.* Baltimore: St. Mary's Seminary and University, 1982. **Ingleheart, J. H.** *Education and Culture in the Book of Amos: A Reevaluation.* Diss. University of Kentucky, 1964. **Janzen, W.** *Mourning Cry and Woe Oracle.* BZAW 125. Berlin/New York: DeGruyter, 1972. **Jiménez, M.** *Relecturas de Amós-Isaias.* Diss. Franciscan Biblical Institute, 1973. **Johnson, S. E.** *The Septuagint of Amos.* Chicago: University of Chicago Press, 1936. **Kahlert, H.** *Zur Frage nach der geistigen Heimat des Amos.* Eine Prüfung des These von H. W. Wolff. Dielheimer Blätter zum AT 4. Dielheim, 1973. **Kapelrud, A. S.** *Central Ideas in Amos.* Skrifter utgitt av Det Norske Videnskaps-Akademi i Oslo, II. Hist.-Filos. Klasse 2. Oslo: H. Aschenhoug, 1956. Repr. Oslo: Osio University, 1961. **Kelley, P.** *Amos: Prophet of Social Justice.* Grand Rapids: Baker Book House, 1972. **Koch, K., H. J. Kraus,** et al.. *Amos: Untersucht mit den Methoden einer strukturalen Formgeschichte.* Kevelaer: Butzon & Butzon/Neukirch: Neukirchener Verlag, 1976. **König, A.** *Die Profeet Amos.* Koort Verklarings oor die Ou Testament. Kaaptud/Pretoria: Kerk Uitgewers, 1974. **Krause, M.** *Das Verhältnis von sozialer Kritik und kommende Katastrophe in den Unheilsprophezeiungen des Amos.* Diss. Hamburg, 1972. **Kroeker, J.** *Die Propheten oder das Reden Gottes(vorexilisch): Amos und Hosea.* Das lebendige Wort 4. Giessen,

1932. **Kuntz, M.** *Ein Element der alten Theophanieüüberlieferung und seine Rolle in der Prophetie des Amos.* Diss. Tübingen, 1968. **Lemcke, G.** *Die Prophetensprüche des Amos und Jesaja metrisch-stilistisch und literar-ästhetisch betrachtet.* Breslau, 1914. **Lindbiota, J.** *Die literarische Gattung der prophetischen Literatur. Eine literargeschichtliche Untersuchung zum Alten Testament.* UUÅ 1924. Uppsala, 1924. 66-97. **Lohr, M.** *Untersuchungen zum Buch Amos.* BZAW 4. Giessen, 1901. **Maag, V.** *Text, Wortschatz und Begriffswelt des Buches Amos.* Leiden: E. J. Brill, 1951. **Markert, L.** *Struktur und Bezeichnung des Scheltwortes—eine gattungsgeschichtliche Studie an Hand des Amosbuches.* Diss. Erlangen/Nürnberg, 1974. BZAW 140. **McFayden, J. E.** *A Cry for Justice: A Study in Amos.* New York, 1912. **Meinhold, J., and H. Lietzmann.** *Der Prophet Amos, Hebräische und Griechisch.* Kleine Texte fur theologische Vorlesungen und Übungen 15/16. Bonn, 1905. **Mitchell, H. G.** *Amos: An Essay in Exegesis.* Boston, 1900. **Naastepad, T. J. M.** *Amos: Verklaring van een bijbelgedeelte.* Kampen, 1976. **Neher, A.** *Amos: Contribution à l'étude du prophétisme.* Paris: J. Vrin, 1950. **Oesterly, W. O. E.** *Studies in the Greek and Latin Versions of the Book of Amos.* Cambridge: Cambridge UP, 1902. **Oettli, S.** *Amos und Hosea: Zwei Zeugen gegen die Anwendung der Evolutionstheorie auf die Religion Israels.* BFCT 5/4. Gütersloh, 1901. **Ogden, D.** *A Geography of Amos.* Diss. University of Utah, 1982. **Osswald, E.** *Urform und Auslegung im masoretischen Amos-text.* Diss. Jena, 1951. **Prado, J.** *Amos, el Profeta Pastor.* Madrid: El Perpetuo Socorro, 1950. **Praetorius, F.** *Die Gedichte des Amos.* Halle, 1924. **Proksch, O.** *Die Geschichtsbetrachtung bei Amos, Hosea und Jeremiah.* Königsberg, 1901. ______. *Textkritische Bemerkungen zum Buche Amos.* Sitzungsberichte der Preussischen Akademie der Wissenschaften zu Berlin, Philologische-Historische Klasse. Berlin, 1918. 1248-62. **Queen Southerland, K. M.** *The Futility Curse in the Old Testament.* Diss. Southern Baptist Seminary, 1982. **Reventlow, H. G.** *Das Amt des Propheten bei Amos.* FRLANT 80. Göttingen: Vandenhoeck & Ruprecht, 1962. **Riedel, W.** *Altestamentliche Untersuchungen I.* Leipzig, 1902. 29-36. **Rieger, J.** *Die Bedeutung der Geschichte für die Verkündigung des Amos und Hosea.* Giessen, 1929. **Robinson, T. H.** *The Book of Amos: Hebrew Text.* London, 1923. **Rusche, H.** *Das Buch Amos erläutert.* Geistliche Schriftslesung AT 4. Düsseldorf: Patmos, 1975. **Schmidt, H.** *Der Prophet Amos.* Tübingen, 1917. **Schrade, H.** *Der verborgene Gott: Gottesbild und*

Gottesvorstellung in Israel und im alten Orient. Stuttgart: W. Kohlhammer, 1949. 157-63. **Seesemann, O.** *Israel und Juda bei Amos und Hosea.* Leipzig, 1898. **Seierstad, I.** *Die Offenbarungserlebnisse der Propheten Amos, Jesaja und Jeremia.* Oslo: J. Dybwad, 1946; 2d ed., 1965. **Shoot, W. B.** *The Fertility Religions in the Thought of Amos and Micah.* Diss. USC, 1951. **Sievers, E.,** and **H. Guthe.** *Amos, metrische bearbeitet.* Abhandlung der Sächsischen Gesellschaft der Wissenschaften 23/3. Leipzig, 1907. **Snaith, N.** *Notes on the Hebrew Text of Amos.* London: Epworth, 1945-46. **Steenbergen, V.** *Motivation in Relation to the Message Of Amos.* Diss. USC, 1953. **Stuart, D.** *Studies in Early Hebrew Meter.* HSM 13. Missoula, MT: Scholars Press, 1976. 197-213. **Sutcliffe, T. H.** *The Book of Amos.* Biblical Handbooks. London, 1939. **Thorogood, B.** *Guide to the Book of Amos with Theme Discussions on Judgement, Social Justice, Priest, and Prophet.* London: Theological Education Fund, 1971. **Tourn, G.,** and **J. A. Soggin.** *Amos, profeta de la justicia.* Barcelona: Tierra Nueva, 1978. **Touzard, J.** *Le livre d'Amos.* Paris, 1908. **Tuschen, W.** *Die historischen Angaben im Buche des Propheten Amos.* Diss. Freiburg, 1951. **Tweedie, A.** *A Sketch Of Amos and Hosea.* Edinburgh/London, 1916. **Valeton, J. J.** *Amos und Hosea: Ein Kapitel aus der Geschichte der israelitischen Religion.* Tr. K. Echternacht. Giessen, 1898. **Varadi, M** *Il Prolets Amos.* 1947. **Veldkarap, H.** *Paraphrase van het boek van den profeet Amos en van het boek van den profeet Obadjah.* 1940. **Vienney, A.** *Amos de Tekoa, son époque et son livre.* Montauban, 1899. **Vollmer, J.** *Geschichtliche Rückblicke und Motive in der Prophetie des Amos, Hosea, und Jesaja.* BZAW 119. Berlin: DeGruyter, 1971. **Vuilleumier-Bessard, R.** *La tradition culturelle d'Israel dans la prophétie d'Amos et d'Osée.* Cahiers Théologique 45. Neuchâtel: Delachaux & Niestlé 1960. **Waller, H. S.** *The Unity of the Book Of Amos.* Diss. Southern Baptist Seminary, 1948. **Ward, J.** *Amos and Isaiah: Prophets of the Word of God.* Nashville: Abingdon, 1969. **Warmuth, G.** *Das Mahnwort: Seine Bedeutung für die Verkündigung der vorexilischen Propheten Amos, Hosea, Micha, Jesaja und Jeremia.* Beiträge zur biblischen Exegese und Theologie 1. Frankfurt am Main, 1976. **Watts, J. D. W.** *Vision and Prophecy in Amos.* Grand Rapids: Eerdmans, 1958. **Weiser, A.** *Die Prophetie des Amos.* BZAW 53. Giessen: Tüpelmann, 1929. **Werner, H.** *Amos.* Exempla Biblica 4. Göttingen: Vandenhoeck & Ruprecht, 1969. **Whitesides, R. A. D.** *The Gospel according to Amos.* Diss. Princeton

Theological Seminary, 1952. **Willi-Plein, I.** *Vetformen der Scheftexegese innerhalb des Alten Testaments: Untersuchen zum literarischen Werden der auf Amos, Hosea und Micha zurückgehenden Bücher im hebräischen Zwölf prophetenbuch.* BZAW 123. Berlin: DeGruyter, 1971. **Wolfe, R. E.** *Meet Amos and Hosea, the Prophets of Israel.* New York: Harper, 1945. **Wolff, H. W.** *Amos the Prophet: The Man and His Background.* Tr. F. R. McCurley. Philadelphia: Fortress, 1973. ______. *Die Stunde des Amos: Prophetie und Protest.* Munich: Chr. Kaiser Verlag, 1969.

소논문들

Albert, E. "Einige Bemerkungen zu Amos." *ZAW* 33(1913) 265-71. **Alger, B.** "The Theology and Social Ethics of Amos." *Scr* 17(1965) 109-16. **Allen, L. C.** "Amos, Prophet of Solidarity." *Vox Evangelica* 6(1969) 42-53. **Alonso Díaz, J.** "El nuevo tipo de profecía que inicia Amós." *CB* 23(1966) 36-42. **Amsler, S.** "Amos, prophète de la onzième heure." *ThZ* 21(1965) 318-28. **Andrews, M.** "Hesiod and Amos." *JR* 23(1943) 194-205. **Arieti, J. A.** "The Vocabulary of Septuagint Amos." *JBL* 93 (1974) 338-47. **Ashbel, D.** "*ha'arot lenebo'ot 'amos.*" *BMik* 1(1966) 103-7. **Bach, R.** "Gottesrecht und weltliches Recht in der Verkündigung des Propheten Amos." In *FS Gunther Dehn*, ed. W. Schneemelcher. Neukirchen: Verlag der Buchhandlung des Erziehungsvereins, 1957. 23-34 **Bailey, J. G.** "Amos: Preacher of Social Reform." *TBT* 19(1981) 306-13. **Baumann, E.** "Eine Einzelheit." *ZAW* 64(1952) 62. **Benson, A.** "'From the Mouth of the Lion.' The Messianism of Amos." *CBQ* 19(1957) 199-212. **Berridge, J. M.** "Jeremia und die Prophetie des Amos." *TZ* 35(1979) 321-41. **Boehmer, J.** "Die Eigenart der prophetischen Heilspredigt des Amos." *TSK* 76(1903) 35-47. **Bohlen, R.** "Zur Sozialkritik des Propheten Amos." *TTZ* 95(1986) 282-301. **Bonora, A.** "Amos defensore del diritto e della guistizia." *Testimonium Christi: Scritti in onore de Jacques Dupont.* Brescia: Paideia, 1985. 69-90. **Botterweek, G. J.** "'Sie verkaufen den Unscuhldigen um Geld.' Zur sozialen Kritik des Propheten Amos." *BibLeb* 12(1971) 215-31. ______ "Zur Authentizät des Buches Amos." *BZ* N. F. 2(1958) 176-89. **Braslavi, Y.** "*'ariyot midbar-tekoa' beseper 'amos.*" *BMik* 13, 1(1967-68) 56-64. **Bratisiôtis, P. I.** "*'Amos.*" ThreskEthEnk 2(1963) 447-49. **Braun, M. A.** "James' Use of Amos at the Jerusalem Council: Steps toward a Possible Solution of the Textual and Theological Problems." *JETS* 20(1977) 113-21. **Bruston,**

E. "Messages prophétiques: I. Le Message d'Amos." *ETR* 7(1932) 158-72. **Budde, K.** "Zur Geschichte des Buches Amos." In *Studien zur semitischen Philologie und Religionsgeschichte: FS Julius Wellhausen*, ed. K. Marti. BZAW 27. Giessen, 1914. 63-77. ______. "Zu Text und Auslegung des Buches Amos." *JBL* 43(1924) 46-131; 44(1925) 62-122. **Carlson, A.** "Profeten Amos och Davidriket." *Religion och Bibel* 25(1966) 57-58. **Caspari, W.** "Wer hat die Aussprüche des Propheten Amos gesammelt?" *NKZ* 25(1914) 701-15. **Cherian, C. M.** "The Message of Amos the Pioneer Prophet." *CleM* 22(1958) 81-91. **Cohen, S.** "The Political Background of the Words of Amos." *HUCA* 36(1965) 153-60. **Collins, J.** "History and Tradition in the Prophet Amos." *ITQ* 41(1974) 120-33. **Condamin, A.** "Les chants lyriques des prophètes." *RB* 10(1901) 352-76. **Coote, R.** "Ripe Words for Preaching: Connotative Diction in Amos." *Pacific Theological Review* 8(1976) 13-19. **Coulot, C.** "Propositions pour une structuration du livre d'Amos au niveau rédactionnel." *RevScRel* 51(1977) 169-86. **Craghan, J.** "The Prophet Amos in Recent Literature." *BTB* 2(1972) 242-61. ______. "Tradition and Techniques in the Prophet Amos." *TBT* 60(1972) 782-86. **Crenshaw, J.** "A Liturgy of Wasted Opportunity." *Semitics* 1(1970) 27-36. ______. "Amos and the Theophanic Tradition." *ZAW* 80(1968) 203-15. ______. "The Influence of the Wise on Amos." *ZAW* 79(1967) 42-51. **Crook, M.** "Did Amos and Micah Know Isaiah 9:2-7 and 11:1-9?" *JBL* 73(1954) 144-51. **Crüsemann, F.** "Kritik an Amos im deuteronomistichen Geschichtswerk." In *Probleme biblischer Theologie: FS G Von Rad*, ed. H. W. Wolff. Munich: Chr. Kaiser, 1971. 57-63. **Danell, G. A.** "Var Amos verkligen en nabi?" *SEÅ* 16(1951) 7-20. **Davies, G. H.** "Amos—The Prophet of Re-Union." *ExpTim* 92(1981) 196-99. **Desnoyers, L.** "Le prophète Amos." *RB* 26(1917) 218-46. **Devescovi, U.** "Camminare sulle alture." *RivB* 9(1969) 235-42. **DeWaard, J.** "Translation Techniques Used by the Greek Translators of Amos." *Bib* 59(1978) 339-50. **Dijkema, F.** "Le fond des prophéties d'Amos." *OTS* 2. Leiden: E. J. Brill, 1943. 18-34. **Dines, J.** "Reading the Book of Amos." *ScrB* 16(1986) 26-32. **Dion, P.** "Le message moral du prophète Amos s'inspirait-il du 'droit de l'alliance'?" *ScEs* 27(1975) 5-34. **Döller, J.** "Vom 'Uberschüssigen' bei Amos." *Studien und Mitteiligen aus dem "Benedictiner-und Cistercienserorden* 28(1907) 413-15. **Driver, G. R.** "A Hebrew Burial Custom." *ZAW* 66(1966) 314-15. ______. "Difficult Words in the Hebrew Prophets." In *Studies in Old Testament*

Prophecy Presented to H. Wheeler Robinson, ed. H. H. Rowley. Edinburgh: T. & T. Clark, 1950. 52-72. ______. "Two Astronomical Passages in the Old Testament." *JTS* n.s. 4(1953) 208-12. **Dumeste, M.** "La spiritualité des prophètes d'Israël(Le message du prophète Amos)." *VSpir* 74(1946) 834-52; 75(1946) 424-37 **Dürr, L.** Altorientalisches Recht bei den Propheten Amos und Hosea." *BZ* 23(1935) 150-57. **Eissfeldt, O.** "Amos und Jona in volkstumlicher Überlieferung." *Kleine Schriften* 4(1968) 137-42. **Engnell, I.** "Amos"; "Amos' bok." In *Svenskt Bibliskt Uppslagsverk*, ed. I. Engnell et al. Gävle: Skolförlaget, 1948. 1:59-61, 61-63. **Fang, C.** "Universalism and the Prophet Amos." *ColcT Fujen* 5.20(1974) 165-71. **Fart, G.** "The Language of Amos, Popular or Cultic?" *VT* 16(1966) 312-24. **Fendler, M.** "Zur sozialkritik des Amos: Versuch einer wirtschafts- und sozialgeschichtlichen Interpretation alttestamentlicher Texte." *EvT* 33(1973) 32-53. **Fensham, F. C.** "A Possible Origin of the Concept of the Day of the Lord." *OTWSA* 7-8(1966) 90-97. ______. "Common Trends in Curses of the Near Eastern Treaties and *kudurru*-Inscriptions compared with Maledictions of Amos and Isaiah." *ZAW* 75(1963) 155-75. ______. "The Treaty between the Israelites and the Tyrians." *VTSup* 17(1968) 71-87. ______. "Widow, Orphan and the Poor in Ancient Near Eastern Legal and Wisdom Literature." *JNES* 21(1962) 129-39. **Feuillet, A.** "L'universalisme et l'alliance dans la religion d'Amos." *BVC* 17(1957) 17-29. **Finley, T.** "The Waw-Consecutive with 'Imperfect' in Biblical Hebrew: Theoretical Studies and Its Use in Amos." In *Tradition and Testament: Essays in Honor of Charles Lee Feinberg*, ed. J. S. Feinberg and P. D. Feinberg. Chicago: Moody Press, 1981. **Frost, S. B.** "Asseverations by Thanksgiving." *VT* 8(1958) 380-90. **Garrett, D.** "The Structure of Amos as a Testimony to Its Integrity." *JETS* 27(1984) 275-76. **Gaster, T. H.** "An Ancient Hymn in the Prophecies of Amos." *Journal of the Manchester Egyptian and Oriental Society* 19(1935) 23-36. **Gemser, B.** "Die Godsgetuienis van Amos." *Hervormde Teologiese Studies* 1(1943-44) 9-21. **Gese, H.** "Kleine Beiträge zum Verständnis des Amosbuches." *VT* 12(1962) 417-38. **Glück, J. J.** "*Nagid*—Shepherd." *VT* 13(1963) 144-50. ______. "Three Notes on the Book of Amos." *Studies on the Books of Hosea and Amos*. OTWSA 7-8(1965) 115-21. **Gordis, R.** "The Composition and Structure of Amos." *HTR* 33(1940) 239-51. **Gottlieb, H.** "Amos og Kulten." *DTT* 30(1967) 65-101. ______. "Amos und Jerusalem." *VT* 17(1967) 430-63. **Gray, J.** "The Day of Yahweh." *SEÅ*

39(1974) 5-37. **Gunneweg, A.** "Religion oder Offenbarung: Zum hermeneutischen Problem des Alten Testaments." *ZTK* 74(1977) 151-78. **Guthe, H.** "Der Prophet Amos." *HSAT* 2:30-47. **Halévy, J.** "Recherches bibliques—le livre d'Amos." *RevSém* 11(1903) 11-31, 97-121, 193-209, 289-300; 12(1904) 11-18. **Hallo, W. W.** "From Qarqar to Carchemish: Assyria and Israel in the Light of New Discoveries." *BAR* 2. Garden City: Doubleday, 1964. 152-90. **Haran, M.** "The Rise and Fall of the Empire of Jeroboam II." *Zion* 31(1966) 18-38. ______. "The Rise and Decline of the Empire of Jeroboam ben Joash." *VT* 17(1967) 266-97. **Harper, W. R.** "The Utterances of Amos Arranged Strophically." *Biblical World*(Aug.-Nov. 1898) 86-89, 179-82, 251-56, 333-38.[As book, Chicago, 1900.] **Heicksen, H.** "Tekoa: Historical and Cultural Profile." *JETS* 13(1970) 81-89. **Herntrich, V.** "Das Berufungsbewusstsein des Amos." *Christentum und Wissenschaft* 9(1933) 161-76. **Hillers, D.** "A Note on Some Treaty Terminology in the Old Testament." *BASOR* 176(1964) 46-47. **Hirscht, A.** "Textkritische Untersuchungen über das Buch Amos." *ZWT* 44(1903) 11-73. **Hoffman, G.** "Versuch zu Amos." *ZAW* 3(1883) 110-11. **Hoffman, H.** "Form—Funktion—Intention." *ZAW* 82(1970) 341-46. **Hoffman, Y.** "The Day of the Lord as a Concept and a Term in the Prophetic Literature." *ZAW* 93(1981) 37-50. **Hogg, H.** "The Starting-Point of the Religious Message of Amos." *Transactions of the Third International Congress for the History of Religions* 1. Oxford, 1908. 325-27. **Honeycutt, R.** "The Lion Has Roared." *Southwestern Journal of Theology* 9(1960) 25-35. **Hoonacker, A. van.** "Notes d'exégèse sur quelques passages difficiles d'Amos." *RB* 14(1905) 163-87. **Horst, F.** "Die Doxologien im Amosbuch." *ZAW* 47(1929) 45-54. **Howard, G.** "Revision toward the Hebrew in the Septuagint Text of Amos." *EI* 16(1982) 125-33. ______. "Some Notes on the Septuagint of Amos." *VT* 20(1970) 108-12. **Howie, C.** "Expressly for Our Time: The Theology of Amos." *Int* 13(1959) 273-85. **Huey, F.** "The Ethical Teaching of Amos: Its Content and Relevance." *Southwestern Journal of Theology* 9(1966) 57-67. **Huffmon, H. B.** "The Social Role of Amos' Message." In *The Quest for the Kingdom of God: Studies in Honor of George E. Mendenhall*, ed. H. B. Huffmon et al. Winona Lake, IN Eisenbrauns, 1983. 109-16. **Humbert, P.** "Un heraut de la justice, Amos." *RTP* n.s. 5(1917) 5-35. **Hyatt, J.** "The Book of Amos." *Int* 3(1949) 338-49. ______. "The Deity Bethel and the Old Testament." *JAOS* 59(1939) 81-89. **Irwin, W. A.** "The

Thinking of Amos." *AJSL* 49(1932-33) 102-14. **Johnson, A.** "Amos—The Prophet of Reunion." *ExpT* 92(1981) 196-200. **Jozaki, S.** "The Secondary Passages in the Book of Amos." *Kwansei Gakuin University Annual Studies* 4(1956) 25-100. **Junker, H.** "Amos, der Mann, den Gott mit unwiderstehlicher Gewalt zum Propheten machte." *TTZ* 65(1956) 321-28. ______. "Amos und die 'Opferlose Mosezeit.'" *TGI* 27(1935) 686-95. **Kaiser, W.** "The Davidic Promise and the Inclusion of the Gentiles." *JETS* 20(1977) 97-111. **Kallikuzhuppil, J.** "Liberation in Amos and Micah." *Bible Bhashyam* 11(1985) 215-23. **Kapelrud, A.** "Amos og hans omgivelser." *NorTT* 84(1983) 157-66. ______. "Amosbuch." *BHH* 1:85-87. ______. "Central Ideas in Amos." *Skrifter utgitt av Det Norske Videnskaps-Akademi i Oslo* II 1956/4. Oslo: H. Ascheboug, 1961. 54-59. ______. "God as Destroyer in the Preaching of Amos and in the Ancient Near East." *JBL* 71(1952) 33-38. ______. "New Ideas in Amos." VTSup 15(1966) 193-206. ______. "Propheten Amos og hans yrke." *NorTT* 59(1958) 76-79. **Kaupel, H.** "Gibt es opferfeindliche Stellen im Alten Testament?" *TGI* 17(1925) 172-78. **Keller, C.** "Notes bibliques de prédication sur les textes du prophète Amos." *VCaro* 60(1961) 390-98. **Kelley, P.** "Contemporary Study of Amos and Prophetism." *RevExp* 63(1966) 375-85. **Klein, R. W.** "The Day of the Lord." *CTM* 39(1968) 517-25. **Koch, K.** "Die Rolle der hymnischen Abschnitte in der Komposition des Amos-Buches." *ZAW* 86(1976) 504-37. **Koehler, L.** "Amos." *Schweizerische Theologische Zeitschrift* 34(1917) 10-21, 68-79, 145-57, 190-208. ______. "Amos-Forschungen von 1917 bis 1932." *TRev* n.f.(1932) 195-213. **Kohata, F.** "A Stylistic Study on the Metaphors of Amos." In *FS M. Sekine*, ed. S. Arai et al.. Tokyo: Yamamoto Shoten, 1972. 147-61.[Japanese.] **Krause, H.** "Die Gerichtsprophet Amos, ein Vorläufer des Deuteronomisten." *ZAW* 50(1932) 221-39. **Labuschagne, C.** "Amos' Conception of God and the Popular Theology of the Time." *OTWSA* 75(1966) 122-33. **Lang, B.** "The Social Organization of Peasant Poverty in Biblical Israel." *JSOT* 24(1982) 47-63. **Laridon, V.** "Amos, genuinae religionis defensor ac propheta iustitiae socialis." *Collationes Brugenses* 47(1951) 405-10; 48 (1952) 3-7, 27-31. **Lattes, D.** "Amos, prophète de la justice." *Madregoth* 1(1946) 23-31. **Leahy, M.** "The Popular Idea of God in Amos." *ITQ* 22(1955) 68-73. **Lehming, S.** "Erwägungen zu Amos." *ZTK* 55(1958) 145-69. **Lewis, R.** "Four Preaching Aims of Amos." *Asbury Seminary. Review* 21(1967) 14-18. **Lohman, P.**

"Einige Textkonjekturen zu Amos." *ZAW* 32(1912) 274-77. **Luria, B. Z.** Amos—Prophet and Worldly Man." *DD* 10(1982) 183-86. **Maag, V.** "Amos": "Amosbuch." *RGG* 1:328-30, 330-31. **Maclean, H.** "Amos and Israel." *Reformed Theological Review* 18(1959) 1-6. **Maigret, J.** "Amos et le sanctuaire de Bethel." *BTS* 47(1962) 5-6. **Malamat, A.** "Origins of Statecraft in the Israelite Monarchy." *BA* 28(1965) 34-65. **Mamie, P.** "Le livre d'Amos: Les chîatiments et le 'reste d'Israël.'" *Nova et Vera* 37(1962) 217-23. **Martin-Achard, R.** "La prédication d'Amos: Remarques exégétiques et homilétiques." *ETR* 41(1966) 13-19. **Mauchline, J.** "Implicit Signs of a Persistent Belief in the Davidic Empire." *VT* 20(1970) 287-303. **Mays, J. L.** "Words about the Words of Amos: Recent Study of the Book of Amos." *Int* 13(1959) 259-72. **McCollough, W.** "Some Suggestions about Amos." *JBL* 72(1953) 247-54. **Melugin, R.** "The Formation of Amos: An Analysis of Exegetical Method." SBL *1978 Seminar Papers*. Missoula, MT: Scholars Press, 1978. 369-91. **Miller, C.** "Amos and Faith Structures: A New Approach." *TBT* 19(1981) 314-19. **Monloubou, L.** "Amos." *DBSup* 8(1969) 706-24. **Montgomery, J.** "Notes on Amos." *JBL* 23(1904) 94-96. **Moreno, C.** "Amos." *Theologia y Vida* 4(1964) 23-35. **Morgenstern, J.** "Amos Studies I." *HUCA* 11(1936) 19-140. ______. "Amos Studies II." *HUCA* 12-13 (1937-38) 1-53. ______. "Amos Studies III." *HUCA* 15(1940) 59-304. ______. "Amos Studies IV." *HUCA* 32(1961) 295-350. ______. "The Univeralism of Amos." In *Essays Presented to Leo Baeck on the Occasion of his Eightieth Birthday*. London: East and West Library, 1954. 106-26. **Moriarty, F.** "Preacher and Prophet." *Way* 20(1980) 3-14. **Mousset, P.** "La pédagogie d'un prophète: Amos." *Catéchistes* 27(1956) 267-73. **Neuberg, F.** "An Unrecognized Meaning of Hebrew DOR." *JNES* 9(1950) 215-17. **Oettli, S.** "Die Kultus bei Amos und Hosea." *Griefswalder Studien. Theologische Abhandlungen. FS Hermann Cremer*. Gütersloh, 1895. 1-34. **Oort, H.** "De profeet Amos." *TT* 14(1880) 114-58. ______. "Het Vaderland van Amos." *TT* 25(1891) 121-26. **Otzen, B.** "Amos og afguderne." *NorTT* 84(1983) 167-85. **Overholt, T.** "Commanding the Prophets: Amos and the Problem of Prophetic Authority." *CBQ* 41(1979) 517-32. **Paton, L. B.** "Did Amos Approve the Calf-Worship at Bethel?" *JBL* 13(1894) 80-91. **Peifer, C.** "Amos the Prophet: The Man and His Book." *TBT* 19(1981) 295-300. **Praetorius, F.** "Bemerkungen zu Amos." *ZAW* 35(1915) 12-25. ______. "Zum Texte des Amos." *ZAW* 34(1914)

42-44. **Prager, M.** "Amos, der Hirte aus Teqoa." *BLit* 36(1962-63) 84-96, 164-72, 243-55, 295-308. **Preus, H.** "'…ich will mit dir sein.'" *ZAW* 80(1968) 139-73. **Rad, G. von.** "The Origin of the Concept of the Day of Yahweh." *JSS* 4(1959) 97-108. **Rahmer, M.** "Die hebräischen Traditionen in den Werken des Hieronymus." *MGWJ* 42(1898) 1-61, 97-107. **Raitt, T. M.** "The Prophetic Summons to Repentance." *ZAW* 83(1971) 30-49. **Randellini, L.** "Il profeta Amos, difensore del poveri." *Bollettino del-l'Amicizia Ebraico-Cristiana di Firenze* 6(1971) 35-43. ______. "Ricchi e Poveri nel libro del profeta Amos." *Studii Biblici Franciscani* 2(1952) 5-86. **Reventlow, H. B. von.** "Das Amt des Propheten bei Amos." FRLANT 80. Göttingen: Vandenhoeck & Ruprecht, 1962. 90-110. **Roberts, J. J.** "Recent Trends in the Study of Amos." *ResQ* 13(1970) 1-16. **Robscheit, H.** "Die thora bei Amos und Hosea." *EvT* 10(1950-51) 26-38. **Rosenbaum, S.** "Northern Amos Revisited: Two Philological Suggestions." *HS* 18(1977) 132-48. **Rothstein, G.** "Amos und seine Stellung innerhalb des Prophetismus." *TSK* 78(1905) 323-58. **Rudolph, W.** "Gott und Mensch bei Amos." In *Imago Dei: FS für Gustav Krüger*, ed. H. Bornkamm. Giessen, 1932. 19-31. ______. "Schwierige Amosstellen." In *Wort und Geschichte: FS für Karl Elliger zum 70. Geburtstag*, ed. H. Gese and H. P. Rüger. Kevelaer/Neukirchen -Vluyn: Butzon & Bercker/Neukirchener Verlag, 1973. 157-62. **Sansoni, C.** "Amos, uomo del suo tempo." BibOr 10(1968) 253-65. **Sant, V.** "Religious Worship in the Book of Amos." *MelT* 3(1950) 75-92; 4(1951) 34-47. **Sauermann, O.** "Der Prophet der sozialen Gerechtigkeit." *Der Seelsorger* 24(1954) 229-35, 273-78. **Schenker, A.** "Gerichtsverkündung und Verblendung bei den vorexilischen Propheten." *RB* 93(1986) 563-80. **Schmid, H.** "Amos. Zur Frage nach der 'geistigen Heimat' des Propheten." *WuD* 10(1969) 85-103. ______. "Hauptprobleme der neueren Prophetforschung." *Schweizer Theologische Umschau* 35(1965) 3-11. **Schmidt, H.** "Die Herkunft des Propheten Amos." In *FS Karl Budde zum siebsigsten Geburtstag*, ed. K. Marti. BZAW 34. Giessen, 1920. 158-71. **Schmidt, W.** "Die deuteronomistische Redaktion des Amosbuches: Zu den theologischen Unterschieden zwischen dem Prophetenwort und seinem Sammler." *ZAW* 77(1965) 168-93. **Schottroff, W.** "Amos—Das Porträt eines Propheten(I-V)." *Stimme der Gemeinde* 24(1972) 113-15, 145-46, 193-96, 225-27, 289-92. ______. "Warum Amos kein Gehör fand." *Stimme der Gemeinde* 24(1972) 225-27. **Seierstad, I.** "Amosprophetien i ljoset av nyare gransking." *TTKi* 2(1931) 111-27. ______. "Erlebnis und Gehorsam bei Propheten Amos." *ZAW* 52(1934) 22-41. **Seilhamer, F.** "The Role of Covenant in the Mission and Message of Amos." In *A Light Unto My Path: Old Testament Studies in Honor of Jacob M. Myers*, ed. H. N. Bream et al. Philadelphia: Temple UP, 1974. 435-51. **Sinclair, L.** "The Courtroom Motif in the Book of Amos." *JBL* 85(1966) 351-53. **Smalley, W.** "Recursion Patterns and the Sectioning of Amos." *BT* 30(1979) 118-27. **Smart, J. D.** "Amos." *IDB* 1:116-21. **Sinend, R.** "Das Nein des Amos." *EvT* 23(1963) 404-23. **Smith, G. V.** "The Concept of God/The Gods as King in the Ancient Near East and the Bible." *Trinity Journal* 3(1982) 18-38. **Smith, R.** "The Theological Implications of the Prophecy of Amos." *Southwestern Journal of Theology* 9(1966) 49-56. **Snyder, G.** "The Law and Covenant in Amos." *ResQ* 25(1982) 158-66. **Sowada, J.** "Let Justice Surge Like Water." *TBT* 19(1981) 301-5. **Speier, S.** "Bemerkungen zu Amos." *VT* 3(1953) 305-10. ______. "Bemerkungen zu Amos, II." *Homenaje a Millás-Vallicrosa*. Barcelona: Consejo Superior de Investigaciones Científicas, 1956. 2:365-72. **Speiser, E.** "Of Shoes and Shekels." In *Oriental and Biblical Studies*, ed. J. J. Finkelstein and M. Greenberg. Philadelphia: University of Pennsylvania Press, 1967. 151-59. **Stamm, J. J.** "Der Name des Propheten Amos und sein sprachlicher Hintergrund." In *Prophecy: Essays Presented to G. Fohrer on His Sixty-fifth Birthday*, ed. J. A. Emerton. Berlin: DeGruyter, 1980. 137-42. **Staples, W.** "Epic Motives in Amos." *JNES* 25(1966) 106-12. **Stephany, A.** "Charackter und zeitliche Aufeinanderfolge der Drohsprüche in der Prophetie des Amos." *Christentum und Wissenschaft* 7(1931) 281-89. **Stoebe, H. J.** "Der Prophet Amos und sein bürgerlicher Beruf." *WuD* n.f. 5(1957) 160-81. ______. "Überlegungen zu den geistlichen Voraussetzungen der Prophetie des Amos." In *Wort—Gebot—Glaube. Beiträge zur Theologie des Alten Testaments. Festschrift Walther Eichrodt zum 80. Geburtstag*, ed. H. J. Stoebe. Zürich: Zwingli, 1970. 209-25. **Story, C.** "Amos—Prophet of Praise." *VT* 30(1980) 67-80. **Stuhlmueller, C.** "Amos, Desert-Trained Prophet." *TBT* 1(1962-63) 224-30. **Super, A.** "Figures of Comparison in the Book of Amos." *Semitics* 3(1973) 67-80. **Szabo, A.** "Textual Problems in Amos and Hosea." *VT* 25(1975) 500-524. **Talmon, S.** "The Gezer Calendar and the Seasonal Cycle of Ancient Canaan." *JAOS* 83(1963) 177-87. **Terrien, S.** "Amos and Wisdom." In *Israel's Prophetic Heritage: Essays in Honor of James Muilenburg*, ed. B. W.

Anderson and W. Harrelson. New York: Harper and Brothers, 1962. 108-15. **Tietsch, A.** "Die Botschaft des Amos." *Zeichen der Zeit*(1972) 211-17. **Torczyner, H.** "Dunkle Bibelstellen." In *Vom Alten Testament: Karl Marti zum siebstigen Geburtstag*, ed. K. Budde. BZAW 41. Giessen, 1925. 274-80. **Torrey, C. C.** "Notes on Am 2:7; 6:10; 8:3; 9:8-10." *JBL* 15(1896) 151-54. ______. "On the Text of AM 5:25; 6:1, 2; 7:2." *JBL* 13(1894) 63. **Trapiello, J.** "Situacíon histórica del profeta Amós." *EstBib* 26(1967) 249-74. **Tromp, N.** "Amos—profetie als kritische funktie." *Ons Geestelijk Erf.* 48(1971) 294-302. **Tucker, G.** "Prophetic Superscriptions and the Growth of a Canon." In *Canon and Authority*, ed. G. W. Coats and B. O. Long. Philadelphia: Fortress Press, 1977. 56-70. **Waard, J. de.** "Translation Techniques Used by the Greek Translators of Amos." *Bib* 59(1978) 339-50. **Wagner, S.** "Überlegungen zur Frage nach den Beziehungen des Propheten Amos zum Südreich." *TLZ* 96(1971) 653-70. **Wal, A. van der.** "The Structure of Amos." *JSOT* 26(1983) 107-13. **Walker, J.** "The Language of Amos." *Southwestern Journal of Theology* 9(1966-67) 37-48. **Ward, J. M.** "Amos." *IDBSup*. 21-23. **Watts, J. D. W.** "Amos, the Man." *RevExp* 63(1966) 387-92. ______. "Amos—the Man and his Message." *Southwestern Journal of Theology* 9(1966) 21-26. ______. "The Origin of the Book of Amos." *ExpTim* 66(1954-55) 109-12. **Weiser, A.** "Die Berufung des Amos." *TBI* 7(1928) 177-82. **Weisman, Z.** "Stylistic Parallels in Amos and Jeremiah: Their Implications for the Composition of Amos." *Shnaton* 1(1975) 129-49. **Weiss, M.** "The Origin of the Day of Yahweh Reconsidered." *HUCA* 37(1966) 29-72. **Wer, A. van der.** "The Structure of Amos." *JSOT* 26(1983) 107-13. **Whitford, J.** "The Vision of Amos." *BSac* 70(1913) 109-22. **Williams, D.** "The Theology of Amos." *RevExp* 63(1966) 393-403. **Winter, A.** "Analyse des Buches Amos." *TSK*(83(1910) 323-74. **Wolff, H. W.** "The Irresistible Word(Amos)." *CurTM* 10(1983) 4-13. **Woude, A. S. van der.** "Three Classical Prophets: Amos, Hosea and Micah." In *Israel's Prophetic Tradition. Essays in Honour of Peter Ackroyd*, ed. R. Coggins et al.. Cambridge/London/ New York: Cambridge University Press, 1982. **Würthwein, E.** "Amos-Studien." *ZAW* 62 (1950) 10-52. **Yoshida, H.** "Prophecy and Salvation—in the Case of Amos—." *Kiyo*(The Bulletin of Christian Research Institute, Meiji Gakuin University) 14(1981) 27-47.[Japanese.] **Zyl, A. van.** "Die Zonderbesef by Amos." *NGTT* 9(1968) 69-82.

서론

아모스의 시대

아모스가 자신의 본국 유다에서 이스라엘로 여정을 떠난 것은 여로보암 2세(주전 786-746년)가 이스라엘의 왕이었던 주전 8세기 전반기였다. 아모스서 서론(1:1)은 이 연대기를 확정해 주고 있는데, 이것은 아모스가 벧엘에는 여로보암의 제사장 아마샤(Amaziah)를 만나는 이야기(7:10-17)가 이 연대기를 말해 주는 것과 같은 것이다. 아모스의 사역 기간 동안 유다의 왕은 웃시야(Uzziah)였다(1:1). 웃시야 왕은 주전 742년까지 살았지만, 주전 750년에 자신의 아들 요담(Jotham)을 섭정 정치에 가담하도록 했다. 1:1에서 여로보암과 웃시야의 후계자를 언급하는 그 어떤 이야기도 없는 것은, 아모스는 주전 750년대를 넘어서는 선지자로서 활동하지는 않았다는 것을 말해 준다. 그러나 아모스가 얼마나 일찍이 예언을 시작했는지 그리고 얼마나 오랫동안 사역을 감당했는지는 알 수 없다. 아모스의 사역의 시작은 그와 인접한 동시대적 선지자인 호세아보다 5년 이상 앞서지는 않았을 것이다. 비록 아모스와 호세아 어느 누구도 다른 한 편을 언급하고 있지 않으며, 그들 각각의 책 이외에서는 언급되지 않고 있을지라도, 그들의 선포 사역은 주전 750년경에 서로 겹쳤을 가능성이 있다.

여로보암 2세는 북 왕국의 가장 긴 왕조인, 주전 842년에 시작된 예후 왕조의 마지막 왕이었다. 애굽, 앗수르, 바벨론은 각각 여로보암의 통치 기간 동안에는 모두 상대적으로 국력이 쇠약해져 있었다(요나의 **서론**을 참조하라). 여로보암 2세는 이스라엘의 가장 강력하고 가까운 대적이었던 아람 군대를 정복하면서 왕위에 올랐다(왕하 14:25-28). 여기서 생각해 볼 만한 중요한 사실은 아다드-니라리 3세(Adad-Nirari III; 주전 806-783년)의 통치 아래 앗수르의 힘이 부분적으로 회복되었다는 것이다. 주전 801년 아다드-니라리의 다메섹(다마스커스) 정복과 아람 위에 중요한 군사적 그리고 경제적 권위의 압력을 계속적으로 행사한 것은 이스라엘 백성들에게 휴식의 시간을 주었다. 아다드-니라리는 이스라엘 백성들에게 직접적인 관심을 두지 않았다. 더욱이 여로보암 통치 기간에는 이스라엘-유다 간의 전쟁이 없었다. 이스라엘은 경제적 번영의 관점에서 보았을 때 여로보암 통치 기간의 후반부(즉 주전 760년대와 750년대)에 아마도 가장 번성한 최고의 단계에 이르렀을 것이다. 때때로 곡물 작황의 실패(4:6-9)에도 불구하고 농경은 융성했다. 이전 세기의 빈번한 전쟁(1:3-2:3)과는 대조적으로, 국제적인 평화 무드는 이스라엘로 하여금 국제 무역을 통해 부를 얻을 수 있도록 해주었다. 새로운 경제 질서를 따라 대규모의 도시화가 이루어졌다. 무역에서 이윤을 얻은 사람들(3:15; 4:1; 6:1-6; 8:5) 그리고 노예 노동(2:6; 8:6) 혹은 고리대금업(2:8; 5:10-12)을 통해 이익을 얻은 사람들은 그들의 조상들과는 달리 더 이상 땅에 묶여 있지 않았기 때문이었다. 시골에서 식량을 사서 성읍에 사는 사람들에게 다시 파는 수단들을 가지고 있었던 사람들은, 많은 사람들이 욕심을 부렸던 것처럼(8:4-6), 만약 그들이 욕심이 많았다면 엄청난 이윤을 남길 수 있었을 것이다.

엄청난 부는 점차적으로 퇴폐적인 생활 방식을 받아들인 한가로운 상류층을 낳게 되었다(2:8; 4:1; 6:1-6). 그러나 성적인 부도덕(2:7)과 우상 숭배(8:14)를 포함하는 언약에 신실하지 못한 다른 형태들 또한 만연했다. 이런 상황들은 어떤 사회·경제적 계층에만 제한되지 않았다. 그럼에도 불구하고 하나님이 아모스의 신탁들을 통해 특별하게 드러내셨던 것은 부유하고 힘이 있는 자들이 가난하고 스스로를 방어할 힘이 없는 사람들을 착취하는 것이었다. 그리고 이것은 아모스서에 놀라울 정도로 자주 등장하는 주제이기도 하다. 또한 사법적 부패를 말하고 있는 분명한 내용에 비추어 볼 때(2:7 5:10-12), 성읍민들에게 정의를 시행하는 제도의 완전한 붕괴가 아모스 시대에 이스라엘에서 발생했던 것이 분명하다.

주전 8세기 중반기에 접어들 때 이스라엘은 평화와 번영 그리고 어느 정도의 국제적인 명성을 누렸다. 자신만만한 나라(6:8)는 그 군사적인 무용(武勇)을 보며 안전함을 누렸고(6:13), 궁핍한 자들이 착취당하는 것과 특권층과 빈곤층 사이의 점증하는 불평등을 무시했다. 종교 자체는 언약에 대한 신실성이 거짓된 백성들에 의해 열정적으로 성대하게 실행되었다(2:8; 5:21-23). 나라의 특징적인 모습은 종교적인 위선으로 묘사될 수 있었다. 이스라엘은 종종 예배 형태에서 정통적인 백성이었지만, 개인과 사회의 행위에 있어서는 불순종하는 모습을 보였다.

인간 아모스

야웨는 그런 백성들을 위해 아모스 선지자를 그 자신의 본국 유다(1:1, 2; 7:12)를 떠나 이스라엘로 가도록 하셨다. 아모스는 자신이 전하는 것으로 인해 이스라엘에서 공적인 반대에 부딪히게 되었다(7:10-13). 우리는 아모스서를 제외하고는 아모스의 개인적인 역사에 대해 아는 것이 전혀 없다. 아모스의 나이, 수명, 가족 생활 등등 모든 것이 이야기되고 있지 않다. 아모스가 북 왕국의 주요 성소인 벧엘(7:13)에서 적어도 한 번 선포했다는 사실 이외에 우리는 아모스가 그의 메시지를 대부분 어디에서 전했는지, 혹은 얼마나 자주 전했는지, 혹은 정확히 얼마 동안 전했는지 알지도 못한다.

아모스는 예루살렘의 남쪽 약 10마일 지경에 위치한 유다의 드고아(Tekoa) 출신이다. 드고아에서 아모스는 목자(1:1; 7:14)이면서 뽕나무를 배양하는 사람(7:14)이었다. 이런 두 가지 직업으로 인해 아모스는 농경 전문가로서 광범위한 여행길, 아마도 북 왕국에 빈번히 드나들 수 있었을 것이다. 그러나 하나님이 정확하게 왜 그리고 어떻게 아모스를 국경을 넘어서 전파하도록 부르셨는가에 대해 알려 주는 증거는 없다.

아모스는 선지자임이 분명하다. 제사장 아마샤에게 선지자로서 자신의 신분을 부인하는 것(7:14-17)은 아모스 자신이 선지자가 되기 위해 훈련받지 않았다는 것, 그러나 자신의 일상적인 일로부터 하나님에 의해 특별하게 부름을 받았다는 것(어느 정도 엘리사의 경우와 비슷한 것임; 왕상 19:19-21)을 강조한 것이다. 아모스는 사역을 위해서는 영적인 은사가 학적인 훈련보다 더 중요하다는 성서적인 원리를 보여 준다. 아모스의 신탁들은 구약에 있는 다른 어떤 신탁만큼이나 힘이 있고 강력하기 때문이다(몇 가지 이유로 인해 아모스의 메시지 선포 형태를 좋지 못한 것으로 평가하는 제롬과는 반대되는 견해). 빈번하게 제안되고 있는 바와 같이, 만약 아모스의 여행이 그에게 이스라엘의 경제적·법률적 제도들의 죄악상을 직접적으로 볼 수 있는 기회를 주었다 할지라도, 그리고 만약 드고아의 작은 성읍 환경에서 아모스 자신의 탁월함이 그에게 법정의 재판관으로서의 직접적인 경험을 주었다고 할지라도, 그런 기회들은 여전히 아모스를 하나님의 대변자로 만드는 하나님의 계시의 권능에 대한 2차적인 요소들일 뿐이다.

고대 이스라엘에서 선지자들은 물건을 기부하는 것으로 공궤를 받았고(왕하 5:16-23), 종종 정부를 통해 공궤를 받기도 했다(왕상 18:19). 아마샤는 아모스가 부분적으로 벧엘에서 전파하고 있었던 것으로 생각했던 것이 분명하다. 금전적인 것은 벧엘이 유다에서보다 더 낫기 때문이었다(7:12). 아모스의 답변은 다음과 같은 사실을 분명히 해주고 있다. 즉 아모스는 어떤 성직에 관심이 없었는데, 자신의 직업에서 "자신을 불러내신" 야웨께 순종하기 위해 성공적으로 경영하고 있는 자신의 직업에서 떠난 것(아마도 임시적으로)이다. 그럼에도 불구하고 아모스의 배경을 모르는 사람들에게는 전문적인 선지자로 보였음에 틀림없다(7:10-17).

아모스의 예언들은 모두 짧은 시간 안에, 즉 1년 안에 전달되었을 가능성이 있다. 만약 "지진 전 이 년에 드고아 목자 중 아모스가 이스라엘에 대하여 묵시 받은 말씀이라"는 진술을 문자 그대로 받아들인다면(그러나 예를 들어 사 1:1에서 "유다와 예루살렘"이라고 제한하고 있는 것과 비교하라), 아모스는 지진(연대기를 알 수 없는)이 일어나기 전 열두 달 안에 그의 모든 신탁들을 "보았다"는 것을 암시할 수 있다. 또한 비록 아모스의 반응(7:16-17)은 거의 동의하지 않는 것일지라도, 아마샤는 아모스에 대한 자신의 추방 명령(7:12-13)을 어느 정도 계속 강화하는 것을 성공했을 가능성이 있다. 그러나 상대적으로 긴 책임에도 불구하고, 아모스서는 놀랍게도 역사적 발전의 증거를 거의 보여 주고 있지 않다. 주전 750년대(1:4)에서 720년대(13:10) 사이의 연대기 구분을 쉽게 보여 주는 호세아서와는 대조적으로, 아모스서의 그 어떤 내용도 그 안에 있는 어떤 내용보다 좀 더 이른 시기이거나 좀 더 늦은 시기라는 것을 분명하게 보여 주는 내용이 거의 없다.

아모스는 사마리아 그리고/혹은 그 성읍의 지도층 거민들을 여러 번(3:9, 12; 4:1; 6:1; 8:14) 언급하고 있기 때문에, 아모스가 전한 말씀 선포의 일부는 사마리아에서 이루어졌다고 생각하는 것은 충분히 합리적인 것 같다. 그러나 또한 벧엘에서 전하는 자는 그 곳에 있는 공식적인 성소를 방문하는 수많은 사마리아인들을 볼 수 있었을 것이기 때문에(7:14-15; 5:5), 아모스는 많은 사마리아인들에게 전하기 위해 사마리아로 발길을 옮길 필요가 없었으리라는 사실도 생각해 볼 수 있다. 그렇다면 우리는 아모스에 대해 알고 있는 것이 얼마나 적은가! 우리는 주로 아모스의 메시지를 통해 알고 있을 뿐이다. 아모스 개인이 아니라 하나님에게서 나온 아모스의 말씀은 그의 신탁들을 간직하고 지킨 사람들에게 의미 있는 중요한 것이었다.

아모스서의 문체

아모스는 하나님이 자신에게 주신 계시들을 전달하는 데 있어서 상당히 다양한 구문적 기교들을 사용하고 있다. 어떤 기법도 절대적으로 독특하지는 않지만, 어떤 것은 다른 구약 예언들에서 병행적인 것을 찾아 볼 수 없는 완성된 작품을 만들어 내는 방법으로 사용되고 있다. 비록 아모스는 전문적으로 훈련을 받은 선지자는 아니었다 할지라도, 이런 아모스의 문체적인 특징은 강력하고 감동적인 신탁들을 전달하는 그의 능력을 손상시키지는 않았던 것이 분명하다. 그 강력하고 감동적인 신탁들의 영향력은 하나님 앞에서 제멋대로인 나라가 가지는 책임들의 핵심을 찔러 일깨웠다.

아모스는 자신의 말과 야웨의 주권을 매우 가깝게 동일시하기 위해 다음과 같은, 메시지를 전하는 자의 형식(코흐 아마르 야웨[כה אמר יהוה, "여호와께서 가라사대"], 아마르 야웨[אמר יהוה, "여호와의 말씀이니라"], 네움 야웨[נאם יהוה, "여호와의 말씀"] 등등)이라고 일반적으로 불리는 형식을 일상적으로 사용하고 있다. 아모스는 "여호와께서 맹세하시되"(4:2; 6:8; 8:7)라는 어휘를 가지고 야웨의 맹세를 세 번 자세히 열거하고 있다. 이것은 아마도 그런 맹세가 선언되었을 하나님의 어전 회의를 아모스가 들었다는 것을 말해 준다. 또한 아모스는 3:1; 4:1; 5:1; 8:4에서 부르는 형식("이 말을 들으라…")을 사용하고 있는데, 이것은 공적으로 선포되는 것을 듣도록 백성들을 모으는 선포의 기능을 말해 준다. 각각의 경우에 나타나는 효과는 그 자신의 독창성을 하나님의 계시에 종속시키고 있다.

어떤 종류의 특징적인 어법을 인용함으로써 어떤 태도의 본질 혹은 행위의 형태를 묘사하면서, 아모스는 요약 인용 방식을 효과적으로 사용하고 있다.

예를 들어, 4:1에서 아모스는 한가하고 부유한 여자들의 냉담한 요구들을, 6:13에서 자신들의 군사력에 의기양양해 하고 있는 백성들의 자랑하는 어법을, 8:5에서 탐욕스러운 상인들을 그리고 9:10에서 자기만족에 차 있는 백성들의 말을 인용하고 있다.

아마도 특별히 주목할 사항은 아모스가 사용하는 점층법(漸層法)의 형태들이다. 아모스의 수많은 신탁들은 지속적으로 어떤 높은 지점을 향해 나아간다. 그 높은 지점에서 메시지의 본질이 극적으로 강조되고 있다. 1:3-2:16의 복합적인 신탁에서 나침반의 방위 둘레에 있는 접경 국가들은 야웨의 대적들로 동일시된다. 마침내는 이스라엘 자체가 이방 나라로 취급 받는다. 언약에 대한 범죄들로 인해 그 자신의 하나님이 대적하는 대적이 되어 버리고 만다. 3:3-8에서 자연스럽게 연결된 사건들의 이어지는 사례들이 하나님이 아모스에게 말씀하셨던 것을 선지자가 선포하지 않을 수 없는 불가피성을 말하기 위해 인용되고 있다. 7:1-8:3의 네 개의 환상들에서 취소되었던 최후의 심판의 위협들이 피할 수 없는 파멸의 선언에 길을 내어주고 있다. 5:1-17의 정교한 대칭적 장례(葬禮) 애가는 또 다른 형태에 대한 증거가 되고 있다. 그 또 다른 형태에는 커다란 규모의 대칭 구조의 주의 깊은 균형이 장례의 슬픈 노래가 가진 특징적인 어법과 내용에 함께 섞여 있다.

아모스는 다음과 같은 다른 이야기 형식들 또한 능숙하게 사용하고 있다: 고대 근동의 동의어적인 시에서 즐겨 사용된 n + 1 숫자적 병행어법들(1:3, 6 등등), 재난/장례 신탁들(5:18-27; 6:1-7), 지혜 논쟁(3:2-8; 6:12), 저주 형식(7:17) 등. 대부분의 구약의 선지자들과 같이 아모스의 메시지 선포는 예리하고 통렬한 직유(直喩)와 은유(隱喩)로 가득하다. 다른 모든 선지자들과 마찬가지로 아모스는 제유(提喩)와 환유(換喩)를 종종 사용한다.

아마도 아모스에게 독특한 점(비록 몇몇 학자들은 이사야서에 있는 "종의 노래"와 연결시키면서 동일한 과정을 가정하고 있을지라도)은 아모스가 세 곳(4:13; 5:8; 9:5-6)에서 잘 알려진 찬양을 인용하고 있다는 것이다. 아모스 자신의 청중들이 야웨의 뜻을 강화하는 야웨의 권능을 이해하는 것과 접촉하기 위한 수단으로서 시들을 인용하고 있다. 이 가장 효과적인 전략은 백성들의 말이 백성들 자신을 비난하는 방법에 있어서 아모스가 백성들을 인용하고 있는 것과 비슷하다. 백성들이 옛적부터 좋아했던 찬양은 그들에게 다음과 같은 것을 보여 준다. 즉 백성들이 달랠 수 있을 것이라고 생각했던(5:16-17) 융통성 있고 회유할 수 있는 하나님이 아니라, 온 땅에 자신의 명령을 집행하시는 하나님인 심판과 권능의 야웨를 그 백성들에게 보여 주고 있다.

아모스의 신탁들은 길이가 상당히 다양하다. 가장 긴 신탁(1:3-2:16)은 기록된 히브리어로 390개의 어휘를 가지고 있다. 가장 짧은 신탁(1:2)은 단지 12개의 어휘를 포함하고 있다. 신탁의 평균 길이는 약 110개의 어휘(8 혹은 9개의 절들)로 이루어진 길이이며, 반복들 혹은 특별한 쉼들을 제외하고는 낭송 혹은 노래하는데 2분이 채 걸리지 않는다. 예언서에 나타나는 전형적인 형태와 마찬가지로, 비록 몇몇 부분은 산문과 시가 섞여 있을지라도(예를 들어, 3:1-2; 5:1-17; 6:8-14; 9:11-15), 아모스 신탁들의 대부분은 시들이다.

비록 아모스서가 5개의 환상들을 포함하고 있을지라도(7:1-9; 8:1-3; 9:1-6), 이 환상들은 비환상적인 자료들과 비추어 볼 때 거의 현저하게 두드러지지 않으며, "환상"을 실제적으로 제외한 듣는 것을 강조하는 환상의 종류들이다. 따라서 아모스는 에스겔과 비교해서 말할 때 현저하게 두드러질 정도로 환상가는 아니라고 말하는 것이 합리적이다. 그러나 첫 번째 기록 선지자로서 아모스가 환상들에 가담하고 있다는 것(예를 들어, 호세아 혹은 미가와 비교해 볼 때)은 주목할 만한 일이다.

책의 구조

아모스서에는 구분될 수 있는 다섯 개의 주요 범주들이 있다. 양의 순서에 따라 다음과 같은 범주들이 있다. (1) 선지자 자신에 의해 이야기된 이야기들, (2) 환상들에 대한 1인칭 이야기들, (3) 아모스가 벧엘에서 경험한 적대에 대한 3인칭 이야기, (4) 옛 야웨주의적 찬양으로부터의 인용들, (5) 표제.

아모스서는 표제(1:1)로 시작해서 여러 가지 형태의 예언적 진술들을 말하고 있는 커다란 부분(1:2-6:14)으로 즉각적으로 이동한다. 이 커다란 부분에는 두 개의 찬양 조각이 삽입되어 있는데(4:13; 5:8), 이 두 개의 경우 모두 그 부분들이 삽입되어 있는 각각의 신탁들의 영향력을 강화시켜 주는 수단들로서 삽입되어 있다. 7장에서 환상 이야기들이 시작된다. 이들 중 처음 세 가지 환상 이야기들(1-3; 4-6; 7-9절)은 구조에 밀접하게 연결되어 있는 부분들로, 이 뒤에는 아모스에 대한 단일 3인칭 내러티브가 이어 나오고 있다. 그 환상들의 어법(특별히 세 번째 환상)은 벧엘의 제사장인 아마샤의 반응에 강하게 연결되어 있고, 부분적으로는 그의 반응을 야기했을 것이 분명하기 때문이다. 구조적으로 처음 세 개의 환상들과 유사한 네 번째 환상 이야기(8:1-3)는 파멸에 대한 아모스의 선포는 정말로 중지된 것이 아니라는 것을 그 놓인 위치를 통해 생생하게 보여 주고 있다.

그 이후로 이야기는 9:1-6에 이르기까지 다시 시작된다. 9:1-6은 이전이 네 개와 다른, 그리고 거의 그림 같은 묘사 위주가 아닌 형식으로 기술된 다섯 번째이자 마지막 환상 이야기를 담고 있다. 비록 기교적으로 일종의 환상이기는 할지라도, 기능상 이 마지막 이야기는 실제적으로 이야기의 다른 형식이다. 이 이야기는 다시금 신탁의 청중에게 주는 충격을 강화하기 위해 사용되고 있는 세 번째이자 마지막 찬양 부분(9:5-6)으로 결론을 맺는다. 이야기의 마지막 부분(9:7-15)으로 아모스서는 완결된다.

한 측면에서 볼 때, 아모스서의 구조는 상대적으로 단순한 것이다. 비록 장르상 분명하게 인식할 수는 있을지라도, 찬양 부분들은 기능적으로 독립적이지 않다. 그리고 표제는 겨우 가까스로 서론과 같은 모습을 가지고 있다. 이런 면들을 볼 때, 아모스서는 대체적으로 다음과 같이 세 개의 부분으로 그 윤곽을 그려 낼 수 있는 구조를 가지고 있다.

1. 신탁들의 첫 번째 그룹, 1:2-6:14
2. 내러티브와 관련된 환상들, 7:1-8:3

3. 신탁들의 마지막 그룹, 8:4-9:15

이런 매우 기본적인 구조는 아마도 아모스의 영감된 메시지를 잃어버리지 않도록 염려했던 동시대 사람들, 즉 아모스의 동료들이나 제자들이 사용하기에 용이한 구도였을 것이다. 혹은 아모스 자신이 자신의 신탁들을 보존하기 위해 이런 방식으로 조직화했을 수도 있다. 7:1-9; 8:1-3에 있는 네 개의 환상 이야기들과 7:10-17에 있는 아모스-아마샤가 만나는 내용 사이의 밀접한 연관성은 이 전체 부분(7:1-8:3)이 놓여 있는 위치, 즉 지금 현재 있는 대로의 위치에 대한 암시들을 가지고 있다. 아마샤가 여로보암 2세에게 전하는 그의 메시지에서 "그 모든 말(그의 모든 말)"(7:10)이라고 할 때, 비록 7:1-9에서 발견되는 세 가지 환상 이야기들이 아모스가 전하는 "모든" 메시지 중에서 가장 괴롭히는 내용들이었을지라도, 아마샤는 그 세 가지 환상 이야기들보다 더 많은 내용을 염두에 두고 있었을 가능성이 크다. 달리 말하면, 아마샤의 말은 7:10-17에 묘사된 사건들 이전에 아모스가 이스라엘에서 많은 말씀을 전했음을 말해 주고 있다. 또한 아모스의 강한 어조의 답변(7:14-17)과 8:1-3의 부가적인 심판의 환상에 비추어 볼 때, 아마샤의 경고는 아모스가 메시지를 전하지 못하도록 성공적으로 저지하지 못했음을 보여 주는 것 같다. 따라서 아모스가 야웨의 신탁을 전하는 것은 어느 정도 계속되었던 것 같다. 이런 면을 통해서 볼 때, 7:1-8:3의 적절한 위치는 주제적인 것이라기보다는 연대기적인 것이라고 추정될 수 있다. 이 자료는 아모스가 전하는 메시지의 시작을 구성하고 있지도 않고 끝을 구성하고 있지도 않다.

이런 추정 이외에 신탁의 대부분을 위한 어떤 엄격한 연대기적 순서나 주제적 순서를 추론해 보는 것은 불가능하다. 그러나 아모스서 끝에 있는 회복의 약속 신탁의 위치(9:11-15)는 아마도 주제적인 것일 것이다. 모세 언약의 순서를 따르고 있는 그런 신탁들의 앞을 내다보는 시야는 그 어떤 심판 신탁들의 시야보다 미래의 일에 대해서 더 멀다: 나라의 회복은 나라의 징벌에 이어서 오게 된다. 따라서 예언서들의 순서에 있어서 종종 심판 신탁들은 앞에 놓이고 회복의 약속 신탁들은 끝부분에 놓인다. 역사적인 발전에 대한 정통적인 견해는 그런 순서를 너무 적절한 것으로 만들어서 아주 보편적인 것이 되었다.

처음 6개의 장들에 있는 자료가 구조를 이루고 있는 것은 어떤 특별한 조직화 원리를 보여 주고 있지는 않다. 야웨의 권능을 보여 주는 간략한 신탁(1:2) 뒤에, 이방 나라들을 대항해서 선포되는 신탁(1:3-2:16)이 분명하게 증언되고 있다. 그러나 그 이방 나라들을 향해 던져지는 신탁은 또한 이스라엘(2:6-16)과 유다(2:4-5)를 치는 신탁이다. 이스라엘과 유다는 문맥에서 마치 그들이 대적 나라들이었던 것처럼 동일한 운명으로 취급되고 있다. 그러므로 이스라엘에 대한 신탁들과 반대되는 것으로서, 아모스서가 이방 나라들에 대한 신탁들로 시작하고 있는 것에 대해 어떤 특별한 중요성을 부여하려고 하는 것은 부적절하다.

3:1-2에 나오는 간략한 신탁("내가 너희만 알았나니… 보응하리라…")과 곧이어서 나오는 예언하는 것의 필요성에 대해 말하는 신탁(3:3-8)은 적어도 부분적으로는 일종의 전환으로서의 기능을 하고 있다. 그 전환은 이스라엘에 대해 실제적으로 그리고 전적으로 초점을 맞추기 위한 것이다. 이스라엘에 대한 심판에 전적으로 할애하고 있는 3-6장의 나머지 신탁들과 더불어 그런 기능을 하고 있다. 언약을 깨뜨리는 것에 대한 이런 각각의 신탁들이 말하고 있는 증거에 징벌의 예언이 부가되어 있다. 이런 신탁들의 몇 가지는 한 개의 명령법("들어라", "선포하라", "가라" 등등)과 두 개의 "화 있을진저"(5:18; 6:1)라는 어구로 시작한다.

7:1-8:3에 나오는 네 개의 환상들 이후에 3-6장에서 보이는 일반적 유형의 심판 신탁들이 9:10을 통해 계속되면서 다시 시작된다(9:1-6에 나오는 "환상"은 단지 최소한의 환상의 형태임). 그런 뒤에 9:11-15의 두 개의 회복 약속들은 모아진 자료를 완성하고 있다.

이스라엘/유다 종교의 역사에 대한 미미한 재구성이 있다. 그럼에도 불구하고, 아모스서 형성에 대한 유다의 영향을 확인해 주는 견고한 증거가 되는 토대는 없다. 주전 8세기 하반기 동안에 있었던 앗수르 군대의 침략으로 인해 부과된 이스라엘 정통주의에 주어진 위협에 대한 반작용으로 아모스의 신탁들이 모아져서 공포되었을 것이라고 보는 것은 매우 가능성이 높은 견해다. 다른 한편으로, 아마도 아모스서는 주전 722년에 있었던 사마리아 몰락 이후에 대부분 읽혀졌을 뿐만 아니라 그것은 유다에 보존되었을 것이다.

아모스서의 메시지

아모스와 언약

아모스의 문체에 대해 누군가가 그 무엇이라고 말하는 것을 원한다고 하더라도, 아모스의 메시지는 다음과 같은 두 가지 점에서 본질적으로 독창적인 것은 아니었

다: 아모스의 메시지는 아모스의 것이 아니라 하나님의 말씀이었으며, 이미 오래 전에 계시되었던 모세 언약과 밀접한 같은 모양을 하고 있었다. 언약적 관점은 매우 본질적으로 중요할 정도로 내용을 좌우하고 있다. 아모스가 지적하고 있는 범죄들은 시내산 언약이 범죄들로 정의하고 있는 죄목들이다(예를 들어, 가난한 자들을 압제하는 것, 유업에 대한 권리들을 부인하는 것, 안식일과 희년 준수를 이행하지 않는 것 등등). 더욱이 아모스가 이스라엘에 대해 예언하고 있는 징벌들은 모두가 오경에 확실하게 나타나 있는 저주 목록들과 일치한다(**전체 서론**을 보라). 회복 약속들 또한 레위기와 신명기에 있는 회복 약속들의 병행 진술들과 밀접하게 일치하고 있다(또한 호세아 **서론**을 보라). 따라서 하나님이 아모스에게 주신 메시지 가운데 특별한 어떤 것이 집중적인 관심을 받기는 할지라도, 아모스의 메시지는 다음과 같은 것으로 본질적으로 새로운 것이 아니었다는 점을 기억해야만 한다: 자신이 세운 언약의 주권적 실행자인 하나님은 그 언약을 범한 자들을 징벌하실 수도 있지만, 그들을 완전히 멸하지는 않으실 것이다. 결국에는 남은 자들이 어느 날 다시 하나님의 백성들이 될 것이고, 하나님의 뜻을 이행할 것이기 때문이다. 신명기 4:21-31과 같이 압축적인 오경의 본문에서 아모스의 메시지에 대한 특징적인 강조들은 이미 시작되었다. 그러므로 아모스는 일종의 혁신자로서가 아니라, 아모스 자신의 세대에 옛 진리를 다시 일깨워 주고/주거나 알려 주기 위해 하나님의 부름을 받은 사람으로서 역할을 하고 있다. 이스라엘은 언약 백성이었다(비록 아마도 암시적이기는 할지라도, 1:3-2:5에 나타나 있는 이스라엘의 이웃 나라들이 그랬던 것처럼). 이 언약 백성들의 하나님은 이스라엘이 하나님에게 묶여져 있는 언약에 따른 자신의 책임들을 이행하도록 예정되어 있었다.

아모스서에 내재된 역사

클라우스 코흐(Klaus Koch, *The Prophets*, vol. 1: *The Assyrian Period*, tr. M. Kohl[Philadelphia: Fortress Press, 1983])는 이스라엘의 선지자들을 "도덕적 미래주의자들", 즉 어떻게 도덕적인 행위가 이후에 세상에서 발생하는 일에 영향을 끼치는지 관심을 가지고 있는 사람들이라고 불렀다. 코흐는 또한 다음과 같이 말하면서 아모스가 선포한 대부분의 신탁을 거대 역사 범주에 놓았다: "단일…복합 과정으로서 모든 실체의 결속에 대한 이론이다. 그 단일…복합 과정 안에는 이스라엘과 야웨가 두 가지 본질적인 축을 형성하고 있다"(p. 73). 비록 아모스서에 전적으로 새롭지도 국한되지도 않을지라도, 이런 관찰들은 아모스서의 내용에 대한 유용한 조망들을 제공해 준다. 아모스를 통해 이스라엘과 우리에게 주어지는 하나님의 메시지는 역사 과정에 대한 도덕성의 관계를 특별히 강조하고 있다. 그리고 그 하나님의 메시지는 창조로부터 종말에 이르는 온전한 구원 역사, 그리고 특별히 이스라엘의 창조로부터 포로기 이후의 그 회복의 배경에 대한 특별한 사건들을 정말로 그려 주고 있다.

가까운 미래에 대해 아모스는 주로 파멸을 예언한다. 9:11-15을 제외하고 아모스서 전체, 즉 7:10-17의 자전적 이야기를 포함해서 16개의 독립된 신탁들은 이스라엘(그리고 1:3-2:5의 경우에는 유다와 다른 이방 나라들)이 전쟁에서의 패배, 재난, 사로잡힘, 유수(幽囚) 그리고 많은 인구가 죽음 등과 같은 복합적인 재앙으로 인해 징벌을 받게 될 것이라는 사실에 초점을 맞추고 있다. 불순종하는 백성들을 치는 언약적 저주들이 강화된 이후인 좀 더 먼 미래에 대해 야웨는 세상에 존귀한 자리로 자신의 백성들, 즉 **새** 이스라엘을 높이실 것이다(9:11-15). 비록 이사야서나 호세아서에서와 같이 주도적인 정도는 아닐지라도, 과거 또한 아모스서의 메시지에서 중요한 역할을 하고 있다. 최근의 과거(아마도 주전 900년에 이를 정도로 이른 시기로부터 그 이후로)는 1:3-2:3에서 정죄된 이스라엘의 국경 분쟁들과 그 분쟁들이 저지른 잔혹성이 자행되었던 시기였다. 이스라엘은 고통을 받았지만(2:13), 또한 그런 전쟁들 속에서 유익을 얻기도 했다(6:13). 과거에서 좀 더 멀리 놓여 있는 사건들은 약속의 땅에서 이스라엘이 점진적으로 부패해 가는 것에 대한 일반적인 역사(2:4-5; 2:11-12; 4:4; 5:5; 8:14)뿐만 아니라 출애굽, 광야 여정 그리고 정복(2:9-10; 5:25; 9:7) 등이 있다. 비록 아모스서에 있는 과거에 대한 내용들이 이스라엘에 대한 하나님의 주권을 보여 주고 있다 할지라도(2:10; 9:7), 그 내용들은 주로 하나님의 언약에 대한 불성실한 현재의 상태는 새로운 것이 아니라는 것을 보여 주는 역할을 하고 있다. 그러나 아모스는 과거 자체를 위해 과거를 언급하지는 않는다. 아모스가 전하려고 하는 초점은 다가오고 있는 것과 그에 대한 이유에 놓여 있다. 과거는 이런 이유의 한 부분이다.

아모스와 야웨의 주권

아모스는 야웨를 (북) 이스라엘뿐만 아니라 이 땅의 모든 나라들 위에, 모든 피조물 위에 그리고 특별히 아모스 자신을 포함해서 모든 개개인들 위에 있는 주권자로 묘사하고 있다. 이스라엘에게 전해지는 말에서 야웨는 "네 하나님"(4:12; 9:15)이라는 뜻의 엘로헤이카(אלהיך)로 두 번 불리고 있다. 그러나 야웨는 또한 모든 열방의 하나님이시다(1:3-2:3; 또한 아래의 "이방 나라들"을 보라). "만군의 여호와(만군의 야웨)"라는 뜻의 야웨 체바오트(יהוה צבאות)와 같이, 야웨는 하늘의 지존이시다. 물질 세계의 창조자이시며 보존자로서(특별히 4:13; 5:8; 그리고 9:5-6에 있는 찬양 부분을 참조하라), 야웨는 모든 지역 그리고 (암시적으로) 그 안에 있는 사람들을 통제하신다. 야웨의 음성은 식물을 마르게 한다(1:2). 야웨는 아마샤와 그의 가족(7:17), 그리고 아모스 자신과 같은 개인들을 주재하는 주권자이시다. 아모스의 소명은 예언하기 위한 것이었는데, 아모스의 경력으로 보았을 때, 그 소명은 기대하지 못했던 것(7:14-15)이었지만 불가항력적인 것(3:8)이었다. 야웨는 왕들을 폐위하실 수 있고(7:9), 심지어 자기 자신의 백성들조차도 파멸하실 수 있다(예를 들어, 8:1-3).

최소한으로 억제하려고 하는 최소주의자의 관점으로 본다 하더라도, 아모스서는 본질적인 유일신론을 반영하고 있다. 즉 다른 저급한 "신들"이 존재하던 존재하지 않던 간에 야웨는 지존하며 전능하신 하나님이시라는 견해다. 그러나 이외에 아모스서의 일관된 견해는 사실상 분명하게 유일신론적이다. 이것은 이스라엘과 아모스의 본국인 유다에서조차 아모스 당시에 널리 퍼져 있던 다신론적 신학들과 대조되는 견해다.

이방 나라들

아모스서에서 이방 나라들에 대한 내용은 1:3-2:16에 집중되어 있다. 1:3-2:16에는 유다를 포함해서 이스라엘의 이웃들이 언약을 범하는 것을 반복적인 셸로샤…아르바아(שלשה…ארבעה, "서너 가지")라는 조직적이고 통렬한 비난 어구를 통해 표현하고 있다. 이런 표현들은 모두 이스라엘의 죄악들에 대해 길게 비난하는 것으로, 이스라엘 자체가 사실상 야웨에게 이방 나라 중의 하나가 되었다는 것을 보여 주는 것이다. 아모스서 시작 부분에 있는 이스라엘에 대한 이런 거절(저주 유형 1; **전체 서론**을 참조하라)은 호세아서에 있는 시작 신탁들 중의 하나를 생각나게 해준다. 그 시작 신탁들의 주제는 이스라엘은 이제 더 이상 야웨의 백성이 아니며, 야웨는 더 이상 그들의 하나님이 아니라는 것이다. 이런 주제는 하나님의 언약이 결국 폐기되었다는 진술을 설정하는 동일한 기능을 하고 있다.

이방 나라들을 치는 신탁들이 가지고 있는 중요한 의미는 이스라엘의 하나님은 이스라엘 이외의 다른 나라들과도 언약적인 관계를 가지고 있음을 명백하게 암시해 주고 있다는 것이다: 야웨는 아람, 모압 등이 지은 죄들을 징벌하시는 분이다. **그 나라들의** "신들"은 이런 징벌에 있어서 아무런 역할도 감당하지 못한다. 더욱이 이 신탁들에 예견된 징벌들과 묘사된 죄악들은 시내산 언약 제재 규약 범주들을 매우 직접적으로 반영해 준다. 그러나 이방 왕들의 운명을 통제하는 야웨에 대해 읽는 것(1:8, 15; 2:5을 통해 보게 되는 "궁궐들[왕실 요새들]"[ארמנות – 아르메노트]을 말해 주는 내용들을 주의해서 보라)은 새로운 것이 아니다. 이미 이전 세기에 엘리사 선지자는 아람에 있는 하사엘이 벤하닷을 암살하고 왕위를 계승할 것을 선포했다(왕하 8:7-15). 그러나 이방 나라들 위에 야웨가 통솔하시는 것에 대한 강렬한 묘사(또한 3:9; 4:10; 6:14; 9:7을 참조하라)는 "기록" 선지자의 가장 이른 시기에 활동한 아모스에게서 주목할 만한 점이다.

지리학자 아모스

많은 수의 가축들을 거래하는 상인으로서 아모스는 이스라엘과 그 주변을 광범위하게 여행했을 것이다(P. C. Craigie, "Amos the *nōqēd* in the Light of Ugaritic", *SR* 11[1982] 29-33를 참조하라). 그러나 만약 그 신탁들이 어떤 의미를 가져야만 했다면, 아모스서에 언급된 장소들은 아모스의 청중들에게 일반적으로 알려진 곳이었을 것이라는 사실을 미루어 생각해야만 한다. 따라서 아모스의 말에 반영되어 있는 것은 특별한 지리학적 전문가의 말이 아니라 상식적인 내용이다. 그럼에도 불구하고 지리학적인 문제들과 그와 유사한 내용들에 대한 관심이 매우 강하다.

이방 나라들을 향한 복잡한 신탁은 사려 깊게 조직화되어 있어서 나침반이 가리키는 지점들이 극지방을 정점으로 이루어지는 순서로 전개되고 있다: 북서쪽에 있는 아람(1:3-5), 남서쪽에 있는 블레셋(1:6-8), 북서쪽에 있는 두로(1:9-10), 남동쪽에 있는 에돔(1:11-12) 그리고 마지막으로 중앙에 자리하고 있는 이스라엘 자체. 각각의 경우에 나라의 수도 혹은 주요 성읍들이 면밀하게 언급되고 있다. 그뿐 아니라 다메섹(다마스커스)의 상대적인 위치는 그 관련된 위치를 언급함으로써(1:5) 더욱 분명하게 정해지고 있다.

아모스가 사마리아에 잦은 관심을 기울이고 있다는 것은 잘 알려진 사실이다(3:9, 12; 4:1; 6:1; 8:14). 아모스는 벧엘에서 이루어지고 있는 언약적 불순종에 대해 염려하고 있기 때문이다(3:14; 4:4; 5:5-6; 7:10, 13). 또한 다른 이스라엘-유다 지역들도 두드러지게 묘사되고 있다: 갈멜(1:2; 9:3), 길갈(4:4), 브엘세바(5:5; 8:14), 로드발(6:13), 카르나임(6:13) 그리고 단(8:14). 숙곳의 요단 동편 성읍에 대한 강조는 특별히 두드러진다(9:11). 숙곳이 재건된다는 것은 다윗 제국의 위광(威光)과 세력이 회복되는 것을 상징적으로 나타낸다. 또한 아모스의 신탁들은 다음과 같은 비(非)이스라엘 지역들에 대한 내용들도 포함하고 있다: 다메섹(다마스커스; 5:27), 르보 하맛(6:14), 갈레, 하맛, 그리고 가드(6:2), 갑돌(9:7), 길(1:5; 9:7), 에돔(9:12), 그리고 물론 애굽(2:10; 3:1; 3:9; 4:10; 8:8; 9:5, 7). 이렇게 빈번하게 언급되는 지리학적 자료는 다음과 같은 두 가지 효과를 가지고 있다: 이런 구체적인 언급은 청자/독자에게 하나님이 인간 영역에 개입하는 것에 대한 구체적인 인상을 주며, 야웨가 모든 사람들과 장소들을 주관하시는 주권자라는 의미를 강화시켜 준다. 야웨의 통제와 그의 암시적인 언약은 모든 곳에 이른다.

아모스와 경제학

가난한 사람들의 곤경과 부유한 자들의 타락상에 대한 야웨의 염려가 아모스서에 널리 퍼져 있다. 경제적인 힘을 가지고 있는 자들에 의해 경제적으로 취약한 사람들이 학대와 능욕을 받는 상황이 처음부터 비난받고 있다. 즉 1:3-2:16(특별히 1:6, 9)에서 언급되고 있는 국경 분쟁에 이은 노예 매매와 관련해서 그리고 이스라엘 자체 안에서 이루어지는 압제에 대한 처음 부분의 묘사(2:6-8)에서 매우 강하게 비난받고 있다. 비록 경제적 차별의 관행들이 나라 전역에 걸쳐서 일반적으로 존재했을지라도(5:12; 8:4-6), 사마리아는 그런 경제적 차별이 일어나는 중심지였음이 분명하다(3:9, 10; 4:1). 태만하고 부유한 자들의 삶은 실제적으로 다른 사람들의 것을 약탈하는 데 의존하고 있다. 그러나 이런 사실은 부유한 자들의 삶이 비난을 받고 있는 여러 곳에서 분명하게 언급되고 있지는 않다.

예수가 가르치신 대로(마 6:24; 참조. 딤전 6:10), 물질주의의 위험은 다른 사람들에게 공정하지 않다는 것에 있을 뿐만 아니라 어떤 개인을 타락시키는 사악한 자기 중심주의에도 있다. 압제 자체에 대한 언급은 없을지라도, 물질주의는 태만한 부자들을 향한 신탁들(3:15; 6:1-6; 6:8)을 치는 몇몇 신탁들에서 묘사된 바로 그런 사악함이다. 아모스는 야웨를 착취와 "눈에 띄게 보이는 소비주의"에 의해 공격을 당하고 계시는 것으로 묘사하고 있다.

사법적인 부패

아모스 시대의 이스라엘에서는 아마도 공동체의 장로들로 구성된 배심원들이 대부분의 시민 범죄 법정 소송 사건들에 대한 판결을 내렸을 것이다. 그들이 내린 많은 결정들은 그 당시에 일반적으로 널리 퍼져 있었을 것이 분명한 다음과 같은 태도를 반영하고 있었다. 즉 유산으로 물려받은 땅의 손실을 막는 모세 언약의 보호 규약들을 케케묵은 고전적인 것으로 그리고 필요 없이 제한적인 것으로 여기는 태도를 분명히 반영하고 있었던 것이다. 그 배심원들은 과도히 부채를 지고 있는 농부들이 돈을 빌려 준 자에게 되갚기 위해 자신들의 가산이 압류당하는 사안(2:6, 8; 3:10[?]; 5:12)들을 거리낌 없이 자연스럽게 주재했다. 그리고 그들은 시장에서 이루어지는 부정직함(5:11; 8:5-6)에도 주의를 기울이지 않았다. 그 어떤 선지자도 이스라엘의 공의 체계에 대해 아모스가 보여 주었던 정도로 면밀하게 살펴보는 일을 감당하도록 영감을 받지 못했다. 법정 혹은 공의 과정은 2:7, 8; 5:10, 12, 15에 분명하게 묘사되어 있고, 나라의 부정의에 대한 일반적인 상태는 3:10; 5:7-24; 그리고 6:12에 묘사되어 있다. 부분적으로 그리고 전체적으로 이스라엘은 "옳은"(체다크[צדק], 체다카[צדקה]) 것이 없는, 그래서 "정의"(미쉬파트[משפט])라는 것이 없는 것에 대한 죄를 짓고 있었다. 나라 전역에 걸쳐 성읍 문들에서 이루어지는 법정의 진행 과정은 약탈자들을 대항해서 빈궁한 사람들을 옹호해 주었어야만 했다. 그러나 그렇게 하는 대신에 그 법정의 진행 과정은 빈궁한 자들에게 마땅히 필요한 공의를 "외면하며"(סר – 싸르) 그들을 넘겨주었다(2:7). "궁핍한 자들"(אביונים – 에브요님, 2:6; 4:1; 5:12; 8:4, 6), "가난한 자들"(דלים – 달림, 2:7; 4:1; 5:11; 8:6), 그리고 "겸손한 자들(억압받는 자들)"(ענוים – 아나빔, 2:7; 8:4)은 아모스서에서는 또한 의로운 자들(צדיקים – 차디킴, 2:6; 5:12)이다. 그러나 그들의 무죄함은 이스라엘의 법적인 관행들에 의해 보호받지 못했다. 백성들이 자신들의 어려움을 해결하기 위한 도움을 찾고 있었던 바로 그 시점에 이루어진 언약에 대한 이런 구조적이고 전반적인 위반은 이스라엘이 언약의 징벌을 받아 마땅한 명백한 증거의 요소들이 되었던 것이다. 따라서 부정의를 말하고 있는 본문들은 모두 파멸과 포로로 잡혀가는 추방의 예언들과 연결되고 있다. 공정하고 사욕이 없는 법률 제도를 유지하기 위한 고상한 품위를 더 이상 가지고 있지 않은 나라는 파멸 받아 마땅한 나라다.

우상 숭배와 비도덕성

하나님을 위해 아모스는 이스라엘의 우상 숭배를 비난했다. 우상 숭배는 예배를 속이는 수단이기 때문만은 아니다. 우상 숭배는 또한 언약 종교와는 대조적으로 어떤 인격적인 윤리도 요구하지 않는, 따라서 그 숭배자들로 하여금 자신들의 유익을 위해 다른 사람들을 약탈하도록 하는 삶의 체계였기 때문이다. 우상 숭배는 이스라엘에 만연해 있는 상황이었다. 아모스서 전체에 걸쳐 그 우상 숭배에 대한 공격이 널리 산재해 있는 묘사들을 통해 반영되고 있는 상황이었다. 이스라엘의 우상 숭배(2:8, "저희 신"이라는 뜻의 엘로헤헴[אלהיהם]이라는 어휘를 주목하라)와 마찬가지로, 유다의 우상 숭배는 그 배교의 중심이 되는 요소(2:4)다. 또한 2:12에 반영되어 있는 정통적인 관행들에 대한 반대는 다른 제도를 받아들인 것을 반영해 주는 것일 수 있다. 다른 제도를 받아들이는 것이 어떤 경우들에는 전적으로 혹은 현저하게 본질적으로 야웨주의적인 것이었을 수 있다. 그러나 그런 수용은 모세 언약에 분명하게 상치되는 것으로 진행되었기 때문에(신 12:1-19), 우상 숭배적인 즉 경쟁적인 대적의 종교가 되고 말았다. 결과적으로 벧엘 그리고/혹은 길갈과 브엘세바와 같은 다른 언약적으로 불법인 예전적 장소들은 단호하게 비난받고 있다(3:14; 4:4-5; 5:4-5; 참조. 7:10-13).

5:26과 8:14에 우상 숭배에 대한 분명한 언급이 있다. 고대 세계의 실제적인 보편적 생각, 즉 신들과 여신들의 조상(彫像)들이 그들의 본질과 도움을 나타내는 것으로 보는 것이 이스라엘에서도 더욱더 기꺼이 받아들여지게 되었다. 비록 야웨 종교가 북 왕국에서 모두 말살된 때인 아합 시대(주전 874-853년)의 지나친 행위들(왕상 18, 19장)은 여로보암 통치기에는 반복되지 않았을지라도, 열왕기하 14:24에서 증언되는 바와 같이 우상 숭배에 대한 아모스와 호세아의 증언은 이스라엘 종교의 불의함을 확증적으로 말해 준다. 아모스는 금송아지 우상들이 숭배되었던 장소들인 벧엘(예를 들어, 4:4)과 단(8:14)을 언급하고 있다. 사마리아 또한 자체의 우상을 가지고 있었던 것으로 보인다(8:14). 그러나 그 우상이 야웨와 관련된 것인지 그렇지 않은지는 쉽게 결정될 수 없다.

아모스의 신탁들은 백성들의 삶 속에 있는 정례적이고 정성을 다하는 수많은 예배가 있었음을 반영해 준다(5:21-28; 8:3). 그러나 정통적이고 언약적인 종교가 부재(不在)하고, 우상 숭배적이고 개인적/사회적인 비도덕성이 상존하는 이 종교는 하나님이 미워하시는 것이었다(5:21). 예를 들어, 호세아가 했던 것(호 4:4-9; 5:1-3)과 같이, 아모스는 제사장들 혹은 선지자들을 한 계층으로 묶어서 공격하지는 않는다. 선지자들은 긍정적으로 언급되고 있다(2:12; 3:8). 이것은 아마도 오직 야웨의 참된 선지자들만이 합법적으로 예언할 수 있는 것이라는 견해를 따르는 것일 것이다.

북과 남의 통일체

주전 931년에 솔로몬이 죽었을 때 유다에서 이스라엘이 찢겨져 나가는 영구적인 정치적 나누임에도 불구하고, 구약 전체를 통해 볼 때 하나님의 백성들은 하나의 본질적인 통일체로 여겨진다. 아모스는 통일체에 대한 이런 생각을 다음과 같은 두 가지 방법으로 반영해 주고 있다. 첫째, 어떤 신탁들은 이스라엘과 유다를 밀접하게 연결하고 있거나(예를 들어, 6:1, "시온에서 안일한 자와 사마리아 산에서 마음이 든든한 자"), 아니면 "이스라엘 족속"(בית ישראל – 베트 이스라엘, 5:25), "야곱"(6:8), "온 족속"(3:1), "이스라엘을 애굽 땅에서"(9:7) 등과 같이 말한다. 비록 실제적인 청중들은 북 왕국 사람들이었을지라도, 나라 전체가 고려되고 있다는 것에 의심의 여지가 없는 문맥에서 그렇게 이야기되고 있다. 둘째, 9:11-15의 회복의 약속은 약속의 땅을 정복하여 누리는 원래의 온전한 유익과 더불어 새로운 다윗의 통치 아래 재통일되는 것에 대한 일반적인 예언적 기대(참조. 사 11:10-16; 렘 33:7-24; 겔 37:15-28 등등)를 반영해 주고 있다. 따라서 아모스는 독특한 필체를 사용하지 않고 이스라엘과 유다를 하나님의 언약 아래 있는 그들의 동일성으로 인해 같은 일반적인 미래를 기다리고 있는 것으로 묘사하고 있다. 아모스의 "원래" 신탁으로부터 가경적 유대 모음집을 구분해 내려고 하는 후대의 시도들은 이런저런 방법으로 이런 실체에 대해 항상 말썽을 일으켜 왔다(아래를 보라).

유수(幽囚)

아모스는 종국적으로 이스라엘을 정복하고 많은 이스라엘 백성들을 추방한 앗수르를 결코 언급하지 않는다. 아모스가 예언 활동을 하는 시기(주전 약 760년경)에는 앗수르에 대한 언급이 있었을 것으로 기대되어야만 한다. 그러나 앗수르는 잠재적인 세력이었다. 국경 분쟁과 내분으로 시달리고 있었기 때문에(요나서에 대한 주석을 참조하라) 이스라엘에 거의 위협이 되지는 못했다. 그렇다면 어떻게 아모스의 청중들은 유수에 대한 아모스의 말씀들을 이해할 수 있었겠는가?

그 대답은 이렇다. 사실상 아모스의 청중들은 그런 일을 이해하는 데 도움이 되는 많은 전례들을 가지고 있었다. 전례들은 삼중적이다. (1) "문학적" 전례, 즉 언약의 문학적인 전례는 언약이 불순종의 결과로서 주어지는 유수의 위험에 대해 가르쳐 주었던 것(예를 들어, 레 26:33; 신 28:64-68; 참조. 출 20:12)을 여전히 알고 있었고 그리고/혹은 존중하고 있었던 사람들이 분명하게 이해하는 데 충분한 도움이 되었을 것이다. (2) 유수에 대한 이야기를 전해들은 이스라엘 백성들은 정복을 당한 백성들을 추방하고 다시 정착하게 하는 일이 앗수르와 우라르투(Urartu) 왕국에 의해 적어도 아모스 당대보다 1세기 이전에 이루어졌던 것을 잘 알고 있었을 것이다. 정말로 고에체(A. Goetze)가 지적하는 대로(*Kleinasien: Kulturgeschichte des Alten Orients* 2nd ed.[Munich: C. H. Beck, 1957] 196-97), 우라르투는 여러 정복들 중의 한 정복 사건 이후에 5만 명의 포로를 강제로 이송했다. 주전 800년에 아다드-니라리 3세(Adad-Nirari III)가 벤하닷(Ben-Hadad)을 복속시킨 후에 앗수르는 또한 다메섹(다마스커스)에서 포로들을 잡아갔을 것이라는 사실을 믿을 만한 이유가 있다(참조. 왕하 13:5). (3) 이스라엘 주변에 있는 나라들 가운데 그리고 이런 나라들과 이스라엘 자체 사이에 있었던 주전 9세기와 8세기의 국경에서 일어난 전쟁들에서 **전체**(*en masse*) 포로들은 다른 장소로 노예로 다시 팔려짐을 당해야만 했다(1:6; 1:9). 이런 국외 추방들은 정치적인 압제의 목적보다는 경제적인 이득을 위해 이루어진 것이 분명하다. 그럼에도 불구하고 아모스는 이들 각각의 경우에 대해 "포로(유수)"라는 의미의 갈루트(גלות)라는 용어를 쓰고 있다.

마지막으로 이방 땅에서 포로가 된다는 개념에 대해서는 다음과 같이 말할 수 있을 것이다. 즉 이스라엘 백성들이 기억하는 전 국가적인 역사적 사건에서 그 어떤 것도 기적적인 구원이 필요했던 애굽에 잠시 머물렀던 것보다 강하게 각인된 것은 없다. 이스라엘 백성들은 자신들 스스로를 노예 생활에서 구속 받고 원래 자신들의 것이 아니었던 땅이 자신들에게 주어진 그런 백성으로 알고 있었다. 바로 그런 땅에서 제거되어 다시 한 번 실제적으로 노예 상태가 될 것을 말하는 예언(참조. 신 28:68)은 비록 전적으로 이해할 만한 것이기는 했을지라도 듣기 싫은 메시지였음에 틀림없다.

아모스서에 대한 이전의 연구

현대의 비평적인 성서학적 연구가 지난 세기 매우 이른 시기에 광범위하게 이루어지기까지, 아모스서는 대체로 아모스 자신이 친히 모은 신학적으로 통일된 작품으로 인식되어 왔다. 비록 몇몇 학자들은 7:10-17의 자전적인 내용을 아모스가 3인칭의 관점으로 자신에 대해 쓴 것이라고 생각하면서 이 부분을 아모스가 쓴 것으로 보았을지라도, 매우 빈번하게 아모스서의 이 부분은 어떤 제자가 쓴 글로 간주되곤 했었다.

그러나 그 이후로 아모스서의 모든 부분은 정말로 아모스에 의해 씌어진 것이라고 보지는 않는다.

문학비평을 하고 있는 많은 학자들 중 일부분이 가지고 있는 가정은 성경이 한 가지 소리를 내지도 않으며 일관성을 보이고 있지도 않다는 것이다. 이런 가정은 예언적 신탁 모음집을 분석하는 데 있어서 세세히 나누어 분석하는 원자론적인 경향성을 낳았다. 결과적으로 아모스서의 경우에도 다음과 같은 시도를 한 일련의 역사를 보게 된다. (1) 가장 작은 단위로 분명하게 구분되는 단위들, 즉 아모스서를 분명하게 구분되는 많은 부분을 모아놓은 묶음으로 보는 것이다. 편집적으로 좀 더 긴 신탁으로 묶였으나 원래적으로는 관련이 없는 부분들이다. 이 신탁들의 통일성은 단지 표면적인 차원에서 보이는 것일 뿐이라고 본다. (2) 역사적으로 그리고/혹은 신학적으로 발전된 다양한 층을 구분하는 시도가 있었다. 이를 통해 아모스서는 원래의 핵심 자료에서부터 수 세기를 거쳐서 발전된 산물이라는 평가를 받고 있다.

1960년대와 1970년대에 구약 학자들은 점차적으로 세분화하는 작업으로부터 예언적 작품의 좀 더 커다란 단위, 때때로 여러 장을 함께 고려하는 것으로 그 관심이 점차적으로 이동하고 있다. 이런 경향은 1960년대에 수사비평과 소위 말하는 정경비평이 나옴으로써 더욱더 그 영향이 확대되었다. 수사비평은 문학적인 통전성에 그 강조점을 두고, 정경비평은 가정된 복합적 단계들보다는 최종적으로 완성된 성경의 단위를 더 중요성하게 강조하고 있다(B. Childs, *Introduction to the Old Testament as Scripture*[Philadelphia: Fortress Press, 1979]를 보라). 그러나 또한 이런 경향은 부분적으로는 신학적으로 거의 유익한 결과를 내지 못했던 세세히 나누는 원자론적인 작업에 대한 단순한 반작용의 결과로서 일어났다. 그럼에도 불구하고 아모스서는 계속적으로 원자론적 분석의 대상이 되었다. 만약 아모스서의 어떤 부분이 주어진 어떤 시대에 특별한 관심을 보이고 있는 것이라면, 그 부분은 그 시대에 만들어졌을 것이다.

예를 들어, 루돌프는 아모스서 구조에 대한 자신의 서론 부분의 적어도 10%에 해당하는 부분을 표제에 대한 다음과 같은 논의에 할애하고 있다(Rudolph, *Joel, Amos, Obadia, Jonah*. KAT 13/2[Gütersloh: G. Mohn, 1971]). 즉 어떻게 표제(1:1)가 아모스 그룹에서 나온 초기의 핵심적인 내용("…지진…아모스의…말씀")을 가지고서 구성되었는지 논의했다. 그 표제는 다른 세기에 살았던 유대 독자들을 위해 연대기를 맞추기 위한 일환으로 1절의 나머지 부분이 유대 자료의 내용을 후대에 보충하고 있는 것이라고 보았다. 혹은 예를 들어 메이스는 "자료의 대부분은 아모스가 쓴 것이 분명하다"고 말한다(J. L. Mays, *Amos*, OTL[Philadelphia: Westminster, 1969]). 그럼에도 불구하고 메이스는 1:1-2; 3:7; 4:13; 5:8-9; 8:8; 9:5-6의 부분 혹은 모두를 포로기의 것이라고 보는 것과 마찬가지로, 두로(1:9-10), 에돔(1:11-12) 그리고 유다(2:4-5)를 향한 신탁들도 포로기에서 온 2차적인 것으로 보는 학자적 전통을 견고하게 따르고 있다.

쿠트(Coote, *Amos Among the Prophets*[Philadelphia, Fortress, 1981])가 논지를 확장하여 따르고 있는 아모스서에 대한 볼프의 주석은 아모스의 진정한 담론을 찾기 위해 간단하며 완곡한 논거를 사용하고 있다(H. W. Wolff, *Joel, Amos*, Hermeneia [Philadelphia: Fortress, 1977]). 볼프는 아모스서가 다음과 같이 구성되어 있다고 본다.

(1) 주전 8세기의 제자들 그룹에서 첨가된 부분들, (2) 유다의 요시야 통치기인 주전 7세기 후반기에 만들어진 첨가된 부분들, (3) 그 이후의 어떤 시기에 이루어진 신명기적인 편집 부분들(W. H. Schmidt, *ZAW* 77[1965] 163-93를 참조하라) 그리고 (4) 포로기 이후의 희망을 말하는 첨가 부분들(9:11-15).

아모스서에 대한 양식비평적 연구들은, 아모스서의 해석에 대해 그 대부분이 유용했음이 입증되고 있다. 궁켈(Gunkel)의 제자들인 그레스만(H. Gressmann, *Amos*, SAT[Göttingen: Vandenhoeck & Ruprecht, 1910])과 발라(E. Balla, *Die Droh-und Scheltworte des Amos*[Leipzig: A. Edelmann, 1926])는 그들의 스승의 견해를 발전시켰다. 그들의 스승은 위협들(*threats*)과 꾸지람들(*rebukes*)이 아모스서의 기본적인 예언적 신탁 유형들이라고 보았다. "위협들"은 이제 언약적 저주의 성취 선언으로 이해될 수 있을 것이고, "꾸지람들"은 언약이 정말로 위반되었다는 것을 드러내는 증거를 제시하는 것으로 이해될 수 있다.

모빙켈(Mowinckel)을 따르는 "신화와 예전적" 접근법을 옹호하는 자들에 의한 아모스서 분석(예를 들어, H. H. Rowley, "Was Amos a Nabi?" in *FS O. Eissfeldt* [Halle: Niemeyer, Studien, *ZAW* 62[1950] 10-52])은 매우 유용하지는 못했음이 입증되고 있다. 이 학파는 아모스를 예전적인 선지자로 본다. 이런 견해에 대한 증거는 많지 않다. 마찬가지로, 아모스를 이스라엘의 지혜 그룹에 있는 한 일원으로 보려고 하는 것(S. Terrien, "Amos and Wisdom", *Israel's Prophetic Heritage*[New York: Harper, 1962] 108-15; 그리고 Wolff, *Amos*, Hermeneia, 1977)도 지극히 미미하다.

아모스에 대한 최근의 연구들 중에 메이스(J. L. Mays)의 주석과 왓츠의 소논문들(J. D. W. Watts, *Vision and Prophecy in Amos*[Grand Rapids: Eerdmans, 1958])은 신중하고 실험적인 접근법으로 인해 특별히 주목할 만한 작업들이다. 그들의 접근법은 새로운 것을 만들어 내어 이론화하는 것을 일반적으로 피하면서, 아모스서 속에 있는 그리고 아모스서에 대한 자료를 탐구하고 있다.

표제와 시대(1:1)

참고문헌

Bič, M. "Der Prophet Amos—ein Haepatoskopos." *VT* 1(1951) 293-96. **Budde, K.** "Die Überschrift des Buches Amos und des Propheten Heimat." In *Semitic Studies in Memory of Rev. Dr. Alexander Kohut*, ed. G. A. Kohut. Berlin, 1897. 106-110. **Craigie, P. C.** "Amos the *nōqēd* in the Light of Ugaritic." *SR* 11(1982) 29-33. **Furs, H. F.** "Amos 1:1: Erwägungen zur Tradition und Redaktion des Amosbuches." FS *G. J. Botterweck*. Ed. H. J. Fabry. Köln/Bonn: Hanstein, 1977. 271-89. **Gilead, C.** "Amos—From the Herdsmen in Tekoa." *BMik* 18(1972) 375-81.[Heb.] **Isbell, C. D.** "A Note on Amos 1:1." *JNES* 36(1977) 213-14. **Murtonen, A. E.** "The Prophet Amos—a Hepatoscoper?" *VT* 2(1952) 170-71. **Peiser, F. E.** "*Šenatayim lipne hara'aš:* Eine philologische Studie." *ZAW* 36(1916) 218-24. **Segert, S.** "Zur Bedeutung des Wortes *nōqēd*." VT Sup 16. Leiden: E. J. Brill, 1967. 279-83. **Soggin, J. A.** "Das Erdbeben von Amos 1:1 und die Chronologie der Könige Ussia and Jotham von Juda." *ZAW* 82(1970) 117-21. **Stoebe, H. J.** "Der Prophet Amos und sein bürgerlicher Beruf." *WuD* n.f. 5(1957) 160-81. **Waitz, Y.** "Amos: Sheep Breeder, Cattle Breeder, and Sycamore Fig Slitter." *BMik* 13(1968) 141-44.[Heb.] **Wright, J.** "Did Amos Inspect Livers?" *AusBR* 23(1975) 3-11. **Yadin, Y.**, et al. *Hazor II: An Account of the Second Season of Excavations, 1956*. Jerusalem: Magnes Press, 1960.

본 문

1 유다 왕 웃시야의 시대 곧 이스라엘 왕 요아스의 아들 여로보암의 시대의 지진 전 이 년에 드고아 목자 중 아모스가 이스라엘에 대하여 묵시 받은 말씀이라

1 The words of Amos, one of[a] the sheep breeders[b] of[c] Tekoa, which he saw concerning Israel[d] in the time of Uzziah king of Judah, and Jeroboam, son of Joash king of Israel, two years before the earthquake.

원문주해

1.a. G(οἵ ἐγένεντο – 호이 에게넨토)는 복수 동사절인 "…에 일어났던"이라는 뜻의 아셰르 하이오(אשר היו)를 반영하는 것일 수 있다. 이것은 마치 아모스가 드고아에서 처음

말씀을 전파한 것처럼, 드고아에 있는 양을 치는 목자들 가운데 **말씀**이 임했다는 의미를 가지고 있는 것이다. 그러나 Vg와 Tg는 MT의 "…에 있었던 사람"이라는 의미의 아셰르 하야(אשר היה)를 따르고 있다.

1.b. G는 나크카림(*νακκαρὶμ*)이라는 어휘를 가지고 있다(G[A]: *'Ακκαρεὶμ* – 아크카레임). 이것은 "목자들"이라는 뜻의 노케딤(נקדים)의 달렛(ד)을 레쉬(ר)로 잘못 이해해서 그 어휘를 어떤 장소 혹은 어떤 형식적인 이름으로 받아들인 것이다. 다양한 수정안들을 놓고 판단해 볼 때(*θ΄*: 노께딤[*nocedim*]; Lucian and the Catena: 카리아디아레임[*Καριαθιαρειμ*], "Kirjath-jearim"), 노케드(נקד)라는 어휘는 일부 고대 번역자들에게는 알려져 있지 않았음이 분명하다. 이외의 다른 경우인 *ά*, *σ́*, Vg, Tg는 모두 MT를 반영하고 있다. 노케드(נקד)는 "간 분별자"(동물의 간을 살펴서 앞일을 예측하는 사람)를 의미한다고 주장한 빅(Bič)의 견해는 설득력 있는 것이라기보다는 흥미롭고 재미있는 주장이다(Bič, *VT* 1[1951] 293-96).

1.c. 여러 가지 G 사본들은 "드고아에 있는"이라는 뜻의 엔 데코우에(*ἐν θεκουε*)로 읽는다. 이것은 비테코아(בתקוע)를 사용하는 히브리어 원문을 반영하고 있는 것일 수 있다. 또한 비록 이것은 일종의 내부적인 헬라어 원문 훼손일 수 있고(에크[*ἐκ*]를 위해 쓰인 엔[*ἐν*]) 변칙적인 것일 수 있을지라도, MT에 대한 받아들일 수 있는 구문적 번역이다.

1.d. 놀랍게도 G는 이스라엘(*Ισραὴλ*, "이스라엘") 대신에 이에루살렘(*Ιερουσαλὴεμ*, "예루살렘")이라는 어휘를 가지고 있다. 이런 변화는 순전히 우연적인 것일 수 있는가? 아니면 사 1:1의 형식에 대한 그 어떤 것에 토대를 둔 것일 수 있는가? 이런 혼돈은 유사한 축약들로부터 기인된 것이라는 하퍼의 견해(W. R. Harper, *Amos and Hosea*, ICC 2[Edinburgh: T. & T. Clark, 1905])는 증명되고 있지 않다.

양식/구조/배경

아모스서에 대한 이 편집적인 표제는 여러 가지 예언서들의 표제들의 형식(참조. 사 1:1; 호 1:1; 미 1:1; 습 1:1 그리고 특별히 렘 1:1-3)과 그리 현저하게 다르지 않은 양식을 가지고 있다. 여러 가지 예언서들의 표제는 선지자의 계열과 그와 동시대의 왕(들)을 유사하게 열거하고 있다. 아모스서의 경우에 서론적인 어구(דברי עמוס – 디브레 아모쓰)는 두 가지의 관계절에 의해서 변경된다. 하나는 아모스의 직업과 고향 지역을 말하는 것이고, 다른 하나는 말씀의 대상인 이스라엘을 밝혀 주고 있다. 이 표제는 또한 연대기를 나타내 주는 두 가지의 어구를 포함하고 있다. 하나는 아모스가 말씀을 선포했던 기간 동안에 통치했던 두 명의 왕들(웃시야와 여로보암 2세)을 말해 주고, 다른 하나는 아모스가 선포했던 혹은 선포하기 시작한 연도를 "지진 전 이 년에"라고 알려 주고 있다.

학개와 스가랴 서두에 있는 매우 구체적인 연대기는 제외하더라도, 아모스의 예언적 활동을 어떤 단일한 년도에 이렇게 고정해서 표현하고 있는 것은 그 병행되는 예를 거의 찾아 볼 수가 없다. 웃시야의 통치기(주전 791-740년; 섭정 기간으로서 주전 767년까지)와 여로보암 2세의 통치기(주전 793-753년)에 대한 연대는 매우 잘 알려져 있다. 지진을 말하고 있는 시기는 또 다른 문제다. 이스라엘 역사에서 일어났던 재난으로서는 유명할지라도(참조. 슥 14:5), 그 지진이 언제 일어났는지는 확실하게 알 수가 없다. 야딘(Yadin, *Hazor II*, 24-37)은 하솔과 다른 지역에서 파괴된 정도를 토대로 해서 그 지진은 주전 약 760년경에 일어났다고 한다. 그러나 그 연대 역시 어떤 측면에서 보면 10년 혹은 2년의 오류를 가지고 있다. 이 표제는 아모스가 자신의 사역을 마쳤을 때 여로보암 2세가 여전히 살아 있었다는 것을 나타내 주는 것으로 볼 수 없다. 호세아 1:1에서 북 왕국의 왕들보다는 남 왕국의 왕들에게 주어지고 있는 관심이 보여 주듯이, 이 표제들이 기록되고 있는 대상인 남 왕국의 청중들은 여로보암 2세의 죽음 이후에 벌어진 북 왕국의 왕조에서 일어난 혼돈스러운 변환들을 알지 못했다. 그런 혼돈스러운 변환들은 편집자(선지자, 제자 혹은 후대의 편집자)가 여로보암 2세 이외의 북 왕국의 왕들을 열거하는 데 곤혹감을 느끼게 하기에 충분했을 것이다. 따라서 스가랴, 살룸, 므나헴, 브가히야 그리고 열거될 법한 베가 등은 모두 웃시야(즉 주전 753년과 740년 사이)와 동시대 왕들이었지만 생략되었고, 유다 왕 웃시야가 이스라엘 왕 여로보암보다 앞에 열거되고 있다. 왕들의 열거가 유다 백성들의 관점에 따라 왜곡되고 선택적인 것이기 때문에, 아모스가 호세아보다 앞선 선지자라는 일반적인 가정이 옳은지 그렇지 않은지는 알 길이 없다. 그러나 아모스의 신탁들은 호세아의 **후기** 신탁들보다는 앞선 것이 분명하다. 호세아의 사역의 연대기는 주전 740년경에 있었던 웃시야의 죽음 훨씬 이후이기 때문이다.

비록 아모스의 예언적 활동을 위한 가장 늦은 자료가 주전 740년경의 것이라 할지라도, 가장 이른 시기라고 합리적으로 여겨지는 연대는 아마도 주전 767년보다 앞서지는 않을 것이다. 이 때는 아마샤(Amaziah) 왕이 죽었고 웃시야가 섭정이 아닌 단독으로 통치하는 왕이 되었던 시기다. 이 결론은 궁극적으로 지지될 수 없는 침묵으로부터의 논증에 의존하고 있다: 만약 더 나이가 든 왕들이 여전히 생존해 있는 동안 아모스의 사역이 시작되었다면, 편집자는 1:1에서 아마샤를 언급했을 수도 있다. 그리고 만약 지진이 주전 767년보다 더 이른 시기에 발생했다면, 스가랴 14:5은 지진과 관련해서 단순히 웃시야보다는 아마샤를 언급했을 것이다. 따라서 표제는 아마도 아모스의 선포를 주전 767년보다는 더 이르지 않은 시기로 정하는 데 충분한 증거가 될 것이다. 가장 늦은 시기는 주전 742년일 것이다. 지진이 일어난 가장 늦은 시기는 주전 740년 즉, 웃시야 통치의 끝이 될 것이고, 아모스의 말씀은 2년 전에 선포되었기 때문이다.

주석

"말씀(들)"(דברי – 디브레)은 여기서 특수한 전문적 용어로 쓰였다. 이것은 아모스의 말씀들, 즉 신탁들(참조. 욥 31:40; 전 1:1; 느 1:1)을 말해 준다. 따라서 개인적인 말들을 강조하는 것이라기보다는 이스라엘을 위한 예언적 메시지의 단위를 만들어 주는 것을 강조하는 것이다. 대부분의 다른 예언적 모음집들은 "말씀"(דבר – 데바르; 예를 들어, 호 1:1; 욜 1:1; 미 1:1) 혹은 "계시(이상, 묵시)"(חזון – 하존; 예를 들어, 사 1:1; 옵 1:1) 혹은 "경고"(משא – 마사; 예를 들어, 나 1:1; 합 1:1)와 같은 단수 형태들로 시작하고 있다. 그렇다 하더라도 이곳과 예레미야 1:1에서 쓰이고 있는 복수는 이 아모스서의 내용들을 다른 예언서들과 차별화하고 있는 것으로 보일 수는 없다. 오히려 이 복수형은, 다른 형식들 또한 포함하고 있는 예언서들의 표제들이 아마도 서로 간에 독립적으로 만들어져서 붙여진 것을 나타내고 있는 증거일 것이다. 우리가 기대하며 생각하고 있는 대로, 이런 표제들이 공통적으로 가지고 있는 기능은 그 표제들이 이끌고 있는 책의 내용들을 간략하게 말해 주는 것이다. 그 표제들은 결코 모두가 아주 똑같은 것이 아니라는 사실은 다른 저자들, 편집자들 혹은 수집가들이 자연적으로 만들어 낼 수 있는 다양한 변이들을 드러내 준다.

아모스라는 선지자의 이름은 역대하 17:16에서 발견되는 대로 "아마시야"(עמסיה – 아마쓰야)라는 이름의 애칭임이 분명하다. 다른 예언서 가운데서 오로지 예레미야서에 대한 표제(1:1)에서만 이 선지자의 직업과 고향이 언급되고 있다. 비록 이 표제는 간략하게 보일지라도, 아모스서의 이 표제는 구약에서 가장 상세한 것 중의 하나다. 아모스는 노케드(נקד)라고 불리고 있다. 열왕기상 3:4과 우가릿(IAB, Col 6)에 사용된 용법으로 판단해 볼 때, 이 용어는 아마도 단순하게 "양치는 사람"이라기보다는 작은 가축들을 기르는 자/양육자를 의미할 것이다. 아모스가 7:14에서 자신을 "(커다란) 가축 떼를 기르는 자"라는 뜻의 보케르(בקר) 라고 말하고 있는 것은 흥미로운 점이다. 이것은 아모스 자신이 양, 염소, 암소 그리고 황소 등을 기르고 있다는 것을 말해 준다. 아모스가 그런 일을 주인이 되어 친히 운영하는 사람인지 아니면 단지 그런 일에 고용된 사람인지는 알 수 없다. 그러나 부자를 대항해서 자신의 신탁들을 전하는 점에 토대를 두고 아모스 자신이 가난한 사람이었다(예를 들어, 4:1-2; 5:11-12; 8:4-6)고 생각하는 것은 잘못을 범하는 것일 수 있다.

아모스의 고향인 드고아는 구약의 다른 곳에서 여러 번 언급된다(삼하 14:2, 4, 9; 대하 11:6; 20:20; 렘 6:1). 드고아는 예루살렘에서 남쪽으로 6마일 떨어진 지점에 위치해 있었다. 따라서 7:12에서 분명하게 말하고 있는 대로 아모스는 유다인이었다. 그럼에도 불구하고 이 남쪽 유다인의 "말씀(들)"은 북 왕국(ישראל על – 알 이스라엘)을 향하고 있었다.

"보았다"라는 뜻의 하자(חזה)가 "말씀(들)"이라는 뜻의 디브레(דברי)와 함께 쓰인 것은, 비록 영어 번역에서는 비논리적인 것처럼 보이기는 할지라도, 히브리어에서는 특이한 것이 아니다. 동사 하자(חזה)는 "계시를 인식하다"라는 의미를 가질 수 있으며, 때때로 어떤 보이는 내용을 담지 않은 순전히 말로 전해지는 계시와 함께 쓰인다(참조. 사 2:1; 13:1; 겔 13:8). "야웨"라는 이름은 표제에 언급되고 있지 않지만, 어법은 아모스의 말씀들은 그 자신의 것이 아니라는 것을 분명하게 암시해 주고 있다.

이 표제에서 아모스의 말씀들은 웃시야 통치 기간에 일어났던 널리 알려진 지진 사건(슥 14:5)이 일어나기 약 1-2년 전 **어간**에 주어진 것이라고 말하고 있다. 그러나 이 표제의 어구로부터 아모스의 모든 신탁들은 그 한 해에 받은 것이고 전해진 것이라고 결론지을 수는 없다. 아모스서의 내용이 제한적으로 묘사되고 있는 것과 같이(사실상 아모스가 유다를 포함해서 다른 여러 나라들에 대해 선포했을 때, "이스라엘에 대하여"와 같은 어구를 사용하고 있는 것에 대해서는 사 1:1을 참조하라), 연대를 말하고 있는 어법도 제한적이다. 따라서 북 왕국의 간략한 재임 기간에 대한 증거도 없다. 그러나 아모스서의 다른 곳에 있는 내적인 요소들은 그의 동시대 선지자 호세아보다 현저하게 짧은 예언적 활동 기간을 가진 아모스에 대해 말해 주고 있다.

해설

이 표제가 말하고자 하는 것은 다음과 같은 세 가지 점이다: 독자에게 저자의 신분, 출신 그리고 그가 활동한 시대를 말해 주고, 아모스서는 하나님의 예언이라는 것을 밝혀 주며, 적어도 몇몇 신탁들을 그 당시 널리 알려진 지진이 일어나기 전 기간과 연결해 주고 있다.

아모스서의 독자는 아모스가 누구이며(예언적 신탁들을 전하는 양 치는 사람), 그가 어느 곳 출신이고(북 왕국 사람들을 향해서 외친 남 왕국 사람), 그가 언제 말씀을 전했는가(탐욕과 부패와 배교로 악명 높았던 여로보암 2세 통치의 후반기) 등등에 대해 관심을 가지고 있다. 아모스가 말씀을 선포한 지 수십 년 내인 주전 722년에 사마리아는 앗수르에게 멸망을 당했다. 아모스서의 주된 청중들은 선포된 지 수십 년이나 수 세기 뒤에 유다에서 아모스서를 읽은 사람들이었을 것이다. 유다를 지향하는 표제가 만들어진 것은 바로 이런 청중들을 위한 것이었다.

아모스의 신탁들이 얼마나 일찍이 모아지고 기록되었든지 간에, 아마도 그 신탁들은 북 왕국에서는 거의 인기가 없었을 것이다. 신탁들이 가지고 있는 특성으로 볼 때, 야웨가 특별히 아모스를 보내신 불순종하는 나라의 사람들에게는 거의 인기가 없었을 것이다. 그러나 옳게 행하지는 않았을지라도 정통주의를 가지고 있었던 남 왕국에는 여전히 많은 사람들이 정통주의를 추종했었기 때문에, 아모스의 말씀들은 일종의 유비적인 경고로서 받아들여졌음이 분명하다. 아모스가 북 왕국을 향해서 전했던 파멸의 운명은 실제적으로 이루어졌다. 아모스가 말한 대로 북 왕국은 하나님의 언약을 깨뜨린 죄를 범한 나라였기 때문이다. 그렇다면 유다는 어찌 되었는가?

아모스는 커다란 지진이 일어나기 **전에** 예언했다. 아모스가 전한 말씀 중의 어떤 부분은 언약적 파멸/죽음 저주(3:14-15; 6:11; 9:1, 9)를 전하는 수단으로서 지진을 예언한 것으로 보인다. 그리고 유다에서 참된 선지자로서 가지게 된 아모스의 명성의 한 부분은 아마도 이런 인식에서 유래되었을 것이다. 스가랴 14:5이 분명하게 말하고 있듯이, 그 지진은 하나님의 심판으로 여겨졌다. 아모스가 지진이 다가올 것이라고 선포해야만 했던 것은 그가 자신의 말씀을 만들어 내지 않았고 "보았다"라는 것에 대한 증명이다. 아모스서 메시지의 기원은 야웨 자신이다.

사자(獅子)인 야웨가 황량함을 보내시다(1:2)

참고문헌

Bertholet, A. "Zu Amos 1:2." *FS G. N. Bonwetsch.* Leipzig, 1918. 1-12. **Budde, K.** "Amos 1:2." *ZAW* 30(1910) 37-41. **Hillers, D.** *Treaty-Curses and the Old Testament Prophets. BeO* 16. Rome: Pontifical Biblical Institute, 1964. 54-56. **Lust, J.** "A Gentle Breeze or a Roaring Thunderous Sound? Elijah at Horeb: 1 Kings xix 12." *VT* 25(1975) 111-15. **Weiss, M.** "In the Footsteps of One Biblical Metaphor." *Tarbiz* 34(1964-65) 107-28.(Heb.).

본 문

2 저가 가로되 여호와께서 시온에서부터 부르짖으시며 예루살렘에서부터 음성을 발하시리니 목자의 초장이 애통하며 갈멜 산 꼭대기가 마르리로다

2 Yahweh will roar from Zion: He will raise his voice from Jerusalem. [a]The shepherds' pastures will dry up: Even[b] the top of Carmel will wither.[acd]

원문주해

2.a-a. Tg는 "목자(들)"라는 뜻의 로임(רעים)을 "왕들"의 상징으로 해석하고 있는 것이 분명하다. 따라서 그 이행연구(二行連句)의 어휘를 다음과 같이 재배열하고 있다: ויצדון מדורי מלכיא ויחרב תקוף כרכיהון – "(그리고) 왕들의 거처가 황폐화될 것이다. 그리고 그들 성곽들의 요새가 쓸모없게 될 것이다."

2.b. 이행연구의 이 행을 시작하는 **와우**(ו)는 어감상 요청되므로 운율(7음절)에서 유지되어야만 한다.

2.c. 두 번째 이행연구는 첫 번째 이행연구의 결과임이 분명하다. 그리고 본 절을 구성하는 조건 문장의 귀결절로 생각할 수도 있다. 이행연구들의 단순한 병치법은 영어에서 결과적이고 조건적인 것을 모두 나타내기에 충분하다.

2.d. 미완료 동사들은 대개 현재 시제로 번역된다. 그러나 미래 시제가 저주/징벌 선포에 더 적절하다.

양식/구조/배경

때때로 아모스 1:2은 1:1과 연결되거나 1:3-2:16과 연결된다. 그리고 때로는

독립적인 단락으로 취급된다. 본 절의 문법적인 구조의 그 어떤 것도 이런 대안들 중에서 어느 것이 가장 좋은 것인지 결정해 주는 것은 없다. 수백 개의 독립적인 본문들과 구약의 여러 책들이 1:2을 시작하고 있는 "저가 가로되(그가 말했다)"라는 어구인 봐요마르(יֹּאמַר)와 유사한 전환된 미완료 형태들로 시작하고 있다. 더욱이 "여호와께서 가라사대"라는 뜻의 코 아마르 야웨(כה אמר יהוה)는 새로운 단락의 시작을 나타내는 것일 필요는 없다. 이 어구는 구약의 예언적 본문에서 처음뿐만 아니라 중간에 그리고 마지막에 사용되고 있기 때문이다. 그러므로 1:2이 그 앞에 나오는 내용 그리고 그 뒤에 나오는 내용과 가지는 관계에 대한 문제는 양식과 내용에 토대를 두고 엄격하게 결정되어야만 한다.

본 절의 양식은 저주 선포의 양식이다. 즉 모세 언약의 저주(혹은 저주들)가 이제 저주가 요구되는 징벌의 형태를 통해 야웨에 의해 강화될 그런 저주 선포다. 1:2에 있는 시적인 징벌 선언은 단지 이스라엘만 언급하고, 1:3-2:16에 있는 시에서 통렬하게 비난되고 있는 주변 나라들은 언급하고 있지 않다. 그렇기 때문에 1:2은 특별히 1:3-2:16의 단락에 대한 서론으로서의 역할을 하도록 의도된 것일 것 같지는 않다. 더욱이 그 운율(주전 8세기의 발성법에 있는 7:7, 7:7)은 2:3-16에서 병행되는 것을 가지고 있지 않으며, 1:1의 산문적 제목 혹은 표제에서도 병행을 이루고 있지 못한 것이 분명하다. 그리고 1:2에서 말하는 자는 야웨가 아닌 그 누군가이다. 반면에 2:3-16에서 말하는 자는 야웨 자신이다. 따라서 이 두 개의 이행연구(二行連句) 시(詩)는 독립적인 단위로 고려되는 것이 가장 좋다. 기능적으로 1:2은 아모스의 전체 메시지에 대한 주제적인 서언이다. 이것은 에스겔 1장에 있는 야웨의 병거 환상이 에스겔이 선포할 심판과 회복 메시지의 핵심을 사로잡고 있는 것과 어느 정도 동일한 방법이다.

아모스 1:2은 아모스서의 나머지 부분과 관련되어 연대기를 잡을 수 없다. 만약 1:2이 원래적으로 독립적이거나 좀 더 커다란 신탁의 부분이었다면, 그리고 아모스나 다른 편집자에 의해 아모스서에 대한 주제적인 서론으로 선택된 것이라고 한다면, 그 연대기를 결정할 방법은 없다. 혹은 만약 1:2이 아마도 아모스가 선포한 첫 번째 신탁이었다고 할지라도 그 연대기를 결정할 방법은 없다.

주석

2절을 구성하고 있는 두 개의 시적인 이행연구는 책 전체의 서론으로서의 역할을 하고 있다. 또한 요엘 4:16에서 발견되는 두 개의 단순한 동의어적 병행법들을 통해(또한 렘 25:30과 사 66:6을 참조하라), 아모스는 이스라엘에 대한 야웨의 말씀은 심판의 말씀이라는 것, 야웨는 자신의 불순종하는 봉신(封臣)을 대항해서 자신의 언약적 저주를 강화하려고 하셨다는 것 그리고 그 결과는 파멸이 될 것이라는 사실을 선포했다.

첫 번째 이행연구는 야웨를 "부르짖으시며(포효하시며)"(שאג – 샤아그)라고 말하고 있다. 이런 표현을 통해 야웨를 은유(隱喩)적으로 사자(獅子)에 비유하고 있다. 호세아 5:14("내가 에브라임에게는 사자 같고…")에 있는 기술과 흡사한 이런 어법은 야생 동물을 통해 해를 받을 것을 말하는 언약적 저주(참조. 레 26:22과 신 32:24)는 야웨 자신에 의해 수행된 것이라는 사실을 말해 준다. 먹이를 찾아 집을 떠난 포효하는 사자와 같이, 야웨의 선지자 아모스를 통해 중재되는 대로 야웨의 목소리는 야웨의 대적들에 대해 죽음을 선언하고 있다. 정교하게 다듬어진 시는 저주 성취 선언이 이스라엘에 대한 재난으로 이루어지는 전 과정이 구체적으로 명기되어 있지 않다는 점에서 전형적으로 생략적인 면을 보이고 있다. 그러나 궁극적인 효과는 다음과 같이 매우 분명하다: 심판이 이스라엘 위에 임할 것이다. 예레미야 25:30에 있는 좀 더 분명한 병행법은 사용되고 있는 어휘가 저주를 말하는 것이라는 사실을 분명하게 보여 준다.

이 시는 야웨의 합당한 지상 거주지는 예루살렘이라고 말한다. 벧엘과 단에 있는 주된 성소들과 더불어 나라 이곳 저곳에 산발적으로 흩어져 있는 북 왕국의 성소들은 비합법적인 예전 장소들이다(신 12장). 야웨가 합법적으로 자신의 이름이 거할 곳이라고 말씀하신 하나의 장소인 예루살렘으로부터 발하는 야웨의 소리, 즉 그의 말씀은 황폐와 파멸의 전조(前兆)로서 임했다.

아모스 1:2에 사용된 것과 관련해서 콜(קול)이라는 어휘는 구약에서 "목소리"와 "소리"라는 그 일반적인 의미를 넘어서 특별한 의미를 가지고 있다. 콜로트(קולות)라는 복수형은 종종 "우뢰"로 번역된다(예를 들어, 출 9:23 이곳 저곳에; 19:16). 문자적으로 "소리를 내다"라는 뜻의 나탄 콜로트(נתן קולות)의 결합형은 일반적으로 "우뢰를 발하다"라는 의미를 가진다. 욥기 37:2, 4, 5과 사무엘상 7:10에 쓰인 단수는 "천둥"의 의미를 담고 있다. 시편 29:3, 4, 5, 7, 8, 9에 쓰인 "여호와(야웨)의 소리"라는 뜻의 콜 야웨(קול יהוה)는 신현적인 천둥임이 분명하다(또한 시 18:14[13]; 46:7[6]; 그리고 68:34[33]을 참조하라. 이 곳에 쓰인 나탄 콜[נתן קול]은 "천둥을 발하다"라는 의미를 가지고 있다). 그러므로 아모스가 이 곳에서 사용하고 있는 이텐 콜로(יִתֵּן קוֹלוֹ)는 천둥 치는 것을 내포하고 있었을 것이다. 정말로 성서 전반에 걸쳐서 하나님의 소리는 천둥 치는 우레와 같은 것(잘못 번역한 "고요한 작은 소리"가 아니다; 왕상 19:12에 대한 J. Lust, "A Gentle Breeze or a Roaring Thunderous Sound?", *VT* 25[1975] 111-15를 보라)으로 묘사되고 있다. 만약 그렇다면, 이 시에는 그리 효용성이 없는 저주(허무함)를 말하는 듯한 암시가 있을 수도 있다. 천둥은 대개 비와 연관이 있으므로 풍유(諷喩)적인 시편 29편에 묘사되어 있는 것과 같은 농경적인 풍요와도 관련되어 있다. 그러나 야웨가 예루살렘에서 발하시는 천둥은 그 반대의 결과, 즉 비를 가져올 것으로 보는 희망 대신에 가뭄을 낳게 될 것이다. 본 절의 두 번째 이행연구는 재난적인 가뭄을 생생하게 묘사하고 있다. 그 가뭄은 너무나 심해서 높은 언덕에 있는 목장과 엘리야 시대에 있었던 3년 가뭄 뒤에도 여전히 많은 물이 발견되었던 갈멜 산 꼭대기에 있는 풀이 무성한 지역(왕상 18:33-35)조차 시들게 할 것이다. 1:2에 묘사된 전반적인 가뭄은 오경적 가뭄 저주들의 끔직한 성취를 나타내며, 자연적으로 땅의 전반적인 황폐화를 포함하는 총체적인 농경적 재난을 초래할 수 있었을 것이다.

암시적으로 이 시는 언약이 어겨졌고, 야웨는 그 징벌 규약을 강화하셔야만 한다는 것을 선언하고 있다. 포식자 사자와 같이, 야웨의 목소리는 비를 내는 천둥이 아니라 황폐함을 낳는 천둥이다.

해설

두 개의 이행연구(二行連句)로 이루어진 단일한 시에서 세 가지 형태의 저주들(야생 동물들, 허무함, 가뭄)을 묶어 표현하고 있는 것은 온전하게 쏟아 부어지는 하나님의 진노를 강력하게 나타내 준다. 그 하나님의 진노는 시온의 하나님이 제멋대로 하는 자신의 백성들인 이스라엘을 향해서 내리시게 될 징벌이다. 야웨의 말씀 그리고/혹은 파멸하는 행위의 진원지로서 시온과 예루살렘에 대한 언급은 거짓되고 타락한 북 왕국 제단을 암묵적으로 정죄하는 것이다. 남 왕국의 농부인 아모스는 바로 그 거짓되고 타락한 제단을 정죄하기 위해 하나님으로부터 부름을 받았다.

심판은 아모스의 주요한 메시지에 필요한 것이었다. 오경적 저주 항목을 통해 구체적으로 나열된 징벌들은 쏟아져 내려야만 했다. 위에서 언급된 세 가지 이외에, 2년 뒤에 이어진 파멸적인 지진 역시 북 왕국을 향한 야웨의 "천둥"이 초래하는 결과들을 도와주지 않았는가? 이스라엘의 운명은 죽음과 파멸이어야만 했다. 그 운명은 징조가 있는 어휘로 쓰인 이 작은 시에 표현된 다양한 방법으로 예시되었다. 하나님이 아모스를 통해 선포하신 바와 같이, 가까운 미래는 죄를 지은 나라를 위한 징벌의 미래였다.

여러 나라와 이스라엘의 죄악들에 대한 심판(1:3-2:16)

참고문헌

Bach, R. "Gottesrecht und weltliches Recht in der Verkündigung des Propheten Amos." In *FS Günther Dehn*, ed. W. Schneemelcher. Neukirchen: Verlag der Buchhandlung des Erziehungsvereins, 1957. 23-34. **Barré, M.** "Amos 1:11 Reconsidered." *CBQ* 47(1985) 420-27. ______. "The Meaning of *l' 'šbynw* in Amos 1:3-2:6." *JBL* 105(1986) 611-31. **Bartlett, J. R.** "The Brotherhood of Edom." *JSOT* 2(1977) 2-27. **Barton, J.** *Amos's Oracles against the Nations: A Study of Amos 1.3-2.5.* SOTSMS 6. Cambridge: Cambridge University Press, 1980. **Beaucamp, E.** "Amos 1-2: Le *pèsha'* d'Israel et celui des nations." *ScEs* 21(1969) 435-41. **Beek, M. A.** "The Religious Background of Amos 2:6-8." *OTS* 5(1948) 132-41. **Bentzen, A.** "The Ritual Background of Amos 1:2-2:16." *OTS* 8(1950) 85-99. **Bewer, J. A.** "Critical Notes on Amos 2:7 and 8:4." *AJSL* 19(1903) 116-17. **Blenkinsopp, J.** "The Prophetic Reproach." *JBL* 90(1971) 267-78. **Botterweck, G. J.** "Zur Authentizität des Buches Amos." *BZ* 2(1958) 176-89. **Bronznick, N.** "More on *hlk 'l*." *VT* 35(1985) 98-99. **Christensen, D. L.** "The Prosodic Structure of Amos 1-2." *HTR* 67(1974) 427-36. ______. *Transformations of the War Oracle in OT Prophecy: Studies in the Oracles Against the Nations.* HDR 3. Missoula, MT: Scholars Press, 1975. **Coote, R. B.** "Amos 1:11: *rhmyw*." *JBL* 90(1971) 206. **Dahood, M.** "Hebrew-Ugaritic Lexicography VIII." *Bib* 51(1970) 391-404. ______."To Pawn One's Cloak." *Bib* 42(1961) 359-66. ______. "Ugaritic and the Old Testament." *ETL* 44(1968) 35-54.

Diez Macho, A. "Fragmente de Amos 1, 8-3, 7 en hebreoy targum babilonias." *EstBib* 19(1960) 91-95. **Fishbane, M.** "Additional Remarks on *Rḥmyw*(Amos 1:11)." *JBL* 91(1972) 391-93. ______. "The Treaty Background of Amos 111 and Related Matters." *JBL* 89(1970) 313-18. **Grether, H. G.** "Some Problems of Equivalence in Amos 1:3." *BT* 22(1971) 116-17. **Grintz, J. M.** "*ʿl hglwtm glwt slmh lhsgyr lʾdwm.*" *BMik* 13, 1(32)(1967-68) 24-26. **Happel, O.** "Am 2:6-16 in der Urgestalt." *BZ* 3(1905) 355-67. **Haran, M.** "Some Problems of the Historical Background of 'Prophecies of the Nations' in the Book of Amos." *Yediot* 30(1966) 56-69.[Heb.] ______. "Observations on the Historical Background of Amos 1:2-2:16." *IEJ* 18(1968) 201-12. ______. "The Rise and Decline of the Empire of Jeroboam ben Joash." *VT* 17(1967) 266-97. **Hayes, J. H.** "The Usage of Oracles Against Foreign Nations in Israel." *JBL* 87(1968) 81-92. **Held, M.** "Studies in Biblical Homonyms in the Light of Accadian." *JANESCU* 3(1970) 46-55. **Hobbs, T. R.** "Amos 3:1b and 2:10." *ZAW* 81(1969) 384-87. **Höffken, Peter.** "Zu den Heilzusätzen in der Völkerorakelsammlung des Jeremiabuches." *VT* 27(1977) 398-412. **Knierim, R. P.** "'I will not cause it to return.' in Amos 1 and 2." *Canon and Authority.* ed. G. W. Coats and B. O. Long. Philadelphia: Fortress Press, 1977. 163-75. **Lehming, S.** "Erwägungen zu Amos." *ZTK* 55(1958) 145-69. **Lewis, J.** "An Asseverative לא in Psalm 100:3?" *JBL* 86(1967) 216. **Lurie, B. Z.** "The Prophecies unto the Nations in the Book of Amos from the Point of View of History." *BMik* 54(1972-73) 285-301. **Malamat, A.** "Amos 1:5 in the Light of the Til Barsip Inscriptions." *BASOR* 129(1953) 25-26. **McAlpine, T. H.** "The Word against the Nations." *SBT* 5(1975) 3-14. **Marti, K.** "Zur Komposition von Amos 1:3-2:3." In *Abhandlung zur semitischen Religionskunde und Sprachwissenschaft: Wolf Wilhelm Grafen von Baudissin zum 26. September 1917*, ed. W. Frankenberg and F. Küchler. BZAW 33. Giessen, 1918. 323-30. **Moran, W. L.** "A Note on the Treaty Terminology of the Sefîre Stelas." *JNES* 22(1963) 173-76. **Morgenstern, J.** "Amos Studies 1." *HUCA* 11(1936) 130-40. **Müller, H-P.** "Die Wurzeln *ʿyq, yʿq* und *ʿwq*." *VT* 21(1971) 556-64. ______. "Phönizien und Juda in exilisch-nachexilischer Zeit." *WO* 6(1971) 189-204. **Muntingh, L. M.** "Political and International Relations of Israel's Neighboring Peoples according to the Oracles of Amos." *OTWSA* 75(1966) 134-42. **Paul, S. P.** "Amos 1:3-2:3: A Concatenous Literary Pattern." *JBL* 90(1971)

397-403. **Pfeifer, G.** "Denkformenanalyse als exegetische Methode, erläutert an Amos, 1, 2-2, 16." *ZAW* 88(1976) 56-71. **Priest, J.** "The Covenant of Brothers." *JBL* 84(1965) 400-406. **Puech, E.** "Milkom, le dieu ammonite, en Amos, 1:15." *VT* 27(1977) 117-25. **Reider, J.** "Contributions to the Scripture Text." *HUCA* 24(1952-53) 85-106. ______. "Etymological Studies in Biblical Hebrew." *VT* 4(1954) 276-95. **Rendtorft, R.** "Zu Amos 2:14-16." *ZAW* 85(1973) 226-27. **Richardson, H. N.** "Amos 2:13-16: Its Structure and Function." *SBL 1978 Seminar Papers*. Missoula, MT: Scholars Press, 1978, 361-67. **Roth, W. M. W.** "The Numerical Sequence x/x + 1 in the Old Testament." *VT* 12(1962) 300-311. **Rudolph, W.** "Die angefochtenen Völkersprüche in Amos 1-2." In *Schalom: Studien zu Glaube und Geschichte Israels. FS A. Jepsen*, ed. K.-H. Bernhardt. Stuttgart: Calwer, 1971. 45-49. **Schoville, K. N.** "A Note on the Oracles of Amos Against Gaza, Tyre, and Edom." *Studies in Prophecy*. VTSup 26. Leiden: E. J. Brill, 1974. 55-63. **Schwantes, M.** "Profecia e Organização: Anotações à luz de um texto(Am 2, 6-16)." *EstBib* 5(1985) 26-39. **Segert, S.** "A Controlling Device for Copying Stereotype Passages?(Amos i 3-ii 8, vi 1-6)." *VT* 34(1984) 481-82. **Soper, B. K.** "For Three Transgressions and for Four: A New Interpretation of Amos 1:3, etc." *ExpTim* 71(1959-60) 86-87. **Speiser, E. A.** "Of Shoes and Shekels." *BASOR* 77(1940) 15-20. **Torrey, C. C.** "Notes on Am 2:7; 6:10; 8:3; 9:8-10." *JBL* 15(1896) 151-54. **Ulrichsen, J. H.** "Oraklene i Amos 1, 3 ff." *NorTT* 85(1984) 39-54. **Waard, J. de.** "A Greek Translation—Technical Treatment of Amos 1:15." *On Language, Culture and Religion: In Honor of Eugene A. Nida*. Ed. M. Black and W. Smalley. The Hague: Mouton, 1974. 111-18. **Weiss, M.** "Methodologisches über die Behandlung der Metaphor dargelegt an Am 1, 2." *TZ* 23(1967) 1-25. ______. "The Pattern of Numerical Sequence in Amos 1-2." *JBL* 86(1967) 416-23. **Zolli, I.** "Note Esegetiche(Amos 2:7a)." *RSO* 16(1936) 178-83.

본 문

아람

3 여호와께서 가라사대 다메섹의 서너 가지 죄로 인하여 내가 그 벌을 돌이키지 아니하리니 이는 저희가 철 타작기로 타작하듯 길르앗을 압박하였음이라

Aram

3 This is what Yahweh said:[a] Because of the multiple crimes[b] of Damascus, I will not restore it,[c] Because they threshed the pregnant women[d] of Gilead With iron threshing sledges.

4 내가 하사엘의 집에 불을 보내리니 벤하닷의 궁궐들을 사르리라

5 내가 다메섹 빗장을 꺾으며 아웬 골짜기에서 그 거민을 끊으며 벧에던에서 홀 잡은 자를 끊으리니 아람 백성이 사로잡혀 길에 이르리라 이는 여호와의 말씀이니라

블레셋

6 여호와께서 가라사대 가사의 서너 가지 죄로 인하여 내가 그 벌을 돌이키지 아니하리니 이는 저희가 모든 사로잡은 자를 끌어 에돔에 붙였음이라

7 내가 가사 성에 불을 보내리니 그 궁궐들을 사르리라

8 내가 또 아스돗에서 그 거민과 아스글론에서 홀 잡은 자를 끊고 또 손을 돌이켜 에그론을 치리니 블레셋의 남아 있는 자가 멸망하리라 이는 주 여호와의 말씀이니라

두로

9 여호와께서 가라사대 두로의 서너 가지 죄로 인하여 내가 그 벌을 돌이키지 아니하리니 이는 저희가 그 형제의 계약을 기억지 아니하고 모든 사로잡은 자를 에돔에 붙였음이라

10 내가 두로 성에 불을 보내리니 그 궁궐들을 사르리라

에돔

11 여호와께서 가라사대 에돔의 서너 가지 죄로 인하여 내가 그 벌을 돌이키지 아니하리니 이는 저가 칼로 그 형제를 쫓아가며 긍휼을 버리며 노가 항상 맹렬하며 분을 끝없이 품었음이라

12 내가 데만에 불을 보내리니 보스라의 궁궐들을 사르리라

암몬

13 여호와께서 가라사대 암몬 자손의 서너 가지 죄로 인하여 내가 그 벌을 돌이키지 아니하리니 이는 저희가 자기 지경을 넓히고자 하여 길르앗의 아이 밴 여인의 배를 갈랐음이니라

14 내가 랍바 성에 불을 놓아 그 궁궐들을 사르되 전쟁의 날에 외침과 회리바람 날에 폭풍으로 할

4 I will send fire on Hazael's palace And it will consume Ben-Hadad's[a] royal fortifications.

5 I will break the gate-bar of Damascus And will cut off him who reigns[a] in the Valley of Aven,[b] And him who holds the scepter, from Beth-eden.[c] The people of Aram will be exiled to Kir,[d] Yahweh said.

Philistia

6 This is what Yahweh said: Because of the multiple crimes of Gaza, I will not restore it; Because they exiled an entire[a] population,[b] Handing them over to Edom.

7 I will send fire on the wall of Gaza That will consume its royal fortifications.

8 I will cut off him who reigns from Ashdod And him who holds the sceptre from Ashkelon. I will turn my hand against Ekron, Until the last of the Philistines perish, the Lord[a] Yahweh said.

Tyre

9 This is what Yahweh said: Because of the multiple crimes of Tyre, I will not restore it; Because they handed over an entire population[a] to Edom, And did not honor a brotherhood treaty.[b]

10 I will send fire on the wall of Tyre That will consume its royal fortifications.

Edom

11 This is what Yahweh said: Because of the multiple crimes of Edom, I will not restore it; Because he pursued his brother with the sword And suppressed his compassion.[a] His anger has been always[b] alert[c] And his wrath on guard continually.

12 I will send fire on Teman That will consume the royal fortifications of Bozrah.

Ammon

13 This is what Yahweh said: Because of the multiple crimes of the Ammonites, I will not restore it: Because they tore open the pregnant women of Gilead In order to enlarge their own borders.

14 I will set fire to the wall of Rabbah That will consume its royal fortifications, Amid the war cry

것이며

15 저희의 왕은 그 방백들과 함께 사로잡혀 가리라 이는 여호와의 말씀이니라

모압

2:1 여호와께서 가라사대 모압의 서너 가지 죄로 인하여 내가 그 벌을 돌이키지 아니하리니 이는 저가 에돔 왕의 뼈를 불살라 회를 만들었음이라

2 내가 모압에 불을 보내리니 그리욧 궁궐들을 사르리라 모압이 요란함과 외침과 나팔 소리 중에서 죽을 것이라

3 내가 그 중에서 재판장을 멸하며 방백들을 저와 함께 죽이리라 이는 여호와의 말씀이니라

유다

4 여호와께서 가라사대 유다의 서너 가지 죄로 인하여 내가 그 벌을 돌이키지 아니하리니 이는 저희가 여호와의 율법을 멸시하며 그 율례를 지키지 아니하고 그 열조의 따라가던 거짓 것에 미혹하였음이라

5 내가 유다에 불을 보내리니 예루살렘의 궁궐들을 사르리라

이스라엘: 내적인 범죄들

6 여호와께서 가라사대 이스라엘의 서너 가지 죄로 인하여 내가 그 벌을 돌이키지 아니하리니 이는 저희가 은을 받고 의인을 팔며 신 한 켤레를 받고 궁핍한 자를 팔며

7 가난한 자의 머리에 있는 티끌을 탐내며 겸손한 자의 길을 굽게 하며 부자가 한 젊은 여인에게 다녀서 나의 거룩한 이름을 더럽히며

8 모든 단 옆에서 전당 잡은 옷 위에 누우며 저희 신의 전에서 벌금으로 얻은 포도주를 마심이니라

불순종의 긴 역사

9 내가 아모리 사람을 저희 앞에서 멸하였나니 그 키는 백향목 높이와 같고 강하기는 상수리나무 같으나 내가 그 위의 열매와 그 아래의 뿌리를 진

on the day of battle, Amid the raging wind[a] on the day of the storm.[b]

15 Their king[a] will go into exile, He[b] and his officials together, Yahweh said.

Moab

2:1 This is what Yahweh said: Because of the multiple crimes of Moab, I will not restore it: Because he burned the bones Of the King of Edom to lime.

2 I will send fire on Moab That will devour the royal fortifications of Kerioth. Moab will die amid tumult, Amid the war cry and the sounding of the horn.

3 I will cut off the ruler from his midst,[a] And all his officials[b] I will kill along with him, Yahweh said.

Judah

4 This is what Yahweh said: Because of the multiple crimes of Judah, I will not restore it: Because they have rejected Yahweh's law, And have not kept his statutes. Their fakes[a] have led them astray, The ones their ancestors followed.

5 I will send fire on Judah That will consume the royal fortifications of Jerusalem.

Israel: internal crimes

6 This is what Yahweh said: Because of the multiple crimes of Israel, I will not restore it: Because they have sold the righteous for money, And the needy in exchange for a pair of sandals.

7 They trample[a] the heads of the poor into the dust of the earth,[b] And they keep the oppressed from getting anywhere.[c] Father and son have sex with the same girl, Thereby profaning my holy name.

8 They stretch out on clothes taken as collateral, Beside every altar. They drink wine given to pay a fine, At the house of their god.

A long history of disobedience

9 I am the one who destroyed the Amorite before them, Whose height was as great as that of the cedars, And who was as strong as the oaks. I

멸하지 아니하였느냐
10 내가 너희를 애굽 땅에서 이끌어 내어 사십 년 동안 광야에서 인도하고 아모리 사람의 땅을 너희로 차지하게 하였고
11 또 너희 아들 중에서 선지자를, 너희 청년 중에서 나시르 사람을 일으켰나니 이스라엘 자손들아 과연 그렇지 아니하냐(이는 여호와의 말씀이니라)
12 그러나 너희가 나시르 사람으로 포도주를 마시게 하며 또 선지자에게 명하여 예언하지 말라 하였느니라

심판 선언

13 곡식 단을 가득히 실은 수레가 흙을 누름같이 내가 너희 자리에 너희를 누르리니
14 빨리 달음박질하는 자도 도망할 수 없으며 강한 자도 자기 힘을 낼 수 없으며 용사도 피할 수 없으며
15 활을 가진 자도 설 수 없으며 발이 빠른 자도 피할 수 없으며 말 타는 자도 피할 수 없고
16 용사 중에 굳센 자는 그 날에 벌거벗고야 도망하리라(이는 여호와의 말씀이니라)

destroyed his fruit above and his root below.
10 I am the one who brought you up from the land of Egrypt. I led you in the wilderness forty years, To take possession of the Amorite's land.
11 I appointed some of your children[a] prophets And some of your young people Nazirites.[b] Is that not so, Israelites? (Oracle of Yahweh)
12 But you made the Nazirites drink wine, And you commanded the prophets, "Do not prophesy."

The judgment sentence

13 So I will make you bog down,[a] As a cart bogs down When it is loaded with sheaves.
14 The swift person will lose his ability to flee; The strong person will have no strength. The soldier will not save himself;
15 The archer will not stand his ground. The fast runner will not escape;[a] The horse rider will not save himself.
16 The very bravest[a] of the soldiers Will flee naked on that day. (Oracle of Yahweh)

원문주해

3.a. G는 여기서 과거 시제를 가지고 있으나, 본문의 다른 곳에서는 *ʾamar*을 위한 미래 시제를 보여 주고 있다.

3.b. 문자적으로는 "세 가지 죄…그리고 네 가지"로 전형적인 n : n+1 숫자 병행법이다.

3.c. 아쉬베누(אשיבנו)를 번역하는 방법은 많다. 동사 슈브(שוב)는 아마도 다른 어떤 히브리어 동사 중에서도 가장 광범위하고 복잡한 의미 영역을 가지고 있을 것이다(W. L. Holladay, *The Root ŠŨBH in the Old Testament*[Leiden: E. J. Brill, 1958]). 여기서 3인칭 남성 단수 목적격 접미사는 징벌하기로 한 야웨의 뜻 혹은 결정(문자적으로는 "나는 그것을 철회하지 않을 것이다")을 암시적으로 포함할 수 있다.

그러나 "나는 그것(즉 불)을 보류하지 않을 것이다" 혹은 "정말로(로[לא]를 단호히 주장하는 것으로 받아들여서) 나는 그것(즉, 내 보복/징벌)의 대가를 돌려줄 것이다"라는 번역도 매우 가능성이 있는 번역이기는 하다. 우리의 번역은 Barrē, "The meaning of *lʾ ʾš ybnw*"를 따른다.

3.d. G, L 그리고 5QAm을 따라 읽은 것. σ와 Vg는 가운데 글자를 빠뜨리고 쓴 오류(haplography)를 가진 MT의 본문을 따르고 있는 반면에, Tg는 "길르앗 땅에 거하고 있는 사람들"이라고 읽는다. MT는 현재 있는 그대로는 운율적으로 너무 짧다. 본문에서 아모스가 주요 어구를 빈번하게 사용하고 있는 용법은 13절로부터 이문융합(異文融合)을 추론하는 것에 대한 반론을 보여 준다. MT의 산문체적인 에트(את־)는 아마도 원본적인 하로트(הרות)의 원문이 훼손되고 남은 모습일 것이다.

4.a. G(ʽ*Αδερ* – 하데르)는 달렛(ד)을 레쉬(ר)로 잘못 보았다.

5.a. G의 "거주민들"이라는 뜻의 카토이쿤타스(*κατοικοῦντας*)는 단지 대안적인 번역으로서 MT를 지지해 주고 있다.

5.b. MT의 발음은 "사악한 골짜기"라는 의미에 이르게 해주고 있다. 아벤(אָוֶן)에 대한 G의 발음 온(Ων)은 다음과 같은 것을 보여 준다: 원래의 발음은 MT가 주고 있는 것으로 여겨지는 신학적인 의미를 가지지 않았을 것이다. 아마도 아모스의 청중들은 여기서 어떤 상징적인 의미도 추론하지 않았을 것이다.

5.c. 벧에덴(Beth-eden)은 문자적으로 "즐거움의 장소"를 의미한다. 그러나 아모스가 단순한 지형적 이름 이외의 다른 어떤 것을 의도하고 있는 것이라고 생각할 아무런 이유가 없다. 이것은 다음 학자들과는 **반대되는** 견해다. Wolff, 129("House of Pleasure") 혹은 M. Buber and F. Rosenzweig(Bücher der Kündung[Köln: Jakob Hegner, 1958] 633, "House of Lust").

5.d. G는 에피클레토스(*ἐπίκλητος*)인 카리(קְרִיא)로 읽는다. 그 원본은 아마르(אמר)의 알렙(א)을 카르(קר)에 첨가했을 것이다.

6.a. G의 투 살로몬(*τοῦ Σαλωμων*)은 셸레마(שלמה)를 솔로몬으로 잘못 읽은 것이다.

6.b. 혹은 "전 (지역) 백성들".

8.a. "주"라는 뜻의 아도나이(אֲדֹנָי)가 다른 역본들에서 광범위하게 증언되고 있다. 그러나 그 용어가 G에는 반영되어 있지 않으며, 여기서는 아마도 2차적인 것일 수 있다.

9.a. "원문주해" 6.b.를 보라.

9.b. 혹은 "우정 조약".

11.a. G^{W}와 *Hier*는 문자적으로 "자궁"을 의미하는 *rḥm*을 취하고 있다. G^{B}는 좀 더 비유적이며 상징적으로 "어머니"로 쓰고 있다. G는 "땅 위에"라는 뜻의 에피 게스(*ἐπὶ γῆς*)라는 어구를 첨가하고 있지만, 단지 이 어구는 "억제하다"라는 뜻의 샤하트(שחת)의 의미를 채우기 위한 것일 뿐이다.

11.b. G는 라아드(לעד)를 에이스 마르튀리온(*εἰς μαρτύριον*), 즉 "증언을 위해"라는 뜻의 라에드(לְעֵד)로 읽는다.

11.c. Syr과 Vg를 따른 것으로 "지키다"라는 뜻의 샤마르(שמר)와 이루고 있는 분명

한 병행법에 비추어 나타르(נטר)에서 봐이타르(ויטר)로 읽은 것.

14.a. G는 싸아르(סער)를 "요동치게 될 것이다"라는 뜻의 카이 세이스데세타이(*καὶ σεισθήσεται*)로 본다.

14.b. G는 쑤파(סופה)를 "그녀의 끝"이라는 뜻의 쉰텔레이아스 아우테스(*συντελείας αὐτῆς*)로 해석하고 있다.

15.a. G^L, á, σ́, Vg는 밀곰 신으로 읽는다. 이와는 달리 G는 "그녀의 왕들"이라는 뜻의 호이 바실레이스 아우테스(*οἱ βασιλεῖς αυτῆς*) 즉 *melākêha*로 읽고 있는데, 이것은 납득할 수 없는 원문 훼손이다.

15.b. "그"라는 뜻의 후(הוא)를 G의 원본은 분명하게 כהניו라고 읽는다. 이것은 "그들의 제사장들"이라는 뜻의 호이 히에레이스 아우톤(*οἱ ἱερεῖς αὐτῶν*)으로 수정하고 있는 G를 통해 판단한 것이다.

2:3.a. "그의 가운데서부터"라는 뜻의 מקרבה로 읽은 것. 이것은 보존되어 있는 3인칭 남성 단수 접미사의 좀처럼 보기 힘든 매우 드문 바른 철자법이다.

3.b. G^L의 독법과 같이 "방백들"이라는 뜻의 사림(שרים)으로 읽은 것이 아니라, "그의 방백들"이라는 뜻의 사리오(שריו)로 읽은 것.

4.a. 즉 거짓 신들. 카즈빔(כזבים)은 대개 "거짓말들"을 의미한다. 그러나 문맥은 우상 숭배를 나타낸다.

7.a. 슈프(שוף) I형으로부터, 그렇지 않으면 창 3:15에서만 증언되는 G를 따라서 "그들이 짓밟다"라는 뜻의 하샤핌(השפים)으로 읽은 것.

7.b. 귀찮은 것으로 널리 의문시되는 "땅의 먼지를(속으로)"이라는 뜻의 알 아파르 에레츠(על־עפר־ארץ)는 실제적으로는 운율적으로 필요한 것이다. "그들이 (가난한 자들의 머리를) 치다"라는 뜻의 G의 에콘뒬리존(*ἐκονδύλιζον*)은 이 어휘가 추측하는 의미를 위해 어떤 동사를 보충하고 있는 것으로 보인다.

7.c. 문자적으로는 "압제받는 자들의 길을 외면하다", 즉 그들이 나아지거나 정의를 찾지 못하도록 하는 것.

11.a. 대개 "아들들"이라고 번역하는 것은 정확하지 않은 좁은 의미다.

11.b. G의 하기아스몬(*ἁγιασμόν*, "거룩")은 단지 네제르(נֵזֶר)로 읽은 것이거나 아니면 추상적인 복수형인 네지림(נזרים)으로 읽은 것이다.

13.a. "누르다(막다른 길에 이르다)"라는 뜻의 메이크(מעיק, 우크[עוק])는 단 한 번 기록에 남아 있는 어구(*hapax legomenon*)이기 때문에 그 의미를 정확하게 알아내기가 어렵다. 역본들도 매우 다양한 어휘들을 가지고 있다. 그러나 이어지는 묘사는 백성들이 파멸을 피하기에 충분할 정도로 움직일 수 없는 것을 나타내 준다. 곤경에 처한 가득히 실은 수레는 예견된 어려움을 위한 완벽한 은유(隱喩)다.

15.a. G의 수동형을 따라서 "피하다"라는 뜻의 동사 말라트(מלט)를 가정한 것.

16.a. G의 **원본**은 아미치(אמיץ)를 "찾다"(*εὑρήσει* – 휴레세이)라는 뜻의 마차(מצא)로 그 철자의 위치를 바꾼 것이 분명하다. 이것은 G에 있는 절의 나머지 부분이 왜곡되도록 했다. 특별히 "용사들"이라는 뜻의 기보림(גבורים)을 복수 추상형인 "힘센, 강한"으로 보도록 했다.

양식/구조/배경

아람-팔레스타인 국가들을 향한 8개의 개별적인 신탁들이 1:3-2:16에서 구성된 복합 신탁으로 복잡하게 얽혀 있다. 각각의 신탁들이 가지고 있는 일반적인 양식은 대개 전령자 담화(messenger speech)로 알려진 것들이다. 이 전령자 담화 속에서 선지자는 자신의 청중들에게 하나님으로부터 받은 메시지를 전달한다. 전달할 때 1인칭으로 하나님의 말씀을 그대로 인용하며, 선지자 자신의 말씀은 하나님의 말씀의 반복일 뿐이라는 것을 분명히 하고 있다. 일반적으로 정통 예언은 주의 말씀들을 전하고 신학적인 창의성을 피하기 때문에(D. K. Stuart, "The Old Testament Prophets' Self Understanding of Their Prophecy", *Themelios* 1[1980] 9-14를 보라), 전령자 담화는 그 자체가 야웨의 메시지를 나타낸다고 주장하는 것은 당연한 것이라고 볼 수 있다. 전령자 담화 양식은 다음과 같은 점에서만 주목할 만하다. (1) 전령자 담화는 선지자는 단지 정보를 전해 주는 자에 불과한 기능을 담당하고 있다는 점에 분명하게 특별한 주의를 기울이고 있다. 그리고 (2) 전령자 담화는 전해진 말씀에 대한 외적인 권위를 암시적으로 부여하고 있다. 고대 시대의 전령자는 주로 영향력 있는 사람의 재량권에 따랐기 때문이다. 어떤 지역에 한 전령자가 도착한다는 것은 의심할 여지없이 항상 관심사가 되었다. 그런 전령자의 도착이 어떤 지역에서는 매우 자주 있었던 일이라 할지라도, 여전히 주요한 관심사였다. 고대의 삶의 이런 잘 알려진 특성에 의거해서, 선지자들은 때때로 자신들의 신탁을 어떤 주권자로부터 직접적으로 주어진 진술을 담고 있는 메시지라는 것을 제시했다. 구체적인 내용은 재앙 신탁 혹은 법률 소송 신탁 등과 같은 데서 발견할 수 있는 것으로부터 상당한 정도로 변경될 필요는 없었다. 그러나 사용된 양식은 다양성을 위한 하나의 선택적인 사항이었고 긴급성을 암시했다. 따라서 양식은 선지자들 가운데서 신탁들을 전하기 위한 하나의 선택 사항이 되었다(참조. 사 7:7; 렘 2:1-2; 10:1-2; 겔 3:10-11 등등). 구약의 다른 곳에 있는 전령자 담화의 예들은 창세기 32:3-4; 사사기 11:14-15; 열왕기하 18:19; 19:6을 포함한다.

그러나 이 8개의 신탁들은 그 일차적인 범주, 즉 이방 나라들에 대한 신탁들이라는 것에 비교해 볼 때 우연적인 전령자 담화에 지나지 않는다. 이방 나라들에 대한 심판의 예언들은 모든 예언서에서 하나 혹은 또 다른 양식으로 발견된다. 몇 가지 예들에서는 일반적으로 단지 "열방"이라고만 언급되고 있다(예를 들어, 욜 3:1-3; 학 2:22). 그러나 좀 더 많은 예들에서는 구체적인 이방 나라들이 하나님의 진노를 받는 것으로 이름이 언급되고 있다. 아모스 1:3-2:16에 나오는 8개의 신탁들은 후자에 속한 다양한 경우들이며, 사실상 소선지서 가운데 있는 이방 나라들에 대한 가장 길게 이어진 신탁들이다. 그런 모든 신탁들은 다음과 같이 공통으로 가지고 있는 신학적인 가정에 의존하고 있다: 온 세계 위에 주권을 가지고 있는 야웨 하나님이 계시며, 그의 공의로움은 어떤 나라의 불의함도 용납해 주지 않는다. 달리 말하면, 야웨는 단지 이스라엘 혹은 유다만의 하나님이 아니시다. 그는 모든 나라와 암시적인 언약적 관계를 가지고 계시며, 그런 관계를 통해 야웨는 기본적인 류의 "국제적인 법"에 순종할 것을 기대하고 계신다. 이에 따라서 야웨는 그 법에 반항하는 자들을 향한 언약적 제재 규약들을 강화하실 것이다.

아모스 1장과 2장에서 주어진 신탁의 일반적인 형식은 다음과 같다.

1. 전령자 서언(כה אמר יהוה – 코 아마르 야웨, "여호와께서 가라사대")
2. 징벌 받아 마땅한 것이 분명함
3. 증거(죄목들의 구체성)
4. 저주의 선포(징벌)
5. 결론 형식(아마르 야웨[אמר יהוה, "여호와의 말씀이니라"];
   혹은 네움 야웨[נאם יהוה, "이는 여호와의 말씀이니라"])

다섯 번째 요소는 두로, 에돔 그리고 유다에 대한 신탁들에서 생략되었다. 그리고 "여호와의 말씀이니라(야웨의 신탁)"라는 뜻의 네움 야웨(נאם יהוה)의 형식은 이스라엘에 대한 신탁이 있는 2:11 끝에서 꼭 필요한 것보다 한 번 더 나타난다. 이런 것을 제외하고는 8개의 신탁들은 놀라울 만큼 동일한 형태를 가지고 있다. 이스라엘에 대한 신탁은 신탁들 전체 그룹의 절정을 이루고 있기 때문에, 다른 신탁들보다 더 길고 상세하다(그 그룹 중에서 가장 많은 죄를 지은 이스라엘은 사실상 야웨에게 이방 나라가 되어 버렸음). 따라서 4개의 신탁들(두로, 에돔, 유다, 이스라엘)은 작은 개별적 특성들을 보이고 있으며, 또 다른 4개(아람, 블레셋, 암몬, 모압)는 매우 동일한 형태를 보여 주고 있다. 많은 학자들은 어떤 개별적인 특성을 보여 주고 있는 이 신탁들 혹은 그 중에 일부의 진정성을 부인(否認)하려고 시도했다. 소선지서에 대한 이런 폭압적인 시도(아람, 블레셋, 암몬 그리고 모압 신탁들은 전체의 50%도 못되는 부분을 형성하고 있기 때문이다)는 아무런 유익도 없다. 문체와 구조의 변형들은 일정 선지자들의 개별적인 신탁들 가운데서 흔히 볼 수 있어서, 아모스 1:3-2:16에 있는 8개의 신탁들 모두 위에 획일적이고 주관적으로 유도된 기준을 부과하려고 하는 시도는 필연적으로 실패한다. 아모스를 지루하고 창의력이 없으며 체제 순응적인 사람으로 만들어 열방에 대해 아모스가 전한 각각의 신탁들은 다른 사람들의 어의(語義)를 차용한 것에 불과하다는 사실은 말할 것도 없이 이 신탁들을 연구해 보지도 않은 견해다. 따라서 전반적인 유사성들과 반대가 되는 견해에 대한 어떤 믿을 만한 자료가 없는 것을 토대로 해서, 우리는 1:3-2:16에 있는 8개의 모든 신탁들은 하나의 원래의 단위를 형성하고 있는 것이라고 결론을 내릴 수 있을 것이다.

비록 동의어적인 병행법이 본문의 이곳 저곳에서 전반적으로 발견된다 할지라도, 본문에 사용된 병행법은 대부분이 종합적인 것으로, 가장 주목할 만한 형태는 n : n+1 병행법이다(1:3에 대한 아래의 글을 보라). 따라서 운율은 종합적인 병행법이 주로 나오는 여러 곳에서 예견되는 바와 같이(비록 종종 놀랍게 규칙적이기는 할지라도) 주로 비균형적이다.

정확하게 아모스 사역의 어느 시기에, 혹은 이스라엘의 어느 곳에서 이 복합적인 신탁이 전달된 것인지에 대해서는 결론을 내릴 수가 없다. 다음과 같이 결론을 내리는 것이 항상 타당할 것으로 보인다. 즉 아모스는 벧엘 혹은 사마리아에서 자신의 신탁들의 대부분을 위한 가장 필요하고 적절한 청중을 찾았을 것이다. 그러나 어느 누구도 그 장소들 중에 어느 곳이 그 신탁이 전해진 곳이라고 주장할 수는 없을 것이다. 언제나 그렇듯이, 아모스는 하나님으로부터 반복적으로 받은 이 말씀을 그 사역 시기 동안 여러 장소에서 선포했을 것이라고 보는 가능성을 염두에 두어야만 한다.

다양한 개별적 신탁들 속에 언급되어 있는 잔혹한 행위들은 국경 어간에서 이루어진 전쟁들과 관련이 있는 것임을 보여 준다. 그 국경 전쟁들은 솔로몬 통치의 후반기인 주전 940년 혹은 그 어간의 무렵으로부터 아모스 당시의 시대인 주전 8세기 중엽에 이르는 동안 그 어느 시기에 발생했던 것들이다. 아모스 자신의 동시대 사람들의 경험적인 기억 속에 있는 국제적인 상황들의 전개는 열거되는 죄목의 배경이 된다는 것을 보여 주려고 하는 시도들이 있었다. 그러나 이런 시도들은 그 근거가 빈약하다. 한마디로 우리는 잔혹성에 대해 이렇게 외적으로 고발하는 것을 문서로 증언하거나, 혹은 제한된 좁은 시간 안에 그런 사건들을 정해 버릴 수 있는 충분한 자료를 가지고 있지도 않다. 말하자면, 야웨의 언약과 관련해서 야웨는 긴 안목을 가지고 계신다. 수 세기 전에 지은 죄들은 역사의 어떤 주어진 시점에 언약적 징벌들을 내릴 수 있는 결정적인 토대를 여전히 구축할 수 있다(참조. 왕하 17:21, 22; 왕상 14:16).

주석

1:3 이스라엘의 북동쪽 경계에 위치한, 동쪽 시리아에 있는 도시 국가 아람은 주전 9세기와 8세기에 빈번하게 발생했던 국경 전쟁들에서 이스라엘의 가장 끈질기고 강력했던 대적이었다. 아람 백성들은 다윗에 의해 복속되었다(삼하 8:6). 그러나 솔로몬 통치 후반기에 자유롭게 되었고(왕상 11:23-25), 그 이후로 빈번하게 이스라엘을 괴롭혔다. 그 수도인 다메섹(다마스커스)은 아람의 모든 성읍들과 그 지방들을 다스렸다. 이 아람의 성읍들과 지방들에게 길르앗이라는 요단 동쪽 이스라엘의 남쪽 지역은 지형학적으로 확장해 가야만 하는 정말로 요긴한 지역이었다.

아모스는 하나님이 아람-다메섹을 그 여러 가지 죄악들, 문자적으로는 "서너 가지 죄"로 인해 징벌하실 것이라고 선언하고 있다. 이 n : n+1 형식은 여러 가지 조합 형식 가운데 구약에 자주 반영되어 있는 숫자적인 동의어적 병행법들의 표준적인 형태다(S. Gevirtz, *Patterns in the Early Poetry of Israel*[Chicago: University of Chicago Press, 1963] 15-30; W. M. Roth, "The Numerical Sequence x / x+1 in the Old Testament", *VT* 12[1962] 300-311를 보라). 이 어구는 문자적으로 정확한 범죄의 숫자를 표시하는 것으로 여겨질 수는 없으나, 여러 가지 다수의 의미를 내포하고 있다. 이것은 야웨가 비난하시는 그 어떤 분리되고 격리된 사건이 아니라, 반복적으로 증언되는 잔인함을 묘사하는 형태다. "죄(들)"(פשעים – 피쉬엠)는 암시적으로 널리 세계에 퍼져 있는 언약을 위반한 것, 즉 야웨의 주권적인 법에 대해 반역한 것을 말한다.

임신한 여인들을 때리는 것을 묘사하는 내용은 일종의 과장법으로 보인다. 즉 그 목적은 침략하는 아람 군인들에 의해 길르앗 사람들이 고통 받는 끔찍한 만행(참조. 왕하 8:12과 그 아래의 13절)의 모든 종류를 요약적으로 나타내기 위한 것이다. 이 어구의 목적은 은유(隱喩)적으로 다음과 같은 내용을 전하고 있다: 그 살육은 마치 누군가가 곡식을 떨기 위해 곡식 마당에서 사용되는 철 이빨로 만들어진 타작 기계를 가지고 곡식 대신에 아무런 힘이 없는 백성들에게 돌진하는 것과 같이 잔인한 것이었다. 이런 표현의 효과는 매우 생생한 묘사로서 무자비하게 끔찍한 정복을 나타내는 환상들을 선명하게 생각나도록 해준다.

아람 사람들을 징벌하려고 야웨가 결정하신 것은 목적격 접미사를 가진 부정(否定)적인 히필 동사의 간결한 1인칭 공성 단수인 로 아쉬베누(לא אשיבנו)라는 어구를 통해 표현되고 있다. 문자적으로 이 어구는 "나는 그것을 다시 거두지 않을 것이다"와 같은 것을 의미한다. 여기서 "그것"은 이미 언급된 나라를 암시적으로 나타낸다(Barrē, "The meaning of *l' 'šybnw*"). 이론(理論)상 야웨의 진노는 정말 내려 마땅할 때조차 야웨의 영원한 자비로 인해 항상 억제되거나 미루어질 수 있었다(참조. 욘 4:2; 왕상 21:28; 왕하 22:19-20). 그러나 이것은 그런 경우가 아니다. 죄들이 너무나 분명하고 극악무도해서 언급된 나라와 맺은 암시적인 언약의 회복이 거부되어야만 하기 때문이다.

4 열왕기하 8:7-15에서 묘사하고 있는 대로, 다메섹의 하사엘은 벤하닷(2세?)을 암살함으로써 아람 연맹을 휘어잡는 권력을 잡았다. 후에 하사엘의 아들은 왕좌를 계승하여 그 이름을 벤하닷(3세?)이라고 사칭했다. 벤하닷은 "하닷(신)의 아들"이라는 의미를 가지고 있으며, 몇몇 아람 통치자들에 의해 사용된 왕실 왕위의 이름이었다. 몇 명의 아람 왕들이 그렇게 했는지를 결정하는 것은 이용 가능한 자료의 제한성으로 인해 불가능하다(B. Mazar, "The Aramean Empire and Its Relations with Israel", *BA* 25[1962] 98-120; 그리고 M. Haran, "Observations", *IEJ* 18[1968] 201-12를 보라). 그러나 4절에 있는 병행법의 요점은 다음과 같이 분명하다: 하사엘과 벤하닷은 모두 왕이다. 아마도 이 경우에는 아버지와 아들일 수 있다. 따라서 하나님의 징벌은 그 나라의 지형학적-정치적 심장부, 즉 견고한 왕실 요새(ארמנות – 아르메노트)에까지도 확대될 것이다. 그 나라가 자부하는(참조 6:8) 이런 요새들은 왕들의 요새들과 궁궐 주변이나 그에 이웃해 있는 커다란 석조 구조물들이었음에 분명하다. 대적의 공격에 저항하기 위해 지어진 것이지만, 그 요새들은 야웨의 불(אש – 에쉬)에 타버리는 짚과 같을 것이다. 불에 파멸되는 것은 다음과 같은 두 가지 특별한 의미를 가진 언약적 저주(10번; 참조. 신 32:22)의 한 유형이다: 불은 전쟁에서 일어나는 파멸(참조. 신 16:13; 수 6:24; 8:8; 11:9) 그리고 하나님의 진노(예를 들어, 창 19:24; 출 24:17; 민 11:1-3)와 연관되어 있다. 성전(聖戰)에서 파멸하도록 받쳐진 저주된 물건인 헤렘(חרם)은

살아 있다면 죽임을 당했고, 태워 버릴 수 있는 것이라면 불에 태워졌다(신 7:25-26; 12:3; 민 31:10; 삿 1:8).

불에 의한 심판은 아모스서에서 두드러진 주제를 형성하고 있다(또한 5:6; 7:4을 참조하라). 8개의 현재의 복합적인 신탁들 중에서 오로지 이스라엘에 대한 마지막 신탁에서는 불에 대한 언급이 없다. 이것은 불에 의한 심판이 이스라엘의 경우에 합당한 것이 아니기 때문이 아니라, 불은 이 신탁들에서 전쟁을 통한 하나님의 파멸을 나타내는 일종의 제유(提喩)적인 표현이기 때문이다. 이스라엘의 패배에 대한 상세한 묘사(2:13-16)로 인해 요약적인 이미지를 그릴 필요성이 없다. 8개의 신탁에서 야웨 자신은 반역한 나라들에 대해 파멸과 패배를 실행하는 분이다. 어느 누구도 8개 중에서 7개 속에 불로 상징된 야웨의 징벌을 견디어낼 수 없을 것이다.

5 아람 사람들에게 내리는 징벌이 전쟁을 통해 도래하리라는 것(저주 유형 3)은 다메섹의 문빗장을 꺾으며(방어할 때 성문을 잠그기 위해 사용된 매우 커다란 목재 그리고/혹은 쇠로 만든 가로대), 그 지도자들을 끊어 버리고(일반적으로 카라트[כרת]의 히필형은 파멸하거나 없애 버리는 것을 의미하는데, 종종 전쟁을 통해 이루어지는 것을 나타냄: 참조. 수 23:4; 삿 4:24 등등), 사로잡혀 가게 될 것(저주 유형 13)이라는 내용으로 더욱더 증거되고 있다. 나라의 지도층이 강제 이송되고 사로잡혀 간다는 것(저주 유형 13a)은 여기서 완전한 정복을 암시해 주며(참조. 호 13:10-11), 이로 인한 왕조의 종말을 말해 준다(왕상 14:14; 21:21). 달리 말하자면, 아람은 단순하게 전쟁에서 패하게 되는 것이 아니다. 아람은 짓밟히고 정복될 것이며, 그 왕족은 죽임을 당할 것이고, 또한 그 백성들은 추방당할 것이다. 이 모든 일은 야웨의 암시적인 열방 언약의 저주를 이루는 과정에서 구체적으로 언급되지 않은 나라들을 매개로 하여 야웨가 행하실 것이다.

다메섹과 아람 외에 세 곳의 지명이 본 절에서 언급된다. 아웬 골짜기(בקעת און – 비크아트 아벤)의 위치 혹은 그 원래의 발음(G는 온[Ων]을 쓰고 있다)조차 분명하지 않다. 이 장소를 다메섹 북쪽에 있는 바알벡(Baalbek) 예전 중심지 성읍과 일치시키고 있는 아이스펠트의 시도(Eissfeldt, "Die ältesten Bezeugungen von Baalbek als Kultstätte", *Forschungen und Fortschritte* 12[1936] 51-53)는 설득력이 없다. 벧에덴과 병행법을 이루고 있는 어구가 말해 주듯이, 아마도 그 장소는 여호수아 11:17에서 "레바논 골짜기"인 비크아트 레바논(בקעת לבנון)이라고 불리는 지역일 것이기 때문이다. "벧에던"(בת־עדן – 베트-에덴)은 앗수르 역사 기록에서 주로 알려진 미트-아디니(Bit-adini)이다. 미트-아디니는 실제적으로 아람의 북쪽에 해당하는 유프라데스와 발릭(Balikh) 강 사이에 위치한 성읍이다. 그 곳은 또한 구약에서 단순하게 에덴이라고 불리기도 한다(왕하 19:12; 겔 27:23). 아웬과 벧에던을 언급하고 있는 것은 주전 8세기 중엽에 연합된 지역들에 대한 합병의 실체를 반영해 준다. 이 모든 지역들은 앗수르가 행하는 정복의 무르익은 목표들이다. 길(Kir)은 동부 메소포타미아에 있는 아람 나라의 발상지였다(암 9:7). 이것은 마치 애굽이 이스라엘의 발상지였던 것과 같은 것이다. 그리고 애굽이 이스라엘에게 상징적으로 포로 됨을 나타내고 있는 것과 같이(신 28:68; 호 7:16 등등), 역사의 반전(反轉)과 같은 상황 속에서 길은 압제의 상황으로 다시 들어가는 아람의 장소다. 하나의 백성으로서 그들이 이루어낸 것들은 해체될 것이다. 길르앗에 대해 저지른 그들의 죄에 대한 징벌로 그들은 자신들의 미천한 복속의 상태로 회귀하게 될 것이다.

6-8 블레셋에 대한 신탁은 이 신탁 바로 전의 것과 동일한 형식을 취하고 있다. 이야기하고 있는 지역은 이제 이스라엘의 북동쪽에서 남서쪽으로 이동된다. 블레셋 성읍들은 전쟁으로 파멸될 것이며, 그들의 지도층은 죽임을 당할 것이고, 그들의 인구는 멸절될 것이다. 그들이 일반적으로 언약에 반역한 것에 대한 증거로서 인용되는 구체적인 죄는 몇몇 성읍 혹은 작은 지역의 백성들을 사로잡아 가서 노예로 만들어 팔아 버린 것이다. 그 대상은 단지 군사들(셸레마[שלמה]의 용법으로부터)보다는 남자들과 여자들 그리고 아이들을 포함했다. 아마도 이스라엘 혹은 유다가 약해졌을 시기(예를 들어, 여호아하스[Jehoahaz]의 시기; 왕하 13:7)에 국지적인 국경 지역 습격에서, 그리고 아마도 블레셋과 서쪽으로 국경을 접하고 있는 이스라엘과 유다의 어떤 부분에 대한 습격에서, 블레셋인들은 사람들을 상품으로 취급하여 거래하는 것을 통해 종종 부를 얻었을 것이다. 모세 율법은 바로 이런 종류의 납치와 노예로 팔아 버리는 것은 사형에 해당하는 벌을 받아야만 한다고 했다(출 21:16). 비록 이런 종류의 악이 성서 시대에 빈번하게 일어났다 할지라도, 그것은 국제적으로 잔혹한 행위로 인식되었을 것이 분명하다(I. Mendelsohn, *Slavery in the Ancient Near East*[New York: Oxford, 1949]를 참조하라).

이 경우에 강제로 끌려간 노예들은 에돔 사람들에게 팔려갔는데, 그 에돔 사람들은 그 노예들을 광산업, 배에 짐을 싣는 것 그리고 물론 농업을 포함하는 그들 자신의 상업적 이익을 위해 사용했을 뿐만 아니라, 그 노예들을 어디론가 다시 팔아 버렸을 수도 있다(N. K. Gottwald, *All the Kingdoms of the Earth*[New York: Harper and Row, 1964] 94-114를 보라). 그러나 이방인들에게 팔린 이 노예들은 여전히 하나님의 형상을 지닌 사람들이었다(참조. 출 23:9).

거래 기법은 신탁에서 중요하지 않다. 용서하지 못할 것은 강한 자들의 이익을 위해 힘 없는 사람들이 그렇게 학대당하고 능욕을 당했다는 것이다. 이런 주제가 현재의 본문 속에 있는 8개의 신탁들 속에, 그리고 아모스서 전체에 이런 저런 모습으로 반영되어 있다.

선택된 시적 형식으로 인해 가자(Gaza)라는 단일한 지명이 첫 번째로 언급되었고 아스돗, 아스글론, 에글론이 필요에 따라 나중의 위치에 놓이게 되었다. 블레셋의 다섯 도시들 중에서 가장 남쪽에 있었던 가자는 이 당시에 특별히 상업적으로 가장 두드러지게 융성했을 것이다. 블레셋의 가장 내륙에 있었던 가드(Gath)는 전혀 언급되지 않는다. 이것은 아마도 가드는 하사엘(Hazael)의 정복으로 인해 현저히 약해졌고(왕하 12:18), 이 당시에는 아스돗(Ashdod) 혹은 심지어 유다의 통제 아래 있었을 것이기 때문이다(참조. 대하 11:8). 블레셋에 대한 다른 예언적 신탁들에서 가드의 언급은 마찬가지로 생략되어 있다(렘 25:20; 습 2:4; 슥 9:5-7). 이것은 주전 9세기 이후에 아마도 가드는 독립적인 존재가 아니었을 것이라는 사실을 말해 주는 것이다.

9-10 장소가 이스라엘 북서쪽 페니키아 해안에 있는, 강력하게 방어하고 있는 해안의 도시 국가 두로로 다시 전환된다. 두로 역시 불에 의한 야웨의 징벌을 받게 될 것이다. 아모스는 한 나침반 지점에서 또 다른 지점으로 움직이고 있는 것이 분명하다(북동쪽에서 남서쪽으로, 그리고 이제 북서쪽으로; 다음에 나오는 세 가지 신탁들은 모두 남동쪽 나라들과 관련된 것임). 이런 형태를 인식하게 되면, 두로에 대한 신탁은 이 신탁의 그룹에 후대에 이차적으로 첨가된 것이라는 근거가 빈약한 제안들을 받아들이지 않게 된다.

두로는 노예를 무역으로 거래하는 나라였다. 이 신탁은 이 신탁 바로 전에 있는 블레셋 신탁을 반영하고 있다(신탁들은 여러 면에서 서로 반영하고 있다. 다수의 "표제"를 통해 여러 개가 서로 연결되어 있다). 특별히 주전 8세기와 그 이후로 강성했던 두로(참조. 겔 26-28장)는 지중해 전 해역을 오가는 바다의 배들을 통해 멀리까지 미치는 무역 제국의 중심지로서 부와 그 영향력을 얻었다. 본 절의 내용은 두로가 노예 무역에 가담한 것을 구약에서 처음으로 언급하고 있다. 이 노예 무역은 인간성을 빼앗는 사업이었기 때문에, 두로는 악명이 높아지게 되었다(욜

3:6; 겔 27:13). 또다시 에돔은 이 노예 무역의 중간자로서의 역할을 담당했다(유사한 배열을 위해서는 욜 3:8을 참조하라). 즉 아마도 비록 구체적으로 언급되어 있지는 않을지라도, 이런 거래에는 이스라엘의 어떤 성읍과 지역에서 사로잡은 사람들이 포함되어 있었을 것이다.

두로가 존중하지(זכר – 자카르, 문자적으로는 "기억하다"; 참조. 출 2:24; 6:5; 레 26:42, 45) 않았던 "형제의 계약"(ברית אחים – 베리트 아힘)은 다른 곳에서 증언되지 않는 용어다. 이 용어는 페니키아 사람들과 이스라엘 사람들 사이에 존재했던 긴 협력적 관계, 특별히 다윗(삼하 5:11), 솔로몬(왕상 5:1, 11) 그리고 아합(왕상 16:31)과 관련된 내용에서 언급된 관계를 요약하는 아모스의 방법이었음에 분명하다. 야곱과 에서는 문자적으로 "형제" 나라들이었기 때문에, 어떤 주석가들은 "형제의 계약"을 에돔이 이스라엘과 가지는 역사적인 관계를 나타내는 내용이라고 보려는 경향이 있었다. 그러나 두로 조약을 언급하는 것이 분명하다. 두로는 "기억지 아니하고"라는 뜻의 로 자카르(לא זכר)의 주어이고, 가담되지 않은 편들은 조약들을 "존중하지" 않기 때문이다.

두로는 이 8개의 신탁들에서 유일하게 언급된 도시 국가다. 이것은 다른 페니키아 지역들은 이런 죄들로 인한 죄를 범하는 일에 동참하지 않았음을 암시해 주는 것일 수 있다. 그러나 더욱 그럴듯한 것은, 그 유일하게 언급된 것은 단순히 여기서 사용되고 있는 3개의 이행연구(二行連句)의 긴박성으로 인해 기인된 것이라고 보는 것이다. 이 3개의 이행연구는 아모스의 청중의 목적을 위한 이야기에 필요한 모든 것을 말하고 있다.

11-12 아모스는 이제 관심을 극 남동쪽에 있는 에돔과 그 두 개의 주요 성읍들로 돌림으로써 유다와 이스라엘을 에워싸고 있는 자신의 나침반 지점들의 대칭적 범위를 완성하고 있다. 데만은 에돔의 가장 남쪽에 있는 주요 성읍 그리고/혹은 지역이고, 보스라는 가장 북쪽에 있는 성읍/지역이다. (사마리아는 하나의 성읍이면서 지역이었다). 이 두 성읍은 다메섹에서 아카바 만에 이르는 고대 왕의 길(King's Highway)을 따라 놓여 있었고, 그 성읍들 사이에는 에돔 땅이 놓여 있었다.

모세의 인도 아래 있었던 이스라엘 백성들이 처음에 에돔을 평화롭게 통과하려고 했을 때 "칼로"(בחרב – 바헤레브; 민 20:14-21; 특별히 18, 20절) 저지를 당했던 곳이 바로 왕의 길이었다. 이전에 압제받았던 이스라엘 백성들을 향해서 긍휼을 버린 것(민 20:15)과 이스라엘에 대해 에돔이 던진 분(忿)과 화(禍)의 오랜 역사에 대한 내용을 볼 때, 이 신탁은 가나안 정복 전의 사건(그리고 그 이후에 이어지는 더욱 확장되는 에돔-이스라엘 간의 적대감)에 이르기까지 거슬러 올라가고 있는 것으로 보인다. 구약은 사울(삼상 14:47), 다윗(삼하 8:12-14), 솔로몬(왕상 11:14-25), 여호람(왕하 8:20-21), 아마샤(왕하 14:7-10) 그리고 아모스와 동시대의 웃시야(왕하 14:22) 시대에 있었던 사건들과 연관지으면서 에돔-이스라엘 간의 불화와 증오를 언급하고 있다. 열왕기하 8:22이 말하고 있는 대로, 정말로 에돔과 이스라엘은 여호람이 왕위에 오른(주전 853-841년) 이후 주전 6세기 초엽에 있었던 바벨론 정복과 그 이후의 모든 시기에 이르기까지 지속적인 대적이었다(참조. 사 34:5-17; 욜 3:19; 렘 49:7-22; 시 137:7; 오바댜; 애 4:21-22; 말 1:2-5). 아모스 자신의 청중들 혹은 후대의 세기에 아모스의 신탁들을 전해들은 사람들의 시대에 이르기까지 에돔의 "여러 가지 죄들"을 일일이 열거하여 증명하는 것은 그들에게 결코 어려운 일이 아니었다.

에돔은 정말로 이스라엘에게 "형제"(אח – 아흐)였다(창 25:24-26; 참조. 신 2:4; 23:7). 이삭의 아들들로부터 내려온 두 나라의 궁극적인 적대성을 미리 말하면서, 창세기 25:23은 또한 에돔이 이스라엘에 종속될 것을 예언한다. 일반적으로 볼 때, 이런 예언된 종속의 관계는 역사적으로 그렇게 실현된 관계가 되고 말았다. 그 반대의 경우는 결코 일어나지 않았다. 에돔에 대한 징벌 역시 이전 신탁들에서와 같이 저주 유형 10번인 불에 의한 징벌이다.

13-15 암몬 자손들(בני עמון – 베네 아몬)은 요단 동쪽 척박한 땅을 차지하고 있었다. 그 땅은 사막에 접해 있었으며, 길르앗 동남쪽에 경계를 둔 땅이었다. 암몬 자손들의 유일한 주요 성읍은 얍복강 상류가 만나는 왕의 길에 위치한 랍바(Rabbah)였다. 그 성읍은 오늘날 요르단(Jordan)의 암만(Amman)이 위치해 있는 지역이었다. 암몬 자손들 역시 이스라엘과 오랜 역사의 잔혹한 적대 관계를 가지고 있었다. 이런 서로간의 잔혹한 적대 관계는 그들이 길르앗의 아이 밴 여인의 배를 갈랐다(בקעם הרות – 비크암 하로트)는 내용에 의해 제유(提喩)적으로 나타나고 있다. 이런 종류의 잔혹한 행위는 고대 근동에서 상투적으로 있었던 일들이며, 무자비한 전쟁의 공포를 넘어서는 잔혹함이다(사실상 저주 유형 12a; 왕하 8:12; 호 13:16 그리고 H. Schmökel, *Ur, Assur and Babylon*[Stuttgart: J. Kilpper, 1955] 114를 참조하라). 사사 시대 이후로 암몬 자손들(암몬 자손들은 구약에서 거의 "암몬"이라고 불리지 않는다. 이것은 아마도 그들이 다른 페니키아 나라들과는 달리 영토적으로 덜 연합되었기 때문일 것이다)은 자신들의 영역을 넓히려는

일환으로 비옥한 길르앗의 유역들을 차지하기 위해 이스라엘과 종종 싸웠다(삿 3:12-14; 10:7-9, 17; 11:4-33; 삼상 11:1-11; 14:47; 삼하 8:12; 10:1-11:1; 대하 20:1-30; 24:26). 아모스 당시에 암몬은 완전히 이스라엘의 통제 아래 있었다(왕하 14:25). 따라서 암몬 자손들의 "여러 가지 죄"는 지난 범죄의 오랜 역사를 가리키는 것 같다. 그러므로 이론(理論)상의 견해일 뿐인 주전 8세기 초엽의 암몬-이스라엘 국경 침입(예를 들어, 이스라엘이 다메섹의 하사엘에 의해 약화된 이후)을 하나님의 심판의 근거가 되는 것으로 상정할 필요는 없다.

하나님의 불(저주 유형 10)과 전쟁(저주 유형 3)을 연결하는 것은 다른 어떤 곳에서보다 현재의 신탁에서 더욱 분명하게 보인다. 어법은 이스라엘에 대한 신탁(즉 2:13-15)을 제외하고는 그 어느 신탁에서보다 더 구체적이고 선명하다. 단순하게 불을 **보내는** 것과는 대조적으로 실제로 불을 놓고 붙이는 것(והצתי – 베히차티), 그룹으로 공격하는 대적의 외침(תרועה – 테루아, "전쟁 외침"), "전쟁의 날"(יום מלחמה – 욤 밀하마) 그리고 조렬하고 강력한 바람/강풍(싸아르[סער]와 쑤파[סופה])과 같은 묘사는 암몬의 왕실(왕)과 정부(왕과 왕의 신복들)를 전복시킬 그리고 그들을 (바벨론으로?) 포로로 잡혀가게 할 끔찍하고 커다란 회리바람 폭풍을 생생하게 묘사하기 위해 결합되고 있다. "날"(יום – 욤)이 두 번이나 언급되고 있다: "전쟁의 날"과 "회리바람 날." 이것은 하나님이 주권적으로 행하시는 모든 강력한 개입을 나타내는 어휘다(D. K. Stuart, "The Sovereign's Day of Conquest", *BASOR* 221[1976] 159-64를 보라). 그리고 이것이 신의 현현을 나타내는데 일반적으로 사용된 어휘들과 연결되어 있는 것(싸아르[סער]: 시 83:16[15]; 사 29: 6; 렘 23:19; 쑤파[סופה]: 잠 10:25; 사 66:15; 나 1:3; 싸아르[סער], 쑤파[סופה], 그리고 "불"인 에쉬[אש]가 함께 쓰인 것을 위해서는 사 29:6을 참조하라)은 야웨가 친히 전쟁에서 암몬을 파멸하는 일을 다루실 것임을 분명히 나타내고 있다. 아모스의 예언은 이루어졌다. 앗수르 군대에 의해 짓밟힌 암몬은 새로운 왕조 아래서 주전 7세기 어간에 앗수르의 봉신 나라로서 매우 무거운 조공을 바쳤다. 야웨의 말씀에 따라(참조. 렘 49:1-6; 겔 21:18; 25:1-7; 암 1:13-15; 습 2:8-11) 독립 국가로서의 암몬은 바벨론의 공격으로 망했으며, 주전 6세기에 대다수의 주민이 멸절되었다(G. M. Landes, "Ammon", *IDB*, 1:111-13).

2:1-3 모압(Moab)은 암몬의 형제 민족이었으며(창 19:36-38), 사해의 동쪽 즉 아르논(Arnon) 강과 브룩 제레드(Brook Zered) 사이에 주로 위치해 있었다. 그 남쪽으로는 에돔이 있었다. 모압과 에돔 간의 역사 깊은 적대감을 증언이라

도 하듯이, 제레드(Zered)를 따라서 두 나라 사이에 국경 요새들이 건축되었다(N. Glueck, *Explorations in Eastern Palestine II*, AASOR 15[New Haven: American Schools of Oriental Research, 1934-35] 104-06를 보라). 이 여섯 번째 신탁은 예증(例證)적인 잔학 행위로서 다음과 같은 특별하게 격렬한 종류의 보복을 인용하고 있다: 다시 살아나는 것을 막기 위해 뼈를 불사른다. 이런 행위는 이스라엘이 아닌 팔레스타인 국가들 속에 널리 퍼져 있는 다음과 같은 교리에 토대를 두고 있다. 즉 원래의 몸은 살이 썩어 없어질지라도 죽은 자들의 전반적인 부활의 시기에 생기를 되찾게 된다(겔 37:1-4; 고전 15:35-54; 다음을 보라: E. Meyers, "Secondary Burials in Palestine", *BA* 33[1970] 2-29; R. E. Cooley, "Gathered to His People: A Study of a Dothan Family Tomb," *The Living and Active Word of God: Studies in Honor of Samuel J. Schultz*, ed. M. Inch and R. Youngblood [Winona Lake, IN: Eisenbrauns, 1983] 47-58). 누군가의 뼈를 불태우는 것, 즉 몸이 남아 있는 것을 가루로 만드는 것은 적어도 상징적으로는 그 사람이 부활에 참여하는 기회를 막으려는 시도였다. 따라서 그 혹은 그녀가 영원히 죽기를 바라는 행위였다. 성서는 그런 최면적인 마술 행위들이 어떤 효험도 없다고 말한다. 그러나 모압 사람들과 에돔 사람들은 아마도 바른 장사지냄을 영원한 삶을 본질적으로 보장하는 것으로서 간주했던 것 같다. 과거의 몇몇 군사적인 충돌에서(참조. 왕하 3장) 모압 사람들은 한 에돔 왕을 사로잡은 뒤에 그의 뼈를 태워 "회"(לשׂיד – 라시드), 즉 가루가 된 재로 만들었다. 또한 그들은 아마도 부활하는 재결합의 가능성을 좀 더 희박하게 하기 위해 이 재를 흩어 버렸을 것이다(참조. 왕하 23:4-6). 어쨌든 이런 행위는 전적인 보복 전쟁의 한 예가 되는 것이었다. 형제가 형제를 몹시 미워했고, 그 미음에서 기인된 행위였다.

그런 국제적인 불의에 대한 징벌은 소멸하는 불과 전쟁이 임하는 것이었고, 왕실과 정부의 지도층이 포로로 잡혀가는 것이었다. 이런 징벌은 바로 앞에 나온 신탁에서 암몬에게 주어진 징벌과 동일한 것이다. 요란함(שׁאון – 샤온, 소동), 전쟁에서의 외침(תרועה – 테루아) 그리고 나팔(שׁופר – 쇼파르: 고대의 전쟁에서 사용된 나팔)은 모두 대적의 맹습(猛襲)을 말해 주고 있다. 재판장(지도자)이라는 어휘(שׁופט – 쇼파트)는 전형적인 시적 용법(시 2:10; 잠 8:16 등등)으로서 단순하게 "왕"과 동의어로 사용되고 있다.

다른 모압 성읍들의 어떤 성읍이 아니라 그리욧(Kerioth)이 언급되고 있는 것은 아마도 모압 석비(the Moabite Stone - Mesha Stele: *ANET*, 320)에 언급되어 있는 대로 그모스(Chemosh) 신을 위한 중앙 제단으로서 역할을 하는 것과 연결하고 있는 것일 것이다.

4-5 남동쪽 나라들에 대한 고발을 완전히 마친 뒤에, 아모스의 복합적인 신탁은 지형학적으로 중심을 향하여 전환된다. 북 왕국에 있었던 아모스의 많은 청중들은 유다가 모세의 율법에서 벗어난 그 배교(背敎)적인 행위로 인해 꾸지람을 받는 것을 듣고서 심술궂은 잘못된 즐거움을 가졌을 것이 틀림없다. 유다 사람들이 이스라엘 사람들을 과거에 그런 행위들로 인해 비난했기 때문이다(예를 들어, 대하 13:5-12; 그러나 왕상 14:22-24; 왕하 17:19도 참조하라). 청중의 구성원들은 또한 유다의 죄목들을 포괄적으로 세세히 나열하면서 가장 긴 내용을 담고 있는 이 신탁이 이방 신탁들의 절정을 이루고 있다고 생각했을 수도 있다. 어쨌든 이방을 향해 전하는 신탁들은 대개 자기 나라를 포함하지 않았다! 유다는 이스라엘의 관점에서 보았을 때 이방이었음이 분명하다(참조. 삼하 3:1; 왕상 12:19; 15:6-7, 32; 왕하 16:5).

유다에 대한 신탁의 진정성은 다음과 같은 이유들 중 한 가지 혹은 그 이상의 것으로 인해 많은 비평학자들로부터 의심을 받았다. (1) 아모스는 유다가 아니라 이스라엘에게만 말하도록 권위를 위임받았다(현재 복합 신탁 속에 있는 그 표면적인 면을 볼 때 불합리한 것임). (2) 유다 신탁은 반(反) 절정적이다(그 반대임). (3) 유다 신탁은 그 신탁들의 네 가지(두 가지의 다른 것들과 더불어서)보다 더 짧다. (4) 유다 신탁의 고발은 일반적이며 **백성들**에 대한 어떤 구체적인 범죄도 언급하고 있지 않다(이 신탁이 가진 특성). 그리고 (5) 어휘적인 면에서 볼 때 신명기적이다(단지 실제적으로 신명기의 모든 것이 주전 7세기의 **새롭게**[*de novo*] 만들어진 것이라고 할 때만 관련성이 있다. 그러므로 신명기가 예레미야, 이사야, 호세아 등과 빈번하게 자주 쓰이는 어휘를 함께 공유하고 있다는 점에서 본다면 의심스러운 것이다).

유다 신탁의 특별한 가치는 증거의 확장된 인용에 있다. 이 인용은 이스라엘 신탁에서 나타나는 죄의 크게 확장된 증거에 대한 일종의 서론으로서 기능하고 있다. 수도 성읍이 한 분 참된 하나님(신 12장)을 경배하는 중심지가 되어야 할 나라가 이교화된 것을 포함해서 언약적 불순종이 문제다. 유다의 경우는 여호와(야웨)의 율법(תורה – 토라)과 율례(חקים – 후카임)가 개인적, 사회적 그리고 종교적 행위의 모든 범위를 망라하고 있었다. 이런 유다에서는 하나님의 말씀이 악행을 인용할 필요가 전혀 없었다. 그 악행은 이전의 신탁들과 같이 이교도조차 잔혹한 행위로 생각할 수 있는 그런 것이다. 여기서 야웨 자신의 국제적 언약의 실제적인 규례들에 호의적인 나라의 경우에는 그 기준들이 분명하고 암시적이지 않다. 따라서 이 간결하게 표현된 내용이 가지는 이점들은 국경 분쟁의 잔혹성을 언급하는 것을 통해서가 아니라, 유다를 다음과 같은 좀 더 심각하고 보편적으로 비난하는 고발을 통해 더 잘 드러난다: (1) 전반적인 율법의 위반과 (2) 우상 숭배("거짓 것들"이라는 뜻의 카지벰[כזבים]을 따른 것). 다른 신탁들과 유사하게, 순종에 있어서 최근에 구체적으로 범한 것은 문제가 되지 않는다. 오히려 그것보다는 여기서 "그들의 조상들"(אבותם – 아보탐)이라는 어구를 포함해서 표시되고 있는 야웨에 대해 신실하지 못했던 긴 역사를 의미한다. 그 죄목들은 연대기적으로 나열할 수 있는 "여러 가지"다. 불순종(מאס – 마아쓰)과 배교(תעה – 타아)가 역사적으로 문제가 되어 왔다. 이 두 가지 중 어느 하나만의 경우가 아니다. 따라서 유다 역시 하나님이 정해놓으신 불로 이루어지는 전쟁에 의해 파멸되어야만 한다(참조. 왕하 25:9).

6-8 야웨의 심판은 파멸의 소식이 이스라엘에게 환영할 만한 것이 될 나라들에만 국한되지 않을 것이다. 여덟 번째이자 마지막 신탁은 또 다른 **이방** 나라를 포함하고 있다. 죄를 지은 다른 아람-팔레스타인 나라들 가운데서 유죄한 이스라엘 자체가 이 복합 신탁의 정점에 놓이고 있으며, 다른 어떤 나라들보다 훨씬 더 상세하게 통렬한 비난을 받고 있다.

6-8절에 나열되고 있는 죄목들은 모두 이스라엘 내부의 사회적 정의와 연관되어 있다. 이것은 국제적인 잔혹성을 인용하고 있는 처음 6개의 신탁들 그리고 전반적으로 언약을 깨뜨린 것과 우상 숭배를 언급하고 있는 마지막에서 두 번째인 유다 신탁과는 다른 것이다. 이스라엘의 죄는 다음과 같은 내용들을 포함하고 있다. (1) 가난한 자들을 이스라엘의 노예로 판 것과(6b절), (2) 가난한 자들을 압제한 것(7a절), (3) 성적인 남용(7b절) 그리고 (4) 가난한 자들의 부채를 착취한 것이다(8절). 이런 죄들은 보기 좋고 근사한 역사적 사건들이 아니다. 그 죄들은 이스라엘 전역에서 볼 수 있는 아모스 당대의 사람들이 매일 저지르는 것이었으며 매우 많은 불의에 대한 증거다. 그 불의함으로 인해 이스라엘은 스스로를 야웨에 의해 이방 백성들로 거부되는 것으로 정죄를 받았다(암시적으로 저주 유형 1번).

6 "의인"(צדיק – 치디크)과 "궁핍한 자"(אביון – 에브욘)는 이 두 가지 어휘가 엄밀하게 보았을 때 동의어적이기 때문이 아니라, 그 두 어휘를 결합함으로써 이루어지는 효과로 인해 병행법적으로 언급되고 있다: "의로운 궁핍한 자." 율법 아

래서 어떤 잘못한 죄를 저지르지 않은 무죄한 이 사람들이 노예로 팔리고 있었다. "신 한 켤레"(נעלים – 나알라임)라는 말은 아마도 그들이 팔려가는(מכר – 마카르, 일상적인 사업 거래) 터무니없이 낮은 가격을 과장법적으로 나타내는 것일 것이다. 그러나 이 어구는 또한 이스라엘에서 초기에 재산 교환을 인증했던 상징적인 신발-양도를 암시해 주는 것일 수도 있다(참조. 신 25:9-10; 룻 4:8; R. deVaux, *Ancient Israel*[New York: McGraw-Hill, 1961] 169). 구약에서 신발-양도 과정에 대한 어떤 실제적인 언급은 재물로서 해석된 **사람들**과 관련이 있다(시 60:8은 동일한 관행에 대한 예가 아니다). 그러나 룻기 4:8로 판단해 볼 때, 이런 연관은 단지 우연적인 것이다. 노예는 합법적이었다. 이스라엘 언약 규례들에서 노예 제도는 사려 깊게 그리고 자비로운 내용으로 규정되고 있다(출 21:2-11, 20-21, 26-27; 신 15:12-18; 23:15-16). 야웨가 아모스를 통해 비난하고 계시는 것은 호의적인 노예제가 아니라, 합법적인 인상을 주는 노예 증서와 같은 것들이다. 그런 노예 증서를 만들 때 부패한 법정들은 파렴치한 부자들에게 노예 노동이 가능하도록 해주면서 그들을 도와주었다. 민사 혹은 형사 소송에서 패소한 가난한 백성들에게는 무거운 세금이 주어졌다. 그 세금을 지불하지 못할 때, 그들은 노예로 팔렸다. 법정과 그 노예를 사는 사람들은 이익을 챙겼으나, 언약은 위반되었다(출 23:7). 공의는 가난한 자들에게 인정되지 않았다.

7 운율로 인해(10:7 원래 음절 계산, 문맥에 적절함) 7절을 시작하는 이행연구(二行連句)의 눈에 띄게 긴 첫 번째 행은 유지되어야만 한다. 과장법적인 요소가 아모스의 동시대 사람들에 의해 자행된 비극적인 사회적 부정의에 대한 강조를 더해 주고 있다: 압제받는 가난한 자들(아나빔[ענוים]/달림[דלים])은 부자들에 의해 "짓밟히고", 그들의 생활이 나아지는 것은 방해되었다. 여기서 문자적으로 표현되고 있는 "길을 굽게 하며"라는 뜻의 데레크…야투(דרך…יטו)는 접근 혹은 진보가 방해되는 어떤 곳을 가리킨다(참조. 출 23:6; 사 29:21). 그리고 아마도 합법적인 정의의 거절하는 의미를 내포하는 것일 수 있다(잠 17:23에 있는 유사한 표현을 참조하라). 따라서 7a절은 6b절에서 암시되어 있는 구체적인 착취와 같은 종류를 넘어서 확대하고 일반화시키고 있다.

7b절은 출애굽기 21:8을 범하는 것으로 아버지와 아들의 첩인 여성 노예(나아라[נערה]가 가지고 있는 한 가지 의미)를 만드는 것을 가리키는 것일 수 있다. 그러나 어떤 성적인 간음(참조. 신 22:30)을 저지르고 있는 것을 말하는 것이라고 보는 것이 더 나을 것이다. 즉 여자 쪽에서 원하지 않을 가능성이 있는 더욱 가증

스러운 죄를 말한다. 야웨의 거룩함은 성적인 결합이 이루어지는 곳은 결혼을 통해서임을 말하고 있으며, 인척관계가 되는 두 사람이 동일한 사람과 성적인 결합을 가지는 것을 인정하지 않는다(레 18:8, 15, 17; 20:10-20; 신 27:20). 성적인 순결은 거룩함의 한 부분이다(레 20:7, 26). 야웨의 "거룩한 이름"을 모독하는 것은 성적인 부도덕(성에 대한 율법의 긴 항목을 나열하고 있는 레 18:21을 참조하라)으로 자행될 수 있으며, 금기시하는 것을 범함으로써 언약에 대한 불순종을 저지르는 것을 나타내는 하나의 방법이다.

8 가난한 사람들을 착취했던 자들은 종교적인 일을 감당하는 자들이었다! 신탁은 예배의 장소에서 착취하여 얻은 물건들을 위선적으로 즐기는 것을 묘사함으로써 이런 내용을 기술적으로 전해 주고 있다. 비록 야웨가 언약적으로 비합법적인 수많은 산당들에서 홀로 혹은 혼합적으로 이 예배의 대상이 되었을 수 있을지라도, "모든 단"(כל־מזבח – 콜 미즈베아흐)과 "저희 신"(אלהיהם – 엘로헤이헴)이라는 어법은 이교적 예배를 분명하게 암시하고 있다.

여기에 인용된 압제의 예들은 즉각적으로 되갚을 능력을 넘어 빚을 진 사람들을 착취하는 것을 나타낸다. 예를 들어, 언약은 돈을 빌려주는 것에 대한 담보로서 외투를 일시적으로 (낮 동안만) 취하는 것을 말하고 있으나(בגדים חבולים – 베가딤 하불림, "전당 잡은 옷"; 참조. 출 22:25-27), "과부"의 것 즉 비참할 정도로 가난한 사람(신 24:17)의 것과 같은 경우들은 인정하지 않았다. 그러나 이스라엘 백성들은 그런 옷 위에 밤새 침대를 삼아 누웠는데(나타[נטה], 히필) 이것은 명백하게 율법을 범한 것이었다. 더욱이 벌금(ענש – 아나쉬)은 율법에 따르면 **되돌려 받는 것**을 보장하기 위해 사용되어야만 했다(예를 들어, 출 21:19, 30-32; 22:14, 15, 17; 신 22:19). 그 벌금은 여기서 술을 대가로 받아 방탕한 생활을 하고 있는 지도자들을 부유하게 하는 수단으로 사용되어서는 안 되었다. 신전에서 이루어지는 긴 축제적인 술 잔치는 가나안 종교의 특성을 보이는 것이지 이스라엘 종교의 특성은 아니었다(삿 9:27; 느 1:4-9; 참조. 사 5:22-23). 정통주의를 따르고 있던 느헤미야는 나중에 바로 이런 종류의 압제자들로부터 가난한 사람들을 보호할 것이다(느 5:1-12).

9-12 역사적으로 회고하는 내용은, 이스라엘의 만성적이고 본질적인 특성이 야웨의 은혜를 무시하고 그의 율법을 거부한 것임을 말해 준다. 본문에 있는 다른 개별적인 신탁들은 모두 죄의 긴 역사("여러 가지 죄")를 가정하여 말하고 있다. 이 신탁은 이스라엘의 경우에 그런 긴 역사를 묘사하고 있다. 야웨가 원하셨던 것

에 정면으로 반대되는 것을 행하는 이스라엘의 배은망덕과 그런 경향성을 생각나게 하는 암시들을 통해 그런 역사를 묘사하고 있다.

9 백성들이 멸시한 율법의 하나님은 누구인가? 그 하나님은 정복 전쟁의 성전(聖戰)에서 그 땅의 원주민들을 "멸하여"(שמד – 샤마드, 히필; 참조. 수 7:12; 11:20) 이스라엘이 그 땅을 차지할 수 있도록 하신 하나님이었다. 아모리 사람은 실제적으로 구약의 많은 곳에서 가나안 사람들을 가리키는 동의어다. 신명기에서 아모리 사람은 특별히 산악 지역에 살았고, 요단 동편의 가나안 사람들 즉 약속의 땅에 있는 족속들 중에서 가장 크고 안정된 사람들을 가리킨다(예를 들어, 신 1:4, 7, 19, 20; 3:9; 31:4). 부패한 문화의 제거라는 정복의 한 가지 임무는 바로 **아모리 사람들의** 죄악의 긴 역사(창 15:16)가 부분적으로 낳은 것이었다. 그들은 강했고(민 13:28, 31-33), 커다란 나무를 두른 것과 같이 잘 방비되어 있었다(그 곳에서 자란 나무들 중에서 가장 커다란 백향목과 상수리나무). 그러나 야웨는 그들을 완전히("그 위의…그 아래의", 참조. 사 37:31; *ANET* 3:509) 진멸하셨다. 문맥에서 이 말씀들은 아모스의 청중들을 놀라게 하는 말씀이 되었을 것이다. 그들을 위해 이 모든 일을 행하신 하나님의 주권을 그들이 무시했기 때문에, 어떻게 그들 역시 패하는 징벌을 받게 될 것인지에 대한 서언으로 이 말씀이 다가갔을 것이기 때문이다.

10 이스라엘 백성들의 정체성은 특별히 다음과 같은 두 가지 요소에 의해 형성되었다. (1) 그들은 애굽의 노예 생활에서 구원된 백성들이었다. 그리고 (2) 그들은 하나님의 은총을 통해 고향 땅이 주어진 백성들이었다(참조. 삿 6:8-10; 삼상 12:8). 이스라엘 백성들의 광야에서의 시간은 항상 즐거운 것만은 아니었던 것이 분명하다. 그러나 그것은 그들의 하나님에 의해 직접적으로 인도와 보호를 받은 시간이었다(신 2:7). 야웨는 그들을 위해 그렇게나 많은 일들을 해주셨는데, 이어지는 구절들이 명확하게 보여 주듯이 그들은 그에 대해 감사하지 않았다(참조. 호 2:8). 본 절에서는 아모스의 청중들에게 잊혀지지 않은 것이 분명한 요소인 언약 서언 어법(출 20:2; 신 5:6)을 생각나게 해주고 있다.

11-12 이스라엘의 불순종의 오랜 역사에 대한 강조가 출애굽, 광야 방황기 그리고 이전 구절에서 언급한 정복기에 야웨가 직접 인도하셨던 시기로부터 선지자들과 나시르 사람들을 통해 아모스가 활동했던 시기 동안 야웨가 간접적으로 인도하신 시기에 이르기까지 계속되고 있다. 어떻게 중재되었든 간에 하나님의 청중은 이스라엘의 역사를 통해 계속되어 왔다. 그런데 특별히 이스라엘이 안전하게 되었

을 때, 이스라엘은 그런 인도를 지속적으로 거부했다.

자기 만족의 풍요함이 주된 이유였다. 야웨는 정복된 땅에서 축복을 이야기하는 자신의 원래의 언약을 신실하게 존중하셨다(신 28:1-13). 여로보암 2세 시기에 이르기까지 이스라엘은 자유(왕하 14:25, 27-28)와 번영(호 2:10-15)을 누렸다. 그러므로 그들은 나시르 사람들이 자신들의 약속을 깨뜨리도록 유혹하고 꾀면서, 그리고 선지자들이 야웨를 위해 말하지 못하도록 하면서도 안전함과 평안함을 느꼈던 것이다.

남자들과 여자들 모두 선지자들과 나시르 사람들이 될 수 있었다. 11절에서 "선지자(들)"이라는 뜻의 네비임(נביאים)과 "나시르 사람(들)"이라는 뜻의 네지림(נזירים)이 병행적인 한 쌍으로 쓰인 것은 북 왕국 제사장직이 완전히 부패했다(왕상 12:31-32)는 점에서 "제사장들"이라는 뜻의 코헤님(כהנים)을 의도적으로 피하려고 하는 데서 기인된 것일 것이다. 모세 이후로 예언적 증언이 실제적으로 깨어지지 않고 이어졌을지라도, 그 예언적 증언은 나라가 타락하는 것을 막지는 못했다. 하나님의 말씀은 종종 조롱을 당하고(왕하 2:23) 금지되는(암 7:10-17) 지경에 이르기까지 타락했다. 하나님께 부름을 받고 백성들에게 하나님을 제시했던 선지자들은 어떤 분명하게 인식된 직책을 가지고 있었다. 따라서 11절에 나오는 "과연 그렇지 아니하냐?"라는 인정을 요구하고 있는 것이다.

나시르 사람들은 하나님의 백성들 가운데서 구별된(נזיר – 나지르) 하나님의 사자들이었고, 하나님의 뜻을 수행하는 데 열심이었던 자들이었다. 그들은 구별의 표시로 머리를 깎지 않을 것과 자기 부인의 표시로 포도주를 입에 대지 않을 것과 순결의 표시로 죽은 것을 피할 것을 서원했다(민 6:1-21). 구약은 자유 나시르 사람으로서 단지 두 남자, 즉 삼손(삿 13:5-7; 16:17)과 사무엘(삼상 1:11; 1:22, 25; 2:20)만을 언급하고 있을지라도, 남자와 여자, 노예와 자유인 모두 나시르 사람이 될 수 있었다. 삼손과 사무엘은 태어나기 전에 일생 동안 나시르 사람으로 하나님이 특별히 선택하신 사람들이었다. 그러나 하나님이 친히 이런 사람들을 지명하여(קום – 쿰, 히필; 참조. 신 18:18) 부르고 구별하셨을지라도, 이스라엘이 그에 대해 보이는 행위는 그들을 무시하고 거부하는 것이었다. 때때로 선지자들은 실제적으로 예언하는 것을 금지당했던 반면에(7:16), 아마도 나시르 사람들은 입을 다물도록 거절되어 윽박지름을 당한 때가 더 많았을 것이다. 포도주를 마시도록 나시르 사람들을 강요한 것은 그들을 더럽히는 잔인하고 야만적인 수단의 일환으로 발생한 사건이었다. 그러나 어법은 또한 다음과 같은 사실을 나타내려고 과장되게 의도된 것일 수도 있다. 즉 정통과 진지한 종교적 삶에 대한 차별성, 이 둘에 대한 무관심의 분위기가 율법이 말하고 있는 관행을 억압하고 소멸한 것을 나타내려고 하는 것이다.

13-16 이스라엘의 오랜 불순종의 역사로 인해 실제적으로 어떤 심판이 이스라엘에게 임할 것인가? 이스라엘은 완전히 패배할 것이다. 이 완전한 패배가 이스라엘에게 내려지는 징벌이다. 막다른 길에 다다른 것(13절)으로부터 도망하는 것(16절)에 이르기까지 공포와 무력함을 나타내는 인상적인 장면이 그려지고 있다. 왕들을 폐위시키거나 왕실 요새들을 불태우는 내용이 여기서는 발견되지 않는다: 야웨의 공격하는 대적의 군대를 저지할 능력이 없는 다양한 군사들과 성읍민들을 포함하고 있는 어법은 더욱더 개인적이고 구체적이다. 묘사되고 있는 장면은 예를 들어 레위기 26:36-39에 있는 대로 무기력함을 말하는 저주(유형 19)를 생각나게 해준다. 야웨는 복합 신탁의 앞에 나온 부분과 일치하도록 여전히 1인칭으로 말씀하고 계신다. 그러나 9-12절에서 과거 시제로 나타나는 것과는 대조적으로 이 곳에서 동사들은 미래 시제다.

13 단 한 번 기록에 남아 있는 어구(*hapax legomenon*)인 메이크(מֵעִיק)는 종종 "찢다"라는 뜻의 우가릿어 *ʿqq*와 "나누다"라는 뜻의 아랍어 *ʿaqqa*와 동일시되곤 한다. 이런 희박한 연결성에 토대를 두고, 많은 주석가들은 지진에 대한 예언을 12-16절의 근저에 놓여 있는 공포로 생각해 왔다. 12-16절은 모든 것을 혼돈스럽게 하고 도망하는 내용을 묘사하고 있다. 그러나 그 동사는 무겁게 짓누르는 짐이 실려 있는 마차가 때때로 가하게 되는 것과 정말로 동일한 "누르다"라고 보는 것이 더욱 그럴듯하다. 이 부분은 자발적이든 비자발적이든 달아나는 것이 더 나을 경우에 머물러 있는 것, 그리고 자발적이든 비자발적이든 견고하게 서 있는 것이 더 나을 경우에 달아나는 것을 다루고 있다. 그러므로 "짓누르는 것"(KB)은 문맥에 완전히 들어맞는다. 이스라엘 백성들은 공격이 임할 때 두려움으로 얼어붙을 것이다.

14 두 가지의 성읍민 (그리고/혹은 군사적인) 종류의 무력함과 한 가지의 군사적으로 무력한 유형이 묘사되고 있다: 빨리 달음박질하는 자도 도망할 수 없을 것이며, 강한 자도 자기 힘을 낼 수 없을 것이고, 용사도 피할 수 없을 것이다!

15 두 가지의 군사적인 유형의 무력함과 한 가지의 성읍민 (그리고/혹은 군사적인) 유형의 무력함이 묘사되어 있다: 활을 가진 자와 말 타는 자(רכב הסוס – 로케브 하쑤쓰; 말 등에 타는 자들을 의미하는 것일 수 있다. 그러나 문법적으로

는 병거를 타는 자들을 의미하는 것 같다)는 두려움으로 자신들의 힘을 잃게 될 것이다. 땅 위에 서지 못하는 활을 가진 자는 정확하게 쏠 수가 없다. 병거를 타는 자들은 공격하는 대신에 타고 도망을 치지만, 그런 시도는 실패하게 될 것이다. 전사들이 아닌 달아나는 자들은 그 자신들의 민첩하게 달아나는 것을 통해 아무런 유익도 얻지 못할 것이다.

16 야웨가 공격하시는 날에 이스라엘 전역에 혼란이 만연할 것이다. 가장 용감한 군인들이 무기들과 갑옷을 내던져 벌거벗고(ערום – 아롬, 여기서는 "옷을 벗어 내리는"이라는 뜻에서 벌거벗은 것을 의미함; 참조. 삼상 19:24) 싸움에서 달아날 것이다. 이 구절은 어느 누구도 파멸에서 벗어나지 못할 것이라는 14, 15절에 있는 진술들과 충돌하지 않는다. 싸움에서 달아난다는 것은 안전하게 도망하는 것이 아니라, 그 사람이 압도되어 죽임을 당하게 된다는 의미다(참조. 수 7:5; 8:24; 삿 4:16; 대하 13:16, 17). 이렇게 패배의 수라장을 그리고 있는 것은 저주 유형 4번을 반영하고 있다(예를 들어, 레 26:36).

해설

선지자들이 기록하고 있는 대부분의 내용은 넓은 의미에서 다음과 같은 세 가지의 범주에 적절하게 들어맞는다. (1) 하나님의 언약이 어겨졌다는 증거, (2) 그 결과로서 제재 규약들이 부과되었다는 선언 그리고 (3) 제재 규약적 징벌이 내려진 뒤에 회복 축복이 선포되어서 백성들의 신실하지 못함에도 불구하고 하나님의 언약에 대해 하나님이 신실함을 계속적으로 유지하시는 것.

아모스 1:3-2:16에는 야웨의 암시적 (혹은 분명한) 언약에 대해 8개의 나라가 보인 신실하지 못함을 증거하는 것이 불순종을 보여 주는 예들을 인용함으로써 묘사되고 있다. 어떤 합리적인 이치를 가지고 있는 사람의 관점에서 보았을 때, 부적절한 잔혹 행위들이 증거의 예로 기술되어 처음 여섯 가지의 경우들에서 나타나고 있다. 나중의 두 가지 예에서는 유다와 이스라엘이 그들 자신의 분명한 언약적 헌신을 범했음을 보여 주고 있다.

그런 뒤 각각의 경우에 제재 규약적 징벌들이 선포된다. 하나님의 심판은 거부된 봉신들을 회복하지(שוב – 슈브, 히필) 않을 것이다. 메신저 아모스는 여덟 나라에 징벌을 선언하고 있다. 그 징벌은 그들이 깨뜨린 율법의 주인의 손에서 그들을 기다리고 있었던 것이다. 심판 선언은 각각의 경우에 동일하다: 불로 상징되어 있는 대로 전쟁에서 패하고 파멸한다. 성읍민들과 왕들은 모두 이런 징벌의 영향을 받게 될 것이다. 야웨가 친히 이런 과정을 감독하실 것이다.

현재의 단락에서는 회복의 축복에 대한 어떤 언급도 없다. 아모스서에서 그런 축복들은 책의 끝에 집중적으로 나타난다. 그렇다면 아주 오래 전에 실행된 그런 고대의 심판 예언들은 기독교인들에게 어떤 방식으로 의미가 있을 수 있겠는가? 그에 대한 대답은 각각의 신탁에서 백성들의 권리와 필요, 특별히 힘이 없는 백성들에 대한 관심을 표명하고 있는 부분에서 찾을 수 있다. 심지어 물질주의적이고 비인간적인 제도(J. Gray, "Idolatry," *IDB* 2:676-77; *NBD*, 551-53)인 우상 숭배에 대한 공격으로 인해 유다 신탁조차 어떤 한 개인의 권력 혹은 이익을 위해 동료 인간을 착취하고 학대하며 압제하는 것에 대해 하나님께서 분노하시는 형태에 알맞게 일치한다. 이런 기독교인들은 그런 일들에 대해 경고를 받아야만 하며, 그들 자신에 대해서도 경고해야만 한다. 만약 아모스 시대에 누군가가 자신의 이웃을 자신과 같이 진정으로 사랑했다면, 아모스 1:3-2:16의 말씀은 아마도 전해지지 않았을 것이다.

언약적 책임(3:1-2)

참고문헌

Huffmon, H. "The Treaty Background of Hebrew *YĀDA'*." *BASOR* 181(1966) 31-37. **Schmidt, W.** "Die deuteronomistische Redaktion des Amosbuches." *ZAW* 77(1965) 168-93. **Sinclair, L. A.** "The Courtroom Motif in the Book of Amos." *JBL* 85(1966) 351-53. **Vriezen, T. C.** "Erwägungen zu Amos 3:2." In *Archäologie und Altes Testament. FS K. Galling*, ed. A. Kuschke and E. Kutsch. Tübingen: J. C. B. Mohr, 1970. 255-58.

본 문

1 이스라엘 자손들아 여호와께서 너희를 쳐서 이르시는 이 말씀을 들으라 애굽 땅에서 인도하여 올리신 온 족속을 쳐서 이르시기를
2 내가 땅의 모든 족속 중에 너희만 알았나니 그러므로 내가 너희 모든 죄악을 너희에게 보응하리라 하셨나니

1 Listen to this word that Yahweh has spoken against you, Israelites,[a] against the whole family I brought up from Egypt:
2 I have known[a] only you Of all the families of the earth. Therefore I will punish you For all your sins.

원문주해

1.a. G(*οἶκος Ισραηλ* – 오이코스 이스라엘)는 "이스라엘의 집"이라는 뜻의 베트 이스라엘(בית ישראל)을 반영하고 있다. 이런 독법은 생각하건대 원문적 독법이었을 것이라고 볼 수 있을 것이다.

2.a. 혹은 "선택한". 야다(ידע)는 단순히 인지적인 지각을 말하는 것이 아니라, 언약적 서약(의무)을 나타낼 수 있기 때문이다.

양식/구조/배경

이 신탁은 이어서 나오는 다른 신탁들과 관련하여 아마도 원래적으로 아모스에 의해 전해졌을 짧은 신탁이다. 이 짧은 신탁은 3-6장에 있는, 그리고 심지어 9:10에 이르기까지 계속되는 것이라고 볼 수 있는 이스라엘을 치는 심판을 기술하는 내용을 모아놓은 긴 내용에 대한 서론으로서의 역할을 하고 있다.

전체 신탁은 산문이라고 볼 수 있다: 1절은 산문임이 분명하다. 그리고 2절은, 만약 병행적인 것이 있다면, 병행법에서 아주 종합적인 모습을 보이고 있다. 또한 2절은 산문적인 어순을 가지고 있으며, 산문적인 관사를 1번 그리고 산문적인 불변화사(不變化詞) 에트(את)를 2번 포함하고 있다. 그러나 우리가 2절을 정리하여 배열한 대로, 원래 발음은 각각의 이행연구(二行連句) 안에 14개의 음절을 가지도록 했을 것이다. 이것은 시적 구조에 대한 가능성이 있는 증거다.

비록 이런 종류의 신탁은 메신저 담론 혹은 심판 선언과 거의 다를 것이 없기는 할지라도(2절의 "그러므로"라는 뜻의 알-켄[על־כן]은 언약 소송에 있어서 증거로부터 판결로 전이[轉移]되는 것을 생각나게 해준다), 종종 선언 신탁("이 말씀을 들으라")이라고 불린다. 이 신탁에 있는 그 어떤 것도 이 신탁의 연대기 혹은 기원을 결정하는 데 도움을 주지 않는다.

주석

1 들으라는 것을 말하고 있는 서론적인 형식(참조. 창 4:23; 49:2; 출 18:19; 신 4:1; 6:4 등등)은 어떤 중요한 메시지가 주어지고 있음을 나타내 준다. 어떤 원리, 어떤 문제, 어떤 가르침 혹은 어떤 진리가 이제 막 드러날 것이다. 하나님의 역사적 백성들인 이스라엘에게 전해지고 있다. 그 이스라엘은 단지 북 왕국의 열 지파만을 가리키는 것이 아니라, 출애굽한 모든 족속(כל־המשפחה – 콜 하미쉬파하)을 말한다. 구약 전체에서 출애굽의 구원 사건을 되새기도록 하는 말씀은 이스라엘이 야웨와 맺은 언약적 관계를 다시 생각나게 해주는 역할을 한다. 이스라엘이 이스라엘이 된 것은 출애굽으로 인한 것이다. 이스라엘은 출애굽으로 인해 야웨의 나라가 되었다. 그러므로 이어지는 가르침은 전형적인 언약적 의미에서 역사적 연속체로 여겨지는 북 왕국과 남 왕국을 모두 말하는 이스라엘에 전반적으로 적용된다(참조. 신 4:25-31).

2 1:3-2:16에 나오는 이스라엘과 유다 나라를 포함한 8개 나라에 대한 징벌들은 그들이 의식적으로 지켜야 할 것들을 지키지 않는 불순종으로부터 기인된 것이 분명하다. 이제 하나님은 모세를 통해 일종의 모순적인 신학을 주장하고 계신 것인가? 즉 이스라엘이 행한 어떤 잘못으로 인한 것이 아니라, 바로 이스라엘이 자신의 언약 백성들이기 때문에 징벌을 받는 것이라고 말씀하고 있는 것인가? 전혀 그렇지 않다! 많은 잠언과 예언적 말씀들과 같이 이 말씀은 생략적이다(3:3-8과 같이). 온전한 논리는 언급되어 있지 않고 가정되어 있다. 훨씬 덜 효과적이기는 하지만, 일종의 경고임이 분명한 명확한 형태 속에는 다음과 같은 논리가 있을 수 있다. (a) 너와 내가 언약적으로 독특하게 결합되어 있다. (b) 우리의 언약에 있는 규정에 의해 순종하는 것이 네가 감당해야 할 일이고, 만약 네가 순종하지 않을 경우에 벌을 주는 것은 내가 할 일이다. 그리고 (c) 그러므로 그 어떤 자가 아닌 바로 내가 너의 죄를 물어 너를 징벌한 자다. 신탁의 마지막 구절인 "너희 모든 죄악을"이라는 어구(את כל־עונתיכם – 콜 아보노테켐)는 본 절에서도 징벌은 저질러진 죄악에 토대를 두고 있는 것임을 분명하게 말해 주고 있다. 그런 뒤에 신탁이 말하고자 하는 요지는 징벌을 수행하는 **자**에 대한 것보다는 징벌에 대한 **이유**에 대해 진술을 덜하고 있다.

"알다"라는 뜻의 야다(ידע)는 매우 다양한 의미를 가지고 있다: 알다, 보다, 깨닫다, 알아차리다, 발견하다, 배우다, 인지하다, 파악하다, …에 관심을 가지다, …

을 알고 있다, …와 성적을 관계를 가지다, 이해하다, …에 대한 통찰을 가지다 그리고 심지어는 선택하다 혹은 선발하다(후자의 경우들에 대해서는 창 18:19; 렘 2:8; 삼상 2:12을 참조하라). 여기서 야다는 사실상 "…에 특별하게 연관된"이라는 의미를 가지고 있다. "땅의 모든 족속 중에"(מכל משפחות האדמה – 미콜 미쉬페호트 하아다마)라는 어구는 인류 가운데 있는 매우 다양한 인종 그룹을 가리키는 오래된 어구다(참조. 창 12:3; 28:14). 이런 모든 것을 고려해 볼 때, 이스라엘만(רק – 라크)이 오로지 야웨의 특별한 언약 백성이다. "보응하다"라는 어구(פקד – 파카드)는 일반적으로 구약에서 야웨가 비(非)이스라엘 국가들을 징벌하시는 것과 관련해서 쓰인다. 여기에는 야웨가 다른 백성들에게 하시지 않은, 그러나 이스라엘에게 행하시는 그 어떤 것에 대한 강조도 없다.

해설

이 신탁은 이스라엘의 언약적 책임이 아니라 야웨의 언약적 책임을 강조하고 있다. 야웨는 이스라엘의 죄로 인해 이스라엘을 징벌**하셔야만** 한다. 이것은 아모스 당대의 일반적인 이스라엘 백성들이 분명히 이해하기 어려웠던 개념이었다(참조. 5:18-20). 하나님은 자신이 선택한 나라를 항상 보호하고 혜택을 주셔야만 한다. 야웨는 그렇게 하셔야만 하지 않는가? 왜 하나님은 자신을 정규적으로 경배했던 그 자신의 백성들에게 해를 끼치기를 원하시는 것일까?(5:21-23). 아모스 사역의 많은 부분은 이런 어리석은 생각을 불식시키는 것에 집중되었다. 앞에 나온 신탁들(1:3-2:16)이 강조했던 한 가지는 열방을 징벌하는 데 있어서 야웨가 직접적으로 개입하신다는 점이었다. 이어지는 신탁(3:3-8)의 중심적인 주장은 이스라엘의 재난들은 어떤 우발적인 것이 아니라, 바로 야웨가 행하시고 있는 것이라는 사실이다. 아모스는 백성들이 듣기를 원치 않는 종교의 한 국면을 전해야만 했다.

동일한 경향들이 교회에도 널리 만연되어 있으며, 종종 다음과 같은 현상들을 보이고 있다: 죄인들은 자신들을 진정으로 도울 수 없다. 그렇지 않은가? 죄인들은 그들이 자란 환경의 산물이지 않은가? 선하신 하나님이 어떻게 누군가를 거절하실 수 있겠는가? 하나님은 모든 사람들에게 두 번째 기회를 주시지 않는가? 모든 사람이 행복해야 하는 것이 하나님이 정말로 관심을 가지고 염려하시는 것이 아닌가? 등등. 이런 생각들은 성서적이지 않다. 단지 합리적인 것 같은 질문들이다. 바로 이런 진술이 많은 사람들이 여전히 듣기를 원하지 않는 우리 종교의 한 국면이다.

불가분의 관계가 있는 것들에 대한 목록(3:3-8)

참고문헌

Baumgartner, W. "Amos 3:3-8." *ZAW* 33(1913) 78-80. **Boyle, M. O.** "The Covenant Lawsuit of the Prophet Amos 3:1-4:13." *VT* 21(1971) 338-62. **Daiches, S.** "Amos III:3-8." *ExpTim* 6(1914-15) 237. **Eichrodt, W.** "Die Vollmacht des Amos: Zu einer schwierigen Stelle im Amosbuch." In *FS W. Zimmerli*, ed. H. Donner et al. Göttingen: Vandenhoeck & Ruprecht, 1977. 124-51. **Gitay, Y.** "A Study of Amos's Art of Speech: A Rhetorical Analysis of Amos 3:1-15." *CBQ* 42(1980) 293-309. **Holwerda, B.** "Da exegese van Amos 3, 3-8." ···*Begonnen habbende van Mozes.*···Terneuzen: D. H. Littoij, 1953. **Junker, H.** "*Leo rugiit, quis non timebit? Deus locutus est, quis non prophetabit?:* Eine textkritische und exegetische Untersuchung über Amos 3:3-8." *TTZ* 59(1950) 4-13. **Mittmann, S.** "Gestalt und Gehalt einer prophetischen Selbstrechtfertigung(Am 3:3-8)." *TQ* 151(1971) 134-45. **Mulder, M. J.** "Ein Vorschlag zur Übersetzung von Amos iii 6b." *VT* 34(1984) 106-8. **Overholt, T. W.** "Commanding the Prophets: Amos and the Problem of Prophetic Authority." *CBQ* 41(1979) 517-32. **Pfeifer, G.** "Unausweichliche Konsequenzen: Denkformenanalyse von Amos iii: 3-8." *VT* 33(1983) 341-47. **Schenker, A.** "Steht der Prophet unter dem Zwang zu weissagen, oder steht Israel vor der Evidenz der Weisung Gottes in der Weissagung des Propheten? Zur Interpretation von Amos 3,3-8." *BZ* 30(1986) 250-56. **Shapiro, D.** "The Seven Questions of Amos." *Tradition* 20(1982) 327-31. **Thomas, D. W.** "Note on נועדו in Amos 3:3." *JTS* 7(1956) 69-70.

본 문

3 두 사람이 의합지 못하고야 어찌 동행하겠으며

4 사자가 움킨 것이 없고야 어찌 수풀에서 부르짖겠으며 젊은 사자가 잡은 것이 없고야 어찌 굴에서 소리를 내겠느냐

5 창애를 땅에 베풀지 아니하고야 새가 어찌 거기

3:3 Do two people travel together Without having met?[a]

4 Does a lion roar in the forest Without having any prey? Does a young lion cry out from his lair[a] Without having caught something?

5 Does a bird fall into a ground trap If the snare

치이겠으며 아무 잡힌 것이 없고야 창애가 어찌 땅에서 뛰겠느냐
6 성읍에서 나팔을 불게 되고야 백성이 어찌 두려워하지 아니하겠으며 여호와의 시키심이 아니고야 재앙이 어찌 성읍에 임하겠느냐
7 주 여호와께서는 자기의 비밀을 그 종 선지자들에게 보이지 아니하시고는 결코 행하심이 없으시리라
8 사자가 부르짖은즉 누가 두려워하지 아니하겠느냐 주 여호와께서 말씀하신즉 누가 예언하지 아니하겠느냐

has not been set? Does a trap rise up off the ground If it has not caught anything?
6 If a trumpet sounds in a city[a] Do not the people tremble? If there is a disaster[b] in a city Has not Yahweh caused it?
7 Indeed, the Lord Yahweh does not do something unless he reveals his counsel to his servants the prophets.
8 The lion has roared! Who is not afraid? The Lord Yahweh has spoken! Who will not prophesy?

원문주해

3.a. G의 독법(*γνωρίσωσιν ἑαυτούς* – 그노리소신 헤아우투스)은 대개 G 원본에 있는 야다(ידע)의 니팔형을 반영하는 것으로 간주된다. 그러나 야다(ידע)의 니팔형은 "만나다"를 의미할 수 있다(출 25:22; 30:6). 그리고 G는 비록 다른 곳에서는 아닐지라도, 여기서는 그런 의미를 인식하고 있을 수 있다.

4.a. 미메오나토(ממענתו)의 운율적인 문제에 대해서는 Stuart, *SEHM*, 211, n. 10을 보라.

6.a. 어떤 G 소문자체 사본은 여기서 "성읍"보다는 "전투"라는 의미의 폴레모(*πολέμῳ*)로 읽는다. 이것은 아마도 내부적인 헬라어 원문 훼손의 결과일 것이다.

6.b. 라아(רעה)의 의미에 대해서는 욜 1:2에 대한 "주석"을 참조하라.

양식/구조/배경

본문은 본문이 가지고 있는 대부분의 의문문과 추론적인 형식이 보여 주는 증거로 볼 때, 아모스서에 있는 이전과 이후에 나오는 자료와는 구별된 하나의 단위를 이루고 있는 것으로 보인다. 세 개의 하위 단락들이 뚜렷하게 나누어져 있다: 3-6절은 시로서, 이 시의 초점은 어떤 자연적인 다양한 원인과 결과의 조합에 놓여 있다. 7절은 산문으로, 이 산문은 사건과 그 사건에 대한 예언적 해석의 자연적인 연관에 그 관심이 놓여 있다(본 절은 세 번째 단락으로의 전환을 말해 준다. 세 번째 단락의 주제가 관련되어 있다). 그리고 8절은 시로서, 이 시에는 예언하기 위해 필요한 것은 주어지는 것이 있음을 말하고 있다. 각각의 하위 단락에는 서로 나누어질 수 없는 것들이 열거되어 있다(일상의 삶에서 일어나는 일이든지,

혹은 예언의 특별한 상황에 관련된 것이든지). 연결성보다는 인과성이 덜 강조되고 있는 것으로 보인다. 각각의 경우에 A는 B와 동행하며 조화를 이루고 있다.

본문은 교훈적인 것이 분명하며, 또한 아모스(혹은 어떤 선지자)의 예언(예를 들어, 야웨가 발생하시도록 하는 지진에 대해)의 필요성이 변호되고 있는 논쟁적인 면이 보인다. 무엇이 그런 변호를 하도록 했는가? 그 대답은 이스라엘 성읍의 어디에선가 아모스의 청중에게 알려진(6b절) 재난(들)의 종류가 발생했다는 가정을 전제로 하고 있다. 원리가 받아들여질 수 있는 한, 아마도 어떤 하나의 구체적인 재난도 눈앞에 전개되는 것으로 열거되지 않아도 될 것이다(참조. 4:6-11). 게다가 그 대답은, 아모스 당대의 이스라엘 백성들은 불안한 것이라기보다는 주로 자기만족의 상태에 있었다는 사실을 필요로 한다. 이것은 3:13-4:3; 5:18; 6:1-7 등과 같은 본문에 의해 확증된다. 아모스의 동시대 사람들은 시대의 징조를 단순하게 무시하고 있었고, 아마도 아모스에게 예언하지 못하도록 압력을 가했을 것이다(2:12; 7:12-16). 따라서 현재 이루어지고 있는 논쟁이 필요한 것이다.

시기와 장소가 어디였는지 알아내는 것은 불가능하다. 본문을 아모스에 대한 아마샤의 공격(7:10, 12, 16)에 연대기적으로 연결시키려고 하는 시도들은 단지 추측에 불과할 뿐이다.

주석

3-6 아모스의 청중들은 일곱 가지 질문을 받는다. 첫 번째 질문은 개개인의 행위에 대한 것이며, 그 다음 두 가지는 사냥꾼인 사자(獅子)에 대한 것이고, 그 다음 두 가지는 창애에 걸린 새에 대한 것이며, 나머지 두 가지는 성읍에서 일어나는 사건들에 대한 것이다. 처음 여섯 가지에 대한 대답은 분명하게 "아니다"이다. 그러나 일곱 번째에 대한 대답은 명백하게 "아니다"는 아니지만 정말로 중요한 대답이다. 각 질문의 구조는 관련된 정황들이 언급되는 순서를 포함하고 있는데, 이런 각 질문의 특별한 구조는 결과와 관련이 없다.

3 여행은 일상적으로 흔히 있는 일이다. 그러나 낯선 사람들은 서로 떨어져서 여행을 한다. 아모스의 청중들 속에 있는 어떤 사람이 상식적으로 알고 있는 바와 같이, 만약 사람들이 서로 의합지(יעד־ – 야아드, 동의하다; 니팔) 않았다면, 그들은 서로 함께(יחדו – 야흐다오) 여행할 것같이 보이지 않을 것이다.

4 4절에 있는 두 가지 질문은 유사하다. 4a절에 있는 사자(אריה – 아르예)와

4b절에 있는 젊은 사자(כפיר – 케피르)는 전형적인 병행어법으로 그 차이는 중요하지 않다. 두 개의 이행연구(二行連句)는 동의어적으로 서로간에 "외적으로" 병행을 이루고 있다. 따라서 운율적으로는 그리 달갑지 않은 것이기는 할지라도, 4b절에 있는 "(그의) 굴에서"라는 어구는 4a절에 있는 "수풀에서"를 의미론적으로 보충하고 있다. 사자는 매우 조용하게 사냥을 하고 먹이를 잡았을 때만 포효를 한다. 이것 역시 아모스의 청중들이 분명한 것으로 받아들였을 것이다.

5 비록 파흐(פח; 여기서는 "덫")와 모케쉬(מוקש; 여기서는 "덫으로 잡다")의 정확한 의미에 대해서는 불분명할지라도, 덫을 놓고 새를 잡는 과정은 일반적으로 널리 알려져 있다. 그러나 본 절에 있는 이 두 가지 질문의 요점은 이해하기가 쉽다. 새를 잡는 덫은 그 어떤 다른 것이 아니라, 바로 새에 의해 치어 뛴다는 것이다.

6 장면이 성읍과 성읍 사이에서 성읍 내부로 전환된다. 모든 사람들이 어떤 성읍에서 쇼파르(שפר)를 부는 의미의 중요성을 알고 있었다. 그것은 경고를 의미하는 것이었는데(참조. 호 5:8), 대개는 대적의 공격에 대한 경고였다.

6절의 두 번째 이행연구에서 아모스의 영감어린 변증의 참된 중심적 요지가 보인다. 어떤 성읍에서 일어나는 재앙(רעה – 라아)의 분명한 원인은 아모스의 청중들에게는 그 자체가 그리 명백한 것은 아니었다. 그러나 만약 성읍의 백성들이 야웨의 목적을 충분히 알고 있었다면, 그 원인은 분명했을 것이다. 야웨가 단지 자신들을 도와주시기만 하고 해(害)를 주지 않으시기를 바랐던 백성들은 야웨의 언약은 축복뿐만 아니라 저주도 약속해 주었다는 사실을 잊고 있었다. 요컨대 아모스의 일곱 번째 질문은 다음과 같이 의역될 수 있을 것이다: "너희들이 벌을 받아 마땅한데도, 너희들은 정녕 야웨가 너희를 결코 징벌하지 않으실 것이라고 생각하고 있는 것인가?" 혹은 "내가 야웨로부터 오는 재앙을 예언할 때, 내가 해야만 하는 것을 정확하게 바로 행하고 있는 것이 아니란 말인가?"

7 직설적인 산문체 선언은 3-6절의 일곱 가지의 시적인 질문들 속에 있는 극적으로 전해진 문제를 분명하게 해주고, 원칙적으로 그 문제를 일반화하고 있다. 이 선언은 또한 8절에 나오는 질문 형식인 결합적 선언 형식으로의 효과적인 전환을 하도록 해준다. 본문의 이 하위 단락을 진정성이 없는 것으로 여겨 삭제하려고 하는 것은 납득이 갈 만한 근거가 없는 것으로, 단지 나쁜 전제를 토대로 이루어지는 견해다.

이 선언은 야웨가 그 재앙을 내리시는 장본인이라는 사실을 말하는 것 이상이다. 이 선언은 야웨가 그런 일을 하시려고 할 때, 자신의 선지자들에게 알려 주신다는 것을 분명히 말해 준다. 초점은 예언적 자율성에 있는 것이 아니라, 합법적인 예언적 권위에 있다. 선지자들이 말하는 것은 야웨로부터 온다. 그 예언은 야웨의 "비밀(의논, 협의)"이라는 뜻의 쏘드(סוד)이기 때문에 절대적으로 참된 것이다. 이것은 야웨가 선지자들의 도움 없이는 행하실 수 없다거나, 선지자들과 자신의 지식을 나누는 것이 야웨의 **의무**라는 것을 말하는 것이 아니다. 그런 것이 아니라, 선지자들인 야웨의 종들에 대한 다른 예언자적(렘 7:25; 23:18, 22; 26:5; 35:15; 44:4)이며 역사적인(왕하 17:13, 23; 21:10; 24:2) 강조 사항과 일치하는 본절은, 단지 선지자들은 자신들의 메시지가 아닌 어떤 메시지를 전한다는 것을 말해 주고 있다. 정말로 야웨는 그 자신의 행위들을 설명하시고, 선지자들을 자신의 대변인들로 사용하신다. 그렇지만 야웨는 선지자들에게 전혀 의존적이지 않으시다. 다음과 같은 두 가지 신약의 병행구절들이 이런 생각에 도움을 준다: 비록 하나님이 아브라함의 자손들을 선택하셨다 할지라도, 그들은 자만할 이유가 없다(마 3:9). 하나님은 찬양을 받으실 것이지만, 그 찬양을 하는 사람들은 그 자신들이 중요하다고 생각할 이유가 없다(눅 19:40).

8 8절의 첫 번째 이행연구(二行連句)는 이중의 의미를 가진 어휘나 어구(double-entendre)로 문자적으로는 사자(獅子)를 두려워하는 것과 은유(隱喩)적으로는 주를 두려워하는 것을 가리키고 있다. 구약에서 야웨의 소리는 천둥 소리(예를 들어, 시 29편)와 사자의 울부짖음(암 1:2; 렘 25:30)에 비유된다. 실제로 야웨의 소리는 선지자들에게 때때로 혹은 항상 그렇게 들릴 수 있다. 들릴 수 있는 야웨가 말하는 소리에 대해 구약이 묘사하는 것은 항상 크고 울부짖는 소리임을 암시해 주고 있다(매우 빈번하게 "조용하고 세미한 음성"으로 혹은 그와 같은 것으로 잘못 번역되고 있는 왕상 19:12의 어법에 대해서는 J. Lust, *VT* 25 [1975] 110-15를 보라).

지각 있는 사람이 사자의 울부짖는 소리를 무시할 수 없는 것과 같이, 참된 선지자는 야웨의 소리를 무시할 수 없다. 만약 야웨가 누군가에게 말씀하셨다면, 그 사람이 예언하지 않을 것(לא ינבא – 로 이나베)이라고 생각될 수 있겠는가? 예를 들어, 요나가 어려운 방법으로 교훈을 얻었던 것과 같이, 선택을 받는 것은 의무가 지워지는 것이다.

더욱이 아모스의 예언들을 거절하는 것은 야웨를 거절하는 것을 의미했다. 만약 백성들이 아모스가 말한 것에 의해 불쾌해진다면, 아모스는 그에 대해 비난을 받아서는 안 되는 것이었다. 야웨의 계시에 대해 아모스가 보이는 반응은 불가피한 것이고 적절한 것이다. 아모스는 그것을 거듭 반복해서 말했다. 아모스가 전하는 어려운 말은 그 자신의 말이 아니라, 바로 그를 통해 전하는 야웨의 말씀이다.

해설

야웨의 행위들은 본문이 전하고자 하는 궁극적인 내용을 이루고 있다. 나눌 수 없는 첫 번째 하위 단락인 3-6절은 다음과 같은 결론에 이르고 있다: 성읍이 당하는 재난은 바로 야웨가 행하시는 것이다. 두 번째 하위 단락인 7절은 야웨의 행위들은 예언적인 설명 없이는 실행되지 않는다는 것을 분명히 말하고 있다. 세 번째 하위 단락인 8절은 야웨의 계시는 받은 것을 전하는 반복성이 있다는 것을 분명히 말하고 있다. 따라서 본문의 논리는 전체적으로 다음과 같다: 야웨는 이 재앙을 주셨고, 그 재앙을 아모스에게 계시하셨으며, 아모스는 그 재앙을 선포해야만 한다. 아모스의 말은 단지 달래는 듯한 소식을 듣기를 원하고 있는 백성들에게 재앙을 선포하는 말이 필요하다는 것을 장엄하게 변호하고 있다.

이와 유사한 책임성이 그리스도의 복음을 선포하기 위해 부름 받은 사람들에게도 타당하게 적용된다: "내가 복음을 전할지라도 자랑할 것이 없음은 내가 부득불 할 일임이라 만일 복음을 전하지 아니하면 내게 화가 있을 것임이로라"(고전 9:16).

부유한 자들의 멸절(3:9-4:3)

참고문헌

Barstad, H. M. "Die Basankühe in Amos 4:1." *VT* 25(1975) 286-97. **Beebe, H. K.** "Ancient Palestinian Dwellings." *BA* 31(1968) 38-58. **Boyle, M. O.** "The Covenant Lawsuit of the Prophet Amos 3:1-4:13." *VT* 21(1971) 338-62. **Cohen, A.** "*Šēn.*" *BMik* 23(1978) 237-38.[Heb.] **Driver, G. R.** "Babylonian and Hebrew Notes." *WO*

2, 1(1954) 19-26. ______. "Difficult Words in the Hebrew Prophets." In *Studies in Old Testament Prophecy Presented to T. H. Robinson*, ed. H. H. Rowley. Edinburgh: T. & T. Clark, 1950. 52-72. **Freedman, D. N.,** and **F. I. Andersen.** "Harmon in Amos 4:3." *BASOR* 198(1970) 41. **Gese, H.** "Kleine Beiträge zum Verständnis des Amosbuches." *VT* 12(1962) 417-38. **Glanzman, G. S.** "Two Notes: Am 3:15 and Os 11:8-9." *CBQ* 23(1961) 227-33. **Glueck, J.** "The Verb *PRṢ* in the Bible and in the Qumran Literature." *RQ* 5(1964-65) 123-27. **Jacobs, P.** "'Cows of Bashan'—A Note on the Interpretation of Amos 4:1." *JBL* 104(1985) 109-10. **Loretz, O.** "Vergleich und Kommentar in Amos 3:12." *BZ* 20(1976) 122-25. **Lurie, B. Z.** "[Amos 4:2b]." *BMik* 12, 2(30)(1966-67) 6-11.[Heb.] **Mittmann, S.** "Amos 3, 12-15 und das Bett der Samarier." *ZDPV* 92(1976) 149-67. **Moeller, H.** "Ambiguity at Amos 3:12." *BT* 15(1964) 31-34. **Parrot, A.** *Samaria: The Capital of the Kingdom of Israel.* Tr. S. H. Hooke. New York: Philosophical Library, 1958. **Paul, S. M.** "Amos iii 15-Winter and Summer Mansions." *VT* 28(1978) 358-59. ______. "Fishing Imagery in Amos 4:2." *JBL* 97(1978) 183-90. **Pelser, H.** "Amos 3:11—A Communication." *Studies in the Books of Hosea and Amos OTWSA* 7, 8(1964-65) 153-56. **Pfeifer, G.** "Die Denkform des Propheten Amos(iii 9-11)." *VT* 34(1984) 476-81. **Rabinowitz, I.** "The Crux at Amos 3, 12." *VT* 11(1961) 228-31. **Reider, J.** "דמשק in Amos 3, 12." *JBL* 67(1948) 245-48. **Rinaldi, G.** "Due note ad Amos." *RSO* 28(1953) 149-52. **Sawyer, J.** "Those Priests in Damascus." *ASTI* 8(1970-71) 123-30. **Schwantes, S.** "Notes on Amos 4:2b." *ZAW* 79(1967) 82-83. **Tucker, G. M.** "Prophetic Speech." *Int* 32(1978) 31-45. **Vesco, J. L.** "Amos de Teqoa, defenseur de l'homme." *RB* 87(1980) 481-543. **Watts, J. D. W.** "A Critical Analysis of Amos 4:1 ff." SBLASP(1972) 489-500. **Williams, A. J.** "A Further Suggestion about Amos iv 1-3." *VT* 29(1979) 206-11. **Zolli, E.** "Amos 4:2b." *Antonianum* 30(1955) 188-89.

본 문

왕실 요새의 무용성

9 아스돗의 궁들과 애굽 땅 궁들에 광포하여 이르
기를 너희는 사마리아 산들에 모여 그 성중에서
얼마나 큰 요란함과 학대함이 있나 보라 하라

Futility of royal fortifications

9 Announce it at the royal fortifications[a] in Assyria[b]
And at the royal fortifications[a] in the land[c] of Egypt.
Say: Assemble yourselves at Mount[d]
Samaria And see the great terror[e] inside it, and the oppression[f] in its midst.

10 자기 궁궐에서 포학과 겁탈을 쌓는 자들이 바른 일 행할 줄을 모르느니라 이는 여호와의 말씀이니라
11 그러므로 주 여호와께서 가라사대 이 땅 사면에 대적이 있어 네 힘을 쇠하게 하며 네 궁궐을 약탈하리라

부유한 자들을 구원하시지 않음

12 여호와께서 가라사대 목자가 사자 입에서 양의 두 다리나 귀 조각을 건져냄과 같이 사마리아에서 침상 모퉁이에나 걸상에 비단 방석에 앉은 이스라엘 자손이 건져냄을 입으리라

장엄한 것들의 전반적인 분쇄

13 주 여호와 만군의 하나님이 가라사대 너희는 듣고 야곱의 족속에게 증거하라
14 내가 이스라엘의 모든 죄를 보응하는 날에 벧엘의 단들을 벌하여 그 단의 뿔들을 꺾어 땅에 떨어뜨리고
15 겨울 궁과 여름 궁을 치리니 상아궁들이 파멸되며 큰 궁들이 결딴나리라 - 이는 여호와의 말씀이니라

사마리아의 부유한 여자들의 운명

4:1 사마리아 산에 거하는 바산 암소들아 이 말을 들으라 너희는 가난한 자를 학대하며 궁핍한 자를 압제하며 가장에게 이르기를 술을 가져다가 우리로 마시게 하라 하는도다
2 주 여호와께서 자기의 거룩함을 가리켜 맹세하시되 때가 너희에게 임할지라 사람이 갈고리로 너희를 끌어 가며 낚시로 너희의 남은 자들을 그리하리라
3 너희가 성 무너진 데로 말미암아 각기 앞으로 바로 나가서 하르몬에 던지우리라 이는 여호와의 말씀이니라

10 They do not know how to do right—Oracle of Yahweh—Those who store up violence and destruction in their royal fortifications.
11 Therefore this is what the Lord[a] Yahweh said: An adversary[b] will surround[c] the land And will bring down[d] your defenses from you, And your royal fortifications will be plundered.

No rescue for the rich

12 This is what Yahweh said: As a shepherd rescues from a lion's mouth a couple of leg bones or part of an ear, so will the Israelites who live in Samaria be "rescued"—just[a] some luxurious bedding[b] here,[a] some fine couch fabric[c] there.[a]

General demolition of the splendorous

13 Listen and testify against the house of Jacob—Oracle of the Lord Yahweh, God of the Armies—
14 For when I punish Israel for its sins, I will punish the altars of Bethel. The horns of the altar will be cut off and fall to the ground.
15 I will strike the winter house along with the summer house. The houses of ivory will perish, And the mansions[a] will be no more.—Oracle of Yahweh

The fate of Samaria's wealthy women

4:1 Listen to this word, You Bashan cows on Mount Samaria, Who oppress the poor And crush the needy. Who say to their[a] masters,[b] "Go get us something to drink."
2 The Lord[a] Yahweh has sworn by his holiness That days are coming for you[b] When they will pick you up[c] with hooks,[d] Your remains[e] with fishing pikes.[f]
3 You will be taken out[a] through the gaping holes,[b] each woman straight ahead,[c] And will be thrown[d] to Harmon.[e]

원문주해

9.a. G의 코라이스(*κώραις*)는 이 곳과 10, 11절 그리고 6:8뿐만 아니라 병행이 되는 행에서 "궁궐(요새)"이라는 뜻의 아르메노트(ארמנות)보다는 "땅들"이라는 뜻의 아르초트

(ארצות)로 읽고 있다. G의 원문은 아르메노트(ארמנות)를 어느 정도 고의적으로 변경한 것인가?

9.b. 앗수르는 일반적으로 애굽과 병행적으로 쓰이나, 아쉬돗과는 전혀 병행적으로 쓰이지 않았다. 따라서 우리는 G의 "앗수르에서"라는 뜻의 엔 앗수리오이스(ἐν Ἀσσυριοις)의 독법을 따른다.

9.c. G는 "땅들"에 대한 세 번째 내용을 생략하고 있는데, 이것은 이해가 갈 만하다.

9.d. 곧이어 나오는 단수들에 의해 지지를 받고 있기 때문에 G를 따라서 단수로 읽은 것.

9.e. 역본들 가운데 다수가 증거하고 있는 대로, 메후마(מהומה)는 여러 가지 가능한 번역들을 가지고 있다. 여기서는 "두려움, 공포".

9.f. 복수를 추상명사 복수가 되도록 취한 것.

11.a. "주"라는 뜻의 아도나이(אדוני)는 Syr 혹은 the Sahidic Coptic 어디에도 반영되어 있지 않다. 이것은 기껏해야 그 진정성을 의심하는 빈약한 증거일 뿐이다.

11.b. Tg, σ́, θ´는 차르(צר)를 "좁음, 협소"로 보았고, Vg(*tribulator*)는 "괴롭힘을 당하다"라는 뜻의 동사 차라르(צרר) 형식으로 받아들였으며, G와 ά는 지명 두로(Tyre, 초르[צֹר])로 번역했다. 이 모든 것은 문맥에 비추어 볼 때 그렇게 가능할 것 같지 않은 경우들을 반영하고 있다.

11.c. Syr(*nḥdrjh*) 그리고 아마도 Tg(*tqph*)와 Vg(*circuietur*, "둘러싸일 것이다")를 따라서 "둘러쌀 것이다"라는 의미의 예쏘베브(יְסוֹבֵב)로 읽은 것. 후자의 두 가지 경우는 모두 수동형들이다. 그러나 자음으로 된 MT를 지지해 주고 있다.

11.d. Tg와 Vg는 여기서 또한 수동형들로 읽는다. 그러나 그렇게 함으로써 아마도 여전히 자음으로 된 MT에 대한 증언을 하고 있는 것일 것이다.

12.a. 본문에서 매우 관용적으로 쓰이고 있는 비⋯우비(ב⋯וב)에 대한 번역은 문자적으로 이루어질 수 없다.

12.b. 비록 "부분, 조각"이라는 의미의 페아(פֵּאָה) II가 동일하게 가능하기는 할지라도, "사치, 호사"라는 의미의 페아(פֵּאָה) III을 가정한 것. 다의(多義)적인 불명료함이 매우 의도적이었을 수 있기 때문이다.

12.c. 단 한 번 기록에 남아 있는 어구(*hapax legomenon*)인 이 어구를 위한 여러 가지 대안들에 대한 볼프의 상세한 검토(Wolff, 196)도 여전히 "머리판에서"라는 뜻의 베에메쇼트(באמשת)로 그가 수정한 것을 지지해 주지는 못한다. 아모스서에 있는 눈에 띄는 사치품에 대한 빈번한 공격 때문에, 다메셰크(דמשק)는 분명히 "다마스크" 즉 좋은 직조물을 의미하는 것일 수 있다.

15.a. 혹은 G, Vg 그리고 Tg가 라빔(רבים)의 두 가지 의미를 모두 포함하고 있는 애매모호한 히브리어를 수정하기 위해 선택한 것과 같이 "많은(다른) 집들/건물들"이다.

위에서 언급되는 "상아"와 병행시키기 위해 종종 제안되는 라빔(רבים)을 "흑단(黑檀)"이라는 뜻의 헤비님(הבנים)으로 수정하는 것은 창의력이 풍부한 생각이기는 하나 설득력이 없다.

4:1.a. 본문은 남성과 여성 형태와 2인칭과 3인칭 형태가 혼합되어 있다. 그러므로 2인칭 여성 복수 소유격 접미어로 수정하는 것은 필요치 않다.

1.b. 혹은 만약 바알(בעל)과의 대조가 여기에 쓰이고 있는 아돈(אדון)의 용법에서 보인다면, "그들의 상위 계층 남편들에게"라는 의미도 가능하다.

2.a. "주"라는 뜻의 아도나이(אדני)가 G와 Syr에서는 생략되고 있는데, 여기서는 2차적인 것일 수 있다.

2.b. 비록 남성 접미사가 사용되고 있을지라도, 그 초점은 여전히 여자들에게 있다. 위의 "원문주해" 4:1.a.를 보라.

2.c. 3인칭 남성 단수 피엘이 부정(不定) 주어, 즉 "그들"과 함께 여기에 쓰이고 있다.

2.d. 비록 첸(צֵן, 도살하는?) 연결 고리가 더욱 그럴듯한 어휘일지라도, 역본들은 대개 "방패들"이라는 뜻의 차나(צנה) II의 복수형으로 읽고 있는 듯하다.

2.f. 씨로트(סירות)를 "주전자"로 보고, 두가(דוגה)를 "…에 불을 놓다"라는 뜻의 달라카(דלקה)로 읽고(Wolff, 204, n. j.도 그렇다), 또한 쉽게 설명할 수 없는 다른 조합들에 의해 G는 2bβ를 아주 다르게 번역하고 있다.

3.a. "너는 끌려갈 것이다(제거될 것이다)"라는 의미의 G의 수동형(*ἐξενεχθήσεσθε* – 엑세네크데세스데)은 원래적으로 의도된 발음인 투체나(תֻּצֶאנָה) 혹은 그와 같은 것을 반영하고 있는 것이라고 가정하여 생각한 것.

3.b. "무너진 데(터진 구멍)"라는 의미의 페라침(פרצים)은 여기서 부사적으로 사용되고 있는 것이 분명하다.

3.c. 혹은 비록 수 6:5, 20에 있는 병행적인 용법이 한정사이기는 할지라도, "한 줄로 모두가"로 볼 수도 있다.

3.d. "너는 끌려갈 것이다(제거될 것이다)"라는 의미의 G의 수동형 아포르리페세스데(*ἀπορριφήσεσθε*)는 아마도 히브리어의 훕알 발음을 바르게 반영하고 있는 것일 것이다.

3.e. G의 "림몬 산으로"라는 뜻의 에이스 토 오로스 토 렘만(*εἰς τὸ ὄρος τὸ Ρεμμαν*)은 하르 하레모나(הר הרמונה) 혹은 하하르 하레몬(ההר הרמון)을 읽었을 가능성이 있다. 만약 헬몬 (산)을 의미하는 것이라면 하레모나(הרמונה)로 수정하는 것이 요구될 수도 있다.

양식/구조/배경

본문은 사마리아를 향해서 선포되는 네 개의 신탁들을 가지고 있다: 3:9-11; 3:12; 3:13-15; 4:1-3. 이 네 개의 신탁들은 서로 독립적인 것인가? 아니면 하나의 통합된 전체의 하위 단락들을 이루고 있는 것인가? 다음과 같은 이유들로 비추어 볼 때 후자의 생각이 좀 더 나은 견해다. (1) 각각의 신탁들은 사마리아의 타락한 부의 형태와 관련된 측면을 묘사하고 있다. 따라서 네 개의 신탁들은 사마리아의 언약적 불신실의 범위를 묘사하기 위해 조화롭게 기능하며 서로 보충적인 형식을 보이고 있다. (2) 각각의 신탁들은 선명하게 묘사된 간략한 오경적 언약 저주로 결론을 맺고 있다. (3) 각각의 신탁들은 야웨가 인용되고 있는 것을 분명하게 나타내 주는 내용을 가지고 야웨를 직접적으로 인용하고 있다. (4) 각각의 신탁들은 이방 대적에 의해 장차 수도가 패배당할 것을 가정하고 있다. (5) 각각의 신탁들은 아이러니 혹은 조롱하는 어조로 사마리아를 자족하는 높은 수준의 삶과 연관시키고 있다. (6) 각각의 신탁들은 병행법적인 산문으로 구성되어 있다.

물론 차이점이 있다. 예를 들어, 3:12은 다른 세 개의 신탁들보다 더욱 분명한 산문이다. 3:12만이 "들으라"는 뜻의 샤마(שמע)의 어간에서 파생된 복수 명령법으로 시작하고 있지 않다(합리적으로 이것은 몇몇 사람들로 하여금 이 구절을 3:9-11에 대한 결론 부분으로 생각하도록 만들어 주고 있음). 그리고 3:13-15만이 1인칭 동사 형태들을 사용하고 있다. 그러나 연결을 위한 증거는 이론적인 분리를 위한 증거보다 더 중요하다.

본문은 아마도 논쟁 형식과 메신저 형식을 함축하고 있는 부분적인 언약 법률 소송 형식을 가장 잘 보여 주는 것일 것이다. 각각의 신탁들은 야웨의 율법 앞에 사마리아가 죄를 지은 것에 대한 증거와 그 백성 혹은 그 일부에 대한 심판 선언을 포함하고 있다. 3:9, 13에 나오는 이스라엘의 죄목들을 증언하는 복수 호출들은 언약적 법률 소송의 특성들이다. 그렇지만 야웨의 말씀들의 인용(3:10, 11, 12, 13, 15; 4:1, 2)에 대한 반복적인 강조는 전령자 담화처럼 들린다. 사마리아의 화려한 삶에 대한 조롱은 논쟁의 한 유형을 생각나게 해준다. 그래서 양식은 엄격하게 분류될 수가 없다.

운율은 전반적으로 매우 불규칙적이다. 균형 잡힌 이행연구(二行連句)들 혹은 삼행연구(三行聯句)들이 운용되고 있는 것이 발견되지 않는다. 몇몇 구절들은 대부분이 혹은 전적으로 산문으로 이루어져 있는 것 같다(3:10, 12, 13, 14; 4:3).

그리고 다른 구절들은 명백하게 병행적인 산문 혹은 자유로운 형태의 절이다. 그렇지만 각각의 신탁들은 그 문장들의 대부분에서 구조적인 균형 혹은 "병행법"을 보여 주고 있다. 예를 들어, 3:12이 그런 모습을 보여 주고 있는데, 이 구절에서 (양의) 몸의 두 부분은 사마리아의 화려한 장신구의 두 가지에 비유되고 있다.

3:11; 4:1-3에 나오는 사마리아 사람들에 대한 직접적인 이야기와 아모스가 직면해야만 했던 7:10-17에서 얻게 되는 우리의 지식으로 볼 때, 복합적 신탁인 이 네 가지 부분의 배경은 사마리아였던 것 같다. 그러나 예언서들은 먼 곳에 대한 직접적인 이야기를 매우 많이 가지고 있기 때문에(참조. 3:9에 나오는 앗수르와 애굽), 어떤 장소에 대한 야웨의 말씀은 바로 그 장소에서 전해진 것이라고 단정지어 말할 수가 없다. 마찬가지로 우리는 아모스 사역의 어느 시기에 이 말씀들이 전해졌는지에 대해서도 말할 수 없다. 이 말씀들은 다른 말씀들 가운데 있는 여로보암 2세와 아마샤에 대해 진노했던 말씀들(7:10, 12) 가운데 있었음이 분명하다.

주석

9 하나님은 하나님을 모르거나 그의 율법을 지키지 않는 열방의 지도층을 초대하여 불러들일 사자(使者)와 같은 자들에게 자신의 말씀을 주고 계신다. 하나님 자신의 백성들 안에서 이루어지고 있는 공포의 패역한 통치를 증언하기 위해서다. 주전 8세기와 그 이전에 무정한 제국주의로 그리고 약소 민족들을 복속시킨 것(신 6:12; 호 7:8-11; 9:3; 욘 3:8; 사 10:5-11; 미 5:6)으로 잘 알려진 초강대국 앗수르와 애굽은 이스라엘에 비해서 나을 것이 전혀 없는 나라들이었다. 궁들(왕실 요새들; ארמנות – 아르메노트)은 여러 층, 여러 개의 방으로 이루어진 건물들로 인상적이었다. 그 궁들 안에는 계층 구조로 된 고대 사회의 유한(有閑) 계급(왕실과 귀족)이 살며 안락하게 "일했다". 다른 사람들의 노동에 의지해서 사는 데 오랫동안 익숙해져 있었던 사람들조차 사마리아에서 자행된 착취의 정도를 보고는 놀라게 될 것이다. 그들이 사마리아의 "큰 요란함(큰 혼란, 당혹)"(מהומת רבות – 메후모트 라보트)을 보도록 초청 받고 있다. 일반적으로 라브(רב) 혹은 그와 유사한 형용사와 문법적으로 결합되는 메후마(מהומה)라는 용어는 신명기에서 처음 나타나는데, 종종 전쟁의 매우 당황스러운 상태를 말한다(예를 들어, 신 7:23; 28:20; 삼상 5:9; 사 22:5). 따라서 "평강" 혹은 "안전"과는 정반대의 상황을 나타내는 것으로서(참조. 대하 15:5), 이 용어는 권력을 가지고 있는 자들의

권한에서 이루어지는 폭력에서 그 어느 누구도 안전하지 않은 여건들을 암시해 주고 있다. “학대함”(עשוקים – 아슈킴)은 상대적으로 강대한 사람이 상대적으로 힘이 없는 사람을 통제하는 것, 즉 복속을 직접적으로 의미한다(참조. 전 4:1; 렘 22:3). 아모스 당시의 사마리아는 상류 계층의 소수에 의해 그리고 그들을 위해 커다란 부가 통제되고 있었으며, 착취당하는 대중들은 두려움에 사로잡혀 있었다.

10 사마리아의 사치스러운 생활을 낳은 것에 대한 책임을 져야 할 지도자들은 자신들의 압제의 통치에 너무 익숙해져 있어서 “옳은” 것이 무엇인지를 모르고 있었다(네코하[נכחה]는 영어에서 **옳은**이라는 말과 같이, 단순히 공의롭고, 정직하며, 예의바르고, 정당한 것을 의미한다). 달리 말하면, 사마리아 사회는 모세 언약이 말하고 있는 기준들, 즉 아모스가 더 강화하도록 하나님이 지명하신 그 기준들로부터 그렇게나 철저하게 떨어진 세월을 보냈다. 그래서 사마리아의 성읍민들은 전반적으로 그 기준들이 무엇인지 모르고 있었던 것이다. 그 기준들 대신에 받아들인 기준들은 사람들을 이기적으로 그리고 사치스럽게 살도록 허용해 준 도덕관념이 없는 가나안-팔레스타인의 기준들이었다. 그 기준들은 다른 사람들을 약탈하고, 제한이 없이 그들의 소유물들을 늘리며, 실제적으로 어떤 인간적 혹은 관능적인 즐거움에 탐닉하도록 한 그런 기준들이었다. 가나안 사람들은 실제로 그들의 개인적 혹은 사회적 도덕성에 대한 어떤 언약적 요구도 가지고 있지 않았고, 희생제도를 통해 그들이 단지 열심히 숭배하고 경제적으로 그런 예전을 지원하기만 하는 한 종교적으로 합법적이었다.

신탁은 이런 사람들의 보물과 값비싼 소유물들(참조. 12, 15절)을 포학과 겁탈(חמס ושד – 하마쓰 봐쇼드)로서 은유(隱喩)적으로 묘사하고 있다. 이런 두 가지 어휘는 구약의 선지서에서 실제적으로 사회의 여건들이 일반적으로 파괴된 것에 대한 짧고 빠른 묘사로서의 중언법(重言法)으로(렘 6:7; 20:8; 사 60:18; 겔 45:9; 합 1:3; 2:17), 그리고 정의와 공의의 개념과 반대되는 의미로서 종종 함께 쓰이고 있다. 쇼드(שד)가 절대적으로 그런 것은 아니지만 주로 재산에 대한 폭력과 관련되어 있는 반면에(호 10:14; 미 2:4; 옵 1:5), 하마쓰(חמס)는 공격과 피흘림을 포함하는 사람에 대한 폭력의 의미를 내포하고 있다(참조. 욥 16:17; 렘 51:35; 합 2:8; 겔 7:23). 이런 두 가지 어휘 모두를 통해 사람들과 그들의 재산에 대한 능욕과 학대의 모든 범위를 포함하고 있다. 왕실 요새들의 보물들, 값비싼 가구들 그리고 부유한 귀족들이 역겹게 만들어 낸 이윤은 하나님의 눈에는 가치를 지닌 자산이 아니라, 옳고 그름의 기본적인 의미조차 보여 주지 못하는 타락으로 말미암아 무구한 자들에 대해 저지른 끔찍한 죄목들에 대한 증거를 보여 주는 것이었다.

11 언약적 징벌이 그런 성읍을 향해 내려져야만 한다. 신탁은 적어도 세 가지의 구체적인 오경적 저주 유형들의 성취를 선포하고 있다. 또한 이 세 가지의 저주 중에 어떤 것은 전쟁과 전쟁의 참화를 말하는 저주 유형 3 아래에 포함될 수 있다(특별히 "…네가 의뢰하는 바 높고 견고한 성벽을 다 헐며…"라고 말하고 있는 신 28:52을 참조하라). 이 저주의 내용들은 (1) 그 땅을 대적이 점령할 것이라는 사실에 대한 예언이며(유형 5; 참조. 신 28:47-57), (2) (요새화된) 성읍들의 파멸이고(유형 9b; 또한 신 28:43에 나오는 "낮아지다"라는 뜻의 야라드[ירד]의 용법과 "내가 너희의 **세력**을 인한 교만을 꺾고"라고 말하는 레 26:19의 "세력[힘]"이라는 뜻의 오즈[עז]의 용법을 참조하라) 그리고 (3) 저주 유형 17인 소유를 잃음/가난하게 됨을 말하고 있다(참조. 신 28:31). 또한 믿었던 물건들이 전혀 방어를 해주지 못할 것이라는 점에서, 여기서 무익하게 되는 저주(유형 15)의 흔적을 찾을 수 있다.

12 요새들에 두는 신뢰의 어리석음에서 부(富)에 두는 신뢰의 어리석음으로 그 강조점이 약간 전환되고 있다. 폭력으로 인한 죽음은 폭력으로 자신들의 재물을 얻은 것이 분명한 사람들의 종말이 될 것이다. 보존의 상태가 본 절을 정확하게 번역되도록 하고 있다는 것을 가정한다면(본문 "원문주해"를 보라), 본 절은 언약적 저주 유형 24를 성취하는 어떤 운명을 묘사하고 있다. 즉 죽음과 파멸의 저주(참조. 신 4:26; 28:20; 29:20)와 또한 아마도 많은 사람이 죽어서 숫자가 줄어드는 것을 말하는 저주(유형 12, 레 26:21-22; 신 28:62; 32:36)와 황폐화(유형 9, 레 26:32-35; 신 28:51)를 말하는 것을 묘사하고 있다. 물론 이 세 가지 유형들은 비슷하고 서로 연관되어 있다. 커다란 수도 성읍과 그 거주민들은 그렇게 파멸될 것이고, 단지 한때 부를 자랑했던 그 성읍의 한 부분만이 발견될 수 있을 것이다. 자신들의 사치와 장식품들을 누렸던 사람들에 대한 이런 위협적인 선언에는 조롱과 비웃는 어조가 묻어 있다. 대부분의 이스라엘 백성들이 한 장 돗자리 위에서 잠을 자고 땅바닥 위에 앉아 있는 동안에, 사마리아의 부유한 계층은 일반 백성들이 결코 가질 수 없었던 값비싼 가구에 탐닉해 있었다.

13 복수 명령법인 "듣고"와 "증거하라"(שמעו והעידו – 쉬므우 베하이두)의 주어는 표시되어 있지 않다. 다양하고 구체적인 가능성들 중에서(일반적으로 선지자들, 3:9의 이방 나라 지도자들, 아모스 한 사람, 이스라엘 성읍민들) 그 어떤 것도

문맥에 꼭 맞지 않는다. 오히려 법정 소송 절차와 관련된 어법의 목적은 단순하게 청중을 언약 법률 소송 개념에 유의하도록 해주고 있다. 나라가 소송 중이다. 야웨는 그에 대한 증거를 주시하고 그의 판결을 듣는 증인들을 불러들이고 있는 말하는 자이다. "야곱의 족속(집)"이라는 뜻의 베트 야아콥(בית יעקב)이라는 어구를 사용함으로써, 야웨는 사마리아 사람들에게 그들은 주전 8세기의 단순한 국제 정치적 존재가 아니라 족장들로부터 시작된 실제적 연속체의 한 부분이며(참조. 5:15; 6:8; 7:2, 5, 9, 16; 8:7) 하나님의 언약의 결속으로 묶여 있는 백성들이라는 점을 되새겨 주고 있다. 사람들의 기원에 호소하는 것은 현재 그들의 방탕한 상황에 그들 자신들의 주의를 집중하게 하는 하나의 효과적인 방법이다. 따라서 구약의 선지자들과 신약의 사도들(아마도 바울이 사용한 가장 보편적인 교화 방법이었을 것임)에 의해 널리 사용되었다.

야웨는 이 절들에서 말하는 자의 역할을 두 번 하고 있다는 것(13절과 15절)이 청자/독자에게 상기되고 있다. "주 여호와 만군의 하나님"이라는 확대된 칭호는 아모스서의 다른 어느 곳에서도 사용되고 있지 않다.

[14] 사마리아의 죄에 대한 증거는 하나님의 심판 선언 문장에 섞여 있다. 비록 많은 의미(세다, 맡기다, 참석하다 등등)를 가지고 있는 파카드(פקד)가 예언서들에서 종종 "징벌하다"라는 의미를 가장 많이 나타낼지라도, 두 번 쓰인 이 파카드(פקד)의 용법은 언약적 어법을 반영해 주고 있다(신 5:9; 레 18:25 등등). 이스라엘은 무슨 일을 지질렀는가? 이스라엘은 수많은 세월 동안 나라의 전역에서 언약적 잘못을 저지른 횟수를 의미하는 "죄들"(פשעים – 피쉬에임)을 두루두루 저질렀다. 그러나 이스라엘의 주된 죄는 벧엘에 의해 대표적으로 나타내지고 있다. **벧엘에 단들**이 있다는 것은 모든 것을 말해 준다. 이스라엘은 어떤 불법적인 장소(신 12장; 호 4:15)에서 모세 언약(출 20:3, 4)을 범하면서 우상 숭배를 통해 예배를 드린 것이다(왕상 12:28-30; 호 13:2). 이 죄로 인한 징벌은 그 예전을 파멸하는 것이 될 것이다(저주 유형 2; 참조. 레 26:31, "내가…너희 성소들로 황량케 할 것이요").

[15] 벧엘의 단들은 그 단들로 오는 사람들, 특별히 사마리아에서 찾아오는 사람들을 위해 사용되었다(참조. 7:13). 만약 우상 숭배의 집이 파멸되어야만 한다면, 그 숭배자들의 집 역시 그렇게 되어야만 한다(저주 유형 9; 성소들과 성읍들의 동시적인 파멸을 언급하는 레 26:31이 현재 신탁의 유사한 어법 뒤에 있는 것이라고 볼 수 있는가?). 본 절은 두 개의 짝을 이루는 말을 포함하고 있다. 그 짝을 이루

는 말(겨울 궁과 여름 궁…; 상아궁들…큰 궁들)은 "집"이라는 어휘 베트(בית)를 네 번 포함하고 있다. 이것은 13절(야곱의 족속[집])의 용법과 "하나님의 집"이라는 뜻을 가진 벧엘의 이름 속에 베트(בית)가 들어 있는 14절에서 쓰인 용법을 반영해 준다. "궁들(왕실 요새들)"이라는 뜻의 아르모노트(ארמנות)와 같은 이스라엘의 종교적인 그리고 세속적인 커다란 집들은 나라의 부패를 기념적으로 나타내는 상징물을 이루고 있었다. 야웨는 그런 건물들을 치실 것이고(נכה – 나카; 참조. 레 26:24; 신 28:22, 27, 28, 35), 그것들은 무너질 것이다(אבד – 아바드; 참조. 레 26:38; 신 4:26; 28:20, 22; 30:18). "상아궁"에 대해서는 다음을 참조하라: 6:4; 왕상 22:39; 시 45:8 그리고 A. Parrot, *Samaria*(New York: Philosophical Library, 1958).

4: 1 복합적인 신탁의 마지막 개별적인 단위는 사마리아의 오만한 여자들을 치는 것이다. 이것은 예루살렘의 교만한 여자들을 치는 이사야의 후대에 전한 신탁과 매우 유사한 내용인데, 그 이사야의 신탁(사 3:16-4:1)은 산문/시 형태가 혼합되어 있는 문체로 구성되어 있다. 사마리아의 지도층 여자들은 은유(隱喩)적으로 살진 암소들(פרות הבשן – 파로트 하바샨)에 연결되고 있다. 바산의 커다란 요단 동쪽 지역은 그 가축 떼의 수(신 32:14; 겔 39:18; 시 22:12)와 그 풍성한 목초지(미 7:14; 렘 50:19)로 널리 알려져 있다. 현재 이야기되고 있는 이 신탁이 토대를 두고 있는 것은 아마도 신명기 32:13에서 시작되는 다음과 같은 풍유(諷喩)적 비유일 것이다: 살진 동물들이 그 주인을 대항하여 반역을 하면, 박탈을 당하고 파멸되는 징벌을 받아야만 한다(즉 여기서는 문자적이라기보다는 아이러니하게 그리고 은유적으로 적용되고 있는 저주 유형 12b와 더불어 저주 유형 12).

그런 여자들은 두 가지의 사회적인 방향에서 감당해야만 할 것을 감당하지 못한 책임감이 없는 죄를 지은 것이다: 하층민들을 향해서 그리고 상층민들을 향해서. 그들은 가난한 자들과 궁핍한 자들(דלים…אביונים – 달림…에브요님, 사회의 의존적인 사람들을 나타내는 전형적인 병행법)을 학대하며 압제했다. 즉 그들 자신의 개인적인 유익과 권세를 위해 능욕하고 모욕했다. 그런 뒤에 그들은 자신들의 주인들(אדניהם – 아도네헴), 즉 남편들에게 집안에서 이루어지는 일을 해 달라고 요구했다. 일반적인 관행에 따르면, 그런 일은 그들 자신들이 해주어야만 하는 일들이었다. 그 여자들은 사실상 자신들의 가정을 교만하게 주도하고 있었던 것이다(참조. 딤전 3:11은 여자 편에서 주도해야 할 일에 대해 말하고 있다). "우리로 마시게 하라"(ונשתה – 베니쉬테; 참조. 2:8; 잠 4:17; 31:4-5)는 내용은 이 여자들에게 무책임하고 무정한 인상을 더해 주고 있다.

2 절대적으로 피할 수 없는 죽음과 파멸(저주 유형 24; 참조. 신 28:20, "망하며 속히 파멸케 하실 것이며"; 신 32:25, "…멸망하리니 청년 남자와 처녀…" 등등)이 "자기의 거룩함"(בקדשו – 베카드쇼)을 두고 선언하시는 야웨의 맹세로 확고히 결정되고 있다. "자기의 거룩함"(בקדשו – 베카드쇼)이라는 용어는 언약을 강화하기 위한 하나님의 결단을 나타내는 시편 89:35의 문맥에서 잘 알려져 있는 표현이다(또한 히 6:13-20; 7:20-22을 참조하라). "때가…임할지라"(ימים באים – 야밈 바임; 참조. 렘 7:32; 9:24; 16:14)는 말은 재앙적인 파멸이 이기적인 안락함을 빠르게 대치해 버릴 새로운 시대를 나타낸다(참조. 신 4:25-26).

신탁은 사마리아의 잔혹하도록 **커다란 재앙**을 내려 줄 징벌을 다음과 같이 말하고 있다: 끔찍한 죽음(죽어 묻히지 못한다는 저유 유형 22와 죽음을 말하는 저주 유형 24를 반영하는 것)과 포르로 잡혀가는 것(아래의 3절)이 뒤섞인 그런 두려운 재앙이다. 이와 같이 혼합된 재앙은 오경적 저주들에서 일반적으로 볼 수 있다. 즉 언약을 깬 자들의 일부는 죽고, 다른 일부는 포로로 잡혀가고, 또 다른 일부는 죽어 포로로 끌려간다(예를 들어, 신 28:63; 레 26:38). 여기서 죽은 자들이 포로로 잡혀가는 것과 같은 종류는 그 두 가지 저주 유형을 함께 묶어 표현한 것이다. 여기서 묘사하는 장면은 레위기 26:30이 전해 주는 분위기를 가지고 있다: "내가…너희 시체를 파상한 우상 위에 던지고…."

3 완전히 정복된 성읍 사마리아는 그 성벽 둘레 전체에 무너진 틈과 구멍(פרצים – 페라침)이 생겨서 실제로 어떤 방향으로든지 빠져나갈 수 있었을 것이다. 여호수아 6:5, 20은 어떻게 이스라엘 백성들이 여리고 성벽을 기어 올라가서 성읍을 "향해 앞으로"(איש נגדו – 이쉬 네그도) 올라갔는지 묘사해 주고 있는데, 이것은 본 절의 이쉬 네그다흐(איש נגדה)와 정확하게 병행되는 표현이다. 한때 교만했던 사마리아 여자들의 죽은 몸은 마치 고기 덩어리와 같이 들려질 것이고, 가장 가까이에 뚫린 성벽의 틈새로 밖을 향해서 던져질 것이다(שלך – 샬라크). 샬라크(שלך)의 호팔형이 다른 곳에서 추방(렘 22:28)과 죽은 시체를 던져 버리는 것(사 34:3; 겔 16:5; 그리고 특별히 렘 14:16)과 연결되어 사용되고 있기 때문에, 본 절은 문자적이면서 은유(隱喩)적인 예언, 즉 추방(저주 유형 13)과 죽음을 모두 그려 주고 있는 것이라고 생각할 수 있다. 단 한 번 기록에 남아 있는 어구(*hapax legomenon*)인 "하르몬"(Harmon)은 무엇을 말하고 있는 것인지 풀리지 않고 있다. 이에 대해서 고대 역본들의 대안들("원문주해" 3.e.)뿐만 아니라 "왕실

요새"인 아르몬(ארמון), 림몬(참조. 삿 20:45, 47), "벌거벗겨진"이라는 뜻의 צרמות 그리고 "파멸되기로 드려진"이라는 뜻의 החרמתנה에 이르기까지 다양한 수정안들이 있다. 여자들의 시체는 멀리 버려졌거나(하르몬 산?) 아니면 쓰레기장에 버려졌음이 분명하다. 그러나 이에 대해서는 구체적으로 아무런 이야기도 하고 있지 않다.

해설

이 복합적인 신탁의 네 가지 단위 전체를 통해 현재 벌어지고 있는 사마리아의 유흥과 사치는 다가올 두려운 일들과 대조를 이루고 있다. 쾌락을 찾는 자들이 거하는 성읍은 그 재물이 탈취당하고, 안락함이 파괴되며, 그 예전이 파멸되고, 그 백성들이 잡혀가 죽고 포로로 끌려가는 것을 목도하게 될 것이다. 어떻게 예의 바르게 살아야 할 것인지(3:10)를 잊어버려서 언약을 철저히 조롱한 자들을 대항하여 자신의 언약을 강화하시는 야웨는 자비를 보여 주지 않으실 것이다. 재난은 다른 백성들과 다른 시대를 위한 것이라고 분명히 생각하고 있는 귀족들이 살고 있는 성읍 위에 "재난의 모든 종류"(신 28:61)가 임할 것이다. 남자들과 마찬가지로 여자들도 야웨의 특별한 백성들인 가난한 자들이 학대를 받는 것에 대해 똑같이 책임을 져야만 한다. 사마리아의 죄는 많다. 그에 대한 징벌은 가혹할 것이다. 높은 생활 수준을 가진 성읍은 죽어 없어질 것이다.

예로서 나열되는 지난 징벌들(4:4-13)

참고문헌

Berg, W. *Die sogenannten Hymnenfragmente im Amosbuch.* Bern: Lang, 1974. **Botterweck, G. J.** "Zur Authentizität des Buches Amos." *BZ* n.f. 2(1958) 176-89. **Boyle, M. O.** "The Covenant Lawsuit of the Prophet Amos 3:1-4:13." *VT* 21(1971) 338-62. **Brueggemann, W.** "Amos 4:4-13 and Israel's Covenant Worship." *VT* 15(1965) 1-15. **Carny, P.** "Doxologies: A Scientific Myth." *Hebrew Studies* 18(1977)

149-59. **Crenshaw, J. L.** "A Liturgy of Wasted Opportunity: Amos 4:6-12." *Semitics* 1(1970) 27-37. ______. "Amos and the Theophanic Tradition." *ZAW* 80(1968) 203-15. **Crüsemann, F.** *Studien zur Formgeschichte von Hymnus und Danklied in Israel.* WMANT 32. Neukirchen-Vluyn: Neukirchener Verlag, 1969. 97-106. **Fensham, F. C.** "Common Trends in Curses of the Near Eastern Treaties and *Kudurru* Inscriptions Compared with Maledictions of Amos and Isaiah." *ZAW* 75(1963) 155-75. **Foresti, F.** "Funzione semantica dei brani participiali di Amos: 4, 13; 5, 8s; 9, 5s." *Bib* 62(1981) 169-84. **Galling, K.** "Bethel und Gilgal." *ZDPV* 66(1943) 140-55; 67(1944-45) 21-43. **Gaster, T. H.** "An Ancient Hymn in the Prophecies of Amos." *Journal of the Manchester Egyptia and Oriental Society* 19(1935) 23-26. **Horst, F.** "Die Doxologien im Amosbuch." *ZAW* 47(1929) 45-54. **Koch, K.** "Die Rolle der hymnischen Abschnitte in der Komposition des Amos-Buches." *ZAW* 86(1974) 504-37. **McCullough, W.** "Some Suggestions about Amos." *JBL* 72(1953) 247-54. **Muilenburg, J.** "The Linguistic and Rhetorical Usages of the Particle כי in the Old Testament." *HUCA* 32(1961) 135-60. **Nishizu, T.** "Amos 4:4-5: A Post-Exilic Redaction." *Nanzan Shingaku* 6(Feb. 1983) 1-21.[Japanese] **Ramsey, G.** "Amos 4:12 —A New Perspective." *JBL* 89(1976) 187-91. **Rudolph, W.** "Amos 4:6-13." In *Wort—Gebot—Glaube: Beiträge zur Theologie des Alten Testaments. FS W. Eichrodt.* Ed. J. J. Stamm et al. ATANT 59. Zurich: Zwingli, 1970. **Watts, J. D. W.** "A Critical Analysis of Amos 4:1ff." Society of Biblical Literature, 1972, SBLASP(1972) 489-500. ______. "An Old Hymn Preserved in the Book of Amos." *JNES* 15(1956) 33-39. ______. *Vision and Prophecy in Amos.* Grand Rapids: Eerdmans, 1958. 51-67. **Weiser, A.** "Zu Amos 4:6-13." *ZAW* 46(1928) 49-59. **Youngblood, R.** לקראת in Amos 4:12." *JBL* 90(1971) 98.

본 문

불법적인 숭배에 대한 풍자적인 부름

4 너희는 벧엘에 가서 범죄하며 길갈에 가서 죄를
더하며 아침마다 너희 희생을 삼 일마다 너희 십
일조를 드리며
5 누룩 넣은 것을 불살라 수은제로 드리며 낙헌제
를 소리내어 광포하려무나 이스라엘 자손들아 이
것이 너희의 기뻐하는 바니라 - 이는 주 여호와의

A sarcastic call to illegal worship

4:4 Come to Bethel and rebel, To Gilgal and rebel
even more! Bring your sacrifices every morning And
your tithes every three days.
5 Burn[a] a thanksgiving offering of leavened bread:
Announce loudly free will offerings,[b] For this is
what you love, Israelites!—Oracle of the Lord

말씀이니라

경고로서 이미 성취된 저주들:

기근

6 또 내가 너희 모든 성읍에서 너희 이를 한가하게 하며 너희 각처에서 양식이 떨어지게 하였으나 너희가 내게로 돌아오지 아니하였느니라 - 이는 여호와의 말씀이니라

가뭄

7 또 추수하기 석 달 전에 내가 너희에게 비를 멈추어 어떤 성읍에는 내리고 어떤 성읍에는 내리지 않게 하였더니 땅 한 부분은 비를 얻고 한 부분은 비를 얻지 못하여 말랐으매

8 두세 성읍 사람이 어떤 성읍으로 비틀거리며 물을 마시러 가서 만족히 마시지 못하였으나 너희가 내게로 돌아오지 아니하였느니라 - 이는 여호와의 말씀이니라

농경적인 재앙

9 내가 풍재와 깜부기 재앙으로 너희를 쳤으며 팟종이로 너희의 많은 동산과 포도원과 무화과나무와 감람나무를 다 먹게 하였으나 너희가 내게로 돌아오지 아니하였느니라 - 이는 여호와의 말씀이니라

유행병과 전쟁

10 내가 너희 중에 염병이 임하게 하기를 애굽에서 한 것처럼 하였으며 칼로 너희 청년들을 죽였으며 너희 말들을 노략하게 하며 너희 진의 악취로 코를 찌르게 하였으나 너희가 내게로 돌아오지 아니하였느니라 - 이는 여호와의 말씀이니라

평지 성읍들의 운명

11 내가 너희 중의 성읍 무너뜨리기를 하나님 내가 소돔과 고모라를 무너뜨림같이 하였으므로 너희가 불 붙는 가운데서 빼낸 나무 조각같이 되었으나 너희가 내게로 돌아오지 아니하였느니라 - 이는 여호와의 말씀이니라

아직 임하지 않은 가장 최악의 재앙

12 그러므로 이스라엘아 내가 이와 같이 네게 행하리라 내가 이것을 네게 행하리니 이스라엘아 네 하나님 만나기를 예비하라

Yahweh

Curses already fulfilled as warnings:

Famine

6 I even gave[a] you empty mouths[b] in all your cities and a lack of food in all your towns.[c] But you did not return to me.—Oracle of Yahweh

Drought

7 I even withheld rain from you for three months prior to the harvest. (I would cause it[a] to rain on one city, yet prevent it from raining on another. One field would get rain, while a field on which no rain fell would dry up.

8 Two or three cities would stagger[a] over to another city to get water to drink, but could not get enough.) But you did not return to me.—Oracle of Yahweh

Agricultural disaster

9 I attacked you with blight and mildew.[a] When your gardens and vineyards increased, Locusts would devour[b] your fig trees and olive trees. But you did not return to me.—Oracle of Yahweh

Pestilence and war

10 I sent plagues[a] among you as it was in Egypt. killed your young men with the sword and your horses were captured;[b] I caused the stench Of your camps to rise right into your nostrils.[c] But you did not return to me.—Oracle of Yahweh

The fate of the cities of the plain

11 I overthrew some[a] of you as God overthrew Sodom and Gomorrah so that you were like a log pulled away from the conflagration. But you did not return to me.—Oracle of Yahweh

The worst yet to come

12 Therefore this is what I will do to you, Israel, Because this is what I have already been[a] doing to you. Prepare to meet[b] your God, Israel,

13 for he is:

찬양 조각 1번
13 대저 산들을 지으며 바람을 창조하며 자기 뜻을 사람에게 보이며 아침을 어둡게 하며 땅의 높은 데를 밟는 자는 그 이름이 만군의 하나님 여호와니라

Hymn Fragment No. 1
The Shaper[a] of the mountains[b] and the creator of the wind, Who reveals to human beings what his plan[c] is, The one who turns the dawn into[d] darkness And walks the earth's heights. Yahweh God of the Armies is his name.

원문주해

5.a. 연속적으로 쓰이는 실제적인 어떤 정동사를 대신하는 것으로서 부정사 절대형을 사용하는 용법에 대해서는 GKC, 113z; Joüon, 123x; 혹은 T. O. Lambdin, *Introduction to Biblical Hebrew*(New York: Scribners, 1971) 158-59를 보라.

5.b. Syr의 *wndrw ndr'*은 "낙헌제"라는 뜻의 네다보트(נדבות)에 있는 베트(ב)를 레쉬(ר)로 읽은 것이 분명하다.

6.a. G의 "줄 것이다"라는 뜻의 도소(*δώσω*)는 예언적 완료, 즉 일종의 예견을 가정하고 있는 것이다. 단지 실제적으로 7, 9절 등에 있는 모든 미완료가 전환되지 않도록 다시 점이 찍히는 경우에만 기술적으로 가능할 수 있을 것이다.

6.b. 문자적으로는 "치아가 깨끗한 것", 즉 음식이 없는 것을 말한다. 여기서 역본들은 이 숙어를 문자적으로 그리고 이해하지 못한 채로 번역하고 있다. 심지어 G는 "치통"이라는 뜻의 곰피아스몬 오돈톤(*γομφιασμὸν ὀδόντων*)으로 번역하기조차 한다.

6.c. 즉 (좀 더 커다란) 성읍들에 반대되는 것으로서 (작은) 마을들이 아니라, "사람들이 살았던 곳은 어느 곳이나"라는 의미.

7.a. G는 여기와 7절과 8절에 이어 나오는 곳에서 이 신탁을 회고적이라기보다는 예견으로 보면서 동사들을 미래(Vg 또한 부분적으로 그렇게 함)로 나타내고 있다.

8.a. G의 "모여질 것이다"라는 뜻의 쉬나드로이스데손타이(*συναθροισθήσονται*)는 "비틀거리다"라는 뜻의 누아(נוע)가 아니라 나아드(נעד)라고 읽은 것이다. 알파벳의 자음을 바꾸는 일이 G에 앞서 일어난 것일 수도 있다.

9.a. G는 "풍재(시들음)"라는 뜻의 쉬다폰(שדפון) 대신에 "열(熱)" 혹은 "작열"이라는 뜻의 퓌로세이(*πυρώσει*)를 쓰고 있고, "깜부기(곰팡이)"라는 뜻의 예라콘(ירקון) 대신에 "마름병" 혹은 "노랗게 되는 것/황달"이라는 뜻의 이크테로(*ἰκτέρῳ*)를 쓰고 있다. 이 두 가지 어휘들은 단지 해석된 것일 뿐이지만, 모두 여전히 MT를 지지해 주고 있다.

9.b. σ', θ', Vg, Tg가 하는 것과 같이, G는 정동사 형태인 에플레뒤나테(*ἐπληθύνατε*)의 그 용법에서조차 "삼키다"라는 뜻의 하르보트(הרבות)를 입증하고 있다. 하라브(חרב)의 히필형으로 일반적으로 수정하는 것은 매우 불필요하다. 진술이 부분적으로 주는 맛은 허무하게 되는 저주가 주는 분위기이기 때문이다. "주석"을 보라.

10.a. 여기서 "염병(전염병)"이라는 뜻의 데베르(דבר)는 집합적이다. G의 "죽음"이라는 뜻의 다나톤(*θάνατον*)은 레 26:25, 신 28:21 등에 있는 것과 같이 단순하게 해석적이다.

10.b. 문자적으로는 "너희 말들의 노략과 더불어".

10.c. 따라서 "너희 콧구멍으로"라는 뜻의 베아프켐(באפכם) 앞에서 **와우**(ו) 강조법으로 수정한 것(GKC, 154a).

11.a. 여기에 쓰인 베(ב)는 "…가운데"라는 효력을 가진 것이지 단순히 동사에 전치사 형식으로 첨부된 것이 아니라고 가정하여 생각한 것.

12.a. 아사(עשה)의 미완료가 본문에서 이미 자주 그랬듯이 여기서도 그 과거에 계속된 가치와 더불어 쓰인 것이며, 본 절의 처음 절반에서 이 용어가 미래 시제로 쓰이고 있는 것과 의도적으로 대조되고 있다. 이런 면을 인식한다면 반복되고 있다는 것에 대한 어떤 생각을 벗어나게 된다.

12.b. G의 "…에게 청하기, 부탁하기"라는 뜻의 에피칼레이스다이(*ἐπικαλεῖσθαι*)는 리크라트(לקראת)를 마치 카라(קרא)에서 파생된 것으로 보는 것이거나, 혹은 그 원본에 리크라(לקרא)만 있는 것으로 보는 것이거나, 아니면 "만나는 것"이라는 일반적인 의미를 가지고 있는 것이라고 가정하는 것이다. 이것은 심판 신탁에 있는 엄격함의 정도가 충분하지 않은 견해다.

13.a. G는 1인칭(*εγὼστερεῶν* – 에고스테레온)으로 된 첫 번째 시작되는 행을 12절에 일치하도록 수정하고 있다.

13.b. G는 "산들" 대신에 브론텐(*βροντὴν* = 라암[רעם], "천둥")으로 읽는다. 이것은 만약 G의 히브리어 본문이 이미 오전(誤傳)된 것이 아니라고 한다면 설명하기가 어렵다.

13.c. G의 "그의 기름부음을 받은"이라는 뜻의 크리스톤 아우투(*χριστὸν αὐτοῦ*)는 "자기 뜻(그의 계획)"이라는 뜻의 마-세호(מה־שחו)를 메시호(משיחו)로 읽은 것인데, 이것은 이미 훼손된 히브리어 본문을 반영해 준다. Tg의 마-우베도하이(מא עובדוהי)는 또한 원문 훼손으로부터 기인된 "그의 일(사역)"이라는 뜻의 메아스후(מעשהו)를 읽은 것이다.

13.d. G(*καὶ* – 카이)와 몇몇 MT 사본들은 "여명**과** 어두움"으로 읽는다. 이것은 원문적인 어법일 가능성이 매우 많다("여명과 어두움을 만든 자").

양식/구조/배경

4:4-13은 하나의 단위를 이루고 있는 것인가? 아니면 세 개(4-5; 6-11; 12-13절) 혹은 네 개(12절과 13절을 나눔)로 나누어진 신탁들인가? 통일성에 반대하는

주장은 단락들 사이에 연결성이 부족하다는 데 그 토대를 두고 있다. 그러나 서로 간의 연결성이 다음과 같이 분명하게 제시될 수 있다(Wolff, 211-15를 참조하라). (1) 전체 본문이 이스라엘에게 직접적으로 말하고 있다. (2) 야웨는 본문 전체를 거쳐 말하는 자로 등장한다. 이 점은 6-12절에서 분명하며, 단순히 1인칭 대명사적 형태가 없다는 것 때문에 4-5절과 13절에서는 덜 그렇다고 말할 수가 없다. (3) 6-11절에 있는 성취된 저주들의 목록은 과거의 징벌에 대한 어떤 토대를 요구한다. 그 토대는 이스라엘의 비합법적인 숭배(4-5절)였다. 또한 6-11절에 있는 성취된 저주들의 목록은 어떤 결론적인 심판 선언(12-13절)을 요구한다. 과거의 징벌들은 어느 누군가에게 거의 위협이 되지 못하기 때문이다. (4) 12절은 하나님을 "만나는 것"이 얼마나 두렵고 무서운 것이 될지에 대해 설명하고 있지 않다. 따라서 12절은 누군가가 하나님을 만나는 것은 정말 두려운 일이 될 것임을 말하고 있는 13절을 필요로 한다. (5) 이어지는 부분들(5, 6, 8, 9, 10, 11절)의 결론을 맺는 형식으로 "여호와의 말씀이니라(야웨의 신탁)"라는 뜻의 네움 야웨(נאם יהוה) 혹은 그와 유사한 형식을 놀라울 정도로 일관되게 사용하고 있는 것과 13절의 끝에 하나님의 이름이 언급되는 병행적인 효과는 다양한 부분들을 함께 엮어 주고 있다. 신탁 전체의 요점은 다른 자가 아닌 바로 전능하신 야웨를 정말 직접적으로 만나는 데 있다. (6) 4-5절과 12-13절 사이의 연결은 하나님과의 거짓된 만남과 참된 만남 사이의 대조 속에서 인식될 수 있을 것이다. 부분적으로 예배는 하나님과 만나는 것이다. 이스라엘 백성들이 길갈과 벧엘(4절)에서 드려지는 경배를 통해 부적절하게 찾았던 것을 그들은 진정으로 얻게 될 것이다. 비록 그들이 이전에 결코 선택하지 않았던 방법이기는 할지라도, 야웨가 자신을 친히 그들에게 드러내실 때(13절), 그들은 정말로 얻게 될 것이다. (7) 6절에 있는 베감 아니(וגם אני; "내가 또…")의 용법은 비록 의문이 되기는 할지라도, 아마도 이전과 연결해 주는 증거일 것이다.

분사절의 압축적인 사용으로 인해 13절은 쉬미트(H. Schimidt, *Der Prophet Amos*[Tübingen, 1917]) 이후로 학자들에 의해 문체가 찬양적인 것으로 인식되어 왔다(특별히 Watts, "An Old Hymn"을 보라). 정말로 4:13; 5:8 그리고 9:5-6은 각각 알려져 있지 않은 초기 야웨주의적 찬양의 부분들이었을 것이다. 그리고 아모스의 청중들에게 그들의 하나님에 대한 예전의 진리들을 생각나게 하도록 하기 위해 인용되었을 것이다(이와 반대되는 견해를 위해서는 Carny, "Doxologies"를 참조하라).

6-11절에 나오는 저주 개념들은 레위기와 신명기에 있는 모세 저주들과 예언적으로 매우 밀접하게 연결되어 있다. 개별적인 유형들 그리고 레위기 26장과 신명기 28장에 대한 그 개별적인 유형들의 어휘적인 유사성에 대해서는 "주석"을 보라(Wolff, 213는 공유되고 있는 어휘의 목록을 보여 준다. 암 4장이 오경적 저주 어휘에 의존성에 있어서 어느 정도 특이한 면이 있다는 인상을 제외하고는, 이것은 매우 유용하다).

12절에 나오는 라켄(לכן, "그러므로")의 용도는 라켄(לכן)이 심판 선언 시에 등장하는 언약적 법률 소송 형식(참조. 호 2:4-17)을 생각나게 해준다. 본 신탁에는 여러 종류의 호출들(4-5절), 언약적 범죄들에 대한 증거(특별히 4절에 있는 파샤[פשע]), 그리고 징벌 선언(12절) 등 모든 법률 소송의 개념들이 있다. 그렇지만 베그리히가 이 신탁을 제사장적인 토라(법률적인 가르침)에 대한 예언적인 해학적 모방시로 말한 것과 같이(J. Begrich, "Die Priesterliche Tora", *Werden und Wesen des Alten Testaments*, ed. P. Volz et al., BZAW 66[Berlin: De Gruyter, 1936] 63-88), 이 신탁은 특별히 교훈적인 어조를 보인다. 만약 제사장적인 토라가 포함하고 있는 것에 대한 실제적으로 존재하는 결정적 자료가 있다면, 그렇게 동일시하는 견해는 더욱더 강한 견해가 될 것이다.

우리는 사마리아에서 나와 벧엘과 길갈의 성소로 향하는 순례자들에게 이 말씀들을 전하고 있는 아모스를 상상해 볼 수 있다. 마찬가지로 아모스의 청중들도 그들 자신들이 처해 있는 노정을 상상할 수 있었을 것이다. 따라서 이 신탁이 어디에서 실제로 전해졌는지 혹은 언제 아모스가 그 신탁을 전했는지를 결정할 수는 없다.

본문은 산문과 시가 혼합되어 있다. 4-5, 13절은 시적인 것이 분명하다. 9절과 12절은 시적이라고 볼 수도 있고, 그렇지 않으면 단순히 반복적으로 구성된 산문일 것이다. 본문의 나머지 부분은 산문으로 보인다. 단일한 신탁에서 이렇게 산문과 시가 혼합되어 있는 것은 일반적으로 다른 선지자들과 마찬가지로 아모스의 특징이기도 하다.

주석

4 반역(פשע – 파샤, 동사의 원형으로 사용한 아모스의 유일한 용법)에 대한 아모스의 냉소적인 초대는 북쪽에 있는 두 개의 커다란 성소에 있는 이스라엘 제

사장들 그리고/혹은 레위인들을 풍자적으로 묘사하기 위해 잘 구상되어 있다(Begrich, "Die Priesterliche Tora", *Werden und Wesen*, 63-88). 두 장소는 예배 장소로서 유서 깊은 역사를 가지고 있었다. 예루살렘에서 북쪽으로 약 18킬로미터 떨어져 있는 벧엘은 야곱에 의해 성소로 시작되었고(창 28:17-22), 가나안 정복 이후 예배의 중심지로 사용되었다(삿 20:18). 사무엘은 그 곳에서 재판을 했다(삼상 7:16). 여로보암 1세는 모세 율법을 공공연하게 범하면서 벧엘을 예루살렘과 견주는 라이벌 장소인 "왕(국)의 성소"(암 7:13)로 만들었다. 여리고 끝에 있는 길갈은 가나안 정복 후에 첫 중앙 성소였으며(수 4:19-5:15), 사울이 왕으로서 임명을 받은 장소였고(삼상 11장), 주전 8세기에는 북쪽 순례 장소로서 단을 분명하게 대치하는 장소가 되었다(참조. 호 12:11).

그러나 예루살렘은 야웨의 예배지로서 그 두 곳보다 앞서며(창 14:18-20), 예루살렘만이 언약의 합법적인 성소였다(신 12장). 이스라엘 백성들의 "반역"(פשע – 파샤)은 아마도 다음과 같은 세 가지 국면에서 이루어졌을 것이다. (1) 그들은 적절하지 않은 장소에서 경배했다. (2) 그들은 적절하지 않는 태도로 경배했다(비합법적인 제사장들, 우상들과 같은 것들을 통해; 참조. 왕상 12:28-33). (3) 그들은 옳은 행위를 하는 대신에 예배만 드리는 것으로 대신했다(주변의 신탁들, 특별히 5:21-27을 참조하라).

그 당시의 전형적인 순례 여정은 적어도 3일이 걸렸을 것이다. 희생 제물들(זבחים – 지브헴) 즉 동물들을 잡는 것은 도착한 이후 첫째 날 아침에 이루어졌고, 십일조(מעשרות – 마아세로트)는 세 번째 날에 드려졌다. 아모스는 "매일"과 "매 삼일"에 이루어지는 관행들을 과장적으로 표현하고 있다. 이는 마치 이스라엘 백성들은 단지 순례 여행만을 하고 있는 것처럼 묘사하고 있는 것이다. 그런 열심으로 드리는 예배조차 야웨에게는 가증스러운 것이었다. 문맥에서 "예배"와 "십일조"에 붙어 있는 대명사 너희(כם – 켐)는 그들이 정말로 야웨께 열납되지 않았다는 것을 말해 준다.

5 "불사르다"(קטר – 카타르, 여기서는 피엘)는 불로 드리는 제물을 말하는 것으로 때때로 "희생 제물"이라는 뜻의 제바흐(זבח)와 병행적으로 발견된다(예를 들어, 호 4:13; 참조. 레 17:5, 6). 따라서 이 신탁은 4절에서 이루어지는 과정과는 다른 희생 제사 과정을 묘사하고 있는 것이 아니라 그에 대한 과장적인 표현이다. 수은제(תודה – 토다)와 낙헌제(נדבה – 네다바)는 모두 의무 제사로 불리는 것이 아닌 자원적인 제사로(레 7:12-18) 화목제의 하위 범주에 속하는 것들이다. 이

스라엘 백성들은 일반적으로 예상되는 최소한의 의무를 넘어서서 제사를 드렸다(소리내어 광포하려무나). 이스라엘 백성들은 정말 집중하여 희생 제사를 드렸다. 그러나 그것은 사실상 그들의 죄를 더욱더 강렬하게 집중하는 것이었다(참조. 호 13:2). 5a절의 문법은 "누룩"이라는 뜻의 하메츠(חמץ)를 "불사르다"라는 뜻의 카타르(קטר)의 목적어로 만들고 있다. 그러므로 아모스는 누룩을 태우는(레 2:11과 반대; 참조. 6:14-17) 속에서 희생 제사 율법들을 부지불식간에 범하고 있는 것을 나타내고 있다. 누룩이 들어간 떡은 화목제의 한 부분이었다(레 7:13). 그러나 그 떡은 불태워져서는 안 되었다.

언약적 용어인 "사랑하다/…에 충성하다"라는 뜻의 아하브(אהב; G. Wallis, "אהב," *TDOT* 1:104-16를 참조하라)를 사용하면서 아모스는 이스라엘이 정말로 사랑하는 것을 드러내고 있다. 그들은 언약적 관계가 요구하는 대로(신 6:5; 레 19:18) 야웨 혹은 이웃들을 정말로 사랑하지 않았다. 그들이 사랑한 것은 과정과 드림으로 얻어지는 것이 있는 희생 제사 제도였고, 그로 인한 다른 사회적이며 종교적인 실패들을 용서받는 것이었다.

6 모세가 활동했던 시대 이후로 이스라엘 백성들은 언약적 징벌들이 지은 죄에 대한 응보적인 것일 뿐만 아니라 나라를 야웨께로 돌아가게 하려는 것이라는 말을 들어 왔다(신 4:29-31; 30:1-10; 참조. 호 2:4-17; 14:2; 사 10:20-27; 렘 32:30-42 등등). 하나님은 이스라엘에게 주셨지만 성공적으로 열매를 거두지 못했던 경고들을 아모스를 통해 장황하게 말씀하고 계신다(사 9:8-10:11에 있는 유사한 경고를 참조하라). 어떤 특별한 경우의 기근(오경적 저주 유형 7)에 초점을 맞출 필요는 없다. 콜(כל, 문자적으로 "모든")은 또한 시간과 공간에 대한 특별한 구체적 언급 없이 "모든 종류의"라는 의미를 가질 수 있다. 역경의 시간들은 이스라엘로 하여금 회개하도록 강하게 몰아붙여 왔으나, 이스라엘 백성들은 야웨"께 돌아오기"(שוב עד – 슈브 아드)를 거절했다. 이 표현은 신명기 4:30(참조. 호 14:2)에서 온 것으로, 우상 숭배와 다신 숭배(참조. 신 4:28)로부터 야웨께 정통적으로 신실하게 돌아서는 것(W. L. Holladay, *The Root ŠÛBH in the Old Testament*[Leiden: E. J. Brill, 1958] 116-21를 보라)을 말하는 표준적 표현인 슈브 엘(שוב אל)과 동의어이다.

7-**8** 넓게, 오랫동안("3개월"), 몇몇 지역에 한정된 그리고 절망과 좌절을 안겨다주는 가뭄(저주 유형 6a; 참조. 레 26:19; 신 28:22-24) 역시 회개를 이끌어내지는 못했다. 아모스가 사용하고 있는 어휘들, 즉 구체적으로 "비"라는 뜻의 게

셈(גשם), "내리고(비를 내리게 하고)"라는 뜻의 히므티르(המטיר), "만족히(만족시키다)"라는 뜻의 사바(שׂבע)는 다른 곳이 아니라, 바로 볼프의 목록(213)이 보여 주는 대로 위에 나열된 언약적 제재 규약을 담고 있는 본문들에서 기인된 것이다(언약적 제재 규약의 견본적인 경고/징벌로서의 기후에 대해서는 T. Longman, "1 Sam 12:16-19: Divine Omnipotence or Covenant?" *WTJ* 45[1983] 168-71를 보라; 또한 겔 38:22을 참조하라).

9 세 번째 회상은 이스라엘 백성들이 회개로의 경고와 초대가 결합된 형태로 경험한 세 가지 저주 유형의 성취를 언급하고 있다. "풍재와 깜부기"(שדוון וירקון – 쉬다폰 바예라콘, 신 28:22; 참조. 왕상 8:37)는 일반적으로 농작물에 발생하는 질병(유형 6c)을 제유(提喩)적으로 나타내고 있다. "팟종이(메뚜기)"(גזם-가잠)는 일반적으로 곡물 해충을 나타낸다(유형 6b; 참조. 신 28:39-42). 다른 것들 가운데서 "포도원"(כרמיכם – 카르메켐; 참조. 신 28:39)과 "감람나무"(זיתיכם – 제테켐; 참조. 신 28:40)가 많은 열매를 맺기를 바라며 심은 사람들에게 좋은 실과를 주기 전에 해충들이 먹어 버렸다는 것은 일종의 무익하게 되는 저주(유형 15: 특별히 신 28:30, 39, 40을 참조하라)를 말하고 있는 것이다.

10 네 번째 부분은 역병(유형 8)과 전쟁(유형 3)에 대해 경고하는 징벌을 묘사하고 있는데, 이것은 레위기 26:25과 신명기 28:49-57에서 사로잡히는 비참함에 대해 길게 서술하고 있는 것을 함께 연결한 것이다. 애굽에 대한 내용인 "임하게 하다(보내다)"라는 뜻의 샬라흐(שלח)의 피엘형 그리고 "칼"(חרב – 헤레브)을 언급하고 있는 것은 모세 율법의 저주 본문에서 부분적으로는 직접 파생된 것이다. 야웨가 군사들이 건강하고 자신감에 차 있도록 허락하지 않으실 때(참조. 2:13-16; 왕하 19:35-36) 전쟁은 희망이 없다. 전쟁에서 대적에 의해 죽고 파멸적으로 패배를 당하는 것은 고전적인 저주 개념들이다. 이스라엘은 그런 무시무시한 사건들(2:3, 6, 13 등등에 있는 대로)을 긴박하고 참담한 경고로 받아들였어야만 했다. 그러나 이스라엘 백성들은 전혀 주의를 기울이지 않았다.

11 고대의 이스라엘 백성들에게 알려진 가장 극단적인 역사적 파멸은 평지의 성읍들이 완전히 말살된 것이었다(창 19장). 이것은 배교적인 이스라엘에 대한 야웨의 심판이 무엇과 같은지(저주 유형 23)를 나타내 주는 일종의 은유(隱喩)로서 신명기 28:23에 있는 모세의 저주에 묘사되어 있는 내용이다. 본 신탁의 저주 유형들은 기근(상대적으로 주기[周期]적이며 일반적인)으로부터 기적과 같은 하나님의 파멸에 이르기까지 그 가혹하고 엄중함이 점차적으로 증가되고 있다. 이스라

엘 백성들은 롯의 가족과 같이(창 19:29) 그들 자신들이 생존해 있는 것을 다행으로 여겨야만 했다("커다란 불에서 벗어나온 통나무"). 그러나 본 절이 어떤 실제적인 재앙들을 암시하고 있든지 간에(예를 들어, 지진들과 결정적인 화재들), 그 재앙들은 아모스 당시의 이스라엘 백성들의 고집스런 불성실함에 대해 아무런 영향을 끼치지 못했다.

12 선별적이고 이따금 일어난 과거의 비참함들은 하나님의 진노를 의미심장하게 보여 주는 예들이었다. 야웨는 경고로서 이런 종류의 일들을 "이미 행하셨다"(אעשה – 에에세). 돌아설 시간이 여전히 있었을 동안에 그런 경고들이 회개하도록 하지 못했기 때문에, 자신의 언약적 책임에 충실한 야웨는 이제 완전한 제재 규약을 가하신다. 내려지는 제재 규약은 무엇인가? 그것은 바로 언약적으로 구체화되어 나타난 27개 유형의 저주들이었다. 다가올 징벌들은 이미 제한적이며 억제된 방법으로 시행된 징벌들이 가지고 있는 특성들과 동일시될 수 있을 것이다. 그러므로 하나님은 "내가 이와 같이(כה – 코) 네게 행하리라(אעשה – 에에세)"고 말씀하신다. 물론 차이점은 그 제한들이 없어질 것이라는 사실이다. 의역을 하면 다음과 같다. "너희는 이제 이런 몇 안 되는 비참함들을 경험하게 되지는 않을 것이다. 너희는 그 재앙들이 한 번에 모든 곳에서 보여 주는 완전한 비참함을 모두가 경험하게 될 것이다." 혹은 좀 더 간단히 "너희는 그 어떤 것도 아직 경험해 보지 못했다"라고 말할 수 있다.

"네 하나님 만나기를"이라는 뜻의 리크라트 엘로헤이카(לקראת אלהיך) 어법은 의도적으로 출애굽기 19:17을 반영하고 있는 것으로 보인다. 출애굽기 19:17에는 동일한 표현이 시내산에서 죽음의 가능성이 있는(21절) 두려운 신의 현현(顯現)을 대하고 있는 것을 묘사하고 있다. 그렇지만 이 어구는 또한 레위기 26장(21, 23, 24, 27, 28, 40, 41절)의 반복적으로 언급되는 케리(קרי, "거스려〈적의적인〉 만남")를 알고 있는 선상에서 연결하고 있는 것이다. (전쟁을 준비하는 것과 관련된 것으로서 "예비하라"는 뜻의 히콘[הכון]에 대해서는 겔 38:7을 참조하라. 12c절이 13절에서 계속되고 있는 찬양적 인용을 시작하고 있을 가능성에 대해서는 Watts, "An Old Hymn"을 보라).

13 야웨는 정말로 두려워해야만 할 분이다. 야웨는 이스라엘을 포함해서 모든 대적들을 파멸시킬 권능을 가지고 계신다. 단지 야웨가 신들 가운데서 큰 영향력을 가지고 계시기 때문이 아니라(아마도 그 당시 다신적인 사고를 가지고 있는 이스라엘 백성들이 야웨를 생각했던 것처럼), 야웨는 **유일한** 창조자이며 보존자이

시기 때문이다. 야웨는 "지은 분"(יוצר – 요체르), 창조자(ברא – 바라), 계시자(מגיד – 마기드), 만드는 분(עשה – 오세) 그리고 걷는 분/밟는 분(דרך – 도레크) 즉 모든 것과 모든 사람을 통제하시는 분이다.

12c절에 있는 "네 하나님"(모형론적으로 모호한 복수형은 아모스의 청중들 중에 있는 몇몇 사람들에게는 "너희의 신들"이라는 것으로 암시되었을 수도 있다)은 13b절에서 "만군의 하나님 여호와"로 구체적으로 나타난다. 여기에 나오는 만군은 "하늘 군대" 즉 "정사와 권세"(엡 6:12)를 가리키는 것으로, 다양한 천사와 악령과 그것들이 가지는 힘을 말한다. 야웨는 이것들을 모두 다스리시므로(참조. 시 82편) 만군의 하나님으로 불린다(B. N. Wambarq, *L'epithète divine Jahwé Sebaôt* [Paris: de Brouer, 1947]를 참조하라).

본 절은 종종 송영(頌詠)이라고 불린다(12c절이 포함되거나 혹은 포함되지 않은 13절). 이 송영은 자연적인 세력들에 대한 야웨의 주권을 사람에 대한 야웨의 주권과 밀접하게 연결시키고 있다. "바람"(רוח – 루아흐)은 또한 "영" 혹은 "숨"으로 번역될 수도 있다(참조. 겔 37:1-14). 따라서 거의 대칭 구조적인 신탁에 대한 이 결론은 아모스의 청중들에게 그들의 생명의 결정권을 쥐고 계시는 분을 일깨워 주고 있다. 야웨의 뜻(שחו – 세호)은 하나님의 뜻과 법의 내용을 말한다. 하나님의 뜻과 법은 계시를 통해 인간이 소유하는 것이기 때문에, 그것은 인간의 행동에 대해 인간이 온전히 책임을 지도록 해준다.

해설

이스라엘 백성들을 그 자신들의 언약적으로 불법적인 예배로 풍자적인 어조를 통해 부르면서, 아모스는 그들에게 자신들이 거듭해서 알고 있는 곤경과 재난의 때를 생각나도록 해준다. 아모스는 백성들이 상대적으로 번영을 누리는 시기에 전파했다. 그 백성들은 언약적 의무보다는 예전 중심적인 그들의 삶의 양식이 그 자신들을 위해 잘 이루어지고 있어서 꽤 만족해하고 있었던 것이 분명한 그런 백성들이었다. 그러나 그들의 시대는 문제가 전혀 없지는 않았다. 그리고 그들의 윤택한 종교는 항상 그 가치를 증명해 주지는 못했다(참조. 왕상 17:1; 신 28:23-24). 그렇지만 목이 곧은 백성들은 자신들이 저지른 배교에 대한 보응으로 하나님이 그들에게 주시고 있는 다가올 심판을 맛보라는 이 자연적인 재앙들의 그 어떤 것 속에서도 아무런 암시도 보지 못했다. 이스라엘은 희생 제사 제도를 위한 예전적 상급을 너무나 좋아해서(5절), 그들은 시내산 언약의 엄격함으로 되돌아갈 이유가 없었다. 초기에 내린 다양한 언약적 징벌들은 그들에게 아무런 효과가 없었다. 이제 그들은 모든 권능을 가지신 분과 가지게 될 무시무시한 대면을 향해 가고 있었다. 그분의 징벌은 동일한 징벌들이지만 더욱더 커다란, 더욱더 많은, 더욱더 끔찍한 그런 징벌들이 될 것이다.

무너진 이스라엘을 위한 애가(5:1-17)

참고문헌

Amsler, S. "Amos, prophète de la onzieme heure." *TZ* 21(1965) 318-28. **Benson, A.** "'From the Mouth of the Lion': The Messianism of Amos." *CBQ* 19(1957) 199-212. **Berridge, J.** "Zur Intention der Botschaft des Propheten Amos: Exegetische Überlegungen zu Am 5." *TZ* 32(1976) 321-40. **Blau, J.** "Über Homonyme und angeblich Homonyme Wurzeln II." *VT* 7(1957) 98-102. **Brin, G.** "The Formula X-ימי and X-יום." *ZAW* 93(1981) 183-96. **Crenshaw, J. L.** "The Influence of the Wise upon Amos: The 'Doxologies of Amos' and Job 5:9-16; 9:5-10." *ZAW* 79(1967) 42-52. **Dahood, M.** "Hebrew-Ugaritic Lexicography IX." *Bib* 52(1971) 337-56(esp. 340). **Driver, G. R.** "Two Astronomical Passages in the OT." *JTS* n.s. 4(1953) 208-12. **Fenton, T.** "Ugaritica-Biblica." *UF* 1(1969) 65-70. **Fohrer, G.** "Prophetie und Magie." *ZAW* 78(1966) 25-47. **Gaster, T. H.** "An Ancient Hymn in the Prophecies of Amos." *JMEOS* 19(1935) 23-26. **Gese, H.** "Kleine Beiträge zum Verständnis des Amos Buches." *VT* 12(1962) 432-36. **Glück, J. J.** "Three Notes on the Book of Amos." *OTWSA* 7-8(1966) 155-221. **Hauan, M.** "The Background and Meaning of Amos 5:17b." *HTR* 79(1986) 337-48. **Hesse, F.** "Amos 5:4-6, 14 f." *ZAW* 68(1956) 1-17. **Horst, F.** "Die Doxologien in Amosbuch." *ZAW* 47(1929) 45-54. **Jackson, J.** "Amos 5,13 Contextually Understood." *ZAW* 98(1986) 434-35. **Luria, B. Z.** "Who Calls the Waters of the Sea and Spills Them on the Face of the Earth(Amos 5:8, 9:6)." *BMik* 30(1984/85) 259-62.[Heb.] **Lust, J.** "Remarks on the

Redaction of Amos vv 4-6, 14-15." *Remembering All The Way*···Oudtestamentische Studiën 21. Leiden: E. J. Brill, 1981. **McCullough, W. S.** "Some Suggestions about Amos." *JBL* 72(1953) 248. **Neubauer, K.** "Erwägungen zu Amos 5:4-15." *ZAW* 78(1966) 292-316. **Rector, L. J.** "Israel's Rejected Worship: An Exegesis of Amos 5." *ResQ* 21(1978) 161-75. **Ruiz, G.** "Amos 5:13: ¿prudencia en la denuncia profetica?" *CB* 30(1973) 347-52. **Schmidt, W.** "Suchet den Herrn, so werdet ihr Leben." In *Ex Orbe Religionem I: Festschrift für G. Widengren*, ed. J. Bergman et al. Leiden: E. J. Brill, 1972. 127-40. **Speier, S.** "Bemerkungen zu Amos." *VT* 3(1953) 305-410. **Smart, D.** *Studies in Early Hebrew Meter.* HSM 13. Missoula, MT: Scholars Press, 1976. 187-99, 202-5. **Tangberg, K. Arvid.** "Var Israels 'Klassiske' profeter botspredikanter?" *TTKi* 50(1979) 93-105. **Tromp, N. J.** "Amos 5:1-17: Toward a Stylistic and Rhetorical Analysis." *OTS* 23(1984) 56-84. **Vriezen, T. C.** "Note on the Text of Amos 5:7." *VT* 4(1954) 215-16. **Waard, J. de.** "The Chiastic Structure of Amos v. 1-17." *VT* 27(1977) 170-77. **Watts, John D. W.** "Note on the Text of Amos 5:7." *VT* 4(1954) 215-16. ______. *Vision and Prophecy in Amos.* Grand Rapids: Eerdmans, 1958. 54-57. **Wicke, D.** "Two Perspectives(Amos 5:1-17)." *CurTM* 13(1986) 89-96. **Zalcman, L.** "Astronomical Allusions in Amos." *JBL* 100(1981) 53-58.

본 문

1 이스라엘 족속아 내가 너희에게 대하여 애가로 지은 이 말을 들으라

비극에 대한 묘사

2 처녀 이스라엘이 엎드러졌음이여 다시 일어나지 못하리로다 자기 땅에 던지움이여 일으킬 자 없으리로다

3 주 여호와께서 가라사대 이스라엘 중에서 천 명이 나가던 성읍에는 백 명만 남고 백 명이 나가던 성읍에는 열 명만 남으리라 하셨느니라

반응을 요청함

4 여호와께서 이스라엘 족속에게 이르시기를 너희는 나를 찾으라 그리하면 살리라

5 벧엘을 찾지 말며 길갈로 들어가지 달며 브엘세

1 Listen to this[a] word which I am crying out[b] against[c] you as a lament, family of Israel:

Description of tragedy

2 Fallen, never to rise again, is virgin Israel,[a] Abandoned on her own land, with no one to help her up.

3 For this is what the Lord Yahweh said: The city which[a] marches out as a company[b] will reclaim only a platoon.[c] That which marches out as a platoon[c] will reclaim only a squad[d] of the family of Israel.

A call to react

4 For this is what Yahweh said to the family of Israel: Seek me and live!

5 Don't seek Bethel: Don't go to Gilgal: Don't

바로도 나아가지 말라 길갈은 정녕 사로잡히겠고
벧엘은 허무하게 될 것임이라 하셨나니
6 너희는 여호와를 찾으라 그리하면 살리라 염려
컨대 저가 불같이 요셉의 집에 내리사 멸하시리
니 벧엘에서 그 불들을 끌 자가 없을까 하노라

멸망에 대한 직접적인 담화

7 공법을 인진으로 변하며 정의를 땅에 던지는 자
들아
8 묘성과 삼성을 만드시며 사망의 그늘로 아침이
되게 하시며 백주로 어두운 밤이 되게 하시며 바
닷물을 불러 지면에 쏟으시는 자를 찾으라 그 이
름이 여호와시니라
9 저가 강한 자에게 홀연히 패망이 임하게 하신즉
그 패망이 산성에 미치느니라

10 무리가 성문에서 책망하는 자를 미워하며 정
직히 말하는 자를 싫어하는도다
11 너희가 가난한 자를 밟고 저에게서 밀의 부당
한 세를 취하였은즉 너희가 비록 다듬은 돌로 집
을 건축하였으나 거기 거하지 못할 것이요 아름
다운 포도원을 심었으나 그 포도주를 마시지 못
하리라
12 너희의 허물이 많고 죄악이 중함을 내가 아노
라 너희는 의인을 학대하며 뇌물을 받고 성문에
서 궁핍한 자를 억울하게 하는 자로다

13 그러므로 이런 때에 지혜자가 잠잠하나니 이
는 악한 때임이니라

반응을 요청함

14 너희는 살기 위하여 선을 구하고 악을 구하지
말지어다 만군의 하나님 여호와께서 너희의 말과
같이 너희와 함께 하시리라
15 너희는 악을 미워하고 선을 사랑하며 성문에
서 공의를 세울지어다 만군의 하나님 여호와께서
혹시 요셉의 남은 자를 긍휼히 여기시리라

슬퍼할 것을 말함

16 그러므로 주 만군의 하나님 여호와께서 말씀하
시기를 사람이 모든 광장에서 울겠고 모든 거리에
서 오호라 오호라 하겠으며 농부를 불러다가 애곡
하게 하며 울음꾼을 불러다가 울게 할 것이며

travel to Beersheba![a] Because Gilgal will surely go
into exile, And Bethel will become trouble.[b]
6 Seek Yahweh and live, Lest he progress like a fire
against the family of Joseph And consume Bethel,[a]
with no one to quench it.

Direct address to the fallen

7 You[a] who turn justice upside down[b] And cast
righteousness to the ground[c]—
8 The one who made the Pleiades and Orion,[a] Who
turns darkness to dawn And darkens day into
night, Who summons the sea's waters And pours
them out on the earth. Yahweh[b] is his name!
9 Who causes destruction[a] to stream over[b] the
stronghold, Indeed he will bring[c] destruction to the
fortified city—
10 Who hate the person who reproves in the gate,
And abhor the person who tells the truth.[a]
11 Therefore: Because when you get a judgment[a]
against the poor You take from him the produce[b] of
his field, You have built houses out of specially-cut
stone, But will not live in them. You have planted
lush vineyards But will not drink their wine.
12 For I am aware of the frequency[a] of your crimes
And the severity of your sins—Persecutors of the
righteous, bribe takers, Who reject the claims of the
needy[b] at the gate!
13 Therefore: The thoughtful person will wail[a]
then, For it will be a terrible time.

A call to react

14 Seek good and not evil so that you may live, for
then Yahweh, the God of the armies, will be with
you—just as you have said.
15 [a]Hate evil! Love good! Establish[a] justice in the
gate! Perhaps Yahweh, the God of the armies, will
have mercy on Joseph's remnant.

Summons to mourning

16 Therefore: This is what Yahweh said, The God
of the armies, the Lord[a]: In all the streets there will
be wailing. In all the squares they will be saying,
"Oh, no! Oh, no!"— They will summon the

farmhand to mourning As well as the professional mourners to[b] wailing.

17 모든 포도원에서도 울리니 이는 내가 너희 가운데로 지나갈 것임이니라 이는 여호와의 말씀이니라

17 There will be wailing in all the vineyards, For I will cross right through you, Yahweh said.

원문주해

1.a. G는 "야웨의 이 말씀"이라는 뜻의 톤 로곤 퀴리우 투톤(*τὸν λόγον κυρίου τοῦτον*)이라는 어구를 가지고 있는데, 이것은 원문적인 어법을 잘 반영해 주는 것일 수 있다.

1.b-c. 이야기를 언급하고 있는 문맥에 쓰인 나사(נשא)는 큰 소리를 암시하는 것일 수 있다. "…위에" 혹은 "…을 대항해서"라는 뜻의 알(על)은 애매모호하다. 이 신탁은 애가만큼 많은 심판에 대한 내용을 포함하고 있다. 이 어휘들은 단순히 "…위에…을 일으키다"라고 번역될 필요는 없다.

2.a. Tg는 "이스라엘 회중의 딸"이라는 뜻의 בנתא חדא כנשתא דישראל로 읽고 있다. 이런 독법은 아마도 "처녀"라는 뜻의 베툴라트(בתולת)보다는 "젊은 딸"이라는 뜻의 바트 얄라트(בת ילת)로 읽고 있는 본문의 의미를 가지도록 하려는 시도일 것이다.

3.a. G, Syr, Tg, Vg 등은 모두 문자적으로보다는 논리적으로 번역하고 있다: "…에서 나온 성읍."

3.b, c, d. 이 용어들은 정확한 십진법 체계의 숫자들이 아니라 군대 단위를 나타내고 있다. G. Mendenhall, "The Census Lists of Numbers 1 and 26", *JBL* 77(1958) 52-66를 참조하라.

5.a. 폰 갈(A. von Gall)과 다른 학자들의 견해를 따라서, 볼프는 브엘세바를 언급하고 있는 행은 5b절에서 이에 대응되는 부분을 가지고 있지 않기 때문에 후대의 삽입이라고 보았다(Wolff, *Joel and Amos*, 225, n. 1.). 그러나 이런 견해는 5b의 스타카토(끊은 음)적인 운율이 파괴되지 않고는 브엘세바라는 이름에 대한 동음이의(同音異義)의 익살 혹은 두운(頭韻)에 대한 의미 있고 효과적인 방법이 없다는 것을 이해하지 못한 것이며, 또한 5절과 6절에 나오는 세 성읍, 두 성읍, 한 성읍의 과정을 놓치고 있는 것이다.

5.b. 두운과 동음이의어적인 익살을 표현하기 위한 목적으로, 성읍 이름들은 전형적인 관행과는 대조적으로 남성으로 취급되고 있다.

6.a. G의 "이스라엘의 집을 [위해]"라는 뜻의 토 오이코 이스라엘(*τῶ οἴκω Ισραηλ*)은 호 10:15에 비추어 보면 아마도 원문적인 것일 수 있다. 그러나 다른 역본들에 의해 지지를 받고 있는 MT는 가운데 글자를 빠뜨리고 쓴 오류(haplography)의 결과라기보다

는 **좀 더 어려운 독법이 좀 더 원문적일 수 있는**(*lectio difficilior*) 것을 어느 정도 더 반영하는 것을 나타내 주는 것 같다.

7.a. 관사는 일종의 호격으로 사용되고 있다. 애가는 이 곳이 아니라 2절에서 시작되기 때문에, 애가가 **정말** 시작되며 호이(הוי)가 있을 것으로 예상되는 5:18과 6:1에서 헤(ה)를 호이(הוי)로 수정할 것을 종종 제안하는 견해는 회피되고 제거되어야만 한다.

7.b. G(*εἰς ὕψος* – 에이스 위프오스)와 같이 읽은 독법으로, G는 아마도 문자적으로 "위쪽으로"라는 의미의 למעלה를 나타내 주는 것일 것이다. 이행연구(二行連句)에서 공법은 "위로" 나타나고, 정의는 "아래쪽으로" 향하고 있다.

7.c. G는 MT를 지지하고 있으나 잘못 해석함으로써 7절을 다음과 같이 읽는다: "야웨는 높은 곳에서 심판을 내리시고, 땅 위에 정의를 세우는 분이시다."

8.a. G의 어구(*ποιῶν πάντα καὶ μετασκευάζων* – 포이온 판타 카이 메타스큐아존, "모든 것을 만드시고 [그것들을] 바꾸시는 자")는 MT와 매우 다른 본문을 가지고 있었던 것이든지, 아니면 본문이 다른 곳에서 적절하게 수정한 별자리들을 위한 이 용어를 해석할 능력이 없었던 것이었음에 틀림없다.

8.b. G는 "만군의 하나님"이라는 뜻의 엘로헤이 체바오트(אלהי צבאות)를 말하는 호 데오스 호 판토크라토르(*ὁ θεος ὁ παντοκράτωρ*)라는 어구를 첨가하고 있다. 이것은 아마도 14절의 영향을 받은 것일 것이다.

9.a. 오르트(H. Oort, "De profeet Amos", *TT* 14[1880]) 이후로 쇼드(שׁד)는 병행법에 있는 반복을 회피하기 위해 종종 "파멸"이라는 뜻의 샤바르(שבר)로 수정되곤 했다. 그러나 이런 견해는 사본들의 지지를 받고 있지 못하다.

9.b. 이 의미에 대해서는 M. Dahood, "Hebrew-Ugaritic Lexicography IX", 340를 보라.

9.c. G의 에파곤(*ἐπάγων*)은 "오다"라는 뜻의 야보(יבוא)보다는 "가져오다"라는 뜻의 야비(יביא)를 반영해 주고 있다.

10.a. 혹은 "흠이 없는 것을 위해 대변하는 사람". 히브리어는 정말로 애매모호한데 아마도 의도적으로 그렇게 했을 것이다.

11.a. MT의 보샤쓰켐(בושסכם)은 알려져 있지 않은 의미에 대한 알려져 있지 않은 형식인데, 아마도 원문 훼손일 것이다. 역본들은 어떤 해결책도 말하고 있지 않으며, 어떤 수정 제안도 설득력을 가지고 있지 못하다. 우리의 번역 또한 추측에 의한 것이다. 우리의 번역은 법률적인 문맥의 빛에 비추어 볼 때 "심판"이라는 뜻의 베샤파트켐(בשפטכם)과 같은 형태를 추정하고 있다.

11.b. 다른 대안적인 것으로 가능성이 있는 "세금"은 문맥에 덜 어울리는 것 같다. 징수는 죄가 아니다. 빚진 자들을 전적으로 가난하게 만드는 것이 죄이기 때문이다.

12.a. 문자적으로는 "많은".

12.b. 문자적으로는 "외면하다"(가난한 사람들…).

13.a. 정말로 "울부짖다"라는 뜻의 다맘 2형(דמם II)이 "계속 잠잠하다"라는 뜻의 다맘 1형(דמם I)보다는 여기서 더 잘 어울리는 것 같다.

15.a-a. G의 몇몇 사본들은 1인칭 공성 복수 완료형인 이런 동사들을 가지고 있다. 이것은 14절에 있는 "너희의 말과 같이(너희들이 말한 대로)"라는 뜻의 케아셰르 아마르템(כאשר אמרתם)이 어떤 인용을 달해 주는 것으로 잘못 해석되었기 때문임이 분명하다.

16.a. G의 몇몇 사본들은 "주"라는 뜻의 아도나이(אדני)를 반영해 주는 그 어떤 것도 생략하고 있다. 이런 사본들은 MT가 원문을 반영해 주는 것보다 더 원문을 잘 반영해 주는 것이라고 생각할 수 있다.

16.b. 비록 그 의미는 충분히 분경하지만, 전치사가 놓인 위치는 특이하다.

양식/구조/배경

5:1-17을 한 단위로 생각하는 대우 합당한 이유가 있다. 본문은 1절에서 나라를 위한 애가/비가(悲歌, קינה – 키나)의 선언으로 시작하고, 비탄 가운데 있는 나라를 상세하게 묘사하는 것으로 끝을 맺고 있다. 4:13에서 끝나는 이전 심판 신탁과 이어지는 재앙 신탁("화 있을진저"라는 뜻의 호이[הוי]로 시작하는 5:18에 있는 도입부를 말한다. 그런데 이런 도입부는 본 단위에는 일어나고 있지 않으며, 이 곳에 회복될 필요도 없다)은 분명한 단락들을 보여 준다.

더욱이 비록 심판 목적에 사용되고 있는 것이기는 할지라도(참조. 겔 19:1-14; 렘 9:16-23; 사 14:4-21 등등), 본 단락은 장례 애가의 특징적인 면모들을 포함하고 있다. 구약에 있는 가장 오래된 모든 것을 구비한 형식의 비가(悲歌)인 사무엘하 1:19-27에 나오는 사울과 요나단에 대한 다윗의 애가(이 애가의 구조와 번역에 대해서는 D. Stuart, *SEHM*, 187-95를 보라)와 구약의 다른 애가들과 비교해 볼 때, 다음과 같은 내용들이 있는 것을 발견할 수 있다.

(1) 비극에 대한 묘사(암 5:2-3; 참조. 삼하 1:19, 23, 25, 27). (2) 반응할 것을 요청함(암 5:4-6, 14-15; 참조. 삼하 1:20). 이 요청은 비극으로부터 살아남은 자들에게 수많은 방법들 중에 몇 가지로 전달되었을 것이다. (3) 떨어져 임하는 것들을 직접적으로 언급하는 것의 몇 가지 종류(암 5:7-13; 참조. 삼하 1:26) 그리고 (4) 애곡으로 부름(암 5:16-17과 1절에 있는 도입적인 부분; 산들이 슬퍼하도록 부름 받고 있는 삼하 1:21을 참조하라!). 달리 말하자면, 본 단락이 가지고

있는 몇 가지 독특한 점들에도 불구하고, 현재의 본문은 전반적으로 고대 이스라엘 사람이 장례 노래로 쉽게 알아볼 수 있었을 문체와 어조를 가지고 있다.

이 노래를 특별하게 만들어 주는 요소들 가운데 다음과 같은 것들이 있다: 이 노래는 야웨의 말씀을 빈번하게 인용하고 있고(3, 4-6, 16-17절; 그리고 4절과 12절에 있는 1인칭), 키(כִּי, "…때문에"; 3, 4, 5절)가 그 뒤에 따라 나오는 라켄(לָכֵן, "그러므로"; 11, 13, 16절)과 더불어 세 번 거듭 사용되고 있으며, 징벌과 회복을 모두 포함하는 종말론적인 어휘들이 많이 분포되어 있는데, 그런 어휘는 찬송적인 요소들과 섞여 있다(8절 그리고 아마도 또한 9절). 이런 모든 요소들은 하나님의 심판의 주제를 애가의 형식으로 섞어 짜는 데 기여한다. 여기서 우리는 단순한 비가(悲歌) 이상의 그 무엇을 보고 있다. 이것은 기교적으로 만들어진 심판 비가로 이스라엘을 위한 예언적 애도가이다. 이 예언적 애도가에서 야웨는 이스라엘에게 뿐만 아니라 이스라엘을 대항해서 말하고 있다.

반응할 것을 두 번째로 요청하는 부름인 14절과 15절은 도입과 마찬가지로(1절) 산문으로 보인다. 산문이 아니라고 한다면, 이 시는 매우 혼합된 운율을 가지고 있는 것이다. 아마도 구조적으로 가장 두드러진 부분은 4-6절에 있는 반응할 것을 요청하는 첫 번째 부름의 부분이다. 이 곳에서 **짧고 긴** 시의 혼합을 통해(*SEHM*, 12-13를 보라) 반(半) 대칭적 하향 형태, 즉 벧엘, 길갈, 브엘세바 :: 길갈, 벧엘 :: 벧엘을 보여 주고 있다. 이것은 예레미야애가의 마지막 세 장에 있는 이합체(離合體) 시, 즉 세 절 삼겹 이합체 시에서 두 절 단일 이합체 시로 그리고 한 절 암시적 이합체 시로 내려가는 시를 생각나게 해준다(역자주: 이합체 시는 각 행의 처음[과 끝] 글자를 맞추면 어구[語句]가 되는 형태임).

우리는 7:10-17을 제외한 아모스 신탁의 그 어떤 것에 대한 배경도 알지 못한다. 그러나 추측으로 이 신탁은 사마리아에서 선포된 것으로 생각할 수 있다. 이 신탁이 아마도 사마리아에 토대를 두고 있는(참조. 7:13) 이교적 순례자들에게 전해졌고(5절), 이 신탁의 국가적인 차원에서 보는 관점, 이 신탁이 청중들 중에 매우 부유한 자들에게 전해지는 것으로 암시되고 있는 점(11절) 그리고 청중들이 특별하게 인상적인 요새들에게 익숙해져 있는 것으로 보는 이 신탁의 가정(9절) 등에 비추어 볼 때, 이 신탁은 사마리아에서 선포된 것으로 생각할 수 있다. 연대기는 알 수 없다.

주석

1 1절에 나오는 말하는 자는 아모스 혹은 야웨다. 야웨가 자신의 백성들(בית ישראל – 베트 이스라엘, "이스라엘 족속"; 겔 26-28장과 32장에 나오는 두로와 애굽에 대한 애가들을 참조하라)에게 애가(קינה – 키나)를 부르고 있는 것인가? 아니면 이 노래를 부르는 자는 사울과 요나단(삼하 1:19-27)을 위한 다윗의 애도가나 후에 요시야를 위한 예레미야의 애도가(대하 35:25)를 따라서 자신의 백성을 위해 노래를 부르고 있는 아모스인가? 선지자는 전형적인 의미에서 말하는 어떤 저자가 아니고 하나님을 위한 대변인이라는 것을 염두에 두는 한, 그 대답은 둘 중의 하나이거나 아니면 둘 다이다. "들으라"고 부르는 것은 단지 주의를 집중시키기 위한 방식이다. 이런 명령법들은 축복 시들(창 49:2), 예언적 전령자 담론들, 지혜 교서들 등과 같은 곳에서 발견된다. 현재의 형태는 키나(קינה)라는 요소를 첨가한 것으로 3:1의 형태와 매우 유사하다. 애가는 이스라엘 문화의 한 부분이다. 오늘날 기독교 장례식에서와 같이 음악을 통해 슬퍼하는 것은 그 당시에 일반적인 관행이었기 때문이다(또한 마 9:23을 참조하라). 그러나 아모스의 어법은 어느 정도 애매모호하다. 이것은 알(על) 이스라엘 애가다. 알(על)은 "… 위에"(렘 7:29; 겔 26:17에 있는 "호곡할지어다"라는 뜻의 나사 알 키나[נשא על קינה]를 참조하라) 혹은 "…을 대항해서, …을 쳐서"라는 의미다. 이어지는 내용은 현재의 애가는 비가(悲歌)가 아님을 보여 준다.

2 2절에는 애가를 나타내는 어휘와 주제로 넘쳐나고 있다. 과거 시제들로 표현되어 있는 동사들은 이스라엘의 종말이 이미 하나님의 계획 속에서 완전히 이루어진 행위로 표시하고 있다. 따라서 이스라엘의 종말은 본 애가의 주어다. "엎드러지다"라는 뜻의 동사 나팔(נפל)의 용법은 다윗이 사울과 요나단(삼하 1:19, 25, 27) 그리고 아브넬(삼하 3:34)을 위한 자신의 애가에서 사용한 것을 떠올리게 해준다. 이뿐만 아니라 나팔(נפל)은 3절이 분명하게 보여 주는 것과 같이 전쟁의 정황, 즉 "엎드러지다"는 "전투에서 엎드러지는 것"을 말해 주고 있다(또한 레 26:36을 참조하라). 이스라엘은 자신의 땅에서 치명적으로 쓰러지는 것으로 그려진다. 정복을 당하면서 장렬하게 죽임을 당하는 것이 아니라 침략자에 의해 수치를 당하며 죽는 것이다. 여기서 이스라엘은 처녀(여성 단수 연계형은 소유격이 아니라 동격[同格]관계를 나타내 준다), 즉 마치 이사야 1:8; 10:32에 나오는 시온의 딸 혹은 사사기 11:38-40에 나오는 입다의 딸과 같이 혈기 왕성한 청춘의 때에 베

어지는 미완성의 젊은 나라다. 이스라엘은 자신을 일으킬 자(מקימה – 메키마흐), 즉 건강하게 회복되도록 도와줄 자를 가지고 있지 않다. 이스라엘이 과거에 가졌던 잠재력(참조. 삼하 1:21, 23-26)과 대조적으로 그려지고 있는 죽음에서 이스라엘이 보여 주는 무력하고 외로운 비극적 상황은 이 운율에 맞는 사망을 묘사하는 내용의 중심 초점이다. 죽음과 파멸(유형 24) 그리고 전쟁에서의 파멸(유형 3)의 언약적 저주들이 예견적으로 그려지고 있다. 던져지는(נטשׁא – 니트샤) 것을 말하고 있는 내용에 비추어 볼 때, 묻히지 못하는(참조. 신 28:26) 저주 유형 22가 엿보인다고 볼 수 있다. 이 용어는 또한 신명기 32:15에서 상황이 바뀌어 버린, 즉 이스라엘을 도와줄 수 있었던 유일한 분인 하나님이 이스라엘을 버리신 상황(저주 유형 1; 참조. 신 31:18; 32:30)을 반영해 주는 것일 수 있다.

3 신명기 28:62(유형 12)에서 보이는 많은 사람이 죽는 저주는 다음과 같이 경고하고 있다: "너희가 하늘의 별같이 많았을지라도…남는 자가 얼마 되지 못할 것이라." 본 절을 이 애가의 한 부분으로 보고 본 절을 전투에서 이스라엘이 패배한 것(2절)과 구체적으로 연결해 주는 코(כה, "… 때문에")로 시작되는 "전령자 형식"("주 여호와께서 가라사대[이것은 야웨가 말씀하신 것이다]") 뒤에 4개와 5개 음절의 **짧은** 운율로 이루어진 이행연구(二行連句)와 삼행연구(三行聯句)가 따라 나오고 있다. 이 연구들은 다가오는 군사적 재앙의 심각성을 강조해 주고 있다(또한 레 26:17, 37; 신 28:25에 있는 것과 같은 유형 3의 전쟁 저주들을 참조하라). 고대 이스라엘의 군사적 단위는 십의 배수("십[들]", "오십[들]", "백[들]", "천[들]"; 참조. 삼상 10:19; 17:18; 18:13; 22:7; 삼하 18:1)로 명명되었다. 그러나 드보가 지적하고 있는 바와 같이(DeVaux, *Ancient Israel*, 216), 실제적인 숫자는 문자적인 단위가 표시하는 것보다는 "훨씬 더 적었다"(또한 위의 "원문주해" 3.b, c, d.를 참조하라). 충돌의 결과는 자명하다: 싸우기 위해 행진해 나간(יצא – 야차) 군사들은 자신들의 죽음을 향해 행진해 나가고 있었던 것이다. 이스라엘은 자신의 군사들에 의해 죽임을 당할 운명이었다.

4 그렇다면 어떻게 "이스라엘 족속"(בית ישראל – 베트 이스라엘)이 생명에 대한 희망을 가질 수 있는가? 멸망에서 희망으로의 갑작스러운 전환을 설명하기 위한 모든 종류의 설명이 제기되었다. 그 제안은 아모스가 빈정거리는 풍자적인 표현을 쓰고 있는 것이라는 사실에서부터(A. Weiser, *Die Prophetie des Amos*를 보라) 5-7절에 있는 아모스의 청중은 이제 더 이상 사악한 성읍민들이 아니라 시골에 있는 의로운 사람들이라는 것(A. Alt, *Kleine Schriften 2*[Munich: C. K. Beck,

1953] 269-70)에 이르기까지 다양했다. 그러나 정통 예언적 종말론의 일관성에 대한 이해와 더불어 애가의 구조를 주의 깊게 살펴보면 이론적인 설명의 근거를 볼 수 있다. 4절은 애가의 한 부분인 반응으로의 부름으로 시작하고 있다. 이 부분에서 청중들에게 이야기가 직접적으로 전해지고 슬퍼해야 할 상실의 심각성에 대해 어떤 방식으로든 그들의 행위가 일치되도록 촉구되고 있다(삼하 1:20, 21, 24에서와 같이). 현재의 본문에서 이런 부름은 커다란 범위를 차지하고 있다. 하나님은 어떤 반응, 즉 하나님 자신과 단순한 예전적 행위 사이의 선택을 촉구하셨다. 그 선택의 대상은 종교적인 과정이 아니라 이스라엘이 찾아야만 하는(דרש – 다라쉬; 창 25:22; 출 18:15; 시 34:5; 77:3 그리고 특별히 시 78:34에 나오는 이 용어가 종교적으로 내포하고 있는 의미를 참조하라) 하나님이다. 그들의 성소들은 파괴될 것이다. 그들의 구세주는 멸망하지 않을 것이다. 더욱이 약속과 징벌의 예견할 수 없는 혼합은 구약 예언에서 경험적으로 관찰할 수 있는 특성이다. 청중은 단지 자신들의 나라가 멸망하는 것을 듣기만 하도록 남겨지지 않았다. 진정으로 야웨께 돌아가는 자들의 장래의 회복이 분명하게 주어져 있다. 가장 최악의 재난 가운데서도 신실한 자들은 여전히 진정한 삶을 바라볼 수 있다(합 2:4과 호 6:1-3 "주석"을 참조하라). 사는 것(חיה – 하야)은 모든 다른 사람들에게 본질적으로 필요한 기본적인 회복의 축복이다(참조. 신 30:6; 겔 37:14). 야웨를 "찾으라"(참조. 신 4:29에서는 바카쉬[בקש]가 쓰이고 있는데, 이것은 본 절에서 쓰이고 있는 다라쉬[דרש]와 동의어이다)는 것은 살기 위한 능력으로 인도하는 것이다.

5 5-6절의 재기 넘치는 구조에서 벧엘은 3번, 길갈은 2번 그리고 브엘세바는 1번 언급되고 있다("원문주해" 5.a.와 6.a.를 참조하라). 이것은 아모스의 청중들이 느끼는 중요성의 순서에 따라 배열된 것이다. 이 세 곳 모두는 이스라엘의 과거로부터 종교적-역사적으로 커다란 중요성이 있는 장소였다. 야곱이 이름을 지었던 벧엘(창 28:19)은 여로보암 1세(주전 931-910년)에 의해 이스라엘 백성의 예전에서 예루살렘을 대치하는 북 왕국의 가장 중요한 예배 중심지가 되었다(왕상 12:26-33). 정복 전쟁에서 약속된 땅에 처음으로 진을 쳤던 곳인 길갈은 또 다른 예배의 중심지가 되었다. 여호수아가 그 곳에서 정복 세대에게 할례를 시행했기 때문이다(수 5:2-12). 아브라함(창 22:19), 이삭(창 26:23) 그리고 야곱(창 46:1-5)과 연관된 브엘세바는 유다 남쪽에 위치한 지역임에도 불구하고 북 왕국 사람들에게 인기 있는 순례 장소였다(참조. 8:14; 왕하 23:8).

비록 이 세 곳 모두가 어느 정도 야웨주의적인 예전적 중심들이기는 했을지라도, 이 세 곳은 모두 언약적 불신실을 대표하는 곳으로 제시되었다. 예루살렘만이 예배를 위한 유효하고 합법적인 장소였기 때문이다(신 12장; 왕상 9:3; 대하 13:9-11). 이 세 개의 북쪽 중심지들 혹은 그 외의 다른 어떤 곳들도 이스라엘이 필요로 했던 생명을 이스라엘에게 줄 수 없었다. **g**와 **l** 소리들의 두운(頭韻; *gilgal galoh yigleh*, "길갈은 정녕 사로잡히겠고")과 아이러니(벧엘에 있는 "신"인 엘[אל]을 "고통, 헛됨"이라는 뜻의 아벤[און]으로 대치하고 있음; 호 4:15; 5:8; 10:5에 있는 호세아의 벧아웬을 참조하라)를 사용하면서, 이 시는 그 산당들에 다가올 비참함을 경고하고 있다. 추방되는 것(저주 유형 13)과 전반적인 두려움(저주 유형 4)과 생명을 구원하지 못하는 것이 그들의 운명이 될 것이다. 거짓 예전을 이같이 거부하는 것(저주 유형 2)을 이보다 더 극적으로 언급할 수는 없을 것이다.

6 삼행연구(三行聯句)가 애가의 이 하위 단락에 대한 결론을 맺고 있다. "너희는 여호와를 찾으라 그리하면 살리라"는 의미의 도입 행 디르슈 에트 야웨 비흐유(דרשו את־יהוה וחיו)는 생명은 오로지 야웨께 참되게 돌아갈 때만 가능한 것이라는 긴급한 메시지를 강화하면서 4b절과 밀접하게 병행되고 있다. 다음 행은 불법적인 성소들의 파멸로부터 "요셉의 집"(בית יוסף – 베트 요셉) 전체의 파멸에 이르기까지 그 경고를 확대하고 있다. 이 용어는 에브라임, 므낫세 단 두 지파만을 가리킬 수도 있다. "요셉의 집"은 두 성소를 적절히 포함하고 있기 때문이다. 지리학적으로 다른 나라에 속한 부분인 브엘세바는 이스라엘을 위한 파멸의 예언에 논리적으로 포함될 수 없다. 그러므로 이 곳에 언급되고 있지 않다.

물론 불에 의한 파멸은 언약적인 저주다(유형 10; 참조. 신 4:24, "네 하나님 여호와는 소멸하는 불이시요"). 야웨가 친히 배교적인 나라 전체를 심판하실 때, 그 중요성에 따라서 한 번 더 마지막으로 언급되고 있는 벧엘은 파멸될 것이다. 이 불은 단지 야웨로부터 나오는 것만이 아니다. 은유(隱喩)적으로 그 불은 야웨**이기** 때문이다. 누가 그런 불태워 버리는 것을 꺼져 버리게 하도록(מכבה – 메카베) 바랄 수 있었겠는가? 삼행연구의 세 번째 행은 이미 첫 번째 두 가지 여덟 음절 행들보다 더 긴 형태로 되어 있다. G에 있는 쉬운 독법에 토대를 두고 MT의 벧엘을 베트 이스라엘(בית 〈ישר〉אל)로 수정하는 견해는 일반적으로 제안되는 것인데, 이것은 잘 구성된 운율을 더 낫게 만드는 것이 아니라 더 나쁘게 만들어 줄 것이다.

7 전형적인 애가에서 파멸되는 자들에게 직접적으로 말하는 것은 부가적인 것

일 수 있다(참조. 삼하 1:19, 26). 그러나 이것은 전형적인 애가가 아니다. 그런 것이 아니라 여기서 파멸이 예언되는 사람들에 대해 통렬한 비난이 퍼부어지고 있다. 그러므로 본 절 서두에 나오는 정관사 헤(ה)를 "화로다"라는 뜻의 호이(הוי)로 수정하는 것은 정당성이 없는 것이다(또한 6:13을 참조하라).

이스라엘 백성들은 공법(משפט – 미쉬파트)을 위쪽으로("원문주해" 7.b.를 보라), 정의(צדקה – 체다카)를 아래쪽으로 버렸다: 대칭 구조적인 9:9 이행연구(二行連句)가 이 두 가지 용어들로 나타내지는 관행들에 대한 전반적인 거절을 기술적으로 비방하고 있다. 그 두 가지 용어들은 언약적인 요구가 무엇인지를 요약적으로 나타내기 위해(참조. 5:24; 6:12) 구약에서 그렇게나 일반적으로 사용되었다. 미쉬파트(משפט)는 정당한 법률적 행위, 법정에서의 공정함, 사회적인 정의 등을 나타낸다. 예절 바름, 관대함 그리고 경건함을 포함하는 체다카(צדקה)는 "무죄함"뿐만 아니라 "의로움"을 타나낸다. 이 두 가지 용어들은 그들이 가진 의미의 범위에서 어느 정도 겹치며 구약 전반에 걸쳐서 광범위하게 쓰이고 있다.

8 옛 야웨주의적인 찬양의 또 다른 부분(4:13; 9:5, 6; Watts, "An Old Hymn"을 참조하라)이 갑작스럽게 아모스의 애가에 등장한다. 이 어휘들은 애가 곡조에 맞도록 조절되었거나(문맥의 혼합된 운율은 거의 어떤 단서를 주고 있지 않음), 그렇지 않으면 주제뿐만 아니라 어조에서 놀라운 전환이 이루어지고 있음을 나타내는 것일 것이다. 아모스는 그 원래의 청중들에게 애가의 노래를 부르고 있었던 것이 거의 확실하다(음악가로서의 선지자들에 대해서는 출 15:1; 신 31:30; 삼상 10:5; 왕하 3:15; 사 5:1-7을 보라). 선지자는 본 절 안에 옛 찬양을 포함하고 있는데, 이 찬양은 이스라엘 백성들 자신들이 여러 번 불렀던 노래였을 것이고, 아모스가 말해 온 중요한 어휘(7절에서 "변하다[던지다]"로 그리고 8절에서 "되게 하다[바꾸다]"로 번역되고 있는 하파크[הפך])를 공유하고 있는 찬양이었을 것이다. 이렇게 옛 찬양을 포함으로써 선지자는 자신의 청중들에게 야웨는 위로자뿐만 아니라 바꾸는 자와 파괴하는 자가 되실 수 있다는 것을 생각나게 해주고 있다. 야웨는 이전에는 아무것도 없던 하늘에 별자리들을 두셨다(참조. 욥 9:9; 38:31). 야웨는 밤을 빛이 되게 혹은 그 반대가 되도록 바꾸신다. 야웨는 바다에서 물을 취해 땅에 쏟으신다(즉 폭풍, 홍수 등등; 참조. 9:6).

예언적 분사들(4:13; "주석"을 참조하라)과 후렴(שמם – 야웨 셰모, "그 이름이 여호와시니라")을 통해 인식할 수 있는 찬양 부분은 이 아이러니한 애가의 목적을 잘 드러내 준다. 즉 이 찬양 부분은 야웨는 단지 도우러 오시는 것이 아니라 심판하시기 위해, 그리고 자신의 백성들을 위해서가 아니라 대적하여 맞서기 위해 일어나실 수 있다는 점을 강조해서 나타내 주고 있다. 선지자가 애가에 이 찬양을 첨가한 것은 안이하게 자족한 마음으로 정의를 왜곡되게 하는 자들에게 충격이 될 만한 것이었다(7, 10절).

9 본 절은 본문적으로 훼손이 된 것일 수 있다. 그러나 본 절이 말하고자 하는 본질적인 의도는 알아볼 수 있다. 8절에 나오는 찬양 부분으로부터 출발해 떠나고 있으며 그 부분에 대해 시작하는 주석으로서(이스라엘을 상대로 주어지는 찬양 부분의 파멸적인 어법을 구체화하기 위해 9:5-6로부터 계속되고 있는 9:7을 참조하라), 본 절은 야웨의 파멸하는 권능은 자신의 백성들이 안전을 위해 의존하고 있는 바로 그 산성(요새)에까지 확대된다는 것을 지적하여 말해 주고 있다.

10 7절에서 시작된 부(不)정의에 대한 비난을 다시 시작하면서, 10절은 개인적인 사안에 대한 초점을 첨가하고 있다. 정의를 무시하는 것은 사실상 사람들을 미워하는 것이다. 단지 가난한 사람들만이 아니라(11절), 가난한 사람들의 소송을 정직하게 그리고 예의바르게 간청하거나 그들을 위해 결정하는 자들을 미워하는 것이다. 진리에 대해 분개하는 것은 부정의의 특징이다. "책망하는 자"(מוכיח – 모키아흐)는 판결을 내리는 법정에 있는 장로다(참조. 잠 24:23-25; 사 29:21). "정직히 말하는 자"(דבר תמים – 도베르 타밈)는 바른 증언자이다. (이 용어들에 대해서는 I. Seeligmann, "Zur Terminologie für das Gerichtsverfahren im Wortschatz des biblischen Hebräish", in *FS W. Baumgartner*, VTSup 16[Leiden: E. J. Brill, 1967] 251-78를 참조하라). "성문에서"(בשער – 바샤아르)는 대부분의 법정 진행이 이루어지는 장소를 말한다. 성읍 요새의 부분으로 설계된 넓고 여러 개의 방이 있는 문 지역을 말하는 것이나, 대개는 공적인 법률 업무를 위해 사용되었다(참조. 룻 4:1-11; 신 22:15; 25:7; 욥 5:4; 31:21).

11 하나님의 심판 선언을 나타내는(참조. 호 2:8, 11, 16 등등) 라켄(לכן, "그러므로")으로 시작되는 무익하게 되는 저주(유형 15)와 가난한 사람들을 속이는 법정들을 사용하여 부정의의 "법률적인 죄들을" 더욱 구체적으로 나타내고 있는 것은 애가의 정황에 잘 들어맞는다. 이 노래는 전쟁에서 이스라엘의 다가오는 패배를 전반적으로 몹시 슬퍼하고 있다(2-3; 16-17절). 무익하게 되는 저주들이 대적에 의해 정복되고 압제당하는 것을 말하는 전쟁-주제 저주들(유형 5)과 밀접하게 연관되어 있다. 그 저주들은 누군가가 수고한 것을 다른 사람(즉 암시적으로는 정복하는 대적)이 누린다고 예견하고 있다. 집을 짓는 자들과 포도원을 심는 자들

이 궁극적으로 좌절되는 것을 말하고 있는 본 절은 신명기 28:30(또한 28:39을 참조하라)에 매우 밀접하게 그 토대를 두고 있는 것으로 보인다. 그렇지만 이 저주는 특별히 또 다른 방식을 표현하는 데 적절히 적용되고 있다. 즉 이 저주는 가난한 사람들의 대가로 부를 얻었던 바로 그 자들에 대해 그 형세를 역전시켜 전도(顚倒)되게 하고 있다. 다른 사람들이 이제 **그들이** 치르는 대가로 부유해질 것이다.

12 비탄에 빠져 있는 자들을 묘사하는 것이 애가들의 본질이다. 물론 지금 보고 있는 비가(悲歌)는 그 주체들에 대해 아이러니하고 비판적이다. 또다시 말하고 있는 주제는 이스라엘에 있는 법률 체계의 사악함이다. 거짓 정의인 이 주제는 4-6절에 있는 거짓 종교에 대한 처음 고발에 이어서 나오는 7절에서 시작되었다. 애가는 허물(범죄자들; פשא – 페샤)과 죄악(죄인들; חטאת – 하타트)을 공격하고 있다. 그들은 누구인가? 그들은 법정 소송 사건에 관여하고 있는 부패한 장로들과 재판관들이다. 이스라엘의 고위 지도층들은 의도적으로 의로운 사람들(혹은 "무죄한 사람들", צדיק – 차디크)을 박해하고 있었다. 그들은 부자들에 대한 가난한 사람들의 소송을 우세한 면이 없는 것으로 선언하는 대가로 뇌물을 취하거나, 가난한 원고(原告)들이나 피고(被告)들에 대해 부자인 원고들이나 피고들이 유리하도록 사안을 처리함으로써 박해를 하고 있었다(참조. 출 23:6-8; 삼상 12: 3; 사 10:2; 29:21; 말 3:5). 그런 직접적인 언약 파괴(참조. 출 23:1-8; 신 16:18-20)는 가증스러운 것이다. 그러나 여기서 말하는 자임이 분명한 야웨는 그런 것을 알고 계셨다(ידעתי – 야다티). 자연적으로 그런 뇌물을 준 자들 또한 유죄하다. 그러나 초점은 공정할 것으로 믿음을 받아야 함에도 불구하고 그 반대의 입장에 있었던 재판관들에게 있다. 아모스는 이스라엘의 법정 체계에 커다란 강조점을 두고 있다. 법정 체계가 부패해질 때, 징벌은 확실하게 임하게 되는 것이다.

13 그럴 것이다! 또다시 심판 선언을 나타내는 표지인 라켄(לכן, "그러므로")이 두려움/공포/끔찍함에 대한 일반적인 저주(유형 4)를 시작하고 있다: "악한 때임이니라"(עת רעה היא – 에트 라아 히). 그 공포는 너무나 클 것이기 때문에 사려 깊은 사람들(משכיל – 마스킬; 참조. 잠 10:5, 19; 17:2)은 그때 울부짖던지(דמם – 다맘 2형; "원문주해" 13.a.를 보라), 아니면 아무 말도 못할 정도로 놀라 자빠질 것이다(דמם – 다맘 1형).

14-15 창조주가 죄 많은 사회를 징벌하실 때 경건한 사람들은 어떻게 반응해야만 하는가? 그들은 악으로부터 선으로 전환하는 지각 있는 선택을 해야만 한다.

그러면 언약적 회복의 축복이 그 "남은 자들"(שארית – 셰에리트, 15절; 참조. 사 1:2)에게 적용될 수 있을 것이다. 이스라엘(여기서는 다시 "요셉"; 참조. 6절)을 위해 그려진 시간적인 조망은 축복, 저주, 축복의 순서다(참조. 신 4:21-31). 그 땅에서 축복을 받은 뒤에 이스라엘은 죄를 범했다. 그런 뒤에 언약적 저주의 성취로서 아모스가 선포한 징벌이 도래했다. 그런 뒤에, 오직 그런 징벌이 있은 뒤에 축복이 다시금 올 수 있었다. 그 "악한 때(끔찍한 때)"(13절)가 지난 뒤에 전쟁과 포로 됨의 참해(慘害)에서 살아남은 자들은, 만약 그들이 야웨를 찾는다면(신 4:29과 위의 4b절과 6a절에서 사용된 다라쉬[דרש]의 용법을 참조하라), 다시금 하나님의 자비를 누릴 수 있을 것이다(회복 축복 유형 1; 참조. 신 4:31; 30:3).

14절과 15절은 시라고 하기보다는 산문인 것 같다. 아모스는 아마도 이 지점에서 노래를 멈추었을 것이다. 둔탁하고 구어체적인 평가를 미래의 자신의 나라가 가진 유일한 희망으로 바꾸기 위해서다. 이스라엘의 대적들을 대항해서 야웨가 지원하실 것이라는 있을 법한 생각이 지금 분명하게 이루어지고 있었던 것이다(כאשר אמרתם – 카아셰르 아마르템, "너희의 말과 같이"). 백성들은 야웨가 승인하신 것으로 여겼다. 그러나 아모스의 도전은 야웨가 도와주시는 것은 오로지 돌아선 나라에만 가능할 것이라고 주장한다. 즉 14절과 15절 모두가 강조하는 바와 같이, 특별히 법률적인 부패함(15절)을 제거한 증거로서 악(רע – 라아)을 거절하고 선(טוב – 토브)을 행하는 나라에만 가능할 것이라는 사실이다. 이는 메이스가 다음과 같이 말한 바와 같다(Mays, *Amos*, 100): "아모스의 신학적 어휘 가운데 '선'은 야웨와 정의 사이에 있는 중간적인 용어다…연속선상에 있는 기울기는 **야웨**로부터 **선**을 통해 **정의**로 흐르고 있다…마치 도덕과 종교 혹은 윤리와 믿음, 이 두 가지가 서로 대안적인 것처럼 말할 수는 없다." 야웨를 찾는 것은 선을 행하는 것이다. 이것이 바로 다시 살아나는 이스라엘을 위해 요구되었던 것이다.

16-17 애가는 슬퍼할 것을 온 힘을 다해 권하는 것으로 결론을 맺고 있는데, "그러므로"라는 의미의 라켄(לכן; 11절과 13절을 참조하라)과 야웨의 이름과 칭호를 다시 한 번 온전히 그리고 공식적으로 언급하면서 시작하고 있다. 이 부분은 이 노래의 절정임이 분명하고 양식은 또다시 시(주로 7:7 운율)이다. 이스라엘이 야웨의 진노를 경험할 때(17절)는 죽음과 파멸(저주 유형 24)이 도래할 것이다. 성읍("광장에서/거리에서")과 시골("농부들"/포도원) 도처에서 슬픔을 볼 것이다. 울음꾼을 불러 우는 것이 족하지 않을 것이고, 농부들조차 그 상실에 울부짖도록 요구될 것이며, 그 살육이 너무나 클 것이고, 너무나 많을 사람들이 죽을 것이다.

이 두 절에서 "애곡"이라는 뜻의 미쓰페드(מספד)가 세 번 사용되고 있다. 게다가 "비탄"이라는 뜻의 에벨(אבל), "울게(통곡)"라는 뜻의 네히(נהי) 그리고 "오호라"라는 뜻의 호(הו)가 쓰이고 있다. 이는 나라 전역에 걸쳐서 장사를 지내고 난 뒤에 또 장사를 지낼 때 죽은 자를 위한 참담하고 비극적인 울음이 얼마나 널리 퍼질 것인지를 나타내기 위함이다.

17절에서 야웨는 이스라엘 "가운데로 지나가실"(עבר ב – 아바르 베) 것이라고 경고하신다. 그러나 7:8과 8:2에서 아바르 레(עבר ל)는 "지나가다" 혹은 "보존하다"를 의미한다. 여러 가지 전치사들과 더불어 사용됨으로써, 아바르(עבר)는 "버리다"(저주 유형 1을 반영하고 있는 것으로 여기서 가능한 번역임)로부터 "잘게 나누다"에 이르기까지 매우 다양한 의미를 가지고 있다. 땅을 통과해서 지나가는 "칼"을 묘사하고 있는 레위기 26:6(이 문맥에서 베[ב]는 전치사임)은 아마도 현재의 표현을 위한 언어학적 배경을 말해 주는 것일 것이다. 아마도 북 왕국 백성들은 자신들의 대화 속에서(14b절) "만군의 하나님 야웨"는 앗수르의 위협에서 자신들을 보호해 주실 것이라는 희망을 표현했을 것이다. 이 애가는 그런 그들에게 "만군의 하나님 야웨"는 그렇게 하지 않으실 것이라는 사실을 일깨워 주면서 끝나고 있다.

해설

일종의 예견적인 장례 애가를 사용하여 하나님은 아모스를 통해 북 왕국의 종말을 드러내셨다. 주전 722년에 앗수르 군대에 의해 이루어진 이스라엘의 패배와 파멸은 정말로 파괴적이었다(왕하 17:5, 18, 20, 23). 이 애가는 기교적으로 조성되었으며, 아마도 고전적 양식에 토대를 두고 만들어졌다. 그 고전적 애가 양식은 비극, 반응으로의 부름, 패망한 자에 대한 직접적인 말 그리고 슬퍼할 것을 말하는 내용들을 포함하고 있었다. 이런 구조 안에 이스라엘의 언약 파괴에 대한 증거들, 옛 찬양의 한 부분에 의해 지지를 받고 있는 이스라엘의 다가오는 징벌에 대한 징조들 그리고 이스라엘의 궁극적인 회복에 대한 약속들이 포함되어 기술되었다.

이스라엘의 국가적인 죄는 다음과 같이 분명하게 언급된 두 가지 유형의 비행들을 포함하고 있었다: 비합법적인 성소들에서 이루어진 경배인 반대적인 문화 그리고 법률 제도에 의해 가난한 사람들이 약탈을 당하는 것(사 1:10-26은 법률 체계를 비슷하게 묘사하고 있고 미래의 축복을 분명히 얻기 위해 회개할 것을 요청하고 있음을 참조하라). 다가오는 징벌들은 죽음과 파멸 그리고 그로 인한 비참함에 초점을 두고 있다. 본문에 있는 세 가지의 야웨주의적 찬양 조각의 두 번째 부분(8-9절)은 청중들에게 그들의 조국의 신은 단지 축복만이 아니라 온전히 파멸하실 수도 있다는 것을 깨우쳐 주고 있다(참조. 14절).

기독교인들을 위해 본문이 보여 주는 가장 매혹적인 점들은 반응으로 부르고 있는 두 가지 초청에서 발견되는 회복에 대한 약속들이다(4-6, 14-15절). 이 부분은 "야웨"(4절), 즉 "선"(14절)을 찾아서 그 결과로 생명을 얻으라는 강한 권면을 포함하고 있다. "생명"(요 10:10; 14:6)임을 말하며 아버지 안에 있는 생명을 약속(골 3:3; 참조. 엡 4:18)하시는 예수의 주장은 이제 막 파멸될 나라에 주어지는 그런 약속에 대한 궁극적인 참조 내용이 됨을 나타내 준다. 아모스 5:14을 실제적으로 인용하고 있는 로마서 12:9이 우리에게 일깨워 주는 바와 같이, 기독교인은 선을 사랑하고 악을 미워하는 바로 그런 책임을 정말로 가지고 있는 것이다. 사회에서 올바르고 정직한 행위는 아모스 당시에 그랬어야만 했던 것과 마찬가지로, 오늘날에도 믿는 자들이 져야 할 조금도 덜하지 않은 책임이며 바른 정통 믿음과 예배에 필요한 항목이다.

야웨의 두려운 날(5:18-27)

참고문헌

Clifford, R. J. "The Use of Hôy in the Prophets." *CBQ* 28(1966) 458-64. **Dobbie, R.** "Amos 5:25." *Transactions of the Glasgow Universty Oriental Society* 17(1959) 62-64. **Erlandsson, S.** "Amos 5:25-27 et crux interpretum." *SEÅ* 33(1968) 76-82. **Gerstenberger, E.** "The Woe-oracles of the Prophets." *JBL* 81(1962) 249-63. **Gevirtz, S.** "A New Look at an Old Crux: Amos 5:26." *JBL* 87(1968) 267-76. **Herrmann, S.** *Die prophetischen Heilserwartungen im Alten Testament.* BWANT 85. Stuttgart: W. Kohlhammer, 1965. **Hertzberg, H. W.** "Die prophetische Kritik am

Kult." *TLZ* 75(1950) 219-26. **Hirota, K.** "An Interpretation of Amos 5:18-20." *Kirisutokyo Gaku*(Christian Studies) n.s. 20. Tokyo: St. Paul's/Rikkyo Univ, 1978. **Hirschberg, H. H.** "Some Additional Arabic Etymologies in Old Testament Lexicography." *VT* 11(1961) 373-85. **Hoffmann, Y.** "The Day of the Lord as a Concept and a Term in the Prophetic Literature." *ZAW* 93(1981) 37-50. **Hyatt, J. P.** *The Prophetic Criticism of Israelite Worship.* Cincinnati: Hebrew Union College, 1963. ______. "The Translation and Meaning of Amos 5:23-24." *ZAW* 68(1956) 17-24. **Isbell, C. D.** "Another Look at Amos 5:26." *JBL* 97(1978) 97-99. **Janzen, W.** *Mourning Cry and Woe Oracles.* BZAW 125. New York: DeGruyter, 1972. **Junker, H.** "Amos und die 'opferlose Mosezeit.'" *TG* 27(1935) 686-95. **Leewen, C. van.** "The Prophecy of the *yōm YHWH* in Amos 5:18-20." *Language and Meaning: Studies in Hebrew Language and Biblical Exegesis.* OTS 19: Leiden: E. J. Brill, 1974. 113-34. **Osswald, E.** "Zur Abgrenzung alttestamentlicher Predigtperikopen." *Wort und Welt: Festgabe für E. Hertzsch.* Berlin: Evangelische Verlangsanstalt, 1968. 243-50. **Osten-Sacken, P. von der** "Die Bücher der Tora als Hütte der Gemeinde: Amos 5:26 f in der Damaskusschrift." *ZAW* 91(1979) 423-35. **Sacon, K. K.** "Amos 5:21-27—An Exegetical Study." In *FS Masao Sekine*, ed. S. Arai. Tokyo: Yamamoto Shoten, 1972. 278-99.(Japanese.) **Schmidt, N.** "On the Text and Interpretation of Amos 5:25-27." *JBL* 13(1894) 1-15. **Schunck, K.** "Strukturlinien in der Entwicklung der Vorstellung vom 'Tag Jahwes.'" *VT* 14(1964) 319-30. **Sekine, Masao.** "Das Problem der Kultpolemik bei den Propheten." *EVt* 28(1968) 605-9. **Semen, P.** "Sensul expresiei '*Iom lahve*'—'Ziua Domnukii' la profetii VT." *Studii Teologice* 30(1978) 149-61. **Smelik, K. A. D.** "The Meaning of Amos v 18-20." VT 36(1986) 246-48. **Speiser, E. A.** "Note on Amos 5:26." *BASOR* 108(1947) 5-6. **Wanke, Gunther.** "אוי und הוי." *ZAW* 78(1966) 215-18. **Watts, J. D. W.** "Amos' Eschatology." *Vision and Prophecy in Amos.* Grand Rapids: Eerdmans, 1958. 68-84. **Weiss, M.** "The Origins of the 'Day of the Lord'—Reconsidered." *HUCA* 37(1966) 29-72. **Williams, J. G.** "Irony and Lament: Clues to Prophetic Consciousness." Semeia 8(1977) 51-74. ______. "The Alas-Oracles of the Eighth Century Prophets." *HUCA* 38(1967) 75-91. **Würthwein, E.** "Amos 5:21-27." *TLZ* 72(1947) 143-52.

본 문

야웨의 날이 가지고 있는 참된 속성
18 화 있을진저 여호와의 날을 사모하는 자여 너희가 어찌하여 여호와의 날을 사모하느뇨 그 날은 어두움이요 빛이 아니라
19 마치 사람이 사자를 피하다가 곰을 만나거나 혹 집에 들어가서 손을 벽에 대었다가 뱀에게 물림 같도다
20 여호와의 날이 어찌 어두워서 빛이 없음이 아니며 캄캄하여 빛남이 없음이 아니냐

예전을 거절함: 불의
21 내가 너희 절기를 미워하여 멸시하며 너희 성회들을 기뻐하지 아니하나니
22 너희가 내게 번제나 소제를 드릴지라도 내가 받지 아니할 것이요 너희 살진 희생의 화목제도 내가 돌아보지 아니하리라
23 네 노래 소리를 내 앞에서 그칠지어다 네 비파 소리도 내가 듣지 아니하리라
24 오직 공법을 물같이 정의를 하수같이 흘릴지로다

예전을 거절함: 우상 숭배
25 이스라엘 족속아 너희가 사십 년 동안 광야에서 희생과 소제물을 내게 드렸느냐
26 너희가 너희 왕 식굿과 너희 우상 기윤 곧 너희가 너희를 위하여 만들어서 신으로 삼은 별 형상을 지고 가리라

궁극적인 심판: 사로잡혀 감
27 내가 너희를 다메섹 밖으로 사로잡혀 가게 하리라 이는 만군의 하나님이라 일컫는 여호와의 말씀이니라

The real nature of the Day of Yahweh
18 Woe to you[a] who are wishing for the Day of Yahweh! Why do you have this attitude about the Day of Yahweh? It is darkness, not light.
19 Just as if someone were running away from a lion, and a bear came upon him—but he made it home and rested his hand on the wall—and then a snake bit him![a]
20 Is not the Day of Yahweh darkness, not light; gloom with no brightness to it?[a]

Rejection of the cult: injustice
21 I hate, I reject[a] your festivals. I will not approve[b] your assemblies.
22 Even if you bring me burnt offerings[a] And grain offerings, I will not accept them. I will have no regard for your communion meals of fattened cattle.
23 Get the noise of your songs away from me. I will not listen to the music of your harps.[a]
24 But let justice roll on like water, Righteousness like a stream that runs year-round.

Rejection of the cult: idolatry
25 Did you bring me sacrifices and grain offerings For the forty years in the wilderness, family of Israel?[a]
26 Did you carry Sakkuth[a] your "king"? And Kaiwan,[b] your idol, the star,[c] Your gods which you made for yourselves?

The ultimate judgment: exile
27 I will exile you past Damascus, Said Yahweh, whose name is the God of the armies.

원문주해

18.a. 히브리어 본문에는 직접적인 어법이 분명하게 드러나 있는 것이 아니라 암시되어 있다.

19.a. 또 다르게 보면 두 가지 사건들이 묘사되어 있는 것일 수 있다: 사자를 피했으

나 곰을 만난 것과 또 쉬려고 벽에 기대었다가 뱀에게 물리고 만 것.

20.a. 볼프(Wolff, 253-54, n. e.)와는 **반대되는 견해로** G는 20절의 모든 것을 단수이고, 관련되어 있으며, 의문문적인 것으로 연결하고 있다.

21.a. 혹은 "나는 완전히 거절한다" 혹은 그와 같은 것으로, 중언법(重言法)으로 기능하고 있는 두 개의 히브리어 동사.

21.b. 문자적으로는 "냄새가 나다". 구약에서 오래된 이 **전문 용어**(*terminus technicus*)는 단순히 희생 제사를 승인하는 것을 의미한다.

22.a. 22절은 조건적인 문장이며, 그 처음 절은 21절에 연결되지 않고 있다는 것(Wolff, 259, n. c.)을 G는 바르게 인식했다.

23.a. 23절에서 동사들과 대명사적인 형태들은 단수다. 역본들에 의해 분명하게 드러난 이런 문체적인 전환은 다음과 같은 논리에 의해 발생하는 것일 수 있다: 축제를 이끄는 음악가들은 백성들 중에서 많지 않은 작은 계층이다. "네"(복수)는 모든 이스라엘 백성들을 지칭하고 있다.

25.a. 여기서 몇몇 G 사본들은 "주께서 말씀하신다"라는 뜻의 레게이 퀴리오스(*λέγει κύριος*), 즉 "야웨의 신탁"이라는 뜻의 네움 야웨(נאם יהוה)를 첨가하고 있다. 그러나 그런 첨가들은 아마도 2차적인 자료들일 것이다.

26.a. G는 "몰렉의 장막"이라는 의미로서 MT의 자음을 취하고 있다. 이것은 멜렉(מלך)에 복수 소유 접미사가 없는 원문을 반영하고 있는 것이다. סִכּוּת를 "사쿠트"로 발음하는 것은 MT와 반대되는 것으로서 아카디아어를 토대로 하고 있는 것이다.

26.b. G가 라이판(*ραιφαν*)이라고 읽는 것은 카이판(*καιφαν*, "카이판")에 대한 내적인 헬라어 원문 훼손임이 분명하다. 아카디아어 카야만(kayyamān)은 우리가 취하고 있는 발음을 위한 메소포타미아적인 반영이다.

26.c. MT는 구문에서와 같이 코카브(כוכב)라고 발음했다. 만약 이런 발음이 옳다면, "네 신들의 별…"이라고 번역하라.

양식/구조/배경

본문은 "재난 신탁"이다. 호이(הוי, "화로다/오!")로 시작하는 심판 선언 뒤에는 심판이 임하게 될 사람들을 가리키는 분사(המתאוים – 하미트아빔)가 따라 나오고 있다. 이 재난 신탁에서는(Gerstenberger, "The Woe-oracles", 249-63를 보라) 언약을 범한 것이 증거로 제시되고 심판이 선언되는 것이 전형적인 형태다. 비록 호이(הוי)라는 어휘가 장례 애가 정황들에서 파생된 것일지라도(Clifford, "The Use of הוי" *CBQ* 28[1966] 458-64; Janzen, *Mourning Cry and Woe Oracles*), 재앙 신탁들은 애가들과는 별 관계가 없다. 사실상 재앙 신탁들은 "너는 곤경에 빠졌다.

여기에 그에 대한 이유와 너에게 어떤 일이 일어날 것인지가 있다"라고 말한다. 따라서 5:18-27은 이전 단락의 애가/비가(悲歌)와는 매우 다른 문체와 양식을 가지고 있다.

6:1에서 새로운 단락이 시작된다. 이것은 유다와 이스라엘 각각의 수도를 가리키는 새로운 호이(הוי)에 의해 증거된다. 그러므로 5:18-27은 하나의 단위인가? 아니면 18-20을 그 나머지 부분과 나누어야만 하는가? 만약 3인칭 문체이며 시라기보다는 산문적인 18-20절이 21절에서 시작되는 1인칭의 시적인 심판 문장에 대한 서론으로 여겨진다면, 전체 본문의 구조적인 통일성은 분명하게 보인다.

18-20절에 나오는 "야웨의 날" 선언은 그 날에 이스라엘이 구원을 기대하고 있는 것이 왜 전적으로 잘못된 것인지에 대한 **이유**를 구체적으로 말하고 있지 않다. 그에 대한 이유들은 21-27절에서만 나타난다. 만약 18-20절이 이어 나오는 것과 격리되어 있는 것이라면, 이 구절들이 선언하고 있는 유일한 재앙은 햇빛이 없는 날이다. 다가오는 곤경을 피할 수 없다는 것을 말하고 있는 내용(19절)은 그 곤경이 어떤 것이 될 것인지를 분명하게 말해 준다. 오직 21-27절에서만 아모스의 청중들은 하나님의 거절과 포로로 잡혀가는 것이 그 오랫동안 기다린 날의 재앙이 될 것이라는 사실을 알게 된다. 본문의 개별적인 구성이 분명하게 구분될 수 있을지라도, 전반적인 본문은 기능적으로 통일되어 있다.

21-23절과 25-26절에 나오는 종교적인 축제와 예배에 대한 내용으로 인해, 아모스가 전하는 이 부분을 위한 장소는 종종 벧엘이라고 이야기되었다. 그러나 이것은 추측적인 것이다. 이 신탁이 처음 전해진 연대는 주전 745-740년 사이일 것이라고 보는 것이 어느 정도 덜 추론적이다. 야웨의 날을 통해 구원을 찾는 것("주석"을 보라)은 아마도 특별히 앗수르의 확장으로 인해 겁에 질려 있는 백성들 가운데서 이해할 수 있는 방법이었을 것이다.

아모스 당대에 앗수르의 확장은 아마도 디글랏-빌레셀 3세(주전 745-727년)가 그의 제국적 확장주의를 시작한 이후에만 가능했을 것이다. 웃시야의 죽음(주전 740년)은 아모스의 사역을 위한 가능한 **마지막 시점**(*terminus ad quem*)을 말해주고 있다. 따라서 본 신탁을 첫 번째로 들었을 사람들을 위한 가능한 시간 틀은 주전 745년에서 740년 사이의 5년여 어간으로 간주되어야만 한다.

주석

18 아마도 야웨의 날(יום יהוה – 욤 야웨)은 참된 주권자는 어느 한 날에 자신이 치르는 전쟁들에서 승리할 수 있을 것(D. Stuart, "The Sovereign's Day of Conquest", *BASOR* 221[1976] 159-64)이라는 널리 퍼져 있던 오래된 개념에 그 기원을 두고 있었을 것이다. "야웨의 날"은 그 날을 바라며 사모하는 자들(המתאוים – 하미트아빔)에게 야웨가 자신의 백성들을 위해 그의 대적들을 멸하려고 군사적으로 간섭하시는 시간을 의미했다. 아모스가 그런 백성들에게 화(הוי – 호이)를 선언한 것은 이스라엘 백성들에게는 매우 놀라운 선언이었음에 틀림없다. 그 이스라엘 백성들은 누군가가 야웨의 백성들이었다면 그것은 바로 자신들이었고, 누군가가 그런 구원을 받았다면 그것은 바로 자신들이 그런 야웨의 구원을 받은 자들이었다고 생각하고 있었기 때문이다. 그러나 아모스의 말을 통해 아모스의 청중들은 야웨의 날이 자신들이 기대했던 것과는 정반대일 것이라는 사실을 발견하게 될 것이다. 상황에 대한 잘못된 이해를 가지고 있는 이스라엘 백성들을 꾸짖으면서 아모스는 하나님의 백성과 하나님의 대적은 하나라는 것(참조. 3:2), 즉 21-27절이 분명하게 이야기하고 있는 바와 같이 이스라엘 백성들은 그들의 하나님에 의해 거절되었다는 것을 암시적으로 나타내 주고 있다. 수사학적인 질문("너희가 어찌하여 여호와의 날을 사모하느뇨?")은 즉각적인 대답을 얻게 되며("그 날은 어두움이요 빛이 아니라"), 20절에서 강화된 대답인 두 번째 대답을 얻게 된다. 신탁을 받는 사람들의 믿지 못하겠다는 반응으로 인해 그런 솔직한 반복이 필요했다. 마치 자신이 페이퍼를 매우 잘 썼다고 생각하는 학생이 "F" 학점을 받은 경우이거나, 자신은 일을 매우 훌륭하게 처리했다고 생각하는 노동자가 해고를 당한 경우이거나, 결혼 생활이 원만히 잘 이루어지고 있을 때 남편/아내가 갑자기 이혼을 할 것이라고 선언한 경우와 같이, 이스라엘 백성들은 자신들의 기대와는 정반대인 그런 선언으로 인해 놀랐을 것임에 틀림없다.

19 그 날은 구원 대신에 피할 수 없는 재앙을 가져올 것이다. 피난도 방어도 없을 것이다. 어떤 구원에 대한 생각도 잘못된 착각이 될 것이다. 어떻든 간에 야웨의 심판은 피할 수 없는 것으로 느껴질 것이다. 본 절에 묘사된 상황은 거의 희극적이지만, 그 의도는 매우 심각한 경고다. 야생 동물들로부터 받는 폐해는 언약적인 저주(유형 11; 참조. 겔 14:21)이기 때문에, 그런 어휘들은 현재 사용되고 있는 직유(直喩)를 위해 그 어휘들이 사용되고 있는 용법보다 더 그런 상황을 잘

가리켜 주었을 것이다.

20 어두움(חשך – 호셰크)과 캄캄한(אפל – 아펠)은 모두 구약에서 역경, 곤경, 비참함 그리고 심지어 죽음을 나타내는 은유(隱喩)들로서 빈번하게 사용된다(호셰크[חשך]: 삼상 2:9; 욥 5:14; 시 35:6; 잠 2:13; 사 5:30; 49:9; 아펠[אפל]: 시 91:6; 욥 3:6). 죽음의 영역은 때때로 어두움의 땅으로 묘사되기도 한다(예를 들어, 욥 10:22, "광명도 흑암 같으니이다"). 무력하게 되는 저주(유형 19)를 말하는 신명기 28:29은 하나님의 진노를 불러일으키는 자들을 말하고 있다: "소경이 어두운 데서 더듬는 것과 같이 네가 백주에도 더듬고…"(아펠라[אפלה], 아펠[אפל]의 동족어). 하나님이 아모스를 통해 계시하신 것 중에 그 어떤 것이 이보다 더 분명할 수 있었겠는가? 북 왕국은 구원이 아니라 파멸을 기다리고 있었던 것이다.

21 선지서들에서는 대개가 잘못한 것들을 인용하는 것이 징벌 선언에 앞서 나온다. 본 절에 있는 신탁에서는 그 순서가 어느 정도 뒤바뀐 것 같다. 청자/독자는 24-26절에 이르기까지는 이스라엘에 대한 죄과들을 알지 못한다. 이런 상황은 18-20절에 설정된 형태에서도 계속된다. 18-20절은 이스라엘 백성들이 야웨와 가지는 관계에 대한 전반적인 선입견이 잘못되었다는 것을 그들로 하여금 깨닫도록 하려는 것에 우선순위를 놓고 있다. 레위기 26:31은 언약 백성들에게 다음과 같은 내용을 경고하고 있다: 만약 그 백성들이 야웨의 율법들을 깨뜨린다면, "…너희 성소들로 황량케 할 것이요 너희의 향기로운 향을 흠향치(רוח – 루아흐, 히필) 아니하고"(저주 유형 2). 절기들(חגים – 하겜)과 성회들(עצרת – 아체레트)은 먹고 예배드리기 위해 모이는 다른 경우들(안식일들, 새 달 축제일들 등등; 참조. 8:5; 호 2:11; 느 10:33)뿐만 아니라, 매년 행하는 세 번의 순례적인 축제들을 말하는 것(출 23:1-18; 34:22-25; 신 16:10-16)으로, 여기서 병행적으로 쓰인 용어들이다. 야웨는 이제 그런 예배를 거절하고 계신다. 야웨가 가나안 예전의 무의미함을 거절하셨던 것(참조. 신 12:31, "여호와의 꺼리시며 가증히 여기시는 일")과 같은 방법으로, 아직 그에 대한 이유들은 언급되고 있지 않지만, 예배를 거절하고 계신다.

22 21절은 북 왕국 예전의 절기적인 면을 언급하고 있는 반면에, 22절은 구체적으로 그 희생 제사들을 언급하고 있다. 전통적으로 세 개로 이루어진 한 벌의 제사인 번제(עלות – 올로트; 참조. 레 1장), 소제(מנחות – 민호트; 참조. 레 2장) 그리고 화목제(שלם – 셀렘; 참조. 레 3장)가 이제 모두 못마땅하고 불쾌한 것이

되었다. 또한 하나님이 희생 제사들을 더 이상 받지(רצה – 라차) 않으신다는 것은 열납되고/열납되지 못하는 제사를 말하는 레위기의 어법을 반영하고 있다(레 19:5-7).

23 야웨는 이미 예전의 축제들과 그 희생 제물들을 거절하셨다. 목소리와 악기를 가지고 연주하는 음악은 구약 시대에 있었던 예배의 필수적인 요소들이었다(시 150; 스 2:65; 대상 15:16-24; 대하 5:13; 23:13; 사 5:12; 단 3:5-15). 그러나 이제 이스라엘의 하나님은 자신의 백성들이 드리는 예배를 보지도(נבט – 나바트, 히필, 22절) 듣지도(שמע – 샤마) 않으실 것이다(참조. 신 31:17, 18; 32:20).

24 이스라엘의 하나님은 언제나 일관되게 언약을 지키는 것을 요구하신다. 예배의 희생 제사들과 다른 요소들(22, 23절)은 간헐적인 의로움을 가지도록 했던 것으로 여겨져 거절되었다. 그런 예전들이 일반적인 바른 삶으로 보강되지 않았기 때문이었다. 야웨의 뜻과 진정으로 조화를 이루는 사회는 공법(משפט – 미쉬파트)과 정의(צדקה – 체다카; 이런 정도의 조합에 대해서는 5:7; 6:12을 참조하라)를 일상적으로 실행해야만 한다: 항상 어느 곳에서나. 언약은 단지 지금만 지켜질 수 없고 범죄한 뒤에 다시 지켜질 수 없다는 것이 언약의 본질이다. 예를 들어, 그 어떤 사람도 "나는 내가 한 결혼 언약을 지킨다. 나는 단지 몇 일에 한 번 간음을 하고, 그 나머지 결혼 생활은 나의 배우자에게 온전히 신실하기 때문이다"라고 말할 수는 없다. 이와 마찬가지로 다음과 같은 이스라엘의 암묵적인 주장은 어리석은 것이다: "나는 야웨의 언약을 지킨다. 나는 단지 어떤 때만 다른 사람들을 능욕하고 학대하지만, 그런 것을 제외하고는 야웨를 신실하게 경배한다."

가나안의 예전적 종교는 백성들로 하여금 개인적으로 비도덕적이고 비윤리적이 되도록 허용했다. 만약 그 백성들이 열정적으로 그 예전을 지지하기만 했다면, 그들은 여전히 그 신들과 옳은 관계를 유지할 수 있었다. 야웨의 언약은 자신의 백성들이 그런 대안적 선택을 하는 것을 인정하지 않았다(참조. 마 7:21-23). 공법과 정의는 단지 우기에만 물이 흐르고 다른 때는 마른 땅이 되는 광야의 간헐천과 같이 멈추었다가 다시 흐를 수 없는 것이다. 그런 것이 아니라, 공법과 정의는 결코 마르지 않는 나할 에탄(נחל איתן, 문자적으로 "강한 물길")과 같이 밤낮으로 일 년 동안 끊임없이 계속되어야만 한다.

25 이스라엘은 출애굽 이후 광야에서 지내는 동안 야웨에 의해 직접적으로 인

도되었고 그를 의존했기 때문에, 광야 시대는 일종의 기준이 되었다. 이 기준에 비추어 볼 때, 이스라엘이 그 하나님에 대해 현재 가지고 있는 관계가 측정될 수 있었다(참조. 신 2:7; 호 2:16-17; 렘 2:2, 6). 광야에서의 40년은 문제가 전혀 없거나 죄가 없는 시대는 결코 아니었다(참조. 신 1:26-40; 민 16장 등등). 그러나 이스라엘 백성들은 적어도 야웨와 그 백성들 사이의 참된 친밀성을 보여 주었다. 광야를 지나는 동안에는 짐승을 잡아 드리는 희생 제사(זבחים – 제바힘)도 소제(מנחות – 민호트; Wolff, 265와는 반대이다. 이 어휘는 여기서 그 일반적인 의미로 쓰이고 있음. 22절을 참조하라)도 대개 드려지지 않았다. 희생 제사 제도는 본질적으로 땅에 정착한 상황에서 일반적인 음식 생산이 가능한 다가오는 시대를 위해 미리 고안된 것이었다(출 34:23-24; 민 15:2; 18:24-27; P. C. Craigie, *Deuteronomy*[Grand Rapids: Eerdmans, 1976], 218를 참조하라). 비록 그 제도가 시내산에서 진을 친 처음 1년 동안에 시작된 것과 같이 보일지라도(예를 들어, 레 9:8-24), 희생 제사와 매년 지키는 세 번의 축제들은 정복이 이루어진 뒤에 정례화되었다. "너희가…드렸느냐?"라는 수사적인 질문을 통해 하나님이 말씀하시고자 하는 것은, 제사들은 하나님의 백성들이 하나님과 바른 관계를 가지도록 해주는 진정한 것이 아니라는 것이다. 정규적으로 드리는 희생 제사가 없이도 백성들은 광야에서 40년 동안 여전히 언약적인 상태에 있었다. 희생 제물들은 자신들 종교의 **긴요한 요소**(혹은 **조건**, *sine qua non*)였다는 이스라엘의 생각은 잘못된 것이었다.

26 그러나 이스라엘 백성들이 지은 중요한 잘못은 희생 제사 제도를 주제넘게 오용한 것이 아니었다. 그것은 우상 숭배를 통해 이스라엘 백성들이 야웨의 언약을 철저하게 거절한 것이었다. 따라서 광야는 아모스 당대의 타락한 관행들에 비교되는 상대적으로 타당한 예로서 26절에서 계속되고 있다. 광야 시대의 정통적인 상태와 정착 시기의 우상 숭배 사이의 이런 극명한 대조는 예레미야 2:2-8에서도 두 번 이상 이루어지고 있다. 여기서 구체적으로 두 개의 별신을 "지고 가는 것"으로 묘사되고 있다. 그 별신들은 아마도 최상위 수준의 우상들이었을 것이고(참조. *ANEP*, figs. 305, 535), 그렇게 지고 가는 행위는 이교도 숭배의 한 부분들이었을 것이다. 이 우상 숭배는 적어도 아합의 시대(주전 874-853년)와 이스라엘이 조공을 바쳤던 살만에셀 3세(주전 859-824년)의 시대에 앗수르 방식을 흠모한 영향 아래서 북 왕국에 만연된 우상 숭배였다.

사실상 그런 우상들을 숭배하는 것은 그것들 자체가 바로 사람이 만든 것이었기 때문에 어리석은 짓이다. 사람에 의해 사람을 위해 만들어진 것이기 때문이다(עשה ל – 아사 레; 참조. 왕상 14:9; 왕하 17:29-30; 호 8:6). 아모스 당대의 사람들은 아마도 자신들을 옛 광야 세대와 비교했을 때 자신들이 훨씬 더 현명하다고 생각했을 것이다. 그러나 자신들이 손수 만든 것을 숭배하는 그 사람들이 얼마나 현명할 수 있겠는가?(참조. 사 40:18-20; 41:22-24; 행 7:41).

결점이 있는 본문에 대한 결점이 있는 주해를 토대로 하고 있는 쿰란에서 발견된 다메섹(다마스커스) 문서(the Damascus Document, CD 7:17-19)는 26절을 구원에 대한 약속으로 해석하고 있다: "나는 너희의 왕 식굿과 너희들의 우상인 기윤을 포로로 잡아갈 것이고…." 15-19행들은 실제적으로 식굿을 "(너의 왕)의 처소"라는 סוכת로 재해석하고 있다(참조. 암 9:11). 이런 해석은 번역의 규칙들을 무시한 것으로 26절의 주해에 아무런 도움이 되지 않는다.

27 신탁은 포로로 잡혀가는 저주(유형 13a; 참조. 신 29:28, "그들을 이 땅에서 뽑아내사 다른 나라에 던져 보내심이 오늘날과 같다 하리라")의 임박한 성취를 선언함으로써 결론을 맺고 있다. "다메섹 밖으로"(מהלאה לדמשק – 메할라 레다마세크)라는 어구는 신명기 30:4을 생각나게 해준다: "하늘 가에 있을지라도…(하늘 아래 가장 먼 곳에 버려질지라도)." 이스라엘의 북북동쪽에 있는 다메섹은 포로로 잡혀가는 방향이 실제로 그렇게 일어나는 나침반의 방향과 같은 것을 말해준다: 비옥한 초생달 지역의 호(弧)를 따라서 북쪽으로, 그러고 나서 동쪽으로, 그리고 앗수르 지역으로 들어가는 간선 도로들. 아모스의 말은 몇십 년 뒤에 성취된 앗수르가 이스라엘을 포로로 잡아가는 것(주전 722년)을 암시하고 있는 것임에 틀림없다. 또다시 만군의 하나님(אלהי־צבאות – 엘로헤-체바오트)이라는 야웨의 "온전한 칭호"가 사용되고 있다(참조. 4:13; 5:14, 15, 16).

해설

아모스는 그 당시에 널리 퍼져 있던 이스라엘의 대적으로부터 구원되는 날이 야웨의 날이라는 것과는 달리, 그 야웨의 날은 이스라엘이 그 대적들에 의해 정복될 것이고 그 대적들의 나라로 잡혀가는 날이 될 것이라는 사실을 알려 주었다. 야웨는 왜 자신의 백성들을 구원하지 않고 벌하시는 것인가? 그 백성들은 야웨에게 단지 선별적으로만 신실했기 때문이다. 그들은 야웨의 언약의 어떤 절차적인 면만을 준수하기는 했지만 "율법의 보다 더 중한 바를 버렸기"(마 23:23) 때문이다. 때때로 그리고 간헐적으로 보이는 의로움(21-24절)은 전혀 의로운 것이 아니다. 부분적이고 제한적인 의로움(우상 숭배를 하면서 희생 제사 드리는 것을 지키는 것, 25-26절) 역시 전혀 참된 의로움이 아니다. 언약을 진실하게 지키는 것은 꾸준한 충성에 헌신하는 특별하고 구별된 행위들을 넘어서는 것이다(마 7:21-23). 언약을 진실하게 지키는 것은 혼합적인 헌신을 관용하는 것이 아니다(참조. 행 7:41-43, 51).

사로잡히는 자 중에서 앞서 사로잡힐 것임(6:1-7)

참고문헌

Clifford, R. "The Use of *Hôy* in the Prophets." *CBQ* 28(1966) 458-64. **Dahmen, U.** "Zur Text- und Literarkritik von Am 6,6a." *BN* 31(1986) 7-10. **Dahood, M.** "*NĀDÂ* 'to Hurl' in Ex 15, 16." *Bib* 43(1962) 248-49. **Daiches, S.** "Amos VI:5." *ExpTim* 6(1914-15) 521-22. **Eissfeldt, O.** "Etymologische und archäologische Erklärungen alttestamentlicher Wörter." *OrAnt* 5(1966) 165-76. **Elhorst, H.** "Amos 6:5." *ZAW* 35(1915) 62-63. **Freedman, D. N.** "But Did King David Invent Musical Instruments?" *Bible Review* 1(1985) 48-51. **Holladay, W. L.** "Amos 6:1bβ: A Suggested Solution." *VT* 22(1972) 107-10. **Iwry, S.** "New Evidence for Belomancy in Ancient Palestine and Phoenicia." *JAOS* 81(1961) 27-34. **Pope, M.** "Notes on the Rephaim Texts from Ugarit." *Essays on the Ancient Near East in Memory of J. J. FinkeLstein.* Hamden: Connecticut Academy of Arts and Sciences, 1977. **Wanke, G.** "אוי und הוי." *ZAW* 78(1966) 215-18. **Williams, J.** "The Atlas-Oracles of the Eighth-Century Prophets." *HUCA* 38(1967) 75-91. **Wolff, H. W.** "Form-Criticism of the 'Woe-Cries.'" *Hosea*, 242-45.

본 문

선언/슬픔으로 부름

1 화 있을진저 시온에서 안일한 자와 사마리아 산에서 마음이 든든한 자 곧 열국 중 우승하여 유명하므로 이스라엘 족속이 따르는 자들이여

Announcement/summons to mourning

6:1 Woe to those comfortable in Zion, And who feel secure on Mount Samaria, Preeminent persons of the leading nation, To whom the family of Israel come!

반응할 것을 요청함/멸망하는 자들에 대한 직접적인 말

2 너희는 갈레에 건너가고 거기서 대 하맛으로 가고 또 블레셋 사람의 가드로 내려가 보라 그 곳들이 이 나라들보다 나으냐 그 토지가 너희 토지보다 넓으냐

Call to react/direct address to the fallen

2 Travel to Calneh and take a look: Go from there to the great Hamath[a]: Then go down to Gath of the Philistines. Are you[b] better than these kingdoms? Is their territory larger than yours?

비극에 대한 묘사

3 너희는 흉한 날이 멀다 하여 강포한 자리로 가까와지게 하고

4 상아 상에 누우며 침상에서 기지개 켜며 양 떼에서 어린 양과 우리에서 송아지를 취하여 먹고

5 비파에 맞추어 헛된 노래를 지절거리며 다윗처럼 자기를 위하여 악기를 제조하며

6 대접으로 포도주를 마시며 귀한 기름을 몸에 바르면서 요셉의 환난을 인하여는 근심치 아니하는 자로다

7 그러므로 저희가 이제는 사로잡히는 자 중에 앞서 사로잡히리니 기지개 켜는 자의 떠드는 소리가 그치리라

Description of the tragedy

3 Those who are forecasting[a] a bad day And divining[b] a harmful week,[c]

4 Who sleep on ivoried beds And are sprawled out on their couches, Who eat lambs picked[a] from the flock And young bulls selected[a] from the farthing-pen,

5 Who improvise to the sound of the harp, like David,[a] Who invent for themselves all sorts of[b] songs,

6 Who drink from basins of wine And anoint themselves with first-quality oils, And are not bothered by the ruin of Joseph:

7 Therefore now: They will go into exile at the front of the exiles: The celebrating of those sprawled out will cease.[a]

원문주해

2.a. MT는 "하맛"이라는 뜻의 하마트(חמת)를 연계형으로 발음한다(참조. Joüon, *Grammaire*, 131 n.). 그러나 이것은 구문론적으로 거의 필요하지 않다.

2.b. 혹은 "그들"도 가능하다. 이 경우에 "이 나라들"은 이스라엘과 유다를 가리킬 수 있다.

3.a, b. MT의 메나딤(מנדים)은 아마도 "예측하다"라는 뜻의 아카디아어 나두(*nadû*)를 반영하는 것일 수 있다. 마찬가지로 나가쉬(נגש)의 히필은 "예측을 통해 나오는 것"

이라는 의미를 가질 수 있다.

3.c. "자리"라는 뜻의 셰베트(שֶׁבֶת)보다는 샤바트(שָׁבַת)로 발음한 것. 3.a, b, c의 "원문주해"에 대해서는 Dahood, "*NĀDÂ*", 248-49와 Iwry, "New Evidence", 27-34를 참조하라.

4.a. 이 의미가 문맥에 암시되어 있다. 음식은 "선택한" 음식이다.

5.a. 음절적으로 계산된 것. 운율은 "다윗처럼"이라는 뜻의 케다비드(כדויד)는 5b절 서두보다는 5a절 마지막에 온다는 것을 말해 주고 있다.

5.b. MT는 불가능한 것이 아니다. 그러나 악기들을 설계한 것이라기보다는 누군가의 한가한 시간에 노래들을 지은 것이라고 보는 것이 문맥에서 훨씬 더 가능성이 있어 보인다. 따라서 우리는 "…의 악기들"이라는 뜻의 켈레(כְּלֵי)보다는 "모든"이라는 뜻의 콜(כָּל)로 발음한다.

7.a. 히브리어는 번역이 제안할 수 있는 것보다 훨씬 더 두운체(頭韻體)적이다.

양식/구조/배경

두 개의 주제가 본문을 주도하고 있다: 자아도취와 자만심. 이런 두 개의 주제는 1절("안일한…마음이 든든한…우승하여")과 7절("앞서…기지개 켜는…떠드는")에 반영되어 있다. 1절은 재앙을 선포하고 있으며, 7절은 언약적 저주의 완성으로 임하는 징벌들을 말하고 있다("주석"을 보라). 본문은 독립적임이 분명하며 수사학적으로 통일되어 있다. 본문은 장례적인 애가(참조. 5:1-17)에서 있을 것으로 생각되는 구조를 매우 많이 따르고 있다. 이런 연결성을 놓고 볼 때, 2절의 2인칭 복수 담화는 다음과 같은 의미를 만들어 준다. 즉 자족하는 귀족들의 입술에 놓인 어떤 인용(E. Sellin; J. C. Mays) 혹은 후대의 첨가로 보기보다는 멸망하는 자들에 대한 직접적인 말과 반응으로의 부름을 묶어 주는 것으로서 가장 좋은 의미를 만들어 주고 있다. 본문은 동의어적인 병행법이 주도하고 있는 혼합된 **긴** 운율로 이루어진, 전적으로 시(詩)적인 본문이다.

갈레, 하맛 그리고 가드는 모두 주전 738-734년에 있었던 디글랏-빌레셀 3세의 서방 정복 전쟁을 통해 앗수르의 통제 아래 들어갔기 때문에, 2절의 내용은 주전 738년보다 앞선 것이다(바르게 이해된다면, 2절은 이 성읍들이 이미 앗수르에게 멸망당한 것을 암시해 주는 것은 아님). 이것을 제외하고는 연대기를 정확하게 말할 수 없다. 주전 800년에서 734년까지 유다의 주도 아래 있었던 지역인 가드에 대한 내용은, "시온"은 1절에 속하지 않은 것이라는 견해들을 받아들일 수 없게 해준다. "요셉"(참조. 5:15)에 대한 분명한 내용에 의해 증거되는 대로, 이 재앙 신탁은 이스라엘에 중심을 두고 있는 반면에, 본 신탁은 그 지도층의 물질주의적인 타락으로 인해 남 왕국과 북 왕국 모두에게 동일하게 유죄 판결을 내리고 있는 것이 분명하다.

주석

1 주전 8세기에 활동했던 자신의 동시대 선지자들인 호세아, 이사야 그리고 미가와 같이, 아모스에게도 유다와 이스라엘 모두에게 해당되는 메시지가 주어졌다. 본 신탁은 사마리아를 언급하기 전에조차도 시온, 즉 예루살렘에 대해 말하고 있다. 이것은 아마도 "시온에서 안일하게 되는 것"(השאננים בציון – 하샤아나님 베치온)은 "사마리아 산에서 마음이 든든하게 되는 것"(בטחים בהר שמרון – 보트힘 베하르 쇼므론)이 암시하는 것을 넘어서는 타락을 말해 주는 것이었기 때문이었을 것이다. 사마리아에 비해서 예루살렘은 거룩한 장소로서의 지위를 오랜 시간 동안 가지고 있었다(창 14:18; 창 22장 등등). 사마리아는 아모스 시대로부터 고작 125년 전에 세워졌고, 그에 관련된 비교할 만한 종교적인 전통들이 없었다. 예루살렘과 사마리아는 모두 각각이 얻은 최고의 부를 가지고 있었고(삼하 5:6-9; 왕상 16:24), 지파의 전통과 행정 밖에서 통치되었다. 이 수도들은 그들 각각의 나라가 부(富)를 중요하게 여기는 가운데 성장했기 때문에, 그 수도들은 중요한 정치적 세력뿐만 아니라 눈에 띄는 부의 중심지들이 되었다. 출생, 결혼, 고용 혹은 심지어 가깝다는 것조차도 이 중에 어느 방식이 되었든지 왕조와 연관을 맺게 된 것은 부와 존귀를 얻는 기회를 얻을 수 있도록 해주었다. 그러나 이것은 언약이 가지고 있는 예전의 원래 가치를 버리는 위험을 감수한 것이다. 사마리아와 관련해서 볼 때, 아모스의 일차적인 청중들인 그 성읍의 지도 계층 시민들은 존경과 찬사를 받아 누린 것이 틀림없다. 예를 들어, 정부에서 일한 사람들은 세금 납세를 할당하며, 공공 사역 계획을 통제하고, 외적으로, 내적으로 얻은 부의 분배에 영향을 끼치는 권세를 가졌다. "이스라엘 족속" 즉 나라 전역에서 온 백성들은 "선도하는 나라"(ראשית הגוים – 레쉬트 하고임)의 탁월한 백성들로서 그 성읍들로 올라왔다. 그 지역에서 이스라엘은 이제 정말 선도적인 나라가 되었다. 하나님의 경륜 가운데 여로보암 2세는 종종 북 왕국에 대해 더 강력한 라이벌이었던 아람조차 복속시켰다(왕하 14:25). 그러나 바로 이렇게 명성이 있는 자들, 즉 물질적으로 강력한 그룹에게 아모스는 일종의 장례 애가를 부르고 있다.

2 지도층에 있는 사마리아 사람들과 예루살렘 사람들은 자신들을 귀중한 존재로 생각했던 것 같다. 그러나 이 신탁은 그들에게 그들이 예속시킨 근방의 나라들보다 그들이 더 낫지도 더 나쁘지도 않다는 점을 일깨워 준다. 갈레(Calneh)와 하맛(Hamath)은 이스라엘의 영향 아래 있었던 아람의 성읍들이다. 이 성읍들은 동부 아람의 주요 성읍들이었기 때문에 종종 함께 언급된다(참조. 사 10:9). 블레셋의 5개의 주요 성읍들 중 하나였던 가드(Gath)는 이 당시에 유다 사람들의 지배 아래 있었다(따라서 1:6-8에서 언급되고 있지 않다). 본 절의 끝에 있는 "그들의"를 "너희들의"로 수정하거나 혹은 그 반대로 수정할 필요는 없다. 아모스 신탁이 말하고 있는 두 가지 수사적인 질문들은 그 나라들과 이스라엘(그리고 암시적으로 유다) 사이의 동등성을 말해 준다. 이스라엘/유다는 그들보다 더 낫지 않다. 그 나라들은 이스라엘/유다보다 더 인상적이지도 않다. 열방들은 이스라엘이 주장했던 것과 같이 그 자신들이 더 우선성이 있다고 말할 권한이 없다. 열방 중에 자신들이 으뜸이라고 생각함으로써, 이스라엘 백성들은 야웨에 대해 가지고 있는 자신들의 상황을 매우 심각하게 잘못 해석하고 있었다.

3 이스라엘의 타락에 대한 비극적인 묘사는 두 가지 죄목에 대한 통렬한 비난으로 시작한다. 그 두 가지 죄는 사마리아에서 이루어지는 삶의 형태에 대한 적절한 특징을 말해 주기에 충분한 것으로 매우 빈번하게 언급되는 죄목들이다. (유다를 말해 주는 것이 이제 점차로 없어진다. 또한 남은 구절에서 그 어떤 내용도 예루살렘 사회에는 적용되고 있지 않은 것 같다). 그 죄들은 마술을 행하고(레 19:26, 31; 신 18:10-11) 게으른 것(잠 25:14-16)이다. 부유한 자들은 자신들이 가진 부로 인해 일을 하지 않으려고 했다. 그들은 적어도 때때로 계시가 그들에게 당분간 집에 머물도록 했다("흉한 날[나쁜 날…해로운 주]")고 주장함으로써 자신들의 게으름을 분명하게 정당화했다. 오늘날의 몇몇 점성술과 같이, 재앙에 대한 고대의 예견들은 개인적으로 일을 감행하지 않음으로써 피할 수 있었다(참조. 잠 22:13).

4 게으른 부자들은 주로 집에 누워 있으면서 가장 좋은 음식들을 먹었다. 그들의 "상아 상"(מטות שן – 미토트 셴)은 나무로 된 틀이 상아로 장식되어 있는 잠자리(의자)였다(J. W. and G. M. Crowfoot, *Early Ivories from Samaria*[London: Palestine Exploration Fund, 1938]; *ANEP*, figs. 125-32; R. Barnett, *A Catalogue of Nimrud Ivories and Other Examples of Ancient Near Eastern Ivories*[London: Trustees of the British Museum, 1957]).

아마도 많은 이스라엘 백성들이 일 년에 세 번 정도, 즉 절기들(신 12:17-18)에만 간혹 고기를 먹었을 것이다. 만약 가난한 사람들이라면 세 번도 못 먹었을 것이다. 그러나 이와는 대조적으로 지도층에 있는 자들은 고기를 선택하여 먹을 수 있었고, 그들이 원하는 것은 무엇이나 먹을 수 있었다. 그들이 이기적으로 소유하고 있었던 부는 너무 과도하게 많았다(참조. 2:8; 5:11).

5 이 사람들은 왕족과 같이 살고 있었다. 다윗에 대한 내용은 어떤 사람들이 말하는 것과 같이 후대에 첨가된 것이라고 보기보다는 게으른 삶의 양식을 누리고 있었던 사람들의 높은 삶의 수준을 묘사하는 맛을 더해 주기 위해 주어진 것이다. 왕이 되기 전에도 다윗은 지도층에 속한 유다 가족의 한 구성원이었으므로 자신의 음악적인 재능에 몰두할 수 있었다. 또한 아모스 당대의 성읍에 사는 상위 계층은 한가한 시간들을 많이 가지고 음악을 즉흥적으로 그리고 창의적으로 만들 수 있었다. 그들이 만들어 내는 음악은 이전의 전문가와 필적할 만한 것들이었다.

6 아모스의 말들은 허랑 방탕한 그들의 삶을 희화적으로 묘사하고 있다. 컵(כוס – 코쓰; 삼하 12:3; 잠언 23:31; 렘 25:17 등등)으로 포도주를 마시는 대신에 이 사람들은 저장해 놓은 그릇에서 직접 마시고 있었다!("대접"이라는 뜻의 미즈라크[מזרק]에 대해서는 A. Honeyman, "The Pottery Vessels of the Old Testament", *PEQ* 71[1939] 76-90를 보라; 참조. 왕상 7:40). 기름을 몸에 바르는 것은 개인 위생을 위해 일반적으로 이루어지고 있던 관행이었다. 기름은 이를 죽이는 것이기 때문이었다. 그러나 이런 목적을 위해 최고 품질의 정제된 기름을 사용한 것은 단순한 사치였다. 이런 모든 일들이 진행되고 있는 동안 언약적 저주(특별히 유형 9, 황폐화; 레 26:31-35; 신 29:23을 참조하라)에 의해 보장된 대로 요셉(에브라임)의 파멸(שבר – 샤바르; 레 26:13, 19, 26에 있는 동사 원형의 용법을 참조하라)은 점점 더 가까워지고 있었다.

7 또다시 쓰이고 있는 라켄(לכן, "그러므로")은 이 애가를 결론짓고 있는 심판 선언 문장을 소개해 준다(참조. 5:11, 13, 16). 본문은 이미 두 번이나 레쉬트(ראשית; "첫째, 지도층," 1절과 16절)라는 어휘를 사마리아와 예루살렘의 현저하게 두드러진 사람들과 관련해서 그 특징을 묘사하고 있다. 이런 지도자들은 이제 그 나라의 백성들이 포로로 잡혀가도록 할 것인데, 자신들이 그 앞에 서서(ראש – 로쉬) 끌려갈 것이다. 따라서 포로로 잡혀간다는 주된 언약적 저주(유형 13)는 그들에 대해 성취될 것이다. 신탁의 결론 행은 두운(頭韻)적이다: 싸르 미르자흐 쎄루힘(סר מרזח סרוחים), *sar mirzah seruhim*, 문자적으로는 "기지개 펴는 자들의

잔치(집)가 외면될 것이다." 두운법은 이 진술들을 기억할 만한 것으로 만들어 준다. 아모스의 청중들은 현재의 높은 삶의 수준이 지속되도록 허락되지 않을 것이라는 분명한 메시지를 받고 있다. 비록 미르자흐(מרזח)가 장례를 거행하는 것이거나 장례를 집행하는 장소를 의미하는 것일지라도, 이 어휘는 또한 일반적인 환락, 특별히 극도의 진수성찬을 먹고 마시는 것 등을 포함하는 것을 가리키기도 한다.(P. Miller, "The *Mrzḥ* Text", *The Claremont Ras Shamra Tablets*, ed. L. Fisher, AnOr 48[Rome: Pontifical Biblical Institute, 1971]; M. Pope, *Song of Songs*, AB 7C[Garden City, NY: Doubleday, 1977] 214-29; O. Eissfeldt, *Etymologische*··· *OrAnt* 5[1966] 165-76).

해설

야웨는 주전 8세기 중엽에 북 왕국과 남 왕국의 성읍에 있는 부유한 이스라엘 사람들 가운데 만연된 방종한 사치를 용인하지 않으셨다. 그렇게 현저하게 보이는 타락은 가난한 사람들을 착취하고, 도덕적이고 영적인 가치들을 괘념치 않은 것이며, 하나님을 두려워하는 것이 명백하게 결여된 것을 증언해 주는 것이었다. 사람의 마음은 항상 자신의 보물이 있는 곳에 주의를 집중하는 것이기 때문에, 어느 누구도 하나님과 재물을 겸해서 섬길 수 없다는 예수의 엄중한 경고(마 6:19-24)는 전례 없는 어떤 선언을 나타내 주는 것은 아니었다. 종종 물질주의의 먹이로 전락하는 것은 매우 심각한 잘못이다. 자신을 물질주의적 쾌락주의에 내어주는 것은 굉장히 큰 잘못이기 때문이다.

하나님이 이 본문에서 아모스를 통해 통렬하게 비난하고 있는 자들은 세상을 얻은 자들이지만, 그들은 자신들의 생명을 잃어버릴 것이다(참조. 눅 9:25). 아마도 왕족, 귀족 그리고 지도층 성읍민들이 앗수르 군대와 바벨론 군대에 의해 일반 시민들보다 먼저 포로로 잡혀갔을 것이다(참조. 왕하 24:11-16; 25:11-12, 18-21; *ANET*, 284-85; 대하 36:5-7; 렘 24장). 그러므로 그 지도층이 백성들 가운데 앞서서 사로잡힐 것이라고 한 이 경고는 결국 문자적으로 성취된 것이다.

다가올 완전한 패배(6:8-14)

참고문헌

Ahlstrom, G. W. "King Josiah and the *dwd* of Amos vi. 10." *JSS* 26(1981) 7-9. **Childs, B.** *Memory and Tradition in Israel.* SBT 37. London: SCM, 1962. 11-13. **Dahood, M.** "Amos 6, 8 *meta'eb.*" *Bib* 59(1978) 265-66. ______. "Can One Plough without Oxen?(Amos 6:12). A Study of *ba-* and *'al.*" In *The Bible World: Essays in Honor of C. H. Gordon,* ed. G. Rendsburg et al. New York: KTAV, 1980, 13-23. **Driver, G. R.** "A Hebrew Burial Custom." *ZAW* 66(1955) 314-15. **Felsenthal, B.** "Zur Bibel und Grammatik." In *Semitic Studies in Memory of Rev. Dr. Alexander Kohut,* ed. G. A. Kohut. Berlin: 1897. 133-37. **Lang, B.** "The Social Organization of Peasant Poverty in Biblical Israel." *JSOT* 24(1982) 47-63. **Loffreda, S.** *Ge'on Ya'cob.* Diss. Rome: Antonianum, 1962. **Metzger, M.** "Lodebar und der *tell el-mghannije.*" *ZDPV* 76(1960) 97-102. **Soggin, J. A.** "Amos 6:13-14 und 1:3 auf dem Hintergrund der Beziehungen zwischen Israel und Damaskas im 9. und 8. Jahrhundert." *Near Eastern Studies in Honor of W. F. Albright.* Ed. H. Goedicke. Baltimore: Johns Hopkins Press, 1971. 433-41.

본 문

다가올 파멸의 범위

8 만군의 하나님 여호와께서 가라사대 주 여호와가 자기를 가리켜 맹세하였노라 내가 야곱의 영광을 싫어하며 그 궁궐들을 미워하므로 이 성읍과 거기 가득한 것을 대적에게 붙이리라 하셨느니라

9 한 집에 열 사람이 남는다 하여도 다 죽을 것이라

10 죽은 사람의 친척 곧 그 시체를 불사를 자가 그 뼈를 집 밖으로 가져갈 때에 그 집 내실에 있는 자에게 묻기를 아직 너와 함께 한 자가 있느냐 하여 대답하기를 아주 없다 하면 저가 또 말하기를 잠잠하라 우리가 여호와의 이름을 일컫지 못할 것이라 하리라

The extent of coming destruction

8 The Lord[a] Yahweh has sworn by himself:[a] I abhor[b] Jacob's pride, I destest his royal fortifications. I will hand over the city and all it contains.

9 Even if there are only ten men left in a single house, they will die.[a]

10 And when someone's relatives on his father's and mother's sides[a] pick him up to take[b] his remains outside the house, one of them will say to whoever is in the back part of the house, "Is anyone else still with you?" and he will say "No one," and then he will say,[c] "Hush! For we mustn't

11 보라 여호와께서 명하시므로 큰 집이 침을 받아 갈라지며 작은 집이 침을 받아 터지리라

타락과 징벌

12 말들이 어찌 바위 위에서 달리겠으며 소가 어찌 거기 밭 갈겠느냐 그런데 너희는 공법을 쓸개로 변하며 정의의 열매를 인진으로 변하며

13 허무한 것을 기뻐하며 이르기를 우리의 뿔은 우리 힘으로 취하지 아니하였느냐 하는 자로다

다가오는 패배의 범위

14 만군의 하나님 여호와께서 가라사대 이스라엘 족속아 내가 한 나라를 일으켜 너희를 치리니 저희가 하맛 어귀에서부터 아라바 시내까지 너희를 학대하리라 하셨느니라

mention the name of Yahweh."[d]

11 Indeed, Yahweh is giving the command:[a] He will pound the large house into pieces, And the small house into bits.

Perversions and punishment

12 Do horses run with[a] a rock formation? Is it plowed[b] with oxen[c]? Yet you have turned justice into a poison weed[d] And the fruit of righteousness into a bitter plant,[e]

13 You who rejoice about Lo-Debar,[a] Who say, "Isn't it by our strength That we took Karnaim[b] for ourselves?"

The extent of coming defeat

14 For I am raising up against you, family of Israel,[a] a nation who will oppress you from Lebo-Hamath[b] to the Wadi Arabah.

원문주해

8.a. G는 "주"라는 뜻의 아도나이(אדני)와 "만군의 하나님 여호와께서 가라사대(만군의 하나님 야웨의 신탁)"라는 뜻의 네움…체바오트(נאם…צבאות)가 모두 2차적인 것이라고 말하면서, 이 두 가지 어휘를 반영하는 그 어떤 내용도 생략하고 있다. 8:7에 있는 아도나이(אדני)는 MT에서도 생략되고 있다.

8.b. MT의 "바라다"라는 뜻의 메타에브(מתאב)는 "싫어하다"라는 뜻의 메타에브(מתעב)에 대한 후대의 실수로 보인다. 우리는 다양한 고대 역본들에 따라 메타에브(מתעב)로 읽는다.

9.a. G는 "그러나 남은 자는 뒤에 남겨질 것이다"라는 뜻의 카이 휘포레이프데손타이 호이 카타로이포이(*καὶ ὑπολειφθήσονται οἱ κατάλοιποι*)를 첨가하고, 10절의 서두에 있는 3인칭 남성 접미사를 복수("그들", "그들의")로 읽고 있다. "들어올리다"라는 뜻의 나사(נשא)에 대한 같은 철자를 중복하여 필사하는 오류(dittography)의 원문 훼손인 נשארו와 같은 단일한 어휘는 G의 모든 비정상적인 것에 대한 설명이 될 수 있다. 혹은 다른 대안으로는, MT가 단순히 가운데 글자를 빠뜨리고 쓴 오류(haplography)를 보여주는 것일 수도 있다.

10.a. 히브리어 도드(דוד)와 메싸르프(מסרף)라는 용어들은 어떤 개인의 부모 계열에 있는 양편의 친척들을 나타내 주는 것일 수 있다. 이들의 책임은 죽은 자를 묻어 주는 것이었을 것이다. 그러나 메싸르프(מסרף)의 의미를 "어머니의 친척"으로 혹은 그와 같

은 사람으로 보는 것(T. H. Robinson and G. R. Driver를 따라서 Mays도 그렇게 본다) 은 추측에 의한 것이 분명하다.

10.b. G는 부정사 앞에 "그리고 그들이 힘들여 노력한다"라는 뜻의 카이 파라비온타이(καὶ παραβιῶνται)라는 어구를 가지고 있다. 이것은 G의 **원본**에 있는 파라츠(פרץ) 혹은 유사한 히브리어 어휘를 나타내 주는 것일 수 있다.

10.c. 문자적으로는 단순히 "그가 말할 것이다".

10.d. 혹은 "야웨는 이름으로 언급되어서는 안 된다" 혹은 그와 같은 의미.

11.a. 히네(הנה) 절에 대한 적절한 수정에 대해서는 T. O. Lambdin, *Introduction to Biblical Hebrew*(New York: Scribner, 1971) 168-71를 참조하라.

12.a. 분명히 루춘(רצון)의 의미는 "달리다/도망하다"(욜 2:9에 있는 것과 같이)일 수 있다. 그러나 또한 아마도 "…을 가지고 다니다"를 의미하는 것일 수도 있다(대하 30:6에 있는 유사한 구조를 참조하라).

12.b. 문자적으로는 "(누군가) 그것을 기경할 수 있는가?"

12.c. 일단 바위라는 구성물(סלע – 쎌라)이 이행연구(二行連句)의 양 절반에서 "움직일 수 없는 대상물"이라는 것을 인식하게 되면, "소(들)"라는 뜻의 베카림(בקרים)을 "소들을 가지고 바다를 기경하다"라는 의미를 얻기 위해 바카르 얌(בקר ים)으로 수정할 필요는 없다. "그들이 바다에서 울지 않을 것인가?"라는 G^A는 아무리 줄잡아 말하더라도 특이하고 색다른 어구다.

12.d. "독초"는 주변에 있는 열매 개념에 비추어 볼 때 "독"보다는 선호되는 어구다.

12.e. 혹은 구체적으로 쓴 식물인 "쓴 쑥"이다. 그러나 이 쓴 쑥은 라아나(לענה)가 유일하게 말하는 것은 아닐 수 있다.

13.a. G, σ', Vg는 로 다바르(לא דבר)를 문자적으로 "아무것도 아닌 것" 혹은 "말도 아니다"라고 본다. 그러나 문맥에서 입증된 장소 이름인 로-데바르(Lo-Debar; 참조. 수 13:26; 삼하 9:4, 5; 17:27)가 더욱 그럴듯하다.

13.b. G, Vg는 다시 문자적으로 "뿔들"로 번역하고 있다.

14.a. 다시(참조. "원문주해" 8.a.) G는 아마도 원문적이지 않은 신탁 형식("신탁… 군대들")을 포함하고 있지 않다.

14.b. G는 르보-하맛(לבא חמת, "르보-하맛"[Lebo-Hamath])을 잘못 해석하고 있으나, 이로 인해 또한 그 권위를 본문적으로 확증해 주고 있다.

양식/구조/배경

6:8-14의 단위는 분명하지 않은데, 아마도 궁극적으로 입증할 수는 없을 것 같다. 6:7은 이전의 재앙 신탁의 끝임이 분명하다. 그리고 6:8은 야웨 자신의 맹세

와 더불어 새로운 신탁을 시작하고 있다. 그리고 분명하게 7:1은 환상들에 토대를 둔 새로운 신탁의 시작을 구성하고 있다. 그러나 8절과 11-13절은 시이고 나머지는 산문인 8-14절을 연결해 주는 것은 무엇인가? 그 대답은 전반적인 주제적 일관성이다. 본문은 야웨가 이스라엘 위에 내리실 마땅한 군사적 패배로 시작하고 마무리하며 그것에 집중되어 있다. 8-14절의 구조는 분명하지 않은 대칭 구조다. 12-13절은 이스라엘의 사회적인 부정의와 그 교만(그러나 또한 8절에 있는 "야곱의 영광[자만]"을 참조하라)으로 증거되는 이스라엘의 죄에 집중하고 있지만, 8-10절과 14절은 다가올 파멸을 말하고 있다. 본문이 말하고 있는 것은 총체적인 패배가 가까이 와 있다는 것과 그 불가피성이다. 그것은 야웨 자신이 행하시는 것이며, 야웨는 이 모든 것이 일어나도록 하실 것이라고 약속하고 있다. 성읍들과 마을들에 초점을 두고 있는 오경적 파멸 저주(유형 9b; 참조. 레 26:31, 33; "내가 너희 성읍으로 황폐케 하고…너희의 성읍이 황폐하리라")에 일치하게, 8-11절은 성읍의 장면들을 통해서 이스라엘이 기다리고 있는 재앙을 강조하고 있다. 반면에 14절은 파멸 저주에 매우 밀접하게 상응하며, 그 땅의 전반적인 버림과 다른 사람이 차지할 것을 묘사해 주고 있다("그 땅을 황무케 하리니 거기 거하는 너희 대적들이 그것을 인하여 놀랄 것이며"라는 레 26:32에 나오는 것과 같은 유형 9c; 참조. 신 30:1; 또한 레 26:16-17; 신 28:33; 32:21의 내용과 같은 대적이 차지하는/압제하는 저주들, 유형 5). 본문의 양식은 아마도 복합적인 저주 성취 선언 혹은 좀 더 간단하게는 심판 신탁으로 보는 것이 가장 잘 분류한 것일 것이다.

배경은 정확하게 결정될 수가 없다. 이스라엘에 있는 실제적으로 어떤 작은 혹은 커다란 장소에 살고 있는 실제적으로 어떤 작은 혹은 커다란 단체가 이 재앙의 말씀들에 대한 원래의 청중일 수 있다. 9-10절에 있는 전쟁의 공포와 그 결과에 대한 좀 더 확장된 상세한 묘사가 보인다. 그러나 이것은 아모스 생애의 늦은 연대기, 즉 앗수르 정복에 가능한 한 근접한 시기를 암시해 주는 것이라고 볼 수 없다. 훨씬 더 상세한 묘사들이 이미 모세 시대의 예증(例證)적인 자료, 즉 신명기 28장과 같은 데서 발견되기 때문이다. 14절은 앗수르를 어떤 갱신된 초강대국, 즉 사실상 주전 745년 이후와 디글랏-빌레셀 3세가 권좌에 오른 이후에만 발전된 그 어떤 것으로 묘사하는 것이라고 주장될 수 있고 그렇게 주장되어 왔다. 그러나 그 압제하는 나라는 14절에 전혀 구체적으로 언급되고 있지 않다. 그리고 14절의 어법은 오경적 전례를 따르고 있다.

동의어적인 병행법이 복합적 병행법에 비해 두 배 가량, 즉 2:1의 분량으로 시

부분을 주도하고 있다. 운율은 혼합되어 있고, 어떤 특이한 형태들을 포함하고 있는 것으로 보이지 않는다. 9, 10, 11, 14절에서 발견되는 "집/가족"이라는 뜻의 베트(בית)가 신탁 안에서의 연결 어휘 혹은 표어로서 기능하고 있는 것이라 생각할 수 있다. 그러나 또한 베트(בית)라는 용어가 자주 쓰이는 것은 9-11절과 14절에 있는 내용을 통해 설명될 수 있다: 즉 9-11절은 성읍들의 주요 구조들(8절)이 집들로 이루어졌음을 말해 주고, 14절은 베트(בית)가 이미 표준화된 표현인 "이스라엘 족속"이라는 뜻의 베트 이스라엘(בית ישראל)에서 쓰이고 있어서 아모스의 원래의 청중들/독자들에 의한 이전 구절들의 어휘와 연결해서 생각될 수 없을 만큼 일반적인 표현이었다는 것을 말해 준다.

주석

8 "여호와께서 맹세하였느니라"라는 뜻의 니셰바 야웨(נשבע יהוה)라는 표현은 세 번 나오는데, 여기서 그 두 번째가 보인다(4:2; 8:7; 참조. 렘 22:5). 각각의 경우에 불순종한 나라에 대한 하나님의 심판이 그 중심 주제다. "야곱의 영광(자부심)"(גאון יעקב – 게온 야콥, 참조. 8:7)은 4행시에 있는 "그(그의) 궁궐들을"이라는 뜻의 아르메노타이오(ארמנתיו)와 아주 정확하게는 아니지만 적어도 어느 정도 동의어적인 병행법으로 쓰이고 있는 것 같다. 이것은 대개 "교만"으로 번역될 수 있는 게온(גאון)은 군사적인 자만심을 포함하는 것이라는 사실을 말해 준다. 이것은 13절에서 분명하게 확증된다. "궁궐들(왕실 요새들)"에 대해서는 1:4 등을 참조하라. 야곱이 그 자신의 힘을 의지하고 있다(아모스가 야곱을 사용하고 있는 용도에 대해서는 3:13; 7:2, 5; 8:7; 9:8을 참조하라)는 것은 야웨에 대한 신뢰가 없다는 것을 암시해 준다. 또한 이런 태도는 "싫어하다"라는 뜻의 타에브(תאב)와 "미워하다, 증오하다"라는 뜻의 사네(שנא)의 동사들 속에 암시된 거절/진노(저주 유형 1)와 같은 징벌을 받아 마땅하다. 야웨의 진노는 "그 성읍"(עיר – 이르)을 붙이는 것에서 분명하게 나타날 것이다. 이것은 사마리아를 말하는 것일 수 있다. 그러나 "각 성읍/모든 성읍들"(참조. 5:3)을 나타내는 일종의 집합적인 어휘로 보는 것이 더 나을 것 같다.

9 "열 사람"(עשרה אנשים – 아사라 아나쉼)과 "한 집"(בית אחד – 바이트 에하드)을 말하고 있는 내용은 아마도 포위 기간 동안에 몰려든 사람으로 인한 혼잡한 상황과 관련이 있는 것이 아니다. 인구가 급격히 감한 결과와 관련된 어휘들일 것

이다(저주 유형 12: 참조. 레 26:22, 36; 신 4:27; 28:62). 어떤 특정한 성읍에서 전투의 가장 최소 단위(참조. 5:3)인 열 사람의 전통적인 최소의 숫자(the *minyan* of Jewish worship을 참조하라)가 이전 인구에서 남은 자들의 모든 숫자가 될 것이다. 이전의 건물들 중에서 오직 하나의 집만이 서 있는 채로 남아 있게 될 것이다. 그런 뒤에 마치 상처에 모욕을 더하기라도 한 것처럼, 그 열 사람조차 죽을 것이다. "갇힌 자나 놓인 자가 없음을 보시는 때에로다"라는 신명기 32:36과 비교하라.

10 10절의 비극적인 이야기가 9절에서 언급된 동일한 집에서 일어날 필요는 없다. 그 죽은 사람의 몸을 내놓으라는 사람들("원문주해" 10.a.를 보라)과 그 집에 숨어 있는 살아남은 자들에 대한 정확한 신분 확인은 메시지에 대해 매우 중요한 사항은 아니다. 이 간결한 이야기에서 더 중요한 것은 "쉿!" 혹은 "잠잠하라!"는 명령형 하쓰(הס)다. 이 어휘는 다른 문맥에서는 야웨가 긴박하게 도착하는 것과 관련되어 있다(합 2:20; 슥 2:17; 그리고 특별히 습 1:7에는 야웨의 날이 이를 때 침묵할 것이 명령되어 있다). 본 절이 말하고 있는 요점은 다음과 같은 것으로 여겨진다. 즉 야웨에 의해 이루어진 끔찍한 죽임 이후에 어찌할 바를 모르고 공포에 질려 있는 몇 안 되는 살아남은 자들은 어떤 또 다른 비참한 상황을 견디어 내지 못할 것이며, 야웨의 이름을 "부르는(הזכיר – 하즈키르) 것"조차 피하기를 원할 것이라는 사실이다. 말하는 자는 이미 야웨의 이름을 사용하고 있기 때문에, 여기서 문제 삼고 있는 것은 단지 입으로 부르는 형식을 금하는 것이라고 볼 수 없고, 애가나 그와 같은 형식의 기도들에서 야웨를 부르는 것(사 48:1에 나오는 하즈키르[הזכיר]를 참조하라)을 말하고 있는 것이 틀림없다. 야웨는 친구가 아니라 대적이 되실 것이다. 생존자들은 야웨가 돌아오시는 것이 아니라 떠나시는 것을 원하게 될 것이다. 사실상 이런 것들은 진노/거절(유형 1: 예를 들어, 신 31:17을 참조하라) 그리고 공포(유형 4: 예를 들어, "방안에서는 놀람에 멸망하리니"라는 신 28: 66-67과 신 32:25을 참조하라)의 징벌들이다.

11 "명(령)"(מצוה – 메차)은 문맥에서 전쟁, 심지어는 대적에 의한 파멸과 관련된 지침들을 의미하는 것으로 여겨진다(참조. 수 11:20). 그러나 파멸을 수행하는 인간 대행자는 중요하지 않다. 하나님이 발생하는 일을 친히 보실 것이기 때문이다. 자신의 행동에 앞서서 "명"하는 유사한 분사적 구조를 위해서는 9:9과 예레미야 34:22을 참조하라. 특별히 여기서 묘사되고 있는 전체적인 완전한 파멸(저주 유형 9b)은 크고 작은 모든 건물들을 쳐버리는 것으로 표현되고 있다. 지진이 야

웨의 진노의 수단이라는 견해가 있는데, 궁궐들과 가난한 사람들의 오두막집들 혹은 다른 특별한 구조물들을 묘사하고 있는 어법으로부터 내포된 어떤 의미를 찾아낼 수 없을 뿐만 아니라, "산산이 깨어짐"이라는 뜻의 레씨씸(רסיסים)과 "갈라진 틈"이라는 뜻의 베키임(בקעים) 중 그 어떤 것도 그런 견해를 지지하는 것으로 설득력 있게 해석될 수 없다. 예를 들어, 대적의 무리에 의해 보복적으로 파괴하는 것이 여기서 바로 의도되고 있는 것일 수 있다.

12 바위가 만들어지고 있는 동안에 말이 달릴 수 있다거나(혹은 그 위로 가다; "원문주해" 11.a.를 참조하라) 소가 그 바위를 밭 간다고 생각하는 것은 적절하지 않고 불합리하다. 그런 행위들은 타당한 이치와는 완전히 반대가 되는 것이기 때문에, 이런 행위들은 이스라엘이 자행한 것에 대한 **귀류법**(歸謬法[전제로부터 논리적 필연에 의해 모순되거나 불합리한 결론이 도출됨을 보여 주는 논박 형식], *reductio ad absurdum*)의 원리를 말하는 일종의 유비(類比)로서의 역할을 하고 있는 것이다. 이스라엘 백성들은 여기서 은유(隱喩)적으로 음식으로 묘사되고 있는 공법과 정의를 먹는 것보다는 피해야만 할 그 무엇으로 만들어 버렸다. 백성들은 공법을 더 이상 맛보지 못한다. 그들에겐 공법이 달콤하고 가지고 싶어하는 것이어야 할 때, 오히려 가증하고 불쾌한 것이 되어 버렸다. 바른 행위와 가치를 향한 그들의 태도는 마땅히 그렇게 되어야만 하는 것과 정반대의 것이 되었다. 본절의 문체는 지혜 질문적인 문체다. 이 문체 속에서 상황의 실체는 사안에 대한 질문들과 이야기들을 통해 분명해진다(참조. 3:3-6).

13 13절은 오만, 자만감 그리고 야웨를 무시하는 말을 하고 있다. 이것은 12절에서 묘사된 뒤바뀐 우선순위들로 빠져 버리고만 백성들의 상태를 말해 준다. "기뻐하다"라는 뜻의 세메힘(שמחים)과 "말하다"라는 뜻의 오므림(אמרים)의 복수 형태들은 어떤 사람에 대한 것인지 구체적이지 않다. 그러나 12절과 14절의 문맥에서 아마도 2인칭(…한 너희들)으로 해석하는 것이 가장 좋을 것이다. 따라서 본절은 부분적으로 주제를 다시 전쟁으로 돌리는 전환적인 기능을 하고 있다. 전쟁이라는 주제는 본 단락이 시작하고(8절) 결론을 맺는 주제다. 그 전쟁은 언급된 두 성읍이 사로잡히는 결과를 낳은 군사적인 승리들과 결정적인 승리들을 분명하게 나타내 주고 있다. 로-데바르(Lo-Debar; 수 13:26; 삼하 9:4-5; 삼하 17:27에서 다양한 철자로 쓰이고 있다)는 요르단 동쪽으로 3마일 그리고 갈릴리 바다 남쪽으로 12마일 떨어진 지점에 있는 길르앗의 중요한 국경의 성읍이었다. 카르나임(Karnaim)은 사마리아에서 다메섹으로 가는 중간 지점에서 훨씬 북동쪽에 있었

다. 이 두 성읍은 주전 9세기에 시리아(아람)의 통치 아래 있었다. 그리고 이 두 성읍은 하나님이 친히 이기게 하시는 싸움들에서 여로보암 2세가 다시 되찾았다(참조. 왕하 14:25-28). 그런데 이스라엘은 이것을 그 자신의 위대함을 나타내는 증거로 보았던 것이다. 여로보암 2세는 이스라엘의 통제력을 다메섹의 훨씬 북쪽, 레바논 계곡(*MBA*, 89를 보라)에 있는 르보-하맛(Lebo-Hamath)과 하맛 자체(왕하 14:28)에 이르기까지 실제적으로 확장했다. 그리고 이 패권의 확장은 곧이어서 나오는 구절에 암시되어 있다.

14 권세와 영향력을 흥청망청 누리던 나라에 압제의 예언이 내리는 것이다! 여로보암 통치 후반기(즉 주전 765-753년경 어간에)에 앗수르, 애굽, 아람 그리고 그 지역의 다른 모든 나라들은 군사적인 그리고 외교적인 면에서 상대적으로 무기력했다(M. Noth, *The History of Israel*, 248-53; J. Bright, *A History of Israel*, 237-42를 참조하라). 이런 공백기에 이스라엘의 무용(武勇)은 인상에 남는 것처럼 보였다. 그러나 하나님은 대적에 의한 압제와 정복당함을 말하는 오경적 저주의 관점(유형 5)에서 현 상태의 갑작스러운 전복을 분명히 말씀하셨다. 르보-하맛은 이 당시 이스라엘의 최북쪽 경계를 말하는 것이며, 아라바 시내(아마도 사해 남쪽 끝에 있는 제레드[Zered] 시내 혹은 엘-켈트[el-Qelt] 와디[Wadi]를 말하는 것일 것임)는 그 최남단 경계를 말한다. 나라의 이런 경계는 열왕기하 14:25과 정확하게 일치한다. 따라서 강조점은 8-11절에 있는 강조점과 같이 **총제적인** 패배다. 그 어느 누구도 피하지 못할 것이고, 그 어느 지역도 자유롭게 남아 있지 못할 것이다. 아직 분명히 나타나지는 않았지만, 그 압제자의 나라는 하나님의 심판의 대리자인 앗수르로 밝혀질 것이다(왕하 17:20).

해설

약 30년 안팎에 6:8-14에서 예언된 전 국가적인 파멸과 패배가 발생했다. 그러나 본 단락은 다가오는 전쟁의 공포를 세계적인 차원의 전개가 아니라 이스라엘의 죄와 연결시키고 있다. 아모스는 다시 한 번 청자/독자의 주의를 공법/정의를 위해 필요한 것에, 그리고 이스라엘의 안락과 교만(참조. 2:6-8; 4:1; 5:7; 5:10-15, 24; 6:1-6)에 초점을 맞추고 있다. 일의 모든 질서가 잘못되었다. 사회는 야웨에 대한 언약적 의무들의 관점에 비추어 보았을 때 완전히 어리석은 가치와 관습들을 받아들였다. 마치 소로 바위를 기경하려고 하는 것과 같이 어리석은 짓이었다. 나라가 그 요새들(8절)과 최근의 군사적인 성공(13절)을 보며 "자부심"을 가지는 것은 사안의 실체에 대해 끔찍한 오해를 하고 있다는 것을 나타내 주는 것이었다. 정말로 필요한 것은 재앙이 다가오고 있다는 것, 정복자들이 정복될 것이라는 사실, 그 나라의 광활한 영토는 아직 이름을 모르는 그리고 널리 예견되지 못한 대적에 의해 광범위하게 정복될 것이라는 사실에 대한 깨달음이었다.

기대감들이 뒤바뀌어 전도(顚倒)되는 것은 아모스서에서 보이는 일반적인 주제다(참조. 1:2; 2:9; 3:2; 3:12; 4:1-3; 5:3; 5:13; 5:18-23). 여기서도 선지자는 큰 나라의 교만한 자신감이 처량하고 구슬프게 끝나는 것을 예견하면서 그 전도(顚倒)되는 사안들을 선포하고 있다.

파멸에 대한 환상들과 공적인 반응(7:1-8:3)

참고문헌

Ackroyd, P. R. "A Judgment Narrative between Kings and Chronicles? An Approach to Amos 7:9-17." *Canon and Authority*. Ed. G. W. Coats and B. O. Long. Philadelphia: Fortress, 1977. 71-87. ______. "Amos 7:14." *ExpTim* 68(1956-57) 94. **Bartina, S.** "Viendo los higos de los sicomoros(Am 7:14)." *EstBib* 25(1966) 349-54. **Baumgartner, W.** "Die Etymologie von Hebräischen *k^{e}lūb korb.*" *TZ* 7(1951) 77-78. **Bjørndalen, A. J.** "Erwägungen zur Zukunft des Amazja und Israels nach der Überlieferung Amos 7, 10-17." *Werden und Wirken des Alten Testament.* Göttingen: Vandenhoeck & Ruprecht, 1980. ______. "Zu den Zeitstufen der Zitatformel כה אמר im Botenverkehr." *ZAW* 86(1974) 393-403. **Brueggemann, W.** "Amos' Intercessory Formula." *VT* 19(1969) 386-99. **Brunet, G.** "La vision de l'étain: réinterprétation d'Amos VII: 7-9." *VT* 16(1966) 387-95. **Cohen, S.** "Amos *Was* a Navi." *HUCA* 32(1961) 175-78. **Condamin, A.** "Le prétendu 'fil à plomb' de la vision d'Amos." *RB* 9(1900) 586-94. **Danell, G.** "Var Amos verkligen en nabi?" *SEÅ* 16(1951) 7-20. **Driver, G.** "Amos 7:14." *ExpTim* 67(1955-56) 91-92. ______. "לא: Affirmation by

Exclamatory Negation." *JANESCU* 5(1973) 107-14. **Erlandsson, S.** "Nagra exempla pa waw explicativum." *SEÅ* 41-42(1976-77) 69-76. **Gunneweg, A.** "Erwägungen zu Amos 7:14." *ZTK* 57(1960) 1-16. **Hillers, D. R.** "Amos 7:4 and Ancient Parallels." *CBQ* 26(1964) 221-25. **Hoffman, Y.** "Did Amos Regard Himself as a *nābî*?" *VT* 27(1977) 209-12. **Holladay, W. L.** "Once More, *ᵃnak*='tin.' Amos 7:7-8." *VT* 20(1970) 492-94. **Hoonacker, A. van.** "Le sens de la protestation d'Amos 7:14-15." *ETL* 18(1941) 65-67. **Horst, F.** "Die Visionsschilderungen der alttestamentlichen Propheten." *EvT* 20(1960) 193-205. **Junker, H.** "Text und Bedeutung der Vision Amos 7:7-9." *Bib* 17(1936) 359-64. **Kapelrud, A.** "Profeten Amos og hans yrke." *NorTT* 59(1958) 76-79. **Keimer, L.** "Eine Bemerkung zu Amos 7:14." *Bib* 8(1927) 441-44. **Landsberger, B.** "Tin and Lead—The Adventures of Two Vocables." *JNES* 24(1965) 285-96. **Lehming, S.** "Erwägungen zu Amos." *ZTK* 55(1958) 145-69. **Limburg, J.** "Amos 7:4: A Judgment with Fire?" *CBQ* 35(1973) 346-49. **Loewenstamm, S.** "כלוב קיץ(A remark on the Typology of the Prophetic Vision[Amos 8:1-3])." *Tarbiz* 34(1964-65) 319-22.[Heb.; English summary.] **Loretz, O.** "Die Berufung der Propheten Amos(7, 14-15)." *UF* 6(1974) 487-88. **MacCormack, J.** "Amos 7:14." *ExpTim* 67(1955-56) 318. **Mackenzie, H. S.** "The Plumb-Line(Amos 7:8)." *ExpTim* 60(1948-49) 159. **Madden, R., Wheeler, T.,** and **Muhly, J. D.** "Tin in the Ancient Near East: Old Questions and New Finds." *Expedition* 19(1977) 45-47. **Mallau, H.** "Las reacciones frente a los mensajes proféticos y propósito de Amos 7:10-17." *RivB* 34(1972) 33-39. **Morgenstern, J.** "Amos Studies I." *HUCA* 11(1936) 68-130. **Ouellette, J.** "Le mur d'étain dans Amos VII, 7-9." *RB* 80(1973) 321-31. **Overholt, T.** "Commanding the Prophets: Amos and the Problem of Prophetic Authority." *CBQ* 41(1979) 517-32. **Pfeifer, G.** Die Ausweisung eines lästigen Ausländers Amos 7:10-17." *ZAW* 96(1984) 112-18. **Power, E.** "Note to Amos 7:1." *Bib* 8(1927) 87-92. **Rahtjen, B.** "A Critical Note on Amos 8:1-2." *JBL* 83(1964) 416-17. **Richardson, H. N.** "A Critical Note on Amos 7:14." *JBL* 85(1966) 89. **Rinaldi, G.** "אנך(Amos 7, 7s)." *BibOr* 4(1962) 83-84. **Roberts, J.** "A Note on Amos 7:14 and Its Context." *ResQ* 8(1965) 175-78. **Rost, L.** "Zu Amos 7:10-17." *Festgabe für Theodor Zahn.* Leipzig, 1928. 229-36. **Rowley, H. H.** "Was Amos a Nabi?" In *Theologische Studien und Kritiken: FS Otto Eissfeldt zum 60. Geburtstag,* ed. J. Fück. Halle: Niemeyer, 1947. 191-98. **Schmid, H.** "'Nicht Prophet bin ich, noch Prophetensohn': Zur Erklärung von Amos 7:14a." *Judaica* 23(1967) 68-74. **Schult, H.** "Amos 7:15a und die Legitimation des Aussenseiters." *Probleme biblischer Theologie.* Ed. H. W. Wolff. München: Kaiser, 1971. 462-78. **Segert, S.** "Zur Bedeutung des Wortes *nōqēd.*" *Hebräische Wortforschung: FS zum 80. Geburtstag von Walter Baumgartner.* Ed. B. Hartmann et al. Leiden: E. J. Brill, 1967. 279-83. **Selms, A. van.** "Isaac in Amos." *OTWSA* 7-8(1966) 157-65. **Smend, R.** "Das Nein des Amos." *EvT* 23(1963) 404-23. **Spiegel, S.** "Amos vs. Amaziah." *The Jewish Expression.* Ed. J. Goldin. New Haven: Yale University Press, 1976. 38-65. **Talmon, S.** "The Gezer Calendar and the Seasonal Cycle of Ancient Canaan." *JAOS* 83(1963) 177-87. **Treu, U.** "Amos 7:14, Schenute und Physiologus." *NT* 10(1968) 234-40. **Tsumura, D. T.** "Ugaritic Contributions to Hebrew Lexicography." *Studies in Language and Literature.* Tsukuba: Institute of Literature and Linguistics, University of Tsukuba, 1976.[Japanese.] **Tucker, G.** "Prophetic Authenticity: A Form-Critical Study of Amos 7:10-17." *Int* 27(1973) 423-34. **Vogt, E.** "Waw explicative in Amos 7:14." *ExpTim* 68(1956-57) 301-2. **Waitz, Y.** "Amos: Sheep Breeder, Cattle Breeder, and Sycamore Fig Slitter." *BMik* 13(1968) 141-44.[Heb.] **Werner, H.** "Der Visionsstrophenzyklus(7, 1-9; 8, 1-3; 9, 1-4)." *Amos.* Göttingen: Vandenhoeck & Ruprecht, 1969. 129-45. **Wolff, H. W.** "The Irresistible Word(Amos)." *CurTM* 10(1983) 4-13. **Wright, S. L.** "O homem de Deus e o homem do rei." *RevT* 2(1986) 37-42. **Wright, T.** "Amos and the 'Sycamore Fig.'" *VT* 26(1976) 362-68. **Zaccagnini, C.** "Patterns of Mobility Among Ancient Near Eastern Craftsmen." *JNES* 42(1983) 245-64. **Zalcman, L.** "Piercing the Darkness at Bôqēr." *VT* 30(1980) 252-55. **Zevit, Z.** "A Misunderstanding at Bethel, Amos 7:12-17." *VT* 25(1975) 783-90. ______. "Expressing Denial in Biblical Hebrew and Mishnaic Hebrew, and Amos." *VT* 29(1979) 505-8. **Zimmerli, W.** "Vom Prophetenwort zum Prophetenbuch." *TLZ* 104(1979) 481-96. **Ziv, Y.** *"boqer uboles šiqmim—betekoa'?"* *BMik* 28(1982/83) 49-53.

번역, 원문주해 그리고 **주석** 부분은 작은 하위 단락들에서 기술될 것이다.

양식/구조/배경

아모스의 이 부분은 다섯 개르 구별되는 하위 단락들을 가지고 있는 하나의 담

론으로 보인다: 네 개의 환상-대화 신탁들 그리고 아모스의 대답과 더불어 그 대답들의 각각에 대한 공적인 반응을 보여 주는 대화적인 이야기. 아모스서의 이 곳에서 처음으로 우리는 선지자에 대한 유일한 전기적(혹은 자전적) 내러티브뿐만 아니라 아모스가 자신에 대해 언급하고 있는 예언적 자료를 만나게 된다.

본문은 매우 사려 깊게 구성되어 있다. 아래에 나오는 개요는 현저한 특성들을 보여 주고 있다.

7:1-3	환상 1(메뚜기 떼)	a. 야웨가 환상을 시작하시다.
		b. 아모스가 보고 중재하다.
		c. 야웨가 응답하고 가엾게 여기시다.
7:4-6	환상 2(불)	a. 야웨가 환상을 시작하시다.
		b. 아모스가 보고 중재하다.
		c. 야웨가 응답하고 가엾게 여기시다.
7:7-9	환상 3(양철 깡통)	a. 야웨가 환상을 시작하시다.
		b. 야웨가 아모스에게 물으시다.
		c. 아모스가 대답하다.
		d. 야웨가 설명하시다.
7:10-17	공적인 반응과	a. 왕에게 드리는 아마샤의 보고
	선지자의 응답	b. 아마샤의 최후통첩
		c. 아모스의 응답
8:1-3	환상 4(여름 실과)	a. 야웨가 환상을 시작하시다.
		b. 야웨가 아모스에게 물으시다.
		c. 아모스가 대답하다.
		d. 야웨가 설명하시다.

언뜻 보면 세 번째와 네 번째 환상-대화가 형식상 동일한 것과 같이, 첫 번째와 두 번째 환상-대화는 형식상 동일한 것으로 보일 수 있다. 그렇다면 7:10-17의 전기적 내러티브가 환상들의 연결을 방해하고 있는 것인가? 그 전기적인 내러티브가 없었다면, 실행되지 않은 징벌의 두 개의 환상들로부터 확실히 다가올 징벌의 두 개의 환상들로 매끄럽게 진행되었을 것인가? 비록 달갑지 않은 모양새는 아닐지라도, 정말로 그렇게 방해를 하고 있다. 내러티브에 묘사되어 있는 사건들은 세 번째 환상-대화의 끝에 있는 야웨가 설명하는 어법에 의해 부분적으로는 정확하게 야

기되고 있다. 따라서 주제적으로 혹은 생각되는 바대로, 심지어 연대기적으로 다른 그 어느 곳에도 속하지 않는다(아래를 보라).

네 개의 환상-대화들은 각각 다음과 같은 동일한 도입 형식을 가지고 있다: 코 히르아니 아도나이 야웨(כה הראני אדני יהוה, "주 여호와께서 내게 보이신 것이 이러하니라"). 각각의 도입 어구는 히네(הנה; 번역할 수 없는 어구로서 콜론[:]과 동등한 것임)로 환상 자체를 소개해 주고 있다. 그리고 각각의 환상은 선지자와 하나님 사이의 대화를 포함하고 있다. 아모스서의 유일하게 다른 환상(9:1-6)은 전적으로 다른 종류다. 따라서 비록 첫 번째 한 쌍과 두 번째 한 쌍 사이에 차이점들이 있음에도 불구하고, 이 네 개의 환상-대화들은 서로 밀접하게 연관되어 있다. 게다가 처음 두 개의 환상-대화에서 나중 두 개의 환상-대화로 넘어가면서 중요한 진전이 전개되는 것이 분명하다. 처음 두 개의 환상-대화(둘 다 완전한 산문)에서 이야기된 언약적 징벌들이 아모스에게 보인다(메뚜기 떼, 유형 6b; 그리고 불, 유형 10). 여기서 아모스가 말하는 중재의 말이 이 징벌들을 제재한다. 그러나 마지막 두 개의 환상-대화(둘 다 부분적으로 시)에서 아모스는 상징적인 물건들인 양철 깡통과 여름 실과를 본다. 이런 물건들 자체는 그리 중요한 의미는 없지만, 이스라엘의 다가오는 재앙과 관련된 동일한 어원적 연상 장치로서 역할을 하고 있다.

7:10-17의 영향으로 더욱 강화된 네 개의 환상-대화가 함께 전개된 것으로부터 이스라엘은 반드시 파멸되어야 하고 포로로 잡혀가야만 한다는 피할 수 없는 결론이 도출된다. 그 개념은 어떤 특별한 공포스런 행위들은 이야기하고 있지 않더라도, 최후의 심판은 피할 수 없는 것이다.

비록 8:1-3이 주제적으로 8장에 영향을 주는(참조. 9, 11, 13절) 바욤 하후(ביום ההוא, 3절: "그 날에/그 때에")라는 표현을 포함하고 있을지라도, 이 환상-대화는 한 단락을 시작하는 것이 아니라 결론을 맺고 있는 것이 분명하다. 아모스는 8:4에서 명백하게 새로운 본문 속에 있는 사회 정의의 주제로 돌아간다. 산문이 7:1-8:3을 주도하고 있다. 단지 7:9, 16, 17 그리고 8:3만이 시를 포함하고 있다. 그 시는 거의 동일하게 나타나고 있는 동의어적인 그리고 종합적인 병행법들로 이루어져 있다. 어떤 짧은(*breve*) 운율도 발견되지 않는다. 따라서 세 번째와 네 번째 환상-대화들은 시작 부분에서 산문 그리고 결론 부분에서 시로 이루어진 양식으로 둘러싸여 있는 전기적인 내러티브를 공유하고 있다.

비록 정확한 연대기는 알 수 없을지라도, 아모스가 설파하는 내용 중 몇몇 부분의 상대적인 연도와 위치는 7:10-17의 구체적인 묘사를 통해 정해진다. 이 상대적인 연도와 위치는 아모스서의 다른 곳에서는 볼 수 없는 확실성이 있다. 비록 일반적인 것은 아닐지라도, 아모스는 적어도 때때로 북 왕국의 주요 공적 성소인 벧엘에서 선포했다는 것을 13절은 확증적으로 보여 주고 있다. 그리고 7:1-8:3에 포함되어 있는 메시지의 종류들은 아모스가 일정 기간 동안 선포했을 것이 분명한 특징들이 있는 것들이었다(특별히 10절의 "그[의] 모든 말"). 이것은 우리로 하여금 다음과 같은 결론을 내리도록 해주는 것은 아니다. 즉 아모스의 예언들은 아모스서에 연대기적으로 배열된 것이라거나, 아모스가 북 왕국을 방문하는 동안 얼마나 많은 경우에 예언을 했을 것이라는 사실을 예측하는 것이나, 어느 시기에 아모스의 선포가 이루어졌는지 등에 대해 결론을 내리도록 해주는 것은 아니다.

그럼에도 불구하고 특별히 아마샤의 말을 통해 아모스의 개인적인 정황에 대해서는 많은 부분이 추론될 수 있다. 아모스의 선포는 이스라엘에서 상당히 널리 퍼졌을 것이 분명하다. 여로보암 왕(7:9)의 이름을 거론하며 아모스가 직접적으로 공격하는 것은 매우 심각하게 받아들여졌을 것이기 때문이다. 아모스는 유다 출생 토착인으로 널리 알려졌을 것이 분명하다. 그러나 14-15절에 비추어 볼 때, 아모스는 몇몇 사람들에 의해 전형적인 전문적 선지자로 잘못 인식되었을 것이다. 아모스가 전하는 말씀은 아마샤에 의해 반역을 위한 어떤 계획으로 매도되었다(10절). 그러나 아모스는 이스라엘과 유다에 있는 선지자들에게 일반적으로 일치되는 외교적 안전 지대(이런 관행에 대해서는 D. M. Scholer, "Your Fathers Killed the Prophets", Th.D. diss., Harvard Univ., 1982를 보라)와 같은 것을 즐기고 있었던 것같이 보인다. 그래서 아마샤가 거침없이 아모스에게 욕을 퍼붓는 동안에도, 아마샤는 아모스를 체포하거나 강제로 추방시키는 데까지는 갈 수 없었다. 마지막으로 아모스의 소명에 대한 몇 가지 특징들은 14-15절에서 분명하게 구분될 수 있다. 다른 곳에서는 증거되지 않는 것들로, 그 특징들에는 선지자가 되기 위한 아모스의 취임 계시로부터 간략하게 인용하는 것이거나 요약을 포함하고 있다.

네 개의 환상들의 순서와 그 환상들이 7:10-17과 연관되는 것에 대한 여러 가지 경우들이 고려되어야만 한다. (1) 마치 자료들이 정경적으로 순서가 정해진 것처럼, 네 개의 환상들은 세 번째 환상에 이어 나오는 7:10-17에 묘사되어 있는 행동들과 관련된 중요한 시간의 기간(달[들] 혹은 년[들])에 일어난 일일 것이다. 그런 뒤에 네 번째 환상(8:1-3)은 아모스의 소명과 메시지의 정당성에 대한 확증으로서 나오는 것일 것이다. 아모스의 입을 다물게 하려고 한 아마샤의 시도는 실패한 것이 분명하기 때문이다. (2) 네 개의 환상들은 함께 주어졌거나, 아니면 적어도 그 이후에 일어난 7:10-17에 묘사된 사건들과 함께 아모스에게 주어지는 사이에 끼어드는 계시들 없이 주어졌을 것이다. 이 경우에 7:10-17은 주제적으로 놓인 것으로 생각될 수 있을 것이다. 아마샤의 반응은 7:9과 너무나 밀접하게 연관되어 있으나 연대기적으로 매우 엄격한 것은 아니기 때문이다. (3) 아모스는 이 신탁들을 다른 신탁들과 함께 산발적으로 다양한 시간과 장소에서 전했을 수 있다. 그리고 이 신탁들이 현재 나타나고 있는 순서일 필요도 없다. 이런 경우에 7:10-17은 7:9에 그렇게나 많이 구체적인 반응을 보이고 있는 것이 아니라, 오히려 아모스의 재앙의 말에 일반적으로 한 반응을 보여 주는 것일 것이다. (4) 네 개의 환상들의 순서는 그 환상들의 실제적인 전달과 일치할 수 있다. 그러나 7:10-17은 아모스가 전하는 말씀의 일반적인 특성으로 인해 일어난 이야기다. 즉 표제어 원리에 준해서 여로보암을 언급함으로써 야기된 현재 단락에 포함된 것이다.

비록 이런 견해들 중에 하나 혹은 생각될 수 있는 다른 견해들 중의 하나를 증명하는 것은 불가능할지라도, 우리는 대안적인 견해 (1)이 가장 그럴듯한 것이라고 판단한다. 아모스가 전하는 말씀은 북 이스라엘에 있는 많은 사람들을 수 년 동안 괴롭혔을 것임에 틀림없다. 그러나 낙타의 등을 부서뜨린 하찮은 물건은 세 번째 환상에서 이름을 거명하며 치는(7:9) 여로보암 2세에 대한 아모스의 영감된 비난(정죄)일 수 있을 것이다. 정복, 파멸, 포로로 잡혀감을 말하는 모세 언약적 저주들에서 잘 알려진 용어와 결부된 한 왕과 그의 가족에 대한 인격적인 그와 같은 비난(그 공격을 어떤 전[全] 왕조에만 좁혀서 말하고 있는 호 1:4을 참조하라)은 아마샤의 비난을 둘러싼 사건들을 야기할 수 있었을 것이다. 7:9과 7:11에서 "칼"이라는 뜻의 헤레브(חרב)와 여로보암을 연결시키고 있는 것은 우연한 일일 것 같지 않다. 여로보암에게 전하는 아마샤의 메시지는 아마도 이전 신탁의 직접적인 결과일 것이다. 그러므로 8:1-3에서 하나님은 아모스와 이스라엘에게 세 번째 환상에서 예언된 파멸은 정말로 일어날 것이라고 확증하여 말씀하고 계신다. 아마도 이것은 7:13에서 아마샤가 "성전"인 헤칼(היכל)을 언급하는 것에 대한 한 응답일 것이다. 8:3은 그 성전의 파멸조차 묘사하고 있다(또한 7:9의 부분을 거론하면서).

아모스서의 나머지 부분과는 대조적으로, 7:10-17의 내러티브 부분들은 아모스를 3인칭으로 묘사하고 있기 때문에, 이 부분은 아모스가 쓴 것이라기보다는 어떤 제자의 작품이라고 생각할 수 있는 몇 가지 이유들이 있다. 그러나 그 저술이 기록된 사건들로부터 얼마나 가까이 혹은 멀리 떨어져 있는지는 알 수 없다.

번역(7:1-6)

본 문

황충
1 주 여호와께서 내게 보이신 것이 이러하니라 왕이 풀을 벤 후 풀이 다시 움돋기 시작할 때에 주께서 황충을 지으시매
2 황충이 땅의 풀을 다 먹은지라 내가 가로되 주 여호와여 청컨대 사하소서 야곱이 미약하오니 어떻게 서리이까 하매
3 여호와께서 이에 대하여 뜻을 돌이켜 가라사대 이것이 이루지 아니하리라 하시니라
불
4 주 여호와께서 또 내게 보이신 것이 이러하니라 주 여호와께서 명하여 불로 징벌하게 하시니 불이 큰 바다를 삼키고 육지까지 먹으려 하는지라
5 이에 내가 가로되 주 여호와여 청컨대 그치소서 야곱이 미약하오니 어떻게 서리이까 하매
6 주 여호와께서 이에 대하여 뜻을 돌이켜 가라사대 이것도 이루지 아니하리라 하시니라

A locust swarm
1 This is what [ ][a] Yahweh showed me. He was forming[b] a swarm of locusts when the late planting was beginning to come up—the late planting after the king's mowing.[c]
2 It seemed as if they would completely devour the earth's vegetation. I said, "Lord Yahweh, forgive! How can Jacob survive?[a] He is so small!"
3 Yahweh changed his mind about this. "It will not happen," Yahweh said.
Fire
4 This is what [ ][a] Yahweh showed me. He was calling for a rain of fire.[b] It devoured the great deep and would have devoured[c] the fields.[d]
5 I said, "Lord Yahweh, Stop![a] How can Jacob survive? He is so small!"
6 Yahweh changed his mind about this as well. "It will not happen," [ ][a] Yahweh said.

원문주해

1.a. 대부분의 G 본문들은 "주"라는 뜻의 아도나이(אדני)를 반영하고 있지 않기 때문에, MT에 현재 있는 것은 후대의 이문융합(異文融合)에서 파생된 것 같다.

1.b. Vg만이 야차르(יצר)의 분사형으로 읽고 있다. G, Syr 그리고 Tg는 모두 명사적

인 예체르(יֵצֶר)로 읽는다.

1.c. G는 "한 어린 곡(Gog) 왕"이라는 뜻의 브루코스 헤이스 곡 호 바실류스(*βροῦχος εἷς Γωγ ὁ βασιλεύς*)로 읽고 있다. 이미 야차르(יצר)를 "자손"(*ἐπιγονή* – 에피고네)으로 이해하고 있었기 때문에, G 번역자는 MT 자음을 재해석하도록 영향을 받았던 것이 분명하다. MT는 그 자체가 이미 "…뒤에"라는 뜻의 아하르(אחר) 대신에 "하나"라는 뜻의 에하드(אחד)를 포함하고 있고, "풀을 베다"라는 뜻의 기제(גזי)가 "곡"(גוג)으로 원문 훼손된 내용을 담고 있었을 수도 있다.

2.a. G는 야쿰(יקום)을 히필형 야킴(יָקִים)으로 읽으면서 "누가 야곱을 일으킬 것인가?"라는 뜻의 티스 아나스테세이 톤 이아콥(*τίς ἀναστήσει τὸν Ιακωβ*)으로 읽는다. 비록 MT가 예를 들어 룻 3:16에서 병행되고 있을지라도, G의 독법은 문법적으로 MT보다 더 일반적인 구조다.

4.a. G 본문은 "주"라는 뜻의 아도나이(אדני)를 강하게 반영하고 있지 않다. "원문주해" 1.a.를 참조하라.

4.b. MT의 "불의 싸움/법률 소송"이라는 어구는 고대 역본들이 충실하게 따르고 있는 초기 원문 훼손을 나타내 준다. 자음들을 단순하게 간격을 다시 떼어 놓으면 "불의 비"라는 뜻의 라바브 에쉬(רבב אש)가 된다. D. R. Hillers, "Amos 7:4 and Ancient Parallels", 221-25를 참조하라.

4.c. 혹은 "삼켜 버린"이라고 생각할 수 있다. 비록 가정법적인 번역이 여기에 있는 전환된 완료를 위해 더욱더 적절하게 보일지라도 "삼켜 버린"이라고 볼 수 있다.

4.d. 문자적으로는 "작은 지면". G^{BV}는 "야웨의…"라는 뜻의 퀴리우(*κυρίου*)를 첨가하고 있는데, 이것은 아마도 세로로 같은 철자를 중복하여 필사하는 오류(dittography)를 통해 이루어진 것일 것이다.

5.a. Tg는 "이제 야곱 족속의 남은 자들의 죄를 잊으소서"(לחובי שארא דבית יעקב כען)라는 어구를 첨가하고 있다. 이것은 2절에 있는 MT의 단일 어휘 "용서하다"에 대한 과장적인 확장이다.

6.a. 또다시 G에서 얻은 증거는 "주"라는 뜻의 아도나이(אדני)는 후대의 첨가라는 것을 말해 주고 있다.

주석

1 라아(ראה)의 히필형은 "보이게 하다"뿐만 아니라 "나타내다" 그리고 "알려주다"와 같은 의미를 가질 수 있기 때문에(왕하 8:13; 렘 38:21; 시 71:20; 85:8), 이 환상과 곧이어 나오는 환상들은 청각적인 현상보다 보이는 것을 강조하는 것은 아니다. 따라서 2절과 3절에 있는 대화들은 단순히 황충 때만이 아니라(마리

예언들에 있는 유사한 경험적 실제를 참조하라: 예를 들어, *ANET*, 623-24, 본문 b) 야웨가 아모스에게 "보여 주신" 것의 한 부분이다. 황충은 메뚜기, 여치와 같은 것들이다. 그 알은 봄 습기가 적절하게 있는 여건에서 부화한다. 그리고 많은 수가 모였을 때 그 껍질은 유충 시의 초록이 아니라 갈색으로 바뀐다. 이 메뚜기 떼는 고대 시대에 막을 수 없는 농경적인 재앙을 나타내는 것이었다(저주 유형 6b; 신 28:38, 42; 참조. 출 10:12-15; 욜 1; 암 4:9). 아모스가 본 황충 떼는 "늦은 비"가 내린 뒤인 4월 어간에 두 번째 곡물과 잡초가 자라는(לקש – 레케쉬) 시기에 들이닥쳤다. 두 번째 심은 열매는 농부들 자신들을 위해 비축되었다. 그것이 없다면, 그 농부들과 가축들은 다음 추수 때까지 굶주렸을 것이다. 만약 이 본문이 믿을 수 있는 것이라면, 첫 번째 심은 것은 여로보암 당대에 왕들의 요청으로 바쳐졌던 것임을 나타내 주는 것이 분명하다. 그러나 이에 대한 다른 증거는 없다(일반적으로 증거로서 인용되는 왕상 18:5은 매년 이루어지는 왕의 풀 베기와는 아무런 관계가 없다).

2 황충(메뚜기) 떼의 수가 너무나 많았기 때문에(아마도 그 황충 떼가 이미 먹기를 시작한 것이기 때문은 아닐 것임), 아모스는 나라에서 식물이 없어지는 것(참조. 신 28:42), 즉 사람과 동물들이 살아 생존할 수 없는 황폐화된 이스라엘을 보았다. 아모스는 하나님의 임재 가운데 있었고, 야웨의 계획을 이해하도록 허락받았던 것이 분명하다. 선지자들은 종종 미래를 보았고, 그것에 대해 말했다. 여기서 아모스는 **잠재력이 있고 가능성이 있는** 미래를 알게 된다. 아모스는 자신의 백성들을 위해 중재하는 위치에 있는 한 중재자로서 서 있다. 그의 간청은 "주 여호와(야웨에)여"라는 뜻의 아도나이 야웨(אדני יהוה)로 시작된다. 이 어구는 기도들과 탄원들에서 전형적으로 발견되는 복합 칭호다(삼하 7:18-28에서 6번; 수 7:7; 삿 6:22; 렘 1:6; 겔 4:14). 구원을 위한 아모스의 실제적인 간구의 간결함을 보여 주는 "용서하다"라는 뜻의 쌀라흐(סלח)는 특별한 것이 아니다. 시편의 60개가 넘는 애가 시들을 토대로 판단해 볼 때, 일단 어떤 개인이나 단체의 재난이 주권자에게 분명한 것이라면 도움을 위한 간결한 요청이면 충분하다(시 3:7a; 4:1; 12:1a; 13:3). 비록 애가 시들의 목적이 하나님께 호소하는 것이기는 할지라도, 그 호소는 위험 혹은 고통에 대한 묘사보다는 실제적으로 항상 더 짧다. 이것은 아모스의 환상들에 나타나는 호소와 유사한 비율이다.

놀랍게도 아모스는 이스라엘을 "야곱"이라고 부른다. 이렇게 하는 아모스의 목적은 아마도 족장사에 있는 그 어떤 무엇을 암시하려고 하는 것이라기보다는 추수 없이는 생존할(יקום – 야쿰) 수 없는 어떤 개인의 관점에서 그 나라를 의인화하려고 한 것이다. 미약한(קטן – 카톤) 야곱은 부유하고 권세 있는 자들 앞에 있는 가난하고 궁핍하며 미약한 사람들과 같이 야웨 앞에 서 있는 것 같다(2:6-8; 4:1; 5:11 등등에서와 같이).

3 야웨의 반응은 하나님이 의도하신 것에 완전히 반대되는 것을 나타내 주고 있다. 성서는 다음과 같은 가능성을 지속적으로 증거해 준다. 즉 하나님은 인간의 호소에 대한 반응 속에서 자신이 계획하지 않은 그 어떤 일을 행하거나 아니면 자신이 계획한 그 어떤 것을 행하지 않는 선택을 하실 수 있다(창 18:22-32; 민 14:11-20; 수 7:6-13; 왕하 22:19-20; 렘 18:1-10; 욘 3:10; 욜 2:13, 14). 하나님을 완고하게 묘사하는 신학들은 성서적이라 할 수 없다.

알(על)과 함께 쓰인 니함(נחם)의 니팔형은 마음을 바꾼 것을 나타내 준다. 이 마음이 바뀐 것은 "이것이 이루지 아니하리라(그 일은 이루어지지 않을 것이다)"는 뜻의 로 티흐예(לא תהיה)라는 말로 아모스에게 주는 야웨의 약속에 의해 확증되고 있다. 여성 단수 동사 형태는 "이(것)"라는 뜻의 조트(זאת)에 일치한다. 조트(זאת)는 그 자체가 여성 단수로 추상적인 것들을 요약하는 전형적인 숫자와 성(性)이다. 메뚜기 재앙에 의한 이스라엘 식물에 대한 총체적인 황폐는 더 이상 일어나지 않았다.

4 두 번째 환상에 대한 묘사는 첫 번째의 것과 형태상 병행을 이루고 있다. 1절에서 야웨는 "짓고"(יצר – 야차르) 계셨고, 여기서 야웨는 "부르고"(קרא – 카라) 계셨다. 아모스의 청중들은 '불의 비"라는 뜻의 라바브 에쉬(רבב אש; "원문 주해" 4.a.를 보라)를 잘 알려진 저주로서 인식하고 있었을 것이다(유형 10; 참조. 신 32:22, "내 분노의 불이 일어나서 음부 깊은 곳까지 사르며 땅의 그 소산을 삼키며 산들의 터도 붙게 하는도다"). 땅의 "기초(토대)"와 같이(삼하 22장; 시 18:16; 잠 8:29; 참조. 미 6:1-2) "산들의 기초(토대)"는 때때로 바다 깊은 곳(욘 2:6; 시 46:2)에 그 뿌리를 두고 있는 것처럼 형상화되기 때문에, 그 "큰 바다(깊음)"(תהום – 테홈)를 삼키는 불의 이미지는 신명기 32:22에 있는 묘사와 밀접하게 어울린다: 두 개의 묘사 모두에서 땅과 바다가 삼켜진다.

5-6 또다시 아모스는 한마디 간구를 한다. 이번에는 "청컨대 그치소서!"라는 뜻의 하달-나(חדל־נא)를 쓰고 있다. 이 어구에는 어떤 특별한 의미는 없다. 이것은 또 다른 단순하고 직접적인 요청이기 때문이다. 그리고 아모스는 그런 두려움은 "야곱"을 없애 버릴 수도 있을 것이라는 점을 또다시 거듭 말한다. 야웨

의 반응은 3절에 기록된 것과 일치한다. 이것 또한(גם־היא – 감-히) 이루어지지 않을 것이다.

번역(7:7-9)

본 문

양철 깡통

7 또 내게 보이신 것이 이러하니라 다림줄을 띄우고 쌓은 담 곁에 주께서 손에 다림줄을 잡고 서셨더니

8 내게 이르시되 아모스야 네가 무엇을 보느냐 내가 대답하되 다림줄이니이다 주께서 가라사대 내가 다림줄을 내 백성 이스라엘 가운데 베풀고 다시는 용서치 아니하리니

9 이삭의 산당들이 황폐되며 이스라엘의 성소들이 훼파될 것이라 내가 일어나 칼로 여로보암의 집을 치리라 하시니라

Tin

7 This is what ⟨Yahweh⟩[a] showed me:[b] He was standing on a tin[c] wall and he had some tin[c] in his hand.

8 Yahweh said to me, "What do you see, Amos?" I said, "Tin." ⟨Yahweh⟩[a] said, "I am going to put tin [moaning][b] within my people Israel. I will no longer pass him by.

9 The high places[a] of Isaac will be destroyed. The sanctuaries of Israel will be desolated. I will rise up with a sword[b] against Jeroboam's family.

원문주해

7.a. G를 위한 주요 증거를 따라 읽은 것. MT는 왜곡된 것인데, 이는 아마도 유사한 베히네(והנה)와 인접해 있는 것으로 인해 "야웨"(יהוה)를 잃어 버렸기 때문일 것이다.

7.b. 히브리어 베히네(והנה)는 콜론으로 나타내지고 있다.

7.c. "양철 깡통"이라는 아나크(אנך)의 의미에 대해서는 "주석"을 보라.

8.a. 다시금 상당히 많은 G의 증거와 더불어 읽은 것.

8.b. "주석"을 보라.

9.a. 혹은 "산당들".

9.b. 혹은 "전쟁에서".

주석

7 비록 7절의 본문이 상응하는 환상들의 첫 번째 구절들(7:1, 4; 8:1)의 경우보다 훨씬 더 심각하게 원문이 훼손되었을지라도, 네 개의 환상들 가운데 있는 양식이 보여 주는 분명한 일관성은 상대적으로 확실한 재구성을 가능하도록 해준다. 본 절에서 "양철 깡통"이라는 뜻의 아나크(אנך)가 두 번 나오는 것에 대해서는 의문을 가질 필요가 없다. 아모스는 청자/독자가 아나크(אנך)/아나흐(אנח)로 이어 나오는 동음이의(同音異義)어적인 익살스런 표현을 위해 준비되도록 하기 위해 주의 깊게 아나크를 반복하고 있는 것이다. 이것은 마치 아모스가 8:2에 있는 "끝"이라는 뜻의 케츠(קץ)에 대한 동음이의어적인 익살스런 표현을 위한 준비에서 8:1-2에 "여름 실과"라는 뜻의 카이츠(קיץ)를 두 번 언급하고 있는 것과 같은 것이다.

불행하게도 아나크(אנך)는 "다림줄"로 널리 잘못 번역되고 있다. 이런 정의는 절대로 추측에 의한 것이다. 아카디아어 아나쿠(*anāku*)는 "양철 깡통" 혹은 "납"을 가리킬 수 있기 때문에, 그리고 납은 종종 직각을 이루는 벽을 위한 일종의 다림추로 쓰이기 때문에, 아나크(אנך)는 "다림줄"을 나타내는 일종의 제유(提喩)적 표현인 것 같다. 그러나 "다림추"를 위한 히브리어는 미쉬케레트(משקלת; 왕하 21:13; 사 28:17)이며, 그 다림추를 잡고 있는 "줄"은 카브(קו; 사 28:17)다. 따라서 구약에서 오직 여기서만 쓰인 아나크(אנך)는 단순히 "양철 깡통"을 의미하는 것이 분명하다(특별히 다음의 글들을 보라: Holladay, "Once More, ᵓanak = 'tin'," 492-95; Landsberger, "Tin and Lead - The Adventures of Two Vocables", 285-96; Ouellette, "Le mur d'étain dans Amos VII, 7-9", 321-31).

이것은 1-6절에서 상세히 거론된 문자적인 징벌 환상과 같은 것은 아니다. 이 환상과 8:1-3에 나오는 환상에 대한 보충적인 내용은 실제로 보인 것에 대해 어떤 중요성도 덧붙이고 있지 않다: 어휘들에 대한 유희가 진정한 문제가 되고 있는 점이다. 따라서 아모스가 본 것은 어떤 의미에서는 우스꽝스러운 것이다. 양철 깡통 벽이 무엇과 같았는지, 그리고 야웨의 손에 있는 양철 깡통이 어떤 모양을 하고 있었는지 가늠해 보는 것은 어려운 일이다. 8절이 분명히 보여 주는 바와 같이, 정말로 아모스는 야웨를 보고 있는 것인지에 대해서는 전혀 말하지 않고, 오직 양철 깡통만을 말하고 있다. (우리는 아모스가 이 환상들 가운데 있는 "누군가"를 단지 보았을 뿐이라는 것을 나타내 주는 본문을 이해해야만 한다고 볼프는 주장하고 있다. 예를 들어, 7절에 있는 "그가 서 있었다"의 "그"는 야웨를 가리키는 것이 아니다[Wolff, 292-300]).

8 아모스는 그가 보게 되리라고 생각되었던 것을 보았다: 아나크(אנך, "양철깡통"). 그러나 세 번째로 이 어휘가 언급되고 있는데, 이번에 이 어휘는 한 질문에 대한 한마디 답변의 탁월성을 가지고 있는 것을 보여 준다. 1-6절의 환상들에서 아모스는 문장들로 이루어진 내용을 말한다. 여기서 그는 단지 "아나크(אנך)"만을 말한다.

청자/독자는 이제 동음이의(同音異義)의 익살스런 표현을 감지할 준비가 되어 있다. 아나크(אנך)는 "비탄, 슬픔"이라는 뜻의 아나크(אנק)와 거의 정확하게 일치하는 소리를 가지고 있다. 이 아나크(אנק)는 때때로 다가오는 징벌의 비참함과 연결해서 선지자들이 사용하는 용어이며(렘 51:52; 겔 26:15; 예를 들어, 겔 30:24에 나오는 위치를 바꾼 동족어인 나아크[נאק]를 참조하라), "비탄" 혹은 "괴로움"을 나타내는 아나흐(אנח)와 매우 밀접하고, 또한 다가오는 파멸에서의 곤경(사 24:7; 욜 1:18; 참조. 사 35:10)을 유사하게 묘사하는 데 사용되고 있다. 아모스 당대의 북 이스라엘에서 아나크(אנך)를 정확하게 어떻게 발음했는지는 확실하지 않다. 그 발음은 아마도 아노크(*ʾănōk*) 혹은 아나크(*ʾanāk*)였을 것이다. 전자는 대략 부정사 연계형과 같이 발음한 것이고, 후자는 3인칭 남성 단수 완료형 혹은 카탈(*qatāl*) 유형에 대한 일종의 명사일 가능성이 있다. 아나크(אנק)와 아나흐(אנח) 두 동사 모두 카탈라(*qatalāh*) 유형에 대한 상응하는 명사들을 가지고 있기 때문에(아나카[אֲנָקָה], 아나하[אֲנָחָה]), 동음이의의 익살스런 표현이 토대가 되고 있는 동사 형태들 중의 하나일 수 있다.

이번에 야웨는 자신의 마음을 바꾸지 않으실 것이다(참조. 3, 6절). "비탄(애가)"은 패배와 파멸의 슬픔을 암시해 준다(이사야, 예레미야, 에스겔 그리고 요엘에 있는 위에서 인용된 본문들을 참조하라). 이스라엘은 다시는 피할지 못할 것이다.

9 야웨가 측은하게 여기지 **않으실** 징벌을 알리는 시(詩)로 이루어진 삼행연구(三行聯句) 형태 속에서 이제 하나의 선언이 다가온다. 성소들의 훼파(샤맘[שמם, "파멸되다"], 바마[במה, "산당"], 미케다쉬[מקדש, "성소"]라는 어휘들을 공유하고 있는 레 26:30-31에 나오는 것과 같은 유형 9a)와 왕실의 파멸이라는 두 가지 유형의 저주 성취가 선포된다. 후자의 것은 주로 유형 9b를 반영하고 있지만("야웨께서…그 왕을…알지 못하는 나라로 쫓아낼 것이다"), 또한 가족을 상실하

는 저주를 말하고 있다(유형 18, 예를 들어, 신 32:25, “밖으로는 칼에[칼이 그들에게 자식이 없도록 만들 것이다]”). 일반적으로 “칼”(חרב – 헤레브)은 언약적 불성실을 증거하는 징벌이다(레 26:25).

이 삼행연구(三行聯句)의 두 번째 행 끝에 있는 “훼파되는 것”이라는 뜻의 하레브(חָרֵב)와 세 번째 행 끝에 있는 “칼”이라는 뜻의 헤레브(חֶרֶב)는 같은 자음들을 공유하고 있기 때문에, 아모스는 행들을 연결하는 데 있어서 철판(凸版)과 같은 것을 사용하고 있는 것이 분명하다. 세 개 각각의 행들 안에 이삭, 이스라엘, 여로보암이라는 세 개의 대명사 이름들을 거명함으로써 삼행연구의 형태 또한 형성되고 있다. 이삭의 역사는 상세하게 브엘세바와 연결되고 있으며(창 26:23, 33), 이 남쪽 성소에서 드려지는 예배는 이미 아모스에 의해 공격을 받고 있기 때문에(5:5), 브엘세바는 “이삭의 산당들”을 가리키는 내용이 될 수 있다. 그들이 북쪽 혹은 남쪽 어디에 위치해 있든지 간에, 반대적인 예전 순례 장소들은 파멸될 것이다.

번역(7:10-17)

본 문

10 때에 벧엘의 제사장 아마샤가 이스라엘 왕 여로보암에게 기별하여 가로되 이스라엘 족속 중에 아모스가 왕을 모반하나니 그 모든 말을 이 땅이 견딜 수 없나이다
11 아모스가 말하기를 여로보암은 칼에 죽겠고 이스라엘은 정녕 사로잡혀 그 땅에서 떠나겠다 하나이다 하고
12 아마샤가 또 아모스에게 이르되 선견자야 너는 유다 땅으로 도망하여 가서 거기서나 떡을 먹으며 거기서나 예언하고
13 다시는 벧엘에서 예언하지 말라 이는 왕의 성소요 왕의 궁임이니라

10 Amaziah the priest of Bethel sent word to Jeroboam, king of Israel. “Amos has launched a conspiracy against you in the very heart of Israel.[a] The land cannot contain everything he is saying!
11 For here is what he said: ‘Jeroboam will die by the sword and Israel will definitely be exiled from her native land.’”
12 To Amos, Amaziah said, “Seer, leave this instant[a] for Judah! Earn your living[b] there, and do your prophesying there.
13 But don't do any more prophesying at Bethel, because it is a royal sanctuary, a state temple.”

14 아모스가 아마샤에게 대답하여 가로되 나는 선지자가 아니며 선지자의 아들도 아니요 나는 목자요 뽕나무를 배양하는 자로서
15 양 떼를 따를 때에 여호와께서 나를 데려다가 내게 이르시기를 가서 내 백성 이스라엘에게 예언하라 하셨나니
16 이제 너는 여호와의 말씀을 들을지니라 네가 이르기를 이스라엘에 대하여 예언하지 말며 이삭의 집을 향하여 경계하지 말라 하므로
17 여호와께서 말씀하시기를 네 아내는 성읍 중에서 창기가 될 것이요 네 자녀들은 칼에 엎드러지며 네 땅은 줄 띄워 나누일 것이며 너는 더러운 땅에서 죽을 것이요 이스라엘은 정녕 사로잡혀 그 본토에서 떠나리라 하셨느니라

14 Amos answered Amaziah: "No! I am a prophet,[a] though I am not a professional prophet[b] because I am a livestock breeder[c] and a sycamore fig slitter.
15 But Yahweh took me away from the flocks and Yahweh told me, 'Prophesy to my people Israel.'
16 Now listen to Yahweh's word, you who say 'Do not prophesy against Israel, Do not preach against the family of Isaac.
17 Therefore here is what Yahweh has said: 'Your wife will become a prostitute in the city, And your sons and daughters will fall by the sword. Your land will be divided up by a measuring line, And you yourself will die in an unclean land. Israel will definitely be exiled from its native land!'"

원문주해

10.a. 문자적으로는 "이스라엘의 집 가운데서".

12.a. 문자적으로는 "가라! 너 자신을 위해 도망하라".

12.b. 문자적으로는 "떡을 먹으라". "떡을 먹으라"는 뜻의 에칼 레헴(אכל לחם)의 관용적인 용법에 대해서는 창 3:19과 KB^3, 44-45를 참조하라.

14.a. 혹은 "나는 선지자가 아니다". "주석"을 보라. 가장 이른 시기의 G 본문들은 "나는 (선지자)가 아니었다"라는 뜻의 에멘(*ἤμην*)을 가지고 있다. 동사가 없는 절에 대한 합당한 번역이다. 따라서 MT와 일치한다. 또한 Z. Zevit, "Expressing Denial", 505-508를 보라.

14.b. 문자적으로는 "선지자의 아들/학도" 혹은 "선지자 조합의 구성원" 혹은 그와 같은 것.

14.c. 혹은 "목자". "주석"을 보라.

주석

10 여기서 아모스서의 유일한 전기적 부분이 시작된다. 이 부분(10-17절)은 단순하게 짜여져 있다: 여로보암에게 올리는 아마샤의 불평(10-11절), 아모스에 대한 아마샤의 공격(12-13절), 아모스의 완고한 응답(14-17절). 이 당시에 아마샤는 벧엘에서 우두머리 제사장이었던 것으로 보인다. 만약 아마샤가 그 곳에서 **한** 제

사장에 불과했다면, 히브리어는 "벧엘의 제사장" 혹은 그와 같은 의미를 말하는 코헨 레베트-엘(כהן לבית־אל)로 읽었을 것이다. 단순히 벧엘은 왕족이 빈번하게 방문한 왕실 성소였기 때문만이 아니라, 고대 이스라엘에서 왕들이 실질적으로 종교를 통제했던 곳이었기 때문에, 아마샤는 왕에게 호소했다(R. deVaux, Ancient Israel, 113-14를 보라).

아마샤의 보고는 아마도 여기에 나타나 있는 인용보다는 훨씬 더 긴 공식적인 서신의 양식을 가졌을 것이다. 그 서신이 펼쳐졌을 때, 그 내용을 본 사람은 내용의 서두에 모반에 대한 고발 내용이 있는 것이라고 보았을 것이다. 그 서신은 뻔뻔스럽게도 매우 정치적인 언어인 "모반"이라는 뜻의 카샤르(קשר)로 아모스를 비난하고 있기 때문에, 왕으로 하여금 행동으로 옮기도록 한 어투였음이 분명하다. 여로보암이 마지막의 중요한 왕이었던 예후 왕조는 여로보암의 아들 스가랴(Zechariah)가 암살당하는 것(왕하 15:8-12)과 더불어 주전 753년에 종말을 맞는다. 이어지는 그런 폭력과 정치적 혼란(왕하 15:13-16)은 **새롭게**(*de novo*) 나타나지 않을 것 같았으나, 그 폭발과 파열을 만들어 가는 오랜 조성의 시간이었음이 틀림없다. 사울, 다윗, 솔로몬, 므낫세 그리고 다른 오래 통치한 왕들에 대한 반대가 그들의 통치 말기에 있었던 것처럼, 여로보암 2세에 대한 반대는 이 당시(주전 750년경?)에도 분명히 있었을 수 있다. 따라서 아마샤는 아모스의 행위를 묘사하는 유도적 용어인 "모반"이라는, 여로보암이 결코 무시하고 넘어갈 수 없는 용어를 선택했던 것이다. 아마샤는 또한 이 모반은 중요한 사안으로 공공연한 것이며 핵심적인 것이라고 강조했다. 그리고 더욱이 아마샤는 그 모반이 실제적으로는 아모스의 지속적인 말씀 선포에 토대를 두고 있는 것이라고 표현했다. 아모스가 그 땅이 견딜(품을; 쿨[כול], 히필; 참조. 렘 10:10) 수 없을 정도로 많은 말을 하고 있다는 아마샤의 과장적인 고발은, 아모스가 말로 하는 공격들을 홍수와 같이 밀려오는 것으로 묘사하고 있다.

실제로 아모스는 정치적인 반역 운동을 지지하는 말씀을 전하고 있었던 일종의 모반자였는가? 절대로 그렇지 않다. 그러나 아마샤가 바르게 본 것은 아모스를 **통해** 전해지는 하나님의 말씀이 내포한 정치적인 의미였다.

11 아마샤는 여로보암의 주목을 얻기 위해 아모스가 전한 말씀의 다음과 같은 두 가지 국면을 요약 형식으로 인용하고 있다: 왕 자신이 전쟁에서 죽을 것이라는 사실과 나라가 포로로 잡혀가게 될 것이라는 사실. 포로로 잡혀가는 것은 오로지 대적에 의해 군사적으로 정복을 당한 뒤에 이루어지는 일이기 때문에, 후자의 일

은 자동적으로 암시되어 있는 것이다.

여로보암은 전쟁에서 혹은 다른 종류의 폭력(בחרב – 바헤레브, "칼에")에 의해 죽을 것이라고 아모스가 실제로 예언했는지에 대한 기록은 없다. 따라서 아마샤는 왕을 죽이려고 위협했다고 아모스를 실제적으로 고발하는 근거가 없는 것이 확실하다. 여로보암은 아마도 평안하게 죽음을 맞이했을 것이다(왕하 14:29은 모호하다). 그러나 아모스는 여러 차례 이스라엘이 포로로 잡혀가게 될 것에 대해 예언했음이 분명하며(5:5; 5:27; 6:8 등등), 사마리아에서 그렇게 이루어졌다(6:7). 아마샤가 인용하고 있는 대로, 아모스는 7:17에서 포로로 잡혀가는 것에 대한 예언을 완강하게 반복하여 말하고 있다.

12 남 왕국의 사람들보다는 상대적으로 좀 더 세계주의적인 경향을 가지고 있었던 북 왕국의 사람들(A. Alt, "Das Königtum in den Reichen Israel und Juda", *Kleine Schriften II*[Munich: Beck'sche Verlagsbuchhandlung, 1935] 116-34를 보라)은 유다를 외딴 시골이나 변방으로 여겼고, 좀 더 정통적인 유다의 종교에 대해 심사숙고해 보지 않고 잊어버렸던 것이 분명하다(참조. 대하 13장). 이교(異教)적인 성소에서 비(非)아론계 제사장이었던 아마샤(왕상 12:31, 32)는 아모스가 유다로 돌아가는 것을 봄으로써 제의의 기득권적인 관심을 가지게 되었던 것이 분명하다. 유다에서 이루어지는 아모스의 공격은 이스라엘 관료들을 불안하게 만들지는 않을 것이기 때문이었다.

아마샤는 자신의 생각으로 말하고 있는 것으로 보인다. 아마샤는 아모스를 고국으로 돌려보내기 위해 어떤 왕실의 권위에도 호소하고 있지 않다. 아마도 어느 누구도 오지 않았을 것이다. (어떤 왕도 예언적 위협들에 공식적으로 응답함으로써 소심하게 보이거나 불안에 처하게 되는 위험을 감수할 수는 없었을 것이다. 참조. 왕상 22:8; 렘 36:23, 24). 아모스에게 주는 제사장들의 말이 드러나고 있다. 아마샤는 아모스를 "선견자"라는 의미의 호제(חזה)로 부른다. 아마도 잇단 불행의 예언으로 공격하는 7-9절의 환상 때문이었을 것이다. 호제(חזה)라는 용어는 고대 이스라엘(예를 들어, 삼하 24:11; 왕하 17:13; 사 30:10)에서 영예로운 것이어서(미 3:7에서조차도; Wolff, *Hosea*, 311에 반대되는 견해) 아모스에게 모욕적인 것은 아니었다. 그러나 아모스가 즉시 이스라엘을 떠나(ברח-לך – 베라흐-레카) 그의 생계(אכל לחם – 에칼 레헴)에 필요한 것을 유다에서 얻으라는 요구에 모욕이 암시되어 있다. 아마샤는 아모스에게 잠재적으로 위험한 곳에서 그의 고향의 안전한 곳으로 "도망할"(ברח – 바라흐) 것을 촉구함으로써 아모스를 보호하려고 노력했다고 보는 것은 의문시되는 견해다. 아마도 "거기서나 떡을 먹으며"라는 경멸적인 어투는 그런 의문이 정당함을 확증해 준다. 아모스는 유다에서보다는 벧엘에서 더 나은 급료를 받기 때문에 벧엘에서 말씀을 전한 것이라는 사실을 제사장 아마샤는 암시적으로 말해 주고 있는 것이다. 선지자들은 기부되는 물품들에 의해 지원되었던 것이 분명하다(삼상 9:7-9; 미 3:5, 11). 그리고 종교의 수익성으로 인해 제사장직에 대한 너그러운 대가가 지불될 수 있었다(대하 13: 9). 14절에 나오는 아모스의 답변은 아마샤는 자신의 기준에 따라서 아모스를 다루고 있었다는 것을 나타내 준다.

13 아마샤는 어떤 권위로 아모스가 벧엘에서 떠날 것을 말하고 있는 것인가? 여로보암 2세의 권위를 빌어 말하고 있다. 왕권이 종교를 통제하는 전통은 북 왕국에서 매우 강했다(왕상 12:26-33; 16:20, 30-33; 18:4, 19; 또한 위의 10절을 참조하라). 이것이 바로 정통 선지자들이 나라가 언약에 신실하지 못했을 때 왕조를 그렇게나 빈번하게 공격한 한 가지 이유였다. 아마샤는 벧엘을 다음과 같이 중언법(重言法)으로 묘사하고 있다: "왕의 성소"인 미크다쉬 멜레크(מקדש מלך)는 "왕의 궁"인 베트 마믈라카(בית ממלכה)와 본질적으로 동일하다. 정말로 아마샤의 산문은 여기서 동의어적으로 병행적이다. 아마도 부분적으로 아모스에 대한 그의 명령은 공식적이고 공적인 것이었기 때문이다. 아마샤의 사리사욕은 벧엘을 공적인 장소로서 묘사하는 것에 분명하게 반영되어 있다. 한 성소의 대제사장은 그 곳의 행정가였다. 따라서 아마샤는 사실상 아모스를 쫓아내는 정부의 권위를 주장했던 것이다.

14 아모스가 답변한 응답의 첫 번째 부분은 문법적으로 애매해서 상당히 많은 학적인 논쟁을 불러일으켰다. 로 나비 아노키 벨로 벤 나비 아노키(לא נביא אנכי ולא בן נביא אנכי)는 다음과 같은 내용 중의 어느 것을 의미한다고 생각할 수 있다: "나는 어떤 선지자도 아니며 어떤 전문적인 선지자(혹은 어떤 선지자 조합의 구성원)도 아니다." "나는 정말로(로[לא]를 루[לוּא]로 발음한 것) 한 선지자이며 정말로 한 전문적인 선지자이다." "나는 정말로 한 선지자이나 어떤 전문적인 선지자는 아니다." "아니다! 나는 한 선지자이다. 그리고 정말로 한 전문적인 선지자이다." (비록 이 중 어떤 것도 그럴듯한 것은 아닐지라도, 이론적으로 다른 가능성들이 있다). 아모스가 이렇게 주장하는 것에 대한 온전한 배경은 다음과 같은 번역이 가장 확실한 것이라는 사실을 말해 준다: "아니다! 비록 나는 어떤 전문적인 선지자는 아닐지라도, 나는 선지자이다." 아모스는 "선지자"라는 뜻의 나비(נביא)

가 된 것을 거의 부인할 수 없었을 것이다. 아모스는 다음 구절에서 그 자신이 예언하는 것(나비[נביא]의 니팔형)을 긍정적으로 말하고 있다(또한 3:8과 아마도 2:12을 보라). 더욱이 아모스 자신이 하나님께 부름 받고 쓰임 받고 있는 것을 구체적으로 말하려고 하는 그의 의도는 "전문적인 선지자"/"예언적 조합의 구성원", 즉 선지자가 되기 위해 훈련을 받고 그것으로 인해 그 자신/그녀 자신이 지원을 받는 그런 선지자(בן נביא – 벤 나비)로 생각되는 것을 피하려고 하는 결단을 나타내 준다. (왕상 20:25; 왕하 2:3; 4:1 등등 그리고 Richardson, "A Critical Note", 89를 보라). 따라서 아모스는 자신이 돈을 위해 선지자 반열에 있다고 주장하는 아마샤의 암시를 부정하면서 동시에 자신의 선지자적인 직책을 주장하고 있는 것이다.

아모스는 직업적으로 "가축을 기르는 자"/"목동"이라는 뜻의 보케르(בוקר)와 "뽕나무를 배양하는 자"라는 뜻의 볼레쓰(בולס)라고 주장하고 있다. 이런 용어들, 특별히 보케르(בוקר)에 대한 정확한 의미는 불확실하다. 또한 아모스는 이런 용어들을 문자적으로 사용하고 있는 것이 아니라, 아마샤는 그에게 그 어떤 두려움도 가져서는 안 된다는 것을 나타내기 위해 자신의 존재를 희미하게 하여 표면에 드러나지 않도록 하는(예를 들어, "시시한 존재인 나는 시골 농부에 지나지 않는다") 용어들로서 사용하고 있는 것이라는 견해가 제기되었다. 그러나 증거가 되는 내용은, 아모스는 자신을 벧엘에서 혹은 그 어느 곳에서 예언하는 것이 경제적인 이유로 전하는 사람이 아님을 나타내려고 했다는 사실을 말해 준다. 아모스는 아마도 농업 관련 사업 전문가였을 것이다(P. Craigie, "Amos the *nōqēd* in the Light of Ugaritic", *SR* 11/1[1982] 28-33를 보라). 드고아에서 뽕나무(무화과)를 기르는 것은 어렵기 때문에 아모스의 말을 문자적으로 받아들일 수는 없다는 주장이 있다. 그러나 만약 아모스가 여행 상담자/전문가로 이해된다면, 이런 주장은 그리 상관성이 없는 견해가 되고 만다. 뽕나무(무화과)를 세로로 자르는 것은 더 달고 부드러운 마지막 열매를 맺도록 하기 위해 뽕나무(무화과)가 성숙해지는 이른 시기에 작게 자르는 과정이다. 자신의 여행 중에 아모스는 아마도 이와 같은 일을 선보였을 것이다. 만약 보케르(בוקר)가 일반적으로 소를 치는 것 이외의 다른 어떤 것이었다면, 아마도 그랬을 것 같다고 여겨지는데, 그것은 아모스가 북 왕국에서 여행을 할 때 관심이 가는 그런 직업이었을 것이다.

15 아모스는 3:8 이외에 아모스서에서 오로지 여기서만 언급되는 자신의 소명을 다윗 왕의 소명에 또한 적용되는 용어로 묘사하고 있다. 사무엘하 7:8과 시편

78:70에 있는 "목장 곧 양을 따르는 데서 취하여"(לקח…צאן – 라카흐…촌)라는 어구는 다윗이 왕으로 선택되는 것에 적용된 용어다. 왕과 선지자 직책들은 하나님의 선택에 의해서만 합법적인 것이었기 때문에(신 17:15; 18:15), 그리고 다윗과 아모스는 모두 양을 기르는 일에 종사했기 때문에, 아모스는 의식적으로 아마샤가 그 유사성을 알기를 의도했을 가능성이 크다. 일단 하나님께서 다윗을 정하신 것으로 인식한 뒤에는, 이스라엘 백성들이 그 유다 사람을 그들의 왕으로 받아들였다(삼하 5:1-3).

마찬가지로 아모스는 **자신의** 직책을 하나님이 정해 주신 것으로 주장했던 것이다. 또다시 다윗 이야기와 관련된 언약적인 어휘를 사용하면서, 아모스는 단지 유다에서만이 아닌 북과 남의 모든 언약 백성들에 대한 자신의 소명을 요약하고 있다. 야웨는 아모스를 그들 모두에게 예언하기(הנבא – 히나베) 위해 부르신 것이었다.

16 그러므로 아마샤는 실제적으로 아모스에게 야웨께 불순종하라고 요청하고 있었던 것이다! 정부에 주로 아첨꾼들이었던 예전적 선지자들과 제사장들(예를 들어, 왕상 22:6)을 통제해 왔던 대로, 아마샤는 자신이 행했던 방식으로 선지자에게 말할 권한을 자신이 가진 것으로 생각했던 것이다. 그러나 아마샤의 이교적 성향은 그로 하여금 모세 언약의 요구들을 무시하도록 해 왔다. 이제 아모스는 자신의 주의를 돌려 분명하게 야웨의 뜻에 반대하고 있는 아마샤에게 향하고 있다. 아마샤의 금지를 특징적으로 나타내 주는 동의어적인 시적 이행연구(二行連句)는 아마샤가 한 말의 직접적인 인용은 아닌 것 같으며, 아마도 아마샤를 묘사하는 아모스의 영감된 방법일 것이다. 이스하크(ישחק, "이삭")가 이스라엘(ישראל, "이스라엘")과 병행되고 있는 것은 북과 남 모든 이스라엘이 야웨의 영역이며 야웨의 참된 선지자들이 활동하는 정당한 영역이라는 것을 분명하게 강조해 준다. "이스라엘"은 모든 이스라엘을 가리키는 것인지 혹은 단지 북 왕국 이스라엘만을 가리키는 것인지 애매모호하다. 그러나 "이삭의 집(족속)"(בית ישחק – 베트 이스하크)은 유다 또한 포함하는 것이었다. 그런 의미에서 아모스는 자신이 예언을 하지 못하도록 금하고 있는 아마샤를 힐난했다.

17 아마샤는 출애굽의 바로, 여로보암 1세, 이세벨, 아합, 하나냐 등 합법적인 예언에 대한 압제자들의 긴 반열에 서 있는 사람들 중의 하나였다. 그러므로 아마샤의 운명이 가혹한 것이 되어야만 한다는 것은 그리 놀랄 만한 것이 아님에 틀림없다(참조. 왕상 13:26; 렘 28:16). 제사장에 대해 선지자가 위협적인 선언(고발)

을 하는 것과 병행되는 내용이 없는 것은 아니다(참조. 삼상 2:27-36; 렘 20:1-6; 호 5:1 등등). 여기에 나오는 그 위협적인 선언(고발)의 용어들은 아마샤를 치는 네 가지 저주들을 포함하고 있으며, 다음과 같이 아모스가 전파했던 것에 대한 재진술이 따라 나오고 있다: **이스라엘은 정녕 사로잡혀 그 본토에서 떠날 것**인데, 이것은 벧엘 제사장이 금할 수 없는 진실이다.

그 저주들은 표준적인 유형들에 들어맞는다. 첫 번째 이행연구에 있는 "아내는 성읍 중에서 창기가 될 것이요"(בעיר תזנה – 바이르 티즈네), "자녀들은 칼에 엎드러지며"는 가족을 상실한다는 저주 유형 18을 생생하게 묘사하는 방법들이다(특별히 신 28:30, "다른 사람이 그와 같이 잘 것이요" 그리고 신 32:25, "칼이 그들에게 자녀가 없도록 만들 것이다"; 참조. 신 28:41). 그런 저주들은 포괄적인 것이지 구체적인 것은 아니다.

아마샤는 그런 저주들이 다음과 같은 것을 의미한다는 사실을 이해했음이 분명하다. 즉 포로로 잡혀가는 일을 당할 때, 아마샤는 아마도 자신의 아내와 헤어질 것이고 도움을 받지 못하는 그녀는 생명을 연장하기 위해 창기가 될 것이며, 그의 자녀들은 아마도 정복 시에 죽임을 당할 것이라는 사실이다. "네 땅"이라는 뜻의 아드마트카(אדמתך)의 어법은 아마샤가 소유하고 있을 어떤 재산을 말하는 것("땅"이라는 뜻의 사데[שדה]로 표현되는 것이 더욱 그럴듯할 것임)이 아니라, 이스라엘을 가리키는 것이 분명하다.

아마샤가 포로로 잡혀가서 죽을 곳, 즉 다시는 그 곳에서 돌아오지 못할 "더러운 땅"(אדמה טמאה – 아다마 테메아)은 이방 땅을 묘사하는 또 다른 방법이다("정결함"을 우선적으로 이루어야 하는 제사장에게 적절한 것임; 참조. 호 9:3). 네 땅은 "줄 띄워"(חבל – 헤벨) 나누일 것이라는 사실은 대적에 의해 정복당할 것(예를 들어, 레 26:32)을 말하는 저주 유형 5를 반영하고 있다. 포로로 잡혀가는 것은 레위기 26:38-39("너희가 열방 중에서 망하리니…너희 남은 자가 너희 대적의 땅에서 자기의 죄로 인하여 쇠잔하며")에 있는 대로 유형 13이다.

아모스는 이스라엘이 포로로 잡혀가는 것이 피할 수 없는 불가피한 사실임을 강조하면서 이 짧은 신탁에서 "땅"이라는 뜻의 아다마(אדמה)를 세 번이나 사용하고 있다. 왕조 혹은 성직으로부터의 그 어떤 위협도 아무것도 바꿀 수 없다: 이스라엘 백성들은 그들의 땅을 빼앗길 것이고, 아모스는 그 메시지를 중지하지 않을 것이다.

번역(8:1-3)

본 문

여름 실과

1 주 여호와께서 또 내게 여름 실과 한 광주리를 보이시며
2 가라사대 아모스야 네가 무엇을 보느냐 내가 가로되 여름 실과 한 광주리니이다 하매 여호와께서 내게 이르시되 내 백성 이스라엘의 끝이 이르렀은즉 내가 다시는 저를 용서치 아니하리니
3 그 날에 궁전의 노래가 애곡으로 변할 것이며 시체가 많아서 사람이 잠잠히 처처에 내어버리리라 이는 주 여호와의 말씀이니라

Summer fruit

1 This is what [ ][a] Yahweh showed me: a basket of summer fruit.[b]
2 He said,[a] "What do you see, Amos?" I said, "A basket of summer fruit." Yahweh said to me, "The 'end'[b] has come for my people Israel. I will no longer pass him by.
3 They will wail[a] the temple songs at that time"—oracle of [ ][b] Yahweh. "They[c] will throw the corpses[d] into big piles everywhere. Hush!"

원문주해

1.a. G의 가장 나은 사본들에는 이 어휘가 없는 것을 보여 주고 있다. "주"라는 뜻의 아도나이(אדני)는 원래의 본문에는 있지 않은 것이다.

1.b. G는 "들새 사냥꾼의 바구니"라는 뜻의 앙고스 익슈투(ἄγγος ἰξευτοῦ)라고 읽는다. 이것은 켈루브(כלוב)를 "새장"으로 본 것이고(참조. 렘 5:27) "여름 실과"라는 뜻의 카이츠(קיץ)를 "큰 새"라는 뜻의 아이트(עיט)와 연결시킨 것이다. 혹은 "들새 사냥꾼의 바구니"라는 뜻의 켈루브 모케쉬(כלוב מוקש) 혹은 그와 같은 의미(3:5에 있는 모케쉬[מוקש]를 참조하라)를 가진 어떤 본문에서 읽은 것이다. ά, σ́, θ΄ 모두 MT를 향해서 바로잡고 있다.

2.a. Syr은 "나에게"라는 어구에 상당하는 내용을 첨가하고 있다. 이것은 아마도 7:8의 영향 아래 이루어진 것 같다. G는 MT를 지지한다.

2.b. "끝"이라는 뜻의 케츠(קץ)는 위에 있는 "여름 실과"라는 뜻의 카이츠(קיץ)와 언어 유희적인 표현이다. 아래의 "주석"을 보라.

3.a. 타동사로서 "울부짖다"라는 뜻의 얄랄(ילל)의 히필형을 취한 것. 사 52:5을 참조하라. 노래들이라는 뜻의 쉬로트(שירות)는 또한 이 동사의 주어일 수 있다. 혹은 원본에 있는 형태는 "성전의 여성 찬양자들이 울부짖을 것이다"라는 뜻의 שרות일 수 있다.

3.b. 1.a.를 보라.

3.c. 그 3인칭 남성 단수를 부정 주어 "그들"을 가지고 있는 것으로 본 것.

3.d. "시체"라는 뜻의 페게르(פגר)는 여기서 집합적으로 쓰이고 있다. 참조. 삼상 17:46; 나 3:3.

주석

1 도입 부분의 어법은 이전에 나온 세 개의 환상들의 도입 어법과 같다(7:1; 7:4; 7:7). 새로운 요소는 보이는 것, 즉 "여름 실과 광주리"라는 뜻의 켈루브 카이츠(כלוב קיץ)이다. 세 번째 환상과 마찬가지로, 한 어휘 즉 카이츠(קיץ)의 소리에 있는 것이 중요한 것이지 보이는 것에는 아무런 중요성도 없다. 여름 실과 광주리는 카이츠(קיץ; 가을 추수에 익었을 무화과 혹은 올리브와 같은 어떤 나무 열매)를 담기 위해 일하는 사람들이 사용한 추수용 광주리일 뿐이다. 그 광주리는 아마도 일반적으로 널리 알려진 방식으로 짜인 가는 가지 세공 구조물이었을 것이다(또한 새장과 같은 것; 참조. 렘 5:27). 야웨는 그 환상의 본질을 드러낼 대화로 이끌기 위해 과일로 가득 찬 광주리를 보는 것을 사용하셨다.

2 대화의 이 부분의 어법은 또다시 일상적인 것이다. (반복 형태에 대해서는 7:7에 대한 "주석"을 보라). 7:7-9에 나오는 "양철 깡통" 환상과 같이, 초점은 보이는 것에서 그것이 소리 내는 것과 같은 것으로 즉시 전환된다. "양철 깡통"이라는 뜻의 아나크(אנך)가 "비탄"이라는 뜻의 아나흐/아나크(אנק/אנח)와 같은 소리를 내는 것과 같이, "여름 실과"라는 뜻의 카이츠(קיץ)가 "끝"이라는 뜻의 케츠(קץ)와 같은 소리를 낸다. 이 어휘들은 다른 어근을 가지고 있기는 하지만(각각 카이츠[קיץ]와 카짜츠[קצץ]), 아모스 당시 북 왕국에서 이 어휘들은 동일하게 케스(*qēs*)라고 발음되었다. 이 당시에는 이중모음이 축약되었기 때문이다(게젤[Gezer] 달력에 있는 케츠[קץ]를 참조하라; F. M. Cross and D. N. Freedman, *Early Hebrew Orthography*[New Haven: American Oriental Society, 1952]를 보라). 심판 혹은 죽음의 문맥에서 "끝"을 의미하는 케츠(קץ)의 용법에 대해서는 시편 39:5; 예레미야애가 4:18; 에스겔 7:2 등등을 참조하라. 처음 두 환상들에서와 같이 나중으로 연기된 것이 아니라, 이 환상은 세 번째와 같이 성취될 파멸을 예언하고 있다. 이스라엘의 죽음/파멸은 저주 유형 24를 나타내 준다(예를 들어, 신 4:26; 28:20-22; 30:15; 31:17; 32:25 등등).

3 죽음/파멸을 나타내는 두 장면들이 다가오는 재난을 묘사하면서 제유(提喩)적으로 그려지고 있다. 울부짖는(ילל - 얄랄, 참조. 렘 4:8; 겔 21:17; 미 1:8; 습 1:11 등등) 성전 노래들(שירות היכל - 쉬로트 헤칼)은 죽음과 파멸이 국가

종교의 핵심, 즉 그 성전(들)에 이를 것을 아이러니한 문체로 나타내 주고 있다. 물론 이런 어법이 가지고 있는 하나의 기능은 아마샤가 벧엘 성전에 중요성을 더해 말한 것(7:13)을 암암리에 빗대어 말하는 것이다. 따라서 아모스의 예언은 아마샤의 주장들에 적어도 완곡하게 "대답하고 있다". 또한 여기에 쓰인 헤칼(היכל)은 "궁전"을 의미할 수 있으며, 이 어법이 암시하는 것은 왕권일 수 있다(또한 7:13).

마찬가지로 "처처에"(בכל־מקום – 베콜-마콤) 쌓이는 시체(פגר – 페게르)에 대한 묘사는 이스라엘에 만연한 죽음을 나타내 주고 있다(참조. 렘 16:4). 마지막 어휘인 "쉿!"이라는 뜻의 하쓰(הס)는 이미 6:10에서 보인 것으로 다가오는 재난의 때가 가지는 엄위하고 두려운 상황을 나타내 준다.

해설

아모스 7:1-8:3은 네 개의 예언적 환상들과 세 번째 환상의 어법에 의해 특별하게 야기된 공식적인 반대의 이야기에 대한 내용으로 이루어져 있다. 처음 두 개의 환상들(7:1-3; 7:4-5)에서 아모스에게 계시된 다가오는 재앙들은 선지자의 중재로 취소된다. 야웨는 의도된 해악에 대한 자신의 마음을 기꺼이 바꾸심으로써(참조. 출 34:6; 욜 2:13; 욘 4:2 등등), 즉 자신의 언약 백성들을 파멸하려는 것은 전혀 원하지 않는 것(신 4:27-31)임을 나타내면서 자신의 자비롭고 온정적인 면을 보여 주시고 있다.

세 번째와 네 번째 환상들(7:7-9; 8:1-3)은 분명히 수행되어야만 할 징벌들을 말하는 것으로 이야기되는 어휘들의 소리에 대해 거듭 이야기하고 있다: 그 백성들의 총체적인 말살이 아닌 심각한 정복, 포로로 잡혀감 그리고 생명의 손실을 말하고 있는 이스라엘에 대한 "비탄"과 "끝".

7:10-17에 나오는 자전적인 부분조차 본질적으로 매우 불길한 면을 말해 주고 있다. 7:10-17은 다가오고 있는 이스라엘이 포로로 잡혀 가는 상황을 말하는 아모스의 계시를 확증해 주며 상세히 말하고 있다. 이 간략한 이야기는 특별히 모함적인 면을 가지고 있다. 한 선지자가 말씀을 전하는 것을 방해하려고 하는 종교적 직책을 가진 자에 의해 시도되는 이야기를 말하고 있기 때문이다. 그 선지자의 메시지는 불쾌하고, 당황스러우며, 심지어는 종교와 정부의 토대를 위협하기조차 하는 것이었다. 순전히 한 인간적인 관점에서 본다면, 제사장 아마샤의 행위들은 이

해할 만한 것이었다. 아마샤는 아모스를 잠잠하게 만들기를 원했다. 그 선지자는 (적어도 공식적으로는) 그가 말씀을 전하고 있었던 곳에서는 환영 받지 못했고, 그의 재액(災厄)을 선포하는 예언은 이스라엘 사회를 시내산 언약과 일치하도록 되돌리기 위해 힘써 노력하지 않는 사람들에 대해 비평적이었다.

그러나 한 선지자를 잠잠하게 하려고 하는 것을 통해 실제적으로는 하나님을 잠잠하게 하려는 노력을 하고 있었던 것이다. "선지자들을 죽인 조상들"(눅 11:48)을 가졌던 신약 시대의 어떤 사람들은 자신들이 예수, 세례 요한, 바울 그리고 많은 다른 사람들을 잠잠케 할 수 있을 것이라고 생각했다. 그들은 아마샤와 아모스에 대한 역사로부터 아무것도 배우지 못했기 때문이다. 정말로 종교는 하나님이 정의와 신실함을 요구하시며, 하나님이 세상을 심판하는 날을 정하셨다는 진실을 넘어서는 그 이상의 평화와 조화를 거의 항상 추구하고 있다. 무시하는 것은 복된 것이 아니다. 악을 대항한 하나님의 진노의 실체를 고려하기를 거절하는 것은 결국 악을 기꺼이 너그럽게 용인해 주는 데 이르게 한다.

아모스는 아마샤에게 너무 불쾌한 존재였는가? 전혀 그렇지 않다. 자신의 왕과 백성에 대한 재앙의 예언들을 듣지 못하도록 한 제사장은 불가피하게 그 재앙의 영향에서 그 자신도 벗어나도록 하지 못했을 것이다. 아모스의 부정적인 메시지는 단순히 감정적인 것이 아니었다. 그것은 하나님의 말씀이었다. 아마샤와 그의 동료 이스라엘 백성들은 그 말씀을 무시하고 반대한 대가를 경험해야만 했다.

위선: 범죄에 적절한 징벌들(8:4-14)

참고문헌

Ackroyd, P. "The Meaning of Hebrew דור Considered." *JSS* 13(1968) 4-10. **Bartina, S.** "'Vivit Potentia Beer-Šeba!'(Amos 8:14)." *VD* 34(1956) 202-10. **Bewer, J.** "Critical Notes on Amos 2:7 and 8:4." *AJSL* 19(1903) 116-17. **Dahood, M.**

"Ugaritic-Hebrew Lexicography IX." *Bib* 52(1971) 337-56. **Givati, M.** "The *Shabbat* of the Prophet Amos." *BMik* 22, 2(69)(1977) 278-79.[Heb.] **Gölz, F.** "Vom Biblischen Sinn des Sabbat." *Tbü* 9(1978) 243-56. **Haag, E.** "Das Schweigen Gottes. Ein Wort des Propheten Amos(Am 8, 11s)." *BibLeb* 10(1969) 157-64. **Halevy, B.** When Will the New Moon Be Gone? *BMik* 21(1975) 333-46, 493.[Heb.] **Lang, B.** "Sklaven und Unfreie im Buch Amos(ii 6, viii 6)." *VT* 31(1981) 482-86. **Morgenstern, J.** "The Loss of Words at the Ends of Lines in Manuscripts of Biblical Poetry." *HUCA* 25(1954) 41-83. **Muraokao, T.** "Is the Septuagint Amos 8, 12-9, 10 a Separate Unit?" *VT* 20(1970) 496-500. **Neuberg, F.** "An Unrecognized Meaning of Hebrew DÔR." *JNES* 9(1950) 215-17. **Rusche, H.** "Wenn Gott sein Wort entzieht. Meditation zu Amos 8:11-12." *BibLeb* 10(1969) 219-21. **Scott, R. B. Y.** "Weights and Measures of the Bible." *BA* 22(1959) 22-40. **Szwarc, U.** "Glód Slowa Bozego Analiza Egzegetycno-Teologiczna Tekstu Am 8, 11-12." *Roczniki Teol.-Kanoniczne* 28(1981) 35-47.

본 문

재정적 관행들에 있어서의 위선

4 궁핍한 자를 삼키며 땅의 가난한 자를 망케 하려는 자들아 이 말을 들으라

5 너희가 이르기를 월삭이 언제나 지나서 우리로 곡식을 팔게 하며 안식일이 언제나 지나서 우리로 밀을 내게 할꼬 에바를 작게 하여 세겔을 크게 하며 거짓 저울로 속이며

6 은으로 가난한 자를 사며 신 한 켤레로 궁핍한 자를 사며 잿밀을 팔자 하는도다

징벌의 확실성

7 여호와께서 야곱의 영광을 가리켜 맹세하시되 내가 저희의 모든 소위를 영영 잊지 아니하리라 하셨나니

징벌의 다양성

8 이로 인하여 땅이 떨지 않겠으며 그 가운데 모든 거민이 애통하지 않겠느냐 온 땅이 하수의 넘침같이 솟아오르며 애굽 강같이 뛰놀다가 낮아지

Hypocrisy in financial practices

4 Listen to this, you who trample[a] on the poor, Eliminating[b] the oppressed people of the land,

5 saying, "When will the New Moon be over[a] so that we can sell grain,[b] And the Sabbath, so that we can put wheat on sale, So that we can shrink the ephah and increase the shekel, And cheat with inaccurate scales;

6 So that we can buy poor people for money,[a] A needy person for a pair of sandals, And sell the sweepings in with[b] the wheat?"[cd]

Certainty of punishment

7 Yahweh has sworn by Jacob's pride, I will never forget[a] all their deeds.

Varieties of punishment

8 Will not the earth shake on account of this, And everyone who lives in it mourn, And all of it rise like the Nile[a] [ ][b] And sink[c] like the Nile of

리라
9 주 여호와께서 가라사대 그 날에 내가 해로 대낮에 지게 하여 백주에 땅을 캄캄케 하며

10 너희 절기를 애통으로 너희 모든 노래를 애곡으로 변하며 모든 사람으로 굵은 베로 허리를 동이게 하며 모든 머리를 대머리 되게 하며 독자의 죽음을 인하여 애통하듯 하게 하며 그 결국으로 곤고한 날과 같게 하리라

굶주림과 목마름
11 주 여호와께서 가라사대 보라 날이 이를지라 내가 기근을 땅에 보내리니 양식이 없어 주림이 아니며 물이 없어 갈함이 아니요 여호와의 말씀을 듣지 못한 기갈이라
12 사람이 이 바다에서 저 바다까지 북에서 동까지 비틀거리며 여호와의 말씀을 구하려고 달려 왕래하되 얻지 못하리니
13 그 날에 아름다운 처녀와 젊은 남자가 다 갈하여 피곤하리라
14 무릇 사마리아의 죄 된 우상을 가리켜 맹세하여 이르기를 단아 네 신의 생존을 가리켜 맹세하노라 하거나 브엘세바의 위하는 것의 생존을 가리켜 맹세하노라 하는 사람은 엎드러지고 다시 일어나지 못하리라

Egypt?
9 At that time—oracle of [ ][a] Yahweh—I will make the sun go down at noon And darken the earth in broad daylight.
10 I will turn your festivals into mourning And all your songs into lamentation. I will cause every waist to have sackcloth around it And every head to be shaved bald.[a] I will make it[b] like mourning for an only son And its end like the end of[c] an awful day.
Hunger and thirst
11 The time is coming—oracle of [ ][a] Yahweh —When I will send a famine unto the land: Not a famine of food or a thirst for water, But rather of hearing Yahweh's word.[b]
12 They will stagger from sea[a] to sea And wander from north to east, Seeking[b] Yahweh's word; but they will not find it.
13 At that time attractive young women will drop unconscious, As will strong[a] young men, from thirst.
14 Those who swear by Samaria's shame[a] And say, "As your god lives, Dan!" And, "As your power[b] lives, Beersheba!" Will fall and never rise again.

원문주해

4.a. 2:7.a.를 보라. G(ἐκτρίβοντες－에크트리본테스, "학대하는 자")는 MT를 지지해 주고 있다.

4.b. "끝내다/없애다"라는 뜻의 샤바트(שבת) 동사는 다음 절에 연결하려는 목적을 가지고 쓰이고 있다. 히브리어 구문은 목적을 나타내기 위해 라메드와 부정사가 함께 쓰이고 있다(לשבית－라셰비트). G의 분사적인 번역(καταδυναστεύοντες－카타뒤나스튜온테스, "압제하는, 학대하는")은 MT와 다른 본문이 아니라 구문론적인 대등관계를 염두에 두고 있음을 반영해 준다.

5.a. 혹은 "…이 올 때"도 가능함. B. Halevy, "When Will the New Moon Be Gone?" 333-46, 493를 보라.

5.b. 볼프와 반대의 견해(Wolff, *Amos*, 321-22, n. f.). 존재하는 동음이의(同音異

義)어적인 익살스런 표현은 없다. "곡물"이라는 뜻의 셰베르(שבר)와 "곡물을 팔다"라는 뜻의 하셰비르(השביר)가 동일한 어근을 가졌다는 단순한 이유 때문이다.

6.a. "은"이라는 뜻의 케셰프(כסף)를 일상적으로 번역하는 것은 어떤 특별한 금속이 요망된다는 것을 말하는 것 같은 필요 없는 인상을 주게 된다.

6.b. 문자적으로는 "우리는 밀 쓰레기를 밀로서 팔 수 있다".

6.c. 인용 부분이 5.b.에서 끝나는 것(참조. *NIV*)이 아니라, 이 부분까지 계속된다고 생각한 것.

6.d. "잿밀을 팔자(그리고 밀을… 팔까?)"라고 말하고 있는 전체 행은 여기서 운율적으로 6:7:6의 운율을 가지고 있는 삼행연구(三行聯句)의 한 부분에 속한다. 어떤 사람이 제안하는 바와 같이, 5a 이후에는 운율적으로 들어맞지 **않는** 것 같다.

7.a. 문자적으로는 "만약 내가…을 잊는다면"으로, 이것은 전형적인 서원 형식 돈절법(頓絶法)(문장을 도중에 갑자기 끊는 것)이다.

8.a. MT의 "빛과 같이"라는 뜻의 카오르(כאר)는 요드(י)를 빼먹은 잘못 복사한 것이다. 역본들은 "나일같이"라는 뜻의 케예오르(כיאר)를 지지해 주고 있다.

8.b. MT의 "뛰놀다가(그리고 분발될 것이다)"라는 뜻의 베니그레샤(ונגרשה, 가라쉬[גרש] 2형)는 단지 후대의 G 증거물에만 반영되어 있다. 몇몇 개의 히브리어 사본들과 같이 이 어휘는 (운율적이지 않은) 해석으로 간주되어 제거되어야만 한다.

8.c. MT 케레(*Qere*)인 베니셰크아(ונשקעה, "그리고 가라앉다")와 같이 읽은 것.

9.a. 가장 나은 G의 증거 자료와 더불어 "주"라는 뜻의 아도나이(אדני)를 뺀 것.

10.a. 문자적으로는 "나는 베옷을 허리에 두를 것이고 머리는…대머리".

10.b. 즉 여성 단수를 통해 추상적으로 인식된 그 때/그 날.

10.c. 생략적인 비교법에 "…의 끝"이라는 어구를 보충한 것.

11.a. "원문주해" 9.a.를 보라.

11.b. 몇몇 히브리어 사본들과 역본들과 같이 단수 다바르(דבר)로 읽은 것. MT는 야웨(יהוה)의 요드(י)를 같은 철자를 중복하여 필사하는 오류(dittography)로 인해 연유된 것임에 틀림없다.

12.a. G의 "물(들)"이라는 뜻의 휘다타(*ὕδατα*)는 MT(מַיִם – 마임)를 단순히 다르게 발음한 것에 불과하다.

12.b. 문자적으로는 "찾기 위해". 4절에 있는 유사한 부정사적인 구문을 참조하라.

13.a. "젊은 사람"이라는 뜻의 바후림(בחורים)에 암시되어 있는 것.

14.a. "죄 된 우상(부끄러움)"이라는 뜻의 아셰마트(אשמת)가 "아쉬마트(אֲשִׁימָת)"(왕하 17:30에서 언급된 신의 형태)로 발음되어야만 한다고 종종 제안되는 견해는 7절에 있는 "야곱의 영광(교만)"이라는 뜻의 가온 야아콥(גאון יעקב)과의 대조를 충분히 인식하지 못한 것이다.

14.b. 우가릿 동족어와 유사한 데레크(דרך)를 선택한 것(Dahood, "Ugaritic-Hebrew Lexicography IX", 337-56; 그리고 Bartina, "Vivit Potentia Beer-Šeba", 202-10를 보라).

양식/구조/배경

8:4-14이 하나의 단위를 이루고 있다는 인식은 예언적 심판 신탁들은 일반적으로 고발과 떨어져서 존재하지 않는다는 관찰에 특별히 의존하고 있다. 즉 하나님이 어떻게 언약이 깨졌는지에 대한 어떤 종류의 증거를 제시하거나 그에 대해 상기시켜 주는 일 없이 언약을 깨뜨린 것에 대해 징벌을 선언하시는 일은 거의 없다. 예언적 회복 약속들은 이스라엘의 좋은 행위에 대해 예언되지 않지만(참조. 9:11-12, 13-15), 심판 신탁들은 거의 항상 이스라엘의 나쁜 행위에 대해 예언된다.

현재의 본문에서 9-10절, 11-12절 그리고 13-14절은 4-8절에 덧붙여진 재앙의 세 개의 분명한 신탁들로서 종종 분리된다. 9-10절, 11-12절 그리고 13-14절은 유사한 주제를 공유하고 있기 때문이다. 이런 후자의 세 개의 신탁들은 모두 다가오는 사건들(9:11, 13에 있는 것과 같이)을 소개하는 신탁들과 결합된 형태인 욤(יום, "날"/"때")의 어떤 양식, 즉 야밈 바임(ימים באים, "날이 이를지라", 11절) 혹은 바욤 하후(ביום ההוא, "그 날에", 9, 13절) 등과 같은 어휘와 더불어 시작된다. 그러나 만약 4-8절로부터 분리된다면, 9-10절과 11-12절은 적어도 언약적 죄목들에 대한 언급을 결여하게 된다. 그렇지만 13-14절은 징벌 예언뿐만 아니라 고발도 포함하고 있으므로 분리되는 것으로 고려될 수 있을 것이다. 그러나 일단 9-10절과 11-12절이 4-8절에 결합되는 것이라면, 특별히 11-12절에 따라 나오는 "갈증" 이미지로 인해 13-14절 또한 오히려 자연스럽게 결합된다.

4-8절과 본 장의 나머지 부분을 연결하는 다른 요소들이 있다. 전체 단락이 종교적인 위선에 대한 것이다. 이스라엘의 가난한 사람들을 속이고 있는 자들은 바로 엄격한 안식일 준수자들이다(4절). 고발된 그들은 그들이 좋아하는 노래들(아모스가 4:13과 5:8?에서 이미 인용한 야웨주의적 찬양과 같은 것)과 더불어 종교적인 절기들(10절)을 경축하며 기린다. 그들에게 내리는 징벌들 중의 하나는 야웨의 말씀을 제거하는 것(11, 12절)이 될 것이다. 그리고 혼합주의가 만연되어 있다(14절). 따라서 "저들의 모든 소위들"(7절)이 말하는 것은 백성들의 종교적인 준수는 예배 절차들에 한정되어 있어 사회적인 관계들에까지 확장되지 못한(참조. 5:21-24) 이기적인 관행들을 가리킨다.

본문은 고발들(4-6, 14절)이 주로 재앙 예언들을 둘러싸고 있다는 점에서 어느 정도 집중적인 구조를 이루고 있다. “이 말을 들으라”는 첫 명령법인 쉬므우 조트(שמעו זאת)는 본문의 모든 것을 망라한다. 그리고 비록 3:1; 4:1 그리고 5:1이 유사할지라도, 이 어구는 3:13에 있는 내용과 가장 근접한 병행을 이루고 있다.

비록 앗수르 통치 혹은 병합을 보여 주는 내용이 발견되지 않는다는 침묵으로부터의 논증이기는 할지라도, 본문의 연대기는 주전 733년에 있었던 디글랏-빌레셀의 침략 이전 시기로 분명하게 상정될 수 있다. 더욱이 특별히 여로보암 2세의 시기에 연관된 것으로 가난한 사람들을 희생으로 상류층이 쌓은 부 그리고 존재하는 성소로서의 지명인 단(Dan)에 대해 말하고 있는 내용(14절)에 비추어 볼 때, 연대기를 여로보암의 통치 시기로 보는 것(참조. 1:1)이 합리적이다. 브엘세바로 자유롭게 여행하는 것(14절) 또한 북 왕국이 주전 753년 이전과 같이 주도하고 있었던 때를 말해 준다. 어법은 이 신탁이 원래 전해진 곳에 대한 구체적인 정보를 주고 있지 않다.

주석

4 슬프게도 이스라엘 사회는 주전 8세기 어간에는 두 가지 경제적 계층으로 나뉘어 발전되었다. 점증적으로 가난해지는 커다란 하류 계층의 희생과 모세 언약을 범하는 과정 속에서(출 23:6; 레 19:10, 13, 15; 25:25-53; 신 15:7-11; 24:12-22) 부유한 상류층이 출현했다(참조. 4:1-3; 6:1-7). 그 부유층을 이루고 있는 구성원들은 부당한 이득을 취하는 자들과 거래를 하는 사람들이었는데, 그들은 부자들을 옹호하고 가난한 사람들의 유익을 괘념치 않는 암묵적인 정부 정책의 이점을 마음껏 누리는 자들이었다. 그런 자들은 가난한 사람들을 “삼키고(짓밟고)”(שאף – 샤아프), 즉 착취하고 있었다. 이런 착취의 상황은 점증하는 궁핍한 사람들은 굶주림으로 죽어 갔고, 자신들을 노예로 팔았으며, 병든 몸과 영양 부족으로 인한 다른 질병들로 고통을 받았고, 제대로 된 입을 것과 거처 등이 부족한 가운데 살아야만 하는 결과(따라서 히필 부정사형인 라셰비트[לשבית])를 낳았다. 여기서는 그 착취자들이 가난에 허덕이는 사람들을 **죽이려고 했다는** 것을 말해 주고 있지는 않다. 레(ל)와 함께 쓰인 부정사는 그런 효력을 분명히 가질 수 있다. 그러나 문맥의 논리는 그 착취를 하는 사람들은 자신들의 수입원을 없애 버리려고 하지 않았을 것이라는 사실을 말해 준다. 그럼에도 불구하고 최종적인 결과는 궁극적으로 야웨를 대항한 비극적인 범죄가 되고 말았다. 비록 이스라엘은 **인종적으**

로 야웨의 백성들이기는 했을지라도, 가난한 사람들은 **경제적으로** 야웨의 특별한 백성들이었다는 사실(시 14:6; 140:12; 삼상 2:8; 사 61:1)을 기억해야만 했던 것이다.

5 본 절은 이스라엘의 장사하는 사람들에 대해 묘사하고 있다. 그들은 안식일과 월삭을 매우 엄격하게 지켰던 것이 분명하나, 일단 거래가 시작되면 고객들을 속이는 데 열심이었던 자들이었다. 이런 방식으로 그들은 궁핍한 자(가난한 사람)들을 "삼키고(짓밟고)" 있었다(4절).

월삭 절기(חרש – 호데쉬)는 모세 언약으로 정해진 휴일이어서(민 10:10; 28:11) 이스라엘 백성들에 의해 매년 신실하게 경축되었다(삼상 20:24-25; 왕하 4:23; 사 1:13; 호 2:11). 율법은 안식일에 장사하는 것을 더욱 분명하게 금했다(출 20:8; 23:12; 34:21; 신 5:12-15; 참조. 느 13:15-22). 안식일에 일을 하는 것은 노동을 포함하는 것이었기 때문이다. 그리고 계속해서 일을 하는 것은 비록 자발적인 것이라고 할 때도 건강에 좋지 못한 압제이기 때문이다. 그러나 이기적으로 이윤을 남기는 것은 너무나 매력이 있는 것이어서 물건을 파는 사람들이 휴일에 일을 하지 않을 수가 없었다.

곡식(שבר – 셰베르)과 밀(בר – 바르)은 모두 단순히 어떤 곡물들을 의미하는 것이 아니라 일반적으로 음식 생산물을 의미했다(참조. 창 42:2-3). 특별히 그것은 농부가 아닌 성읍민들이 그것을 위해 일정 정도의 값을 지불했을 음식물이었다(아래의 "해설"을 보라). 물건을 파는 자들이 어떻게 부당하게 자신들의 이득을 늘리고 있었는지를 말하고 있는 세 가지 묘사들은 전형적인 언약적 어휘를 반영하고 있다. 그리고 오경에 있는 것과 같이, 그 묘사들은 다음과 같은 아직 언급되지 않은 다른 경우들을 생각나도록 해주기 위해 언급되고 있는 것이 분명하다. (1) 바른 용기들보다 더 작은 것을 사용함으로써 부피를 재는 표준 단위(반[半] 부셸)인 "에바"(איפה – 에파)를 줄이는 것, (2) 표준 무게(2/5 온스)인 "세겔"(שקל – 셰켈)을 무게가 넘게 해서 사는 사람이 곡물이 저울에 달릴 때 정해진 세겔보다 많이 나가는 것을 보고 자신이 실제로 얻는 것보다 더 많은 것을 얻고 있다고 생각하도록 하는 것, (3) 정확하지 않은 저울(מאזני מרמה – 모제네 미르마)을 부정하게 조작하는 것. 이런 관행들은 율법에 금지된 것(예를 들어, 레 19:35-36; 신 25:13-15)으로 선지자들의 공격을 받았고(예를 들어, 미 6:10; 겔 45:9-12) 지혜 문학에서 정죄되었다(잠 11:1; 16:11; 20:23; 욥 31:6).

6 본 절을 구성하고 있는 삼행연구(三行聯句)의 처음 두 행은 2:6b을 생각

나게 해준다. 2:6b에서는 가난한 사람들을 노예로 파는 것이 정죄되었다. 여기서는 그들을 사는 것이 정죄되고 있다 사는 자들은 가난한 사람들의 희생으로 이득을 취했던 자들로 이제 그들을 낮은 가격(נעלים – 나알라임, "신 한 켤레")에 노예로 살 수 있다. 사실상 가난한 사람들이 높은 가격으로 매겨진 곡물을 사기 위해 그들에게 지불했던 돈을 사용해서 그들이 노예로 사들이는 것이다. 백성들은 누군가의 이득을 위해 그런 위선자들에게 사용되어야만 하는 일용품들이 되어 버린 것이다. 만약 그런 위선자들이 쓰레기통과 손수레에서 얻은 오염된 곡물인 "잿물(찌꺼기)"(מפל – 마팔)을 위해 기꺼이 돈을 지불한다면, 그것을 곡물과 섞어서 다시 팔지 않을 이유가 어디에 있겠는가? 그 어떤 것이든 사서 어떤 형태로든 팔아라! 누가 당신을 막을 수 있겠는가?

7 야웨. 그는 그들의 그 어떤 소위(כל מעשיהם – 콜 마아세이헴, "자행한")도 **영영**(לנצח – 라네차흐, 참조. 시 74:19) 잊지(שכח – 샤카흐) 않으실 것이다. 가난한 사람들은 야웨 안에서 결정적인 보호자를 소유하게 된다(시 82편; 사 11:4; 신 24:14-15).

맹세는 스스로가 어떤 행동 과정의 일환에 돌이킬 수 없을 정도로 결정적으로 헌신하는 수단이었다(창 21:23-24; 삿 21:1, 7, 18; 왕상 1:13 등등; 야웨는 구약의 다른 어떤 인물보다 더 많은 맹세들을 하신다). 아모스서에서 이전에 두 번 이루어진 야웨의 맹세는 자신의 선언된 의도에 대한 확실성을 단언적으로 말하고 있다: 4:2에서 야웨는 자신의 "거룩함"(קדש – 코데쉬)을 두고 맹세하신다(שבע – 샤바). 6:8에서는 "자기를 가리켜"(בנפשו – 베나프쇼) 맹세하신다. 그러나 야웨가 "야곱의 영광"이라는 뜻의 게온 야아콥(גאון יעקב)으로 맹세하신다는 것은 무슨 의미인가? 6:8에서 이 용어는 좁은 의미로 나라의 무적불패를 의미한다. 시편 47:5에서 이 용어는 좀 더 일반적으로 이스라엘의 전 영토를 가리키는 것이 분명하다. 여기서 게온 야아콥(גאון יעקב)은 또한 어떤 의미에서는 이스라엘 땅을 의미하는 것이어야만 한다. 이스라엘을 "가리켜(로)"(ב) 맹세하시는 야웨는 어떤 귀중한 소유물로 맹세하는 사람에 유비적으로 비유되고 있기 때문이다(사 62:8; 참조. 마 5:34-36). "맹세하는 것"을 "약속된"(또한 샤바[שבע], 니팔형) 땅과 언어학적으로 연결하는 것은 히브리 언약적 어법의 한 숙어가 될 정도로 너무나 강하다(참조. 창 50:24; 출 13:5, 11; 민 11:12; 신 1:8; 6:10; 8:1; 10:11; 28:11; 30:20; 31:7 등등). 따라서 야웨는 본 절에서 이스라엘 백성들에게 야웨가 주신 커다란 선물인 **이스라엘**의 가장 귀중한 소유물, 즉 "맹세된 땅"을 "가리켜 맹세하고 있다".

8 그 땅은 그 거민들에게 죽음의 덫이 될 것이다. 일종의 수사학적인 질문을 통해 청자/독자는 일반화된 재난에 대한 함축적인 의미(저주 유형 25; 참조. 신 29:19; 31:17)와 더불어서 죽음과 파멸의 예언(저주 유형 24; 참조. 신 28:20; 30:15)을 받고 있다. 애통해하는 것(אבל – 아발)은 단지 땅이 떠는 것 때문이 아니라 죽은 자들을 위한 것일 것이다. 나일 강은 매년 솟아오르며 낮아지는 것으로 잘 알려져 있었다. 나일 강은 때때로 엄청난 홍수로 커다란 해를 끼치며 하나님이 풍우를 통제하시는 것을 보여 준다. 9:5-6의 찬양 부분에 나오는 유사한 어법을 통해 판단해 볼 때, 우리는 본 절을 찬양 속에 표현된 다음과 같은 진리에 대한 어떤 암시로 보아야만 한다: 야웨는 파괴할 권능을 가지고 계신다. 아모스서에 있는 지진의 이미지를 본문에 귀속(歸屬)시키는 것은 단지 추측에 의한 것일 뿐으로 1:1에 의해서 지나치게 영향을 받은 견해다.

9 "그 날에"라는 뜻의 바욤 하후(ביום ההוא)는 분명히 다가올, 그러나 정해지지 않은 미래에 다가올 사건들을 소개해 주고 있다. 동의어적인 병행법을 통한 전형적인 예언적 어투로, 야웨는 다가올 갑작스러운 낮 시간의 어두움을 선포하고 계신다. 아모스서(특별히 5:18)와 선지서들(예를 들어, 사 8:22; 욜 2:2; 습 1:15)의 다른 어느 곳에서도 이와 유사한 어휘가 발견된다. 이런 재앙은 특별히 유형 19의 저주들(무기력하게 됨/걸려 넘어짐)에 잘 들어맞으며, 특별히 신명기 28:29과 밀접하게 연관된 내용이다. 이 재앙 선언은 신명기 28:29("소경이 어두운 데서 더듬는 것과 같이 네가 백주에도 더듬고")과 어휘를 공유하고, 그 내용에 토대를 두고 있는 것일 수 있다.

10 전반적으로 10절은 치명적인 파멸을 선언하고 있다(저주 유형 24). 강조점은 여러 가지 방법으로 표현된 다가오는 애통(אבל – 에벨)과 애곡(קינה – 키나)에 많이 놓여 있다. 여기에는 또한 어떤 의도가 좌절될 것(예를 들어, 절기가 애통으로, 노래가 애곡으로 끝날 것을 말함)을 예언하는 허망하게 되는 저주(유형 15)에 대한 암시적인 의미가 있다. 매우 많은 사람들이 죽을 것이고, 그에 대한 슬픔이 광범위하게 미칠 것이다. 모든 사람이 허리에 굵은 "베"(שק – 사크)를 두를 것이며, 모든 머리 털이 밀릴 것이다. 굵은 베는 거친 털로 짠 옷으로 슬픔의 때에 육체의 편안함을 거부하기 위해 입은 것이며(사 22:12; 욜 1:8, 13; 욘 3:5), 머리가 밀리는 것은 상징적으로 모양을 추하게 하려는 관행으로 사랑하는 사람들을 잃은 슬픈 상황에 처한 사람들과 나누는 동정심을 보여 주기 위한 것이다(참조. 욥

1:20; 신 21:12-13; 렘 41:5; 48:37).

독자(獨子)의 죽음을 애통해하는 것(אבל יחיד – 에벨 야히드)은 항상 슬픈 경험으로, 아마도 특별히 자녀들이 번영을 위한 가족의 희망과 노년의 사람들에게 기업이 되는 사회(참조. 렘 6:26; 슥 12:10)에서 특별히 더 슬픈 경험이었을 것이다. "곤고한 날"(יום מר – 욤 마르)은 희망이 없음으로 끝나는 날이다. ("비극"과 사실상 동동한 것으로서의 마르[מר]에 대해서는 삼상 15:32; 룻 1:20; 전 7:26; 사 38:17을 참조하라).

11-12 이제 강조점은 야웨에 의한 진노/거절의 징벌(유형 1; 참조. 신 31:17, 18; 32:20)에 대한 예언으로 전환된다. 이 징벌에 굶주림/기근의 저주(유형 7; 참조. 레 26:26-29) 개념이 혼합되어 섞여 있다. 비록 13절에서 더욱 문자적으로 분명하게 의도되어 있다 할지라도, 여기서 야웨의 말씀은 "먹을 것과 마실 것"으로 은유(隱喩)적으로 사용되고 있다.

이 구절들은 "여호와의 말씀"(דבר יהוה – 디브레 야웨)이 완전히 없을 것을 극적으로 묘사하고 있다. "이 바다에서 저 바다까지"(מים עד־ים – 미얌 아드 얌)라는 어구는 일반적으로 땅의 극단들을 가리킨다(시 72:8; 슥 9:10). 그러나 여기서는 "사해(남쪽)로부터 지중해(서쪽)까지"를 나타내고 있는 것임에 틀림없다. 따라서 12a절에 있는 다른 방향(북쪽과 동쪽)에 대한 언급은 사실상 백성들이 비틀거리며 "모든 곳"을 찾아 헤맬지라도 얻지 못하리라는 사실을 말하는 것으로, 나침반의 모든 방향을 언급하고 있는 것이다.

그러면 "야웨의 말씀"은 무엇인가? 그것은 모세의 율법인가? 그것은 예언적 계시인가? 예언적 계시는 율법 속에 그리고 그 위에 토대를 두고 있기 때문에, 가장 좋은 대답은 그 **둘 다**이다. 하나님의 말씀에 대한 인간의 필요성은 오경에 잘 나타나 있다(예를 들어, 신 8:3). 그 말씀이 없는 것은 포로기의 슬픔들 중의 하나이다(신 4:28; 32:21; 호 3:4). 그러나 언약적 저주들은 결코 야웨의 지식에 대한 기근이 **영원히** 지속될 것이라고 말하지 않고, 다만 야웨의 진노가 온전히 시행될 때까지 한시적으로 없을 것이라고 묘사하고 있음을 주목하라(레 26:44-45; 신 4:29-31; 30:1-3).

13 "그 날에"라는 뜻의 바욤 하후(ביום ההוא)는 일반적으로 새로운 신탁들 혹은 그에 대한 단락들을 시작하는 문체적인 기능을 하기 때문에(위를 보라), 여기서 이 어구는 11-12절로부터 나누어지는 구분을 충분하게 보여 주고 있으므로 "갈증(목마름)"이라는 뜻의 차마(צמא)를 언급하고 있는 것은 아마도 **문자적인** 굶주

림/기근(유형 7) 예언으로 간주되어야만 한다. 이런 견해는 14절의 끝에 나오는 내용으로 확증된다: "(그들은) 엎드러지고 다시 일어나지 못하리라." 다가오는 가뭄/기근의 심각성은 갈하여 피곤하게 될 사람들이 늙고 힘이 없는 노인들 혹은 유약한 유아들만이 아니라 건장한 아름다운 처녀(베툴로트[בתולת]는 여기서 정확하게 "처녀들"을 말하는 것이 아님)와 젊은 남자(바후림[בחורים])일 것이라는 데서 강조되고 있다.

14 구약 예언의 매우 전형적 특징인 논리의 급격한 전환을 통해, 초점은 젊은 사람들로부터 자신들의 종교를 왜곡하거나 버린 모든 이스라엘 백성들로 확대된다. 4절에서와 같이, 배교자들 자신들의 말이 그들을 정죄하는 데 인용되고 있다. 아모스는 세 가지 종류의 종교적인 상징들을 통해 세 가지 맹세들(후자의 두 가지 맹세들은 표준적인 "생존을 가리켜 맹세하노라"라는 형식인 하이[חי]를 가지고 있음)을 언급한다. 첫 번째는 "사마리아의 죄 된 우상"이라는 뜻의 아쉬마트 쇼므론(אשמת שמרון)으로, 이것은 7절의 야웨의 맹세에서 거론된 "야곱의 영광"과 분명하게 대조를 이루고 있는 어휘다. "사마리아의 죄 된 우상"을 위해 제안된 많은 관련된 대상물들 중에서 다음과 같은 오직 두 가지만이 상당한 가능성이 있다: 벧엘에 있는 황금 송아지 혹은 사마리아 자체에 있는 바알-아세라(Baal-Asherah) 우상들(왕상 16:32-33을 참조하라; 또한 호 13:1에서 "부끄러움"/"유죄"라는 뜻의 아셤[אשם]을 바알 숭배와 연결시키고 있는 것을 주목하라). 벧엘은 사마리아의 공식적인 성소로서 역할을 했고(7:13) 예배의 중심지로서 단과 브엘세바와 병행을 이루고 있었기 때문에, 그 곳의 우상은 의도된 대상물로서 제외될 수가 없다. 그러나 "벧엘의 죄 된 우상"이라는 뜻의 아쉬마트 벧엘(אשמת בית־אל)은 말하기가 매우 쉽고 운율적으로 "사마리아의 죄 된 우상"이라는 뜻의 아쉬마트 쇼므론(אשמת שמרון)과 서로 바꿀 수 있다. 그렇기 때문에 그런 완곡어법을 통해 벧엘 예배를 가리킬 하등의 이유가 없다. 따라서 "사마리아의 죄 된 우상"은 사마리아에 있는 바알-아세라 우상들을 가리키는 것이고, 또한 이스라엘 백성들은 자신들 스스로가 단에 있는 금송아지와 브엘세바에 있는 "위하는 것(권능; 데레크[דרך]; 브엘세바의 데레크[דרך]는 혼합된 야웨의 그 무엇이었음이 분명함)"을 통해 맹세하는 것에 습관을 들이고 있었다는 것일 것이다.

어떤 신을 통해 맹세하는 것은 그 맹세를 강화할 수 있는 주권적이고 능력이 있는 참된 존재로서의 신에 자신을 헌신한다는 것이다. 맹세하는 것은 그 존재를 두고 맹세한 신이 그 서약이 지켜지는 것을 볼 것이라는 사실을 믿는 약속으로 어떤 사람을 연계시켜 묶는 것이다.

깊은 종교심을 가지고 있으나 터무니없이 이기적인 이 사람들의 위선은 언약을 범하고 있는 것이다. 야웨는 다른 신들과 더불어 예배될 수 없고, 유일신으로서의 자신의 지위로부터 대치될 수도 없으며, 우상들을 통해 나타내질 수도 없다(출 20:3-5, 23; 신 3:15-24). 그들에게 내려질 징벌은 죽음이고 파멸이어야만 한다(저주 유형 24): 그들은 "엎드러질" 것이고(נפל – 나팔; 삼상 4:10에서와 같이 종종 죽음을 의미하는 것으로 쓰였거나, 사 3:8에서와 같이 정치적인 멸망을 의미하기조차 함) 다시는 일어나지 못할 것이다. 미완료보다는 전환된 완료(ונפלו – 베나플루)를 사용하고 있는 것은 어떤 문법적인 동인보다는 특별히 베아므루(ואמרו, "이르기를…하거나")와의 병행법으로 인한 것이 더욱 정황에 맞는 것 같다.

해설

하나님은 원래 가나안에서 자신의 백성들을 위해 상대적으로 평등주의적인 경제적 삶을 의도하셨다. 종족, 지파, 가족 그리고 개인 모두가 땅을 소유했고, 자신들의 산업의 열매를 누리면서 스스로를 위한 경작을 위해 그 땅에 다가갈 수 있었다. 여호수아서는 모든 백성들에게 주기로 "맹세된"(암 8:7) 땅의 중요한 쟁탈과 할당에 대해 길게 기록하고 있다. 언약은 땅에 동등하게 접근할 필요성과 가족 내에서 연이어지는 세대를 통해 땅을 소유하는 연속성을 여러 가지 방법으로 강조했다(민 26:53-56; 33:53-54; 36:1-12). 부분적으로 이런 제도는 소수가 농경적인 산물을 통제함으로써(1900년 이후 세계 전역에서 발생했던 대부분의 혁명적 전쟁을 낳은 바로 그 문제임) 많은 사람들을 좌지우지하는 것을 막기 위해 고안되었다. 소수의 사람들이 대부분의 땅을 통제할 때, 탐욕이 타락한 인간 본성에서 활동하는 자연적인 역할로 인해 사회 부정의는 실제적으로 불가피한 것이 된다.

주전 9세기와 8세기에 이스라엘이 점차적으로 도시화되었기 때문에, 더욱더 적은 사람들이 그들 자신들의 땅을 소유하고 경작하는 경제적인 자율성을 누릴 수 있게 되었다. 화폐 제도가 점차적으로 물물교환 제도를 대치하게 되었고, 성읍에서 음식을 사는 것이 개인적으로 식물을 기르는 것을 대치하게 되었다. 점증적으로 강해진 상류층은 자신들을 위해 더욱더 많은 땅을 획득하게 되었다. 특별히 가난한 농부들에게 주는 대출을 잔혹하게 차단함으로써(2:6-8; 5:12; 사 5:8; 출 22:24) 그리고 언약에서 말하는 이삭을 주울 수 있는 율법들(예를 들어, 레 19:9

-10; 신 24:19-21)과 희년법(레 25장, 27장) 등을 무시함으로써 더욱더 많은 땅을 차지하게 되었다. 따라서 그들은 적어도 성읍에서는 자신들이 만족하는 가격으로 오를 때까지 농산물을 팔려고 내는 것을 중단함으로써 시장 가격을 통제할 수 있는 위치에 있었다. 성읍에 거주하는 가난한 사람 혹은 땅이 없는 시골에 사는 농부가 이에 대해 무엇을 할 수 있었겠는가? 하루하루 벌어 사는 노동자들에게는 시장을 자주 볼 필요가 있었고, 일용 노동은 일상적인 일이었다. 그런 사람들은 매일 아침 혹은 저녁 가격을 비교하는 장을 보려고 시골 지역 주변을 돌아다닐 수가 없었을 것이다. 그래서 그들은 자신들이 지불해야 하는 대금을 치르고 자신들에게 팔리는 것을 받아야만 했다. 그것은 높은 가격이고, 무게는 거짓이며, 더럽게 오염된 곡물들이었다. 누가 그런 것을 그들에게 팔았는가? 종교적으로 헌신된 위선자들이었다!

이런 것으로 인해 미래는 징벌의 미래가 될 것이라고 야웨가 약속하신 것이다(7절). 죽음과 파멸, 하나님의 거절과 버림, 기근(9-13절) 그리고 전반적인 격변(8절)이 그 착취자들을 보복하기 위해 사용될 것이다. 그들이 섬겼던 다양한 우상들과 예배 제도들은 그들을 구원할 수 없었고(14절), 정말로 그들이 죽어 소멸하게 되는 한 원인이 되었다.

전능자의 진노에서 피하지 못함(9:1-10)

참고문헌

Erlenmeyer, M. H. "Über Philister und Kerter." *Or* 29(1960) 121-50. **Flurival, E.** "Le jour du jugement(Amos 9:7-15)." *BVC* 8(1954-55) 61-75. **Gese, H.** "Das Problem von Amos 9:7." *FS E. Würthwein*, 1979. 33-38. **Herrmann, W.** "Jahwes Triumph über Mot." *UF* 11(1979) 371-77. **Hoffman, H.** "Zur Echtheitsfrage von Amos 9:9f." *ZAW* 82(1970) 121-22. **Horst, F.** "Die Visionsschilderungen der Alttestamentlichen Propheten." *EvT* 20(1960) 193-205. **Joüon, P.** "Notes de lexicography hébraique." *Bib* 7(1926) 165-68. **Nagah, R.** "Are You Not Like the Ethiopians to Me(Amos 9:7)?" *BMik* 27(1981/82) 174-82.[Heb.] **Ouellette, J.** "The Shaking of the Thresholds in Amos 9 1." *HUCA* 43(1972) 23-27. **Reider, J.** "'Amos 9:9' in 'Contributions to the Scriptural Text.'" *HUCA* 24(1952) 96. **Terrien, S.** "Amos and Wisdom." In *Israel's Prophetic Heritage: Essays in Honor of James Muilenburg*, ed. B. Anderson. New York: Harper, 1962. 108-15. **Turner, P.** "Two Septuagintalisms with *ΣΤΗΡΙΖΕΙΝ*." *VT* 28(1978) 481-82. **Vogels, W.** "Invitation à revenir à l'alliance et universalisme en Amos 9, 7." *VT* 22(1972) 223-39. **Volz, P.** "Zu Am 9:9." *ZAW* 38(1919-20) 105-11. **Wainwright, G.** "Caphtor-Cappadocia." *VT* 6(1956) 199-210. **Weimar, P.** "Der Schluss des Amos-Buches. Ein Beitrag zur Redaktionsgeschichte des Amos-Buches." *BN* 16(1981) 60-100.

본 문

피하지 못함

1 내가 보니 주께서 단 곁에 서서 이르시되 기둥 머리를 쳐서 문지방이 움직이게 하며 그것으로 부숴져서 무리의 머리에 떨어지게 하라 내가 그 남은 자를 칼로 살육하리니 그 중에서 하나도 도망하지 못하며 그 중에서 하나도 피하지 못하리라

2 저희가 파고 음부로 들어갈지라도 내 손이 거기서 취하여 낼 것이요 하늘로 올라갈지라도 내가 거기서 취하여 내리울 것이며

3 갈멜 산 꼭대기에 숨을지라도 내가 거기서 찾아 낼 것이요 내 눈을 피하여 바다 밑에 숨을지라도 내가 거기서 뱀을 명하여 물게 할 것이요

4 그 원수 앞에 사로잡혀 갈지라도 내가 거기서 칼을 명하여 살륙하게 할 것이라 내가 저희에게 주목하여 화를 내리고 복을 내리지 아니하리라 하시니라

찬양의 후렴 부분

5 주 만군의 여호와는 땅을 만져 녹게 하사 무릇 거기 거한 자로 애통하게 하시며 그 온 땅으로 하수의 넘침같이 솟아오르며 애굽 강같이 낮아지게 하시는 자요

6 그 전을 하늘에 세우시며 그 궁창의 기초를 땅

No escape

1 I saw the Lord standing by the altar. He said: "Strike the pillar top[a] so that the thresholds shake. Cut them off at the head—all of them! Those who are left I will kill with the sword. Not one of them will escape, Not one of them will get away!

2 If they dig down into Sheol, My hand will take them from there. If they go up to heaven, I will bring them down from there.

3 If they hide on top of Carmel, I will hunt them down and take them from there. If they hide from me at the bottom of the ocean,[a] I will command the serpent to bite them there.[b]

4 If they go into exile in front of their enemies, I will command the sword to slay them there. I will fix my gaze[a] on them For harm and not for benefit.

Hymn refrain

5 The Lord, Yahweh of the Armies, Who touches the earth so that it crumbles,[a] And all who live in it mourn, And all of it rises like the Nile And sinks like the Nile of Egypt;

6 Who builds his upper chamber[a] in heaven, And

에 두시며 바다 물을 불러 지면에 쏟으시는 자니 그 이름은 여호와시니라

이스라엘에 적용

7 여호와께서 가라사대 이스라엘 자손들아 너희는 내게 구스 족속 같지 아니하냐 내가 이스라엘을 애굽 땅에서, 블레셋 사람을 갑돌에서, 아람 사람을 길에서 올라오게 하지 아니하였느냐

8 보라 주 여호와 내가 범죄한 나라에 주목하여 지면에서 멸하리라 그러나 야곱의 집은 온전히 멸하지는 아니하리라 이는 여호와의 말씀이니라

9 내가 명령하여 이스라엘 족속을 만국 중에 체질하기를 곡식을 체질함같이 하려니와 그 한 알갱이도 땅에 떨어지지 아니하리라

10 내 백성 중에서 말하기를 화가 우리에게 미치지 아니하며 임하지 아니하리라 하는 모든 죄인은 칼에 죽으리라

has founded his storeroom[b] on the earth: Who summons the sea's waters And pours them out on the earth—Yahweh[c] is his name!

Application to Israel

7 Aren't you just like the Nubians in relation to me, Israelites?—Oracle of Yahweh.[a] Didn't I bring up Israel out of the land of Egypt, and the Philistines from Crete,[b] and Aram from Kir?

8 The eyes of the Lord Yahweh are on the sinful kingdom, and I will destroy it from the face of the earth. However, I will not completely destroy the family of Jacob.—Oracle of Yahweh.

9 Indeed, I will give the command and I will shake the family of Israel in among all the nations[a] as if shaken in a sieve, but not a pebble[b] will fall to the ground.

10 All the sinners of my people will die by the sword, those who say, No harm will come near[a] us or affect us.[b]

원문주해

1.a. G(*ἱλαστήριον* – 힐라스테리온)는 "속죄소"라는 뜻의 카포레트(כפרת)로 읽는다. 이것은 아마도 그 **원문**이 이미 카프토르(כפתר)의 타우(ת)와 레쉬(ר)의 자리를 바꾸었기 때문일 것이다.

3.a. 비록 복수형이 MT를 지지할지라도, G는 "깊음 속으로…"라는 뜻의 에이스 타 바데(*εἰς τὰ βάθη*)라는 어구를 쓰고 있다.

3.b. G의 "그 곳에서"라는 뜻의 에케이(*ἐκεῖ*)는 샴(שם)만을 지지해 주고 있다. 이것은 MT의 미샴(משם)은 "그 바다"라는 뜻의 하얌(הים)의 멤(מ)에 대해 같은 철자를 중복하여 필사하는 오류(dittography)를 범한 결과라는 것을 말해 주는 것이다.

4.a. 문자적으로는 "나의 눈". G는 복수형(*ὀφθαλμούς* – 옵달무스)을 가지고 있으나, 여전히 MT의 자음을 증거해 주고 있다.

5.a. "녹게 하다(무너지다)"가 "비틀거리다"보다 더 좋은 번역이다. 그리고 무그(מוג)가 기본적으로 수직에서 수평으로 악화(하락)되는 의미를 가지고 있다는 점에서 유사한 번역들이 있다("녹다", "수그러지다" 등등).

6.a. "그 전을(그의 위층의 방들)"이라는 뜻의 복수형 마알로토(מעלותו)를 가지고 있는 MT와 와디 무라바아트 본문 12(Wadi Murabbaʿat Text XII)(88) 8:16과는 반대로

보고 있는 G(ἀνάβασιν ἀυτοῦ – 아나바신 아우투, 문자적으로는 "그의 오름")를 따라 단수로 읽은 것.

6.b. 문자적으로 "다발, 묶음"과 같은 것을 의미하는, 그래서 여기서 "저장소"를 의미하는 아구다(אגדה)는 어려운 어휘다. G의 "약속"이라는 뜻의 에팡겔리안(ἐπαγγελίαν)은 아구다(אגדה)를 4:13에 있는 "선언하다"/"선포하다"를 의미하는 나가드(נגד)의 히필형에서 파생된 명사로 본 것이 분명하다.

6.c. G 사본들은 아마도 5:8에서 온 것일 수 있는 "전능한 하나님"이라는 뜻의 호 데오스 호 판토크라토르(ὁ θεὸς ὁ παντοκράτωρ) 혹은 단순히 "전능한"이라는 뜻의 판토크라토르(παντοκράτωρ)를 첨가하고 있다.

7.a. G[62]와 G[147]은 아마도 가운데 글자를 빠뜨리고 쓴 오류(haplography)를 통해 레게이 퀴리오스(λέγει κύριος, נאם יהוה – 네움 야웨, "야웨의 신탁")를 빠뜨리고 있다.

7.b. G의 캅파도키아(Καππαδοκία, "갑바도기아")는 카프토르(כפתר)의 의미에 대한 다른 전승을 나타내 준다. 카프토르(כפתר)는 신 2:23(그리고 렘 47:4에서 ά와 σ가 하고 있는 것과 같이)에서와 같이 아마도 "크레테"(Crete)를 의미할 것이다. 카프토르(כפתר)가 크레테(Crete), 실리치아(Cilicia)/갑바도기아(Cappadocia, 싸이프러스의 북쪽에 있는 터키의 해안 지역) 혹은 둘 다를 의미하는지는 정말 분명하지 않다.

9.a. 비록 하고임(הגוים)이 있는 것이 논리적이고 본문에 훼방이 되지 않는 것이 분명함에도 불구하고, 몇몇 G 사본들은 "국(나라들)"이라는 뜻의 하고임(הגוים)에 대한 번역을 포함하고 있지 않다.

9.b. 보기 드문 체로르(צרור)를 "조약돌, 자갈"로 읽은 것. 이 독법은 ά(ψηφίον – 프세피온), Tg(אבן) 그리고 Vg(lapillus)와 같은 것이지만, G의 쉰트림마(σύντριμμα, "조각")와는 일치하지 않는 독법이다.

10.a. 나가쉬(נגש)를 "가까이 가져오다"라는 의미일 수 있는 히필형(MT)보다는 니팔형으로 발음한 것.

10.b. 카담(קדם)을 피엘형으로 발음한 것. 히필형(MT)은 "반대편으로 가져오다(마주보다)" 혹은 그와 같은 어떤 것을 의미할 수 있다. (그렇지 않으면 입증되지 않는다).

양식/구조/배경

9:1-10은 한 단위로 생각된 적이 거의 없었다. 9:1-4은 아모스의 다섯 번째 환상을 묘사하고 있으며, 옛 야웨 찬양에서 취한 5-6절은 종종 1-4절에 대한 결론으로 의도적으로 그리고 원래적으로 부가된 것으로서 이해되었다. 그러나 7-8절은 대부분의 주석가들에게는 어떤 새로운 단락에 속한 것으로, 때로는 그 "남은 자"에 대한 강조(8b절)로 인해 9장의 나머지 부분에 연결된 것으로, 때로는 그 심판

의 강조(8a절)로 인해 9-10절에만 연결된 것으로, 그리고 때로는 독립적인 단위로 취급되었다(예를 들어, Mays, *Hosea*).

그럼에도 불구하고 다음과 같은 몇 가지 요인들이 이 자료의 통일성을 말해 준다. 첫째, 카프토르(כפתר)의 반복은 중요하다. 1절에서 카프토르(כפתר)는 (성전) 기둥의 머리를 나타내고, 7절에서는 크레테(Crete) 섬을 말하고 있다. 동음의 어휘가 보여 주는 이전의 선례가 이전 두 개의 환상들(7:7-9; 8:1-3)에서 보인 장치들을 생각나게 해주는 것을 놓고 판단해 볼 때, 이런 반복은 우연적인 것 이상이거나 이 어휘로 인해 공통점이 없는 신탁들이 편집적으로 병치되게 해주는 표제어와 같은 것으로 여겨진다. 비록 예를 들어 8:1-2에 있는 카츠(קץ)가 "여름 실과"인 카이츠(קיץ)를 반영하는 것보다는 훨씬 더 간접적이고 희미하기는 할지라도, 8절의 카프토르(כפתר)는 1절의 카프토르(כפתר)를 의도적으로 반영하고 있다. 이외에도 1절에 있는 명령법 구조(하크[הך, "쳐라!"]; 바차[בצע, "부숴라!〈자르라!〉"])는 9절에 있는 "명령하다"(צוה – 차봐)에 대한 강조를 통해 반영되고 있음을 주목해야 한다. 더욱이 7절의 구스족/애굽인을 언급하고 있는 것은 5절(후대에 첨가된 해석이 아님)에 있는 애굽에 대한 찬양 내용에 부분적으로 의존하고, 7-10절은 찬양을 삽입하는 것으로 이루어진 말하고자 하는 요점을 완성하고 있다. 그 찬양은 다른 열방들과 마찬가지로 이스라엘도 하나님의 능력의 통제를 받는 대상이 될 수 있다는 것을 강조하고 있다. 또한 자기만족의 주제가 4절과 10절에서 모두 나타난다. 4절에서 야웨는 널리 퍼져 있는 기대와는 반대로 이스라엘을 향한 야웨의 목적은 유익을 주는 것이 아니라(문자적으로는 "좋은 것이 아니라 나쁜 것") 해를 끼치는 것이라는 사실을 강조하고 있다. 이 동일한 개념이 10절에서 다시 나타난다. 10절은 재난을 예견하지 못하는 사람들에게 다가가는 재난을 말하고 있다.

좀 더 일반적인 의미에서 7-10절은 1-6절에 연결되어야만 한다. 그 구절들은 1-6절의 심판 주제를 계속해서 말하고, 분명하게 단절됨이 없이 그에 대해 구체적으로 말하고 있기 때문이다. 종말론적인 약속 어법이 11절에서 바로 시작된다. 그리고 11절에서 시작된 본문에는 이스라엘의 회복이 시작되는 것에 대한 희망을 말하는 새로운 단락이 있다. 일단 7-10절이 특별히 1-4절의 환상에 대한 의도적 결론인 5-6절에 있는 노래 부분의 심판 어휘를 상세히 말하고 있는 것이라는 사실이 인식된다면, 1-10절을 한 단위로 보는 것은 매우 분명한 견해다.

이 단락을 시작하고 있는 환상은 7:1-8:3에 있는 이전의 네 개의 환상들과는 상당히 다르다. 9:1a을 제외하고는 그 내용은 전혀 환상을 말하고 있지 않다(이런 면은 사실상 대부분 예언적 환상들의 형태이기는 하다. 예언적 환상들의 강조점은 대개가 **보는 것**보다는 **듣는 것**에 있다). 대화도 없고, 질문도 없으며, 선지자의 말에 하나님이 대답하시는 것도 없고, 어떻게 선지자가 그 무엇인가를 보게 되었는지에 대한 묘사도 없다. 그런 것들 대신에 5-6절의 의도적인 예외와 더불어 전반적으로 기술된 야웨의 긴 1인칭 독백 그리고 처음의 명령법들(1절)에 의해 이루어지고 있는 눈에 띄는 배치를 주목해야 한다. 따라서 이 환상-심판 신탁은 다음과 같은 것들을 위해 다른 환상들을 넘어서는 면들이 있다. (1) 중재 혹은 심지어 대화조차도 이제는 의미가 없다는 것을 암시해 줌으로써 다가오는 심판의 최종성을 강조하기 위한 것처럼 아모스의 역할을 감소시키려고 한다. 그리고 (2) 1절의 파멸 명령들을 반복함으로써 파멸의 과정은 실제적으로 이미 진행되고 있다는 사실을 강조하려고 한다. 이미 진행되고 있는 파멸의 과정은 7:1-9에서 예견된 상대적으로 중단할 수 있는 징벌들의 파멸 혹은 8:3(ביום ההוא - 바욤 하후, "그 날에")에서와 같이 미래로 특별한 기간이 정해진 것 없이 예견된 징벌들과는 대조적인 것이다. 네 번째 환상(8:1-3)은 단순히 종말이 가까웠다고 말했다. 여기서 우리는 묘사된 그 종말을 보고 있다.

다가오는 진노를 피할 수 없는 것으로 보는 이런 묘사는 현재의 본문은 아모스가 말씀을 전하는 순서에서 상대적으로 늦은 시기에 전해진 것이라는 사실을 의미하는 것인가? 아마도 그럴 것이다. 그러나 정확한 대답을 위한 증거는 매우 미약하다. 그리고 지역은 어디인가? 벧엘 성전에 있는 아모스는 **그** 제단 위에 있는 야웨를 보고 있었던 것인가? 아모스는 솔로몬 성전이 있는 예루살렘에 있었는가? 혹은 단순히 아모스는 특별히 알려지지 않은 성전에서 야웨의 환상을 보고 있었던 것인가? 이런 각각의 대안적인 견해들은 그 나름대로 이점이 있다. 특별히 이 예언을 주전 622년에 있었던 요시야에 의한 벧엘 성소의 문자적인 파멸(왕하 23:15-16)과 연결시키려고 하는 유혹이 있다. 그러나 마지막 분석으로, 특별히 이 환상 이전에 나왔던 네 개의 상징적인 환상들의 관점에서 보았을 때, 이 환상은 문자적인 것과 마찬가지로 동일하게 상징적인 것일 수 있다. 그러므로 현재의 신탁을 위한 어떤 특별한 **장소**를 확신적으로 말할 수는 없다. 그리고 그 어떤 것도 원래의 청중 혹은 오늘날의 청중에 대한 이 환상이 미치는 결과를 위해 요구되지 않는다.

1-6절은 시이고, 7-10절은 산문이다. 산문은 시를 확대하고 그에 대해 해설하고

있다. 이 시는 2-4절에 있는 문체에서 매우 반복적이고, 5-6절의 찬양 부분에 있는 분사 형태들에 의해 그 특징이 전형적으로 기술되고 있다.

주석

1 아모스가 보았던 제단 위에 서 있는(נצב על – 니차브 알; 참조. 7:7) 자는 일반적으로 더 자주 언급되는 야웨가 아니라 여기서는 아도나이(אדני, "주")로 불리고 있다. 이것은 야웨가 강조되어 나타나는 찬양 부분의 인용(5, 7절)에서 야웨의 이름이 더욱 강하게 두드러져 보이도록 해준다. 그러나 또한 아도나이(אדני)를 사용하고 있는 것은 하나님의 눈에 보이지 않는 면을 지키려고 하는 일종의 관심을 반영해 주는 것일 수 있다(요일 4:12; 삿 13:22; 아도나이[אדני]가 본문적으로 의문시되고 있는 7:7을 참조하라). 제단이 있는 것은 성소, 즉 벧엘에 있는 성소를 암시해 주는 것일 수 있다. 첫 번째 문장으로 환상 자체는 완결된다: 하나님은 본문의 중요한 핵심 내용을 형성하고 있는 1인칭 심판 선언을 즉시 말씀하기 시작한다.

기둥머리(כפתר – 카프토르)는 지지해 주는 기둥의 주요 부분이었다. 단수로 쓰인 "기둥머리"는 집합적으로 사용된 것이 분명하다. 성소 전체가 파괴되어야만 했기 때문이다. 기둥들은 모든 철기 시대의 성전들이 가지는 눈에 보이는 주된 지지/장식적인 특징이었다(Y. Aharoni, *The Archaeology of the Land of Israel*[Philadelphia: Westminster, 1982] 120-35; *IDB*, 534-68). 그리고 이 성소들이 파괴되는 것은 완전한 파멸을 나타내는 것이었다. 문지방들(ספים – 씨핌)은 문기둥들을 위해 돌을 잘라 만든 받침들이었다(참조. 사 6:4). 기둥머리와 문지방 두 가지 모두 함께 "꼭대기에서 바닥"까지의 전적인 파멸을 나타내고 있다. **모든**(כלם – 쿨람) 기둥들이 완전히 무너져야만 했다. 파괴하여 날려 버리는 것으로 인해 땅이 흔들렸을 것이고, 아마도 그 건물의 붕괴로 인해 그 건물 안과 그 주변에 있었던 숭배자들과 제사장들이 죽임을 당했을 것이다(참조. 삿 16:29-30). 이것은 아마도 벧엘에서 예배와 그 예배와 연관된 절기는 가나안적인 양식을 따라 성전 건물 **안에서** 부분적으로 행해졌다는 것을 나타내 주는 것일 수 있다(참조. 삿 9:27, 46, 49; de Vaux, *Ancient Israel*, 438-56; 282-83; 느 13:6-9). 이는 정통 이스라엘 양식의 뜰 바깥에서 이루어진 것과 대조되는 면이다. 어쨌든 성전의 붕괴로 인해 해를 받지 않았던 백성들도 죽임을 당해야만 했다(저주 유형 24).

[2] 하늘과 음부를 함께 나타내는 것은 하나님이 통제하시는 전(全) 영역을 나타내기 위해 구약에서 여러 번 사용되고 있다. 하나님의 주권이 미치지 않는 곳은 없다(예를 들어, 시 139:7-8; 다음과 같이 번역된 아마르나 서신[Amarna Letter] 264:1을 참조하라: "우리가 하늘로 올라가거나 혹은 지옥[*arṣiti*]에 내려갈지라도, 우리의 머리는 당신의 손에 있습니다" in J. A. Knudtzon, *Die El-Amarna Tafeln*, 2 vols.[Leipzig, 1907-15]). 음부(שאול – 쉐올)는 죽은 자들이 있는 영역 혹은 지옥을 나타내기 위해 다양하게 사용되는 용어로 땅 아래를 용이하게 그려 준다(*TWOT*, 2303-4). 사악한 자들을 음부에까지 추적하시는 하나님의 진노에 대해서는 신명기 32:22을 참조하라: "내 분노의 불이 일어나서 음부 깊은 곳까지 사르며." 무력하게 되는 저주의 양상들(유형 19)이 피하지 못할 것을 그리고 있는 이 묘사에 반영되어 있다. "너를 구원할 자가 없을 것이며"라는 신명기 28:29과 "내 손에서 능히 건질 자 없도다"라는 32:39을 비교하라.

[3] 인간의 대적으로부터는 보호를 받을지 몰라도 야웨로부터는 그렇지 못하다는 것을 나타내는 지형학적인 극단의 두 가지 예가 언급되고 있다. 갈멜은 높고 지중해를 굽어볼 수 있는 나무가 빽빽이 들어찬 산꼭대기로 이스라엘에서는 바알의 지역으로 널리 인식되었다(왕상 18:17-36). 그리고 일반적으로 널리 알려진 생각으로 바다의 바닥은 인간이 닿을 수 있는 영역으로부터 엄청나게 먼 곳이었다(참조. 욘 2:6-7). 그러나 야웨는 갈멜 산에 있는 자들을 쉽게 잡으실 수 있을 것이고, 깊음 속에 거주하고 있는 커다란 서식자(*NBD*, 1165) 즉 "뱀"(נחש – 나하쉬)에게 바다 깊숙이에 있는 그들의 생명을 멸하라고 간단하게 명하실 수 있을 것이다. 여기서 주도적으로 그려지고 있는 저주 개념은 여전히 죽음이다(유형 24).

[4] 심지어 포로로 잡혀가 노예가 될지라도(저주 유형 13), 그것이 죽음을 모면하게 하는 보호막을 주지는 못할 것이다. 언약적 저주에서 정복과 포로로 잡혀가는 것은 죽음을 가져온다: "너희가…전멸될 것이니라 여호와께서 너희를 열국 중에 흩으실 것이요…너희의 남은 수가 많지 못할 것이며"(신 4:26-27). 원래의 그 어떤 모세 저주들도 그리고 그 어떤 아모스의 예언들도 정복과 포로로 잡혀가는 것을 통해 모든 이스라엘 백성이 완전히 멸절될 것을 그려 주고 있지는 않다. (아래의 **해설**을 보라). 자신의 백성들에게 "화를"(לרעה – 레라아) 내리기 위해 주목해서 바라보시는 야웨는 저주 유형 1의 유비로 자신이 그들을 거절하시는 것을 암시해 주고 있다(레 26:17, 24, 28, 41; 신 31:17-18; 32:19-20). "…에 주목하는 것"(שם עינים על – 샴 에님 알)은 일반적으로 은혜의 표지다(창 44:21; 렘 24:6).

그러나 이 곳에서는 그렇게 주목하는 것은 해(לרעה – 레라아)를 끼치기 위함이다.

5 왓츠(J. D. W. Watts, "An Old Hymn", *JNES* 15[1956] 33-34)와 다른 사람들이 설득력 있게 보여 주는 바와 같이, 5-6절은 아모스서에 있는 세 번째와 마지막 인용(참조. 4:13; 5:8-9)을 구성하고 있다. 이 인용들은 아마도 자연을 통제하시는 그리고 암시적으로는 인간의 일들도 통제하시는 야웨의 권능을 찬양하는 잘 알려진 야웨 찬양시다. 야웨는 자신의 권능을 이스라엘을 위해서 뿐만 아니라 이스라엘을 **대항하기** 위해서도 사용하실 수 있다는 것을 가르쳐 주기 위해, 아모스는 이 찬양의 부분들을 사용하도록 영감되었던 것으로 보인다. 이 찬양은 아모스가 전하는 메시지를 위한 출발점을 말해 주고 있다. 사실상 아모스는 다음과 같이 말하고 있는 것이다: "네가 사랑하는 그 찬양은 야웨가 어떻게 우주를 다스리시는지를 보여 주는 것이며, 어떻게 열방 가운데 자신의 심판을 내리시는지를 보여 주는 것이다. 그러나 너희는 이 심판은 항상 너희에게는 유익을 주고 다른 사람들에게는 해를 줄 것이라고 잘못 생각하고 있다. 이제 너희는 **너희 역시** 이 찬양이 말하고 있는 진노를 받아 마땅하다는 것을 깨달아야만 한다."

아모스는 "만군의 주 여호와여!"(3:13; 6:14에 있는 것과 같이 야웨 엘로헤 체바오트[יהוה אלהי צבאות])라고 종종 언급한다. 찬양 자체의 운율적인 통합성으로 인해 찬양은 단순히 "만군의 여호와"만을 가지고 있다. "만군"(צבאות – 체바오트)은 야웨의 뜻에 따라 좌우되는 모든 천사들과 군사력인 하늘의 군단이다. 야웨의 권능은 본보기로 지진으로 나타나고 있다("녹다, 무너지다"라는 뜻의 무그[מוג]와 1절에 있는 "움직이다, 흔들다"라는 뜻의 라아쉬[רעש]와의 병행법에 대해서는 나 1:5을 참조하라). 그런 자연적인 재앙들은 전체 백성들로 하여금 "애통(슬퍼)하도록"(אבל – 아발; 참조. 1:2; 8:8) 만들 수 있을 것이다. 잘 알려져 있듯이 나일강이 매년 솟아오르며 낮아지는 것은 작곡자와 연대가 미상인 찬양에서 지진으로 땅이 굽이치는 것에 대한 일종의 직유(直喩)를 말해 준다. 그렇다면 찬양의 이 부분은 지진에 대한 야웨의 권능을 강조하는 것이다.

6 몇몇 해석자들은 6절을 은혜의 비를 가져오는 야웨의 권능을 묘사하는 것으로 본다. 그러나 본 절에서 말하고자 하는 바는 야웨는 폭풍, 해일, 홍수 등을 가져오실 수 있음을 묘사하고 있다고 보는 것이 더 나을 것 같다. 6절은 야웨의 창조를 강조함으로써 시작한다: 야웨는 하늘과 땅의 건축자(בונה – 보네)이며 설립자(יסד – 야싸드)이시다. 하늘과 땅에 대한 특별한 은유(隱喩)들인 마알라(מעלה)와 아구다(אגדה; 아마도 "위층 방"과 "저장소")는 창조를 집 혹은 궁궐에 연결시

키고 있는 것 같다. 요점은 다음과 같이 매우 분명하다: 하늘과 땅은 야웨의 작품이며 주관하는 영역으로 그 안에 있는 모든 요소들이 야웨의 것이다. 야웨는 자신이 만든 것을 통제하신다. 다시금 "그 이름은 여호와시니라"고 하는 후렴구는 이 부분에 대한 결론을 맺고 있다(참조. 5:8).

5:8b과 9:6b은 동일하기 때문에, 하나 혹은 다른 하나(대개 9:5b)는 때때로 필사자가 내용을 확장한 것으로 여겨졌다. 그러나 이미 8:8b과 9:5b에서 발견되는 찬양의 그 부분을 아모스가 병행적으로 사용하고 있는 것에 비추어 볼 때, 아모스는 다시 한 번 찬양의 동일한 부분을 인용한 것이거나 아니면 찬양 자체에 그런 반복을 포함하고 있는 것(참조. 시 107:8, 15, 21, 31)으로 보는 것이 더 나을 것이다.

7 5:8의 찬양 부분이 더 커다란 애가 신탁에 통합된 것과 같이, 9:6의 찬양 부분도 마찬가지로 전후에 있는 자료에 중요한 축과 같은 것이다. 야웨가 다시 한 번 1인칭으로 말씀하고 있는 7-10절의 산문으로 된 진술은 어떻게 이스라엘이 야웨의 보호가 아니라 파멸의 대상이 될 수 있는지에 대해 계속해서 구체적으로 기술하고 있다.

두 개의 수사학적인 질문들은 이스라엘을 찬양에 따라 나오는 열방들 **가운데** 단호하게 놓아두고 있다. 이스라엘 백성들은 야웨가 출애굽 시에 복속시키셨던 애굽과 다르지 않고, 야웨가 매년 누그러뜨리시는 나일에게 행하는 야웨 자신의 권능보다 이스라엘에게 더 이상 제한하여 면제해 주시지 않을 것이라고 말하고 있기 때문이다. 구스 족속(כשיים – 쿠쉬임)은 나일의 두 번째 분류(奔流)의 아프리카 남쪽에 있는 흑인 종족, 즉 멀리 떨어져 있고 상대적으로 세상에 알려져 있지 않은 백성들이었다. 그러나 야웨는 이제 이스라엘은 더 이상 그들보다 어떤 특권을 가진 백성들이 되지 못한다고 말씀한다. 이스라엘 백성들이 출애굽을 했는가? 블레셋 사람들과 아람 사람들도 그렇게 했다. 야웨가 그렇게 하도록 하셨다. 블레셋 사람들과 아람 사람들은 모두 이스라엘 백성들의 대적들로 미움을 받았기 때문에(참조. 1:6-8; 1:3-5), 이런 질문들은 이스라엘 백성들이 야웨는 자신들을 그런 족속들로부터 지켜 주실 것이라고 생각한 바로 그 족속들과 이스라엘을 연결하고 있는 것이 분명하다. 크레테(Crete)의 위치는 잘 알려져 있지만, 길(Kir)의 위치는 알려져 있지 않다. 애굽과 같이(5절) 이들 각각은 원래 어떤 백성의 고향이었다. 이스라엘은 단지 자신이 미워하는 이웃 나라들과 동등하게 된 것이다.

8 4절의 "내가 저희에게 주목하여"라는 어구는 이 곳의 "주 여호와 내가…주

목하여"(עיני אדני יהוה ב – 에네 아도나이 야웨 베)라는 어구에 반영되어 있다. "범죄한 나라"라는 뜻의 (하)마므라카 하하타아([ה]ממלכה החטאה)는 아모스에게 독특한 용어다. 이 용어는 북 왕국만을 의미하는 것인가, 아니면 **모든** 이스라엘을 의미하는 것인가? "야곱의 집"이라는 뜻의 베트 야아콥(בית יעקב)과 대구(對句)적 병행법을 이루고 있는 이 산문적 본문은 후자의 견해를 지지해 주고 있다. 다른 곳에서 "야곱"은 전체로서의 이스라엘(8:7)을 의미하는 것일 수 있다. 그리고 문맥은 출애굽에 참여했던(7절) 전체 그룹인 모든 이스라엘에 대한 것으로 해석될 수 있다. 그러나 문법적인 근거를 통해서 볼 때, "범죄한"이라는 형용사 하하타아(החטאה; "나라에"라는 뜻의 바마므라카[בממלכה]의 모음점은 관계없이)에 관사가 명백히 포함되어 있는 관사의 모습은 아마도 다른 정황에 있는 내용을 말하는 것일 것이다. 즉 그 범죄한 나라는 아모스가 그 나라에 대해 말씀을 전하고 있었던 나라, 즉 (북) 이스라엘이었음이 틀림없다. 죽음과 파멸(저주 유형 24)은 그들의 운명이 될 것이다.

그러나 그 파멸은 8b절에서 주장하는 것과 같이 완전한 파멸은 되지 않을 것이다. 여기에 모세 언약에 분명하게 약속되었고(레 26:44; 신 4:31; 30:3; 32:36-43), 포로기 이전 선지자들에 의해 강하게 확증된(예를 들어, 호 2:1-2[1:10-11]; 욜 2:18-19; 미 2:12-13; 사 11:10-11) 남은 자들의 탈출이라는 주제가 들어 있다. 자신의 백성들을 위한 하나님의 계획은 한 나라로서 존재한 그들의 파멸과 그들이 포로로 잡혀가는 것을 그려 주고 있다. 그러나 그들의 완전한 멸망은 분명히 피하게 될 것이다.

9-10 곡물의 낟알들은 체(כברה – 케바라, 구약에 단 한 번 나오는 어휘)를 통과해서 떨어질 것이나, 자갈들(צרור – 체로르)은 그렇지 못할 것이다. 자갈들은 정결하지 못한 것들로서 버려지기 위해 걸러질 것이다. 이스라엘의 죄인들은 자갈들과 같을 것이다. 또 다시는 그 어떤 것도 좋은 곡물과 섞여 오염시키기 위해 체를 통과해서 떨어지지 못할 것이다.

이 구절들에 있는 체로 고르는 이야기는 "만국"(כל־הגוים – 콜 하고임)을 포함할 것이다. 전반적인 정치적 격변기에(주전 730년대와 720년대에 있었던 앗수르의 침략과 같은 것) 이스라엘도 잡힐 것이고, 하나님의 심판을 위한 정황이 제공될 것이다. "칼에"(בחרב – 바헤레브) 죽는 것은 전쟁과 그로 인한 황폐함을 나타내는 언약적 저주 어휘에 잘 들어맞는다(유형 3; 레 26:25, "내가 칼을 너희에게로 가져다가"; 참조. 레 26:33; 신 32:24, 41, 42).

"어떤 화(רעה – 라아)"도 그들에게 미치지 않을 것(10b절)이라고 그들이 바라고 있는 데서 증거되는 대로, 아모스의 이스라엘이 가지는 안심은 여전히 존재하고 있었다. 본 절에서 아모스는 다시금 그들에게 그들의 기대가 정확한 것이 아니라는 것(참조. 5:8-10)을 일깨워 주어야만 했다.

해설

아모스서에 나오는 이 마지막 심판 신탁은 이스라엘에게 다가오는 심판들(죽음, 파멸 그리고 포로로 잡혀감)의 특성에 대해 새로운 정보를 많이 소개해 주고 있지는 않다. 이 신탁은 그 심판이 피할 수 없는 것이라는 사실을 강조해 주기만 하기 때문이다. 이 신탁이 말하려고 하는 것은 이 심판은 피할 수 없는 것이라는 확실성과 일부 백성들이나 일부 지역이 아닌 모든 사람을 포함한다는 그 범위를 말해 주고 있다. 비록 다른 신탁들과 관련해서 이 구성의 순서는 알 수 없을지라도, 이런 점에서 이 신탁은 다른 모든 심판 신탁들의 끝에 알맞게 놓인 것이다.

야웨가 이스라엘의 예전을 거부하신다는 상징으로서 야웨가 성소를 무너뜨리시는 것을 시작으로, 야웨는 친히 이스라엘의 파멸을 주도하신다. 징벌하는 자신의 권능을 극적으로 묘사하는 데 있어서(1-4절), 실제적으로는 내용의 4분의 1도 사용하고 있지 않다. 그 누구도 피할 수 없다. 아모스서에 있는 옛 야웨 찬양에서 가져온 세 부분 중 마지막 부분은 아마도 아모스의 청중들에게 잘 알려진 것일 텐데, 이 부분은 뜻대로 통제하고 파멸하는 야웨의 온전한 권능(5-6절)을 강조함으로써 현재 신탁의 요점을 지지해 주고 있다. 그런 뒤에 죽어 마땅하다는 점에서 다른 나라들과 이스라엘이 동등시되고 있는 신탁의 산문적 부분(7-10절)인 결론 부분에서 이스라엘은 수적으로 그 크기가 줄어들게 된다.

징벌이 우주적으로 일어나게 된다는 것을 보증하는 어휘가 본문에 가득 차 있다: "(모두를) 쳐서"; "그 중에서 하나도 도망하지 못하며"; "그 중에서 하나도 피하지 못하리라"(1절); "무릇 거기 거한 자로 애통하게 하시며"; "그 온 땅으로 하수의 넘침같이 솟아오르며"(5절); "만국"(9절); "모든 죄인은 칼에 죽으리라"(10절). 야웨가 모든 영역(2-4절)과 모든 자연(5-6절)과 만국(7-10절)을 통제하신다는 전반적인 보편성의 이미지가 가득 차 있다. 야웨는 모든 것을 통제하는 전적인 권능을 가지고 계신다. 그 어느 누구도 야웨의 심판에서 피할 수 없다.

그러나 모두 다 죽지는 않을 것이다. 전체적인 파멸을 예언하는 것으로 시작해서(1:1-3, 18) 파멸되지 않고 남은 자들의 역할을 묘사하고 있는(2:3, 9) 스바냐의 예언과 같이, 이 예언은 다가오는 진노를 두루 넓게 묘사하고 난 뒤에 재난을 피하고 남은 자에 대해 좀 더 좁게 묘사하고 있다. …을 **제외한**(except)이라는 어휘를 포함하고 있는 영어 문장에 진정한 반대되는 상황이 있는 것과 같이, 이 본문에도 진정한 반대되는 상황이 언급되고 있다. 일반적인 경우에 예외적인 경우들은 대개 이전보다는 나중에 언급된다.

단지 남은 자를 제외하고 전능한 하나님에 의해 맞이하게 되는 피할 수 없는 파멸은 슬픈 일이었다. 하지만 이런 운명은 아모스를 통해 전해진 주의 말씀에 따른 이스라엘이 임박하게 당하게 될 미래였다.

회복, 재건, 다시 심음(9:11-15)

참고문헌

Braun, M. "James' Use of Amos at the Jerusalem Council: Steps Toward a Possible Solution of the Textual and Theological Problems." *JETS* 20(1977) 113-21. **Deibner, B.,** and **H. Schult.** "Edom in alttestament Texten der Makkabäerzeit." *Dielheimer Blätter zum Alten Testament* 8(1975) 11-17. **Greenwood, D.** "On the Jewish Hope for a Restored Northern Kingdom." *ZAW* 88(1976) 376-85. **Haller, M.** "Edom im Urteil der Propheten." In *Vom Alten Testament:* FS *Karl Marti*, ed. K. Budde. *BZAW* 41(1925) 109-17. **Herrmann, W.** "Jahwes Triumph über Mot." *UF* 11(1979) 371-77. **Kaiser, W.** "The Davidic Promise and the Inclusion of the Gentiles(Amos 9:9-15 and Acts 15:13-18): A Test Passage for Theological Systems." *JETS* 20(1977) 97-111. **Kellermann, U.** "Der Amosschluss als Stimme deuteronomistischer Heilshoffnung." *EvT* 29(1969) 169-83. **Mauchline, J.** "Implicit Signs of a Persistent Belief in the Davidic Empire[in the Prophetic Books]." *VT* 20(1970) 287-303. **Münchow, C.** "Ethik und Eschatologie in der frühjudischen Apokalyptic und bei Paulus: Ein Beitrag zum Verständnis der Apokalyptik unk deren Rezeption in den paulinischen

Briefen." Diss. Berlin/DDR 1977. *TLZ* 103(1978) 459-61. **Richardson, H. N.** "SKT (Amos 9:11): 'Booth' or 'Succoth'?" *JBL* 99(1973) 375-81. **Turner, P.** "*'Anoikodomein* and Intra-Septuagintal Borrowing." *VT* 27(1977) 492-93. **Weiss, M.** "These Days and the Days to Come According to Amos 9:13." *EI* 14(1978) 69-73.[Heb.]

본 문

대적을 이기는 권능

11 그 날에 내가 다윗의 무너진 천막을 일으키고 그 틈을 막으며 그 퇴락한 것을 일으켜서 옛적과 같이 세우고

12 저희로 에돔의 남은 자와 내 이름으로 일컫는 만국을 기업으로 얻게 하리라 - 이는 이를 행하시는 여호와의 말씀이니라

농경적인 풍요

13 여호와께서 가라사대 보라 날이 이를지라 그 때에 밭 가는 자가 곡식 베는 자의 뒤를 이으며 포도를 밟는 자가 씨 뿌리는 자의 뒤를 이으며 산들은 단 포도주를 흘리며 작은 산들은 녹으리라

돌아가 땅을 다시 차지하게 함

14 내가 내 백성 이스라엘의 사로잡힌 것을 돌이키리니 저희가 황무한 성읍을 건축하고 거하며 포도원들을 심고 그 포도주를 마시며 과원들을 만들고 그 과실을 먹으리라

15 내가 저희를 그 본토에 심으리니 저희가 나의 준 땅에서 다시 뽑히지 아니하리라 이는 네 하나님 여호와의 말씀이니라

Power over enemies

11 At that time I will raise up David's Succoth,[a] which is fallen down.[b] I will wall up its[c] broken-through places, Raise up its[d] ruins, Build it as in the days of old.

12 So that they may possess[a] Edom's[b] remnant, And all the nations called by my name.—Oracle of Yahweh, who will do this.

Agricultural bounty

13 The time is coming—oracle of Yahweh—When the plowman will catch up to the reaper, And the grape treader to the sower of seed, The mountains will drip with grape juice, And all the hills will flow with it.

Return and repossession of the land

14 I will release my people Israel from captivity,[a] And they will rebuild the ruined cities and live in them. They will plant vineyards and drink their wine: They will make gardens and eat their fruit.

15 I will plant them in their own land so that they will never again be uprooted from their land which I have given them, said Yahweh, your God.[a]

원문주해

11.a. 성읍 이름인 숙곳(סֻכּוֹת–쑤코트)으로 발음한 것. "주석"을 보라.

11.b. 현재 분사는 과거의 시간을 나타내는 것일 수 있다. 그러나 이 곳에서는 현재의 (아모스 당대의) 실재를 묘사하고 있는 것이라고 보는 것이 더욱 그럴듯하다.

11.c. G와 같이 여성 단수 접미사로 읽은 것. MT의 복수 접미사는 "천막, 오두막집"이라는 뜻의 수코트(סֻכַּת)라는 독법에 일치하는 것을 나타내 주고 있다.

11.d. G와 같이 여성 단수 접미사로 읽은 것. MT는 3인칭 남성 접미사로 그 퇴락한

것들이 바로 다윗 자신의 것임을 말해 주고 있다.

12.a. G의 "그들은 찾을 것이다"라는 뜻의 에크제테소신(*ἐκζητήσωσιν*)은 그 히브리 원문에서 "그들이 소유할 수 있을 것이다"라는 뜻의 이르슈(יירשו) 대신에 이다라슈(ידרשו)로 본 것임에 틀림없다. 이것은 두 번째 요드(י)를 달렛(ד)으로 본 것(이런 것은 매우 쉽게 일어난다)으로 인해 잘못 필사한 것이다.

12.b. G의 "…의 사람들"이라는 뜻의 톤 안드로폰(*τῶν ἀνθρώπων*)은 그 원문에서 에돔(אדום, "에돔")을 아담(אדם)으로 읽은 것이다. 특별히 "만국"이라는 뜻의 콜 하고임(כל הגוים)과의 병행법적인 관점에 비추어 볼 때 "인간"이라는 어휘는 여기서 불가능한 것은 아닐 것이다.

14.a. 혹은 "내가 내 백성의 운명을 회복할 것이다". 히브리어 슈브 셰부트(שוב שבות)는 모호하며 문맥에 따라서 다양한 뉘앙스를 가지게 되는 것 같다.

15.a. G의 호 데오스 호 판토크라토르(*ὁ θεὸς ὁ παντοκράτωρ*) = 엘로헤 체바오트(אלהי צבאות, "만군의 하나님"). 이 어휘는 아마도 좀 더 이른 시기의 야웨에 대한 여러 개의 유사한 칭호를 따르고 있는 히브리어 원문을 반영하는 것일 것이다(3:13; 4:13; 5:14, 15, 16, 27; 9:5).

양식/구조/배경

아모스서는 회복 축복 신탁으로 결론을 맺고 있다. 이 신탁은 세 개의 하위 단락들을 가지고 있다: 대적을 능가하는 권능에 대한 약속(11-12절, 회복 축복 유형 9), 농경적 축복에 대한 약속(13절, 유형 5) 그리고 돌아올 것과 다시 소유할 것에 대한 약속(14-15절, 유형 7). 15절은 시라기보다는 산문과 같이 보이며, 시적인 신탁(9:1-10)에 대한 산문적 결론을 맺고 있는 것으로 보인다.

회복 축복 신탁들은 대개 좋은 행위에 대한 축복들을 서술하고 있지 않다. 이것은 심판 신탁들과는 대조적인 것으로, 심판 신탁들은 대개가 언약적인 불순종의 역사에 대한 징벌을 서술하는 데 적어도 구체적으로 몇 가지 불순종의 예들을 언급하고 있다. 이스라엘의 처음 창조와 축복과 같이, 이스라엘의 회복과 축복들은 전적으로 야웨의 은총의 산물이다. 단지 야웨에게로 다시 돌아가고 복종하려고 하는 의지만을 요구한다(신 4:29-30; 30:1-3). 이스라엘은 정말로 그 자신의 회복을 이루어낼 수가 없다는 사실에 따라서, 회복 축복들은 단순하게, 심지어 갑작스럽게 시작되는 경향이 있다. 아모스 9:11-15도 예외가 아니다. 단지 "그 날에"라는 뜻의 바욤 하후(ביום ההוא)라는 어구로 청중/독자의 관심은 갑자기 황홀한 미래로 전환된다. 그 미래에 불순종한 나라를 가까이에서 기다리고 있던 비참한 상황들은 지나갈 것이고, 야웨의 궁극적이고 언제나 주려고 예비된 은택들이 이전에 있을 수 있었던 것보다 더 영원하고 안정적인 방법으로 자신의 백성들 위에 쏟아 부어질 수 있을 것이다.

이 신탁은 정말로 아모스가 말한 것이다. 이 신탁은 정통 이스라엘 백성들이 아모스 당대 훨씬 이전부터 가지고 있었던 표준적인 언약적 종말론을 반영해 주고 있다. 왓츠(Watts, *Vision and Prophecy in Amos*, 25-26), 맥(Maag, *Text, Wortschatz und Begriffswelt des Buches Amos*, 247-51) 그리고 레벤틀로우(Reventlow, *Das Amt des Propheten bei Amos*, 90-94) 등과 같은 학자들은 이 신탁의 진정성을 지지해 주는 최근의 주석가들 가운데 속한 자들이다. 이 학자들이 관찰한 사항들에 고유명사의 이름들인 숙곳(סכת – 쑤코트, 11절)과 에돔(אדם – 에돔, 12절)의 **잘못된 결여가 있는** 철자에 대한 증거가 첨가될 수 있을 것이다. 두 가지 어휘는 **모음으로 쓰이는 자음 와우**(ו, *mater lectionis waw*)를 결여하고 있다. **모음으로 쓰이는 자음 와우**(ו, *mater lectionis waw*)는 주전 약 700년경에 안쪽 위치에서 기원된 것으로 주전 6세기경에는 내부적으로 일상적인 것이 되었다. (F. M. Cross and D. N. Freedman, *Early Hebrew Orthography*[New Haven: American Oriental Society, 1951] 54-57). MT는 숙곳(סכת – 쑤코트)을 "천막, 오두막집"으로, 그리고 G는 에돔(אדם – 에돔)을 "사람"이라는 뜻의 아담(אדם)으로 잘못 이해했다는 사실은, 이 어휘들이 가지고 있는 참된 가치들은 그들의 초기 철자법적인 기원으로 인해 오래 전(주전 700년 이전)에 잃어버렸다는 것을 말해 준다.

비록 틀린 점이 있기는 할지라도, 학자들이 가지고 있는 꽤나 일반적인 가정은 에돔에 대한 예언적 관심은 포로기 이후의 현상이라는 것이다. 사실상 에돔은 사울(삼상 14:47)과 다윗(삼하 8:11-14)의 시기를 포함해서 정복 시기(민 20장) 이후로 줄곧 이스라엘의 대적들 중의 하나였다. 아모스는 자기 당대 이전의 에돔 전쟁의 잔혹성들에 대해 이미 말했으며, 에돔을 능가하는 권능의 관점에서 이스라엘의 회복에 대한 주제를 말할 좋은 근거를 가지고 있었다(11-12절에 대한 "주석"을 보라).

이 신탁의 절반 정도는 동의어적인 병행법으로 되어 있고, 15절의 산문을 제외하고 나머지는 소위 말하는 반대적인 병행법으로 이루어져 있다. 두 개의 이행연구(二行連句)를 배치해 놓은 것(11b, 13a절)은 별 중요성이 없어 보인다.

유다가 포로로 잡혀가는 것에 대한 어떤 고려는 별 문제로 하더라도, 이스라엘이 포로로 잡혀가는 것에 대한 개념은 이미 4:2-3; 5:11, 27; 6:7; 7:11, 17; 9:4

그리고 더욱이 호세아서에서 분명하게 증언되었다. 따라서 아모스 9:14-15에 있는 그 어떤 것도 후대 혹은 남쪽 유다에서 기원된 것을 반영하는 것으로 볼 필요가 없다. 더욱이 이 신탁의 그 어떤 것도 신탁이 처음 전해진 시기와 장소에 대해 암시해 주고 있지 않다. 회복 약속들은 신실한 자들에게 다음과 같은 점을 다시 확증적으로 말해 주고 있다: 야웨의 징벌들은 자신의 백성들을 자신이 전적으로 거절하신다는 것을 암시해 주고 있지 않다. 그리고 그런 재보증에 대한 진술은 의심할 나위 없이 아모스 사역 전반에 걸쳐 많은 부분에서 환영되었을 것이다.

주석

11 오늘날 텔 데이르 알라(Tel Deir ʿAlla)인 숙곳은 이스라엘의 에브라임 중심지 반대편에 있는 요단 계곡 동편의 주요 간선도로에 있었다. 숙곳은 야곱의 여행에서(창 33:17), 기드온의 군사적 작전에서(삿 8:5-16) 그리고 특별히 숙곳을 실제적으로 요단 동쪽 군사적 요충지로 사용했던 다윗에게서(Richardson, "SKT", 375-81) 두드러지게 묘사되었다. 다윗은 숙곳으로부터 (통합된) 이스라엘의 이웃 나라들을 동에서 남에 이르기까지 성공적으로 통치했다. 아모스 당대에 숙곳은 폐허로 방치되었다. 아마도 아람의 하사엘 군대에 의해 파괴되었기 때문이었을 것이다(왕하 10:32-33). 아모스 시기 곧 바로 뒤인 주전 730년경에 전(全) 길르앗 지역은 앗수르 군대에 의해 병합되었고, 결코 다시는 이스라엘 혹은 유다에 속한 땅이 되지 못했다. 이런 정황은 "…의 천막(오두막집)"을 위해 수카트(סכת)를 잘못 취한 후대의 필사자들의 생각에 그리 두드러지게 나타나지 않는 것을 설명해 준다. 그러나 천막(오두막집)들은 피르쳄(פרצים, "그[들의] 틈")과 하리쏘트(הריסות, "퇴락한 것들")의 복수형을 거의 가지지 않거나, 요메 올람(ימי עולם, "옛적")으로부터 기인되는 어떤 중요성을 거의 가지지 않고 있기는 하다.

숙곳의 역할은 다윗이 이스라엘의 대적들을 복속시킨 무대 영역이기 때문에, 숙곳은 에돔을 정복한 자들을 포함해서(시 60:8-11 = 108:8-11) 다윗의 승리들과 강하게 연관되어 있다. 숙곳이 재건되는 것은 아모스를 통해 예언된 회복의 시기에 이스라엘의 이웃 나라들에 대해 이스라엘이 힘을 얻게 되는 상황으로 다시 돌아가는 것을 포고할 것이다. 여기서 말하고 있는 논점은 숙곳 자체의 재건이 아니라, 이스라엘의 과거 황금기에 자신의 백성들을 통해 한때 누렸던 하나님의 통치의 주권을 나타내는 일종의 제유(提喩)인 **다윗의** 숙곳을 말하고 있는 것이다.

재통합(회복 축복 유형 8; 참조. 신 30:3, 14)은 처음으로 진정하게 북과 남을 통합했던(호 3:5; 사 9:7; 렘 33:17; 겔 37:24) 위대한 지도자인 다윗과 빈번하게 선지서에서 연관되고 있다. 따라서 회복 시에 **새** 다윗은 이스라엘을 보호하고 인도할 것이다(미 5:2-6).

12 에돔은 이스라엘의 대부분의 역사를 통해 특별히 호되고 지속적인 대적이었다(출 15:15; 민 20장; 삿 11:17-18; 삼상 14:47; 삼하 8:14; 왕상 11:14-16; 왕하 3장; 8:20; 14:7-10). 그러나 12절의 병행법에서 "에돔"은 엄밀히 말해서 그 자체를 위해 쓰이고 있는 것이 아니라, 이 용어와 병행되고 있는 "만국"(כל הגוים – 콜 하고임)이라는 어구를 위한 제유(提喩)로서 쓰이고 있는 것이다. 문맥에서 "내 이름으로 일컫는"(אשר נקרא שמי – 아셰르 니크라 셰미)이라는 어구는 사실상 "내가 통제하는"이라는 의미다. 따라서 회복 시에 하나님의 백성들은 "얻게 될"(ירש – 야라쉬) 것이다. 즉 대적들을 이기는 권능의 회복 축복의 성취가 이루어지는 가운데 한때 그들의 대적들이었던 그 나라들을 다스리게 될 것이다(유형 9; 신 30:7; 참조. 레 26:36-39의 회복 축복은 역전되는 상황을 말해 주고 있다).

13 이어서 농경적인 축복에 대한 두 가지 이미지들이 나오고 있는데(회복 축복 유형 5; 참조. 레 26:42; 신 30:9), 이 이미지는 회복 시에는 추수가 풍성한 정도를 넘어설 것이라는 사실을 과장적으로 전달해 주고 있다. 밭 가는 자(חורש – 호레쉬)가 다음 파종을 위해 땅을 갈고 있을 때, 곡식 베는 자(קצר – 코체르)는 아직도 곡물을 거두고 있을 것이다. 그리고 포도를 밟는 자(דרך ענבים – 도레크 아나빔)와 씨 뿌리는 자(משך הזרע – 모셰크 하자라)는 연이어 서로의 일을 하게 될 것이다. 달리 말하면, 추수가 너무나 풍성해서 다음 곡물의 씨를 심을 시간이 이미 되었을 때도 추수꾼들은 여전히 한 곡물의 수확을 끝내기 위해 여러 달을 보내고 있을 것이라는 사실이다. 팔레스타인에서 보리와 밀은 이른 5월에 그리고 포도는 이른 9월에 익는다. 10월에 땅을 갈기 시작하며 곧바로 이어서 씨를 뿌리게 된다. 이런 시기들은 그런 축복을 말하는 원래의 약속을 회복하는(아마도 이런 어법이 토대를 두고 있을 레 26:5을 참조하라) 종말론적 시대에 거의 계속해서 이루어지는 추수 속에서 실제적으로는 함께 뒤섞이게 될 것이다.

고대 이스라엘에서 항상 중요한 곡물이었던 포도 수확의 엄청난 양은 포도들이 자라난 언덕에서(참조. 욜 3:18) 떨어지고 흘러내리는 모든 곳에 넘쳐나는 포도즙의 이미지를 통해 이야기되고 있다. 비교할 만한 현대적인 표현은 "포도즙이 당신의 귀에 이르도록 당신을 채울 것이다"라는 것일 것이다. 이런 이미지들은 의도적인 과장법들이다. 즉 새로운 시대가 가져올 부족함이 없음을 확신적으로 표현하기 위해 그 이미지들의 극단적인 표현으로 의도된 과장법들이다.

14 신탁은 돌아가서 땅을 다시 차지하게 되는 회복 약속의 성취(유형 7; 참조. 신 30:3-5)를 말하고 있는 사건들에 대한 묘사와 더불어 결론을 맺고 있다. 오경적 약속에 있는 것과 같이, 야웨는 이런 역전되는 상황을 만드시는 주체다: 이스라엘은 회복으로 향하는 그 자신의 길을 만들지 못한다. "황무한 성읍"(ערים נשמות – 아림 네샤모트)을 재건하는 주제는 이미 숙곳과 관련해서 나타났다(11절). 여기서는 건축물들이 전쟁으로 완전히 파괴된 땅에서 전반적인 재건축이 되는 것으로 그 의미가 확장되고 있다.

마찬가지로 새로운 시대의 이스라엘 백성들은 그들이 좋아하는 것을 하면서 일반적인 농경에 종사할 수 있을 것이다. 평화 가운데 그 자신들의 직업을 독립적으로 수행할 수 있을 것이다. 이번에는 과장적인 어휘가 쓰이고 있지 않다. 수고한 열매를 기본적으로 누린다는 것은 회복의 평온한 상태를 표현하기 위해 잘 쓰이는 예언적 방법이다(예를 들어, 사 37:30; 65:21-22; 렘 29:5, 28; 겔 34:27; 36:10, 33, 슥 8:12).

15 결론을 맺고 있는 산문으로 된 절은 간단하게, 직접적으로 그리고 명료(明瞭)하게 약속된 땅을 영구히 다시 차지하게 될 것을 약속하고 있다. "그(들의) 본토에"(אדמתם – 아드마탐)라는 어휘는 전반적인 영역이 아니라 땅 그 자체를 나타내 주는 것이다(신 28-32장 **이곳 저곳**에 있는 이 어휘를 보라). 가나안 정복 이후와 같이(수 13-20장) 백성들은 다시 한 번 경작할 수 있는 토양을 상속받게 될 것이다. 다시는 물로 사람들을 멸하지 않을 것이라는 약속과 같이(창 8:21), 이 약속은 두 번째 추방/포로로 잡혀가는 일이 다시는 일어나지 않을 것이라는 사실을 보증해 주고 있다. 죄를 위한 대가를 한 번 치르면(레 26:43; 사 40:2) 더 이상 그와 유사한 대가를 다시는 치르게 되는 위험이 없는 것이다.

본 절은 그 땅은 일종의 선물(אשר נתתי – 아셰르 나타티, "나의 준…[내가 준 것]")이라는 것을 강조하면서 결론을 맺고 있다. 야웨는 사건들 속에서 주연으로 움직이는 주인공이다. 정말로 이스라엘은 그 자신의 구원과 회복을 결코 얻을 수 없다.

해설

아모스서의 마지막 신탁은 정해지지 않은 미래의 어느 시점("그 날에")에 이스라엘이 "만국"을 복속시키는 것을 도와주기 위해 주요한 다윗의 요단 동쪽 군사 중심지(숙곳)가 재건될 것을 약속하고 있다. 풍부한 것을 넘어서는 수확이 있게 될 것이고, 이스라엘 백성들은 포로로 잡혀간 곳에서 돌아와 가나안에 다시 정착하게 될 것이다. 이번에는 그들의 수고의 열매를 안전하게 누리며 영원히 정착하게 될 것이다. 이 모든 것이 야웨의 은총으로 이루어질 것이다.

그러나 이런 하나님의 예언들이 말하고 있는 실제적인 대상들은 무엇인가? 이 모든 것은 아모스가 하나님을 대신해서 이스라엘 백성들에게 선포하고 나서 200년이 지난 뒤에 세스바살(Sheshbazzar; 스 1:1-11)에 의해 처음으로 주도된 돌아옴과 재건축(그리고 그 결과)에서 이루어진 미래에 대한 묘사들인가? 이 모든 것들은 이미 이루어졌는가? 오늘날의 이스라엘이라는 나라가 여기서 그려지고 있는가? 혹은 이 본문은 주로 교회에 대한 묘사인가?

이에 대한 대답은 (1) 이런 종류의 약속 신탁이 본문 안에 있는 다른 모든 것들, 즉 언약 회복 약속들과 어떻게 관련되어 있는 것인가에 대한 이해와, (2) 옛 언약에 대한 약속들이 어떻게 새로운 약속에서 실제적으로 실현되는 것인지에 대한 이해에 따라서 정해진다.

첫째로, 언약적 회복 약속들은 새로운 다른 시대에서 이루어질 그 성취를 다양하게 가정하고 있다. 그 시대의 위대함은 과장적인 어휘로 묘사된다. 그 과장적인 어휘는 종종 그 땅을 이스라엘이 차지할 것에 대해 말한 원래 약속들의 과장적인 어휘를 종종 능가하거나(예를 들어, 미 4:1; 호 14:5 -7), 적어도 항상 그와 같은 정도의 과장적인 어휘로 표현된다. 더욱이 그런 약속들은 옛 것으로부터 속량된 **새로운** 백성들의 경험과 연관되어 있다. (12절에서 "남은 자"라는 뜻의 셰에리트[שארית]라는 전형적인 용어는 오직 에돔에만 적용되고 있으나[참조. 1:8; 5:15], 다른 곳에서는 이스라엘에게 적용되고 있다.

예를 들어, 사 11:16; 렘 23:3; 미 2:12). 그리고 가장 중요한 국면으로, 이 새로운 백성은 다른 회복 축복들에 의해 그들에게 또한 적용된 다음과 같은 특성들을 가지고 있는 백성이어야만 한다: 고대 이스라엘보다 수적으로 훨씬 더 많은 백성(약속 유형 4), 정통성(유형 3), 재통일(유형 8) 등등. 달리 말하면 사실상 회복 축복들은 오경에 있는 한 묶음으로 다가온다. 그러나 이 모든 것을 이루는 것으로 여겨지는 그룹은 단지 어떤 부분만이 아니라 모든 것을 이루어야만 한다. 정통성의 견지에서 볼 때, 적어도 오늘날의 이스라엘은 이 약속들을 위한 대상으로서는 실패하고 있다. 인구 증가와 만국을 복속시키는 것과 관련해서 볼 때, 바사(페르시아) 통치 아래서 이루어진 고대에 다시 정착한 유다는 실패했다. 비록 교회가 좀 더 중요한 종류인 다른 "추수"를 분명히 주장할 수 있기는 할지라도(마 9:37-38; 13:30-39; 요 4:35; 갈 5:22; 계 14:15), "땅을 소유하는" 범주에 대해 교회는 부분적으로 실패하고 있다.

여기서 신약의 설명들은 중요하다. 우리는 신약에서 이스라엘의 남은 자는 기독교적인 "남은 자"(카타레임마[*κατάλειμμα*], 롬 9:27; 레임마[*λείμμα*], 롬 11:5)로 전환되었음을 발견하게 된다. 따라서 그 정통성, 많은 인구 등에서 그 남은 자는 하나님의 "은사와 부르심"(롬 11:29)을 상속하게 된다. 포로로 잡혀간 것에서 실제적인 육체적 돌아옴은 작은 그룹, 즉 주로 주전 5세기와 6세기의 유다 사람들을 포함한 것이었다. 그들은 14-15절이 말하는 "땅을 소유한" 사람들이다. 그러나 그들로부터 그리스도를 통해 궁극적으로 교회가 도래했다. 따라서 이 약속들을 위한 대상은 포로기로부터 오늘날을 통해 미래에까지 이어지는 모든 신실한 신자들을 포함하고 있는 일종의 연속성이다. 즉 어떤 면에서 무조직 무정형(無定形) 그룹, 그러나 모든 면에서 "하나님의 이스라엘"(갈 6:16)이 모두 포함되는 것이다.

현재 이 신탁의 약속들 중에 아직도 부분적으로 성취되지 않은 다음과 같은 면이 있다: "만국"을 소유하는 것(12절). 본문이 1인칭 동사들을 통해 주장하고 있듯이, 이런 예언이 이루어지도록 하는 주체는 바로 하나님이시다(11-12절의 G 역본이 완전히 인용하고 있는 행 15:15-21을 참조하라). 오늘날의 성취에 대해 그 어떤 것을 말할 수 있기는 하지만, 이 약속에는 심지어 우리들을 위한 다음과 같은 종말론적 의미가 있다: "만국" 위에 그리스도의 통치(계 12:5 등-콜 하고임[כל־הגוים]과 동등한 판타 타 에드네[*πάντα τὰ ἔθνη*]).

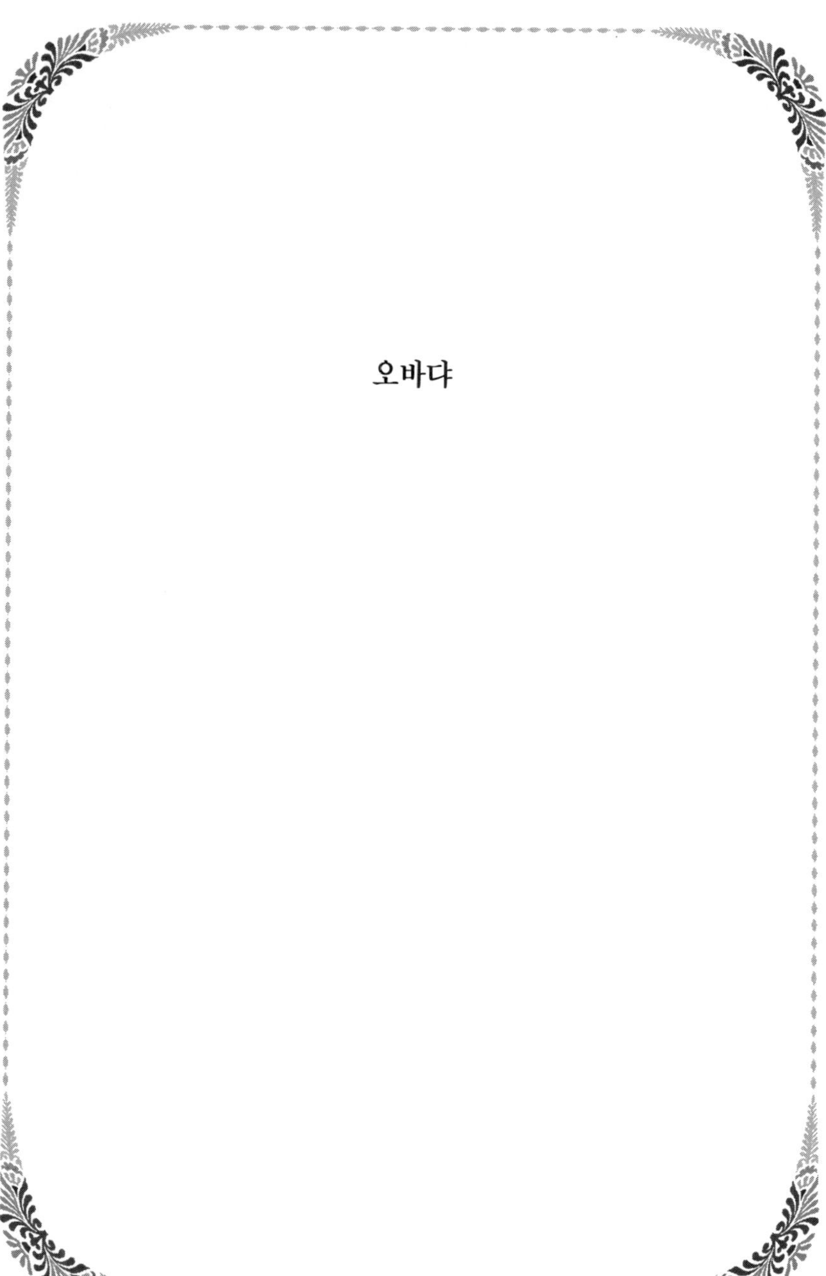

오바댜

참고문헌

주석류와 책들

(또한 p. 29에 있는 여러 가지 소선지서들에 대한 책들과 주석류에 대한 목록을 보라)

Aalders, G. C. *Obadja en Jona.* Kampen. Kok, 1958. **Bachmann, J.** *Der Prophet Obadja.* Berlin, 1982. **Caspari, C. P.** *Der Prophet Obadja.* Leipzig, 1842. **Coggins, R. J.** and **S. P. Re'emi.** *Nahum, Obadiah, Esther.* International Theological Commentary. Grand Rapids: Eerdmans, 1985. **Cresson, B. C.** *Israel and Edom: A Study of the Anti-Edom Bias in Old Testament Religion.* Diss. Duke University, 1963. **Deissler, A.** "Abdias." In *Les petits prophètes.* La Sainte Bible 8:1. Paris, 1961. **Eaton, J. H.** *Obadiah, Nahum, Habakkuk, Zephaniah.* Torch Bible Commentaries. London, 1961. **Fichtner, J.** *Obadja Jona, Micha.* Stuttgarter Bibelhefte. Stuttgart, 1957. **Frey, H.** *Das Buch der Kirche in der Weltwende. Die kleinen nachexilischen Propheten.* Die Botschaft des Alten Testament 24. Stuttgart, 1948. 190-203. **Gaebelein, R. E.** *The Servant and the Dove: Obadiah and Jonah, Their Messages and Their Work.* New York, 1946. **Goldman, S.** *Obadjah.* SBB. London and Bournemouth, 1948. **Keller, C. A.** *Abdias.* In Jacob, E. et al. *Osée, Joël, Amos, Abdias, Jonas.* Commentaire de l'Ancien Testament XIa. Neuchâtel: Delachaux et Niestlé:, 1965. 251-62. **Kellermann, U.** *Israel und Edom: Studien zum Edomhass Israels in 6.-4. Jahrhundert vor Chr.* Münster, 1975. **Kutal, B.** *Liber Prophetarum Amos et Abdiae.* Olmütz, 1933. **Lanchester, H. C. O.** *Obadiah and Jonah.* Cambridge: Cambridge UP, 1918. **Marti, K.** *Der Prophet Obadja. HSAT 2.* Tübingen, 1923. 47-49. **Peckham, G. A.** *An Introduction to the Study of Obadiah.* Chicago, 1910. **Scharbert, J.** *Die Propheten Israels um 600 v. Chr.* Köln, 1967. **Schüngel-Straumann, H.** *Israel, und die andern? Zefania, Nahum, Habakuk, Obadja, Jona.* Stuttgarter Kleiner Kommentar. AT 15. Stuttgart: KBW, 1975. **Seydel, C. A. W.** *Vaticinium Obadjae.* Diss. Leipzig, 1869. **Thompson, J. A.** "Obadiah." *IB* 6:855-67. **Theis, J.** *Die Weissagung des Abdias.* Trier, 1917. **Trinquet, J.** *Habaquq/Abdias/Joël.* La Sainte Bible de Jerusalem. Paris,

1953. **Veldcamp, H.** Het Gezicht van Obadja. Kampen, 1957. **Wade, G. W.** *The Books of the Prophets Micah, Obadiah, Joel and Jonah.* Westminster Commentaries. London, 1925. **Watts, J. D. W.** *Obadiah: A Critical Exegetical Commentary.* Grand Rapids: Eerdmans, 1969. **Wolff, H. W.** *Dodekapropheton 3: Obadja und Jona.* BKAT XIV, 3. Neukirchen-Vluyn: Neukirchener Verlag, 1977.

서 론

오바댜서에 대한 이전의 연구

오바댜서는 그 자체가 구약을 이루고 있는 한 권 전체의 책이기 때문에, 오바댜서는 에돔에 대한 다른 어떤 구약의 신탁들보다 훨씬 더 많은 주목을 받아 왔다. 이 책에 대한 대부분의 연구는 다음과 같은 사항들에 대한 상세한 논의를 해 왔다. (1) 오바댜서 자체에는 구체적으로 언급되어 있지 않은 역사적인 배경, (2) 문학적인 통전성, 특별히 15-21절 혹은 19-21절이 그 장의 나머지 부분과 가지는 관계 그리고 오바댜 1-6장과 예레미야 49:9-16 사이의 상호관계. 그러나 이런 문제들에 대한 그 어떤 의견의 일치도 보지 못하고 있다.

1842년에 씌어진 카스파리(C. P. Caspari)의 오바댜서에 대한 주석 이후로, 오바댜서는 종종 유다 포로기의 초반부에 씌어진 것으로 그 연대기가 상정되었다. 좀 더 이른 시기에 칼빈 또한 이 연대기를 오바댜서의 저작 시기로 보았다. 벨하우젠(Wellhausen), 베버(Bewer) 그리고 다른 학자들은 다음과 같은 가정 아래서 그 연대기를 주전 늦은 5세기경으로 보았다. 즉 이들은 2-9절을 진정한 예언이라기보다는 주전 이른 5세기경에 발생한 나바티안(Nabatean)이 에돔을 파멸한 것을 그리고 있는 것으로, 그런 사건이 발생한 뒤에 기술된 내용으로 그 사건에 대한 예언적 형식(*vaticinium ex eventu*)이라고 보았다. 토레이(Torrey)의 견해를 따르고 있는 해리슨(Harrison)은 나바티안 침략 바로 직전인 주전 약 450년경으로 그 연대기를 보았다. 그러나 알렌(L. Allen), 아이스펠트(Eissfeldt), 에델쿠르트(Edelkoort), 스미스(G. A. Smith) 그리고 다른 학자들은 2-9절은 이미 지나 버린 사건들에 대한 묘사가 아니라, 분명히 예언적인 위협이라고 확언하면서 연대기를 포로기로 강하게 주장하고 있다. 카일(Keil), 오렐리(Orelli), 영(Young), 젤린(Sellin), 타이스(Theis) 그리고 다른 학자들은 열왕기하 8:20-22(대하 21:8-10)에 묘사되어 있는 대로 주전 약 850년 어간에 발생한 사건들과 관련된 것으로 주전 9세기 어간의 연대기를 제안하고 있다. 이 이른 연대기는 12소선지서의 정경적 순서와 개략적으로 일치하는 이점이 있다. 이 이론에 의하면 12소선지서는 편집자에 의해 어느 정도 연대 순으로 배열된 것으로 보일 수 있다. 그러나 칠십인경은 맛소라 본문과는 다른 순서를 취하고 있다는 것은 눈여겨 볼 만한 사실이다. 12소선지서의 순서적 토대는 연대기적일 뿐만 아니라 주제적이고 표제어적인 경향이 모두 있는 것 같다. 연대기적인 면에서는 초기의 책들은 12소선지서의 끝보다는 처음에 놓여 있는 것을 볼 수 있다(**전체 서론**을 보라).

오바댜서의 통일성은 많은 학자들에 의해 지지되었다(타이스[Theis], 에델쿠르트[Edelkoort], 알렌[Allen], 해리슨[Harrison] 등등). 그들은 오바댜서의 구조가 오바댜서는 예전적 용도(빅[Bič], 왓츠[Watts] 그리고 볼프[Wolff])를 위해 의도된 예언임을 보여 준다는 데 토대를 두고 그 통일성을 지지했다. 이와는 대조적으로, 다른 많은 학자들은 오바댜서가 혼합된 것으로 본다. 예를 들어, 벨하우젠(Wellhausen), 루돌프(Rudolph) 그리고 바이저(Weiser) 등은 세 부분으로 이루어진 것으로 보고 있다: 2-14, 15b절; 15a, 16-18절; 19-21절. 로빈슨(Robinson)과 포러(Fohrer)는 여섯 개 부분을 말하는 반면에, 아이스펠트(Eissfeldt)는 단지 두 개의 부분(1-14, 15b절; 15a, 16-21절)만을 말하고 있다. 마찬가지로 브록킹톤(Brockington)도 두 개의 부분(1-18절; 19-21절)을 말하고 있다. 오바댜서의 문학적인 통일성을 분석하는 것을 까다롭게 만드는 것은 오바댜서가 예레미야 49장에 의존되어 있는 것인지, 아니면 그 반대의 경우인지에 대한 물음이다. 자연적으로 오바댜서의 연대기를 주전 9세기로 생각하는 학자들은 오바댜서가 예레미야 49장보다 앞선 것으로 본다. 그리고 오바댜서의 연대기를 주전 5세기경으로 보는 학자들은 대개 그 반대의 경우를 말한다. 오바댜서의 연대기를 예레미야 49장(렘 49장 자체의 연대기는 종종 여호야김 4년, 즉 주전 586년에 이루어진 예루살렘 멸망보다 앞선 시기로 봄)에 근접한 것으로 보는 학자들의 경우는 그 문제가 더욱 첨예해진다. 카스파리(Caspari), 카일(Keil), 반 후낙커(van Hoonacker), 루돌프(Rudolph)와 다른 학자들은 정확하게 오바댜서의 앞선 시기를 주장한다. 벨하우젠(Wellhausen), 베버(Bewer), 본나르트(Bonnard) 그리고 다른 학자들은 예레미야 49장의 앞선 시기를 주장한다. 볼프(Wolff)와 알렌(Allen)은 이 두 가지 모두가 초기의 공통적인 반(反) 에돔 구전 예언적 전승에 의존적인 것으로 본다. 이것은 우리의 견해에 있어서 정확할 가능성이 가장 많은 그럴듯한 입장이다.

그렇다면 오바댜서의 경우에는 수많은 중요한 서론적 문제들이 매우 논쟁적인 것이 되고 있음이 분명하다. 일반적으로 성서의 어떤 부분에 대한 학자들의 논쟁은 관련 있는 질문들을 결정하기 위한 이용 가능한 자료를 역으로 증가시켜 준다. 논쟁이 많다는 것은 자료가 상대적으로 희박하다는 것이다. 우리는 오바댜서에 대한 어떤 문제들을 풀 수 있는 충분한 정보를 가지고 있지 못하며, 이로 인해 많은 입장들을 임시적으로 가지고 있어야만 한다는 것을 받아들여야만 한다.

연대기

오바댜서의 저술 연대기는 확실성보다는 단지 그럴듯하다는 점에서만 말해질 수 있다. 이에 대해 제기되어야만 할 다음과 같은 하나의 질문이 있다: 이 예언이 배경으로 하고 있는 분명한 정황과 관점은 어떤 시대를 가장 많이 반영하고 있는가? 예상되는 경우인 여호람을 대항한 에돔 족속의 배반(왕하 8:20-22)의 시기를 상정할 수 있는데, 이 시기에 대한 정보가 빈약하기 때문에 주전 9세기는 입증하기가 어렵다. 유사하게 우리는 주전 5세기 나바티안(Nabatean)의 에돔 정복에 대해 아는 것이 거의 없다. 어찌 되었든 이 나바티안의 에돔 정복은 지나간 사건으로 이야기된 것이라기보다는 오바댜서에 **예언된** 것의 성취다. 주어진 범주를 가장 잘 만족시키는 것은 포로기 시대, 특별히 포로기 초기다(주전 580년경 혹은 바로 직후). 더욱 중요한 것은 동일한 주전 6세기 초엽의 구약의 다른 네 개의 본문들이 오바댜서에서 발견되는 것과 동일한 정황과 관점을 반영하고 있다는 점이다: 시 137:7; 애 4:18-22; 겔 25:12-14; 35:1-5. 이 병행 본문들은 바벨론 군대들에 의해 예루살렘이 복속되는 과정에서 에돔인들이 이득을 챙기는 것에 대해 오바댜가 표현하고 있는 격노한 분개를 반영해 주고 있다. 이 본문들은 또한 유다가 그 당시에 겪고 있는 고통스러운 정황이 반전되기를 간절히 바라는 기대감을 보여 주고 있다. 에스드라1서 4:45은 "유다가 갈대아인들에 의해 유린당할 때, 에돔인들은 성전을 불태웠다"고 말한다. 그러나 주전 2세기(?) 자료는 대부분이 거짓인 내용을 포함하고 있다. 에돔인들은 주전 588-586년에 있었던 바벨론의 정복에 어느 정도 도움을 주었고 충동질했으며 그로 인해 이득을 얻었던 것, 즉 아마도 남쪽의 유다 땅을 거의 전적으로 얻게 된 것을 우리는 분명히 알고 있다. 유다를 친 바벨론에 에돔 족속이 정확하게 어느 정도 가담했는지에 대해서는 오바댜서나 다른 어떤 믿을 만한 자료에도 분명하게 나타나 있지 않다.

성서 역사에서의 에돔

이스라엘은 가나안에서 한 나라로서 보낸 역사에서 수많은 대적들을 가지고 있었다. 애굽, 앗수르 그리고 바벨론은 구약 시대에 비옥한 초생달 지역에 있었던 세 개의 커다란 세력들로서 종종 이스라엘의 실제적인 혹은 잠재적인 대적들이었다. 좀 더 작은 이웃 나라들이었던 아람, 블레셋, 모압, 암몬, 베니게(두로와 시돈) 그리고 에돔은 대부분의 기간 동안 동맹들이라기보다는 유사한 대적들이었다. 특별히 에돔은 출애굽 이후인 시작부터 포로기 이후인 마지막까지 집요하고 지속적으로 호전적이었다. 바로 이런 역사적인 요인은 그렇게 작은 나라가 그렇게나 고정적으로 이방 나라들에 대한 예언적 신탁에서 두드러지게 언급되었던 충분한 이유가 된다. 그러나 한 대적으로서 에돔이 그렇게나 두드러졌던 것은 이스라엘의 형제 나라라는 역사적인 입지 때문에 부가적으로 주목할 만한 가치가 있었다(창 25장). 이스라엘의 대적들 가운데 에돔을 그렇게나 두드러지게 만들어서, 에돔이 이따금 실제적으로 그 대적들 모두를 위한 하나의 범례로서 기능할 수 있도록 했던 데는 적어도 세 가지 요인들이 있다. (1) 에스겔 35:5에 암시되어 있는 대로 그 적의(敵意)에 찬 분명히 길고 긴 역사, (2) (오바댜 10-14절에 있는 대로) 그 적의의 일관성과 강렬함, (3) (아모스 1:11에 있는 것처럼) 그 적의의 "비장한" 특성. 그 어떤 나라도 이런 특징들을 전혀 공유하고 있지 않다.

이것은 반(反) 에돔 예언적 신탁들이 그 강렬함이나 길이 혹은 그와 같은 것으로 두드러진다는 것을 의미하는 것이 아니다. 니느웨에 대한 예언적 선포들은 통렬한 어휘들이 나열되고 있고, 두로에 대한 예언적 선포들은 생생한 문체와 같은 것으로 그려지고 있다. 그러나 흥미롭게도 고대의 비(非)초강대국들(즉 애굽, 앗수르 그리고 바벨론을 제외한) 중에서 에돔은 다른 어떤 나라들보다도 예언적 책들에 있는 이방 나라들(7개)에 대한 좀 더 구별적인 신탁들의 주제가 되고 있으며, 좀 더 간략하거나 지나가는 적대적인 내용들(4개)의 주제가 되고 있다. 아래의 목록은 선지서들에 있는 진정한 이방 나라 신탁들의 분포를 보여 주고 있다. 예를 들어, 모압 혹은 두로에 대한 신탁들에 좀 더 많은 지면이 주어지고 있기는 하지만, 에돔에게는 어느 정도 좀 더 넓은 분포에 걸쳐서 관심이 주어지고 있다.

이방 나라들에 대한 예언적 신탁들

주요 선지서들	소선지서들	짧거나 / 부수적인 기록
앗수르		
사 10:15-19	미 5:5-6	욘 3:4
사 14:24-27	나훔	슥 10:11
사 37:21-35	습 2:13-15	사 10:25
		사 30:31
암몬		
렘 49:1-6	암 1:13-15	사 11:14
겔 25:1-7	습 2:8-11(모압과 함께)	렘 25:21
아라비아		
사 21:13-17		
렘 49:28-32(하솔과 함께)		
아람-다메섹		
사 17장	암 1:3-5	사 7:7
렘 49:23-27	슥 9:1-2	사 8:4
바벨론		
사 13:1-22, 사 47장	합 2:4-20	
사 14:3-23, 렘 50, 51장		
사 21:1-10		
구스		
사 18장	습 2:12	
사 20장(애굽과 함께)		
에돔		
사 21:11-12, 겔 35장	암 1:11-12	욜 4:19[3:19]
렘 49:7-22	오바댜	사 11:14
겔 25:12-14	말 1:2-5	렘 25:21
		애 4:21

애굽

사 19장		욜 4:19[3:19]
겔 29, 30, 31, 32장		슥 10:11
사 20장(구스와 함께)		슥 14:18-19
렘 46장		

엘람

렘 49:34-39

모압

사 15, 16장	암 2:1-3	사 11:14
렘 48장	습 2:8-11(암몬과 함께)	렘 25:21
겔 25:8-11		

블레셋

사 14:28-32	암 1:6-8	옵 19절
렘 47장	습 2:4-7	사 11:14
겔 25:15-17	슥 9:2-8	렘 25:20

두로(그리고 시돈)

사 23장(시돈과 함께)		
겔 26, 27장	욜 4:4-8[3:4-8]	
겔 28장(20-23절, 시돈과 함께)	암 1:9-10	렘 25:22(시돈과 함께)

일반적인 열방에 대해

사 10:12-14	욜 4:9-16[3:9-16]
사 24장	미 7:8-17
사 34장	학 2:20-22
사 63:1-16	습 1:2-3
렘 25:15-38	슥 12:1-9
겔 38, 39장	슥 14:12-19

메데와 바사(등등)에 대한 다니엘의 예언들은 그 예언들의 비정형적 문체로 인해 이 목록에 첨가되지 않았다.

인구와 정치적인 영향력에서 보았을 때, 세계에서 그리 눈에 띄지 않는 이스라엘의 작은 이웃 나라인 에돔은 그럼에도 불구하고 예언적 신탁들에서 두드러지게 나타나고 있다. 그러므로 앗수르와 같은 커다란 나라가 나훔의 좀 더 커다란 책에서 초점이 맞추어지고 있는 것과 어느 정도 병행되게 에돔이 구약의 작은 책에서 초점이 맞추어지고 있는 것은 그리 놀라운 일이 아니다.

저작권

오바댜에 대해서는 어떤 것도 알려져 있지 않다. 심지어 그 이름의 정확한 형태조차 확실하지 않다. 맛소라는 "야웨를 경배하는 자"라는 뜻의 오바드야(עֹבַדְיָה)로 발음한다. 그러나 칠십인경은 아브디우(*Αβδιου*)로, 라틴 벌게이트는 아브디아스(*Abdias*)로 발음하는데, 이것은 "야웨의 종"이라는 뜻의 조금 다른 히브리어 원문인 아브디야(עַבְדִיָּה)를 반영하는 것이다. 버어트(Bert)와 버트(Burt) 혹은 베쓰(Beth)와 베티(Betty)를 비교해 볼 수 있듯이, 이런 두 가지 견해는 아마도 동일한 이름의 두 가지 형태를 반영해 주는 것일 것이다. 오바댜(Obadiah; MT의 발음을 따라서)라는 이름은 구약 시대에 매우 보편적인 것이었음이 분명하다. 다윗 시대로부터 포로기 이후의 시대에 이르기까지 구약에서 13개의 다른 오바댜가 언급되고 있다. 게다가 오베드(Obed)라는 이름은 다윗의 조부(祖父)를 포함해서 6명의 사람을 가리키고 있는데, 이 이름은 아마도 오바댜의 단순한 별명 정도일 것이다. 따라서 여러 형태로 나타나는 저자의 이름은 성서의 다른 경우와 마찬가지로 실제적으로 일반적인 것이지, 상징적이거나 풍유(諷諭)적인 이름은 아닌 것으로 보인다.

바벨론 탈무드(*Sanh.* 39b)에서는 오바댜서의 저자를 아합 왕의 궁내 대신(왕상 18:3-16)으로 엘리야의 협력자였으며 이스라엘에 있는 기소된 야웨 선지자들의 보호자였던 오바댜로 말하고 있다. 제롬(Jerome) 역시 이 전승을 언급하고 있다. 이 오바댜는 구약에서 가장 많이 이야기되고 있는 사람 중의 하나이기 때문에, 예견적으로 그 오바댜라고 볼 수 있을 것이다. 주전 9세기 북 왕실 관료가 주전 6세기 유다-에돔 관계에 대해 전적으로 예언하도록 영감되었을 것 같지 않다는 의구심으로 인해, 이 전승적인 동일화는 일반적으로 거절되어 왔다. 다음과 같은 경우가 아니었더라면 아마도 저작권 문제는 결코 일어나지 않았을 것이다. 즉 (1) 탈무드 저자들은 구약의 모든 부분의 저작권에 대한 상세한 정보를 말해 주는 것에 매우 강한 관심들이 있었기 때문에, (2) 오바댜서의 저작권에 대한 확실한 증거가 전무한데 이에 대한 저작권을 말하려고 했던 것이다.

단지 오바댜서 자체의 내용과 문체로부터 연역적으로 생각해 볼 때, 오바댜는 주전 6세기경 유다의 선지자로 아마도 공식적인 선지자 훈련을 받은 자로서 자신의 신탁을, 그가 예루살렘에 살았는지 그렇지 않았는지는 모르지만, 예루살렘에서 선포했을 것이라고 추측해 볼 수 있을 것이다. 그가 전통적인 반(反) 에돔 예언적인 어휘를 알고 있는 정도와(렘 49장의 병행적인 내용이 증거해 주고 있듯이) 그의 시적인 표현의 수준은 그가 전문적인 선지자라는 것을 증명해 주지는 못하지만, 단지 그런 은사를 받은 사람이라는 것을 말해 주고는 있다. 그는 아모스와 같이 어떤 공식적인 훈련을 받은 것이 아니라, 하나님이 필요한 재능을 부어 주신 비(非)전문적인 사람이다. 오바댜서에는 분명한 증거가 없기 때문에, 우리는 그가 예전적인 관련들 혹은 특별한 예전적 관심을 가지고 있었는지 그렇지 않는지에 대해서는 말할 수 없다. 그는 자신의 예언 이외에 우리에게 알려진 것이 거의 없다.

본문

오바댜서의 히브리어 본문은 구약의 시 한 장에서 발견되는 평균 정도의 원문 훼손을 포함하고 있는 것으로 보인다. 예레미야 49장과의 광범위하게 병행적인 내용들을 가지고 있기 때문에, 내포된 구절들(1-5절)에서 원문을 재구성하는 데 있어서 예레미야 49장이 없는 경우보다는 어느 정도 더 높은 차원의 확실성을 얻을 수 있게 되었다. 예언서들의 전형적인 경우와 같이 칠십인경을 조심스럽게 사용해야만 한다. 예를 들어, 발음되지 않은 시의 더 커다란 모호성으로 인해 알렉산드리아 번역자들은 산문 내러티브의 경우보다 훨씬 더 빈번하게 당혹스러워했을 경향이 분명하기 때문이다. 그러나 MT에 대한 수정들이 예증으로 제시될 수 있는 고대 역본들이 있는데, G는 이 고대 역본들 가운데서 일차적인 자료로 남아 있다.

MT에 대한 필요한 수정들 가운데 주목할 만한 것들은 다음과 같은 것들이다: MT의 심(שים, "놓이다, 두다")을 테심(תשים, "네가 두다")으로(4절); MT의 복수 네흐페수(נחפשו)를 단수 네흐페스(נחפש, "수탐되다[발견되다, 파괴되다]"라)로(6절); MT의 여성 복수형인 티쉬라흐나(*tišlaḥnāh*)를 단수 강조형인 티쉬라한나(*tišlaḥannāh*, "[손을] 대다")로(13절); MT의 모라셰헴(מורשיהם, "자기 기업[그들의 소유]")을 모레셰헴(מורישיהם, "그것들을 빼앗긴 사람들")으로(17절); MT의 세데(שדה, "…의 들/땅")를 하르(הר, "산")로(19절); 그리고 MT의 아셰르(אשר, "…한 것"[which])를 야라슈(ירשו, "소유할 것이다")로(20절).

15a절과 15b절은 MT에 있는 원래의 순서에서 뒤바뀐 것이라고 종종 결론이 내려졌다. 15a절은 그 예언의 야웨의 날 부분(15a, 16-21절)의 시작으로 보는 것이 가장 나은 것이라고 생각되었기 때문이다. 이 이론에 의해 15b절은 10-14절에서 언급된 범죄들에 대해 요구되는 결론, 즉 심판을 말하고 있다. 15a절은 야웨의 날 부분을 시작하고 있는 것이 분명하다. 그러나 15b절은 MT에 적절하게 놓인 것이라는 사실도 동일하게 참이다. 15b절은 아이러니한 반전에서 오바댜서의 마지막 부분(15-21절)에 중심이 되는 주제를 공유하고 있기 때문이며, **총체적인** 마지막 부분이 14절 이후로 줄곧 열거된 에돔의 범죄들에 대한 완전히 충분한 반응을 말해 주고 있기 때문이다. 15a절을 16-21절에 그리고 15b절을 10-14절에 놓으려고 하는 동인은 주로 다음과 같은 미시적인 관점에서 기인하는 것이다. 즉 야웨의 날 부분은 그 예언의 앞부분에 대한 밀접한 연결성이 없이 완비된 독립적인 부분이라는 관점에서 기인한다. 오바댜서에 대한 좀 더 전반적인 분석을 해보면 불필요하게 이루어진 수정을 발견하게 된다.

메시지

이방 나라들에 대한 예언적 신탁들은, 비록 심판에 대한 어휘들로 가득할지라도, 또한 하나님의 백성들을 위한 희망의 메시지들을 암시적으로 가지고 있다. 그런 신탁들은 공격을 받고 있는 나라의 예견된 종말이 회복되고 정화된 이스라엘이 하나님이 심으시는 모든 꽃과 같이 다시 한 번 꽃을 피우게 되는 길을 여는 시간을 내다보고 있다.

오바댜의 메시지는 이런 형태에 꼭 맞으며 어떤 방식에서는 그런 형태를 예표(豫表)하기조차 한다. 야웨의 날에 대한 오바댜서의 강조, 즉 하나님의 뜻을 세우기 위해 자신의 대적을 대항하여 펼치는 하나님의 주권적인 간섭의 결정적인 시간은 결코 이방 나라들에 대한 신탁들이 가지고 있는 공통적인 요소가 아니다. 그러나 야웨의 날은 이스라엘 그리고/혹은 유다에 대한 신탁들에서와 같이 동일한 목적을 가지고 있다: 주를 반대하는 자들은 그들의 종말을 맞이할 것이고, 압제를 받는 의인들은 보존되며 높임을 받게 되리라는 사실을 의인들에게 재보증하는 것이다.

바벨론이 유다의 군사적이고 정치적인 세력을 제거한 데 이어서 유다의 땅을 노획한 에돔인들은 야웨와 야웨의 백성들에 대한 그들의 적의(敵意)로 인해 오바댜서에서 통렬하게 비난을 받고 있다. 이스라엘의 영토를 차지했던 다른 나라들의 운명과 같이 에돔인들의 운명은 결정되었다. 그들은 한 주권 민족으로서의 지위를 상실할 것이고, 이스라엘 백성들은 야웨의 축복 아래 약속된 땅을 다시 회복할 것이다. 하나님의 백성이 현재 겪고 있는 무능력은 에돔에게 일시적인 희망을 줄 수는 있다. 그러나 에돔의 궁극적인 마지막 운명은 모든 사악한 자들이 맞이하는 운명인 죽음이다. 하나님의 백성들의 궁극적인 마지막 상급은 풍성한 삶이다. 이것이 바로 오바댜의 말씀이 그의 원래 청중들에게 의미했던 바이며, 그 말씀들이 또한 우리에게 의미를 던져 주고 있는 바이다.

에돔과 이스라엘의 미래(1-21절)

참고문헌

Abel, F. M. "L'expédition des Grecs à pétra en 312 avant Jésus-Christ." *RB* 46(1937) 373-91. **Ackroyd, P.** "Recent Foreign Theological Literature: The Old Testament." *ExpTim* 91(1979) 8-13. **Aharoni, Y.** "Three Hebrew Ostraca from Arad." *BASOR* 197(1970) 16-42. **Albright, W. F.** "Dedan." *Geschichte und Altes Testament*(*Alt FS*, BHT 16. Tübingen: Mohr, 1953. 1-12. ______. "Ostracon No. 6043 from Ezion Geber." *BASOR* 82(1941) 11-15. **Alexandre, Jean.** "Abdias/Ovadia." *ETR* 54(1979) 610-18. **Alt, A.** "Judas Nachbarn zur Zeit Nehemias." *Palastinajahrbuch* 31(1931) 94-111.(Reprinted in *Kleine Schriften zur Geschichte des Volkes Israel, II*. Munich: Beck, 1953. 346-62.) **Arroyo, M. A.** "El profeta Abdias." *CB* 11(1954) 32-33. **Bartlett, J.** "The Brotherhood of Edom." *JSOT* 2(1977) 2-27. ______. "The Land of Seir and the Brotherhood of Edom." *JTS* 20(1969) 1-20. ______. "The Moabites and Edomites." In *Peoples of Old Testament Times*, ed. D. J. Wiseman. Oxford: Clarendon, 1973. 229-58. ______. "The Rise and Fall of the Kingdom of Edom." *PEQ* 104(1972) 26-37. **Beit-Arieah, I., and B. Cresson.** "An Edomite Ostracon from Horvat 'Uza." *Tel Aviv* 12(1985) 96-101.

Bekel, H. "Ein vorexilisches Orakel über Edom in der Klagestrophe—die gemeinsame Quelle von Obadja 1-9 und Jeremiah 49:7-22." *TSK* 80(1907) 315-43. **Bič, M.** "Ein verkanntes Thronbesteigungsfestorakel im A.T." *ArOr* 19(1951) 568-79. ______. "Zur Problematik des Buches Obadja." Congress Volume, Copenhagen, 1953. VTSup 1(1953) 11-25. **Bonnard, E.** "Abdias." *DBSup* 8. 693-701. **Box, B.** "Edom: Who Can Bring Me Down." *BibIll* 12(1986) 41-50. **Brawer, A.** "The Name Obadiah—Its Punctuation and Explanation." *BMik* 18, 3(54)(1972-73) 418-27.(Heb.) **Brownlee, W. H.** "The Aftermath of the Fall of Judah According to Ezekiel." *JBL* 89(1970) 393-404. **Cannon, W.** "Israel and Edom. The Oracle of Obadiah." *Theology* 15(1927) 129-40, 191-200. **Condamin, A.** "L'unité d'Abdias." *RB* 9(1900) 261-68. **Coughenour, R.** "A View of Value from a Servant of Yahweh." *RefR* 24(1970s) 119-23. **Cresson, B. C.** "The Condemnation of Edom in Postexilic Judaism." *Studies in Honor of W. F. Stinespring*. 1972. 125-48. **Cross, F. M.** "An Aramaic Inscription from Daskyleion." *BASOR* 184(1966) 7-10. ______. "Heshbon Ostracon II." *AUSS* 11(1973) 126-31. **Davies, G.** "A New Solution to a Crux in Obadiah 7." *VT* 27(1977) 484-87. **Delitzsch, F.** "Wann weissagte Obadja?" *Zeitschrift für die lutherische Theologie und Kirche* 12(1851) 91-102. **Dick, Michael B.** "A Syntactic Study of the Book of Obadiah." *Semitics* 9(1984) 1-29. **Diebner, B.,** and **H. Schult.** "Edom in alttestamentlichen Texten der Makkabäerzeit." *Dielheimer Blätter zum AT* 8(1975) 11-17. **Dumbrell, W.** "The Tell el-Maskhūta Bowls and the 'Kingdom' of Qedar in the Persian Period." *BASOR* 203(1971) 33-44. **Edelkoort, A.** "De profetie van Obadja." *NedTTs* 1(1946/47) 276-93. **Fohrer, G.** "Der Tag Jhwhs." *EI* 16(1982) 43-50. ______. "Die Sprüche Obadjas." In *Studia Biblica et Semitica: FS T. C. Vriezen*, ed. W. van Unnik and A. van der Woude. Wageningen: Veeman en Zonen, 1966. 81-93. **Freeman, A.** "The Obadiah Problem." Diss. Southern Baptist Seminary. Louisville, KY, 1950. **Gilse, J. van.** "Tijdbepaling der profetie Obadja." *Nieuw Theologisch Tijdschrift*(1913) 293-313. **Glueck, N.** "The Boundaries of Edom." *HUCA* 11(1936) 141-57. ______. "Tell el-Kheleifeh Inscriptions." In *Near Eastern Studies in Honor of William Foxwell Albright*, ed. H. Goedicke. Baltimore: Johns Hopkins, 1971. 225-42. **Gray, J.** "The Diaspora of Israel and Judah in Obadiah 20." *ZAW* 65(1953) 53-59. **Grimme, H.** "Der Untergang Edoms." *Die Welt als Geschichte* 3(1937) 452-63. **Halévy, J.** "Le livre d'Obadia." *RevSém*(1907) 165-83. **Haller, Max.** "Edom in

Urteil der Propheten." *Marti Festschrift*, BZAW 41. Giessen: Topelmann, 1925. 109-17. **Hanfmann, G.,** and **J. Waldbaum.** "New Excavations at Sardis and Some Problems of Western Anatolian Archaeology." In *Near Eastern Archaeology in the Twentieth Century*(Glueck FS), ed. J. Sanders. Garden City: Doubleday, 1970. 307-26. **Isopescul, S. O.** "Historische-kritische Einleitung zur Weissagung des Abdia." *WZKM*(1913) 141-62. ______. "Übersetzung und Auslegung des Buches Abdias." *WZKM*(1914) 149-81. **Kornfeld, W.** "Die judäische Diaspora in Ab. 20." In *André Robert Festschrift*. Paris, 1957. 180-86. **Lillie, J.** "Obadiah—A Celebration of God's Kingdom." *CurTM* 6(1979) 18-22. **Lipínski, E.** "Obadiah 20." *VT* 23(1973) 368-70. **Loewinger, S.** "Esau dans Abd. 6." *RÉJ* 110(1951) 93s. **Luciani, F.** "Il verbo bô' in Abd. 13." *RivB* 31(1983) 209-11. **Luria, B. Z.** *The Book of Obadiah and the Prophecies Concerning Edom*. Publications of the Israeli Society for Biblical Research, 26. Jerusalem: Kiriath-Sefer, 1972. **Maag, V.** "Jacob-Esau-Edom." *TZ* 13(1957) 418-29. **Maier, Johann.** "'Siehe, ich mach(t)e dich klein unter den Völkern…'; zum rabbinischen Assoziationshorizont von Obadja 2." In *Kunden des Wortes, Beiträge zur Theologie der Propheten, Josef Schreiner zum 60*(Schreiner FS), ed. Lothar Ruppert. Würzburg: Echter, 1982. 203-216. **McCarter, P.** "Obadiah 7 and the Fall of Edom." *BASOR* 221(1976) 87-91. **Mazar, A.** "Edomite Pottery at the End of the Iron Age." *IEJ* 35(1985) 253-69. **Menenga, G.** "Obscure Obadiah and His Message." *Reformed Revue*(1959) 24-43. **Meyers, J.** "Edom and Judah in the Sixth-Fifth Centuries B.C." In *Near Eastern Studies in Honor of William Foxwell Albright*, ed. H. Goedicke. Baltimore: Johns Hopkins, 1971. 377-392. **Morton, W.** "Umm el Biyara." *BA* 19(1956) 26-36. **Muilenburg, J.** "Obadiah, Book of." *IDB* 3:578-79. **Naveh, J.** "The Scripts of Two Ostraca from Elah." *BASOR* 183(1966) 27-30. **Neiman, D.** "Sefarad: The Name of Spain." *JNES* 22(1963) 128-32. **Ogden, G.** "Prophetic Oracles Against Foreign Nations and Psalms of Communal Lament: The Relationship of Psalm 137 to Jeremiah 49:7-22 and Obadiah." *JSOT* 24(1982) 89-97. **Olávarri, E.** "Cronologia y estructura literaria del oráculo escatológico de Abdias." *EstBib* 22(1963) 303-13. **Ottoson, M.** "Sarafand/Sarepta and Its Phoenician Background." *Qad* 13(1980) 122-26(Heb.). **Rinaldi, J. M.** "In librum Abdiae." *VD* 19(1939) 148-54, 174-79, 201-6. **Robinson, T. (H.)** "The Structure of the Book of Obadiah." *JTS* 17(1916) 402-8. **Rudolph, W.** "Obadja." *ZAW* 49(1931) 222-31.

Sauer, J. "Transjordan in the Bronze and Iron Ages: A Critique of Glueck's Synthesis." *BASOR* 263(1986) 1-26. **Smith, J.** "The Structure of Obadiah." *AJSL* 22(1906) 131-38. **Starcky, J.** "The Nabataeans: A Historical Sketch." *BA* 18(1955) 84-106. **Wehrle, Josef.** "Prophetie und Textanalyse; die Komposition Obadja 1-21, interpretiert auf der Basis textlinguistischer und semiotischer Konzeptionen." Diss. Freiburg, 1981. **Weimar, P.** "Obadja, Eine redaktionskritische Analyse." *BN* 27(1985) 35-99. **Weinburg, K.** "Biblische Motive in Stifters Abdias." *Emuna-Horizonte* 7, 1(1972) 32-8. **Wolfers, D.** "Is Job After All Jewish?" *DD* 14(1985) 39-44. **Wolff, H.** "Obadja—ein Kultprophet als Interpret." *EvT* 37(1977) 273-84.

본 문

머릿말	**Heading**
1 오바댜의 묵시라	**1** Obadiah's Revelation.[a]
서론	**Introduction**
주 여호와께서 에돔에 대하여 이같이 말씀하시니라	This is what the Lord Yahweh said about[b] Edom.
에돔의 다가오는 패배	**Edom's coming defeat**
우리가 여호와께로 말미암아 소식을 들었나니 곧 사자가 열국 중에 보내심을 받고 이르기를 너희는 일어날지어다 우리가 일어나서 그로 더불어 싸우자 하는 것이니라	We[c] have heard a message from Yahweh, An envoy was sent[d] among the nations. "Rise, let us rise against her[e] in battle!"
2 여호와께서 가라사대 내가 너를 열국 중에 미약하게 하였으므로 네가 크게 멸시를 받느니라	**2** I will make you small among the nations. [a]You will be thoroughly[a] despised.
3 바위 틈에 거하며 높은 곳에 사는 자여 네가 중심에 이르기를 누가 능히 나를 땅에 끌어내리겠느냐 하니 너의 중심의 교만이 너를 속였도다	**3** The pride of your mind has deceived you, Dwellers in crevices of rock, whose[a] home is the height.[b] Who think to yourself, "Who can bring me down to the ground?"
4 네가 독수리처럼 높이 오르며 별 사이에 깃들일지라도 내가 거기서 너를 끌어내리리라 나 여호와가 말하였느니라	**4** Even if you soar high like an eagle, Even if you[a] make your nest among the stars, I will bring you down from there.—Oracle of Yahweh.
5 혹시 도적이 네게 이르렀으며 강도가 밤중에 네게 이르렀을지라도 그 마음에 만족하게 취하면 그치지 아니하였겠느냐 혹시 포도를 따는 자가 네게 이르렀을지라도 그것을 얼마쯤 남기지 아니하였겠느냐 네가 어찌 그리 망하였는고	**5** If thieves came to you, If marauders at night, How could you be destroyed?[a] Wouldn't they steal only enough for themselves? If grape gatherers came to you, Wouldn't they leave gleanings?
6 에서가 어찌 그리 수탐되었으며 그 감춘 보물이 어찌 그리 수탐되었는고	**6** How has[a] Esau been searched through? His treasures ransacked?[b]

7 너와 약조한 자들이 다 너를 쫓아 변경에 이르게 하며 너와 화목하던 자들이 너를 속이고 이기며 네 식물을 먹는 자들이 네 아래 함정을 베푸니 네 마음에 지각이 없음이로다

7 They have pushed you to your border, All your allies have deceived you, Your confederates have prevailed against you Your comrades[a] have been setting a trap under you, [b]Without your knowing it.[b]

8 나 여호와가 말하노라 그 날에 내가 에돔에서 지혜 있는 자를 멸하며 에서의 산에서 지각 있는 자를 멸하지 아니하겠느냐

8 Will I not at that time—oracle of Yahweh—Destroy the wise men from Edom And understanding from the mountains of Esau?

9 드만아 네 용사들이 놀랄 것이라 이로 인하여 에서의 산의 거민이 살륙을 당하여 다 멸절되리라

9 Your soldiers will be terrified, Teman, So that everyone will be cut off from the mountains of Esau.

유다에 대한 에돔의 범죄들

Edom's crimes against Judah

Because of the slaughter,[a]

10 네가 네 형제 야곱에게 행한 포학을 인하여 수욕을 입고 영원히 멸절되리라

10 because of the violence done to your brother Jacob Shame will cover you and you will be cut off forever.

11 네가 멀리 섰던 날 곧 이방인이 그의 재물을 늑탈하며 외국인이 그의 성문에 들어가서 예루살렘을 얻기 위하여 제비 뽑던 날에 너도 그들 중 한 사람 같았었느니라

11 At the time when you stood aside At the time when strangers captured his possessions,[a] And foreigners entered his gates,[b] And cast lots for Jerusalem, You, too, were like one of them.

12 네가 형제의 날 곧 그 재앙의 날에 방관할 것이 아니며 유다 자손의 패망하는 날에 기뻐할 것이 아니며 그 고난의 날에 네가 입을 크게 벌릴 것이 아니라

12 Do not[a] gloat in your brother's[b] time,[c] in the time[c] of his misfortune. Do not rejoice at the Judeans in the time[c] of their ruin. Do not boast in the time[c] of distress!

13 내 백성이 환난을 당하는 날에 네가 그 성문에 들어가지 않을 것이며 환난을 당하는 날에 네가 그 고난을 방관하지 않을 것이며 환난을 당하는 날에 네가 그 재물에 손을 대지 않을 것이며

13 Do not enter my people's gate in the time of their calamity.[a] Do not gloat like the others[b] over his trouble in the time of his calamity Do not lay hands[c] on his possessions in the time of his calamity![d]

14 사거리에 서서 그 도망하는 자를 막지 않을 것이며 고난의 날에 그 남은 자를 대적에게 붙이지 않을 것이니라

14 Do not stand at the crossroads[a] to cut off his fugitives. Do not hand over his survivors in the time of distress!

야웨의 날: 이스라엘 주권의 회복

The Day of Yahweh: Restoration of Israel's sovereignty

15 여호와의 만국을 벌할 날이 가까웠나니 너의 행한 대로 너도 받을 것인즉 너의 항한 것이 네 머리로 돌아갈 것이라

15 For the Day of Yahweh is near, against all the nations. Just as you have done, it will be done to you. Your deeds will return on your own head.

16 너희가 내 성산에서 마신 것같이 만국인이 항상 마시리니 곧 마시고 삼켜서 본래 없던 것같이 되리라

16 For just as you drank on my holy mountain, All the nations will drink continually.[a] They will drink and swallow, and become as if they had never been.

17 오직 시온 산에서 피할 자가 있으리니 그 산이 거룩할 것이요 야곱 족속은 자기 기업을 누릴 것이며

18 야곱 족속은 불이 될 것이요 요셉 족속은 불꽃이 될 것이며 에서 족속은 초개가 될 것이라 그들이 그의 위에 붙어서 그를 사를 것인즉 에서 족속에 남은 자가 없으리니 이는 여호와께서 말씀하셨음이니라

19 남방 사람은 에서의 산을 얻을 것이며 평지 사람은 블레셋을 얻을 것이요 또 그들이 에브라임의 들과 사마리아의 들을 얻을 것이며 베냐민은 길르앗을 얻을 것이며

20 사로잡혔던 이스라엘의 뭇 자손은 가나안 사람에게 속한 땅을 사르밧까지 얻을 것이며 예루살렘의 사로잡혔던 자 곧 스바랏에 있는 자는 남방의 성읍들을 얻을 것이니라

21 구원자들이 시온 산에 올라와서 에서의 산을 심판하리니 나라가 여호와께 속하리라

17 On Mount Zion will be deliverance. It will be a holy place. The family of Jacob will dispossess those who dispossessed[a] them.

18 The family of Jacob will be a fire, The family of Joseph a flame. The family of Esau will become stubble. They will burn them and consume them. There will be no survivors for the family of Esau, For Yahweh has spoken.

19 The people of the Negeb will possess the mountains of Esau, The people of the Shephelah the area of the Philistines. They will possess the mountains[a] of Ephraim and the lands of Samaria And the people of Benjamin···Gilead.[b]

20 The exiles[a] of these possessions belonging to the Israelites Will possess[b] the Canaanites as far as Zarephath. The exiles of Jerusalem who are in Sepharad Will possess the cities of the Negeb.

21 Those who have been rescued[a] will go up to Mount Zion to rule over the mountains of Esau And to Yahweh will belong the kingdom.

원문주해

1.a. 하존(חזון)의 이 의미에 대해서는 사 1:1; 겔 7:26; 나 1:1; 합 2:2; 잠 29:18을 참조하라.

1.b. "…에 대하여"라는 의미로서의 레(לְ)에 대해서는 렘 49:7을 참조하라.

1.c. G의 "내가 들었다"라는 의미의 에쿠사(ἤκουσα)와 렘 49:14에 있는 병행어구는 "내가 들었다"라는 의미의 샤마티(שמעתי)가 더 원문적일 수 있다는 것을 말해 준다. 아니면 G의 원문이 렘 49:14과 일치시키려는 과정에서 훼손된 것일 수도 있다.

1.d. "보내졌다"라는 의미의 슐라흐(שֻׁלַּח)의 피엘 완료를 렘 49:14에서와 같이 칼 수동 분사인 샬루아흐(שָׁלוּחַ)로 발음한 것에서 기인된 MT에 있는 "결함이 있는" 철자법은 동일하게 원문적인 것으로 여겨질 수 있다.

1.e. 여기서 에돔은 예언의 나머지 부분과는 대조적으로 여성으로 추론된다. 그러나 렘 49:14과는 일치한다. G^L의 "그를 대항해서"라는 의미의 에프 아우톤(ἐπ' αὐτόν)은 남성 원문의 가능성을 요청하고 있다.

2.a-a. 아타 메오드(אתה מאד, "네가 크게[너는 완전히…이 될 것이다]")라는 어구를 위해서 렘 49:15은 바아담(באדם, "사람들 중에")을 가지고 있다. 이것은 동의어적인 병

행법 법칙에 좀 더 정상적인 것이기는 하지만("열국 중에"를 참조하라), 아마도 좀 더 원문적인 것은 아닐 것이다. 렘 49:15과 다른 차이점은 G가 가능할 때마다 렘 49장을 단순히 앵무새처럼 따르고 있는 것이 아니라는 것을 증명해 준다. G는 여기서 MT를 지지해 주고 있다.

3.a. 3인칭 남성 단수 접미사로 전환되는 것은 호격 뒤에는 비정상적인 것이 아니다(G-K 144 p.).

3.b. G의 휩손(ὕψῶν)과 Vg는 메림(מֵרִים, "높은 곳에, 공중에")의 발음을 지지해 준다. 그러나 MT의 메롬(מְרוֹם "높이")은 렘 49:16에 의해 확증된다.

4.a. 역본들은 MT의 심(שִׂים, 수등 분사 혹은 부정사 절대형)보다는 2인칭 남성 미완료인 테심(תשים)을 강하게 지지한다. 그러나 MT와 같이 심(שים)을 가지고 있는 관련된 민 24:21을 참조하라.

5.a. 본 절과 6절에 있는 두 개의 절들은 모두 대개 서술적인 것(어떻게!)으로 간주된다. 그러나 그 중에 하나 혹은 그 이상이 잘못 놓인 것이라는 빈번한 제안들을 피하면서 의문형으로 보는 것이 좀 더 자연스러운 해석이다.

6.a. 역본들은 여기서 단수 동사를 가지고 있기 때문에, MT의 복수 네흐페소(נחפשו)는 이어서 나오는 복수 니브우(נִבְעוּ)의 영향 아래 필사상의 오류를 범한 것으로 보인다.

6.b. 5.a.를 보라.

7.a. 라함(לחם) 칼형은 "싸우다"라는 의미를 가질 수 있고 그 접미사는 누군가가 상대하여 싸우는 사람들을 가리키는 것으로 해석될 수 있기 때문에, "전우(戰友)"라는 어구는 합리적인 번역일 수 있을 것이다. 그러나 "먹다"라는 뜻의 라함(לחם)은 어떤 어구들(참조. 잠 23:6)과 대부분의 역본들에서 연합/우정을 나타낼 수 있기 때문에 "동료들" 또한 적절한 번역이다.

7.b-b. 문자적으로는 "그/그것에 대한 이해가 없다". "이해하기(알기)"라는 뜻의 ב… בין / ב…הבין라는 어구에 비추어 볼 때, 보(בוֹ)는 아마도 그 함정(מזור - 마조르)을 가리키는 것일 것이다.

9.a. 10절에 있는 첫 번째 절과 같이 "살륙을 당하여(살륙으로 인해)"라는 뜻의 미카텔(מקטל)을 결합하고 있는 G, Syr, Vg를 따른 것이며, 또한 연사(連辭)를 첨가한 것("살륙 그리고…").

11.a. 하일(חיל)은 또한 "부", "힘", "군대" 혹은 심지어 "요새들"을 의미할 수 있다(Watts, *Obadiah*, 53). 그러므로 "소유물들"이 전할 수 있는 의미보다 더 풍부한 범위를 가지고 있다.

11.b. 혹은 "문". 본문의 불일치를 나타내는 MT의 원래 케티브케레(Kethib-Qere) 방식이 여기서 말해 주고 있는 것과 같이, MT의 자음 샤아로(שערו)는 복수형과 관련해서 애매모호하다.

12.a. 비록 미완료와 함께 쓰인 알(אל)은 "…하지 말라"로 번역하는 것이 가장 좋을지라도, "너는…해서는 안 된다" 혹은 "너는…하지 말았어야만 했다"라고 생각할 수도 있다.

12.b. 12절과 13절의 이중 삼행연구(三行聯句)가 각 행 끝의 "…의 때(날)"라는 욤(יום)과 함께 쓰이면서 너무나 반복적이어서 여기에 나타나 있는 욤(יום)은 의심스러운 어휘다. 그리고 "너의 형제에 대해 고소한 듯이 바라보다"라는 어구는 좀 더 원문적인 어법일 수도 있다.

12.c. 문자적으로는 "날". 또한 13절에서도.

13.a. G의 포논 아우톤(*πόνων αὐτῶν*) 또한 "그들의 재난"이라는 뜻의 에담(אידם) 혹은 그와 같은 것을 반영하는 것일 수 있다. 그러나 13.d.를 보라.

13.b. 문자적으로는 "너 또한".

13.c. MT의 여성 복수보다는 "손을 대지 말라"고 하는 "강조적인" 티쉬라하나(תִּשְׁלַחְנָה)로 읽은 것. 표현에서 "손"이라는 뜻의 야드(יד)가 빠진 것에 대해서는 삼하 6:6; 시 18:17을 참조하라. 어떤 수정도 요구되지 않는다.

13.d. 만약 G 번역자가 12절의 다양성과 병행되는 관점에서 13절에 있는 행의 끝들을 위해 일종의 다양성을 단순하게 추구한 것이 아니라고 한다면, G의 아폴레이아스(*ἀπωλείας*)는 "파멸"이라는 뜻의 원문적인 아바드(אבד)를 반영하는 것일 수 있다.

14.a. 나 3:1에서 페레크(פרק)는 "약탈하다", "전리품 나누기"라는 의미를 가진다. 그러므로 이 어휘는 여기서 또한 구약에서 유일하게 쓰인 그 다른 용도로 예루살렘의 파멸에서 탈출했던 자들로부터 취한 노예들을 나누는 것을 의미할 수 있다.

16.a. 많은 중세 히브리어 사본들은 "모든 주변에"라는 의미의 싸비브(סביב)라는 어휘를 가지고 있다(참조. 슥 12:2). 그러나 역본들은 MT를 지지한다.

17.a. MT의 "자기 기업(그들의 소유물들)"이라는 뜻의 모라셰헴(מורשיהם) 대신에 G, Syr, Tg, Vg 그리고 무라바트(Murabbaat) 사본 88의 מורישיהם을 따라 읽은 것.

19.a. G의 토 오로스(*τὸ ὄρος*)는 MT의 "…의 땅/밭"이라는 뜻의 사데(שדה)보다는 "…의 산"이라는 뜻의 원문적인 하르(הר)를 말하고 있다.

19.b. 본문의 원문 훼손을 말하고 있는 두 번째 이행연구(二行連句)의 문법과 시(詩)적인 구조는 이상스러운 면이 있다. "주석"을 보라.

20.a. 혹은 "군대". 그러나 본문은 여기서 원문이 훼손되었을 가능성이 있다.

20.b. 일관적인 병행적 구조는 "…을 소유할 것이다"라는 뜻의 야라슈(ירשו)가 원문적인 어휘이고, MT의 아셰르(אשר)는 잘못 필사한 것이라는 사실을 분명하게 보여 준다.

21.a. MT의 "구원자들"보다는 G, ά, θ΄, Syr에 따라서 "구원받은 자들"이라는 뜻의 호팔 분사형인 무샤임(מוּשָׁעִים)으로 읽은 것.

양식/구조/배경

1-18절이 시적이라는 데는 오바댜의 구조를 분석한 사람들은 거의 일치하는 견해를 가지고 있다. 19-21절은 위의 번역이 보여 주는 대로 이 구절들의 병행법이 시로 생각되도록 하는 데 아무런 장애를 주지 않는 것 같을지라도, 이 구절들은 종종 산문으로 여겨진다. 일반적으로 오바댜는 하나의 단위로 여겨져야 할 모든 이유를 가지고 있다. 즉 이스라엘을 상대하고 있는 에돔에 대한 위협적인 선언(또한 **서론**을 보라)이라는 단일한 주제를 가진 독립적인 예언적 신탁이다.

이방 나라들에 대한 예언적인 신탁들은 많은 형태들을 취하고 있지만, 다음과 같은 요소들을 주로 포함하고 있다. (1) 고발되어야만 할 대적 나라를 밝힘(이 신탁에서는 1절; 참조. 사 19:1; 렘 49:1; 겔 28:21). (2) 그 대적 나라에게 종종 직접적인 말을 포함하는 말로 다가오는 재앙을 경고하기(이 신탁에서는 주로 2-18절; 참조. 특히 사 19장, 그 중에서 특히 11-12절; 렘 49장, 특히 3-5절; 겔 28:22-23). (3) 그 대적 나라에 대한 야웨의 결정적인 간섭과 징벌에 대한 언급 혹은 묘사(이 신탁과 사 19장; 렘 49장; 겔 28:23-26; 이곳 저곳) 그리고 (4) 그 대적 나라에 대한 이스라엘의 다가오는 높아진 관계에 대한 예언(이 신탁에서는 17-21절; 참조. 사 19:17, 24-25; 렘 49:3c; 겔 28:24-26).

아이러니한 반전(反轉) 또한 이방 나라들에 대한 몇몇 신탁들의 특징이다. 예를 들어, 압제를 가한 나라는 그 나라가 보여 주었던 바로 그와 같은 종류의 취급을 되돌려 받게 될 것이다. 오바댜서에서는 7-8, 11절 그리고 특별히 15절이 이런 면을 반영해 주고 있다. 이것은 요엘 4:4-8[3:4-8]; 예레미야 51:49 등과 비교해 볼 수 있는 면들이다. 종합적인 병행법이 오바댜서를 주도하고 있다. 그러나 눈에 띄는 동의어적인 이행연구(二行連句)들이 5-8, 14절 그리고 18절에서 발견되며, 눈에 띄는 동의어적인 삼행연구(三行聯句)들이 12절과 13절에서 발견된다. 시적인 구조에서 주목할 만한 면은 삼행연구들의 잦은 빈도수다. 16개의 이행연구들 가운데 12개의 삼행연구들이 있다. 그래서 개별적인 시행들은 이행연구 안에서(모두 32행)보다는 삼행연구 안에서(모두 36행) 통계적으로 더 많이 발견되는 것 같다. 비록 삼행연구의 분포가 전형적으로 예견할 수 없고 아마도 중요하지 않을지라도, 삼행연구의 분명한 숫자는 놀라울 정도로 높은 것이다. 이 점은 예레미야 51:25-58과 같은 단지 몇 안 되는 다른 구약의 예언적 본문들과만 비교될 수 있는 면이다.

짧은(*b*) 운율에 비해서 **긴**(*l*) 운율이 압도적으로 다수인 것이 특징이다. 5절과 6절에서는 *b* : *b* 운율이 주도하고 있다. 다른 경우에는 *l* : *l* 혹은 *l* : *l* : *l* 운율이 전역에 균일하게 퍼져 있다.

오바댜서의 구조에 대해서는 여러 사람이 설득력 있는 분석을 했다. 예를 들어, 왓츠는 오바댜서의 개요를 다음과 같이 말했다: 표제(1a); 오디션("싸우기 위해 일어나라!", 1b-c); 첫 번째 심판 선언(2-4); 두 번째 심판 선언(5-10); 고발과 재해를 면하기를 바라는 기원(11-14절); 신학적인 설명(15-16절); 곧이어 다가오는 정황들에 대한 환상(17-21절)[Watts, *Obadiah* and *ISBE*, rev. ed., 574-75]. 뮬렌버그의 분석은 조금 다르다(J. Muilenburg, *IDB*, 578-79). 2-10절에는 "에돔에 대한 하나님의 심판"이라는 제목을 붙였다(하위 단락들은 다음과 같다: 낮아진 에돔의 교만, 2-4절; 파멸, 약탈, 유기, 5-7절; 에돔이 부끄러움을 당하는 날, 8-10절). 11-14, 15b절에는 "에돔의 반역의 날"이라는 제목을 붙였다(하위 단락들: 예루살렘이 멸망할 때 에돔의 무관심, 11절; 유다의 재앙에 대해 에돔이 보이는 악의적인 방관, 12절; 에돔의 예루살렘 침공, 13절; 바벨론 군대를 지원하는 에돔, 14절; 심판, 15b절). 에돔에 대한 마지막 단락인 15a, 16-21절에는 "야웨의 날"이라는 제목이 붙여졌다(하위 단락들: 운명의 반전[反轉], 15a, 16-18절; 다시 소유한 땅, 19-21절).

우리의 분석은 어느 정도 다르긴 하지만, 다른 사람들의 구조 분석을 거부하는 것이라기보다는 하나의 대안으로서 보아야만 한다. 오바댜서의 분명한 주제적 강조점들은 의심의 여지가 없을뿐더러, 그 논리적인 통일성은 덧붙여진 다양한 개요들 아래서도 분명하기 때문이다. 우리의 견해에 의해 오바댜서는 다음과 같은 개요가 서술될 수 있을 것이다.

A. 머리말(1a절)
B. 서론(1b절)
C. 에돔의 다가오는 패망(1b-9b절)
D. 유다에 대한 에돔의 범죄(9b-14절)
E. 야웨의 날: 이스라엘의 주권 회복(15-21절)

선지자의 말씀들이 하나님으로부터 직접 주어지는 구약 예언서에서 야웨는 매우 일관적인 방식으로 종종 인용된다.(1, 2, 4, 8, 13?, 16절) 이런 면은 예레미야 49:7-22에 있는 에돔에 대한 신탁에서도 동일하게 보이는 특징이다. 예레미야

49:7-22에서 9절과 14-16절은 오바댜 1-4절과 5절과 거의 동일시된다.

이처럼 오바댜 1-5절이 예레미야 49장의 부분과 겹치는 점은 다음과 같은 전형적인 질문을 야기시킨다: 어떤 본문이 먼저인가? 실제적으로 그런 경우들에 늘상 그렇듯이, 그 대답은 대답할 분명한 방도를 가지고 있지 않다는 것이다. 오바댜는 예레미야의 어구들의 어떤 것들을 차용해 왔을 수 있다. 혹은 그 반대의 경우도 가능하다. 혹은 오바댜와 예레미야 모두 그 중 어느 하나는 그 신탁들이 그렇게 쓰이도록 영감된 더 이른 시기의 긴 신탁들에서 독립적으로 차용해 왔을 수도 있다. 예레미야와 오바댜는 공유하고 있는 본문의 부분들을 역의 순서로 그리고 다른 상대적인 관점들에서 배열하고 있다. 이와 같은 사실은 어느 책도 일부러 다른 것을 앵무새와 같이 흉내내고 있는 것이 아니라, 각각의 책은 유다에 이미 유포되고 있는 시의 전통적인 행들로부터 부분적으로 그 신탁을 구성한 것이라는 사실을 말해 주는 것일 것이다. (오늘날 대부분의 시가 보여 주는 것과 같은 방식에서 볼 때, 고대의 시는 그리 창의적인 것은 아니었다는 사실에 대해서는 S. B. Lord, *The Singer of Tales*[Boston: Atheneum, 1968] 3-67를 보라). 오바댜서와 예레미야 49장이 서로 상응하는 점은 다음과 같이 병치시켜 놓는 방식을 통해 편의상 요약될 수 있을 것이다.

וציר בגוים שלח	שמועה שמענו מאת־יהוה	옵 1b절
" " "	" שמעתי " "	렘 49:14a
… למלחמה	קומי ונקומה עליה	옵 1c절
וקומו למלחמה	התקבצו ובאו "	렘 49:14b
בזוי אתה מאד	…הנה קטן נתתיך בגוים	옵 2절
" באדם…	כי " " " "	렘 49:15
… …	זדון לבך השיאך	옵 3a절
זדון לבך ·	תפלצתך השיא אתך	렘 49:16a
…מרום שבתו	שכני בחגוי סלע	옵 3b절
תפשי " גבעה	" " הסלע	렘 49:16b
מי יורדני ארץ	אמר בלבו	옵 3c절
… … …	… …	렘 49:16

옵 4a절	אם תגביה כנשר	ואם בין כוכבים שים קנך
렘 49:16c	כי ” ”	... ... ”
옵 4b절	משם אורידך	נאם יהוה
렘 49:16c 계속	” ”	” ”
옵 5a절	אם גנבים באו לך	אם שודדי לילה
렘 49:9b	” ”	... ... בלילה
옵 5b절	איך נדמיתה	הלוא יגנבו דים
렘 49:9b 계속	... .	... השחיתו ”
옵 5c절	אם בצרים באו לך	הלוא ישאירו עללות
렘 49:9a	” ” ” ”	לא ” ”

이런 배치는 사소한 철자법적인 변형들(예를 들어, 옵 1b절의 שלח와 렘 49:14a의 שלוח)은 무시한 것이다. 이 철자법적인 변형들이 아니라면 동일한 어휘들이었음이 분명하다. 오바댜서의 이 부분에는 62개의 어휘 그룹이 있다. 그 중에 34개(55%)가 예레미야 49장에 있는 병행적 표현에서 동일하게 발견된다. 다른 6개(10%)는 거의 동일하다(예를 들어, 옵 1b절의 샤마누[שמענו, "우리가 들었다"]와 렘 49:14a의 샤마티[שמעתי, "내가 들었다"]). 따라서 어법의 대략 3분의 2가 거의 동일한 것인데, 이런 길이의 본문에서 우연적으로 그런 일치가 일어난 것이라고 생각하기에는 불가능한 비율이다. 로빈슨(T. H. Robinson)을 따라서 여러 주석가들은 오바댜의 어법이 더욱 원본적이지만, 예레미야의 어법이 더욱 잘 보존된 것이라고 결론을 맺는다. 그러나 그 어느 경우라도 우리는 원전성과 보존성에 대해 어떤 확신을 가지고 주장을 할 수는 없다. 예를 들어, 예레미야서는 몇 개의 어휘를 "빼놓은 채로" 이행연구(二行連句)를 구성하고 있는 반면에(49:16c), 오바댜서는 4a절에서 삼행연구(三行聯句)를 구성하고 있다. 예레미야가 49:16a에서 이행연구를 구성하고 있는 곳에서, 오바댜는 여러 가지 어휘들을 "빼놓은 채로" 그리고 주어와 서술어를 다른 순서(3a절)로 놓으면서 단지 단일한 행으로 만들었다. 그런 뒤에 오바댜서는 그 단일한 행을 예레미야 49:16b의 마지막 두 행을 대부분 공유하고 있기는 하지만, 정확하게 동일하지는 않은 삼행연구의 첫 번째 행으로 만들고 있다. 이런 등등의 변화가 있다. 따라서 예레미야 49장의 본문은 오바댜서와 겹치는 부분을 설명하기 위해 유용하게 사용될 수 있을 것이다. 그러나 전승의

과정에서 무엇인가가 오바댜서에서 소실된 것이 다른 어떤 방법에 의해 증명되지 않는다면, 오바댜서의 본문을 복원하기 위해 사용될 수는 없다.

오바댜서의 연대기는 아마도 주전 586년에 바벨론 군대에 의해 예루살렘이 함락된 직후의 시기가 가장 적절할 것이다. 이 연대기와 에돔이 이스라엘과 유다와 가진 관계의 역사에 대해서는 위의 **서론**을 보라.

주석

1 이 간략한 표제는 오바댜서의 간결성과 어울리며(참조. 요엘, 하박국, 말라기), 이사야 1:1; 미가 1:1과 같이 이 표제는 그 내용을 묘사하기 위해 "묵시(계시)"라는 뜻의 하존(חזון)을 사용하고 있다. 예언서들의 서문은 여러 가지 양식을 취하고 있다. 열 가지가 어떤 방식으로든 관련된 연대기적 정보를 주고 있다. 오바댜서와 다른 다섯 개의 선지서들(요엘, 요나, 나훔, 하박국, 말라기)은 연대기에 대한 정보가 전무하다. 오바댜서의 서문은 "주 여호와"라는 복합 칭호인 아도나이 야웨(אדני יהוה)를 독특하게 사용하고 있다. 이 아도나이 야웨(אדני יהוה)라는 하나님에 대한 칭호는 오바댜서의 다른 곳에서는 사용되고 있지 않으며, 에스겔서와 아모스서를 제외하고는 다른 선지서들에서 전혀 사용되고 있지 않은 용어다. 아도나이 야웨(אדני יהוה)는 에스겔서와 아모스서에서 매우 일반적인 칭호다. 오바댜서가 정경적인 순서에서 아모스서 다음에 나온다는 사실은 이 "표제어"에 토대를 두고 연결되고 있다는 것 이외에 다른 어떤 의미도 없다.

1절의 나머지 부분(왓츠[Watts]가 "오디션"이라고 부른)은 시적인 삼행연구로, 열방들에게 에돔에 대해 군사적인 공격을 할 것을 말하는 전령자 담화의 요지를 말해 주고 있다. 전쟁으로 부르는 어구는 문체적으로 전형적인 형태를 보여 준다(참조. 사 21:5; 렘 6:4-5; 49:14, 28, 31; 욜 3:9-13; 미 4:13; R. Bach, *Die Aufforderungen zur Flucht und zum Kampf in Alttestamentlichen Prophetenspruch*, WMANT 9, [Neukirchen: Neukirchener Verlag, 1962] 62-65를 보라). 야웨가 세계의 모든 나라와 민족들을 다스리고 계신다는 일반적인 개념이 "열국"(복수)이라는 말의 언급 속에 암시되어 있다. 따라서 유다가 동맹국들을 가지고 있지 않다는 가정 아래 어리석게 행해는 유다에 대한 에돔의 교만(3-4, 12절)은 모든 나라가 에돔을 대항해서 돌아서게 되는 실망스러운 상황(참조. 6-7, 15절)으로 인해 꺾이게 될 것이다.

2 에돔에게 다가오는 심판은 처음 부분에 요약되어 있다. 에돔은 그 크기와 영향력이 매우 작아지는 나라가 될 것이며, 다른 열국에 의해 정죄를 받게 될 것이다. 따라서 두 가지 저주 유형(**전체 서론**을 보라)이 에돔의 미래에 이루어질 것이다: 숫자가 줄어드는 것(유형 12; 참조. 레 26:22, 36; 신 4:27; 28:62)과 불명예/좌천(유형 16; 참조. 신 28:25, 27, 43, 44). 오경적 제재 규약에서 이스라엘에게 선포되었던 저주의 범주들이 열방에 대한 신탁들에서 이스라엘의 대적들에게 적용될 수 있다는 것을 주목하라. 이런 적용은 이스라엘의 대적들을 이스라엘이 이기게 될 것이라는 회복의 축복에 따라 이루어진다(회복 축복 유형 9; 참조. 신 30:7, "네 하나님 여호와께서 네 대적과 너를 미워하고 핍박하던 자에게 이 모든 저주로 임하게 하시리니").

또한 열방에 대한 신탁들의 전형적인 형태에서 야웨는 에돔에게 1인칭으로 직접적으로 말하고 있으며, 그 징벌이 실제적으로는 이미 성취된 것이라는 사실을 강조하기 위해 "내가 너를…하게 만들었다/만들 것이다"라는 "예언적 완료"를 사용하고 있다.

3 에돔의 교만이 이방 신탁들의 전형적인 양식에서 표현되는 비웃음(특별히 에스겔서에 있는 표현들: 겔 27:3; 28:2, 17; 29:3; 31:2; 32:2; 참조. 사 37:23, 29; 합 2:4, 5)을 통해 조롱받는다. 에돔은 부분적으로는 바위(틈)에 거하는 그 위치로 인해 스스로가 위대하다고 생각하는 어리석음을 범하고 있다("바위"라는 뜻의 쎌라[סלע]는 에돔의 수도인 셀라[Sela]를 동시에 나타내는 동음이의[同音異義]어적인 익살스런 표현임). 고대에는 높이 있는 것은 군사적인 측면에서 항상 매우 유리한 면이 있었다. 셀라는 깎아지른 듯한 절벽들로 둘러싸여 있는 움 엘-비야라(Umm el-Biyara) 고지대에 위치해 있었고, 오로지 잘 방어되고 있는 남쪽 경사길을 통해서만 접근할 수 있었다. 이런 에돔의 지정학적인 위치는 에돔에게 커다란 자신감을 주었던 것이다.

4 야웨의 권능은 무제한적이기 때문에 에돔이 아무리 높은 곳에 있고 아무리 잘 방비되고 있다 할지라도 그런 것은 전혀 문제가 되지 않는다. 에돔은 멸망할 것이다. 셀라와 더불어 셀라 가까이에 있는 페트라(Petra)의 초기 요새 성읍들뿐만 아니라 에돔의 주요 성읍들인 드만(Teman)과 보스라(Bozrah)는 거의 침투할 수 없는 높은 바위들이 있는 곳에 위치해 있어서 각각의 성읍들은 오로지 좁고 공격을 받기 쉬운 골짜기를 통해서만 도달할 수 있었다. 그럼에도 불구하고 야웨는 주전 약 775년경에 에돔인들에 대한 아마샤(Amaziah)의 성공적인 전투로 위태한

지경에 놓인 셀라를 이미 보여 주었다(왕하 14:7). 셀라는 주전 605년 예루살렘에 대한 애굽의 공격 혹은 주전 598년 바벨론의 공격이 있을 때까지 유다의 관할 아래 있었을 것이다. 독수리를 언급함으로써 강함과 자유를 은유(隱喩)적으로 나타내는 것에 대해서는 출애굽기 19:4; 사무엘하 1:23; 시편 103:5; 이사야 40:31; 애가 4:19; 호 8:1 등을 참조하라.

5 두 개의 의문문이 5절을 구성하고 있다. 이 두 개의 의문문은 부분적인 상실의 이론적인 예들과는 대조적으로 에돔의 다가오는 완전한 상실에 초점을 두기 위해 의도된 수사학적인 질문들이다. 도둑들은 그들이 가지고 갈 수 있는 것만을 가져갈 수 있다. 포도를 따는 자도 모든 포도를 딸 수 있는 완전한 작업을 하는 충분한 시간을 가지지는 못한다(이것은 고대와 현대에 전형적으로 볼 수 있는 상황이다. 대부분의 곡물이 익는 것은 너무나 빨라서, 그 곡물의 처음 것을 지나치게 주의를 기울여 따면 나머지 곡물은 익은 시기를 넘겨 망쳐 버리게 되기 때문이다). 그러나 6-9절이 말하고 있는 대로 에돔은 전쟁에서 패하게 되고 약탈당할 때 완전히 발가벗겨질 것이다.

6 승리자들은 철저하고도 유유하게 자행하는 완전한 약탈을 통해 에돔의 모든 중요한 소유물들을 빼앗아 갈 것이다. 에서라는 용어는 오바댜서 전체를 통해 종종 표현되는 대로(8, 9, 18, 19, 21절) 여기서도 에돔을 나타내는 것으로 사용되고 있다. 오바댜서 이외에 이 용어의 용법은 신명기 2장; 예레미야 49장; 여호수아 24장; 말라기 1장 그리고 창세기 등에서 제한적으로 쓰이고 있다. 이름의 시조가 되는 조상인 에서에 대조되는 것으로서 그 나라를 위한 좀 더 일반적인 이름으로 쓰이는 에돔은 서론(1절)에서와 8절에 있는 장소의 교만을 나타내는 이유에서와 같이 구약의 다른 곳에서는 주도적으로 사용되고 있다.

7 에돔은 강력한 군사력을 가지지 못하게 만드는 그 적은 인구와 제한적인 농경적 부(富)로 인해 군사적으로는 약한 나라였다. 그러므로 에돔이 유다의 네게브를 공격하고 예루살렘을 약탈하는 자를 도울 수 있었던 것은 좀 더 강력한 나라들, 특별히 바벨론과 맺은 비굴한 동맹에 의존한 것이었다. 선지자의 아이러니한 반전(反轉)을 표현하는 어휘는 여기서 일련의 예언들과 함께 계속된다. 다시 예언적 완료로 표현되고 있는 이 예언들은 에돔이 믿었던 나라, 그리고 그 나라의 힘으로 에돔이 번영했던 바로 그 나라의 손에 의해 에돔이 배반당하게 되는 것을 내다보고 있다. "속임을 당하고"(השיא – 히쉬) "함정에 빠지게 되어"(מזור – 마조르) 에돔은 "지각이 없음으로"(אין תבונה בו – 엔 테부나 보) 인해 어떤 일이 다가오고 있

는지 깨닫지 못할 것이다. 이 징벌은 신명기 28:29에 나오는 무기력하게 되는 저주의 성취를 나타내고 있다: "…항상 압제와 노략을 당할 뿐이니 너를 구원할 자가 없을 것이며."

8 이런 무지함의 이유는 야웨가 에돔에서 잘 결정하는 것을 제거하기 위해 간섭하실 것이기 때문이다. 야웨는 에돔의 남은 인구와 더불어 그 모든 지혜 있는 자들을 멸함으로써 간섭하실 것이다. 본질적으로 지도층이 없으면 백성들은 무기력하게 될 것이다(저주 유형 19; 참조. 레 26:37; 신 28:29). "에서의 산(들)" (הר עשו – 하르 에사오)은 아래 9절에서와 유사하게 여기서는 "에돔"과 더불어 단순한 동의어적 병행법 속에서만 언급되고 있다. 지혜 있는 자들은 산들 혹은 그와 같은 곳으로 달아나는 것이 아니기 때문이다.

9 오늘날의 타윌란(Tawilan; N. Glueck, *The Other Side of the Jordan* [Cambridge, MA: ASOR, 1970] 25-26)일 가능성이 있는 드만(Teman)은 에서의 손자(창 36:11; 대상 1:36) 이름을 따라 지은 에돔 북쪽에 있는 주요 성읍이었다. 드만은 에돔과 연관되어 현저하게 드러나도록 언급되고 있다(렘 49:7; 겔 25:13; 암 1:12). 그리고 비록 드만이 사실상 에돔의 수도였다는 증거는 없을지라도, 드만은 욥의 "위로자" 엘리바스뿐만 아니라 초기 에돔 족장들의 고향이었다(창 36:15, 34, 42). 오바댜의 동시대 선지자인 하박국은 남쪽에서부터 이루어지는 구원의 행진을 말하는 자신의 시(합 3:3)에서 야웨가 이루시는 정복들 가운데 드만을 포함하고 있다. 셀라는 이미 오바댜 3절에서 언급되었다. 에돔의 다른 주요 성읍인 보스라는 오바댜서에서 언급되지 않는다. 만약 그 성읍민들이 두려워한다면(저주 유형 4; 참조. 레 26:36-37), 전체("에서의 산들") 에돔은 멸망당하게 될 것(저주 유형 24)이라는 사실을 말하기 위해서는 드만의 용사들을 포함하는 것만으로도 충분하다.

10 예언의 이 부분에서 유다에 대한 에돔의 죄악으로 관심이 전환된다. 9절의 마지막 어휘 그룹(מקטל – 미카텔, "살륙을 당하여")과 10절의 처음 어휘 그룹(מחמס – 메하마쓰, "포학을 인하여")은 이미 어떤 무장된 충돌과 같은 것을 가리켜 주기는 하지만, 그것이 유다에 대한 에돔의 직접적인 공격을 말하는 것이라고 볼 필요는 없다. 이 시의 나머지 부분에서 에돔인들은 유다가 약탈당하는 것을 지원해 준 것(11절), 유다가 당하는 대가를 통해 그들이 이득을 취한 것(12절), 예루살렘과 아마도 다른 성읍들이 약탈당하는 것(13절) 그리고 감옥에 있는 유다인들이 탈출하지 못하도록 한 것(14절) 등에 대한 책망을 받는다. 그러나 유다를 공

격하는 데 있어서 어떤 군사적인 역할을 취한 것에 대해서는 특별하게 언급이 없다. 그 군사적인 공격은 전적으로 바벨론의 몫이었다. 그러나 그들이 바벨론의 침략으로부터 이득을 취한 것으로 인해, 그들은 "멸절될"(כרת – 카라트) 것이고 본질적으로 유다인들이 최근에 겪은 운명(11-14절)을 겪게 되는 "수욕"(בושה – 부샤)을 당하게 될 것이다. 여기서 처음으로 에돔 자손-이스라엘 자손(Edomite-Israelite)의 근족 관계를 말해 주는 주제가 "네 형제 야곱"(참조. 창 25:21-30)이라는 말로 인해 부각되었다(또한 12, 17, 18절).

11 그러나 그 대적이 예루살렘을 점령하고 약탈했을 때, 이 형제는 아무런 도움도 주지 않으면서 이방인(כאחד – 케아하드, "그들 중에 한 사람과 같이")처럼 행했다. 물론 에돔과 이스라엘/유다의 오랜 적의로 인해 에돔이 바벨론에 대항해서 유다에게 도움을 주기 위해 달려갔을 것이라고 기대할 수는 없을 것이다. 그러나 그것은 이 고발이 말하고 있는 요지가 아니다. 그보다는 바벨론 군대가 예루살렘을 도륙하는 동안 에돔인들은 아무것도 할 수 없었던 것처럼 평안하게 그 시간을 보내면서, 예루살렘의 남은 자들을 삼키려는 독수리같이 맴돌고(13절) 있었던 것과 남쪽을 향해서 달아나는 예루살렘 피난민들을 공격하기 위해 기다리고 있었던 것(14절)에 대해 혹평을 받고 있는 것이다. 달리 말하자면, 에돔은 바벨론에 대해 분명히 비(非)적대적인 정책을 쓰고, 주전 586(혹은 598)년에 정말로 바벨론을 지원함으로써 상당한 이득을 챙겼다. 그 당시에 바벨론은 에돔의 비열한 행위를 지지해 주었기 때문이다.

12 이제 전형적인 구문론적 문체 속에 8개의 일련의 금지 사항들이 나열되고 있다. 이 구문론적인 문체는 어떤 일반적인 금지(לא – 로, "아니다"+미완료)가 아니라, 구체적이고 개별적인 상황의 금지(אל – 알, "…을 하지 말라"+미완료)를 나타내 주고 있다. 12-13절을 구성하고 있는 두 개의 삼행 연구(三行聯句)는 6번 그리고 14절 끝에서 일곱 번째에 나오는 알(אל, "…을 하지 말라")과 더불어 반복되는 바욤(ביום, "…의 날에")으로 이루어진 고도로 양식화(樣式化)된 동의어적 형태로 구성되어 있다. 12절에서 비난되고 있는 것은 에돔의 고소해하는 것/즐거워하는 것/자랑이다. 그런 것은 잘못된 것이며 지속될 수 없는 것이기 때문이다(15절). 여기서 유다 자손(בני יהודה – 베네 예후다)은 불행/패망/불운에 의해 영향을 받는 집단으로 묘사되고 있다(저주 유형 25). 이런 구체적인 묘사로 인해 우리는 오바댜서가 주전 6세기 초반부에 이루어진 바벨론 정복기에 씌어진 것이라는 사실을 알 수 있다. 이스라엘은 이미 앗수르에 의해 주전 722년에 멸망했다.

13 13절의 삼행연구 중간 행은 다시금 유다의 재난을 고소해하는 것(ראה···ב – 라아 베)에 대해 말하고 있다. 그러나 첫 번째와 세 번째 행은 약탈에 대한 경고를 첨가하고 있다. 아마도 십중팔구 에돔인들은 예루살렘이 바벨론 군대에 의해 약탈되고 대부분 버려진 이후 오래도록 (만약 그렇게 했다면) 그 성읍에 들어가지 않았을 것이다. 그러나 에돔인들은 바벨론 군대가 조직적으로 약탈하기에는 너무나 작고 많은, 유다의 수많은 성읍들을 약탈했을 것이다. 예루살렘은 2년 동안 포위를 당한 뒤 주전 586년 첫 번째 달에 멸망했다(왕하 25:1-8). 바벨론 군대가 예루살렘 포위 공격에 집중하고 있었던 주전 588-586년 어간에도 에돔 잔당들은 보호를 받고 있지 못했던 남부 성읍들을 약탈하고 있었을 가능성을 배제할 수 없다. 문체적으로 다시금 문장 끝에서 반복되는 어구, 즉 "그들의/그의 환란을 당하는 날에"(ביום אידו/ם – 베욤 에담/에도)라는 반복되는 어구로 삼행연구를 특징적으로 나타내 주고 있다.

14 본 절에 나오는 (유다의) 도망하는 자들을 막는 것에 대한 진술은 예루살렘 성읍이 멸망하기 바로 전에 예루살렘으로부터 도망쳐 나온 시드기야와 유다 군대에게 에돔이 피난처 주기를 거절한 것(왕하 25:4-6)을 가리키는 것이라는 이론이 때때로 제기되고 있다. 왕과 그의 군대는 여리고를 향해 북동쪽으로 달아났기 때문에, 이런 재구성은 신빙성이 없어 보인다. 그러나 예루살렘의 포위와 함락이 에돔인들에게 유다의 일부분을 차지하도록 했을 뿐만 아니라, 바벨론의 군사력을 피해 달아나는 유다의 이탈된 병사들 그리고/혹은 성읍민들을 포획하도록 하는 기회를 한동안 주었으리라는 것에 대해서는 의심의 여지가 있을 수 없다. 더욱이 유다의 지도층이 연이어 포로로 잡혀가는 상황(왕하 25:11-12)은 에돔의 습격에 거의 저항할 수 없었고, 심지어는 그 에돔인들이 유다에 영원히 거주하는 것도 가능하게 해주었을 것이라는 사실을 의미했다. 주전 586년 이후에 이루어진 에돔의 행위들에 대한 더 심한 비난은 에돔이 이런 기회들이 제공하는 유익을 온전히 누렸다는 것을 암시해 준다(시 137:7; 애 4:21-22). "사거리에 서서 그 도망하는 자를 막는다"라는 이미지에 대해서는 예레미야 48:19; 사사기 12:5; 예레미야애가 4:12-19을 참조하라(후자는 21-22절의 내용과 비슷하다는 점을 고려해 볼 때, 에돔의 행위에 대한 어떤 부분을 말해 주는 것일 수 있다).

15 이제 신탁은 전반적인 문맥에서 에돔에 대한 재앙을 선언하는 예언을 설정하는 새로운 단락에 접어든다: 야웨의 날이 다가오고 있다! 군사적, 정치적으로 야웨의 주권적 간섭이 이루어지는 이 위대한 날은 선지자들이 오랫동안 고대한 날

이었다(참조. 암 5:18-20; 사 13:6-13; 렘 46:10; 습 3:8; von Rad, "The Origin of the Concept of the Day of the Lord", *JSS* 4[1959] 97-108; D. Stuart, "The Sovereign's Day of Conquest," *BASOR* 221[1976] 159-64를 참조하라). 이런 야웨의 주권적 간섭의 날은 에돔이 패망하는 날이 될 것이다. 에돔의 운명은 분리되지 않고 "만국인에 대한"(על־כל הגוים – 알-콜 하고임) 일반적인 심판에 함께 엮이게 된다. 모든 정당한 심판들과 같이, 이 일반적인 심판에서는 악이 전도(顚倒)되고 온 세상에 걸쳐서 선이 확립될 것이다(또한 이방 신탁 안에서 이루어지는 내용은 사 13:11을 참조하라). 따라서 에돔은 에돔이 받아 마땅한 것으로 **탈리온**(*talion*) **법**(참조. 레 24:20; 신 19:21)에 있는 대부분의 것을 받게 될 것이고, 그들이 저지른 것에 정확하게 맞는 징벌을 받게 될 것이다. 에돔이 다른 나라들에게 저질러 하나님의 진노를 일으킨 바로 그런 일들(또한 욜 3:4-8 등등에 있는 대로)이 이제는 에돔에게 돌려질 것이다. 기회주의적인 공격자이며 약탈자가 공격을 받게 될 것이고 약탈을 당하게 될 것이다.

16 이 삼행연구(三行聯句)는 마시는 것과 취하는 것에 대한 대조를 유비적으로 나타내고 있다. 마시는 것은 즐겁고, 상쾌하고, 매력 있는 것일 것이다. 술 취하는 것은 과도하고, 파괴적이며, 심지어는 정치적으로 치명적인 것이다. 예루살렘이 주전 586년에 바벨론에게 함락되었을 때, 애돔인들은 의기양양한 승기 속에 예루살렘에서 비유적으로 만취했었다(הר קדשי – 하르 카드시, "나의 성산에서"; 참조. 사 11:9; 겔 20:40). 에돔인들은 아마도 예루살렘 자체를 약탈하지는 않았을 것이다. 그러나 그들이 유다 지역을 차지하고 유다 남동부의 성읍들을 약탈한 것이 마시는 것으로 상징적으로 표현되고 있다. 그러나 이제 에돔을 포함해서 **만국**은 계속해서 마실 것이다(참조. 15절). 사실상 야웨가 그들로 하여금 혼수 상태에서 죽을 때까지 마시는 자가 되도록 하시기 때문이다("본래 없던 것같이 되리라"). 열방이 그들의 징벌을 마신다는 이 주제에 대해서는 예를 들어 이사야 51:17-23; 예레미야 25:15-29; 에스겔 23:31-34; 하박국 2:16을 보라.

17 비록 에돔 산의 견고함이 깨어지고 파괴될지라도, 유다의 산에 있는 성소(קדש – 코데쉬, "거룩한 장소")는 해(害)로부터 영원히 벗어나는(פליטה – 펠레타) 장소가 될 것이다. 그 시온산은 다시 한 번 "야곱 족속"인 이스라엘에게 전적으로 속하게 될 것이다. 이스라엘 백성들을 그 성읍에서 몰아냈던 그 어떤 에돔인들, 그 어떤 이방 점령자들과 침략자들도 스스로 쫓겨날 것이다. 단지 성전 지역뿐만이 아니라 예루살렘 전역이 사실상 거룩한 장소가 될 것이다. 그 거룩한 장소에

는 하나님의 성결법에 따라 의로운 백성만이 거주할 수 있게 될 것이다(참조. 레 21:11-23; 민 19:20). 하나님의 성소를 말하는 일반적인 의미의 이스라엘 땅과 특별한 의미의 예루살렘에 대해서는 출애굽기 15:17; 시편 78:69을 참조하라.

18 불에 의한 파멸은 하나님의 징벌이다(유형 10; 참조. 신 28:24; 32:22). 그리고 이스라엘 백성들은 그 징벌 적용의 수단으로 여기서 은유(隱喩)적으로 묘사되고 있다. 철저하게 동의어적인 첫 번째 이행연구(二行連句)에서 야곱의 가장 탁월한 아들인 요셉은 북쪽 지파들을 강조하는 수단이라기보다는 "목록" 병행법을 통해 야곱과 병행되고 있다(S. Geller, *Parallelism in Early Biblical Poetry*, HSM 20[Missoula, MT: Scholars Press, 1979] 35, 301-05를 보라).

본 절의 결론을 맺고 있는 삼행연구(三行聯句)는 그 불의 대상이 되는 목적물을 에서로 말하고 있으며, 불타 버린 그루터기(קש – 카쉬)와 생존자(שריד – 사리드)가 없는 것과 같이 에서의 완전한 파멸을 강조하고 있다. 마치 19절이 새로운 단락을 시작하는 것을 말하는 것처럼, "이는 여호와께서 말씀하셨음이니라"는 뜻의 키 야웨 디베르(כי יהוה דבר)라는 감탄사를 일종의 종결 진술로 볼 수는 없다. 신탁에서 그런 감탄어구가 내부적으로 놓이는 것은 일반적인 것이기 때문이다(예를 들어, 사 1:2; 렘 13:15).

19 약속의 땅을 다시 얻게 되는 것은 회복 약속의 기본적인 종류다(유형 7; 참조. 신 30:3-5). 오바댜서의 나머지 구절들은 그 땅을 다시 차지하게 되는 것을 말하고 있다. 19절의 첫 번째 이행연구에서 다시 차지하게 되는 것에 대한 예언들은 남방 유다인들이 에돔 지역을 차지하는 것을 포함하고 있다. 그 남방 유다인의 지역은 "에서"에 의해 침략을 받았었다. 그리고 그 예언은 서쪽 내륙에 사는 이스라엘 사람들이 오랜 동안 블레셋 손에 들어가 있었던 서방 내륙 평지(셰펠라)를 다시 차지하게 될 것을 말하고 있다.

두 번째 이행연구는 북쪽 중앙 언덕 지대를(에브라임…사마리아), 그리고 본문의 상태에 따라서 베냐민 지파 사람들이 요단 동쪽 길르앗 지역을 전반적으로 다시 차지하게 될 것을 예견하고 있다. 이 후자의 주장은 전통적인 지파 지역 주장(참조. 수 18:11-18)과는 대치가 되는 이상한 면이 있다. 따라서 본문의 진정성은 의심을 받고 있다. 원문은 베냐민과 길르앗의 후방 부분을 얻는 이스라엘 백성들에 대한 무엇인가를 좀 더 말했을 것 같다. 그 지역은 앗수르에 오랫동안 합병되었다가 후에 바벨론의 행정 구역들이 되었던 지역들이다(왕하 17:24).

20 19절은 돌아온 포로민들이나 혹은 압제를 받기는 했지만 포로로 잡혀가지는

않았던 자들 중 하나를 가리킬 수 있는 반면에, 20절은 귀환자들을 기다리고 있는 축복들에 분명하게 초점을 맞추고 있다. 이 귀환자들은 이상적으로 그려진 한계에 이르는 약속된 땅(가나안)을 전반적으로 다시 차지할 것이다. 시돈(Sidon)의 바로 남쪽이었던 사르밧(Zarephath)은 이 당시에 베니게(Phoenician) 지역에 속했다. 그러나 해안 평지 북쪽에 이르기까지 이스라엘이 관할할 것을 말하고 있는 예견은 단지 다윗의 통치 때만 이루어졌던 원래의 북서쪽 경계 할당(수 19:28, "큰 시돈"; 참조. 왕상 17:9, "시돈에 속한 사르밧")의 성취를 말하고 있는 것이다. 열왕기상 17:7-24로 판단해 볼 때, 사르밧에는 전통적으로 적어도 얼마간의 이스라엘 백성들이 거주하고 있었다.

두 번째 이행연구는 스바랏(Sepharad)으로 사로잡혀 갔던 예루살렘 사람들이 남방 유다를 차지하기 위해 돌아올 것이라는 희망을 더욱더 말해 주고 있다. 스바랏의 위치는 심사숙고해 보아야 할 일이다(D. Neiman, "Sefarad: The Name of Spain", *JNES* 22[1963] 128-32를 보라). 그러나 가능성이 있는 장소는 앗수르의 "사파르다(Saparda)" 혹은 바사(페르시아)의 "스파르다(Sparda)"일 것이다. 이들은 각각 레이크 우르미아(Lake Urmia)의 남쪽, 메디아(Media)의 북서쪽에 있는 지역이다(*NBD*, 1160). 달리 말하면, 포로로 잡혀간 유다인들은 바벨론 제국이 미치는 곳을 훨씬 지나는 곳에서조차 돌아오게 될 것이다. 이것은 에돔인들이 잠식해 버린 곳에서 그들을 몰아내면서 야웨에 의해 기적적으로 돌아오게 되는 것이다!

21 삼행연구로 결론을 맺고 있는 예언은 다음과 같은 세 가지 요점을 말해 주고 있다. (1) 예루살렘은 다시금 피난민의 중심지가 될 것이며 귀화민들을 위한 번영의 장소가 될 것이다. (2) 예루살렘(유다의 수도로서)은 회복 시기에 복속된 에돔을 다스릴 것이다. (3) 야웨는 지존자로서 인정받게 될 것이다. 세 번째 요점은 좀 특별한 해설이 필요하다. 이스라엘/유다의 이교(異敎)는 야웨를 단지 여러 신들 중에 하나로 보았다(왕하 23:4-15; 겔 8:6-16). 오바댜는 그런 다신교적인 오류가 제거되고 야웨를 유일한 하나님으로 순수하게 인정하는 것이 널리 퍼질 날을 그리고 있다(참조. 사 49:26; 54:10).

해설

에돔인들은 이스라엘 역사에서 지속적으로 대적적인 역할을 해 왔기 때문에

"이방에 대한 신탁들"의 예언적 문학 범주는 에돔에 대한 심판 예언을 포함할 수밖에 없었다. 정말로 에돔은 구약에서 "적개심에 불타는 나라들"을 가리키는 제유(提喩)적인 표현이 되었다. 이스라엘의 버성긴 형제 나라는 출애굽 시기로부터(민 20:14-21) 유다와 예루살렘이 바벨론에게 정복당할 때까지 가능한 모든 시기에 그 혈연적 동족을 대적했다. 에돔은 바벨론을 환영하고 부추겼다. 그러므로 비록 에돔과 이스라엘은 본질적인 대적들은 아닐지라도(신 23:7-8), 하나님의 백성들에 대한 에돔의 범죄들은 징벌을 피할 수는 없었던 것이다. 주전 586년 유다의 멸망에 따라서 유다 땅을 대가로 에돔이 스스로의 지위를 높인 것은 특별히 짜증나고 괴로운 일이었다. 에돔에 대한 오바댜의 메시지는 일반적으로 에돔에 대한 다른 신탁들의 입장을 따르고 있다. 그 다른 신탁들은 그런 유형의 신탁들의 전형적인 형태를 보여 주고 있다. 오바댜의 메시지는 에돔의 범죄의 결과로 인해 에돔이 정복될 것을 예견하고 있으며, 소생된 이스라엘이 다시 정착하고 높여지며 에돔은 예루살렘의 주권 아래 복속되는 시대를 내다보고 있다. 현재 자신들에 대한 에돔의 범죄들을 막을 수 없는 지금의 무력한 유다인들은 그때 에돔을 정복할 것이고, 하나님의 도우심과 하나님의 언약에 대한 충성으로 그 새 시대의 축복을 거두게 될 것이다.

새로운 시대를 언급하는 모든 예언들과 같이 오바댜의 메시지는 기독교적인 암시를 가지고 있다. 비록 오바댜의 메시지가 이스라엘과 에돔에 대한 것이 분명함에도 불구하고, 그 메시지는 동시에 좀 더 일반적으로 하나님의 백성들과 하나님을 대적하는 세상적인 세력들에 대한 것이다. 그런 해석이 용어들의 재정의를 포함하는 것(이스라엘 = 하나님의 백성들; 에돔 = 세상)으로 보는 것은 아마도 반론을 맞이할 수도 있을 것이다. 이런 용어들과 그 용어들의 그런 동의어적인 유추로 이해하는 것은 성서적으로 풍부한 정당성을 가지고 있다. 유추를 통해 누가복음이 예수의 바실레이아(*βασιλεία*, "왕국")를 통해 전하는 것은, 사도행전에서 에클레시아(*ἐκκλησία*, "교회")라는 용어에 의해 전해지고 있다. 혹은 구약이 일반적으로 이스라엘(ישׂראל, "이스라엘")을 통해 나타내고 있는 것은, 바울이 보통 에클레시아(*ἐκκλησία*, "교회")를 통해 그 내포된 의미를 나타내고 있다. "바벨론"은 "로마"를 의미할 수 있고(예를 들어, 계 18:2, 10, 21), "애굽"은 일반적으로 이방에서의 포로를 나타낼 수 있으며(신 28:68), "예루살렘"은 "천국"과 동일하고(예를 들어, 히 12:22), "포로로 잡혀가는 것"은 세상적인 시험으로 동일시되며(벧전 1:17) 그 밖의 여러 가지 것들이 동일시된다.

그러므로 기독교인은 오바댜의 예언에서 단지 주전 6세기 팔레스타인에서 있었던 어떤 정치적인 실체들에 대한 묘사와 희망들만을 보게 되는 것이 아니다. 그뿐만 아니라 기독교인은 그 예언에서 하나님의 백성을 위해 하나님이 간섭하시는 좀 더 일반적인 실체와 희망도 보게 된다. 그 희망은 하나님의 백성들을 이 세상의 위험에 직면해서 당하는 무력함에서 구원하는 것이며, 하나님의 백성들에게 그들의 신실함에 대해 밝은 미래의 상급을 보장해 주는 것이다(벧전 4:12-14). 하나님의 목적을 대항해서 열거된 세상적인 세력들이 성공하는 것은 오로지 일시적인 것일 수 있다. 하나님의 백성들의 궁극적인 승리는 보장되어 있다.

요 나

참고문헌

주석류

Aalders, G. C. *Obadja en Jona.* Kampen: Kok, 1958. **Ackroyd, P. R.** *I & II Chronicles, Ezra, Nehemiah, Ruth, Jonah, I & II Maccabees.* Mowbray's Mini Commentaries 7. Oxford: Mowbrays, 1970. **Ahl, R.** *Fragender Glaube. Jeremia-Koheleth-Jona.* Meitinger Kleinschriften, 30. Freising: Kyrios, 1973. **Allen, Leslie C.** *The Books of Joel, Obadiah, Jonah and Micah.* NICOT 5. Grand Rapids: Eerdmans, 1975. **Arbuckle, N.** "Jonah." *The New Catholic Commentary on Holy Scripture.* London/New York. 705-7. **Banks, W. L.** *Jonah: The Reluctant Prophet.* Everyman's Bible Commentary Series. Chicago: Moody Press, 1966. **Bird, T. E.** *The Book of Jonah.* Westminster Version of the Sacred Scriptures. London/New York: Longmans, Green and Co., 1938. **Brockington, L. H.** "Jonah." *PCB.* 626-29. **Cohn, G. H.** *Das Buch Jona im Lichte der biblischen Erzählkunst.* Assen: Van Gorcum, 1969. **Deissler, A.**, and **M. Delcor.** *Les petits prophètes I: Osée, Jonas.* Paris: Letouzey & Ane, 1961-64. **Delcor, M.** "Jonas." *Les petits prophètes 8.1.* La Sainte Bible, 1961. **Dollar, J.** *Das Buch Jona.* Vienna and Leipzig: 1912. **Duval, Y.-M.** *Le Livre de Jonas dans la litterature chrétienne grecque et latine, sources et influence du Commentaire sur Jonas de saint Jerome.* Paris: Études augustiniennes, 1973. ______, ed., *Jerome. Commentaire sur Jonas.* Sources Chrétiennes 323. Paris: Éditions du Cerf, 1985. **Feuillet, A.** *Le livre de Jonas.* Paris: Éditions du Cerf, 1966. **Fichtner, J.** *Obadja, Jona, Micha.* Stuttgarter Bibelhelfte. Stuttgart, Calwer, 1957. **Fretheim, T. E.** *The Message of Jonah: A Theological Commentary.* Minneapolis: Augsburg, 1977. **Glaze, A. J., Jr.** "Jonah." *Broadman Bible Commentary.* Ed. C. J. Allen. Nashville: Broadman Press, 1972. 152-82. **Jacob, E., C.-A. Keller**, and **S. Amsler.** *Osee, Joël, Abdias, Jonas, Amos.* Neuchâtel: Delachaux et Niestlé, 1965. **Knight, G. A. F.** *Ruth and Jonah.* London: SCM Press, 1966. **Licht, J.** "Liber Jonae." *Encyclopaedia Biblica Institutum Bialik* 3(1968) 608-13. **Livings, H.** *Jonah.* Leeds: John Paul the Preacher's Press, 1974. **Loretz, O.** *Gotteswort und menschliche Erfahrung: eine*

Auslegung der Bücher Jona, Rut, Hohelied und Qohelet. Freiburg: Herder, 1963. **Martin, H.** *The Prophet Jonah: His Character and Mission to Nineveh.* The Geneva Series of Commentaries. London: Banner of Truth Trust, 1958. **McGowran, J. C.** "Jonah." *The Jerome Biblical Commentary.* Ed. R. Brown et al. Englewood Cliffs, NJ: Prentice Hall, 1968. 1:633-37. **Myers, J. M.** *The Book of Jonah.* Richmond, VA: Knox, 1959. **Naastepad, T. J. M.** *Jona: Verklaring van een Bijbelgedeette.* Kampen: Kok, 1975. **Nishimura, T.** *Yona-sho chukai*[A Commentary on the Book of Jonah]. Tokyo: Nippon Kirisutokyōdan Shuppankyoku, 1975. **Perowne, T. T.** *Obadiah and Jonah.* Cambridge: Cambridge UP, 1883. **Rinaldi, G.** *I Profeti minori: Osea; Giole; Abdia; Giona.* La Sacra Bibbia. Rome: Marietti, 1960. **Robinson, D. W. B.** "Jonah." *NBC* Revised. Ed. D. Guthrie et al.. London/Grand Rapids: Intervarsity/Eerdmans, 1970. 746-51. **Rudolph, W.** *Jona.* Tr. K. Galling. Tübingen: Mohr, 1970. ______. *Joel, Amos, Obadja, Jona.* KAT 13.2. Gütersloh: Mohn, 1971. **Schüngel-Straumann, H.** *Israel, und die andern? Zefanja, Nahum, Habakuk, Obadja, Jona.* Stuttgarter kleiner Kommentar: AT 15. Stuttgart: Verlag Katholisches Bibelwerk, 1975. **Smart, J. D.** and **W. Scarlett.** *The Book of Jonah. IB* 6:869-94. **Tatford, F. A.** *A Prophet Who Deserted: An Exposition of the Book of Jonah.* Twentieth Century Series. Eastbourne: Prophetic Witness, 1974. **Vanoni, G.** *Das Buch Jona: literar-und formkritische Untersuchung.* ArbTextSprAT 1. St. Ottilien: Eos-Verlag, 1978. **Velltuti-Zati, D.** *Il sacro libro di Giona.* Siena: 1916. **Verger, A.** and **A. M. Raggi.** "Giona." *Bibliotheca Sanctorum.* Instituto Giovanni XXIII nella Pontiffcia Universita lateranese 6. Rome, 1965. **Wade, G. W.** *The Books of the Prophets Micah, Obadiah, Joel and Jonah.* Westminster Commentaries. London: Methuen and Co., 1925. **Watts, J. D. W.** *The Books of Joel, Obadiah, Jonah, Nahum, Habakkuk, and Zephaniah.* The Cambridge Bible Commentary. Cambridge: Cambridge University Press, 1975. **Weiser, A.** *Die Propheten Hosea, Joel, Amos, Obadja, Jona, Micha, übersetzt und erklärt.* ATD 24. Göttingen: Vandenhoeck & Ruprecht, 1974. **Wolff, H. W.** *Obadja und Jona.* BKAT 14/3. Neukirchen-Vluyn: Neukirchener Verlag, 1977. Eng. trans. Hermeneia, 1986.

책들과 논문들

Aalders, G. C. *The Problem of the Book of Jonah.* London: Tyndale, 1948. **Abraham, A.** *Die Schiffsterminologie des Alten Testament.* 1914. **Allenbach, J.** *La figure de Jonas aux trois premiers siècles.* Diss. Strasbourg, 1970. **Andersen, F. I.,** and **A. D. Forbes.** *A Linguistic Concordance of Ruth and Jonah.* The Computer Bible 9. Wooster, OH: Biblical Research Associates, 1976. **Bacharach, J.** Jonah *Ben 'Amittai w'Eliyahu.* Jerusalem, 1959. **Barsotti, D.** *Meditazione sul libro di Giona.* Bibbia e liturgia 7. Brescia: Querinova, 1967. **Ben-Chorin, S.** *Die Antwort des Jona: Zum Gestaltwandel Israels.* Hamburg, 1956, [2]1966. **Bergant, D.** *What Are They Saying about Wisdom Literature?* New York: Paulist Press, 1984. **Bickerman, E. J.** *Four Strange Books of the Bible.* New York, 1967. 1-49. **Bird, T. E.** *The Book of Jonah.* Westminster Version of the Sacred Scriptures. London, 1938. **Bowers, R. H.** *The Legend of Jonah.* The Hague: Martinus Nijhoff, 1971. **Bull, G. T.** *The City and the Sign: An Interpretation of the Book of Jonah.* Grand Rapids: Baker, 1972. **Cagneaux, J.** *Critique du language chez les prophètes d'Israël.* Paris: Éditions du Cerf, 1976. **Canto, R.** *Sapienciales y midras.* Madrid: Euramerica, 1966. **Cohn, G. H.** *Das Buch Jona im Lichte der biblischen Erzählkunst.* SSN 12. Assen: 1965. **DeHann, M. R.** *Jonah, Fact or Fiction?* Grand Rapids: Zondervan, 1957. **Duval, Y. M.** *Le livre de Jonas dans la littérature chrétienne grecque et latine.* Paris, 1973. **Edwards, R. A.** *The Sign of Jonah in the Theology of the Evangelists and Q.* SBT 2.18. London: SCM, 1971. **Ellul, J.** *The Judgment of Jonah.* Tr. G. W. Bromiley. Grand Rapids: Eerdmans, 1971. **Erbt, W.** *Elia, Elisa, Jona.* Leipzig, 1907. **Erlich, A. B.** *Randglossen zur hebräischen Bibel: textkritisches, sprachliches und sachliches.* Vol 5. Hildesheim: G. Olms, 1968. **Exbrayat, I.** *Témoinage et contestation. L'acualité du livre de Jonas.* Lausanne: Ligne pour la lecture de la Bible, 1977. **Fairbairn, P.** *Jonah: His Life, Character and Mission.* Grand Rapids: Kregel, 1964. **Fáj, A.** *Jonas-tema a vilagirada -lomban.* Rome, 1977. **Friedrichsen P.** *Kritische Übersicht der verschiedenen Ansichten von dem Buche Jonas nebst einem neuen Versuch über dasselbe.* 2d ed. Leipzig, 1841. **Fretheim, T.** *The Message of Jonah.* Minneapolis: Augsburg, 1977. **Good, E. M.** *Irony in the Old Testament.* Sheffield: Almond Press, 1981.39-55. **Gordis, R.** *The Word and the Book: Studies in Biblical Language and Literature.* New York: KTAV, 1976. **Grotein, S. D.** *Omanut has-sippor bam-miqra.* Jerusalem:

Jewish Agency, 1956. **Gunkel, H.** *Ausgewählte Psalmen.* Göttingen, 1904. 239-46. **Harder, B.** *Erlebnisse eines Sehers.* Gladbeck, 1955. **Hart-Davies, D. E.** *Jonah: Prophet and Patriot.* London: C. J. Thynne and Jarvis, 1925. **Hay, W. C.** *The Wideness of God's Mercy. A Study in the Book of Jonah.* Books of the Bible Series 6. Edinburgh, 1952. **Hillis, D. W.** *Jonah Speaks Again: A Dimension Guide on the Book of Jonah.* Grand Rapids: Baker, 1973. **Hoffman, P.** *Jonastegnet.* Profeti og profeter 1. Fredericia: Lohse, 1972. **Jeremias, J.** *Die Reue Gottes.* BibS 65. Neukirchen-Vluyn: Neukirchener Verlag, 1975. 98-107. **Jochurns, H.** *Von dem Herrn geruten: die Botschaft des Propheten Jona* Aktuelle Fragen 21. Wuppertal: Verlag und Schriftmission der Evangelische Gesellschaft für Deutschland, 1971. **Kennedy, J. H.** *Studies in the Book of Jonah.* Nashville: Broadman, 1958. **Knight, G. A. F.** *Ruth and Jonah: The Gospel in the Old Testament.* London: SCM Press, 1966. **Levine, E.** *The Aramaic Version of Jonah.* Jerusalem: Jerusalem Academic Press, 1975. **Licht, J.** *Storytelling in the Bible.* Jerusalem: Magnes, 1978. **Limburg, J.** "Amazing Grace." *Old Stories for a New Time.* Atlanta: John Knox, 1983. **Lowy, M.** *Über das Buch Jona.* 1892. **Magonet, J.** *Form and Meaning: Studies in Literary Techniques in the Book of Jonah.* Bern/Frankfurt: Herbert Lang/Peter Lang, 1976. **Maillot, A.** *Jonas ou les farces de Dieu.* Neuchâtel: Delachaux et Niestlé. **Marcus, J. O.** *Prophet Jonah.* Tr. A. P. Slabey. Medford, WI: V. Uhri, 1975. **Martin, A. D.** *The Prophet Jonah: The Book and the Sign.* London/New York: Longmans, Green and Co., 1926. **Mayer, F.** *Der Grund der Propheten. Vol. II: Betrachtungen über die Propheten Jona, Micha und Maleachi.* Metzingen: Ernst Franz, 1974. **Nishimura, T.** *A Thematic Study of the Book of Jonah.* In *FS M. Sekine*, ed. S. Arai. Tokyo: Yamamoto Shoten, 1976. 260-77. **Olivier, J.** *Les metamorphoses de Jonas.* Paris: Editions du Cerf, 1968. **Parrot, A.** *Ninive et l'*AT. Neuchâtel, 1953. **Pytel, J.** *L'hospitalité dans l'Écriture Sainte.* Diss. Academie Theologie Catholicae. 1975. **Rad, G. von.** *Der Prophet Jona.* Nürnberg: 1950.[=*Gottes Wirken in Israel.* Vorträge zum Alten Testament. Neukirchen-Vluyn: Neukirchener Verlag, 1974. 65-78.] **Ronner, M.** *Das Buch Jona: Eine Auslegung.* Zürich, 1947. **Rosenthal, A.** *Das Buch Jonah metrisch übersetzt.* 1889. **Schmidt, H.** *Jona, eine Untersuchung zur vergleichenden Religionsgeschichte.* FRLANT 9. Göttingen, 1907. **Schmidt, L.** *De Deo: Studien zur Literarkritik und Theologie des Buches Jona, des Gesprächs zwischen Abraham und Jahwe* *in Gen. 18, 22 ff. und Hiob I.* BZAW 143. Berlin/New York: DeGruyter, 1976. **Sessole, P.** *La salvezza dei popoli nel libro di Giona: Studio sul particolarismo ed univeralism salvifico.* Diss. Pontifical University Urbaniana, 1977. **Simpson, W.** *The Jonah Legend.* 1899. **Snaith, N.** *The Book of Jonah.* London, 1945. ______. *Notes on the Hebrew Text of Jonah.* London, 1945. **Somda Metwole, J. B.** *Le message du livre de Jonas á la lumie du genre littéaire.* Rome: G. Bernini, 1974. **Steffen, U.** *Das Mysterium von Tod und Auferstehung: Formen und Wandlungen des Jona-motivs.* Göttingen: Vandenhoeck & Ruprecht, 1963. **Stollberg, L.** *Jona.* Diss. Halle, 1927. **Tandrup, H.** *Der Prophet Jona.* Berlin, 1960. **Trible, P.** *Studies in the Book of Jonah.* Diss. Columbia University, 1963. **Ungern-Sternberg, R. F. von.** *Der Tag der Gerichtes Gottes: Die Propheten Habakuk, Zephania, Jona, Nahum.* Botschaft des AT 23/4. Stuttgart: Calwer Verlag, 1960. **Vanoni, G.** *Das Buch Jona. Literar- und formkritische Untersuchung.* Münchener Universitätsschriften. ArbTextSprAT 7. St. Ottilien: Eos Verlag, 1978. **Vawter, B.** *Job & Jonah: Questioning the Hidden God.* New York: Paulist Press, 1983. **Weinreb, F.** *Das Buch Jonah. Der Sinn des Buches Jonah nach der ältesten jüdischen Überlieferung.* Zürich: Origo Verlag, 1970. **Wittchow, H.** *Gott bietet Schach—und es gibt kein Remis: Jona, unser Zeitgenosse.* Linienbuch 21. Wuppertal: R. Brockhaus, 1971. **Witzenrath, H.** *Das Buch Jona. Eine literaturwissenschaftliche Untersuchung.* ArbTextSprAT 6. St. Ottilien: Eos Verlag, 1978. **Wolf, B.** *Die Geschichte des Propheten Jona.* 1897. **Wolff, H. W.** *Die Bibel—Gotteswort oder Menschenwort? Dargestellt am Buch Jona.* Neukirchen-Vluyn: Neukirchener Verlag, 1959. ______. *Jonah: Church in Revolt.* St. Louis: Clayton Publishing House, 1978. ______. *Studien zum Jonabuch.* BSt 47. Neukirchen-Vluyn: Neukirchener Verlag, 1975. **Wright, W.** *Jonah in Chaldean, Syriac, Aethiopic and Arabic.* London, 1857. **Zimmerman, F.** *Biblical Books Translated from the Aramaic.* New York: KTAV, 1975.

소논문들

Abel, F. M. "Le culte de Jonas en Palestine." *JPOS* 12(1922) 175-83. **Abramowitz, C.** "*Maftir Jonah.*" *DD* 14(1985) 3-10. **Abramsky, S.** "Jonah's Alienation and Return." *BMik* 24(1979) 370-95.[Heb.] ______. "Jonah ben 'Amittai." *Gazith* 17 (1959) 5-10. **Ackerman, J. S.** "Satire and Symbolism in the Song of Jonah." In

Tradition and Transformation. 1981. 213-46. **Ackroyd, P. R.** "Recent Foreign Theological Literature: The Old Testament." *ExpTim* 91(1979) 8-13. **Alexander, T. D.** "Jonah and Genre." *TynB* 36(1985) 35-59. **Allenbach, J.** "La figure de Jonas dans les textes preconstantiniens ou l'histoire de l'exégèse au secours de l'iconographie." In *La Bible et les Pères*, ed. A. Benoit. Paris, 1971. 97-112. **Alonso Diaz, J.** "Difficultades que plantea la interpretacion de la narración de Jonas." *EstBib* 18 (1959) 357-74. ______. "Paralelos entre la narración del libro de Jonás y la parábola del Hijo Pródigo." *Bib* 40(1959) 632-40. **Alonso, J.** "Lección Teológica del Libro de Jonás." *Miscelánea Antonio Perez Goyena. Estudios Eclesiásticos* 35 (1960) 79-83. **Andrew, M. E.** "Gattung and Intention of the Book of Jonah." *Orita* 1(1967) 13-18, 75-85. **Avan-Selms, A.** "Some Geographical Remarks on Jonah." *OTWSA* 14(1971) 83-92. **Aviezer, N.** "The Book of Jonah: An Ethical Confrontation between God and Prophet." *DD* 14(1985) 11-15, 50. **Bacher, S.** "The Book of Jonah—The Author vs. His Hero." *BMik* 28(1982/83) 39-43.[Heb.] **Badini, G.** "La lecture des livres d'Osée et de Jonas au cours secondaire. Opportunité et methode." *Lumen Vitae* 20(1965) 674-90. **Bardtke, H.** "Der Erweckungsgedanke in der exilisch-nachexilischen Literatur des Alten Testaments." *ZAW* Beiheft 77(1958) 9-24. **Barilier, R.** "Jonas lu pour aujourd'hui." *RR* 32(1981) 49-87. **Ben-Yosef, I. A.** "Jonas and the Fish as a Folk Motif." *Semitics* 7(1980) 102-17. **Berlin, A.** "A Rejoinder to J. A. Miles, Jr., with Some Observations on the Nature of Prophecy." *JQR* 66(1975) 227-35. **Bickerman, E. J.** "Les deux erreurs du prophète Jonas." *RHPR* 45(1965) 232-64. **Biser, E.** "Zum frühchristlichen Verständnis des Buches Jona." *BK* 16(1961) 19-21. **Blank, S.** "The Dawn of Our Responsibility." In *Prophetic Thought*, ed. S. Blank. Cincinnati: Hebrew Union College Press, 1977. 35-43. ______. "'Doest Thou Well To Be Angry?' A Study in Self-Pity." *HUCA* 26(1955) 29-41. **Böhme, W.** "Die Komposition des Buches Jona." *ZAW* 7(1887) 224-84. **Boman, T.** "Jahve og Elohim i Jonaboken." *NorTT* 37(1936) 159-64. **Bonner, C.** "The Story of Jonah on a Magical Amulet." *HTR* 41(1948) 31-37. **Bratsiotis, P. I.** "Ionas." TEE 7(1965) 96-98. **Brenner, A.** "The Language of Jonah as an Index of Its Date." *BMik* 24 (1979) 396-405.[Heb.] **Budde, K.** "Vermutungen zum 'Midrasch des Buches der Könige.'" *ZAW* 12(1892) 37-151.[On Jonah, pp. 40-43.] **Burrows, M.** "The Literary Category of the Book of Jonah." *Translating and Understanding the Old Testament: Essays in Honor of H. G.*

May, ed. H. T. Frank and W. L. Reed. New York: Harper, 1970. 80-107. **Carlsen, B. H.** "Jonah in Judeo-Persian." *Acta Iranica* 12(1977) 13-26. **Cazeaux, J.** "Littérature ancienne et recherché de 'structures.'" *Revue des Études Augustiniennes* 18(1972) 287-92. **Cheyne, T. K.** "Jonah." *Encyclopedia Biblica*(1901) 2565-71. **Childs, B.** "The Canonical Shape of the Book of Jonah." In *Biblical and Near Eastern Studies: Essays in Honor of William Sanford LaSor*, ed. G. Tuttle. Grand Rapids: Eerdmans, 1978. ______. "Jonah: A Study in Old Testament Hermeneutics." *SJT* 11(1958) 53-61. **Christensen, D.** "Andrzej Panufnik and the Structure of the Book of Jonah: Icons, Music and Literary Art." *JETS* 28(1985) 133-40. **Gintas, P.** "Tarsis—Tartessos—Gades." *Sem.* 16(1966) 5-37. **Clements, R.** "The Purpose of the Book of Jonah." VTSup 28(1975) 16-28. **Cohen, A. D.** "The Tragedy of Jonah." *Judaism* 21(1972) 164-75. **Criado, R.** "Jonas." *EBib* 4(1965) 580 -89. **Cummings, C.** "Jonah and the Ninevites." *TBT* 21(1983) 369-75. **Daube, D.** "Jonah: A Reminiscence." *JJS* 35(1984) 36-43. **Deed, D. M.** "Jonah." *Scr*(1968) 26 -31. **dell'Oca, R.** "El Libro de Jonas." *RevistB* 26(1964) 129-39. **Dickstra, F. N. M.** "Jonah and Patience: The Psychology of a Prophet." *EnglSt* 55(1974) 205-17. **Dijkema, F.** "Het Boek Jona". *Nieuw Theologisch Tijdschrift* 25(1936) 338-47. **Döller, J.** "Verumstellungen im Buche Jona." *Katholik* 35(1907) 313-17. **Driver, G. R.** "Linguistic and Textual Problems: Minor Prophets II, III." *JTS* 39(1938) 260-73, 393-405. ______. "Hebrew Notes on Prophets and Proverbs." *JTS* 41(1940) 162-75. **Duhm, B.** "Anmerkungen zu den Zwölf Propheten." *ZAW* 31(1911) 81-93, 175-78, 184-88, 200-204. **Duval, Y. M.** "S. Augustin et le Commentaire sur Jonas de S. Jerome." *Revue des Études Augustiniennes* 12(1966) 9-40. **Eissfeldt, O.** "Amos und Jona in volkstümlicher Überlieferung." *Kleine Schriften zum Alten Testament 4*. Berlin: Evangelische Verlagsanstalt, 1968, 137-42. **Elata-Alster, G.**, and **R. Salmon.** "Eastward and Westward: The Movement of Prophecy and History in the Book of Jonah." *DD* 13(1984) 16-27. **Ellul, J.** "Le livre de Jonas." *Foi et vie*(1952) 81-84. **Emmerson, G. I.** "Another Look at the Book of Jonah." *ExpTim* 88(1976) 86-88. **Eybers, J. H.** "The Purpose of the Book of Jonah." *Theologia Evangelica* 4(1971) 211-22. **Fáj, A.** "La soluzione logica della falsa profezia di Giona." *BibOr* 18(1976) 141-49. ______. "The Stoic Features of the 'Book of Jonah.'" *AION* 34(1974) 309-45. **Feuillet, A.** "Le livre de Jonas." In *Études d'exégèse et de théologie biblique*. Paris,

1975. 395-433. ______. "Les sources du livre de Ionas." *RB* 54(1947) 161-86. ______. "Le sense du livre de Jonas." *RB* 54(1947) 340-61. **Fränkel, L.** "'And His Mercy Rules Over All His Works.' On the Meaning of the Book of Jonah." *Ma'yanot* 9(1967) 193-207.[Heb.] **Fransen, I.** "Le livre de Jonas." *BVC* 40(1961) 33-39. **Frantzen, P.** "Das 'Zeichen des Jonas.'" *TG* 67(1967) 61-66. **Fredman, N.** "Jonah and Nineveh: The Tragedy of Jonah." *DD* 12(1983) 4-14. **Fretheim, T.** "Jonah and Theodicy." *ZAW* 90(1978) 227-37. **Garcia Cordero, M.** "El libro de Jonás, una novela didáctica?" *CB* 16(1959) 214-20. **Garitte, G.** "Las version arménienne du sermon de S. Ephrem sur Jonas." *Revue des Études Arméniennes* 6(1969) 23-43. **Gemser, B.** "Die Humor van die OuT." *Hervormde Teologiese Studies* 8(1951) 49-63. **Gevaryahu, H.** "The Universalism of the Book of Jonah." *DD* 10(1981) 20-27. **Glasson, T.** "Nahum and Jonah." *ExpTim* 81(1969-70) 54-55. **Glück, J. J.** "A Linguistic Criterion of the Book of Jonah." *OTWSA* 10(1967) 34-41. **Goiten, S. D.** "Some Observations on Jonah." *JPOS* 17(1937) 63-77. **Goldberg, A.** "Jonas in der jüdischen Schriftauslegung." *BK* 17(1962) 17-18. **Goldbrunner, J.** "Die Nachtmeerfahrt des Jona—Tiefenpsychologische Erwägungen zu Jona und seinem Fisch." *BK* 27(1972) 68-70. **Goldman, M.** "Was the Book of Jonah Originally Written in Aramaic?" *AusBR* 3(1953) 49-50. **Goodhart, S.** "Prophecy, Sacrifice and Repentance in the Book of Jonah." *Semeia* 33(1985) 43-63. **Grünewald, H. J.** "Das Buch Jona." *Udim* 2(1971) 69-82. **Guilmin, S.** "Jona." *ETR* 61(1986) 189-93. **Gunkel, H.** "Jonabuch." *RGG*^{2} 3:366-69. **Haller, E.** "Die Erzählung von dem Propheten Jona." *Theologische Existenz heute* 65(1958) 5-54. **Halpern, B.** and **R. E. Friedman.** "Composition and Paronomasia in the Book of Jonah." *Hebrew Annual Review* 4 (1980) 79-92. **Hart-Davies, D.** "The Book of Jonah in the Light of Assyrian Archeology." *Journal of the Transactions of the Victoria Institute* 67(1937) 230-49. **Hauser, A. J.** "Jonah: In Pursuit of the Dove." *JBL* 104(1985) 21-27. **Heemrood, J.** "Jonas und die Heiden." *Das Heilige Land* 12(1959) 33-35. **Helberg, J. L.** "Is Jonah in His Failure a Representative of the Prophets?" *OTWSA* 10(1967) 41-51. **Hernandel, C.** "Temas inciaticos en el libro de Jonas." *Anales Valentinos* 1, ext(1975) 271-86. **Herrman, L.** "L'Histoire de Jonas et l'antiquité?" *Grazer Beiträge* 1(1973) 149-55. **Heuschen, J.** "L'interprétation du livre de Jonas." *Revue Ecclésiastique Liège* 35(1948) 141-59. **Holbert, J.** "'Deliverance Belongs to Yahweh!': Satire in the Book of Jonah" *JSOT* 21(1981) 59-81. **Howston, J.** "The Sign of Jonah." *SJT* 15(1962) 288-304. **Jansen, H. L.** "Hat Jonaboken en enhetlig opbygning og en bestemt hovedtendens?" *NorTT* 37(1936) 145-58. **Jensen, P.** "Das Jonas-Problem." *Deutsche Literaturzeitung* 28(1907) 2629-36. **Jepsen, A.** "Anmerkungen zum Buche Jona." *Wort—Gebot—Glaube. FS W. Eichrodt.* Zürich: Zwingli Verlag, 1970. 297-305. ______. "Kleine Beiträge zum Zwölfprophetenbuch." *ZAW* 56(1938) 85-100. **Jeremias, J.** "Ionas." *TDNT* 3:406-10. **Junker, H.** "Die Erforschung der literarischen Arten und ihre Bedeutung für die Auslegung der Hl. Schrift." *TTZ* 13(1964) 129-44. ______. "Die religiöse Bedeutung des Buches Jona." *Postoralblätter* 41(1940) 108-14. **Kaiser, O.** "Wirklichkeit, Möglichkeit und Vorurteil: Ein Beitrag zum Verständnis des Buches Jona." *EvT* 33(1973) 91-103. **Keller, C.** "Jonas. Le portrait d'un prophète." *TZ* 21(1965) 329-40. **Kidner, F. D.** "The Distribution of Divine Names in Jonah." *Tyndale Bulletin* 21(1970) 126-28. **Knoch, O.** "Das Zeichen des Jonas." *BK* 17(1962) 15-16. **Kohler, K.** "The Original Form of the Book of Jonah." *Theological Review* 16(1879) 139-44. **Komlós, O.** "Jonah Legends." In *Études orientales presenté à Paul Hirschler.* Paris, 1950. 41-61. **Kopp, C.** "Das Jonagrab in Maschhad." *Das Heilige Land* 92(1960) 17-21. **Korman, E.** "The Prophet Jonah and the Destruction of Nineveh." *Morijah* 13.1(1972) 51-58.[Heb.] **Kraeling, E.** "The Evolution of the Story of Jonah." In *Hommages à André Dupont-Sommer,* ed. A. Cacquot and M. Philonenko. Paris: Adrien-Maisonneuve, 1971. 305-18. **Kriel, J.** "Jonah—The Story of a Whale or a Whale of a Story?" *Theologia Evangelica* 18 (1985) 9-17. **Kuhl, C.** "Die Wiederaufnahme—ein literarkritisches Prinzip?" *ZAW* 64 (1952) 1-11. **Lacocque, P.-E.** "Desacralizing Life and Its Mystery: The Jonah Complex Revisited." *Journal of Psychology and Theology* 10(1982) 113-19. **Lamb, F. J.** "The Book of Jonah." *BSac* 81(1924) 152-69. **Landes, G. M.** "Jonah." *IDBSup,* 488-91. ______. "Jonah—A Mashal?" In *Israelite Wisdom: Theological and Literary Essays in Honor of Samuel Terrien,* ed. J. G. Gammie et al.. Missoula, MT: Scholars Press, 1978. ______. "Linguistic Criteria and the Date of the Book of Jonah." *Eretz-Israel* 16(1982) 147-70. ______. "The Canonical Approach to Introducing the Old Testament: Prodigy and Problems" *JSOT* 16(1980) 32-39. ______. "The Kerygma of the Book of Jonah." *Int* 21(1967) 3-31. **Lawrence, M.** "Ships, Monsters and Jonah." *AJA* 66(1962) 289-96. **Levine, E.** "Jonah as a Philosophical Book." *ZAW* 96(1984)

235-45. **Loewen, J. A.** "Some Figures of Speech in Hosea." *BT* 33(1982) 238-42. **Loretz, O.** "Herkunft und Sinn der Jonaerzählung." *BZ* 5(1961) 18-29. ______. "Roman und Kurzgeschichte in Israel." In *Wort und Botschaft*, ed. J. Schreiner. Würzburg: Echter Verlag, 1967, 290-307. **Lourido Diaz, R.** "Misericordia divina y universalismo en el libro de Jonas." *Miscelanea de Estudios Arabes y Hebreos Granada* 11.2(1965) 43-56. **Magnus, P.** "The Book of Jonah." *Hibbert Journal* 16(1917/18) 429-42. **Magonet, J.** "Jüdisch-theologische Beobachtungen zum Buch Jonas." *BibLeb* 13(1972) 153-72. **Martin-Achard, R.** "Israël et les nations." *Cahiers Théologiques* 42(1959) 45-48. **Mather, J.** "The Comic Art of the Book of Jonah." *Soundings* 65(1982) 280-91. **Mayr, J.** "Jonas in Bauche des Fisches." *TPQ* 85(1932) 829-32. **Merli, D.** "Il segno di Giona." *BibOr* 14(1972) 61-77. **Merrill, E.** "The Sign of Jonah." *JETS* 23(1980) 23-30. **Miles, J. A.** "Laughing at the Bible: Jonah as Parody." *JQR* 65(1974) 168-81. **Monleon, J. de.** "Preface au livre de Jonas." *Itinéraires* 62(1962) 152. ______. "Suite à l'histoire de Jonas." *Itinéaires* 90(1965) 110-26. **Mora, V.** "Jonas." *Cahiers Évangile* 36(1981) 64. **More, J.** "The Prophet Jonah: The Story of an Intrapsychic Process." *American Imago* 27.1(1970) 3-11. **Morrison, J. H.** "The Missionary Prophet." *ExpTim* 49(1937-38) 487-89. **Mowinckel, S.** "Efterskrift til pastor Th. Bomans artikkel." *NorTT* 37(1936) 164-68. **Mozley, F. W.** "Proof of the Historical Truth of the Book of Jonah." *BSac* 81(1924) 170-200. **Nishimura, T.** "The Conflict of Two Motifs in the Book of Jonah: The Limitation of Prophecy and the Challenge of Wisdom." *Annual of the Japanese Bible Institute* 9(1983) 3-23.[Japanese.] **Nowell, I.** "The Book of Jonah: Repentance of Conversion." *TBT* 21(1983) 363-68. **Nüchtern, P.** "Das Buch Jona im evang. Religionsunterricht der fortführenden Schulen." *Deutches Pfarrerblätter Detmold* 66(1966) 253-56. ______. "Das Buch Jona—seine Botschaft und seine Verwendung im Religionsunterricht." *Das evangelische Erzieher* 18(1966) 143-56. **Parmentier, R.** "Les mésaventures du Pasteur Jonas." *ETR* 53(1978) 244-51. **Parrot, A.** "Ninive und das AT." *Bibel und Archäologie* 1(1955) 111-69. **Payne, D.** "Jonah from the Perspective of Its Audience." *JSOT* 13(1979) 3-12. **Peifer, C.** "Jonah and Jesus: The Prophet as Sign." *TBT* 21(1983) 377-83. **Perelmuter, H. G.** "Jonah—Astronaut or Aquanaut?" *TBT* 23(1985) 259-60. **Pesch, R.** "Zur konzentrischen Struktur von Jona 1." *Bib* 47(1966) 577-81. **Piser, D.** "The Book of Jonah: An Interpretation." *Central*

Conference of American Rabbis Journal 23.1(1976) 75-81. **Porten, B.** "Baalshamem and the Date of the Book of Jonah." In *De la Torah au Messie. Études d'exégèse et d'herméeneutique bibliques offertes à Henri Cazelles*, ed. M. Carrez et al.. Paris: Desclée, 1981. **Powers, J.** "Jonah the Dove." *TBT* 23(1985) 253-58. **Prout, E.** "Beyond Jonah to God." *ResQ* 25(1982) 139-42. **Qimron, E.** "The Language of Jonah as an Index of the Date of Its Composition." *BMik* 25(1980) 181-82.[Heb.] **Rofé, A.** "Classes in the Prophetical Stories: Didactic Legend and Parable." VTSup 26(1974) 153-64. **Rosen, R. B.** "The Flight of Jonah." *Shma'tin* 12.43(1974) 10-14. **Rosenberg, J.** "Jonah and the Prophetic Vocation." *Response* 8(1974) 23-26. **Rudolph, W.** "Jona." In *Archäologie und Altes Testamentacute:. FS K. Galling*. Tübingen: J. C. B. Mohr, 1970. 233-39. **Russ, R.** "Jona in der Predigt—Exegetischhomiletische Überlegungen. *BK* 27(1972) 76-80. **Ryan, P. J.** "Jonah and the Ninevites: The Salvation of Non-Christians according to some Twentieth Century Theologians". *Ghana Bulletin of Theology* 4(1975) 21-29. **Sauer, A. R., J. Mayer**, and **W. Danker**. "Jonah: Fishin' or Mission." *CurTM* 1(1974) 43-49. **Schierse, F. J.** "Jona und die Bekehrung Nineves—Die Frage nach der Historizität der Gestalt Jonas." *BK* 27(1972) 71-72. **Schildenberger, J. B.** "Der Sinn des Buches Jonas." *Erbe und Auftrag* 38(1962) 93-102. **Schmidt, H.** "Absicht und Entstehungszeit des Buches Jona." *TSK* 79(1906) 180-99. ______. "Die Komposition des Buches Jona." *ZAW* 25(1905) 285-310. **Schreiner, J.** "Eigenart, Aufbau, Inhalt und Botschaft des Buches Jonas." *BK* 17(1962) 8-14. **Schreiner, S.** "Das Buch Jona—ein kritisches Resümee der Geschichte Israels." *Theologische Versuche* 9(1977) 37-45. **Scott, R. B. Y.** "The Sign of Jonah." *Int* 19(1965) 16-25. **Segert, S.** "Syntax and Style in the Book of Jonah: Six Simple Approaches to Their Analysis." In *Prophecy: Essays Presented to Georg Fohrer*. 1980. 121-30. **Segre, A.** "Jona, il libro del pentimento." *Rassegna mensile di Israel* 41(1975) 389-407.(=Miscellanea lateranense, 1975, 254-74) **Shazar, Z.** "The Book of Jonah." *DD* 1(1972) 4-11. **Shimura, M.** "The Book of Jonah: Its Literary Structure and Theme." *Shingaku* 44(1982) 141-73.[Japanese.] **Sievers, E.** "Alttestamentliche Miszellen. 2. Die Form des Jonabuches." *Berichte über die Verhandlungen der Sächsischen Akademie der Wissenschaften zu Leipzig, philologische-historische Klasse* 57(1905) 35-45. **Smart, J.** "Jonah." *IB* 6:869-94. **Soggin, J. A.** "Il 'segno di Giona' nel libro del Profeta Giona." *Lateranum* 48(1982) 70-74. **Soleh, A.** "The

Story of Jonah's Reflective Adventures." *BMik* 24(1979) 406-20. **Sousek, Z.** "Ninive, Tarsis, a Jonás." *KrR* 32(1965) 147-48. **Stanton, G. B.** "The Prophet Jonah and His Message." *BSac* 108(1951) 237-49, 363-76. **Steinmann, J.** "Le livre de la consolation d'Israel." *Lectio divina* 28(1960) 286-90. **Stek, J. H.** "The Message of the Book of Jonah." *Calvin Theological Journal* 4(1969) 23-50. **Stendebach, F. J.** "Novelle oder Geschichte?—Die literarische Gattung des Büchleins Jona." *BK* 27(1972) 66-67. **Stenzel, M.** "Zum Vulgatatext des Canticum Jonae." *Bib* 33(1952) 356-62. **Stommel, E.** "Zum Problem der frühchristlichen Jonadarstellungen." JAC 1(1958) 112-15. **Sweet, A. M.** "A Theology of Healing." *TBT* 20(1982) 145-49. **Thoma, A.** "Die Entstehung des Büchleins Jona." *TSK* 84(1911) 479-502. **Trépanier, B.** "The Story of Jonas." *CBQ* 13(1951) 8-16. **Unattributed[A Group from Rennes, France].** "An Approach to the Book of Jonah: Suggestions and Questions." *Semeia* 15(1979) 85-96. **Vaccari, A.** "Il genere letterario del libro di Giona in recenti publicazioni." *Divinitas* 6(1962) 231-52. **Vischer, W.** "L'evangelo secondo il profeta Giona." *Protestantismo* 16(1961) 193-204. ______. "L'évangile selon Saint Jonas." *ETR* 50(1975) 161-73. **Volck, W.** "Jona, Prophet." *Realencyklopädie für protestantische Theologie und Kirche* 9(1901) 338-40. **Vycichil, W.** "Jonas und der Walfisch." *Muséon* 69(1956) 183-86. **Weidner, E. F.** "Das Archiv des Mannu-Ki-Assur." *AfO* 6(1940) 8-46. **Weimar, P.** "Jonapsalm und Jonaerzählung." *BZ* 28(1984) 43. **Weiss, R.** "On the Book of Jonah." *Mahanaim* 60(1962) 45-48.[Heb.] ______. "Where Shall I Flee from Your Presence?" *Oroth* 49(1963) 28 -33.[Heb.] **West, M.** "Irony in the Book of Jonah: Audience Identification with the Hero." *Perspectives in Religious Studies* 11(1984) 233-42. **Wiesmann, H.** "Einige Bemerkungen zum Buche Jona." *Katholik* 38(1908) 111-25. **Wilson, A. J.** "The Sign of the Prophet Jonah and Its Modern Confirmations." *Princeton Theological Review* 25(1927) 630-42. **Wilson, R. D.** "The Authenticity of Jonah." *Princeton Theological Review* 16(1918) 280-98, 430-56. **Winckler, H.** "Zum Buche Jona." *Altorientalische Forschungen* 2.2(1900) 260-65. **Wiseman, D.** "Jonah's Nineveh." *Tyndale Bulletin* 30(1979) 29-51. **Wolfe, R. E.** "The Editing of the Twelve." *ZAW* 53(1935) 90-129. **Wolff, H. W.** "Jonabuch." RGG^3 3:853-55. ______. "Jonah—A Drama in Fine Art." *CurTM* 3(1976) 4-7. ______. "Jonah—The Messenger Who Grumbled." *CurTM* 3 (1976) 141-50. ______. "Jonah—The Messenger Who Obeyed." *CurTM* 3(1976) 86-97. ______. "Jonah—the

Reluctant Messenger." *CurTM* 3(1976) 8-19. **Wright, A.** "The Literary Genre Midrash." *CBQ* 28(1966) 105-38, 417-57. **Wrigley, J. E.** "An Old Testament Ecumenical Message." *TBT* 25(1966) 1763-69. **Youtie, H. C.** "A Codex of Jonah: Berl. Sept 18—P.S.I. X, 1164." *HTR* 38(1945) 195-97. **Ziegler, J.** "Studien zur Verwertung der LXX in Zwölfprophetenbuch." *ZAW* 60(1944) 107-31. **Zimmerman, D.** "The Story about the Man Jonah." *Nib Hakwutsah* 12(1964) 706-14. **Zyl, A. H. van.** "The Preaching of the Book of Jonah." *OTWSA* 14(1971) 92-104.

서론

선지자 요나

요나라는 인물은 가장 많이 기억되고 있는 성경 인물들 중의 한 사람이다. 성경 대부분의 내용을 모르는 사람이라 할지라도, 요나와 "고래"에 대해서는 들어 보았을 것이다. 이런 정황으로 미루어 볼 때, 두 가지 중요한 문제가 다음과 같은 것들을 정확하게 암시해 준다. (1) 예를 들어, 사무엘 혹은 아모스와는 대조적으로 요나라는 이름을 담고 있는 요나서가 전하는 메시지의 중심은 바로 요나라는 인물과 그의 **개인적인** 경험이다. (2) 다른 모든 구약의 예언서들과는 대조적으로, 요나서는 요나가 전한 메시지를 우선적으로 반영하고 있기보다는 자전적으로 요나**에 대해** 기록된 책이다(또한 아래의 **양식과 구조**를 보라).

요나의 이름을 포함하고 있는 요나서 이외에 요나라는 이름은 구약의 열왕기하 14:25에서 단 한 번 언급되고 있다. 열왕기하 14:25은 여로보암 2세의 통치(주전 793-753년) 아래 (북) 이스라엘이 잠시 동안 아람에게 점령되었던 지역, 그러나 전통적으로 이스라엘의 약속된 땅의 한 부분이었던 지역으로 다시 확장될 것에 대해 말하는 요나의 예언들을 요약적으로 기술하고 있다. 요나는 가드헤벨(Gath-Hepher)의 주민으로 이야기된다(스불론 지파 경계 안에 있는 보통 정도 크기의 성읍이다. 이 성읍은 아마도 나사렛 북동쪽 3마일 지경에 있는 키르벳 에즈-주라[Khirbet ez-Zurra]와 가장 잘 동일시될 수 있을 것이다).

요나라는 이름은 히브리어로 "(작은) 비둘기" 혹은 "비둘기"를 의미한다. 그러나 이 이름이 모세의 아내 이름(십보라, 즉 "작은 새")이 출애굽기에서 가지고 있는 의미 혹은 시몬 베드로의 아버지(요나)가 마태복음 16:17에서 가지고 있는 의미 그 이상의 어떤 특별히 중요한 의미를 요나서에서 가지고 있는 것(예를 들어, 풍유[諷諭]적인 의미)인지에 대한 증거는 없다. 일반적으로 성서에 나타나는 이름들은 좀처럼 상징적이지 않다.

요나서 자체에서 볼 때, 요나는 열렬한 민족주의자이며 이스라엘을 지지하고 이방을 대적하는 사람 그리고 적어도 반(反) 앗수르적이었던 것이 분명하다. 요나서는 또한 요나는 헌신되었고, 훈련되었으며, 강한 의지를 가진 선지자였고, 모든 이스라엘 선지자들이 그렇듯이 시인이었으며(2:3 -10[2-9]에 있는 시의 진정성에 대해서는 아래를 보라), 또한 하나님에 대해서조차 까다롭고 완강할 수 있었던 사람이었음을 암시적으로 나타내 주고 있다. 이런 개인적인 특성들은 요나서가 전개됨에 따라서만 알 수 있는 것들이다. 처음에는 다음과 같은 아주 기본적인 사항들 이외에 요나에 대해 알려진 것은 아무것도 없다: 그는 선지자 요나다. 그리고 하나님은 니느웨에 가서 전하도록 하기 위해 그를 부르셨다. 따라서 이야기는 모든 것이 갖추어져 있는 독립적인 내용이다. 이 이야기에 적절하지 않은 것 이외에 요나의 삶에 대한 그 어떤 것에 대해 많은 것을 아는 것은 불필요한 일이다. 요나의 과거와 미래는 요나서의 전개에 그리 긴요한 사안이 아니다.

저작권

요나서는 일반적으로 화자(話者)라고 불리는 단일 저자의 작품이 분명하다고 할 만큼 짧고 주제와 문체에 있어서 충분할 정도로 통일되어 있다(2장에 있는 시의 부분은 예외적일 수 있다; 아래를 보라). 쾰러(K. Köhler, *Theological Review* 16[1879] 139-44), 뵈메(W. Böhme, *ZAW* 7[1887] 224-84), 빈클러(H. Winckler, *Zum Buche Jona*, 260-65) 그리고 쉬미트(H. Schmidt, *ZAW* 25[1905] 285-310) 등과 같은 학자들에 의한 초기의 시도들은 오경과 같이 요나서는 복합적인 저작권 그리고/혹은 정교한 편집의 역사를 가지고 있다고 말했다. 그러나 이런 견해들은 결코 설득적이지 못하다.

그러나 단일 화자에 대해 우리는 거의 아는 바가 없다. 단지 3:3에서 니느웨를 묘사하고 있는 과거 시제에 있는 "…이다"라는 뜻의 하야(היה)의 용법에 근거해서, 그 화자는 니느웨가 바벨론 군대에게 멸망당하고 파괴된 이후인 주전 612년 이후에 살았던 사람일 것이라는 사실만을 보편적으로 추론하고 있다. 이 연대는 문제가 되는 문장을 본질적으로 "니느웨는… 라는 성읍이었다", 즉 화자 와 그의 청중의 관점에서 보았을 때 더 이상 존재하지 않는 성읍이라는 독법을 취하는 여부에 달려 있다. 그러나 만약 그 문장이 니느웨가 단순히 어떤 성읍이었다는 사실보다는 요나가 그 성읍을 방문했을 당시에 니느웨 성읍의 **유형**을 강조하는 것이라고 한다면, 사안은 다르게 고려될 수 있을 것이다. 즉 우리는 3:3에 있는 화자의 대상이 "그 당시"의 니느웨는 "지금" 즉 화자의 생존 기간의 니느웨보다 더 중요한 것이었음을 가리켜 주는 것이 아닐 수 있는지를 물어야만 한다. 만약 예를 들어 다음과 같은 경우라고 한다면, 그런 이해는 가능할 수 있을 것이다. 즉 (1) 니느웨는 이 이야기가 저술될 당시에는 더 이상 왕실 거주지가 아니었다. 혹은 (2) 만약 게돌라 렐로힘(גדולה לאלהים)이 정말로 특이한 히브리어 어법의 의미라고 한다면, 니느웨는 "하나님에게 중요한"(גדולה לאלהים – 게돌라 렐로힘) 존재로서의 의미가 중단되었다. 따라서 이야기로부터 화자가 가지고 있는 상대적인 거리감조차 확실하게 알아맞히는 것은 불가능하다. 이외에도 히브리어 내러티브 문체는 그 사건들에 가까이 있음에도 불구하고 과거 시제를 요구한다. 따라서 3:3에 있는 동사의 중요성은 쉽사리 과대평가되어 있는 것이다.

그 화자는 요나 자신일 수 있겠는가? 이것은 가능하다. 그러나 이 이야기가 요나에 대해 너무나 일관적으로 비판적이라는 점에서 판단해 보면, 그럴 가능성이 매우 희박한 것 같다. 정말로 이 이야기는 요나의 위선과 모순을 폭로하고 있으며, 식물의 객관적인 교육을 통해 하나님이 말씀하려고 하는 것에 대해 요나가 보여주는 거의 유치한 수준의 고집스러움을 묘사하는 것으로 끝을 맺고 있다. 얼마 뒤(아마도 요나서에 묘사된 사건들보다 몇 년 뒤)에 회개한 요나는 자신을 이렇게 생생하게 그리고 심지어 자신의 이전 태도들을 통해 저지른 완전히 잘못한 점을 당황스러울 정도로 묘사하는 것을 도량이 넓은 마음으로 관대하게 선택했을 수도 있다. 그러나 어떤 제삼자가 우리가 현재 가지고 있는 이야기를 기술했을 책임을 지고 있을 수 있는 가능성이 훨씬 더 많다.

요나에 대한 공적인 이미지는 요나서에서 전혀 공정하지 않다. 성서(혹은 그 점에 대한 어떤 고대 문헌에서) 어디에서 어떤 내러티브의 저자가 그 자신을 혹은 그녀 자신을 그렇게나 철저하게 비난하고 있는가?

연대기와 배경

요나서의 실제 저작 연대기는 가능한 한 가장 넓은 범위(주전 약 750-250년경)에서 고려해 보지 않는다면 추정해 볼 수도 없다. 요나서 안에는 연대기를 위한 어떤 표지들도 없기 때문이다. 연대기 문제와 관련해서 인용되는 가장 진지하게 고려되는 사항들은 다음과 같은 네 가지 경우들이다. (1) 1:7과 1:12에 있는 "누구로 인하여?"라는 뜻의 베셀레미(בשלמי)와 같은 어법에서 생각되는 아람 어투들(Aramaisms), (2) 예레미야서의 어떤 개념들이나 신학적인 고려 사항들에 의존하고 있을 수 있는 가능성, (3) 요엘 2장과 밀접한 어구적 연계성, (4) 니느웨를 요나 당시에 앗수르의 실제 왕실 수도로 추정하여 동일시하는 착오.

네 번째 경우에 대해서는 아래를 보라. 나머지 세 가지 중에서 (1)과 (2)는 면밀한 분석을 해보면 확고한 증거를 보여 주고 있지 못하다. "아람 어투들"은 "북서셈 어투들"(Northwest Semitisms)로 대치되면서 점차적으로 사라졌다. 즉 한때 아람 제국어로만 생각되었던 수많은 어휘들과 어구들(그러므로 구약에서 발견되었을 때 주전 587년보다 늦은 시기에 대한 증거로 생각된 것)이 이제는 연대기와 언어를 나누는 데 있어서 훨씬 더 광범위한 지역에 속하는 것으로 밝혀졌다. 너무나 많은 "아람 어투들"이 주전 1200년보다 더 늦은 시기가 될 수 없는 우가릿 본문들(Ugaritic texts)에서 나타나고 있다. 따라서 그런 동일화를 말한 침묵으로부터의 논증은 이제 사실이 아닌 것으로 버려질 수 있게 되었다. 정말로 요나서에서 다양하게 동일화되었던 일곱 가지의 아람 어투들의 전체 어구들 중에서 그 어느 것도 로레츠(O. Loretz, *BZ* 5[1961] 19-22)에 따른 "진정한" 아람 어투를 구성하는 데 필요한 범주들 중 그 어떤 것에도 들어맞지 않는다.

요나서가 예레미야서에 의존했을 가능성에 대해서는 그 증거가 미미하고 모호하다는 사실을 언급해야만 한다. 요나서는 그 청중에게 하나님은 자신 앞에서 이루어지는 그 나라의 태도와 행위에 따라서 한 나라를 위한 자신의 계획을 기꺼이 조정하신다는 것을 일깨워 주고 있는데, 이것은 예레미야 18:7-8에 주제적으로 표현되어 있는 개념이다. 그러나 개념들을 공유하고 있다는 것이 곧 개념들의 어떤 의존성을 동일하게 말하고 있는 것은 아니다. 개념들의 연이은 직계적 세대의 관점에서만 생각하는 성서학자들 가운데 널리 퍼져 있는 경향은(즉 만약 성서의 두 부분에서 대략 동일한 것을 이야기하고 있다면, 한 부분은 다른 부분에 앞서며 영향을 준 것이 틀림없다고 보는 것) 결코 취할 만한 장점이나 가치가 없다. 요나서와 예레미야서의 유사성은 요나서의 어떤 부분이 예레미야서로부터 빌려온 것이라기보다는 성서 전체를 통해 주어진 하나님의 계시의 동일하고 명료한 특성에서 기인된 것으로 돌리는 것이 훨씬 더 설득력이 있다.

요나서와 요엘서의 연계성은 비록 문제가 실제적으로 두 개의 정확히 일치하는 어법에 놓여 있는 것이라 할지라도(욘 3:9의 부분과 욜 2:14; 욘 4:2의 부분과 욜 2:13) 매우 동일한 방법으로 평가되어야만 한다. 요나서는 요엘서를 의존하고 있는 것으로 빈번하게 결론이 내려지고 있다. 그러나 그 반대의 경우도 매우 사실일 수 있거나(요엘서가 요나서를 인용하고 있다는 면밀하고 사려 깊은 주장이 마고네에 의해 제기되었다[J. Magonet, *Form and Structure*, 77-79]), 혹은 둘 다 그들의 유사한 어법을 위해 어떤 공통의 자료를 이용했을 수도 있다. 결국 선지자 요엘은 요나서의 익명의 화자였다고 보는 경우조차 가능할 수 있다. 단지 그런 이론들을 증명하거나 혹은 증명하지 못하는 증거가 충분하지 못할 뿐이다.

정경화

요나서는 양식에 있어서 다른 예언서들과 매우 다르기 때문에, 15개의 예언적 정경 속에 놓인 이유들에 대한 논의가 종종 이루어졌다. 칼 부데라는 학자는 요나서는 단순히 12라는 숫자를 맞추기 위해 12소선지서에 포함된 것이라고 실제적으로 제안했다(Karl Budde, *ZAW* 12[1892] 40-43). 부데의 제안이 거의 지지를 받지 못하고 있는 동안, 요나 이야기는 예언적 작품에 가까운 것이라기보다는 열왕기서에 있는 선지자들, 특별히 엘리야와 엘리사의 이야기들에 더 근접한 유형이라는 것이 학자들 사이에 거의 일치하는 견해가 되었다. 하나 혹은 다른 선지자들에 대한 미드라쉬(midrash)로서 놓인 요나서의 위치에 대해 몇 가지 제안들이 제기되었다. 쾨니히는 요나서는 오바댜 1장에 대한 미드라쉬라고 생각했고(E. König, "Jonah", *A Dictionary of the Bible* II, 1899), 쿠테는 아모스에 대한 미드라쉬라고 보았으며(R. Coote, *Amos Among the Prophets*[Philadelphia: Fortress, 1981]), 다른 학자들은 요엘 2:13-14에 대한 미드라쉬라고 생각했다.

사실상 선지서들 가운데 요나서가 놓인 것은 아마도 그 길이와 연대기 그리고 주제의 단순한 결합으로부터 기인된 것일 것이다. 비록 그 문맥에서 떼어져 아마도 압축되지 않는다면 유사한 엘리사-엘리야 이야기들은 후대의 선지서들과 쉽사리 어울릴 수 없을지라도, 요나서는 독립적이고 간략하기 때문에 후대의 선지서들과 용이하게 들어맞는다. 매우 이른 시기에(적어도 유대 전통 속에서 그리고 사실상 매우 개연성이 있는) 요나서는 성문서로 분류되지 않았다(예를 들어, 다니엘은 후대에 칠십인경, 라틴 그리고 그 이후에 계속된 정경적 순서에서 선지자들과 함께 연결된 책이었음). 비록 인용된 계시에 대한 전기의 비율이 요나서에서는 반대일지라도, 요나서의 주된 사안은 선지자의 소명과 전파였다. 이것은 학개 혹은 심지어 아모스(7장)와 같은 책에 있는 어떤 국면들에서 완전하게 제거되지 않는 그런 사안이다. 요나서는 실제적으로 **양적인** 면에서만 예언적인 책들과는 다른 면이 있다. 질적인 면에서는(즉 비율들보다는 범주들) 예언적 전집의 다른 어느 곳에서 어느 정도 나타나는 것은 요나서에도 나타난다.

메시지와 목적

한 차원에서 본다면 요나서의 메시지는 청자/독자에게 "요나와 같이 되지 말라"는 경고로 요약될 수 있을 것이다. 요나서 전체를 통해 요나 자신은 기꺼이 자비와 축복을 받기를 바라는 것, 그리고 자신의 대적들인 앗수르 사람들이 그와 동일한 자비와 축복을 받는 것을 보는 것을 꺼려하는 완고함이 나타나 있다. 그러나 이야기의 요점은 청중들에게 자신들의 대적들을 사랑하라는 것을 가르쳐 주는 것 그 이상의 어떤 의미를 보여 주고 있다. 이야기는 또한 하나님의 성품과 권능에 대해 커다란 강조를 하고 있다. 하나님의 종들은 다음과 같은 일을 하리라고 기대할 수 없다. (1) 하나님을 반대하여 도망치는 일 혹은 (2) 하나님이 인내, 용서 그리고 해(害)를 제재하시는 데 열심인 그 자신의 성품들에 어느 정도 신실하지 못하실 것을 기대하는 것. 달리 말하면 요나서는 요나에 대한 것일 뿐만 아니라 하나님에 대한 것이다. 요나는 처음부터 어느 정도 하나님이 자신의 잘 알려진 성품에 따라 일관되게 나타나시지 않기를 기대했다(4:2). 그러나 하나님은 요나가 위선적으로 일관성이 없었던 것과는 대조적으로 줄곧 시종일관**하시다**. 니느웨와 요나에게 일어난 일은 하나님의 존재의 성품으로 인하여 정확하게 이루어진 것이다. 따라서 요나서의 청중은 만약 그들이 정말로 요나의 이기적인 견해를 공유하고 있다면, 하나님의 존재에 대한 그들의 이해를 교정(校正)할 것을 암시적으로 요청받고 있는 것이다.

고대 유대주의에서 요나서는 유대인들로 하여금 다른 민족과는 달리 자신들만이 하나님의 축복을 받을 자격이 있다고 생각하도록 하는 좁은 특권주의를 대항하는 보루로서의 역할을 했다. 이 메시지는 좀 더 많은 현대의 독자들에게 용서에 대한 예수 자신의 가르침의 빛에 비추어 생각될 수 있는 것이다: 자주 용서에 대한 자신의 필요성을 인식하고 그 용서에 대한 무엇인가를 행하는 사람은 의인들이 아니라 죄인들이다(마 12:41; 참조. 눅 15:10). 어느 누구도 죄인들을 왕국으로 받아들이는 하나님의 자비를 반대하지 못한다.

요나서는 에스라와 느헤미야의 엄격하고 좁은 개혁자의 견해를 반대하는 포괄적이고 보편적인 보고서로서 쓰인 것이라고 보는 견해가 한때 인기를 끌던 시기가 있었다. 이런 견해는 다음과 같은 두 가지 경우에 대한 지지를 즉시로 잃어버린다. 첫째, 요나서는 전혀 보편적이거나 포괄적이지 않다. 하나님이 앗수르 사람들에게 관심을 가지셔야만 하며 그들이 회개함으로써 마음이 움직여져야만 한다는 사실은, 모든 백성들이 하나님의 택함을 받은 백성들이라거나 모든 나라의 운명이 궁극적으로 구원과 동일한 것이라는 사실을 말하는 것이 아니다. 말하자면, 요나서 어디에도 니느웨 사람들이 요나의 설교를 듣고 회개한 것으로 인해 그들이 하나님의 택함을 받은 나라가 되었다는 암시가 없다. 둘째, 에스라와 느헤미야의 주된 관심들은 오경에서 말하고 있는 예전적 관행들을 회복하고, 예루살렘의 안전을 도모하며, 이방의 영향을 제거하고, 혼합된 결혼을 금지하는 것들이었다. 요나서는 이런 주제들의 그 어떤 것도, 심지어는 그런 주제에 대해 간접적으로라도 말하고 있지 않다. 이는 주전 5세기 중엽에 살았던 고대 유대인들은 아마도 요나서가 어느 정도 에스라와 느헤미야에 대한 공격이었다는 생각을 결코 가지지 않았을 것이라는 사실을 의미한다. 만약 이런 사실이 요나서의 목적이었다면, 그 저자는 그 목적을 너무나 잘 숨겨서 그 목적이 발견되지 않도록 유지한 것이다.

4:4과 4:9에 있는 이중의 질문(ההיטב חרה לך – 하헤테브 하라 레카, "성냄이 어찌 합당하냐?")은 요나서의 핵심 메시지를 분명하게 말해 주고 있다. 이야기의 절정은 바로 여기에 있다. 3장에서 니느웨 사람들이 회개하는 곳이나 다른 곳, 즉 요나가 자신의 심한 국수주의에 빠져 있는 것이 얼마나 잘못된 것인지를 하나님이 도전하시는 때와 하나님이 니느웨에 있는 앗수르 사람들의 곤경에 대해 동정심을 보여 주시는 것이 얼마나 옳은 것인지를 말하는 곳에 절정이 있는 것이 아니라 바로 이 곳에 있다.

모든 청자/독자는 그 혹은 그녀 안에 어떤 요나를 가지고 있을 수 있다. 모든 사람들은 마지막에 구체적으로 "내가 니느웨를 아끼지 않겠느냐?"(4:11)라는 것을 포함해서 하나님이 하시는 질문들을 숙고해 볼 필요가 있다. "그것이 왜 그렇게 중요한 질문인가?"라고 반문하는 사람은 누구나 그 메시지를 이해하지 못한 것이다. "아니다!"라고 대답하는 사람은 누구나 그 메시지를 믿지 않는 사람이다.

양식과 구조

요나서는 예언적 내러티브다. 요나서는 열왕기서에 있는 예언적 내러티브들과 어떤 면에서 병행되지만, 다음과 같은 중요한 차이점들을 가지고 있다: 열왕기서의 내러티브들은 하나님의 부르심에 대한 선지자의 신실성 그리고 하나님의 인정과 축복에 상당한 강조점을 두고 있다. 그러나 요나서에서 선지자는 하나님의 소명을 이루기 위한 모든 접근법이 바르지 못한 사람으로 너무나 분명하게 부정적으로 묘사되고 있다. 예를 들어, 엘리야는 색다른 이방적인 것들을 대항해서 하나님의 말씀을 강력하게 선포한 선지자인 반면에(왕상 18-19장), 요나는 하나님의 말씀이 담지하고 있는 것이 자신에게 좋지 못하다고 생각될 때 하나님의 말씀으로부터 달아난 선지자였다.

모든 성서 내러티브들은 어느 정도 교훈적이다. 그러나 요나서의 경우에 화자는 어떤 분명한 교훈적 목적을 위해 선별하고, 요약하고, 심지어는 약간의 연대기적인 재배열을 통해 이야기를 주의 깊게 다듬고 있다(4:5에 대한 "주석"을 보라). 과거의 회상 장면으로 전환(4:5-11)되거나 "미래에 대한 장면으로 전환"되는 곳(1:16)이 있다. 시간의 많은 부분이 신속하게 지나가 버리거나(팔레스타인에서 니느웨에 이르기까지의 긴 여행) 짧은 순간들(2장에 나오는 요나의 기도; 4장에 나오는 하나님과 요나 사이에 이루어지는 대화)에 상세한 주의가 집중되기도 한다. 초점이 요나에게서 다른 사람에게로 전환되었다가(1장에서 사공들에게로; 3장에서 왕을 포함한 니느웨 사람들에게로) 다시 돌아온다. 그와 같은 부분들이 있다. 내러티브 기법들은 요나서에서만 볼 수 있는 독특한 것이 결코 아니다. 그러나 그 기법들은 요나서의 교훈적 목적을 세우는 데 어느 정도 독특하게 중심을 이루고 있다. 요나서의 교훈적 목적은 4장(4, 10-11절)에 있는 하나님의 말씀에서 완전하게 드러난다. 따라서 요나서는 단순히 어떤 예언적인 내러티브로서가 아니라 **교훈적인** 예언적 내러티브로서 기술되고 있는 것이 틀림없다.

게다가 요나서는 **감각적인** 문학이다. 즉 요나서는 청중들의 상상력과 감정(바다에서의 폭풍, 물고기 이야기, 식물 이야기 등등)을 불러일으키도록 계획된 요소들에 대한 높은 집중력을 가지고 구성된 것이 분명하다. 이런 의미에서 요나서는 다니엘서의 초반부 장들에 나오는 이야기와 엘리사의 사역에 대한 내용 중에 기적 이야기들(주로 왕하 2-7장)과 닮은 점이 있다. 감각적인 문학의 역사성에 대해서는 아래를 보라.

감각적이고, 교훈적이며, 예언적인 내러티브로서 요나서는 비유와 알레고리로 알려진 문학 장르들의 특성들을 공유하고 있다. 그러나 요나서를 그런 비유나 알레고리 중의 하나로 동일화하는 것은 옳지 않다. "비유"는 다양하게 정의된다. 그러나 엄격하게 말해서, 비유는 일반적으로 다음과 같은 것을 가진 항상 간략한 형태다(달리 말하면, 길이로 4장이 되지 못한다): 일반적으로 단일한 장면이지만 많아야 2개 혹은 3개의 장면(눅 15장에 나오는 탕자의 비유에서와 같이), 이야기 밖에 있는 **진정한** 초점이 되는 사람 혹은 사물에 비유되는 요소들 그리고 비유가 교훈을 줄 때 청자를 갑자기 멈추게 하며 독자가 자기 자신 혹은 그녀 자신을 이야기에서 보도록 하는 "충격" 혹은 한 방 치는 것과 같은 종류. 더욱이 참된 비유들은 또한 그 등장인물들로서 익명의 사람들을 가지고 있다. 요나서는 비유의 이런 특성들의 어떤 것과 거의 유사하기는 하지만, 실제적으로 그런 특성들 중 어떤 것도 정확하게 나타내고 있지는 않다. 가장 중요한 것으로, 비유는 꾸며낸 것으로서 **허구적**인 것이 분명하다. 비록 청자 혹은 독자가 요나서는 꾸며낸 허구적인 것이라는 생각으로 결론을 내리는 것을 선택할지라도, 요나서는 결코 꾸며낸 허구적인 이야기가 아닌 것이 **분명하다**. 요나서는 전혀 허구적인 것이 아니라는 것이 우리의 입장으로, 이런 견해는 전통적인 견해와 궤를 같이하고 있는 것이다.

요나서는 또한 알레고리도 아니다. 알레고리는 때때로 확장된 은유(隱喩)들을 포함하고 있는 확장된 유비와 같은 것이다. 그 은유들 속에서는 이야기의 의미가 제시된 개념들과 행위들 속에서 발견되지 않고, 그 이야기가 유비적으로 가리키고 있는 이야기 밖의 개념들과 행위들 속에서 발견된다. 그 영웅이 하는 행위들의 요점을 드러내기 위해 끝 부분(요나의 경우에는 4장)까지 기다린 것은 정말 특이한 알레고리일 것이다. 알레고리들은 각 단계에서 그 알레고리들을 넘어서는 어떤 요점을 말하기 위해 명료하게 구성된다. 어떤 알레고리에 등장하는 인물들은 공공연하게 상징적이고 허구적이다. 만약 알레고리가 효과적이라고 한다면, 청중은 이것을 곧바로 깨달아야만 한다. 요나는 이런 형태에도 역시 들어맞지 않는다.

요나서는 또한 미드라쉬도 아니다. 미드라쉬적인 문학은 특별한 성서 본문들에 대해 주석으로서의 역할을 하며, 제안적인 설명뿐만 아니라 삽화도 포함하고 있을 수 있다. 미드라쉬는 분명히 교훈적이지만, 미드라쉬적인 것으로 여겨지는 내러티브를 포함하는 모든 것이 결코 교훈적인 문학은 아니다. 성서는 미드라쉬에 대한 두 가지 내용을 포함하고 있는데, 둘 다 역대하에 있다. 역대하 13:22의 "선지자 잇도의 주석 책(미드라쉬)"과 역대하 24:27의 "열왕기 주석(미드라쉬)"에 언급되어 있다. 이 두 가지 본문은 모두 이야기들을 포함하고 있는 것이 틀림없지만, 그 본문들이 이야기들로만 이루어졌다고 생각하는 것은 정당하지 못한 결론이다. 비록 그 내용에 대해 분명하게 알려질 수 있는 것이 거의 없다 할지라도, 아마도 이 두 본문들은 주석과 그 본문들이 다시 만들어 내고 있는 역사적인 내러티브들에 대한 다른 확장들을 포함하고 있을 것이다. 요나서가 일종의 미드라쉬로서 신빙성 있게 동일시되기 위해서는 그 이야기가 구약의 다른 곳에서 가르쳐진 어떤 것을 삽화적으로 설명하고 있는 것으로서의 역할을 감당하기 위해 구성되었다는 것이 드러나야만 할 필요가 있다. 이런 것은 그 일에 관련된 자료의 부족으로 인해 설득력 있게 이루어지는 것이 전혀 불가능할 뿐만 아니라, 요나서는 실제적으로 전형적인 성서 시기의 미드라쉬와는 반대의 것일 것이다. 우리가 정말로 알고 있는 초기의 미드라쉬들은 이야기들, 율법들 혹은 다른 "일차적인" 자료에 대한 분석적인 논의를 통해 그 특징이 드러나게 된다. 그 특성상 요나서는 미드라쉬가 아니라 일차적인 자료일 것같이 여겨지는 부분이 훨씬 많다. 따라서 요나서에 포함된 진리에 대한 논의는 이차적인 미드라쉬일 수 있다. 그러므로 요나서를 미드라쉬적인 방식으로 요엘 2:13, 14 혹은 아모스에 연결하려고 하는 시도들(Coote, *Amos Among the Prophets*)은 불확실한 추론에 의한 것으로 남게 된다.

문체

요나서에는 상대적으로 단순한 어휘가 두루 펴져 있다. 이것은 만약 영감된 화자(話者)가 지나치게 복잡한 문체를 섞음으로써 이야기의 교훈적인 영향이 어느 곳에선가 상실되는 것을 원치 않았다면 예측이 가능한 일이다. 화자는 이야기의 다양한 지점에서 두 개의 어휘, 즉 "커다란" 등의 의미를 가지고 있는 가돌(גדול)과 "나쁜" 등의 의미를 가지고 있는 라아(רעה)를 선택해서 사용하고 있다. 각각의 어휘들은 의미의 광범위한 범위의 두 가지 국면에 따라 사용되고 있다. 이 어휘들 각각이 가지고 있는 두 가지 미묘한 차이를 이용하는 것은 일관성을 유지하면서(양식에 있어서) 동시에 다양성을 제공해 주는(의미에 있어서) 효과적인 통합 장치다.

"커다란"이라는 뜻의 형용사 가돌(גדול)은 14번 나타난다. 가돌(גדול)은 크기나 범위에 있어서 거대한(great) 혹은 커다란(large)이란 의미(크기 혹은 범위에서)로 8번 쓰이고 있다(1:4[2번], 10, 12, 16; 2:1[1:17]; 4:1, 6). 그러나 가돌(גדול)은 "중요한"(혹은 번역의 선호도에 따라서 "해결의 열쇠가 되는[key]/주된[chief]/주요한[major]" 등으로 번역될 수 있음)이라는 의미로 니느웨의 "중요한" 성읍을 가리키는 내용이나 그 성읍의 "중요한" 백성들, 즉 그 귀족들이나 지도자들 등을 나타내는 내용에서 6번이나 쓰이고 있다(1:2; 3:2, 3, 5, 7; 4:11). 이 두 가지 의미들의 분포 형태는 산술적인 것이 아니라, 이야기 속의 사건들이 전개되는 것을 통해 통제되는 어느 정도 임의적인 것이다. 니느웨에 놓인 강조점은 일차적으로 그 성읍의 실제적인 크기에 의한 것이 아니라, 그 성읍이 하나님에 대해 가지는 **중요성**에 있다는 점은 이 이야기를 이해하는 데 특별히 중요하다. 그럼에도 불구하고 기본적 문제인 4:11에 있는 니느웨의 인구를 말하는 내용은 니느웨의 순전한 크기를 넘어서 니느웨가 하나님에게 본질적으로 가치가 있다는 것을 말해 준다.

이런 가치는 라아(רעה)의 용법에서 부분적으로 분명하게 드러난다. 이 어휘는 단순히 니느웨라는 성읍의 악한 면면이 아니라 그 성읍이 가지고 있는 **곤경들을** 묘사하기 위해 니느웨와 연관되어 사용되고 있다. 예를 들어, 라아(רעה)의 이런 의미를 인식하지 못하는 것은 그 성읍에 대한 하나님의 연민의 관심에 대한 초반부(1:2)의 예시를 보지 못하는 것이다. 하나님은 자신이 니느웨의 악에 대해 진노하시는 것만큼 그 성읍의 비참한 여건들에 대해서 관심을 가지고 계신다. 그리고 요나서의 청중들은 그런 사실에 대한 감을 얻기 위해 3장 끝까지 기다리지 않아도 된다.

총괄적으로 라아(רעה)라는 어휘는 요나서에 9번 나온다. 라아(רעה)는 3:8과 3:10 단지 두 곳의 경우에만 "악한"(형용사로서)이라는 의미를 가진다./ 라아(רעה)가 나오는 다른 7가지의 경우에는 "곤경" 혹은 그와 근접한 동의어의 의미로 쓰였다(예를 들어, 1:2, 7, 8; 3:10; 4:1, 2, 6에서 번역의 선호도에 따라 "재난", "비참함", "어려움", "해로움" 등의 의미로 쓰임). 니느웨에 있는 앗수르 사람들의 **문제들**로 인해 하나님은 요나에게 가서 그 곳에서 전하도록 하셨다. 요나는 라아(רעה)의 이런 의미를 무시하고 그 대신 그가 듣기를 원했던 것, 즉 니느웨 사람들의 **악행들**이 자신의 사역을 시작하게 했다는 것만을 들었던 것인가? 전혀 그렇지 않다! 그렇다면 요나는 도망치지 않았을 것이다. 현대 영어 번역본들에서 그 어휘를 거의 동일하게 잘못 번역하고 있음에도 불구하고, 요나 역시 청자/독자와 마찬가지로 1:2에 있는 라아(רעה)의 "곤경"이라는 의미를 처음부터 알고 있었다.

요나서에서 빈번하게 사용되고 있는 다른 어휘들에 대한 용법의 형태들에서 나타나는 중요한 의미를 찾으려고 하는 수많은 시도들이 있었다(예를 들어, 최근에 Tribble, *Studies*[1963] 그리고 Magonet, *Form and Meaning*[1976]). 그러나 이런 시도들은 이야기의 어휘에 따라 그 이야기의 의식적 혹은 무의식적인 구조화를 보여 주는 것이라기보다는 이야기의 흐름을 반영하기 위해 궁극적으로 만들어 내는 "형태들"이라는 사실을 전혀 설득력 있게 증명해 주지 못한다. 다른 하나님의 이름들(야웨, 엘로힘, 하-엘로힘, 야웨-엘로힘) 또한 어떤 요지를 만들거나 혹은 이야기의 영향력을 주거나 반대로 그런 영향력을 증명하기 위한 방법으로 흩어져 있는 것으로 보이지는 않는다. 대부분의 경우에 그 신에게 이야기하고 있는 자가 누구인가에 따라 하나님의 이름들은 다양하다(일반적으로 이교[異教]들은 엘로힘을 쓰고, 요나는 야웨를 쓰고 있음). 그리고 이런 형태에 대한 예외적인 예들은 어떤 교훈적인 개념에 따라 쉽게 설명되지 않는다(이와 반대되는 견해에 대해서는 Magonet, *Form and Meaning*, 33-38를 보라).

감각적이고, 교훈적이며, 역사적 내러티브인 요나서는 엘리야-엘리사 이야기들, 다니엘서의 초반부 장들의 이야기들, 룻과 에스더의 부분들 그리고 다른 구약의 여러 부분들(예를 들어, 출 4:24-26; 민 12장; 삿 14-16장)과 어떤 문체를 공유하고 있다. 이런 문체는 생생한 것을 강조해 주는 것으로 매우 선별적이며, 청중들에게 감성적으로 영향을 끼친다. 이런 문체는 청중을 일깨우고, 그들에게 관심을 가지며, 심지어는 매혹시키려고 하는 요지들을 가지고 있는 화자에게 유리하도록 작용을 한다. 문체의 선별성에도 불구하고, 그 문체는 과장적이거나 문학적인 질이 하락되는 것을 보여 주지 않는다. 요나서는 감수성이 예민한 이야기가 아니며, 유머러스한 이야기도 아니다. 특별히 상상력을 자극하는 요나의 경험에서 일어난 사건들을 선택한 것이기 때문에, 요나서는 강조를 하기는 하지만 윤색하여 꾸미지 않고 직접적으로 이야기되고 있다. 효과적인 내러티브 저술인 요나서는 시각적인 상상력을 자극한다. 만약 청자 혹은 독자가 **각각의 시점에서** 어떤 장면을 시각화할 수 없어서 주의를 집중하지 못한다면, 그 영향력은 상실된다. 요나는 이런 의미에서 매우 "생생하다". 왓츠가 이야기의 "장면들"의 전환에 따라 이야기를 나눔으로써 상당한 성과를 얻은 것과 같은 것이다(J. D. W. Watts, *Jonah, Cambridge Bible Commentary*, 72-97).

통일성과 통전성

요나 2:3-10[2-9]에 있는 시는 요나서에서 삽입된 것으로 진지하게 고려되고 있는 유일한 부분이다. 이 시는 다음과 같은 세 가지 이유들 중의 하나 혹은 두 가지를 토대로 대개 후대에 첨가된 것으로 간주된다. (1) 이 시는 이야기에 방해를 주지 않고 제거될 수 있다. (2) 애가가 요청되는 때에 감사를 드리고 있는 것이기 때문에, 이 시는 적절하지 않다. (3) 이 시는 문체, 어휘, 신학 혹은 전반적인 영향의 측면에서 이야기의 나머지 부분과 부드럽게 연결되지 않는다.

이 시의 적절성에 대한 이런 반대들의 각각의 견해는 문제를 불러일으키고 있다. 나머지 부분에 피해를 주지 않고 어떤 문학 작품의 부분을 잘라낼 수 있는 가능성은 전적으로 그 나머지 부분과 잘라내지는 부분을 어떻게 분석하는가에 달려 있다. 사실상 그렇게 잘라내는 대부분의 경우는 단지 경미한 피해만을 줄 뿐이다. 그러므로 좀 더 긴 부분에서 잘라낼수록 그리고 좀 더 짧거나 혹은 좀 더 독립적인 부분에서 잘라낼수록 빠지는 부분은 더욱 적다. 그러나 잘라낼 수 있다는 것은 잘라내는 것을 보장한다는 것과 동일한 말이 아니다. 단편의 조각들로 구성된 (대부분의 문학 작품들이 그런 것처럼) 어떤 내러티브와 대부분의 문학적 작품들은 어떤 부분을 잃어버림으로써 상처를 받을 수는 있지만, 여전히 완벽하게 일관성 있게 남아 있을 수 있다. 복음서의 어떤 부분을 10% 혹은 20% 쉽게 제거할 수 있지만, 나머지 부분을 여전히 논리적이고 이해할 수 있는 것으로 유지할 수 있다. 동일한 작업이 시편 혹은 신명기 혹은 이사야에 적용될 수 있고, 혹은 그와 같은 작업을 미국 독립 선언서에도 적용할 수 있을 것이다. 이 모든 것들은 전체의 흐름에 너무 중요해서 그 부분들을 제거하면 나머지 부분이 일관성을 잃도록 하지 않는 부분들을 포함하고 있다. 또 다른 과거의 예를 들어보자! 우리는 아브라함 링컨의 게티스버그 연설이 통일성을 가지고 있다고 확신적으로 생각한다. 그러나 "국민에 의한 그리고 국민을 위한"이라는 어휘들은 나머지 부분들이 분명하지 않도록 하지 않으면서 쉽게 제거될 수 있을 것이다. 잘라낼 수 있다는 것은 결코 어떤 문학 작품에서 통전성을 결여하고 있는 것에 대한 합법적인 표지가 될 수 없다. 비록 우리는 아래에서 요나서에 있는 시를 제거하는 것은 이야기가 실제적으로 어느 정도 오해될 때에만 가능한 것이라고 주장하기는 하겠지만, 요나서에 있는 시의 경우에도 동일한 원리가 적용된다.

그 시는 감사를 표현하는 것이라기보다는 일종의 애가일 수는 없는 것인가? 앤더슨은 이 경우에 대해 다음과 같이 전형적으로 언급하고 있다(B. W. Anderson, *Out of the Depths*[Philadelphia: Westminster Press, 1974] 84): "…그 시는 현재의 문맥에서 분명하게 잘못된 위치에 놓여 있다. 이미 경험된 구원에 대한 감사가 아니라, 물고기 배 속에서 도움을 요청하는 울부짖음(즉 애가)이 적절할 것이다!" 물론 이 견해가 가지고 있는 곤란한 점은 물고기는 이야기에서 구원의 수단임을 정확하게 말하고 있다는 것이다. 일단 요나가 물고기의 배 속에 있으면, 요나는 익사되는 것으로부터 구원받은 것이다. 애가 시는 요나가 여전히 지중해에 빠져 있을 동안에만 적절한 것일 것이다. 요나는 이미 구원을 **경험했다**. 그리고 오로지 감사시만이 요나 자신의 상황에 대해 적절한 것이다.

이 시의 내용과 이야기의 나머지 부분의 내용의 연관성은 정말로 논쟁을 불러일으키는 유일한 문제다. 마치 문체와 어휘는 일치되어서는 안 되는 것처럼 일치되지 않고 있다. 히브리 시의 문체와 어휘는 히브리 산문의 문체와 어휘와 분명하게 차이가 있다. 어휘는 적용성을 극대화하기 위해 일반화되어 있다. 문체는 운율, 곡 그리고 장르의 기능에 맞추기 위해 형식화되어 있다. 시편들이 이루어져 있는 것과 같이, 요나서의 시(詩)도 요나가 경험했던 사건들을 위해 특별하게 구성된 시와 가장 근접한 시다. 그 시는 여전히 진정한 시, 즉 전반적이고 전(全) 시간적인 시로서 남아 있다(또한 2:3-10에 대한 "주석"을 보라).

주의 깊은 검토에 토대를 두고 볼 때, 이 시가 요나서의 전반적인 메시지의 문맥 안에서 진정으로 통전적인, 즉 잘려 나가지 않아도 될 부분으로 밝혀지게 되는 것은 바로 신학적이고 전반적인 영향에서다. 란데스가 설득력 있게 주장한 견해가 바로 이런 경우에 대한 온전한 예이다(G. M. Landes, *Int* 21[1967] 3-31). 란데스의 긴 주장은 다음과 같이 간략하게 요약될 수 있다. 첫째, 하나님의 구원은 요나서의 중심 주제인데, 이 시는 그 주제를 직접적으로 그리고 생생하게 강화하고 있다. 둘째, 이 시가 없이는 요나 자신의 구원에 대한 요나의 감사의 태도는 그 어느 곳에도 분명하게 나타나 있지 않다. 그렇다면 이런 요나의 감사의 태도는 니느웨가 구원받았을 때 표출하는 자신의 분개에 대한 대조로서의 기능을 이후의 부분에서 감당할 수 없게 된다. 셋째, 시의 구성 부분을 세부적으로 분석할 때 다음과 같은 견해가 분명해진다. 즉 "현재 있는 상태로의 이 시는 적절한 위치와 적절한 형태에 놓여 있다. 그리고 이 시는 요나의 육체적, 정신적 묘사의 관점에서 보았을 때 내러티브에 있는 요나의 상황과 매우 조화롭게 일치한다."

물론 이 말은 요나서의 화자가 이 시를 요나서의 저술과 연관지어 구성한 것이라거나(가장 그럴듯하지 않은 대안임), 요나가 그 경우를 위해 새롭게 지은 것이라는 사실을 의미하는 것은 아니다. 훈련된 선지자(선지자들이 훈련 받았던 것같이)인 요나는 자신의 기억 가운데 있는 시를 자신이 제시할 수 있는 가장 적절히 어울리는 것으로서 선택한 것일 것이다. 혹은 요나는 이미 존재하는 감사시의 부분들로부터(시편에 있는 시들의 부분과 상당히 병행되는 것으로 판단할 때) 그 시를 편집한 것이라는 의미에서 그 시를 "구성했을" 수도 있을 것이다. 그러나 이것은 요나서의 통전성과 시편에 대한 질문들은 설득력 있는 대답들을 가지고 있는 것이라는 사실을 의미한다. 시가 없다면, 요나서의 이야기는 정말로 메말랐을 것이다. 이야기가 전하려고 한 것보다 더욱 일관성 있고 매우 원칙화된 요나에 대한 인상을 독자들에게 남겨 주기는 했겠지만, 그 이야기는 풍성하지 못했을 것이다.

역사성

요나의 이야기가 실제 역사적인 사건들을 나타내고 있는 것인지 그렇지 않은 것인지에 대해 생각해 볼 수 있다. "너의 성냄이 어찌 합당하냐?"(4:4, 9)라는 주된 질문에 대한 대답은, 비록 그 이야기가 전적으로 혹은 본질적으로 허구적인 것이라 할지라도, 여전히 "전혀 합당하지 않다!"이다. 그러나 역사성에 대한 문제는 그 내러티브의 형식적인 교훈적 기능을 넘어서는 내포된 의미들을 가지고 있다. 만약 요나서에 기술된 사건들이 실제로 일어난 것이라고 한다면, 그 등장인물들과 정황들에 대한 청중의 실존적인 동일화는 분명히 높아진다. 사람들은 단지 그들이 이론상으로 그럴 것 같다는 것보다는 그들이 사실상 참된 것이라고 믿는 것에 대해 더욱 분명하게 행동한다. "요나서는 우리가 하나님의 긍휼을 받을 자격이 없다고 생각하는 사람들에게 그 긍휼을 보여 주는 권리를 하나님이 가지고 계시다는 것을 인정해야만 한다는 원리를 보여 주는 이야기다"라고 결론을 내릴 수는 있다. 그러나 이런 결론은 "고대의 이스라엘 사람 요나는 북 이스라엘의 선지자였다. 그는 우리가 덜 고집스럽게 배워야만 할 다음과 같은 교훈을 어려운 방법으로 배워야만 했다: 우리의 하나님은 자신이 긍휼과 용서의 하나님 되심을 확고하게 보여 주셨는데, 그 긍휼과 용서는 단지 우리를 향한 것만은 아니다"라는 것과는 다른 것이다. 만약 요나서의 이야기가 정말로 일어난 것이라고 한다면, 그것은 정말로 진지하고 중요한 것이다. 만약 이것이 역사 속에서 하나님이 일하시는 방법이라고 한다면, 우리의 대적들을 향한 좀 덜 좁은 태도는 단지 그렇게 "해야만" 하는 것이 아니라 반드시 그렇게 해야만 하는 것이다. 그런 너그러운 태도는 화자가 바라는 것이 아니라, 바로 하나님의 강력한 계시이기 때문이다.

요나서의 역사성을 지지해 주는 증거는 풍성하게 있는 반면에, 놀랍게도 그 역사성을 손상시키는 것은 거의 없다는 것에 주목하는 것은 중요하다. 위에서 보았듯이 문체는 중립적이다. 감각주의는 사실성의 결여로 인해 결코 모호해질 수 없다. 거짓 이야기나 허구적인 이야기와 마찬가지로, 참된 이야기는 지루한 것으로부터 감각적인 것에 이르기까지 많은 방법으로 이야기될 수 있을 것이다. 문체는 사실성과는 대부분 관계가 없다. 관련성(감각적인 것은 허구적인 것과 동일한 것으로 보는 것)으로 인해 죄가 있다고 간주하는 것은 역사성을 거절하기에는 충분한 근거가 되지 못한다. 더욱이 "있을 법하지 않는 일들"을 모으는 것은 역사성의 결여를 제시하기에는 전혀 충분한 것이 되지 못한다. 기적적인 사건들은 성서 전역에 걸쳐 다양한 곳에서 연대기적으로 나열되어 있다. 이 모든 기적들을 조직적인 반(反) 초자연주의자의 토대를 근거로 거절할 수는 있다. 그러나 이 점에 대해 요나를 지목하여 말할 수는 없다. "기적들은 일어날 수 없기 때문에, 그 사건들은 일어난 것이 아니다"라는 주장은 요나서에 있는 기적 내러티브들의 사실성을 깎아내리려는 것에 토대를 둔 것으로 개관적인 것이 되지 못하는 주관적인 것이다.

니느웨 자체에서 전반적인 회개가 일어나지 않았을 것 같다는 견해가 있다. 이런 견해는 이제 다음과 같은 사실을 인식함으로써 누그러져야만 한다. 즉 우리의 역사적 증거는 다음과 같은 사실을 보존하고 있다. 즉 요나가 선지자로서 사역을 감당하는 그 대략적인 기간 동안(주전 8세기 초반경)에는 니느웨 사람들을 위한 여러 가지 일들이 전혀 잘 이루어지고 있지 않았다는 사실이다. 예를 들어, 국제적으로 군사적, 외교적 상실은 앗수르-단 3세(Aššur-dān III)의 통치 기간(주전 773-756년) 동안에 일어난 기근과 민중 반란들과 결부되었다. 더욱이 앗수르 군대들에게 두려운 주요 징조들인 지진과 일식이 이런 다른 문제들과 더불어 동시적으로 경험되었다. 국내와 국제적인 혼란으로 비틀거리는 약하고 위태위태한 왕조는, 만연된 문제들로 인해 이미 안절부절하지 못하는 의구심 많은 백성들에 의해 받아들인 것을 강화하려고 하는 기회를 기꺼이 환영했을 수도 있다. 그 만연된 문제들은 3:7-9에 (부분적으로?) 보존되어 있는 왕실 성명서와 같은 것을 통해 엿볼 수 있다.

그러나 니느웨가 "왕"(3:6, 7)을 가지고 있었는가? "니느웨 왕"이라는 뜻의 멜레크 니느베(מלך נינוה)라는 표현의 의미가 있는가? "니느웨 왕"이라는 어구는 앗수르 제국에 대한 이해가 부족한 것(이것은 "런던의 왕"이라고 말하는 것과 비슷한 것임[W. Neil, "Jonah," *IDB* 2:966])과 어떤 당황스러운 역사적 기억(니느웨는 요나 당시에는 앗수르의 수도가 될 수 없었기 때문임)을 반영해 주는 것이라는 가정들은 요나서의 역사성을 반대하는 핵심이 되는 견해들이다. 제기된 문제들에 대한 대답들은 다음과 같은 두 가지 사실들에 대한 평가를 요청한다. (1) "니느웨의 왕"은 요나서의 문맥에 있는 완전히 단순하고 포괄적인 어구다. 그리고 (2) 니느웨가 앗수르 제국의 "수도"(주로 현대적인 개념으로)였든지 그렇지 않았든지 간에, 앗수르 왕이 주전 8세기 초엽에 니느웨에 있었다는 것은 전적으로 가능한 일이다.

첫 번째 문제에 대한 구약 용법의 증거는 실제적으로 매우 다양하며, "니느웨 왕"이라는 용어와 병행되는 어구가 풍부하다. 때때로 왕은 "X의 왕"으로 나타내질 수 있는데, 이때 X는 그 왕이 다스리는 지역보다는 실제적으로 좀 더 커다란 지역을 의미하는 것이 대부분의 의미라는 점을 주의해서 보아야만 한다. 따라서 사사기 3:8, 10에 있는 구산리사다임(Cushan-Rishathaim)은 비록 그의 통치 영역이 그렇게 광범위한 것은 아닐지라도 "메소보다미아(아람 나하라임) 왕"이라고 불리고 있다. 그는 기껏해야 아람 나하라임(Aram-Naharaim)의 작은 부분의 왕이었다. 유사한 용법이 창세기 14:1, 9에서 나타난다. 요나 3:7에 있는 어법을 위해 더욱 더 중요한 것은 왕은 그 자신이 다스렸던 지역 안에 있는 하나의 성읍만으로 표기되는 것이 일반적이었다는 것이다. 신명기 1:4; 3:2; 4:46 등에서 시혼(Sihon)은 "아모리(Amorites) 왕"으로 불린다. 그러나 신명기 2:24, 26, 30 등에서 시혼은 "헤스본(Heshbon) 왕"으로 불리고 있다. 야빈(Jabin)은 사사기 4:2, 23, 24 등에서는 "가나안/가나안 족속 왕"으로 불리지만, 사사기 4:17에서는 "하솔 왕"으로 불린다. 달리 말하면, 왕은 자신이 통치하는 제국 그 자체뿐만 아니라 그 안에 있는 수도 혹은 주요 도시와 연관될 수 있었다(비록 하닷에셀[Hadadezer]의 통치는 훨씬 더 멀리까지 미칠 수 있을지라도, 그의 왕권은 "소바[Zobah]"와 연결되어 있는 삼하 8:5; 왕상 11:23을 참조하라).

아마도 "니느웨 왕"과 가장 가까운 구약의 병행어구는 열왕기상 21:1에서 발견될 것이다. 열왕기상 21:1에서 아합은 다른 곳에서 대개 자신을 지칭하는 데 사용된 칭호인 "이스라엘 왕"과는 대조적인 표현인 "사마리아 왕"(מלך שמרון – 멜레크 쇼므론)으로 불린다. 만약 아합이 구약에서 "사마리아 왕"이라고 불릴 수 있다면, 앗수르-단 3세(Aššur-dān III; 혹은 요나가 선포할 당시에 상응하는 그 어떤 왕)

를 요나 3:6에서 "니느웨 왕"이라고 불리는 것에 대한 그 어떤 유효한 반대도 있을 수 없다. "바벨론 왕"이라는 일반적인 후대의 구약 용법은 모호하기 때문에 "니느웨 왕"에 병행되는 어떤 내용을 제공해 주고 있는 것이라고 증명될 수는 없다. 각각의 경우에 그 성읍 혹은 제국이 그 용어에 의해 묘사되고 있는 것인지 말하는 것은 불가능하기 때문이다.

이야기가 제국 전체보다는 니느웨에 초점이 맞추어져 있다는 단순한 이유로 인해, 요나서의 화자(話者)는 "앗수르 왕"(מלך אשור – 멜레크 앗수르)보다는 "니느웨 왕"이라는 어구를 선택했을 개연성이 충분히 있다. 그러나 위의 예들이 보여주듯이, 왕을 그의 수도나 주요 도시의 용어들로 말하는 것이 구약 내러티브에 있는 하나의 선택안이라는 것은 분명하다. 그렇기 때문에 우리는 "니느웨 왕"은 화자에 의해 그리고 청중을 위해 빈번하지는 않지만 이런 일반적인 관용어구에 따라서 선택되었을 가능성을 배제할 수 없다. 마치 열왕기상 21:1의 저자(그리고 아마도 청중)가 "사마리아 왕"의 경우에 행했던 것과 같이, 화자와 청중은 이 "니느웨 왕"이라는 어구를 일반적인 선택 대안 그 이상으로 생각하지는 않았을 것이다.

그렇지만 요나 당시에 어떻게 니느웨에 왕이 있을 수 있었던 것인가? 일반적으로 주장되는 대로, 니느웨는 산헤립 통치 때(주전 705-682년)에만 앗수르의 실제적인 수도가 되지 않았던가? 사실상 니느웨는 주전 8세기 초중반 대부분의 시기 동안에 앗수르의 수도는 아니었을지라도, 적어도 수도를 대치하는 대안적인 부(副)수도였음이 분명하다. 예를 들어, 우리는 살만에셀 1세(Shalmaneser I; 주전 1275-1246년)가 니느웨 성읍을 확장하기 시작했고, 디글랏-빌레셀 1세(Tiglath-Pileser I; 주전 1114-1076년)에 이르러서 니느웨는 앗수르(Assur)와 칼라(Calah) 모두에 대한 대안적인 왕실 거주지가 되었다는 것을 알고 있다. 그 이후로 니느웨에 궁궐과 같은 종류의 건축물이 세워졌고, 요나 당대 이전인 아슈르나시르팔 2세(Ashurnasirpal II; 주전 883-859년)를 포함해서 여러 왕들에 의해 사용되었다. 그러므로 니느웨는 비록 기술적으로 수도는 아니었을지라도, 주전 8세기 대부분의 시간 동안에 왕실 거주지로서 역할을 감당했을 가능성이 매우 크다(R. C. Thompson and R. W. Hutchinson, *A Century of Exploration at Nineveh* [London: Lusack & Co., 1929]; A. Parrot, *Nineveh and the Old Testament*[tr. B. E. Hooke (London: SCM, 1955)]를 참조하라). 아다드-니라리 3세(Adad-nirari III; 주전 811-784년)의 후반기와 디글랏-빌라셀 3세(Tiglath-Pileser III; 주전 745-728년) 사이의 앗수르의 약한 왕들의 치적에 대한 우리의 정보는 미약하다. 그러나 살만에셀 4세(Shalmaneser IV; 주전 783-774년), 앗수르-단 3세(Aššur- dān III; 주전 773-756년) 그리고 앗수르-니라리 5세(Aššur-nirari V; 주전 755-746년)는 각각 그 통치 기간 동안의 적어도 한 부분을 니느웨에서 통치했을 개연성이 있다. 앗수르-단 3세(Aššur-dān III)는 자신의 거주지를 적어도 한 번 옮겼고, 그 이상으로 옮겼을 가능성도 있다(3:6, 7에 대한 "주석"을 보라). 따라서 현대인들이 생각하는 것과 동일하게 고대 앗수르 사람들이 "수도"를 생각했을지와는 관계없이, 니느웨는 **사실상**(*de facto*) 적어도 신-앗수르 제국의 주요 성읍이었으며, 그 기간의 대부분 동안 왕실을 모신 곳이었다는 것이 분명하다. 그러므로 "니느웨 왕"(3:6)이라는 어구에는 역사적으로 거짓된 것을 보여 줄 수 있는 것이 아무것도 없다.

이야기를 위한 자료들

하나님의 계시의 수단으로서 요나서의 화자는 이야기의 상세한 내용을 위해서 전적으로 인간적인 자료에 의존하고 있는 것 같지는 않다. 그러나 실제적으로 이야기가 구성되고 있는 모든 자료는 요나와 사공들이라는 두 가지 자료에 의해 공급되고 있는 것일 수 있다. 결국 안전하게 돌아온 배의 사공들 중에 어떤 사람이 요나가 잠들어 있는 동안에(1:5) 그리고 요나가 물 속으로 던져진 뒤에(1:15, 16) 어떤 일이 일어났는지에 대한 정보의 충분한 자료가 되었을 것이다. 요나서에 사용된 다른 모든 상세한 내용들은 니느웨에 대해 그리고 니느웨의 안과 밖에서 관찰하고 물어본 충분한 기회를 가졌던 요나 자신에게서 왔을 수 있다. 그 모든 사건들에 대해 요나 자신은 실제적으로 목격하지 않았을 수도 있다(예를 들어, 만약 사실상 요나가 왕 앞에 개인적으로 나타나지 않았다면, 3:6에 있는 왕의 행위들과 같은 것들). 요나는 1:5과 1:15, 16에 있는 상세한 내용들의 자료가 될 수 있었을 것임에 틀림없다. 요나가 배 밑층에서 잠들어 있는 동안(1:5) 어떤 일이 일어났는지는 그가 잠에서 깨어난 뒤 이야기되었을 것 같다. 1:6이 암시하고 있는 대로, 만약 요나가 잠자는 것이 여전히 계속되지 않았다면, 그렇게 깨어 있는 동안에 그에게 이야기되었을 것이다.

중요한 북방 선지자였던 요나는 세상에 잘 알려진 사람이었음에 분명하다. 바다에서 요나가 구원되고, 요나가 니느웨에 갔던 일 그리고 요나가 결국에는 돌아오게 된 모든 일들에 대한 소식은 사공들 중의 한 사람 혹은 그 이상의 사람과 요나가 만나는 것을 통해 요나의 후년에 널리 퍼졌을 것이 분명하다. 사실상 그들이 요나가 실제적으로 살았다는 것을 들었다면, 어떻게 사공들은 요나를 찾지 못할 수 있었던 것인가 하고 의아스럽게 여길 것이다. 그러므로 요나만을 접촉했던 화자는 마침내 만들어지게 된 요나서를 위한 충분한 자료(들)를 가지고 있었을 것이다. 물론 요나는 요나서가 말하고 있는 대로 자아 비평적으로가 아니라 방어적으로, 즉 자신의 관점에서 그 이야기를 말했을 수도 있다. 요나의 변칙적인 태도들과 행위들에 대해 그렇게나 자주 이야기에 중심을 두었던 사람은 요나 자신이라기보다는 아마도 화자였을 가능성이 더 크다.

요나의 니느웨로의 여행은 엘리야가 시돈으로 그리고 엘리사가 아람으로 보내진 것과 밀접하게 병행되고 있다. 더욱이 세 선지자의 이야기들은 모두 기적들에 많이 집중하고 있는 내용을 포함하고 있다. 아마도 요나서의 화자는 열왕기상 17-19장과 열왕기하 2-9장에 있는 엘리야-엘리사 이야기들에서 이미 영향력이 증명된 형태, 곧 문체를 따르고 있는 것이라고 추측할 수 있다. 이 이야기들의 그 어떤 경우에도 화자가 그 사건들에 대한 증인이 될 필요는 없었을 것이다. 선지자 자신들은 완결된 이야기들이 구성되도록 하는 원래 그대로의 자료들을 위한 충분한 소재를 제공해 주었을 것이기 때문이다.

본문

요나서의 본문은 놀랍게도 잘 보존되어 있다. 이문(異文)들은 거의 없고 어떤 종류의 다시 정돈된 형태도 보이지 않는다. 소선지서들의 다른 책들에서 보이는 탈굼의 주석과 설명을 하는 본질적인 경향들과는 대조적으로, 요나서에서는 탈굼조차 단지 약간의 확장된 모습만을 보여 줄 뿐이다.

요나 4:2의 중요성

요나는 하나님이 긍휼히 여기는 분이심을 알았기 때문에 하나님으로부터 달아난 것이라는 요나의 말을 이야기에 포함함으로써, 화자는 요나의 동기들에 대한 모든 추측들을 효과적으로 잠재우고 있다. 요나가 그 어떤 종교적인 혹은 정치적인 개념들을 가지고 있는 것인지와는 상관없이, 요나는 자비롭고 노하기를 더디하시는 점에서 야웨가 정말로 일관성이 있다는 점, 즉 이스라엘 **안에서** 뿐만 아니라 열방 **가운데서**도 한결같은 사실을 싫어했다는 것이 분명하다. 따라서 이 책에서는 "요나가 정말로 좋아한 것은 무엇이었는가?"라는 것보다는 "하나님이 정말로 좋아하시는 것은 무엇인가?"라는 것이 더 중요한 질문이다. 요나가 좋아한 것에 대해 생각해 볼 수 있다. 하나님이 좋아하시는 것에 대해 요나서는 의심의 여지를 남겨 놓지 않는다: 하나님은 희망이 없는 자들에게 은총의 하나님이 되시는 분이다. 자신의 백성들에게만 은총을 베풀기를 바라는 것은 위선적인 것이다. 그렇게나 격렬하게 분개했던 요나가 받아들이는 자가 된 것은 바로 하나님의 은총 때문이었다.

그렇지만 요나가 말한 유명한 고백(4:2)은 하나님의 끝없는 은총을 말해 주고 있다. 사용되고 있는 어법은 해(害)를 주려고 하는 것을 다시 고려하는 하나님의 용서와 기꺼이 행하는 자발성이 그 어떤 사람에게도, 그 어떤 그룹에게도 제한되지 않는다는 것을 보여 준다. 요나는 하나님의 은총에 대한 차별적인 한계를 원했다. 그러나 모든 이스라엘 백성들과 기독교인들이 알아야만 하는 것과 같이, 하나님은 그런 제한들에 결코 매일 수 없으시다는 것을 요나는 결국에는 알게 되었다. 요나는 니느웨가 파멸되어야만 한다고 생각했으나, 야웨는 그렇지 않으셨다.

요나가 야웨의 계시를 거역하다(1:1-3)

참고문헌

Abramowitz, H. "*Maftir Yonah.*" *BMik* 28(1982/83) 326-29. **Cross, F. M.** "An Interpretation of the Nora Stone." *BASOR* 208(1972) 13-19. **Galling, K.** "Der Weg der Phöniker nach Tarsis." *ZDPV* 88(1972) 1-18, 140-81. **Garbini, G.** "Tarsis e Gen 10, 4." BibOr 6(1964) 13-19. **Goitein, S. D.** "Some Observations on Jonah." *JPOS* 17(1937) 63-77. **Gordon, C. H.** "The Wine-Dark Sea." *JNES* 37(1978) 51-52. **Sasson, J.** "On Jonah's Two Missions." *Henoch* 6(1984) 23-29. **Smitten, W. H. In der.** "Zu Jona 1, 2." *ZAW* 84(1972) 95. **Weiss, M.** "Einiges über die Bauformen des Erzählens in der Bibel." *VT* 13(1963) 456-75.

본 문

야웨의 명령
1 여호와의 말씀이 아밋대의 아들 요나에게 임하니라 이르시되
2 너는 일어나 저 큰 성읍 니느웨로 가서 그것을 쳐서 외치라 그 악독이 내 앞에 상달하였음이니라 하시니라

요나의 도망
3 그러나 요나가 여호와의 낯을 피하려고 일어나 다시스로 도망하려 하여 욥바로 내려갔더니 마침 다시스로 가는 배를 만난지라 여호와의 낯을 피하여 함께 다시스로 가려고 선가를 주고 배에 올랐더라

1 Yahweh's word came to Jonah, the son of Amittai, as follows:
2 "Go to the important city,[a] Nineveh, and speak against[b] it, for[c] their trouble[d] is of concern to me."[e]

Jonah's flight
3 But Jonah set out to flee out to sea,[a] away from Yahweh. He went down to Joppa, found there a ship which was going out to sea,[a] and paid for passage on it.[b] He went down inside it to go with them out to sea,[a] away from Yahweh.

원문주해

2.a. 하이르 하게돌라(העיר הגדולה)에 대한 이런 번역에 대해서는 "주석"을 보라. 가돌(גדול)이라는 어휘는 또한 "큰", "위대한", "주요한" 등의 의미를 가지고 있다.

2.b. G(v)는 "그것을 대항해서(쳐서)"라기보다는 "그것 안에서"라는 의미의 엔 아우테(*ἐν αὐτῇ*)로 읽고 있다. 비록 다른 설명이 가능하기는 할지라도, 이런 어투로 알레이아(עליה)를 수정하는 것은 번역적인 자유라기보다는 원래의 바(בה)의 증거라고 할 수 있을 것 같다.

2.c. 혹은 만약 키(כי)를 관계사로 본다면, "그들의 악은… 한 것". 이런 경우에 2b절은 요나의 메시지 내용에 대한 이유라기보다는 그에 대한 요약이 된다. 그리고 라아(רעה)는 "악"을 의미하는 것이 분명하다. 그러나 구문론적으로 볼 때, 이런 대안적인 견해는 바람직하지 않을 것 같다.

2.d. 아마도 G는 창 18:20, 21; 출 3:7, 9 등에 있는 "부르짖다"(צעקה – 체아카)라는 개념을 사용하고 있는 유사한 표현에 토대를 두고 의역해 놓은 것으로 보인다(*ἡ κραυγή τῆς κακίας αὐτῆς* – 헤 크라우게 테스 카키아스 아우테스, "그것의 악의 울부짖음"). 비록 거의 그럴 것 같지는 않을지라도, 콜(קול, "소리") 혹은 차아카트(צעקת, "부르짖다")는 가운데 글자를 빠뜨리고 쓴 오류(haplography)로 인해 MT에서 빠진 것이라고 생각할 수 있다. "곤경"(trouble)으로서의 라아(רעה)의 정의에 대해서는 "주석"을 보라.

2.e. 문자적으로는 "내 앞에 다다랐다". 창 4:10; 18:21; 삼상 5:12; 애 1:22을 참조하라.

3.a. 타르쉬쉬(תרשיש)의 의미에 대해서는 "주석"을 보라.
3.b. 문자적으로는 "그 요금".

양식/구조/배경

요나서는 전환된 어미음(語尾音)이 소실된 미완료 동사(ויהי – 봐예히)로 시작한다. 이런 미완료 동사는 대개 본문 혹은 책의 시작보다는 어떤 내러티브의 계속을 표시하는 것이라고 생각되는 동사다. 어떤 역본들은 마치 요나서가 좀 더 커다란 작품에서 발췌한 것이 분명하기나 한 것처럼, "그리고"라는 말로 요나서를 시작하기조차 한다. 비록 요나서를 이론적으로 어떤 발췌문으로 간주할 수 있을지라도, 이 동사 형태에는 그런 견해를 증명해 줄 만한 것이 아무것도 없다. 여호수아, 사사기, 사무엘상, 룻기, 에스더 그리고 애가의 [칠십인경]은 모두 하야(היה; 문자적으로 "…가 발생했다")의 동일한 전환된 미완료 동사 형태로 시작하고 있다. 룻기, 에스라, 에스더 그리고 요나는 좀 더 커다란 모음집에서 나온 것으로 생각될 수 있다. 그리고 여호수아, 사사기, 사무엘상은 좀 더 커다란 작품, 즉 소위 말하는 신명기 역사의 한 부분임이 분명하다. 그러나 발췌(拔萃)에 대한 또 다른 증거가 완전히 결여되어 있음으로 인해서 요나서와 같은 책은 독립적이라고 생각하는 것이 가장 좋다. 따라서 봐예히(ויהי)는 요나서에서 "옛날 옛적에…", 즉 내러티브를 여는 것을 위해 단순히 양식화(樣式化)된 형식에 해당하는 기능을 하고 있다. 예를 들어, 엘리야 이야기는 열왕기상 17장에서 "그리고 [엘리야]가 말했다…"라는 뜻의 봐요메르(ויאמר)라는 어구로 갑작스럽게 시작한다. 주요 내러티브들은 히브리어 전승에서는 정교한 도입부를 필요로 하지 않는다. 더욱이 요나서의 첫 번째 문장이 **와우**(ו)로 시작하고 있다는 사실은 그리 놀랄 만한 것이 아니다. 히브리어 내러티브 속에 있는 모든 독립적인 절들의 대부분은 그와 같이 시작하고 있기 때문이다. 이 **와우**(ו)는 영어 문장의 시작에서 대문자를 쓰는 것과 실제적으로 동등한 것이다.

교훈적이고 역사적인 내러티브로서의 요나서의 전반적인 양식을 유지하면서, 그 서론은 간략하고 단순하게 표현하기 위해 노력한 흔적이 있다. 서론은 절대적으로 최소한의 내용을 가지고 요나가 처한 상황을 이해하는 데 본질적으로 필요한 사실들을 제시해 주고 있다. 이런 간략성에 대한 이유는 아마도 다음과 같은 두 가지 면들이 있을 것이다. (1) 내러티브 자체가 자체 설명적이다. 즉 일종의 정교한 서론이 그 어떤 형태로든 이야기의 교훈적인 효과성을 방해할 수 있는데, 그런 것을 방지할 수 있을 정도로 자체 설명적이다. (2) 일반적으로 구약의 예언적 내러티브들은 오히려 간결하다. 예를 들어, 신명기적 역사에서 엘리야(왕상 17:1), 엘리사(왕상 19:19), 이사야(왕하 19:2) 혹은 훌다(왕하 22:14)에 대한 것은 그들에 대해 말하고 있는 내러티브들 속에서 주어진 뼈밖에 없는 서론에서 겨우 얻을 수 있을 정도로 매우 적다. 어떤 선지자들에 대해서는 그들에 대해 아무것도 이야기하고 있지 않은 내러티브들(예를 들어, 오바댜, 하박국)에서 훨씬 더 적은 내용들을 얻을 수 있을 뿐이다. 더욱 일반적으로는, 실제적으로 어떤 종류의 성서 내러티브들에 대한 서론들은 기원, 계보 혹은 초기의 삶에 대한 문제들에 대해 상세하게 서술하지 않는 경향이 있다는 점을 주목해 보아야만 한다. 따라서 그런 상세한 서술이 주어졌을 때(예를 들어, 아브라함에 대해 이야기하는 창 11:27-29에서 드물게 보이는 것처럼), 그 서술들은 특별한 주의를 받는 표시가 된다. 그러나 선지자들에 대한 대부분의 이야기들과 같이, 요나의 이야기는 좀 더 정교한 서론으로 이루어지는 영향을 통해 얻는 것이 아무것도 없을 수 있다.

이 분명한 서론의 구조는 아래와 같이 단순한 두 부분의 개요로 묘사될 수 있다.

야웨의 명령(1-2절)
요나의 반응: 도망(3절)

서론은 이미 요나서의 전반적인 전개에 대한 증거를 보여 주고 있다. 요나서는 야웨와 요나에 대한 이야기일 것이다. 비록 다른 장소들과 사건들뿐만 아니라 다른 등장인물들이 이야기에 그려질지라도, 그 초점은 야웨와 요나 위에 머무를 것이다: 어떤 사람이 다른 사람에게 원하는 것이 항상 이루어지는 것은 아니다.

비록 2절에 있는 명령의 배경은 사마리아였을 것으로 추측될 수는 있을지라도, 그 배경은 그 이야기에 거의 필요한 것이 아니기 때문에 구체적으로 언급되지는 않는다. 비록 요나는 원래 가드헤벨(Gath-Hepher) 출신이라 할지라도, 아마도 그는 자신의 예언적인 활동을 사마리아 안에서나 그 주변에서 행했을 것이다. 이스라엘의 국경을 확장하려고 하는 여로보암 2세의 전쟁에서 그를 격려하는 신탁인 열왕기하 14:25에서 요나가 언급되고 있는 예언적 활동은 수도 안에 있는 여로보암 궁궐에서 이루어졌음이 분명하다. 요나는 욥바로부터 배를 타고 떠나는 것을 선택했다. 이 욥바는 가드헤벨에서 더 가까운, 예를 들어 도르(Dor)와 같은 좀 더 북쪽에 있는 항구 반대편에 있는 것으로서 상대적으로 사마리아에 가까운(그리고 예루살렘에는 더 가까운) 항구 도시였다. 이런 사실은 우리로 하여금 요나는 야웨의 말씀이 그에게 임했을 때 남쪽-중앙 이스라엘 그 어느 곳에 있었던 것이라고 생각하게 해준다.

이 이야기의 연대기를 넓은 범위에서 생각하는 것 그 이상을 넘어 상세하게 설정하는 것은 실제적으로 불가능하다. 여로보암 2세는 주전 793-753년에 통치했다(참조. 왕하 14:23). 그러나 그의 확장 전쟁을 연대기적으로 정할 수 있는 자료가 실제적으로 존재하지 않는다. 아모스 6:13은 로-데바르(Lo-debar)와 카르나임(Karnaim)의 길르앗(Gilead)을 다시 획득한 것을 말해 주는 내용을 포함하고 있다. 그러나 사실상 이것은 여로보암 통치 기간 동안의 그 어느 시간에도 일어났을 수 있는 사건이다.

그러므로 아밋대의 아들 요나가 여로보암 통치 기간 동안 예언한 것을 미루어 생각해 볼 때, 요나서에 기록된 사건들이 발생했을 시간의 범위는 여전히 1세기 이상이 되는 것이다. 한편으로 열왕기하 14:25은 주전 793년에 새로운 왕에게 주어진, 나이가 든 요나의 예언을 암시해 주는 것일 수 있다. 예를 들어, 주전 793년에 여로보암이 권력을 잡았을 때 요나가 70세였고, 요나서 1:1에 기술되어 있는 대로 하나님의 말씀이 임했을 때가 20세였다고 생각해 보라. 이런 견해는 요나가 니느웨를 방문한 것은 가장 빨라야 주전 843년이었을 것이라는 사실을 말해 줄 것이다. 다른 한편으로 요나가 여로보암 통치 후대에 예언했을 때 그는 호세아와 실제적으로 동시대로서 20세였고, 니느웨를 방문했을 때는 70세였다고 생각해 보라. 이런 견해는 요나서에 기술된 사건들이 주전 705년으로 늦어지는 것을 말하는 것으로, 이 때는 이스라엘이 이미 완전히 앗수르의 지배 아래 있었던 때로 더 이상 독립국가가 아니었다. 그러나 3:6에 있는 "니느웨 왕"이라는 내용은 요나가 경험한 일들에 대한 연대를 알아내는 데 도움을 줄 수도 있다. 우리가 앞으로 주장하는 바와 같이, 앗수르-단 3세(Aššur-dān III: 주전 773-756년)는 적어도 얼마 동안 그 수도가 아마도 니느웨였을 앗수르의 왕이었으며, 그 왕이 처한 정황은 아마도 야웨가 요나에게 처음 명령을 내리신 그런 경우였을 것이다.

니느웨의 크기는 요나서의 연대기를 결정하는 데 아무런 도움이 되지 못한다(1:2에 대한 "주석"을 보라). 니느웨는 요나가 장면에서 사라진 이후 오랜 뒤인 주전 612년에 바벨론 군대에 의해 멸망당했다. 창세기 10:12에 대한 한 독법에 따르면, 니느웨는 이미 그 크기로 유명했기 때문에, 요나 당대 이전 수많은 세기 동안 "커다란" 성읍이었으며 "중요한"(어떻게 게돌라[גדולה]를 취하느냐에 따라서)

성읍이었다. 욥바, 항해하는 배들 혹은 요나서의 여기나 나중에 나오는 다른 어떤 세부적인 내용들에 대한 그 어떤 것도 연대기를 정하는 데 더 이상 아무런 도움이 되지 못한다.

주석

1 이야기가 다음과 같은 두 가지 중요한 사실들을 언급함으로써 시작되고 있다. (1) 야웨의 말씀이 주어졌다. (2) 그 말씀은 아밋대의 아들인 특별한 선지자 요나에게 주어졌다. 이 서론적인 문장의 문체는 예언서에 대한 전형적인 표제라기보다는 예언적 내러티브의 전형적인 표제 이상의 그 무엇이 있는 것이다(참조. 왕상 17:8; 렘 1:4; 학 1:3 혹은 심지어 창 15:1). 그러나 "여호와(야웨)의 말씀"이라는 뜻의 데바르 야웨(דבר יהוה)와 하야(יהוה; 이 관용어구에서는 "오다")를 연결하는 것은 소선지서들 중 네 가지의 표제에서 유사하게 발견된다(호 1:1; 욜 1:1; 미 1:1; 습 1:1). 그러므로 요나서 1:1은 처음부터 예언서 이외의 다른 어떤 것으로 생각될 수 없다.

봐예히 데바르 야웨(ויהי דבר יהוה)라는 어법 혹은 그에 대해 변화를 준 어법은 하나님의 신탁을 받는 선지자와 관련하여 구약에서 112번 사용되고 있다(O. Grether, *Name und Wort Gottes in Alten Testament*, BZAW 64 [Giessen: A. Töpelmann, 1934] 67-68). 그와 같은 어법은 계시를 묘사하는 표준적인 방법이므로 어떤 특별한 함축적 의미나 분위기를 가지고 있는 것은 아니다.

그러나 요나라는 이름은 이 이야기를 처음 듣거나 읽는 많은 사람들로부터 어떤 반응을 불러일으킨다. 열왕기하 14:25의 화자가 애써 언급하는 바와 같이, 가드헤벨 출신 선지자 아밋대의 아들 요나는 여로보암 2세의 통치 아래 있는 이스라엘(즉 북 왕국)을, 그 국경을 현저하게 확장하는 것을 이루어지게 함으로써, 축복하시려는 하나님의 결정을 선포하기 위해 하나님이 사용한 사람이었다. 여로보암 시대는 커다란 번영과 국가적인 자존감을 가지는 시대였다. 그 번영의 시대와 더불어서 저질러졌던 종교적인 혼합주의와 사회적 부정의로 인해, 호세아와 아모스는 재앙의 신탁으로 여로보암과 이스라엘을 공격했다. 그러나 아마도 요나에게서는 그런 종류의 비평을 전한 것을 들을 수가 없다. 따라서 비록 침묵으로부터의 논증에 토대를 둔 추론이며 추리적인 것이기는 할지라도, 요나는 이스라엘에서 어느 정도 충성스런 선지자였지 않았는지 생각해 볼 수 있다. 즉 여로보암 통치 당시에 이교적이고 언약적으로 불순종적인 나라를 축복하기 위한 하나님 자신의 계획을 선포하는 데 있어서 하나님은 적어도 우리가 알기로는 그 왕조의 정책들과 관행들에 대해 비평적인 자세를 취하지 않은 국수주의적인 북쪽의 선지자를 선택하신 것으로 보인다. 열왕기하 14:23-29은 여로보암에 대해 전혀 비평적이지 않은 것이 아니지만, 야웨의 "종"(עבד – 에베드)으로 불리는 요나에 대해서는 비평적이지 않은 것이 분명하다. 이방 군대의 정복에 의해 이스라엘이 압제를 받는 것은 야웨의 개입(26-27절)에 대한 이유로서 주어지고 있다. 요약해서 볼 때, 그 야웨의 개입은 사사기에서 구원의 개입을 요약하는 데 사용되곤 한 어법과 명백하게 유사한 어법으로 쓰이고 있다. 하나님이 매우 모범적이지 않은 사사들(입다, 기드온, 삼손 등등) 혹은 유다 왕(왕하 20장)을 통해 자신의 은총을 받을 자격이 없는 배교적인 백성들을 구원하실 수 있었던 것과 같이, 하나님은 배교적인 여로보암 2세의 통치 아래 은총을 받을 자격이 없는 이스라엘을 구원하려는 자신의 의도를 선지자 요나를 통해 선포하실 수 있었던 것이다. 맹목적인 애국주의자요 심지어 대외강경론적인 선지자가 다른 어떤 사람들뿐만 아니라 선포가 가진 하나님의 목적을 수행하며 섬길 수 있었다.

요나는 오로지 그의 이름과 그의 아버지의 이름인 아밋대에 의해서만 그 신원이 밝혀지고 있다. 어떤 알레고리적인 의미성이 그 어느 이름에도 덧붙여질 수 있을 것 같지는 않다. 요나(יונה)는 "비둘기"라는 의미로 구약에서 동물에 토대를 둔 많은 히브리어 이름들 중에 하나다. 아밋대(אמתי – 아미타이)는 "진실"을 의미한다. 아이(-*ay*)는 영어 빌리(Billy)의 이(y)와 같은 것으로 히브리어의 애칭적인 어미다(이 두 가지 경우의 병행적 용법을 위해서는 M. Noth, *Die Israelitische Personennamen*[Stuttgart: Kohlhammer, 1928]을 보라). 이 이름들은 상징적인 것이라는 그 어떤 제안도 다음과 같은 두 가지 증거를 요구한다. (1) "진리의 아들, 비둘기"는 어느 정도 요나의 인격에 대한 어떤 메시지의 본질을 가지고 있거나 아니면 그런 메시지를 전하고 있는 것이라는 사실이 보여져야 할 필요가 있을 것이다. 그런데 그렇지 않다. (2) 열왕기하 14:25에 있는 중요한 내용 또한 그 이름들을 상징적으로 사용한 것이라는 사실이 보여져야 할 필요가 있을 것이다. 그러나 그렇지 못하다. 그렇다면 1절의 기능은 알려진 북쪽 선지자의 신분인 요나는 야웨로부터 계시를 받은 것이라는 사실을 단순히 말해 주고 있는 것에 불과하다.

2 야웨로부터 메시지의 내용이 명령법으로 주어지고, 그 명령법에 대한 설명

이 이어서 나오고 있다. 요나는 니느웨에 가서 그 성읍을 쳐서 말하라는 것을 포함한 그의 과업뿐만 아니라, 그가 그런 위임을 받은 이유에 대한 두어 가지 정보가 주어지는 것을 듣는다: 니느웨는 주요한 혹은 수도 성읍이며, 야웨는 그 곳에서 발생한 어떤 재난에 대해 알고 계신다.

하나님의 명령의 어법은 또다시 표준적인 것이다. 예를 들어, 쿰 레크 엘(קוּם לֵךְ אֶל־; 문자적으로는 "일어나라 그리고…로 가라")이라는 어절은 열왕기상 17:9("…일어나…으로 가서…")에서 엘리야에 대한 명령으로 나타난다(참조. 렘 13:6, "…일어나 유브라데로 가서…"[קום לך פרתה – 쿰 레크 페라타]). 요나는 3:2에서 또다시 동일한 명령을 받게 되는데, 이때 요나는 결국 그 명령에 순종한다.

이 메시지의 특별한 면은 요나가 그 메시지를 전하러 가야만 할 먼 거리다. 이 명령에는 야웨의 주권은 세계적인 것이고 그 어떤 민족이 야웨의 뜻을 어기면 야웨의 진노를 가져올 수 있다는 개념이 암시되어 있다. 이스라엘 나라의 하나님의 우주적인 통치와 어떤 나라 혹은 성읍에라도 그 하나님의 심판이 쏟아질 수 있다는 개념은 여기서 등장하는 새로운 것이 아니다. 그런 개념은 실제적으로 성서 전체에 드러나 있다. 홍수 이야기로부터 소돔과 고모라 이야기, 엘리야가 아람의 일에 관여하는 것, 이방 나라들에 대한 아모스와 다른 선지자들의 국제적인 신탁들 그리고 계시록에 이르기까지, 하나님 자신이 이스라엘과 특별히 맺은 언약뿐만 아니라 모든 인류와 맺은 하나님의 언약에 대한 증거를 발견하게 된다.

니느웨의 중요성과 그 성읍이 처한 어려움은 모두 요나에 대한 간략한 하나님의 말씀 속에서 관심의 집중을 받고 있다. 우리가 번역한 어구인 "중요한 성읍, 니느웨"(נינוה העיר הגדולה – 니느베 하이르 하게돌라)는 세 번 중에서 이 곳에서 처음 나타난다(또한 3:2과 4:11). 니느웨의 크기가 아니라 그 중요성은 3:3(이 구절에서 그 둘레 혹은 직경은 대개 묘사된 대로 생각되었음)과 4:11에서 인간과 동물의 많은 숫자와 함께 더욱 강조된다. 그러나 크기는 여기서 중요한 문제가 되지 않는다. 대개 "큰, 광대한"(great)이라고 번역되는 히브리어 가돌(גדול)이라는 용어는 또한 "커다란"(large; 그 대부분의 기본적인 의미에서)뿐만 아니라 "중요한", "주된" 혹은 "주도적인"(창 39:9; 왕하 10:6; 레 21:10)이라는 의미를 나타낼 수 있고, 그런 의미로서 "수도" 성읍과 연결되고 있다. 앗수르 제국 당대에(즉 주전 8세기와 7세기) 구약 히브리어에 있는 어떤 구절들은 지도층을 나타내는 용어와 연관되어 있는 앗수르의 용례를 반영하고 있는 듯하다. 예를 들어, 호세아 5:13과

10:6에서 앗수르 왕은 멜레키 레브(מלכי רב; 멜레크 야렙[מלכ ירב]이 아니라; “주석”을 보라)로 불린다. 이것은 아마도 “으뜸 왕”, 즉 황제를 나타내는 앗수르 용어에 대한 실제적인 음역일 것이다. **말쿠 라부**(*malku rabu*)로 대개 음역되는 앗수르 용어는 **말케 라브**(*malk^e rab*), 즉 긴 접미어를 가지고 있는 경우로 발음된 것이 거의 확실하다. 앗수르어에서 파생되고 중립적인 **세와**와 이중으로 닫힌 음절이 따라 나오는 어떤 어휘의 중간에 어떤 소리를 첨가하는 소리 때문이다(J. Hyatt, *The Treatment of Final Vowels in Early Neo-Babylonian*, Yos 23[New Haven: Yale, 1941]을 참조하라). 그러므로 하이르 하게돌라(העיר הגדולה)가 사실상 “중요한 성읍” 혹은 “수도”라는 앗수르어 **알루 라부**(*ālu rabu*)의 히브리어 어의(語義)의 차용은 아닌 것인지에 대해 생각하게 된다. 일종의 유비로서 유사한 형태인 하멜레크 하가돌(המלך הגדול; 왕하 18:19, 28; 병행어구인 사 36:4, 13)을 생각해 보라. 이 어구는 앗수르어 말쿠 라부(*malk[u] rab[u]*), 즉 “으뜸 왕” 혹은 황제에 대한 히브리어 어의(語義)의 차용으로 보인다.

더욱이 한정적인 명사가 한정적인 형용사인 가돌(גדול; 즉 “**그** 큰 ______”)에 의해 수식 받고 있는 히브리어 구문은 종종 단수이며 구체적인 위대함과 같은 의미를 암시해 주는 것으로 해석될 수 있다. 이와 같은 구문의 예들은 “큰 강”(הנהר הגדול – 하나하르 하가돌) 즉, 유프라테스(예를 들어, 신 1:7), “큰 바다”(הים הגדול – 하욤 하가돌) 즉, 지중해(예를 들어, 수 1:4), “대제사장”(הכהן הגדול – 하코헨 하가돌) 즉, 으뜸 제사장(예를 들어, 레 21:10), “큰 사람들”(האנשים הגדולים – 하나쉼 하게돌림) 즉, 우두머리들(예를 들어, 렘 52:15) 그리고 아마도 “이 주요 성읍”(לעיר הגדולה הזאת – 레이르 하게돌라 하조트) 즉, “이 수도 성읍(?; 렘 22:8)” 등이 있다. **“한(어떤)** 커다란 ______”이라는 어구는 단순히 커다란 혹은 주요한 ______를 의미할 수 있다는 것을 주목하라. 그 명사와 형용사의 한정적인 용법은 “주요한” 혹은 성읍의 경우에는 “수도”라는 의미를 위해 요구되기 때문이다.

두로(Tyre) 왕 아비밀키(Abimilki; 주전 약 1375년경)로부터 온 아마르나 서신(Amarna Letter)은 아마도 하이르 하게돌라(העיר הגדולה)에 대한 가장 근접한 서부 셈족의 성서 외적인 병행어구를 말해 줄 것이다. 아비밀키는 바로에게 다음과 같이 쓰고 있다: “보십시오! 제가 나의 주 되신 왕을 위하여 수도 성읍(^uru^*Surri uru ra-bi-tu*; 서부 셈어적인 여성 형용사를 주목하라) 두로를 보호합니다”(EA 147: 61-63). 아비밀키는 니느웨를 **그** 중요한 성읍 혹은 그 지역의 수도가 되도록 하면서 자신의 성읍의 지위를 고의적으로 과장하고 있는 것으로 보인다. 니느웨의 대적들로부터 니느웨를 구해내는 것의 중요성을 바로에게 각인시켜 주기 위한 것이다.

위의 상항들에 비추어 볼 때, 우리는 하이르 하게돌라(העיר הגדולה)라는 어구는 고대 이스라엘의 요나에게 그리고 이 요나서를 읽는 독자들에게 단순히 "니느웨의 커다란 성읍" 혹은 "그 커다란 성읍, 니느웨"보다는 더한 의미가 되었을 것이라는 사실을 믿을 이유가 있다는 결론을 내리게 된다. "수도"라는 용어는 아마도 **너무** 강하거나 구체적인 영어 번역일 수 있다. 그러나 3:6에 있는 니느웨의 "왕"을 말해 주는 내용에 비추어 볼 때, 아마도 그 용어는 대부분의 역본들에 있는 수정안들보다는 히브리어 어구에 의해 제안된 특이성에 더 가까이 근접한 것일 수 있다. 따라서 우리는 여기와 3:6에 있는 게돌라(גדולה)를 "중요한"으로 신중하고도 조심스럽게 수정한다.

서론에서 살펴본 대로, 라아(רעה)라는 용어는 여러 가지 영어 단어들을 포함하거나 겹치는 의미의 범위를 가지고 있다. 영어의 두 가지 어휘, 즉 "악"(evil) 혹은 "사악함"(wickedness) 중에 하나의 의미가 1:2에 나오는 라아(רעה)의 번역에 가장 잘 사용되고 있는 것이라고 대개 생각된다(예를 들어, "그들의 **악**이 내 앞에 이르렀다"). 그러나 이 용어가 가진 많은 모호성은 그런 번역에 의해 충분하게 알려지지 않고 있다. 사실상 요나는 "악"으로 이해하고 있었을 수도 있다. 그러나 그는 야웨의 명령 속에 있는 이 곳의 라아(רעה)의 의미를 "곤경" 혹은 "재난" 혹은 "어려움"으로 이해하고 있었을 확률이 더 큰 것 같다. 요나는 심지어 야웨가 의도한 의미들 중 어느 것에 대해 확실히 알고 있지 못할 수도 있다. 야웨가 그 성읍의 악으로 인해 심판하시려고 했기 때문에, 요나는 니느웨에 대해 전파하라는 요청을 받고 있었던 것인가? 아니면 왜 야웨는 악의 어떤 종류, 즉 "곤경"을 니느웨 위에 내리게 하신 것인지에 대한 설명을 주는 의미에서 요나는 니느웨를 쳐서 설파한 것이었는가? 다음과 같은 논리에 따르면, 3:4에 있는 요나의 메시지는 후자의 것을 말하고 있는 것이다: 니느웨는 **곤경**(רעה – 라아)으로 고통을 받고 있는 **악**(רעה – 라아)한 성읍이었다. 하나님의 긍휼은 그 불행으로 인해 기인되었다. 그 성읍의 악으로 인해 그 성읍을 단순히 파괴하시는 대신에, 하나님은 그 곤경을 제거하기 위해 그 성읍에 회개할 기회를 주시는 것일 것이다. 아마도 요나는 그 기회를 선포한 것일 것이다.

니느웨의 "곤경"(רעה – 라아)은 구체적으로 나타나고 있지 않다. 그러나 그 곤경에 대한 이유는 명백하다. 그 성읍의 악한 길들(3:10)은 나훔서(특별히 2:11-12; 3:1, 19)에서 긴 내용에 걸쳐 통렬하게 비난되고 있다. 나훔서에서와 마찬가지로, 그 의도는 단순히 수도 성읍만이 아니라 전(全) **앗수르**의 잔인성을 말해 주는 것이 분명하다. 따라서 니느웨는 잔혹하게 압제적인 앗수르 제국 자체를 나타내 주는 일종의 제유(提喩)적인 용어다. 니느웨(앗수르)의 "그침이 없는 악"(רעה – 라아)은 너무나 악명이 높아서 이야기는 그에 대해 애써 기술할 필요가 없다.

"내 앞에 상달하였음이니라"라는 어구(עלתה…לפני – 알타…레파나이)는 문자적으로 "내 앞에 이르렀다"라는 의미다. 구약에서 이 어구는 문자적(참조. 창 4:10; 18:21; 애 1:22 등등)으로보다는 숙어적으로 기능을 하는데, 어떤 상황이 하나님의 특별한 주의를 얻을 정도로 극한 지경에 이른 사실을 표현하는 방법으로 쓰이고 있다. 이 어구는 하나님의 상대적인 인지 능력에 대해서는 아무것도 암시해 주고 있지 않다. 따라서 야웨는 요나에게 그 상황에 대해 야웨가 가지는 관심은 야웨가 그런 상황에 대해 무엇인가를 행하기 위해 선택하셨다는 점에 의해 기인된다는 것을 선포하고 있다.

요나는 니느웨를 "쳐서 외치라"(קרא עליה – 케라 알레이아), 즉 니느웨를 공공연히 비난하라는 말을 듣는다. 선지자에게 그런 명령은 하나님이 언약적 제재 규례들 혹은 저주들을 이제 막 시행함으로써 자신의 언약을 강화하려고 하셨다는 것을 경고하는 바로 그런 의미였을 것이다. 온 땅의 하나님인 야웨는 악이 발견되는 곳에서 악을 징벌하는 특권을 가지고 계신다. 그러나 고대 이스라엘에서 이 이야기의 청자들/독자들과 같이, 요나 또한 언약적 제재 규약들을 부과하겠다고 미리 경고를 주는 것은 회개의 가능성에 대한 문을 열어놓는 것이라는 사실을 인식하고 있었을 것이다. "쳐서 외치라"는 어구 그 자체는 아마도 하나님은 니느웨 사람들에게 회개할 기회를 **보장해 주실** 것이라는 사실을 암시해 주는 것이 아니라, 문제의 여지를 남겨놓는다는 것이다. 그러나 3:4("사십 일이 지나면 니느웨가 무너지리라")에서 발견되는 요나의 말을 요약한 것에 비추어 보면, 요나는 임박한 파멸의 돌이킬 수 없는 선포보다는 일종의 경고를 명하시는 분으로 야웨를 이해하고 있었던 것이 분명하다. 물론 이 인용은 야웨가 요나에게 주셨던 말씀들의 축소판이요 요약일 것이라는 사실을 주목해야만 한다. 성서 내러티브의 대부분이 대화들은 자구적으로 제시되기보다는 요약적으로 나타나고 있다는 인상을 준다.

3 요나는 갔다. 그렇다! 그러나 니느웨로 간 것이 아니다. 그 대신 요나는 바다를 통해 야웨로부터(מלפני – 밀리프네) 달아날 계획을 세웠다. 니느웨는 동쪽에 있었다. 즉 바다인 지중해는 서쪽에 있었다. 만약 밀리프네 야웨(מלפני יהוה)라는 표현이 문자적으로 받아들여진다면, 그 어구는 아무런 의미를 가지지 못할 것이다. 만약 온 땅의 주인인 야웨가 니느웨와 같이 동쪽 멀리에 있는 나라의 일들까지 감독 관리하실 수 있었다면, 어떻게 요나는 단순히 동일한 거리가 떨어진 서쪽으로 떠남으로써 도망갈 수 있을 것이라고 기대할 수 있었겠는가? 그러나 사실상 이 표현은 다음과 같은 의미를 가진 단순한 숙어적 표현이다. 즉 요나는 야웨가 경배되지 않는 그 어느 곳으로, 즉 "이스라엘로부터 떠나기"를 원했던 것이다(참조. 창 4:16; 삼상 26:19-20; 왕하 5:17; 13:23; 17:20, 23; 렘 23:39). 달아나려고 하는 요나의 시도는, 비록 궁극적으로 성공적이지 못한 것이 되기는 했을지라도, 전적으로 비논리적인 것은 아니다. 요나가 말하는 이유는 아마도 다음과 같은 일반적인 것이었을 것이다: 이스라엘 백성들은 이스라엘 선지자들을 통해 전해지는 것 이외에는 야웨의 말씀을 결코 듣지 못했기 때문에, 그들은 아마도 심지어는 무의식적으로 야웨가 자기 자신을 이스라엘에게만 계시하셨을 것이라고 생각했을 것이다. 구약은 이방 나라들을 위해 혹은 쳐서 전한 수많은 본래의 이스라엘 선지자들에 대한 예들을 가지고 있지만, **야웨에 의해** 어떤 신탁들을 이스라엘에게 전한 이방 선지자의 경우는 단지 한 번의 예, 즉 발람의 경우만을 포함하고 있다. 그러나 발람은 이스라엘이 있었던 모압에 있는 장소로 가라는 명령을 받았다(민 22:6, 11, 37). 아마도 발람이 이스라엘 백성들을 저주하기 위해 그들을 보기에 충분할 정도로 가까이 가야만 했다고 생각되었을 것이다(민 22:41; 23:9, 13; 24:2, 11; 또한 아말렉 족속[Amalekites; 민 24:20]과 가인 족속[Kenites; 민 24:21]에 대해서도 그렇다). 이스라엘이 아닌 다른 곳에서 이스라엘의 하나님인 야웨로부터 신탁을 받는 것은 포로민들에게 이례적으로 중요한 일이었음이 분명했을 것이다. 야웨의 선지자들은 야웨로부터 주어진 신탁들을 전하기 위해 다른 곳으로 이동할 수 있었을 것이고, 그렇게 이동했다. 훗날 에스겔과 다니엘은 하나님의 백성들이 바벨론에서 포로로 잡혀가 있는 동안 그 곳에서 예언했다. 그리고 예레미야는 어느 정도 자발적인 것이 아니기는 하지만 하나님의 백성들과 애굽으로 동행해서 그 곳에서 예언했다(렘 43:8-44:30). 그러나 이런 선지자들조차 믿는 공동체라는 정황에서 하나님의 말씀을 받았다. 그러므로 열렬한 국수주의자인 요나는 믿음의 동료가 발견되지 않는 곳으로 달아나려고 시도했던 것이다. 그렇게 달아나는 것은,

하나님의 말씀이 다시는 그에게 임하지 않을 것이라는 확신을 가지게 해줄 것이라는 희망을 가지고 그는 달아나려고 했던 것이다. 만약 요나가 이스라엘에 머무른다면, 그는 야웨로부터 더 많은 말씀을 듣게 될 것이라고 생각할 수 있겠지만, 만약 요나가 떠난다면, 그는 더 이상 아무것도 듣지 않게 될 것이라고 생각했을 것이다.

이와 관련해서 "도망하다"라는 뜻의 바라흐(ברח)는 더 이상 이스라엘에 대해 예언할 수 없는 아람에 있는 집으로 발람을 돌려보내기 위해 발락이 사용한 동사임(민 24:11; 참조. 암 7:12)을 주목해 보는 것은 흥미로운 일이다. 그러나 이런 일치는 단순히 우연적인 것일 것이다.

요나는 공해(公海; תרשׁישׁה – 타르쉬샤) 상으로 달아나려고 했다. 대개 다시스라는 장소를 나타내는 이름으로 수정되는 타르쉬스(תרשׁישׁ)라는 용어는 매우 잘못 이해한 것으로 여겨져 왔다. 사실상 이 어휘는 아마도 다음과 같은 두 가지 일반적인 의미를 가지고 있을 것이다. 첫째, 좀 더 기본적 의미인 "바다"로부터 파생된 장소 이름으로서 이 용어는 스페인 남서부에 있는 그리스 타르테소스(the Greek Tartessos; Herodotus I, 163과 IV 152; 참조. 창 10:4), 카르타게(Carthage; G에 있는 겔 27장과 사 23장) 그리고 사르디니아(Sardinia; "다시스"가 노라[Nora]인 것으로 말하고 있는 Cross, *BASOR* 208[1972] 14-16를 보라) 등을 포함하는 지중해에 있는 여러 가지 다른 해안 지역들을 가리키는 것이었다.

이런 모든 지역들은 금속 광업 그리고/혹은 제련업의 중심지들이었음이 분명하며, 이런 지역으로 그리고 이런 지역으로부터 바다를 항해하는 커다란 화물선들이 금속 제품들을 지중해 연안의 다양한 항구로 운송했을 것이다(겔 27:12; 렘 10:9). 다른 구약의 내용들은 다시스를 사실상 먼 지중해 해안 지역들과 같다고 보는 것으로 여겨진다(사 23:6, 10; 66:19). 그러므로 어떤 지명으로서의 "다시스"는 오늘날 유비적으로 항구 도시인 포틀랜드와 같이 고대에 적어도 일반적으로 그런 지역이었음이 분명하다.

둘째, 이 용어는 좀 더 기본적으로 "공해(公海)" 혹은 그와 같은 의미를 가지고 있다. 이것은 "공해상의 배들"이라는 뜻의 아니요트 타르쉬스(אניות תרשׁישׁ) 혹은 더 나은 표현으로 "바다를 오가는 배들"이라는 표현이 기원된 용어다(예를 들어, 사 23:1). 따라서 아람어(탈굼)는 일관적으로 타르쉬스(תרשׁישׁ)를 요나 1:3에서 "바다에서/에"라는 뜻의 바얌(בימא)으로 번역한다. 또한 제롬은 그의 요나서 주석에서 최소한 타르쉬스(תרשׁישׁ)가 처음 나오는 경우에 **마레**(*mare*, "바다")는 의도된 의미를 가지고 있는 것으로 보인다고 주석을 했다. 그리고 이사야 2:16에 대한 그의 주석에서 제롬은 히브리 학자들은 타르쉬스(תרשיש)를 "바다"로 정의한다고 말하고 있다. 탈굼 옹켈로스(*Targum Onkelos*)에서는 출애굽기 28:20과 39:13에서 타르쉬스(תרשיש)라고 불리는 보석은 "바다의 기둥"이라는 뜻의 케롬 얌(כרום ימא)이라고 수정된다. 고든(C. H. Gordon, *JNES* 37[1978] 51-52)은 어떤 색(色)으로부터 기원된 것으로서 "공해(公海)"의 정의에 대한 설득력 있는 주장을 제기하고 있다(막연하게 "와인-다크[wine-dark]" 혹은 "와인-레드[wine-red]"를 말하고 있는데, 이것은 "와인" 혹은 "포도나무의 열매"를 의미하는 고어체의 시적 어휘인 티로쉬[תירוש]와 동족어이다). 그러나 어원이 무엇이든지 간에 요나서에 쓰인 이 용어는 어떤 장소 이름을 나타내는 것이 아니라, 바다 자체를 가리키는 것이라고 보는 것이 가장 좋은 견해다.

요나가 떠나기로 선택한 항구는 욥바(Joppa)였다. 이 욥바는 아마르나 서신(Amarna Letters; 주전 14세기 초반부)에서는 예푸(Yepu)로 그리고 신-앗수르 비문(neo-Assyrian inscriptions)에서는 야푸(Yapu)로 알려진 팔레스타인 해안에 있는 작은 항구 도시였다. 욥바는 구약 시대에는 이스라엘에 의해 결코 병합되지 않았으나, 단지 요나단(Jonathan; 주전 약 148년경; 참조. 마카비1서 10:76)의 통치 아래에서만 유대인의 영토가 되었다. 따라서 요나는 그가 만날지도 모르는 사람들과 그가 삯을 주고 탈 배들이 모두 이스라엘 사람들과 관련되지 않을 수 있는 항구를 선택한 것이었다. 요나는 자신이 분명하게 알고 있었듯이 일단 욥바에 있을 때 이미 부분적으로는 "야웨로부터 떠나" 있었다. 이스라엘 백성들이 욥바라는 항구와 그 욥바가 먼 거리에 이르기까지 교역을 하고 있었다는 것을 알고 있었다는 사실은 역대하 2:15[16]; 여호수아 19:46; 에스라 3:7에서 상품들이 때때로 이스라엘을 향해 흘러들어갔던 항구로서 언급되고 있는 데서 분명히 알 수 있다. 물론 욥바에서 배를 타고 항해를 한 사람들이 야웨를 경배했던 사람들이었을 가능성은 거의 없다. 이런 사실은 본 장의 후반부에 기술된 사공들의 행동들을 바로 이해하는 데 중요하다.

본 절의 나머지 부분은 요나가 세운 계획의 처음은 성공적이었다는 것을 윤색함이 없이 두루두루 설명하고 있다. 요나는 그가 필요했던, 즉 바다를 항해하는 그리고 떠나기(בוא – 보) 위해 준비하고 있는 배를 발견했다. 여기서 두 번 쓰이고 있는 동사 보(בוא)는 방향이나 거리를 나타내는 것으로 변경되어 사용되는 한, 주로 "오다"라는 의미보다는(참조. 창 45:17; 민 32:6; 삼상 22:5; 사 22:15; 47:

5; 겔 3:4) "가다"라는 의미를 나타낼 수 있다. 본문은 요나가 "그들과 함께"(עמהם – 임마헴), 즉 지시 대상물로 암시되고 있는 사공들과 함께 갈 것이라고 말하고 있다. 또한 "내려가다"라는 뜻의 야라드(ירד) 동사가 두 번 쓰이고 있다. 그러나 어떤 특별한 의미도 이 동사에 덧붙여질 수 없다. 높은 지대로부터 해안으로 내려가는 것과 배의 높은 갑판에서 칸막이방으로 내려가는 것은 모두 일반적인 것이며 논리적인 관용어구들이다. 이야기는 요나서 전체에 걸쳐서 단순한 어휘를 사용하고 있다(**서론**을 보라).

본 절의 끝부분에서 "여호와의 낯을 피하여…다시스로(공해[公海]상으로) 가려고"라는 뜻의 타르쉬샤 밀리프네 야웨(תרשישה מלפני יהוה)라는 어구가 반복되고 있다. 이 어구를 통해 화자는 청자/독자에게 요나의 여행 목적을 매우 분명하게 효과적으로 나타내고 있다. 물론 이런 목적은 야웨의 간섭으로 인해 좌절된다.

해설

요나서의 이 간략한 서론에서 독자는 다음과 같은 세 가지 중요한 것들을 배우게 된다. (1) 요나가 누구였는가? (2) 야웨는 요나에게 무엇을 하기를 원하셨는가? 그리고 (3) 요나의 반응은 어떠했는가? 따라서 이야기의 주요 등장인물인 요나와 하나님 그리고 이야기가 전개되고 있는 정황인 하나님의 명령을 수행하기 싫어하는 요나의 반항이 소개되고 있다.

만약 라아(רעה)라는 어휘의 이런 의미가 이 문맥에서 옳은 것이라면, 그 의미는 다음과 같은 이유에 대한 분명한 진술을 말해 주고 있다. 즉 왜 요나는 야웨의 말씀을 그렇게나 반대할 만한 것으로 생각해서 그가 선지자로서 섬기고 있는 하나님과의 더 이상의 접촉으로부터 달아나려고 했던 것인지에 대한 이유를 말해 주고 있다. 따라서 4:2에서 요나 자신의 설명이 주어지기 훨씬 이전에 요나의 동기가 이야기되고 있다. 왜냐하면 야웨는 니느웨를 보존하려고 하는 가능성에 대한 문을 닫지 않으셨다는 것이 요나가 받은 메시지에 암시되어 있기 때문이다. 어떤 다른 정통적인 이스라엘 사람과 마찬가지로, 물론 요나는 싫지만 자신에게 예견되었을 수 있는 일을 알고 있었을 것이다. 모세를 통해 언약적 축복들과 저주들이 이스라엘 앞에 놓였다. 순종은 축복을 의미했고, 불순종은 저주를 의미했다. 국가적이며 우주적인 하나님 자신의 언약 앞에서 사람들에게 그들의 책임들을 일깨워 주기 위해 하나님이 선지자들을 보내시는 것은 그 자체가 은총의 행위였기 때문이다. 요나가 4:2에서 하나님을 묘사하는 것, 즉 하나님은 은혜로우시고, 자비하시며, 오래 참으시고, 신실하시며, 자신의 계획을 기꺼이 바꾸신다는 것은 요나가 말한 대로 그가 모두 알고 있었던 것들이다. 하나님이 이스라엘 백성들을 애굽의 속박에서 구원해내신 이후로 모든 이스라엘 백성들이 알고 있었듯이 그리고 우리가 알고 있듯이, 요나 시대의 이스라엘 백성들은 이런 사실을 알고 있었다. 니느웨 사람들 또한 알고 있었다(3:9). 하나님의 말씀은 항상 하나님의 본성이 놓여 있는 정황 안에서 이해되어야만 한다. 하나님을 아는 것은 누군가가 하나님의 말씀에 부여하는 의미의 한계에 영향을 준다. 따라서 니느웨를 "쳐서 외치라"고 요나에게 부여된 하나님의 명령은, 그런 명령으로 인해 하나님은 그 성읍에 악한 것보다는 좋은 것을 가져다 주실 것이라는 가능성의 빛 아래에서 이해되어야만 했던 것이라는 사실을 암시적으로 나타내 주고 있다.

서론에 있는 두 번째의 암시적 실체는 두 번 언급되고 있는 "여호와의 낯을 피하여…다시스로(공해[公海]상으로) 가려고"라는 어구에서 나온다. 청자/독자는 요나가 이스라엘 사람들이 없는 곳으로 가서 이스라엘의 하나님으로부터 오는 더 이상의 계시적인 접촉을 피하려 하고 있다는 암시를 알아차릴 수 있다. 3절에 있는 어휘들의 나머지는 장면을 묘사하는 데 필요한 것들이다. 본 절의 (우연적인) 교차 구조에서 중요성을 찾으려고 하는 최근의 여러 가지 시도들과는 대조적으로, 그 어휘의 순서는 정말로 중요한 것은 아니다. 요나의 동기가 반복되고 있다. 요나는 니느웨 백성들에게 어떤 회개의 기회를 주기 위해 니느웨를 쳐서 전하기를 원하지 않는다. 그리고 요나는 달아남으로써 하나님이 부르시는 말씀을 피할 기회를 가질 수 있다고 생각한다. 물론 그렇게 되지는 않을 것이다. 하나님의 부르심은 처음에 그랬던 것처럼 정확하게 다시 임할 것이다(3:2).

요나는 자신이 도망치는 것이 정말로 성공할 것이라고 생각했던 것인지에 대해서는 논란이 많다. 아마도 요나는 야웨의 권능은 엄격한 의미로서의 이스라엘에게는 결코 제한적이지 않다는 것을 알고 있었을 것이다. 만약 하나님이 하늘과 음부에서 그리고 "바다 끝에 가서"(시 139:8-9)도 발견될 수 있는 분이라고 한다면, 육체적인 의미에서 달아나는 것은 불가능할 것이다. 그러나 요나는 주변에 다른 많은 선지자들이 있다는 것을 잘 알고 있었다. 요나 당대는 선지자들의 황금기였다. 요나가 스스로에게 다음과 같이 말했을 가능성은 없는가?: "하나님은 앗수르에게 기회를 주기로 하셨다. 만약 그렇다면 적어도 다른 선지자들 중에 하나가 그 말씀을 중재하여 전해 주어야만 한다. 내가 그런 일을 하는 것은 내가 서 있는 모든 것을 역행해서 행하는 것이다. 단약 내가 내 백성에게서 떠나 먼 곳으로 도망친다면, 하나님은 분명히 다른 선지자를 지명하실 것이다. 분명히 하나님은 지금 나보다 더 순종하는 선지자를 좋아하실 것이다(참조. 출 4:13). 그리고 나는 내 생애를 통해 해 온 모든 것을 역행해서 내가 저지르게 될 그 어떤 것을 보지 않게 될 것이다."

달리 말하면, 아마도 요나의 도주는 그가 계시의 바퀴에 있는 중요한 톱니였다거나 하나님의 계획이 그의 도주로 인해 좌절되어야만 한다는 생각으로 인해 기인된 것은 아닐 것이다. 그런 것이라기보다는 요나는 잔인하고 압제적인 대적의 나라에 주어지는 자비와 같은 끔찍한 일을 행하기를 원하지 않았던 것이다.

우리는 하나님의 부르심에 불순종한 선지자에 대해 이야기하고 있는, 성서 속의 다른 어떤 기록도 가지고 있지 않다. 아모스는 다음과 같은 일반적인 반응을 표현했다. "주 여호와께서 말씀하신즉 누가 예언하지 아니하겠느냐"(3:8). 예레미야는 자신의 신탁의 어떤 부분을 놓고 번민했다(렘 20:7-18). 이사야는 처음에 자신에게 주어진 위임에 대해 자격이 없음을 느꼈다(사 6:5). 그러나 만약 우리가 구약에서 흔히 언급하는 거짓 선지자들 중에 몇몇이 처음에는 참된 부름에 대해 거절한 뒤에 거짓 선지자들이 된 것이 아니라고 한다면, 그리고 이에 대해 우리가 아무런 암시를 가지고 있는 것이 아니라고 한다면, 요나는 예외적인 경우를 나타내 주는 것이 분명하다. 요나는 하나님의 말씀을 실제적으로 불순종했다. 하나님이 사랑하신 나라에 대한 그의 증오가 너무나 깊었다. 그리고 그렇게나 많이 나쁜 일을 행한 민족을 위해 하나님이 두엇인가 좋은 일을 행하려고 하시는 것에 대해 요나의 분개함은 너무나 크고 깊었던 것이다.

바다에서의 폭풍과 희생 제물(1:4-16)

참고문헌

Abramsky, S. "About Casting Lots in Order to Catch a Sinner." *BMik* 26(1981)

231-66. **Allen, L. C.** *The Greek Chronicles.* VTSup 27. Leiden: E. J. Brill, 1974. 81. **Andrews, D. K.** "Yahweh the God of the Heavens." *The Seed of Wisdom, FS T. J. Meek*, ed. W. S. McCullough. Toronto: University Press, 1964. 45-57. **Avineri, I.** "The Peshitta Translation of Jonah 1." *BMik* 30(1984/85) 419-21.[Heb.] **Freedman, D. N.** "Jonah 1:4b." *JBL* 77(1958) 161-62. **Horwitz, W. J.** "Another Interpretation of Jonah 1:12." *VT* 23(1973) 370-72. **Hurvitz, A.** "The History of a Legal Formula, *kol'ăšer ḥapeṣ 'āśah.*" *VT* 32(1982) 257-67. **Lang, B.** "Glaubensbekenntnisse im Alten und Neuen Testament." *Concilium* 14(1978) 499-503. **Lindblom, J.** "Lot-Casting in the OT." *VT* 12(1962) 164-78. **Peach, R.** "Zur konzentrischen Struktur yon Jona 1." *Bib* 47(1966) 577-81. **Wachsman, S.** "Nautical Archaeological Inspection by the Israel Department of Antiquities and Museums" *Bulletin of the Anglo-Israel Archaeological Society*(1984-85) 24-29. **Weiss, M.** "Weiteres über die Bauformen des Erzählens in der Bibel." *Bib* 46(1965) 181-206.

본 문

폭풍이 시작되다

4 여호와께서 대풍을 바다 위에 내리시매 바다 가운데 폭풍이 대작하여 배가 거의 깨어지게 된지라

5 사공이 두려워하여 각각 자기의 신을 부르고 또 배를 가볍게 하려고 그 가운데 물건을 바다에 던지니라

The storm begins

4 But Yahweh threw great wind[a] at the sea. There was then[b] a great storm on the sea and the ship seemed[c] about to break apart.

5 The sailors were afraid. They each called out to his god, and threw the cargo[a] which was on the ship into the sea, to make it lighter for them.

발견된 요나

그러나 요나는 배 밑층에 내려가서 누워 깊이 잠이 든지라

6 선장이 나아가서 그에게 이르되 자는 자여 어찜이뇨 일어나서 네 하나님께 구하라 혹시 하나님이 우리를 생각하사 망하지 않게 하시리라 하니라

7 그들이 서로 이르되 자 우리가 제비를 뽑아 이 재앙이 누구로 인하여 우리에게 임하였나 알자 하고 곧 제비를 뽑으니 제비가 요나에게 당한지라

8 무리가 그에게 이르되 청컨대 이 재앙이 무슨 연고로 우리에게 임하였는가 고하라 네 생업이 무엇이며 어디서 왔으며 고국이 어디며 어느 민

Jonah found out

As for Jonah, he had[b] gone down into a remote place below deck[c] to lie down, and had fallen into a deep sleep.[d]

6 The captain came to him and said to him, "What are you doing in a deep sleep? Get up! Call on your god![a] Maybe the god will consider us, and we won't perish."

7 They said to each other, "Let's cast lots[a] in order to find out who is to blame for our trouble."[b] They cast lots and the lot fell on Jonah.

8 So they said to him, "Tell us, [a]who is to blame for our bad situation?[a] What is your occupation? Where do you come from? What is your country?

족에 속하였느냐

9 그가 대답하되 나는 히브리 사람이요 바다와 육지를 지으신 하늘의 하나님 여호와를 경외하는 자로라 하고

10 자기가 여호와의 낯을 피함인 줄을 그들에게 고하였으므로 무리가 알고 심히 두려워하여 이르되 네가 어찌하여 이렇게 행하였느냐 하니라

폭풍을 잠잠케 하는 수단

11 바다가 점점 흉용한지라 무리가 그에게 이르되 우리가 너를 어떻게 하여야 바다가 우리를 위하여 잔잔하겠느냐

12 그가 대답하되 나를 들어 바다에 던지라 그리하면 바다가 너희를 위하여 잔잔하리라 너희가 이 큰 폭풍을 만난 것이 나의 연고인 줄을 내가 아노라 하니라

13 그러나 그 사람들이 힘써 노를 저어 배를 육지에 돌리고자 하다가 바다가 그들을 향하여 점점 더 흉용하므로 능히 못한지라

14 무리가 여호와께 부르짖어 가로되 여호와여 구하고 구하오니 이 사람의 생명 까닭에 우리를 멸망시키지 마옵소서 무죄한 피를 우리에게 돌리지 마옵소서 주 여호와께서는 주의 뜻대로 행하심이니이다 하고

15 요나를 들어 바다에 던지매 바다의 뛰노는 것이 곧 그친지라

종결부: 사공들의 믿음

16 그 사람들이 여호와를 크게 두려워하여 여호와께 제물을 드리고 서원을 하였더라

What nationality are you?"

9 He said to them, "I am a Hebrew.[a] I believe in[b] Yahweh, the God of Heaven, who made the sea and the land."

10 The men were very afraid and said to him, "What have you done!"[a] (Indeed,[b] the men knew that he was fleeing from Yahweh, [c]because he had told them.[c])

A means of calming the storm

11 They said to him, "What should we do to you so that the sea will become calm for us?" since the sea was becoming even more[a] stormy.

12 He said to them, "Pick me up and throw me into the sea, and the sea will become calm for you. I know that I am to blame for this great storm which has come to you."

13 The men tried to row[a] back to land, but they could not because the sea was growing even more stormy[b] on them.

14 So they called to Yahweh and said, "O Yahweh, please don't let us perish on account of this man's life,[a] and don't hold us accountable for killing an innocent person.[c] For you, Yahweh, have done as you wanted."[d]

15 They picked up Jonah and threw him into the sea, and the sea stopped raging.

Coda: the sailors' belief

16 As a result,[a] the men really believed in[b] Yahweh. They sacrificed to Yahweh and made vows to him.

원문주해

4.a. G와 T[C]는 MT의 "대(커다란)"라는 뜻의 게돌라(גדולה)에 상응하는 그 어떤 것을 생략하고 있는데, 이것은 게돌라(גדלה)가 2차적인 것이라는 사실을 말해 주는 것이다.

4.b. **와우**(ו) 계속적 내러티브 문체는 그 사건들의 관계성을 암시해 주고 있다.

4.c. 히셰바(חשבה; 피엘)의 의미는 분명하지 않다. G의 에킨뒤뉴에(*ἐκινδύνευε*)에 토대를 두고 있는 프리드만(Freedman, *JBL* 77[1958] 161-62)은 하바(חָבָה)로 발음된 호브(חוב)의 어떤 형태로 수정하면서 MT의 쉰(ש)은 이어 나오는 레히샤베르(להשבר)

로부터 2차적으로 첨가된 것으로 말한다. Syr과 Tg는 모두 "막… 하려고 하는 것"이라는 뜻의 바아(בעה)의 어떤 형태를 사용하고 있다. 수동태(푸알; 후셰바[חֻשְּׁבָה], *huššᵉbā*) 또한 가능하다. "…인 것 같다"라는 번역은 문맥에서 MT의 피엘에 의해 요청되는 능동적인 의미를 표현하고 있는 어떤 어휘에 가까운 것인데, 이것은 MT의 모음점이 정확하다는 것을 상정하는 것이다.

5.a. 문자적으로는 "배들", "물건".

5.b. 논리적으로 볼 때 단순 완료("갔다")보다는 대과거 시제가 이야기의 연대기에 더욱 적절하다. 히브리어 야라드(ירד)의 완료형은 이들 중 어떤 의미도 가능한 것으로 말하고 있다.

5.c. 문자적으로는 "갑판으로 된 배의 구석에 이르기까지", 즉 은신처의 가장 낮은 곳까지. "북방에 있는"이라는 뜻의 야르케테 차폰(ירכתי צפון; 참조. 시 48:3[2]; 사 14:13; 겔 38:6)에 대한 동음이의(同音異義)의 익살스런 표현이라고 볼 수 있으나 확실하지는 않다.

5.d. 라담(רדם)을 통해 화자(話者)는 단순히 잠을 잘 자고 있는 것을 나타내고 있는 것이 아니라, 좌절 혹은 최면에 걸린 잠을 나타내고 있다. 참조. 창 2:21.

6.a. 혹은 "하나님". 히브리어 하엘로힘(האלהים)은 모호하다. 관사는 문제가 되고 있는 **바로 그** 신을 의미할 수 있거나, 아니면 많은 신들 중에 있는 한 신을 가리키는 내용을 암시하는 것 없이 단순하게 "하나님"을 동반하고 있는 것이다.

7.a. 혹은 "주사위". "주석"을 보라.

7.b. 혹은 "재난", "어려움" 등등.

8.a-a. 전체의 절이 G^{BSV}와 몇몇 MT 사본들에서 빠져 있다. T^{MSS}는 마치 레미(למי)보다는 레마(למה)가 있었던 것처럼 다음과 같이 번역하고 있다: "무슨 연유(בדיל מא – 베딜 마)로 우리에게 이 나쁜 상황이 일어났는지 이제 우리에게 말하라." 이 절은 위의 절에서 나온 실제적인 이중어(二重語: 같은 어원에서 갈린 두 말)이다. 그러나 사공들의 논리를 잘 반영해 준다. 알렌은 번역의 대안에 대해 간략한지만 뛰어난 요약을 보여주고 있다(L. C. Allen, 209, n. 31).

9.a. G의 둘로스 퀴리우(*δοῦλος κυρίου*)는 이브리(עברי)를 에베디(עבדי)로 잘못 읽은 것 그리고 아마도 왕하 14:25의 영향 아래서 하나님 이름의 남은 부분에 대해 보충하는 서기관의 삽입으로 인해 기인된 것일 것이다. Allen, *The Greek Chronicles*, 81를 참조하라. 요나가 야웨를 경배하고 믿는 것이 다음에 즉시로 언급되고 있기 때문에, 문맥은 MT를 지지해 주고 있다.

9.b. 문자적으로는 "두려워하다", 즉 "경배하다", "섬기다", "믿다" 등등.

10.a. 사공들의 말은 진정한 의문문이 아니라 감탄사다.

10.b. 문맥에서 키(כי)의 의의는 삽입구적인 설명을 소개하는 것이다.

10.c-c. "그들에게 고하였으므로(그가 그들에게 말했기 때문에)"라는 뜻의 키 히기드 라헴(כי הגיד להם)이라는 어절은 문체적인 근거들을 토대로 종종 이차적인 것으로 여겨졌다. 그러나 이 어절의 존재는 삽입구적인 해설의 다른 어떤 부분보다도 문맥적으로 더욱 필요하다. 나머지 부분은 이 어걸 없이는 설명이 되지 못한 채로 남겨지기 때문이다.

11.a. 다른 분사에 첨가된 분사에 있는 할라크(הלך)가 내포하고 있는 의미는 증가 혹은 진행을 나타낸다.

13.a. 문자적으로는 "…을 통과하서 파다"라는 것인데, 비록 확실하지는 않지만, 이것은 아마도 힘겹게 노를 젓는 것을 의미할 것이다.

13.b. "원문주해" 11.a.를 보라.

14.b. 즉 "이 사람의 생명을 취하기 위해".

14.c. 문자적으로는 "우리에게 므죄한 피를 돌리지 말라".

14.d. 혹은 "당신은 야웨이기 때문입니다. 당신은 당신이 원하는 대로 행하십니다."

16.a. "원문주해" 4.b.를 보라.

16.b. 혹은 "두려워했다", "경배했다" 등등. "주석"을 보라.

양식/구조/배경

1:4-16의 내러티브는 통일되어 있고 시종 일관적이다. 하나님이 갑작스럽게 일어나게 하신 폭풍은 본 단락에 묘사된 행위의 나머지 부분을 위한 촉매로서의 역할을 하고 있다. 폭풍과 그로 인해 결과적으로 나타나는 배 갑판에서의 행위의 일치는 다음과 같은 네 부분의 거요로 묘사될 수 있다.

a. 폭풍이 시작되다: 사공들이 배가 가라앉는 것을 막기 위해 분주함(4-5a절)
b. 폭풍이 계속되다: 잘못이 있는 것으로 발각된 요나(5b-10절)
c. 폭풍이 심해지다: 바다를 잠재우기 위해 "희생 제물로 바쳐지는" 요나(11-15절)
d. 폭풍이 끝나다: 후에 사공들이 믿음을 보임(16절)

요나서의 내러티브는 때때로 장면들을 배열함으로써 전개되고 있다(왓츠에 의해 가장 효과적으로 진술되고 있음[Watts, 72-79]). 이 접근법에 의해 4-16절의 모든 내용은 단일한 장면을 구성하고 있다. 그 단일한 장면에는 어느 정도 우리가 그 개요를 그린 것과 같이 사건들의 전개가 있다. 그러나 16절은 만약 그 자체의 독립적인 장면이 아니라고 한다면, 적어도 4-15절에서 그려지고 있는 승선 장면에 대한 종결부일 것 같다. 16절은 사공들이 해변가로 노를 저어 돌아간 다음에 행한 일을 묘사하고 있다. 화자(話者)는 화물과 승선해 있는 사람들을 모두 내어 버린 뒤에 사공들이 야웨께 희생 제물을 드리기 위해 약간의 동물들을 조심스럽게 구원해낸 것이라는 사실을 믿는 청중들을 기대했을 것 같지는 않다(참조. 5절). 따라서 16절은 폭풍이 갑작스레 나타났다가 사라지는 기적으로 인해 사공들이 야웨를 진정으로 믿었다(비록 유일신적인 자세로서는 아닐지라도)는 것을 확실하게 말해주는 내적인 후기(後記)로서 보는 것이 가장 잘 이해하는 것이다. 그들은 항구로 돌아온 뒤에 예루살렘과 같은 야웨의 성전 혹은 해변가의 성소 그 어느 곳에선가 희생 제물과 서원을 드림으로써 믿음을 보여 주었다.

폭풍이 사건들을 주도하고 있다. 야웨가 심지어 가나안의 경계를 벗어난 지역에서도 요나의 운명을 지배하고 계시다는 야웨의 증거다. 폭풍이 더욱 사나워짐에 따라 행위가 바뀐다. 행위는 오히려 단순한 어휘를 가지고(비록 **극단적으로 단순한** 어휘는 아닐지라도) 최소한의 상세한 내용으로 기술되고 있다. 사건들은 그 종결을 향해 빠르게 그리고 뚜렷하게 이동하고 있다. 대화는 요약되어 있다(예를 들어, 10절의 삽입적인 진술에서 요나가 이미 선원들에게 말한 것에 대한 내용). 그리고 호기심을 충족시켜 줄 수 있기는 하지만(예를 들어, 그들이 얼마나 바다에 있었는지, 그들이 육지에서 얼마나 떠나왔는지, 폭풍이 얼마나 오랫동안 지속되었는지 등등) 교훈적인 기능의 이해에 기여하고 있지는 못한 자료는 생략되어 있다.

암시적으로 볼 때, 육지로 돌아가려고 노를 젓는 시도를 말해 주는 내용(13절)은 하나님이 폭풍을 일으키셨을 때 배는 바다로 멀리 나가지 않았다는 것을 의미하는 것이 틀림없다. 그러므로 영감된 화자의 의도는 아마도 4-16절에 묘사된 사건들은 요나가 배를 탄 직후에 발생한 것이라는 사실을 말해 주는 것일 것이다. 비록 개연성은 없을지라도, 이 사건들에 대한 하나의 합리적인 재구성은 심지어 배가 바다로 출항하기 **전에도** 요나는 배의 은신처에서 우울하게 잠이 들어 있었던 것을 말하는 것일 수 있을 것이다. 그런 뒤에 하나님이 예기치 않았던 폭풍을 일으키셨을 때, 그 배는 바다를 향해 오랜 시간 항해해 가지는 않았을 것이다. 그 폭풍은 전혀 예견하지 못했던 것이어서, 그 폭풍이 아니었다면 항해하기에 좋은 날씨였을 텐데, 그 날씨가 특별히 두려운 것이 되어 버렸다. 그런 종교심이 많았던 시대에 노련한 사공들은 육지에 있는 동안 좋은 날씨였을지라도 갑작스러운 폭풍이 일어나는 것은 초자연적인 현상에서 기인하는 것이라는 사실을 생각할 수 있었을 것이다. 또한 그 배는 해변가를 따라 항해하고 있었던지 아니면 폭풍이 그들에게 덮칠 때 지중해 어느 곳에 도착하고 있었을 것이라는 사실을 추측해 볼 수도 있다. 사도행전 27장(특별히 3-17절)에 나오는 배가 반(半) 해안 여행을 하고 있는 장면은 이와 병행적인 내용을 말해 주는 것일 수 있다. 자료가 희박하기 때문에 그런 질문에 대해 궁극적으로 대답할 방법은 없다.

본 단락에 나오는 몇몇 어휘들은 여기서 그리고 요나서의 다른 곳에서 반복되고 있기 때문에 주목해 볼 만하다. 다음과 같은 용어들이 히브리어 본문에서 빈번하게 나타난다: 가돌(גדול, "큰"); 툴(טול, 히필 "던지다"); 야레(ירא, "믿다, 두려워하다"); 카라(קרא, "부르짖다"); 알(על, "…을 쳐서[대항해서]") 등등. 이 단어들 중 세 가지는 미래의 시점들에 대해 예견적으로 쓰이고 있는 것일 수 있다. 가돌(גדול)이라는 어휘는 2:1의 커다란 물고기와 3:2의 니느웨의 커다란 성읍 등과 같은 것을 반영해 주고 있다. 요나가 물고기 속에서 야웨를 부른 것과 같이(2:3), 니느웨 사람들은 야웨를 부르며(קרא – 카라) 찾는다(3:8). 그리고 두 번째로 명령을 받았을 때(3:2), 요나는 니느웨를 쳐서(על – 알) 전한다.

그러나 주의 깊은 분석을 해보면, 요나서의 여기서 혹은 다른 곳에서 어휘를 단순히 반복하는 것은 어떤 특별한 교훈적 중요성이 있는 것은 아니라는 것이 분명해진다. 예를 들어, 비록 툴(טול)과 야레(ירא)라는 어휘들은 1:4-16에서 그렇게나 두드러질지라도 다시는 나타나지 않는다. 만약 화자가 요나서 전역에 걸쳐서 어휘적 연결을 하려고 했다면, 니느웨 백성들이 "확신을 가지도록"(אמן – 아만; 3:5) 하기보다는 믿도록/두려워하도록(ירא – 야레) 하기가 더 용이했을 것이다. 더욱이 아마르(אמר, "말하다"), 타르쉬스(תרשיש, "공해[公海]"), 싸아르(סער, "폭풍") 그리고 얌(ים, "바다")과 같은 어휘들은 이야기에서 전개되는 사건들의 관점에서 볼 때 반복되는 것이 요청되고 있다. 그러므로 그런 어휘들이 자주 쓰이는 것은 피할 수 없는 일이다.

요나서에서 반복되는 어휘들에 대한 총괄적인 논의는 마고네의 책에서 볼 수 있는데(Magonet, *Form and Meaning*, 13-38), 그 책 14페이지에는 장별로 분포에 대한 도표를 포함하고 있다. 그 궁극적인 결과는 과잉 해석적이다. 마고네의 분석(그리고 그와 유사한 연구들)에서, 요나서는 단순한 내러티브가 되는 것을 중단하고 복잡한 어휘 수수께끼가 되어 버린다. 복잡한 수사학적 분석에 대해 오늘날 매료되는 상황이 발생하기 전까지는, 그런 복잡한 수수께끼의 해법 혹은 그런 수수께끼가 존재한다는 것은 그 어떤 청자나 독자에게도 결코 관심거리가 되지 않았을 것이다. 마고네의 유형들(거의 일관되지 않은)은, 누군가가 일련의 행동들이 단순한 용어들로 묘사되고 있는 몇 장의 길이를 가진 어떤 내러티브에서 발견할 수 있는 그런 유형이다.

본 장과 요나서 전체에서 보이는 대부분의 어휘의 반복은 간결성을 바라는 단 한 가지 요인에서 기인된 것이다. 화자는 높은 문체적 의도를 가지고 있는 것이 아니라, 그 이야기가 어떤 강요적인 어휘에 의해서라기보다는 실제 사건들 자체를 통해 그 영향력을 가지게 되기를 바라고 있는 것이다. 어휘가 간단할수록 청중의 범위는 더욱 넓어지고, 그 영향은 더욱 효과적이다. 이런 경우에 간결성은 상대적으로 제한적인 어휘를 요구한다.

4-16절에 나오는 내러티브에 대한 어떤 정교한 (대개 교차대구적) 구조를 알아내기 위한 여러 가지 시도들이 있었다. 예를 들어, 프레타임은 ABCCBA로 자료를 배열하고 있다(Fretheim, *The Message of Jonah*, 73-79). 이런 배열에서 각각의 사건들은 다음과 같은 세 가지 주요 범주의 그룹으로 나누어진다. (1) 바람이 휘몰아치는 내러티브 구조(4절)는 요나를 내던지는 것(15절)과 병행되고 있다. 그리고 사공들이 자신의 신들에게 호소하는 것(5a절)은 야웨에 대한 그들의 두려움(16절)에 의해 병행되고 있다. (2) 요나에 대한 그리고 하나님에 대한 견해를 언급하는 선장의 말이 나오는 내러티브의 부분(5b-6절)은 요나에 대한 그리고 하나님에 대한 견해를 말하는 사공들의 말(13-14절)과 병행을 이루고 있다. (3) 요나가 폭풍을 일으킨 원인으로 확정되고 반응하는 대화(7-9절)는 10-12절에 나오는 동일한 종류의 발전에 의해 병행되고 있다.

이런 분석과 그와 같은 다른 분석들은 무리하고 부자연스럽다. 요나서에는 유형들과 구조들이 **있지만**, 그것들은 고의적으로 이렇게 정교한 것은 아니다. 4-16절 안에서 부합되는 것들은 거의 전적으로 일관성과 통일성의 일반적인 내러티브 요구 사항들로부터 기인되는 것이다. 화자가 청자/독자에게 글의 구조(구성)만을 통해 어떤 것을 알려 주려고 하는 어떤 정교한 시도에 의한 것이 아니다.

주석

4 바다에서 점증하는 긴급 사태가 세 가지의 연속적이며 관련된 사건들을 나타내는 세 가지의 단순한 진술들로 간략하게 묘사되고 있다. 야웨는 폭풍이 일게 하는 바람을 일으키셨고, 그 폭풍은 배가 가라앉는 위험에 처하게 했다. 이 위험스러운 상황으로 인해 적어도 15절에 이르기까지 나머지 행위의 대부분이 발생하게 되는 상황이 만들어진다. 어휘들은 그 폭풍이 야웨가 일으키고 계시는 것이라는 사실을 분명하게 보여 준다. 내러티브의 빠른 흐름 속에서 폭풍은 어떤 개입을 명

백하게 나타내고 있으므로 요나의 도망에 대한 심판이다. 따라서 우리는 본 절을 시작하고 있는 **와우**(ו; 반의[反意]의 와우)를 "그러나"로 번역한다. 은유(隱喩)적으로 야웨가 바람을 통제하고 일으키시는 것을 전하고 있는 히필형 동사 툴(טול; "던지다")의 용법은 주목해 볼 만하다. 창을 던지거나(삼상 18:11) 혹은 짐을 던지거나(욘 1:5) 혹은 요나 자신을 던지는 것(욘 1:15)과 같은 방법으로, 야웨는 배 주변에 있는 바다에 바람을 던지셨다. 이야기를 듣는 청중이 이 폭풍은 우연의 일치였던 것이라고 생각할 수 있는 여지는 없다. 여기서와 같이 야웨가 바람과 바다를 통제하시는 것은 구약에서 상대적으로 자주 은유적으로 표현되고 있는 주제다(예를 들어, 출 10:13-19; 14-15; 민 11:31; 욥 26:12; 시 89:9; 시 135:7; 사 50:2; 렘 49:32-36; 암 4:13; 나 1:4; 참조. 막 4:37-39).

5 공포에 떨고, 자신들의 신들에게 부르짖으며, 물건들을 물 속으로 내던지는 사공들의 광란적인 상태는 요나의 상태와 극명하게 대조를 이루고 있다. 요나는 잠들어 있다. 사공들의 열광적인 움직임들은 어느 정도 지속되었을 것이다. 아마도 짐칸에서 끌어올려 물 속으로 던져진 물건은 매우 많았을 것이며(참조. 겔 27:25, "다시스의 배는 떼를 지어 네 물화를 실었음이여 네가 바다 중심에서 풍부하여 영화가 극하였도다") 사공들이 기도하는 데 소요된 시간 또한 있었을 것이다. 배가 비틀거리고, 파도가 맹렬히 몰아치며, 바람이 쉬이익 하고 몰아치는 동안 내내 요나는 번역의 과거완료가 나타내려고 의도한 대로 깊은 잠(וירדם – 봐예라담)에 빠져 있었다. 요나가 잠들고 있었던 곳, 즉 "배 밑층"(ירכתי הספינה – 야르케테 하쎄피나)은 선원들이 불가사의한 폭풍의 원인을 알아내는 데 지체하도록 만들었다는 점에서 중요한 의미가 있다. 만약 요나가 갑판에서 깨어 있었다면, 그는 아마도 좀 더 일찍 그 이유를 자발적으로 말했을 것이다. 아마도 "배 밑층에는" 승객들을 위한 방과 같은 것들이 있었을 것이다. 쎄피나(ספינה)의 구조에 대해서는 그리 많은 것들이 알려져 있지 않다. 비록 이 어휘는 일반적으로 그 아람어와 아랍어와 동족어를 가지고 있을지라도, 구약 히브리어에서는 오직 여기서만 사용된다. 동사 혹은 명사(תרדמה – 타르데마)로 쓰이고 있는 동사의 원형 라담(רדם)은 특별히 깊이 잠든 상태 혹은 최면에 걸려 잠든 상태를 나타내 주고 있다. 이렇게 잠든 상태에서는 자발적으로 깨어난다는 것이 거의 불가능하다. 아담은 깊이 잠들었으므로(창 2:21) 수술을 할 수 있었다. 그러므로 요나가 깊은 잠에 빠졌다는 것은 그가 부주의하거나 책임감이 없다는 것을 나타내는 증거가 될 수 없다. 그런 것이 아니라 내러티브의 나머지 부분이 분명하게 보여 주듯이, 요나는 "의식

을 잃고" 있었던 것이다. 무엇이 의식을 잃은 그런 상태가 되게 했는가? 비록 내러티브는 이 문제에 대해 어떤 결정을 내리기에 충분한 자료를 제공해 주고 있지는 않을지라도, 우울증이 아마도 가장 그럴듯한 이유일 것이다. 휑함, 열의가 없고 멍함 그리고 잠을 자지 못하는 것(때때로 기면[嗜眠] 발작과 유사한 것)은 신체적인 우울증이 보여 주는 극단적으로 일반적인 상태다. 우울증으로 인해 선지자가 자신의 일을 그만두고 자신의 고향과 나라에서 떠나게 되었다는 것은 그리 놀라운 일이 아니다. 그러나 또한 우리는 그 특별한 깊은 잠은 실제적으로 하나님이 그렇게 되도록 하셨다고 생각할 수도 있다(참조. BDB, 922). 그렇지만 이런 잠이 야웨가 요나를 꾸짖으시는 데 어떤 목적을 이루도록 기여하고 있는지는 대답되지 않은 채로 남겨져 있다.

6 물건을 놓아둔 곳에 자주 왕래하다가 사공들은 아마도 승객이 머무는 방에 숨어 잠들어 버린 요나를 결국에는 발견하게 되었다. 아마도 자신들 스스로가 승객에게 그 어떤 일을 행할 수 있는 권한이 없었던 사공들은 이 이치에 맞지 않는 사안을 선장에게 보고했고, 그 선장은 지체하지 않고 요나를 깨웠다. "자는 자여! 어찜이뇨?(מה לך נרדם – 마 레카 니르담, 이런 깊은 잠에 빠져 무엇을 하고 있는 것인가?")라는 선장의 말은, 비록 놀랍다는 것을 나타내는 것이기는 할지라도, 어떤 심판적인 태도를 보여 주는 것은 아니다. 선장의 말은 내러티브에 있는 담론의 간략한 요약을 나타내 주는 완전하게 전형적인 형태다. 그 말이 좀 무례하게 들리는 것은 단지 고대 문학에서는 종종 발견되지 않는 긴 대화를 기대하는 오늘날의 바람을 반영해 주는 것일 뿐이다. 이와 유사하게 사사기 19:28에서 자신의 죽어가는 혹은 죽은 첩에게 레위인이 갑작스럽게 분명한 어투로 "일어나라, 우리가 떠나가자"라고 말하는 것은 단순히 요약된 말이라는 견해를 증명해 주는 것이다. 비록 선장이 한 긴급한 말이 벌어지고 있는 행위에 간섭하지 않기 위해 요약되어 있는 것이라 할지라도, 이 말은 아마도 예우를 갖춘 말이었을 것이다. 화자는 달리 더 말하는 것이 아니라 다시 한 번 사실 그대로의 본질적인 것을 말하고 있는 것이다.

선장이 말한 처음 두 개의 어휘들인 쿰 케라(קום קרא, "일어나서… 구하라")는 2절에서 하나님이 니느웨를 쳐서 외치라고 요나를 부르시는 곳에서 사용된 두 개의 동사를 포함하고 있다. 우리는 여기서 어떤 고의적이고 아이러니한 연관성을 분별해내야만 하는 것인가? "요나는 자신이 악몽을 꾸고 있는 것이라고 생각했음에 틀림없다. 이것은 하나님이 몇 일 전에 있었던 요나의 즐거운 삶을 방해하셨던 바로 그런 말들이다"(Allen, 208). 확신하기는 어렵다. 명령법에서 쿰(קום)이 사용되는 것은 너무나 전형적인 관용어구라서 청자/독자는 그것이 반복되는 것의 중요성을 거의 생각하지 못한다. 카라(קרא)에 대해서는 그 연관성이 분명했을 것이다. 그러나 이 동사 역시 너무나 많은 공통적인 미묘한 어감을 가지고 있어서(부르다, 말하다, 읽다, 부르짖다 등등) 2절에 있는 용법과 비교하는 것이 정말로 청중에게 분명했을 것이라는 사실은 확실하지 않다.

물론 선장은 다신론자이며 아마도 혼합주의자일 것이다. 그의 믿음 체계 안에는 많은 신들과 여신들이 있다. 당시에 팔레스타인에 살았던 대부분의 사람들은 다음과 같은 세 가지 종류의 신들을 믿었다: 개인적인 관심들과 관련해서 예배를 드리는 개인적인 신들, 가족이 예배를 드리는 가족 신들 그리고 전(全) 민족의 보호자이며 동기 부여자로서 예배되는 국가적인 신들. 선장이 요나에게 "**네** 하나님께 구하라"고 한 것은 이방인인 요나는 배에 탄 다른 사람들과는 다른 신에게 결속되어 있는 것이라고 보는 선장의 생각을 반영해 주고 있다. 그러나 그것은 단순히 다음과 같은, 선장이 가지고 있는 확신을 반영해 주는 것이라고 보는 것이 더 나을 듯하다. 즉 모든 사람은 재난의 시기에 부를 개인적인 신을 가지고 있으며, 요나의 개인적인 신이 승선한 사람들의 신들 가운데 독특한지 그렇지 않은지는 몰라도 그에게 간구해야만 한다는 확신을 선장은 가지고 있었던 것이다. 일반적으로 구약 시대에는 국적과 종교가 궤를 같이 했다. 요나는 그들의 구성원 중 하나가 아니었기 때문에, 선장은 단지 위기가 요청하는 종교적 보완책을 말해 주었던 것일 것이다!

선장의 희망은 요나의 하나님이 그들의 위험을 "생각하사"(יתעשת – 이트아셰트) 그 폭풍에 대해 무엇인가를 해주실 것을 바라는 것이었다. 구약의 여기서만 독특하게 나오는 아샤트(עשת) 동사는 역본들을 놓고 판단해 볼 때 "우호적으로 생각하다" 혹은 그와 같은 의미를 포함하고 있는 것 같다. 그러나 구약 아람어에 있는 동족어는 단지 "생각하다" 혹은 "계획하다"와 같은 의미만을 가지고 있다(단 6:4). 선장의 주된 관심은 어느 곳에 있는 어떤 신의 이목을 얻는 것이다. 신들은 사람들을 무시할 수 있었고 무시하기도 했다. 그 신들은 자신들을 예배하는 자들을 지속적으로 예의 주시해 지켜보지 않았다(참조. 왕상 18:26, 27, 29). 반면에 야웨는 그러지 않으셨다(시 121:3, 4).

7 사공들은 점을 치는 전략을 정하고, 요나가 자신들이 당하고 있는 문제의 원인이라는 것을 결정하기 위해 그 방법을 사용한다. 그들에게는 폭풍이 하나님의 징벌을 나타내는 것이 분명했다. 배에 승선해서 그들 중에 있는 누군가가 하나님

을 거역하는 어떤 일을 저지른 것이다. 제비를 뽑는 것(גורלות – 고랄로트)은 그들에게 누가 그 사람인지를 알려 줄 것이다(ונדעה – 베네드아).

제비들은 아마도 그 면이 밝고 어두운 색(따라서 "밝은 것들"과 "어두운 것들" 혹은 출 28:30에 있는 우림과 둠밈[אורים ותמים – 우림 베투밈] 등등, 야웨의 뜻을 분별하기 위해 대제사장의 에봇에 마련되어 간직된 주사위)으로 번갈아 칠해진 주사위였을 것이다. 구약 역사의 여러 가지 중요한 시점에 이 제비들은 제거의 과정을 위해 만들어지고 사용되었다: 여호수아 7:16-18(암시적으로); 사무엘상 10:20-21; 14:40-42. 제비들은 일반적으로 결정 과정, 특별히 땅을 분할하는 과정(참조. 시 16:6)에 하나님께서 그 결과를 인도해 달라는 기도와 더불어(참조. 행 1:24-26) 사용되었다. 잠언 16:33에는 이런 예지의 방법에 대한 약간의 긍정적인 확신이 표현되어 있다: "사람이 제비는 뽑으나 일을 작정하기는 여호와께 있느니라." 이 잠언은 그 명백히 보이는 간결한 어법을 통해 제비를 던지는 것 그 자체에 어떤 유효성이 있는 것이 아니지만, 그 던지는 자에게 야웨가 그렇게 만들고 계시는 것인지에 대한 지식을 정확하게 제공할 수 있다는 것을 주장하고 있는 듯하다. 어쨌든 이런 의미는 사도행전 1:24-26에 나오는 제자들이 가졌던 의미가 되고 있는 것으로 여겨진다.

제비를 던지는 것은 아마도 다음과 같은 경우에 따라서 해석되었을 것이다: 두 개의 어두운 면은 "아니다"를 의미하며, 두 개의 밝은 면은 "그렇다"를 의미하는 것이었을 것이다. 하나의 밝은 면과 하나의 어두운 면은 "다시 던지라"는 의미였을 것이다. 이런 체계를 이용해서 사공들은 요나가 남을 때까지 배에 있는 다른 사람들을 제거해 나간 것이다. 화자는 신의 뜻을 알아 나가는 이런 과정이 이루어지고 있는 동안에 요나가 어떤 생각과 감정을 가지고 있었는지에 대해 우리에게 아무것도 말해 주고 있지 않다. 그 일에 대해 가지는 요나의 관점이 중요한 초점이 아니기 때문이다. 그러나 하나님은 계획에 따라 제비들이 움직이도록 하셨음이 분명하다. 제비들이 요나에게 떨어졌기 때문이다.

8 폭풍이 여전히 몰아치고 있는 가운데 요나에게 황급하게 주어진 다섯 가지 질문들은 단순히 유유자적하는 대화를 시작하는 질문들이 아니다. 첫 번째 질문은 가장 중요하다. 그 대답은 분명하지 않다. 선원들이 이런 재난을 당해 마땅한 어떤 잘못을 **자신들이** 저지른 것인지 그렇지 않은지를 생각해 보는 것은 매우 자연스러운 것이다. 그들이 요나에게 죄를 범한 것인가? 그들이 요나로 하여금 잘못된 무엇인가를 하도록 돕고 있는 것인가? 그것은 연루된 죄인가? 혹은 비난받을 자는

요나뿐인가? 그들은 어떤 큰 죄를 지은 누군가를 다른 곳으로 옮겨주고 있는 것인가? 혹은 요나가 알고 있거나 연관된 누군가가 그 문제의 장본인인가? 때때로 제안되는 "…너는 우리의 나쁜 상황에 대한 책임으로 비난을 받아야만 하기 때문이다"라는 번역은 히브리어 구문을 잘 반영하고 있는 것이 아니다("원문주해" 8.a-a.를 보라). 사공들은 여전히 왜 제비가 요나에게 떨어졌는지 그리고 그것이 그들에게 무슨 의미가 있는지에 대해 정갈로 궁금해 하고 있다. 선원들 또한 요나가 정말로 누구인지 간절히 알기를 원하고 있다. 그들은 이제 겨우 요나가 어떻게든 그 문제의 핵심이라는 것만을 알고 있기 때문이다. 예를 들어, 그들이 요나의 신분을 알게 되기까지, 그들은 요나가 어떤 신에게 어떻게 죄를 지은 것인지를 알아낼 수가 없다. 따라서 사공들은 요나에게 긴급한 질문들을 퍼붓고 있다. 일단 그들이 그의 직업이 무엇인지를 알게 되면, 그것은 그들에게 많은 것을 말해 줄 것이다. 만약 요나가 제사장 혹은 선지자 혹은 집행자 혹은 우상을 만드는 자 혹은 다른 많은 종교적인 직업 중에 하나를 가진 사람이라면, 그 문제에 대한 대답의 일부분은 이미 알게 될 것이다. 요나는 이 질문에 대해 직접적으로 대답하지 않는 것이 아니라 그럴 필요가 없다. 요나는 회피하려고 하고 있기 때문이다(9절에 대한 "주석"을 보라). 그보다는 언급된 질문들은 실제적인 문제들이 전반적으로 연결되고 있는 내용을 단지 요약하고 있는 것 같다. 그 실제적인 문제들의 요지는 다섯 개의 질문들을 연이어 자세히 이야기하는 것을 통해 이야기되고 있다. 마지막의 세 가지 질문들은 모두 요나가 어디 출신인지에 대한 것이다. 그 질문들에 대한 대답 역시 종교적으로 중요한 의미를 가지고 있는 것일 것이다. 역사의 이 시기에 살았던 한 사람의 삶에서 가장 중요한 것은 대개 그 사람이 살고 있는 나라의 신이었기 때문이다. 고대인들은 세 가지 종류의 신을 믿었다: 개인, 가족 그리고 나라. 그러나 세계는 점차적으로 제국들과 나라들에 의해 그 자체가 조직화되었다(예를 들어, 주전 두 번째 천년기 대부분의 시기에 팔레스타인에서 만연한 도시-국가 제도의 상대적인 고립화와는 대조적으로). 요나 당대에 사람들의 개인적인 신들은 그들의 나라의 신들과 뒤엉켜 연결되어 있었으며, 적어도 팔레스타인에서는 나라의 신들은 점차적으로 개인적인 신들로서 역할을 하게 되었다.

더욱이 선원들은 요나가 팔레스타인 사람일 것이라고 생각할 이유가 분명히 있었다. 그 배는 팔레스타인 항구에서 출항했고, 요나는 아마도 팔레스타인 사람과 같이 말했으며, 팔레스타인 사람의 옷과 같은 것을 입고 있었기 때문이었다. 예를 들어, 만약 요나가 그리스인 혹은 애굽인 혹은 앗수르인이었다면, 요나의 옷은 말할 것도 없고 사공들의 원어인 가나안어(블레셋, 이스라엘, 유다, 에돔, 베니게 등등의 넓은 범위의 방언)를 사용하는 요나의 말은 그리 유창한 것이 아니었을 것이고, 요나의 이방 억양은 더욱 분명하게 드러났을 것이다. 그렇다면 그 사공들이 구체적으로 알기를 원했던 것은 팔레스타인 나라들 중에 어느 나라에서 요나가 왔느냐는 것이었을 것이다. 개인은 각각 어떤 나라의 신을 가지고 있다. 이런 사실은 그들에게 적어도 요나가 어떤 신을 "두려워하는지를"(참조. 왕상 11:5-7) 말해 줄 수 있었을 것이다.

9 요나는 솔직하게 답변했다. 그의 대답은 대부분이 일반적으로 있을 수 있는 표준적인 것이다. 요나는 자신을 "히브리 사람"(עברי – 이브리)이라고 말한다. 이 이브리(עברי)라는 용어는 이스라엘 사람들이 자신들을 이방인들에게 설명할 때 주로 사용했던 것이 분명한 그런 어휘다(참조. 창 40:15; 출 1:19). 법률적인 면에서 "히브리 사람"이라는 말은 이스라엘 백성들을 비(非)이스라엘 백성들로부터 구별하는 어휘다(예를 들어, 출 21:2; 신 15:12). 요나는 이렇게 이해한 것이 분명하다. 즉 사공들 또한 요나의 종교를 알기 원해서, 그는 자신이 야웨를 "경외한다(믿는다)"(ירא – 야레; "두려워하다" 혹은 "경배하다"라는 용어들이 번역에서 또한 사용될 수 있을 것이다)고 선언한 것이었다. 이것은 분명하지 않은가? 모든 히브리 사람들은 야웨를 믿지 않았는가? 반드시 그런 것은 아니다! 모든 백성들 중에서도 선지자는 명백한 바알 숭배가 이스라엘에서는 보편적으로 행해지는 일이었다는 것을 적나라하게 알고 있었을 것이다(호 2:19[17]; 11:2; 왕하 17:16 등등). 만약 요나의 생애의 이 부분이 주전 8세기 초엽에 해당된다면, 바알주의의 영향은 여로보암 2세 통치 말기 혹은 그의 후계자들이 통치할 때와 같이 만연되지는 않았을 것이다. 그러나 주전 842년에 있었던 예후의 반(反) 바알 개혁은 여호아하스(Jehoahaz; 주전 814-798년)의 통치를 지나서까지 지속되지는 않았던 것 같다. 여호아하스가 숭배되도록 허용했던 아세라(Asherah) 우상(왕하 13:6)은 아마도 십중팔구는 바알 숭배에 대한 증거가 될 것이다. 아세라는 바알의 배우자였기 때문이다. 야웨의 배우자로서 아세라의 역할의 가능성은 이론적인 생각일 뿐으로 확실한 것은 아니다.

"하늘의 하나님"(אלהי השמים – 엘로헤 하샤마임)이라는 통칭은 이스라엘 백성들이 야웨의 신원을 혼합주의적이고 다신론적인 이방인들에게 묘사하는 편의적인 방법이었다. 야웨라는 이름에 들어 있는 발음 소리들은 비(非)이스라엘 백성들에게는 그리 중요한 것이 아니었다. 이 시대는 수백 가지의 다른 다양한 신들이 비옥한 초생달과 지중해 연안의 여러 지역에서 경배되던 시기였다. 후대의 바사(페르시아) 시대에 이방 땅에 살던 유대인들은 옛(창 24:3, 7) 칭호의 이런 편리한 사용을 통해 곧잘 도움을 받곤 했을 것이다. 이 칭호는 "야웨-그는 어떤 신인가?"라는 질문에 매우 훌륭하게 그리고 간단하게 대답한 것이었다. 그리고 야웨는 적어도 모든 신들의 우두머리라는 것을 암시적으로 말해 주는 부가적인 장점을 가지고 있는 대답이기도 했다. 예를 들어, 수메르 사람들과 바벨론 사람들에게 아누(Anu)는 창조주인 하늘의 신이었으며 적어도 모든 신들의 명목상의 지배자였다. 그 신들의 거처는 하늘이었기 때문이다. "하늘의 하나님"은 논리적으로 최고의 신이었다. 따라서 우리는 이 용어가 포로기 이후에 유대인들과 바사인들(바사인들이 유대인들을 상대하는 경우에) 모두에 의해 일반적으로 사용된 것을 발견하게 된다(대하 36:23; 스 1:2; 느 1:4, 5; 2:4). 이 용어는 또한 아람어에 반영되어 있었다(אלה שמיא – 엘라흐 셰마야; 예를 들어, 단 2:18; 스 5:11; 7:12). 이 용어의 형식은 또한 가나안-페니키아 신인 바알-샤멤(Baʿal-šamēm)의 이름에서도 병행적인 모습을 가지고 있다(O. Eissfeldt, "*Baʿal-šamēm* und Yahweh", *ZAW* 57 [1939] 1-31 = *Kleine Schriften* 2:171-98).

요나는 자신의 믿음과 예배의 고백에 야웨를 위한 하나의 보편적인 주장, 즉 바다에서 현재 벌어지고 있는 상황에 비추어 볼 때 매우 적절한 주장을 더하고 있다. "바다와 육지를 지은" 자로서의 야웨의 명칭은 이스라엘의 신앙고백처럼 들리는 말이다. 그리고 이런 종류의 신앙고백 형식은 정말로 시편 95:5과 같은 찬송가에서 그 토대 혹은 반영됨을 가지고 있을 것이다("바다가 그의 것이라 그가 만드셨고 육지도 그의 손이 지으셨도다"; 참조. 시 135:7 출 10:13-19; 14-15; 민 11:31; 사 50:2; 렘 49:32-36; 암 4:13; 욥 26:12). 아이러니하게 만들려고 하는 화자가 요나의 말을 고의적으로 던져놓은 것이라는 견해가 종종 제기되었다. 그러나 이것은 면밀하게 검토된 견해가 아니다. 이 시점에서 요나는 하나님이 제비들을 통제하고 계시다는 것을 보았고, 갑작스럽게 일어난 폭풍과 관련된 모든 것을 알게 된다. 요나는 도망하려고 하는 자신의 시도가 헛된 것이라는 사실을 알아차리게 되었다. 비록 요나는 이미 말하지는 않았을지라도, 이제 그는 사공들에게 자신이 야웨로부터 도망치고 있다는 것을 말하기 시작한다(10절). 이제 포기하고 모든 것을 고백해야 할 때이다. 그러므로 요나의 믿음의 고백은, 요나가 부지불식간에 자신을 정죄하는 형식으로 사용하고 있는 신앙고백 형식을 부주의하게 반복적으로 암송하고 있는 것으로 볼 수는 없다. 그런 것이라기보다는 이런 형식은 자신의 하나님은 전능하시며, 그 하나님의 뜻은 피할 수 없을 것이라는 사실을 공적으로 받아들이는 것이다. 요나는 자신이 피해 달아날 수 없는 하나님, 즉 우주적인 야웨가 내리시는 징벌을 받기 위해 스스로 단념하고 있다. 자신의 죽음으로 폭풍이 멈출 수 있다는 생각(12절)은 아마도 요나의 생각에 이미 자리 잡게 되었을 것이다.

10 주의집중이 즉시로 사공들의 반응으로 전환된다. 이제 요나는 모든 것을 그들에게 고백한다. 수수께끼의 조각들이 완전히 맞추어졌다. 정말로 폭풍은 하나님이 내리시는 가장 심각한 종류의 심판이다: 야웨 하나님은 자신의 말씀에 불순종한 자신의 선지자들 중 하나에게 벌을 내리고 계신다. 그리고 선원들은 그 과정에 휘말려 있다! 그 사공들이 매우 두려워하고 있었고(ויראו…יראה גדולה – 봐이르우…이르아 게돌라), "네가 어찌하여 이렇게 행하였느냐!"(מה זאת עשית – 마 조트 아시타)라고 외친 것은 그리 놀라운 일이 아니다. 이 말들을 의역하면 다음과 같다: "오! 안 돼! 당신이 그런 짓을 하다니!?" 혹은 "어떻게 당신이 그렇게 할 수 있었단 말인가!?" 이 사람들은 종교적인 가나안의 사공들이었다. 그들은 요나의 행위가 얼마나 심각한 것이었는지를 알고 있었고, 그들은 요나가 자신의 도망하는 수단으로서 그들의 배를 선택한 사실을 좋아하지 않았다. 그 폭풍은 두려움을 일으키기에 충분했다. 그런데 비록 무구하고 결백하기는 할지라도, 이제 이 불순종한 선지자와 연관된 것이다! 그것은 마치 번개에 맞아 죽으려고 번개를 기다리고 있는 사람과 함께 묶여 있는 것과 같은 것이었다.

본 절의 두 번째 절반에 있는 설명적인 진술은 청자/독자를 위해 대화의 여러 가지 행들이 무엇을 전해 주도록 요구되고 있는지, 즉 사공들이 요나의 이야기를 알아낸 것을 요약해 주고 있다. 사실상 그 사공들은 이제 청자/독자가 이야기의 이 시점에서 알고 있는 것만큼 알고 있다.

11 요나는 사공들에게 무엇이 그들에게 어려움을 끼치고 있는지를 말했다. 그러므로 요나는 그 어려움을 해결할 방법을 알고 있을 수도 있다. 그 사공들은 야웨주의자들이 아니며 선지자들이 아님도 분명하다. 요나는 죄가 있는 사람이기도 하면서 여기에 있는 전문가이기도 하다. 예를 들어, 기껏해야 그들은 그런 상황에서 바알은 무엇을 요구할 것인지를 자신들이 알고 있다고 생각했을 것이다. 그러나 이 상황은 한 사람을 **야웨**가 징벌하려고 하시는 것에서 기인된 것이다. 그러므로 요나는 그들에게 야웨가 자신의 진노를 진정시키기 위해 무엇을 요구하실 것인지를 말해 줄 수 있는 유일한 사람이다. 그 사공들은 요나에게 무엇을 해야 할 것인지를 묻는다. 사공들은 그 폭풍을 멈추게 할 어떤 징벌을 선동하여 요나에게 주

었을 것이 틀림없다. 그러나 바다는 더 높이 요동쳤다. 그래서 선적한 화물을 집어 던짐으로써 배를 가볍게 하는 것이 시간을 버는 유일한 수단이었다. 그러나 그런 행동을 통해 그들은 위험에서 벗어나지 못했다. "점점 흉용한지라"라는 뜻의 히브리어 홀레크 베쏘에르(הלך וסער)는 독자에게 이런 어휘들은 더욱더 절박해지는 상황에서 걱정스럽게 이야기되는 말들이라는 것을 일깨워 주고 있다.

12 요나의 답변은 솔직하고 충격적인 것이다. 사공들은 요나를 죽여야만 한다. 죽음의 형벌은 요나가 받아 마땅한 벌이다. 죽음과 다름없는 징벌을 받아야만 한다. 요나는 마치 바다가 독자적인 재판관 혹은 일종의 신인 것처럼 자신이 바다에 희생 제물로 드려져야만 한다고 말하고 있는 것이 아니다. 그런 것이 아니라, 바다는 징벌을 위한 야웨의 수단이 분명하다. 그러므로 만약 선원들이 요나를 바다에 던진다면, 야웨가 하시려고 했던 일을 행하는 것이고, 사공들은 평강을 얻을 수 있는 것이다. 물론 사공들은 무죄하다. 요나는 야웨가 사공들을 징벌하려고 하시는 것이 아니라는 점을 알고 있다(참조. 신 24:16). 요나는 이렇게 체념하듯 자기 자신의 생명을 내어놓는다. 그렇게 함으로써 사공들의 생명은 구원을 받을 수 있을 것이다. 야웨가 자신의 징벌을 종결짓도록 한다.

이 시점에 이르기까지 요나는 그렇게나 많은 말들 가운데서 자신이 이제 다음과 같이 단호하게 주장하는 바를 받아들이지 않았을 수도 있다: "당신들에게 임한 이 커다란 폭풍으로 인해 나는 비난받아야만 한다는 것을 알고 있다." 그러나 10b절에 요약되어 있는 대로 "자기가 여호와의 낯을 피함인 줄을 그들에게 고하였으므로 무리가 알고"라고 요나가 한 말의 요지는 이미 그런 고백을 선원들에게 분명하게 말한 것이 아니었다고 생각하기가 어렵다.

그러므로 내러티브의 이 시점에서 요나가 한 말의 효력은 다음과 같은 의미일 것이다: 비록 히브리어 베셸리(בשלי)가 강조하고 있는 것이 애매할지라도, "나는 **나만**이 비난받아야만 한다는 것을 안다."

더욱이 이야기의 그 어느 곳에도 요나는 지금까지 자신의 죄를 인식하지 못했다는 것을 말해 주는 곳이 없다. 죄에 대한 진정한 깨달음을 통해 이제 갑자기 바뀐 "태연한 무관심"(L. C. Allen, 211)에 대한 증거가 없다. 깨어났을 때, 요나는 처음에는 자신의 생각에 그 폭풍이 자신의 도망에 대해 야웨가 내리시는 징벌을 나타내고 있는지, 아니면 다른 목적이 있는지, 아니면 단순히 우연의 일치에 의한 것인지 의아스러워했을 것이다. 그러나 요나는 자신의 행동들이 얼마나 잘못된 것이었는지 깨닫지 못했던 것이라고 생각할 아무런 이유가 없다. 그러므로 그의 말들은 그 폭풍과 그의 도망을 아주 견고하게 연결시키고 있다. 그러므로 만약 그 폭풍이 정말로 야웨가 보내신 것인지에 대한 이전의 **그의** 생각에 어떤 의심이라도 있었다면(선원들은 이제 전혀 의심하고 있지 않음), 그 의심은 사라졌고, 선원들이 의지하는 것은 분명하다. 요나는 바다에 던져져야만 한다.

13 그러나 선원들은 요나를 바다에 던져 버리고 싶지 않았다. 이런 사실은 그들의 말에 의해서가 아니라 화자가 간결하게 묘사하고 있는 그들의 행위들에 의해서 분명하게 드러난다. 바다에 던져 버리는 대신에 그 선원들은 힘써 노를 저어(혹은 "힘차게 끌어당기다"; "원문주해" 13.a.를 보라) 육지에 배를 대려고 노력했다. 왜 그렇게 한 것인가? 그 대답은 14절에 나온다: 만약 그들이 요나를 죽인다면, **요나의** 잘못을 폭풍으로 징벌하려고 하신 바로 그 야웨가 **자신들을** 징벌하실 것을 그들은 두려워했던 것이다. 야웨는 자신의 뜻을 수행하기 위해 폭풍을 일으키셨지만, 그 **선원들에게** 자신의 뜻을 이행하라고 위탁하지는 않으셨다. 그러나 바다가 **점점 더** 흉용해짐으로 인해(11절에서와 같이 홀레크 베쏘에르[הולך וסער]), 육지에 다가가려고 하는 그들의 노력을 포기해야만 했다.

배는 항구에서 멀리 떨어져 육지에서 보이지 않을 정도로 멀리 가지 않았거나, 아니면 육지에서 볼 수 있는 거리를 유지하면서 해안 경로를 따라 운항하고 있었던 것이 분명하다. 사공들은 요나를 배에서 내려놓기를 간절하게 원했으나, 자신들이 요나를 죽게 함으로써 그렇게 하고 싶지는 않았다. 그들이 결정한 것은 요나를 바닷가에 내려놓는 것이었다. 아마도 이런 결정은 엄청난 논의를 걸친 뒤에 내려진 것이었을 것이다. 그러나 야웨가 모든 일을 통제하셨다. 야웨는 계속해서 바다가 더욱더 흉용하게 만드셨다. 선원들은 야웨가 계획하신 것을 전혀 바꿀 수가 없었다. 스스로 죄인이라고 한 선지자에 의해 드러난 하나님의 뜻을 속히 이루려고 하는 그들의 시도는 필연적으로 실패할 수밖에 없었다. 해안가에 도달하려고 하는 것은 더 이상 대안이 되지 못했다.

14 사공들이 가지고 있는 커다란 두려움은 그들의 간구 속에서 분명하게 드러난다. 사공들은 요나가 제안한 대로 하기로 결정한다. 그러나 또한 그들은 그런 극단적인 행위가 그들 위에 하나님의 진노를 초래하게 되는 것은 아닌지에 대해 확신을 가질 수 없었다. 요나는 틀릴 수도 있었을 것이다. 요나는 어찌 되었든 이 일이 아니었다면 사공들이 경배하지 않았을 신의 법을 무시한 선지자다. 그래서 사공들은 요나가 죽는 일에서 자신들이 감당할 일을 야웨가 받아 주실 것을 간구하면서 그들 스스로가 야웨께 기도한다. 오늘날 사람들이 소송과 유죄의 확정 없이

죽음에 처해질 수 없는 것과 같이, 고대 셈족 세계에서도 사람들은 그런 과정 없이 죽임을 당할 수가 없었다. 사공들은 자신들이 멸망되지(אבד – 아바드; 6절에서 선장에 의해 사용되는 이 동사의 용법을 참조하라) 않을 것을 간구한다. 사공들은 이미 폭풍으로부터 멸망당하는 것을 두려워했다. 이제 그들은 또한 죄로 인해 멸망당할 것을 두려워하고 있는 것이 틀림없다. 사공들은 요나에게 재판의 기회를 주지도 않고 필사적으로 행동하고 있다.

따라서 엄격하게 인간적인 차원에서 볼 때, 요나의 죽음은 보복을 불러올 수도 있었다. 만약 요나가 어떻게 죽었는지에 대한 소식이 전해졌다면, 요나의 친척들 가운데 누군가는 사공들을 반드시 죽이려고 다짐했을 것이다(참조. 삼하 14:7). 하나님의 뜻의 견지에서 볼 때, 요나의 하나님 야웨는 사공들에게 요나의 죽음의 책임을 지우셨을 것이다. "무죄한 피"(דם נקיא – 담 나키)를 흘리는 것은 엄청나게 심각한 죄였다. 신명기 21:1-9은 전체적인 이스라엘 나라의 차원에서 해결되지 않은 살인 죄를 해결하는 관행을 규정하고 있다. 신명기 21:8에 나오는 "…무죄한 피를 주의 백성 이스라엘 중에 머물러 두지 마옵소서"라는 기도의 형식은 요나 1:14에 나오는 어법과 매우 유사하다. 히브리어 속에 있는 관용어구는 "무죄한 피를 돌리지(무죄한 사람의 피를 위한 책임을 지우다)"라는 뜻의 나탄 담 나키(נתן דם נקיא)이다. 예레미야 26:15은 사공들이 염려하는 바와 병행되는 또 다른 내용을 보여 준다. 선지자 예레미야는 만약 자신이 죽임을 당한다면, 관리들과 예루살렘의 전 시민들이 그 일에 대해 하나님께 대답해야 할 것이라고 경고하고 있다. 무죄한 피를 흘리는 것은 살인이다.

사공들은 자신들의 기도를 마감하는 문장에서 그들은 야웨의 뜻을 수행하고 있는 것이라는 믿음을 표현하고 있다. "주 여호와께서는 주의 뜻대로 행하심이니이다"(אתה יהוה כאשר חפצת עשית – 아타 야웨 카아셰르 하파츠타 아시타)라는 어구는 자신의 뜻을 행하시는 야웨의 능력에 대한 일반적인 평가가 아니라, 사공들 자신들의 행위는 야웨가 원하시는 바를 이루어 드리는 것이라는 사실을 구체적으로 나타내고 있다. 야웨는 요나가 죽임을 당하기를 원했다는 것을 논리적으로 말씀하고 있다. 이제 야웨는 이것을 이루고 계신다. 사공들은 야웨가 원하시는 것을 하도록 그를 도울 것이다. 폭풍은 하나님의 판결을 말해 주는 것이었고 벌을 보여 주었다.

15 요나의 말은 다시 한 번 정확했다. 사공들의 행위는 즉각적으로 그 원하는 결과를 만들어 냈다. 바다는 요나의 불순종적인 도망에 대한 하나님의 진노로 인해 흉용했던 것이었다. 야웨가 던져 대소동을 가져오게 하기 위해 바다에 바람을

"내리셨던"(טול – 툴, 히필) 것같이 그리고 사공들이 물건을 바다에 "던졌던"(טול – 툴, 히필) 것과 같이, 사공들은 요나를 바다에 "던졌다"(טול – 툴, 히필). 이 동사 형태가 반복되는 것은 아무런 특별한 점을 나타내 보이는 것이 아니다. 사안은 정반대다.

단순한 어휘는 세 가지의 모든 단순한 행위를 묘사하고 있다. 청자/독자는 사용되고 있는 어휘들로부터 어떤 특별한 결론을 이끌어내지 못할 수도 있다.

사공들의 기도 역시 응답되었다. 야웨는 그들을 구원하셨고, 더 이상의 위협도 보이지 않으셨다. 아마도 사공들의 관점에서 볼 때, 요나는 야웨가 정해 놓은 운명을 받아들인 것이었다. 사실상 요나는 무죄한 것(14절)이 아니었고, 매우 많은 죄를 지은 것이었다. 사공들은 옳은 일을 한 것이고, 야웨는 그들을 멸하지 않으셨다.

16 16절은 일종의 후기(後記), 즉 종결부로 보는 것이 가장 좋다. 이 종결부는 폭풍이 멈춘 직후에 사공들이 행한 그 어떤 것을 묘사해 주고 있는 것 같지는 않다. 그렇게 보기보다는 이 종결부는 청중들에게 사공들이 증언한 사건들은 그 자신들에게 뜻 깊고 오래 지속되는 인상을 줄 정도로 놀라운 것이었다는 사실을 말해 준다. 세 가지 진술이 이런 의미를 나타내 주고 있다. 첫 번째 것은 "그 사람들이…를 크게 두려워하여(정말로 믿었다)"(ויראו···יראה גדולה – 봐이르우···이르아 게돌라, 문자적으로는 "크게 두려워했다")라는 화자의 요약적인 진술이다. 이 말은 고대의 청중들에게 그 선원들이 유일신적인 야웨주의로 개종되었다는 것을 의미하는 것이 결코 아니었을 것이다. 그러나 그들은 야웨는 정말로 "자신의 뜻대로(그가 원하는 대로)" 행하실 수 있다는 것(14절)에 대한 분명한 확신을 얻게 되어 그들이 이미 믿고 있는 신(들) 중에 야웨를 첨가해 넣었다. 물론 그들의 믿음은 야웨가 존재하고 있다는 개념에 단순하게 국한되지는 않았다. 오히려 그런 믿음은 그들이 관행적으로 해 왔던 혼합주의에서 기인되는 자연스러운 생각이었다. 야웨는 그들이 더 이상 무시하지 못하는 신, 즉 섬김을 받고 두려워해야만 할 신이 되었다.

따라서 두 번째 진술은, 그들은 야웨께 "제물을 드렸다"(זבח – 제바흐)이다. 제물을 드리는 것은 물건을 완전히 버려 버린 배 위에서는 도저히 이루어질 수 없었을 것이다. 대양을 항해하는 배들을 위해 먹을 수 있는 동물들을 운송하는 것은 오늘날과 마찬가지로 고대에서도 빈번하지는 않았다. 희생 제물을 드리는 것은 또 다른 단순한 이유로 인해 해안가에서 이루어졌을 것이다. 알려진 증거에 따르면,

고대 근동의 모든 종교에서 희생 제물을 드리는 것은 성소들 혹은 성전들에서 이루어졌다. 대개 성소는 그 곳의 신이 나타나거나 아니면 자기 계시를 통해 거룩해진 곳이거나 세워진 곳으로 생각되었다. 그러나 적어도 이스라엘 족장들은 이런 전통을 깨버리고 그들이 머무를 때마다 하나님을 경배하기 위해 제단을 세웠던 것이 분명하다. 어쨌든 사공들은 아마도 구원에 대한 감사의 희생 제물을 드리기 위해(사실상 감사 제물; 참조. 레 7:11-21) 이미 세워진 야웨 성소 혹은 성전으로 갔을 것이다. 그들은 어디로 갔을까? 정박지가 아니라 배가 원래 출항했던 항구가 욥바라고 가정한다면, 사공들은 중앙 성소이며 모든 이스라엘 예배의 유일하게 합법적인 예배 중심지인 예루살렘, 바로 그 곳으로 순례여행을 떠났을 수도 있다. 주전 8세기 대부분의 시기 동안 예루살렘에서 번성했던 상대주의적인 혼합주의로 인해 사공들과 같은 국외자들의 경배는 허용되었을 것이다. 그러나 사공들은 아마도 유다와 이스라엘의 땅 여기저기에 산재해 있던(예를 들어, 왕하 14:4; 15:4; 참조. 호 4:13; 왕하 16:2-4) 수많은 이교(異教)적 야웨 성소 중의 어떤 곳으로 가 그 곳에서 야웨께 그들의 희생 제물을 드렸을 가능성이 가장 크다. 그렇게 희생 제물을 드리는 것은 정통적인 것은 아니었다. 그러나 그런 것은 화자가 말하려고 하는 요지가 아니다. 사공들은 그들이 알고 있던 방법으로 그들이 구원받은 것에 대한 반응을 보인 것이다. 이것은 마치 나중에 니느웨 사람들이 자신들이 알고 있는 방법으로 구원을 호소한 것과 마찬가지다(3:5).

화자의 마지막 진술은 우리에게 사공들이 야웨께 서원(נדרים – 네다림)을 했다고 말해 주고 있다. 이 서원들은 아마도 앞으로 야웨께 더 많은 희생 제물을 드리겠다고 약속한 것 그 이상의 아무것도 아닌 것이 거의 확실하다. 희생 제물은 때때로 시적인 병행구에서 서원한 것을 잘 지킨다는 개념과 연결된다(예를 들어, 시 76:11; 116:17-18). 신명기 12:6, 11은 희생 제물을 드리겠다는 과거의 약속들을 성취하는 희생 제물인 "서원(제)들"(נדרים – 니드렘)을 언급하고 있다. 서원들을 언급하고 있는 내용은 청중들에게 사공들이 야웨를 두려워한 것은 짧은 시간 동안만 지속된 일이 아니었다는 것을 확실하게 보여 준다.

요나 자신의 기도가 그렇게 하겠다는 약속에 대한 대가로서 희생 제물을 드리기로 약속한 것처럼(2:10), 사공들은 요나의 하나님인 야웨께 새롭게 형성된 그들의 헌신을 매우 진지하게 받아들인 것이다. 야웨는, 가볍게 보고 소홀히 다룰 그런 신이 아니었다. 야웨는 자신의 말씀을 불순종한 것으로 인해 (사공들이 알고 있었던 바로는) 요나를 죽이셨다!

해설

요나가 욥바에서 승선한 배에 있는 요나와 선원들은 1:4-16에서 전개되는 이야기 부분의 초점이 되고 있는 반면에, 하나님은 그 사건들을 통제하시는 분으로 나타난다. 처음에 요나의 부질없는 도망을 유발시켰던 것은 다름 아니라 바로 자신의 선지자에게 준 하나님의 명령이었다. 생명을 위협하는 폭풍이 발생하도록 바다에 바람을 휘몰아치신 분은 바로 하나님이셨다. 하나님은 선원들에게 그들이 당하고 있는 곤경의 원인이 바로 요나라는 것을 제비들을 통해 지목되게 하셨다. 그리고 하나님은 요나가 바다로 던져졌을 때, 갑자기 바다를 잠잠케 하셨다. 빈 배가 욥바에 있는 항구로 다시 돌아왔을 때, 그 사공들 중 하나가 되었다고 생각해 보라. 다른 사공들이 함께 야웨의 성소에서 자신들의 긴 감사를 보여 주기 위해 예배를 드리자고 했을 때, "나는 예배를 드리지 않을 것이오! 아마 다른 시간에 드릴 수도 있을 것이오!"라고 쉽사리 말할 수 있었겠는가? 사공들에게 발생했던 일은 아마도 그들의 삶에서 가장 놀랍고 충격적인 경험이었을 것이다. 그들이 요나의 하나님 야웨를 보았던 것을 잊을 수가 있었겠는가?

요나에게 이런 일들은 파멸이나 다름없었을 것이다. 우리는 이 시점 이전에 요나가 야웨께 순종한 경험에 대해서는 그 어떤 것도 확실하게 아는 바가 없다. 만약 이 이야기가 열왕기하 14:25에 요약 형식으로 묘사된 요나의 선지자적인 사역 이전에 발생한 것이라면, 이것은 아마도 요나가 야웨의 말씀과 처음으로 만나는 것일 것이고 다음과 같이 말하는 경우를 배운 때일 것이다.

> 주 여호와께서 말씀하신즉
> 누가 예언하지 아니하겠느냐?(암 3:8)

다른 한편, 만약 니느웨를 쳐서 외치라는 요나의 소명이 야웨의 말씀에 대한 친(親)국수주의적인 중재의 경력이 이미 눈에 띄게 현저할 정도로 출중하게 된 뒤에 임한 것이라고 한다면, 야웨로부터 온 이 특별한 말씀이 얼마나 요나에게 짜증나고 괴로운 일이 되었을지는 더욱 쉽게 이해할 수 있다. 요나의 삶의 어떤 시기에도 불구하고, 이야기의 나머지로부터 분명하게 드러나는 요나의 실제적인 태도는 다음과 같은 것이었다. 즉 요나는 자신이 그들의 악으로 인해 너무나 당연하게 미워한 민족에게 어떤 경고를 줄 수도 있는 메시지를 전한다는 생각에 견딜 수 없었던 것이다(참조. 나 3:4-7).

선지자가 된다는 것은 반드시 위대한 신학자가 되어야만 할 필요는 없는 것이다. 하나님은 자신의 말씀을 선포하기 위해 전문적인 훈련을 받은 자이든 그렇지 못한 자이든(참조. 암 7:14-15) 친히 원하는 사람을 선택하신다. 요나는 아마도 하나님의 소명으로부터 자신이 감행하는 필사적인 도망이 성공할 수 있을 것이라고 생각했는지도 모른다. 요나는 그 시도가 실패할 수 있을 것이라고 생각했을지도 모르지만, 어쨌든 실행에 옮겨 보기로 이성적이지 않은 결정을 했다. 요나의 도망은 용의주도하게 계획되었거나 아니면 성급하게 실행되었을 수도 있다. 요나는 그 도망을 영구한 것으로 혹은 단지 임시적인 것으로 생각했을 수도 있다. 비록 그런 시도들을 알 수는 없을지라도, 그 실제적인 자세한 내용들이 무엇이든지 간에, 다음과 같은 단순한 사실은 여전히 남아 있게 된다: 요나는 순종보다는 불순종이 그에게 좀 덜 불쾌하기 때문에 순종보다는 불순종을 선택했다.

요나가 다른 사람들과 함께 폭풍에 직면하기 위해 잠에서 깨워진 뒤에, 배에 승선한 요나는 여전히 야웨의 뜻을 따르지 않으려고 저항한다. 결국 요나는 다음과 같은 것을 말하지 않는다. 즉 사공들이 해안가로 노를 저어 가서 그가 이제는 하나님의 가르침을 배운 뒤에 회개함으로 자신의 하나님의 명령을 이루어 드릴 것을 말하지 않는다. 그것은 **사공들의** 생각이었다. 요나의 해결책은 죽음이다. 오히려 요나는 니느웨를 보존할 수도 있는 과정에 참여하기보다는 죽음에 직면하려고 한다. 요나가 죽음으로써 사공들은 생명이 보존될 수도 있을 것이다. 그러나 요나가 전하지 않음으로써 니느웨는 보존되지 않을 수도 있다. 이 대조는 이야기가 전개되는 방식에서 분명하게 드러난다. 사공들은 야웨가 원하시는 것이 무엇이든지 간에 그것을 발견하는 대로 기꺼이 행하려고 한다. 요나는 이미 야웨가 원하시는 것이 무엇인지 정확하게 알고 있지만, 그것을 피하려고 한다. 요나는 앗수르 사람들에게 호의를 가져다주기보다는 오히려 포로로 잡혀가 살거나 심지어는 죽으려고 한다. 요나는 하나님이 원하시는 편에 설 수 없다.

본문의 사건들은 폭풍이 점점 흉용해짐에 따라 사실이 밝혀지는 방식으로 진행된다. 그러나 이런 방식은 특별한 삽입적 구조는 아니다. 이런 방식은 생명을 위협하는 폭풍의 잔혹한 사태에 직면해서 빠르게 다가오는 대화들과 결정들의 좀 더 자연스러운 결과다. 폭풍이 모든 것을 바꾸어 놓는다. 폭풍은 배의 항해를 망쳐놓고, 요나의 도망을 종국에 이르게 하며, 또한 요나와 사공들이 깨닫게 되는 대로 누군가가 야웨로부터 도망할 수 있다는 생각을 결정적으로 논박하고 있다. 폭풍은 야웨가 땅과 바다를 통제하시므로(15절) 육지가 되었든 바다가 되었든 그 어느 곳에 있는 사람들의 상황들도 통제하심이 분명하다는 것을 보여 준다. 하나님이 자연을 통제하고 이용하시는 것은 요나서의 폭풍으로, 물고기로(2:1, 10), 박 넝쿨로(4:6), 벌레로(4:7) 그리고 동풍(4:8)으로 묘사되어 있는 데서 발견되는 분명한 성서적 주제다.

이 주제에 대해서는 현재의 본문과 바다에 대한 하나님의 통제를 말하고 있는 다른 많은 구절들(예를 들어, 겔 28:2; 단 7:2; 나 1:4; 합 3:8; 학 2:6; 시 89:9) 사이의 연관성을 주목해 보는 것이 유용하다. 두 개의 신약 본문은 요나 이야기의 이 부분과 눈에 두드러지게 병행되는 내용을 포함하고 있다. 사도행전 27:13-44은 바울이 로마로 여행하고 있었던 배가 만난 폭풍에 대한 이야기를 전해 주고 있다. 하나님이 그 폭풍을 일어나게 하셨다고 말하고 있지는 않지만, 바울이 실질적으로 말했듯이(24절) 그 폭풍이 일어난 시기는 하나님의 통제 안에 있었던 것이 분명하다. 이 경우에도 절박한 지경은 분명했고(19, 20, 30, 33절), 배에 승선하고 있는 하나님의 한 종이 그 운명의 열쇠를 가지고 있었다(24절). 하나님이 통제하고 계셨다. 모든 일들은 하나님이 정하신 대로 발생했다.

마찬가지로 마태복음 8:23-27은 오직 하나님만이 통제하실 수 있었던 풍랑을 묘사하고 있다. 마치 요나가 폭풍이 일어나는 중에 잠을 잤던 것과 마찬가지로, 예수는 그 풍랑이 일어나는 동안 잠들어 계셨다. 요나의 배에 승선한 선원들과 같이, 제자들은 두려워했던 것으로 나타난다(25절). 예수는 바람과 바다를 꾸짖음으로 자연을 통제하는 주인으로 자신을 나타내 보이셨다(26절). 배에 있던 다른 사람들이 놀라는 것은 요나를 바다에 던져 넣은 뒤에 잔잔해진 폭풍을 본 사공들의 놀람과 병행된다. 두 본문이 말하고자 하는 교훈은 유사하다. 주(主)가 되는 야웨 혹은 예수는 주권자이시다. 그는 명령하신다. 다른 모든 것과 모든 사람들은 순종해야만 한다.

하나님의 은총으로 구원된 요나(2:1-11[1:17-2:10])

참고문헌

Anderson, B. W. *Out of the Depths.* Philadelphia: Westminster Press, 1974. 77-95. **Auffret, P.** "'Pivot Pattern': Nouveaux Examples." *VT* 28(1978) 103-110. **Bader, G.** "Das Gebet Jonas. Eine Meditation." *ZTK* 70(1973) 162-205. **Batto, B.** "Red Sea or Reed Sea?" *BAR* 10(1984) 56-63. **Bauer, J. B.** "Drei Tage." *Bib* 39(1958) 354-58. **Christensen, D.** "The Song of Jonah: A Metrical Analysis." *JBL* 104(1985) 217-31. **Cross, F. M.** "Studies in the Structure of Hebrew Verse: The Prosody of the Psalm of Jonah." In *The Quest for the Kingdom of God: Studies in Honor of George E. Mendenhall,* ed. H. B. Huffmon et al. Winona Lake, IN: Eisenbrauns, 1983. ______. and **D. N. Freedman**. *Early Hebrew Orthography.* AOS 36. New Haven: American Oriental Society, 1952. **Culley, R. C.** *Oral Formulaic Language in the Biblical Psalms.* Toronto: University of Toronto Press, 1967. **Gevirtz, S.** *Patterns in the Early Poetry of Israel.* SAOC 32. Chicago: University of Chicago Press, 1963. **Johnson, A. R.** "Jonah 2:3-10: A Study in Cultic Fantasy." In *Studies in Old Testament Prophecy: FS T. H. Robinson,* ed. H. H. Rowley. Edinburgh: T. & T. Clark, 1950. 82-102. **Landes, G. M.** "The Kerygma of the Book of Jonah." *Int* 21(1967) 3-31. ______. "The 'Three Days and Three Nights' Motif in Jonah 2:1." *JBL* 86(1967) 446-50. **Nötscher, F.** "Zur Auferstehung nach drei Tagen." BBB 17(1962) 231-36. **Pope, M. H.** "The Word שחת in Job 9:31." *JBL* 83(1964) 269-78. **Seydl, E.** "Das Jonalied." *ZTK* 24(1900) 187-93. **Stenzel, M.** "Altlateinische Canticatexte im Dodekapropheton." *ZNW* 46(1955) 31-60. **Walsh, J.** "Jonah 2,3-10: A Rhetorical Critical Study." *Bib* 63(1982) 219-29. **Westhuizen, J. P. van der.** "Assonance in Biblical and Babylonian Hymns of Praise." *Semitics* 7(1980) 81-101. **Whitley, C. F.** "The Semantic Range of *Hesed.*" *Bib* 62(1981) 519-26. **Wilson, R. D.** "מנה, 'To Appoint' in the Old Testament." *Princeton Theological Review* 16(1918) 645-54.

본 문

하나님의 놀라운 일

1[1:17] 여호와께서 이미 큰 물고기를 예비하사 요나를 삼키게 하셨으므로 요나가 삼일 삼야를 물고기 배에 있으니라

요나의 감사 기도

2[2:1] 요나가 물고기 뱃속에서 그 하나님 여호와께 기도하여

3[2] 가로되 내가 받는 고난을 인하여 여호와께 불러 아뢰었삽더니 주께서 내게 대답하셨고 내가 스올의 뱃속에서 부르짖었삽더니 주께서 나의 음성을 들으셨나이다

4[3] 주께서 나를 깊음 속 바다 가운데 던지셨으므로 큰 물이 나를 둘렀고 주의 파도와 큰 물결이 다 내 위에 넘쳤나이다

5[4] 내가 말하기를 내가 주의 목전에서 쫓겨났을지라도 다시 주의 성전을 바라보겠다 하였나이다

6[5] 물이 나를 둘렀으되 영혼까지 하였사오며 깊음이 나를 에웠고 바다 풀이 내 머리를 쌌나이다

7[6] 내가 산의 뿌리까지 내려갔사오며 땅이 그 빗장으로 나를 오래도록 막았사오나 나의 하나님 여호와여 주께서 내 생명을 구덩이에서 건지셨나이다

8[7] 내 영혼이 내 속에서 피곤할 때에 내가 여호와를 생각하였삽더니 내 기도가 주께 이르렀사오며 주의 성전에 미쳤나이다

9[8] 무릇 거짓되고 헛된 것을 숭상하는 자는 자기에게 베푸신 은혜를 버렸사오나

10[9] 나는 감사하는 목소리로 주께 제사를 드리며 나의 서원을 주께 갚겠나이다 구원은 여호와께로서 말미암나이다 하니라

요나가 갑자기 육지에 있게 되다

11[10] 여호와께서 그 물고기에게 명하시매 요나를 육지에 토하니라

God's surprise

1[1:17] But Yahweh designated[a] large fish to swallow Jonah. Jonah was inside[b] the fish for [c]three days and [c]three nights.

Jonah's prayer of thanksgiving

2[1] So Jonah prayed to Yahweh his God from inside the fish.

3[2] He said: I called in my distress To Yahweh,[a] and he responded to me. From the belly of Sheol I cried out; You heard my voice.

4[3] You had[a] thrown me into the deep[b] into the heart of the seas[b] So that the current surrounded me. All your breakers and billows Passed right over me.

5[4] I thought,[a] "I have been driven Out of your sight. How[b] can I again look Upon your holy temple?"

6[5] Water enveloped me to my throat;[a] The deep surrounded me, Seaweed[b] was wrapped around my head.

7[6] To the bases[a] of the mountains I descended; The underworld's[b] bars were shut behind[c] me forever. But you brought my life up from the pit,[d] Yahweh, my God.

8[7] As I was losing consciousness,[a] I remembered Yahweh. My prayer came to you, To your holy temple.

9[8] Those who give attention to the empty nothings[a] Abandon their loyalty.[b]

10[9] But I with a voice of thanksgiving Will sacrifice to you. That which I have vowed I will carry out. Salvation belongs to Yahweh!

Jonah suddenly on land

11[10] Yahweh spoke to the fish so that it vomited Jonah onto the land.

원문주해

1.a. 마나(מנה)의 피엘은 또한 "분배하다", "공급하다", "지정하다" 그리고 "제공하다" 등과 같은 의미들을 가질 수 있다. 전환된 미완료는 또한 "명령했었다"라는 과거완료로 번역될 수 있다. 특별히 이 과거완료는 독자를 사공들의 믿음에 대해 말하고 있는 종결부에서 바다와 요나에 대한 초점으로 돌아가도록 하는 데 적절한 것일 수 있다.

1.b. 혹은 "…의 배/위(胃)안에".

1.c-c. Co[s]와 L[c]는 날(日)들을 가리키는 내용을 생략하고 있다. 이것은 아마도 물고기 안은 "야(夜)"만 있었을 것이라는 사실이 사본들의 번역자들 혹은 필사자들에게 논리적인 것으로 생각되었기 때문인 것 같다.

3.a. G는 톤 데온 무(τὸν θεόν μου) 즉 "나의 하나님"이라는 뜻의 엘로히(אלהי)로 읽고 있다. 이것은 아마도 2:2[1]에 있는 "그(의) 하나님"이라는 뜻의 엘로하이오(אלהיו)와 1:6에 있는 "네 하나님"이라는 뜻의 엘로헤이카(אלהיך)의 영향을 받은 것일 것이다. 그러나 요나의 기도는 "J" 시인 것이 분명하다(참조. 7, 8, 10절). 그러므로 MT의 야웨(יהוה, "여호와")는 유지되어야만 한다.

4.a. 사건들의 연대기적인 논리의 관점에서 보았을 때 과거완료가 적절한 시제다.

4.b-b. "깊음 속"(מצולה – 메출라)과 "바다 가운데"(בלבב ימים – 빌레바브 야밈)라는 어구들은 가장 그럴듯한 대안적 형태들, 즉 동일하게 유용한 대안적인 시적 어법들이다. 이 두 가지 어법들은 "원문적인" 것들이며, 이 시와 함께 전승되어 내려왔다. 문법과 운율은 둘 다는 아니지만 어느 한 어법이 그 노래가 불렸을 그 어느 때에 실제적으로 노래되었을 것이라는 사실을 말해 준다. 대안적인 다른 형태들에 대한 다른 예들을 위해서는 D. Stuart, *Studies in Early Hebrew Meter*, 171-86를 보라.

5.a. "내가 말했다"라는 것은 매우 있을 법하지 않은 어법이다. 탄원자가 사용하고 있는 어휘들은 어떤 공적인 선언들을 가리키는 것이라기보다는 자신의 경험을 가리켜 주고 있는 것이기 때문이다. 산문과 시적인 문맥 모두에서 아마르(אמר)는 종종 어떤 거짓 가정을 내포하면서(예를 들어, 창 44:28; 전 8:17을 참조하라) 일반적으로 "생각하다"를 의미한다.

5.b. θ´(πως – 포스)만이 그(him) 앞의 본문에 있는 "분명히"라는 뜻의 아크(אך)보다는 "어떻게"라는 뜻의 아이크(איך)로 읽혀질 수 있다. 비록 그의(his)라는 어휘가 아이크(איך)를 위한 유일한 번역균적인 증거이기는 할지라도, 본 절의 병행법은 그 회복을 요청하고 있다. 비록 단언적인 "분명히"라는 어구는 아마도 원문적인 것이기는 할지라도, 그 어구는 문맥에서 삽입적이다.

6.a. 혹은 여기에 있는 "영혼까지(내 목까지)"라는 뜻의 아드 네페쉬(עד־נפש)는 "나의 생명을 위협하는" 혹은 그와 같은 의미를 가진 것으로 생각될 수 있다. "목"으로서의

네페쉬(נפש)에 대해서는 시 69:2[1]; 사 5:14 그리고 Dahood, *Psalms III*, 212를 참조하라.

6.b. G의 에스카테(*ἐσχάτῃ*)는 쑤프(סוּף)를 "끝"이라는 뜻의 쏘프(סוֹף)로 읽은 것으로 문맥에서 비논리적인 독법이다. Tg의 "갈대 숲"이라는 뜻의 얌 데쑤프(ים דסוף)와 "홍(해)"라는 뜻의 아 에뤼드라(*ἀ ἔρυθρα*)는 "해초"라는 뜻의 쑤프(סוף)의 일반적인 의미를 인식하지 못한 것이다. 따라서 출애굽기로부터 그 지형학적인 관련성에 따라 수정한 것이다.

7.a. "모양"이라는 뜻의 케체브(קצב)로부터 파생된 MT의 키츠베(קצבי)는 "기초" 혹은 "토대"라는 이차적인 의미를 가질 수 있다. MT를 수정한 대안들은 관심을 끄는 견해들이 되지 못한다.

7.b. 아레츠(ארץ)의 한 가지 의미로서 "지하(땅)"는 우가릿과 히브리 시의 경우에 매우 일반적인 의미다. M. Dahood, *Psalms III*, AB 17(Grarden City: Doubleday, 1970) 28, n. 11, 353-54, n. 7 그리고 W. L. Holladay, "*'ERES*-'Underworld'", VT 19(1969) 123-24를 참조하라.

7.c. "뒤에서 닫다"라는 번역은 "뒤", "주변"이라는 뜻의 바아디(בעדי)의 의미를 확장한 것이다.

7.d. 혹은 "무덤".

8.a. 이것은 그 관용어구("의식을 잃다", 아타프[עטף]의 히트파엘에 네페쉬[נפש]를 더한 것)의 분명한 의미다.

9.a. 혹은 "무익한 우상들" 혹은 그와 같은 의미. 문자적인 번역은 우상들을 경멸하는 이런 특별한 용어의 가치를 떨어뜨리는 어떤 맛을 얻게 하는 데 도움을 준다.

9.b. 혹은 "언약적 충성, 신실성" 즉 언약적인 순종.

양식/구조/배경

새로운 단락이 2:1[1:17]에서 시작해서 2:11[2:10]에서 끝나는 것은 분명하다. 이전 본문의 등장인물의 대부분인 사공들과 행동이 일어나는 위치(4-15절의 선상과 나중의 16절의 육지)는 바뀌었다. 비록 하나님이 요나서 전체를 통해 사건들의 과정을 결정하는 자로 남아 있기는 할지라도, 이야기의 초점은 요나와 물고기로 전환된다. 2:11[10] 이후로 1:1-3의 원래의 소명을 반영하고 있는 3:1-3a의 명령은 새로운 장소(땅)에서 새로운 목적(야웨가 요나를 통해 원래 의도하셨던 것을 완성하려는 것)을 가지고 새로운 단락을 시작하고 있다.

만약 2:1-11[1:17-2:10]의 본문을 어떤 장면의 관점에서 생각한다면, 그 장면은 지중해 바다에서 배가 없이, 그러나 하나님이 지정하신 매우 독특한 운송 수단 안에 있는 요나가 배역을 맡아 담당하게 되는 것이다. 거의 대부분의 시간 동안 요나는 암흑, 그러니까 그를 삼켜서 물에 빠져 죽지 않게 한 그 무언가의 속에 머물고 있다. 말하자면, 생각만 하면서 요나는 본문의 대부분을 구성하고 있는 시를 가지고 기도하고 있었다.

청자/독자는 1:16의 사공들이 희생 제물을 드리는 것과 서원들로부터 2:1[1:17]에 있는 요나에게로 돌아가야만 한다. 마치 본문은 "…하는 동안에"라는 어구로 시작해야만 하는 것과 같다. 알렌이 본문을 수정하고 있는 것과 같다(Allen, 213). 화자는 처음에 간략하게 야웨에게 초점을 맞춤으로써 요나에게 초점을 맞추는 이런 전환을 이루어낸다. 야웨는 2:1a[1:17a]에 있는 첫 문장의 주어다. 그런 뒤에 1b절에서 요나가 주어가 된다.

본문은 시가 삽입되어 있는 내러티브다. 1-2[1:17-2:1]절과 11[10]절의 산문으로 된 문맥은 수미쌍관(首尾雙關)적 구조를 이루고 있는데, 그 안에 요나에 의해 기도되고 있는 시가 중심적인 구성 요소로 놓여 있다. 성서적 히브리어 산문 내러티브들은 종종 이런 방식으로 시와 혼합된다. 오경과 이전의 선지서들에 있는 모든 내러티브 책들(역대기상하도 이 그룹에 첨가될 수 있을 것임)은 시들의 유사한 경우의 용법을 사용하고 있는데, 대개 개인적인 사람 혹은 사건들과 연관된 특별하게 기억할 만한 시들이다. 이런 시들은 시가 아니면 산문을 통해 전해질 그런 이야기의 작은 부분을 시로 사용하고 있다. 이런 시적인 자료들을 첨가함으로써 다양성과 고풍적인 권위와 같은 장점들을 분명하게 얻을 수 있다. 이뿐만 아니라 영감된 저자는 또한 "모든 것을 말해 주는" 시를 포함함으로써 내러티브 메시지의 효과를 증가시키고 있다. 현대 역사 기술서는 자료들에 들어 있는 내용을 자구적으로 인용한다. 특별히 주요 인물들의 연설문일 경우에는 더욱 그렇게 하는데, 이런 자구적인 인용은 독자에게 매우 중요하게 주어진 상황에서 이야기된 실제적인 말들에 대한 한 예를 보여 주게 된다. 이와 동일한 방법으로 성서 역사 내러티브 저자들은 중요한 시적 자료들의 발췌(拔萃)나 전문을 사용할 수 있었다. 물론 누가도 신약에 있는 산문체 이야기들과 시들을 가지고 동일한 작업을 하고 있으며, 바울도 서신서 문맥에서 매우 효과적으로 시를 인용하고 있다(골 2:6-11). 더욱이 신약 기자들은 자신들의 주장과 관련된 구약 본문의 자구적인 내용을 빈번하게 인용하고 있다.

그렇다면 산문으로 이루어진 문맥에서 시를 종종 인용하는 것은 일반적인 구약 내러티브 문체의 한 국면이라는 것을 기억해야만 한다. 이런 사실을 인식하지 못하면, 이 시를 후대의 첨가로 생각하여 요나서에서 삭제하려고 하는 널리 알려진 경향들을 용인하게 된다. 이 시의 진정성(眞正性)에 대해 의문을 제기하는 것은 다음과 같은 세 가지 근거들 중에 한 가지 혹은 그 이상의 것에 의해 이루어진다. (1) 이 시는 연속성에 아무런 해(害)를 주지 않고 요나서에서 깨끗하게 제거될 수 있다는 사실. (2) 시의 논제와 요나서의 나머지 부분의 논제가 서로 일치성이 결여되어 있다고 생각되는 점. (3) 비참한 상황에서 감사시는 적절하지 않음. 이런 주장의 그 어떤 것도 취할 만한 유익한 점이 없다(**서론**을 참조하라).

첫째, 잘라낼 수 있다는 것은 결코 어떤 단락의 통전성에 의문을 제기하는 것에 대한 합법적인 범주가 될 수 없다. 문맥의 일관성에 영향을 주지 않고서 어떤 단락에서 잘라낼 수 없는 것은 통전성을 **위한** 합법적인 주장이 된다. 그러나 그 반대의 경우는 통전성을 **반대하는** 유용한 주장이 되지는 못한다. 열심을 가지고 찾아보면, 논리의 감지할 수 있는 흐름을 위해 실제적으로 요구되지 않는, 그래서 만약 현재 없다면 엄격한 의미에서 "보지 못할" 고대나 현대의 실제적인 **어떤** 자료의 적어도 어떤 부분을 발견할 수 있다. 모든 문학 작품의 제거**될 수** 있는 부분 중 대부분은 삽입된 것들이 아니라, 그 부분들이 포함되어 있는 본문에 원래적인 부분들일 수 있다. 가능성과 개연성에 대한 혼돈은 성서 문학 비평에서 무엇이 삽입**될 수** 있었던 것은 삽입된 것이 **틀림없다**고 생각하는 경향을 낳았다. 요나서의 시는 삽입된 것일 수 있다. 그러나 그런 잠재적 가능성은 그런 것에 대한 증거는 아니다. 극소수의 문학 작품들만이 그렇게 이야기될 수 있는 최소한의 부분을 포함하고 있다. 거의 모두가 축약의 여지를 가지고 있다. 그러므로 축약의 잠재적인 가능성은 작품들 자체가 이차적으로 확장된 부분을 포함하고 있다는 것을 나타내주는 것이라기보다는 문학 작품들의 공통적인 특징이다. 이런 근거를 토대로, 이 시에 대한 실험적인 접근을 위해서는 이 시를 요나서에 있는 원래적인 부분으로 남겨두어야만 한다.

이 시 안에 있는 논제가 요나서의 나머지 부분의 논제와 일치성이 결여되고 있다는 점에 대해서는 다음과 같은 두 가지 점이 언급되어야만 한다. (1) 역사적인 찬양들과 애가로 유명한 찬양(시 137편)을 제외하고는 시들을 특별한 역사적 정황과 분명하게 연결하고 있는 내용을 가진 시들은 매우 적다. 시편들의 특성 가운데는 적용성이 보편적이라는 것이 있다. 심지어는 실제적으로 전(全) 역사적이며 전(全) 문화적이라고 말해도 좋을 정도까지 그 적용성이 보편적이다. 시편들은 어떤 특정한 순간을 위해 만들어진 것이 아니라 모든 순간들을 위해 만들어졌다. 모든 세대의 믿는 자들 가운데서 차지하고 있는 시편의 인기는 이런 비(非)구체적인 특징을 반영하고 있다. 감사 시편들은 특별하게 더 구체적이지 않다. 독자는 이 시편에 있는 말하는 자가 어떤 실제적인 상황으로부터 구원된 것인지 간단하게 말할 수 없다. 이 시편은 감사의 모든 상황에서 이 시의 말로 기도하는 모든 사람들에 의해 유용하도록 씌어졌기 때문이다. 따라서 직접적으로 그리고 독특하게 요나가 구원된 것에 적용되기 위한 어법으로 그렇게나 구체적으로 씌어진 시, 즉 요나가 아니라면 소용이 없는 명백하게 구체적인 시는 고대 이스라엘에서는 예외적인 것일 수 있다! 의문의 여지가 있기는 하지만, 만약 그런 시가 존재했다면, 그 시는 요나에 대한 내러티브에 결코 포함되지 않았을 것이다. 그런 시가 청자/독자에게 어떤 유익함이 있을 수 있겠는가?

(2) 감사시들은 그 적용성이 보편적이라는 사실에 의해 설정된 설득력 있는 제한성 안에서, 요나서에 있는 이 시는 요나서의 나머지 부분과 주제적으로 시의 형태로서 할 수 있는 한 밀접하게 관련되어 있다. 란데스는 이 시가 요나서 전체에 필수적인 구성 요소라서 아마도 원문적인 것일 수 있다는 사실을 설득력 있게 주장한다(Landes, *Int.* 21[1967] 3-31). "[만약] 요나서의 시가…산문체 이야기의 저자가 아닌 어떤 필사자의 작품이라고 한다면, 그 필사자는 원 저자 자신만큼이나 요나서의 양식, 구조 그리고 내용에 대해 민감하게 교감하는 사람이었을 것이다. 우리가 생각하듯이 요나서의 첫 저자가 이 시를 알았고 사용했다는 것이 단지 있을 수 있는 개연성에 그칠 때, 이런 개연성은 이차적인 가필자의 인물을 소개하는 것이 필요한 것인지에 대한 의문을 일으키게 된다." 이 시와 요나서에 묘사된 사건들 사이에서 발견되는 상호 연관성에 대한 요약은 아래의 개요 형식에서 가장 잘 제시될 수 있을 것이다.

	요나의 시		**전체 요나서**
3[2]절	곤경에 처한 요나	1:14-15	바다에서의 역경; 4:29 (하나님의 소명이 주는 괴로운 현실에서 과거의 회상 장면으로의 전환)
	야웨께 드리는 요나의 기도	4:2	요나의 두 번째 기도
	스올의 "뱃속"	2:1	물고기의 "뱃속"

	야웨가 요나께 응답하심	2:1, 11[1:17, 2:10]	구원으로서의 물고기
4[3]절	깊음 속으로 던져짐 등등	1:12, 15	요나가 배에서 던져짐
5[4]절	야웨의 시야에서 도망함 등등	1:3	"여호와의 낯을 피함"
6[5]절	물, 깊음, 해초 등등	1:12, 15	(위와 같음)
7[6]절	죽음으로 내려감	1:12-15; 4:3, 8	요나가 죽기를 원함
	야웨에 의한 구원	2:1, 11[1:17, 10]	(위와 같음); 참조. 4:2 야웨의 자비
8[7]절	야웨를 기억하고 그에게 기도함	2:1[1:17]	요나가 "그의 하나님 여호와께 기도함"
9-10[8-9]절	야웨께 우상 숭배를 공격, 야웨께 희생 제물을 드림	1:16	우상 숭배를 하는 사공들이 희생 제물을 드릴 것을 서원함
		3:5-10	니느웨의 회개
10b[9b]절	구원은 야웨께 속함	2:1, 11[1:17; 10]	요나가 구원받음
		3:10; 4:11	니느웨가 야웨의 은총으로 구원받음

상호 일치하는 이 목록을 일견 보아서도 요나서의 개요는 이 시의 내용에 의해 거의 좌우되고 있지 않다는 것을 분명히 알 수 있다. 그리고 상호 일치되는 것들 중에서 어떤 것들은 다른 것들보다 훨씬 더 직접적이고 분명하다. 그러나 이 시에는 요나서의 다른 곳에 있는 어떤 주제 혹은 사건과 인식할 수 있을 정도로 유사성을 결여하고 있는 중요한 구성 요소가 없다. 이런 의미에서 요나가 기도한 이 시는 요나의 전반적인 상황에 명백하게 그리고 매우 적절한 것이었다.

(3) 이 시 자체는 감사시 범주의 눈에 띄는 예이다. 감사시는 빈번하게 아래에 묘사된 대로 다섯 가지 부분을 보여 준다.

감사시의 구조	**요나 2:3-10[2-9]**
시의 서론	3[2]절
과거의 곤경에 대한 묘사	4-7a[3-6a]절
하나님께 도움을 요청함	8[7]절
하나님이 제공하신 구원에 대한 내용	7b[6b]절
찬양 그리고/혹은 간증의 서원	9-10[8-9]절

요나서에서 하나님이 예비하신 물고기는 요나를 죽음에서 구했다. 바다에 던져

졌을 때, 요나는 정말로 물에 빠져 죽을 뻔했다. 물고기에게 먹힘으로써 요나는 생명을 보존했다. 물고기 안에서 시간이 지남에 따라 요나는 적어도 자기 개인에 대한 야웨의 신실함에 대해 마음이 바뀌기 시작했다. 요나는 야웨가 자신이 죽는 것을 원하셨다고 생각했다. 이제 요나는 자신이 살아 있고 숨을 쉬고 있는 것을 발견했다. 몇 시간이 지난 뒤에 요나는 자신이 죽지 않았다는 것을 깨닫기 시작했다. 이 시는 그런 사실에 대한 정교한 증언으로서의 기능을 하고 있다. 그러므로 이 시는 "현재의 문맥에서 벗어난 것"(Anderson, *Out of the Depths*, 84)이라기보다는 문맥에 적절한 것이다.

만약 이 시가 요나서에 없다면 부족한 것이 무엇이겠는가? 아마도 다음과 같은 네 가지의 것들이 빠지게 될 것이다. (1) 하나님의 명령이 요나에게 두 번째로 임했을 때(3:1), 그 두 번째 명령에 요나 자신이 기꺼이 순종하게 만든 요나 자신에 의해 체험된 마음의 부분적인 변화는 아마도 표현되지 않은 채로 남을 것이다. 이 시는 이런 마음의 부분적인 변화에 대한 토대를 특별히 서원을 통해 말해 주고 있다(9-10[8-9]절). (2) 요나가 구원되었을 때, 요나가 길게 드린 감사에 대한 관심의 집중은 실제적으로 제거되었을 것이다. 이 시는 야웨가 니느웨에게 보여 주실 그런 종류의 자비를 또한 요나에게 개인적으로 보여 주셨다는 것을 요나가 깨달았음을 분명하게 전해 주는 요나서에 있는 유일한 부분이다. (3) 물고기 속에 요나가 머물렀던 상황이 어떠했는지는 언급되지 않았을 것이다. 비록 암시적이기는 하지만, 이 시로 인해 청자/독자는 요나가 물고기 속에서 의식을 잃거나 괴로움 중에 있었던 것이 아니라, 정신이 든 채로 생각하고 무엇인가를 배우고 있었다는 것을 알게 된다. 요나가 이 시를 가지고 기도를 드리기(혹은 이 시를 지을 정도로; 아래를 보라)에 충분할 정도로 건강했다는 사실은 물고기 속에 있는 요나의 정신적 그리고 육체적 상태에 대해 상당히 많은 것을 말해 준다. (4) 아마도 요나서의 주된 신학적 구조가 약해졌을 것이다. 란데스(Landes)가 주장하는 대로, 이 시는 요나서의 메시지가 전하는 본질의 한 부분, 즉 야웨는 자비로운 하나님이시고, 징벌을 내리기보다는 용서해 주기를 원하시는 사랑의 하나님(참조. 4:2)이시라는 내용을 담고 있다. 제멋대로 한 요나는 이 시를 통해 야웨의 과분한 구원을 고백하고 있다. 이 시와는 대조적으로 요나는 니느웨 사람들에게 주어지는 야웨의 과분한 구원을 감수할 수 없다. 이 시는 도움이 필요한 개개인들을 위한 야웨의 관심에 초점을 맞추는 진술을 말해 주고 있다(참조. 4:11).

그러므로 이 시는 결코 관련성이 없는 것이 아니라 실제적으로 매우 중요한 것이다. 4장에 나오는 요나의 위선적인 태도는 이 시가 없이는 선명하게 드러나지 않는다. 이 시는 야웨의 구원(참조. 출 15장; 삿 5장)을 찬양하고 있는데, 이로 인해 다음과 같은 아이러니한 대조를 남기고 있다: 즉 요나의 순종(3:3)은 자비를 통해 이루어졌지만, 니느웨의 순종도 동일한 방법을 통해 이루어질 수 있다는 생각을 요나는 견디어낼 수 없었던 것이다! 요나는 앗수르 사람들을 다루시는 하나님의 전략을 실존적으로는 이해할 수 있었다. 그는 다만 그것을 견딜 수가 없었던 것이다. 앗수르 사람들에 대한 그의 미움이 너무나 컸기 때문이다.

이 시 혹은 수미쌍관(首尾雙關)적인 산문 속에 있는 그 어떤 것도 연대기, 기원(起源) 혹은 저작권에 대한 확실한 표지를 말하고 있지 않다. 방언과 연대기를 알려 주는 것으로 볼 수 있는 가능한 표지는 2:5b[4b]의 "어떻게?"라는, 에크(אֵךְ)의 추정되는 결함이 있는(즉 모음의 없는) 철자다. 즉 만약 이 시가 주전 8세기 혹은 7세기, 즉 **모음으로 쓰이는 자음**(*matres lectiones*)의 널리 퍼진 용법(일반화된 철자 에크[אֵיךְ] 이전, Cross and Freedman, *Early Hebrew Orthography*, 59를 참조하라) 이전에 이미 기록된 것이라고 한다면, 후에 맛소라 학자들에 의해 아크(אַךְ)로 잘못 이해된 철자 אך의 보존성은 설명될 수 있을 것이다. 그러나 요드(י)가 없는 것은 또한 가운데 글자를 빠뜨리고 쓴 오류(haplography)를 반영해 주는 것일 수 있거나, 아니면 이 시의 이 시점에서 확신의 선언을 삽입하는 것임에도 불구하고, 이 어휘는 실제적으로 "확실히"라는 뜻의 아크(אַךְ)일 수 있다. 이 시는 내적인 증거를 토대로 해서는 간단하게 연대기를 정할 수 없다.

이 시의 연대기를 주전 8세기로 확고하게 설정하는 견해(그리고 연대기를 정하는 그 어떤 방법도 시의 연대기들을 정확하게 말해 줄 수는 없다)조차 요나가 그 저자라는 것을 증명해 주지는 못한다. 저작권에 대해서는 다음과 같은 네 가지 이론적으로 가능한 견해들이 있다. (1) 이 시는 요나가 겪은 경험 이전에 존재하고 있었다. 요나는 이 시를 알고 있었고, 물고기 뱃속에서 이 시를 가지고 기도했다. 생명이 보존된 것에 대한 그 자신의 감사를 표현하기에는 이 시가 요나에게 적절한 것이었기 때문이었던 것 같다. (2) 요나는 물고기 뱃속에 있는 동안 이 시를 만들었다. 비록 모두는 아니지만, 대부분의 이스라엘 선지자들은 음악적인 시인들로 훈련을 받았다. 그래서 그들은 구전 형식의 작시에 대한 기법을 알고 있었고, 사용했으며, 다양한 형태의 시들을 "만들" 수 있었다(S. Gevirtz, *Patterns in the Early Poetry of Israel*, 1-14; A. B. Lord, *The Singer of Tales*[Cambridge: Harvard U. Press, 1969] 13-29; R. C. Culley, *Formulaic Language*, 이곳 저곳 등을 참조하라). 알려진 이미지들, 주제들, 문체들 그리고 어휘들을 그려내면서, 그들은 용이하게 시들을 만들고 개작했다. (3) 이 시는 요나서와는 별개로 어느 때인가 만들어졌고, 산문 부분이 완성된 뒤에 이차적으로 요나서에 삽입되었다. (4) 이 시는 후대의 편집자에 의해 요나서에 삽입되는 것을 목적으로 특별하게 만들어졌다.

이 시는 요나서에 매우 잘 맞는다는 사실을 통해 란데스가 주장하고 있는 대로(Landes, *Int.* 21[1967] 3-31) 마지막 두 가지 견해는 제외된다. 연대기와 저작권 문제에 대한 신뢰할 만한 대답은 결코 주어질 수 없다. 그러나 관찰적인 접근을 통해서 볼 때, 2장의 통전성에는 의문의 여지가 없다. 이 시의 진정성 또한 부인하는 강한 증거 없이는 의문시될 수 없다. 그 증거는 강하지 않고 약하다. 그러므로 이 시는 진정한 것으로 여겨져야만 하며, 요나서 전체 이야기의 통일적인 부분으로 간주되어야만 한다.

주석

2:1[1:17] 또다시 이야기의 매우 간략한 내용만이 전해지고 있다. 호기심을 만족시킬 수 있는 많은 내용들은 생략되어 있다. 하나님이 이런 의외의 방법, 즉 매우 놀라운 방법으로 요나를 구원하기 위해 계획을 세우셨다는 것은 청자/독자에게 예기치 않은 갑작스러운 소식으로 다가온다. 1:16의 긴 종결부는 요나가 이 시점에서 분명히 죽었고, 그의 몸은 깊은 바다에 묻혔다는 것을 말해 주기에 충분하다. 그러나 요나는 결코 죽지 않았다! 물고기가 그를 삼켰다! 그 물고기는 요나를 먹기 위해 삼킨 것이 아니라, 그를 보호해 주기 위해 삼킨 것이다.

첫 번째 문장의 어법은 정확하다. 야웨가 통제하신다. 물고기는 듣는 것을 단순히 행한다(참조. 2:11[10]). "지정하다, 구체적으로 지정하다, 임명하다"라는 뜻의 마나(מנה) 동사의 피엘은 하나님이 오래 전에 어떤 특별한 물고기를 만드셨거나, 아니면 이미 존재하고 있는 물고기를 변형시켜서 72시간 동안 사람이 생존할 수 있게 하셨다는 것을 암시해 주는 것이 아니다(Wilson, *Princeton Theological Review* 16[1918] 645-54를 참조하라). 이야기는 그 물고기가 어떤 종류였으며, 요나가 그 속에서 어떻게 생존할 수 있었는지 혹은 그와 같은 다른 질문들에 대한 대답을 구체적으로 해주고 있지 않다. 야웨는 자신이 폭풍을 일으키는 바람을 불게 하고 싶을 때 쉽게 주변에 바람을 일으키실 수 있다. 물고기를 통해 물에 빠져 죽는 누군가를 기적적으로 구원하는 것은 그리 커다란 위업이 아니다. 그러나 또한 그런 일은 분석적으로 묘사되어야만 할 위업도 아니다. 기적은 인간적인 응답이나 설명을 넘어서는 하나님의 행위다. 요나를 뱃속에 품고 살아 있도록 한 물고기가 어떤 물고기인지를 알아내기 위한 과거의 수많은 노력들은 잘못된 시도들이다. 심지어 요나 자신도 어떻게 그 물고기를 알 수 있었겠는가? 물고기가 요나를 해변에 토해낸 뒤(11[10]절)에 바다로 돌아갈 때, 그는 잠깐 그 물고기를 보았을 것이라고 우리는 생각할 수 있는가? 요나는 자신이 삼켜졌을 때, 자신에게 일어난 일에 대해 얼마나 많이 이해할 수 있었겠는가? 이런 질문들에 대한 대답은 없다. 그런 질문들을 하는 것은 이야기가 들려지고 있는 방법을 무시하는 것이다. 사람이 속에서 살 수 있는 물고기는 어떤 종류인가 하는 것은 성서의 관심사가 아니다.

요나가 물고기 속에 "삼일 삼야"(שְׁלֹשָׁה יָמִים וּשְׁלֹשָׁה לֵילוֹת – 셸로샤 야밈 우셸로샤 렐로트) 동안 있었다는 주장에 중요성이 부여되어야만 한다. 시간의 길이를 묘사하는 것으로서 날과 밤을 모두 언급하는 것은 이중적인 강조일 것이다. "사십 주야"라는 표현이 창세기 7:4, 12(17)에서 하고 있는 역할과 같이, 이런 표현은 관용어구적으로 시간의 길이 즉 "**온전한** 삼 일"을 강조할 것이다. 그러나 이런 의미를 넘어서, 생명체가 사는 땅에서 스올에 이르는 여행길(혹은 그 반대의 여정)은 온전한 삼 일이 걸린다는 고대의 널리 퍼져 있는 개념 혹은 그런 관용적인 어구와 같은 표현이었을 것이다. 란데스는 스올 여정 개념은 아마도 이 시에 있는 산의 뿌리(지하 세계)를 말하고 있는 내용(7[6]절)에 의도적으로 반응하는 저자의 어휘 선택에 따른 것일 수 있음을 보여 주는 설득력 있는 증거를 열거한다(Landes, *JBL* 86[1967] 446-50). 달리 말하면, 요나가 육지에 이르기 전에 "삼일" 동안 물고기 속에 있었다는 것을 간략하게 보고하는 대신에, 저자는 물고기가 지하 세계 즉 죽음에서 하나님이 실제적으로 되돌려 구원하시는 것을 나타내는 것이라는 사실을 청자/독자에게 더욱더 강하게 말하는 어법을 통해 시간의 길이를 표현하고 있는 것이다. 이런 종류의 표현 기법의 현대적인 예는 다음과 같이 구성될 수 있을 것이다: 눈 사태가 등산객을 수 피트의 눈 아래로 덮어 버렸다. 구조요원들은 눈을 파내고 그를 구조해냈다. 나중에 그 구조 요원들 중의 하나가 이렇게 말했다. "그가 생존한 것은 행운이다. 우리는 그가 6피트 아래 눈 속에 있을 것이라고 생각했다." "6피트 아래"라는 어구는 그 자체의 문자적인 의미를 가지고 있을 수 있다. 그러나 그 어구는 또한 위에서와 같이 "죽어 묻혔다"라는 관용어구일 수 있다. 동일한 방법으로 "삼일 삼야"라는 어구는 아마도 그 문자적인 의미 이외에 "스올에서 되돌아오는 모든 과정"의 순서에 대한 그 어떤 것을 암시해 주는 것일 수 있다. 따라서 화자가 나타내려고 하는 목적을 위해 그 어구는 어휘들의 적절한 선택으로 구성된 것이다.

2 [1] 요나가 기도한 곳 그리고 기도를 드린 대상은 이야기하는 화자에게 중요하다. 이 시가 서론 없이 갑작스럽게 끼어들지 않도록 하기 위해서는 요나가 기도했다는 것을 언급하는 것이 불가피했을 것이다. 그러나 그 외에도 우리는 야웨가 언제나 그랬듯이 여전히 요나의 하나님이셨다는 것을 되새기게 된다. 지금까지 일어난 모든 일들은 요나로 하여금 그가 늘 알아 왔던 다음과 같은 것을 더욱더 확신할 수 있도록 해주었다: 야웨는 자신이 원하는 바를 행하실 수 있다(1:14b). 그리고 그는 그와 같은 일을 하지 못하도록 설득되지는 않으실 것이다(4:2). 요나의 도망과 이어진 상황들은 요나의 믿음과 결코 모순되지 않았다. 요나의 믿음은 그 어느 때보다도 강하게 남아 있었다. 게다가 요나는 이제 적어도 생각할 시간을 가지게 되었다. 선장이 요나를 깨운 뒤로 선상에서 일어난 일들은 미친 듯이 날뛰는 대단한 일들이었고, 그 일들은 결국 휘몰아치는 바람 속에 널뛰는 갑판에서 요동치는 바다로 요나를 내던지게 만들었다. 요나는 물에 빠져들면서 익사하기 시작했다. 그러나 무엇인가가 그를 둘러쌌다. 요나는 아마도 그것이 물고기라고 추측했거나 감지했을 것이다. 혹은 아마도 그것이 무엇인지 확실히 알지 못했을 것이다. 어쨌든, 시간이 지남에 따라 요나는 죽어 가고 있었던 것이 아님이 분명해졌다. 아무리 요나가 불편했을지라도, 그는 자신이 안전한 것을 느끼게 되었다. 요나가 물고기 뱃속에서 감사하게 기도할 수 있었다는 것은 적어도 그 곳의 상황이 완전히 고통스럽거나 당황스러운 것은 아니었다는 점을 암시해 주는 것이다.

3 [2] 요나의 감사시에 있는 첫 번째 요소는 응답된 기도, 즉 그의 감사 이유에 대한 요약이다. 이것은 이 시에 대한 서론이다("양식/구조/배경"을 보라). 이 서론은 두 개의 이행연구(二行連句)로 구성되어 있는데, 그 사이에는 외적인(전반적인) 동의어적 병행법이 분명하게 보인다. 그런 뒤에 두 개의 이행연구는 다음과 같은 동일한 것을 보고하고 있다: 말하는 자는 생명이 위험한 지경의 상황에서 야웨께 호소했고 구원되었다.

어휘들은 그 적용에 있어서 일반적이다. 질병, 사고, 전쟁 등의 어떤 종류의 위험에서 구원받은 사람은 어느 누구나 이런 기도를 드릴 수 있을 것이다. 만약 요나가 이미 존재하고 있는 시를 선택했다면, 그는 그 상황을 위해서만 만들어진 시가 아닌 그의 상황에 맞는 시를 선택했을 것이다. 그리고 만약 요나 자신이 작시자였다면, 그는 그 상황에 맞는 시를 동일하게 창작했을 것이다. 시편 작자들은 폭

넓은 청중을 마음에 두고 작시했다. 시편의 어휘는 일반적으로 어떤 시간 혹은 장소에 구체적으로 한정되지 않는다.

"배"(בטן – 베텐)라는 용어는 오히려 요나의 상황에 직접적으로 연결되는 3절에 나오는 어휘다. 흥미롭게도 요나서의 산문 부분은 이 용어를 사용하고 있지 않고, 그 대신 물고기 속에 요나가 있는 곳을 위해 "속에"(במעי – 비므에)라는 용어를 사용하고 있다. 비록 "하나님의 배"라는 어구가 욥기 20:15에 상징적으로 암시되어 있기는 할지라도, "스올의 배"(בטן שאול – 베텐 셰올)라는 어구는 구약의 여기서만 독특하게 쓰이고 있다. "스올의 배"라는 용어를 사용하고 있는 이 시는 심각하고 생명을 위협하는 상황을 위해 의도적으로 사용된 것을 보여 주고 있다. 물론 일단 요나가 배에서 던져졌을 때, 그 자신은 죽은 것이나 다름없었다. 이 시가 어떤 간구를 가리키고 있기는 하지만("내가 불렀다"; "내가 외쳤다"), 그 어떤 것도 요나에 대해 언급되고 있지 않다. 물 속에 빠져들기 시작했을 때, 물론 요나는 필사적으로 도움을 요청하는 기도를 드렸을 것이다. 그러나 이 시는 요나 자신이 행했을 그 어떤 것을 반영할 필요는 없다. 이 시는 기도를 **했고,** 야웨의 도움을 받은 사람들에게 일반적으로 적용되는 전통적인 문체(형식)와 어법으로 만들어졌을 것이다.

본 절은 구원을 나타내고 있다. "내게 대답하셨고"(ויענני – 봐야아네니)와 "나의 음성을 들으셨나이다"(שמעת קולי – 샤마타 콜리)라는 어구는 모두 단지 듣는 감각 그 이상을 말하는 관용어구들이다. 이 관용어구들은 단순하게 그 혹은 그녀의 말을 수용하는 것이 아니라, 호소자의 상황에 하나님이 자비롭게 접근하시는 것을 암시해 주고 있다. 감사시의 문학적인 관용어구 형태를 사용하면서, 요나의 시는 요나가 말한 것이 아니라, 요나가 처해 있는 곤경으로부터 하나님이 그를 자비롭게 구원하셨다는 것에 실제적으로 집중하고 있다.

4 **[3]** 4[3]절을 구성하고 있는 두 개의 이행연구(二行連句)는 바다를 통한 과거의 곤경, 즉 이 시가 구성되고 있는 주변에 생명을 위협하는 고통에 대한 은유(隱喩)의 묘사로 시작된다. 구약의 다른 시들은 탄원자의 시련들을 표현하기 위해 바다에 던져지는 이미지를 사용하고 있다(예를 들어, 시 88:8[7]; 69:1-2, 14-15). 정말로 시편 42:8[7]은 요나의 시의 본 절에 있는 하반절과 동일한 일련의 동사적 형식들을 포함하고 있다(כל משבריך וגליך עלי עברו – 콜 미시바레이카 베갈레이카 알라이 아바루, "주의 파도와 물결이 나를 엄몰하도소이다"). 그러나 구약에서 유일하게 요나의 시만이 깊은 물의 이미지를 지속적으로 그리고 주로 사

용하고 있다는 사실을 주목해야만 한다. 다른 모든 경우에 있어서 그런 이미지는 시의 은유적인 부분의 단지 작은 부분만을 구성하고 있다(**서론**을 보라).

여기서 "던지다"라는 의미를 위해 산문 부분에서와 같이 툴(טול)의 히필보다는 샬라크(שלך) 동사의 히필(ותשליכני – 봐타쉘리케니)이 사용되고 있는 것은 주목할 만한 것이다. 이 시는 다른 곳에서 사용된 어휘를 단순히 확장한 것이 아니라, 그 자체의 내적인 일관성과 문체를 가지고 있다. 어휘를 선택한 관점에서 보았을 때, 이 시는 여기서 요나서의 나머지 부분과 자구적으로 **서로 의존하고 있는** 것이라기보다는 **주제적으로** 상호 연관되어 있다.

요나의 시는 3[2]절에서 시작된 죽음과 충돌을 빚는 주제를 본 절에서 계속 이어가고 있다. 야웨가 행하신 것은 죽음의 위험이었다("주께서 나를⋯던지셨음으로"). 야웨는 물고기를 통해 구원하기 전에 요나를 거의 죽일 뻔하셨다. 요나는 자기 자신의 사형선고를 선포했고(1:12), 사공들은 그 선고를 수행했다.

5 **[4]** 하나님에 의해 이루어지는 예견된 거절은 본 절에 있는 두 개의 이행연구의 주제다. 이 시의 어휘는 요나의 상황을 현저하게 잘 묘사하고 있다. 사실과 반대로, 요나는 이것이 자신의 삶의 끝이라고 생각했다(אמר – 아마르; "원문주해" 5.a.를 보라). 요나는 자신의 도망함에 대한 징벌로 내린, 물에 빠지는 것은 자신이 꼭 죽는 것이라고 생각했다. "주의 목전에서 쫓겨났을지라도"(מנגד עיניך – 미네게드 에네이카)와 하나님의 성전에서 멀리 떨어져 있다는 개념은 문자적이라기보다는 본질적으로 은유적인 표현이다. 즉 이런 어구들은 죽음의 분리라는 의미를 암시적으로 내포하고 있다. 은유에 따르면, 산 사람의 땅에서는 야웨의 목전과 임재 가운데 있을 수 있으나(즉 그의 성전에서 "경배하거나" 아니면 그의 성전을 "올려다보는 것"), 죽은 자의 땅에서는 그런 것이 불가능하다. 죽은 자의 땅에서는 사람들이 야웨로부터 아주 단절되어 있고, 야웨도 사람들로부터 완전히 단절되어 있다(참조. 시 88:5, 10-12; 115:17). 더 이상의 경배 혹은 찬양이 불가능하다. 죽음은 그런 기회를 끝내 버리기 때문이다. 그러므로 5[4]절의 어휘들은 팔레스타인으로부터 도망했을 때 요나가 가진 과거의 후회를 묘사하는 것도 아니며, 스올에서 가졌던 의식적인 생각의 가능성에 대한 기술적인 분석도 아니다. 그 어휘들은 죽음의 종국(終局)을 효과적으로 묘사하는 전형적인 어휘의 한 부분이다. 이런 종류의 시를 가지고 기도한 탄원자들이 일반적으로 생각했던 바와 같이, 요나는 자신이 죽어 가고 있었던 것이라고 생각했다.

6 **[5]** 깊은 바다에 빠져 가는 은유는 올무에 걸리고, 바다에 가라앉으며, 숨을

쉴 수 없고, 사방에 물로 둘러싸인 육체적인 감각을 묘사하기 위해 확대된다. 이것은 죽음에 대한 감각을 나타내는 생생하고 강력한 은유다. 이것은 또한 문자적으로 요나에게 일어난 것과 같은 일로 발생했다. 물론 우리는 요나가 배에서 던져져서 커다란 물고기에게 삼켜져 버리는 시간까지 얼마나 많은 시간이 지났으며, 요나가 얼마나 깊이 수면 아래로 잠겼는지를 알지 못한다. 이 시는 과장적으로 선명한 어휘를 사용하고 있다. 그렇게 하는 것이 이런 시의 특성이기 때문이다. 요나의 상황은 심각**했다**. 이 시는 공기의 부족에 대한 생생한 이미지(영혼[목]까지 둘린 물), 사방에 있는 물(에워싼 깊음) 그리고 덫에 걸림(머리를 둘러싼 바다 풀)과 같은 생생한 이미지들을 통해 그 긴급성을 적절하게 반영해 주고 있다.

7a[6a] 7[6]절의 첫 번째 이행연구는 요나의 곤경에 대한 묘사의 결론을 맺고 있다. 이 이행연구는 동의어적인 병행법보다는 "종합적인" 병행법을 포함하고 있기는 하지만, 그 요점은 다음과 같이 단일한 내용이다: 요나는 자신이 죽은 것이라고 생각했다. 이 시는 같은 가정하에 작시되었다. "산의 뿌리(토대[?])"(קִצְבֵי הָרִים – 키츠베 하림)와 "산의 빗장(지하 세계의 빗장)"(בְּרִחֶיהָ – 베리헤이아)이라는 어구들은 모두 죽음과 관련되어 있는 고대 근동과 구약의 이미지에 그 토대를 두고 있는 표현들이다(Johnson, *Studies in OT Prophecy*, 87-89를 참조하라). 마태복음 16:18에 나오는 "음부의 권세(지옥의 문)"라는 신약의 퓔라이 하두(*πύλαι ᾅδου*) 용법은 후자의 은유에서 빌려온 것이다. 죽음의 종말성을 나타내는 다음과 같은 두 가지 은유가 있다: 산 사람의 땅으로부터 산의 뿌리에 이르는 것으로 나타내지는 거리 그리고 한 번 죽으면 다시 삶으로 되돌아가는 것을 막는다는 지하 세계의 빗장. 하나님의 선지자는 자신이 분명히 죽은 것이라고 생각했다.

7b[6b] "구덩이"(שַׁחַת – 샤하트)는 구약에서 종종 무덤 혹은 죽음의 영역을 나타낸다(Pope, *JBL* 83[1964] 269-78를 참조하라). 이 시의 어휘들은 죽음 그 자체로부터의 **구원**을 은유적으로 묘사하고 있다. 요나의 상황은 바로 이 시가 묘사하고 있는 그런 상황이다. 요나는 정말 위험한 것으로부터 단순히 면함을 받은 것이 아니다. 말하자면, 그는 실제적으로 무덤에서 구원받은 것이다. 이 시를 주도하고 있는 야웨께 직접적으로 말하는 것이 여기서 또한 나타나고 있음이 증거된다. 다른 어느 누구도 아닌 바로 야웨께만 요나가 드리는 헌신을 다시금 강조하면서 요나는 야웨를 "나의 하나님"(참조. 2[1]절)이라고 부르고 있다.

8[7] 바다의 폭풍 속에서 보인 야웨의 진노가 요나를 구원하는 야웨의 은총의 실체로부터 분리되도록 해서는 절대 안 된다. 이 시에서 이 은총은 여러 가지

방법으로 표현되고 있다. 본 절에서는 심한 역경 가운데 있는 탄원자의 기도를 야웨는 기꺼이 들어주신다는 면에 주의를 기울여야 한다. 이 시는 표준화된 감사시 어법으로 그려지고 있기 때문에, "내가 여호와를 생각하였삽더니/내 기도가 주께 이르렀사오며"라는 어구로부터 요나는 자신이 물에 던져졌을 때 구원을 요청하는 기도를 드렸으므로 야웨가 응답하셨다고 여기서 추론하는 것 역시 불가능하다. 산문의 부분은 요나가 한 그 어떤 기도에 대한 내용도 담고 있지 않다. 이야기가 전개되는 방식은 야웨가 일들을 발생하게 하심으로써 요나는 그의 명령을 행해야만 하는 것이다. 요나는 그 자신의 마음의 (부분적인) 변화를 먼저 시도하지 않는다. 야웨가 그렇게 하신다. 따라서 요나는 1:16과 2:1 사이에 있는 산문 부분의 이야기에 기록되어 있지 않은 기도에서 자비를 호소했다는 것을 암시하고 있는 것으로 이 시의 이 부분이 읽혀져서는 안 된다.

성전(היכל קדשך – 헤칼 카도셰카, "주의 성전")은 예배자들이 야웨와 만나는 가장 중요한 장소였다(1:16에 대한 "주석"을 참조하라). 탄원자의 기도가 그 곳에 "이르렀다"는 것은 야웨가 거주하시는 곳에 대한 그 어떤 제한성도 없다는 것을 암시해 주고 있다. 여기서 성전은 동의어적인 병행법의 요소에서 "주(당신)"라는 "A" 어휘에 상응하는 "B" 어휘다.

9 **[8]** 이 시의 작자는 우상 숭배의 무익함에 대한 대조적인 비난을 통해 야웨의 구원하시는 권능(또한 10b[9b]절을 참조하라)을 찬양하고 있다. "거짓되고 헛된 것"이라는 뜻의 하벨레 샤베(הבלי שוא)를 통해 생명의 도움을 찾는 사람들은 얼마나 어리석은가! 그러나 우상들은 무능함을 나타낼 뿐만 아니라, 그 우상들을 숭배하는 것 또한 야웨에 대한 믿음이 없는 것을 보여 주는 것이다. 어떤 이스라엘 사람이 우상 숭배에 신의를 두는 것은 언약을 파괴하는 것이다. 언약적 신실성(חסד – 헤세드)은 언약의 주도자인 하나님(출 20:6 등등)과 그 언약이 주어진 이스라엘 백성들 양자 간의 상호적인 의무였다. 따라서 다른 신들을 둠으로써 언약의 첫 번째 계명을 범하는 자는 그의 혹은 그녀의 야웨께 대한 충성과 신실성을 "버린"(עזב – 아자브) 것이다.

10 **[9]** 이 시에서 야웨에 대한 신실성은 또한 야웨를 찬양하고 경배하는 것을 나타내는 표현에서도 발견된다. 물론 이런 신실성은 사공들이 그렇게나 예민하게 느꼈던 그런 동기다(1:16). 누구도 하나님이 주시는 역경으로부터의 평안을 단순히 누릴 수는 없다. 그는 은총에 반응해야만 한다! 고대 이스라엘에서 경배자들은 자신들이 제자장들에게 예배의 희생 제물을 드릴 때 감사시의 찬양/희생 부분을

암송했을 것이다(여기서는 10a[9a]절). 그러나 그들은 또한 그들의 감사 희생 제물을 단 한 번만 드리지는 않을 것을 약속할 수 있었다(10b[9b]절). 앞으로 드려지게 될 성전 희생에 대해 하나님께 다시 돌아가 계속적으로 감사할 것을 맹세함으로써("나의 서원을 주께 갚겠나이다"), 그들은 자신들의 감사 기간을 연장했다. 그들은 현재 자원하는 마음으로 기꺼이 드렸고, 그런 뒤에 미래에 다시 드릴 것을 맹세했다. 따라서 구원에 대한 감사의 희생 제물을 드리는 것은 나누어 드리는 것으로 이루어질 수 있었다. 말하자면, 이렇게 함으로써 야웨의 자비로운 구원에 대한 감사의 크기에 병행(竝行)하여 전체 감사 예물의 크기가 증가되었다.

"구원은 여호와께로서 말미암나이다"라는 뜻의 예슈아타 라야웨(ישועתה ליהוה)라는 마지막 외침은 적어도 다음과 같은 두 가지 점에서 야웨를 영화롭게 한다. 첫째, 이 외침은 감사 기도를 드리는 사람을 위해 야웨가 행하신 것을 반영해 주면서 구원자로서 그의 업적을 높인다. 게다가 이 외침은 **유일한** 구원자로서의 야웨의 지위를 암시적으로 높여 준다. 비록 이 외침은 간략하고 기법적으로 생략적인 면이 있기는 할지라도, 이 마지막 선언은 9[8]절과 조화를 이루면서 구원은 다른 어떤 신 혹은 그 어떤 다른 것에서 나오는 것이 아니라 바로 야웨께 속한 것이라는 사실을 의미한다는 것에는 의심의 여지가 거의 있을 수 없다.

그러나 이 어휘들에는 또한 본래적으로 내재해 있는 어떤 세 번째 의미는 없는 것인가? 이 어휘들은 또한 야웨는 구원을 담당하신다는 것, 즉 야웨가 누구를 어떻게 구원할 것인지를 결정하신다는 것을 암시적으로 의미하는 것일 수는 없는가? 구원은 야웨의 주권적인 영역이다. 그 영역 안에서 야웨만이 결정들을 내리신다. 이 후자의 의미는 요나 이야기를 위해서 중요하다. 이 시가 가지고 있는 하나의 기능은 과분한 구원에 대해 요나 자신의 감사를 말로 나타내는 것이다. 그러나 이를 통해 니느웨가 동일하게 과분한 감사를 경험하는 것을 요나가 못내 못마땅하게 여기는, 일관성이 없는 그의 태도를 드러내 주고 있다. 요나는 야웨가 누구를 구원해야 하고 구원하지 말아야 하시는지를 결정할 수 없다. 구원은 야웨가 베푸시는 것이다. 야웨는 그 구원을 전심으로 기쁘게 받아들인 요나에게 베푸셨다. 그렇다면 더욱이 그 구원을 니느웨에 베푸는 것에 대해 야웨는 아무런 구애를 받지 않으셔야만 한다!

11 **[10]** 이야기의 산문 부분이 다시 시작된다. 요나가 생각하고 기도하고 있는 동안, 물고기는 헤엄쳐 가고 있었다. 그러나 야웨가 그런 행위들을 예정하신 것이므로, 삼 일이 지난 뒤에 물고기는 그 특이한 물건을 내보낼 준비를 하고 있었다.

물고기는 야웨의 명령에 따라 그렇게 했다. "토했다"라는 것은 봐야케(ויקא)라는 어휘에 의해 묘사되고 있는 바로 그런 행위다. 물고기는 그 입으로 단순하게 요나를 먹은 것이 아니고 요나를 삼켰기 때문이다(בלע – 발라, 1[1:17]절). 삼 일 간 자신을 구원해 준 처소에서 갑자기 쫓겨난 뒤에 요나는 땅 위에 있는 자신을 발견했다. 아마도 그는 곧 자신이 도망쳐 온 팔레스타인으로 돌아갔을 것이다. 야웨를 피해 달아나려고 했던 그의 계획은 수포로 돌아갔다. 야웨가 그 모든 것을 보고 계셨다.

해설

요나는 구원되지 않고 죽어 마땅했다. 그렇지만 야웨는 특별한 간섭을 통해 그를 은혜롭게 구원해 주셨다. 그러므로 요나는 야웨의 긍휼함의 위대함을 인식하지 않을 수 없었고, 그 은혜를 찬양했으며, 그는 오로지 야웨만을 의지할 수 있음을 깨달았다(참조. 고후 1:9, 10).

2장이 보여 주는 운명의 급변은 요나서 전체를 위한 화자의 목적에 잘 부응한다. 요나의 상황들은 독자로 하여금 3장에 있는 니느웨의 상황들을 대비하도록 해 준다. 니느웨 또한 구원이 아니라 죽어 마땅하다. 니느웨 또한 하나님의 특별한 간섭을 통해 은혜롭게 구원되었다. 이로 인해 니느웨 사람들은 감사해야만 할 만 가지 이유를 가지게 되었다. 정말로 니느웨 사람들은 야웨의 말씀을 듣자마자 곧 마음으로 그 말씀을 받았다. 그렇지만 요나는 그 말씀에 저항했다. 요나의 직접적이고 구체적인 불순종에도 불구하고, 하나님이 이제 요나에게 보여 주신 자비는 앗수르 사람들의 일반적이고 오랜 기간에 걸친 불순종에도 불구하고 그들에게 주어지고 있는 동일한 자비에 대해 분개하는 요나의 권리를 제거해 버린다. 일단 2장의 전반적인 내용 그리고 특별히 이 시에 표현된 깊은 감사의 내용을 통해 듣고 본 청자/독자는 4장에서 보여 주는 요나의 아이러니한 태도에 충격을 받지 않을 수 없다. 처음 듣거나 읽는 청자/독자는 아직 니느웨에 어떤 일이 일어날지 알지 못하지만, 그들은 실제로 일어날 일을 위해 그리고 요나의 태도가 얼마나 위선적인지 볼 수 있도록 실제적으로 미리 일러줌을 받고 있는 것이다.

요나가 자기 자신의 구원을 향해 가지는 태도와 니느웨의 구원을 향해 가지는 태도 사이에서 보여 주는 이런 극명한 대조적 전개에서 이 시는 매우 중요하다. 요나서의 주된 목적은 이스라엘 백성들에게 하나님은 이스라엘 백성들의 나라보다는 다른 나라들을 사랑하신다는 것을 가르쳐 주는 것이다. 혹은 요나서는 사실상 우리에게 하나님은 **우리** 자신의 나라보다는 다른 사람들의 나라를 사랑하신다는 것을 가르쳐 주고 있다. 이런 목적을 위해 요나는 대부분의 이스라엘 백성들 혹은 대부분의 우리를 대표적으로 나타내 주고 있다. 요나는 사람들이 다른 나라 사람들을 사랑할 이유가 없는 나라의 사람들을 향해 가지는 전형적인 태도를 나타내 주고 있기 때문이다. 이 시는 일반적인 유형의 시였다. 이스라엘 백성들 그리고 후대의 유대인들은 감사 노래에 친밀하게 익숙해져 있었고, 그런 노래를 즉시 알아보았을 것이다. 요나가 그 자신의 죽음의 "선고"에서 자신이 구원받은 것을 알아차렸다는 것을 고대의 청자/독자들이 즉시 알아보는 데는 아마도 2장에 있는 요나의 시를 한두 줄만 읽어도 되었을 것이다. 고대의 청자/독자들은 그 이야기로부터 요나는 불순종의 죄를 지었고, 바다에 던져졌으며, 야웨가 예비한 물고기가 요나를 삼켰고, 요나는 그 속에서 여전히 생존해 있었다는 것을 이미 알고 있었다. 그런 뒤에 요나가 말하기 시작했고, 그 후에 감사시를 노래했다는 것은 야웨가 그를 살려 주셨고, 요나(독자뿐만 아니라)는 그것을 알고 있었다는 것을 매우 분명하게 해준다. 깊고 감동적인 감사의 함축적인 의미와 더불어, 구원에 대한 가슴에서 우러나오는 감사가 이스라엘 백성들이 그렇게나 잘 알고 있었던, 즉 위험으로부터 그들 자신이 피한 것에 대해 기뻐하며 감사하는 사람들이 사용했던 양식에 들어 있다. 이런 면을 가지고 있는 이 시는 요나와 니느웨 사이를 (완전하게) 비교하는 청자/독자에게 이성적으로 그리고 감동적으로 관여하고 있다. 전반적인 문맥에서 이 시가 주요 부분을 차지하고 있는 본 장은 요나의 상대적인 이기심을 보여 주고 있다. 그 시적인 특성으로 인해 요나서의 다른 부분에서 두드러진 이 시는 큰 물고기에 대한 독특하고 잊지 못할 언급을 포함함으로써 화자(話者)가 청자/독자의 마음에 3장과 4장을 듣거나 읽을 때 잊을 수 없는 확실한 인상을 심어 주고 있다.

하나님은 요나서의 다른 곳에서와 같이 본 장에서도 주권적이시다. 하나님은 물고기를 지명하신다(1[1:17]절). 그것을 통해 하나님은 요나가 기도하는 시에서 찬양받으시는 구원을 이루신다. 하나님은 물고기에게 요나를 해변가에 토해내도록 말씀하신다(11[10]절). 요나도 물고기도 그 사건들을 통솔하지 못한다. 하나님은 불순종한 선지자를 구원하기 위해 자신의 주권을 사용하셨다! 하나님은 자신이 의도한 것을 이루실 것이고(참조. 1:14), 명백해지고 있는 하나님의 의도는 요나가 은총에 대한 교육을 받아야만 한다는 것이다. 만약 요나 자신이 죽어 마땅한 죽음에서 구원받는 경험을 했다면, 아마도 그는 자신이 선포하도록 부름을 받은 성읍과 나라의 시민들에 대해 가엾게 여기는 능력을 가지게 될 것이다.

어떤 면에서 본 장은 이야기의 가장 행복한 부분이다. 구원과 감사, 기적과 찬양으로 가득한 본 장은, 요나로 하여금 선을 행하시려는 하나님의 결단은 심지어 징벌을 받아 마땅한 사람들에게조차 자비롭게 유익이 될 수 있다는 것을 보도록 해준다. 3장과 4장에 묘사된 나머지 사건들에 대한 내용 없이 이 시간 청자/독자가 그 이야기에 대해 알고 있는 것만을 생각해 보라. 요나는 야웨의 말씀에 불순종하려고 했으나, 그 말씀에서 벗어나지 못했다. 요나는 죽으려고 했으나, 죽음에서 생존해 있다. 요나는 불가능한 곤경에 빠져 있었으나, 완전히 예견치 못한 뜻밖의 수단에 의해 구원되었다. 그러면 이제 좋은 결말이 있지 않겠는가? 이 이야기는 좋은 결말로 끝나지 않겠는가? 벌써 그렇게 되었어야 하듯이, 자신의 삶을 구원해 주신 하나님께 감사하며 순종하는 선지자는 니느웨에 신실하게 선포하지 않겠는가? 이제까지의 이야기는 바로 그런 결말을 그리고 있는 듯이 여겨지므로, 실제(반대의) 결말은 효과적으로 강조된다. 4장에 표현된 요나의 완고한 분개는 청중들에게 더욱더 그렇게 하지 말라는 일종의 경고다. 비유는 대조를 통해 어떤 태도나 관행을 강조한다. 그렇게 함으로써 만약 청자 역시 그런 태도나 관행을 공유하고 있다면, 그도 그 비유에 의해 덜미를 잡히게 만든다. 이와 마찬가지로 요나의 상황도 청중들에게 동일한 일을 한다. 이제 요나는 니느웨에 감정이입(感情移入)을 할 충분한 이유를 가지고 있었다. 요나가 후에 니느웨 사람들의 상황에 대해 관심을 쓰는 일에 실패했다는 것은 그 자체가 그의 완고함과 좁은 국수주의에 대한 고발이 된다.

죽음은, 요나가 받아 마땅한 것이다. 죽음은 어떤 의미에서는 궁극적인 언약적 징벌이다(레 26:16, 30, 38, 39; 신 28:21, 26, 61 등등). 요나는 사공들이 죽는 것을 원하지 않았다. 그래서 요나는 자신이 스스로 죽음을 택했고, 그로 인해 그 사공들은 목숨을 건졌다. 사공들은 언약을 범하지 않았지만, 요나는 그 언약을 범했다. 니느웨 사람들을 혐오하는 사람들처럼 요나는 이제 언약을 범한 자가 되었다. 그러나 그는 찬양하고, 희생 제물을 드리며, 더욱이 자신의 하나님에게 더욱 예배를 드리겠다는 서원을 하도록 살아남는 것이 허용되었다. 그렇다면 니느웨 사람들은 어떻게 되어야만 하는가?

두 번째 시작(3:1-3a)

참고문헌

Alonso Díaz, J. "Paralelos entre la narración del libro de Jonás y la parábola del Hijo Pródigo." *Bib* 40(1959) 632-40. **Ellul, J.** *The Judgment of Jonah.* Tr. G. W. Bromiley. Grand Rapids: Eerdmans, 1971. 69-89. **Jepsen, A.** "Anmerkungen zum Buche Jona." In *Wort-Gebot-Glaube: FS Walther Eichrodt.* Zürich: Zwingli Verlag, 1970. 297-306. **Sasson, J.** "On Jonah's Two Missions." *Henoch* 6(1984) 23-29.

본 문

1 여호와의 말씀이 두 번째 요나에게 임하니라 이르시되	1 Yahweh's word came to Jonah a second time:
2 일어나 저 큰 성읍 니느웨로 가서 내가 네게 명한 바를 그들에게 선포하라 하신지라	2 "Go to Nineveh, the important city,[a] and speak to it the speech[b] which I will say[c] to you.
3 요나가 여호와의 말씀대로 일어나서 니느웨로 가니라	3 So Jonah went to Nineveh as Yahweh had said.

원문주해

2.a. 혹은 "그 커다란 성읍" 혹은 "수도 성읍". "원문주해" 1:2.a.를 참조하라.

2.b. G는 이 단 한 번 기록에 남아 있는 어구(*hapax legomenon*)를 "선포"라는 의미의 케뤼그마(*κήρυγμα*)로 번역한다. 케리아(קְרִיאָה)가 선포에 대한 그런 공적인 소리였는지 그렇지 않은 것이었는지 말하는 것은 불가능하다. 어쨌든 G는 케라(קרא)를 케뤼쏘(*κηρύσσω*)로 빈번하게 번역하고 있다.

2.c. 혹은 "…을 말하고 있다/전하고 있다". 시제는 현재나 미래일 수 있다.

양식/구조/배경

2:11에서 다시 시작된 산문 내러티브는 3장의 시작과 더불어 다음과 같은 새로운 주제를 채택하고 있다: 야웨가 원래 요나에게 주셨던 명령을 야웨가 이제 다시 주고 계신다. 따라서 내러티브는 특징상 다시 시작하는 면이 있다. 청자/독자는 대부분 반복되고 있어서 1:1-3의 어법을 의식적으로 반영하고 있는 어법을 1-3a

절에서 발견하게 된다. 그런 "새로운 시작"은 단순히 2장의 구원 이야기에 부속된 내용으로 보기보다는 독립된 단락으로 다루는 것이 가장 좋다. 3b절에서 니느웨에 대한 묘사는 초점을 다시 한 번 전환한다. 이번에는 앗수르 자체에서 요나가 전하는 것으로 전환된다. 따라서 3:1-3a은 그 자체로 한 단락을 구성하고 있다.

만약 요나서를 장면의 관점에서 고려한다면("Act III, Scene I"[Watts, 87-88]), 현재의 본문은 또한 그 문맥으로부터 어느 정도 두드러진다. 이전에 요나는 배를 타고 있었든지 아니면 물고기 뱃속에 있었든지 바다에 있었다. 이제 요나는 팔레스타인으로 돌아가서 그 곳에서 두 번째(שנית – 셰니트) 야웨의 말씀을 듣고 있다. 그 후 즉시로 요나는 니느웨의 크기와 중요성에 대한 묘사로 부분적으로 설정된 새로운 장면에서 야웨의 말씀을 전하는 명령을 실행하면서 니느웨에 있게 될 것이다.

시간에 대해 말해 주는 본문은 화자의 관심사가 되지 못했다. 그런 세부적인 내용은 이야기의 메시지에 실제적으로 아무런 기여를 하지 못할 것이기 때문이다. 사건들을 병치시켜 놓은 것은 요나가 물고기에 의해 육지에 토해진 뒤 바로 하나님이 요나에게 말씀하신 것과 같은 인상을 줄 수 있다. 실제적으로 그 어느 것도 상당한 시간이 지나지 않았다는 것을 증명해 주고 있지 않다. 간결한 문체는, 요나가 물에 빠져 죽을 뻔한 것으로부터 구원된 것과 니느웨에서 전하라는 명령을 요나가 다시 받은 것 사이에는 아마도 몇 개월이 지난 사실을 숨기고 있을 수도 있다(예를 들어, 3:3a과 3:4 사이에 몇 주는 흘러갔을 것이 분명하다). 혹은 3:3a에 이르기까지 요나서에서 일어난 모든 일들은 아무리 적게 잡아도 몇 일은 흘러갔을 것이다. 이야기에서 니느웨로 향하는 요나의 여행에 대해 아무런 말이 없는 것과 같이, 그 여행 바로 전에 요나가 개인적으로 처한 환경에 대해서도 아무런 이야기가 없다.

주석

1 "아밋대의 아들"이라는 뜻의 벤 아미타이(בן אמתי)가 1:1에 있었던 곳에 "두 번째"라는 뜻의 셰니트(שנית)가 3:1에 위치하고 있다. 이것을 제외하고는 두 절이 아주 동일하다. 만약 주의 깊게 듣거나 읽어 본다면, 이 이야기는 말하자면 다시 시작하고 있는 것이라는 사실을 분명히 알 수 있다. 다시 한 번 요나는 야웨의 말씀을 들었다. 요나는 모든 것이 시작되었던 곳으로 다시 돌아간다. 그가 시도

한 도망은 성공하지 못했다.

2 중요하고 본질적인 그 어떤 것도 하나님의 명령에서 바뀐 것은 없다. 다만 1:2에 나온 니느웨의 곤경에 대한 언급은 이제 더 이상 필요하지 않게 되었고, 요나는 자신에게 선포하라고 주어진 것을 순종하는 마음으로 정확하게 전해야만 한다는 사실에 좀 더 관심이 집중되고 있다. 만약 바뀐 것이 있다면, 어느 정도 이 새로운 명령("내가 네게 명한 바를…선포하라")은 요나에게 순종하는 것 외에는 다른 선택이 없다는 것을 일깨워 주고 있다. 이 명령의 문체는 간결한 **동일 어원적 파생어**들(*figura etymologica*)로 이루어진 것이다(1:10, 16 등등에 있는 "두려워하여[그리고 그들이 매우 두려워했다]"라는 뜻의 봐이르우…이르아[יראה…וייראו]의 문체와 같은 것임; Jepsen, *Wortt-Gebot-Glabe*, 298를 참조하라). 요나는 자신이 니느웨로 가라는 야웨의 부름에서 벗어날 수 없다는 것을 이미 배웠다. 이제 요나는 야웨가 요나 자신에게 주실 메시지를 자기가 좌지우지하거나 조정할 수 없다는 점에 대해 주의를 받고 있다. 요나는 야웨가 니느웨를 염려하고 계신다는 사실에 대해 스스로 단념해야만 한다.

하나님이 그 성읍을 구해 주실 것인지 그렇지 않을 것인지에 대해 요나는 아직 확실히 알고 있지 못하다는 것을 주목하는 것은 중요하다. 염려는 은총을 보장해 주는 것과 동일한 것이 아니다. 1:2에서 발견되는 동일한 기교적 모호성이 이 곳에서도 유력하게 나타나고 있다. 선포(קריאה – 케리아) 자체의 내용은 구체적으로 이야기되고 있지 않다. 요나도 청자/독자도 – 그들의 의혹이 아무리 강하다 할지라도 – 그 성읍이 실제로 징벌을 받거나 멸망당하게 될 것인지에 대해서는 아직 알지 못한다. 우리는 요나가 전해야만 하는 말이 정확한 어법을 요구하는 정말로 매우 모호한 것이라는 사실을 3:4에서 발견하게 된다. 달리 말하면, 요나는 야웨가 말하라고 그에게 말씀하실 것을 **정확하게** 그리고 **그것만을** 말하라는 명령을 여기서 받는다. 요나는 자신이 말하는 자유의 관점에서 보았을 때 단단히 속박을 받고 있다.

3**a** 이번에는 요나가 순종했다. 우리는 요나가 얼마나 빨리 떠났는지, 그 여행을 어떻게 했는지, 니느웨에는 언제 도착했는지, 혹은 그와 같은 다른 상세한 내용들에 대해서는 아무것도 아는 바가 없다. 우리는 단지 요나가 야웨의 부름을 피하려고 했던 것에 대한 교훈을 얻었다는 것만을 알고 있다. 4장으로부터 되돌아볼 때, 요나의 "마음이 바뀐 것은" 기껏해야 부분적인 것이었음을 우리는 알게 된다. 현재 우리는 단지 요나는 자신의 하나님께 더 이상 불순종하는 것은 쓸데없는 짓

이라는 것을 배웠고, 적어도 그의 행동에 있어서 더 이상의 반역은 시도하지 않으리라는 것을 짐작할 수 있을 뿐이다(Alonso, Díaz, *Bib* 40[1959] 632-40를 참조하라).

해설

3:1-3a에서 발견되는 간략한 단락의 기능은 다시 시작하는 것이며 전환적인 것이다. 하나님은 요나가 시도한 반역 이후에라도 요나의 삶에서 하나님 자신의 뜻을 이루셨다. 하나님은 요나에게 하나님의 뜻은 무시될 수 없으며, 또한 하나님은 용서와 구원을 포함하는 긍휼의 하나님이시라는 것을 가르쳐 주셨다.

이제 요나 이야기의 새로운 부분이 시작된다. 야웨의 명령이 다시금 요나에게 임했다. 그 명령은 신실한 순종을 요구했다. 요나는 자신이 듣는 대로 행해야만 했다. 그리고 요나는 그렇게 했다. 비록 야웨가 **요나 자신을** 그런 확실한 죽음으로부터 구원하셨을지라도, 아마도 요나는 야웨가 앗수르 사람들을 그렇게 구원하지는 않으실 것이라는 희망을 가지고 있었을 것이다. 다른 한편으로, 요나는 자신의 대적들인 니느웨 사람들이 가볍게 형벌을 면하게 될까 우려하는 매우 비관주의적인 마음을 가졌을 수도 있다. 그러나 그가 어떤 생각을 했는지는 우리에게 이야기되고 있지 않다. 요나가 무엇을 생각했는지는 지금 중요한 것이 아니기 때문이다. 요나가 순종하도록 요구되었다는 것이 중요한 것이다. 미움을 받는 성읍 니느웨는 인증된 선지자를 통해 전달되는 야웨의 경고의 말씀을 들어야만 했다. 이를 통해 적어도 회개를 위한 명목상의 기회가 주어졌다. 요나가 그런 사명을 좋아했든지 싫어했든지 간에 그는 갔다. 그리고 여기에 있는 그 어떤 내용도 요나가 처음보다 이번에는 그 사명을 더욱 좋아했다고 말해 주지 않는다.

니느웨에서 이루어진 선포와 회개(3:3b-10)

참고문헌

Christensen, D. "Anticipatory Paranomasia in Jonah 3:7-8 and Genesis 37:2." *RB* 90(1983) 261-63. **Crenshaw, J. L.** "The Expression *mi yodea'* in the Hebrew Bible." *VT* 36(1986) 274-88. **Derousseaux, L.** "Dieu aime tous les hommes(Jon 3)." *AsSeign* 34(1973) 20-25. **Fáj, A.** "The Stoic Features of the Book of Jonah." *AION* 34(1974) 309-45. **Feuillet, A.** "Les sources du livre de Jonas." *RB* 54(1947) 161-86. **Good, E. M.** *Irony in the Old Testament.* Philadelphia: Westminster Press, 1965. **Jeremias, J.** *Die Reue Gottes.* BibS 65(1975) 98-109. **Kutsch, E.** "'Trauerbräuche' und 'Selbstminderungsriten' im Alten Testament." *Theologische Studien Zurich* 78(1965) 25-42. **Madhoum, T.** "Excavations at Nineveh." *Sumer* 23(1967) 76-82. **Ogden, G. S.** "Time, and the Verb היה, in O.T. Prose." *VT* 21(1971) 451-69. **Parrot, A.** *Nineveh and the Old Testament.* Tr. B. E. Hooke. New York: Philosophical Library, 1955. **Peifer, C.** "Sackcloth and Ashes: Jonah 3:6-8." *TBT* 21(1983) 386-87. **Pinches, T. G.** *The Old Testament in the Light of the Historical Records and Legends of Assyria and Babylonia.* London: SPCK, 1902. **Pritchard, J. B.** *Gibeon, Where the Sun Stood Still.* Princeton, NJ: Princeton University Press, 1962. **Schaumberger, I.** "Das Bussedikt des Königs von Ninive bei Jona 3,7.8 in Keilschriftlicher Beleuchtung." *Miscellanea Biblica* 2(1934) 123-34. **Thomas, D. W.** "A Consideration of Some Unusual Ways of Expressing the Superlative in Hebrew." *VT* 3(1953) 210-24. **Thompson, R. C. and R. W. Hutchinson.** *A Century of Exploration at Nineveh.* London: Luzack, 1929. **Winckler, H.** "Zum Buche Jona." *Altorientalische Forschungen* 2.2(1900) 260-65. **Wiseman, D. J.** "Jonah's Nineveh." *TynB* 30(1979) 29-51.

본 문

니느웨에서 선포한 요나의 첫 날

3b 니느웨는 극히 큰 성읍이므로 삼일길이라

Jonah's first day of preaching at Nineveh

3b Now, Nineveh[a] was[b] a city important[c] to God,[d] requiring a three-day visit.[e]

4 요나가 그 성에 들어가며 곧 하룻길을 행하며 외쳐 가로되 사십 일이 지나면 니느웨가 무너지리라 하였더니

니느웨 백성들의 회개와 왕의 칙령

5 니느웨 백성이 하나님을 믿고 금식을 선포하고 무론 대소하고 굵은 베를 입은지라

6 그 소문이 니느웨 왕에게 들리매 왕이 보좌에서 일어나 조복을 벗고 굵은 베를 입고 재에 앉으니라

7 왕이 그 대신으로 더불어 조서를 내려 니느웨에 선포하여 가로되 사람이나 짐승이나 소 떼나 양 떼나 아무것도 입에 대지 말지니 곧 먹지도 말 것이요 물도 마시지 말 것이며

8 사람이든지 짐승이든지 다 굵은 베를 입을 것이요 힘써 여호와께 부르짖을 것이며 각기 악한 길과 손으로 행한 강포에서 떠날 것이라

9 하나님이 혹시 뜻을 돌이키시고 그 진노를 그치사 우리로 멸망치 않게 하시리라 그렇지 않을 줄을 누가 알겠느냐 한지라

종결부: 하나님의 용서

10 하나님이 그들의 행한 것 곧 그 악한 길에서 돌이켜 떠난 것을 감찰하시고 뜻을 돌이키사 그 들에게 내리리라 말씀하신 재앙을 내리지 아니하시니라

4 Jonah had only begun going into the city on the first day of the visit[a] and spoke as follows: "In forty more days,[b] Nineveh will be overthrown."

The Ninevites' repentance and the king's decree

5 And the people[a] of Nineveh believed God! They called for a fast, and put on sackcloth—from the most important to the most obscure of them.

6 The word touched even[a] the King of Nineveh. He got up from his throne, stripped off his royal robe,[b] put on sackcloth, and sat in ashes.

7 He had them announce in Nineveh: "By the decree of the king and his nobles: No human or animal, herd or flock, can taste anything, graze, or drink any water.

8 Both humans and animals must put on sackcloth and call on God with all their might. Everyone must give up[a] his or her evil practices and frequent[b] violence.

9 Who knows? the god[a] may change his mind[b] and turn away from his anger, so that we will not perish."

Coda: God's forgiveness

10 When God[a] saw what they did, that they gave up their evil practices, he changed his mind about the harm he had said he would cause them and did not do it.

원문주해

3.a. 동사가 니느베(נינוה, "니느웨")에 이어서 나온다. 그러므로 니느웨가 강조되고 있다. 특별히 **와우**(ו)에 이어 나오는 점도 니느웨를 강조하고 있다.

3.b. 혹은 "이다(현재)". 하야(היה) 동사는 과거에 시작해서 현재에까지 계속되고 있는 조건을 나타내는 데 사용될 수 있기 때문이다. 예를 들어, 사 49:5의 "나의 하나님이 나의 힘이 되셨도다(היה – 하야)"(Ogden, *VT* 21[1971] 453를 참조하라).

3.c. 히브리어 가돌(גדול)이라는 어휘는 또한 수 10:2에서 "중요한"이라는 의미로 사용되고 있다. "주석"을 보라. 참조. 1:2.

3.d. 또한 "하나님께"라는 어구는 "하나님의 기준들에서조차도 (중요한)", 즉 "이례적으로 엄청나게 중요한"이라고 말하는 관용구적인 어법일 가능성도 있다. 유사한 표현들

이 창 10:9; 시 36:7; 80:11[10]에서 보인다. D. W. Thomas, *VT* 3(1953) 210-24를 참조하라. 그러나 우리는 그 문자적인 의미가 여기서는 더욱 적절한 것이라고 생각한다.

3.e. 문자적으로는 "삼 일의 여행". 이것은 앞의 내용에 앞뒤의 맥락이 없이 병치된 명목상의 관용어구다. 마할라크(מהלך)라는 용어는 영어에서 하나 이상의 동등한 어휘를 요구하는 의미의 범위를 가지고 있는 것으로 보인다. 마할라크 셸로셰트 야밈(מהלך שלשת ימים)이라는 어구는 니느웨의 폭을 묘사하고 있는 것으로서 단순히 "삼 일의 여정"이라는 의미일 가능성이 있다. 그러나 이것은 가장 그럴듯한 의미는 아니다. "주석"을 보라.

4.a. 3.e.를 참조하라.

4.b. 혹은 "…전에 여전히 40일이 있다". 어떤 번역에서든 이 어법이 말하고자 하는 요지는 회개의 시간을 허용한다는 것이다.

5.a. 아느셰(אנשי)라는 히브리어는 여기서 여자들이 아니라 동물들과 대조적으로 사용되고 있다. 따라서 "…의 남자들"이 아니고 "…의 사람들"이라는 의미다.

6.a. 일반적인 번역들은 "말씀이 니느웨의 왕에게 이르렀다"라는 어순을 취하고 있다. 그러나 이가(יגע)는 구약에서 단순하게 이런 방식(즉 소식이 퍼져 나가는 표현)으로 사용되지 않는다. 왕은 요나의 예언을 통해 마음이 움직여졌고/감동을 받았으며/영향을 받았다. 참조. 욥 4:5; 렘 51:9; Wiseman, *TynB* 30(1979) 44. 과거완료는 왕이 5절에서 금식을 "선포한" 사람일 경우에만 요청될 수 있다.

6.b. "조복(왕의 옷)"이라는 의미의 히브리어 아데레트(אדרת)는 단순히 "좋은 옷" 혹은 "공식적인 옷" 혹은 그와 같은 의미를 나타내는 것일 수 있다. 수 7:21을 참조하라.

8.a. 문자적으로는 "…로부터 돌아서다".

8.b. 문자적으로는 규칙적이고 빈도가 잦은 "그들의 손에 있는 폭력".

9.a. 1:6에서와 같이, 다신교적인 신앙을 가지고 있는 말하는 자는 마치 유일하게 존재하는 "하나님"을 말하고 있는 것이라기보다는 많은 신들 중에 한 신을 뽑아 말하려고 하는 것으로 보인다. 그렇지만 히브리어에 있는 하엘로힘(האלהים)은 모호하다. 이 용어 역시 단순히 "하나님"으로 번역될 수 있기 때문이다.

9.b. 문자적으로는 "그의 마음을 돌이켜 바꾼다". 비록 "안됐다" 그리고 "측은하게 여기다"라는 번역 또한 적절한 것일지라도, "마음을 바꾸다"라는 어구는 종종 나함(נחם) 동사의 니팔형 의미가 되기도 한다.

10.a. 혹은 만약 야웨가 여러 신들 중에서 유일한 하나의 신이 된 니느웨 사람들의 관점을 계속해서 나타내는 것으로 여기에 쓰인 관사를 이해하는 것이라고 한다면 "그 하나님"도 가능하다.

양식/구조/배경

새로운 장면이 3:3b에서 시작된다. 요나는 니느웨에 도착했다. 그는 더 이상 팔레스타인이나 혹은 바다에 있는 것이 아니다. 본 단락의 주제는 요나의 메시지와 니느웨에서 보이는 반응이다. 본문은 니느웨 사람들에 대한 하나님의 반응으로 결론을 맺고 있다. 4장 자체는 다음과 같은 새로운 주제와 새로운 장면에 대한 내용을 그릴 것이다: 새로운 주제는 하나님의 반응에 대한 요나의 반응이며, 새로운 장면은 요나는 모습이 다시 나타나고 니느웨의 백성들은 나타나지 않는 것이다.

본문은 청자/독자에게 다음과 같은 세 가지 사건들을 알려 줌으로써 요나서의 내러티브를 계속해서 이어 나간다: 요나는 결국 니느웨를 향해 선포했다(3-4절). 니느웨 백성들은 왕실에서 동물에 이르기까지 회개했다(5-9절). 그런 뒤에 하나님은 그 성읍을 용서해 주셨다(10절). "왕과 대신들"의 선포(7-9절)는 본문의 중심적인 초점을 나타내 준다. 그 선포 안에 요나서에 있는 모든 사건들의 동인이며 주가 되시는 하나님 또한 실질적인 권능의 지위를 차지하고 계신다. 그 조서는 하나님을 두 번 언급하고 있다. 즉 백성들이 소리쳐 찾아야만 하는 분, 그리고 그 백성들의 진실성이 분명하다면 심판을 보류할 권세를 가지신 분으로 언급하고 있다.

요나서의 나머지와 보조를 맞추면서 3:3b-10에 있는 본문은 다음과 같이 눈으로 볼 수 있는 엄청나게 많은 행위를 포함하고 있다: 커다란 성읍에서의 요나의 여정과 선포, 일상의 옷에서 베옷으로 갈아입음, 조서의 반포, 금식 등등. 또다시 문체는 단순하고 간결하다. 화자는 대적을 향한 하나님의 은총이라는 중심 주제를 명확하게 하기에 충분한 내용을 항상 전해 주고 있기는 하지만, 대부분의 상세한 내용은 언급하고 있지 않다.

내러티브는 어떤 유머에 대한 암시도 포함하고 있지 않다. 어휘들 자체는 요나서가 재미를 위해 씌어진 것이라는 일반적인, 그러나 틀린 개념을 지지해 주고 있지 않다. 왕의 조서에서 언급되고 있는 하나님께 드리는 호소에 동물들이 포함되어 있는 내용(7-8절)은 재미있는 내용이 아닌 것이 분명하다. 그것은 심각성을 나타내고 있는 어휘다. 그런 언급은 왕과 대신들이 행한 어떤 불합리한 선택들이라기보다는 니느웨에서 벌어지는 상황의 긴급성을 보여 주는 것이다.

본문에는 야웨(יהוה)가 쓰이고 있지 않은 반면에, 엘로힘(אלהים – "하나님")이라는 어휘는 5번 쓰이고 있다(3b, 5, 8, 9, 10절). 조서 즉 8절과 9절의 용법에서는 그 이유가 명백하다: 앗수르 왕과 니느웨 사람들이 야웨에 대해 무엇을 알 수 있겠는가? 3:3b에 나오는 "하나님께"라는 뜻의 렐로힘(לאלהים)이라는 용어는 **엘로힘**보다는 **야웨**라는 이름을 포함하고 있다고 생각될 수 있다. 그러나 만약 "이례적으로, 엄청나게"라는 관용어구가 의도되어 있는 것이라면, **야웨**는 그런 경우에 **엘로힘**으로 대치될 수 없을 것이다. 그러나 화자는 이전의 이유들이 명확하게 적용되지 않는 5절과 10절에서도 **엘로힘**이라는 용어를 사용하고 있다. 청자/독자는 니느웨 사람들의 위치에서 그/그녀 자신을 생각해 보도록 하고 있는 것이라는 견해가 때때로 제기되었다. 니느웨 사람들을 위해서는 좀 더 중립적인 용어가 "야웨"보다는 더욱 적절했던 것이다. 만약 그렇다면, 왜 화자는 1:16에서 "하나님께" 대신에 "야웨께" 희생 제물을 드리는 사공들을 말하고 있는 것인가? 그 대답은, 사공들은 요나가 관계하고 있는 하나님이 바로 "야웨"라는 것을 알고 있었다는 데 있는 것이 틀림없다. 그러나 니느웨 사람들은 그렇지 않았다. 요나는 3b절에서 야웨를 언급하는 것으로 그려지고 있지 않다. 그리고 야웨의 생략은 우연한 것이 아니다. 아마도 요나의 메시지는 "하나님"의 이름으로 전달되었을 것이다. 화자는 이런 사실을 들어 그것을 통해 "하나님"과 "야웨"를 미묘하게 동일시하고 있다. 유일신적인 청자/독자뿐만 아니라 유일신적인 화자에게 그 용어들은 사실상 서로 바꾸어 쓸 수 있는 것들이다("주석"을 보라).

요나 이야기의 이 부분에는 소돔과 고모라에 대한 창세기 내러티브의 그 어떤 맛이 있다. 특별히 "무너지다(뒤집어 엎어지다)"라는 의미를 가진 하파크(הפך, 4절)의 용법과 그 성읍을 치는 "강포"(חמס – 하마쓰, 8절)에 대한 비난에서 그렇다. 더욱이 니느웨 사람들에 의해서 보인 "하나님"을 두려워하는 것은 창세기 내러티브의 몇몇 부분에서 언급되고 있는 이교도들 측의 하나님에 대한 일반적인 두려움과 일치한다(예를 들어, 창 20:11; 39:9; 42:18; Y. Kaufmann, *The Religion of Israel*, tr. M. Greenberg[Chicago: University Press, 1960] 283; L. C. Allen, 176를 참조하라). 그렇지만 엘리야-엘리사 이야기들과 다른 구약 문학의 양식에 또한 연관성들이 있으므로 현재의 본문 양식은 구약의 어떤 단일 내러티브 장르와 확고히 불변적으로 연결될 수는 없다.

일단 요나가 하나님의 메시지를 니느웨에 전달한 뒤에(4절)는 요나가 본문에 더 이상 언급되지 않는다. 관심의 집중(그리고 장면도 어느 정도는)은 니느웨 성읍민들, 특별히 왕과 하나님에 대한 그들의 관계로 전환된다. 요나서 전반에서 좀 더 주도적 주제인 요나와 하나님의 관계는 4장의 주제가 되어 돌아온다.

니느웨에 대해 주어진 몇 가지 세부적인 사항들로부터 이 본문 혹은 이야기의 연대기를 확신을 가지고 말하는 것은 불가능한 것이 물론이다. 요나가 여로보암 2세(주전 793-753년)를 위해 예언했다는 정보에 의해 산출되는 일반적인 한계를 넘어서서 확신적으로 말할 수는 없다. 만약 본문이 "니느웨의 왕"을 명명했다면 연대기를 알 수 있을 것이다. 그러나 본문은 왕의 이름을 말하고 있지 않다. 더욱이 특별히 6절에 있는 봐이가(ויגע)가 우리가 해석한 "감동을 주었다"가 아니라 일반적으로 보듯이 "들렸다(이르렀다, 미쳤다)"라고 본다면, 우리는 "니느웨의 왕"이라는 어구가 "그 왕의 수도 성읍이 니느웨였다"를 의미하는 것이라는 사실을 절대적으로 확신할 수는 없다. 만약 "들렸다(이르렀다, 미쳤다)"가 여기서 가지는 나가(נגע)의 의미라고 한다면, 그 "왕"은 물론 여전히 앗수르의 왕이라 할지라도, 그 성읍에 육체적으로 존재하지 않는 다른 곳에 있는 앗수르의 황제라고 말할 수 있을 것이다. 그러므로 기술적으로 보았을 때 주전 8세기의 여러 앗수르 왕들 중 그 어떤 왕도 하나님이 긍휼을 발하시도록 움직인 니느웨의 "곤경"(רעה – 라아)이 발생했던 기간에 통치한 왕이 될 수 있을 것이다.

그러나 많은 요소들은 앗수르-단 3세(Aššur-dān, 주전 773-756년) 혹은 주전 8세기의 디글랏-빌레셀 3세 이전의 약한 선조 왕들 중 한 왕이 그 성읍에 전한 요나의 메시지에 그렇게나 일치되도록 반응했던 왕이었을 가능성을 말해 주고 있다. 군사적인 침략들, 비우호적인 주요 징조들 그리고 반란들에 의해 충격을 받고 위협을 받았던 앗수르-단과 같은 왕은 요나의 설파가 신이 명령한 것이고 그런 권위적인 것으로 여겨졌을 가능성에 훨씬 더 많은 문을 열어놓게 하는 것이 틀림없었을 것이다. 이 왕의 통치 기간 동안에 일어날 것으로 알려진 그 재앙들에 의해 무서움에 떨게 된 니느웨의 백성들은 회개를 촉구하는 요나의 외침에 아주 긍정적으로 반응했을 수 있다. 그리고 자신의 나약해진 지위에 처해 있던 그 왕은 백성들이 하는 행동을 따르지 않기에는 심한 궁지에 몰렸을 것이다(3:6-9에 대한 "주석"을 보라). 따라서 만약 (간결한) 니느웨의 회개에 대한 연대기를 추론하는 것이 허용된다면, 주전 758년이 아마도 가능한 견해일 것이다.

주석

3b 화자는 여기서 보기 드물게 상세한 정보를 말하고 있다. 니느웨의 중요성(혹은 크기로 생각할 수도 있음: 아래를 보라)은 다음과 같은 두 개의 특별한 묘사적 형식들에 의해 묘사되고 있다: 그 성읍은 "하나님께 중요한"(혹은 "이례적으

로 엄청나게 중요한"도 가능함)이라는 뜻의 게돌라 렐로힘(גדולה לאלהים) 그리고 "삼일길이라(삼일 방문을 요하는)", 문자적으로는 "삼 일의 여정/여행"이라는 뜻의 마할라크 셸로셰트 야밈(מהלך שלשת ימים)이다. 이 용어들을 모두 확실하게 번역하는 것은 어렵다. **구로서** 이 두 어구는 모두 구약 히브리어에서 **단 한 번 기록에 남아 있는 어구**(*hapax legomenon*)이기 때문이다. 대부분의 주석가들과 번역가들은 이 어구들을 니느웨의 실질적인 크기에 적용하는 것으로 이해하고 있다. 즉 "(폭에 있어서) 삼 일 여정의 엄청나게 커다란 성읍" 혹은 그와 같은 것으로 이해한다. 이 두 표현에 대한 이런 이해는 옳을 수도 있다. 그러나 그 이해가 옳지 않다고 말하는 많은 견해가 있다. 여호수아 10:2("기브온은 왕도와 같은 **중요한** 성임이요"[NIV])을 볼 때, 게돌라([ה]גדול)는 크기보다는 중요성을 나타내기 위해 도시와 연결되어 사용될 수 있었다는 것이 분명하다. 사실상 기브온은 넓이가 2와 1/2 에이커보다 적은(Pritchard, *Gibeon*, 10를 보라), 다른 고대의 가나안/이스라엘 성읍들과 비교했을 때 정말로 "크지" 않은, 실제적으로 작은 성읍이었다. 1:2에 이미 설정된 용법에 비추어 볼 때, 가돌(גדול)은 실제적인 크기뿐만 아니라 중요성의 의미를 내포하고 있는 것이 분명하다. 그러나 가돌(גדול)은 요나서에서 두 가지 다른 방법으로 쓰이고 있는데(**서론**을 보라), **여기서는** "중요한"이라는 의미를 가져야만 한다고 우리가 너무 쉽사리 추측해서는 안 된다. 가돌(גדול)은 또한 "커다란"을 의미할 수도 있을 것이다. 그런 의미 속에서 가돌(גדול)은 4:11에 나오는 그 인구 위에 놓인 강조와 연관된다. 그러나 인구 또한 크기뿐만 아니라 중요성과도 상호 연관되어 있다. 그리고 요나서의 강조점은 하나님에 대한 니느웨의 관계에 있다. 우리가 3:3b과 3:10 사이에서 이미 주목해 보았듯이, 엘로힘(אלהים, "하나님")이라는 어휘는 야웨(יהוה, "야웨") 대신 사용되고 있다. 이를 위한 이유가 무엇이든지 간에, 만약 본 절에 있는 렐로힘(לאלהים)을 그 가장 기본적이고 문자적인 의미에서 취한다면, "하나님께"라는 의미가 도출되는 것이 분명하다. 정말로 이 경우에 렐로힘(לאלהים)을 설명하기 위해 어떤 특별한 관용어구에 호소할 아무런 이유가 없고, 5절에 있는 벨로힘(באלהים)의 경우에도 그럴 이유가 없다. 5절에 있는 벨로힘(באלהים)이라는 용어는 단순히 "하나님 안에"라는 의미다. 여기서 게돌라(גדולה)가 단순히 "커다란"이라기보다는 "중요한"을 의미하는 것이라는 사실이 이해되는 한, 렐로힘(לאלהים)은 단순히 "하나님께"로 번역되는 것이 가장 좋은 것일 수 있다. 다른 대안으로는 "이례적으로 엄청나게 커다란"이 아니라 "이례적으로 엄청나게 중요한"으로 번역하라.

말하고자 하는 요지는, 니느웨가 하나님이 염려하시는 성읍이었고, 하나님 자신에게 중요하지 않은 성읍이 결코 아니었다는 것이다. 니느웨의 실제적인 크기는 그 인구가 가지는 중요성만큼이나 중요한 것으로 계산될 수도 있다. 그러나 크기 자체가 3:3b에서 관건이 되는, 문제가 되고 있는 것이라고 생각할 이유는 없다. 이와 관련해서 "방문하다"라는 뜻의 마할라크(מהלך)의 의미는 종종 왜곡되어 왔다. 비즈만이 지적했듯이(Wiseman, *TynB* 30[1979] 36-37), 비록 구약 안에서라 할지라도, 마할라크(מהלך)라는 용어가 요나서의 여기서는 "도로나 여행의 길이를 나타내는 직선의 길이"를 말하는 것이라고는 거의 볼 수 없다. 느헤미야 2:6에서 이 어휘는 "방문하다"를 의미하는 것이 분명하다. 그 왕은 잘 알려진 바벨론에서 예루살렘까지의 거리를 염두에 두고 있는 것일 수 없다. 따라서 이 질문, 즉 "몇 날에 행할(מהלך – 마할라크) 길이며"라는 말은 두 성읍 사이가 얼마나 멀리 떨어져 있는가를 말하는 것이 아니라, 느헤미야가 바벨론에서 떠나 머무를 **시간의** 길이를 말하고 있는 것이다. 마할라크(מהלך)의 다른 용법들(예를 들어, 겔 42:4과 슥 3:7에서는 "통한 길, 복도"의 의미로 쓰임)은 이 어휘의 현재 용법을 위해 보다 덜 결정적인 예들이다.

그렇다면 "삼일길(삼 일 동안의 방문)"(מהלך שלשת ימים – 마할라크 셸로셰트 야밈)이라고 화자가 말하는 명사어구가 말하려고 하는 요지는 무엇인가? 문제의 핵심은 비제만이 다음과 같이 말한 것일 가능성이 매우 크다: "고대의 동양적인 환대의 관행은 첫째 날은 도착하고, 둘째 날은 방문의 중요한 목적을 이야기하고, 셋째 날은 돌아가는 것이었다"(Wieseman, *TynB* 30[1979] 38). 비제만은 "전문가적인 조언을 위해 한 성읍에서 다른 성읍으로 들어간 사람들의"(42-43) 예언적 방문들뿐만 아니라 정치적인 방문들을 위해 관련성이 있는 메소포타미아의 증거들에 대해 개략적으로 말하고 있다. 그는 이렇게 결론을 맺는다. "그러므로 비록 선지자는 아마도 먼저 **좋은 신뢰 관계**(*bona fides*)를 이루었어야만 했을지라도, 그 성읍의 지도자들(3:5)이 선지자를 받아들이는 데는 아무런 어려움이 없었을 것이다"(44). 따라서 니느웨는 다른 "사자(使者)들"과 같이 요나가 허락된 조서(調書)에 따라 들어가고 떠났던 곳이었음에 분명하다. 일련의 과정에 대한 이야기는 어떻게 이런 일이 이루어졌는지에 대해 우리에게 아무런 상세한 내용을 말해 주고 있지 않다. 그러나 우리는 요나의 첫째와 셋째 날은 만남들과 설명들, 그리고 아마도 공식적인 청문의 일정들조차 포함되어 있었을 것이라고 생각할 수 있다. 비록 요나의 방문이 덜 공식적이고 덜 고위급의 접촉이기는 했을지라도, 요나는 아마도 공식적인 방문의 경우들에서 볼 수 있는 관례와 같이 그가 도착했을 때 그 성읍의 관료들에게 예물을 주기도 했을 것이다. 실제적으로 요나는 눈에 띄지 않았고(어떤 사람이 주장하듯이 그의 때 묻은 피부와 소화력 있는 주스에 의해 탈색된 것 이외에는!), 어쩌다가 가끔씩 니느웨 성읍을 맴돌며 그의 여정의 여러 단계에서 갑작스레 그의 메시지를 외치곤 했을 것이라고 보는 것이 통속적인 생각이다. 그러나 이런 생각은 사건들을 현실감 있게 그려 주고 있는 것이 전혀 아니며, 현대의 청자/독자들에게 뿐만 아니라 고대 청자/독자들에게도 이상스러운 것으로 여겨졌을 것이다. 그런 모습이라기보다는, 오히려 화자가 말하려고 하는 것은 니느웨는 고대 세계의 주요한 외교의 중심지로서 "삼 일 방문이 필요한 성읍이었고, 공식적인 방문자들은 공식적인 조서(調書)가 필요했으며, 그들의 방문 일정은 마치 어떤 작은 마을을 방문하여 처리하는 일정과 같이 성급하게 쉽게 끝마쳐질 수 없는 것이었다"는 것이다. 또 다른 설명이 고려될 수 있을 것이다. 선지자는 작은 마을의 주민들에게는 하나님의 말씀을 가지고 매우 짧은 시간에 이르렀을 수 있다. 그러나 선지자는 중요한 성읍을 방문할 경우에는 여러 구역들을 여행하며 시간을 가지고 모여 있는 다른 사람들에게 전했을 것이다. "삼일길(삼 일 방문[성읍])"이라는 것은 단순히 다음과 같은 의미를 암시해 주는 것일 수 있다. 즉 니느웨와 같은 많은 인구를 가진 중요한 성읍에서 많은 백성들이 하나님의 메시지를 정말로 들은 것을 확신하기까지는 요나가 그 곳에서 적어도 삼 일 동안 전하는 것이 필요했을 것이라는 사실이다. 이런 의미들 중에 하나는 니느베(נינוה)를 수식하기 위해 형용사적으로 쓰인 마할라크 셸로셰트 야밈(מהלך שלשת ימים)이라는 명사적 어구 뒤에 놓여 있는 것이 틀림없다.

4 요나는 메시지를 전하는 것이 가능해지자마자 그의 메시지를 전파하기 시작했다. 만약 니느웨의 커다란 크기가 고려되었다면, 화자는 요나가 즉시 전하기 시작하지 **않았고** 전하기 전에 "도심" 어디엔가 이르도록 충분히 들어갔다고 말했을 것이 분명하다. 즉 요나는 자신의 경고를 성읍 경계 **그 어디에선가**(추정[推定]적인, *pro forma*) 단순히 전하지는 않았다는 것이다. 그러나 만약 우리가 주장한 것과 같이 삼 일 방문 조서(調書)를 고려한다면, 그 논리는 더욱 명백하다. 요나는 이미 첫째 날에 그가 니느웨를 쳐서 외쳐야 할 필요가 있다고 생각한 모든 경고의 내용을 외쳤다.

실제적으로 화자는 요나가 그 첫 날에**만** 전한 것으로 우리가 알기를 의도하고 있는 것인가? 왜 화자는 요나가 전하는 것은 그때 시작된 것이며, 다른 날들(혹은 거리)에 대해서는 언급하고 있지 않은 것인가? 그 대답은 간단하다: 니느웨 백성들이 "그 메시지에 대해 그에게 반응을 보였기 때문이다." 그 백성들은 요나가 그들에게 전하는 온전한 사역을 이루기도 전에 회개했다. 고대의 조서(調書)가 보여 주는 보편적인 기대에 의하면, 아마도 요나는 들을 수 있는 모든 사람들에게 둘째와 셋째 날에도 그 성읍 전역에 걸쳐서 널리 전했을 것이다. 요나는 자신의 방문의 온전한 목적을 이루고 난 뒤에 떠났을 것이다. 만약 조서에 따른다면, 요나는 첫째 날에 아직 왕을 볼 기회를 가지지 못했을 것이다. 요나의 사역이 주는 완전한 영향력은 셋째 날에 이르기까지 거의 체감되지 않았을 것이다. 셋째 날에 가장 작은 자로부터 가장 큰 자에 이르기까지 모든 사람들이 들었을 것이고, 한 중요한 성읍의 관심을 집중하게 되는 공식적인 요청들이 이루어지게 되었을 것이다. 그러나 이 모든 것들은 니느웨 백성들의 간절한 반응에 대한 묘사를 통해 간략하게 묘사되었다. 요나는 단지 과정을 시작하면서 가벼운 준비 운동과 같은 일을 하고 있었는데, 니느웨 백성들은 이미 **전체적으로**(*en masse*) 하나님을 믿고 있었던 것이다(5절). 따라서 방문의 첫 날을 언급하고 다른 날들에 대해서는 침묵하고 있는 것은 화자가 말하고자 하는 요지를 웅변적으로 말해 주고 있다. 요나는 단지 첫째 날 그의 메시지를 전하며 그 성읍으로 들어가기 시작했다(ויחל…לבוא – 봐야헬…라보). 니느웨 백성들은 단지 그 처음 말씀만이 필요했으므로, 그들은 자신들의 악한 관행들로부터 돌아설 준비가 되었던 것이다. 요나의 말씀들은 간절히 열망하는 사람들의 귀에 곧바로 이르렀다. 그리고 니느웨 백성들은 자신들 스스로가 그 메시지를 심지어 왕의 마음이 움직일 때까지(6절) 전(全) 성읍에 반복해서 전했다. 요나 자신이 삼 일을 전하는 것이 필요하지도 않게 되었을 것이다. 산파가 도착하기 전에 아이를 낳았던 히브리 여인들과 같이(출 1:19), 니느웨 백성들은 전하는 자가 자신의 말을 마치기도 전에 하나님의 말씀에 반응했던 것이다!

40일 간의 경고 기간도 필요하지 않게 되었다. 요나는 야웨가 자신에게 주신 "사십 일이 지나면 니느웨가 무너지리라(נהפכת – 네흐파케트)"는 말씀을 전했다. 앗수르어로 이 전체 문장은 *adi arbât ūmē ninua innabak*로 표현될 수 있을 텐데, 이것은 히브리어만큼 간략하고 모호한 문장이다. 모호성은 다음과 같은 세 가지 면에서 나타날 수 있다. 첫째, 이 말이 백성들 가운데 두루 퍼질 때, 요나가 하나님에 의해 무너지리라고 한 것이 단지 정해진 성읍의 부분(*[al]ninua*)인지 아니면 전(全) 지역(*ninua[ki]*)을 말하는 것인지가 그 문장 자체적으로 선명하지 않을 수 있다. 둘째, 백성들은 "사십 일"을 언급하는 것이 회개를 위해 허용된 시간인지 아니면 단지 하나님의 심판이 멀지 않았다는 것인지 의아해했을 것이다. 셋째, 히브리어 하파크(הפך)/앗수르어 아바쿠(*abāku*)의 특성상 어떤 모호성을 동반하고 있다. 이 용어는 전복, 심판, 뒤집어엎음, 전도(顚倒), 바뀜, 충성의 철회 혹은 마음이 바뀜 등을 의미할 수 있다(Wiseman, *TynB* 30[1979] 49). 달리 말하면, 히브리어와 같이 앗수르어로 요나의 말은 "사십 일이 지나면 니느웨는 무너질 것이다"와 "사십 일이 지나면 니느웨는 마음이 바뀔 것이다" 둘 다를 의미할 수 있다(Good, *Irony in the OT*, 48-49를 참조하라). 이 말씀들은 요나가 만든 것이 아니라 바로 야웨가 요나에게 말하라고 하신(3:2) 그 말씀이라는 것을 기억해야만 한다. 그 모호성을 이해할 수 있는 깨어 있는 청자/독자는 3:5이 보고하는 것을 이해하기 시작했을 것이다.

요나의 메시지는 "사십 일"을 언급했다. 이 말씀의 잠재적인 모호성에도 불구하고, 이 말씀은 니느웨 사람들과 그들의 성읍 혹은 땅이 무너지지 않을 수도 있다는 희망을 주면서 많은 니느웨 백성들을 회개로 초대하는 말씀이 되었을 것이 분명하다. "사십"(ארבעים – 아르바임)은 "매우 많은" 혹은 "수십"의 의미로 종종 사용되는 용어다. 이 용어는 문자적인 의미, 즉 39보다 하나 더 많은 것을 나타내는 것으로 볼 필요가 없다(참조. 민 13:25; 수 4:13; 삿 3:11; 5:8; 13:1 등등). 적어도 구약에서 제거하는 시간(예를 들어, 신실하지 못한 것을 제거했던 40년 동안 광야에서 방황했던 것; 홍수가 시작되어 사악한 자들을 없애 버린 40일 간의 비; 겔 29:11-16에 나오는 애굽의 회복 이전에 있을 40년 간의 애굽의 황폐화 등등)과 그리고 적어도 한 번 금식(신 9:18, 25; 참조. 마 4:2)하는 시간과 이 어휘가 연관성을 가지고 있는 것은 고대 근동(또한 왕상 19:8; 출 24:18; 민 13:25을 참조하라)에 있는 다른 자료에서 쓰이고 있는 유사한 연관성을 반영하는 것일 수 있다. "사십"이 가지고 있는 여러 가지 의미들은 원래의 이스라엘/유다 청중들에게 들려졌을 것이다. 요나에게 그 40일은 분명했을 것이고, 그 요지는 니느웨 백성들에 대해서도 그대로 남아 있었음이 분명하다.

5 악한, 그러나 중요한 니느웨의 백성들은 요나의 경고를 신속하게 그리고 신실하게 믿었고, 그에 대한 반응을 보이며 행동하기 시작했다. 3일(3절)과 40일(4b절)의 첫째 날(4a절)에 백성들은 이미 먹는 것을 멈추고 고대 근동의 애곡의 옷인 베옷으로 갈아입었다. 귀족으로부터 가난한 자에 이르기까지 모두가 참여했다. 믿음과 회개의 이런 반응의 범위는 전(全) 성읍에 이르렀다.

화자는 그 회개를 단순하게 기술하고 있다. 그 회개는 일종의 논리적인 순서를 따르고 있으므로 구약에서 보편적으로 증거된다. 즉 (a) 해를 끼칠 것에 대한 위협에 (b) 회개가 따라 나오고, 그런 뒤에 (c) 결국 해를 내리지 않을 것을 말하는 하나님의 결정이 뒤따른다(참조. 삼상 7:3-14; 스 8:21-23; 렘 36:3; 욜 2:11-29; 앗수르의 병행적인 표현을 위해서는 Schaumberger, *Miscellanea Biblica* 2 [1934] 123-34를 참조하라).

사공들은 하나님을 믿는 데 비슷한 열심을 보였다(1:16). 하나님의 위협은 용서의 가능성 없이 선포되지 않았다. 예레미야 18:7-8은 경고 신탁들의 암시적인 조건성을 위한 일종의 예언적 범례를 말해 주고 있다.

> 내가 언제든지 어느 민족이나 국가를 뽑거나 파하거나 멸하리라 한다고 하자 만일 나의 말한 그 민족이 그 악(רעה – 라아)에서 돌이키면 내가 그에게 내리기로 생각하였던 재앙(רעה – 라아)에 대하여 뜻을 돌이키겠고.

그래서 니느웨 백성들은 자신들이 여전히 기회를 가지고 있다는 것을 깨달았고 그에 따라서 행동했다. 공동으로 하는 금식은 아마도 고대에는 보기 드문 일이었을 것이다. 그러나 전반적인 금식을 요청하는 것은 예레미야 36:9에 묘사된 여호야김 시대(주전 604년)의 상황에서 일종의 병행적인 내용을 보게 된다.

6 예루살렘의 여호야김은 예레미야의 말에 분명히 움직이지 않았으므로 그의 완고함에 대해 비난을 받았음을 예레미야 36:9-31은 분명히 말하고 있다. 그러나 그보다 앞선 시대에 살았던 이 이방 왕인 니느웨의 왕은 아주 다르게 행동했다. 모든 백성들은 광대한 제국의 전제 군주로서 니느웨 왕이 유행을 타는 종교적인 경향들의 변화로부터 초연하게 남아 있을 것이라고 기대했을 것이다. 그러나 이번 경우에는 그 왕"조차"(נגע אל – 나가 알) 영향을 받고 말았다. 그리고 그 왕은 베옷을 입고 왕위에서 내려와 슬픔과 회개를 나타내는 셈족적 태도인 재에 겸손하게 앉았다. 앗수르 제국의 황제가 속국 이스라엘 선지자가 하나님의 권위를 의지해서 전한 하나님에게 자비를 호소했던 것이다!

많은 현대의 주석가들이 내리는 예견하고 이해할 만한 결론은 이 모든 것이 명백하게 꾸며낸 이야기라는 것이었다. 이런 회의주의에 대한 세 가지 이유가 있다. (1) 어떤 앗수르의 역사적인 기록도 이런 특이한 사건에 대해 지지해 주고 있지 않다. (2) 황제와 커다란 성읍이 이런 식으로 행동한다는 것은 정말로 있을 것 같지 않은 일이다. (3) 전반적인 내용은 완전히 과장적인 것으로 교훈적인 가치는 있을 수 있으나 역사적인 신뢰성은 거의 없는 이야기다.

그러나 요나서 혹은 요나서의 이 부분이 허구적이라는 결론은 다른 근거들 위에 세워져야만 할 것이다. 위에 열거된 세 가지 주장들은 정밀한 검토를 통해 이루어진 것이라는 사실을 말해 주고 있지 않기 때문이다. 요나의 외침 자체에 대해 공식적인 앗수르 기록들이 침묵하고 있는 것은 매우 납득이 가는 일이다. 방문하는 선지자들의 목록을 보관하는 것은 기록 보관자의 의무가 아니었다! 더욱이 공식적인 기록들은 가능하면 왕실에 아부하는 경향이 있다. 구약에 나오는 왕들과 관료들에 대해 내리고 있는 솔직한 부정적 평가는 고대 근동의 역사 기록에서 매우 독특한 것이다. 금식에 대한 앗수르의 기록에 대해서는 아래의 7절을 보라. 그렇다면 도대체 어떤 여건이 이방 선지자의 경고에 처음부터 자진해서 귀를 기울이게 하여 그런 두려움과 회개를 낳을 수 있었던 것인가? 우리는 결코 확실하게 알 수는 없을 것이다. 우리는 요나서의 연대기를 정확하게 말할 수 없기 때문이다. 그렇지만 몇 가지 합리적인 가능성들은 존재한다. 첫째, 우리는 왕이 요나의 메시지에 의해 영향을 받았다는 사실을 주목해야만 한다. (공적인 외교 관례가 허용하듯이 요나는 그 첫째 날에 궁정에 있는 누군가를 어떤 공적인 청중으로 가지고 있었는가?). 앗수르 징조(예언) 본문들이 주는 증거로부터 우리는 왕으로 하여금 요나서에 기록된 종류의 행위를 하도록 감동을 준 적어도 네 가지 상황들을 열거할 수 있을 것이다. (1) 어떤 대적에 의한 영토의 침략, (2) 완전한 일식(日蝕), (3) 널리 만연된 기근, (4) 심각한 홍수. 이와 같은 상황의 어떤 것은 신의 진노를 나타내는 증거로 보일 수 있었을 것이고, 그런 상황은 왕 자신의 권위가 위협이 되지 않도록(Wiseman, *TynB* 30[1979] 44) 앗수르 왕에게 구원을 모색하도록 했을 것이다. 만약 하나님의 때에 맞추어 요나가 이런 재앙들(רעות – 라오트) 중의 하나가 발생하고 있는 동안에 혹은 그 바로 직후에 니느웨에 도착했다면, 하나님이 요나에게 주신 메시지에 왕과 성읍민들이 보인 반응은 그렇지 않은 경우에 생각되는 것보다 훨씬 더 믿을 만한 것이 되었을 것이다. 그 어느 곳에서 온 것 같지도 않고 "하나님"(혹은 앗수르 사람들이 그 당시에 일반적으로 "하나님"이라는 뜻의 *il*[*u*]로 표기한 "야웨")의 이름으로 말하는 요나와 같은 선지자는 하나님이 싫어하셔서 발생되는 것이라고 생각되는 중요한 국가적 위기의 시기에는 일반적인 여건에서 생각되는 그 어떤 것보다 훨씬 더 영향력이 있는 것이다.

침략의 경우는 여기서 니느웨를 위한 문제로 여겨지지 않을 수 있다. 바벨론 군대가 앗수르와 그 제국에 대해 길고 궁극적으로 성공적인 정복을 시작한 주전 614

년까지는 니느웨 자체에 심각하게 위협이 된 그 어떤 증거도 없기 때문이다. 그러나 제국의 일부분(예를 들어, 갈그미스[Carchemish])이 이미 우라르투 사람들(Urartians: 우라르투 왕국은 주전 약 860년경에 존재했던 고대 왕국임)에게 함락되었다는 사실은 백성들 가운데 앗수르의 군사력은 쇠락해 가고 있었다는 느낌을 감지하도록 해주었을 것이다(아래를 보라). 완전한 일식은 좀 더 확실한 가능성을 더해 주는 요인이었다. 그와 같은 사건이 앗수르 왕 앗수르-단 3세(주전 773-756년) 통치 10년, 즉 주전 763년 6월 15일에 발생했다. 물론 앗수르-단 3세는 이스라엘의 여로보암 2세(주전 793-753년)와 동시대 인물이며, 바로 이 여로보암 2세 통치기에 아밋대의 아들 요나가 북왕국에서 예언 활동을 했다(왕하 14:25). 우라르투(Urartu) 나라가 그 제국을 앗수르의 희생의 대가로 확장해 나가고 있었을 바로 그 때에 일어난 이런 일은 앗수르 백성들의 사기에 영향을 미치는 우연한 뜻밖의 일이 될 수 없었다. 우라르투 왕 아르기쉬타이 1세(Argishti I)는 약한 앗수르 왕들인 살만에셀 4세(주전 783-774년)와 앗수르-단 3세 때에 거듭된 앗수르의 퇴각을 밀어붙였다. 더욱이 아르기쉬타이의 후계자인 사르두리 2세(Sarduri II: 주전 755-735년)는 앗수르-단의 후계자 앗수르-니라리 5세(Aššur -nirari V: 주전 755-746년)의 전(全) 통치 기간에 걸쳐서 이루어진 국경 분쟁에서 계속해서 주도권을 차지했다. 주전 760-750년 기간의 어느 시점에 콤마게네(Commagene), 멜리테네(Melitene) 그리고 심지어 갈그미스(Carchemish) 등과 같은 앗수르가 차지하고 있던 주요 지역들을 우라트투에게 잃게 되었다. 디글랏-빌레셀 3세(주전 745-728년)와 같은 위대하고 번영을 이루어낸 황제는 요나의 경고에 조금도 관심을 두지 않았을 것 같다고 주장할 수 있을 것이다. 그러나 앗수르-단 3세와 같은 나약한 왕조는 어떠했겠는가? 앗수르-단 3세가 가지고 있던 제국의 경계들은 위태위태하여 흔들렸고, 그로 인해 그 왕의 개인적인 권력은 흔들렸을 것이며, 그 왕은 또한 온전한 일식과 같은 두려운 종교적 공포를 경험했다. 이런 왕은 어떠했겠는가? 그 왕은 비옥한 초생달의 반대편 끝에서 니느웨로 온 그리고 최대의 곤경(רעה – 라아)의 때에 온 선지자의 명백한 경고에 어떻게 반응했겠는가? 혼합주의자인 앗수르 왕은 어떤 신 혹은 선지자의 정당성을 무의식적으로 거부하지 못했을 것이라는 사실을 기억해야만 한다. 선지자들과 다른 성직자들의 경우에 있어서조차 정규적으로 대하는 자들의 명령보다는 외부에서 온 명령이 더욱더 존중을 받지 않는가?(창 14:17-24에 나오는 멜기세덱과 아브라함; 출 5-14장에 나오는 모세와 바로; 민 22-24장에 나오는 발람과 발락; 삿 17-18장에 나오는 베들레헴에서 온 레위인과 단 지파 등등의 경우를 참조하라). 비즈만(Wiseman)은 에누마 아누 엔릴(Enuma Anu Enlil) 징조(예언) 본문에 대한 실제의 니느웨 역본들로부터 관련성이 있는 조건적 경고들의 몇 가지에 대한 번역을 제시해 주고 있다. 이 본문들은 다음과 같은 내용들을 포함하고 있는데, 어떤 종류의 사건들이 일식에 따라 예견될 수 있는지에 대한 예언들을 말해 주고 있다: "왕은 폐위되고 죽임을 당할 것이며, 하잘것 없이 무익한 자가 왕위를 잡을 것이다." "왕이 죽을 것이고, 하늘에서 내리는 비는 땅에 홍수를 낼 것이다. 기근이 있을 것이다." "신이 왕을 칠 것이며, 불이 땅을 삼킬 것이다." "성읍의 성벽이 파괴될 것이다"(*TynB* 30[1979] 46). 앗수르 왕들은 그런 징조(예언)들을 심각하게 받아들였다. 왕들은 그런 징조들에 대해 선지자들과 중요한 서신 왕래를 가졌다(A. L. Oppenheim, "Divination and Celestial Observation in the Late Assyrian Empire", *Centaurus* 4[1969] 97-135). 그리고 어떤 경우에는 그 위험이 지나가기까지 니느웨의 대리 왕(!)에게 왕위를 넘겨주기까지 했다(W. G. Lambert, *AfO* 18[1957] 288-89; *AfO* 19[1960] 199; S. Parpola, *Letters from Assyrian Scholars*, AOAT 5.1[1970] nos. 26-30). 일식 징조(예언) 본문들은 일식에서 나타난 신의 진노가 떨어질 사람들을 구체적으로 왕뿐만 아니라 동물들과 땅 전체를 모두 언급하고 있다고 비즈만(Wiseman)은 지적한다. 물론 이런 내용은 왕이 내린 조서의 내용(3:7, 8)과 놀라울 정도로 일치한다.

지진 또한 왕이 자신의 안전에 대해 염려하도록 영향을 주는 사건 요인이었을 것이다. 앗수르 종교에서 지진(*rību*)은 신의 진노의 증거였다. 앗수르 왕들은 지진에 대한 보고가 왕실에 보고되도록 요청했다. 요나서 연구를 위해 특별히 관심이 있는 것 중에 하나는 앗수르-단 통치 기간의 시완(Siwan)월(月)에 있었던 지진에 대한 보고다. 이 왕이 여로보암 2세와 동시대 인물인 앗수르-단 3세인지 그렇지 않은지는 본문에서 추론될 수 없다(Wiseman, *TynB* 30[1979] 48). 만약 그 왕이 통치 기간 동안에 일식이 발생했던 앗수르-단**이었다면**, 그가 도움을 청하기 위해 쉽사리 베옷을 입고 재에 앉았다는 것은 훨씬 더 이해할 만한 일이다.

징조(예언) 본문에 따르면, 특별히 어떤 종류의 전염병을 동반한 기근 또한 신이 불쾌해하는 것을 나타낼 수 있었으므로 회개가 가능한 분위기를 만들어 낼 수 있었을 것이다. 왕의 조서에 묘사된 전체적인 금식(7절)은, 만약 사실상 음식 공급이 이미 어려워지는 문제가 발생하고 있었다면, 놀라울 정도로 용이하게 증명이 될 수도 있는 묘사다. 징조(예언) 본문에 있는 홍수에 주어진 중요성에 비추어 볼 때, 양식을 만들어 내지 못하게 할 뿐만 아니라 오염된 물을 공급해 질병을 유발하게 되는 홍수 또한 기근을 가져올 수 있었을 것이다. 가능한 원인이 무엇이 되었든지 간에, 앗수르-단 3세(주전 773-756년)의 통치 기간 동안 앗수르의 시조(始祖) 이름 목록들은 주전 765년에서 759년까지 지속된 혹은 그 7년 동안 적어도 반복적으로 일어난 기근에 대한 여러 내용들을 포함하고 있다(그 기근이 지속적이었는지 아니면 간헐적인 것이었는지는 시조 이름 목록들에서는 분명하지 않다; Wiseman, *TynB* 30[1979] 50를 참조하라). 결과적으로 평화가 다시 전역에 이루어질 때인 주전 758년까지 앗수르의 여러 성읍에서 앗수르-단 3세의 지도력에 대한 연이은 반란이 일어났으며, 앗수르-단 3세는 잠시 피해 고잔(Gozan)으로 옮겨갔다.

물론 요나서 3:6에서 언급된 왕이 누구인지 분명하게 알아낼 방법은 전혀 없다. 다른 한편으로, 앗수르-단 3세와 같은 왕은 자신이 겪고 있는 문제를 당분간 유예하기 위한 기회로 요나의 메시지를 신실하게 받게 되었을 가능성이 있는 왕(다른 왕들 중에서)이었음이 분명하다. 그의 통치 기간 동안에 징조들과 재앙들의 고민스러운 문제들(일식, 지진[?], 기근, 폭동)이 한꺼번에 일어났고, 비록 증명된 것은 아닐지라도 그의 수도는 니느웨(혹은 적어도 일상적이 거주지)였을 것이며, 그는 우라르투를 상대로 맛본 계속적인 군사적 실패를 포함한 국제적인 문제로 둘러싸인 왕이었기 때문이다. 앗수르-단 통치 기간 당시의 니느웨 백성들이 "곤경"에 매우 익숙했었다는 것은 분명하다(רעה – 라아; 1:2)!

7-8 왕의 조서는 물까지 금하는 극단적인 금식과 전반적인 회개, 즉 베옷을 입고 자비를 구할 것을 요청하고 있다. 요나가 일어날 것이라고 우려했던 것이 아주 극단적인 모양으로 일어나고 있었다. 왕의 주도하에 니느웨 백성들은 모두 함께 회개로 돌아서고 있었다. 요나의 메시지는 매우 잘 받아들여진 것이 분명했다!

왕의 지도력은 백성들이 먼저 금식하고 슬퍼하는 것에 대한 반응으로 이루어진다. 왕의 조서는 이미 잘 진행되고 있는 것에 대해 추진력 있고 공적인 규제를 더하게 된다. 비록 주권자들이 주된 시민 운동의 주창자들이 된 적이 거의 없기는 할지라도, 만약 그들이 백성들과 반대의 입장에 서기를 원하지 않는다면, 그들은 대개 대중적인 행위의 책임을 져야 하며 방향을 제시해야만 한다. 이 조서가 왕 **그리고** 대신들의 이름으로 선포되었다는 것은 주목할 만하다. 왕이 조언을 해주는 대신들에게 자문을 구하는 관행은 다른 곳에서와 마찬가지로 앗수르에서도 보편적인 일이었다. 그렇지만 왕과 대신들이 함께 조서를 발하는 것은 일반적인 일은 아니었다. 결과적으로 어법은 때때로 후대 바사(페르시아)의 관행을 반영하는 것으로 생각되기도 했었다. 다른 대안으로, 만약 이 시기에 앗수르 왕의 통치하는 권위가 나라의 어떤 지역에서는 회의가 될 정도로 그 세력이 정말로 약해졌다면, 혹은 만약 동의에 의해 그의 통치가 일정 기간 동안 공위(空位) 기간으로 있는 것이 필요했다면(Wiseman, *TynB* 30[1979] 51를 참조하라), 조서에 "그(의) 대신들"(גדליו – 게돌라이오)을 포함하는 결정은 이해할 만한 것이다. 또한 어법은 참된 합의를 반영해 주고 있다. 그 참된 합의는 백성들과 일치하는 권력을 분명하게 그리고 의도적으로 가져오는 것이다. 지푸라기라도 잡으려고 하는 왕은 유일한 권위 주장을 그런 경우에 기꺼이 완화했을 것이다.

고대 셈족들에게는 금식과 불편한 옷이 자기 부인(否認)을 나타내는 행위였다. 일상적인 안일함을 피하고 자신들을 육체적으로 비참하게 만드는 분명한 행위를 통해, 그들은 자비를 구하는 그들이 드리는 기도의 진정성을 보여 주려고 했다. 조서는 동물들 또한 포함되어야만 한다는 규정을 포함하고 있다. 동물들은 바사(페르시아)와 그 후대의 시기에 때때로 애도 과정의 일부분에 포함되었으나(Herodotus ix. 24; Plutarch, *Alexander* 72; Jdt 4:10), 그 관행은 앗수르 사람들 이외에서는 발견되고 있지 않다. 왕의 조서의 이런 국면은 그 회개가 얼마나 철저해야 하는지를 강조하는 어느 정도 과장된 것일 수 있기는 하나, 고대에 인간과 동물의 밀접한 관계는 여기서 인간과 동물이 함께 언급되는 것에 대한 설명이 될 수 있다(참조. 4:11). 몇몇 앗수르 조서에서 발견**되는** 애도의 일반화된 어법은 요나서에서 발견되는 유형이다. 비즈만(Wiseman)은 두 가지 예를 인용하고 있다. 첫째는 고잔에 있는 통치자가 그 곳에서 받은 앗수르 왕실 조서에서 온 것이다. 그 통치자는 만누-키-앗수르(Mannu-kí-Aššur)로 주전 793년에 그의 통치를 시작했으므로, 앗수르-단 3세와 동시대 인물이었을 것이다.

> 왕의 조서. 너희 모든 백성들, 너희의 땅, 너희의 목초지는 아다드(Adad) 신 앞에서 삼 일 동안 애곡하고 기도하고 회개하도록 하라. 너희는 정결 예전을 시행할 것이다. 그러면 안식이 있을 것이다.

날짜가 확실하지 않은 어떤 왕실 서신은 전반적인 회개에 대한 다음과 같은 내용을 포함하고 있다: "…시완(Siwan)월(月)에 있는 이 애도는 그 땅에 있는 모든 백성들을 위한 것이다"(두 가지 조서를 위해서는 *TynB* 30[1979] 51를 보라). 후자의 애도 기간은 요나의 메시지에 나오는 "사십 일"에 좀 더 밀접한 것이기는 하지만, 전자의 삼 일 애도는 아마도 앗수르 사람들이 실제적으로 행했던 애도를 좀 더 대표적으로 거의 비슷하게 보여 주는 것일 것이다. 비록 사람과 동물이 음식 없이 몇 주 동안 생존할 수는 있을지라도, 물 없이 몇 일 이상 생존한다는 것은 어려운 일이다. 따라서 물조차 금한 조서는 긴 시간 동안의 회개보다는 짧고 집중적인 회개의 기간을 생각한 것으로 보인다. 만약 물 공급의 어떤 부분이 홍수로 인해 이미 일시적으로 사용 불가능한 것이 되었다면, 그런 규정은 특별히 용이한 일이 되었을 것은 물론이다. 엄밀하게 전반적으로 금식의 형태로 이루어진 요나의 메시지에 대한 니느웨의 반응은 첫째 날의 반응(4절)과 병행을 이루고 있다. 이런 자료를 포함함으로써 화자가 의도하고 있는 요지는 분명하다: 하나님의 말씀이 들려지고 모든 차원(מגדולים ועד קטנם – 미게돌람 베아드 케타남, "무론 대소하고", 5절)에서 진지하게 받아들여지고 있다. 더욱이 이 조서는 전반적인 차원에서 이루어진 백성들의 잘못이 하나님의 진노의 근거가 되고 있다는 것을 인식하고 있다. 이것은 본문에서 보는 것과 같이 그렇게 놀라운 수용이 아니다. 고대 세계 전역을 통해 재난들은 신들을 섬기는 사람들을 그 신들이 기뻐하지 않아서 생기는 것이라고 사람들은 생각했기 때문이다. 그러므로 조서는 짧은 기간의 불편을 겪으며 하는 회개를 "악한 길(악한 관행들)"(דרך רעה – 데레크 라아, 전반적인 비도덕적 행위를 나타내는 것)과 "손으로 행한 강포"(חמס אשר בכף – 하마쓰 아셰르 베카프, 특별히 사회적인 비[非]정의를 나타내는 것)에서 벗어나는 오랜 기간의 개혁과 연결시키려고 한다. 조서는 법과 같이 실제적으로는 강제적으로 집행할 수 있는 것이 아니었을 것이다. 이 조서는 금식과 애도가 이미 실시되고 있지 않았던 어떤 지역에서 이루어지는 자발적인 협조에 의존했을 것이다. 그러므로 조서의 엄중성에도 불구하고, 전체 니느웨 백성들의 신실한 자발성이 여전히 요구되었다. 하나님이 본 것(10절)은 참된 것이었을 것이다. 백성들은 죄 가운데 계속해서 있을 수 없었을 것이고, 자신들이 면죄받기 위해 자기 부인(否認)의 예전을 기대하고 있었을 수 있다.

9 참된 희망이 있었다. 참된 회개와 개혁은 효과를 낼 수 있다. 그러나 야웨가 이스라엘 위에 주권적이었던 것과 같이, 앗수르 사람들과 다른 고대 근동 사람들에게는 "신들"이 독립적으로 주권적인 것으로 여겨졌다. 어떤 신도 타의에 의해 행동하도록 만들어질 수는 없었다. 신들은 그들 자신의 주권적인 의지에 따라 반응했기 때문이다. 요나가 의지해서 전한 "신"은 혼합주의적인 니느웨 사람들에 의해 그들의 만신전에 있는 수십 개의 신들 중에서 어떤 신으로 인식되었을 수도 있

다. 다른 대안적 견해로는, 요나는 단순하게 "하나님"을 언급했을 수 있으므로, 니느웨 사람들에게는 구체화되지 않은 신으로 남겨졌을 수도 있다. 조서를 묘사하고 있는 히브리어에 "그 신"이라는 뜻의 하엘로힘(האלהים)이 쓰이고 있는 이유로서 더욱 그럴듯한 것은 요나는 야웨가 그에게 주신 경고를 그대로 전했다는 사실이다(참조. 3:4): "사십 일이 지나면 니느웨가 무너지리라." 따라서 어떤 신인지 전혀 **분명하게** 언급하고 있지 않다. 그렇다면 니느웨 사람들은 그들의 신들 중에 하나가 – 그들이 궁극적으로 영적인 것이라고 생각한 신 혹은 만약 그들이 그런 신분확인이 필요했다면 – 그 성읍에 재난을 가져옴으로써 그들이 당하는 최근의 곤경들을 만드는 계획을 세운 것이라고 생각했을 것이다.

9절에 나오는 처음 네 개의 히브리어 어휘들(מי יודע ישוב ונחם – 미 요데아 야숩 베니함, "혹시 뜻을 돌이키시고")은 요엘 2:14에서 동일한 순서로 발견된다. 이것은 두 책 중 어느 책이 어느 책에 의존하고 있는 어떤 우연의 일치성(Magonet [*Form and Meaning*, 77-79]은 요엘서보다는 요나서의 우선성을 설득력 있게 주장하고 있다)을 혹은 고대 이스라엘 예전들이나 예언적 어법에 있는 어떤 것에 대한 상호 의존성을 반영해 주는 것일 수 있다. 그 예전들이나 예언적 어법은 앗수르 칙령을 만드는 데 포함되어 있으면서 구약에서도 두 번이나 사용될 정도로 보편화된 것이다. 어쨌든 요엘 2:12-14은 요나서 이야기에 밀접하게 연관되어 있다. 만약 그 회개가 참된 것이라면, 참으로 죄를 지은 백성들 편의 회개의 가능성에 대한 강조 그리고 하나님을 오래 참고 자비한 분으로 묘사하는 것(욘 4:2)을 통해 볼 때 그런 연관성을 이야기할 수 있다.

왕의 조서는 요나가 분노한 가운데 알고 있었던 모든 것을 묘사해 주고 있다: 하나님은 그 누구도, 심지어 요나 자신의 백성들을 압제했던 그 사악함으로 유명한 (스스로) 중요한 성읍조차도 용서해 주실 수 있다. 그것은 니느웨 사람들이 이제 이해한 것, 즉 하나님은 자신의 용서하는 본질에 실제적으로 진실해서 니느웨를 구해 보존해 주실 수 있다는 가능성이었다.

10 이야기의 전반적인 진행 과정에서, 요나는 아직 청자/독자에게 이제 무엇이 알려지고 있는지 확실하게 알지 못할 수도 있다. 정말로 요나는 5-9절에 묘사된 대로 일어난 많은 사건들을 알지 못할 수도 있다. 비록 요나는 그가 그 성읍을 떠나기 전에(4:6) 회개가 시작된 것을 분명히 보았고, 아마도 요구된 니느웨를 위한 중요한 삼 일 방문의 여정을 온전히 마쳤을지라도, 그는 지금 이 시점의 장면에는 나타나고 있지 않다. 그리고 요나는 왕의 조서를 알고 있었음에 틀림없다(비록 그

왕의 조서는 연대가 명시되어 있지는 않을지라도, 아마도 요나의 방문 첫째 날에 이어 바로 선포되었을 것이다. 4:1에 기록된 대로, 요나의 염세주의를 불러일으키기에 충분할 정도로 빨리 선포되었을 것이다).

그러나 이제 우리는 다음과 같은 이야기를 듣게 된다: 하나님은 요나가 두려워했던 모든 것이었으며(4:2), 그 죄악된 성읍이 기대했던 모든 것이었다. 백성들의 참된 회개의 결과로(שבו מדרכם הרעה – 샤브 미다르캄 하라아, "그들의…그 악한 길에서 돌이켜 떠난"), 하나님은 그들을 징벌하려고 한 원래의 계획을 간단하게 그리고 완전히 누그러뜨리셨다. "무너지리라"라는 뜻의 네흐파크(נהפך, 4절)의 경고는 이제 야웨의 긍휼에 의해 무효화되었다. 물론 니느웨 백성들은 아무런 사건 없이 40일이 지나기까지는 확실하게 이에 대해 알 수 없었을 것이다. 따라서 화자의 관점에서 보았을 때, 정해지지 않은 미래로 계속 미루어지는 어떤 결과를 묘사하면서, 본 절은 1:16에 있는 어떤 기능 즉 종결부의 기능을 하고 있는 것으로 보인다.

하나님이 행하신 것은 자신이 성서 어느 곳에선가 자신에 대해 계시한 것에 따라서 자신의 마음을 바꾸신 것이었다. 하나님의 "돌이킴"의 가능성에 대한 요엘 2:12-14에 있는 진술은 이미 언급되었다. 예레미야 18:7-10은 예언적 경고가 뜻하지 않게 달리 이루어지는 것에 대해 말하고 있는 구약 가르침의 **가장 표준이 되는 고전적인 구절**(*locus classicus*)이다. 8절이 "만일 나의 말한 그 민족이 그 악(רעה – 라아)에서 돌이키면 내가 그에게 내리기로 생각하였던 재앙에 대하여 뜻을 돌이키겠고(נחם – 나함)"라고 말한 바와 같은 것이다.

니느웨에 대해 주는 경고에서 쓰는 요나의 어휘들은 재앙의 어떤 예언들이 결코 아니었다. 그 어휘들은 예레미야 18:8에 묘사된 진술의 규칙에 들어 있는 뜻하지 않게 달리 이루어질 수 있는 암시적인 우연성을 포함하고 있다. 니느웨가 회개했을 때, 하나님은 돌이키셨다. 결국 그 성읍에는 그 어떤 재앙도 발생하지 않았다. 그러나 회개는 널리 번져 나갔고, 그 회개가 얼마나 길게 지속되었을지는 몰라도 충분한 회개였다. 요나의 사명은 놀라운 결과를 거두었다! 다만 요나는 그렇게 생각하지 않았을 것이라는 사실이 너무나 나쁜 일일 뿐이었다. 혹시 요나는 그렇게 생각한 것인가? 청자/독자에 대한 그 대답은 바로 이어지는 절(4:1)에서 즉시 주어진다.

해설

왕의 조서에서 제기되었고(9절) 요엘 2:14에 반영되어 있는 "누가 알겠느냐? (מי יודע – 미 요데아)"라는 통절한 질문은 본 장이 주변을 맴돌고 있는 다음과 같은 신학적으로 중요한 문제를 표현해 주고 있다: 뜻하지 않게 뜻을 돌이킬 수 있는 우연성과 하나님의 주권. 요나는 하나님이 그에게 주신 말씀들을 그가 결국 니느웨에서 전했을 때 어떤 결과가 일어날지 확실히 알지 못했다. 요나는 그 성읍이 파멸되는 것을 바랄 수 있으나 그것을 확실하게 기대할 수는 없다(참조. 4:5). 하나님만이 그 운명을 결정하실 것이다. 니느웨의 성읍민들은 믿을 수 있고 회개할 수 있다. 그러나 신실성만으로는 하나님이 그들을 위해 혹은 그들을 대항해서 행하실 수 있는 것을 통제하실 수 없다. 니느웨 백성들은 구원을 바랄 수는 있으나, 그것을 분명하게 기대할 수는 없다(9절). 그런 뒤에 1:2에서 이미 야기된 긴장감에 대한 대답이 10절에서 주어진다. 니느웨의 회개는 하나님께 받아들여질 만한 것이었다. 하나님은 그 성읍을 구원하셨다. 결국 어느 누구도 멸망하지 않았다. 하나님만이 "누가 알겠느냐?"라는 질문에 대한 대답을 알고 계셨다.

하나님이 인간의 행위에 대해 적어도 부분적으로 뜻하지 않게 그 자신의 행위를 돌이키는 선택을 하시는 것은 하나님 자신의 주권에 대한 그 어떤 한계를 나타내는 것이 아니다. 먼저 나라들 앞에 순종과 불순종의 선택을 놓아두고서, 그 나라들에게 그 나라들이 행하는 행위에 대한 책임을 하나님이 지우시는 것은 뜻하지 않게 돌이키는 것과 같은 우연성을 자동적으로 포함하고 있는 것이다. 하나님은 만약 그들이 회개한다면 축복을 약속하시고, 만약 회개하지 않는다면 징벌을 내릴 것을 약속하신다(참조. 렘 18:7-10). 그러나 이런 약속은 하나님이 그 나라들에 의존하고 계시는 것을 말하는 것이 전혀 아니다. 예레미야 18:1-11에 나오는 토기장이의 집에서 보여 준 교훈이 말하고 있는 것과 같이, 그리고 요나 3:5-9에 나오는 애도의 조서가 말해 주는 요지와 같이, 이 약속은 그 나라들을 하나님에게 의존하도록 해주고 있다. 하나님은 모든 권리, 모든 권세 그리고 모든 권위를 가지고 계신다.

요나서의 메시지는 하나님은 자신의 권능을 인위적으로나 차별적으로 행사하지 않으신다는 것을 말해 준다. 국수주의자인 요나는 하나님이 이스라엘을 축복하고 그 모든 대적들을 벌하시기를 원했다. 1장에서 사공들을 위해 그리고 4장에서 식물을 위해 보여 주는 요나의 존중과 염려의 행위들이 그 자신의 입장의 일관성이 없는 것을 나타내 주는 것에 대한 증거가 됨은 물론이다. 그러나 하나님은 오래 참으신다: "…아무도 멸망치 않고 다 회개하기에 이르기를 원하시느니라"(고후 3:9). 그리고 "…모든 사람이 구원을 받으며 진리를 아는 데 이르기를 원하시느니라(딤전 2:4). 하나님은 자신의 주권을 완고함 속에서가 아니라 은총 속에서, 그리고 좁은 배타주의에서가 아니라 기꺼이 **어떤** 민족도 용서하는 것 속에서 나타내신다. 그러나 뜻하지 않게 돌이키는 우연성이 있다. 요나서는 진부하고 가장 낮은 공통 분모적인 보편주의를 가르쳐 주고 있는 것이 아니다. 오직 참된 회개만이 용서를 가져올 수 있다. 하나님의 위협은 가볍게 취급되어서는 안 된다. 하나님의 경고는 니느웨 백성들이 받아들였던 것만큼 진지하고 심각한 것이다.

본 장에는 암시적이긴 하나 무시할 수 없는 비교, 즉 이스라엘과 앗수르 사이의 비교가 전체적으로 널리 퍼져 있다. 야웨 "자신"의 백성인 이스라엘에 대한 야웨의 자비가 잘 알려져 있다. 요나, 화자, 청자/독자 그 어느 누구도 이스라엘에게 보인 하나님의 자비의 이야기들에 대한 기억을 지워 버릴 수 없을 것이다. 그 자비는 이스라엘이 받을 자격이 없을 때 그 호소함으로 인해 주어진 용서였다(예를 들어, 출 32:7-14. 14은 욘 3:10에서 발견되는 것과 동일한 어법을 포함하고 있다). 그러나 여기서 니느웨의 이방 앗수르 사람들은 그 어떤 이스라엘 사람들이 했던 것만큼이나 온전하게 마음을 다해 회개를 했다! 선택 받은 백성들은 아직 그들의 역사(즉 주전 8세기 중엽에 이르기까지)에서 그렇게 진지하게 회개를 한 적이 없다. 단지 후대에, 즉 에스라(스 10:1-17)와 느헤미야(느 9:1-3)의 시대에 우리는 그렇게 자아를 버리고 자비를 호소하는 것을 읽게 된다. 심지어 히스기야(왕하 18:1-8)와 요시야(왕하 22:11-23:3)의 신앙 부흥들조차(적어도 그들이 묘사되고 있는 대로 보면) 화자가 죄르부터 앗수르가 돌아선 것에 돌리는 그런 간절함과 널리 퍼진 효력의 그 어떤 것을 결여하고 있다. 니느웨의 회개는 자비를 받을 자격이 없는 한 백성들이 의를 향해 돌아서는 유명한 한 예가 되었다.

보록: 요나의 표적(마 12:39-41; 눅 11:29-32)

예수는 "요나의 표적"을 요나가 물고기 속에서 보낸 삼 일에 대한 내용에서뿐만 아니라(마 12:40에 있는 "표적"이 주어진 강조) 악한 백성들에게 경고를 주기 위해 찾아가는 선지자로서의 요나의 모습에 대한 이야기에서도 언급하시고 있다(마 12:41과 눅 11:30, 32에 나오는 "표적"에 주어진 강조). 후자의 경우에 요나는 그리스도의 모형이었고, 니느웨 사람들은 예수 당시의 유대인들 혹은 심지어 그때 하나님으로부터 메시지를 마음에 받은 믿지 않는 세대의 사람들을 나타내는 모형이었다. 이것은 요나서 3장이 집중하고 있는 의미다. 요나는 니느웨 사람들에게 물에 빠졌다가 살아난 생존자로서가 아니라 한 선지자로서 보인 표적이었다. 적어도 이야기가 전개될 때, 니느웨에 살던 그 어느 누가 물고기를 통해 이루어진 바다에서의 구원에 대해 알고 있었는지에 대한 증거는 없다. 니느웨 사람들이 믿은 것은 요나가 아니라 **하나님**이다. 요나의 권위는 그의 경험에서가 아니라, 그가 전하는 메시지에서 나오는 것이다. 이것이 마태복음 12:41과 누가복음 11:30, 32에 있는 "표적"이 전하고자 하는 요지다. 예수의 메시지는 하나님의 권위를 담고 있기 때문에, 어떤 특별한 "증거"가 아니라 사람들이 믿어야만 하는 것이다. 마찬가지로 니느웨 사람들은 요나가 하나님의 사자(使者)였다는 것을 압도적으로 의심을 쫓아내는 기적적인 어떤 보장도 없이 하나님을 믿음으로 참된 믿음을 보여 주었다. 그들은 메시지를 전하는 자가 아니라 그 메시지를 진실한 것으로 인식했고, 그에 따라서 행했다.

종국적으로 니느웨는 또다시 그 악으로 유명한 나라가 되어 버렸다. 성읍 전체가 한 회개는 하나님이 그 성읍을 용서하시도록 하는 영구적인 것이 될 필요는 없었던 것이 분명하다(그러지도 않았던 것이 분명하다). 백성들이 보여 준 것은 **한 시점에서** 이루어진 진정한 통회(痛悔)였다. 그런 통회는 하나님으로 하여금 자신이 대기하고 있던 은총을 베푸시도록 하고, 준비하고 있던 진노를 묶어 버리시도록 하기에 충분했다. 회개의 결과들에 대한 성서적 묘사는 전반적인 회개의 어떤 행위는 한 세대에 해당되는 것을 나타내 주는 것 같다(예를 들어, 4:25과 비교되는 신 4:9을 참조하라). 후대의 세대(이 경우에 "세대"에 대한 정의는 20년 뒤의 어떤 그룹을 말하는 것으로 볼 필요는 없는, 새로운 사고방식을 가진 어떤 그룹이다)들은 그들 **자신의** 회개에 대한 책임을 지게 될 것이다. 회개하지 않은 니느웨 사람들의 후세대는 파멸되었다(주전 611년에).

회개와 믿음은 동일한 전환일 필요는 없다. 요나가 전했던 니느웨 사람들은 유일신적 야웨주의자들이 되지 않았다. 어느 면에서 보더라도, 그들은 자신들이 지금까지 그랬듯이 동일한 다신론적, 혼합주의적 범신론자들로 남아 있었다. 그들은 요나를 그들 자신의 신들 중에 하나인 **어떤** 신의 대표자로 생각했던 것이 거의 확실하다. 혼합주의자들로서 그들은 어떤 이방 신을 그들 자신의 신들 중의 하나와 실제적으로 동일시했을 것이다. 그들의 신학은 매우 변변치 못했을 테지만, 그들의 행위와 믿음은 회개에 대한 참된 증거였다. 하나님이 행하신 것은 바로 그런 증거에 따른 것이었다.

왕의 통회(痛悔)와 그가 정말로 하나님을 두려워하는 행위들은 대개 앗수르 왕에게는 있을 법하지 않은 우스운 것으로 생각된다. 그러나 히스기야는 주전 701년에 예루살렘 성벽 밖에 있던 랍사게에 의해 전해진 앗수르의 도전장의 메시지를 들었을 때 베옷을 입고 하나님의 도움을 구했다(왕하 19:1). 이와 마찬가지로 앗수르-단 3세와 같이 지쳐 있고 괴롭힘을 받아 온 왕은 자신이 직면하고 있던 수많은 비극들과 비참함들에 대해 경고의 말씀을 전하려고 먼 곳에서 온 선지자의 말씀이 주는 잠재적으로 희망적인 말씀에 귀를 기울이면서 하나님의 도움을 찾았을 수 있다. 요나의 마지못해 수행한 사명은 그 자신의 모든 기대와는 반대로 성공이었다. 하나님은 정말로 이스라엘보다 더욱더 사랑하셨다. 요나가 두려워할 정도로 하나님은 앗수르 사람들을 사랑하셨다.

하나님이 요나에게 성냄과 긍휼히 여김에 대해 가르치시다 (4:1-11)

참고문헌

Blank, S. H. "'Doest Thou Well to Be Angry?' A Study in Self-Pity." *HUCA* 26(1955) 29-41. **Bojorge, H.** "Los significados posibles de *lehaṣṣîl* en Jonas 4,6." *Stromata* 26(1970) 77-87. **Boman, T.** "Jahve og Elohim i Jonaboken." *NorTT* 37(1936) 159-68. **Brekelmans, C.** "Some Translation Problems, Judges v29, Psalm cxx 7, Jona iv 4,9." *OTS* 15(1969) 170-76. **Brongers, H. A.** "Bemerkungen zum Gebrauch des adverbialen *w^{e}ʿattāh* im alten Testament." *VT* 15(1965) 289-99. **Daube, D.** "Death as a Release in the Bible." *Donum Gratulorium Ethelbert Stauffer*. Leiden: E. J. Brill, 1962. 82-104. **Davies, G. I.** "The Uses of *r*ʿʿ Qal and the Meaning of Jonah IV 1." *VT* 27(1977) 105-110. **Glueck, N.** *Hesed in the Bible*. Tr. A. Gottschalk. Cincinnati: Hebrew Union College Press, 1967. **Gruber, M.** "Was Cain

Angry or Depressed? Background of a Biblical Murder." *BAR* 6(1980) 34-36. **Heschel, A.** *The Prophets.* Vol. 2. New York: Harper and Row, 1962. 59-78. **Kaiser, O.** "Wirklichkeit, Möglichkeit und Vorurteil: Ein Beitrag zum Verständnis des Buches Jona." *EvT* 33(1973) 91-103. **Kidner, F. D.** "The Distribution of Divine Names in Jonah." *TynB* 21(1970) 126-28. **Lohfink, N.** "Jona ging zur Stadt hinaus(Jon 4,5)." *BZ* NF 5(1961) 185-203. **Möllerfeld, J.** "'Du bist ein gnädiger und barmherziger Gott'(Jonas 4,2)." *Geist und Leben* 33(1960) 324-33. **Rad, G. von.** *The Message of the Prophets.* Tr. D. M. G. Stalker. New York: Harper and Row, 1965. ______. *Der Prophet Jona.* Nürnberg: Laetare-Verlag, 1950. Also in *God at Work in Israel.* Tr. J. H. Marks. Nashville: Abingdon, 1980. 58-70. **Robinson, B.** "Jonah's Qiqayon Plant." *ZAW* 97(1985) 390-403. **Sakenfeld, K. D.** *The Meaning of Hesed in the Hebrew Bible.* HSM 17. Missoula, MT: Scholars Press, 1978. **Smudi, Y.** "Jonah's Gourd." *BMik* 28(1982/83) 44-48.[Heb.] **Weimar, P.** "Jon 4,5: Beobachtungen zur Entstehung der Jonaerzählung." *BN* 18(1982) 86-109. **Weiss, R.** "Where Shall I Flee from Your Presence?" *Oroth* 49(1963) 28-33.[Heb.] **Wilson, R. D.** "'To Appoint' in the O.T." *Princeton Theological Review* 16(1918) 645-54.

본 문

요나의 성냄과 하나님의 응답

1 요나가 심히 싫어하고 노하여

2 여호와께 기도하여 가로되 여호와여 내가 고국에 있을 때에 이러하겠다고 말씀하지 아니하였나이까 그러므로 내가 빨리 다시스로 도망하였사오니 주께서는 은혜로우시며 자비로우시며 노하기를 더디 하시며 인애가 크시사 뜻을 돌이켜 재앙을 내리지 아니하시는 하나님이신 줄을 내가 알았음이니이다

3 여호와여 원컨대 이제 내 생명을 취하소서 사는 것보다 죽는 것이 내게 나음이니이다

4 여호와께서 이르시되 너의 성냄이 어찌 합당하냐 하시니라

종결부: 하나님으로부터 온 객관적인 교훈

5 요나가 성에서 나가서 그 성 동편에 앉되 거기서 자기를 위하여 초막을 짓고 그 그늘 아래 앉아서 성읍이 어떻게 되는 것을 보려 하니라

Jonah's anger and God's reply

1 This was absolutely disgusting[a] to Jonah, and he became angry.

2 He prayed to Yahweh: "This, O Yahweh, is exactly what I said[a] when I was back in my own country. That is why I fled, earlier, on the open sea.[b] I knew that you were a God who is gracious, compassionate, patient, firmly loyal,[c] and one who decides against disaster.[d]

3 So, Yahweh, take my life from me. I would rather be dead than alive."[a]

4 Yahweh said, "What right do you have to be angry?"[a]

Coda: an object lesson from God

5 When Jonah had left[a] the city, he had situated[a] himself on the east of the city. There he made for himself a shelter and stayed under it until he might see what would happen to the city.

6 하나님 여호와께서 박 넝쿨을 준비하사 요나 위에 가리우게 하셨으니 이는 그 머리를 위하여 그늘이 지게 하며 그 괴로움을 면케 하려 하심이었더라 요나가 박 넝쿨을 인하여 심히 기뻐하였더니

6 Yahweh God designated climbing gourd[a] a to grow up over Jonah to shade his head and to relieve[b] his trouble.[c] Jonah was absolutely delighted with the climbing gourd.

7 하나님이 벌레를 준비하사 이튿날 새벽에 그 박 넝쿨을 씹게 하시매 곧 시드니라

7 But the next day, at sunrise, God[a] designated a worm to attack the climbing gourd so that it shriveled.

8 해가 뜰 때에 하나님이 뜨거운 동풍을 준비하셨고 해는 요나의 머리에 쬐매 요나가 혼곤하여 스스로 죽기를 구하여 가로되 사는 것보다 죽는 것이 내게 나으니이다

8 As the sun rose, God designated a withering[a] wind from the east, and the sun beat down[b] on Jonah's head so that he was overcome, and wanted to die. He said "I would rather be dead than alive."[c]

9 하나님이 요나에게 이르시되 네가 이 박 넝쿨로 인하여 성냄이 어찌 합당하냐 그가 대답하되 내가 성내어 죽기까지 할지라도 합당하니이다

9 God said to Jonah, "What right do you have to be angry about the climbing gourd?" He said, "I have the right! I'm so angry I could die!"[a]

10 여호와께서 가라사대 네가 수고도 아니하였고 배양도 아니하였고 하룻밤에 났다가 하룻밤에 망한 이 박 넝쿨을 네가 아꼈거든

10 Yahweh said, "You are so concerned about the climbing gourd which you did not have to lift a finger to grow,[a] which came up overnight and died overnight.

11 하물며 이 큰 성읍, 니느웨에는 좌우를 분변치 못하는 자가 십이만여 명이요 육축도 많이 있나니 내가 아끼는 것이 어찌 합당치 아니하냐

11 Should not I[a] be concerned about Nineveh, the important city which has in it more than[b] a hundred twenty thousand people who do not know their right hand from their left, as well as a large number of animals?"

원문주해

1.a. 문자적으로는 "그것은 요나에게 아주 크게 잘못된 것으로 잘못된 것이 되었다". 히브리어는 "악하다, 역겹다"라는 의미의 동사 라아(רעע)와 "잘못됨"이라는 의미의 명사 라아(רעה) 사이의 동음이의(同音異義)어적인 익살스런 표현을 사용하고 있다. 후자의 어휘는 4장의 여기서 다른 의미로 사용되고 있다(**서론**을 보라).

2.a. 문자적으로는 "이것이 내가…라고 말한 것이 아닙니까?"라는 표현으로, 그것은 정확하게 그가 말한 것이었다(즉 공적으로 말할 필요가 없는 그 자신 스스로에게)는 것을 강조하는 관용구적인 표현 방법이다.

2.b. 참조. 1:3.

2.c. 헤쎄드(חסד)의 기본적인 의미는 충성(신실)이다. 따라서 문자적으로 "커다란 충성(신실)"이라는 뜻의 라브-헤쎄드(רב־חסד)는 대략적으로 "매우 견실하게 충성하는(신

실한)"이라는 의미일 수 있다. Sackenfeld, *Hesed*; 그리고 Glueck, *Hesed in the Bible*을 참조하라.

2.d. 혹은 "곤경". 또다시 라아(רעה)는 요나서에 있는 많은 의미들 중의 하나로 사용되고 있다.

3.a. 문자적으로는 "나의 죽음이 나의 삶보다 더 낫다".

4.a. 혹은 "화를 내는 것이 너에게 어떤 유익이 되는가?" 이 질문은 전혀 중립적인 것이 아니라, 요나를 설득력 있게 교정하는 것을 의미한다.

5.a. 동사들은 아마도 본 절에서 과거완료로 쓰이고 있는 것으로 해석될 수 있다. 이후에는 5-10절이 분명하게 과거 회상의 장면으로 전환되고 있다는 사실에 비추어 볼 때 단순과거들로 되돌아가고 있다.

6.a. 키카욘(קיקיון)의 정확한 식물 이름은 알려져 있지 않다. 아마도 리니쿠스 콤뮤니스, 즉 해리향 식물이거나 오이일 가능성이 있다. 또한 일반적으로 어떤 "조롱박" 종류를 가리키는 것일 수도 있다.

6.b. "면케 하다(안도케 하다)"라는 의미의 동사 하칠(הציל)은 "그늘"이라는 의미의 첼(צל)과 동음이의어적인 익살스런 표현으로 쓰이도록 의도된 것일 수 있다.

6.c. 또다시 히브리어 라아(רעה).

7.a. 히브리어는 관사를 가지고 있지만, "그 하나님"이라고 어색하게 번역될 수도 있다. 그러나 이것은 1:6과 3:9에서는 가능한 것이었다.

8.a. 하리쉬트(חרישית)의 의미는 분명하지 않다. 역본들은 "뜨거운(타는 듯한)" 혹은 "침묵의"라는 의미 중에 어느 한 의미를 번역에서 사용하고 있다. 후자의 의미는 우리가 "생기를 잃게 하는(기죽이게 하는)"이라고 번역한 어절의 토대가 되고 있다. "매서운", "타는 듯한"이라는 뜻의 חריפית 혹은 "뜨거운"이라는 뜻의 חרירית 중 어느 하나로의 수정안들이 제안되고 있다. 단 하나 보이는 사해사본(1QH 7:4, 5)의 용법(בזעף חרישית; 몰아치는(?) 폭풍 속에서)은 정확하게 그 정의를 내리는 데 완전하게 도움이 되지는 않는다. "타는, 무더운" 혹은 "힘이 빠진" 등 또한 가능하다.

8.b. 문자적으로는 "공격했다"(참조. 7절) 혹은 "쳤다".

8.c. "원문주해" 3.a.를 참조하라.

9.a. 혹은 "나는 내가 죽는 날까지 화를 낼 것이다!" 문자적으로 "죽을 때까지"라는 의미의 히브리어 아드 마베트(עד־מות)는 모호하다.

10.a. 문자적으로는 "네가 위해 수고하지 않았고 자라게 하지 않은".

11.a. 베(ו)와 함께 쓰인 "나"라는 뜻의 아니(אני)의 특별 용법은 강조를 나타내 준다.

11.b. 민(מן)과 함께 쓰인 히필 부정사 연계형인 하르베(הרבה)의 용법에 대해서는 삿 18:26b; 왕상 5:10을 참조하라.

양식/구조/배경

비록 4:1은 바로 앞인 3:10에서 이루어진 니느웨 성읍을 용서하시는 야웨의 결정에 대한 요나의 반응을 묘사하고 있을지라도, 4장의 어떤 부분도 3장과 어떤 문학적 단위로서 연결되어야만 한다는 결론을 내릴 아무런 이유가 없다. 4장에서 이스라엘의 대적들에게 하나님이 보이신 자비에 대한 요나의 반응을 강조하는 것이 또다시 시작된다. 요나서는 4장 이전에 요나가 앗수르 사람들에게 유익이 될지도 모른다고 생각한 과정의 어떤 부분을 회피하려고 했던 요나의 시도를 연대기적으로 나열했다. 그렇게 바라지 않았던 일이 일어난 지금 우리는 그 결과가 요나에게 얼마나 불쾌한 것이었는지 알게 된다. 3장의 초점은 니느웨 사람들과 그들의 호소에 있었다. 4장의 초점은 요나의 반응과 그가 야웨로부터 배운 교훈으로 전환된다. 이전의 단락(3:3b-10)에서는 요나에 대해 어떤 언급도 이루어지지 않았다. 이제 요나는 다시 한 번 중심적인 인간 등장인물이 된다.

4장으로 알려진 단락은 다음과 같은 두 개의 부분을 포함하고 있다: 요나가 자신의 심한 좌절감을 하나님께 토로하는 1-4절과 박 넝쿨의 객관적인 교훈이 요나의 좁은 도량을 드러내고 있는 5-11절. 이 두 가지 내용은 모두 요나가 전한 직후에 일어난다. 전자는 요나가 그 성읍은 징벌을 받지 않게 될 것이라는 사실에 대한 분명한 확신을 가질 때에 일어나고, 후자는 "사십 일"이 아직 진행 중이고 요나는 여전히 니느웨를 향해 다가오는 재앙을 바라고 있을 때 일어났다. 이 점에 대해 5-11절은 니느웨 사람들이 시도하는 회개의 결과가 아직 분명해지지 않았던 그 과거의 장면으로 전환하면서 일종의 결론적인 종결부 역할을 하고 있다.

본 단락의 양식은 요나서 전체를 특징지워 주는 교훈적 문체를 계속 유지하고 있는 생생한(혹은 감각적인) 역사적 내러티브다. 본 장은 오히려 비중 있게 대화에 집중하는 면이 있다. 처음으로 요나와 하나님은 서로 간에 이렇게 저렇게 대화를 나눈다. 이런 이야기 방식은 청자/독자에게 요나가 바라는 것들과 반대로 하나님이 행하시는 이유뿐만 아니라 요나 자신이 스스로 말하는 생각과 태도, 이기심과 일관적이지 못한 것에 대해 추측보다는 오히려 직접적으로 실제적으로 배우도록 해준다. 결국 모든 것이 청자/독자에게 설명되어서 요나서는 다음과 같은 메시지에 대해 분명하게 끝을 맺는다: 하나님은 모든 나라들과 민족들에게 자비를 보여 주실 권리가 있으며, (요나와 같은) 우리는 어떤 사람은 이런 자비를 받는 다른 사람들보다 본능적으로 그럴 만한 가치가 덜하다고 생각할 권리를 전혀 가지고 있지 않다.

본문의 구조에 대해서는 다음과 같이 그 개요를 말할 수 있다.

요나의 성냄과 하나님의 응답	1-4절
내러티브 서론	1절
요나의 고백과 야웨에 대한 불만족	2절
요나가 죽기를 바람	3절
야웨의 바로잡아 주시는 응답	4절
종결부: 하나님으로부터 받는 객관적인 교훈	5-11절
박 넝쿨 이야기	5-7절
요나가 죽기를 바람	8절
야웨의 바로잡아 주시는 응답	9a절
요나의 완고함과 야웨의 설명	10-11절

본문의 두 개의 주요 부분은 각각 내러티브 서론, 장면의 배경 그리고 요나가 하나님과 대화를 나누는 대화에 대한 진행 과정 등으로 시작된다. 각각은 니느웨가 파멸로부터 해방된 사실에 대한 요나(그리고 청자/독자의)의 부적절한 태도를 교정해 주는 간략한 하나님의 말씀과 더불어 끝난다.

요나서 전체뿐만 아니라 본 장의 반복되는 자구적 어구와 명백하게 중요한 점은 다음과 같은 야웨의 질문이다: "너의 성냄이 어찌 합당하냐?" 이 질문은 4절에 나오는 첫 번째 부분에 대한 수사학적 결론을 구성하고 있다. 화자가 본문을 구성한 대로, 청중은 이 질문을 마음에 간직하도록 요청받고 있다. 그러는 동안에 화자는 요나서를 결론짓기 위한 종결부로서 선택한 사건인 박 넝쿨 이야기로 "장면을 전환한다." 이런 의미에서 두 번째 부분(5-11절)은 그 질문에 대한 일종의 확장으로 이해될 수 있다. 그 두 번째 부분 또한 동일한 질문(ההיטב חרה לך – 하헤테브 하라 레카, "네가…성냄이 어찌 합당하냐?")을 포함하고 있는데, 이제는 박 넝쿨이 시든 것에 대한 요나의 분냄에 구체적으로 적용되고 있다. 요나가 "(나는) 합당하니이다!"(היטב – 헤테브)라고 대답하는 것과 성내어 죽기까지 할지라도 합당하다는 이어지는 요나의 항변은 요나서에서 보이는 그의 마지막 말들이다. 이런 각본을 통해 청중에게 다음과 같은 선택이 주어진다: 요나가 자신의 대적들을 "황당하고 어리석게"(von Rad, *The Message*, 269) 미워하는 것을 따라하든지, 아니면 세상을 하나님이 보시는 대로 자비가 필요한 세계라고 보든지 어느 한편을 선택하도록 하고 있다.

따라서 요나서는 4:1-4에 묘사된 것보다는 연대기적으로 더 이른 시기이기는 하지만, 논리적으로는 청자/독자에게 결론적인 도전을 던져 주는 요지의 내용으로 끝을 맺고 있다. 4장이 주는 교훈적인 힘은 1:16과 3:10에 있는 미래의 장면을 사전에 삽입하는 경우와 같이, 이런 비(非)연대기적인 과거 장면으로의 회상을 통해 제고(提高)된다. 4:1-4의 자료는 기다리고 있던 40일이 끝난 뒤에 나오는 것으로 이해되어야만 한다. 3:10이 청중에게 알려 주고 있는 것과 같이, 야웨가 정말로 그 성읍을 보존하셨다는 요나의 결론을 통해 요나의 기도가 드려진 뒤의 일이다. 그러나 박 넝쿨 이야기는 그 성읍에서 요나가 외치는 것이 끝난 뒤에, 그러나 3:10에서 묘사되고 있는 하나님의 결정이 요나에게 알려지기 전에 일어난 것이다. 그러므로 5절은 "그 성읍"(העיר – 하이르)을 세 번이나 언급하고 있다. 독자로 하여금 요나가 그 성읍 자체를 떠나도록 하는 지점의 시점, 즉 요나가 자신의 경고의 결과를 확실하게 알 수 있기 전의 시간으로 돌아가도록 해준다. 따라서 비록 1-4절의 배경은 이야기되고 있지 않을지라도, 4장의 본문에 있는 두 부분은 성읍 동쪽 밖의 배경이 설정되어 있는 것으로 이해되어야만 한다.

요나는 그 성읍의 동편에 그의 초막을 지을 장소를 선택했다(5절). 동편에 장소를 선택한 것은 그런 위치가 어떤 유리한 점이 되도록 하는 니느웨의 지리학적인 어떤 것 때문이 아니라, 요나가 그 성읍을 통과해서 여행한 뒤에 끝마친 곳이 바로 동쪽이었기 때문이다. 서쪽에서 왔기 때문에 요나는 서쪽에서 들어왔을 것이다. 자기에게 주어진 일을 마쳤을 때 요나는 자신이 동쪽에 있는 것을 알았을 것이고, 그 곳에서 관찰하러 나갔을 것이다. 다른 많은 메소포타미아의 성읍들과 같이, 니느웨의 환경은 상대적으로 살을 에는 듯한 바람이 부는 황량한 곳이었다. 그 성읍 외곽에서 요나는 자신의 초막을 짓기 위한 많은 돌들과 아마도 이미 화목으로 거두어지지 않은 형편없는, 아주 조금 남은 검불을 얻을 수 있었을 것이다. 6절에 묘사된 박 넝쿨은 부족한 자료 중에서 주어진 지붕 재료로서 요나에게는 정말 요긴한 것이었을 것이다.

본문에 사용된 하나님의 이름의 형태는 무작위적인 것으로 보인다. 야웨는 첫번째 부분(1-4절)에서만 전적으로 4번 사용되고 있다. 나머지 부분에서 야웨는 1번(10절), 엘로힘은 관사 없이 1번(9절) 그리고 관사와 더불어 1번(7절) 그리고 야웨-엘로힘은 1번(6절) 사용되고 있다. 후자의 경우는 구약의 다른 곳에서는 보편적인 복합적인 하나님의 이름이 요나서에서는 유일한 용법으로 쓰이고 있는 것을 보여 주고 있다. 하나님의 이름들의 다양한 형태에서 특별한 의미를 찾아보려고 한 시도들은 설득적이지 못했다. 그 이름들이 이야기 속에서 보이는 어떤 변화들 혹은 발전들에 대한 용법과 일치하지 않으며, 좋은 문체가 보여 주는 이야기의 다양성을 위한 의도적인 변화 이외에 그 이상으로 더 중요한 어떤 것도 없기 때문이다.

주석

1 도망한 요나의 원래 동기의 참된 본질에 대해 청중들의 마음속에 남아 있던 어떤 의구심도 요나가 하나님께서 니느웨를 용서해 주신 것에 대해 격노했다는 1절에 표현된 솔직한 주장에 의해 사라져 버린다. 히브리어에 사용된 어법(גדולה וירע אל־יונה רעה – 봐예라 엘 요나 라아 게돌라)은 문자적으로 "그것은 커다란 악/나쁜 것과 같이 요나에게 악/나쁜 것이 되었다"라는 의미다. 이것은 "악하다, 나쁘다"라는 뜻의 동사의 원형 라아(רעע)와 "악/잘못"이라는 뜻의 명사적/형용사적 원형 라아(רעה)의 동음이의어적인 익살스런 의미를 포함하고 있다. 따라서 이 어구는 히브리어로 불만을 표시할 수 있는 강한 요나의 불만을 표현하고 있는 것이다. 여기에 나오는 라아(רעה)는 "잘못된" 혹은 "끔찍한", 즉 요나에게 싫은, 불쾌한 그 어떤 것으로 인한 "곤경"과 밀접하게 관련된 의미로 쓰이고 있다. 동사 라아(רעע) 자체는 일련의 행동의 주체가 된다. "옳다, 권리를 가지다"라는 야타브(יטב)의 히필 의미에 있는 라아(רעע)의 반대 의미가 4절에서 하나님에 의해 사용될 때, 이 동사는 전혀 잊혀져 버릴 수 없기 때문이다. 요나는 하나님이 행하신 것을 싫어했다. 그것이 요나로 하여금 노를 발하게 했다. 만약 이것이 충격적인 것이라고 한다면, 그렇게 생각될 수도 있다. 화자는 자신의 영감된 목적에 따라 이야기를 주의 깊게 말하고 있다. 그 영감된 목적은 요나의 좁은 국수주의에 청중들이 연루되지 않도록 일깨워 주는 것이다. 요나는 요나서의 그 어느 곳에서도 전혀 영웅으로는 발견되지 않는다. 그러나 요나는 특별히 이기적이고, 소심하며, 감정적이고, 심지어 4장에서는 완전히 어리석기조차 하다.

요나는 정말 끝에서(5절) 하나님이 어쨌든 니느웨를 멸하실 것을 바라고 있었다. 요나는 이제 야웨가 그 어떤 것도 행하지 않고 40일이 지나도록 하실 수도 있었다는 것을 싫어했다. 그 어떤 일도 일어나지 않았다. 그 성읍은 일상으로 돌아갔다. 야웨는 몹시 싫어했던 니느웨를 파멸하지 않기로 하신 것이 분명했다. 야웨는 이 압제자들, 이 국제적인 무법자들의 기도를 들어주신 것이다! 야웨는 한때 이스라엘 백성들, 그 자신의 언약 백성들을 용서해 주셨던 것과 동일한 방식으로(출 32장), 이제 앗수르 사람들 즉 야웨 자신의 백성들의 대적들을 용서해 주신 것이다. 어떻게 야웨는 그런 일을 하실 수 있었을까?

2 사실상 요나는 야웨가 행해 오신 것을 어떻게 할 수 있을지에 대해 매우 잘 알고 있었다. 요나는 줄곧 그것에 대해 알고 있었으나, 그런 일이 일어나는 것을 목도하지 않기를 바랐다. 따라서 그의 기도는 야웨가 구약의 여러 곳에서 누구인지를 말하고 있는 그런 하나님으로 증명되는 것을 요나 자신이 내내 두려워했다는 사실을 애도했던 것이다. 이제 화자는 요나의 기도를 인용함으로써 1장에서 요나가 도망하게 된 동기를 완전히 드러내고 있다. 이것은 요나서 전체를 통해 표현되지 않은 채로 있었다. 계속해서 청중이 모르도록 숨겨두기 위한 것이 아니라, 요나가 느꼈던 내면의 갈등을 강조하기 위함이었다. 이를 통해 청자/독자로 하여금 이 이야기의 교훈적인 효과를 느끼도록 도와주고 있다.

요나는 야웨가 자신의 자비로운 속성에 따라 옳고 타당한 것을 행하지 않으시기를 원했다. 야웨가 이스라엘에게 주었던 받을 가치가 없는 사랑과 같은 것을 앗수르에게 보여 주시는 대신에, 야웨는 앗수르 사람들에게 회개할 기회를 주지 않고 그들을 징벌하셨어야만 했다. 요나서의 청중도 그런 생각에서 결코 예외적으로 벗어나지 않는다. 하나님이 우리의 대적과 함께 하시기보다는 우리와 함께 하신다고 생각하는 것이 항상 더욱 쉬운 일이다. 전쟁에서 어떻게 하나님이 대적의 편에서 계실 수 있는가? 이 때가 앗수르 제국, 바벨론 제국 혹은 바사(페르시아) 제국(등등) 그 어느 때이든지 간에, 요나의 이야기를 듣거나 읽은 이스라엘 백성들은 모두가 이방 제국에 의해 이루어진 예속 아래 있던 노기가 가득한 백성들이었다. 그들의 자연스러운 경향은 하나님이 그들과 함께 하시는 것이지, 그들의 압제자들과 함께 하시는 것이 아니라고 생각하는 것이었을 것이다. 그러나 그들은 하나님이 그들 자신의 이익을 위해서만 일하시도록 제한할 수 없었다! 요나가 두려워하던 것이 현실로 드러났을 때 요나가 보여 준 분개로 인해 청중의 만족스런 마음은 공격을 받게 된다. 아마도 요나는 "자신의 나라"(אדמתי – 아드마티)에서는 이와 동일한 많은 마음들을 볼 수 있었을 것이다. 그 사람들은 자신들의 대적에게 보인 하나님의 호의를 보기보다는 그들 자신들에게 내린 하나님의 진노를 견디고 있는 그런 사람들이었을 것이다. 요나는 그 자신의 말로 우리에게 그가 니느웨에서 전하라는 예언적 과제를 처음 받았을 때 왜 도망했는지에 대해 말한다. 요나는 앗수르 사람들에게 유익을 가져다주는 그 어떤 일도 하고 싶지 않았다. 따라서 요나는 하나님의 선하심을 불평하면서 하나님께 따지고 있는 것이다! 청자/독자는 선지자가 이렇게 노골적이고도 정직하게 반응하는 태도로부터 주춤하지 않을 수 없다. 요나의 접근법은 잘못되었다. 그러므로 만약 이와 비슷하다면, 청자/독자의 접근법 역시 잘못된 것이다.

말로 자신의 상황을 더욱 악화시키면서, 요나는 실제적으로는 일종의 신앙고백인 야웨의 은총에 대한 옛 고대(古代)의 양식을 인용하고 있다("주께서는 은혜로우시며 자비로우시며 노하기를 더디하시며 인애가 크시사…" 등등). 재앙을 돌이키는 문맥적으로 중요한 내용(נחם על־הרעה – 니함 알 하라아)에 없는 하나님의 속성들에 대한 이 목록은 구약에서 출애굽기 34:6에서 처음 발견되고, 그런 뒤에 민수기 14:18; 시편 86:15; 103:8; 145:8; 나훔 1:3; 느헤미야 9:17에서 보인다. 니함 알 하라아(נחם על־הרעה)라는 어구를 포함하고 있는 요나가 사용하는 어법은 니느웨의 상황에 매우 적절한 것인데, 요엘 2:13에서 **자구적으로** 발견된다. 요엘 2:14의 처음 네 가지 어휘 또한 요나서(3:9)에서 발견되기 때문에, 요엘서와 요나서 사이의 어떤 의존성이나(한 편으로 혹은 다른 편으로) 어떤 종류의 공통성이 무시될 수는 없다. 그러나 증거가, 결정하기에는 또다시 너무나 빈약하다. 어쨌든 이 고대 형식을 인용함으로써 요나는 자신이 그 곳에서 외친 뒤에라도 니느웨가 멸망당하는 것을 보기를 바라면서(4:5), 가능한 곳에는 어느 곳이나 자비를 보여주시는 하나님 자신의 자연적인 속성을 어떻게 해서든지 하나님이 실제적으로 억눌러 참아 주실 것을 기대하고 있었음을 설득력 있게 고백하고 있다. 요나가 스스로 니느웨에게 호의를 느끼도록 할 수 없었던 단순히 그런 경우가 아니었다. 그런 것이 아니라, 놀라울 정도로 요나는 하나님을 참을 수 없었던 것이다!

3 요나는 사공들에게 자신을 바다로 던지라고 요청했을 때(1:12) 자신의 생명은 끝난 것이라고 생각했었다. 그것은 끝이 아니었다. 하나님이 물고기를 통해 물에 빠져 죽어 가는 요나를 자비로 구원해 주셨기 때문이었다. 이제 요나는 야웨 자신에게 자신의 생명을 끝내 달라고 요청한다. 열렬한 국수주의자는 야웨가 니느웨를 자비롭게 구원해 주셨다는 사실을 견딜 수가 없었다. 구원은 요나에게는 지당한 것이었지만, 그 대적의 중요한 성읍에는 그렇지 않았던 것이다. 하나님이 이스라엘의 대적들조차 용서한 세상에서 요나는 살고 싶지 않았던 것이다. 요나는 열왕기상 19:4에서 엘리야가 요구했던 것을 되새기면서 바로 죽는 것을 요청한다. 죽음은 적어도 현재 요나가 느끼는 괴로움에서 그를 벗어나게 해줄 수도 있을 것이다(Daube, *Donum Gratulorium*, 97-98를 참조하라). 요나는 실제로 사는 것보다

죽는 것을 원했을 것이며, 이것을 과거 장면으로의 회상에서 다시금 인용될 문장(8절)을 가지고 강조하고 있다.

본 절은 "이제(그러므로)…"라는 뜻의 베아타(ועתה)라는 히브리어로 시작한다. 이 어휘는 종종 서문에 이어 나오는 기도, 서신 혹은 연설의 중심적인 요점을 시작하는 요소로서(참조. 창 44:33; 사 5:3, 5; Brongers, "*wᵉʿattāh* im AT", *VT* 15 [1965] 296-97), 말하고자 하는 요점은 이 어휘 위에 그 토대를 두고 있다. 이 구조에서 요나가 죽음을 요청하는 것은 야웨가 자비로운 하나님이시라는 사실 위에 공식적으로 서술되고 있다. 요나는 자신의 은총을 단지 이스라엘에게만 한정짓기를 거부하신 하나님인 야웨를 용서해 주고 이렇게 참느니 차라리 죽는 것을 원했을 것이다.

4 야웨는 요나의 태도를 나무라고 동시에 이스라엘 안에 있는 청중을 치면서 수사학적인 질문을 가지고 통렬하게 반응하셨다. "너의 성냄이 어찌 합당하냐?"라는 히브리어의 세 가지 어휘들(ההיטב חרה לך – 하헤테브 하라 라크)은 이 부분을 설득력 있게 결론을 맺고 있으며, 화자의 교훈적인 요지를 훌륭하게 드러내 주고 있다. 아무런 유익함도 없이 요나는 화를 내고 있다.

야웨는 요나가 죽기를 요청하는 것을 괘념치 않으시는 점을 주목하라. 그 요청은 좌절과 좁은 마음에서 터져 나온 어리석은 것이었다. 야웨는 응답함으로써 그 요청을 존중해 주지 않으셨다. 문제의 핵심은 요나의 현 상태가 아니라, 그의 좁은 태도였다. 그렇다면 요나는 야웨의 질문에 어떤 논리적인 대답을 할 수 있었는가? 물론 아니다. 3절에 있는 요나 자신의 고백은 그를 나무라고 비난한 것이다. 만약 야웨가 용서하시는 하나님이라면, 그리고 요나가 그의 종이라면, 야웨가 니느웨에게 행하신 것에 대해 정말로 요나가 화를 내야만 할 어떤 권리를 가지고 있는 것이란 말인가? 요나서를 결론짓고 있는 종결부가 토대를 두고 있는 것은 바로 이 질문이다. 그 질문은 과거 회상 장면으로의 전환을 이루는 것으로 요나와 또한 청중에게 던지는 하나님의 도전을 제고(提高)하고 확대하는 역할을 하고 있다.

5 5절을 가지고 화자는 요나가 여전히 그 성읍에 대해 던진 자신의 경고의 결과에 대해 확신을 가지고 있지 않았을 지점으로 과거 회상 장면으로의 전환을 시작한다. 요나는 마지막까지 완고하고 일관성이 없는 채로 남아 있었다: 대적에 대해 하나님이 분명하게 보이시는 염려와 배려에 반대하는 자신의 입장에 대해서는 완고하지만, 자신에 대한 하나님의 염려와 배려의 혜택에 대해서는 전적으로 행복해했다는 점에서 일관적이지 못하다. 교훈적인 목적을 위해서는 청중이 요나서의

끝에서 다음과 같은 매우 선명한 그들의 기억을 가진 채로 남겨지게 된다는 것이 이점이고 유익한 면이다. 즉 청중은 다른 어떤 것보다 설득력 있는 한 사건이 요나는 잘못한 것이며 하나님은 옳은 것이라는 사실을 보여 주는, 그런 가장 선명한 기억을 가지게 된 것이다. 따라서 화자는 박 넝쿨의 이야기를 선택해서 요나서의 절정인 종결부의 위치에 놓았다. 이렇게 함으로써 자신의 영감된 목적을 솜씨 있고 능숙하게 이루어냈다.

그러므로 본 절을 시작하는 동사들(봐예체[ויצא, "나가서〈나갔었다〉"]와 봐예셰브[וישב, "앉되〈앉았었다〉"])의 의미는 과거완료인 것이 거의 확실하다. (4-11절의 연대기적인 국면에 대한 질문에 대해 이루어진 견해들에 대한 평가를 위해서는 L. C. Allen, 231, n. 16을 보라). 요나서에 있는 연대기적으로 마지막인 어휘들은 4절에 있는 하나님의 말씀들이다. 5절은 연대기적인 것은 아니고 "너의 성냄이 어찌 합당하냐?"라는 어휘들에 대해 다시 시작하는 요약적인 것이기 때문이다. 5절로 시작하는 이야기는 반대적인 그 자신의 항변에도 불구하고, 요나는 전혀 아무런 권리가 없다는 것을 보여 준다.

우리는 니느웨의 서쪽에서 전하기 시작한 요나가 그 성읍을 통과해서 빠져 나왔을 때는 동편에 있었던 것이라고 추정해야만 한다. 그 곳에서 요나는 바깥으로 좀 떨어진 곳, 즉 그 성읍을 한눈에 볼 수 있는 곳이라 여겨지지만 내러티브에는 구체적으로 언급되어 있지 않은 곳으로 갔다. 요나는 "성읍이 어떻게 되는지"를 보기 원했기 때문에, 즉 그는 여전히 소돔-고모라와 같은 형태의 파멸을 목격할 수도 있다는 것을 바랐기 때문에 일시적인 거처인 초막을 지었다. 여기에 사용된 어휘인 쑤카(סכה)는 초막절(장막절)에 이스라엘 백성들이 거처로 사용한 것, 즉 그늘을 만드는 단순한 오두막이다(참조. 레 23:40-42). "사십 일"(3:4)은 불명확한 용어이기 때문에, 요나는 아마도 한 달 반 정도를 기다렸을 것이다. 그러나 요나는 도전에 전혀 움츠러들지 않는 사람이었다. 개인적인 두려움은 그의 과거 행위들과 아무런 관계가 없었다. 그래서 요나는 조야한 처소를 지었고, 바라던 장관(壯觀) 즉 야웨가 니느웨에 가져오실 재앙을 기다리기 위해 자리를 잡은 것이었다.

6 메소포타미아 지역에서 목재는 지금과 같이 그 때도 드물었다. 목재는 수입되는 품목으로 값이 비쌌다. 요나의 처소는 그가 사용할 수 있는 흔한 재료들인 돌 그리고/혹은 진흙으로 지었음이 틀림없다. 그의 처소를 위해 정말로 필요한 그럴듯한 지붕은 나무로 만들어진 기둥들이 필요했을 것이다. 그런 재목들 대신에

요나는 이미 화목으로 쓰이지 않은 그 지역에 있는 수풀 그리고/혹은 나무들에서 그가 발견할 수 있었던 가지들을 사용했을 것이라고 우리는 생각할 수 있다. 달리 말하면, 그의 처소는 이스라엘 백성들이 포도와 올리브 수확기에 그들의 포도원에 세웠던 지붕들과 전혀 같지 않은, 지붕이 없는 초막이었을 것이 거의 분명하다. 기다리는 이 시간에 요나가 물을 얻었고 음식을 샀던 곳은 이 이야기에서 중요한 의미를 가지고 있지 못하다. 어느 시대에나 성읍들 가까이에 있는 여행자들이나 방문객들은 대개 음식과 물을 찾으려고 노력했기 때문이다. 여기서 문제가 되는 것은 태양을 가리는 요나의 보호책으로, 이것은 고대 근동에서 낮 시간 동안 야외에서 지내는 모든 사람들에게 중요한 문제였다.

야웨 하나님(야웨와 결합된 엘로힘은 요나서에서는 오직 여기서만 독특하게 쓰이고 있는데, 이것은 아마도 단순히 다양성을 나타내 주는 것일 것이다. 그러나 이런 형태는 구약의 많은 곳에서 볼 수 있는 보편적인 결합이다)은 박 넝쿨이 요나에게 그늘을 드리우게 함으로써 요나에 대한 배려와 관심을 보여 주기 위해 일에 가담하셨다. "준비했다"(מנה – 마나)라는 어휘는 2:1에서 하나님이 물고기를 준비하실 때 이미 사용된 용어다. 하나님은 이 곳에서 다시금 요나를 위해 구체적으로 행하셨다. 청중은 그 비교를 놓칠 수 없을 것이다. 화자 또한 "곤경"의 또 다른 의미를 가지고 있는 라아(רעה)를 사용해서 박 넝쿨이 개인적 불편함인 "요나의 괴로움을 면케" 해주었다고 언급하고 있다. "괴로움을 면케 하다", "해악으로부터 구해 주다"라는 의미의 하칠 메라아(הציל מרעה)라는 모든 용어는 이중의 의미를 가진 어휘나 어구(*double-entendre*)와 같은 것으로 의도된 것이 거의 분명하다. 이 어구는 하나님이 지금 요나를 위해 행하고 계시는 것뿐만 아니라, 하나님이 이미 니느웨를 위해 행하기로 결정하셨던 것에도 적용될 수 있을 것이기 때문이다. 이 경우에 요나의 "괴로움"은 단순히 그의 육체적인 불편함을 말하는 것이었다. 요나는 이제 막 파멸될 성읍에 머무르는 것을 결코 선택할 수 없었을 것이다. 그렇다고 바깥 광야에 사는 것도 결코 행복한 일이 아니었다.

본문은 문자적으로 "요나가 박 넝쿨을 인하여 심히 기뻐하였더니"라고 말한다. 요나의 행위들은 그의 일관적이지 못함을 드러냈다. 박 넝쿨은 갑자기 나타나서 매우 빠르게 자랐다(10절). 요나는 이 또한 하나님으로부터 자신에게 주어지는 자비로운 선물이라는 점을 분명하게 알 수 있었을 것이다. 그러나 그런 선물들은 그의 대적들, 즉 자신의 백성들의 대적들에게는 주어지지 않을 때에만 그에게 좋은 것이었다. 하나님의 진노로부터 구원된 것에 대해 니느웨에서 이루어진 전반적인 기쁨은 요나를 분노하게 만들었을 것이다. 그러나 하나님의 순전한 은총의 행위로 인해 기인되는 그 자신의 특별한 행운은 커다란 즐거움이었다. 박 넝쿨은 놀라운 평안을 가져다주었다! 박 넝쿨의 두껍고 넓은 잎들은 요나에게 서늘한 그늘을 드리워 주었다. "덜어 주다, 해방하다", "구원하다"라는 의미의 히브리어 하칠(הציל)은 "그늘이 지게 하다"라는 의미의 히브리어 하첼(הצל)과 매우 밀접하다. 이것은 아마도 화자가 사용하고 있는 동음이의(同音異義)의 익살스런 표현에 대한 또 다른 증거일 것이다.

7 기어오르는 박 넝쿨은 단지 하루 동안만 그늘을 드리워 주었다. 그 기간은 요나에게 그 혹독한 밤을 지나면서 크게 감사하기에 충분할 정도의 시간이었다. 그러나 박 넝쿨을 통해 하나님이 얻으려고 했던 목적은 요나에게 배려와 긍휼에 대한 그 무엇인가를 가르쳐 주려고 하신 것이었다. 그래서 하나님은 뿌리나 줄기를 갉아먹게 함으로써 박 넝쿨을 죽이기 위해 종류가 구체적으로 언급되지 않은 "벌레"(תולעת – 톨라아트)를 "준비하셨다"(이전과 같이 봐예만[וימן]). 박 넝쿨의 정확한 본질에 대한 생각, 즉 어떻게 그런 식물이 그렇게 빠르게 자랄 수 있는 것인지 혹은 그 벌레의 속성과 어떻게 그렇게 빨리 그런 벌레들이 먹어치울 수 있는 것인지에 대한 생각은 무익한 것이다. 해리 향 식물(rinicus)은 그 줄기에 가벼운 상처만 입어도 쉽게 죽을 수 있다는 사실은 그 식물이 어떤 것인지 알아내는 데 중요한 고려사항이 되어야만 한다. 그러나 기적들의 매체들을 설명하려고 하는 시도들은 대개 실패하고 말았다. 물고기의 경우가 그랬던 것처럼, 박 넝쿨과 벌레는 야웨의 명령으로 특별하고 비범한 과업을 수행했다. 이것이 그것들에 대해 모든 청자/독자들에게 이야기된 내용의 전부다. 그 박 넝쿨은 잘려져서 시들어 죽었다. 그 잎은 요나의 오두막집 지붕, 그러니까 요나의 머리끝을 위한 그늘을 더 이상 드리워 주지 못했다.

8 박 넝쿨이 죽은 날은 결코 일상적인 날이 아니었음이 틀림없다. 하나님은 다시금 요나에게 영향을 끼치는 자연의 한 요소를 특별히 준비하셨다(וימן – 봐예만). 또다시 바람이었다(참조. 1:14). 이번에는 그렇게나 뜨겁고 쇠약케 하는("원문주해" 8.a.를 보라) 동풍이라서 그 바람은 요나에게서 안락한 모든 것을 앗아가 버렸다. 이 바람은 아마도 열풍(熱風)이라고 불리는 것이었을 것이다. 즉 이 열풍은 혈관 수축 물질인 세레토닌과 다른 뇌 전달 물질의 기준에 영향을 주는 양이온이 가득한 지속적으로 뜨거운 공기라서 소진, 우울증, 비현실감 그리고 때로는 기괴한 행동을 야기했을 것이다. 몇몇 회교 국가들에서는 열풍이 부는 동안 감행된

범죄에 대한 징벌은 법관의 판별 아래에서 경감되기도 한다. 그렇게 지속적으로 부는 뜨거운 바람은 사고와 행동에 영향을 미치기 때문이다.

여기에 하나님은 하늘이 구름 한 점 없도록 해서 해가 요나에게 내리쬐게(נכה – 나카, 문자적으로는 "공격했다": 이 동사는 벌레가 박 넝쿨에 행한 행위를 묘사하는 데 사용된 것과 동일한 것임) 하셨다. 적어도 요나의 처소가 있는 곳에 극단적으로 숨이 막힐 듯한 그런 날씨는 요나로 하여금 일사병/열로 쓰러지는 현상, 육체적인 나약함과 정신적인 고뇌 혹은 우울증과 같은 일반적인 징후들을 경험하도록 했을 것이다("혼곤하다[덮다]"라는 뜻의 알라프(עלף)의 히트파엘은 오래 지속된 갈증으로 인해 절대적으로 나약해진 것을 묘사하는 암 8:13에 쓰이고 있다).

그때 요나는 죽기를 호소하는데, 이것은 청중이 4절로부터 이미 알고 있는 대로 그가 후에 완고하게 반복한 동일한 호소다. 호렙/시내산에서 절망적인 상태에 있던 엘리야가 한 말들(왕상 19:4)을 반영해 주고 있는 요나의 말들은 고통 받고 있는 선지자의 말들이다. 예레미야(렘 20:7-18) 혹은 모세(민 11:10-15) 혹은 엘리야와 같이 요나는 자신이 정당한 이유를 위해 비참함을 견디고 있는 것이라고 정말로 믿고 있었던 것이 분명하다. 요나는 자신의 백성인 이스라엘을 대신해서 마지막에 이르기까지 줄곧 니느웨의 파멸을 목도하기를 원했다. 그러나 주변의 상황은 너무나 힘들어서 요나는 그 상황들을 견딜 수가 없었다. 요나는 여전히 자신이 어떻게 잘못되었는지를 깨닫지 못하고 있다. 그의 관점에서 보았을 때, 모든 것이 그를 위해서는 잘못되어 버린 것이며, 그는 단순하게 더 이상 그런 상황을 견딜 수 없었던 것이다.

9 바로 그때 하나님이 말로 일에 간섭하신다. 박 넝쿨의 사건은 괴로움을 주는 골칫거리로서가 아니라, 하나님의 입장에 맞서는 요나 자신의 입장의 일관성이 없는 그 어떤 것을 요나에게 가르치기 위한 개관적인 교훈으로서 계획된 것이었다. 비록 여기서 하나님이 "박 넝쿨로 인하여"라는 어구를 첨가하고 있을지라도, 하나님은 "네가…성냄이 어찌 합당하냐?"(ההיטב חרה לך – 하헤테브 하라 라크)라는 자신의 이전 질문을 구성하고 있는 것과 동일한 어법을 가지고 자신의 질문을 시작했다. 성을 내는 권리에 대한 이 질문은 요나서 전체의 중심이며, 화자가 전개하고 있는 이야기에서 화자가 말하려고 하는 요지의 중요한 핵심이다. 하나님은 우리에게만 호의적이어야 하고 다른 사람들에게는 호의적이어서는 안 된다는 것을 주장해야만 하는 우리가 가진 권리는 무엇인가? 박 넝쿨의 특별한 문제에 대해 질문을 축소시킴으로써, 하나님은 요나가 그 자신의 말로서 자신을 정죄하도록

하는 방법으로 그 질문의 초점을 맞추시고 있다. 요나는 단지 자신의 말과 같이 그렇게 행했다.

하나님에 대한 요나의 답변은 하나님이 말씀하시려고 하는 요지에 더욱 적절한 것이 될 수 없었다. 요나는 그 박 넝쿨이 자신에게 중요한 것이었다는 것을 가능한 한 강한 용어들로 주장했다. 그 박 넝쿨은 요나의 안목에 중요한 것이었다! 그는 그 박 넝쿨을 사랑했다! 그 박 넝쿨은 요나를 기쁘게 했다! 이제 그 박 넝쿨은 죽었고, 요나는 분개하고 있다. 요나는 사는 것보다 죽는 것이 낫다고 할 만큼 그 식물을 잃은 것에 대해 성을 내고 있다.

그 주장 속에서 하나님은 이제 자신이 요나가 있기를 원하는 곳에 그가 있도록 하시고 있다. 요나는 자신의 자유의지 가운데서 어떤 식물이 살아야 할 현저한 가치가 있는 것, 즉 그 자신에게 매우 중요한 관심의 대상으로 선언했다. 요나는 그 식물이 죽어 없어진 것에 대해 성을 냈다. 그 박 넝쿨이 죽은 것은 끔찍하게 잘못된 것이다!

10-11 그렇다면 니느웨가 멸망당해야만 한다는 것은 어떻게 옳은 것일 수 있는가? 만약 박 넝쿨을 위해 옳은 것이 아니었다면, 니느웨를 위해서는 어떻게 옳은 것이 될 수 있는가? 요나는 비록 노력했다고 하더라도 그 질문에 대한 좋은 대답을 줄 수 없었을 것이다. 요나서는 야웨 자신으로부터 나오는 설명, 즉 요나의(그리고 청중들의) 좁은 배타주의에 대한 분명하고 설득력 있는 주장으로 끝을 맺는다.

야웨의 말은 아끼는 것(חוס – 후쓰)에 초점을 맞추고 있다. 요나가 기뻐하고, 성을 내며, 실망하고, 좌절하며 그리고 그 박 넝쿨과 관련해서 그가 경험했을 수 있는 다른 모든 감정들은 모두가 아끼는 것과 관련된 국면들이다. 마찬가지로 야웨가 니느웨를 향해 느끼실 수도 있었을 다양한 "감정들"은 야웨 자신이 그것을 아끼셨다는 진술로 요약될 수 있다. 달리 말하면, 야웨는 **요나가** 한 식물을 위해 행할 권리를 가졌다고 주장한 것을 단지 니느웨를 위해 행하고 계셨던 것이다. 후쓰(חוס) 동사는 "염려하다"와 "관심을 가지다" 둘 다를 의미할 수 있고, 또한 능동적인 관심을 보이는 것, 심지어는 사무엘상 24:11과 에스겔 24:14에 있는 대로 "용서하다(아끼다)"(대개 알[על]과 함께 쓰임)라는 의미를 나타낼 수도 있다. 따라서 야웨는 이 어휘들을 통해 니느웨를 염려하는 마음을 가질 권리뿐만 아니라 니느웨의 유익을 위해 간섭하는 자신의 권리를 거의 확실하게 선포하신 것이다.

하나님의 말씀은 박 넝쿨의 가치와 니느웨의 가치를 비교하고 있다. 박 넝쿨은 단지 하나의 식물에 불과하다. 오나는 그것에 대해 전혀 수고를 하지 않았고, 그 식물은 단지 하루만 살았다. 그러나 니느웨는 그 당시에 중요한 성읍이었고 (העיר הגדולה – 하이르 하게돌라, 참조. 1:2 등등) 많은 인구가 살았던 성읍이었다 (니느웨의 인구에 대해서는 아마도 대략적인 숫자가 인용된 것일 것이다[Rudolph, *Jona*, 368, n. 15]. 즉 약 12만, 이 문제에 대해 가장 상세한 최근의 연구인 Wiseman, *TynB* 30[1979] 35-42를 참조하라). 어느 것이 더 중요하고, 더 아낄 가치가 있는 것인지에 대한 어떤 의혹이 있을 수 있겠는가?

이외에도 더 많은 이유가 있다. 하나님의 말씀은 지식이 부족하거나 무죄하다는 관용어구를 써서 니느웨의 사람들이 "좌우를 분변치 못한다"고 지적해 주고 있다. 표현의 정확한 의미는 분리해서 말하기가 어렵다. 마치 전체 인구가 너무나 많아서 단지 유아들만 10만 명 이상의 수가 되는 것처럼, 이 숫자는 유아들 자체만을 가리키고 있는 것 같지는 않다(가장 근접한 구약의 병행적 구조는 사 7:15-16에 있음). 처음 두 어휘인 야다 벤(ידע בין, "…사이를 분변하는")은 구약의 다른 곳에서는 오직 그 어휘들이 분별할 능력이 없는 것을 분명하게 보여 주는("좋고 흉한 것 사이") 사무엘하 19:36[35]에서만 나타난다. 요나 4:11과 연관되어서 때때로 인용되는 신명기 1:39에 있는 표현(ידע טוב ורע – 야다 토브 봐라, "선악을 분변하는")은 실제적으로는 다른 관용어구, 특별히 "선악을 알게 하는 나무" 즉 "지식의 모든 종류"(셈어적 분절에서 전체를 나타내는 양극인 선과 악)라는 어구를 쓰고 있는 창세기 2:17에서 사용된 것과 본질적으로 같은 것이다.

니느웨 사람들이 보이고 있는 이런 "지식이 없음"의 상태는, 아마도 그들은 야웨의 관심(1:2)으로 다가오게 한 곤경(רעה – 라아)으로부터 그들을 구원해 줄 그런 결정을 내릴 수 없다는 것을 의미하는 것일 것이다. 전체적인 표현("좌우를 분변치 못하는 자")은 곤경에 처한 니느웨 사람들을 아끼시는 것을 보여 주려는 야웨의 선포된 의도를 유지하면서 "무력한" 혹은 "가엾은"으로도 번역될 수 있을 것이다. 이것은 요나 그리고 아마도 대부분의 이스라엘 백성들의 다음과 같은 생각에 비추어 볼 때 매우 중요한 점이다. 즉 요나와 대부분의 이스라엘 백성들은 니느웨 백성들은 어떤 비참함이 그들 위에 내릴지라도 모든 면에서 그에 대한 온전한 책임이 있는 것이라고 생각하고 있다. 야웨의 말씀들은 니느웨 백성들은 도덕적으로 무죄하다는, 즉 예를 들어 그들은 나훔서와 다른 구약의 예언서들에 상세하게 기술된 그들의 많은 범죄들에 대해 무죄하다는 암시적인 의미로 해석되어야만 한다는 것을 말하고 있는 것 같지는 **않다**. 백성들 스스로가 그들이 잘못한 것을 회개함으로써 인정하고 있다(3:5). 그리고 왕실 조서는 명백하게 그렇게 말하고 있다(3:8). 오히려 이 앗수르 사람들은 다른 의미에서 "무죄하고" 분별력이 없다는 것이다: 그들은 어떻게 벗어날 줄 모르는 그들의 곤경들에 의해 덫에 걸려 있다. 그들의 곤경들은 그들이 지은 어떤 특별한 죄, 특별히 그들이 번성했던 동일하게 악한 다른 시대 이후로 지은 죄의 결과일 필요는 없을 것이다. 달리 말하면, 이스라엘의 부침(浮沈)이 하나님의 율법에 신실한 것과 관련되어 있지 않았던 것과 같이, 대부분의 앗수르 역사 동안 이루어진 앗수르의 부침들도 하나님의 율법에 신실한 것과 관련되어 있었던 것이 아니다. 긴 안목으로 보면, 하나님에 대한 죄는 이스라엘의 파멸의 원인이 되었던 것과 같이(왕하 17장), 앗수르의 파멸의 원인이었다(습 2:15). 그러나 짧은 안목으로 보면, 즉 이런 나라들의 궁극적인 파멸 이전의 어느 때에 실제적으로 주어진 때에서 보면, 그들은 그들이 지은 죄의 강도에 직접적으로 관련된 징벌들의 대상들은 아니었다(참조. 왕하 17:14). 니느웨는 요나의 방문이 있기 전에 커다란 악에 대해 벌을 받지 않고 지날 수 있었다. 그리고 그런 상황은 또다시 주전 611년 앗수르가 결국 멸망하기까지 또 다른 한 세기 반의 시간을 그렇게 지날 수 있었다. 여기서도 그 죄악에도 불구하고 그 성읍이 감내해 오고 있었던 비참한 상황들은 야웨를 움직여 탈출의 수단을 제공하도록 했다. 요나의 선포는 니느웨 백성들 앞에 다음과 같은 두 가지 선택을 놓았다: 회개하고 구원을 얻든지, 아니면 교만하게 계속적으로 죄를 짓고 완전히 멸망하든지 하는 것이다. 야웨는 이런 선택을 한 백성에게 순전한 은총을 제시하셨다. 그 백성은, 죄를 짓는 것 외에는 아는 것이 없고 그들의 당면한 어려움들(3:6, 7에 대한 "주석"을 참조하라)로부터 오직 하나님의 권위에 의한 명령을 통해서만 구원받을 수 있었던 그런 백성이었다.

요나서의 마지막 부분에서 동물들을 언급하는 것은 종종 주석가들을 당황스럽게 하고 잘못 해석하도록 했다. 이 부분은 마지막으로 익살스러운 뜻밖의 전개를 나타내는 것으로 생각되었다. 특별히 요나서에 일반적으로 나오는 동물의 삶에 대한 내용뿐만 아니라(물고기와 벌레) 베옷을 입은 동물들에 대한 이전의 내용(3:8)은 어느 정도 익살스러운 것으로 생각되었기 때문이다. 다른 한편으로 구약에서 동물들, 특별히 가축들이 중요하게 여겨지는 것과 같이, 마치 여기서 동물들은 인간과 실제적으로 동등된 것으로 선언되고 있는 것처럼 여겨지는 것을 볼 때, 동물의 지위를 너무 존중해 주고 있는 것일 수 있다. 그렇지만 동물들에 대한 내용은 오히려 다음과 같은 단순한 요지를 보여 주는 것이다: 비록 니느웨에 있는 어리석은 동물들만을 위하는 것이라 할지라도, 하나님은 니느웨를 구할 모든 권한을 가지고 계신다! 그 동물들**만 하더라도** 요나가 그렇게나 집착했던 박 넝쿨의 가치보다 더 나은 가치를 가지고 있는 것일 수 있다. 만약 요나의 생각에 그 가련하고 무고한 박 넝쿨이 죽은 것이 불합리한 것이라고 한다면, 어떻게 요나는 단지 그 주인이 앗수르 사람들이라는 단순한 이유로 인해 야기되는 셀 수 없이 많은 가축들의 죽음을 즐길 수 있단 말인가?

물론 동물들은 **사실상**(*ipso facto*) 무죄하며 또한 지적인 힘을 결여하고 있기 때문에, 그 동물들이 언급되고 있을 가능성이 있다. 이를 통해 요나와 청중들은 동물들과 마찬가지로 니느웨 사람들도 무고하고 어리석다는 사실을 이해할 수도 있었을 것이다. 그러나 동물을 언급하는 더욱 그럴듯한 이유는 동물들은 야웨의 주장이 토대를 두고 있는 가치 있는 범위의 수치에서 중간을 차지하고 있다는 것이다. 즉 니느웨의 백성들은 엄청난 가치를 가지고 있다. 그들은 인간들이다(אדם – 아담). 그리고 그들은 그 당시의 가장 중요한 성읍의 백성들이다. 다음으로 동물들(בהמה – 베헤마)은 그 가치가 조금 덜하기는 하지만 여전히 어떤 나라 혹은 성읍의 경제에 있어서 중요하다. (고대 세계에서는 노예들과 같이 가축을 소유하고 있는 것은 개인의 가치의 척도가 되었다; 예를 들어, 창 12:16; 32:5; 욥 1:3; 42:12). 다른 한편으로, 박 넝쿨은 가장 가치가 덜하다. 동물들과 비교했을 때, 하나의 작은 식물은 어떤 이유에서라도 큰 중요성이 전혀 없었을 것이다. 더욱이 많은 사람들과 비교했을 때, 한 식물은 사실 중요한 것이 되지도 못한다. 요나는 하루 동안 생명을 지속했던 식물의 가치를 위해 격렬하게 주장하고 있는 것이다(9b절). 하지만 요나는 그 모든 백성들과 가축들을 가진 니느웨의 가치를 대항해서 설득력 있는 좋은 주장을 할 수가 없었다.

해설

"너의 성냄이 어찌 합당하냐?"라는 질문은 청자/독자에 대한 요나서 4장의 도전이다. 4절과 9절에서 요나에 대한 하나님의 질문은 또한 요나서의 청중들에 대한 하나님의 도전이다. 비록 그 질문에 대한 대답은 자신들의 경쟁자들과 전쟁들 속에 있는 세상의 나라들 가운데서 하나님이 편을 들어주실 것을 항상 기대하는 사람들에게는 매우 불편한 것일지라도, 그 질문에 대한 대답은 복잡한 것이 아니다. 요나가 받아들이고 수긍하는 것과 같이, 하나님은 그렇게 하는 것이 자신의 본성이라는 사실에 토대를 둔 옳은 것을 행하신다(2절). 그러므로 어느 누구도 하나님이 그 자신의 본성에 따라 행하시는 것에 대해 정당하게 성낼 수가 없다.

니느웨는 과거와 미래의 그 많은 죄에도 불구하고 구원받아야만 했다. 니느웨 백성들은 말씀으로 그리고 권능의 행함으로 이루어진 계시의 이스라엘 역사를 가지고 있지 않아서 영적으로 무능했을 수 있다(11절). 인간적인 견지에서 보면, 그들은 그들이 겪어 온 모든 비참함과 그 외의 전적인 파멸을 받아 마땅하다. 이 우상 숭배자들(우상 숭배는 구약의 용어로 보면 명백히 어리석은 것임; 참조. 사 44:9-20; 호 13:2)은 완전히 반대되는 신학과 혐오스러운 행위의 기록을 가지고 있을 수 있다. 그러나 그들은 하나님의 말씀이 전해졌을 때 그 말씀을 믿었고(3:5), 비록 그 결과가 일시적인 것이기는 했지만, 하나님은 그들의 진지한 회개를 받아들이셨다.

하나님이 행하신 것은 **옳았다**. 니느웨는 그 많은 반대할 만한 특성들이 있음에도 불구하고 커다란 본질적 가치를 가지고 있었다. 니느웨는 그 당시의 중요한 성읍이었고, 많은 인구를 가지고 있었으며, 심지어는 그 많은 가축들로 인해 중요한 가치가 있었다. 단 하나의 식물이 커다란 가치를 가졌다고 격정적으로 주장한 요나는 그럴 권리가 분명히 없을 뿐만 아니라, 어느 누구도 하나님이 니느웨에서 발견하신 가치의 타당성에 대해 의구심을 가질 권리가 없다. 그런데 요나는 그 모든 일을 죽을 정도로 싫어했다. 말하자면, 요나는 이와 관련해서 이미 죽음에 이를 정도로 한 번 하나님의 뜻을 거절했다(1:12). 스스로 자신에게 끝까지 완고하고 회개하지 않았기 때문에, 요나는 하나님이 자신의 백성인 이스라엘의 대적에게 긍휼과 은총을 베푸시는 것을 볼 수가 없었다. 요나는 신실했고, 헌신되었으며, 정직했고, 심지어 용감하기조차 했다. 비록 요나가 가지고 있는 원칙들은 비뚤어졌을지라도, 그는 너무나 교조적이었다. 4장에서 요나의 입장이 좁은 것과 궁극적으로 일관성을 결여하고 있는 것이 적나라하게 드러나고 있다. 요나는 자신을 위한 하나님의 자비로운 구원을 받아들이며 찬양하기까지 했다(2:3-10). 그리고 요나는 그 자체로는 실제적으로 그런 아끼는 배려를 얻을 수 없는 어떤 것에 대해 깊이 아끼는 느낌이 무엇인지 알고 있는 것을 보여 주고 있다(4:10). 그러나 요나는 야웨가 마찬가지로 행하시는 것을 보기보다는 차라리 죽는 것을 원했다(4:3).

물고기는 요나에게 주신 선물이었다. 물고기는 그를 죽음에서 구해 주었다. 요나는 그런 구원을 받을 자격이 없는 것이 분명했다. 박 넝쿨 또한 요나에게 주신 선물이었다. 요나는 그것을 얻기 위해 아무것도 한 것이 없었다(4:10). 그렇다면 왜 하나님은 동일한 방법으로 니느웨가 받을 자격이 없는 그 어떤 것을 니느웨에게 주실 수 없다는 것인가? 요나는 성을 내야만 하는 어떤 권리가 있는 것인가? 우리는 그런 축복을 받을 만한 어느 것도 하지 않은 사람들, 그룹들, 조직들, 나라들을 하나님이 축복하시는 것에 대해 성낼 그 어떤 권리가 있는 것인가? 우리는 세상 나라들 혹은 사람들의 어느 누구에게, 혹은 압박받는 사람들 혹은 압제자들에게, 혹은 평화를 사랑하는 자들에게 혹은 전쟁을 일으키는 자들에게 보이신 하나님의 은총에 대해 정당하게 분개할 수 있고 비난할 수 있는가? 오로지 **우리** 나라만이 오로지 **하나님의** 나라라는 일반적이고 암묵적인 가정에는 어떤 의미가 있는 것인가?

율법의 "더 중한 바"는 자비를 포함한다(마 23:23). 모든 사람들 가운데서 우리에게 주어진 자비의 은혜를 입은 우리는 기꺼이 그 자비를 다시 보여 주어야만 한다(마 18:33). 요나는 하나님은 은혜로우시며, 긍휼하시고, 믿을 만하시며, 신실하시다는 것을 줄곧 알고 있었다. 그리고 하나님은 죽음으로부터 측은히 여기게 되는 원인을 발견할 때마다 죽음을 가져오지 않게 결정하셨다는 것을 요나는 알고 있었다(참조. 창 18:21-33; 출 32:11-14). 그렇지만 그 어떤 기독교인도 적어도 비밀스럽게라도 요나의 경우에 처해 있을 수 있다. 많은 기독교인들은 다음과 같은 것들을 공개적으로 받아들이고 있다: 자신들의 대적을 위해 기도하기보다는 그들을 쳐서 기도하는 것, 그리고 개인이든, 집단이든, 나라든 경건치 못한 자들의 불행들을 보며 기뻐하는 것. 그러나 그 어떤 기독교인도 요나의 입장을 받아들여서는 안 된다. 요나는 "나는 옳다!"라고 말했다. 그러나 그는 옳지 않았다.

호세아－요나

■ 2016년 2월 20일 초판 2쇄발행
■ 지은이 : 더글라스 스튜어트
■ 옮긴이 : 김병하
■ 펴낸이 : 박영호
■ 펴낸곳 : 도서출판 솔로몬
■ 등록번호 : 제16-24호
■ 등록일 : 1990년 7월 31일
■ 주소 : 서울시 동작구 사당 3동 207-3
신주빌딩 1층
■ 전화 : 599-1482 FAX : 592-2104

ISBN 978-89-8255-479-7
ISBN 978-89-8255-267-0(세트)

이 저작물의 한국어판 저작권은 알맹2 에이전시를 통하여 Thomas Nelson Inc.와 독점 계약한 도서출판 솔로몬에 있습니다. 저작권법에 의하여 한국 내에서 보호를 받는 저작물이므로 우리 출판사의 사전 허락 없이 내용을 인용 및 복사(프린트·제록스·마스터·사진·C.D 및 기타)할 수 없습니다.